AN ANALYTICAL LINGUISTIC KEY-WORD-IN-CONTEXT CONCORDANCE TO THE BOOK OF EXODUS

THE COMPUTER BIBLE
Volume XXVIII

by
Yehuda T. Radday
and
Yaakov Levi

BIBLICAL RESEARCH ASSOCIATES INC.

J. Arthur Baird
David Noel Freedman
Editors

ISBN 0-935106-23-5

PREFACE

The present Exodus KWIC was written in PL/I language and produced by the IBM 370/168 Computer of the Technion—Israel Institute of Technology, Haifa. As to its predecessors, it is based on Letteris's edition of the Hebrew Bible published by the British and Foreign Bible Society in 1852 and reprinted ever since. It is intended for Bible scholars, linguists and statisticians. Those engaged in manuscript research and cognate fields should bear in mind that variants and all annotations by the Masoretes were disregarded. The authors wish to express their thanks to Messrs. Eliezer Rapoport and Dov Barak without whose skill and devotion they could not have carried out their work.

Technion, Haifa
1984

Y.L.
Y.T.R.

INTRODUCTION

PART ONE: CONCORDANCE

This concordance is based on the popular edition of the Hebrew Bible published by the British and Foreign Bible Society (reprint 1952) and first printed in Vienna in 1852 under the supervision of M.L. Letteris. All textual variants and conjectural emendations proposed by scholars are disregarded and the *Qere* is throughout given precedence over the *Ketiv*. While the consonantal text alone is listed, vocalization was never altered when the text was read.

The definition adopted of the term 'word' is a group of characters separated from another group by *maqqaf*, by a blank space or by the punctuation mark (:). Deviations from this rule are the following two:

a) toponyms and personal names are reckoned as one word, e.g.

פי-החירת = 1 word

b) numerals composed of tens and units are taken as one word, e.g.

שנים־עשר = 1 word, but ארבע מאות = 2 words

Homographs are meticulously distinguished from each other by means of a digital code and the number of homonyms differentiated from each other kept to necessary minimum: e.g. חָלָב and חֵלֶב are listed separately. Sometimes, two *lemmata* consisting of the same series of consonants and also carrying the same code, but differing from each other in meaning and vocalization, are separated by the use of *plene* spelling in the heading of one of the two. Example: בקר (= cattle) vs. בקר (= morning)—the latter is listed under the heading בוקר .

The *maqqaf* is marked wherever it occurs. The *šewa* mobile and *hataf* are reckoned as full vowels in the syllable count.

PART ONE: KEY-WORD-IN-CONTEXT CONCORDANCE

This is the main part of the concordance. It lists all words and arranges them according to the alphabetical order of their "basic forms" (BF). By this term, the canonized *lemma* is understood, which means

for nouns:	the singular, in absolute state
for verbs:	the perfect tense, singular, 3rd person masculine
for prepositional letters:	the 3rd person masculine
for the rest:	the word, without inflection, prefixes or suffixes.

Adjectives, because they cannot unambiguously be distinguished from nouns, are listed as the latter.

One BF is separated from the next by a blank line. Every BF is printed as a heading and marked by a line of alternating asterisks and dashes. Within the same BF, the following sequence is observed:

Nouns:
1. sing. absolute state
2. sing. construct state
3. sing. inflected state with masc. pronoun suffix
4. sing. inflected state with fem. pronoun suffix
5. plur. (same order)

Verbs: 1. perfect sing. masc.
2. fem.
3. plur. masc.
4. fem.
5. imperfect (same order as for perfect)
6. imperat. (same order as for perfect)
7. participle (same order as for nouns)
8. infinitives

Others: 1. masc. (in order of reference)
2. fem. (in order of reference)

Within the same form, the listing follows the order of reference.

Keywords are centered in the 'gutter,' i.e. in the middle of the page, with six preceding and six following words of the context given at their right and left side, respectively. Proclitic parts of the word are set forth to the right by one or more spaces, as the case may demand. One slash (/) in the line signifies the end of a verse, two slashes (//) signify the end of a chapter.

On the right hand margin, the reference is found, consisting of six digits to be read from left to right, for example, 140205 = chapter 14, verse 2, word no. 5. The reference is preceded by the letter ט , the code for Exodus.

On the left hand margin, the linguistic analysis is printed. It contains, from right to left:

a) the encoded definition of the part of speech
b) the gender
c) the number
d) the objective and possessive pronominal suffixes
e) other proclitic and enclitic morphemes
f) the number of syllables

ad (a)-(d): see key.
ad (e): see key. If more than one proclitic morpheme occurs in the same word, the code should be read from right to left. Example מלמעלה (39:31) carries the code 967, where *mem* is marked by '7,' *lamed* by '6' and *he* by '9.' When the definite article is not the regular *he* (code:2), but appears, by way of elision, in the altered vocalization of the prepositional letters, *bet, kaf* and *lamed*, it is still encoded by '2.'
Example: הַבית = 2, בְּבית = 4, בַּבית = 24.

For roots, Part Two should be consulted.

PART TWO: VERB ROOT LIST

In this part of the concordance, verbs only are included, listed in the alphabetical order of their roots. The numerical code on the left side of the verbal form is the same as in Part One. It defines the part of speech (see key) and enables the reader to identify a verb and read it correctly even though not vocalized. Roots containing a שׂ are marked by an asterisk. If more detailed information on a verb is wanted, it should be looked up in the main part of this volume. For decoding the reference, see the description of Part One.

PART THREE: STATISTICAL DATA
APPENDIX A

This part of the concordance contains statistical data in two Appendixes. Appendix A is a Word Frequency List. All *lemmata* are listed in col. 2 from the right and numbered according to the decreasing order of their frequencies. In col. 3, asterisks mark words where a שׂ occurs. Instead of being vocalized, a word may be identified by its numerical code (col. 4). It is the same code used in Part One (see key), but in most cases its first two digits only are given in order to save space. The next column (col. 5) shows the absolute frequency of the *lemma* while col. 6 indicates the cumulative relative frequency of the *lemma* and all preceding *lemmata*. The Hebrew עם may refer either to עַם (=people) or to עִם (= with). The code 11 informs the reader that the word is a noun (see key); therefore the first of the two words, i.e. people, must be meant.

APPENDIX B

Frequency Profile. From left to right, captions of columns denote the following:

Word Frequency:
line 1 = words occuring once (*hapax legomena*)
line 2 = words occuring twice (*dislegomena*)
etc.

Number Such:
line 1 = the number of *hapax legomena*
line 2 = the number of *dislegomena*
etc.

Vocabulary Total:
line 1 = the number of vocabulary items or types (*lemmata*) that are *hapax legomena*
line 2 = the number of vocabulary items or types *(lemmata)* that are *hapax legomena* or *dislegomena*
etc.

Word Total:
line 1 = the number of words or tokens that are *hapax legomena*
line 2 = the number of words or tokens that are *hapax legomena* or *dislegomena*
etc.

% of Vocabulary:
line 1 = the percentage of vocabulary items or types (*lemmata*) that are *hapax legomena* with the total number of types
line 2 = the percentage of vocabulary items or types (*lemmata*) that are either *hapax legomena* or *dislegomena* within the total number of types
etc.

% of Total:
line 1 = the percentage of *hapax legomena* in the entire text, i.e. in the number of tokens
line 2 = the percentage of *hapax legomena* or *dislegomena* in the entire text, i.e. in the number of tokens
etc.

PART ONE
CONCORDANCE

אזכור		מלה		צורן	ג	#	כ	קס	ה
	--*-*-*-*-*-*-*-*-*-*-*-*-*-*-*-*-*	אב	*-*-*-*-*-*-*-*-*-*-*-*-*-*-*-*-*-*-*						
ט030604	אדמת- קדש הוא / ויאמר אנכי אלהי	אביך	אלהי אברהם אלהי יצחק ואלהי יעקב	1113	1	1	2		3
ט150211	לי לישועה זה אלי ואנוהו אלהי	אבי	וארממנהו / יהוה איש מלחמה יהוה שמו	1113	1	1	1		2
ט180406	נכריה / ושם האחד אליעזר כי- אלהי	אבי	בעזרי ויצלני מחרב פרעה / ויבא יתרו	1113	1	1	1		2
ט201203	את- יום השבת ויקדשהו / כבד את-	אביך	ואת- אמך למען יארכון ימיך על	1113	1	1	2		3
ט211502	בערמה מעם מזבחי תקחנו למות / ומכה	אביו	ואמו מות יומת / וגנב איש ומכרו	1113	1	1	4		2
ט211702	ומכרו ונמצא בידו מות יומת / ומקלל	אביו	ואמו מות יומת / וכי- יריבן אנשים	1113	1	1	4		2
ט401506	כתנת / ומשחת אתם כאשר משחת את-	אביהם	וכהנו לי והיתה להית להם משחתם	1113	1	1	9		3
ט021612	ותדלנה ותמלאנה את- הרהטים להשקות צאן	אביהן	/ ויבאו הרעים ויגרשום ויקם משה ויושען	1114	1	1	0		3
ט021804	וישק את- צאנם / ותבאנה אל- רעואל	אביהן	ויאמר מדוע מהרתן בא היום / ותאמרן	1114	1	1	0		3
ט221604	ימהרנה לו לאשה / אם- מאן ימאן	אביה	לתתה לו כסף ישקל כמהר הבתולת	1114	1	1	5		3
ט120315	הזה ויקחו להם איש שה לבית	אבת	שה לבית / ואם- ימעט הבית מהיות	1115	1	3			2
ט200514	יהוה אלהיך אל קנא פקד עון	אבת	על- בנים על- שלשים ועל- רבעים	1115	1	3			2
ט340713	וחטאה ונקה לא ינקה פקד עון	אבות	על- בנים ועל- בני בנים על-	1115	1	3			2
ט062424	ותלד לו את- פינחס אלה ראשי	אבות	הלוים למשפחתם / הוא אהרן ומשה אשר	1116	1	3			2
ט100613	כל- מצרים אשר לא- ראו אבתיך	ואבות	אבתיך מיום היותם על- האדמה עד	1116	1	3		1	3
ט031314	אל- בני ישראל ואמרתי להם אלהי	אבותיכם	שלחני אליכם ואמרו- לי מה- שמו	1117	1	3	7		4
ט031513	תאמר אל- בני ישראל יהוה אלהי	אבתיכם	אלהי אברהם אלהי יצחק ואלהי יעקב	1117	1	3	7		4
ט031610	זקני ישראל ואמרת אלהם יהוה אלהי	אבתיכם	נראה אלי אלהי אברהם יצחק ויעקב	1117	1	3	7		4
ט040508	יאמינו כי- נראה אליך יהוה אלהי	אבתם	אלהי אברהם אלהי יצחק ואלהי יעקב	1117	1	3	9		3
ט061404	ישראל מארץ מצרים / אלה ראשי בית-	אבתם	בני ראובן בכר ישראל חנוך ופלוא	1117	1	3	9		3
ט100612	ובזי כל- מצרים אשר לא- ראו	אבתיך	ואבות אבתיך מיום היותם על- האדמה	1117	1	3	2		4
ט100614	מצרים אשר לא- ראו אבתיך ואבות	אבתיך	מיום היותם על- האדמה עד היום	1117	1	3	2		4
ט130514	והחתי והאמרי והחוי והיבוסי אשר נשבע	לאבתיך	לתת לך ארץ זבת חלב ודבש	1117	1	3	2	6	5
ט131111	אל- ארץ הכנעני כאשר נשבע לך	ולאבתיך	ונתנה לך / והעברת כל- פטר- רחם	1117	1	3	2	61	6
	--*-*-*-*-*-*-*-*-*-*-*-*-*-*-*-*-*	אבד	*-*-*-*-*-*-*-*-*-*-*-*-*-*-*-*-*-*-*						
ט100721	את- יהוה אלהיהם הטרם תדע כי	אבדה	מצרים / ויושב את- משה ואת- אהרן	3112	2	1			3
	--*-*-*-*-*-*-*-*-*-*-*-*-*-*-*-*-*	אבדה	*-*-*-*-*-*-*-*-*-*-*-*-*-*-*-*-*-*-*						
ט220815	על- שה על- שלמה על- כל-	אבדה	אשר יאמר כי- הוא זה עד	1121	2	1			3
	--*-*-*-*-*-*-*-*-*-*-*-*-*-*-*-*-*	אבה	*-*-*-*-*-*-*-*-*-*-*-*-*-*-*-*-*-*-*						
ט102707	ויחזק יהוה את- לב פרעה ולא	אבה	לשלחם / ויאמר- לו פרעה לך מעלי	3111	1	1			2
	--*-*-*-*-*-*-*-*-*-*-*-*-*-*-*-*-*	אביאסף	*-*-*-*-*-*-*-*-*-*-*-*-*-*-*-*-*-*-*						
ט062405	ואת- איתמר / ובני קרח אסיר ואלקנה	אביאסף	אלה משפחת הקרחי ואלעזר בן- אהרן	122	1			1	5
	--*-*-*-*-*-*-*-*-*-*-*-*-*-*-*-*-*	אביב	*-*-*-*-*-*-*-*-*-*-*-*-*-*-*-*-*-*-*						
ט093106	אלהים / והפשתה והשערה נכתה כי השערה	אביב	והפשתה גבעל / והחטה והכסמת לא נכו	1111	1	1			2
ט130405	יאכל חמץ / היום אתם יצאים בחדש	האביב	/ והיה כי- יביאך יהוה אל- ארץ	1111	1	1		2	3
ט231513	תאכל מצות כאשר צויתך למועד חדש	האביב	כי- בו יצאת ממצרים ולא- יראו	1111	1	1		2	3
ט341813	תאכל מצות אשר צויתך למועד חדש	האביב	כי בחדש האביב יצאת ממצרים / כל-	1111	1	1		2	3
ט341816	צויתך למועד חדש האביב כי בחדש	האביב	יצאת ממצרים / כל- פטר רחם לי	1111	1	1		2	3
	--*-*-*-*-*-*-*-*-*-*-*-*-*-*-*-*-*	אביהוא	*-*-*-*-*-*-*-*-*-*-*-*-*-*-*-*-*-*-*						
ט062316	לאשה ותלד לו את- נדב ואת-	אביהוא	את- אלעזר ואת- איתמר / ובני קרח	122	1				3
ט240110	עלה אל- יהוה אתה ואהרן נדב	ואביהוא	ושבעים מזקני ישראל והשתחויתם מרחק / ונגש	122	1			1	4
ט240905	הדברים האלה / ויעל משה ואהרן נדב	ואביהוא	ושבעים מזקני ישראל / ויראו את אלהי	122	1			1	4
ט280117	בני ישראל לכהנו- לי אהרן נדב	ואביהוא	אלעזר ואיתמר בני אהרן / ועשית בגדי	122	1			1	4
	--*-*-*-*-*-*-*-*-*-*-*-*-*-*-*-*-*	אביון	*-*-*-*-*-*-*-*-*-*-*-*-*-*-*-*-*-*-*						
ט230604	עזב תעזב עמו / לא תטה משפט	אבינך	בריבו / מדבר- שקר תרחק ונקי וצדיק	1113	1	1	2		4
ט231105	את- תבואתה / והשביעת תשמטנה ונטשתה ואכלו	אביני	עמך ויתרם תאכל חית השדה כן-	1116	1	3			3

/ = סוף פסוק   // = סוף פרק   ג = מין   # = מספר   כ = כינוי ובור   קס = קידומות וסיומות   ה = מספר ההברות

אזכור		מלה		צונן	ג	#	כ	קס	ה
	--*-*-*-*-*-*-*-*-*-*-*-*-*	אבן	*-*-*-*-*-*-*-*-*-*-*-*-*-*-*						
ט150506	סוף / תהמת יכסימו ירדו במצולת כמו-	אבן	/ ימינך יהוה נאדרי בכח ימינך יהוה	1121	2	1			2
ט151608	עליהם אימתה ופחד בגדל זרועך ידמו	כאבן	עד- יעבר עמך יהוה עד- יעבר	1121	2	1		25	3
ט171205	וגבר עמלק / וידי משה כבדים ויקחו-	אבן	וישימו תחתיו וישב עליה ואהרן וחור	1121	2	1			2
ט211808	יריבן אנשים והכה- איש את- רעהו	באבן	או באגרף ולא ימות ונפל למשכב	1121	2	1		4	3
ט241214	והיה- שם ואתנה לך את- לחת	האבן	והתורה והמצוה אשר כתבתי להורתם / ויקם	1121	2	1		2	3
ט281004	שמות בני ישראל / ששה משמותם על	האבן	האחת ואת- שמות הששה הנותרים על-	1121	2	1		2	3
ט281011	האחת ואת- שמות הששה הנותרים על-	האבן	השנית כתולדתם / מעשה חרש אבן פתוחי	1121	2	1		2	3
ט281103	על- האבן השנית כתולדתם / מעשה חרש	אבן	פתוחי חתם תפתח את- שתי האבנים	1121	2	1			2
ט281704	ארכו ורחבו רחבו / ומלאת בו מלאת	אבן	ארבעה טורים אבן טור אדם פטדה	1121	2	1			2
ט281707	ומלאת בו מלאת אבן ארבעה טורים	אבן	טור אדם פטדה וברקת הטור האחד	1121	2	1			2
ט310502	מחשבת לעשות בזהב ובכסף ובנחשת / ובחרשת	אבן	למלאת ובחרשת עץ לעשות בכל- מלאכה	1121	2	1			2
ט311813	בהר סיני שני לחת העדת לחת	אבן	כתבים באצבע אלהים // וירא העם כי-	1121	2	1			2
ט353302	מחשבת לעשת בזהב ובכסף ובנחשת / ובחרשת	אבן	למלאת ובחרשת עץ לעשות בכל- מלאכת	1121	2	1			2
ט391005	רחבו כפול / וימלאו- בו ארבעה טורי	אבן	טור אדם פטדה וברקת הטור האחד	1121	2	1			2
ט071933	והיה דם בכל- ארץ מצרים ובעצים	ובאבנים	/ ויעשו- כן משה ואהרן כאשר צוה	1125	2	3		241	5
ט202503	שמי אבוא אליך וברכתיך / ואם- מזבח	אבנים	תעשה- לי לא תבנה אתהן גזית	1125	2	3			3
ט281109	אבן פתוחי חתם תפתח את- שתי	האבנים	על- שמת בני ישראל מסבת משבצות	1125	2	3		2	4
ט281204	זהב תעשה אתם / ושמת את- שתי	האבנים	על כתפת האפד אבני זכרן לבני	1125	2	3		2	4
ט282101	ושהם וישפה משבצים זהב יהיו במלואתם /	והאבנים	תהיין על- שמת בני- ישראל שתים עשרה	1125	2	3		21	5
ט340109	אל- משה פסל- לך שני- לחת	אבנים	כראשנים וכתבתי על- הלחת את- הדברים	1125	2	3			3
ט340404	מול ההר ההוא / ויפסל שני לחת	אבנים	כראשנים וישכם משה בבקר ויעל אל-	1125	2	3			3
ט340421	יהוה אתו ויקח בידו שני לחת	אבנים	/ וירד יהוה בענן ויתיצב עמו שם	1125	2	3			3
ט391401	שהם וישפה מוסבת משבצת זהב במלאתם /	והאבנים	על- שמת בני- ישראל הנה שתים עשרה	1125	2	3		21	5
ט250701	למאר בשמים לשמן המשחה ולקטרת הסמים /	אבני-	שהם ואבני מלאים לאפד ולחשן / ועשו	1126	2	3			3
ט250703	לשמן המשחה ולקטרת הסמים / אבני- שהם	ואבני	מלאים לאפד ולחשן / ועשו לי מקדש	1126	2	3		1	4
ט280904	שני ושש משזר / ולקחת את- שתי	אבני-	שהם ופתחת עליהם שמות בני ישראל	1126	2	3			3
ט281208	את- שתי האבנים על כתפת האפד	אבני	זכרן לבני ישראל ונשא אהרן את-	1126	2	3			3
ט350901	למאור ובשמים לשמן המשחה ולקטרת הסמים /	ואבני-	שהם ואבני מלאים לאפוד ולחשן / וכל-	1126	2	3		1	4
ט350903	לשמן המשחה ולקטרת הסמים / ואבני- שהם	ואבני	מלאים לאפוד ולחשן / וכל- חכם- לב	1126	2	3		1	4
ט352704	טוו את- העזים / והנשאם הביאו את	אבני	השהם ואת אבני המלאים לאפוד ולחשן	1126	2	3			3
ט352707	והנשאם הביאו את אבני השהם ואת	אבני	המלאים לאפוד ולחשן / ואת- הבשם ואת-	1126	2	3			3
ט390603	צוה יהוה את- משה / ויעשו את-	אבני	השהם מסבת משבצת זהב מפתחת פתוחי	1126	2	3			3
ט390706	ישראל / וישם אתם על כתפת האפד	אבני	זכרון לבני ישראל כאשר צוה יהוה	1126	2	3			3
	--*-*-*-*-*-*-*-*-*-*-*-*-*	אבנט	*-*-*-*-*-*-*-*-*-*-*-*-*-*-*						
ט280411	חשן ואפוד ומעיל וכתנת תשבץ מצנפת	ואבנט	ועשו בגדי- קדש לאהרן אחיך ולבניו	1111	1	1		1	3
ט283907	ושבצת הכתנת שש ועשית מצנפת שש	ואבנט	תעשה מעשה רקם / ולבני אהרן תעשה	1111	1	1		1	3
ט290903	בניו תקריב והלבשתם כתנת / וחגרת אתם	אבנט	אהרן ובניו וחבשת להם מגבעת והיתה	1111	1	1			2
ט392902	ואת- מכנסי הבד שש משזר / ואת-	האבנט	שש משזר ותכלת וארגמן ותולעת שני	1111	1	1		2	3
ט284007	ולבני אהרן תעשה כתנת ועשית להם	אבנטים	ומגבעות תעשה להם לכבוד ולתפארת / והלבשת	1115	1	3			3
	--*-*-*-*-*-*-*-*-*-*-*-*-*	אבנים	*-*-*-*-*-*-*-*-*-*-*-*-*-*-*						
ט011607	ויאמר בילדכן את- העבריות וראיתן על-	האבנים	אם- בן הוא והמתן אתו ואם	1125	2	2		2	4
	--*-*-*-*-*-*-*-*-*-*-*-*-*	אבעבעת	*-*-*-*-*-*-*-*-*-*-*-*-*-*-*						
ט090914	על- האדם ועל- הבהמה לשחין פרח	אבעבעת	בכל- ארץ מצרים / ויקחו את פיח	1125	2	3			4
ט091014	ויזרק אתו משה השמימה ויהי שחין	אבעבעת	פרח באדם ובבהמה / ולא- יכלו החרטמים	1125	2	3			4
	--*-*-*-*-*-*-*-*-*-*-*-*-*	אבק	*-*-*-*-*-*-*-*-*-*-*-*-*-*-*						
ט090902	וזרקו משה השמימה לעיני פרעה / והיה	לאבק	על כל- ארץ מצרים והיה על-	1111	1	1		6	3

אזכור		מלה		צופן	ג	#	כ	קס	ה
	--*-*-*-*-*-*-*-*-*-*-*-*-*-*-*-*	אברהם	*-*-*-*-*-*-*-*-*-*-*-*-*-*-*-*-*-*						
ט022410	נאקתם ויזכר אלהים את- בריתו את-	אברהם	את- יצחק ואת- יעקב / וירא אלהים	122	1				3
ט030606	הוא / ויאמר אנכי אלהי אביך אלהי	אברהם	אלהי יצחק ואלהי יעקב ויסתר משה	122	1				3
ט031515	בני ישראל יהוה אלהי אבתיכם אלהי	אברהם	אלהי יצחק אלהי יעקב שלחני אליכם	122	1				3
ט031614	יהוה אלהי אבתיכם נראה אלי אלהי	אברהם	יצחק ויעקב לאמר פקד פקדתי אתכם	122	1				3
ט040510	נראה אליך יהוה אלהי אבתם אלהי	אברהם	אלהי יצחק ואלהי יעקב / ויאמר יהוה	122	1				3
ט060303	ויאמר אליו אני יהוה / וארא אל-	אברהם	אל- יצחק ואל- יעקב באל שדי	122	1				3
ט060811	אשר נשאתי את- ידי לתת אתה	לאברהם	ליצחק וליעקב ונתתי אתה לכם מורשה	122	1			6	4
ט321302	אפך והנחם על- הרעה לעמך / זכר	לאברהם	ליצחק ולישראל עבדיך אשר נשבעת להם	122	1			6	4
ט330118	מארץ מצרים אל- הארץ אשר נשבעתי	לאברהם	ליצחק וליעקב לאמר לזרעך אתננה / ושלחתי	122	1			6	4
	--*-*-*-*-*-*-*-*-*-*-*-*-*-*-*-*	אגדה	*-*-*-*-*-*-*-*-*-*-*-*-*-*-*-*-*-*						
ט122202	לכם צאן למשפחתיכם ושחטו הפסח / ולקחתם	אגדת	אזוב וטבלתם בדם אשר- בסף והגעתם	1122	2	1			3
	--*-*-*-*-*-*-*-*-*-*-*-*-*-*-*-*	אגם	*-*-*-*-*-*-*-*-*-*-*-*-*-*-*-*-*-*						
ט080117	במטך על- הנהרת על- היארים ועל-	האגמים	והעל את- הצפרדעים על- ארץ מצרים	1115	1	3		2	4
ט071920	מצרים על- נהרתם על- יאריהם ועל-	אגמיהם	ועל כל- מקוה מימיהם ויהיו- דם	1117	1	3	9		4
	--*-*-*-*-*-*-*-*-*-*-*-*-*-*-*-*	אגן	*-*-*-*-*-*-*-*-*-*-*-*-*-*-*-*-*-*						
ט240606	פרים / ויקח משה חצי הדם וישם	באגנת	וחצי הדם זרק על- / המזבח ויקח	1115	1	3		24	4
	--*-*-*-*-*-*-*-*-*-*-*-*-*-*-*-*	אגרוף	*-*-*-*-*-*-*-*-*-*-*-*-*-*-*-*-*-*						
ט211810	והכה- איש את- רעהו באבן או	באגרף	ולא ימות ונפל למשכב / אם- יקום	1111	1	1		4	3
	--*-*-*-*-*-*-*-*-*-*-*-*-*-*-*-*	אדום	*-*-*-*-*-*-*-*-*-*-*-*-*-*-*-*-*-*						
ט151504	אחז ישבי פלשת / אז נבהלו אלופי	אדום	אילי מואב יאחזמו רעד נמגו כל	123	1				2
	--*-*-*-*-*-*-*-*-*-*-*-*-*-*-*-*	אדון	*-*-*-*-*-*-*-*-*-*-*-*-*-*-*-*-*-*						
ט231709	בשנה יראה כל- זכורך אל- פני	האדן	יהוה / לא- תזבח על- חמץ דם-	1111	1	1		2	3
ט342309	בשנה יראה כל- זכורך את- פני	האדן	יהוה אלהי ישראל / כי- אוריש גוים	1111	1	1		2	3
ט210507	ואם- אמר יאמר העבד אהבתי את-	אדני	את- אשתי ואת- בני לא אצא	1113	1	1	1		3
ט322206	גדלה / ויאמר אהרן אל- יחר אף	אדני	אתה ידעת את- העם כי ברע	1113	1	1	1		3
ט210402	אשה הוא ויצאה אשתו עמו / אם-	אדניו	יתן- לו אשה וילדה- לו בנים	1117	1	1	4		3
ט210602	ואת- בני לא אצא חפשי / והגישו	אדניו	אל- האלהים והגישו אל- הדלת או	1117	1	1	4		3
ט210612	אל- הדלת או אל- המזוזה ורצע	אדניו	את- אזנו במרצע ועבדו לעלם / וכי-	1117	1	1	4		3
ט213211	או אמה כסף שלשים שקלים יתן	לאדניו	והשור יסקל / וכי- יפתח איש בור	1117	1	1		6	3
ט210414	בנים או בנות האשה וילדיה תהיה	לאדניה	והוא יצא בגפו / ואם- אמר יאמר	1118	1	1	5	6	4
ט210804	תצא כצאת העבדים / אם- רעה בעיני	אדניה	אשר- לא יעדה והפדה לעם נכרי	1118	1	1	5		4
	--*-*-*-*-*-*-*-*-*-*-*-*-*-*-*-*	אדיר	*-*-*-*-*-*-*-*-*-*-*-*-*-*-*-*-*-*						
ט151008	ברוחך כסמו ים צללו כעופרת במים	אדירים	/ מי- כמכה באלם יהוה מי כמכה	1115	1	3			3
	--*-*-*-*-*-*-*-*-*-*-*-*-*-*-*-*	אדם	*-*-*-*-*-*-*-*-*-*-*-*-*-*-*-*-*-*						
ט041107	ויאמר יהוה אליו מי שם פה	לאדם	או מי- ישום אלם או חרש	1111	1	1		26	3
ט081314	ויך את- עפר הארץ ותהי הכנם	באדם	ובבהמה כל- עפר הארץ היה כנים	1111	1	1		24	3
ט081412	את- הכנים ולא יכלו ותהי הכנם	באדם	ובבהמה / ויאמרו החרטמם אל- פרעה אצבע	1111	1	1		24	3
ט090909	על כל- ארץ מצרים והיה על-	האדם	ועל- הבהמה לשחין פרח אבעבעת בכל-	1111	1	1		2	3
ט091016	משה השמימה ויהי שחין אבעבעת פרח	באדם	ובבהמה / ולא- יכלו החרטמים לעמד לפני	1111	1	1		24	3
ט091912	ואת כל- אשר לך בשדה כל-	האדם	והבהמה אשר- ימצא בשדה ולא יאסף	1111	1	1		2	3
ט092216	ויהי ברד בכל- ארץ מצרים על-	האדם	ועל- הבהמה ועל כל- עשב השדה	1111	1	1		2	3
ט092510	ארץ מצרים את כל- אשר בשדה	מאדם	ועד- בהמה ואת כל- עשב השדה	1111	1	1		7	3
ט121211	הזה והכיתי כל- בכור בארץ מצרים	מאדם	ועד- בהמה ובכל- אלהי מצרים אעשה	1111	1	1		7	3
ט130210	בכור פטר כל- רחם בבני ישראל	באדם	ובבהמה לי הוא / ויאמר משה אל-	1111	1	1		24	3
ט131312	ואם- לא תפדה וערפתו וכל בכור	אדם	בבניך תפדה / והיה כי- ישאלך בנך	1111	1	1			2

/ = סוף פסוק   // = סוף פרק   ג = מין   # = מספר   כ = כינוי חבור   קס = קידומות וסיומות   ה = נספר ההברות

אזכור		מלה		צונ	ג	#	כ	קס	ה
ט131513	יהוה כל- בכור בארץ מצרים מבכר	אדם	ועד- בכור בהמה על- כן אני	1111	1	1			2
ט303203	יהיה זה לי לדרתיכם / על- בשר	אדם	לא ייסך ובמתכנתו לא תעשו כמהו	1111	1	1			2
ט332010	לראת את- פני כי לא- יראני	האדם	וחי / ויאמר יהוה הנה מקום אתי	1111	1	1		2	3
	--*-*-*-*-*-*-*-*-*-*-*-*-*-*-*-*	אדם	*-*-*-*-*-*-*-*-*-*-*-*-*-*-*-*-*-*						
ט250503	ותולעת שני ושש ועזים / וערת אילם	מאדמים	וערת תחשים ועצי שטים / שמן למאר	3431	1	3			4
ט261406	לכסתו / ועשית מכסה לאהל ערת אילם	מאדמים	ומכסה עות תחשים מלמעלה / ועשית את-	3431	1	3			4
ט350703	ותולעת שני ושש ועזים / וערת אילם	מאדמים	וערת תחשים ועצי שטים / ושמן למאור	3431	1	3			4
ט352314	ותולעת שני ושש ועזים וערת אילם	מאדמים	וערת תחשים הביאו / כל- מרים תרומת	3431	1	3			4
ט361906	אחד / ויעש מכסה לאהל ערת אילם	מאדמים	ומכסה עות תחשים מלמעלה / ויעש את-	3431	1	3			4
ט393405	ועמדיו ואדניו / ואת- מכסה עות האילם	המאדמים	ואת- מכסה ערת התחשים ואת פרכת	3431	1	3		2	5
	--*-*-*-*-*-*-*-*-*-*-*-*-*-*-*-*	אדמה	*-*-*-*-*-*-*-*-*-*-*-*-*-*-*-*-*-*						
ט081721	ומלאו בתי מצרים את- הערב וגם	האדמה	אשר- הם עליה / והפליתי ביום ההוא	1121	2	1		2	4
ט100618	אבתיך ואבות אבתיך מיום היותם על-	האדמה	עד היום הזה ויפן ויצא מעם	1121	2	1		2	4
ט201210	ואת- אמך למען יארכון ימיך על	האדמה	אשר- יהוה אלהיך נתן לך / לא	1121	2	1		2	4
ט202402	ואלהי זהב לא תעשו לכם / מזבח	אדמה	תעשה לי וזבחת עליו את- עלתיך	1121	2	1			3
ט321213	להרג אתם בהרים ולכלתם מעל פני	האדמה	שוב מחרון אפך והנחם על- הרעה	1121	2	1		2	4
ט331621	ועמך מכל- העם אשר על- פני	האדמה	/ ויאמר יהוה אל- משה גם את-	1121	2	1		2	4
ט030515	כי המקום אשר אתה עומד עליו	אדמת-	קדש הוא / ויאמר אנכי אלהי אביך	1122	2	1			3
ט231903	חלב- חגי עד- בקר / ראשית בכורי	אדמתך	תביא בית יהוה אלהיך לא- תבשל	1123	2	1	2		5
ט342603	לבקר זבח חג הפסח / ראשית בכורי	אדמתך	תביא בית יהוה אלהיך לא- תבשל	1123	2	1	2		4
	--*-*-*-*-*-*-*-*-*-*-*-*-*-*-*-*	אדן	*-*-*-*-*-*-*-*-*-*-*-*-*-*-*-*-*-*						
ט382717	הפרכת מאת אדנים למאת הככר ככר	לאדן	/ ואת- האלף ושבע המאות וחמשה ושבעים	1111	1	1		6	3
ט261909	כסף תעשה תחת עשרים הקרש שני	אדנים	תחת- הקרש האחד לשתי ידתיו ושני	1115	1	3			3
ט261916	תחת- הקרש האחד לשתי ידתיו ושני	אדנים	תחת- הקרש האחד לשתי ידתיו / ולצלע	1115	1	3			3
ט262105	עשרים קרש / וארבעים אדניהם כסף שני	אדנים	תחת הקרש האחד ושני אדנים תחת	1115	1	3			3
ט262110	שני אדנים תחת הקרש האחד ושני	אדנים	תחת הקרש האחד / ולירכתי המשכן ימה	1115	1	3			3
ט262507	והיו שמנה קרשים ואדניהם כסף ששה עשר	אדנים	שני אדנים תחת הקרש האחד ושני	1115	1	3			3
ט262509	קרשים ואדניהם כסף ששה עשר אדנים שני	אדנים	תחת הקרש האחד ושני אדנים תחת	1115	1	3			3
ט262514	שני אדנים תחת הקרש האחד ושני	אדנים	תחת הקרש האחד / ועשית בריחם עצי	1115	1	3			3
ט362409	כסף עשה תחת עשרים הקרשים שני	אדנים	תחת- הקרש האחד לשתי ידתיו ושני	1115	1	3			3
ט362416	תחת- הקרש האחד לשתי ידתיו ושני	אדנים	תחת- הקרש האחד לשתי ידתיו / ולצלע	1115	1	3			3
ט362605	עשרים קרשים / וארבעים אדניהם כסף שני	אדנים	תחת הקרש האחד ושני אדנים תחת	1115	1	3			3
ט362610	שני אדנים תחת הקרש האחד ושני	אדנים	תחת הקרש האחד / ולירכתי המשכן ימה	1115	1	3			3
ט363007	והיו שמנה קרשים ואדניהם כסף ששה עשר	אדנים	שני אדנים שני אדנים תחת הקרש	1115	1	3			3
ט363009	קרשים ואדניהם כסף ששה עשר אדנים שני	אדנים	שני אדנים תחת הקרש האחד / ויעש	1115	1	3			3
ט363011	כסף ששה עשר אדנים שני אדנים שני	אדנים	תחת הקרש האחד / ויעש בריחי עצי	1115	1	3			3
ט381701	כל- קלעי החצר סביב שש משזר /	והאדנים	לעמדים נחשת ווי העמודים וחשוקיהם כסף	1115	1	3		21	5
ט382713	אדני הקדש ואת אדני הפרכת מאת	אדנים	למאת הככר ככר לאדן / ואת- האלף	1115	1	3			3
ט261902	עשרים קרש לפאת נגבה תימנה / וארבעים	אדני-	כסף תעשה תחת עשרים הקרש שני	1116	1	3			3
ט263213	מצפים זהב וויהם זהב על- ארבעה	אדני-	כסף / ונתתה את- הפרכת תחת הקרסים	1116	1	3			3
ט263714	זהב וויהם זהב ויצקת להם חמשה	אדני	נחשת // ועשית את- המזבח עצי שטים	1116	1	3			3
ט362402	עשרים הקרשים לפאת נגב תימנה / וארבעים	אדני-	כסף עשה תחת עשרים הקרשים שני	1116	1	3			3
ט363613	זהב וויהם זהב ויצק להם ארבעה	אדני-	כסף / ויעש מסך לפתח האהל תכלת	1116	1	3			3
ט382707	ויהי מאת ככר הכסף לצקת את	אדני	הקדש ואת אדני הפרכת מאת אדנים	1116	1	3			3
ט382710	הכסף לצקת את אדני הקדש ואת	אדני	הפרכת מאת אדנים למאת הככר ככר	1116	1	3			3
ט383004	וארבע- מאות שקל / ויעש בה את-	אדני	פתח אהל מועד ואת מזבח הנחשת	1116	1	3			3
ט383102	לו ואת כל- כלי המזבח / ואת-	אדני	החצר סביב ואת- אדני שער החצר	1116	1	3			3
ט383106	המזבח / ואת- אדני החצר סביב ואת-	אדני	שער החצר ואת כל- יתדת המשכן	1116	1	3			3
ט262102	השנית לפאת צפון עשרים קרש / וארבעים	אדניהם	כסף שני אדנים תחת הקרש האחד	1117	1	3	9		4
ט262504	לשני המקצעת יהיו / והיו שמנה קרשים	ואדניהם	כסף ששה עשר אדנים שני אדנים תחת	1117	1	3	9	1	5
ט271003	באמה ארך לפאה האחת / ועמדיו עשרים	ואדניהם	עשרים נחשת ווי העמדים וחשקיהם כסף	1117	1	3	9	1	5

/ = סוף פסוק   // = סוף פרק   ג = מין   # = מספר   כ = כינוי חבור   קס = קידומות וסיומות   ה = מספר ההברות

אזכור		מלה		צורן ג # כ קס ה
ט271110	בארך קלעים מאה ארך ועמדו עשרים	ואדניהם	עשרים נחשת ווי העמדים וחשקיהם כסף	5 1 9 3 1 1117
ט271210	ים קלעים חמשים אמה עמדיהם עשרה	ואדניהם	עשרה / ורחב החצר לפאת קדמה מזרחה	5 1 9 3 1 1117
ט271407	וחמש עשרה אמה קלעים לכתף עמדיהם שלשה	ואדניהם	שלשה / ולכתף השנית חמש עשרה קלעים עמדיהם	5 1 9 3 1 1117
ט271507	ולכתף השנית חמש עשרה קלעים עמדיהם שלשה	ואדניהם	שלשה / ולשער החצר מסך עשרים אמה	5 1 9 3 1 1117
ט271616	ושש משזר מעשה רקם עמדיהם ארבעה	ואדניהם	ארבעה / כל- עמודי החצר סביב מחשקים	5 1 9 3 1 1117
ט271709	החצר סביב מחשקים כסף וויהם כסף	ואדניהם	נחשת / ארך החצר מאה באמה ורחב	5 1 9 3 1 1117
ט271813	בחמשים וקמה חמש אמות שש משזר	ואדניהם	נחשת / לכל כלי המשכן בכל עבדתו	5 1 9 3 1 1117
ט351116	קרשיו את- בריחו את- עמדיו ואת-	אדניו	/ את- הארן ואת- בדיו את- הכפרת	3 4 3 1 1117
ט362602	לפאת צפון עשה עשרים קרשים / וארבעים	אדניהם	ככף שני אדנים תחת הקרש האחד	4 9 3 1 1117
ט363004	לשניהם לשני המקצעת / והיו שמנה קרשים	ואדניהם	ככף ששה עשר אדנים שני אדנים שני	5 1 9 3 1 1117
ט363810	ואת- וויהם וצפה ראשיהם וחשקיהם זהב	ואדניהם	חמשה נחשת // ויעש בצלאל את- הארן	5 1 9 3 1 1117
ט381003	שש משזר מאה באמה / עמודיהם עשרים	ואדניהם	עשרים נחשת ווי העמודים וחשקיהם כסף	5 1 9 3 1 1117
ט381107	ולפאת צפון מאה באמה עמודיהם עשרים	ואדניהם	עשרים נחשת ווי העמודים וחשקיהם כסף	5 1 9 3 1 1117
ט381208	ים קלעים חמשים באמה עמודיהם עשרה	ואדניהם	עשרה ווי העמדים וחשוקיהם כסף / ולפאת	5 1 9 3 1 1117
ט381408	חמש-עשרה אמה אל- הכתף עמודיהם שלשה	ואדניהם	שלשה / ולכתף השנית מזה ומזה לשער	5 1 9 3 1 1117
ט381512	החצר קלעים חמש עשרה אמה עמדיהם שלשה	ואדניהם	שלשה / כל- קלעי החצר סביב שש	5 1 9 3 1 1117
ט381903	אמות לעמת קלעי החצר / ועמדיהם ארבעה	ואדניהם	ארבעה נחשת וויהם כסף וצפוי ראשיהם	5 1 9 3 1 1117
ט393315	כל- כליו קרסיו קרשיו בריחו ועמדיו	ואדניו	/ ואת- מכסה ערת האילם המאדמים ואת-	4 1 4 3 1 1117
ט401807	ויקם משה את- המשכן ויתן את-	אדניו	וישם את- קרשיו ויתן את- בריחיו	3 4 3 1 1117
ט351707	את קלעי החצר את- עמדיו ואת-	אדניה	ואת מסך שער החצר / את- יתדת	4 5 3 1 1118
ט394007	את קלעי החצר את- עמדיה ואת-	אדניה	ואת- המסך לשער החצר את- מיתריו	4 5 3 1 1118
	-	אדני	*-*	
ט041006	ביבשת / ויאמר משה אל- יהוה בי	אדני	לא איש דברים אנכי גם מתמול	3 121
ט041303	פיך והוריתיך אשר תדבר / ויאמר בי	אדני	שלח- נא ביד- תשלח / ויחר- אף	3 121
ט052206	להרגנו / וישב משה אל- יהוה ויאמר	אדני	למה הרעתה לעם הזה למה זה	3 121
ט151710	נחלתך מכון לשבתך פעלת יהוה מקדש	אדני	כוננו ידיך / יהוה ימלך לעלם ועד	3 121
ט340907	ויאמר אם- נא מצאתי חן בעיניך	אדני	ילך- נא אדני בקרבנו כי עם-	3 121
ט340910	מצאתי חן בעיניך אדני ילך- נא	אדני	בקרבנו כי עם- קשה- ערף הוא	3 121
	-	אהב	*-*	
ט210505	יצא בגפו / ואם- אמר יאמר העבד	אהבתי	את- אדני את- אשתי ואת- בני	3 1 1 3111
ט200604	ועל- רבעים לשנאי / ועשה חסד לאלפים	לאהבי	ולשמרי מצותי / לא תשא את- שם-	4 6 1 3 1 3131
	-	אהד	*-*	
ט061505	משפחת ראובן / ובני שמעון ימואל וימין	ואהד	ויכין וצחר ושאול בן- הכנענית אלה	3 1 1 122
	-	אהל	*-*	
ט180713	לו וישאלו איש- לרעהו לשלום ויבאו	האהלה	/ ויספר משה לחתנו את כל- אשר	4 92 1 1 1111
ט260704	והיה המשכן אחד / ועשית יריעת עזים	לאהל	על- המשכן עשתי-עשרה יריעת תעשה אתם	3 6 1 1 1111
ט260917	את- היריעה הששית אל- מול פני	האהל	/ ועשית חמשים ללאת על שפת היריעה	3 2 1 1 1111
ט261111	והבאת את- הקרסים בללאת וחברת את-	האהל	והיה אחד / וסרח העדף ביריעת האהל	3 2 1 1 1111
ט261204	האהל והיה אחד / וסרח העדף ביריעת	האהל	חצי היריעה העדפת תסרח על אחרי	3 2 1 1 1111
ט261308	מזה והאמה מזה בעדף בארך יריעת	האהל	יהיה סרוח על- צדי המשכן מזה	3 2 1 1 1111
ט261403	המשכן מזה ומזה לכסתו / ועשית מכסה	לאהל	ערת אילם מאדמים ומכסה ערת תחשים	3 26 1 1 1111
ט263604	על- צלע צפון / ועשית מסך לפתח	האהל	תכלת וארגמן ותולעת שני ושש משזר	3 2 1 1 1111
ט310714	הכפרת אשר עליו ואת כל- כלי	האהל	/ ואת- השלחן ואת- כליו ואת- המנרה	3 2 1 1 1111
ט330704	עדים מהר חורב / ומשה יקח את-	האהל	ונטה לו מחוץ למחנה הרחק מן-	3 2 1 1 1111
ט330805	מחוץ למחנה / והיה כצאת משה אל-	האהל	יקומו כל- העם ונצבו איש פתח	3 2 1 1 1111
ט330818	אהלו והביטו אחרי משה עד- באו	האהלה	/ והיה כבא משה האהלה ירד עמוד	4 92 1 1 1111
ט330904	עד- באו האהלה / והיה כבא משה	האהלה	ירד עמוד הענן ועמד פתח האהל	4 92 1 1 1111
ט330910	האהלה ירד עמוד הענן ועמד פתח	האהל	ודבר עם- משה / וראה כל- העם	3 2 1 1 1111
ט331009	העם את- עמוד הענן עמד פתח	האהל	וקם כל- העם והשתחוו איש פתח	3 2 1 1 1111
ט331124	בן- נון נער לא ימיש מתוך	האהל	/ ויאמר משה אל- יהוה ראה אתה	3 2 1 1 1111

אזכור		מלה		צופן	ג	#	כ	קס	ה
ט361404	ויהי המשכן אחד / ויעש יריעת עזים	לאהל	על- המשכן עשתי-עשרה יריעת עשה אתם	1111	1	1		6	3
ט361807	ויעש קרסי נחשת חמשים לחבר את-	האהל	להית אחד / ויעש מכסה לאהל ערת	1111	1	1		2	3
ט361903	את- האהל להית אחד / ויעש מכסה	לאהל	ערת אילם מאדמים ומכסה ערת תחשים	1111	1	1		26	3
ט363704	ארבעה אדני- כסף / ויעש מסך לפתח	האהל	תכלת וארגמן ותולעת שני ושש משזר	1111	1	1		2	3
ט393307	ויביאו את- המשכן אל- משה את-	האהל	ואת- כל- כליו קרסיו קרשיו בריחו	1111	1	1		2	3
ט393813	ואת קטרת הסמים ואת מסך פתח	האהל	/ את מזבח הנחשת ואת- מכבר הנחשת	1111	1	1		2	3
ט401903	בריחיו ויקם את- עמודיו / ויפרש את-	האהל	על- המשכן וישם את- מכסה האהל	1111	1	1		2	3
ט401909	האהל על- המשכן וישם את- מכסה	האהל	עליו מלמעלה כאשר צוה יהוה את-	1111	1	1		2	3
ט272101	זך כתית למאור להעלת נר תמיד /	באהל	מועד מחוץ לפרכת אשר על- העדת	1112	1	1		4	3
ט284308	על- אהרן ועל- בניו בבאם אל-	אהל	מועד או בגשתם אל- המזבח לשרת	1112	1	1			2
ט290408	אהרן ואת בניו תקריב אל- פתח	אהל	מועד ורחצת אתם במים / ולקחת את-	1112	1	1			2
ט291005	ויד- בניו / והקרבת את- הפר לפני	אהל	מועד וסמך אהרן ובניו את- ידיהם	1112	1	1			2
ט291107	ושחטת את- הפר לפני יהוה פתח	אהל	מועד / ולקחת מדם הפר ונתתה על-	1112	1	1			2
ט293011	הכהן תחתיו מבניו אשר יבא אל-	אהל	מועד לשרת בקדש / ואת איל המלאים	1112	1	1			2
ט293212	האיל ואת- הלחם אשר בסל פתח	אהל	מועד / ואכלו אתם אשר כפר בהם	1112	1	1			2
ט294205	אשה ליהוה / עלת תמיד לדרתיכם פתח	אהל-	מועד לפני יהוה אשר אועד לכם	1112	1	1			2
ט294403	לבני- ישראל ונקדש בכבדי / וקדשתי את-	אהל	מועד ואת- המזבח ואת- אהרן ואת-	1112	1	1			2
ט301612	בני ישראל ונתת אתו על עבדת	אהל	מועד והיה לבני ישראל לזכרון לפני	1112	1	1			2
ט301810	וכנו נחשת לרחצה ונתת אתו בין-	אהל	מועד ובין המזבח ונתת שמה מים	1112	1	1			2
ט302003	את- ידיהם ואת- רגליהם / בבאם אל-	אהל	מועד ירחצו- מים ולא ימתו או	1112	1	1			2
ט302604	משחת- קדש יהיה / ומשחת בו את-	אהל	מועד ואת ארון העדה / ואת- השלחן	1112	1	1			2
ט303608	ממנה הדק ונתתה ממנה לפני העדת	באהל	מועד אשר אועד לך שמה קדש	1112	1	1		4	3
ט310702	ועשו את כל- אשר צויתך / את	אהל	מועד ואת- הארן לעדת ואת- הכפרת	1112	1	1			2
ט330714	למחנה הרחק מן- המחנה וקרא לו	אהל	מועד והיה כל- מבקש יהוה יצא	1112	1	1			2
ט330722	והיה כל- מבקש יהוה יצא אל-	אהל	מועד אשר מחוץ למחנה / והיה כצאת	1112	1	1			2
ט352117	אתו הביאו את- תרומת יהוה למלאכת	אהל	מועד ולכל- עבדתו ולבגדי הקדש / ויבאו	1112	1	1			2
ט380813	נחשת במראת הצבאת אשר צבאו פתח	אהל	מועד / ויעש את- החצר לפאת נגב	1112	1	1			2
ט383006	שקל / ויעש בה את- אדני פתח	אהל	מועד ואת מזבח הנחשת ואת- מכבר	1112	1	1			2
ט393205	את- משה / ותכל כל- עבדת משכן	אהל	מועד ויעשו בני ישראל ככל אשר	1112	1	1			2
ט394020	ויתדתיה ואת כל- כלי עבדת המשכן	לאהל	מועד / את- בגדי השרד לשרת בקדש	1112	1	1		6	3
ט400209	הראשון באחד לחדש תקים את- משכן	אהל	מועד / ושמת שם את ארון העדות	1112	1	1			2
ט400608	את מזבח העלה לפני פתח משכן	אהל-	מועד / ונתת את- הכיר בין- אהל	1112	1	1			2
ט400705	אהל- מועד / ונתת את- הכיר בין-	אהל	מועד ובין המזבח ונתת שם מים	1112	1	1			2
ט401208	את- אהרן ואת- בניו אל- פתח	אהל	מועד ורחצת אתם במים / והלבשת את-	1112	1	1			2
ט402204	יהוה את- משה / ויתן את- השלחן	באהל	מועד על ירך המשכן צפנה מחוץ	1112	1	1		4	3
ט402404	יהוה את- משה / וישם את- המנרה	באהל	מועד נכח השלחן על ירך המשכן	1112	1	1		4	3
ט402605	את- משה / וישם את- מזבח הזהב	באהל	מועד לפני הפרכת / ויקטר עליו קטרת	1112	1	1		4	3
ט402907	ואת מזבח העלה שם פתח משכן	אהל-	מועד ויעל עליו את- העלה ואת-	1112	1	1			2
ט403005	את- משה / וישם את- הכיר בין-	אהל	מועד ובין המזבח ויתן שמה מים	1112	1	1			2
ט403203	את- ידיהם ואת- רגליהם / בבאם אל-	אהל	מועד ובקרבתם אל- המזבח ירחצו כאשר	1112	1	1			2
ט403404	משה את- המלאכה / ויכס הענן את-	אהל	מועד וכבוד יהוה מלא את- המשכן	1112	1	1			2
ט403506	המשכן / ולא- יכל משה לבוא אל-	אהל	מועד כי- שכן עליו הענן וכבוד	1112	1	1			2
ט161617	עמר לגלגלת מספר נפשתיכם איש לאשר	באהלו	תקחו / ויעשו- כן בני ישראל וילקטו	1113	1	1	4	4	4
ט330812	יקומו כל- העם ונצבו איש פתח	אהלו	והביטו אחרי משה עד- באו האהלה	1113	1	1	4		3
ט331016	וקם כל- העם והשתחוו איש פתח	אהלו	/ ודבר יהוה אל- משה פנים אל-	1113	1	1	4		3
ט351104	אשר צוה יהוה / את- המשכן את-	אהלו	ואת- מכסהו את- קרסיו ואת- קרשיו	1113	1	1	4		3

--*-*-*-*-*-*-*-*-*-*-*-*-*-*-*-*-*-* אהליאב *-*-*-*-*-*-*-*-*-*-*-*-*-*-*-*-*-*-*-*

אזכור		מלה		צופן	ג	#	כ	קס	ה
ט310606	מלאכה / ואני הנה נתתי אתו את	אהליאב	בן- אחיסמך למטה- דן ובלב כל-	122	1				4
ט353405	מלאכת מחשבת / ולהורת נתן בלבו הוא	ואהליאב	בן- אחיסמך למטה- דן / מלא אתם	122	1			1	5
ט360103	כל- מלאכה וחשבי מחשבת // ועשה בצלאל	ואהליאב	וכל איש חכם- לב אשר נתן	122	1			1	5
ט360206	יהוה / ויקרא משה אל- בצלאל ואל-	אהליאב	ואל כל- איש חכם- לב אשר	122	1				4
ט382302	אשר- צוה יהוה את- משה / ואתו	אהליאב	בן- אחיסמך למטה- דן חרש וחשב	122	1				4

/ = סוף פסוק   // = סוף פרק   ג = מין   # = מספר   כ = כינוי חבור   קס = קידומות וסיומות   ה = מספר ההברות

אזכור		מלה		צופן	ג	#	כ	קס	ה
	-	אהרן	*-*						
ט181209	חתן משה עלה וזבחים לאלהים ויבא	אהרן	וכל זקני ישראל לאכל- לחם עם-	121	1				3
ט041407	ויחר- אף יהוה במשה ויאמר הלא	אהרן	אחיך הלוי ידעתי כי- דבר ידבר	122	1				3
ט042704	חתן דמים למולת / ויאמר יהוה אל-	אהרן	לך לקראת משה המדברה וילך ויפגשהו	122	1				3
ט042803	בהר האלהים וישק- לו / ויגד משה	לאהרן	את כל- דברי יהוה אשר שלחו	122	1			6	4
ט042903	כל- האתת אשר צוהו / וילך משה	ואהרן	ויאספו את- כל- זקני בני ישראל	122	1			1	4
ט043002	את- כל- זקני בני ישראל / וידבר	אהרן	את כל- הדברים אשר- דבר יהוה	122	1				3
ט050104	ענים ויקדו וישתחוו // ואחר באו משה	ואהרן	ויאמרו אל- פרעה כה- אמר יהוה	122	1			1	4
ט050407	ויאמר אלהם מלך מצרים למה משה	ואהרן	תפריעו את- העם ממעשיו לכו לסבלתיכם	122	1			1	4
ט052005	יום ביומו / ויפגעו את- משה ואת-	אהרן	נצבים לקראתם בצאתם מאת פרעה / ויאמרו	122	1				3
ט061306	שפתים / וידבר יהוה אל- משה ואל-	אהרן	ויצום אל- בני ישראל ואל- פרעה	122	1				3
ט062011	דדתו לו לאשה ותלד לו את-	אהרן	ואת- משה ושני חיי עמרם שבע	122	1				3
ט062302	ובני עזיאל מישאל ואלצפן וסתרי / ויקח	אהרן	את- אלישבע בת- עמינדב אחות נחשון	122	1				3
ט062411	אביאסף אלה משפחת הקרחי ואלעזר בן-	אהרן	לקח- לו מבנות פוטיאל לו לאשה	122	1				3
ט062602	אלה ראשי אבות הלוים למשפחתם / הוא	אהרן	ומשה אשר אמר יהוה להם הוציאו	122	1				3
ט062714	את- בני- ישראל ממצרים הוא משה	ואהרן	/ ויהי ביום דבר יהוה אל- משה	122	1			1	3
ט070109	אל- משה ראה נתתיך אלהים לפרעה	ואהרן	אחיך יהיה נביאך / אתה תדבר את	122	1			1	4
ט070207	אתה תדבר את כל- אשר אצוך	ואהרן	אחיך ידבר אל- פרעה ושלח את-	122	1			1	4
ט070603	את- בני- ישראל מתוכם / ויעש משה	ואהרן	כאשר צוה יהוה אתם כן עשו	122	1			1	4
ט070705	כן עשו / ומשה בן- שמנים שנה	ואהרן	בן- שלש ושמנים שנה בדברם אל-	122	1			1	4
ט070806	פרעה / ויאמר יהוה אל- משה ואל-	אהרן	לאמר / כי ידבר אלכם פרעה לאמר	122	1				3
ט070911	לאמר תנו לכם מופת ואמרת אל-	אהרן	קח את- מטך והשלך לפני- פרעה	122	1				3
ט071003	לפני- פרעה יהי לתנין / ויבא משה	ואהרן	אל- פרעה ויעשו כן כאשר צוה	122	1			1	4
ט071012	ויעשו כן כאשר צוה יהוה וישלך	אהרן	את- מטהו לפני פרעה ולפני עבדיו	122	1				3
ט071208	איש מטהו ויהיו לתנינם ויבלע מטה-	אהרן	את- מטתם / ויחזק לב פרעה ולא	122	1				3
ט071907	ויאמר יהוה אל- משה אמר אל-	אהרן	קח מטך ונטה- ידך על- מימי	122	1				3
ט072004	מצרים ובעצים ובאבנים / ויעשו- כן משה	ואהרן	כאשר צוה יהוה וירם במטה ויך	122	1			1	4
ט080107	ויאמר יהוה אל- משה אמר אל-	אהרן	נטה את- ידך במטך על- הנהרת	122	1				3
ט080202	את- הצפרדעים על- ארץ מצרים / ויט	אהרן	את- ידו על מימי מצרים ותעל	122	1				3
ט080404	על- ארץ מצרים / ויקרא פרעה למשה	ולאהרן	ויאמר העתירו אל- יהוה ויסר הצפרדעים	122	1			61	5
ט080803	ומעמך רק ביאר תשארנה / ויצא משה	ואהרן	מעם פרעה ויצעק משה אל- יהוה	122	1			1	4
ט081207	ויאמר יהוה אל- משה אמר אל-	אהרן	נטה את- מטך והך את- עפר	122	1				3
ט081304	בכל- ארץ מצרים / ויעשו- כן ויט	אהרן	את- ידו במטהו ויך את- עפר	122	1				3
ט082105	מפני הערב / ויקרא פרעה אל- משה	ולאהרן	ויאמר לכו זבחו לאלהיכם בארץ / ויאמר	122	1			61	5
ט090806	העם / ויאמר יהוה אל- משה ואל-	אהרן	קחו לכם מלא חפניכם פיח כבשן	122	1				3
ט092705	היה ברד / וישלח פרעה ויקרא למשה	ולאהרן	ויאמר אלהם חטאתי הפעם יהוה הצדיק	122	1			61	5
ט100303	וידעתם כי- אני יהוה / ויבא משה	ואהרן	אל- פרעה ויאמרו אליו כה- אמר	122	1			1	4
ט100805	אבדה מצרים / ויושב את- משה ואת-	אהרן	אל- פרעה ויאמר אלהם לכו עבדו	122	1				3
ט101605	ארץ מצרים / וימהר פרעה לקרא למשה	ולאהרן	ויאמר חטאתי ליהוה אלהיכם ולכם / ועתה	122	1			61	5
ט111002	למען רבות מופתי בארץ מצרים / ומשה	ואהרן	עשו את- כל- המפתים האלה לפני	122	1			1	4
ט120106	מארצו // ויאמר יהוה אל- משה ואל-	אהרן	בארץ מצרים לאמר / החדש הזה לכם	122	1				3
ט122810	ישראל כאשר צוה יהוה את- משה	ואהרן	כן עשו / ויהי בחצי הלילה ויהוה	122	1			1	4
ט123103	אשר אין- שם מת / ויקרא למשה	ולאהרן	לילה ויאמר קומו צאו מתוך עמי	122	1			61	5
ט124305	ישראל לדרתם / ויאמר יהוה אל- משה	ואהרן	זאת חקת הפסח כל- בן- נכר	122	1			1	4
ט125011	כאשר צוה יהוה את- משה ואת-	אהרן	כן עשו / ויהי בעצם היום הזה	122	1				3
ט152005	בתוך הים / ותקח מרים הנביאה אחות	אהרן	את- התף בידה ותצאן כל- הנשים	122	1				3
ט160209	עדת בני- ישראל על- משה ועל-	אהרן	במדבר / ויאמרו אלהם בני ישראל מי-	122	1				3
ט160603	אשר- ילקטו יום יום / ויאמר משה	ואהרן	אל- כל- בני ישראל ערב וידעתם	122	1			1	4
ט160904	כי על- יהוה / ויאמר משה אל-	אהרן	אמר אל- כל- עדת בני ישראל	122	1				3
ט161003	כי שמע את תלנתיכם / ויהי כדבר	אהרן	אל- כל- עדת בני- ישראל ויפנו	122	1				3
ט163304	אתכם מארץ מצרים / ויאמר משה אל-	אהרן	קח צנצנת אחת ותן- שמה מלא-	122	1				3
ט163407	כאשר צוה יהוה אל משה ויניחהו	אהרן	לפני העדת למשמרת / ובני ישראל אכלו	122	1				3
ט171010	אמר- לו משה להלחם בעמלק ומשה	אהרן	וחור עלו ראש הגבעה / והיה כאשר	122	1				3
ט171210	ויקחו- אבן וישימו תחתיו וישב עליה	ואהרן	וחור תמכו בידיו מזה אחד ומזה	122	1			1	4

/ = סוף פסוק   // = סוף פרק   ג = מין   # = מספר   כ = כינוי חבור   קס = קידומות וסיומות   ו = מספר ההברות

אזכור		מלה		צורן	ג	#	כ	קס	ה
ט192408	אליו יהוה לך- רד ועלית אתה	ואהרן	עמך והכהנים והעם אל- יהרסו לעלת	122	1			1	4
ט240108	משה אמר עלה אל- יהוה אתה	ואהרן	נדב ואביהוא ושבעים מזקני ישראל והשתחויתם	122	1			1	4
ט240903	על כל- הדברים האלה / ויעל משה	ואהרן	נדב ואביהוא ושבעים מזקני ישראל / ויראו	122	1			1	4
ט241412	בזה עד אשר- נשוב אליכם והנה	אהרן	וחור עמכם מי- בעל דברים יגש	122	1				3
ט272110	לפרכת אשר על- העדת יערך אתו	אהרן	ובניו מערב עד- בקר לפני יהוה	122	1				3
ט280105	בני ישראל // ואתה הקרב אליך את-	אהרן	אחיך ואת- בניו אתו מתוך בני	122	1				3
ט280115	אתו מתוך בני ישראל לכהנו- לי	אהרן	נדב ואביהוא אלעזר ואיתמר בני אהרן	122	1				3
ט280121	אהרן נדב ואביהוא אלעזר ואיתמר בני	אהרן	/ ועשית בגדי קדש לאהרן אחיך לכבוד	122	1				3
ט280204	ואיתמר בני אהרן / ועשית בגדי קדש	לאהרן	אחיך לכבוד ולתפארת / ואתה תדבר אל-	122	1			6	4
ט280314	מלאתיו רוח חכמה ועשו את- בגדי	אהרן	לקדשו לכהנו- לי / ואלה הבגדים אשר	122	1				3
ט280415	תשבץ מצנפת ואבנט ועשו בגדי- קדש	לאהרן	אחיך ולבניו לכהנו- לי / והם יקחו	122	1			6	4
ט281213	האפד אבני זכרן לבני ישראל ונשא	אהרן	את- שמותם לפני יהוה על- שתי	122	1				3
ט282902	ולא- יזח החשן מעל האפוד / ונשא	אהרן	את- שמות בני- ישראל בחשן המשפט	122	1				3
ט283012	האורים ואת- התמים והיו על- לב	אהרן	בבאו לפני יהוה ונשא אהרן את-	122	1				3
ט283017	לב אהרן בבאו לפני יהוה ונשא	אהרן	את- משפט בני- ישראל על- לבו	122	1				3
ט283503	על- שולי המעיל סביב / והיה על-	אהרן	לשרת ונשמע קולו בבאו אל- הקדש	122	1				3
ט283804	פני- המצנפת יהיה / והיה על- מצח	אהרן	ונשא אהרן את- עון הקדשים אשר	122	1				3
ט283806	יהיה / והיה על- מצח אהרן ונשא	אהרן	את- עון הקדשים אשר יקדישו בני	122	1				3
ט284002	שש ואבנט תעשה מעשה רקם / ולבני	אהרן	תעשה כתנת ועשית להם אבנטים ומגבעות	122	1				3
ט284104	להם לכבוד ולתפארת / והלבשת אתם את-	אהרן	אחיך ואת- בניו אתו ומשחת אתם	122	1				3
ט284303	ממתנים ועד- ירכים יהיו / והיו על-	אהרן	ועל- בניו בבאם אל- אהל מועד	122	1				3
ט290402	ואת- הפר ואת שני האילם / ואת-	אהרן	ואת בניו תקריב אל- פתח אהל	122	1				3
ט290506	במים / ולקחת את- הבגדים והלבשת את-	אהרן	את- הכתנת ואת מעיל האפד ואת-	122	1				3
ט290904	תקריב והלבשתם כתנת / וחגרת אתם אבנט	אהרן	ובניו וחבשת להם מגבעת והיתה להם	122	1				3
ט290916	להם כהנה לחקת עולם ומלאת יד-	אהרן	ויד- בניו / והקרבת את- הפר לפני	122	1				3
ט291008	את- הפר לפני אהל מועד וסמך	אהרן	ובניו את- ידיהם על- ראש הפר	122	1				3
ט291506	הוא / ואת- האיל האחד תקח וסמכו	אהרן	ובניו את- ידיהם על- ראש האיל	122	1				3
ט291906	הוא / ולקחת את האיל השני וסמך	אהרן	ובניו את- ידיהם על- ראש האיל	122	1				3
ט292010	ולקחת מדמו ונתתה על- תנוך אזן	אהרן	ועל תנוך אזן בניו הימנית ועל-	122	1				3
ט292111	על- המזבח ומשמן המשחה והזית על-	אהרן	ועל- בגדיו ועל- בניו ועל- בגדי	122	1				3
ט292405	לפני יהוה / ושמת הכל על כפי	אהרן	ועל כפי בניו והנפת אתם תנופה	122	1				3
ט292607	ולקחת את- החזה מאיל המלאים אשר	לאהרן	והנפת אתו תנופה לפני יהוה והיה	122	1			6	4
ט292715	הונף ואשר הורם מאיל המלאים מאשר	לאהרן	ומאשר לבניו / והיה לאהרן ולבניו לחק-	122	1			6	4
ט292802	המלאים מאשר לאהרן ומאשר לבניו / והיה	לאהרן	ולבניו לחק- עולם מאת בני ישראל	122	1			6	4
ט292904	שלמיהם תרומתם ליהוה / ובגדי הקדש אשר	לאהרן	יהיו לבניו אחריו למשחה בהם ולמלא-	122	1			6	4
ט293202	ובשלת את- בשרו במקם קדש / ואכל	אהרן	ובניו את- בשר האיל ואת- הלחם	122	1				3
ט293502	לא יאכל כי- קדש הוא / ועשית	לאהרן	ולבניו ככה ככל אשר- צויתי אתכה	122	1			6	4
ט294408	את- אהל מועד ואת- המזבח ואת-	אהרן	ואת- בניו אקדש לכהן לי / ושכנתי	122	1				3
ט300703	אשר אועד לך שמה / והקטיר עליו	אהרן	קטרת סמים בבקר בבקר בהיטיבו את-	122	1				3
ט300802	בבקר בהיטיבו את- הנרת יקטירנה / ובהעלת	אהרן	את- הנרת בין- הערבים יקטירנה קטרת	122	1				3
ט301002	ומנחה ונסך לא תסכו עליו / וכפר	אהרן	על- קרנתיו אחת בשנה מדם חטאת	122	1				3
ט301902	ובין המזבח ונתת שמה מים / ורחצו	אהרן	ובניו ממנו את- ידיהם ואת- רגליהם	122	1				3
ט303002	קדשים כל- הנגע בהם יקדש / ואת-	אהרן	ואת- בניו תמשח וקדשת אתם לכהן	122	1				3
ט311007	ואת בגדי השרד ואת- בגדי הקדש	לאהרן	הכהן ואת- בגדי בניו לכהן / ואת	122	1			6	4
ט320112	לרדת מן- ההר ויקהל העם על-	אהרן	ויאמרו אליו קום עשה- לנו אלהים	122	1				3
ט320203	ידענו מה- היה לו / ויאמר אלהם	אהרן	פרקו נזמי הזהב אשר באזני נשיכם	122	1				3
ט320311	נזמי הזהב אשר באזניהם ויביאו אל-	אהרן	/ ויקח מידם ויצר אתו בחרט ויעשהו	122	1				3
ט320502	ישראל אשר העלוך מארץ מצרים / וירא	אהרן	ויבן מזבח לפניו ויקרא אהרן ויאמר	122	1				3
ט320507	וירא אהרן ויבן מזבח לפניו ויקרא	אהרן	ויאמר חג ליהוה מחר / וישכימו ממחרת	122	1				3
ט322104	את- בני ישראל / ויאמר משה אל-	אהרן	מה- עשה לך העם הזה כי-	122	1				3
ט322202	כי- הבאת עליו חטאה גדלה / ויאמר	אהרן	אל- יחר אף אדני אתה ידעת	122	1				3
ט322510	העם כי פרע הוא כי- פרעה	אהרן	לשמצה בקמיהם / ויעמד משה בשער המחנה	122	1				3
ט323512	אשר עשו את- העגל אשר עשה	אהרן	// וידבר יהוה אל- משה לך עלה	122	1				3
ט343002	קרן עור פניו בדברו אתו / וירא	אהרן	וכל- בני ישראל את- משה והנה	122	1				3

/ = סוף פסוק // = סוף פרק ג = מין # = מספר כ = כינוי חבור קס = קידומות וסיומות ה = מספר ההברות

אזכור		מלה		צונן ג # כ	קס	ה
ט343106	אליו / ויקרא אלהם משה וישבו אליו	אהרן	וכל- הנשאים בעדה וידבר משה אלהם	1 122		3
ט351909	השרד לשרת בקדש את- בגדי הקדש	לאהרן	הכהן ואת- בגדי בניו לכהן / ויצאו	1 122	6	4
ט382116	משה עבדת הלוים ביד איתמר בן-	אהרן	הכהן / ובצלאל בן- אורי בן- חור	1 122		3
ט390116	בקדש ויעשו את- בגדי הקדש אשר	לאהרן	כאשר צוה יהוה את- משה / ויעש	1 122	6	4
ט392707	ויעשו את- הכתנת שש מעשה ארג	לאהרן	ולבניו / ואת המצנפת שש ואת- פארי	1 122	6	4
ט394109	השרד לשרת בקדש את- בגדי הקדש	לאהרן	הכהן ואת- בגדי בניו לכהן / ככל	1 122	6	4
ט401203	ואת- כנו וקדשת אתו / והקרבת את-	אהרן	ואת- בניו אל- פתח אהל מועד	1 122		3
ט401303	מועד ורחצת אתם במים / והלבשת את-	אהרן	את בגדי הקדש ומשחת אתו וקדשת	1 122		3
ט403104	שמה מים לרחצה / ורחצו ממנו משה	ואהרן	ובניו את- ידיהם ואת- רגליהם / בבאם	1 122	1	4
	--*-*-*-*-*-*-*-*-*-*-*-*-*-*	או	*-*-*-*-*-*-*-*-*-*-*-*-*-*-*-*			
ט041108	יהוה אליו מי שם פה לאדם	או	מי- ישום אלם או חרש או	22		1
ט041112	פה לאדם או מי- ישום אלם	או	חרש או פקח או עור הלא-	22		1
ט041114	או מי- ישום אלם או חרש	או	פקח או עור הלא- אנכי יהוה	22		1
ט041116	ישום אלם או חרש או פקח	או	עור הלא- אנכי יהוה / ועתה לך	22		1
ט050318	ונזבחה ליהוה אלהינו פן- יפגענו בדבר	או	בחרב / ויאמר אלהם מלך מצרים למה	22		1
ט191308	תגע בו יד כי- סקול יסקל	או-	ירה יירה אם- בהמה אם- איש	22		1
ט210409	יתן- לו אשה וילדה- לו בנים	או	בנות האשה וילדיה תהיה לאדניה והוא	22		1
ט210608	אדניו אל- האלהים והגישו אל- הדלת	או	אל- המזוזה ורצע אדניו את- אזנו	22		1
ט211809	אנשים והכה- איש את- רעהו באבן	או	באגרף ולא ימות ונפל למשכב / אם-	22		1
ט212006	ירפא / וכי- יכה איש את- עבדו	או	את- אמתו בשבט ומת תחת ידו	22		1
ט212104	ידו נקם ינקם / אך אם- יום	או	יומים יעמד לא יקם כי כספו	22		1
ט212607	וכי- יכה איש את- עין עבדו	או-	את- עין אמתו ושחתה לחפשי ישלחנו	22		1
ט212704	ישלחנו תחת עינו / ואם- שן עבדו	או-	שן אמתו יפיל לחפשי ישלחנו תחת	22		1
ט212806	שנו / וכי- יגח שור את- איש	או	את- אשה ומת סקול יסקל השור	22		1
ט212913	והועד בבעליו ולא ישמרנו והמית איש	או	אשה השור יסקל וגם- בעליו יומת	22		1
ט213101	פדין נפשו ככל אשר- יושת עליו /	או-	בן יגח או- בת יגח כמשפט	22		1
ט213104	אשר- יושת עליו / או- בן יגח	או-	בת יגח כמשפט הזה יעשה לו	22		1
ט213205	יעשה לו / אם- עבד יגח השור	או	אמה כסף שלשים שקלים יתן לאדניו	22		1
ט213305	והשור יסקל / וכי- יפתח איש בור	או	כי- יכרה איש בר ולא יכסנו	22		1
ט213315	בר ולא יכסנו ונפל- שמה שור	או	חמור / בעל הבור ישלם כסף ישיב	22		1
ט213601	את- כספו וגם את- המת יחצון /	או	נודע כי שור נגח הוא מתמול	22		1
ט213705	יהיה- לו / כי יגנב- איש שור	או-	שה וטבחו או מכרו חמשה בקר	22		1
ט213708	יגנב- איש שור או- שה וטבחו	או	מכרו חמשה בקר ישלם תחת השור	22		1
ט220405	שנים ישלם / כי יבער- איש שדה	או-	כרם ושלח את- בעירה ובער בשדה	22		1
ט220508	תצא אש ומצאה קצים ונאכל גדיש	או	הקמה או השדה שלם ישלם המבער	22		1
ט220510	ומצאה קצים ונאכל גדיש או הקמה	או	השדה שלם ישלם המבער את- הבערה	22		1
ט220607	כי- יתן איש אל- רעהו כסף	או-	כלים לשמר וגנב מבית האיש אם-	22		1
ט220907	כי- יתן איש אל- רעהו חמור	או-	שור או- שה וכל- בהמה לשמר	22		1
ט220909	איש אל- רעהו חמור או- שור	או-	שה וכל- בהמה לשמר ומת או-	22		1
ט220915	או- שה וכל- בהמה לשמר ומת	או-	נשבר או- נשבה אין ראה / שבעת	22		1
ט220917	וכל- בהמה לשמר ומת או- נשבר	או-	נשבה אין ראה / שבעת יהוה תהיה	22		1
ט221307	וכי- ישאל איש מעם רעהו ונשבר	או-	מת בעליו אין- עמו שלם ישלם	22		1
ט230405	תהדר בריבו / כי תפגע שור איבך	או	חמרו תעה השב תשיבנו לו / כי-	22		1
ט284310	ועל- בניו בבאם אל- אהל מועד	או	בגשתם אל- המזבח לשרת בקדש ולא-	22		1
ט302009	אהל מועד ירחצו- מים ולא ימתו	או	בגשתם אל- המזבח לשרת להקטיר אשה	22		1
	--*-*-*-*-*-*-*-*-*-*-*-*-*-*	אודות	*-*-*-*-*-*-*-*-*-*-*-*-*-*-*-*			
ט180812	אשר עשה יהוה לפרעה ולמצרים על	אודת	ישראל את כל- התלאה אשר מצאתם	3 2 1126		2
	--*-*-*-*-*-*-*-*-*-*-*-*-*-*	אודם	*-*-*-*-*-*-*-*-*-*-*-*-*-*-*-*			
ט281709	מלאת אבן ארבעה טורים אבן טור	אדם	פטדה וברקת הטור האחד / והטור השני	1 1 1111		2
ט391007	וימלאו- בו ארבעה טורי אבן טור	אדם	פטדה וברקת הטור האחד / והטור השני	1 1 1111		2

אזכור		מלה		צופן	ג	#	כ	קס	ה
	--*-*-*-*-*-*-*-*-*-*-*-*-*-*-*	אויב	*-*-*-*-*-*-*-*-*-*-*-*-*-*-*-*-*-*-*-*						
ט150608	יהוה נאדרי בכח ימינך יהוה תרעץ	אויב	/ וברב גאונך תהרס קמיך תשלח חרנך	1111	1	1			2
ט150902	נזלים קפאו תהמת בלב- ים / אמר	אויב	ארדף אשיג אחלק שלל תמלאמו נפשי	1111	1	1			2
ט230404	לא תהדר בריבו / כי תפגע שור	איבך	או חמרו תעה השב תשיבנו לו	1113	1	1	2		4
ט232212	ועשית כל אשר אדבר ואיבתי את-	איבך	וצרתי את- צרריך / כי- ילך מלאכי	1113	1	1	2		4
ט232715	אשר תבא בהם ונתתי את- כל-	איביך	אליך ערף / ושלחתי את- הצרעה לפניך	1117	1	3	2		4
	--*-*-*-*-*-*-*-*-*-*-*-*-*-*-*	אולי	*-*-*-*-*-*-*-*-*-*-*-*-*-*-*-*-*-*-*-*						
ט323015	חטאה גדלה ועתה אעלה אל- יהוה	אולי	אכפרה בעד חטאתכם / וישב משה אל-	22					2
	--*-*-*-*-*-*-*-*-*-*-*-*-*-*-*	אולם	*-*-*-*-*-*-*-*-*-*-*-*-*-*-*-*-*-*-*-*						
ט091601	ואת- עמך בדבר ותכחד מן- הארץ /	ואולם	בעבור זאת העמדתיך בעבור הראתך את-	22				1	3
	--*-*-*-*-*-*-*-*-*-*-*-*-*-*-*	אופן	*-*-*-*-*-*-*-*-*-*-*-*-*-*-*-*-*-*-*-*						
ט142503	ויהם את מחנה מצרים / ויסר את	אפן	מרכבתיו וינהגהו בכבדת ויאמר מצרים אנוסה	1112	1	1			2
	--*-*-*-*-*-*-*-*-*-*-*-*-*-*-*	אור	*-*-*-*-*-*-*-*-*-*-*-*-*-*-*-*-*-*-*-*						
ט102316	שלשת ימים ולכל בני ישראל היה	אור	במושבתם / ויקרא פרעה אל- משה ויאמר	1111	1	1			1
	--*-*-*-*-*-*-*-*-*-*-*-*-*-*-*	אורי	*-*-*-*-*-*-*-*-*-*-*-*-*-*-*-*-*-*-*-*						
ט310206	לאמר / ראה קראתי בשם בצלאל בן-	אורי	בן- חור למטה יהודה / ואמלא אתו	122	1				2
ט353012	ראו קרא יהוה בשם בצלאל בן-	אורי	בן- חור למטה יהודה / וימלא אתו	122	1				2
ט382203	איתמר בן- אהרן הכהן / ובצלאל בן-	אורי	בן- חור למטה יהודה עשה את	122	1				2
	--*-*-*-*-*-*-*-*-*-*-*-*-*-*-*	אורים	*-*-*-*-*-*-*-*-*-*-*-*-*-*-*-*-*-*-*-*						
ט283006	תמיד / ונתת אל- חשן המשפט את-	האורים	ואת- התמים והיו על- לב אהרן	1115	1	3		2	3
	--*-*-*-*-*-*-*-*-*-*-*-*-*-*-*	אות	*-*-*-*-*-*-*-*-*-*-*-*-*-*-*-*-*-*-*-*						
ט031207	ויאמר כי- אהיה עמך וזה- לך	האות	כי אנכי שלחתיך בהוציאך את- העם	1111	1	1		2	2
ט040809	לא יאמינו לך ולא ישמעו לקל	האת	הראשון והאמינו לקל האת האחרון / והיה	1111	1	1		2	2
ט040813	ישמעו לקל האת הראשון והאמינו לקל	האת	האחרון / והיה אם- לא יאמינו גם	1111	1	1		2	2
ט081909	בין עמי ובין עמך למחר יהיה	האת	הזה / ויעש יהוה כן ויבא ערב	1111	1	1		2	2
ט121304	שפטים אני יהוה / והיה הדם לכם	לאת	על הבתים אשר אתם שם וראיתי	1111	1	1		6	2
ט130903	יהוה לי בצאתי ממצרים / והיה לך	לאות	על- ידך ולזכרון בין עיניך למען	1111	1	1		6	2
ט131602	הזכרים וכל- בכור בני אפדה / והיה	לאות	על- ידכה ולטוטפת בין עיניך כי	1111	1	1		6	2
ט311312	לאמר אך את- שבתתי תשמרו כי	אות	הוא ביני וביניכם לדרתיכם לדעת כי	1111	1	1			1
ט311705	ברית עולם / ביני ובין בני ישראל	אות	הוא לעלם כי- ששת ימים עשה	1111	1	1			1
ט040907	והיה אם- לא יאמינו גם לשני	האתות	האלה ולא ישמעון לקלך ולקחת ממימי	1115	1	3		2	3
ט041710	תקח בידך אשר תעשה- בו את-	האתת	/ וילך משה וישב אל- יתר חתנו	1115	1	3		2	3
ט042812	דברי יהוה אשר שלחו ואת כל-	האתת	אשר צוהו / וילך משה ואהרן ויאספו	1115	1	3		2	3
ט043012	אשר- דבר יהוה אל- משה ויעש	האתת	לעיני העם / ויאמן העם וישמעו כי-	1115	1	3		2	3
ט070308	אקשה את- לב פרעה והרביתי את-	אתתי	ואת- מופתי בארץ מצרים / ולא- ישמע	1117	1	3	1		3
ט100118	לבו ואת- לב עבדיו למען שתי	אתתי	אלה בקרבו / ולמען תספר באזני בנך	1117	1	3	1		3
ט100212	בנך את אשר התעללתי במצרים ואת-	אתתי	אשר- שמתי בם וידעתם כי- אני	1117	1	3	1		3
	--*-*-*-*-*-*-*-*-*-*-*-*-*-*-*	אותו	*-*-*-*-*-*-*-*-*-*-*-*-*-*-*-*-*-*-*-*						
ט010711	וירבו ויעצמו במאד מאד ותמלא הארץ	אתם	/ ויקם מלך- חדש על מצרים אשר	41			9		2
ט011203	את פתם ואת- רעמסס / וכאשר יענו	אתו	כן ירבה וכן יפרץ ויקצו מפני	41			4		2
ט011612	על- האבנים אם- בן הוא והמתן	אתו	ואם בת הוא וחיה / ותיראן המילדת	41			4		2
ט020206	לוי / ותהר האשה ותלד בן ותרא	אתו	כי- טוב הוא ותצפנהו שלשה ירחים	41			4		2
ט030915	ראיתי את- הלחץ אשר מצרים לחצים	אתם	/ ועתה לכה ואשלחך אל- פרעה והוצא	41			9		2
ט031620	אברהם יצחק ויעקב לאמר פקד פקדתי	אתכם	ואת- העשוי לכם במצרים / ואמר אעלה	41			7		2
ט031703	ואת- העשוי לכם במצרים / ואמר אעלה	אתכם	מעני מצרים אל- ארץ הכנעני והחתי	41			7		2
ט031906	אלהינו / ואני ידעתי כי לא- יתן	אתכם	מלך מצרים להלך ולא ביד חזקה	41			7		2

/ = סוף פסוק   // = סוף פרק   ג = מין   # = מספר   כ = כינוי הבור   קס = קידומות וסיומות   ה = מספר ההברות

אזכור		מלה		צורן	ג	#	כ	קס	ה
ט032015	אשר אעשה בקרבו ואחרי- כן ישלח	אתכם	/ ונתתי את- חן העם- הזה בעיני	41			7		2
ט041514	אהיה עם- פיך ועם- פיהו והוריתי	אתכם	את אשר תעשון / ודבר- הוא לך	41			7		2
ט050509	הן- רבים עתה עם הארץ והשבתם	אתם	מסבלתם / ויצו פרעה ביום ההוא את-	41			9		2
ט051905	לבנים תתנו / ויראו שטרי בני- ישראל	אתם	ברע לאמר לא- תגרעו מלבניכם דבר-	41			9		2
ט060511	נאקת בני ישראל אשר מצרים מעבדים	אתם	ואזכר את- בריתי / לכן אמר לבני-	41			9		2
ט060608	אמר לבני- ישראל אני יהוה והוצאתי	אתכם	מתחת סבלת מצרים והצלתי אתכם מעבדתם	41			7		2
ט060613	והוצאתי אתכם מתחת סבלת מצרים והצלתי	אתכם	מעבדתם וגאלתי אתכם בזרוע נטויה ובשפטים	41			7		2
ט060616	סבלת מצרים והצלתי אתכם מעבדתם וגאלתי	אתכם	בזרוע נטויה ובשפטים גדלים / ולקחתי אתכם	41			7		2
ט060702	אתכם בזרוע נטויה ובשפטים גדלים / ולקחתי	אתכם	לי לעם והייתי לכם לאלהים וידעתם	41			7		2
ט060714	וידעתם כי אני יהוה אלהיכם המוציא	אתכם	מתחת סבלות מצרים / והבאתי אתכם אל-	41			7		2
ט060802	המוציא אתכם מתחת סבלות מצרים / והבאתי	אתכם	אל- הארץ אשר נשאתי את- ידי	41			7		2
ט070607	ויעש משה ואהרן כאשר צוה יהוה	אתם	כן עשו / ומשה בן- שמנים שנה	41			9		2
ט081002	הבתים מן- החצרת ומן- השדת / ויצברו	אתם	חמרם חמרם ותבאש הארץ / וירא פרעה	41			9		2
ט082405	יאמר אלינו / ויאמר פרעה אנכי אשלח	אתכם	וזבחתם ליהוה אלהיכם במדבר רק הרחק	41			7		2
ט091009	פיח הכבשן ויעמדו לפני פרעה ויזרק	אתו	משה השמימה ויהי שחין אבעבעת פרח	41			4		2
ט091507	כי עתה שלחתי את- ידי ואך	אותך	ואת- עמך בדבר ותכחד מן- הארץ	41			2		3
ט092810	ורב מהית קלת אלהים וברד ואשלחה	אתכם	ולא תספון לעמד / ויאמר אליו משה	41			7		3
ט101009	יהי כן יהוה עמכם כאשר אשלח	אתכם	ואת טפכם ראו כי רעה נגד	41			7		3
ט101114	יהוה כי אתה אתם מבקשים ויגרש	אתם	מאת פני פרעה / ויאמר יהוה אל-	41			9		2
ט110116	פרעה ועל- מצרים אחרי- כן ישלח	אתכם	מזה כשלחו כלה גרש יגרש אתכם	41			7		3
ט110122	אתכם מזה כשלחו כלה גרש יגרש	אתכם	מזה / דבר- נא באזני העם וישאלו	41			7		3
ט120610	עד ארבעה עשר יום לחדש הזה ושחטו	אתו	כל קהל עדת- ישראל בין הערבים	41			4		2
ט120714	ועל- המשקוף על הבתים אשר- יאכלו	אתו	בהם / ואכלו את- הבשר בלילה הזה	41			4		2
ט121103	עד- בקר באש תשרפו / וככה תאכלו	אתו	מתניכם חגרים נעליכם ברגליכם ומקלכם בידכם	41			4		2
ט121111	חגרים נעליכם ברגליכם ומקלכם בידכם ואכלתם	אתו	בחפזון פסח הוא ליהוה / ועברתי בארץ-	41			4		2
ט121407	והיה היום הזה לכם לזכרון וחגתם	אתו	חג ליהוה לדרתיכם חקת עולם תחגהו	41			4		2
ט123211	קחו כאשר דברתם ולכו וברכתם גם-	אתי	/ ותחזק מצרים על- העם למהר לשלחם	41			1		2
ט124407	וכל- עבד איש מקנת- כסף ומלתה	אתו	אז יאכל בו / תושב ושכיר לא-	41			4		2
ט124705	תשברו- בו / כל- עדת ישראל יעשו	אתו	/ וכי- יגור אתך גר ועשה פסח	41			4		2
ט130319	עבדים כי בחזק יד הוציא יהוה	אתכם	מזה ולא יאכל חמץ / היום אתם	41			7		3
ט131917	בני- ישראל לאמר פקד יפקד אלהים	אתכם	והעליתם את- עצמתי מזה אתכם / ויסעו	41			7		3
ט140905	ביד רמה / וירדפו מצרים אחריהם וישיגו	אותם	חנים על- הים כל- סוס רכב	41			9		2
ט160321	הבשר באכלנו לחם לשבע כי- הוצאתם	אתנו	אל- המדבר הזה להמית את- כל-	41			6		3
ט160613	ישראל ערב וידעתם כי יהוה הוציא	אתכם	מארץ מצרים / ובקר וראיתם את- כבוד	41			7		3
ט162102	תולעים ויבאש ויקצף עלהם משה / וילקטו	אתו	בבקר בבקר איש כפי אכלו וחם	41			4		2
ט162402	הניחו לכם למשמרת עד- הבקר / ויניחו	אתו	עד- הבקר כאשר צוה משה ולא	41			4		2
ט163219	למען יראו את- הלחם אשר האכלתי	אתכם	במדבר בהוציאי אתכם מארץ מצרים / ויאמר	41			7		3
ט163222	הלחם אשר האכלתי אתכם במדבר בהוציאי	אתכם	מארץ מצרים / ויאמר משה אל- אהרן	41			7		3
ט163314	ותן- שמה מלא- העמר מן והנח	אתו	לפני יהוה למשמרת לדרתיכם / כאשר צוה	41			4		2
ט170315	ויאמר למה זה העליתנו ממצרים להמית	אתי	ואת- בני ואת- מקני בצמא / ויצעק	41			1		2
ט181007	ויאמר יתרו ברוך יהוה אשר הציל	אתכם	מיד מצרים ומיד פרעה אשר הציל	41			7		3
ט182002	אתה את- הדברים אל- האלהים / והזהרתה	אתהם	את- החקים ואת- התורת והודעת להם	41			9		3
ט182508	משה אנשי- חיל מכל- ישראל ויתן	אתם	ראשים על- העם שרי אלפים שרי	41			9		2
ט190407	אתם ראיתם אשר עשיתי למצרים ואשא	אתכם	על- כנפי נשרים ואבא אתכם אלי	41			7		3
ט190412	ואשא אתכם על- כנפי נשרים ואבא	אתכם	אלי / ועתה אם- שמוע תשמעו בקלי	41			7		3
ט202010	העם אל- תיראו כי לבעבור נסות	אתכם	בא האלהים ובעבור תהיה יראתו על-	41			7		3
ט222204	ויתום לא תענון / אם- ענה תענה	אתו	כי אם- צעק יצעק אלי שמע	41			4		2
ט222304	שמע אשמע צעקתו / וחרה אפי והרגתי	אתכם	בחרב והיו נשיכם אלמנות ובניכם יתמים	41			7		3
ט223012	בשדה טרפה לא תאכלו לכלב תשלכון	אתו	// לא תשא שמע שוא אל- תשת	41			4		2
ט233306	ברית / לא ישבו בארצך פן- יחטיאו	אתך	לי כי תעבד את- אלהיהם כי-	41			2		3
ט250905	ושכנתי בתוכם / ככל אשר אני מראה	אותך	את תבנית המשכן ואת תבנית כל-	41			2		3
ט251102	וחצי רחבו ואמה וחצי קמתו / וצפית	אתו	זהב טהור מבית ומחוץ תצפנו ועשית	41			4		2
ט251306	השנית / ועשית בדי עצי שטים וצפית	אתם	זהב / והבאת את- הבדים בטבעת על	41			9		2
ט251807	ועשית שנים כרבים זהב מקשה תעשה	אתם	משני קצות הכפרת / ועשה כרוב אחד	41			9		2

אזכור		מלה		צופן ג # כ קס ה		
ט252219	ארון העדת את כל- אשר אצוה	אותך	אל- בני ישראל / ועשית שלחן עצי	41	2	3
ט252402	ואמה רחבו ואמה וחצי קמתו / וצפית	אתו	זהב טהור ועשית לו זר זהב	41	4	2
ט252807	ועשית את- הבדים עצי שטים וצפית	אתם	זהב ונשא בם את- השלחן / ועשית	41	9	2
ט252912	אשר יסך בהן זהב טהור תעשה	אתם	/ ונתת על- השלחן לחם פנים לפני	41	9	2
ט260116	ותלעת שני כרבים מעשה חשב תעשה	אתם	/ ארך היריעה האחת שמנה ועשרים באמה	41	9	2
ט260710	לאהל על- המשכן עשתי-עשרה יריעת תעשה	אתם	/ ארך היריעה האחת שלשים באמה ורחב	41	9	2
ט263707	ועשית למסך חמשה עמודי שטים וצפית	אתם	זהב ווים זהב ויצקת להם חמשה	41	9	2
ט270210	ארבע פנתיו ממנו תהיין קרנתיו וצפית	אתו	נחשת / ועשית סירתיו לדשנו ויעיו ומזרקתיו	41	4	2
ט270608	בדים למזבח בדי עצי שטים וצפית	אתם	נחשת / והובא את- בדיו בטבעת והיו	41	9	2
ט270712	הבדים על- שתי צלעת המזבח בשאת	אתו	/ נבוב לחת תעשה אתו כאשר הראה	41	4	2
ט270804	המזבח בשאת אתו / נבוב לחת תעשה	אתו	כאשר הראה אתך בהר כן יעשו	41	4	2
ט270807	נבוב לחת תעשה אתו כאשר הראה	אתך	בהר כן יעשו / ועשית את חצר	41	2	3
ט272109	מחוץ לפרכת אשר על- העדת יערך	אתו	אהרן ובניו מערב עד- בקר לפני	41	4	2
ט281118	בני ישראל מסבת משבצות זהב תעשה	אתם	/ ושמת את- שתי האבנים על כתפת	41	9	2
ט281407	ושתי שרשרת זהב טהור מגבלת תעשה	אתם	מעשה עבת ונתתה את- שרשרת העבתת	41	9	2
ט281517	וארגמן ותולעת שני ושש משזר תעשה	אתו	/ רבוע יהיה כפול זרת ארכו וזרת	41	4	2
ט282606	פניו / ועשית שתי טבעות זהב ושמת	אתם	על- שני קצות החשן על- שפתו	41	9	2
ט282706	ביתה / ועשית שתי טבעות זהב ונתת	אתם	על- שתי כתפות האפוד מלמטה ממול	41	9	2
ט283702	עליו פתוחי חתם קדש ליהוה / ושמת	אתו	על- פתיל תכלת והיה על- המצנפת	41	4	2
ט284102	ומגבעות תעשה להם לכבוד ולתפארת / והלבשת	אתם	את- אהרן אחיך ואת- בניו אתו	41	9	2
ט284110	אהרן אחיך ואת- בניו אתו ומשחת	אתם	ומלאת את- ידם וקדשת אתם וכהנו-	41	9	2
ט284115	ומשחת אתם ומלאת את- ידם וקדשת	אתם	וכהנו- לי / ועשה להם מכנסי- בד	41	9	2
ט290107	וזה הדבר אשר תעשה להם לקדש	אתם	לכהן לי לקח פר אחד בן-	41	9	2
ט290214	מצות משחים בשמן סלת חטים תעשה	אתם	/ ונתת אותם על- סל אחד והקרבת	41	9	2
ט290302	בשמן סלת חטים תעשה אתם / ונתת	אותם	על- סל אחד והקרבת אתם בסל	41	9	2
ט290307	ונתת אותם על- סל אחד והקרבת	אתם	בסל ואת- הפר ואת שני האילם	41	9	2
ט290411	תקריב אל- פתח אהל מועד ורחצת	אתם	במים / ולקחת את- הבגדים והלבשת את-	41	9	2
ט290709	שמן המשחה ויצקת על- ראשו ומשחת	אתו	/ ואת- בניו תקריב והלבשתם כתנת / וחגרת	41	4	2
ט290902	ואת- בניו תקריב והלבשתם כתנת / וחגרת	אתם	אבנט אהרן ובניו וחבשת להם מגבעת	41	9	2
ט292410	כפי אהרן ועל כפי בניו והנפת	אתם	תנופה לפני יהוה / ולקחת אתם מידם	41	9	2
ט292502	והנפת אתם תנופה לפני יהוה / ולקחת	אתם	מידם והקטרת המזבחה על- העלה לריח	41	9	2
ט292609	החזה מאיל המלאים אשר לאהרן והנפת	אתו	תנופה לפני יהוה והיה לך למנה	41	4	2
ט293302	אשר בסל פתח אהל מועד / ואכלו	אתם	אשר כפר בהם למלא את- ידם	41	9	2
ט293310	כפר בהם למלא את- ידם לקדש	אתם	וזר לא- יאכל כי- קדש הם	41	9	2
ט293508	לאהרן ולבניו ככה ככל אשר- צויתי	אתכה	שבעת ימים תמלא ידם / ופר חטאת	41	2	3
ט293613	וחטאת על- המזבח בכפרך עליו ומשחת	אתו	לקדשו / שבעת ימים תכפר על- המזבח	41	4	2
ט293707	שבעת ימים תכפר על- המזבח וקדשת	אתו	והיה המזבח קדש קדשים כל- הנגע	41	4	2
ט294608	כי אני יהוה אלהיהם אשר הוצאתי	אתם	מארץ מצרים לשכני בתוכם אני יהוה	41	9	2
ט300108	מזבח מקטר קטרת עצי שטים תעשה	אתו	/ אמה ארכו ואמה רחבו רבוע יהיה	41	4	2
ט300302	יהיה ואמתים קמתו ממנו קרנתיו / וצפית	אתו	זהב טהור את- גגו ואת- קירתיו	41	4	2
ט300419	שני צדיו והיה לבתים לבדים לשאת	אתו	בהמה / ועשית את- הבדים עצי שטים	41	4	2
ט300507	ועשית את- הבדים עצי שטים וצפית	אתם	זהב / ונתתה אתו לפני הפרכת אשר	41	9	2
ט300602	עצי שטים וצפית אתם זהב / ונתתה	אתו	לפני הפרכת אשר על- ארן העדת	41	4	2
ט301214	ונתנו איש כפר נפשו ליהוה בפקד	אתם	ולא- יהיה בהם נגף בפקד אתם	41	9	2
ט301220	אתם ולא- יהיה בהם נגף בפקד	אתם	/ זה יתנו כל- העבר על- הפקדים	41	9	2
ט301609	כסף הכפרים מאת בני ישראל ונתת	אתו	על עבדת אהל מועד והיה לבני	41	4	2
ט301808	כיור נחשת וכנו נחשת לרחצה ונתת	אתו	בין- אהל מועד ובין המזבח ונתת	41	4	2
ט302502	בשקל הקדש ושמן זית הין / ועשית	אתו	שמן משחת- קדש רקח מרקחת מעשה	41	4	2
ט302902	כליו ואת- הכיר ואת- כנו / וקדשת	אתם	והיו קדש קדשים כל- הנגע בהם	41	9	2
ט303007	ואת- אהרן ואת- בניו תמשח וקדשת	אתם	לכהן לי / ואל- בני ישראל הדבר	41	9	2
ט310302	אורי בן- חור למטה יהודה / ואמלא	אתו	רוח אלהים בחכמה ובתבונה ובדעת ובכל	41	4	2
ט320404	ויביאו אל- אהרן / ויקח מידם ויצר	אתו	בחרט ויעשהו עגל מסכה ויאמרו אלה	41	4	2
ט321009	לי ויחר- אפי בהם ואכלם ואעשה	אותך	לגוי גדול / ויחל משה את- פני	41	2	3
ט321208	יאמרו מצרים לאמר ברעה הוציאם להרג	אתם	בהרים ולכלתם מעל פני האדמה שוב	41	9	2

/ = סוף פסוק // = סוף פרק ג = מין # = מספר כ = כינוי חבור קס = קידומות וסיומות ה = מספר החברות

אזכור		מלה		צופן ג #	כ	קס	ה
ט321918	משה וישלך מידו את- הלחת וישבר	אתם	תחת ההר / ויקח את- העגל אשר	41	9		2
ט340416	אל- הר סיני כאשר צוה יהוה	אתו	ויקח בידו שני לחת אבנים / וירד	41	4		2
ט350116	אלה הדברים אשר- צוה יהוה לעשת	אתם	/ ששת ימים תעשה מלאכה וביום השביעי	41	9		2
ט352111	נשאו לבו וכל אשר נדבה רוחו	אתו	הביאו את- תרומת יהוה למלאכת אהל	41	4		2
ט352907	כל- איש ואשה אשר נדב לבם	אתם	להביא לכל- המלאכה אשר צוה יהוה	41	9		2
ט353102	אורי בן- חור למטה יהודה / וימלא	אתו	רוח אלהים בחכמה בתבונה ובדעת ובכל-	41	4		2
ט353502	ואהליאב בן- אחיסמך למטה- דן / מלא	אתם	חכמת- לב לעשות כל- מלאכת חרש	41	9		2
ט360821	ותולעת שני כרבים מעשה חשב עשה	אתם	/ ארך היריעה האחת שמנה ועשרים באמה	41	9		2
ט361410	לאהל על- המשכן עשתי-עשרה יריעת עשה	אתם	/ ארך היריעה האחת שלשים באמה וארבע	41	9		2
ט370406	השטים / ויעש בדי עצי שטים ויצף	אתם	זהב / ויבא את- הבדים בטבעת על	41	9		2
ט370707	ויעש שני כרבים זהב מקשה עשה	אתם	משני קצות הכפרת / כרוב אחד מקצה	41	9		2
ט371102	ואמה רחבו ואמה וחצי קמתו / ויצף	אתו	זהב טהור ויעש לו זר זהב	41	4		2
ט371507	ויעש את- הבדים עצי שטים ויצף	אתם	זהב לשאת את- השלחן / ויעש את-	41	9		2
ט372602	ואמתים קמתו ממנו היו קרנתיו / ויצף	אתו	זהב טהור את- גגו ואת- קירתיו	41	4		2
ט372717	על שני צדיו לבתים לבדים לשאת	אתו	בהם / ויעש את- הבדים עצי שטים	41	4		2
ט372807	ויעש את- הבדים עצי שטים ויצף	אתם	זהב / ויעש את- שמן המשחה קדש	41	9		2
ט380210	ארבע פנתיו ממנו היו קרנתיו ויצף	אתו	נחשת / ויעש את- כל- כלי המזבח	41	4		2
ט380607	ויעש את- הבדים עצי שטים ויצף	אתם	נחשת / ויבא את- הבדים בטבעת על	41	9		2
ט380709	הבדים בטבעת על צלעת המזבח לשאת	אתו	בהם נבוב לחת עשה אתו / ויעש	41	4		2
ט380714	לשאת אתו בהם נבוב לחת עשה	אתו	/ ויעש את הכיור נחשת ואת כנו	41	4		2
ט382813	עשה וים לעמודים וצפה ראשיהם וחשק	אתם	/ ונחשת התנופה שבעים ככר ואלפים וארבע-	41	9		2
ט390702	חותם על- שמות בני ישראל / וישם	אתם	על כתפת האפד אבני זכרון לבני	41	9		2
ט394315	כאשר צוה יהוה כן עשו ויברך	אתם	משה // וידבר יהוה אל- משה לאמר	41	9		2
ט400913	המשכן ואת- כל- אשר- בו וקדשת	אתו	ואת- כל- כליו והיה קדש / ומשחת	41	4		2
ט401107	ומשחת את- הכיר ואת- כנו וקדשת	אתו	/ והקרבת את- אהרן ואת- בניו אל-	41	4		2
ט401211	בניו אל- פתח אהל מועד ורחצת	אתם	במים / והלבשת את- אהרן את בגדי	41	9		2
ט401308	את- אהרן את בגדי הקדש ומשחת	אתו	וקדשת אתו וכהן לי / ואת- בניו	41	4		2
ט401310	את בגדי הקדש ומשחת אתו וקדשת	אתו	וכהן לי / ואת- בניו תקריב והלבשת	41	4		2
ט401405	וכהן לי / ואת- בניו תקריב והלבשת	אתם	כתנת / ומשחת אתם כאשר משחת את-	41	9		2
ט401502	בניו תקריב והלבשת אתם כתנת / ומשחת	אתם	כאשר משחת את- אביהם וכהנו לי	41	9		2
ט401607	ויעש משה ככל אשר צוה יהוה	אתו	כן עשה / ויהי בחדש הראשון בשנה	41	4		2
ט060810	הארץ אשר נשאתי את- ידי לתת	אתה	לאברהם ליצחק וליעקב ונתתי אתה לכם	42	5		2
ט060815	לתת אתה לאברהם ליצחק וליעקב ונתתי	אתה	לכם מורשה אני יהוה / וידבר משה	42	5		2
ט101110	נא הגברים ועבדו את- יהוה כי	אתה	אתם מבקשים ויגרש אתם מאת פני	42	5		2
ט202508	מזבח אבנים תעשה- לי לא תבנה	אתהן	גזית כי חרבך הנפת עליה ותחללה	42	8		3
ט253905	זהב טהור / ככר זהב טהור יעשה	אתה	את כל- הכלים האלה / וראה ועשה	42	5		2
ט263112	שני ושש משזר מעשה חשב יעשה	אתה	כרבים / ונתתה אתה על- ארבעה עמודי	42	5		2
ט263202	מעשה חשב יעשה אתה כרבים / ונתתה	אתה	על- ארבעה עמודי שטים מצפים זהב	42	5		2
ט270502	טבעת נחשת על ארבע קצותיו / ונתת	אתה	תחת כרכב המזבח מלמטה והיתה הרשת	42	5		2
ט303502	ולבנה זכה בד בבד יהיה / ועשית	אתה	קטרת רקח מעשה רוקח ממלח טהור	42	5		2
ט352606	השש / וכל- הנשים אשר נשא לבן	אתנה	בחכמה טוו את- העזים / והנשאם הביאו	42	0		3
ט360225	נשאו לבו לקרבה אל- המלאכה לעשת	אתה	/ ויקחו מלפני משה את כל- התרומה	42	5		2
ט360315	בני ישראל למלאכת עבדת הקדש לעשת	אתה	והם הביאו אליו עוד נדבה בבקר	42	5		2
ט360515	העבדה למלאכה אשר- צוה יהוה לעשת	אתה	/ ויצו משה ויעבירו קול במחנה לאמר	42	5		2
ט360707	והמלאכה היתה דים לכל- המלאכה לעשות	אתה	והותר / ויעשו כל- חכם- לב בעשי	42	5		2
ט363513	שני ושש משזר מעשה חשב עשה	אתה	כרבים / ויעש לה ארבעה עמודי שטים	42	5		2
ט372405	זהב טהור / ככר זהב טהור עשה	אתה	ואת כל- כליה / ויעש את- מזבח	42	5		2
ט394308	משה את- כל- המלאכה והנה עשו	אתה	כאשר צוה יהוה כן עשו ויברך	42	5		2

--*-*-*-*-*-*-*-*-*-*-*-*-*-*-*-* אז *-*-*-*-*-*-*-*-*-*-*-*-*-*-*-*-*-*

אזכור		מלה		צופן ג #	כ	קס	ה
ט041016	אנכי גם מתמול גם משלשם גם	מאז	דברך אל- עבדך כי כבד- פה	22		7	2
ט042603	חתן- דמים אתה לי / וירף ממנו	אז	אמרה חתן דמים למולת / ויאמר יהוה	22			1
ט052301	הרעתה לעם הזה למה זה שלחתני /	ומאז	באתי אל- פרעה לדבר בשמך הרע	22		71	3
ט092416	לא- היה כמהו בכל- ארץ מצרים	מאז	היתה לגוי / ויך הברד בכל- ארץ	22		7	2

/ = סוף פסוק   // = סוף פרק   ג = מין   # = מספר   כ = כינוי הבור   קס = קידומות וסיומות   ה = מספר ההברות

ה	קס	כ	#	ג	צופן		מלה		אזכור
1					22	יאכל בו / תושב ושכיר לא- יאכל	אז	עבד איש מקנת- כסף ומלתה אתו	ט124408
2	1				22	יקרב לעשתו והיה כאזרח הארץ וכל-	ואז	פסח ליהוה המול לו כל- זכר	ט124812
1					22	ישיר- משה ובני ישראל את- השירה	אז	את יהוה ויאמינו ביהוה ובמשה עבדו //	ט150101
1					22	נבהלו אלופי אדום אילי מואב יאחזמו	אז	עמים ירגזון חיל אחז ישבי פלשת /	ט151501
						-	אזוב	*-*	
2			1	1	1111	וטבלתם בדם אשר- בסף והגעתם אל-	אזוב	צאן למשפחתיכם ושחטו הפסח / ולקחתם אגדת	ט122203
						-	אזן	*-*	
2			1	2	1122	אהרן ועל תנוך אזן בניו הימנית	אזן	האיל ולקחת מדמו ונתתה על- תנוך	ט292009
2			1	2	1122	בניו הימנית ועל- בהן ידם הימנית	אזן	על- תנוך אזן אהרן ועל תנוך	ט292013
2		4	1	2	1123	במרצע ועבדו לעלם / וכי- ימכר איש	אזנו	או אל- המזוזה ורצע אדניו את-	ט210614
4	4		2	2	1126	בנך ובן- בנך את אשר התעללתי	באזני	שתי אתתי אלה בקרבו / ולמען תספר	ט100203
4	4		2	2	1126	העם וישאלו איש מאת רעהו ואשה	באזני	גרש יגרש אתכם מזה / דבר- נא	ט110203
4	4		2	2	1126	יהושע כי- מחה אמחה את- זכר	באזני	משה כתב זאת זכרון בספר ושים	ט171410
4	4		2	2	1126	העם ויאמרו כל אשר- דבר יהוה	באזני	על- / המזבח ויקח ספר הברית ויקרא	ט240706
4	4		2	2	1126	נשיכם בניכם ובנתיכם והביאו אלי / ויתפרקו	באזני	אלהם אהרן פרקו נזמי הזהב אשר	ט320208
5	4	9	2	2	1127	ויביאו אל- אהרן / ויקח מידם ויצר	באזניהם	כל- העם את- נזמי הזהב אשר	ט320308
						-	אזרח	*-*	
3	26		1	1	1111	ולגר הגר בתוככם / ויעשו כל- בני	לאזרח	לא- יאכל בו / תורה אחת יהיה	ט124904
4	41		1	1	1112	הארץ / כל- מחמצת לא תאכלו בכל	ובאזרח	ונכרתה הנפש ההוא מעדת ישראל בגר	ט121917
3	5		1	1	1112	הארץ וכל- ערל לא- יאכל בו	כאזרח	כל- זכר ואז יקרב לעשתו והיה	ט124816
						-	אח	*-*	
3		2	1	1	1113	הלוי ידעתי כי- דבר ידבר הוא	אחיך	אף יהוה במשה ויאמר הלא אהרן	ט041408
3		2	1	1	1113	יהיה נביאך / אתה תדבר את כל-	אחיך	משה ראה נתתיך אלהים לפרעה ואהרן	ט070110
3		2	1	1	1113	ידבר אל- פרעה ושלח את- בני-	אחיך	תדבר את כל- אשר אצוך ואהרן	ט070208
2		4	1	1	1113	ולא- קמו איש מתחתיו שלשת ימים	אחיו	שלשת ימים / לא- ראו איש את-	ט102305
2		4	1	1	1113	מן הוא כי לא ידעו מה-	אחיו	ויראו בני- ישראל ויאמרו איש אל-	ט161507
2		4	1	1	1113	אל- הכפרת יהיו פני הכרבים / ונתת	אחיו	בכנפיהם על- הכפרת ופניהם איש אל-	ט252013
3		2	1	1	1113	ואת- בניו אתו מתוך בני ישראל	אחיך	ישראל // ואתה הקרב אליך את- אהרן	ט280106
3		2	1	1	1113	לכבוד ולתפארת / ואתה תדבר אל- כל-	אחיך	בני אהרן / ועשית בגדי- קדש לאהרן	ט280205
3		2	1	1	1113	ולבניו לכהנו- לי / והם יקחו את-	אחיך	מצנפת ואבנט ועשו בגדי- קדש לאהרן	ט280416
3		2	1	1	1113	ואת- בניו אתו ומשחת אתם ומלאת	אחיך	לכבוד ולתפארת / והלבשת אתם את- אהרן	ט284105
2		4	1	1	1113	ואיש את- רעהו ואיש את- קרבו	אחיו	משער לשער במחנה והרגו איש- את-	ט322721
4	41	4	1	1	1113	ולתת עליכם היום ברכה / ויהי ממחרת	ובאחיו	ידכם היום ליהוה כי איש בבנו	ט322910
2		4	1	1	1113	אל- הכפרת היו פני הכרבים / ויעש	אחיו	בכנפיהם על- הכפרת ופניהם איש אל-	ט370913
2		4	3	1	1117	וכל הדור ההוא / ובני ישראל פרו	אחיו	ויוסף היה במצרים / וימת יוסף וכל	ט010604
2		4	3	1	1117	וירא בסבלתם וירא איש מצרי מכה	אחיו	בימים ההם ויגדל משה ויצא אל	ט021108
3	7	4	3	1	1117	/ ויפן כה וכה וירא כי- אין	מאחיו	וירא איש מצרי מכה איש- עברי	ט021117
2		1	3	1	1117	אשר- במצרים ואראה העודם חיים ויאמר	אחי	ויאמר לו אלכה נא ואשובה אל-	ט041813
						-	אחד	*-*	
2				1	71	/ ויכבד פרעה את- לבו גם בפעם-	אחד	הערב מפרעה מעבדיו ומעמו לא נשאר	ט082712
2				1	71	/ וישלח פרעה והנה לא- מת ממקנה	אחד	מצרים וממקנה בני- ישראל לא- מת	ט090616
2				1	71	ויכבד לב פרעה ולא שלח את-	אחד	והנה לא- מת ממקנה ישראל עד-	ט090709
2				1	71	בכל גבול מצרים / ויחזק יהוה את-	אחד	ויתקעהו ימה סוף לא נשאר ארבה	ט101916
2				1	71	אביא על- פרעה ועל- מצרים אחרי-	אחד	ויאמר יהוה אל- משה עוד נגע	ט110107
3	2			1	71	ועשרים לחדש בערב / שבעת ימים שאר	האחד	לחדש בערב תאכלו מצת עד יום	ט121810
2				1	71	יאכל לא- תוציא מן- הבית מן-	אחד	תושב ושכיר לא- יאכל בו / בבית	ט124602
2				1	71	/ ובני ישראל הלכו ביבשה בתוך הים	אחד	אחריהם בים לא- נשאר בהם עד-	ט142818
3	6			1	71	ויבאו כל- נשיאי העדה ויגידו למשה	לאחד	הששי לקטו לחם משנה שני העמר	ט162209
2				1	71	ומזה אחד ויהי ידיו אמונה עד-	אחד	עליה ואהרן וחור תמכו בידיו מזה	ט171215

ה = מספר ההברות קס = קידומות וסיומות כ = כינוי חבור # = מספר ג = מין // = סוף פרק / = סוף פסוק

אזכור		מלה		צורן	ג	#	כ	קס	ה
ט171217	וחור תמכו בידיו מזה אחד ומזה	אחד	ויהי ידיו אמונה עד- בא השמש	71	1				2
ט180306	שלוחיה / ואת שני בניה אשר שם	האחד	גרשם כי אמר גר הייתי בארץ	71	1			2	3
ט180402	אמר גר הייתי בארץ נכריה / ושם	האחד	אליעזר כי- אלהי אבי בעזרי ויצלני	71	1			2	3
ט240316	כל- המשפטים ויען כל- העם קול	אחד	ויאמרו כל- הדברים אשר- דבר יהוה	71	1				2
ט251903	אתם משני קצות הכפרת / ועשה כרוב	אחד	מקצה מזה וכרוב- אחד מקצה מזה	71	1				2
ט251907	ועשה כרוב אחד מקצה מזה וכרוב-	אחד	מקצה מזה מן- הכפרת תעשו את-	71	1				2
ט253209	יצאים מצדיה שלשה קני מנרה מצדה	האחד	ושלשה קני מנרה מצדה השני / שלשה	71	1			2	3
ט253305	מצדה השני / שלשה גבעים משקדים בקנה	האחד	כפתר ופרח ושלשה גבעים משקדים בקנה	71	1			2	3
ט253312	כפתר ופרח ושלשה גבעים משקדים בקנה	האחד	כפתר ופרח כן לששת הקנים היצאים	71	1			2	3
ט260614	אשה אל- אחתה בקרסים והיה המשכן	אחד	/ ועשית יריעת עזים לאהל על- המשכן	71	1				2
ט261113	הקרסים בללאת וחברת את- האהל והיה	אחד	/ וסרח העדף ביריעת האהל חצי היריעה	71	1				2
ט261610	הקרש ואמה וחצי האמה רחב הקרש	האחד	/ שתי ידות לקרש האחד משלבת אשה	71	1			2	3
ט261704	רחב הקרש האחד / שתי ידות לקרש	האחד	משלבת אשה אל- אחתה כן תעשה	71	1			2	3
ט261912	עשרים הקרש שני אדנים תחת- הקרש	האחד	לשתי ידתיו ושני אדנים תחת- הקרש	71	1			2	3
ט261919	לשתי ידתיו ושני אדנים תחת- הקרש	האחד	לשתי ידתיו / ולצלע המשכן השנית לפאת	71	1			2	3
ט262108	אדניהם כסף שני אדנים תחת הקרש	האחד	ושני אדנים תחת הקרש האחד / ולירכתי	71	1			2	3
ט262113	הקרש האחד ושני אדנים תחת הקרש	האחד	/ ולירכתי המשכן ימה תעשה ששה קרשים	71	1			2	3
ט262512	ששה עשר אדנים שני אדנים תחת הקרש	האחד	ושני אדנים תחת הקרש האחד / ועשית	71	1			2	3
ט262517	הקרש האחד ושני אדנים תחת הקרש	האחד	/ ועשית בריחם עצי שטים חמשה לקרשי	71	1			2	3
ט262609	עצי שטים חמשה לקרשי צלע- המשכן	האחד	/ וחמשה בריחם לקרשי צלע- המשכן השנית	71	1			2	3
ט281713	אבן טור אדם פטדה וברקת הטור	האחד	/ והטור השני נפך ספיר ויהלם / והטור	71	1			2	3
ט290112	לקדש אתם לכהן לי לקח פר	אחד	בן- בקר ואילם שנים תמימם / ולחם	71	1				2
ט290305	תעשה אתם / ונתת אותם על- סל	אחד	והקרבת אתם בסל ואת- הפר ואת	71	1				2
ט291503	מחוץ למחנה חטאת הוא / ואת- האיל	האחד	תקח וסמכו אהרן ובניו את- ידיהם	71	1			2	3
ט292309	אחת וחלת לחם שמן אחת ורקיק	אחד	מסל המצות אשר לפני יהוה / ושמת	71	1				2
ט293903	שנה שנים ליום תמיד / את- הכבש	האחד	תעשה בבקר ואת הכבש השני תעשה	71	1			2	3
ט294013	ההין ונסך רביעית ההין יין לכבש	האחד	/ ואת הכבש השני תעשה בין הערבים	71	1			2	3
ט330514	ישראל אתם עם- קשה- ערף רגע	אחד	אעלה בקרבך וכליתיך ועתה הורד עדיך	71	1				2
ט361314	אחת אל- אחת בקרסים ויהי המשכן	אחד	/ ויעש יריעת עזים לאהל על- המשכן	71	1				2
ט361809	נחשת חמשים לחבר את- האהל להית	אחד	/ ויעש מכסה לאהל ערת אילם מאדמים	71	1				2
ט362110	הקרש ואמה וחצי האמה רחב הקרש	האחד	/ שתי ידת לקרש האחד משלבת אחת	71	1			2	3
ט362204	רחב הקרש האחד / שתי ידת לקרש	האחד	משלבת אחת אל- אחת כן עשה	71	1			2	3
ט362412	עשרים הקרשים שני אדנים תחת- הקרש	האחד	לשתי ידתיו ושני אדנים תחת- הקרש	71	1			2	3
ט362419	לשתי ידתיו ושני אדנים תחת- הקרש	האחד	לשתי ידתיו / ולצלע המשכן השנית לפאת	71	1			2	3
ט362608	אדניהם כסף שני אדנים תחת הקרש	האחד	ושני אדנים תחת הקרש האחד / ולירכתי	71	1			2	3
ט362613	הקרש האחד ושני אדנים תחת הקרש	האחד	/ ולירכתי המשכן ימה עשה ששה קרשים	71	1			2	3
ט363014	שני אדנים שני אדנים תחת הקרש	האחד	/ ויעש בריחי עצי שטים חמשה לקרשי	71	1			2	3
ט370802	עשה אתם משני קצות הכפרת / כרוב	אחד	מקצה מזה וכרוב- אחד מקצה מזה	71	1				2
ט370806	הכפרת / כרוב אחד מקצה מזה וכרוב-	אחד	מקצה מזה מן- הכפרת עשה את-	71	1				2
ט371809	יצאים מצדיה שלשה קני מנרה מצדה	האחד	ושלשה קני מנרה מצדה השני / שלשה	71	1			2	3
ט371905	מצדה השני / שלשה גבעים משקדים בקנה	האחד	כפתר ופרח ושלשה גבעים משקדים בקנה	71	1			2	3
ט371912	כפתר ופרח ושלשה גבעים משקדים בקנה	אחד	כפתר ופרח כן לששת הקנים היצאים	71	1				2
ט391011	אבן טור אדם פטדה וברקת הטור	האחד	/ והטור השני נפך ספיר ויהלם / והטור	71	1			2	3
ט400204	אל- משה לאמר / ביום- החדש הראשון	באחד	לחדש תקים את- משכן אהל מועד	71	1			4	3
ט401706	עשה / ויהי בחדש הראשון בשנה השנית	באחד	לחדש הוקם המשכן / ויקם משה את-	71	1			4	3
	--*-*-*-*-*-*-*-*-*-*-*-*-*-*-*-*	אחור	*-*-*-*-*-*-*-*-*-*-*-*-*-*-*-*-*-*						
ט261210	האהל חצי היריעה העדפת תסרח על	אחרי	המשכן / והאמה מזה והאמה מזה בעדף	1116	1	3			3
ט332306	עברי / והסרתי את- כפי וראית את-	אחרי	ופני לא יראו // ויאמר יהוה אל-	1117	1	3	1		3
	--*-*-*-*-*-*-*-*-*-*-*-*-*-*-*-*	אחות	*-*-*-*-*-*-*-*-*-*-*-*-*-*-*-*-*-*						
ט062307	ויקח אהרן את- אלישבע בת- עמינדב	אחות	נחשון לו לאשה ותלד לו את-	1122	2	1			2
ט152004	ביבשה בתוך הים / ותקח מרים הנביאה	אחות	אהרן את- התף בידה ותצאן כל-	1122	2	1			2
ט020402	ותשב בסוף על- שפת היאור / ותתצב	אחתו	מרחק לדעה מה- יעשה לו / וירד	1123	2	1		4	3

/ = סוף פסוק   // = סוף פרק   ג = מין   # = מספר   כ = כינוי וגוף   קס = קידומות וסיומות   ה = מספר ההברות

אזכור		מלה		צורן	ג	#	כ	קס	ה
ט020702	עליו ותאמר מילדי העברים זה / ותאמר	אחתו	אל בת- פרעה האלך וקראתי לך	1123	2	1	4		3
ט260307	חמש היריעת תהיין חברת אשה אל-	אחתה	וחמש יריעת חברת אשה אל- אחתה	1124	2	1	5		3
ט260313	אחתה וחמש יריעת חברת אשה אל-	אחתה	/ ועשית ללאת תכלת על שפת היריעה	1124	2	1	5		3
ט260518	במחברת השנית מקבילת הללאת אשה אל-	אחתה	/ ועשית חמשים קרסי זהב וחברת את-	1124	2	1	5		3
ט260610	זהב וחברת את- היריעת אשה אל-	אחתה	בקרסים והיה המשכן אחד / ועשית יריעת	1124	2	1	5		3
ט261708	ידות לקרש האחד משלבת אשה אל-	אחתה	כן תעשה לכל קרשי המשכן / ועשית	1124	2	1	5		3
	--*-*-*-*-*-*-*-*-*-*-*-*-*-*-*-*	אחז	*-*-*-*-*-*-*-*-*-*-*-*-*-*-*-*-*-*						
ט151405	נוה קדשך / שמעו עמים ירגזון חיל	אחז	ישבי פלשת / אז נבהלו אלופי אדום	3111	1	1			2
ט151507	אז נבהלו אלופי אדום אילי מואב	יאחזמו	רעד נמגו כל ישבי כנען / תפל	3121	1	1	9	0	4
ט040407	ויאמר יהוה אל- משה שלח ידך	ואחז	בזנבו וישלח ידו ויחזק בו ויהי	314	1	1		1	3
	--*-*-*-*-*-*-*-*-*-*-*-*-*-*-*-*	אחיסמך	*-*-*-*-*-*-*-*-*-*-*-*-*-*-*-*-*-*						
ט310608	הנה נתתי אתו את אהליאב בן-	אחיסמך	למטה- דן ובלב כל- חכם- לב	122	1				4
ט353407	ולהורת נתן בלבו הוא ואהליאב בן-	אחיסמך	למטה- דן / מלא אתם חכמה- לב	122	1				4
ט382304	יהוה את- משה / ואתו אהליאב בן-	אחיסמך	למטה- דן חרש וחשב ורקם בתכלת	122	1				4
	--*-*-*-*-*-*-*-*-*-*-*-*-*-*-*-*	אחלמה	*-*-*-*-*-*-*-*-*-*-*-*-*-*-*-*-*-*						
ט281905	ספיר ויהלם / והטור השלישי לשם שבו	ואחלמה	/ והטור הרביעי תרשיש ושהם וישפה משבצים	1121	2	1		1	4
ט391205	ספיר ויהלם / והטור השלישי לשם שבו	ואחלמה	/ והטור הרביעי תרשיש שהם וישפה מוסבת	1121	2	1		1	4
	--*-*-*-*-*-*-*-*-*-*-*-*-*-*-*-*	אחר	*-*-*-*-*-*-*-*-*-*-*-*-*-*-*-*-*-*						
ט220412	כרם ושלח את- בעירה ובער בשדה	אחר	מיטב שדהו ומיטב כרמו ישלם / כי-	1111	1	1			2
ט341405	אשריו תכרתון / כי לא תשתחוה לאל	אחר	כי יהוה קנא שמו אל קנא	1111	1	1			2
ט200305	מבית עבדים / לא- יהיה לך אלהים	אחרים	על- פני / לא- תעשה לך פסל	1115	1	3			3
ט231308	אשר- אמרתי אליכם תשמרו ושם אלהים	אחרים	לא תזכירו לא ישמע על- פיך	1115	1	3			3
ט211002	ייעדנה כמשפט הבנות יעשה- לה / אם-	אחרת	יקח- לו שארה כסותה וענתה לא	1121	2	1			3
	--*-*-*-*-*-*-*-*-*-*-*-*-*-*-*-*	אחר	*-*-*-*-*-*-*-*-*-*-*-*-*-*-*-*-*-*						
ט222804	בעמך לא תאר / מלאתך ודמעך לא	תאחר	בכור בניך תתן- לי / כן- תעשה	3321	1	1			3
	--*-*-*-*-*-*-*-*-*-*-*-*-*-*-*-*	אחר	*-*-*-*-*-*-*-*-*-*-*-*-*-*-*-*-*-*						
ט030113	חתנו כהן מדין וינהג את- הצאן	אחר	המדבר ויבא אל- הר האלהים חרבה		4				2
ט050101	ובי ראה את- ענים ויקדו וישתחוו //	ואחר	באו משה ואהרן ויאמרו אל- פרעה		4			1	3
ט110515	על- כסאו עד בכור השפחה אשר	אחר	הרחים וכל בכור בהמה / והיתה צעקה		4				2
ט180209	חתן משה את- צפרה אשת משה	אחר	שלוחיה / ואת שני בניה אשר שם		4				2
	--*-*-*-*-*-*-*-*-*-*-*-*-*-*-*-*	אחרון	*-*-*-*-*-*-*-*-*-*-*-*-*-*-*-*-*-*						
ט040814	לקל האת הראשון והאמינו לקל האת	האחרון	/ והיה אם- לא יאמינו גם לשני	1111	1	1		2	4
	--*-*-*-*-*-*-*-*-*-*-*-*-*-*-*-*	אחרי	*-*-*-*-*-*-*-*-*-*-*-*-*-*-*-*-*-*						
ט032012	מצרים בכל נפלאתי אשר אעשה בקרבו	ואחרי-	כן ישלח אתכם / ונתתי את- חן		4			1	4
ט072504	לשתת ממימי היאר / וימלא שבעת ימים	אחרי	הכות- יהוה את- היאר / ויאמר יהוה		4				3
ט110113	אחד אביא על- פרעה ועל- מצרים	אחרי-	כן ישלח אתכם מזה כשלחו כלה		4				3
ט110815	צא אתה וכל העם אשר- ברגליך	ואחרי-	כן אצא ויצא מעם- פרעה בחרי-		4			1	4
ט140809	את- לב פרעה מלך מצרים וירדף	אחרי	בני ישראל ובני ישראל יצאים ביד		4				3
ט230203	רשע להית עד חמס / לא- תהיה	אחרי-	רבים לרעת ולא- תענה על- רב		4				3
ט230211	לרעת ולא- תענה על- רב לנטת	אחרי	רבים להטת / ודל לא תהדר בריבו		4				3
ט330814	העם ונצבו איש פתח אהלו והביטו	אחרי	משה עד- באו האהלה / והיה כבא		4				3
ט341507	פן- תכרת ברית ליושב הארץ וזנו	אחרי	אלהיהם וזבחו לאלהיהם וקרא לך ואכלת		4				3
ט341606	מזבחו / ולקחת מבנתיו לבניך וזנו בנתיו	אחרי	אלהיהן והזנו את- בניך אחרי אלהיהן		4				3
ט341611	בנתיו אחרי אלהיהן והזנו את- בניך	אחרי	אלהיהן / אלהי מסכה לא תעשה- לך		4				3
ט343201	וכל- הנשאים בעדה וידבר משה אלהם /	ואחרי-	כן נגשו כל- בני ישראל ויצום		4			1	4
ט101419	לפניו לא- היה כן ארבה כמהו	ואחריו	לא יהיה- כן / ויכס את- עין	1	4		4	1	4

אזכור		מלה		צופן	ג	#	כ	קס	ה
ט140406	המדבר / וחזקתי את- לב- פרעה ורדף	אחריהם	ואכבדה בפרעה ובכל- חילו וידעו מצרים	41			9		4
ט140903	ישראל יצאים ביד רמה / וירדפו מצרים	אחריהם	וישיגו אותם חנים על- הים כל-	41			9		4
ט141011	ישראל את- עיניהם והנה מצרים נסע	אחריהם	וייראו מאד ויצעקו בני- ישראל אל-	41			9		4
ט141708	הנני מחזק את- לב מצרים ויבאו	אחריכם	ואכבדה בפרעה ובכל- חילו ברכבו ובפרשיו	41			7		4
ט141909	האלהים ההלך לפני מחנה ישראל וילך	מאחריהם	ויסע עמוד הענן מפניהם ויעמד מאחריהם	41			9	7	5
ט141915	מאחריהם ויסע עמוד הענן מפניהם ויעמד	מאחריהם	/ ויבא בין מחנה מצרים ובין מחנה	41			9	7	5
ט142304	חומה מימינם ומשמאלם / וירדפו מצרים ויבאו	אחריהם	כל סוס פרעה רכבו ופרשיו אל-	41			9		4
ט142812	ואת- הפרשים לכל חיל פרעה הבאים	אחריהם	בים לא- נשאר בהם עד- אחד	41			9		4
ט284324	עון ומתו חקת עולם לו ולזרעו	אחריו	// וזה הדבר אשר תעשה להם לקדש	41			4		3
ט292907	ובגדי הקדש אשר לאהרן יהיו לבניו	אחריו	למשחה בהם ולמלא- בם את- ידם	41			4		3
ט152012	את- התף בידה ותצאן כל- הנשים	אחריה	בתפים ובמחלת / ותען להם מרים שירו	42			5		4
	-	אחת	*-*						
ט011508	מלך מצרים למילדת העברית אשר שם	האחת	שפרה ושם השנית פועה / ויאמר בילדכן	71	2			2	3
ט124902	וכל- ערל לא- יאכל בו / תורה	אחת	יהיה לאזרח ולגר הגר בתוככם / ויעשו	71	2				2
ט163307	ויאמר משה אל- אהרן קח צנצנת	אחת	ותן- שמה מלא- העמר מן והנח	71	2				2
ט232905	החתי מלפניך / לא אגרשנו מפניך בשנה	אחת	פן- תהיה הארץ שממה ורבה עליך	71	2				2
ט251214	ארבע פעמתיו ושתי טבעת על- צלעו	האחת	ושתי טבעת על- צלעו השנית / ועשית	71	2			2	3
ט253607	כפתריהם וקנתם ממנה יהיו כלה מקשה	אחת	זהב טהור / ועשית את- נרתיה שבעה	71	2				2
ט260203	מעשה חשב תעשה אתם / ארך היריעה	האחת	שמנה ועשרים באמה ורחב ארבע באמה	71	2			2	3
ט260211	ועשרים באמה ורחב ארבע באמה היריעה	האחת	מדה אחת לכל היריעת / חמש היריעת	71	2			2	3
ט260213	ורחב ארבע באמה היריעה האחת מדה	אחת	לכל היריעה / חמש היריעת תהיין חברת	71	2				2
ט260407	ועשית ללאת תכלת על שפת היריעה	האחת	מקצה בחברת וכן תעשה בשפת היריעה	71	2			2	3
ט260505	במחברת השנית / חמשים ללאת תעשה ביריעה	האחת	וחמשים ללאת תעשה בקצה היריעה אשר	71	2			2	3
ט260803	עשתי-עשרה יריעת תעשה אתם / ארך היריעה	האחת	שלשים באמה ורחב ארבע באמה היריעה	71	2			2	3
ט260810	שלשים באמה ורחב ארבע באמה היריעה	האחת	מדה אחת לעשתי עשרה יריעת / וחברת את-	71	2			2	3
ט260812	ורחב ארבע באמה היריעה האחת מדה	אחת	לעשתי עשרה יריעת / וחברת את- חמש ויריעת	71	2				2
ט261007	ועשית חמשים ללאת על שפת היריעה	האחת	הקיצנה בחברת וחמשים ללאת על שפת	71	2			2	3
ט262411	יהיו תמים על- ראשו אל- הטבעת	האחת	כן יהיה לשניהם לשני המקצעת יהיו	71	2			2	3
ט270916	שש משזר מאה באמה ארך לפאה	האחת	/ ועמדיו עשרים ואדניהם עשרים נחשת ווי	71	2			2	3
ט281005	בני ישראל / ששה משמתם על האבן	האחת	ואת- שמות הששה הנותרים על- האבן	71	2			2	3
ט292303	כי איל מלאים הוא / וככר לחם	אחת	וחלת לחם שמן אחת ורקיק אחד	71	2				2
ט292307	וככר לחם אחת וחלת לחם שמן	אחת	ורקיק אחד מסל המצות אשר לפני	71	2				2
ט301005	חפכו עליו / וכפר אהרן על- קרנתיו	אחת	בשנה מדם חטאת הכפרים אחת בשנה	71	2				2
ט301010	קרנתיו אחת בשנה מדם חטאת הכפרים	אחת	בשנה יכפר עליו לדרתיכם קדש קדשים	71	2				2
ט360903	מעשה חשב עשה אתם / ארך היריעה	האחת	שמנה ועשרים באמה ורחב ארבע באמה	71	2			2	3
ט360911	ועשרים באמה ורחב ארבע באמה היריעה	האחת	מדה אחת לכל- היריעת / ויחבר את-	71	2			2	3
ט360913	ורחב ארבע באמה היריעה האחת מדה	אחת	לכל- היריעת / ויחבר את- חמש היריעת	71	2				2
ט361005	לכל- היריעת / ויחבר את- חמש היריעת	אחת	אל- אחת וחמש יריעת חבר אחת	71	2				2
ט361007	ויחבר את- חמש היריעת אחת אל-	אחת	וחמש יריעת חבר אחת אל- אחת	71	2				2
ט361011	אחת אל- אחת וחמש יריעת חבר	אחת	אל- אחת / ויעש ללאת תכלת על	71	2				2
ט361013	אחת וחמש יריעת חבר אחת אל-	אחת	/ ויעש ללאת תכלת על שפת היריעה	71	2				2
ט361107	ויעש ללאת תכלת על שפת היריעה	האחת	מקצה במחברת כן עשה בשפת היריעה	71	2			2	3
ט361205	במחברת השנית / חמשים ללאת עשה ביריעה	האחת	וחמשים ללאת עשה בקצה היריעה אשר	71	2			2	3
ט361216	היריעה אשר במחברת השנית מקבילת הללאת	אחת	אל- אחת / ויעש חמשים קרסי זהב	71	2				2
ט361218	במחברת השנית מקבילת הללאת אחת אל-	אחת	/ ויעש חמשים קרסי זהב ויחבר את-	71	2				2
ט361308	חמשים קרסי זהב ויחבר את- היריעת	אחת	אל- אחת בקרסים ויהי המשכן אחד	71	2				2
ט361310	זהב ויחבר את- היריעת אחת אל-	אחת	בקרסים ויהי המשכן אחד / ויעש יריעת	71	2				2
ט361503	עשתי-עשרה יריעת עשה אתם / ארך היריעה	האחת	שלשים באמה וארבע אמות רחב היריעה	71	2			2	3
ט361510	שלשים באמה וארבע אמות רחב היריעה	האחת	מדה אחת לעשתי עשרה יריעת / ויחבר את-	71	2			2	3
ט361512	וארבע אמות רחב היריעה האחת מדה	אחת	לעשתי עשרה יריעת / ויחבר את- חמש היריעת	71	2				2
ט362206	האחד / שתי ידת לקרש האחד משלבת	אחת	אל- אחת כן עשה לכל קרשי	71	2				2
ט362208	ידת לקרש האחד משלבת אחת אל-	אחת	כן עשה לכל קרשי המשכן / ויעש	71	2				2
ט362911	יהיו תמים אל- ראשו אל- הטבעת	האחת	כן עשה לשניהם לשני המקצעת / והיו	71	2			2	3

אזכור		מלה		צונן	ג	#	כ	קס	ה
ט363109	עצי שטים חמשה לקרשי צלע- המשכן	האחת	/ וחמשה בריחם לקרשי צלע- המשכן השנית	71	2			2	3
ט370313	ארבע פעמתיו ושתי טבעת על- צלעו	האחת	ושתי טבעת על- צלעו השנית / ויעש	71	2			2	3
ט372207	כפתריהם וקנתם ממנה היו כלה מקשה	אחת	זהב טהור / ויעש את- נרתיה שבעה	71	2				2
	--*-*-*-*-*-*-*-*-*-*-*-*-*-*-*-*	איב	*-*-*-*-*-*-*-*-*-*-*-*-*-*-*-*-*-*						
ט232210	תשמע בקלו ועשית כל אשר אדבר	ואיבתי	את- איבך וצרתי את- צרריך / כי-	3111	1	1		1	4
	--*-*-*-*-*-*-*-*-*-*-*-*-*-*-*-*	איה	*-*-*-*-*-*-*-*-*-*-*-*-*-*-*-*-*-*						
ט022004	וישק את- הצאן / ויאמר אל- בנתיו	ואיו	לנה זה עזבתן את- האיש קראן	51			4	1	3
	--*-*-*-*-*-*-*-*-*-*-*-*-*-*-*-*	איך	*-*-*-*-*-*-*-*-*-*-*-*-*-*-*-*-*-*						
ט061212	הן בני ישראל לא- שמעו אלי	ואיך	ישמעני פרעה ואני ערל שפתים / וידבר	51				1	2
ט063009	לפני יהוה הן אני ערל שפתים	ואיך	ישמע אלי פרעה // ויאמר יהוה אל-	51				1	2
	--*-*-*-*-*-*-*-*-*-*-*-*-*-*-*-*	איל	*-*-*-*-*-*-*-*-*-*-*-*-*-*-*-*-*-*						
ט151505	ישבי פלשת / אז נבהלו אלופי אדום	אילי	מואב יאחזמו רעד נמגו כל ישבי	1116	1	3			2
	--*-*-*-*-*-*-*-*-*-*-*-*-*-*-*-*	איל	*-*-*-*-*-*-*-*-*-*-*-*-*-*-*-*-*-*						
ט291502	באש מחוץ למחנה חטאת הוא / ואת-	האיל	האחד תקח וסמכו אהרן ובניו את-	1111	1	1		2	3
ט291512	אהרן ובניו את- ידיהם על- ראש	האיל	/ ושחטת את- האיל ולקחת את- דמו	1111	1	1		2	3
ט291603	ידיהם על- ראש האיל / ושחטת את-	האיל	ולקחת את- דמו וזרקת על- המזבח	1111	1	1		2	3
ט291702	דמו וזרקת על- המזבח סביב / ואת-	האיל	תנתח לנתחיו ורחצת קרבו וכרעיו ונתת	1111	1	1		2	3
ט291804	נתחיו ועל- ראשו / והקטרת את- כל-	האיל	המזבחה עלה הוא ליהוה ריח ניחוח	1111	1	1		2	3
ט291903	ניחוח אשה ליהוה הוא / ולקחת את	האיל	השני וסמך אהרן ובניו את- ידיהם	1111	1	1		2	3
ט291912	אהרן ובניו את- ידיהם על- ראש	האיל	/ ושחטת את- האיל ולקחת מדמו ונתתה	1111	1	1		2	3
ט292003	ידיהם על- ראש האיל / ושחטת את-	האיל	ולקחת מדמו ונתתה על- תנוך אזן	1111	1	1		2	3
ט292203	ובניו ובגדי בניו אתו / ולקחת מן-	האיל	החלב והאליה ואת- החלב המכסה את-	1111	1	1		2	3
ט293206	קדש / ואכל אהרן ובניו את- בשר	האיל	ואת- הלחם אשר בסל פתח אהל	1111	1	1		2	3
ט292225	אשר עליהן ואת שוק הימין כי	איל	מלאים הוא / וככר לחם אחת וחלת	1112	1	1			1
ט292604	אשה הוא ליהוה / ולקחת את- החזה	מאיל	המלאים אשר לאהרן והנפת אתו תנופה	1112	1	1		7	2
ט292712	שוק התרומה אשר הונף ואשר הורם	מאיל	המלאים מאשר לאהרן ומאשר לבניו / והיה	1112	1	1		7	2
ט293102	אל- אהל מועד לשרת בקדש / ואת	איל	המלאים תקח ובשלת את- בשרו במקם	1112	1	1			1
ט250502	וארגמן ותולעת שני ושש ועזים / וערת	אילם	מאדמים וערת תחשים ועצי שטים / שמן	1115	1	3			2
ט261405	ומזה לכסתו / ועשית מכסה לאהל ערת	אילם	מאדמים ומכסה ערת תחשים מלמעלה / ועשית	1115	1	3			2
ט290115	לי לקח פר אחד בן- בקר	ואילם	שנים תמימם / ולחם מצות וחלת מצת	1115	1	3		1	3
ט290313	אתם בסל ואת- הפר ואת שני	האילם	/ ואת- אהרן ואת בניו תקריב אל-	1115	1	3		2	3
ט350702	וארגמן ותולעת שני ושש ועזים / וערת	אילם	מאדמים וערת תחשים ועצי שטים / ושמן	1115	1	3			2
ט352313	וארגמן ותולעת שני ושש ועזים וערת	אילם	מאדמים וערת תחשים הביאו / כל- מרים	1115	1	3			2
ט361905	להית אחד / ויעש מכסה לאהל ערת	אילם	מאדמים ומכסה ערת תחשים מלמעלה / ויעש	1115	1	3			2
ט393404	בריחו ועמדיו ואדניו / ואת- מכסה ערת	האילם	המאדמים ואת- מכסה ערת התחשים ואת	1115	1	3		2	3
	--*-*-*-*-*-*-*-*-*-*-*-*-*-*-*-*	אילים	*-*-*-*-*-*-*-*-*-*-*-*-*-*-*-*-*-*						
ט152702	עליך כי אני יהוה רפאך / ויבאו	אילמה	ושם שתים עשרה עינת מים ושבעים תמרים	123	1			9	3
ט160102	תמרים ויחנו- שם על- המים // ויסעו	מאילם	ויבאו כל- עדת בני- ישראל אל-	123	1			7	3
ט160113	ישראל אל- מדבר- סין אשר בין-	אילם	ובין סיני בחמשה עשר יום לחדש השני	123	1				2
	--*-*-*-*-*-*-*-*-*-*-*-*-*-*-*-*	אימה	*-*-*-*-*-*-*-*-*-*-*-*-*-*-*-*-*-*						
ט151603	נמגו כל ישבי כנען / תפל עליהם	אימתה	ופחד בגדל זרועך ידמו כאבן עד-	1121	2	1		0	3
ט232702	בארצך את- מספר ימיך אמלא / את-	אימתי	אשלח לפניך והמתי את- כל- העם	1123	2	1	1		3
	--*-*-*-*-*-*-*-*-*-*-*-*-*-*-*-*	אין	*-*-*-*-*-*-*-*-*-*-*-*-*-*-*-*-*-*						
ט021206	מאחיו / ויפן כה וכה וירא כי-	אין	איש ויך את- המצרי ויטמנהו בחול	85					1
ט051109	קחו לכם תבן מאשר תמצאו כי	אין	נגרע מעבדתכם דבר / ויפץ העם בכל-	85					1
ט051602	לאמר למה תעשה כה לעבדיך / תבן	אין	נתן לעבדיך ולבנים אמרים לנו עשו	35					1

/ = סוף פסוק // = סוף פרק ג = מין # = מספר כ = כינוי חבור קס = קידומות וסיומות ה = מספר ההברות

אזכור		מלה		צורן	ג	#	כ	קס	ה
ט080608	למחר ויאמר כדברך למען תדע כי-	אין	כיהוה אלהינו / וסרו הצפרדעים ממך ומבתיך	85					1
ט091416	לבך ובעבדיך ובעמך בעבור תדע כי	אין	כמני בכל- הארץ / כי עתה שלחתי	85					1
ט123014	מצרים ותהי צעקה גדלה במצרים כי-	אין	בית אשר אין- שם מת / ויקרא	85					1
ט123017	גדלה במצרים כי- אין בית אשר	אין-	שם מת / ויקרא למשה ולאהרן לילה	85					1
ט141105	אל- יהוה / ויאמרו אל- משה המבלי	אין-	קברים במצרים לקחתנו למות במדבר מה	85					1
ט170114	למסעיהם על- פי יהוה ויחנו ברפידים	ואין	מים לשתת העם / וירב העם עם-	85				1	2
ט170718	יהוה לאמר היש יהוה בקרבנו אם-	אין	/ ויבא עמלק וילחם עם- ישראל ברפידם	85					2
ט211109	אלה לא יעשה לה ויצאה חנם	אין	כסף / מכה איש ומת מות יומת	85					1
ט220107	אם- במחתרת ימצא הגנב והכה ומת	אין	לו דמים / אם- זרחה השמש עליו	85					1
ט220210	עליו דמים לו שלם ישלם אם-	אין	לו ונמכר בגנבתו / אם- המצא תמצא	85					1
ט220919	לשמר ומת או- נשבר או- נשבה	אין	ראה / שבעת יהוה תהיה בין שניהם	85					1
ט221310	מעם רעהו ונשבר או- מת בעליו	אין-	עמו שלם ישלם / אם- בעליו עמו	85					1
ט321802	אל- משה קול מלחמה במחנה / ויאמר	אין	קול ענות גבורה ואין קול ענות	85					1
ט321806	במחנה / ויאמר אין קול ענות גבורה	ואין	קול ענות חלושה קול ענות אנכי	85				1	2
ט323206	זהב / ועתה אם- תשא חטאתם ואם-	אין	מחני נא מספרך אשר כתבת / ויאמר	85					2
ט331504	ילכו והנחתי לך / ויאמר אליו אם-	אין	פניך הלכים אל- תעלנו מזה / ובמה	85					1
ט030215	וירא והנה הסנה בער באש והסנה	איננו	אכל / ויאמר משה אסרה- נא ואראה	851			4		3
ט051012	אל- העם לאמר כה אמר פרעה	אינני	נתן לכם תבן / אתם לכו קחו	851			1		3
ט081703	יהוה שלח עמי ויעבדני / כי אם-	אינך	משלח את- עמי הנני משליח בך	851			2		3
	--*-*-*-*-*-*-*-*-*-*-*-*-*-*-*-*-*-*	איפה	*-*-*-*-*-*-*-*-*-*-*-*-*-*-*-*-*-*-*-*						
ט163603	אל- קצה ארץ כנען / והעמר עשרית	האפה	הוא // ויסעו כל- עדת בני- ישראל	1121	2	1		2	3
	--*-*-*-*-*-*-*-*-*-*-*-*-*-*-*-*-*-*	איש	*-*-*-*-*-*-*-*-*-*-*-*-*-*-*-*-*-*-*-*						
ט010109	בני ישראל הבאים מצרימה את יעקב	איש	וביתו באו / ראובן שמעון לוי ויהודה	1111	1	1			1
ט020102	היארה תשליכהו וכל- הבת תחיון // וילך	איש	מבית לוי ויקח את בת- לוי	1111	1	1			1
ט021112	ויצא אל אחיו וירא בסבלתם וירא	איש	מצרי מכה איש- עברי מאחיו / ויפן	1111	1	1			1
ט021115	וירא בסבלתם וירא איש מצרי מכה	איש-	עברי מאחיו / ויפן כה וכה וירא	1111	1	1			1
ט021207	ויפן כה וכה וירא כי- אין	איש	ויך את- המצרי ויטמנהו בחול / ויצא	1111	1	1			1
ט021404	למה תכה רעך / ויאמר מי שמך	לאיש	שר ושפט עלינו הלהרגני אתה אמר	1111	1	1		6	2
ט021902	ויאמר מדוע מהרתן בא היום / ותאמרן	איש	מצרי הצילנו מיד הרעים וגם דלה	1111	1	1			1
ט022009	בנתיו ואיו למה זה עזבתן את-	האיש	קראן לו ויאכל לחם / ויואל משה	1111	1	1		2	2
ט022105	ויאכל לחם / ויואל משה לשבת את-	האיש	ויתן את- צפרה בתו למשה / ותלד	1111	1	1		2	2
ט071202	הם חרטמי מצרים בלהטיהם כן / וישליכו	איש	מטהו ויהיו לתנינם ויבלע מטה- אהרן	1111	1	1			1
ט102303	ארץ מצרים שלשת ימים / לא- ראו	איש	את- אחיו ולא- קמו איש מתחתיו	1111	1	1			1
ט102308	ראו איש את- אחיו ולא- קמו	איש	מתחתיו שלשת ימים ולכל בני ישראל	1111	1	1			1
ט110206	מזה / דבר- נא באזני העם וישאלו	איש	מאת רעהו ואשה מאת רעותה כלי-	1111	1	1			1
ט110309	את- חן העם בעיני מצרים גם	האיש	משה גדול מאד בארץ מצרים בעיני	1111	1	1		2	2
ט110708	בני ישראל לא יחרץ- כלב לשנו	למאיש	ועד- בהמה למען תדעון אשר יפלה	1111	1	1		76	3
ט120312	לאמר בעשר לחדש הזה ויקחו להם	איש	שה לבית אבת שה לבית / ואם-	1111	1	1			1
ט120414	ושכנו הקרב אל- ביתו במכסת נפשת	איש	לפי אכלו תכסו על- השה / שה	1111	1	1			1
ט122221	הדם אשר בסף ואתם לא תצאו	איש	מפתח- ביתו עד- בקר / ועבר יהוה	1111	1	1			1
ט124403	נכר לא- יאכל בו / וכל- עבד	איש	מקנת- כסף ומלתה אתו אז יאכל	1111	1	1			1
ט161505	על- הארץ / ויראו בני- ישראל ויאמרו	איש	אל- אחיו מן הוא כי לא	1111	1	1			1
ט161608	הדבר אשר צוה יהוה לקטו ממנו	איש	לפי אכלו עמר לגלגלת מספר נפשתיכם	1111	1	1			1
ט161615	לפי אכלו עמר לגלגלת מספר נפשתיכם	איש	לאשר באהלו תקחו / ויעשו- כן בני	1111	1	1			1
ט161809	ולא העדיף המרבה והממעיט לא החסיר	איש	לפי- אכלו לקטו / ויאמר משה אלהם	1111	1	1			1
ט161904	לפי- אכלו לקטו / ויאמר משה אלהם	איש	אל- יותר ממנו עד- בקר / ולא-	1111	1	1			1
ט162105	עלהם משה / וילקטו אתו בבקר בבקר	איש	כפי אכלו וחם השמש ונמס / ויהי	1111	1	1			1
ט162917	לכם ביום הששי לחם יומים שבו	איש	תחתיו אל- יצא איש ממקמו ביום	1111	1	1			1
ט162921	יומים שבו איש תחתיו אל- יצא	איש	ממקמו ביום השביעי / וישבתו העם ביום	1111	1	1			1
ט180709	לקראת חתנו וישתחו וישק- לו וישאלו	איש-	לרעהו לשלום ויבאו האהלה / ויספר משה	1111	1	1			1
ט181609	להם דבר בא אלי ושפטתי בין	איש	ובין רעהו והודעתי את- חקי האלהים	1111	1	1			1
ט191314	או- ירה יירה אם- בהמה אם-	איש	לא יחיה במשך היבל המה יעלו	1111	1	1			1

אזכור		מלה		צופן	ג	#	כ	קס	ה
ט210703	אזנו במרצע ועבדו לעלם / וכי- ימכר	איש	את- בתו לאמה לא תצא כצאת	1111	1	1			1
ט211202	לה ויצאה חנם אין כסף / מכה	איש	ומת מות יומת / ואשר לא צדה	1111	1	1			1
ט211403	מקום אשר ינוס שמה / וכי- יזד	איש	על- רעהו להרגו בערמה מעם מזבחי	1111	1	1			1
ט211602	ומכה אביו ואמו מות יומת / וגנב	איש	ומכרו ונמצא בידו מות יומת / ומקלל	1111	1	1			1
ט211805	מות יומת / וכי- יריבן אנשים והכה-	איש	את- רעהו באבן או באגרף ולא	1111	1	1			1
ט212003	שבתו יתן ורפא ירפא / וכי- יכה	איש	את- עבדו או את- אמתו בשבט	1111	1	1			1
ט212603	פצע חבורה תחת חבורה / וכי- יכה	איש	את- עין עבדו או- את- עין	1111	1	1			1
ט212805	תחת שנו / וכי- יגח שור את-	איש	או את- אשה ומת סקול יסקל	1111	1	1			1
ט212912	שלשם והועד בבעליו ולא ישמרנו והמית	איש	או אשה השור יסקל וגם- בעליו	1111	1	1			1
ט213303	יתן לאדניו והשור יסקל / וכי- יפתח	איש	בור או כי- יכרה איש בר	1111	1	1			1
ט213308	יפתח איש בור או כי- יכרה	איש	בר ולא יכסנו ונפל- שמה שור	1111	1	1			1
ט213504	והמת יהיה- לו / וכי- יגף שור-	איש	את- שור רעהו ומת ומכרו את-	1111	1	1			1
ט213703	השור והמת יהיה- לו / כי יגנב-	איש	שור או- שה וטבחו או מכרו	1111	1	1			1
ט220403	שה חיים שנים ישלם / כי יבער-	איש	שדה או- כרם ושלח את- בעירה	1111	1	1			1
ט220603	ישלם המבער את- הבערה / כי- יתן	איש	אל- רעהו כסף או- כלים לשמר	1111	1	1			1
ט220612	כסף או- כלים לשמר וגנב מבית	האיש	אם- ימצא הגנב ישלם שנים / אם-	1111	1	1		2	2
ט220903	אלהים ישלם שנים לרעהו / כי- יתן	איש	אל- רעהו חמור או- שור או-	1111	1	1			1
ט221303	עד הטרפה לא ישלם / וכי- ישאל	איש	מעם רעהו ונשבר או- מת בעליו	1111	1	1			1
ט221503	שכיר הוא בא בשכרו / וכי- יפתה	איש	בתולה אשר לא ארשה ושכב עמה	1111	1	1			1
ט250210	ישראל ויקחו לי תרומה מאת כל-	איש	אשר ידבנו לבו תקחו את- תרומתי	1111	1	1			1
ט252011	למעלה סככים בכנפיהם על- הכפרת ופניהם	איש	אל- אחיו אל- הכפרת יהיו פני	1111	1	1			1
ט282112	ישראל שתים עשרה על- שמתם פתוחי חותם	איש	על- שמו תהיין לשני עשר שבט / ועשית	1111	1	1			1
ט301209	את- ראש בני- ישראל לפקדיהם ונתנו	איש	כפר נפשו ליהוה בפקד אתם ולא-	1111	1	1			1
ט303301	כמהו קדש הוא קדש יהיה לכם /	איש	אשר ירקח כמהו ואשר יתן ממנו	1111	1	1			1
ט303801	תעשו לכם קדש תהיה לך ליהוה /	איש	אשר- יעשה כמוה להריח בה ונכרת	1111	1	1			1
ט320125	אשר ילכו לפנינו כי- זה משה	האיש	אשר העלנו מארץ מצרים לא ידענו	1111	1	1		2	2
ט322312	אשר ילכו לפנינו כי- זה משה	האיש	אשר העלנו מארץ מצרים לא ידענו	1111	1	1		2	2
ט322709	כה- אמר יהוה אלהי ישראל שימו	איש-	חרבו על- ירכו עברו ושובו משער	1111	1	1			1
ט322719	עברו ושובו משער לשער במחנה והרגו	איש-	את- אחיו ואיש את- רעהו ואיש	1111	1	1			1
ט322722	לשער במחנה והרגו איש- את- אחיו	ואיש	את- רעהו ואיש את- קרבו / ויעשו	1111	1	1		1	2
ט322725	איש- את- אחיו ואיש את- רעהו	ואיש	את- קרבו / ויעשו בני- לוי כדבר	1111	1	1		1	2
ט322813	מן- העם ביום ההוא כשלשת אלפי	איש	/ ויאמר משה מלאו ידכם היום ליהוה	1111	1	1			1
ט322908	משה מלאו ידכם היום ליהוה כי	איש	בבנו ובאחיו ולתת עליכם היום ברכה	1111	1	1			1
ט330410	הדבר הרע הזה ויתאבלו ולא- שתו	איש	עדיו עליו / ויאמר יהוה אל- משה	1111	1	1			1
ט330810	אל- האהל יקומו כל- העם ונצבו	איש	פתח אהלו והביטו אחרי משה עד-	1111	1	1			1
ט331014	פתח האהל וקם כל- העם והשתחוו	איש	פתח אהלו / ודבר יהוה אל- משה	1111	1	1			1
ט331110	משה פנים אל- פנים כאשר ידבר	איש	אל- רעהו ושב אל- המחנה ומשרתו	1111	1	1			1
ט340301	ונצבת לי שם על- ראש ההר /	ואיש	לא- יעלה עמך וגם- איש אל-	1111	1	1		1	2
ט340306	ההר / ואיש לא- יעלה עמך וגם-	איש	אל- ירא בכל- ההר גם- הצאן	1111	1	1			1
ט342410	מפניך והרחבתי את- גבלך ולא- יחמד	איש	את- ארצך בעלתך לראות את- פני	1111	1	1			1
ט352103	בני- ישראל מלפני משה / ויבאו כל-	איש	אשר- נשאו לבו וכל אשר נדבה	1111	1	1			1
ט352217	וטבעת וכומז כל- כלי זהב וכל-	איש	אשר הניף תנופת זהב ליהוה / וכל-	1111	1	1			1
ט352302	אשר הניף תנופת זהב ליהוה / וכל-	איש	אשר- נמצא אתו תכלת וארגמן ותולעת	1111	1	1			1
ט352902	למאור ולשמן המשחה ולקטרת הסמים / כל-	איש	ואשה אשר נדב לבם אתם להביא	1111	1	1			1
ט360105	וחשבי מחשבת // ועשה בצלאל ואהליאב וכל	איש	חכם- לב אשר נתן יהוה חכמה	1111	1	1			1
ט360209	אל- בצלאל ואל- אהליאב ואל כל-	איש	חכם- לב אשר נתן יהוה חכמה	1111	1	1			1
ט360409	החכמים העשים את כל- מלאכת הקדש	איש-	איש ממלאכתו אשר- המה עשים / ויאמרו	1111	1	1			1
ט360410	העשים את כל- מלאכת הקדש איש-	איש	ממלאכתו אשר- המה עשים / ויאמרו אל-	1111	1	1			1
ט360607	ויצו משה ויעבירו קול במחנה לאמר	איש	ואשה אל- יעשו- עוד מלאכה לתרומת	1111	1	1			1
ט370911	למעלה סככים בכנפיהם על- הכפרת ופניהם	איש	אל- אחיו אל- הכפרת היו פני	1111	1	1			1
ט391412	הנה שתים עשרה על- שמתם פתוחי חתם	איש	על- שמו לשנים עשר שבט / ויעשו על-	1111	1	1			1
ט041008	משה אל- יהוה בי אדני לא	איש	דברים אנכי גם מתמול גם משלשם	1112	1	1			1
ט150302	אלי ואנוהו אלהי אבי וארממנהו / יהוה	איש	מלחמה יהוה שמו / מרכבת פרעה וחילו	1112	1	1			1
ט021306	בחול / ויצא ביום השני והנה שני-	אנשים	עברים נצים ויאמר לרשע למה תכה	1115	1	3			3

/ = סוף פסוק // = סוף פרק ג = מין # = מספר כ = כינוי חבור קס = קידומות וסיומות ה = מספר ההגדרות

אזכור		מלה		צורן	ג	#	כ	קס	ה
ט041912	לך טב מצרים כי- מתו כל-	האנשים	המבקשים את- נפשך / ויקח משה את-	1115	1	3		2	4
ט050904	נלכה נזבחה לאלהינו / תכבד העבדה על-	האנשים	ויעשו- בה ואל- ישעו בדברי- שקר	1115	1	3		2	4
ט100713	יהיה זה לנו למוקש שלח את-	האנשים	ויעבדו את- יהוה אלהיהם הטרם תדע	1115	1	3		2	4
ט162006	בקר / ולא- שמעו אל- משה ויותרו	אנשים	ממנו עד- בקר וירם תולעים ויבאש	1115	1	3			3
ט170907	ויאמר משה אל- יהושע בחר- לנו	אנשים	וצא הלחם בעמלק מחר אנכי נצב	1115	1	3			3
ט211803	אביו ואמו מות יומת / וכי- יריבן	אנשים	והכה- איש את- רעהו באבן או	1115	1	3			3
ט212203	יקם כי כספו הוא / וכי- ינצו	אנשים	ונגפו אשה הרה ויצאו ילדיה ולא	1115	1	3			3
ט352202	מועד ולכל- עבדתו ולבגדי הקדש / ויבאו	האנשים	על- הנשים כל נדיב לב הביאו	1115	1	3		2	4
ט182105	אשר יעשון / ואתה תחזה מכל- העם	אנשי-	חיל יראי אלהים אנשי אמת שנאי	1116	1	3			3
ט182109	מכל- העם אנשי- חיל יראי אלהים	אנשי	אמת שנאי בצע ושמת עלהם שרי	1116	1	3			3
ט182503	ויעש כל אשר אמר / ויבחר משה	אנשי-	חיל מכל- ישראל ויתן אתם ראשים	1116	1	3			3
ט223001	עם- אמו ביום השמיני תתנו- לי /	ואנשי	קדש תהיון לי ובשר בשדה טרפה	1116	2	3		1	4
	-	איתמר	*-*						
ט062320	נדב ואת- אביהוא את- אלעזר ואת-	איתמר	/ ובני קרח אסיר ואלקנה ואביאסף אלה	122	1				3
ט280119	לכהנו- לי אהרן נדב ואביהוא אלעזר	ואיתמר	בני אהרן / ועשית בגדי קדש לאהרן	122	1			1	4
ט382114	על- פי משה עבדת הלוים ביד	איתמר	בן- אהרן הכהן / ובצלאל בן- אורי	122	1				3
	-	איתן	*-*						
ט142711	על- הים וישב הים לפנות בקר	לאיתנו	ומצרים נסים לקראתו וינער יהוה את-	1113	1	1	4	6	4
	-	אך	*-*						
ט101705	אלהיכם ולכם / ועתה שא נא חטאתי	אך	הפעם והעתירו ליהוה אלהיכם ויסר מעלי	22					1
ט121505	עולם תחגהו / שבעת ימים מצות תאכלו	אך	ביום הראשון תשביתו שאר מבתיכם כי	22					1
ט121616	לכם כל- מלאכה לא- יעשה בהם	אך	אשר יאכל לכל- נפש הוא לבדו	22					1
ט212101	בשבט ומת תחת ידו נקם ינקם /	אך	אם- יום או יומים יעמד לא	22					1
ט311307	ואתה דבר אל- בני ישראל לאמר	אך	את- שבתתי תשמרו כי אות הוא	22					1
	-	אכל	*-*						
ט100510	הארץ ולא יוכל לראת את- הארץ	ואכל	את- יתר הפלטה הנשארת לכם מן-	3111	1	1		1	3
ט100518	יתר הפלטה הנשארת לכם מן- הברד	ואכל	את- כל- העץ הצמח לכם מן-	3111	1	1		1	3
ט120801	על הבתים אשר- יאכלו אתו בהם /	ואכלו	את- הבשר בלילה הזה צלי- אש	3111	1	3		1	4
ט121110	מתניכם חגרים נעליכם ברגליכם ומקלכם בידכם	ואכלתם	אתו בחפזון פסח הוא ליהוה / ועברתי	3111	1	3		1	4
ט163503	אהרן לפני העדת למשמרת / ובני ישראל	אכלו	את- המן ארבעים שנה עד- באם	3111	1	3			3
ט163515	באם אל- ארץ נושבת את- המן	אכלו	עד- באם אל- קצה ארץ כנען	3111	1	3			3
ט231104	ואספת את- תבואתה / והשביעת תשמטנה ונטשתה	ואכלו	אביני עמך ויתרם תאכל חית השדה	3111	1	3		1	4
ט293201	תקח ובשלת את- בשרו במקם קדש /	ואכל	אהרן ובניו את- בשר האיל ואת-	3111	1	1		1	3
ט293301	הלחם אשר בסל פתח אהל מועד /	ואכלו	אתם אשר כפר בהם למלא את-	3111	1	3		1	4
ט341513	אחרי אלהיהם וזבחו לאלהיהם וקרא לך	ואכלת	מזבחו / ולקחת מבנתיו לבניך וזנו בנתיו	3111	1	1		1	4
ט342811	ארבעים יום וארבעים לילה לחם לא	אכל	ומים לא שתה ויכתב על- הלחת	3111	1	1			2
ט022012	זה עזבתן את- האיש קראן לו	ויאכל	לחם / ויואל משה לשבת את- האיש	3121	1	1		1	3
ט101215	מצרים בארבה ויעל על- ארץ מצרים	ויאכל	את- כל- עשב הארץ את כל	3121	1	1		1	3
ט101508	את- עין כל- הארץ ותחשך הארץ	ויאכל	את- כל- עשב הארץ ואת כל-	3121	1	1		*	3
ט120713	המזוזת ועל- המשקוף על הבתים אשר-	יאכלו	אתו בהם / ואכלו את- הבשר בלילה	3121	1	3			3
ט120811	הזה צלי- אש ומצות על- מררים	יאכלהו	/ אל- תאכלו ממנו נא ובשל מבשל	3121	1	3	4		4
ט120902	אש ומצות על- מררים יאכלהו / אל-	תאכלו	ממנו נא ובשל מבשל במים כי	3121	1	3			3
ט121102	ממנו עד- בקר באש תשרפו / וככה	תאכלו	אתו מתניכם חגרים נעליכם ברגליכם ומקלכם	3121	1	3			3
ט121504	חקת עולם תחגהו / שבעת ימים מצות	תאכלו	אך ביום הראשון תשביתו שאר מבתיכם	3121	1	3			3
ט121806	עולם / בראשן בארבעה עשר יום לחדש בערב	תאכלו	מצת עד יום האחד ועשרים לחדש	3121	1	3			3
ט122004	בגר ובאזרח הארץ / כל- מחמצת לא	תאכלו	בכל מושבתיכם תאכלו מצות / ויקרא משה	3121	1	3			3
ט122007	כל- מחמצת לא תאכלו בכל מושבתיכם	תאכלו	מצות / ויקרא משה לכל- זקני ישראל	3121	1	3			3
ט124313	חקת הפסח כל- בן- נכר לא-	יאכל	בו / וכל- עבד איש מקנת- כסף	3121	1	1			2
ט124409	איש מקנת- כסף ומלתה אתו אז	יאכל	בו / תושב ושכיר לא- יאכל בו	3121	1	1			2
ט124504	אז יאכל בו / תושב ושכיר לא-	יאכל	בו / בבית אחד יאכל לא- תוציא	3121	1	1			2

/ = סוף פסוק   // = סוף פרק   ג = מין   # = מספר   כ = כינוי חבור   קס = קידומות וסיומות   ה = מספר ההברות   עמ' 21

אזכור		מלה		צורן	ג	#	כ	קס	ה
ט124821	והיה כאזרח הארץ וכל- ערל לא-	יאכל	בו / תורה אחת יהיה לאזרח ולגר	3121	1	1			2
ט130603	העבדה הזאת בחדש הזה / שבעת ימים	תאכל	מצת וביום השביעי חג ליהוה / מצות	3121	1	1			2
ט150707	וברב גאונך תהרס קמיך תשלח חרנך	יאכלמו	כקש / וברוח אפיך נערמו- מים נצבו	3121	1	1	9	0	4
ט161211	ישראל דבר אלהם לאמר בין הערבים	תאכלו	בשר ובבקר תשבעו- לחם וידעתם כי	3121	1	3			3
ט223009	תהיון לי ובשר בשדה טרפה לא	תאכלו	לכלב תשלכון אתו // לא תשא שמע	3121	1	3			3
ט231108	תשמטנה ונטשתה ואכלו אבינ י עמך ויתרם	תאכל	חית השדה כן- תעשה לכרמך לזיתך	3121	1	1			2
ט231507	את חג המצות תשמר שבעת ימים	תאכל	מצות כאשר צויתך למועד חדש האביב	3121	1	1			2
ט241111	לא שלח ידו ויחזו את- האלהים	ויאכלו	וישתו / ויאמר יהוה אל- משה עלה	3121	1	3		*	4
ט293313	את- ידם לקדש אתם וזר לא-	יאכל	כי- קדש הם / ואם- יותר מבשר	3121	1	1			2
ט341807	את- חג המצות תשמר שבעת ימים	תאכל	מצות אשר צויתך למועד חדש האביב	3121	1	1			2
ט241705	מתוך הענן / ומראה כבוד יהוה כאש	אכלת	בראש ההר לעיני בני ישראל / ויבא	3132	2	1			3
ט121513	הראשון תשביתו שאר מבתיכם כי כל-	אכל	חמץ ונכרתה הנפש ההוא מישראל מיום	3133					2
ט121909	שאר לא ימצא בבתיכם כי כל	אכל	מחמצת ונכרתה הנפש ההוא מעדת ישראל	3133	1	1			2
ט162503	ורמה לא- היתה בו / ויאמר משה	אכלהו	היום כי- שבת היום ליהוה היום	314	1	3	4		4
ט161524	הוא הלחם אשר נתן יהוה לכם	לאכלה	/ זה הדבר אשר צוה יהוה לקטו	3151				96	3
ט120416	אל- ביתו במכסת נפשת איש לפי	אכלו	תכסו על- השה / שה תמים זכר	3153			4		2
ט160316	בארץ מצרים בשבתנו על- סיר הבשר	באכלנו	לחם לשבע כי- הוצאתם אתנו אל-	3153			6	4	5
ט161610	צוה יהוה לקטו ממנו איש לפי	אכלו	עמר לגלגלת מספר נפשתיכם איש לאשר	3153			4		2
ט161811	המרבה והממעיט לא החסיר איש לפי-	אכלו	לקטו / ויאמר משה אלהם איש אל-	3153			4		2
ט162107	וילקטו אתו בבקר בבקר איש כפי	אכלו	וחם השמש ונמס / ויהי ביום הששי	3153			4		2
ט160808	משה בתת יהוה לכם בערב בשר	לאכל	ולחם בבקר לשבע בשמע יהוה את-	3154				6	3
ט181213	לאלהים ויבא אהרן וכל זקני ישראל	לאכל-	לחם עם- חתן משה לפני האלהים	3154				6	3
ט320609	ויעלו עלת ויגשו שלמים וישב העם	לאכל	ושתו ויקמו לצחק / וידבר יהוה אל-	3154				6	3
	--*-*-*-*-*-*-*-*-*-*-*	אכל	*-*-*-*-*-*-*-*-*-*-*-*-*						
ט030216	והנה הסנה בער באש והסנה איננו	אכל	/ ויאמר משה אסרה- נא ואראה את-	3411	1	1			2
	--*-*-*-*-*-*-*-*-*-*-*	אכן	*-*-*-*-*-*-*-*-*-*-*-*-*						
ט021418	הרגת את- המצרי ויירא משה ויאמר	אכן	נודע הדבר / וישמע פרעה את- הדבר	22					2
	--*-*-*-*-*-*-*-*-*-*-*	אל	*-*-*-*-*-*-*-*-*-*-*-*-*						
ט060308	אל- אברהם אל- יצחק ואל- יעקב	באל	שדי ושמי יהוה לא נודעתי להם	121				4	2
ט150208	וזמרת יה ויהי- לי לישועה זה	אלי	ואנוהו אלהי אבי וארממנהו / יהוה איש	121			1		2
ט151103	צללו כעופרת במים אדירים / מי- כמכה	באלם	יהוה מי כמכה נאדר בקדש נורא	121				24	3
ט200510	ולא תעבדם כי אנכי יהוה אלהיך	אל	קנא פקד עון אבת על- בנים	121					1
ט340608	יהוה על- פניו ויקרא יהוה יהוה	אל	רחום וחנון ארך אפים ורב- חסד	121					1
ט341404	ואת- אשריו תכרתון / כי לא תשתחוה	לאל	אחר כי יהוה קנא שמו אל	121				6	2
ט341410	לאל אחר כי יהוה קנא שמו	אל	קנא הוא / פן- תכרת ברית ליושב	121					1
	--*-*-*-*-*-*-*-*-*-*-*	אל	*-*-*-*-*-*-*-*-*-*-*-*-*						
ט030502	ויאמר משה משה ויאמר הנני / ויאמר	אל-	תקרב הלם של- נעליך מעל רגליך	22					1
ט050907	תכבד העבדה על- האנשים ויעשו- בה	ואל-	ישעו בדברי- שקר / ויצאו נגשי העם	22				1	2
ט082517	הערב מפרעה מעבדיו ומעמו מחר רק	אל-	יסף פרעה התל לבלתי שלח את-	22					1
ט102808	לו פרעה לך מעלי השמר לך	אל	תסף ראות פני כי ביום ראתך	22					1
ט120901	צלי- אש ומצות על- מררים יאכלהו /	אל-	תאכלו ממנו נא ובשל מבשל במים	22					1
ט141305	ממתנו במדבר / ויאמר משה אל- העם	אל-	תיראו התיצבו וראו את- ישועת יהוה	22					1
ט161905	אכלו לקטו / ויאמר משה אלהם איש	אל-	יותר ממנו עד- בקר / ולא- שמעו	22					1
ט162919	הששי לחם יומים שבו איש תחתיו	אל-	יצא איש ממקמו ביום השביעי / וישבתו	22					1
ט191508	אל- העם היו נכנים לשלשת ימים	אל-	תגשו אל- אשה / ויהי ביום השלישי	22					1
ט192412	ועלית אתה ואהרן עמך והכהנים והעם	אל-	יהרסו לעלת אל- יהוה פן- יפרץ-	22					1
ט201908	אל- משה דבר- אתה עמנו ונשמעה	ואל-	ידבר עמנו אלהים פן- נמות / ויאמר	22				1	2
ט202005	פן- נמות / ויאמר משה אל- העם	אל-	תיראו כי לבעבור נסות אתכם בא	22					1
ט230105	תשלכון אתו // לא תשא שמע שוא	אל-	תשת ידך עם- רשע להית עד	22					1
ט230706	בריבו / מדבר- שקר תרחק ונקי וצדיק	אל-	תהרג כי לא- אצדיק רשע / ושחד	22					1

/ = סוף פסוק   // = סוף פרק   ג = מין   # = מספר   כ = כינוי חבור   קס = קידומות וסיומות   ה = מספר ההברות

אזכור		מלה		צורן	ג	#	כ	קס	ה
ט232105	אשר הכנתי / השמר מפניו ושמע בקלו	אל-	תמר בו כי לא ישא לפשעכם	22					1
ט322203	הבאת עליו חטאה גדלה / ויאמר אהרן	אל-	יחר אף אדני אתה ידעת את-	22					1
ט331507	ויאמר אליו אם- אין פניך הלכים	אל-	תעלנו מזה / ובמה יודע אפוא כי-	22					1
ט340307	ואיש לא- יעלה עמך וגם- איש	אל-	ירא בכל- ההר גם- הצאן והבקר	22					1
ט340314	ירא בכל- ההר גם- הצאן והבקר	אל-	ירעו אל- מול ההר ההוא / ויפסל	22					1
ט360609	ויעבירו קול במחנה לאמר איש ואשה	אל-	יעשו- עוד מלאכה לתרומת הקדש ויכלא	22					1
	--*-*-*-*-*-*-*-*-*-*-*-*-*-*-*	אל	*-*-*-*-*-*-*-*-*-*-*-*-*-*-*-*-*						
ט010902	אשר לא- ידע את- יוסף / ויאמר	אל	עמו הנה עם בני ישראל רב	4					1
ט011903	הזה ותחיין את- הילדים / ותאמרן המילדת	אל-	פרעה כי לא כנשים המצרית העברית	4					1
ט020703	ותאמר מילדי העברים זה / ותאמר אחתו	אל	בת- פרעה האלך וקראתי לך אשה	4					1
ט021107	ויהי בימים ההם ויגדל משה ויצא	אל	אחיו וירא בסבלתם וירא איש מצרי	4					1
ט021802	משה ויושען וישק את- צאנם / ותבאנה	אל-	רעואל אביהן ויאמר מדוע מהרתן בא	4					1
ט022002	דלה לנו וישק את- הצאן / ויאמר	אל-	בנתיו ואיו למה זה עזבתן את-	4					1
ט022316	ישראל מן- העבדה ויזעקו ותעל שועתם	אל-	האלהים מן- העבדה / וישמע אלהים את-	4					1
ט030116	וינהג את- הצאן אחר המדבר ויבא	אל-	הר האלהים חרבה / וירא מלאך יהוה	4					1
ט030617	ויסתר משה פניו כי ירא מהביט	אל-	האלהים / ויאמר יהוה ראה ראיתי את-	4					1
ט030809	מיד מצרים ולהעלתו מן- הארץ ההוא	אל-	ארץ טובה ורחבה אל- ארץ זבת	4					1
ט030813	הארץ ההוא אל- ארץ טובה ורחבה	אל-	ארץ זבת חלב ודבש אל- מקום	4					1
ט030818	ורחבה אל- ארץ זבת חלב ודבש	אל-	מקום הכנעני והחתי והאמרי והפרזי והחוי	4					1
ט031004	מצרים לחצים אתם / ועתה לכה ואשלחך	אל-	פרעה והוצא את- עמי בני- ישראל	4					1
ט031103	עמי בני- ישראל ממצרים / ויאמר משה	אל-	האלהים מי אנכי כי אלך אל-	4					1
ט031109	אל- האלהים מי אנכי כי אלך	אל-	פרעה וכי אוציא את- בני ישראל	4					1
ט031303	האלהים על ההר הזה / ויאמר משה	אל-	האלהים הנה אנכי בא אל- בני	4					1
ט031308	משה אל- האלהים הנה אנכי בא	אל-	בני ישראל ואמרתי להם אלהי אבותיכם	4					1
ט031403	שמו מה אמר אלהם / ויאמר אלהים	אל-	משה אהיה אשר אהיה ויאמר כה	4					1
ט031504	אהיה שלחני אליכם / ויאמר עוד אלהים	אל-	משה כה תאמר אל- בני ישראל	4					1
ט031508	עוד אלהים אל- משה כה תאמר	אל-	בני ישראל יהוה אלהי אבתיכם אלהי	4					1
ט031706	במצרים / ואמר אעלה אתכם מעני מצרים	אל-	ארץ הכנעני והחתי והאמרי והפרזי והחוי	4					1
ט031714	הכנעני והחתי והאמרי והפרזי והחוי והיבוסי	אל-	ארץ זבת חלב ודבש / ושמעו לקלך	4					1
ט031807	ושמעו לקלך ובאת אתה וזקני ישראל	אל-	מלך מצרים ואמרתם אליו יהוה אלהי	4					1
ט040403	לנחש וינס משה מפניו / ויאמר יהוה	אל-	משה שלח ידך ואחז בזנבו וישלח	4					1
ט040704	ידו מצרעת כשלג / ויאמר השב ידך	אל-	חיקך וישב ידו אל- חיקו ויוצאה	4					1
ט040708	השב ידך אל- חיקך וישב ידו	אל-	חיקו ויוצאה מחיקו והנה- שבה כבשרו	4					1
ט041003	היאר והיו לדם ביבשת / ויאמר משה	אל-	יהוה בי אדני לא איש דברים	4					1
ט041018	מתמול גם משלשם גם מאז דברך	אל-	עבדך כי כבד- פה וכבד לשון	4					1
ט041604	את אשר תעשון / ודבר- הוא לך	אל-	העם והיה הוא יהיה- לך לפה	4					1
ט041804	בו את- האתת / וילך משה וישב	אל-	יתר חתנו ויאמר לו אלכה נא	4					1
ט041812	חתנו ויאמר לו אלכה נא ואשובה	אל-	אחי אשר- במצרים ואראה העודם חיים	4					1
ט041903	יתרו למשה לך לשלום / ויאמר יהוה	אל-	משה במדין לך שב מצרים כי-	4					1
ט042103	את- מטה האלהים בידו / ויאמר יהוה	אל-	משה בלכתך לשוב מצרימה ראה כל-	4					1
ט042202	לבו ולא ישלח את- העם / ואמרת	אל-	פרעה כה אמר יהוה בני בכרי	4					1
ט042703	אמרה חתן דמים למולת / ויאמר יהוה	אל-	אהרן לך לקראת משה המדברה וילך	4					1
ט043009	את כל- הדברים אשר- דבר יהוה	אל-	משה ויעש האתת לעיני העם / ויאמן	4					1
ט050106	וישתחוו // ואחר באו משה ואהרן ויאמרו	אל-	פרעה כה- אמר יהוה אלהי ישראל	4					1
ט051006	שקר / ויצאו נגשי העם ושטריו ויאמרו	אל-	העם לאמר כה אמר פרעה אינני	4					1
ט051506	היום / ויבאו שטרי בני ישראל ויצעקו	אל-	פרעה לאמר למה תעשה כה לעבדיך	4					1
ט052203	לתת- חרב בידם להרגנו / וישב משה	אל-	יהוה ויאמר אדני למה הרעתה לעם	4					1
ט052303	הזה למה זה שלחתני / ומאז באתי	אל-	פרעה לדבר בשמך הרע לעם הזה	4					1
ט060103	לא- הצלת את- עמך // ויאמר יהוה	אל-	משה עתה תראה אשר אעשה לפרעה	4					1
ט060203	וביד חזקה יגרשם מארצו / וידבר אלהים	אל-	משה ויאמר אליו אני יהוה / וארא	4					1
ט060302	משה ויאמר אליו אני יהוה / וארא	אל-	אברהם אל- יצחק ואל- יעקב באל	4					1
ט060304	אליו אני יהוה / וארא אל- אברהם	אל-	יצחק ואל- יעקב באל שדי ושמי	4					1
ט060306	יהוה / וארא אל- אברהם אל- יצחק	ואל-	יעקב באל שדי ושמי יהוה לא	4				1	2

אזכור		מלה		צורן	ג	#	כ	קס	ה
ט060803	אתכם מתחת סבלות מצרים / והבאתי אתכם	אל-	הארץ אשר נשאתי את- ידי לתת		4				1
ט060904	מורשה אני יהוה / וידבר משה כן	אל-	בני ישראל ולא שמעו אל- משה		4				1
ט060909	כן אל- בני ישראל ולא שמעו	אל-	משה מקצר רוח ומעבדה קשה / וידבר		4				1
ט061003	מקצר רוח ומעבדה קשה / וידבר יהוה	אל-	משה לאמר / בא דבר אל- פרעה		4				1
ט061103	יהוה אל- משה לאמר / בא דבר	אל-	פרעה מלך מצרים וישלח את- בני-		4				1
ט061303	פרעה ואני ערל שפתים / וידבר יהוה	אל-	משה ואל- אהרן ויצום אל- בני		4				1
ט061305	ערל שפתים / וידבר יהוה אל- משה	ואל-	אהרן ויצום אל- בני ישראל ואל-		4			1	2
ט061308	יהוה אל- משה ואל- אהרן ויצום	אל-	בני ישראל ואל- פרעה מלך מצרים		4				1
ט061311	ואל- אהרן ויצום אל- בני ישראל	ואל-	פרעה מלך מצרים להוציא את- בני-		4			1	2
ט062703	מארץ מצרים על- צבאתם / הם המדברים	אל-	פרעה מלך- מצרים להוציא את- בני-		4				1
ט062805	משה ואהרן / ויהי ביום דבר יהוה	אל-	משה בארץ מצרים / וידבר יהוה אל-		4				1
ט062903	אל- משה בארץ מצרים / וידבר יהוה	אל-	משה לאמר אני יהוה דבר אל-		4				1
ט062909	אל- משה לאמר אני יהוה דבר	אל-	פרעה מלך מצרים את כל- אשר		4				1
ט070103	ואיך ישמע אלי פרעה // ויאמר יהוה	אל-	משה ראה נתתיך אלהים לפרעה ואהרן		4				1
ט070210	כל- אשר אצוך ואהרן אחיך ידבר	אל-	פרעה ושלח את- בני- ישראל מארצו		4				1
ט070711	ואהרן בן- שלש ושמנים שנה בדברם	אל-	פרעה / ויאמר יהוה אל- משה ואל-		4				1
ט070803	שנה בדברם אל- פרעה / ויאמר יהוה	אל-	משה ואל- אהרן לאמר / כי ידבר		4				1
ט070805	אל- פרעה / ויאמר יהוה אל- משה	ואל-	אהרן לאמר / כי ידבר אלכם פרעה		4			1	2
ט070910	פרעה לאמר תנו לכם מופת ואמרת	אל-	אהרן קח את- מטך והשלך לפני-		4				1
ט071004	פרעה יהי לתנין / ויבא משה ואהרן	אל-	פרעה ויעשו כן כאשר צוה יהוה		4				1
ט071403	אלהם כאשר דבר יהוה / ויאמר יהוה	אל-	משה כבד לב פרעה מאן לשלח		4				1
ט071502	לב פרעה מאן לשלח העם / לך	אל-	פרעה בבקר הנה יצא המימה ונצבת		4				1
ט071903	לשתות מים מן- היאר / ויאמר יהוה	אל-	משה אמר אל- אהרן קח מטך		4				1
ט071906	היאר / ויאמר יהוה אל- משה אמר	אל-	אהרן קח מטך ונטה- ידך על-		4				1
ט072304	כאשר דבר יהוה / ויפן פרעה ויבא	אל-	ביתו ולא- שת לבו גם- לזאת		4				1
ט072603	הכות- יהוה את- היאר / ויאמר יהוה	אל-	משה בא אל- פרעה ואמרת אליו		4				1
ט072606	היאר / ויאמר יהוה אל- משה בא	אל-	פרעה ואמרת אליו כה אמר יהוה		4				1
ט080103	ובכל- עבדיך יעלו הצפרדעים // ויאמר יהוה	אל-	משה אמר אל- אהרן נטה את-		4				1
ט080106	הצפרדעים // ויאמר יהוה אל- משה אמר	אל-	אהרן נטה את- ידך במטך על-		4				1
ט080407	ויקרא פרעה למשה ולאהרן ויאמר העתירו	אל-	יהוה ויסר הצפרדעים ממני ומעמי ואשלחה		4				1
ט080808	משה ואהרן מעם פרעה ויצעק משה	אל-	יהוה על- דבר הצפרדעים אשר- שם		4				1
ט081203	אלהם כאשר דבר יהוה / ויאמר יהוה	אל-	משה אמר אל- אהרן נטה את-		4				1
ט081206	יהוה / ויאמר יהוה אל- משה אמר	אל-	אהרן נטה את- מטך והך את-		4				1
ט081503	ותהי הכנם באדם ובבהמה / ויאמרו החרטמם	אל-	פרעה אצבע אלהים הוא ויחזק לב-		4				1
ט081603	אלהם כאשר דבר יהוה / ויאמר יהוה	אל-	משה השכם בבקר והתיצב לפני פרעה		4				1
ט082103	תשחת הארץ מפני הערב / ויקרא פרעה	אל-	משה ולאהרן ויאמר לכו זבחו לאלהיכם		4				1
ט082508	משה הנה אנכי יוצא מעמך והעתרתי	אל-	יהוה וסר הערב מפרעה מעבדיו ומעמו		4				1
ט082606	ליהוה / ויצא משה מעם פרעה ויעתר	אל-	יהוה / ויעש יהוה כדבר משה ויסר		4				1
ט090103	ולא שלח את- העם // ויאמר יהוה	אל-	משה בא אל- פרעה ודברת אליו		4				1
ט090106	העם // ויאמר יהוה אל- משה בא	אל-	פרעה ודברת אליו כה- אמר יהוה		4				1
ט090803	ולא שלח את- העם / ויאמר יהוה	אל-	משה ואל- אהרן קחו לכם מלא		4				1
ט090805	את- העם / ויאמר יהוה אל- משה	ואל-	אהרן קחו לכם מלא חפניכם פיח		4			1	2
ט091212	ולא שמע אלהם כאשר דבר יהוה	אל-	משה / ויאמר יהוה אל משה השכם		4				1
ט091303	דבר יהוה אל- משה / ויאמר יהוה	אל	משה השכם בבקר והתיצב לפני פרעה		4				1
ט091409	הזאת אני שלח את- כל- מגפתי	אל-	לבך ובעבדיך ובעמך בעבור תדע כי		4				1
ט092012	פרעה הניס את- עבדיו ואת- מקנהו	אל-	הבתים / ואשר לא- שם לבו אל-		4				1
ט092105	אל- הבתים / ואשר לא- שם לבו	אל-	דבר יהוה ויעזב את- עבדיו ואת		4				1
ט092203	עבדיו ואת מקנהו בשדה / ויאמר יהוה	אל-	משה נטה את- ידך על- השמים		4				1
ט092802	יהוה הצדיק ואני ועמי הרשעים / העתירו	אל-	יהוה ורב מהית קלת אלהים וברד		4				1
ט092910	כצאתי את- העיר אפרש את כפי	אל-	יהוה הקלות יחדלון והברד לא יהיה-		4				1
ט093309	מעם פרעה את- העיר ויפרש כפיו	אל-	יהוה ויחדלו הקלות והברד ומטר לא-		4				1
ט100103	דבר יהוה ביד- משה // ויאמר יהוה	אל-	משה בא אל- פרעה כי- אני		4				1
ט100106	משה // ויאמר יהוה אל- משה בא	אל-	פרעה כי- אני הכבדתי את- לבו		4				1
ט100304	כי- אני יהוה / ויבא משה ואהרן	אל-	פרעה ויאמרו אליו כה- אמר יהוה		4				1

/ = סוף פסוק // = סוף פרק ג = מין # = מספר כ = כינוי חבור קס = קידומות וסיומות ה = מספר ההברות

אזכור		מלה		צורן	ג	#	כ	קס	ה
ט100806	מצרים / ויושב את- משה ואת- אהרן	אל-	פרעה ויאמר אלהם לכו עבדו את-	4					1
ט101203	אתם מאת פני פרעה / ויאמר יהוה	אל-	משה נטה ידך על- ארץ מצרים	4					1
ט101805	המות הזה / ויצא מעם פרעה ויעתר	אל-	יהוה / ויהפך יהוה רוח- ים חזק	4					1
ט102103	שלח את- בני ישראל / ויאמר יהוה	אל-	משה נטה ידך על- השמים ויהי	4					1
ט102403	ישראל היה אור במושבתם / ויקרא פרעה	אל-	משה ויאמר לכו עבדו את- יהוה	4					1
ט110103	אסף עוד ראות פניך // ויאמר יהוה	אל-	משה עוד נגע אחד אביא על-	4					1
ט110903	מעם- פרעה בחרי- אף / ויאמר יהוה	אל-	משה לא- ישמע אליכם פרעה למען	4					1
ט120103	את- בני- ישראל מארצו // ויאמר יהוה	אל-	משה ואל- אהרן בארץ מצרים לאמר	4					1
ט120105	ישראל מארצו // ויאמר יהוה אל- משה	ואל-	אהרן בארץ מצרים לאמר / החדש הזה	4				1	2
ט120302	ראשון הוא לכם לחדשי השנה / דברו	אל-	כל- עדת ישראל לאמר בעשר לחדש	4					1
ט120410	מהיות משה ולקח הוא ושכנו הקרב	אל-	ביתו במכסת נפשת איש לפי אכלו	4					1
ט122209	אזוב וטבלתם בדם אשר- בסף והגעתם	אל-	המשקוף ואל- שתי המזוזת מן- הדם	4					1
ט122211	בדם אשר- בסף והגעתם אל- המשקוף	ואל-	שתי המזוזת מן- הדם אשר בסף	4				1	2
ט122322	על- הפתח ולא יתן המשחית לבא	אל-	בתיכם לנגף / ושמרתם את- הדבר הזה	4					1
ט122504	ולבניך עד- עולם / והיה כי- תבאו	אל-	הארץ אשר יתן יהוה לכם כאשר	4					1
ט124303	לכל- בני ישראל לדרתם / ויאמר יהוה	אל-	משה ואהרן זאת חקת הפסח כל-	4					1
ט130103	מארץ מצרים על- צבאתם // וידבר יהוה	אל-	משה לאמר / קדש- לי כל- בכור	4					1
ט130303	באדם ובבהמה לי הוא / ויאמר משה	אל-	העם זכור את- היום הזה אשר	4					1
ט130505	בחדש האביב / והיה כי- יביאך יהוה	אל-	ארץ הכנעני והחתי והאמרי והחוי והיבוסי	4					1
ט131105	מימים ימימה / והיה כי- יבאך יהוה	אל-	ארץ הכנעני כאשר נשבע לך ולאבתיך	4					1
ט140103	האש לילה לפני העם // וידבר יהוה	אל-	משה לאמר / דבר אל- בני ישראל	4					1
ט140202	וידבר יהוה אל- משה לאמר / דבר	אל-	בני ישראל וישבו ויחנו לפני פיהחירת	4					1
ט140511	ברח העם ויהפך לבב פרעה ועבדיו	אל-	העם ויאמרו מה- זאת עשינו כי-	4					1
ט141017	אחריהם וייראו מאד ויצעקו בני- ישראל	אל-	יהוה / ויאמרו אל- משה המבלי אין-	4					1
ט141102	ויצעקו בני- ישראל אל- יהוה / ויאמרו	אל-	משה המבלי אין- קברים במצרים לקחתנו	4					1
ט141303	את- מצרים ממתנו במדבר / ויאמר משה	אל-	העם אל- תיראו התיצבו וראו את-	4					1
ט141503	ילחם לכם ואתם תחרשון / ויאמר יהוה	אל-	משה מה- תצעק אלי דבר אל-	4					1
ט141509	אל- משה מה- תצעק אלי דבר	אל-	בני- ישראל ויסעו / ואתה הרם את-	4					1
ט142017	ויאר את- הלילה ולא- קרב זה	אל-	זה כל- הלילה / ויט משה את-	4					1
ט142310	אחריהם כל סוס פרעה רכבו ופרשיו	אל-	תוך הים / ויהי באשמרת הבקר וישקף	4					1
ט142407	הים / ויהי באשמרת הבקר וישקף יהוה	אל-	מחנה מצרים בעמוד אש וענן ויהם	4					1
ט142603	יהוה נלחם להם במצרים / ויאמר יהוה	אל-	משה נטה את- ידך על- הים	4					1
ט151308	בחסדך עם- זו גאלת נהלת בעזך	אל-	נוה קדשך / שמעו עמים ירגזון חיל	4					1
ט152208	משה את- ישראל מים- סוף ויצאו	אל-	מדבר- שור וילכו שלשת- ימים במדבר	4					1
ט152502	על- משה לאמר מה נשתה / ויצעק	אל-	יהוה ויורהו יהוה עץ וישלך אל	4					1
ט152508	אל- יהוה ויורהו יהוה עץ וישלך	אל	המים וימתקו המים שם שם לו	4					1
ט160108	מאילם ויבאו כל- עדת בני- ישראל	אל-	מדבר- סין אשר בין- אילם ובין	4					1
ט160322	באכלנו לחם לשבע כי- הוצאתם אתנו	אל-	המדבר הזה להמית את- כל- הקהל	4					1
ט160403	כל- הקהל הזה ברעב / ויאמר יהוה	אל-	משה הנני ממטיר לכם לחם מן-	4					1
ט160604	ילקטו יום יום / ויאמר משה ואהרן	אל-	כל- בני ישראל ערב וידעתם כי	4					1
ט160903	תלנתיכם כי על- יהוה / ויאמר משה	אל-	אהרן אמר אל- כל- עדת בני	4					1
ט160906	יהוה / ויאמר משה אל- אהרן אמר	אל-	כל- עדת בני ישראל קרבו לפני	4					1
ט161004	שמע את תלנתיכם / ויהי כדבר אהרן	אל-	כל- עדת בני- ישראל ויפנו אל-	4					1
ט161010	אל- כל- עדת בני- ישראל ויפנו	אל-	המדבר והנה כבוד יהוה נראה בענן	4					1
ט161103	כבוד יהוה נראה בענן / וידבר יהוה	אל-	משה לאמר / שמעתי את- תלונת בני	4					1
ט161506	הארץ / ויראו בני- ישראל ויאמרו איש	אל-	אחיו מן הוא כי לא ידעו	4					1
ט162003	יותר ממנו עד- בקר / ולא- שמעו	אל-	משה ויותרו אנשים ממנו עד- בקר	4					1
ט162803	העם ללקט ולא מצאו / ויאמר יהוה	אל-	משה עד- אנה מאנתם לשמר מצותי	4					1
ט163303	בהוציאי אתכם מארץ מצרים / ויאמר משה	אל-	אהרן קח צנצנת אחת ותן- שמה	4					1
ט163404	יהוה למשמרת לדרתיכם / כאשר צוה יהוה	אל	משה ויניחהו אהרן לפני העדת למשמרת	4					1
ט163510	את- המן ארבעים שנה עד- באם	אל-	ארץ נושבת את- המן אכלו עד-	4					1
ט163518	נושבת את- המן אכלו עד- באם	אל-	קצה ארץ כנען / והעמר עשרית האפה	4					1
ט170403	בני ואת- מקני בצמא / ויצעק משה	אל	יהוה לאמר מה אעשה לעם הזה	4					1
ט170503	הזה עוד מעט וסקלני / ויאמר יהוה	אל-	משה עבר לפני העם וקח אתך	4					1

/ = סוף פסוק   // = סוף פרק   ג = מין   # = מספר   כ = כינוי חבור   קס = קידומות וסיומות   ה = מספר ההברות

אזכור		מלה		צורן	ג	#	כ	קס	ה
170903ט	וילחם עם- ישראל ברפידם / ויאמר משה	אל-	יהושע בחר- לנו אנשים וצא הלחם	4					1
171403ט	ואת- עמו לפי- חרב / ויאמר יהוה	אל-	משה כתב זאת זכרון בספר ושים	4					1
180507ט	ויבא יתרו חתן משה ובניו ואשתו	אל-	משה אל המדבר אשר- הוא חנה	4					1
180509ט	חתן משה ובניו ואשתו אל- משה	אל	המדבר אשר- הוא חנה שם הר	4					1
180602ט	הוא חנה שם הר האלהים / ויאמר	אל-	משה אני חתנך יתרו בא אליך	4					1
181917ט	מול האלהים והבאת אתה את- הדברים	אל-	האלהים / והזהרתה אתהם את- החקים ואת-	4					1
182610ט	בכל- עת את- הדבר הקשה יביאון	אל-	משה וכל- הדבר הקטן ישפוטו הם	4					1
182707ט	וישלח משה את- חתנו וילך לו	אל-	ארצו // בחדש השלישי לצאת בני- ישראל	4					1
190303ט	שם ישראל נגד ההר / ומשה עלה	אל-	האלהים ויקרא אליו יהוה מן- ההר	4					1
190612ט	וגוי קדוש אלה הדברים אשר תדבר	אל-	בני ישראל / ויבא משה ויקרא לזקני	4					1
190816ט	נעשה וישב משה את- דברי העם	אל-	יהוה / ויאמר יהוה אל- משה הנה	4					1
190903ט	דברי העם אל- יהוה / ויאמר יהוה	אל-	משה הנה אנכי בא אליך בעב	4					1
190925ט	לעולם ויגד משה את- דברי העם	אל-	יהוה / ויאמר יהוה אל- משה לך	4					1
191003ט	דברי העם אל- יהוה / ויאמר יהוה	אל-	משה לך אל- העם וקדשתם היום	4					1
191006ט	יהוה / ויאמר יהוה אל- משה לך	אל-	העם וקדשתם היום ומחר וכבסו שמלתם	4					1
191405ט	יעלו בהר / וירד משה מן- ההר	אל-	העם ויקדש את- העם ויכבסו שמלתם	4					1
191502ט	ויקדש את- העם ויכבסו שמלתם / ויאמר	אל-	העם היו נכנים לשלשת ימים אל-	4					1
191510ט	היו נכנים לשלשת ימים אל- תגשו	אל-	אשה / ויהי ביום השלישי בהית הבקר	4					1
192006ט	בקול / וירד יהוה על- הר סיני	אל-	ראש ההר ויקרא יהוה למשה אל-	4					1
192012ט	אל- ראש ההר ויקרא יהוה למשה	אל-	ראש ההר ויעל משה / ויאמר יהוה	4					1
192103ט	ראש ההר ויעל משה / ויאמר יהוה	אל-	משה רד העד בעם פן- יהרסו	4					1
192110ט	משה רד העד בעם פן- יהרסו	אל-	יהוה לראות ונפל ממנו רב / וגם	4					1
192204ט	ונפל ממנו רב / וגם הכהנים הנגשים	אל-	יהוה יתקדשו פן- יפרץ בהם יהוה	4					1
192303ט	פן- יפרץ בהם יהוה / ויאמר משה	אל	יהוה לא- יוכל העם לעלת אל-	4					1
192309ט	אל יהוה לא- יוכל העם לעלת	אל-	הר סיני כי- אתה העדתה בנו	4					1
192415ט	עמך והכהנים והעם אל- יהרסו לעלת	אל-	יהוה פן- יפרץ- בם / וירד משה	4					1
192503ט	יהוה פן- יפרץ- בם / וירד משה	אל-	העם ויאמר אלהם // וידבר אלהים את	4					1
201902ט	וירא העם וינעו ויעמדו מרחק / ויאמרו	אל-	משה דבר- אתה עמנו ונשמעה ואל-	4					1
202003ט	עמנו אלהים פן- נמות / ויאמר משה	אל-	העם אל- תיראו כי לבעבור נסות	4					1
202106ט	תחטאו / ויעמד העם מרחק ומשה נגש	אל-	הערפל אשר- שם האלהים / ויאמר יהוה	4					1
202203ט	הערפל אשר- שם האלהים / ויאמר יהוה	אל-	משה כה תאמר אל- בני ישראל	4					1
202207ט	ויאמר יהוה אל- משה כה תאמר	אל-	בני ישראל אתם ראיתם כי מן-	4					1
210603ט	בני לא אצא חפשי / והגישו אדניו	אל-	האלהים והגישו אל- הדלת או אל-	4					1
210606ט	חפשי / והגישו אדניו אל- האלהים והגישו	אל-	הדלת או אל- המזוזה ורצע אדניו	4					1
210609ט	אל- האלהים והגישו אל- הדלת או	אל-	המזוזה ורצע אדניו את- אזנו במרצע	4					1
220604ט	המבער את- הבערה / כי- יתן איש	אל-	רעהו כסף או- כלים לשמר וגנב	4					1
220708ט	לא ימצא הגנב ונקרב בעל- הבית	אל-	האלהים אם- לא שלח ידו במלאכת	4					1
220904ט	ישלם שנים לרעהו / כי- יתן איש	אל-	רעהו חמור או- שור או- שה	4					1
231707ט	שלש פעמים בשנה יראה כל- זכורך	אל-	פני האדן יהוה / לא- תזבח על-	4					1
232009ט	שלח מלאך לפניך לשמרך בדרך ולהביאך	אל-	המקום אשר הכנתי / השמר מפניו ושמע	4					1
232306ט	צרריך / כי- ילך מלאכי לפניך והביאך	אל-	האמרי והחתי והפרזי והכנעני החוי והיבוסי	4					1
240101ט	את- אלהיהם כי- יהיה לך למוקש //	ואל	משה אמר עלה אל- יהוה אתה	4				1	2
240105ט	לך למוקש // ואל משה אמר עלה	אל-	יהוה אתה ואהרן נדב ואביהוא ושבעים	4					1
240204ט	ישראל והשתחויתם מרחק / ונגש משה לבדו	אל-	יהוה והם לא יגשו והעם לא	4					1
241101ט	כמעשה לבנת הספיר וכעצם השמים לטהר /	ואל-	אצילי בני ישראל לא שלח ידו	4				1	2
241203ט	את- האלהים ויאכלו וישתו / ויאמר יהוה	אל-	משה עלה אלי ההרה והיה- שם	4					1
241307ט	ויקם משה ויהושע משרתו ויעל משה	אל-	הר האלהים / ואל- הזקנים אמר שבו-	4					1
241401ט	משרתו ויעל משה אל- הר האלהים /	ואל-	הזקנים אמר שבו- לנו בזה עד	4				1	2
241503ט	בעל דברים יגש אלהם / ויעל משה	אל-	ההר ויכס הענן את- ההר / וישכן	4					1
241612ט	סיני ויכסהו הענן ששת ימים ויקרא	אל-	משה ביום השביעי מתוך הענן / ומראה	4					1
241806ט	ישראל / ויבא משה בתוך הענן ויעל	אל-	ההר ויהי משה בהר ארבעים יום	4					1
250103ט	ארבעים יום וארבעים לילה // וידבר יהוה	אל-	משה לאמר / דבר אל- בני ישראל	4					1
250202ט	וידבר יהוה אל- משה לאמר / דבר	אל-	בני ישראל ויקחו לי תרומה מאת	4					1
251602ט	יהיו הבדים לא יסרו ממנו / ונתת	אל-	הארן את העדת אשר אתן אליך	4					1

/ = סוף פסוק // = סוף פרק ג = מין # = מספר כ = כינוי חבור קס = קידומות וסיומות ה = מספר ההברות

אזכור		מלה		צורן	ג	#	כ	קס	ה
ט252012	סככים בכנפיהם על- הכפרת ופניהם איש	אל-	אחיו אל- הכפרת יהיו פני הכרבים		4				1
ט252014	על- הכפרת ופניהם איש אל- אחיו	אל-	הכפרת יהיו פני הכרבים / ונתת את-		4				1
ט252107	ונתת את- הכפרת על- הארן מלמעלה	ואל-	הארן תתן את- העדת אשר אתן		4			1	2
ט252220	העדת את כל- אשר אצוה אותך	אל-	בני ישראל / ועשית שלחן עצי שטים		4				1
ט260306	היריעת / חמש היריעת תהיין חברת אשה	אל-	אחתה וחמש יריעת חברת אשה אל-		4				1
ט260312	אל- אחתה וחמש יריעת חברת אשה	אל-	אחתה / ועשית ללאת תכלת על שפת		4				1
ט260517	אשר במחברת השנית מקבילת הללאת אשה	אל-	אחתה / ועשית חמשים קרסי זהב וחברת		4				1
ט260609	קרסי זהב וחברת את- היריעת אשה	אל-	אחתה בקרסים והיה המשכן אחד / ועשית		4				1
ט260914	היריעת לבד וכפלת את- היריעה הששית	אל-	מול פני האהל / ועשית חמשים ללאת		4				1
ט261707	שתי ידות לקרש האחד משלבת אשה	אל-	אחתה כן תעשה לכל קרשי המשכן		4				1
ט262409	מלמטה ויחדו יהיו תמים על- ראשו	אל-	הטבעת האחת כן יהיה לשניהם לשני		4				1
ט262808	התיכן בתוך הקרשים מברח מן- הקצה	אל-	הקצה / ואת- הקרשים תצפה זהב ואת-		4				1
ט280303	לאהרן אחיך לכבוד ולתפארת / ואתה תדבר	אל-	כל- חכמי- לב אשר מלאתיו רוח		4				1
ט280706	חשב / שתי כתפת חברת יהיה- לו	אל	שני קצותיו וחבר / וחשב אפדתו אשר		4				1
ט282409	שתי עבתת הזהב על- שתי הטבעת	אל-	קצות החשן / ואת שתי קצות שתי		4				1
ט282514	שתי המשבצות ונתתה על- כתפות האפד	אל-	מול פניו / ועשית שתי טבעות זהב		4				1
ט282614	שני קצות החשן על- שפתו אשר	אל-	עבר האפוד ביתה / ועשית שתי טבעות		4				1
ט282805	לחשב האפוד / וירכסו את- החשן מטבעתו	אל-	טבעת האפוד בפתיל תכלת להיות על-		4				1
ט282912	ישראל בחשן המשפט על- לבו בבאו	אל-	הקדש לזכרן לפני- יהוה תמיד / ונתת		4				1
ט283002	הקדש לזכרן לפני- יהוה תמיד / ונתת	אל-	חשן המשפט את- האורים ואת- התמים		4				1
ט283508	על- אהרן לשרת ונשמע קולו בבאו	אל-	הקדש לפני יהוה ובצאתו ולא ימות		4				1
ט283709	על- פתיל תכלת והיה על- המצנפת	אל-	מול פני- המצנפת יהיה / והיה על-		4				1
ט284307	והיו על- אהרן ועל- בניו בבאם	אל-	אהל מועד או בגשתם אל- המזבח		4				1
ט284312	בבאם אל- אהל מועד או בגשתם	אל-	המזבח לשרת בקדש ולא- ישאו עון		4				1
ט290406	האילם / ואת- אהרן ואת בניו תקריב	אל-	פתח אהל מועד ורחצת אתם במים		4				1
ט291213	המזבח באצבעך ואת- כל- הדם תשפך	אל-	יסוד המזבח / ולקחת את- כל- החלב		4				1
ט293010	ילבשם הכהן תחתיו מבניו אשר יבא	אל-	אהל מועד לשרת בקדש / ואת איל		4				1
ט301103	קדש קדשים הוא ליהוה / וידבר יהוה	אל-	משה לאמר / כי תשא את- ראש		4				1
ט301703	יהוה לכפר על- נפשתיכם / וידבר יהוה	אל-	משה לאמר / ועשית כיור נחשת וכנו		4				1
ט302002	ממנו את- ידיהם ואת- רגליהם / בבאם	אל-	אהל מועד ירחצו- מים ולא ימתו		4				1
ט302011	ירחצו- מים ולא ימתו או בגשתם	אל-	המזבח לשרת להקטיר אשה ליהוה / ורחצו		4				1
ט302203	עולם לו ולזרעו לדרתם / וידבר יהוה	אל-	משה לאמר / ואתה קח- לך בשמים		4				1
ט303101	בניו תמשח וקדשת אתם לכהן לי /	ואל-	בני ישראל תדבר לאמר שמן משחת-		4			1	2
ט303403	על- זר ונכרת מעמיו / ויאמר יהוה	אל-	משה קח- לך סמים נטף ושחלת		4				1
ט310103	להריח בה ונכרת מעמיו // וידבר יהוה	אל-	משה לאמר / ראה קראתי בשם בצלאל		4				1
ט311203	ככל אשר- צויתך יעשו / ויאמר יהוה	אל-	משה לאמר / ואתה דבר אל- בני		4				1
ט311303	יהוה אל- משה לאמר / ואתה דבר	אל-	בני ישראל לאמר אך את- שבתתי		4				1
ט311802	הארץ וביום השביעי שבת וינפש / ויתן	אל-	משה ככלתו לדבר אתו בהר סיני		4				1
ט320310	את- נזמי הזהב אשר באזניהם ויביאו	אל-	אהרן / ויקח מידם ויצר אתו בחרט		4				1
ט320703	לאכל ושתו ויקמו לצחק / וידבר יהוה	אל-	משה לך- רד כי שחת עמך		4				1
ט320903	אשר העלוך מארץ מצרים / ויאמר יהוה	אל-	משה ראיתי את- העם הזה והנה		4				1
ט321708	יהושע את- קול העם ברעה ויאמר	אל-	משה קול מלחמה במחנה / ויאמר אין		4				1
ט321904	ענות אנכי שמע / ויהי כאשר קרב	אל-	המחנה וירא את- העגל ומחלת ויחר-		4				1
ט322103	וישק את- בני ישראל / ויאמר משה	אל-	אהרן מה- עשה לך העם הזה		4				1
ט323005	היום ברכה / ויהי ממחרת ויאמר משה	אל-	העם אתם חטאתם חטאה גדלה ועתה		4				1
ט323013	אתם חטאתם חטאה גדלה ועתה אעלה	אל-	יהוה אולי אכפרה בעד חטאתכם / וישב		4				1
ט323103	אולי אכפרה בעד חטאתכם / וישב משה	אל-	יהוה ויאמר אנא חטא העם הזה		4				1
ט323303	נא מספרך אשר כתבת / ויאמר יהוה	אל-	משה מי אשר חטא- לי אמחנו		4				1
ט323406	מספרי / ועתה לך נחה את- העם	אל	אשר- דברתי לך הנה מלאכי ילך		4				1
ט330103	העגל אשר עשה אהרן // וידבר יהוה	אל-	משה לך עלה מזה אתה והעם		4				1
ט330114	אתה והעם אשר העלית מארץ מצרים	אל-	הארץ אשר נשבעתי לאברהם ליצחק וליעקב		4				1
ט330301	הכנעני האמרי והחתי והפרזי החוי והיבוסי /	אל-	ארץ זבת חלב ודבש כי לא		4				1
ט330503	שתו איש עדיו עליו / ויאמר יהוה	אל-	משה אמר אל- בני- ישראל אתם		4				1
ט330506	עליו / ויאמר יהוה אל- משה אמר	אל-	בני- ישראל אתם עם- קשה- ערף		4				1

אזכור		מלה		צונן	ג	#	כ	קס	ה
ט330721	מועד והיה כל- מבקש יהוה יצא	אל-	אהל מועד אשר מחוץ למחנה / והיה	4					1
ט330804	אשר מחוץ למחנה / והיה כצאת משה	אל-	האהל יקומו כל- העם ונצבו איש	4					1
ט331103	והשתחוו איש פתח אהלו / ודבר יהוה	אל-	משה פנים אל- פנים כאשר ידבר	4					1
ט331106	אהלו / ודבר יהוה אל- משה פנים	אל-	פנים כאשר ידבר איש אל- רעהו	4					1
ט331111	פנים אל- פנים כאשר ידבר איש	אל-	רעהו ושב אל- המחנה ומשרתו יהושע	4					1
ט331114	כאשר ידבר איש אל- רעהו ושב	אל-	המחנה ומשרתו יהושע בן- נון נער	4					1
ט331203	לא ימיש מתוך האהל / ויאמר משה	אל-	יהוה ראה אתה אמר אלי העל	4					1
ט331703	אשר על- פני האדמה / ויאמר יהוה	אל-	משה גם את- הדבר הזה אשר	4					1
ט340103	אחרי ופני לא יראו // ויאמר יהוה	אל-	משה פסל- לך שני- לחת אבנים	4					1
ט340206	דברת / והיה נכון לבקר ועלית בבקר	אל-	הר סיני ונצבת לי שם על-	4					1
ט340316	ההר גם- הצאן והבקר אל- ירעו	אל-	מול ההר ההוא / ויפסל שני לחת	4					1
ט340410	אבנים כראשנים וישכם משה בבקר ויעל	אל-	הר סיני כאשר צוה יהוה אתו	4					1
ט342703	תבשל גדי בחלב אמו / ויאמר יהוה	אל-	משה כתב- לך את- הדברים האלה	4					1
ט343414	את- המסוה עד- צאתו ויצא ודבר	אל-	בני ישראל את אשר יצוה / וראו	4					1
ט350403	בכל מושבתיכם ביום השבת / ויאמר משה	אל-	כל- עדת בני- ישראל לאמר זה	4					1
ט353003	בני- ישראל נדבה ליהוה / ויאמר משה	אל-	בני ישראל ראו קרא יהוה בשם	4					1
ט360203	לכל אשר- צוה יהוה / ויקרא משה	אל-	בצלאל ואל- אהליאב ואל כל- איש	4					1
ט360205	צוה יהוה / ויקרא משה אל- בצלאל	ואל-	אהליאב ואל כל- איש חכם- לב	4				1	2
ט360207	ויקרא משה אל- בצלאל ואל- אהליאב	ואל	כל- איש חכם- לב אשר נתן	4				1	2
ט360222	בלבו כל אשר נשאו לבו לקרבה	אל-	המלאכה לעשת אתה / ויקחו מלפני משה	4					1
ט360502	איש ממלאכתו אשר- המה עשים / ויאמרו	אל-	משה לאמר מרבים העם להביא מדי	4					1
ט361006	היריעת / ויחבר את- חמש היריעת אחת	אל-	אחת וחמש יריעת חבר אחת אל-	4					1
ט361012	אל- אחת וחמש יריעת חבר אחת	אל-	אחת / ויעש ללאת תכלת על שפת	4					1
ט361217	אשר במחברת השנית מקבילת הללאת אחת	אל-	אחת / ויעש חמשים קרסי זהב ויחבר	4					1
ט361309	קרסי זהב ויחבר את- היריעת אחת	אל-	אחת בקרסים ויהי המשכן אחד / ויעש	4					1
ט362207	שתי ידת לקרש האחד משלבת אחת	אל-	אחת כן עשה לכל קרשי המשכן	4					1
ט362907	והיו תואמם מלמטה ויחדו יהיו תמים	אל-	ראשו אל- הטבעת האחת כן עשה	4					1
ט362909	מלמטה ויחדו יהיו תמים אל- ראשו	אל-	הטבעת האחת כן עשה לשניהם לשני	4					1
ט363310	התיכן לברח בתוך הקרשים מן- הקצה	אל-	הקצה / ואת- הקרשים צפה זהב ואת-	4					1
ט370912	סככים בכנפיהם על- הכפרת ופניהם איש	אל-	אחיו אל- הכפרת היו פני הכרבים	4					1
ט370914	על- הכפרת ופניהם איש אל- אחיו	אל-	הכפרת היו פני הכרבים / ויעש את-	4					1
ט381404	מזרחה חמשים אמה / קלעים חמש-עשרה אמה	אל-	הכתף עמודיהם שלשה ואדניהם שלשה / ולכתף	4					1
ט391814	שתי המשבצת ויתנם על- כתפת האפד	אל-	מול פניו / ויעשו שתי טבעת זהב	4					1
ט391913	שני קצות החשן על- שפתו אשר	אל-	עבר האפד ביתה / ויעשו שתי טבעת	4					1
ט392105	לחשב האפד / וירכסו את- החשן מטבעתיו	אל-	טבעת האפד בפתיל תכלת להית על-	4					1
ט393304	משה כן עשו / ויביאו את- המשכן	אל-	משה את- האהל ואת- כל- כליו	4					1
ט400103	עשו ויברך אתם משה // וידבר יהוה	אל-	משה לאמר / ביום- החדש הראשון באחד	4					1
ט401206	אתו / והקרבת את- אהרן ואת- בניו	אל-	פתח אהל מועד ורחצת אתם במים	4					1
ט402005	את- משה / ויקח ויתן את- העדת	אל-	הארן וישם את- הבדים על- הארן	4					1
ט402104	על- הארן מלמעלה / ויבא את- הארן	אל-	המשכן וישם את פרכת המסך ויסך	4					1
ט403202	ובניו את- ידיהם ואת- רגליהם / בבאם	אל-	אהל מועד ובקרבתם אל- המזבח ירחצו	4					1
ט403206	רגליהם / בבאם אל- אהל מועד ובקרבתם	אל-	המזבח ירחצו כאשר צוה יהוה את-	4					1
ט403505	את- המשכן / ולא- יכל משה לבוא	אל-	אהל מועד כי- שכן עליו הענן	4					1
ט011709	את- האלהים ולא עשו כאשר דבר	אליהן	מלך מצרים ותחיין את- הילדים / ויקרא	41			0		3
ט030204	הר האלהים חרבה / וירא מלאך יהוה	אליו	בלבת- אש מתוך הסנה וירא והנה	41			4		2
ט030407	וירא יהוה כי סר לראות ויקרא	אליו	אלהים מתוך הסנה ויאמר משה משה	41			4		2
ט030907	ועתה הנה צעקת בני- ישראל באה	אלי	וגם- ראיתי את- הלחץ אשר מצרים	41			1		2
ט031316	ישראל ואמרתי להם אלהי אבותיכם שלחני	אליכם	ואמרו- לי מה- שמו מה אמר	41			7		3
ט031323	ואמרו- לי מה- שמו מה אמר	אלהם	/ ויאמר אלהים אל- משה אהיה אשר	41			9		3
ט031415	כה תאמר לבני ישראל אהיה שלחני	אליכם	/ ויאמר עוד אלהים אל- משה כה	41			7		3
ט031521	אברהם אלהי יצחק אלהי יעקב שלחני	אליכם	זה- שמי לעלם וזה זכרי לדר	41			7		3
ט031607	לך ואספת את- זקני ישראל ואמרת	אלהם	יהוה אלהי אבתיכם נראה אלי אלהי	41			9		3
ט031612	ואמרת אלהם יהוה אלהי אבתיכם נראה	אלי	אלהי אברהם יצחק ויעקב לאמר פקד	41			1		2
ט031811	וזקני ישראל אל- מלך מצרים ואמרתם	אליו	יהוה אלהי העבריים נקרה עלינו ועתה	41			4		2

אזכור		מלה		צונן ג	# כ קס	ה
ט040115	ישמעו בקלי כי יאמרו לא- נראה	אליך	יהוה / ויאמר אליו יהוה מה זה	41	2	3
ט040202	יאמרו לא- נראה אליך יהוה / ויאמר	אליו	יהוה מה זה בידך ויאמר מטה	41	4	2
ט040505	למטה בכפו / למען יאמינו כי- נראה	אליך	יהוה אלהי אבתם אלהי אברהם אלהי	41	2	3
ט041103	פה וכבד לשון אנכי / ויאמר יהוה	אליו	מי שם פה לאדם או מי-	41	4	2
ט041502	יצא לקראתך וראך ושמח בלבו / ודברת	אליו	ושמת את- הדברים בפיו ואנכי אהיה	41	4	2
ט042302	אמר יהוה בני בכרי ישראל / ואמר	אליך	שלח את- בני ויעבדני ותמאן לשלחו	41	2	3
ט050402	פן- יפגענו בדבר או בחרב / ויאמר	אלהם	מלך מצרים למה משה ואהרן תפריעו	41	9	3
ט052102	נצבים לקראתם בצאתם מאת פרעה / ויאמרו	אלהם	ירא יהוה עליכם וישפט אשר הבאשתם	41	9	3
ט060206	מארצו / וידבר אלהים אל- משה ויאמר	אליו	אני יהוה / וארא אל- אברהם אל-	41	4	2
ט061211	לאמר הן בני ישראל לא- שמעו	אלי	ואיך ישמעני פרעה ואני ערל שפתים	41	1	2
ט062918	מצרים את כל- אשר אני דבר	אליך	/ ויאמר משה לפני יהוה הן אני	41	2	3
ט063011	הן אני ערל שפתים ואיך ישמע	אלי	פרעה // ויאמר יהוה אל- משה ראה	41	1	2
ט070403	ואת- מופתי בארץ מצרים / ולא- ישמע	אלכם	פרעה ונתתי את- ידי במצרים והוצאתי	41	7	3
ט070903	משה ואל- אהרן לאמר / כי ידבר	אלכם	פרעה לאמר תנו לכם מופת ואמרת	41	7	3
ט071306	מטתם / ויחזק לב פרעה ולא שמע	אלהם	כאשר דבר יהוה / ויאמר יהוה אל-	41	9	3
ט071602	אשר- נהפך לנחש תקח בידך / ואמרת	אליו	יהוה אלהי העברים שלחני אליך לאמר	41	4	2
ט071607	ואמרת אליו יהוה אלהי העברים שלחני	אליך	לאמר שלח את- עמי ויעבדני במדבר	41	2	3
ט072211	בלטיהם ויחזק לב- פרעה ולא- שמע	אלהם	כאשר דבר יהוה / ויפן פרעה ויבא	41	9	3
ט072609	אל- משה בא אל- פרעה ואמרת	אליו	כה אמר יהוה שלח את- עמי	41	4	2
ט081111	הרוחה והכבד את- לבו ולא שמע	אלהם	כאשר דבר יהוה / ויאמר יהוה אל-	41	9	3
ט081513	הוא ויחזק לב- פרעה ולא- שמע	אלהם	כאשר דבר יהוה / ויאמר יהוה אל-	41	9	3
ט081614	לפני פרעה הנה יוצא המימה ואמרת	אליו	כה אמר יהוה שלח עמי ויעבדני	41	4	2
ט082311	במדבר וזבחנו ליהוה אלהינו כאשר יאמר	אלינו	/ ויאמר פרעה אנכי אשלח אתכם וזבחתם	41	6	3
ט090109	אל- משה בא אל- פרעה ודברת	אליו	כה- אמר יהוה אלהי העברים שלח	41	4	2
ט091208	יהוה את- לב פרעה ולא שמע	אלהם	כאשר דבר יהוה אל- משה / ויאמר	41	9	3
ט091311	השכם בבקר והתיצב לפני פרעה ואמרת	אליו	כה- אמר יהוה אלהי העברים שלח	41	4	2
ט092707	וישלח פרעה ויקרא למשה ולאהרן ויאמר	אלהם	חטאתי הפעם יהוה הצדיק ואני ועמי	41	9	3
ט092902	ואשלחה אתכם ולא תספון לעמד / ויאמר	אליו	משה כצאתי את- העיר אפרש את	41	4	2
ט100307	ויבא משה ואהרן אל- פרעה ויאמרו	אליו	כה- אמר יהוה אלהי העברים עד-	41	4	2
ט100704	ויצא מעם פרעה / ויאמרו עבדי פרעה	אליו	עד- מתי יהיה זה לנו למוקש	41	4	2
ט100809	משה ואת- אהרן אל- פרעה ויאמר	אלהם	לכו עבדו את- יהוה אלהיכם מי	41	7	3
ט101002	נלך כי חג- יהוה לנו / ויאמר	אלהם	יהי כן יהוה עמכם כאשר אשלח	41	9	3
ט110805	ובין ישראל / וירדו כל- עבדיך אלה	אלי	והשתחוו- לי לאמר צא אתה וכל	41	1	2
ט110907	ויאמר יהוה אל- משה לא- ישמע	אליכם	פרעה למען רבות מופתי בארץ מצרים	41	7	3
ט122107	ויקרא משה לכל- זקני ישראל ויאמר	אלהם	משכו וקחו לכם צאן למשפחתיכם ושחטו	41	9	3
ט122604	את- העבדה הזאת / והיה כי יאמרו	אליכם	בניכם מה העבדה הזאת לכם / ואמרתם	41	7	3
ט131410	בנך מחר לאמר מה- זאת ואמרת	אליו	בחזק יד הוציאנו יהוה ממצרים מבית	41	4	2
ט141206	ממצרים / הלא- זה הדבר אשר דברנו	אליך	במצרים לאמר חדל ממנו ונעבדה את-	41	2	3
ט141507	ויאמר יהוה אל- משה מה- תצעק	אלי	דבר אל- בני- ישראל ויסעו / ואתה	41	1	2
ט160302	על- משה ועל- אהרן במדבר / ויאמרו	אלהם	בני ישראל מי- יתן מותנו ביד-	41	9	3
ט161207	שמעתי את- תלונת בני ישראל דבר	אלהם	לאמר בין הערבים תאכלו בשר ובבקר	41	9	3
ט161517	לא ידעו מה- הוא ויאמר משה	אלהם	הוא הלחם אשר נתן יהוה לכם	41	9	3
ט161903	איש לפי- אכלו לקטו / ויאמר משה	אלהם	איש אל- יותר ממנו עד- בקר	41	9	3
ט162302	כל- נשיאי העדה ויגידו למשה / ויאמר	אלהם	הוא אשר דבר יהוה שבתון שבת-	41	9	3
ט180608	אל- משה אני חתנך יתרו בא	אליך	ואשתך ושני בניה עמה / ויצא משה	41	2	3
ט181506	ערב / ויאמר משה לחתנו כי- יבא	אלי	העם לדרש אלהים / כי- יהיה להם	41	1	2
ט181606	אלהים / כי- יהיה להם דבר בא	אלי	ושפטתי בין איש ובין רעהו והודעתי	41	1	2
ט181704	האלהים ואת- תורתיו / ויאמר חתן משה	אליו	לא- טוב הדבר אשר אתה עשה	41	4	2
ט182211	עת והיה כל- הדבר הגדל יביאו	אליך	וכל- הדבר הקטן ישפטו- הם והקל	41	2	3
ט190306	ההר / ומשה עלה אל- האלהים ויקרא	אליו	יהוה מן- ההר לאמר כה תאמר	41	4	2
ט190413	אתכם על- כנפי נשרים ואבא אתכם	אלי	/ ועתה אם- שמוע תשמעו בקלי ושמרתם	41	1	2
ט190908	יהוה אל- משה הנה אנכי בא	אליך	בעב הענן בעבור ישמע העם בדברי	41	2	3
ט192402	לאמר הגבל את- ההר וקדשתו / ויאמר	אליו	יהוה לך- רד ועלית אתה ואהרן	41	4	2
ט192506	בם / וירד משה אל- העם ויאמר	אלהם	// וידבר אלהים את כל- הדברים האלה	41	9	3

/ = סוף פסוק   // = סוף פרק   ג = מין   # = מספר   כ = כינוי הבור   קס = קידומות וסיומות   ו = מספר ההברות

אזכור		מלה		צופן ג # כ	קס	ה
ט202422	המקום אשר אזכיר את- שמי אבוא	אליך	וברכתיך / ואם- מזבח אבנים תעשה- לי	41	2	3
ט222209	תענה אתו כי אם- צעק יצעק	אלי	שמע אשמע צעקתו / וחרה אפי והרגתי	41	1	2
ט222613	לערו במה ישכב והיה כי- יצעק	אלי	ושמעתי כי- חנון אני / אלהים לא	41	1	2
ט231304	בן- אמתך והגר / ובכל אשר- אמרתי	אליכם	תשמרו ושם אלהים אחרים לא תזכירו	41	7	3
ט232716	תבא בהם ונתתי את- כל- איביך	אליך	ערף / ושלחתי את- הצרעה לפניך וגרשה	41	2	3
ט241206	וישתו / ויאמר יהוה אל- משה עלה	אלי	ההרה והיה- שם ואתנה לך את-	41	1	2
ט241410	שבו- לנו בזה עד אשר- נשוב	אליכם	והנה אהרן וחור עמכם מי- בעל	41	7	3
ט241419	וחור עמכם מי- בעל דברים יגש	אלהם	/ ויעל משה אל- ההר ויכס הענן	41	9	3
ט251608	אל- הארן את העדת אשר אתן	אליך	/ ועשית כפרת זהב טהור אמתים וחצי	41	2	3
ט252114	הארן תתן את- העדת אשר אתן	אליך	/ ונועדתי לך שם ודברתי אתך מעל	41	2	3
ט272007	ואתה תצוה את- בני ישראל ויקחו	אליך	שמן זית זך כתית למאור להעלת	41	2	3
ט280103	לדרתם מאת בני ישראל // ואתה הקרב	אליך	את- אהרן אחיך ואת- בניו אתו	41	2	3
ט294214	יהוה אשר אועד לכם שמה לדבר	אליך	שם / ונעדתי שמה לבני- ישראל ונקדש	41	2	3
ט320114	ההר ויקהל העם על- אהרן ויאמרו	אליו	קום עשה- לנו אלהים אשר ילכו	41	4	2
ט320202	לא ידענו מה- היה לו / ויאמר	אלהם	אהרן פרקו נזמי הזהב אשר באזני	41	9	3
ט320213	אשר באזני נשיכם בניכם ובנתיכם והביאו	אלי	/ ויתפרקו כל- העם את- נזמי הזהב	41	1	2
ט321311	עבדיך אשר נשבעת להם בך ותדבר	אלהם	ארבה את- זרעכם ככוכבי השמים וכל-	41	9	3
ט322608	משה בשער המחנה ויאמר מי ליהוה	אלי	ויאספו אליו כל- בני לוי / ויאמר	41	1	2
ט322610	המחנה ויאמר מי ליהוה אלי ויאספו	אליו	כל- בני לוי / ויאמר להם כה-	41	4	2
ט331208	משה אל- יהוה ראה אתה אמר	אלי	העל את- העם הזה ואתה לא	41	1	2
ט331502	ויאמר פני ילכו והנחתי לך / ויאמר	אליו	אם- אין פניך הלכים אל- תעלנו	41	4	2
ט343014	והנה קרן עור פניו וייראו מגשת	אליו	/ ויקרא אלהם משה וישבו אליו אהרן	41	4	2
ט343102	עור פניו וייראו מגשת אליו / ויקרא	אלהם	משה וישבו אליו אהרן וכל- הנשאים	41	9	3
ט343105	מגשת אליו / ויקרא אלהם משה וישבו	אליו	אהרן וכל- הנשאים בעדה וידבר משה	41	4	2
ט343112	אהרן וכל- הנשאים בעדה וידבר משה	אלהם	/ ואחרי- כן נגשו כל- בני ישראל	41	9	3
ט350109	את- כל- עדת בני ישראל ויאמר	אלהם	אלה הדברים אשר- צוה יהוה לעשת	41	9	3
ט360318	עבדת הקדש לעשת אתה והם הביאו	אליו	עוד נדבה בבקר בבקר / ויבאו כל-	41	4	2
ט011915	העברית כי- חיות הנה בטרם תבוא	אלהן	המילדת וילדו / וייטב אלהים למילדת וירב	42	0	3

--*-*-*-*-*-*-*-*-*-*-*-*-*-*-*-*-*-* אלה *-*-*-*-*-*-*-*-*-*-*-*-*-*-*-*-*-*-*-*

אזכור		מלה		צופן ג # כ	קס	ה
ט010101		ואלה	שמות בני ישראל הבאים מצרימה את	3 1 62	1	3
ט040908	אם- לא יאמינו גם לשני האתות	האלה	ולא ישמעון לקלך ולקחת ממימי היאר	3 1 62	2	3
ט061401	להוציא את- בני- ישראל מארץ מצרים /	אלה	ראשי בית- אבתם בני ראובן בכר	3 1 62		2
ט061413	בכר ישראל חנוך ופלוא חצרן וכרמי	אלה	משפחת ראובן / ובני שמעון ימואל וימין	3 1 62		2
ט061511	ואהד ויכין וצחר ושאול בן- הכנענית	אלה	משפחת שמעון / ואלה שמות בני- לוי	3 1 62		2
ט061601	ושאול בן- הכנענית אלה משפחת שמעון /	ואלה	שמות בני- לוי לתלדתם גרשון וקהת	3 1 62	1	3
ט061905	ומאת שנה / ובני מררי מחלי ומושי	אלה	משפחת הלוי לתלדתם / ויקח עמרם את-	3 1 62		2
ט062406	איתמר / ובני קרח אסיר ואלקנה אביאסף	אלה	משפחת הקרחי ואלעזר בן- אהרן לקח-	3 1 62		2
ט062422	לו לאשה ותלד לו את- פינחס	אלה	ראשי אבות הלוים למשפחתם / הוא אהרן	3 1 62		2
ט100119	ואת- לב עבדיו למען שתי אתתי	אלה	בקרבו / ולמען תספר באזני בנך ובן-	3 1 62		2
ט110804	מצרים ובין ישראל / וירדו כל- עבדיך	אלה	אלי והשתחוו- לי לאמר צא אתה	3 1 62		2
ט111007	ומשה ואהרן עשו את- כל- המפתים	האלה	לפני פרעה ויחזק יהוה את- לב	3 1 62	2	3
ט190608	תהיו- לי ממלכת כהנים וגוי קדוש	אלה	הדברים אשר תדבר אל- בני ישראל	3 1 62		2
ט190711	העם וישם לפניהם את כל- הדברים	האלה	אשר צוהו יהוה / ויענו כל- העם	3 1 62	2	3
ט200106	אלהם // וידבר אלהים את כל- הדברים	האלה	לאמר / אנכי יהוה אלהיך אשר הוצאתיך	3 1 62	2	3
ט210101	מזבחי אשר לא- תגלה ערותך עליו //	ואלה	המשפטים אשר תשים לפניהם / כי תקנה	3 1 62	1	3
ט211103	כסותה וענתה לא יגרע / ואם- שלש-	אלה	לא יעשה לה ויצאה חנם אין	3 1 62		2
ט240819	כרת יהוה עמכם על כל- הדברים	האלה	/ ויעל משה ואהרן נדב ואביהוא ושבעים	3 1 62	2	3
ט253909	טהור יעשה אתה את כל- הכלים	האלה	/ וראה ועשה בתבניתם אשר- אתה מראה	3 1 62	2	3
ט280401	את- בגדי אהרן לקדשו לכהנו- לי /	ואלה	הבגדים אשר יעשו חשן ואפוד ומעיל	3 1 62	1	3
ט320410	אתו בחרט ויעשהו עגל מסכה ויאמרו	אלה	אלהיך ישראל אשר העלוך מארץ מצרים	3 1 62		2
ט320816	מסכה וישתחוו- לו ויזבחו- לו ויאמרו	אלה	אלהיך ישראל אשר העלוך מארץ מצרים	3 1 62		2
ט342709	אל- משה כתב- לך את- הדברים	האלה	כי על- פי הדברים האלה כרתי	3 1 62	2	3
ט342714	הדברים האלה כי על- פי הדברים	האלה	כרתי אתך ברית ואת- ישראל / ויהי-	3 1 62	2	3

/ = סוף פסוק   // = סוף פרק   ג = מין   # = מספר   כ = כינוי חבור   קס = קידומות וסיומות   ה = מספר ההברות

אזכור		מלה		צופן	ג	#	כ	קס	ה
ט350110	כל- עדת בני ישראל ויאמר אלהם	אלה	הדברים אשר- צוה יהוה לעשת אתם	62	1	3			2
ט382101	וכל- היתדת למשכן ולחצר סביב נחשת /	אלה	פקודי המשכן משכן העדת אשר פקד	62	1	3			2
	--*-*-*-*-*-*-*-*-*-*-*-*-*-*-*-*-*-*	אלהים	*-*-*-*-*-*-*-*-*-*-*-*-*-*-*-*-*-*-*-*						
ט011704	בת הוא וחיה / ותראן המילדת את-	האלהים	ולא עשו כאשר דבר אליהן מלך	121				2	4
ט012002	בטרם תבוא אלהן המילדת וילדו / וייטב	אלהים	למילדת וירב העם ויעצמו מאד / ויהי	121					3
ט012106	מאד / ויהי כי- יראו המילדת את	האלהים	ויעש להם בתים / ויצו פרעה לכל-	121				2	4
ט022317	מן- העבדה ויזעקו ותעל שועתם אל-	האלהים	מן- העבדה / וישמע אלהים את- נאקתם	121				2	4
ט022402	שועתם אל- האלהים מן- העבדה / וישמע	אלהים	את- נאקתם ויזכר אלהים את- בריתו	121					3
ט022406	העבדה / וישמע אלהים את- נאקתם ויזכר	אלהים	את- בריתו את- אברהם את- יצחק	121					3
ט022502	אברהם את- יצחק ואת- יעקב / וירא	אלהים	את- בני ישראל וידע אלהים // ומשה	121					3
ט022507	וירא אלהים את- בני ישראל וידע	אלהים	// ומשה היה רעה את- צאן יתרו	121					3
ט030118	הצאן אחר המדבר ויבא אל- הר	האלהים	חרבה / וירא מלאך יהוה אליו בלבת-	121				2	4
ט030408	יהוה כי סר לראות ויקרא אליו	אלהים	מתוך הסנה ויאמר משה משה ויאמר	121					3
ט030603	עליו אדמת- קדש הוא / ויאמר אנכי	אלהי	אביך אלהי אברהם אלהי יצחק ואלהי	121					3
ט030605	קדש הוא / ויאמר אנכי אלהי אביך	אלהי	אברהם אלהי יצחק ואלהי יעקב ויסתר	121					3
ט030607	ויאמר אנכי אלהי אביך אלהי אברהם	אלהי	יצחק ואלהי יעקב ויסתר משה פניו	121					3
ט030609	אלהי אביך אלהי אברהם אלהי יצחק	ואלהי	יעקב ויסתר משה פניו כי ירא	121				1	4
ט030618	משה פניו כי ירא מהביט אל-	האלהים	/ ויאמר יהוה ראה ראיתי את- עני	121				2	4
ט031104	בני- ישראל ממצרים / ויאמר משה אל-	האלהים	מי אנכי כי אלך אל- פרעה	121				2	4
ט031217	בהוציאך את- העם ממצרים תעבדון את-	האלהים	על ההר הזה / ויאמר משה אל-	121				2	4
ט031304	על ההר הזה / ויאמר משה אל-	האלהים	הנה אנכי בא אל- בני ישראל	121				2	4
ט031313	בא אל- בני ישראל ואמרתי להם	אלהי	אבותיכם שלחני אליכם ואמרו- לי מה-	121					3
ט031402	מה- שמו מה אמר אלהם / ויאמר	אלהים	אל- משה אהיה אשר אהיה ויאמר	121					3
ט031503	ישראל אהיה שלחני אליכם / ויאמר עוד	אלהים	אל- משה כה תאמר אל- בני	121					3
ט031512	כה תאמר אל- בני ישראל יהוה	אלהי	אבתיכם אלהי אברהם אלהי יצחק אלהי	121					3
ט031514	אל- בני ישראל יהוה אלהי אבתיכם	אלהי	אברהם אלהי יצחק אלהי יעקב שלחני	121					3
ט031516	ישראל יהוה אלהי אבתיכם אלהי אברהם	אלהי	יצחק אלהי יעקב שלחני אליכם זה-	121					3
ט031518	אלהי אבתיכם אלהי אברהם אלהי יצחק	אלהי	יעקב שלחני אליכם זה- שמי לעלם	121					3
ט031609	את- זקני ישראל ואמרת אלהם יהוה	אלהי	אבתיכם נראה אלי אלהי אברהם יצחק	121					3
ט031613	אלהם יהוה אלהי אבתיכם נראה אלי	אלהי	אברהם יצחק ויעקב לאמר פקד פקדתי	121					3
ט031813	אל- מלך מצרים ואמרתם אליו יהוה	אלהי	העבריים נקרה עלינו ועתה נלכה- נא	121					3
ט031826	דרך שלשת ימים במדבר ונזבחה ליהוה	אלהינו	/ ואני ידעתי כי לא- יתן אתכם	121			6		4
ט040507	למען יאמינו כי- נראה אליך יהוה	אלהי	אבתם אלהי אברהם אלהי יצחק ואלהי	121					3
ט040509	כי- נראה אליך יהוה אלהי אבתם	אלהי	אברהם אלהי יצחק ואלהי יעקב / ויאמר	121					3
ט040511	אליך יהוה אלהי אבתם אלהי אברהם	אלהי	יצחק ואלהי יעקב / ויאמר יהוה לו	121					3
ט040513	אלהי אבתם אלהי אברהם אלהי יצחק	ואלהי	יעקב / ויאמר יהוה לו עוד הבא-	121				1	3
ט041614	יהיה- לך לפה ואתה תהיה- לו	לאלהים	/ ואת- המטה הזה תקח בידך אשר	121				6	2
ט042017	ארצה מצרים ויקח משה את- מטה	האלהים	בידו / ויאמר יהוה אל- משה בלכתך	121				2	4
ט042712	לקראת משה המדברה וילך ויפגשהו בהר	האלהים	וישק- לו / ויגד משה לאהרן את	121				4	4
ט050111	ויאמרו אל- פרעה כה- אמר יהוה	אלהי	ישראל שלח את- עמי ויחגו לי	121					3
ט050302	וגם את- ישראל לא אשלח / ויאמרו	אלהי	העברים נקרא עלינו נלכה נא דרך	121					3
ט050314	דרך שלשת ימים במדבר ונזבחה ליהוה	אלהינו	פן- יפגענו בדבר או בחרב / ויאמר	121			6		4
ט050824	כן הם צעקים לאמר נלכה נזבחה	לאלהינו	/ תכבד העבדה על- האנשים ויעשו- בה	121			6	6	4
ט060202	ישלחם וביד חזקה יגרשם מארצו / וידבר	אלהים	אל- משה ויאמר אליו אני יהוה	121					3
ט060707	ולקחתי אתכם לי לעם והייתי לכם	לאלהים	וידעתם כי אני יהוה אלהיכם המוציא	121				6	3
ט060712	לכם לאלהים וידעתם כי אני יהוה	אלהיכם	המוציא אתכם מתחת סבלות מצרים / והבאתי	121			7		4
ט070107	ויאמר יהוה אל- משה ראה נתתיך	אלהים	לפרעה ואהרן אחיך יהיה נביאך / אתה	121					3
ט071604	לנחש תקח בידך / ואמרת אליו יהוה	אלהי	העברים שלחני אליך לאמר שלח את-	121					3
ט080610	כדברך למען תדע כי- אין כיהוה	אלהינו	/ וסרו הצפרדעים ממך ומבתיך ומעבדיך ומעמך	121			6		4
ט081506	ובבהמה / ויאמרו החרטמם אל- פרעה אצבע	אלהים	הוא ויחזק לב- פרעה ולא- שמע	121					3
ט082109	אל- משה ולאהרן ויאמר לכו זבחו	לאלהיכם	בארץ / ויאמר משה לא נכון לעשות	121			7	6	4
ט082212	כן כי תועבת מצרים נזבח ליהוה	אלהינו	הן נזבח את- תועבת מצרים לעיניהם	121			6		4
ט082308	שלשת ימים נלך במדבר וזבחנו ליהוה	אלהינו	כאשר יאמר אלינו / ויאמר פרעה אנכי	121			6		4

/ = סוף פסוק   // = סוף פרק   ג = מין   # = מספר   כ = כינוי וגוף   קס = קידומות וסיומות   ה = מספר ההברות

אזכור		מלה		צורן	ג	#	כ	קס	ה
ט082408	פרעה אנכי אשלח אתכם וזבחתם ליהוה	אלהיכם	במדבר רק הרחק לא- תרחיקו ללכת	121			7		4
ט090113	פרעה ודברת אליו כה- אמר יהוה	אלהי	העברים שלח את- עמי ויעבדני / כי	121					3
ט091315	פרעה ואמרת אליו כה- אמר יהוה	אלהי	העברים שלח את- עמי ויעבדני / כי	121					3
ט092807	העתירו אל- יהוה ורב מהית קלת	אלהים	וברד ואשלחה אתכם ולא תספון לעמד	121					3
ט093009	ידעתי כי טרם תיראון מפני יהוה	אלהים	/ והפשתה והשערה נכתה כי השערה אביב	121					3
ט100311	פרעה ויאמרו אליו כה- אמר יהוה	אלהי	העברים עד- מתי מאנת לענת מפני	121					3
ט100717	שלח את- האנשים ויעבדו את- יהוה	אלהיהם	הטרם תדע כי אבדה מצרים / ויושב	121			9		4
ט100814	ויאמר אלהם לכו עבדו את- יהוה	אלהיכם	מי ומי ההלכים / ויאמר משה בנערינו	121			7		4
ט101609	לקרא למשה ולאהרן ויאמר חטאתי ליהוה	אלהיכם	ולכם / ועתה שא נא חטאתי אך	121			7		4
ט101709	נא חטאתי אך הפעם והעתירו ליהוה	אלהיכם	ויסר מעלי רק את- המות הזה	121			7		4
ט102511	תתן בידנו זבחים ועלת ועשינו ליהוה	אלהינו	/ וגם- מקננו ילך עמנו לא תשאר	121			6		4
ט102614	כי ממנו נקח לעבד את- יהוה	אלהינו	ואנחנו לא- נדע מה- נעבד את-	121			6		4
ט121215	בארץ מצרים מאדם ועד- בהמה ובכל-	אלהי	מצרים אעשה שפטים אני יהוה / והיה	121					3
ט131708	בשלח פרעה את- העם ולא- נחם	אלהים	דרך ארץ פלשתים כי קרוב הוא	121					3
ט131717	פלשתים כי קרוב הוא כי אמר	אלהים	פן- ינחם העם בראתם מלחמה ושבו	121					3
ט131802	העם בראתם מלחמה ושבו מצרימה / ויסב	אלהים	את- העם דרך המדבר ים- סוף	121					3
ט131916	את- בני- ישראל לאמר פקד יפקד	אלהים	אתכם והעליתם את- עצמתי מזה אתכם	121					3
ט141903	בהכבדי בפרעה ברכבו ובפרשיו / ויסע מלאך	האלהים	ההלך לפני מחנה ישראל וילך מאחריהם	121				2	4
ט150210	ויהי- לי לישועה זה אלי ואנוהו	אלהי	אבי וארממנהו / יהוה איש מלחמה יהוה	121					3
ט152607	ויאמר אם- שמוע תשמע לקול יהוה	אלהיך	והישר בעיניו תעשה והאזנת למצותיו ושמרת	121			2		4
ט161220	תשבעו- לחם וידעתם כי אני יהוה	אלהיכם	/ ויהי בערב ותעל השלו ותכס את-	121			7		3
ט170918	אנכי נצב על- ראש הגבעה ומטה	האלהים	בידי / ויעש יהושע כאשר אמר- לו	121				2	4
ט180111	חתן משה את כל- אשר עשה	אלהים	למשה ולישראל עמו כי- הוציא יהוה	121					3
ט180405	בארץ נכריה / ושם האחד אליעזר כי-	אלהי	אבי בעזרי ויצלני מחרב פרעה / ויבא	121					3
ט180516	המדבר אשר- הוא חנה שם הר	האלהים	/ ויאמר אל- משה אני חתנך יתרו	121				2	4
ט181107	עתה ידעתי כי- גדול יהוה מכל-	האלהים	כי בדבר אשר זדו עליהם / ויקח	121				2	4
ט181207	ויקח יתרו חתן משה עלה וזבחים	לאלהים	ויבא אהרן וכל זקני ישראל לאכל-	121				6	4
ט181219	לאכל- לחם עם- חתן משה לפני	האלהים	/ ויהי ממחרת וישב משה לשפט את-	121				2	4
ט181509	לחתנו כי- יבא אלי העם לדרש	אלהים	/ כי- יהיה להם דבר בא אלי	121					3
ט181615	איש ובין רעהו והודעתי את- חקי	האלהים	ואת- תורתיו / ויאמר חתן משה אליו	121				2	4
ט181906	לבדך / עתה שמע בקלי איעצך ויהי	אלהים	עמך היה אתה לעם מול האלהים	121					3
ט181912	אלהים עמך היה אתה לעם מול	האלהים	והבאת אתה את- הדברים אל- האלהים	121				2	4
ט181918	האלהים והבאת אתה את- הדברים אל-	האלהים	/ והזהרתה אתהם את- החקים ואת- התורת	121				2	4
ט182108	תחזה מכל- העם אנשי- חיל יראי	אלהים	אנשי אמת שנאי בצע ושמת עלהם	121					3
ט182307	אם את- הדבר הזה תעשה וצוך	אלהים	ויכלת עמד וגם כל- העם הזה	121					3
ט190304	ישראל נגד ההר / ומשה עלה אל-	האלהים	ויקרא אליו יהוה מן- ההר לאמר	121				2	4
ט191706	במחנה / ויוצא משה את- העם לקראת	האלהים	מן- המחנה ויתיצבו בתחתית ההר / והר	121				2	4
ט191909	השפר הולך וחזק מאד משה ידבר	והאלהים	יעננו בקול / וירד יהוה על- הר	121				21	5
ט200102	משה אל- העם ויאמר אלהם // וידבר	אלהים	את כל- הדברים האלה לאמר / אנכי	121					3
ט200203	כל- הדברים האלה לאמר / אנכי יהוה	אלהיך	אשר הוצאתיך מארץ מצרים מבית עבדים	121			2		4
ט200304	מצרים מבית עבדים / לא- יהיה לך	אלהים	אחרים על- פני / לא- תעשה לך	121					3
ט200509	להם ולא תעבדם כי אנכי יהוה	אלהיך	אל קנא פקד עון אבת על-	121			2		4
ט200706	מצותי / לא תשא את- שם- יהוה	אלהיך	לשוא כי לא ינקה יהוה את	121			2		4
ט201005	כל- מלאכתך / ויום השביעי שבת ליהוה	אלהיך	לא- תעשה כל- מלאכה אתה ובנך-	121			2		4
ט201213	יארכון ימיך על האדמה אשר- יהוה	אלהיך	נתן לך / לא תרצח / לא תנאף	121			2		4
ט201911	אתה עמנו ונשמעה ואל- ידבר עמנו	אלהים	פן- נמות / ויאמר משה אל- העם	121					3
ט202012	תיראו כי לבעבור נסות אתכם בא	האלהים	ובעבור תהיה יראתו על- פניכם לבלתי	121				2	4
ט202110	ומשה נגש אל- הערפל אשר- שם	האלהים	/ ויאמר יהוה אל- משה כה תאמר	121				2	4
ט202304	השמים דברתי עמכם / לא תעשון אתי	אלהי	כסף ואלהי זהב לא תעשו לכם	121					3
ט202306	עמכם / לא תעשון אתי אלהי כסף	ואלהי	זהב לא תעשו לכם / מזבח אדמה	121				1	3
ט210604	לא אצא חפשי / והגישו אדניו אל-	האלהים	והגישו אל- הדלת או אל- המזוזה	121				2	4
ט211304	ומת מות יומת / ואשר לא צדה	והאלהים	אנה לידו ושמתי לך מקום אשר	121				21	5
ט220709	ימצא הגנב ונקרב בעל- הבית אל-	האלהים	אם- לא שלח ידו במלאכת רעהו	121				2	4
ט220822	אשר יאמר כי- הוא זה עד	האלהים	יבא דבר- שניהם אשר ירשיען אלהים	121				2	4

/ = סוף פסוק   // = סוף פרק   ג = מין   # = מספר   כ = כינוי חבור   קס = קידומות וסיומות   ה = מספר ההברות

אזכור		מלה		צורן	ג	#	כ	קס	ה
ט220828	האלהים יבא דבר- שניהם אשר ירשיען	אלהים	ישלם שנים לרעהו / כי- יתן איש	121					3
ט221902	שכב עם- בהמה מות יומת / זבח	לאלהים	יחרם בלתי ליהוה לבדו / וגר לא-	121				6	4
ט222701	יצעק אלי ושמעתי כי- חנון אני /	אלהים	לא תקלל ונשיא בעמך לא תאר	121					3
ט231307	ובכל אשר- אמרתי אליכם תשמרו ושם	אלהים	אחרים לא תזכירו לא ישמע על-	121					3
ט231907	ראשית בכורי אדמתך תביא בית יהוה	אלהיך	לא- תבשל גדי בחלב אמו / הנה	121			2		4
ט232403	והכנעני החוי והיבוסי והכחדתיו / לא- תשתחוה	לאלהיהם	ולא תעבדם ולא תעשה כמעשיהם כי	121			9	6	4
ט232504	ושבר תשבר מצבתיהם / ועבדתם את יהוה	אלהיכם	וברך את- לחמך ואת- מימיך והסרתי	121			7		4
ט233204	הארץ וגרשתמו מפניך / לא- תכרת להם	ולאלהיהם	ברית / לא ישבו בארצך פן- יחטיאו	121			9	61	5
ט233311	יחטיאו אתך לי כי תעבד את-	אלהיהם	כי- יהיה לך למוקש // ואל משה	121			9		4
ט241003	ואביהוא ושבעים מזקני ישראל / ויראו את	אלהי	ישראל ותחת רגליו כמעשה לבנת הספיר	121					3
ט241110	ישראל לא שלח ידו ויחזו את-	האלהים	ויאכלו וישתו / ויאמר יהוה אל- משה	121				2	4
ט241309	ויהושע משרתו ויעל משה אל- הר	האלהים	/ ואל- הזקנים אמר שבו- לנו בזה	121				2	4
ט294507	ושכנתי בתוך בני ישראל והייתי להם	לאלהים	/ וידעו כי אני יהוה אלהיהם אשר	121				6	3
ט294605	להם לאלהים / וידעו כי אני יהוה	אלהיהם	אשר הוצאתי אתם מארץ מצרים לשכני	121			9		4
ט294615	מארץ מצרים לשכני בתכם אני יהוה	אלהיהם	// ועשית מזבח מקטר קטרת עצי שטים	121			9		4
ט310304	חור למטה יהודה / ואמלא אתו רוח	אלהים	בחכמה ובתבונה ובדעת ובכל מלאכה / לחשב	121					3
ט311816	לחת העדת לחת אבן כתבים באצבע	אלהים	// וירא העם כי- בשש משה לרדת	121					3
ט320118	אהרן ויאמרו אליו קום עשה- לנו	אלהים	אשר ילכו לפנינו כי- זה משה	121					3
ט320411	בחרט ויעשהו עגל מסכה ויאמרו אלה	אלהיך	ישראל אשר העלוך מארץ מצרים / וירא	121			2		4
ט320817	וישתחוו- לו ויזבחו- לו ויאמרו אלה	אלהיך	ישראל אשר העלוך מארץ מצרים / ויאמר	121			2		4
ט321106	גדול / ויחל משה את- פני יהוה	אלהיו	ויאמר למה יהוה יחרה אפך בעמך	121			4		3
ט321603	מזה ומזה הם כתבים / והלחת מעשה	אלהים	המה והמכתב מכתב אלהים הוא חרות	121					3
ט321607	והלחת מעשה אלהים המה והמכתב מכתב	אלהים	הוא חרות על- הלחת / וישמע יהושע	121					3
ט322305	ברע הוא / ויאמרו לי עשה- לנו	אלהים	אשר ילכו לפנינו כי- זה משה	121					3
ט322706	לוי / ויאמר להם כה- אמר יהוה	אלהי	ישראל שימו איש- חרבו על- ירכו	121					3
ט323114	העם הזה חטאה גדלה ויעשו להם	אלהי	זהב / ועתה אם- תשא חטאתם ואם-	121					3
ט341508	תכרת ברית ליושב הארץ וזנו אחרי	אלהיהם	וזבחו לאלהיהם וקרא לך ואכלת מזבחו	121			9		4
ט341510	ליושב הארץ וזנו אחרי אלהיהם וזבחו	לאלהיהם	וקרא לך ואכלת מזבחו / ולקחת מבנתיו	121			9	6	4
ט341607	ולקחת מבנתיו לבניך וזנו בנתיו אחרי	אלהיהן	והזנו את- בניך אחרי אלהיהן / אלהי	121			0		4
ט341612	אחרי אלהיהן והזנו את- בניך אחרי	אלהיהן	/ אלהי מסכה לא תעשה- לך / את-	121			0		4
ט341701	אלהיהן והזנו את- בניך אחרי אלהיהן /	אלהי	מסכה לא תעשה- לך / את- חג	121					3
ט342311	כל- זכורך את- פני האדן יהוה	אלהי	ישראל / כי- אוריש גוים מפניך והרחבתי	121					3
ט342418	ארצך בעלתך לראות את- פני יהוה	אלהיך	שלש פעמים בשנה / לא- תשחט על-	121			2		4
ט342607	ראשית בכורי אדמתך תביא בית יהוה	אלהיך	לא- תבשל גדי בחלב אמו / ויאמר	121			2		4
ט353104	חור למטה יהודה / וימלא אתו רוח	אלהים	בחכמה בתבונה ובדעת ובכל- מלאכה / ולחשב	121					3
	--*-*-*-*-*-*-*-*-*-*-*-*-*-*	אלוף	*-*-*-*-*-*-*-*-*-*-*-*-*-*-*-*						
ט151503	חיל אחז ישבי פלשת / אז נבהלו	אלופי	אדום אילי מואב יאחזמו רעד נמגו	1116	1	3			3
	--*-*-*-*-*-*-*-*-*-*-*-*-*-*	אליה	*-*-*-*-*-*-*-*-*-*-*-*-*-*-*-*						
ט292205	בניו אתו / ולקחת מן- האיל החלב	והאליה	ואת- החלב המכסה את- הקרב ואת	1121	2	1		21	4
	--*-*-*-*-*-*-*-*-*-*-*-*-*-*	אליעזר	*-*-*-*-*-*-*-*-*-*-*-*-*-*-*-*						
ט180403	גר הייתי בארץ נכריה / ושם האחד	אליעזר	כי- אלהי אבי בעזרי ויצלני מחרב	122	1				4
	--*-*-*-*-*-*-*-*-*-*-*-*-*-*	אלישבע	*-*-*-*-*-*-*-*-*-*-*-*-*-*-*-*						
ט062304	מישאל ואלצפן וסתרי / ויקח אהרן את-	אלישבע	בת- עמינדב אחות נחשון לו לאשה	122	2				4
	--*-*-*-*-*-*-*-*-*-*-*-*-*-*	אלם	*-*-*-*-*-*-*-*-*-*-*-*-*-*-*-*						
ט041111	שם פה לאדם או מי- ישום	אלם	או חרש או פקח או עור	1111	1	1			2
	--*-*-*-*-*-*-*-*-*-*-*-*-*-*	אלמנה	*-*-*-*-*-*-*-*-*-*-*-*-*-*-*-*						
ט222102	כי- גרים הייתם בארץ מצרים / כל-	אלמנה	ויתום לא תענון / אם- ענה תענה	1121	2	1			3
ט222308	אפי והרגתי אתכם בחרב והיו נשיכם	אלמנות	ובניכם יתמים / אם- כסף תלוה את-	1125	2	3			3

אזכור		מלה		צונן ג # כ	קס	ה
	--*-*-*-*-*-*-*-*-*-*-*-*-*-*-*	אלעזר	*-*-*-*-*-*-*-*-*-*-*-*-*-*-*-*-*			
ט062318	לו את- נדב ואת- אביהוא את-	אלעזר	ואת- איתמר / ובני קרח אסיר ואלקנה	1 122		3
ט062409	אסיר ואלקנה ואביאסף אלה משפחת הקרחי	ואלעזר	בן- אהרן לקח- לו מבנות פוטיאל	1 122	1	4
ט280118	ישראל לכהנו- לי אהרן נדב ואביהוא	אלעזר	ואיתמר בני אהרן / ועשית בגדי קדש	1 122		3
	--*-*-*-*-*-*-*-*-*-*-*-*-*-*-*	אלף	*-*-*-*-*-*-*-*-*-*-*-*-*-*-*-*-*			
ט123708	בני- ישראל מרעמסס סכתה כשש- מאות	אלף	רגלי הגברים לבד מטף / וגם- ערב	1 1 71		2
ט182116	אמת שנאי בצע ושמת עלהם שרי	אלפים	שרי מאות שרי חמשים ושרי עשרת	3 1 71		3
ט182513	ויתן אתם ראשים על- העם שרי	אלפים	שרי מאות שרי חמשים ושרי עשרת	3 1 71		3
ט200603	שלשים ועל- רבעים לשנאי / ועשה חסד	לאלפים	לאהבי ולשמרי מצותי / לא תשא את-	3 1 71	6	4
ט322812	ויפל מן- העם ביום ההוא כשלשת	אלפי	איש / ויאמר משה מלאו ידכם היום	3 1 71		3
ט340703	אפים ורב- חסד ואמת / נצר חסד	לאלפים	נשא עון ופשע וחטאה ונקה לא	3 1 71	26	4
ט382506	הקדש / וכסף פקודי העדה מאת ככר	ואלף	ושבע מאות וחמשה ושבעים שקל בשקל	1 1 71	1	3
ט382617	מבן עשרים שנה ומעלה לשש- מאות	אלף	ושלשת אלפים וחמש מאות וחמשים / ויהי	1 1 71		2
ט382619	שנה ומעלה לשש- מאות אלף ושלשת	אלפים	וחמש מאות וחמשים / ויהי מאת ככר	3 1 71		3
ט382802	אדנים למאת הככר ככר לאדן / ואת-	האלף	ושבע המאות וחמשה ושבעים עשה ווים	1 1 71	2	3
ט382905	וחשק אתם / ונחשת התנופה שבעים ככר	ואלפים	וארבע- מאות שקל / ויעש בה את-	2 1 71	1	4
	--*-*-*-*-*-*-*-*-*-*-*-*-*-*-*	אלצפן	*-*-*-*-*-*-*-*-*-*-*-*-*-*-*-*-*			
ט062204	קרח ונפג וזכרי / ובני עזיאל מישאל	ואלצפן	וסתרי / ויקח אהרן את- אלישבע בת-	1 122	1	4
	--*-*-*-*-*-*-*-*-*-*-*-*-*-*-*	אלקנה	*-*-*-*-*-*-*-*-*-*-*-*-*-*-*-*-*			
ט062404	אלעזר ואת- איתמר / ובני קרח אסיר	ואלקנה	אביאסף אלה משפחת הקרחי ואלעזר בן-	1 122	1	4
	--*-*-*-*-*-*-*-*-*-*-*-*-*-*-*	אם	*-*-*-*-*-*-*-*-*-*-*-*-*-*-*-*-*			
ט020810	פרעה לכי ותלך העלמה ותקרא את-	אם	הילד / ותאמר לה בת- פרעה הילכי	1 2 1122		1
ט201205	השבת ויקדשהו / כבד את- אביך ואת-	אמך	למען יארכון ימיך על האדמה אשר-	2 1 2 1123		3
ט211503	מעם מזבחי תקחנו למות / ומכה אביו	ואמו	מות יומת / וגנב איש ומכרו ונמצא	4 1 2 1123	1	3
ט211703	ונמצא בידו מות יומת / ומקלל אביו	ואמו	מות יומת / וכי- יריבן אנשים והכה-	4 1 2 1123	1	3
ט222909	לשרך לצאנך שבעת ימים יהיה עם-	אמו	ביום השמיני תתנו- לי / ואנשי קדש	4 1 2 1123		2
ט231912	יהוה אלהיך לא- תבשל גדי בחלב	אמו	/ הנה אנכי שלח מלאך לפניך לשמרך	4 1 2 1123		2
ט342612	יהוה אלהיך לא- תבשל גדי בחלב	אמו	/ ויאמר יהוה אל- משה כתב- לך	4 1 2 1123		2
	--*-*-*-*-*-*-*-*-*-*-*-*-*-*-*	אם	*-*-*-*-*-*-*-*-*-*-*-*-*-*-*-*-*			
ט011608	בילדכן את- העבריות וראיתן על- האבנים	אם-	בן הוא והמתן אתו ואם בת	53		1
ט011613	האבנים אם- בן הוא והמתן אתו	ואם	בת הוא וחיה / ותיראן המילדת את-	53	1	2
ט040802	ויוצאה מחיקו והנה- שבה כבשרו / והיה	אם-	לא יאמינו לך ולא ישמעו לקל	53		1
ט040902	הראשון והאמינו לקל האת האחרון / והיה	אם-	לא יאמינו גם לשני האתות האלה	53		1
ט072701	אמר יהוה שלח את- עמי ויעבדני /	ואם-	מאן אתה לשלח הנה אנכי נגף	53	1	2
ט081702	אמר יהוה שלח עמי ויעבדני / כי	אם-	אינך משלח את- עמי הנני משליח	53		1
ט090202	העברים שלח את- עמי ויעבדני / כי	אם-	מאן אתה לשלח ועודך מחזיק בם	53		1
ט100402	לענת מפני שלח עמי ויעבדני / כי	אם-	מאן אתה לשלח את- עמי הנני	53		1
ט120401	איש שה לבית אבת שה לבית /	ואם-	ימעט הבית מהית משה ולקח הוא	53	1	2
ט120909	ממנו נא ובשל מבשל במים כי	אם-	צלי- אש ראשו על- כרעיו ועל-	53		1
ט131306	ליהוה / וכל- פטר חמר תפדה בשה	ואם-	לא תפדה וערפתו וכל בכור אדם	53	1	2
ט152602	לו חק ומשפט ושם נסהו / ויאמר	אם-	שמוע תשמע לקול יהוה אלהיך והישר	53		1
ט160421	יום ביומו למען אנסנו הילך בתורתי	אם-	לא / והיה ביום הששי והכינו את	53		1
ט170717	את- יהוה לאמר היש יהוה בקרבנו	אם-	אין / ויבא עמלק וילחם עם- ישראל	53		1
ט182301	ישפטו- הם והקל מעליך ונשאו אתך /	אם	את- הדבר הזה תעשה וצוך אלהים	53		1
ט190502	כנפי נשרים ואבא אתכם אלי / ועתה	אם-	שמוע תשמעו בקלי ושמרתם את- בריתי	53		1
ט191311	כי- סקול יסקל או- ירה יירה	אם-	בהמה אם- איש לא יחיה במשך	53		1
ט191313	יסקל או- ירה יירה אם- בהמה	אם-	איש לא יחיה במשך היבל המה	53		1
ט202501	אזכיר את- שמי אבוא אליך וברכתיך /	ואם-	מזבח אבנים תעשה- לי לא תבנה	53	1	2
ט210301	שנים יעבד ובשבעת יצא לחפשי חנם /	אם-	בגפו יבא בגפו יצא אם- בעל	53		1

אזכור		מלה		צופן	ג	#	כ	קס	ה
ט210306	חנם / אם- בגפו יבא בגפו יצא	אם-	בעל אשה הוא ויצאה אשתו עמו	53					1
ט210401	בעל אשה הוא ויצאה אשתו עמו /	אם-	אדניו יתן- לו אשה וילדה- לו	53					1
ט210501	וילדיה תהיה לאדניה והוא יצא בגפו /	ואם-	אמר יאמר העבד אהבתי את- אדני	53				1	2
ט210801	בתו לאמה לא תצא כצאת העבדים /	אם-	רעה בעיני אדניה אשר- לא יעדה	53					1
ט210901	נכרי לא- ימשל למכרה בבגדו- בה /	ואם-	לבנו ייעדנה כמשפט הבנות יעשה- לה	53				1	2
ט211001	לבנו ייעדנה כמשפט הבנות יעשה- לה /	אם-	אחרת יקח- לו שארה כסותה וענתה	53					1
ט211101	לו שארה כסותה וענתה לא יגרע /	ואם-	שלש- אלה לא יעשה לה ויצאה	53				1	2
ט211901	או באגרף ולא ימות ונפל למשכב /	אם-	יקום והתהלך בחוץ על- משענתו ונקה	53					1
ט212102	ומת תחת ידו נקם ינקם / אך	אם-	יום או יומים יעמד לא יקם	53					1
ט212301	ישית עליו בעל האשה ונתן בפללים /	ואם-	אסון יהיה ונתתה נפש תחת נפש	53				1	2
ט212701	אמתו ושחתה לחפשי ישלחנו תחת עינו /	ואם-	שן עבדו או- שן אמתו יפיל	53				1	2
ט212901	יאכל את- בשרו ובעל השור נקי /	ואם	שור נגח הוא מתמל שלשם והועד	53				1	2
ט213001	אשה השור יסקל וגם- בעליו יומת /	אם-	כפר יושת עליו ונתן פדין נפשו	53					1
ט213201	בת יגח כמשפט הזה יעשה לו /	אם-	עבד יגח השור או אמה כסף	53					1
ט220101	תחת השור וארבע- צאן תחת השה //	אם-	במחתרת ימצא הגנב והכה ומת אין	53					1
ט220201	הגנב והכה ומת אין לו דמים /	אם-	זרחה השמש עליו דמים לו שלם	53					1
ט220209	השמש עליו דמים לו שלם ישלם	אם-	אין לו ונמכר בגנבתו / אם- המצא	53					1
ט220301	ישלם אם- אין לו ונמכר בגנבתו /	אם-	המצא תמצא בידו הגנבה משור עד-	53					1
ט220613	או- כלים לשמר וגנב מבית האיש	אם-	ימצא הגנב ישלם שנים / אם- לא	53					1
ט220701	האיש אם- ימצא הגנב ישלם שנים /	אם-	לא ימצא הגנב ונקרב בעל- הבית	53					1
ט220710	הגנב ונקרב בעל- הבית אל- האלהים	אם-	לא שלח ידו במלאכת רעהו / על-	53					1
ט221006	ראה / שבעת יהוה תהיה בין שניהם	אם-	לא שלח ידו במלאכת רעהו ולקח	53					1
ט221101	במלאכת רעהו ולקח בעליו ולא ישלם /	ואם-	גנב יגנב מעמו ישלם לבעליו / אם-	53				1	1
ט221201	ואם- גנב יגנב מעמו ישלם לבעליו /	אם-	טרף יטרף יבאהו עד הטרפה לא	53					1
ט221401	מת בעליו אין- עמו שלם ישלם /	אם-	בעליו עמו לא ישלם אם- שכיר	53					1
ט221406	ישלם / אם- בעליו עמו לא ישלם	אם-	שכיר הוא בא בשכרו / וכי- יפתה	53					1
ט221601	ושכב עמה מהר ימהרנה לו לאשה /	אם-	מאן ימאן אביה לתתה לו כסף	53					1
ט222201	מצרים / כל- אלמנה ויתום לא תענון /	אם-	ענה תענה אתו כי אם- צעק	53					1
ט222206	תענון / אם- ענה תענה אתו כי	אם-	צעק יצעק אלי שמע אשמע צעקתו	53					1
ט222401	בחרב והיו נשיכם אלמנות ובניכם יתמים /	אם-	כסף תלוה את- עמי את- העני	53					1
ט222501	לו כנשה לא- תשימון עליו נשך /	אם-	חבל תחבל שלמת רעך עד- בא	53					1
ט232202	ישא לפשעכם כי שמי בקרבו / כי	אם-	שמוע תשמע בקלו ועשית כל אשר	53					1
ט293401	וזר לא- יאכל כי- קדש הם /	ואם-	יותר מבשר המלאים ומן- הלחם עד-	53				1	2
ט323202	גדלה ויעשו להם אלהי זהב / ועתה	אם-	תשא חטאתם ואם- אין מחני נא	53					1
ט323205	אלהי זהב / ועתה אם- תשא חטאתם	ואם-	אין מחני נא מספרך אשר כתבת	53				1	2
ט331302	בשם וגם- מצאת חן בעיני / ועתה	אם-	נא מצאתי חן בעיניך הודעני נא	53					1
ט331503	פני ילכו והנחתי לך / ויאמר אליו	אם-	אין פניך הלכים אל- תעלנו מזה	53					1
ט340902	וימהר משה ויקד ארצה וישתחו / ויאמר	אם-	נא מצאתי חן בעיניך אדני ילך-	53					1
ט342005	שור ושה / ופטר חמור תפדה בשה	ואם-	לא תפדה וערפתו כל בכור בניך	53				1	2
ט403701	המשכן יסעו בני ישראל בכל מסעיהם /	ואם-	לא יעלה הענן ולא יסעו עד-	53				1	2
	--*-*-*-*-*-*-*-*-*-*-*-*-*-*-*-*-*-*	אמה	*-*-*-*-*-*-*-*-*-*-*-*-*-*-*-*-*-*-*-*						
ט251008	ארון עצי שטים אמתים וחצי ארכו	ואמה	וחצי רחבו ואמה וחצי קמתו / וצפית	1121	2	1		1	3
ט251011	אמתים וחצי ארכו ואמה וחצי רחבו	ואמה	וחצי קמתו / וצפית אתו זהב טהור	1121	2	1		1	3
ט251708	כפרת זהב טהור אמתים וחצי ארכה	ואמה	וחצי רחבה / ועשית שנים כרבים זהב	1121	2	1		1	3
ט252307	ועשית שלחן עצי שטים אמתים ארכו	ואמה	רחבו ואמה וחצי קמתו / וצפית אתו	1121	2	1		1	3
ט252309	עצי שטים אמתים ארכו ואמה רחבו	ואמה	וחצי קמתו / וצפית אתו זהב טהור	1121	2	1		1	3
ט260206	אתם / ארך היריעה האחת שמנה ועשרים	באמה	ורחב ארבע באמה היריעה האחת מדה	1121	2	1		24	3
ט260209	האחת שמנה ועשרים באמה ורחב ארבע	באמה	היריעה האחת מדה אחת לכל היריעת	1121	2	1		24	3
ט260805	תעשה אתם / ארך היריעה האחת שלשים	באמה	ורחב ארבע באמה היריעה האחת מדה	1121	2	1		24	2
ט260808	היריעה האחת שלשים באמה ורחב ארבע	באמה	היריעה האחת מדה אחת לעשתי עשרה יריעת	1121	2	1		24	3
ט261301	היריעה העדפת תסרח על אחרי המשכן /	והאמה	מזה והאמה מזה בעדף בארך יריעת	1121	2	1		21	4
ט261303	תסרח על אחרי המשכן / והאמה מזה	והאמה	מזה בעדף בארך יריעת האהל יהיה	1121	2	1		21	4
ט261605	שטים עמדים / עשר אמות ארך הקרש	ואמה	וחצי האמה רחב הקרש האחד / שתי	1121	2	1		1	3

/ = סוף פסוק   // = סוף פרק   ג = מין   # = מספר   כ = כינוי חבור   קס = קידומות וסיומות   ה = מספר ההברות

אזכור		מלה		צופן	ג	#	כ	קס	ה
ט261607	עשר אמות ארך הקרש ואמה וחצי	האמה	רחב הקרש האחד / שתי ידות לקרש	1121	2	1		2	3
ט270913	תימנה קלעים לחצר שש משזר מאה	באמה	ארך לפאה האחת / ועמדיו עשרים ואדניהם	1121	2	1		24	3
ט271207	ורחב החצר לפאת- ים קלעים חמשים	אמה	עמדיהם עשרה ואדניהם עשרה / ורחב החצר	1121	2	1			2
ט271307	ורחב החצר לפאת קדמה מזרחה חמשים	אמה	/ וחמש עשרה אמה קלעים לכתף עמדיהם שלשה	1121	2	1			2
ט271402	לפאת קדמה מזרחה חמשים אמה / וחמש עשרה	אמה	קלעים לכתף עמדיהם שלשה ואדניהם שלשה	1121	2	1			2
ט271605	ואדניהם שלשה / ולשער החצר מסך עשרים	אמה	תכלת וארגמן ותולעת שני ושש משזר	1121	2	1			2
ט271804	כסף ואדניהם נחשת / ארך החצר מאה	באמה	ורחב חמשים בחמשים וקמה חמש אמות	1121	2	1		24	3
ט300201	מקטר קטרת עצי שטים תעשה אתו /	אמה	ארכו ואמה רחבו רבוע יהיה ואמתים	1121	2	1			2
ט300203	עצי שטים תעשה אתו / אמה ארכו	ואמה	רחבו רבוע יהיה ואמתים קמתו ממנו	1121	2	1		1	3
ט360906	אתם / ארך היריעה האחת שמנה ועשרים	באמה	ורחב ארבע באמה היריעה האחת מדה	1121	2	1		24	3
ט360909	האחת שמנה ועשרים באמה ורחב ארבע	באמה	היריעה האחת מדה אחת לכל- היריעת	1121	2	1		24	3
ט361505	עשה אתם / ארך היריעה האחת שלשים	באמה	וארבע אמות רחב היריעה האחת מדה	1121	2	1		24	3
ט362105	שטים עמדים / עשר אמת ארך הקרש	ואמה	וחצי האמה רחב הקרש האחד / שתי	1121	2	1		1	3
ט362107	עשר אמת ארך הקרש ואמה וחצי	האמה	רחב הקרש האחד / שתי ידת לקרש	1121	2	1		2	3
ט370110	הארן עצי שטים אמתים וחצי ארכו	ואמה	וחצי רחבו ואמה וחצי קמתו / ויצפהו	1121	2	1		1	3
ט370113	אמתים וחצי ארכו ואמה וחצי רחבו	ואמה	וחצי קמתו / ויצפהו זהב טהור מבית	1121	2	1		1	3
ט370608	כפרת זהב טהור אמתים וחצי ארכה	ואמה	וחצי רחבה / ויעש שני כרבים זהב	1121	2	1		1	3
ט371008	את- השלחן עצי שטים אמתים ארכו	ואמה	רחבו ואמה וחצי קמתו / ויצף אתו	1121	2	1		1	3
ט371010	עצי שטים אמתים ארכו ואמה רחבו	ואמה	וחצי קמתו / ויצף אתו זהב טהור	1121	2	1		1	3
ט372507	ויעש את- מזבח הקטרת עצי שטים	אמה	ארכו ואמה רחבו רבוע ואמתים קמתו	1121	2	1			2
ט372509	מזבח הקטרת עצי שטים אמה ארכו	ואמה	רחבו רבוע ואמתים קמתו ממנו היו	1121	2	1		1	3
ט380912	תימנה קלעי החצר שש משזר מאה	באמה	/ עמודיהם עשרים ואדניהם עשרים נחשת ווי	1121	2	1		24	3
ט381104	העמודים וחשקיהם כסף / ולפאת צפון מאה	באמה	עמודיהם עשרים ואדניהם עשרים נחשת ווי	1121	2	1		24	3
ט381205	וחשקיהם כסף / ולפאת- ים קלעים חמשים	באמה	עמודיהם עשרה ואדניהם עשרה ווי העמדים	1121	2	1		24	3
ט381305	וחשוקיהם כסף / ולפאת קדמה מזרחה חמשים	אמה	/ קלעים חמש-עשרה אמה אל- הכתף עמודיהם	1121	2	1			2
ט381403	קדמה מזרחה חמשים אמה / קלעים חמש-עשרה	אמה	אל- הכתף עמודיהם שלשה ואדניהם שלשה	1121	2	1			2
ט381509	מזה ומזה לשער החצר קלעים חמש עשרה	אמה	עמדיהם שלשה ואדניהם שלשה / כל- קלעי	1121	2	1			2
ט381813	וארגמן ותולעת שני ושש משזר ועשרים	אמה	ארך וקומה ברחב חמש אמות לעמת	1121	2	1			2
ט251005	וכן תעשו / ועשו ארון עצי שטים	אמתים	וחצי ארכו ואמה וחצי רחבו ואמה	1125	2	2			4
ט251705	אתן אליך / ועשית כפרת זהב טהור	אמתים	וחצי ארכה ואמה וחצי רחבה / ועשית	1125	2	2			4
ט252305	בני ישראל / ועשית שלחן עצי שטים	אמתים	ארכו ואמה רחבו ואמה וחצי קמתו	1125	2	2			4
ט261602	הקרשים למשכן עצי שטים עמדים / עשר	אמות	ארך הקרש ואמה וחצי האמה רחב	1125	2	3			2
ט270107	ועשית את- המזבח עצי שטים חמש	אמות	ארך וחמש אמות רחב רבוע יהיה	1125	2	3			2
ט270110	עצי שטים חמש אמות ארך וחמש	אמות	רחב רבוע יהיה המזבח ושלש אמות	1125	2	3			2
ט270116	אמות רחב רבוע יהיה המזבח ושלש	אמות	קמתו / ועשית קרנתיו על ארבע פנתיו	1125	2	3			2
ט271810	באמה ורחב חמשים בחמשים וקמה חמש	אמות	שש משזר ואדניהם נחשת / לכל כלי	1125	2	3			2
ט300207	אמה ארכו ואמה רחבו רבוע יהיה	ואמתים	קמתו ממנו קרנתיו / וצפית אתו זהב	1125	2	2		1	5
ט361507	ארך היריעה האחת שלשים באמה וארבע	אמות	רחב היריעה האחת מדה אחת לעשתי עשרה	1125	2	3			2
ט362102	הקרשים למשכן עצי שטים עמדים / עשר	אמת	ארך הקרש ואמה וחצי האמה רחב	1125	2	3			2
ט370107	ויעש בצלאל את- הארן עצי שטים	אמתים	וחצי ארכו ואמה וחצי רחבו ואמה	1125	2	2			4
ט370605	את- הארן / ויעש כפרת זהב טהור	אמתים	וחצי ארכה ואמה וחצי רחבה / ויעש	1125	2	2			4
ט371006	הכרבים / ויעש את- השלחן עצי שטים	אמתים	ארכו ואמה רחבו ואמה וחצי קמתו	1125	2	2			4
ט372512	שטים אמה ארכו ואמה רחבו רבוע	ואמתים	קמתו ממנו היו קרנתיו / ויצף אתו	1125	2	2		1	5
ט380108	את- מזבח העלה עצי שטים חמש	אמות	ארכו וחמש אמות רחבו רבוע ושלש	1125	2	3			2
ט380111	עצי שטים חמש אמות ארכו וחמש	אמות	רחבו רבוע ושלש אמות קמתו / ויעש	1125	2	3			2
ט380115	ארכו וחמש אמות רחבו רבוע ושלש	אמות	קמתו / ויעש קרנתיו על ארבע פנתיו	1125	2	3			2
ט381818	ועשרים אמה ארך וקומה ברחב חמש	אמות	לעמת קלעי החצר / ועמדיהם ארבעה ואדניהם	1125	2	3			2
	--*-*-*-*-*-*-*-*-*-*-*-*-*-*-*-*-*-*	אמה	*-*-*-*-*-*-*-*-*-*-*-*-*-*-*-*-*-*-*-*						
ט210706	לעלם / וכי- ימכר איש את- בתו	לאמה	לא תצא כצאת העבדים / אם- רעה	1121	2	1		6	3
ט213206	לו / אם- עבד יגח השור או	אמה	כסף שלשים שקלים יתן לאדניו והשור	1121	2	1			2
ט201014	כל- מלאכה אתה ובנך- ובתך עבדך	ואמתך	ובהמתך וגרך אשר בשעריך / כי ששת-	1123	2	1	2	1	5
ט201710	רעך לא תחמד אשת רעך ועבדו	ואמתו	ושורו וחמרו וכל אשר לרעך / וכל-	1123	2	1	4	1	4
ט212008	יכה איש את- עבדו או את-	אמתו	בשבט ומת תחת ידו נקם ינקם	1123	2	1	4		3

אזכור		מלה		צורן	ג	#	כ	קס	ה
ט212610	את- עין עבדו או- את- עין	אמתו	ושחתה לחפשי ישלחנו תחת עינו / ואם-	1123	2	1	4		3
ט212706	עינו / ואם- שן עבדו או- שן	אמתו	יפיל לחפשי ישלחנו תחת שנו / וכי-	1123	2	1	4		3
ט231214	למען ינוח שורך וחמרך וינפש בן-	אמתך	והגר / ובכל אשר- אמרתי אליכם תשמרו	1123	2	1	2		4
ט020519	את- התבה בתוך הסוף ותשלח את-	אמתה	ותקחה / ותפתח ותראהו את- הילד והנה-	1124	2	1	5		3
	-	אמונה	*-*						
ט171220	מזה אחד ומזה אחד ויהי ידיו	אמונה	עד- בא השמש / ויחלש יהושע את-	1121	2	1			3
	-	אמורי	*-*						
ט030822	חלב ודבש אל- מקום הכנעני והחתי	והאמרי	והפרזי והחוי והיבוסי / ועתה הנה צעקת	124	1	1		21	5
ט031710	מעני מצרים אל- ארץ הכנעני והחתי	והאמרי	והפרזי והחוי והיבוסי אל- ארץ זבת	124	1	1		21	5
ט130509	יביאך יהוה אל- ארץ הכנעני והחתי	והאמרי	והחוי והיבוסי אשר נשבע לאבתיך לתת	124	1	1		21	5
ט232307	כי- ילך מלאכי לפניך והביאך אל-	האמרי	והחתי והפרזי והכנעני החוי והיבוסי והכחדתיו	124	1	1		2	4
ט330207	ושלחתי לפניך מלאך וגרשתי את- הכנעני	האמרי	והחתי והפרזי החוי והיבוסי / אל- ארץ	124	1	1		2	4
ט341112	מצוך היום הנני גרש מפניך את-	האמרי	והכנעני והחתי והפרזי והחוי והיבוסי / השמר	124	1	1		2	4
	-	אמר	*-*						
ט022208	בן ויקרא את- שמו גרשם כי	אמר	גר הייתי בארץ נכריה / ויהי בימים	3111	1	1			2
ט031311	הנה אנכי בא אל- בני ישראל	ואמרתי	להם אלהי אבותיכם שלחני אליכם ואמרו-	3111	1	1		1	4
ט031317	ואמרתי להם אלהי אבותיכם שלחני אליכם	ואמרו-	לי מה- שמו מה אמר אלהם	3111	1	3		1	4
ט031606	דר / לך ואספת את- זקני ישראל	ואמרת	אלהם יהוה אלהי אבתיכם נראה אלי	3111	1	1		1	4
ט031810	אתה וזקני ישראל אל- מלך מצרים	ואמרתם	אליו יהוה אלהי העבריים נקרה עלינו	3111	1	3		1	4
ט042201	את- לבו ולא ישלח את- העם /	ואמרת	אל- פרעה כה אמר יהוה בני	3111	1	1		1	4
ט042205	את- העם / ואמרת אל- פרעה כה	אמר	יהוה בני בכרי ישראל / ואמר אליך	3111	1	1			2
ט042301	כה אמר יהוה בני בכרי ישראל /	ואמר	אליך שלח את- בני ויעבדני ותמאן	3111	1	1		1	3
ט050109	משה ואהרן ויאמרו אל- פרעה כה-	אמר	יהוה אלהי ישראל שלח את- עמי	3111	1	1			2
ט051010	ושטריו ויאמרו אל- העם לאמר כה	אמר	פרעה אינני נתן לכם תבן / אתם	3111	1	1			2
ט062605	הלוים למשפחתם / הוא אהרן ומשה אשר	אמר	יהוה להם הוציאו את- בני ישראל	3111	1	1			2
ט070909	אלכם פרעה לאמר תנו לכם מופת	ואמרת	אל- אהרן קח את- מטך והשלך	3111	1	1		1	4
ט071601	והמטה אשר- נהפך לנחש תקח בידך /	ואמרת	אליו יהוה אלהי העברים שלחני אליך	3111	1	1		1	4
ט071702	והנה לא- שמעת עד- כה / כה	אמר	יהוה בזאת תדע כי אני יהוה	3111	1	1			2
ט072608	יהוה אל- משה בא אל- פרעה	ואמרת	אליו כה אמר יהוה שלח את-	3111	1	1		1	4
ט072611	בא אל- פרעה ואמרת אליו כה	אמר	יהוה שלח את- עמי ויעבדני / ואם-	3111	1	1			2
ט081613	והתיצב לפני פרעה הנה יוצא המימה	ואמרת	אליו כה אמר יהוה שלח עמי	3111	1	1		1	4
ט081616	הנה יוצא המימה ואמרת אליו כה	אמר	יהוה שלח עמי ויעבדני / כי אם-	3111	1	1			2
ט090111	בא אל- פרעה ודברת אליו כה-	אמר	יהוה אלהי העברים שלח את- עמי	3111	1	1			2
ט091310	משה השכם בבקר והתיצב לפני פרעה	ואמרת	אליו כה- אמר יהוה אלהי העברים	3111	1	1		1	4
ט091313	והתיצב לפני פרעה ואמרת אליו כה-	אמר	יהוה אלהי העבריים שלח את- עמי	3111	1	1			2
ט100309	ואהרן אל- פרעה ויאמרו אליו כה-	אמר	יהוה אלהי העברים עד- מתי מאנת	3111	1	1			2
ט110404	פרעה ובעיני העם / ויאמר משה כה	אמר	יהוה כחצת הלילה אני יוצא בתוך	3111	1	1			2
ט122701	אליכם בניכם מה העבדה הזאת לכם /	ואמרתם	זבח- פסח הוא ליהוה אשר פסח	3111	1	3		1	4
ט123310	העם למהר לשלחם מן- הארץ כי	אמרו	כלנו מתים / וישא העם את- בצקו	3111	1	3			3
ט131409	ישאלך בנך מחר לאמר מה- זאת	ואמרת	אליו בחזק יד הוציאנו יהוה ממצרים	3111	1	1		1	4
ט131716	ארץ פלשתים כי קרוב הוא כי	אמר	אלהים פן- ינחם העם בראתם מלחמה	3111	1	1			2
ט140301	לפני בעלצפן נכחו תחנו על- הים /	ואמר	פרעה לבני ישראל נבכים הם בארץ	3111	1	1		1	3
ט150901	נד נזלים קפאו תהמת בלב- ים /	אמר	אויב ארדף אשיג אחלק שלל תמלאמו	3111	1	1			2
ט171004	ומטה האלהים בידי / ויעש יהושע כאשר	אמר-	לו משה להלחם בעמלק ומשה אהרן	3111	1	1			2
ט180309	בניה אשר שם האחד גרשם כי	אמר	גר הייתי בארץ נכריה / ושם האחד	3111	1	1			2
ט182408	משה לקול חתנו ויעש כל אשר	אמר	/ ויבחר משה אנשי- חיל מכל- ישראל	3111	1	1			2
ט231303	וינפש בן- אמתך והגר / ובכל אשר-	אמרתי	אליכם תשמרו ושם אלהים אחרים לא	3111	1	1			3
ט240103	כי- יהיה לך למוקש // ואל משה	אמר	עלה אל- יהוה אתה ואהרן נדב	3111	1	1			2
ט241403	משה אל- הר האלהים / ואל- הזקנים	אמר	שבו- לנו בזה עד אשר- נשוב	3111	1	1			2
ט321321	ככוכבי השמים וכל- הארץ הזאת אשר	אמרתי	אתן לזרעכם ונחלו לעלם / וינחם יהוה	3111	1	1			3
ט322704	כל- בני לוי / ויאמר להם כה-	אמר	יהוה אלהי ישראל שימו איש- חרבו	3111	1	1			2

אזכור		מלה		צורן	ג	#	כ	קס	ה
ט331221	הודעתני את אשר- תשלח עמי ואתה	אמרת	ידעתיך בשם וגם- מצאת חן בעיני	3111	1	1			3
ט042604	דמים אתה לי / וירף ממנו אז	אמרה	חתן דמים למולת / ויאמר יהוה אל-	3112	2	1			3
ט010901	מצרים אשר לא- ידע את- יוסף /	ויאמר	אל עמו הנה עם בני ישראל	3121	1	1		*	3
ט011501	כל- עבדתם אשר- עבדו בהם בפרך /	ויאמר	מלך מצרים למילדת העברית אשר שם	3121	1	1		*	3
ט011601	שם האחת שפרה ושם השנית פועה /	ויאמר	בילדכן את- העבריות וראיתן על- האבנים	3121	1	1		*	3
ט011805	את- הילדים / ויקרא מלך- מצרים למילדת	ויאמר	להן מדוע עשיתן הדבר הזה ותחיין	3121	1	1		*	3
ט021309	השני והנה שני- אנשים עברים נצים	ויאמר	לרשע למה תכה רעך / ויאמר מי	3121	1	1		*	3
ט021401	נצים ויאמר לרשע למה תכה רעך /	ויאמר	מי שמך לאיש שר ושפט עלינו	3121	1	1		*	3
ט021417	כאשר הרגת את- המצרי ויירא משה	ויאמר	אכן נודע הדבר / וישמע פרעה את-	3121	1	1		*	3
ט021805	את- צאנם / ותבאנה אל- רעואל אביהן	ויאמר	מדוע מהרתן בא היום / ותאמרן איש	3121	1	1		*	3
ט022001	דלה דלה לנו וישק את- הצאן /	ויאמר	אל- בנתיו ואיו למה זה עזבתן	3121	1	1		*	3
ט030301	הסנה בער באש והסנה איננו אכל /	ויאמר	משה אסרה- נא ואראה את- המראה	3121	1	1		*	3
ט030411	לראות ויקרא אליו אלהים מתוך הסנה	ויאמר	משה משה ויאמר הנני / ויאמר אל-	3121	1	1		*	3
ט030414	אלהים מתוך הסנה ויאמר משה משה	ויאמר	הנני / ויאמר אל- תקרב הלם של-	3121	1	1		*	3
ט030501	הסנה ויאמר משה משה ויאמר הנני /	ויאמר	אל- תקרב הלם של- נעליך מעל	3121	1	1		*	3
ט030601	אתה עומד עליו אדמת- קדש הוא /	ויאמר	אנכי אלהי אביך אלהי אברהם אלהי	3121	1	1		*	3
ט030701	פניו כי ירא מהביט אל- האלהים /	ויאמר	יהוה ראה ראיתי את- עני עמי	3121	1	1		*	3
ט031101	והוצא את- עמי בני- ישראל ממצרים /	ויאמר	משה אל- האלהים מי אנכי כי	3121	1	1		*	3
ט031201	וכי אוציא את- בני ישראל ממצרים /	ויאמר	כי- אהיה עמך וזה- לך האות	3121	1	1		*	3
ט031301	תעבדון את- האלהים על ההר הזה /	ויאמר	משה אל- האלהים הנה אנכי בא	3121	1	1		*	3
ט031322	אליכם ואמרו- לי מה- שמו מה	אמר	אלהם / ויאמר אלהים אל- משה אהיה	3121	1	1			2
ט031401	לי מה- שמו מה אמר אלהם /	ויאמר	אלהים אל- משה אהיה אשר אהיה	3121	1	1		*	3
ט031408	אלהים אל- משה אהיה אשר אהיה	ויאמר	כה תאמר לבני ישראל אהיה שלחני	3121	1	1		*	3
ט031410	משה אהיה אשר אהיה ויאמר כה	תאמר	לבני ישראל אהיה שלחני אליכם / ויאמר	3121	1	1			2
ט031501	תאמר לבני ישראל אהיה שלחני אליכם /	ויאמר	עוד אלהים אל- משה כה תאמר	3121	1	1		*	3
ט031507	ויאמר עוד אלהים אל- משה כה	תאמר	אל- בני ישראל יהוה אלהי אבתיכם	3121	1	1			2
ט031701	פקדתי אתכם ואת- העשוי לכם במצרים /	ואמר	אעלה אתכם מעני מצרים אל- ארץ	3121	1	1		*	3
ט040103	בנתיכם ונצלתם את- מצרים // ויען משה	ויאמר	והן לא- יאמינו לי ולא ישמעו	3121	1	1		*	3
ט040112	יאמינו לי ולא ישמעו בקלי כי	יאמרו	לא- נראה אליך יהוה / ויאמר אליו	3121	1	3			3
ט040201	כי יאמרו לא- נראה אליך יהוה /	ויאמר	אליו יהוה מה זה בידך ויאמר	3121	1	1		*	3
ט040207	ויאמר אליו יהוה מה זה בידך	ויאמר	מטה / ויאמר השליכהו ארצה וישלכהו ארצה	3121	1	1		*	3
ט040301	יהוה מה זה בידך ויאמר מטה /	ויאמר	השליכהו ארצה וישלכהו ארצה ויהי לנחש	3121	1	1		*	3
ט040401	ארצה ויהי לנחש וינס משה מפניו /	ויאמר	יהוה אל- משה שלח ידך ואחז	3121	1	1		*	3
ט040601	אלהי אברהם אלהי יצחק ואלהי יעקב /	ויאמר	יהוה לו עוד הבא- נא ידך	3121	1	1		*	3
ט040701	בחיקו ויוצאה והנה ידו מצרעת כשלג /	ויאמר	השב ידך אל- חיקך וישב ידו	3121	1	1		*	3
ט041001	תקח מן- היאר והיו לדם ביבשת /	ויאמר	משה אל- יהוה בי אדני לא	3121	1	1		*	3
ט041101	כי כבד- פה וכבד לשון אנכי /	ויאמר	יהוה אליו מי שם פה לאדם	3121	1	1		*	3
ט041301	אהיה עם- פיך והוריתיך אשר תדבר /	ויאמר	בי אדני שלח- נא ביד- תשלח	3121	1	1		*	3
ט041405	ביד- תשלח / ויחר- אף יהוה במשה	ויאמר	הלא אהרן אחיך הלוי ידעתי כי-	3121	1	1		*	3
ט041807	וילך משה וישב אל- יתר חתנו	ויאמר	לו אלכה נא ואשובה אל- אחי	3121	1	1		*	3
ט041819	אחי אשר- במצרים ואראה העודם חיים	ויאמר	יתרו למשה לך לשלום / ויאמר יהוה	3121	1	1		*	3
ט041901	חיים ויאמר יתרו למשה לך לשלום /	ויאמר	יהוה אל- משה במדין לך שב	3121	1	1		*	3
ט042101	ויקח משה את- מטה האלהים בידו /	ויאמר	יהוה אל- משה בלכתך לשוב מצרימה	3121	1	1		*	3
ט042701	ממנו אז אמרה חתן דמים למולת /	ויאמר	יהוה אל- אהרן לך לקראת משה	3121	1	1		*	3
ט050105	ויקדו וישתחוו // ואחר באו משה ואהרן	ויאמרו	אל- פרעה כה- אמר יהוה אלהי	3121	1	3		*	4
ט050201	שלח את- עמי ויחגו לי במדבר /	ויאמר	פרעה מי יהוה אשר אשמע בקלו	3121	1	1		*	3
ט050301	יהוה וגם את- ישראל לא אשלח /	ויאמרו	אלהי העברים נקרא עלינו נלכה נא	3121	1	3		*	3
ט050401	אלהינו פן- יפגענו בדבר או בחרב /	ויאמר	אלהם מלך מצרים למה משה ואהרן	3121	1	1		*	3
ט050501	תפריעו את- העם ממעשיו לכו לסבלתיכם /	ויאמר	פרעה הן- רבים עתה עם הארץ	3121	1	1			3
ט051005	בדברי- שקר / ויצאו נגשי העם ושטריו	ויאמרו	אל- העם לאמר כה אמר פרעה	3121	1	3		*	4
ט051701	עשו והנה עבדיך מכים וחטאת עמך /	ויאמר	נרפים אתם נרפים על- כן אתם	3121	1	1		*	3
ט052101	אהרן נצבים לקראתם בצאתם מאת פרעה /	ויאמרו	אלהם ירא יהוה עליכם וישפט אשר	3121	1	3		*	4
ט052205	בידם להרגנו / וישב משה אל- יהוה	ויאמר	אדני למה הרעתה לעם הזה למה	3121	1	1		*	3
ט060101	הזה והצל לא- הצלת את- עמך //	ויאמר	יהוה אל- משה עתה תראה אשר	3121	1	1		*	3

אזכור		מלה		צופן	ג	#	כ	קס	ה
ט060205	יגרשם מארצו / וידבר אלהים אל- משה	ויאמר	אליו אני יהוה / וארא אל- אברהם	3121	1	1		*	3
ט063001	את כל- אשר אני דבר אליך /	ויאמר	משה לפני יהוה הן אני ערל	3121	1	1		*	3
ט070101	ערל שפתים ואיך ישמע אלי פרעה //	ויאמר	יהוה אל- משה ראה נתתיך אלהים	3121	1	1		*	3
ט070801	שלש ושמנים שנה בדברם אל- פרעה /	ויאמר	יהוה אל- משה ואל- אהרן לאמר	3121	1	1		*	3
ט071401	ולא שמע אלהם כאשר דבר יהוה /	ויאמר	יהוה אל- משה כבד לב פרעה	3121	1	1		*	3
ט071901	ונלאו מצרים לשתות מים מן- היאר /	ויאמר	יהוה אל- משה אמר אל- אהרן	3121	1	1		*	3
ט072601	ימים אחרי הכות- יהוה את- היאר /	ויאמר	יהוה אל- משה בא אל- פרעה	3121	1	1		*	3
ט080101	ובכה ובעמך ובכל- עבדיך יעלו הצפרדעים //	ויאמר	יהוה אל- משה אמר אל- אהרן	3121	1	1		*	3
ט080405	ארץ מצרים / ויקרא פרעה למשה ולאהרן	ויאמר	העתירו אל- יהוה ויסר הצפרדעים ממני	3121	1	1		*	3
ט080501	ומעמי ואשלחה את- העם ויזבחו ליהוה /	ויאמר	משה לפרעה התפאר עלי למתי אעתיר	3121	1	1		*	3
ט080601	הצפרדעים ממך ומבתיך רק ביאר תשארנה /	ויאמר	למחר ויאמר כדברך למען תדע כי-	3121	1	1		*	3
ט080603	ומבתיך רק ביאר תשארנה / ויאמר למחר	ויאמר	כדברך למען תדע כי- אין כיהוה	3121	1	1		*	3
ט081201	ולא שמע אלהם כאשר דבר יהוה /	ויאמר	יהוה אל- משה אמר אל- אהרן	3121	1	1		*	3
ט081501	ולא יכלו ותהי הכנם באדם ובבהמה /	ויאמרו	החרטמם אל- פרעה אצבע אלהים הוא	3121	1	3		*	4
ט081601	ולא- שמע אלהם כאשר דבר יהוה /	ויאמר	יהוה אל- משה השכם בבקר והתיצב	3121	1	1		*	3
ט082106	הערב / ויקרא פרעה אל- משה ולאהרן	ויאמר	לכו זבחו לאלהיכם בארץ / ויאמר משה	3121	1	1		*	3
ט082201	ולאהרן ויאמר לכו זבחו לאלהיכם בארץ /	ויאמר	משה לא נכון לעשות כן כי	3121	1	1		*	3
ט082310	נלך במדבר וזבחנו ליהוה אלהינו כאשר	יאמר	אלינו / ויאמר פרעה אנכי אשלח אתכם	3121	1	1			2
ט082401	וזבחנו ליהוה אלהינו כאשר יאמר אלינו /	ויאמר	פרעה אנכי אשלח אתכם וזבחתם ליהוה	3121	1	1		*	3
ט082501	הרחק לא- תרחיקו ללכת העתירו בעדי /	ויאמר	משה הנה אנכי יוצא מעמך והעתרתי	3121	1	1		*	3
ט090101	בפעם- הזאת ולא שלח את- העם //	ויאמר	יהוה אל- משה בא אל- פרעה	3121	1	1		*	3
ט090801	לב פרעה ולא שלח את- העם /	ויאמר	יהוה אל- משה ואל- אהרן קחו	3121	1	1		*	3
ט091301	אלהם כאשר דבר יהוה אל- משה /	ויאמר	יהוה אל משה השכם בבקר והתיצב	3121	1	1		*	3
ט092201	ויעזב את- עבדיו ואת מקנהו בשדה /	ויאמר	יהוה אל- משה נטה את- ידך	3121	1	1		*	3
ט092706	ברד / וישלח פרעה ויקרא למשה ולאהרן	ויאמר	אלהם חטאתי הפעם יהוה הצדיק ואני	3121	1	1		*	3
ט092901	וברד ואשלחה אתכם ולא תספון לעמד /	ויאמר	אליו משה כצאתי את- העיר אפרש	3121	1	1		*	3
ט100101	ישראל כאשר דבר יהוה ביד- משה //	ויאמר	יהוה אל- משה בא אל- פרעה	3121	1	1		*	3
ט100306	יהוה / ויבא משה ואהרן אל- פרעה	ויאמרו	אליו כה- אמר יהוה אלהי העברים	3121	1	3		*	4
ט100701	היום הזה ויפן ויצא מעם פרעה /	ויאמרו	עבדי פרעה אליו עד- מתי יהיה	3121	1	3		*	4
ט100808	את- משה ואת- אהרן אל- פרעה	ויאמר	אלהם לכו עבדו את- יהוה אלהיכם	3121	1	1		*	3
ט100901	את- יהוה אלהיכם מי ומי ההלכים /	ויאמר	משה בנערינו ובזקנינו נלך בבנינו ובבנותנו	3121	1	1		*	3
ט101001	ובבקרנו נלך כי חג- יהוה לנו /	ויאמר	אלהם יהי כן יהוה עמכם כאשר	3121	1	1		*	3
ט101201	מבקשים ויגרש אתם מאת פני פרעה /	ויאמר	יהוה אל- משה נטה ידך על-	3121	1	1		*	3
ט101606	מצרים / וימהר פרעה לקרא למשה ולאהרן	ויאמר	חטאתי ליהוה אלהיכם ולכם / ועתה שא	3121	1	1		*	3
ט102101	פרעה ולא שלח את- בני ישראל /	ויאמר	יהוה אל- משה נטה ידך על-	3121	1	1		*	3
ט102405	אור במושבתם / ויקרא פרעה אל- משה	ויאמר	לכו עבדו את- יהוה רק צאנכם	3121	1	1		*	3
ט102501	ובקרכם יצג גם- טפכם ילך עמכם /	ויאמר	משה גם- אתה תתן בידנו זבחים	3121	1	1		*	3
ט102801	את- לב פרעה ולא אבה לשלחם /	ויאמר-	לו פרעה לך מעלי השמר לך	3121	1	1		*	3
ט102901	פני כי ביום ראתך פני תמות /	ויאמר	משה כן דברת לא- אסף עוד	3121	1	1		*	3
ט110101	דברת לא- אסף עוד ראות פניך //	ויאמר	יהוה אל- משה עוד נגע אחד	3121	1	1		*	3
ט110401	מצרים בעיני עבדי- פרעה ובעיני העם /	ויאמר	משה כה אמר יהוה כחצת הלילה	3121	1	1		*	3
ט110901	אצא ויצא מעם- פרעה בחרי- אף /	ויאמר	יהוה אל- משה לא- ישמע אליכם	3121	1	1		*	3
ט120101	ולא- שלח את- בני- ישראל מארצו //	ויאמר	יהוה אל- משה ואל- אהרן בארץ	3121	1	1		*	3
ט122106	מצות / ויקרא משה לכל- זקני ישראל	ויאמר	אלהם משכו וקחו לכם צאן למשפחתיכם	3121	1	1		*	3
ט122603	ושמרתם את- העבדה הזאת / והיה כי	יאמרו	אליכם בניכם מה העבדה הזאת לכם	3121	1	3			3
ט123105	שם מת / ויקרא למשה ולאהרן לילה	ויאמר	קומו צאו מתוך עמי גם- אתם	3121	1	1		*	3
ט124301	ליהוה שמרים לכל- בני ישראל לדרתם /	ויאמר	יהוה אל- משה ואהרן זאת חקת	3121	1	1		*	3
ט130301	בבני ישראל באדם ובבהמה לי הוא /	ויאמר	משה אל- העם זכור את- היום	3121	1	1		*	3
ט140513	ויהפך לבב פרעה ועבדיו אל- העם	ויאמרו	מה- זאת עשינו כי- שלחנו את-	3121	1	3		*	4
ט141101	מאד ויצעקו בני- ישראל אל- יהוה /	ויאמרו	אל- משה המבלי אין- קברים במצרים	3121	1	3		*	4
ט141301	לנו עבד את- מצרים ממתנו במדבר /	ויאמר	משה אל- העם אל- תיראו התיצבו	3121	1	1		*	3
ט141501	עולם / יהוה ילחם לכם ואתם תחרשון /	ויאמר	יהוה אל- משה מה- תצעק אלי	3121	1	1		*	3
ט142507	ויסר את אפן מרכבתיו וינהגהו בכבדת	ויאמר	מצרים אנוסה מפני ישראל כי יהוה	3121	1	1		*	3
ט142601	ישראל כי יהוה נלחם להם במצרים /	ויאמר	יהוה אל- משה נטה את- ידך	3121	1	1		*	3

אזכור		מלה		צורן	ג	#	כ	קס	ה
ט150110	ובני ישראל את- השירה הזאת ליהוה	ויאמרו	לאמר אשירה ליהוה כי גאה גאה	3121	1	3		*	4
ט152601	שם לו חק ומשפט ושם נסהו /	ויאמר	אם- שמוע תשמע לקול יהוה אלהיך	3121	1	1		*	3
ט160301	ישראל על- משה ועל- אהרן במדבר /	ויאמרו	אלהם בני ישראל מי- יתן מותנו	3121	1	3		*	4
ט160401	להמית את- כל- הקהל הזה ברעב /	ויאמר	יהוה אל- משה הנני ממטיר לכם	3121	1	1		*	3
ט160601	משנה על אשר- ילקטו יום יום /	ויאמר	משה ואהרן אל- כל- בני ישראל	3121	1	1		*	3
ט160801	יהוה ונחנו מה כי תלינו עלינו /	ויאמר	משה בתת יהוה לכם בערב בשר	3121	1	1		*	3
ט160901	לא- עלינו תלנתיכם כי על- יהוה /	ויאמר	משה אל- אהרן אמר אל- כל-	3121	1	1		*	3
ט161504	בכפר על- הארץ / ויראו בני- ישראל	ויאמרו	איש אל- אחיו מן הוא כי	3121	1	3		*	4
ט161515	הוא כי לא ידעו מה- הוא	ויאמר	משה אלהם הוא הלחם אשר נתן	3121	1	1		*	3
ט161901	לא החסיר איש לפי- אכלו לקטו /	ויאמר	משה אלהם איש אל- יותר ממנו	3121	1	1		*	3
ט162301	ויבאו כל- נשיאי העדה ויגידו למשה /	ויאמר	אלהם הוא אשר דבר יהוה שבתון	3121	1	1		*	3
ט162501	ולא הבאיש ורמה לא- היתה בו /	ויאמר	משה אכלהו היום כי- שבת היום	3121	1	1		*	3
ט162801	יצאו מן- העם ללקט ולא מצאו /	ויאמר	יהוה אל- משה עד- אנה מאנתם	3121	1	1		*	3
ט163201	כזרע גד לבן וטעמו כצפיחת בדבש /	ויאמר	משה זה הדבר אשר צוה יהוה	3121	1	1		*	3
ט163301	אתכם במדבר בהוציאי אתכם מארץ מצרים /	ויאמר	משה אל- אהרן קח צנצנת אחת	3121	1	1		*	3
ט170205	לשתות העם / וירב העם עם- משה	ויאמרו	תנו- לנו מים ונשתה ויאמר להם	3121	1	3		*	4
ט170210	משה ויאמרו תנו- לנו מים ונשתה	ויאמר	להם משה מה תריבון עמדי מה-	3121	1	1		*	3
ט170309	העם למים וילן העם על- משה	ויאמר	למה זה העליתנו ממצרים להמית אתי	3121	1	1		*	3
ט170501	אעשה לעם הזה עוד מעט וסקלני /	ויאמר	יהוה אל- משה עבר לפני העם	3121	1	1		*	3
ט170901	ויבא עמלק וילחם עם- ישראל ברפידם /	ויאמר	משה אל- יהושע בחר- לנו אנשים	3121	1	1		*	3
ט171401	את- עמלק ואת- עמו לפי- חרב /	ויאמר	יהוה אל- משה כתב זאת זכרון	3121	1	1		*	3
ט171601	משה מזבח ויקרא שמו יהוה נסי /	ויאמר	כי יד על כס יה מלחמה	3121	1	1		*	3
ט180601	אשר- הוא חנה שם הר האלהים /	ויאמר	אל- משה אני חתנך יתרו בא	3121	1	1		*	3
ט181001	יהוה לישראל אשר הצילו מיד מצרים /	ויאמר	יתרו ברוך יהוה אשר הציל אתכם	3121	1	1		*	3
ט181410	את כל- אשר- הוא עשה לעם	ויאמר	מה- הדבר הזה אשר אתה עשה	3121	1	1		*	3
ט181501	נצב עליך מן- בקר עד- ערב /	ויאמר	משה לחתנו כי- יבא אלי העם	3121	1	1		*	3
ט181701	והודעתי את- חקי האלהים ואת- תורתיו /	ויאמר	חתן משה אליו לא- טוב הדבר	3121	1	1		*	3
ט190312	אליו יהוה מן- ההר לאמר כה	תאמר	לבית יעקב ותגיד לבני ישראל / אתם	3121	1	1			2
ט190805	צוהו יהוה / ויענו כל- העם יחדו	ויאמרו	כל אשר- דבר יהוה נעשה וישב	3121	1	3		*	4
ט190901	משה את- דברי העם אל- יהוה /	ויאמר	יהוה אל- משה הנה אנכי בא	3121	1	1		*	3
ט191001	משה את- דברי העם אל- יהוה /	ויאמר	יהוה אל- משה לך אל- העם	3121	1	1		*	3
ט191501	העם ויקדש את- העם ויכבסו שמלתם /	ויאמר	אל- העם היו נכנים לשלשת ימים	3121	1	1		*	3
ט192101	למשה אל- ראש ההר ויעל משה /	ויאמר	יהוה אל- משה רד העד בעם	3121	1	1		*	3
ט192301	יהוה יתקדשו פן- יפרץ בהם יהוה /	ויאמר	משה אל יהוה לא- יוכל העם	3121	1	1		*	3
ט192401	בגו לאמר הגבל את- ההר וקדשתו /	ויאמר	אליו יהוה לך- רד ועלית אתה	3121	1	1		*	3
ט192505	יפרץ- בם / וירד משה אל- העם	ויאמר	אלהם // וידבר אלהים את כל- הדברים	3121	1	1		*	3
ט201901	עשן וירא העם וינעו ויעמדו מרחק /	ויאמרו	אל- משה דבר- אתה עמנו ונשמעה	3121	1	3		*	4
ט202001	ואל- ידבר עמנו אלהים פן- נמות /	ויאמר	משה אל- העם אל- תיראו כי	3121	1	1		*	3
ט202201	נגש אל- הערפל אשר- שם האלהים /	ויאמר	יהוה אל- משה כה תאמר אל-	3121	1	1		*	3
ט202206	האלהים / ויאמר יהוה אל- משה כה	תאמר	אל- בני ישראל אתם ראיתם כי	3121	1	1			2
ט210503	לאדניה והוא יצא בגפו / ואם- אמר	יאמר	העבד אהבתי את- אדני את- אשתי	3121	1	1			3
ט220817	על- שלמה על- כל- אבדה אשר	יאמר	כי- הוא זה עד האלהים יבא	3121	1	1			2
ט240317	המשפטים ויען כל- העם קול אחד	ויאמרו	כל- הדברים אשר- דבר יהוה נעשה	3121	1	3		*	4
ט240708	ויקח ספר הברית ויקרא באזני העם	ויאמרו	כל אשר- דבר יהוה נעשה ונשמע	3121	1	3		*	4
ט240808	משה את- הדם ויזרק על- העם	ויאמר	הנה דם- הברית אשר כרת יהוה	3121	1	1		*	3
ט241201	ידו ויחזו את- האלהים ויאכלו וישתו /	ויאמר	יהוה אל- משה עלה אלי ההרה	3121	1	1		*	3
ט303401	יתן ממנו על- זר ונכרת מעמיו /	ויאמר	יהוה אל- משה קח- לך סמים	3121	1	1		*	3
ט311201	הסמים לקדש ככל אשר- צויתך יעשו /	ויאמר	יהוה אל- משה לאמר / ואתה דבר	3121	1	1		*	3
ט320113	מן- ההר ויקהל העם על- אהרן	ויאמרו	אליו קום עשה- לנו אלהים אשר	3121	1	3		*	4
ט320201	מצרים לא ידענו מה- היה לו /	ויאמר	אלהם אהרן פרקו נזמי הזהב אשר	3121	1	1		*	3
ט320409	ויצר אתו בחרט ויעשהו עגל מסכה	ויאמרו	אלה אלהיך ישראל אשר העלוך מארץ	3121	1	3		*	4
ט320508	אהרן ויבן מזבח לפניו ויקרא אהרן	ויאמר	חג ליהוה מחר / וישכימו ממחרת ויעלו	3121	1	1		*	3
ט320815	עגל מסכה וישתחוו- לו ויזבחו- לו	ויאמרו	אלה אלהיך ישראל אשר העלוך מארץ	3121	1	3		*	4
ט320901	אלהיך ישראל אשר העלוך מארץ מצרים /	ויאמר	יהוה אל- משה ראיתי את- העם	3121	1	1		*	3

/ = סוף פסוק   // = סוף פרק   ג = מין   # = מספר   כ = כינוי חבור   קס = קידומות וסיומות   ה = מספר ההברות

אזכור		מלה		צורן	ג	#	כ	קס	ה
ט321107	ויחל משה את- פני יהוה אלהיו	ויאמר	למה יהוה יחרה אפך בעמך אשר	3121	1	1		*	3
ט321202	מצרים בכח גדול וביד חזקה / למה	יאמרו	מצרים לאמר ברעה הוציאם להרג אתם	3121	1	3			3
ט321707	וישמע יהושע את- קול העם ברעה	ויאמר	אל- משה קול מלחמה במחנה / ויאמר	3121	1	1		*	3
ט321801	ויאמר אל- משה קול מלחמה במחנה /	ויאמר	אין קול ענות גבורה ואין קול	3121	1	1		*	3
ט322101	פני המים וישק את- בני ישראל /	ויאמר	משה אל- אהרן מה- עשה לך	3121	1	1		*	3
ט322201	הזה כי- הבאת עליו חטאה גדלה /	ויאמר	אהרן אל- יחר אף אדני אתה	3121	1	1		*	3
ט322301	ידעת את- העם כי ברע הוא /	ויאמרו	לי עשה- לנו אלהים אשר ילכו	3121	1	3		*	4
ט322401	מצרים לא ידענו מה- היה לו /	ואמר	להם למי זהב התפרקו ויתנו- לי	3121	1	1		*	3
ט322605	לשמצה בקמיהם / ויעמד משה בשער המחנה	ויאמר	מי ליהוה אלי ויאספו אליו כל-	3121	1	1		*	3
ט322701	אליו ויאספו אליו כל- בני לוי /	ויאמר	להם כה- אמר יהוה אלהי ישראל	3121	1	1		*	3
ט322901	העם ביום ההוא כשלשת אלפי איש /	ויאמר	משה מלאו ידכם היום ליהוה כי	3121	1	1		*	3
ט323003	ולתת עליכם היום ברכה / ויהי ממחרת	ויאמר	משה אל- העם אתם חטאתם חטאה	3121	1	1		*	3
ט323105	בעד חטאתכם / וישב משה אל- יהוה	ויאמר	אנא חטא העם הזה חטאה גדלה	3121	1	1		*	3
ט323301	אין מחני נא מספרך אשר כתבת /	ויאמר	יהוה אל- משה מי אשר חטא-	3121	1	1		*	3
ט330501	ויתאבלו ולא- שתו איש עדיו עליו /	ויאמר	יהוה אל- משה אמר אל- בני-	3121	1	1		*	3
ט331201	נון נער לא ימיש מתוך האהל /	ויאמר	משה אל- יהוה ראה אתה אמר	3121	1	1		*	3
ט331401	בעיניך וראה כי עמך הגוי הזה /	ויאמר	פני ילכו והנחתי לך / ויאמר אליו	3121	1	1		*	3
ט331501	הזה / ויאמר פני ילכו והנחתי לך /	ויאמר	אליו אם- אין פניך הלכים אל-	3121	1	1		*	3
ט331701	מכל- העם אשר על- פני האדמה /	ויאמר	יהוה אל- משה גם את- הדבר	3121	1	1		*	3
ט331801	כי- מצאת חן בעיני ואדעך בשם /	ויאמר	הראני נא את- כבדך / ויאמר אני	3121	1	1		*	3
ט331901	בשם / ויאמר הראני נא את- כבדך /	ויאמר	אני אעביר כל- טובי על- פניך	3121	1	1		*	3
ט332001	אשר אחן ורחמתי את- אשר ארחם /	ויאמר	לא תוכל לראת את- פני כי	3121	1	1		*	3
ט332101	פני כי לא- יראני האדם וחי /	ויאמר	יהוה הנה מקום אתי ונצבת על-	3121	1	1		*	3
ט340101	וראית את- אחרי ופני לא יראו //	ויאמר	יהוה אל- משה פסל- לך שני-	3121	1	1		*	3
ט340901	רבעים / וימהר משה ויקד ארצה וישתחו /	ויאמר	אם- נא מצאתי חן בעיניך אדני	3121	1	1		*	3
ט341001	ערף הוא וסלחת לעוננו ולחטאתנו ונחלתנו /	ויאמר	הנה אנכי כרת ברית נגד כל-	3121	1	1		*	3
ט342701	אלהיך לא- תבשל גדי בחלב אמו /	ויאמר	יהוה אל- משה כתב- לך את-	3121	1	1		*	3
ט350108	משה את- כל- עדת בני ישראל	ויאמר	אלהם אלה הדברים אשר- צוה יהוה	3121	1	1		*	3
ט350401	תבערו אש בכל משבתיכם ביום השבת /	ויאמר	משה אל- כל- עדת בני- ישראל	3121	1	1		*	3
ט353001	משה הביאו בני- ישראל נדבה ליהוה /	ויאמר	משה אל- בני ישראל ראו קרא	3121	1	1		*	3
ט360501	איש- איש ממלאכתו אשר- המה עשים /	ויאמרו	אל- משה לאמר מרבים העם להביא	3121	1	3		*	4
ט011901	עשיתן הדבר הזה ותחיין את- הילדים /	ותאמרן	המילדת אל- פרעה כי לא כנשים	3122	2	3		*	4
ט020610	הילד והנה- נער בכה ותחמל עליו	ותאמר	מילדי העברים זה / ותאמר אחתו אל	3122	2	1		*	3
ט020701	ותחמל עליו ותאמר מילדי העברים זה /	ותאמר	אחתו אל בת- פרעה האלך וקראתי	3122	2	1		*	3
ט020801	מן העברים ותינק לך את- הילד /	ותאמר-	לה בת- פרעה לכי ותלך העלמה	3122	2	1		*	3
ט020901	ותלך העלמה ותקרא את- אם הילד /	ותאמר	לה בת- פרעה היליכי את- הילד	3122	2	1		*	3
ט021012	ויהי- לה לבן ותקרא שמו משה	ותאמר	כי מן- המים משיתהו / ויהי בימים	3122	2	1		*	3
ט021901	אביהן ויאמר מדוע מהרתן בא היום /	ותאמרן	איש מצרי הצילנו מיד הרעים וגם	3122	2	3		*	4
ט042510	ותכרת את- ערלת בנה ותגע לרגליו	ותאמר	כי חתן- דמים אתה לי / וירף	3122	2	1		*	3
ט021410	לאיש שר ושפט עלינו הלהרגני אתה	אמר	כאשר הרגת את- המצרי ויירא משה	3131	1	1			2
ט051606	לעבדיך / תבן אין נתן לעבדיך ולבנים	אמרים	לנו עשו והנה עבדיך מכים וחטאת	3131	1	3			3
ט051708	נרפים אתם נרפים על- כן אתם	אמרים	נלכה נזבחה ליהוה / ועתה לכו עבדו	3131	1	3			3
ט331207	ויאמר משה אל- יהוה ראה אתה	אמר	אלי העל את- העם הזה ואתה	3131	1	1			2
ט060602	מעבדים אתם ואזכר את- בריתי / לכן	אמר	לבני- ישראל אני יהוה והוצאתי אתכם	314	1	1			2
ט071905	מן- היאר / ויאמר יהוה אל- משה	אמר	אל- אהרן קח מטך ונטה- ידך	314	1	1			2
ט080105	יעלו הצפרדעים // ויאמר יהוה אל- משה	אמר	אל- אהרן נטה את- ידך במטך	314	1	1			2
ט081205	דבר יהוה / ויאמר יהוה אל- משה	אמר	אל- אהרן נטה את- מטך והך	314	1	1			2
ט160905	על- יהוה / ויאמר משה אל- אהרן	אמר	אל- כל- עדת בני ישראל קרבו	314	1	1			2
ט330505	עדיו עליו / ויאמר יהוה אל- משה	אמר	אל- בני- ישראל אתם עם- קשה-	314	1	1			2
ט210502	תהיה לאדניה והוא יצא בגפו / ואם-	אמר	יאמר העבד אהבתי את- אדני את-	3151					2
ט012205	להם בתים / ויצו פרעה לכל- עמו	לאמר	כל- הבן הילוד היארה תשליכהו וכל-	3154				6	2
ט031617	נראה אלי אלהי אברהם יצחק ויעקב	לאמר	פקד פקדתי אתכם ואת- העשוי לכם	3154				6	2
ט050610	ההוא את- הנגשים בעם ואת- שטריו	לאמר	/ לא תאספון לתת תבן לעם ללבן	3154				6	2
ט050821	נרפים הם על- כן הם צעקים	לאמר	נלכה נזבחה לאלהינו / תכבד העבדה על-	3154				6	2

/ = סוף פסוק   // = סוף פרק   ג = מין   # = מספר   כ = כינוי חבור   קס = קידומות וסיומות   ה = מספר ההברות

אזכור		מלה		צורן	ג	#	כ	קס	ה
ט051008	נגשי העם ושטריו ויאמרו אל- העם	לאמר	כה אמר פרעה אינני נתן לכם	3154				6	2
ט051303	מצרים לקשש קש לתבן / והנגשים אצים	לאמר	כלו מעשיכם דבר- יום ביומו כאשר	3154				6	2
ט051410	ישראל אשר- שמו עלהם נגשי פרעה	לאמר	מדוע לא כליתם חקכם ללבן כתמול	3154				6	2
ט051508	שטרי בני ישראל ויצעקו אל- פרעה	לאמר	למה תעשה כה לעבדיך / תבן אין	3154				6	2
ט051907	ויראו שטרי בני- ישראל אתם ברע	לאמר	לא- תגרעו מלבניכם דבר- יום ביומו	3154				6	2
ט061005	ומעבדה קשה / וידבר יהוה אל- משה	לאמר	/ בא דבר אל- פרעה מלך מצרים	3154				6	2
ט061205	ישראל מארצו / וידבר משה לפני יהוה	לאמר	הן בני ישראל לא- שמעו אלי	3154				6	2
ט062905	בארץ מצרים / וידבר יהוה אל- משה	לאמר	אני יהוה דבר אל- פרעה מלך	3154				6	2
ט070807	ויאמר יהוה אל- משה ואל- אהרן	לאמר	/ כי ידבר אלכם פרעה לאמר תנו	3154				6	2
ט070905	אהרן לאמר / כי ידבר אלכם פרעה	לאמר	תנו לכם מופת ואמרת אל- אהרן	3154				6	2
ט071608	אליו יהוה אלהי העברים שלחני אליך	לאמר	שלח את- עמי ויעבדני במדבר והנה	3154				6	2
ט090504	לבני ישראל דבר / וישם יהוה מועד	לאמר	מחר יעשה יהוה הדבר הזה בארץ	3154				6	2
ט110808	כל- עבדיך אלה אלי והשתחוו- לי	לאמר	צא אתה וכל העם אשר- ברגליך	3154				6	2
ט120109	אל- משה ואל- אהרן בארץ מצרים	לאמר	/ החדש הזה לכם ראש חדשים ראשון	3154				6	2
ט120306	השנה / דברו אל- כל- עדת ישראל	לאמר	בעשר לחדש הזה ויקחו להם איש	3154				6	2
ט130105	על- צבאתם // וידבר יהוה אל- משה	לאמר	/ קדש- לי כל- בכור פטר כל-	3154				6	2
ט130805	בכל- גבלך / והגדת לבנך ביום ההוא	לאמר	בעבור זה עשה יהוה לי בצאתי	3154				6	2
ט131406	תפדה / והיה כי- ישאלך בנך מחר	לאמר	מה- זאת ואמרת אליו בחזק יד	3154				6	2
ט131913	כי השבע השביע את- בני- ישראל	לאמר	פקד יפקד אלהים אתכם והעליתם את-	3154				6	2
ט140105	לפני העם // וידבר יהוה אל- משה	לאמר	/ דבר אל- בני ישראל וישבו ויחנו	3154				6	2
ט141208	זה הדבר אשר דברנו אליך במצרים	לאמר	חדל ממנו ונעבדה את- מצרים כי	3154				6	2
ט150111	ישראל את- השירה הזאת ליהוה ויאמרו	לאמר	אשירה ליהוה כי גאה גאה סוס	3154				6	2
ט152405	שמה מרה / וילנו העם על- משה	לאמר	מה נשתה / ויצעק אל- יהוה ויורהו	3154				6	2
ט161105	נראה בענן / וידבר יהוה אל- משה	לאמר	/ שמעתי את- תלונת בני ישראל דבר	3154				6	2
ט161208	את- תלונת בני ישראל דבר אלהם	לאמר	בין הערבים תאכלו בשר ובבקר תשבעו-	3154				6	2
ט170405	מקני בצמא / ויצעק משה אל יהוה	לאמר	מה אעשה לעם הזה עוד מעט	3154				6	2
ט170713	בני ישראל ועל נסתם את- יהוה	לאמר	היש יהוה בקרבנו אם- אין / ויבא	3154				6	2
ט190310	האלהים ויקרא אליו יהוה מן- ההר	לאמר	כה תאמר לבית יעקב ותגיד לבני	3154				6	2
ט191205	הר סיני / והגבלת את- העם סביב	לאמר	השמרו לכם עלות בהר ונגע בקצהו	3154				6	2
ט192316	הר סיני כי- אתה העדתה בנו	לאמר	הגבל את- ההר וקדשתו / ויאמר אליו	3154				6	2
ט200107	וידבר אלהים את כל- הדברים האלה	לאמר	/ אנכי יהוה אלהיך אשר הוצאתיך מארץ	3154				6	2
ט250105	וארבעים לילה // וידבר יהוה אל- משה	לאמר	/ דבר אל- בני ישראל ויקחו לי	3154				6	2
ט301105	הוא ליהוה / וידבר יהוה אל- משה	לאמר	/ כי תשא את- ראש בני- ישראל	3154				6	2
ט301705	על- נפשתיכם / וידבר יהוה אל- משה	לאמר	/ ועשית כיור נחשת וכנו נחשת לרחצה	3154				6	2
ט302205	ולזרעו לדרתם / וידבר יהוה אל- משה	לאמר	/ ואתה קח- לך בשמים ראש מר-	3154				6	2
ט303105	לכהן לי / ואל- בני ישראל תדבר	לאמר	שמן משחת- קדש יהיה זה לי	3154				6	2
ט310105	ונכרת מעמיו // וידבר יהוה אל- משה	לאמר	/ ראה קראתי בשם בצלאל בן- אורי	3154				6	2
ט311205	צויתך יעשו / ויאמר יהוה אל- משה	לאמר	/ ואתה דבר אל- בני ישראל לאמר	3154				6	2
ט311306	לאמר / ואתה דבר אל- בני ישראל	לאמר	אך את- שבתתי תשמרו כי אות	3154				6	2
ט321204	גדול וביד חזקה / למה יאמרו מצרים	לאמר	ברעה הוציאם להרג אתם בהרים ולכלתם	3154				6	2
ט330121	הארץ אשר נשבעתי לאברהם ליצחק וליעקב	לאמר	לזרעך אתננה / ושלחתי לפניך מלאך וגרשתי	3154				6	2
ט350408	משה אל- כל- עדת בני- ישראל	לאמר	זה הדבר אשר- צוה יהוה לאמר	3154				6	2
ט350414	לאמר זה הדבר אשר- צוה יהוה	לאמר	/ קחו מאתכם תרומה ליהוה כל נדיב	3154				6	2
ט360504	אשר- המה עשים / ויאמרו אל- משה	לאמר	מרבים העם להביא מדי העבדה למלאכה	3154				6	3
ט360606	אתה / ויצו משה ויעבירו קול במחנה	לאמר	איש ואשה אל- יעשו- עוד מלאכה	3154				6	2
ט400105	אתם משה // וידבר יהוה אל- משה	לאמר	/ ביום- החדש הראשון באחד לחדש תקים	3154				6	2
	--*-*-*-*-*-*-*-*-*-*-*-*-*-*-*	אמת	*-*-*-*-*-*-*-*-*-*-*-*-*-*-*-*-*						
ט182110	העם אנשי- חיל יראי אלהים אנשי	אמת	שנאי בצע ושמת עלהם שרי אלפים	1121	2	1			2
ט340615	רחום וחנון ארך אפים ורב- חסד	ואמת	/ נצר חסד לאלפים נשא עון ופשע	1121	2	1		1	3
	--*-*-*-*-*-*-*-*-*-*-*-*-*-*-*	אנא	*-*-*-*-*-*-*-*-*-*-*-*-*-*-*-*-*						
ט323106	חטאתכם / וישב משה אל- יהוה ויאמר	אנא	חטא העם הזה חטאה גדלה ויעשו	22					2

/ = סוף פסוק   // = סוף פרק   ג = מין   # = מספר   כ = כינוי חבור   קס = קידומות וסיומות   ה = מספר ההברות

אזכור		מלה		צורן ג # כ	קס	ה
	--*-*-*-*-*-*-*-*-*-*-*-*-*-*-*-*-*-*	אנה	*-*-*-*-*-*-*-*-*-*-*-*-*-*-*-*-*-*-*-*			
ט211305	מות יומת / ואשר לא צדה והאלהים	אנה	לידו ושמתי לך מקום אשר ינוס	1 1 3311		2
	--*-*-*-*-*-*-*-*-*-*-*-*-*-*-*-*-*-*	אנה	*-*-*-*-*-*-*-*-*-*-*-*-*-*-*-*-*-*-*-*			
ט162806	מצאו / ויאמר יהוה אל- משה עד-	אנה	מאנתם לשמר מצותי ותורתי / ראו כי-	51		2
	--*-*-*-*-*-*-*-*-*-*-*-*-*-*-*-*-*-*	אנחנו	*-*-*-*-*-*-*-*-*-*-*-*-*-*-*-*-*-*-*-*			
ט102615	ממנו נקח לעבד את- יהוה אלהינו	ואנחנו	לא- נדע מה- נעבד את- יהוה	3 1 61	1	4
	--*-*-*-*-*-*-*-*-*-*-*-*-*-*-*-*-*-*	אני	*-*-*-*-*-*-*-*-*-*-*-*-*-*-*-*-*-*-*-*			
ט020911	היליכי את- הילד הזה והינקהו לי	ואני	אתן את- שכרך ותקח האשה הילד	1 1 61	1	3
ט031901	שלשת ימים במדבר ונזבחה ליהוה אלהינו /	ואני	ידעתי כי לא- יתן אתכם מלך	1 1 61	1	3
ט042117	אשר- שמתי בידך ועשיתם לפני פרעה	ואני	אחזק את- לבו ולא ישלח את-	1 1 61	1	3
ט060207	וידבר אלהים אל- משה ויאמר אליו	אני	יהוה / וארא אל- אברהם אל- יצחק	1 1 61		2
ט060502	ארץ מגריהם אשר- גרו בה / וגם	אני	שמעתי את- נאקת בני ישראל אשר	1 1 61		2
ט060605	את- בריתי / לכן אמר לבני- ישראל	אני	יהוה והוצאתי אתכם מתחת סבלת מצרים	1 1 61		2
ט060710	לעם והייתי לכם לאלהים וידעתם כי	אני	יהוה אלהיכם המוציא אתכם מתחת סבלות	1 1 61		2
ט060818	ליצחק וליעקב ונתתי אתה לכם מורשה	אני	יהוה / וידבר משה כן אל- בני	1 1 61		2
ט061215	לא- שמעו אלי ואיך ישמעני פרעה	ואני	ערל שפתים / וידבר יהוה אל- משה	1 1 61	1	3
ט062906	מצרים / וידבר יהוה אל- משה לאמר	אני	יהוה דבר אל- פרעה מלך מצרים	1 1 61		2
ט062916	פרעה מלך מצרים את כל- אשר	אני	דבר אליך / ויאמר משה לפני יהוה	1 1 61		2
ט063006	אליך / ויאמר משה לפני יהוה הן	אני	ערל שפתים ואיך ישמע אלי פרעה	1 1 61		2
ט070301	פרעה ושלח את- בני- ישראל מארצו /	ואני	אקשה את- לב פרעה והרביתי את-	1 1 61	1	3
ט070504	מצרים בשפטים גדלים / וידעו מצרים כי-	אני	יהוה בנטתי את- ידי על- מצרים	1 1 61		2
ט071707	כה אמר יהוה בזאת תדע כי	אני	יהוה הנה אנכי מכה במטה אשר-	1 1 61		2
ט081818	היות- שם ערב למען תדע כי	אני	יהוה בקרב הארץ / ושמתי פדת בין	1 1 61		2
ט091404	את- עמי ויעבדני / כי בפעם הזאת	אני	שלח את- כל- מגפתי אל- לבך	1 1 61		2
ט092712	ויאמר אלהם חטאתי הפעם יהוה הצדיק	ואני	ועמי הרשעים / העתירו אל- יהוה ורב	1 1 61	1	3
ט100109	אל- משה בא אל- פרעה כי-	אני	הכבדתי את- לבו ואת- לב עבדיו	1 1 61		2
ט100218	אתתי אשר- שמתי בם וידעתם כי-	אני	יהוה / ויבא משה ואהרן אל- פרעה	1 1 61		2
ט110408	משה כה אמר יהוה כחצת הלילה	אני	יוצא בתוך מצרים / ומת כל- בכור	1 1 61		2
ט121219	בהמה ובכל- אלהי מצרים אעשה שפטים	אני	יהוה / והיה הדם לכם לאת על	1 1 61		2
ט131519	אדם ועד- בכור בהמה על- כן	אני	זבח ליהוה כל- פטר רחם הזכרים	1 1 61		2
ט140414	בפרעה ובכל- חילו וידעו מצרים כי-	אני	יהוה ויעשו כן / ויגד למלך מצרים	1 1 61		2
ט141701	ויבאו בני- ישראל בתוך הים ביבשה /	ואני	הנני מחזק את- לב מצרים ויבאו	1 1 61	1	3
ט141804	חילו ברכבו ובפרשיו / וידעו מצרים כי-	אני	יהוה בהכבדי בפרעה ברכבו ובפרשיו / ויסע	1 1 61		2
ט152625	שמתי במצרים לא- אשים עליך כי	אני	יהוה רפאך / ויבאו אילמה ושם שתים עשרה	1 1 61		2
ט161218	בשר ובבקר תשבעו- לחם וידעתם כי	אני	יהוה אלהיכם / ויהי בערב ותעל השלו	1 1 61		2
ט180604	שם הר האלהים / ויאמר אל- משה	אני	חתנך יתרו בא אליך ואשתך ושני	1 1 61		2
ט222617	כי- יצעק אלי ושמעתי כי- חנון	אני	/ אלהים לא תקלל ונשיא בעמך לא	1 1 61		2
ט250903	לי מקדש ושכנתי בתוכם / ככל אשר	אני	מראה אותך את תבנית המשכן ואת	1 1 61		2
ט294603	ישראל והייתי להם לאלהים / וידעו כי	אני	יהוה אלהיהם אשר הוצאתי אתם מארץ	1 1 61		2
ט294613	הוצאתי אתם מארץ מצרים לשכני בתכם	אני	יהוה אלהיהם // ועשית מזבח מקטר קטרת	1 1 61		2
ט310601	למלאת ובחרשת עץ לעשות בכל- מלאכה /	ואני	הנה נתתי אתו את אהליאב בן-	1 1 61	1	3
ט311319	הוא ביני וביניכם לדרתיכם לדעת כי	אני	יהוה מקדשכם / ושמרתם את- השבת כי	1 1 61		2
ט331608	יודע אפוא כי- מצאתי חן בעיניך	אני	ועמך הלוא בלכתך עמנו ונפלינו אני	1 1 61		2
ט331614	אני ועמך הלוא בלכתך עמנו ונפלינו	אני	ועמך מכל- העם אשר על- פני	1 1 61		2
ט331902	ויאמר הראני נא את- כבדך / ויאמר	אני	אעביר כל- טובי על- פניך וקראתי	1 1 61		2
ט341031	מעשה יהוה כי- נורא הוא אשר	אני	עשה עמך / שמר- לך את אשר	1 1 61		2
	--*-*-*-*-*-*-*-*-*-*-*-*-*-*-*-*-*-*	אנכי	*-*-*-*-*-*-*-*-*-*-*-*-*-*-*-*-*-*-*-*			
ט030602	עומד עליו אדמת- קדש הוא / ויאמר	אנכי	אלהי אביך אלהי אברהם אלהי יצחק	1 1 61		3
ט031106	ממצרים / ויאמר משה אל- האלהים מי	אנכי	כי אלך אל- פרעה וכי אוציא	1 1 61		3
ט031209	אהיה עמך וזה- לך האות כי	אנכי	שלחתיך בהוציאך את- העם ממצרים תעבדון	1 1 61		3

/ = סוף פסוק   // = סוף פרק   ג = מין   # = מספר   כ = כינוי הגוף   קס = קידומות וסיומות   ה = מספר ההברות

אזכור		מלה		צופן	ג	#	כ	קס	ה
ט031306	הזה / ויאמר משה אל- האלהים הנה	אנכי	בא אל- בני ישראל ואמרתי להם	61	1	1			3
ט041010	יהוה בי אדני לא איש דברים	אנכי	גם מתמול גם משלשם גם מאז	61	1	1			3
ט041025	עבדך כי כבד- פה וכבד לשון	אנכי	/ ויאמר יהוה אליו מי שם פה	61	1	1			3
ט041119	חרש או פקח או עור הלא-	אנכי	יהוה / ועתה לך ואנכי אהיה עם-	61	1	1			3
ט041203	עור הלא- אנכי יהוה / ועתה לך	ואנכי	אהיה עם- פיך והוריתיך אשר תדבר	61	1	1		1	4
ט041507	ודברת אליו ושמת את- הדברים בפיו	ואנכי	אהיה עם- פיך ועם- פיהו והוריתי	61	1	1		1	4
ט042310	את- בני ויעבדני ותמאן לשלחו הנה	אנכי	הרג את- בנך בכרך / ויהי בדרך	61	1	1			3
ט071710	בזאת תדע כי אני יהוה הנה	אנכי	מכה במטה אשר- בידי על- המים	61	1	1			3
ט072706	ויעבדני / ואם- מאן אתה לשלח הנה	אנכי	נגף את- כל- גבולך בצפרדעים / ושרץ	61	1	1			3
ט082403	אלהינו כאשר יאמר אלינו / ויאמר פרעה	אנכי	אשלח אתכם וזבחתם ליהוה אלהיכם במדבר	61	1	1			3
ט082504	ללכת העתירו בעדי / ויאמר משה הנה	אנכי	יוצא מעמך והעתרתי אל- יהוה וסר	61	1	1			3
ט170912	לנו אנשים וצא הלחם בעמלק מחר	אנכי	נצב על- ראש הגבעה ומטה האלהים	61	1	1			3
ט190906	יהוה / ויאמר יהוה אל- משה הנה	אנכי	בא אליך בעב הענן בעבור ישמע	61	1	1			3
ט200201	אלהים את כל- הדברים האלה לאמר /	אנכי	יהוה אלהיך אשר הוצאתיך מארץ מצרים	61	1	1			3
ט200507	לא- תשתחוה להם ולא תעבדם כי	אנכי	יהוה אלהיך אל קנא פקד עון	61	1	1			3
ט232002	לא- תבשל גדי בחלב אמו / הנה	אנכי	שלח מלאך לפניך לשמרך בדרך ולהביאך	61	1	1			3
ט321812	ואין קול ענות חלושה קול ענות	אנכי	שמע / ויהי כאשר קרב אל- המחנה	61	1	1			3
ט341003	וסלחת לעוננו ולחטאתנו ונחלתנו / ויאמר הנה	אנכי	כרת ברית נגד כל- עמך אעשה	61	1	1			3
ט341105	עשה עמך / שמר- לך את אשר	אנכי	מצוך היום הנני גרש מפניך את-	61	1	1			3
	--*-*-*-*-*-*-*-*-*-*-*-*-*-*-*-*-*-*	אסון	*-*-*-*-*-*-*-*-*-*-*-*-*-*-*-*-*-*-*-*						
ט212211	אשה הרה ויצאו ילדיה ולא יהיה	אסון	ענוש יענש כאשר ישית עליו בעל	1111	1	1			2
ט212302	עליו בעל האשה ונתן בפללים / ואם-	אסון	יהיה ונתתה נפש תחת נפש / עין	1111	1	1			2
	--*-*-*-*-*-*-*-*-*-*-*-*-*-*-*-*-*-*	אסיף	*-*-*-*-*-*-*-*-*-*-*-*-*-*-*-*-*-*-*-*						
ט231609	בכורי מעשיך אשר תזרע בשדה וחג	האסף	בצאת השנה באספך את- מעשיך מן-	1111	1	1		2	3
ט342209	תעשה לך בכורי קציר חטים וחג	האסיף	תקופת השנה / שלש פעמים בשנה יראה	1111	1	1		2	3
	--*-*-*-*-*-*-*-*-*-*-*-*-*-*-*-*-*-*	אסיר	*-*-*-*-*-*-*-*-*-*-*-*-*-*-*-*-*-*-*-*						
ט062403	את- אלעזר ואת- איתמר / ובני קרח	אסיר	ואלקנה ואביאסף אלה משפחת הקרחי ואלעזר	122	1				2
	--*-*-*-*-*-*-*-*-*-*-*-*-*-*-*-*-*-*	אסף	*-*-*-*-*-*-*-*-*-*-*-*-*-*-*-*-*-*-*-*						
ט031602	לעלם וזה זכרי לדר דר / לך	ואספת	את- זקני ישראל ואמרת אלהם יהוה	3111	1	1		1	4
ט231006	מצרים / ושש שנים תזרע את- ארצך	ואספת	את- תבואתה / והשביעת תשמטנה ונטשתה ואכלו	3111	1	1		1	4
ט042904	האחת אשר צוהו / וילך משה ואהרן	ויאספו	את- כל- זקני בני ישראל / וידבר	3121	1	3		*	4
ט231612	תזרע בשדה וחג האסף בצאת השנה	באספך	את- מעשיך מן- השדה / שלש פעמים	3153			2	4	4
	--*-*-*-*-*-*-*-*-*-*-*-*-*-*-*-*-*-*	אסר	*-*-*-*-*-*-*-*-*-*-*-*-*-*-*-*-*-*-*-*						
ט140601	עשינו כי- שלחנו את- ישראל מעבדנו /	ויאסר	את- רכבו ואת- עמו לקח עמו	3121	1	1		*	4
	--*-*-*-*-*-*-*-*-*-*-*-*-*-*-*-*-*-*	אף	*-*-*-*-*-*-*-*-*-*-*-*-*-*-*-*-*-*-*-*						
ט110822	כן אצא ויצא מעם- פרעה בחרי-	אף	/ ויאמר יהוה אל- משה לא- ישמע	1111	1	1			1
ט041402	אדני שלח- נא ביד- תשלח / ויחר-	אף	יהוה במשה ויאמר הלא אהרן אחיך	1112	1	1			1
ט321911	המחנה וירא את- העגל ומחלת ויחר-	אף	משה וישלך מידו את- הלחת וישבר	1112	1	1			1
ט322205	חטאה גדלה / ויאמר אהרן אל- יחר	אף	אדני אתה ידעת את- העם כי	1112	1	1			1
ט222302	יצעק אלי שמע אשמע צעקתו / וחרה	אפי	והרגתי אתכם בחרב והיו נשיכם אלמנות	1113	1	1	1		2
ט321005	ערף הוא / ועתה הניחה לי ויחר-	אפי	בהם ואכלם ואעשה אותך לגוי גדול	1113	1	1	1		2
ט321111	יהוה אלהיו ויאמר למה יהוה יחרה	אפך	בעמך אשר הוצאת מארץ מצרים בכח	1113	1	1	2		3
ט321216	ולכלתם מעל פני האדמה שוב מחרון	אפך	והנחם על- הרעה לעמך / זכר לאברהם	1113	1	1	2		3
ט340612	יהוה יהוה אל רחום וחנון ארך	אפים	ורב- חסד ואמת / נצר חסד לאלפים	1115	1	2			3
ט150802	קמיך תשלח חרנך יאכלמו כקש / וברוח	אפיך	נערמו- מים נצבו כמו- נד נזלים	1117	1	3	2		3

/ = סוף פסוק   // = סוף פרק   ג = מין   # = מספר   כ = כינוי חבור   קס = קידומות וסיומות   ה = מספר ההברות

אזכור		מלה		צונן	ג	#	כ	קס	ה
-----		---		----	-	-	-	--	-
	--*-*-*-*-*-*-*-*-*-*-*-*-*-*-*-*-*-*	אפד	*-*-*-*-*-*-*-*-*-*-*-*-*-*-*-*-*-*-*-*						
ט290516	מעיל האפד ואת- האפד ואת- החשן	ואפדת	לו בחשב האפד / ושנת המצנפת על-	3111	1	1		1	4
	--*-*-*-*-*-*-*-*-*-*-*-*-*-*-*-*-*-*	אפדה	*-*-*-*-*-*-*-*-*-*-*-*-*-*-*-*-*-*-*-*						
ט280802	לו אל שני קצותיו וחבר / וחשב	אפדתו	אשר עליו כמעשהו ממנו יהיה זהב	1123	2	1	4		4
ט390502	חברת על- שני קצותיו חבר / וחשב	אפדתו	אשר עליו ממנו הוא כמעשהו זהב	1123	2	1	4		4
	--*-*-*-*-*-*-*-*-*-*-*-*-*-*-*-*-*-*	אפה	*-*-*-*-*-*-*-*-*-*-*-*-*-*-*-*-*-*-*-*						
ט123901	אתם וצאן ובקר מקנה כבד מאד /	ויאפו	את- הבצק אשר הוציאו ממצרים עגת	3121	1	3		*	3
ט162314	שבת- קדש ליהוה מחר את אשר-	תאפו	אפו ואת אשר- תבשלו בשלו ואת	3121	1	3			2
ט162315	קדש ליהוה מחר את אשר- תאפו	אפו	ואת אשר- תבשלו בשלו ואת כל-	314	1	3			2
	--*-*-*-*-*-*-*-*-*-*-*-*-*-*-*-*-*-*	אפוא	*-*-*-*-*-*-*-*-*-*-*-*-*-*-*-*-*-*-*-*						
ט331603	הלכים אל- תעלנו מזה / ובמה יודע	אפוא	כי- מצאתי חן בעיניך אני ועמך	22					2
	--*-*-*-*-*-*-*-*-*-*-*-*-*-*-*-*-*-*	אפוד	*-*-*-*-*-*-*-*-*-*-*-*-*-*-*-*-*-*-*-*						
ט250705	ולקטרת הסמים / אבני- שהם ואבני מלאים	לאפד	ולחשן / ועשו לי מקדש ושכנתי בתוכם	1111	1	1		26	3
ט280406	לי / ואלה הבגדים אשר יעשו חשן	ואפוד	ומעיל וכתנת תשבץ מצנפת ואבנט ועשו	1111	1	1		1	3
ט280603	תולעת השני ואת- השש / ועשו את-	האפד	זהב תכלת וארגמן תולעת שני ושש	1111	1	1		2	3
ט281207	ושמת את- שתי האבנים על כתפת	האפד	אבני זכרן לבני ישראל ונשא אהרן	1111	1	1		2	3
ט281507	ועשית חשן משפט מעשה חשב כמעשה	אפד	תעשנו זהב תכלת וארגמן ותולעת שני	1111	1	1			2
ט282513	על- שתי המשבצות ונתתה על- כתפות	האפד	אל- מול פניו / ועשית שתי טבעות	1111	1	1		2	3
ט282616	החשן על- שפתו אשר אל- עבר	האפוד	ביתה / ועשית שתי טבעות זהב ונתת	1111	1	1		2	3
ט282710	זהב ונתת אתם על- שתי כתפות	האפוד	מלמטה ממול פניו לעמת מחברתו ממעל	1111	1	1		2	3
ט282718	ממול פניו לעמת מחברתו ממעל לחשב	האפוד	/ וירכסו את- החשן מטבעתו אל- טבעת	1111	1	1		2	3
ט282807	וירכסו את- החשן מטבעתו אל- טבעת	האפוד	בפתיל תכלת להיות על- חשב האפוד	1111	1	1		2	3
ט282813	האפוד בפתיל תכלת להיות על- חשב	האפוד	ולא- יזח החשן מעל האפוד / ונשא	1111	1	1		2	3
ט282818	חשב האפוד ולא- יזח החשן מעל	האפוד	/ ונשא אהרן את- שמות בני- ישראל	1111	1	1		2	3
ט283104	לפני יהוה תמיד / ועשית את- מעיל	האפוד	כליל תכלת / והיה פי- ראשו בתוכו	1111	1	1		2	3
ט290511	את- אהרן את- הכתנת ואת מעיל	האפד	ואת- האפד ואת- החשן ואפדת לו	1111	1	1		2	3
ט290513	את- הכתנת ואת מעיל האפד ואת-	האפד	ואת- החשן ואפדת לו בחשב האפד	1111	1	1		2	3
ט290519	האפד ואת- החשן ואפדת לו בחשב	האפד	/ ושמת המצנפת על- ראשו ונתת את-	1111	1	1		2	3
ט350905	ולקטרת הסמים / ואבני- שהם ואבני מלאים	לאפוד	ולחשן / וכל- חכם- לב בכם יבאו	1111	1	1		26	3
ט352709	את אבני השהם ואת אבני המלאים	לאפוד	ולחשן / ואת- הבשם ואת- השמן למאור	1111	1	1		26	3
ט390203	צוה יהוה את- משה / ויעש את-	האפד	זהב תכלת וארגמן ותולעת שני ושש	1111	1	1		2	3
ט390705	בני ישראל / וישם אתם על כתפת	האפד	אבני זכרון לבני ישראל כאשר צוה	1111	1	1		2	3
ט390807	ויעש את- החשן מעשה חשב כמעשה	אפד	זהב תכלת וארגמן ותולעת שני ושש	1111	1	1			2
ט391813	על- שתי המשבצת ויתנם על- כתפת	האפד	אל- מול פניו / ויעשו שתי טבעת	1111	1	1		2	3
ט391915	החשן על- שפתו אשר אל- עבר	האפד	ביתה / ויעשו שתי טבעת זהב ויתנם	1111	1	1		2	3
ט392009	טבעת זהב ויתנם על- שתי כתפת	האפד	מלמטה ממול פניו לעמת מחברתו ממעל	1111	1	1		2	3
ט392017	ממול פניו לעמת מחברתו ממעל לחשב	האפד	/ וירכסו את- החשן מטבעתיו אל- טבעת	1111	1	1		2	3
ט392107	וירכסו את- החשן מטבעתיו אל- טבעת	האפד	בפתיל תכלת להית על- חשב האפד	1111	1	1		2	3
ט392113	האפד בפתיל תכלת להית על- חשב	האפד	ולא- יזח החשן מעל האפד כאשר	1111	1	1		2	3
ט392118	חשב האפד ולא- יזח החשן מעל	האפד	כאשר צוה יהוה את- משה / ויעש	1111	1	1		2	3
ט392204	יהוה את- משה / ויעש את- מעיל	האפד	מעשה ארג כליל תכלת / ופי- המעיל	1111	1	1		2	3
	--*-*-*-*-*-*-*-*-*-*-*-*-*-*-*-*-*-*	אפיל	*-*-*-*-*-*-*-*-*-*-*-*-*-*-*-*-*-*-*-*						
ט093206	גבעל / והחטה והכסמת לא נכו כי	אפילת	הנה / ויצא משה מעם פרעה את-	1125	2	3			3
	--*-*-*-*-*-*-*-*-*-*-*-*-*-*-*-*-*-*	אפלה	*-*-*-*-*-*-*-*-*-*-*-*-*-*-*-*-*-*-*-*						
ט102209	את- ידו על- השמים ויהי חשך-	אפלה	בכל- ארץ מצרים שלשת ימים / לא-	1121	2	1			3

אזכור		מלה		צורן ג # כ	קס	ה
	--*-*-*-*-*-*-*-*-*-*-*-*-*-*-*	אץ	*-*-*-*-*-*-*-*-*-*-*-*-*-*-*-*-*			
ט051302	ארץ מצרים לקשש קש לתבן / והנגשים	אצים	לאמר כלו מעשיכם דבר- יום ביומו	3 1 3131		2
	--*-*-*-*-*-*-*-*-*-*-*-*-*-*-*	אצבע	*-*-*-*-*-*-*-*-*-*-*-*-*-*-*-*-*			
ט081505	באדם ובבהמה / ויאמרו החרטמם אל- פרעה	אצבע	אלהים הוא ויחזק לב- פרעה ולא-	1 2 1122		2
ט311815	שני לחת העדת לחת אבן כתבים	באצבע	אלהים // וירא העם כי- בשש משה	1 2 1122	4	3
ט291208	מדם הפר ונתתה על- קרנת המזבח	באצבעך	ואת- כל- הדם תשפך אל- יסוד	2 1 2 1123	4	5
	--*-*-*-*-*-*-*-*-*-*-*-*-*-*-*	אציל	*-*-*-*-*-*-*-*-*-*-*-*-*-*-*-*-*			
ט241102	לבנת הספיר וכעצם השמים לטהר / ואל-	אצילי	בני ישראל לא שלח ידו ויחזו	3 1 1116		3
	--*-*-*-*-*-*-*-*-*-*-*-*-*-*-*	ארבה	*-*-*-*-*-*-*-*-*-*-*-*-*-*-*-*-*			
ט100411	לשלח את- עמי הנני מביא מחר	ארבה	בגבלך / וכסה את- עין הארץ ולא	1 1 1111		2
ט101210	משה נטה ידך על- ארץ מצרים	בארבה	ויעל על- ארץ מצרים ויאכל את-	1 1 1111	24	3
ט101324	הבקר היה ורוח הקדים נשא את-	הארבה	/ ויעל הארבה על כל- ארץ מצרים	1 1 1111	2	3
ט101402	ורוח הקדים נשא את- הארבה / ויעל	הארבה	על כל- ארץ מצרים וינח בכל	1 1 1111	2	3
ט101417	כבד מאד לפניו לא- היה כן	ארבה	כמהו ואחריו לא יהיה- כן / ויכס	1 1 1111		2
ט101909	רוח- ים חזק מאד וישא את-	הארבה	ויתקעהו ימה סוף לא נשאר ארבה	1 1 1111	2	3
ט101915	הארבה ויתקעהו ימה סוף לא נשאר	ארבה	אחד בכל גבול מצרים / ויחזק יהוה	1 1 1111		2
	--*-*-*-*-*-*-*-*-*-*-*-*-*-*-*	ארבע	*-*-*-*-*-*-*-*-*-*-*-*-*-*-*-*-*			
ט124009	ישראל אשר ישבו במצרים שלשים שנה	וארבע	מאות שנה / ויהי מקץ שלשים שנה	2 71	1	3
ט124105	מאות שנה / ויהי מקץ שלשים שנה	וארבע	מאות שנה ויהי בעצם היום הזה	2 71	1	3
ט213715	מכרו חמשה בקר ישלם תחת השור	וארבע-	צאן תחת השה // אם- במחתרת ימצא	2 71	1	3
ט251203	עליו זר זהב סביב / ויצקת לו	ארבע	טבעת זהב ונתתה על ארבע פעמתיו	2 71		2
ט251208	לו ארבע טבעת זהב ונתתה על	ארבע	פעמתיו ושתי טבעת על- צלעו האחת	2 71		2
ט252603	זר- זהב למסגרתו סביב / ועשית לו	ארבע	טבעת זהב ונתת את- הטבעת על	2 71		2
ט252610	טבעת זהב ונתת את- הטבעת על	ארבע	הפאת אשר לארבע רגליו / לעמת המסגרת	2 71		2
ט252613	את- הטבעת על ארבע הפאת אשר	לארבע	רגליו / לעמת המסגרת תהיין הטבעת לבתים	2 71	6	3
ט260208	היריעה האחת שמנה ועשרים באמה ורחב	ארבע	באמה היריעה האחת מדה אחת לכל	2 71		2
ט260807	ארך היריעה האחת שלשים באמה ורחב	ארבע	באמה היריעה האחת מדה אחת לעשתי עשרה	2 71		2
ט270204	ושלש אמות קמתו / ועשית קרנתיו על	ארבע	פנתיו ממנו תהיין קרנתיו וצפית אתו	2 71		2
ט270410	מעשה רשת נחשת ועשית על- הרשת	ארבע	טבעת נחשת על ארבע קצותיו / ונתת	2 71		2
ט270414	על- הרשת ארבע טבעת נחשת על	ארבע	קצותיו / ונתתה אתה תחת כרכב המזבח	2 71		2
ט360908	היריעה האחת שמנה ועשרים באמה ורחב	ארבע	באמה היריעה האחת מדה אחת לכל-	2 71		2
ט361506	אתם / ארך היריעה האחת שלשים באמה	וארבע	אמות רחב היריעה האחת מדה אחת	2 71	1	3
ט370303	לו זר זהב סביב / ויצק לו	ארבע	טבעת זהב על ארבע פעמתיו ושתי	2 71		2
ט370307	ויצק לו ארבע טבעת זהב על	ארבע	פעמתיו ושתי טבעת על- צלעו האחת	2 71		2
ט371303	זר- זהב למסגרתו סביב / ויצק לו	ארבע	טבעת זהב ויתן את- הטבעת על	2 71		2
ט371310	טבעת זהב ויתן את- הטבעת על	ארבע	הפאת אשר לארבע רגליו / לעמת המסגרת	2 71		2
ט371313	את- הטבעת על ארבע הפאת אשר	לארבע	רגליו / לעמת המסגרת היו הטבעת בתים	2 71	6	3
ט380204	ושלש אמות קמתו / ויעש קרנתיו על	ארבע	פנתיו ממנו היו קרנתיו ויצף אתו	2 71		2
ט380502	תחת כרכבו מלמטה עד- חציו / ויצק	ארבע	טבעת בארבע הקצות למכבר הנחשת בתים	2 71		2
ט380504	מלמטה עד- חציו / ויצק ארבע טבעת	בארבע	הקצות למכבר הנחשת בתים לבדים / ויעש	2 71	4	3
ט382906	אתם / ונחשת התנופה שבעים ככר ואלפים	וארבע-	מאות שקל / ויעש בה את- אדני	2 71	1	3
	--*-*-*-*-*-*-*-*-*-*-*-*-*-*-*	ארבעה	*-*-*-*-*-*-*-*-*-*-*-*-*-*-*-*-*			
ט253402	לששת הקנים היצאים מן- המנרה / ובמנרה	ארבעה	גבעים משקדים כפתריה ופרחיה / וכפתר תחת	1 71		3
ט263204	יעשה אתה כרבים / ונתתה אתה על-	ארבעה	עמודי שטים מצפים זהב וויהם זהב	1 71		3
ט263212	שטים מצפים זהב וויהם זהב על-	ארבעה	אדני- כסף / ונתתה את- הפרכת תחת	1 71		3
ט271615	שני ושש משזר מעשה רקם עמדיהם	ארבעה	ואדניהם ארבעה / כל- עמודי החצר סביב	1 71		3
ט271617	משזר מעשה רקם עמדיהם ארבעה ואדניהם	ארבעה	/ כל- עמודי החצר סביב מחשקים כסף	1 71		3
ט281705	וזרת רחבו / ומלאת בו מלאת אבן	ארבעה	טורים אבן טור אדם פטדה וברקת	1 71		3
ט363603	חשב עשה אתה כרבים / ויעש לה	ארבעה	עמודי שטים ויצפם זהב וויהם זהב	1 71		3

אזכור		מלה		צופן	ג	#	כ	קס	ה
ט363612	ויצפם זהב ויהם זהב ויצק להם	ארבעה	אדני- כסף / ויעש מסך לפתח האהל	71	1				3
ט372002	לששת הקנים היצאים מן- המנרה / ובמנרה	ארבעה	גבעים משקדים כפתריה ופרחיה / וכפתר תחת	71	1				3
ט381902	חמש אמות לעמת קלעי החצר / ועמדיהם	ארבעה	ואדניהם ארבעה נחשת וויהם כסף וצפוי	71	1				3
ט381904	לעמת קלעי החצר / ועמדיהם ארבעה ואדניהם	ארבעה	נחשת וויהם כסף וצפוי ראשיהם וחשקיהם	71	1				3
ט391003	ארכו וזרת רחבו כפול / וימלאו- בו	ארבעה	טורי אבן טור אדם פטדה וברקת	71	1				3
	--*-*-*-*-*-*-*-*-*-*-*-*-*-*-*-*-*-*	ארבעהעשר	*-*-*-*-*-*-*-*-*-*-*-*-*-*-*-*-*-*-*-*						
ט120605	העזים תקחו / והיה לכם למשמרת עד	ארבעה עשר	יום לחדש הזה ושחטו אתו כל	71	1				5
ט121802	היום הזה לדרתיכם חקת עולם / בראשן	בארבעה עשר	יום לחדש בערב תאכלו מצת עד	71	1			4	6
	--*-*-*-*-*-*-*-*-*-*-*-*-*-*-*-*-*-*	ארבעים	*-*-*-*-*-*-*-*-*-*-*-*-*-*-*-*-*-*-*-*						
ט163506	למשמרת / ובני ישראל אכלו את- המן	ארבעים	שנה עד- באם אל- ארץ נושבת	71					3
ט241811	ויעל אל- ההר ויהי משה בהר	ארבעים	יום וארבעים לילה // וידבר יהוה אל-	71					3
ט241813	ההר ויהי משה בהר ארבעים יום	וארבעים	לילה // וידבר יהוה אל- משה לאמר	71				1	4
ט261901	למשכן עשרים קרש לפאת נגבה תימנה /	וארבעים	אדני- כסף תעשה תחת עשרים הקרש	71				1	4
ט262101	המשכן השנית לפאת צפון עשרים קרש /	וארבעים	אדניהם כסף שני אדנים תחת הקרש	71				1	4
ט342805	ואת- ישראל / ויהי- שם עם- יהוה	ארבעים	יום וארבעים לילה לחם לא אכל	71					3
ט342807	ויהי- שם עם- יהוה ארבעים יום	וארבעים	לילה לחם לא אכל ומים לא	71				1	4
ט362401	למשכן עשרים קרשים לפאת נגב תימנה /	וארבעים	אדני- כסף עשה תחת עשרים הקרשים	71				1	4
ט362601	השנית לפאת צפון עשה עשרים קרשים /	וארבעים	אדניהם כסף שני אדנים תחת הקרש	71				1	4
	--*-*-*-*-*-*-*-*-*-*-*-*-*-*-*-*-*-*	ארג	*-*-*-*-*-*-*-*-*-*-*-*-*-*-*-*-*-*-*-*						
ט283210	בתוכו שפה יהיה לפיו סביב מעשה	ארג	כפי תחרא יהיה- לו לא יקרע	3131	1	1			2
ט353516	ורקם בתכלת ובארגמן בתולעת השני ובשש	וארג	עשי כל- מלאכה וחשבי מחשבת // ועשה	3131	1	1		1	3
ט392206	משה / ויעש את- מעיל האפד מעשה	ארג	כליל תכלת / ופי- המעיל בתוכו כפי	3131	1	1			2
ט392706	משה / ויעשו את- הכתנת שש מעשה	ארג	לאהרן ולבניו / ואת המצנפת שש ואת-	3131	1	1			2
	--*-*-*-*-*-*-*-*-*-*-*-*-*-*-*-*-*-*	ארגמן	*-*-*-*-*-*-*-*-*-*-*-*-*-*-*-*-*-*-*-*						
ט250402	תקחו מאתם זהב וכסף ונחשת / ותכלת	וארגמן	ותולעת שני ושש ועזים / וערת אילם	1111	1	1		1	4
ט260109	תעשה עשר יריעת שש משזר ותכלת	וארגמן	ותלעת שני כרבים מעשה חשב תעשה	1111	1	1		1	4
ט263104	אשר הראית בהר / ועשית פרכת תכלת	וארגמן	ותולעת שני ושש משזר מעשה חשב	1111	1	1		1	4
ט263606	צפון / ועשית מסך לפתח האהל תכלת	וארגמן	ותולעת שני ושש משזר מעשה רקם	1111	1	1		1	4
ט271607	ולשער החצר מסך עשרים אמה תכלת	וארגמן	ותולעת שני ושש משזר מעשה רקם	1111	1	1		1	4
ט280508	יקחו את- הזהב ואת- התכלת ואת-	הארגמן	ואת- תולעת השני ואת- השש / ועשו	1111	1	1		2	4
ט280606	השש / ועשו את- האפד זהב תכלת	וארגמן	תולעת שני ושש משזר מעשה חשב	1111	1	1		1	4
ט280810	עליו כמעשהו ממנו יהיה זהב תכלת	וארגמן	ותולעת שני ושש משזר / ולקחת את-	1111	1	1		1	4
ט281511	חשב כמעשה אפד תעשנו זהב תכלת	וארגמן	ותולעת שני ושש משזר תעשה אתו	1111	1	1		1	4
ט283306	יקרע / ועשית על- שוליו רמני תכלת	וארגמן	ותולעת שני על- שוליו סביב ופעמני	1111	1	1		1	4
ט350602	תרומת יהוה זהב וכסף ונחשת / ותכלת	וארגמן	ותולעת שני ושש ועזים / וערת אילם	1111	1	1		1	4
ט352307	וכל- איש אשר- נמצא אתו תכלת	וארגמן	ותולעת שני ושש ועזים וערת אילם	1111	1	1		1	4
ט352512	טוו ויביאו מטוה את- התכלת ואת-	הארגמן	את- תולעת השני ואת- השש / וכל-	1111	1	1		2	4
ט353512	כל- מלאכת חרש וחשב ורקם בתכלת	ובארגמן	בתולעת השני ובשש וארג עשי כל-	1111	1	1		241	5
ט360814	המשכן עשר יריעת שש משזר ותכלת	וארגמן	ותולעת שני כרבים מעשה חשב עשה	1111	1	1		1	4
ט363505	הבריחם זהב / ויעש את- הפרכת תכלת	וארגמן	ותולעת שני ושש משזר מעשה חשב	1111	1	1		1	4
ט363706	כסף / ויעש מסך לפתח האהל תכלת	וארגמן	ותולעת שני ושש משזר מעשה רקם	1111	1	1		1	4
ט381807	ומסך שער החצר מעשה רקם תכלת	וארגמן	ותולעת שני ושש משזר ועשרים אמה	1111	1	1		1	4
ט382311	למטה- דן חרש וחשב ורקם בתכלת	ובארגמן	ובתולעת השני ובשש / כל- הזהב העשוי	1111	1	1		241	5
ט390103	כל- יתדת החצר סביב // ומן- התכלת	והארגמן	ותולעת השני עשו בגדי- שרד לשרת	1111	1	1		21	5
ט390206	משה / ויעש את- האפד זהב תכלת	וארגמן	ותולעת שני ושש משזר / וירקעו את-	1111	1	1		1	4
ט390311	וקצץ פתילם לעשות בתוך התכלת ובתוך	הארגמן	ובתוך תולעת השני ובתוך השש מעשה	1111	1	1		2	4
ט390510	עליו ממנו הוא כמעשהו זהב תכלת	וארגמן	ותולעת שני ושש משזר כאשר צוה	1111	1	1		1	4
ט390810	מעשה חשב כמעשה אפד זהב תכלת	וארגמן	ותולעת שני ושש משזר / רבוע היה	1111	1	1		1	4
ט392407	ויעשו על- שולי המעיל רמוני תכלת	וארגמן	ותולעת שני משזר / ויעשו פעמני זהב	1111	1	1		1	4
ט392906	משזר / ואת- האבנט שש משזר ותכלת	וארגמן	ותולעת שני מעשה רקם כאשר צוה	1111	1	1		1	4

אזכור		מלה		צונן	ג	#	כ	קס	ה
	-	ארון	*-*						
ט251407	והבאת את- הבדים בטבעת על צלעת	הארן	לשאת את- הארן בהם / בטבעת הארן	1111	1	1		2	3
ט251410	בטבעת על צלעת הארן לשאת את-	הארן	בהם / בטבעת הארן יהיו הבדים לא	1111	1	1		2	3
ט251502	הארן לשאת את- הארן בהם / בטבעת	הארן	יהיו הבדים לא יסרו ממנו / ונתת	1111	1	1		2	3
ט251603	הבדים לא יסרו ממנו / ונתת אל-	הארן	את העדת אשר אתן אליך / ועשית	1111	1	1		2	3
ט252105	פני הכרבים / ונתת את- הכפרת על-	הארן	מלמעלה ואל- הארן תתן את- העדת	1111	1	1		2	3
ט252108	את- הכפרת על- הארן מלמעלה ואל-	הארן	תתן את- העדת אשר אתן אליך	1111	1	1		2	3
ט310705	אשר צויתך / את אהל מועד ואת-	הארן	לעדת ואת- הכפרת אשר עליו ואת	1111	1	1		2	3
ט351202	בריחו את- עמדיו ואת- אדניו / את-	הארן	ואת- בדיו את- הכפרת ואת פרכת	1111	1	1		2	3
ט370104	ואדניהם נחשת // ויעש בצלאל את-	הארן	עצי שטים אמתים וחצי ארכו ואמה	1111	1	1		2	3
ט370507	ויבא את- הבדים בטבעת על צלעת	הארן	לשאת את- הארן / ויעש כפרת זהב	1111	1	1		2	3
ט370510	בטבעת על צלעת הארן לשאת את-	הארן	/ ויעש כפרת זהב טהור אמתים וחצי	1111	1	1		2	3
ט400308	שם את ארון העדות וסכת על-	הארן	את- הפרכת / והבאת את- השלחן וערכת	1111	1	1		2	3
ט402006	משה / ויקח ויתן את- העדת אל-	הארן	וישם את- הבדים על- הארן ויתן	1111	1	1		2	3
ט402011	אל- הארן וישם את- הבדים על-	הארן	ויתן את- הכפרת על- הארן מלמעלה	1111	1	1		2	3
ט402016	על- הארן ויתן את- הכפרת על-	הארן	מלמעלה / ויבא את- הארן אל- המשכן	1111	1	1		2	3
ט402103	הכפרת על- הארן מלמעלה / ויבא את-	הארן	אל- המשכן וישם את פרכת המסך	1111	1	1		2	3
ט251002	תבנית כל- כליו וכן תעשו / ועשו	ארון	עצי שטים אמתים וחצי ארכו ואמה	1112	1	1			2
ט252213	הכפרת מבין שני הכרבים אשר על-	ארון	העדת את כל- אשר אצוה אותך	1112	1	1			2
ט263311	הקרסים והבאת שמה מבית לפרכת את	ארון	העדות והבדילה הפרכת לכם בין הקדש	1112	1	1			2
ט263405	קדש הקדשים / ונתת את- הכפרת על	ארון	העדת בקדש הקדשים / ושמת את- השלחן	1112	1	1			2
ט300607	ונתתה אתו לפני הפרכת אשר על-	ארן	העדת לפני הכפרת אשר על- העדת	1112	1	1			2
ט302607	ומשחת בו את- אהל מועד ואת	ארון	העדת / ואת- השלחן ואת- כל- כליו	1112	1	1			2
ט393502	ערת התחשים ואת פרכת המסך / את-	ארון	העדת ואת- בדיו ואת הכפרת / את-	1112	1	1			2
ט400304	משכן אהל מועד / ושמת שם את	ארון	העדות וסכת על- הארן את- הפרכת	1112	1	1			2
ט400507	ונתתה את- מזבח הזהב לקטרת לפני	ארון	העדת ושמת את- מסך הפתח למשכן	1112	1	1			2
ט402112	וישם את פרכת המסך ויסך על	ארון	העדות כאשר צוה יהוה את- משה	1112	1	1			2
	-	ארך	*-*						
ט270108	את- המזבח עצי שטים חמש אמות	ארך	וחמש אמות רחב רבוע יהיה המזבח	1111	1	1			2
ט270914	קלעים לחצר שש משזר מאה באמה	ארך	לפאה האחת / ועמדיו עשרים ואדניהם עשרים	1111	1	1			2
ט271104	העמדים וחשקיהם כסף / וכן לפאת צפון	בארך	קלעים מאה ארך ועמדו עשרים ואדניהם	1111	1	1		24	3
ט271107	וכן לפאת צפון בארך קלעים מאה	ארך	ועמדו עשרים ואדניהם עשרים נחשת ווי	1111	1	1			2
ט381814	ותולעת שני ושש משזר ועשרים אמה	ארך	וקומה ברחב חמש אמות לעמת קלעי	1111	1	1			2
ט260201	שני כרבים מעשה חשב תעשה אתם /	ארך	היריעה האחת שמנה ועשרים באמה ורחב	1112	1	1			2
ט260801	על- המשכן עשתי-עשרה יריעת תעשה אתם /	ארך	היריעה האחת שלשים באמה ורחב ארבע	1112	1	1			2
ט261306	המשכן / והאמה מזה והאמה מזה בעדף	בארך	יריעת האהל יהיה סרוח על- צדי	1112	1	1		4	3
ט261603	למשכן עצי שטים עמדים / עשר אמות	ארך	הקרש ואמה וחצי האמה רחב הקרש	1112	1	1			2
ט271801	מחשקים כסף וויהם כסף ואדניהם נחשת /	ארך	החצר מאה באמה ורחב חמשים בחמשים	1112	1	1			2
ט340611	ויקרא יהוה יהוה אל רחום וחנון	ארך	אפים ורב- חסד ואמת / נצר חסד	1112	1	1			2
ט360901	שני כרבים מעשה חשב עשה אתם /	ארך	היריעה האחת שמנה ועשרים באמה ורחב	1112	1	1			2
ט361501	על- המשכן עשתי-עשרה יריעת עשה אתם /	ארך	היריעה האחת שלשים באמה וארבע אמות	1112	1	1			2
ט362103	למשכן עצי שטים עמדים / עשר אמת	ארך	הקרש ואמה וחצי האמה רחב הקרש	1112	1	1			2
ט251007	ועשו ארון עצי שטים אמתים וחצי	ארכו	ואמה וחצי רחבו ואמה וחצי קמתו	1113	1	1	4		2
ט252306	ישראל / ועשית שלחן עצי שטים אמתים	ארכו	ואמה רחבו ואמה וחצי קמתו / וצפית	1113	1	1	4		2
ט281605	תעשה אתו / רבוע יהיה כפול זרת	ארכו	וזרת רחבו / ומלאת בו מלאת אבן	1113	1	1	4		2
ט300202	קטרת עצי שטים תעשה אתו / אמה	ארכו	ואמה רחבו רבוע יהיה ואמתים קמתו	1113	1	1	4		2
ט370109	את- הארן עצי שטים אמתים וחצי	ארכו	ואמה וחצי רחבו ואמה וחצי קמתו	1113	1	1	4		2
ט371007	ויעש את- השלחן עצי שטים אמתים	ארכו	ואמה רחבו ואמה וחצי קמתו / ויצף	1113	1	1	4		2
ט372508	את- מזבח הקטרת עצי שטים אמה	ארכו	ואמה רחבו רבוע ואמתים קמתו ממנו	1113	1	1	4		2
ט380109	מזבח העלה עצי שטים חמש אמות	ארכו	וחמש אמות רחבו רבוע ושלש אמות	1113	1	1	4		2
ט390908	היה כפול עשו את- החשן זרת	ארכו	וזרת רחבו כפול / וימלאו- בו ארבעה	1113	1	1	4		2
ט251707	ועשית כפרת זהב טהור אמתים וחצי	ארכה	ואמה וחצי רחבה / ועשית שנים כרבים	1114	1	1	5		2
ט370607	ויעש כפרת זהב טהור אמתים וחצי	ארכה	ואמה וחצי רחבה / ויעש שני כרבים	1114	1	1	5		2

אזכור		מלה		צונן	ג	#	כ	קס	ה
	--*-*-*-*-*-*-*-*-*-*-*-*-*-*-*-*-*-*	ארץ	*-*-*-*-*-*-*-*-*-*-*-*-*-*-*-*-*-*-*-*						
ט010710	וישרצו וירבו ויעצמו במאד מאד ותמלא	הארץ	אתם / ויקם מלך- חדש על מצרים	1121	2	1		2	3
ט011019	על- שנאינו ונלחם- בנו ועלה מן-	הארץ	/ וישימו עליו שרי מסים למען ענתו	1121	2	1		2	3
ט022211	שמו גרשם כי אמר גר הייתי	בארץ	נכריה / ויהי בימים הרבים ההם וימת	1121	2	1		4	3
ט030807	וארד להצילו מיד מצרים ולהעלתו מן-	הארץ	ההוא אל- ארץ טובה ורחבה אל-	1121	2	1		2	3
ט030810	מצרים ולהעלתו מן- הארץ ההוא אל-	ארץ	טובה ורחבה אל- ארץ זבת חלב	1121	2	1			2
ט030814	ההוא אל- ארץ טובה ורחבה אל-	ארץ	זבת חלב ודבש אל- מקום הכנעני	1121	2	1			2
ט031715	והחתי והאמרי והפרזי והחוי והיבוסי אל-	ארץ	זבת חלב ודבש / ושמעו לקלך ובאת	1121	2	1			2
ט040303	זה בידך ויאמר מטה / ויאמר השליכהו	ארצה	וישלכהו ארצה ויהי לנחש וינס משה	1121	2	1		9	2
ט040305	ויאמר מטה / ויאמר השליכהו ארצה וישלכהו	ארצה	ויהי לנחש וינס משה מפניו / ויאמר	1121	2	1		9	2
ט042011	ואת- בניו וירכבם על- החמר וישב	ארצה	מצרים ויקח משה את- מטה האלהים	1121	2	1		9	2
ט050507	ויאמר פרעה הן- רבים עתה עם	הארץ	והשבתם אתם מסבלתם / ויצו פרעה ביום	1121	2	1		2	3
ט051204	נגרע מעבדתכם דבר / ויפץ העם בכל-	ארץ	מצרים לקשש קש לתבן / והנגשים אצים	1121	2	1			2
ט060804	מתחת סבלות מצרים / והבאתי אתכם אל-	הארץ	אשר נשאתי את- ידי לתת אתה	1121	2	1		2	3
ט081006	השדות / ויצברו אתם חמרם חמרם ותבאש	הארץ	/ וירא פרעה כי היתה הרוחה והכבד	1121	2	1		2	3
ט081214	נטה את- מטך והך את- עפר	הארץ	והיה לכנם בכל- ארץ מצרים / ויעשו-	1121	2	1		2	3
ט081311	את- ידו במטהו ויך את- עפר	הארץ	ותהי הכנם באדם ובבהמה כל- עפר	1121	2	1		2	3
ט081318	ותהי הכנם באדם ובבהמה כל- עפר	הארץ	היה כנים בכל- ארץ מצרים / ויעשו-	1121	2	1		2	3
ט081821	למען תדע כי אני יהוה בקרב	הארץ	/ ושמתי פדת בין עמי ובין עמך	1121	2	1		2	3
ט082015	ובית עבדיו ובכל- ארץ מצרים תשחת	הארץ	מפני הערב / ויקרא פרעה אל- משה	1121	2	1		2	3
ט082110	משה ולאהרן ויאמר לכו זבחו לאלהיכם	בארץ	/ ויאמר משה לא נכון לעשות כן	1121	2	1		24	3
ט090510	לאמר מחר יעשה יהוה הדבר הזה	בארץ	/ ויעש יהוה את- הדבר הזה ממחרת	1121	2	1		24	3
ט091419	בעבור תדע כי אין כמני בכל-	הארץ	/ כי עתה שלחתי את- ידי ואך	1121	2	1		2	3
ט091513	אתך ואת- עמך בדבר ותכחד מן-	הארץ	/ ואולם בעבור זאת העמדתיך בעבור הראתך	1121	2	1		2	3
ט091613	את- כחי ולמען ספר שמי בכל-	הארץ	/ עודך מסתולל בעמי לבלתי שלחם / הנני	1121	2	1		2	3
ט092313	ויהוה נתן קלת וברד ותהלך- אש	ארצה	וימטר יהוה ברד על- ארץ מצרים	1121	2	1		9	2
ט092922	יהיה- עוד למען תדע כי ליהוה	הארץ	/ ואתה ועבדיך ידעתי כי טרם תיראון	1121	2	1		2	3
ט093317	ויחדלו הקלות והברד ומטר לא- נתך	ארצה	/ וירא פרעה כי חדל המטר והברד	1121	2	1		9	2
ט100504	מחר ארבה בגבלך / וכסה את- עין	הארץ	ולא יוכל לראת את- הארץ ואכל	1121	2	1		2	2
ט100509	עין הארץ ולא יוכל לראת את-	הארץ	ואכל את- יתר הפלטה הנשארת לכם	1121	2	1		2	3
ט101219	ארץ מצרים ויאכל את- כל- עשב	הארץ	את כל אשר השאיר הברד / ויט	1121	2	1		2	3
ט101312	ארץ מצרים ויהוה נהג רוח- קדים	בארץ	כל- היום ההוא וכל- הלילה הבקר	1121	2	1		24	3
ט101505	יהיה- כן / ויכס את- עין כל-	הארץ	ותחשך הארץ ויאכל את- כל- עשב	1121	2	1		2	3
ט101507	ויכס את- עין כל- הארץ ותחשך	הארץ	ויאכל את- כל- עשב הארץ ואת	1121	2	1		2	3
ט101512	ותחשך הארץ ויאכל את- כל- עשב	הארץ	ואת כל- פרי העץ אשר הותיר	1121	2	1		2	3
ט121918	הנפש ההוא מעדת ישראל בגר ובאזרח	הארץ	/ כל- מחמצת לא תאכלו בכל מושבתיכם	1121	2	1		2	3
ט122505	עד- עולם / והיה כי- תבאו אל-	הארץ	אשר יתן יהוה לכם כאשר דבר	1121	2	1		2	3
ט123308	מצרים על- העם למהר לשלחם מן-	הארץ	כי אמרו כלנו מתים / וישא העם	1121	2	1		2	3
ט124817	זכר ואז יקרב לעשתו והיה כאזרח	הארץ	וכל- ערל לא- יאכל בו / תורה	1121	2	1		2	3
ט130517	והיבוסי אשר נשבע לאבתיך לתת לך	ארץ	זבת חלב ודבש ועבדת את- העבדה	1121	2	1			2
ט140307	ואמר פרעה לבני ישראל נבכים הם	בארץ	סגר עליהם המדבר / וחזקתי את- לב-	1121	2	1		24	3
ט151204	תהלת עשה- פלא / נטית ימינך תבלעמו	ארץ	/ נחית בחסדך עם- זו גאלת נהלת	1121	2	1			2
ט161413	המדבר דק מחספס דק ככפר על-	הארץ	/ ויראו בני- ישראל ויאמרו איש אל-	1121	2	1		2	3
ט163511	המן ארבעים שנה עד- באם אל-	ארץ	נושבת את- המן אכלו עד- באם	1121	2	1			2
ט180312	האחד גרשם כי אמר גר הייתי	בארץ	נכריה / ושם האחד אליעזר כי- אלהי	1121	2	1		4	3
ט190517	סגלה מכל- העמים כי- לי כל-	הארץ	/ ואתם תהיו- לי ממלכת כהנים וגוי	1121	2	1		2	3
ט200411	וכל- תמונה אשר בשמים ממעל ואשר	בארץ	מתחת ואשר במים מתחת לארץ / לא-	1121	2	1		24	3
ט200416	ואשר בארץ מתחת ואשר במים מתחת	לארץ	/ לא- תשתחוה להם ולא תעבדם כי	1121	2	1		26	3
ט201109	ימים עשה יהוה את- השמים ואת-	הארץ	את- הים ואת- כל- אשר- בם	1121	2	1		2	3
ט232908	אגרשנו מפניך בשנה אחת פן- תהיה	הארץ	שממה ורבה עליך חית השדה / מעט	1121	2	1		2	3
ט233010	מפניך עד אשר תפרה ונחלת את-	הארץ	/ ושתי את- גבלך מים- סוף ועד-	1121	2	1		2	3
ט233117	הנהר כי אתן בידכם את ישבי	הארץ	וגרשתמו מפניך / לא- תכרת להם ולאלהיהם	1121	2	1		2	3
ט311716	ימים עשה יהוה את- השמים ואת-	הארץ	וביום השביעי שבת וינפש / ויתן אל-	1121	2	1		2	3
ט321318	ארבה את- זרעכם ככוכבי השמים וכל-	הארץ	הזאת אשר אמרתי אתן לזרעכם ונחלו	1121	2	1		2	3

/ = סוף פסוק   // = סוף פרק   ג = מין   # = מספר   כ = ניבוי הבור   קס = קידומות וסיומות   ה = מספר ההברות

אזכור		מלה		צונן	ג	#	כ	קס	ה
ט330115	והעם אשר העלית מארץ מצרים אל-	הארץ	אשר נשבעתי לאברהם ליצחק וליעקב לאמר	1121	2	1		2	3
ט330302	האמרי והחתי והפרזי החוי והיבוסי / אל-	ארץ	זבת חלב ודבש כי לא אעלה	1121	2	1			2
ט340804	שלשים ועל- רבעים / וימהר משה ויקד	ארצה	וישתחו / ויאמר אם- נא מצאתי חן	1121	2	1		9	2
ט341015	אעשה נפלאת אשר לא- נבראו בכל-	הארץ	ובכל- הגוים וראה כל- העם אשר-	1121	2	1		2	3
ט341207	השמר לך פן- תכרת ברית ליושב	הארץ	אשר אתה בא עליה פן- יהיה	1121	2	1		2	3
ט341505	קנא הוא / פן- תכרת ברית ליושב	הארץ	וזנו אחרי אלהיהם וזבחו לאלהיהם וקרא	1121	2	1		2	3
ט021515	משה ויברח משה מפני פרעה וישב	בארץ-	מדין וישב על- הבאר / ולכהן מדין	1122	2	1		4	3
ט031707	ואמר אעלה אתכם מעני מצרים אל-	ארץ	הכנעני והחתי והאמרי והפרזי והחוי והיבוסי	1122	2	1			2
ט060409	את- בריתי אתם לתת להם את-	ארץ	כנען את ארץ מגריהם אשר- גרו	1122	2	1			2
ט060412	לתת להם את- ארץ כנען את	ארץ	מגריהם אשר- גרו בה / וגם אני	1122	2	1			2
ט061319	מלך מצרים להוציא את- בני- ישראל	מארץ	מצרים / אלה ראשי בית- אבתם בני	1122	2	1		7	3
ט062612	יהוה להם הוציאו את- בני ישראל	מארץ	מצרים על- צבאתם / הם המדברים אל-	1122	2	1		7	3
ט062807	ויהי ביום דבר יהוה אל- משה	בארץ	מצרים / וידבר יהוה אל- משה לאמר	1122	2	1		4	3
ט070311	פרעה והרביתי את- אתתי ואת- מופתי	בארץ	מצרים / ולא- ישמע אלכם פרעה ונתתי	1122	2	1		4	3
ט070416	את- צבאתי את- עמי בני- ישראל	מארץ	מצרים בשפטים גדלים / וידעו מצרים כי-	1122	2	1		7	3
ט071930	מימיהם ויהיו- דם והיה דם בכל-	ארץ	מצרים ובעצים ובאבנים / ויעשו- כן משה	1122	2	1			2
ט072117	מים מן- היאר ויהי הדם בכל-	ארץ	מצרים / ויעשו- כן חרטמי מצרים בלטיהם	1122	2	1			2
ט080122	ועל- האגמים והעל את- הצפרדעים על-	ארץ	מצרים / ויט אהרן את- ידו על	1122	2	1			2
ט080212	מימי מצרים ותעל הצפרדע ותכס את-	ארץ	מצרים / ויעשו- כן החרטמים בלטיהם ויעלו	1122	2	1			2
ט080309	החרטמים בלטיהם ויעלו את- הצפרדעים על-	ארץ	מצרים / ויקרא פרעה למשה ולאהרן ויאמר	1122	2	1			2
ט081218	את- עפר הארץ והיה לכנם בכל-	ארץ	מצרים / ויעשו- כן ויט אהרן את-	1122	2	1			2
ט081322	כל- עפר הארץ היה כנם בכל-	ארץ	מצרים / ויעשו- כן החרטמים בלטיהם להוציא	1122	2	1			2
ט081805	הם עליה / והפליתי ביום ההוא את-	ארץ	גשן אשר עמי עמד עליה לבלתי	1122	2	1			2
ט082012	כבד ביתה פרעה ובית עבדיו ובכל-	ארץ	מצרים תשחת הארץ מפני הערב / ויקרא	1122	2	1			2
ט090905	לעיני פרעה / והיה לאבק על כל-	ארץ	מצרים והיה על- האדם ועל- הבהמה	1122	2	1			2
ט090916	ועל- הבהמה לשחין פרח אבעבעת בכל-	ארץ	מצרים / ויקחו את פיח הכבשן ויעמדו	1122	2	1			2
ט092213	ידך על- השמים ויהי ברד בכל-	ארץ	מצרים על- האדם ועל- הבהמה ועל	1122	2	1			2
ט092223	ועל- הבהמה ועל כל- עשב השדה	בארץ	מצרים / ויט משה את- מטהו על-	1122	2	1		4	3
ט092318	אש ארצה וימטר יהוה ברד על-	ארץ	מצרים / ויהי ברד ואש מתלקחת בתוך	1122	2	1			2
ט092414	מאד אשר לא- היה כמהו בכל-	ארץ	מצרים מאז היתה לגוי / ויך הברד	1122	2	1			2
ט092504	מאז היתה לגוי / ויך הברד בכל-	ארץ	מצרים את כל- אשר בשדה מאדם	1122	2	1			2
ט092602	ואת- כל- עץ השדה שבר / רק	בארץ	גשן אשר- שם בני ישראל לא	1122	2	1		4	3
ט101208	יהוה אל- משה נטה ידך על-	ארץ	מצרים בארבה ויעל על- ארץ מצרים	1122	2	1			2
ט101213	על- ארץ מצרים בארבה ויעל על-	ארץ	מצרים ויאכל את- כל- עשב הארץ	1122	2	1			2
ט101306	הברד / ויט משה את- מטהו על-	ארץ	מצרים ויהוה נהג רוח- קדים בארץ	1122	2	1			2
ט101405	את- הארבה / ויעל הארבה על כל-	ארץ	מצרים וינח בכל גבול מצרים כבד	1122	2	1			2
ט101528	כל- ירק בעץ ובעשב השדה בכל-	ארץ	מצרים / וימהר פרעה לקרא למשה ולאהרן	1122	2	1			2
ט102112	ידך על- השמים ויהי חשך על-	ארץ	מצרים וימש חשך / ויט משה את-	1122	2	1			2
ט102211	על- השמים ויהי חשך- אפלה בכל-	ארץ	מצרים שלשת ימים / לא- ראו איש	1122	2	1			2
ט110313	מצרים גם האיש משה גדול מאד	בארץ	מצרים בעיני עבדי- פרעה ובעיני העם	1122	2	1		4	3
ט110504	יוצא בתוך מצרים / ומת כל- בכור	בארץ	מצרים מבכור פרעה הישב על- כסאו	1122	2	1		4	3
ט110605	בכור בהמה / והיתה צעקה גדלה בכל-	ארץ	מצרים אשר כמהו לא נהיתה וכמהו	1122	2	1			2
ט110912	ישמע אליכם פרעה למען רבות מופתי	בארץ	מצרים / ומשה ואהרן עשו את- כל-	1122	2	1		4	3
ט120107	ויאמר יהוה אל- משה ואל- אהרן	בארץ	מצרים לאמר / החדש הזה לכם ראש	1122	2	1		4	3
ט121202	אתו בחפזון פסח הוא ליהוה / ועברתי	בארץ-	מצרים בלילה הזה והכיתי כל- בכור	1122	2	1		4	3
ט121209	מצרים בלילה הזה והכיתי כל- בכור	בארץ	מצרים מאדם ועד- בהמה ובכל- אלהי	1122	2	1		4	3
ט121321	ולא- יהיה בכם נגף למשחית בהכתי	בארץ	מצרים / והיה היום הזה לכם לזכרון	1122	2	1		4	3
ט121711	בעצם היום הזה הוצאתי את- צבאותיכם	מארץ	מצרים ושמרתם את- היום הזה לדרתיכם	1122	2	1		7	3
ט122908	בחצי הלילה ויהוה הכה כל- בכור	בארץ	מצרים מבכר פרעה הישב על- כסאו	1122	2	1		4	3
ט124116	היום הזה יצאו כל- צבאות יהוה	מארץ	מצרים / ליל שמרים הוא ליהוה להוציאם	1122	2	1		7	3
ט124206	מצרים / ליל שמרים הוא ליהוה להוציאם	מארץ	מצרים הוא- הלילה הזה ליהוה שמרים	1122	2	1		7	3
ט125110	הזה הוציא יהוה את- בני ישראל	מארץ	מצרים על- צבאתם // וידבר יהוה אל-	1122	2	1		7	3
ט130506	האביב / והיה כי- יביאך יהוה אל-	ארץ	הכנעני והחתי והאמרי והחוי והיבוסי אשר	1122	2	1			2
ט131106	ימימה / והיה כי- יבאך יהוה אל-	ארץ	הכנעני כאשר נשבע לך ולאבתיך ונתנה	1122	2	1			2

/ = סוף פסוק   // = סוף פרק   ג = מין   # = מספר   כ = כינוי הגוף   קס = קידומות וסיומות   ה = מספר ההברות

אזכור		מלה		צופן	ג	#	כ	קס	ה
ט131510	פרעה לשלחנו ויהרג יהוה כל- בכור	בארץ	מצרים מבכר אדם ועד- בכור בהמה	1122	2	1		4	3
ט131710	את- העם ולא- נחם אלהים דרך	ארץ	פלשתים כי קרוב הוא כי אמר	1122	2	1			2
ט131813	ים- סוף וחמשים עלו בני ישראל	מארץ	מצרים / ויקח משה את- עצמות יוסף	1122	2	1		7	3
ט160121	סיני בחמשה עשר יום לחדש השני לצאתם	מארץ	מצרים / וילונו כל- עדת בני- ישראל	1122	2	1		7	3
ט160310	ישראל מי- יתן מותנו ביד- יהוה	בארץ	מצרים בשבתנו על- סיר הבשר באכלנו	1122	2	1		4	3
ט160614	ערב וידעתם כי יהוה הוציא אתכם	מארץ	מצרים / ובקר וראיתם את- כבוד יהוה	1122	2	1		7	3
ט163223	אשר האכלתי אתכם במדבר בהוציאי אתכם	מארץ	מצרים / ויאמר משה אל- אהרן קח	1122	2	1		7	3
ט163520	המן אכלו עד- באם אל- קצה	ארץ	כנען / והעמר עשרית האפה הוא // ויסעו	1122	2	1			2
ט190106	ארצו // בחדש השלישי לצאת בני- ישראל	מארץ	מצרים ביום הזה באו מדבר סיני	1122	2	1		7	3
ט200206	לאמר / אנכי יהוה אלהיך אשר הוצאתיך	מארץ	מצרים מבית עבדים / לא- יהיה לך	1122	2	1		7	3
ט222009	תונה ולא תלחצנו כי- גרים הייתם	בארץ	מצרים / כל- אלמנה ויתום לא תענון	1122	2	1		4	3
ט230912	את- נפש הגר כי- גרים הייתם	בארץ	מצרים / ושש שנים תזרע את- ארצך	1122	2	1		4	3
ט294609	אני יהוה אלהיהם אשר הוצאתי אתם	מארץ	מצרים לשכני בתכם אני יהוה אלהיהם	1122	2	1		7	3
ט320128	כי- זה משה האיש אשר העלנו	מארץ	מצרים לא ידענו מה- היה לו	1122	2	1		7	3
ט320415	ויאמרו אלה אלהיך ישראל אשר העלוך	מארץ	מצרים / וירא אהרן ויבן מזבח לפניו	1122	2	1		7	3
ט320712	רד כי שחת עמך אשר העלית	מארץ	מצרים / סרו מהר מן- הדרך אשר	1122	2	1		7	3
ט320821	ויאמרו אלה אלהיך ישראל אשר העלוך	מארץ	מצרים / ויאמר יהוה אל- משה ראיתי	1122	2	1		7	3
ט321115	יהוה יחרה אפך בעמך אשר הוצאת	מארץ	מצרים בכח גדול וביד חזקה / למה	1122	2	1		7	3
ט322315	כי- זה משה האיש אשר העלנו	מארץ	מצרים לא ידענו מה- היה לו	1122	2	1		7	3
ט330112	עלה מזה אתה והעם אשר העלית	מארץ	מצרים אל- הארץ אשר נשבעתי לאברהם	1122	2	1		7	3
ט060117	ביד חזקה ישלחם וביד חזקה יגרשם	מארצו	/ וידבר אלהים אל- משה ויאמר אליו	1123	2	1	4	7	3
ט061111	מלך מצרים וישלח את- בני- ישראל	מארצו	/ וידבר משה לפני יהוה לאמר הן	1123	2	1	4	7	3
ט070216	אל- פרעה ושלח את- בני- ישראל	מארצו	/ ואני אקשה את- לב פרעה והרביתי	1123	2	1	4	7	3
ט111020	פרעה ולא- שלח את- בני- ישראל	מארצו	// ויאמר יהוה אל- משה ואל- אהרן	1123	2	1	4	7	3
ט182708	משה את- חתנו וילך לו אל-	ארצו	// בחדש השלישי לצאת בני- ישראל מארץ	1123	2	1	4		2
ט231005	בארץ מצרים / ושש שנים תזרע את-	ארצך	ואספת את- תבואתה / והשביעת תשמטנה ונטשתה	1123	2	1	2		3
ט232605	מחלה מקרבך / לא תהיה משכלה ועקרה	בארצך	את- מספר ימיך אמלא / את- אימתי	1123	2	1	2	4	4
ט233303	תכרת להם ולאלהיהם ברית / לא ישבו	בארצך	פן- יחטיאו אתך לי כי תעבד	1123	2	1	2	4	4
ט342412	את- גבלך ולא- יחמד איש את-	ארצך	בעלתך לראות את- פני יהוה אלהיך	1123	2	1	2		3
	--*-*-*-*-*-*-*-*-*-*-*-*-*-*-*	ארר	*-*-*-*-*-*-*-*-*-*-*-*-*-*-*-*-*						
ט222707	אלהים לא תקלל ונשיא בעמך לא	תאר	/ מלאתך ודמעך לא תאחר בכור בניך	3121	1	1			2
	--*-*-*-*-*-*-*-*-*-*-*-*-*-*-*	ארש	*-*-*-*-*-*-*-*-*-*-*-*-*-*-*-*-*						
ט221507	וכי- יפתה איש בתולה אשר לא	ארשה	ושכב עמה מהר ימהרנה לו לאשה	3412	2	1			3
	--*-*-*-*-*-*-*-*-*-*-*-*-*-*-*	אש	*-*-*-*-*-*-*-*-*-*-*-*-*-*-*-*-*						
ט030206	חרבה / וירא מלאך יהוה אליו בלבת-	אש	מתוך הסנה וירא והנה הסנה בער	1121	2	1			1
ט030213	מתוך הסנה וירא והנה הסנה בער	באש	והסנה איננו אכל / ויאמר משה אסרה-	1121	2	1		24	2
ט092312	השמים ויהוה נתן קלת וברד ותהלך-	אש	ארצה וימטר יהוה ברד על- ארץ	1121	2	1			1
ט092403	ברד על- ארץ מצרים / ויהי ברד	ואש	מתלקחת בתוך הברד כבד מאד אשר	1121	2	1		1	2
ט120807	ואכלו את- הבשר בלילה הזה צלי-	אש	ומצות על- מררים יאכלהו / אל- תאכלו	1121	2	1			1
ט120911	ובשל מבשל במים כי אם- צלי-	אש	ראשו על- כרעיו ועל- קרבו / ולא-	1121	2	1			1
ט121010	עד- בקר והנתר ממנו עד- בקר	באש	תשרפו / וככה תאכלו אתו מתניכם חגרים	1121	2	1		24	2
ט132111	בעמוד ענן לנחתם הדרך ולילה בעמוד	אש	להאיר להם ללכת יומם ולילה / לא-	1121	2	1			1
ט132207	לא- ימיש עמוד הענן יומם ועמוד	האש	לילה לפני העם // וידבר יהוה אל-	1121	2	1		2	2
ט142411	וישקף יהוה אל- מחנה מצרים בעמוד	אש	וענן ויהם את מחנה מצרים / ויסר	1121	2	1			1
ט191810	כלו מפני אשר ירד עליו יהוה	באש	ויעל עשנו כעשן הכבשן ויחרד כל-	1121	2	1		24	2
ט220503	שדהו ומיטב כרמו ישלם / כי- תצא	אש	ומצאה קצים ונאכל גדיש או הקמה	1121	2	1			1
ט241704	השביעי מתוך הענן / ומראה כבוד יהוה	כאש	אכלת בראש ההר לעיני בני ישראל	1121	2	1		5	2
ט291409	הפר ואת- ערו ואת- פרשו תשרף	באש	מחוץ למחנה חטאת הוא / ואת- האיל	1121	2	1		24	2
ט293412	הלחם עד- הבקר ושרפת את- הנותר	באש	לא יאכל כי- קדש הוא / ועשית	1121	2	1		24	2
ט322007	ויקח את- העגל אשר עשו וישרף	באש	ויטחן עד אשר- דק ויזר על-	1121	2	1		24	2
ט322409	למי זהב התפרקו ויתנו- לי ואשלכהו	באש	ויצא העגל הזה / וירא משה את-	1121	2	1		24	2

/ = סוף פסוק   // = סוף פרק   ג = מין   # = מספר   כ = כינוי ובור   קס = קידומות וסיומות   ה = מספר ההברות

אזכור		מלה		צופן	ג	#	כ	קס	ה
ט350303	העשה בו מלאכה יומת / לא- תבערו	אש	בכל מושבתיכם ביום השבת / ויאמר משה	1121	2	1			1
ט403807	כי ענן יהוה על- המשכן יומם	ואש	תהיה לילה בו לעיני כל- בית	1121	2	1		1	2
	--*-*-*-*-*-*-*-*-*-*-*-*-*-*-*-*-*	אשה	*-*						
ט020202	לוי ויקח את בת- לוי / ותהר	האשה	ותלד בן ותרא אתו כי- טוב	1121	2	1		2	3
ט020709	אל בת- פרעה האלך וקראתי לך	אשה	מינקת מן העברים ותינק לך את-	1121	2	1			2
ט020916	לי ואני אתן את- שכרך ותקח	האשה	הילד ותניקהו / ויגדל הילד ותבאהו לבת-	1121	2	1		2	3
ט032202	כי תלכון לא תלכו ריקם / ושאלה	אשה	משכנתה ומגרת ביתה כלי- כסף וכלי	1121	2	1			2
ט062007	ויקח עמרם את- יוכבד דדתו לו	לאשה	ותלד לו את- אהרן ואת- משה	1121	2	1		6	3
ט062310	אלישבע בת- עמינדב אחות נחשון לו	לאשה	ותלד לו את- נדב ואת- אביהוא	1121	2	1		6	3
ט062417	אהרן לקח- לו מבנות פוטיאל לו	לאשה	ותלד לו את- פינחס אלה ראשי	1121	2	1		6	3
ט110209	באזני העם וישאלו איש מאת רעהו	ואשה	מאת רעותה כלי- כסף וכלי זהב	1121	2	1		1	3
ט191511	נכנים לשלשת ימים אל- תגשו אל-	אשה	/ ויהי ביום השלישי בהית הבקר ויהי	1121	2	1			2
ט210308	בגפו יבא בגפו יצא אם- בעל	אשה	הוא ויצאה אשתו עמו / אם- אדניו	1121	2	1			2
ט210405	אשתו עמו / אם- אדניו יתן- לו	אשה	וילדה- לו בנים או בנות האשה	1121	2	1			2
ט210411	אשה וילדה- לו בנים או בנות	האשה	וילדיה תהיה לאדניה והוא יצא בגפו	1121	2	1		2	3
ט212205	כספו הוא / וכי- ינצו אנשים ונגפו	אשה	הרה ויצאו ילדיה ולא יהיה אסון	1121	2	1			2
ט212218	ענוש יענש כאשר ישית עליו בעל	האשה	ונתן בפללים / ואם- אסון יהיה ונתתה	1121	2	1		2	3
ט212808	יגח שור את- איש או את-	אשה	ומת סקול יסקל השור ולא יאכל	1121	2	1			2
ט212914	בבעליו ולא ישמרנו והמית איש או	אשה	השור יסקל וגם- בעליו יומת / אם-	1121	2	1			2
ט221513	ארשה ושכב עמה מהר ימהרנה לו	לאשה	/ אם- מאן ימאן אביה לתתה לו	1121	2	1		6	3
ט260305	לכל היריעת / חמש היריעת תהיין חברת	אשה	אל- אחתה וחמש יריעת חברת אשה	1121	2	1			2
ט260311	אשה אל- אחתה וחמש יריעת חברת	אשה	אל- אחתה / ועשית ללאת תכלת על	1121	2	1			2
ט260516	היריעה אשר במחברת השנית מקבילת הללאת	אשה	אל- אחתה / ועשית חמשים קרסי זהב	1121	2	1			2
ט260608	חמשים קרסי זהב וחברת את- היריעת	אשה	אל- אחתה בקרסים והיה המשכן אחד	1121	2	1			2
ט261706	האחד / שתי ידות לקרש האחד משלבת	אשה	אל- אחתה כן תעשה לכל קרשי	1121	2	1			2
ט352502	שטים לכל- מלאכת העבדה הביאו / וכל-	אשה	חכמת לב בידיה טוו ויביאו מטוה	1121	2	1			2
ט352903	ולשמן המשחה ולקטרת הסמים / כל- איש	ואשה	אשר נדב לבם אתם להביא לכל-	1121	2	1		1	3
ט360608	משה ויעבירו קול במחנה לאמר איש	ואשה	אל- יעשו- עוד מלאכה לתרומת הקדש	1121	2	1		1	3
ט180207	ויקח יתרו חתן משה את- צפרה	אשת	משה אחר שלוחיה / ואת שני בניה	1122	2	1			2
ט201707	לא תחמד בית רעך לא תחמד	אשת	רעך ועבדו ואמתו ושורו וחמרו וכל	1122	2	1			2
ט042004	המבקשים את- נפשך / ויקח משה את-	אשתו	ואת- בניו וירכבם על- החמר וישב	1123	2	1	4		2
ט180506	פרעה / ויבא יתרו חתן משה ובניו	ואשתו	אל- משה אל המדבר אשר- הוא	1123	2	1	4	1	3
ט180609	משה אני חתנך יתרו בא אליך	ואשתך	ושני בניה עמה / ויצא משה לקראת	1123	2	1	2	1	4
ט210311	יצא אם- בעל אשה הוא ויצאה	אשתו	עמו / אם- אדניו יתן- לו אשה	1123	2	1	4		2
ט210509	יאמר העבד אהבתי את- אדני את-	אשתי	ואת- בני לא אצא חפשי / והגישו	1123	2	1	1		2
ט011907	ותאמרן המילדת אל- פרעה כי לא	כנשים	המצרית העברית כי- חיות הנה בטרם	1125	2	3		25	3
ט152011	אהרן את- התף בידה ותצאן כל-	הנשים	אחריה בתפים ובמחלת / ותען להם מרים	1125	2	3		2	3
ט352204	עבדתו ולבגדי הקדש / ויבאו האנשים על-	הנשים	כל נדיב לב הביאו חח ונזם	1125	2	3		2	3
ט352602	את- תולעת השני ואת- השש / וכל-	הנשים	אשר נשא לבן אתנה בחכמה טוו	1125	2	3		2	3
ט222307	וחרה אפי והרגתי אתכם בחרב והיו	נשיכם	אלמנות ובניכם יתמים / אם- כסף תלוה	1127	2	3	7		3
ט320209	אהרן פרקו נזמי הזהב אשר באזני	נשיכם	בניכם ובנתיכם והביאו אלי / ויתפרקו כל-	1127	2	3	7		3
	-	אשה	*-*						
ט291811	המזבחה עלה הוא ליהוה ריח ניחוח	אשה	ליהוה הוא / ולקחת את האיל השני	1111	1	1			2
ט292512	על- העלה לריח ניחוח לפני יהוה	אשה	הוא ליהוה / ולקחת את- החזה מאיל	1111	1	1			2
ט294114	הבקר וכנסכה תעשה- לה לריח ניחח	אשה	ליהוה / עלת תמיד לדרתיכם פתח אהל-	1111	1	1			2
ט302015	או בגשתם אל- המזבח לשרת להקטיר	אשה	ליהוה / ורחצו ידיהם ורגליהם ולא ימתו	1111	1	1			2
	-	אשמרת	*-*						
ט142403	רכבו ופרשיו אל- תוך הים / ויהי	באשמרת	הבקר וישקף יהוה אל- מחנה מצרים	1122	2	1		4	4

אזכור		מלה		צונן ג # כ	קס	ה
	-	אשר	*-*			
ט010404	ישׂשכר זבולן ובנימן / דן ונפתלי גד	ואשר	/ ויהי כל- נפש יצאי ירך- יעקב	1 122	1	3
	-	אשר	*-*			
ט010806	אתם / ויקם מלך- חדש על מצרים	אשר	לא- ידע את- יוסף / ויאמר אל	53		2
ט011201	מסכנות לפרעה את פתם ואת- רעמסס /	וכאשר	יענו אתו כן ירבה וכן יפרץ	53	51	4
ט011414	ובכל- עבדה בשדה את כל- עבדתם	אשר-	עבדו בהם בפרך / ויאמר מלך מצרים	53		2
ט011506	בפרך / ויאמר מלך מצרים למילדת העברית	אשר	שם האחת שפרה ושם השנית פועה	53		2
ט011707	ותראן המילדת את- האלהים ולא עשו	כאשר	דבר אליהן מלך מצרים ותחיין את-	53	5	3
ט021411	שר ושפט עלינו הלהרגני אתה אמר	כאשר	הרגת את- המצרי ויירא משה ויאמר	53	5	3
ט030511	של- נעליך מעל רגליך כי המקום	אשר	אתה עומד עליו אדמת- קדש הוא	53		2
ט030708	יהוה ראה ראיתי את- עני עמי	אשר	במצרים ואת- צעקתם שמעתי מפני נגשיו	53		2
ט030912	באה אלי וגם- ראיתי את- הלחץ	אשר	מצרים לחצים אתם / ועתה לכה ואשלחך	53		2
ט031406	אלהם / ויאמר אלהים אל- משה אהיה	אשר	אהיה ויאמר כה תאמר לבני ישראל	53		2
ט032009	ידי והכיתי את- מצרים בכל נפלאתי	אשר	אעשה בקרבו ואחרי- כן ישלח אתכם	53		2
ט040919	ממימי היאר ושפכת היבשה והיו המים	אשר	תקח מן- היאר והיו לדם ביבשת	53		2
ט041208	לך ואנכי אהיה עם- פיך והוריתיך	אשר	תדבר / ויאמר בי אדני שלח- נא	53		2
ט041516	פיך ועם- פיהו והוריתי אתכם את	אשר	תעשון / ודבר- הוא לך אל- העם	53		2
ט041706	לאלהים / ואת- המטה הזה תקח בידך	אשר	תעשה- בו את- האתת / וילך משה	53		2
ט041814	לו אלכה נא ואשובה אל- אחי	אשר-	במצרים ואראה העודם חיים ויאמר יתרו	53		2
ט042111	בלכתך לשוב מצרימה ראה כל- המפתים	אשר-	שמתי בידך ועשיתם לפני פרעה ואני	53		2
ט042808	משה לאהרן את כל- דברי יהוה	אשר	שלחו ואת כל- האתת אשר צוהו	53		2
ט042813	יהוה אשר שלחו ואת כל- האתת	אשר	צוהו / וילך משה ואהרן ויאספו את-	53		2
ט043006	ישראל / וידבר אהרן את כל- הדברים	אשר-	דבר יהוה אל- משה ויעש האתת	53		2
ט050205	לי במדבר / ויאמר פרעה מי יהוה	אשר	אשמע בקלו לשלח את- ישראל לא	53		2
ט050804	וקששו להם תבן / ואת- מתכנת הלבנים	אשר	הם עשים תמול שלשם תשימו עליהם	53		2
ט051106	תבן / אתם לכו קחו לכם תבן	מאשר	תמצאו כי אין נגרע מעבדתכם דבר	53	7	3
ט051309	לאמר כלו מעשיכם דבר- יום ביומו	כאשר	בהיות התבן / ויכו שטרי בני ישראל	53	5	3
ט051405	בהיות התבן / ויכו שטרי בני ישראל	אשר-	שמו עלהם נגשי פרעה לאמר מדוע	53		2
ט052107	ויאמרו אלהם ירא יהוה עליכם וישפט	אשר	הבאשתם את- ריחנו בעיני פרעה ובעיני	53		2
ט060107	ויאמר יהוה אל- משה עתה תראה	אשר	אעשה לפרעה כי ביד חזקה ישלחם	53		2
ט060414	את- ארץ כנען את ארץ מגריהם	אשר-	גרו בה / וגם אני שמעתי את-	53		2
ט060508	אני שמעתי את- נאקת בני ישראל	אשר	מצרים מעבדים אתם ואזכר את- בריתי	53		2
ט060805	סבלות מצרים / והבאתי אתכם אל- הארץ	אשר	נשאתי את- ידי לתת אתה לאברהם	53		2
ט062604	אבות הלוים למשפחתם / הוא אהרן ומשה	אשר	אמר יהוה להם הוציאו את- בני	53		2
ט062915	אל- פרעה מלך מצרים את כל-	אשר	אני דבר אליך / ויאמר משה לפני	53		2
ט070205	יהיה נביאך / אתה תדבר את כל-	אשר	אצוך ואהרן אחיך ידבר אל- פרעה	53		2
ט070604	בני- ישראל מתוכם / ויעש משה ואהרן	כאשר	צוה יהוה אתם כן עשו / ומשה	53	4	3
ט071008	משה ואהרן אל- פרעה ויעשו כן	כאשר	צוה יהוה וישלך אהרן את- מטהו	53	4	3
ט071307	ויחזק לב פרעה ולא שמע אלהם	כאשר	דבר יהוה / ויאמר יהוה אל- משה	53	4	3
ט071514	ונצבת לקראתו על- שפת היאר והמטה	אשר-	נהפך לנחש תקח בידך / ואמרת אליו	53		2
ט071713	אני יהוה הנה אנכי מכה במטה	אשר-	בידי על- המים אשר ביאר ונהפכו	53		2
ט071717	מכה במטה אשר- בידי על- המים	אשר	ביאר ונהפכו לדם / והדגה אשר- ביאר	53		2
ט071802	המים אשר ביאר ונהפכו לדם / והדגה	אשר-	ביאר תמות ובאש היאר ונלאו מצרים	53		2
ט072005	ובעצים ובאבנים / ויעשו- כן משה ואהרן	כאשר	צוה יהוה וירם במטה ויך את-	53	4	3
ט072013	יהוה וירם במטה ויך את- המים	אשר-	ביאר לעיני פרעה ולעיני עבדיו ויהפכו	53		2
ט072022	פרעה ולעיני עבדיו ויהפכו כל- המים	אשר-	ביאר לדם / והדגה אשר- ביאר מתה	53		2
ט072102	כל- המים אשר- ביאר לדם / והדגה	אשר-	ביאר מתה ויבאש היאר ולא- יכלו	53		2
ט072212	ויחזק לב- פרעה ולא- שמע אלהם	כאשר	דבר יהוה / ויפן פרעה ויבא אל-	53	4	3
ט080813	משה אל- יהוה על- דבר הצפרדעים	אשר-	שם לפרעה / ויעש יהוה כדבר משה	53		2
ט081112	והכבד את- לבו ולא שמע אלהם	כאשר	דבר יהוה / ויאמר יהוה אל- משה	53	5	3
ט081514	ויחזק לב- פרעה ולא- שמע אלהם	כאשר	דבר יהוה / ויאמר יהוה אל- משה	53	5	3
ט081722	בתי מצרים את- הערב וגם האדמה	אשר-	הם עליה / והפליתי ביום ההוא את-	53		2
ט081807	והפליתי ביום ההוא את- ארץ גשן	אשר	עמי עמד עליה לבלתי היות- שם	53		2

/ = סוף פסוק   // = סוף פרק   ג = מין   # = מספר   כ = כינוי חבור   קס = קידומות וסיומות   ו = מספר ההברות

אזכור		מלה		צורן	ג	#	כ	קס	ה
ט082309	ימים נלך במדבר וזבחנו ליהוה אלהינו	כאשר	יאמר אלינו / ויאמר פרעה אנכי אשלח	53				5	3
ט090306	בם / הנה יד- יהוה הויה במקנך	אשר	בשדה בסוסים בחמרים בגמלים בבקר ובצאן	53					2
ט091209	את- לב פרעה ולא שמע אלהם	כאשר	דבר יהוה אל- משה / ויאמר יהוה	53				5	3
ט091808	ממטיר כעת מחר ברד כבד מאד	אשר	לא- היה כמהו במצרים למן- היום	53					2
ט091908	שלח העז את- מקנך ואת כל-	אשר	לך בשדה כל- האדם והבהמה אשר-	53					2
ט091914	אשר לך בשדה כל- האדם והבהמה	אשר-	ימצא בשדה ולא יאסף הביתה וירד	53					2
ט092101	את- עבדיו ואת- מקנהו אל- הבתים /	ואשר	לא- שם לבו אל- דבר יהוה	53				1	3
ט092409	ואש מתלקחת בתוך הברד כבד מאד	אשר	לא- היה כמהו בכל- ארץ מצרים	53					2
ט092508	הברד בכל- ארץ מצרים את כל-	אשר	בשדה מאדם ועד- בהמה ואת כל-	53					2
ט092604	עץ השדה שבר / רק בארץ גשן	אשר-	שם בני ישראל לא היה ברד	53					2
ט093509	פרעה ולא שלח את- בני ישראל	כאשר	דבר יהוה ביד- משה // ויאמר יהוה	53				5	3
ט100208	תספר באזני בנך ובן- בנך את	אשר	התעללתי במצרים ואת- אתתי אשר- שמתי	53					2
ט100213	את אשר התעללתי במצרים ואת- אתתי	אשר-	שמתי בם וידעתם כי- אני יהוה	53					2
ט100609	ובתי כל- עבדיך ובתי כל- מצרים	אשר	לא- ראו אבתיך ואבות אבתיך מיום	53					2
ט101007	ויאמר אלהם יהי כן יהוה עמכם	כאשר	אשלח אתכם ואת טפכם ראו כי	53				5	3
ט101222	את- כל- עשב הארץ את כל	אשר	השאיר הברד / ויט משה את- מטהו	53					2
ט101517	עשב הארץ ואת כל- פרי העץ	אשר	הותיר הברד ולא- נותר כל- ירק	53					2
ט110514	הישב על- כסאו עד בכור השפחה	אשר	אחר הרחים וכל בכור בהמה / והיתה	53					2
ט110607	והיתה צעקה גדלה בכל- ארץ מצרים	אשר	כמהו לא נהיתה וכמהו לא תסף	53					2
ט110713	לשנו למאיש ועד- בהמה למען תדעון	אשר	יפלה יהוה בין מצרים ובין ישראל	53					2
ט110813	לי לאמר צא אתה וכל העם	אשר-	ברגליך ואחרי- כן אצא ויצא מעם-	53					2
ט120712	שתי המזוזת ועל- המשקוף על הבתים	אשר-	יאכלו אתו בהם / ואכלו את- הבשר	53					2
ט121307	והיה הדם לכם לאת על הבתים	אשר	אתם שם וראיתי את- הדם ופסחתי	53					2
ט121617	כל- מלאכה לא- יעשה בהם אך	אשר	יאכל לכל- נפש הוא לבדו יעשה	53					2
ט122206	הפסח / ולקחתם אגדת אזוב וטבלתם בדם	אשר-	בסף והגעתם אל- המשקוף ואל- שתי	53					2
ט122216	המשקוף ואל- שתי המזוזת מן- הדם	אשר	בסף ואתם לא תצאו איש מפתח-	53					2
ט122506	עולם / והיה כי- תבאו אל- הארץ	אשר	יתן יהוה לכם כאשר דבר ושמרתם	53					2
ט122510	אל- הארץ אשר יתן יהוה לכם	כאשר	דבר ושמרתם את- העבדה הזאת / והיה	53				5	3
ט122706	לכם / ואמרתם זבח- פסח הוא ליהוה	אשר	פסח על- בתי בני- ישראל במצרים	53					2
ט122805	העם וישתחוו / וילכו ויעשו בני ישראל	כאשר	צוה יהוה את- משה ואהרן כן	53				5	3
ט122918	הישב על- כסאו עד בכור השבי	אשר	בבית הבור וכל בכור בהמה / ויקם	53					2
ט123016	צעקה גדלה במצרים כי- אין בית	אשר	אין- שם מת / ויקרא למשה ולאהרן	53					2
ט123206	כדברכם / גם- צאנכם גם- בקרכם קחו	כאשר	דברתם ולכו וברכתם גם- אתי / ותחזק	53				5	3
ט123904	מקנה כבד מאד / ויאפו את- הבצק	אשר	הוציאו ממצרים עגת מצות כי לא	53					2
ט124004	לא- עשו להם / ומושב בני ישראל	אשר	ישבו במצרים שלשים שנה וארבע מאות	53					2
ט125005	הגר בתוככם / ויעשו כל- בני ישראל	כאשר	צוה יהוה את- משה ואת- אהרן	53				5	3
ט130309	אל- העם זכור את- היום הזה	אשר	יצאתם ממצרים מבית עבדים כי בחזק	53					2
ט130512	ארץ הכנעני והחתי והאמרי והחוי והיבוסי	אשר	נשבע לאבתיך לתת לך ארץ זבת	53					2
ט131108	כי- יבאך יהוה אל- ארץ הכנעני	כאשר	נשבע לך ולאבתיך ונתנה לך / והעברת	53				5	3
ט131210	רחם ליהוה וכל- פטר שגר בהמה	אשר	יהיה לך הזכרים ליהוה / וכל- פטר	53					2
ט141204	לנו להוציאנו ממצרים / הלא- זה הדבר	אשר	דברנו אליך במצרים לאמר חדל ממנו	53					2
ט141312	תיראו התיצבו וראו את- ישועת יהוה	אשר-	יעשה לכם היום כי אשר ראיתם	53					2
ט141317	יהוה אשר- יעשה לכם היום כי	אשר	ראיתם את מצרים היום לא תספו	53					2
ט143106	הים / וירא ישראל את- היד הגדלה	אשר	עשה יהוה במצרים וייראו העם את	53					2
ט152618	למצותיו ושמרת כל- חקיו כל- המחלה	אשר-	שמתי במצרים לא- אשים עליך כי	53					2
ט160111	עדת בני- ישראל אל- מדבר- סין	אשר	בין- אילם ובין סיני בחמשה עשר יום	53					2
ט160506	לא / והיה ביום הששי והכינו את	אשר-	יביאו והיה משנה על אשר- ילקטו	53					2
ט160511	את אשר- יביאו והיה משנה על	אשר-	ילקטו יום יום / ויאמר משה ואהרן	53					2
ט160816	בבקר לשבע בשמע יהוה את- תלנתיכם	אשר-	אתם מלינם עליו ונחנו מה לא-	53					2
ט161520	הוא ויאמר משה אלהם הוא הלחם	אשר	נתן יהוה לכם לאכלה / זה הדבר	53					2
ט161603	נתן יהוה לכם לאכלה / זה הדבר	אשר	צוה יהוה לקטו ממנו איש לפי	53					2
ט161616	אכלו עמר לגלגלת מספר נפשתיכם איש	לאשר	באהלו תקחו / ויעשו- כן בני ישראל	53				6	3
ט162304	העדה ויגידו למשה / ויאמר אלהם הוא	אשר	דבר יהוה שבתון שבת- קדש ליהוה	53					2
ט162313	שבתון שבת- קדש ליהוה מחר את	אשר-	תאפו אפו ואת אשר- תבשלו בשלו	53					2

/ = סוף פסוק // = סוף פרק ג = מין # = מספר כ = כינוי ובור קס = קידומות וסיומות ו = מספר ההברות

אזכור		מלה		צורן	ג	#	כ	קס	ה
ט162317	מחר את אשר- תאפו אפו ואת	אשר-	תבשלו בשלו ואת כל- העדף הניחו	53					2
ט162405	עד- הבקר / ויניחו אתו עד- הבקר	כאשר	צוה משה ולא הבאיש ורמה לא-	53				5	3
ט163205	כצפיחת בדבש / ויאמר משה זה הדבר	אשר	צוה יהוה מלא העמר ממנו למשמרת	53					2
ט163217	למשמרת לדרתיכם למען יראו את- הלחם	אשר	האכלתי אתכם במדבר בהוציאי אתכם מארץ	53					2
ט163401	והנח אתו לפני יהוה למשמרת לדרתיכם /	כאשר	צוה יהוה אל משה ויניחהו אהרן	53				5	3
ט170513	העם וקח אתך מזקני ישראל ומטך	אשר	הכית בו את- היאר קח בידך	53					2
ט171003	הגבעה ומטה האלהים בידי / ויעש יהושע	כאשר	אמר- לו משה להלחם בעמלק ומשה	53				5	3
ט171102	אהרן וחור עלו ראש הגבעה / והיה	כאשר	ירים משה ידו וגבר ישראל וכאשר	53				5	3
ט171108	כאשר ירים משה ידו וגבר ישראל	וכאשר	יניח ידו וגבר עמלק / וידי משה	53				51	4
ט180109	כהן מדין חתן משה את כל-	אשר	עשה אלהים למשה ולישראל עמו כי-	53					2
ט180304	משה אחר שלוחיה / ואת שני בניה	אשר	שם האחד גרשם כי אמר גר	53					2
ט180511	ובניו ואשתו אל- משה אל המדבר	אשר-	הוא חנה שם הר האלהים / ויאמר	53					2
ט180806	האהלה / ויספר משה לחתנו את כל-	אשר	עשה יהוה לפרעה ולמצרים על אודת	53					2
ט180817	על אודת ישראל את כל- התלאה	אשר	מצאתם בדרך ויצלם יהוה / ויחד יתרו	53					2
ט180906	יהוה / ויחד יתרו על כל- הטובה	אשר-	עשה יהוה לישראל אשר הצילו מיד	53					2
ט180910	כל- הטובה אשר- עשה יהוה לישראל	אשר	הצילו מיד מצרים / ויאמר יתרו ברוך	53					2
ט181005	מיד מצרים / ויאמר יתרו ברוך יהוה	אשר	הציל אתכם מיד מצרים ומיד פרעה	53					2
ט181012	הציל אתכם מיד מצרים ומיד פרעה	אשר	הציל את- העם מתחת יד- מצרים	53					2
ט181110	גדול יהוה מכל- האלהים כי בדבר	אשר	זדו עליהם / ויקח יתרו חתן משה	53					2
ט181406	הערב / וירא חתן משה את כל-	אשר-	הוא עשה לעם ויאמר מה- הדבר	53					2
ט181414	עשה לעם ויאמר מה- הדבר הזה	אשר	אתה עשה לעם מדוע אתה יושב	53					2
ט181708	חתן משה אליו לא- טוב הדבר	אשר	אתה עשה / נבל תבל גם- אתה	53					2
ט181808	תבל גם- אתה גם- העם הזה	אשר	עמך כי- כבד ממך הדבר לא-	53					2
ט182015	את- הדרך ילכו בה ואת המעשה	אשר	יעשון / ואתה תחזה מכל- העם אנשי-	53					2
ט182407	וישמע משה לקול חתנו ויעש כל	אשר	אמר / ויבחר משה אנשי- חיל מכל-	53					2
ט190403	יעקב ותגיד לבני ישראל / אתם ראיתם	אשר	עשיתי למצרים ואשא אתכם על- כנפי	53					2
ט190610	ממלכת כהנים וגוי קדוש אלה הדברים	אשר	תדבר אל- בני ישראל / ויבא משה	53					2
ט190712	וישם לפניהם את כל- הדברים האלה	אשר	צוהו יהוה / ויענו כל- העם יחדו	53					2
ט190807	ויענו כל- העם יחדו ויאמרו כל	אשר-	דבר יהוה נעשה וישב משה את-	53					2
ט191620	שפר חזק מאד ויחרד כל- העם	אשר	במחנה / ויוצא משה את- העם לקראת	53					2
ט191806	ההר / והר סיני עשן כלו מפני	אשר	ירד עליו יהוה באש ויעל עשנו	53					2
ט200204	הדברים האלה לאמר / אנכי יהוה אלהיך	אשר	הוצאתיך מארץ מצרים מבית עבדים / לא-	53					2
ט200407	לא- תעשה לך פסל וכל- תמונה	אשר	בשמים ממעל ואשר בארץ מתחת ואשר	53					2
ט200410	פסל וכל- תמונה אשר בשמים ממעל	ואשר	בארץ מתחת ואשר במים מתחת לארץ	53				1	3
ט200413	אשר בשמים ממעל ואשר בארץ מתחת	ואשר	במים מתחת לארץ / לא- תשתחוה להם	53				1	3
ט200713	לשוא כי לא ינקה יהוה את	אשר-	ישא את- שמו לשוא / זכור את	53					2
ט201017	ובנך- ובתך עבדך ואמתך ובהמתך וגרך	אשר	בשעריך / כי ששת- ימים עשה יהוה	53					2
ט201114	ואת- הארץ את- הים ואת- כל-	אשר-	בם וינח ביום השביעי על- כן	53					2
ט201211	אמך למען יארכון ימיך על האדמה	אשר-	יהוה אלהיך נתן לך / לא תרצח	53					2
ט201714	רעך ועבדו ואמתו ושורו וחמרו וכל	אשר	לרעך / וכל- העם ראים את- הקולת	53					2
ט202108	העם מרחק ומשה נגש אל- הערפל	אשר-	שם האלהים / ויאמר יהוה אל- משה	53					2
ט202417	את- צאנך ואת- בקרך בכל- המקום	אשר	אזכיר את- שמי אבוא אליך וברכתיך	53					2
ט202606	ותחללה / ולא- תעלה במעלת על- מזבחי	אשר	לא- תגלה ערותך עליו // ואלה המשפטים	53					2
ט210103	לא- תגלה ערותך עליו // ואלה המשפטים	אשר	תשים לפניהם / כי תקנה עבד עברי	53					2
ט210805	כצאת העבדים / אם- רעה בעיני אדניה	אשר-	לא יעדה והפדה לעם נכרי לא-	53					2
ט211301	כסף / מכה איש ומת מות יומת /	ואשר	לא צדה והאלהים אנה לידו ושמתי	53				1	3
ט211310	והאלהים אנה לידו ושמתי לך מקום	אשר	ינוס שמה / וכי- יזד איש על-	53					2
ט212214	ילדיה ולא יהיה אסון ענוש יענש	כאשר	ישית עליו בעל האשה ונתן בפללים	53				5	3
ט213009	יושת עליו ונתן פדין נפשו ככל	אשר-	יושת עליו / או- בן יגח או-	53					2
ט220816	שה על- שלמה על- כל- אבדה	אשר	יאמר כי- הוא זה עד האלהים	53					2
ט220826	זה עד האלהים יבא דבר- שניהם	אשר	ירשיען אלהים ישלם שנים לרעהו / כי-	53					2
ט221505	בא בשכרו / וכי- יפתה איש בתולה	אשר	לא ארשה ושכב עמה מהר ימהרנה	53					2
ט231302	וחמרך וינפש בן- אמתך והגר / ובכל	אשר-	אמרתי אליכם תשמרו ושם אלהים אחרים	53					2
ט231509	המצות תשמר שבעת ימים תאכל מצות	כאשר	צויתך למועד חדש האביב כי- בו	53				5	3

/ = סוף פסוק   // = סוף פרק   ג = מין   # = מספר   כ = כינוי חבור   קס = קידומות וסיומות   ה = מספר ההברות

אזכור		מלה		צורן	ג	#	כ	קס	ה
ט231605	פני ריקם / וחג הקציר בכורי מעשיך	אשר	תזרע בשדה וחג האסף בצאת השנה	53					2
ט232011	לפניך לשמרך בדרך ולהביאך אל- המקום	אשר	הכנתי / השמר מפניו ושמע בקלו אל-	53					2
ט232208	אם- שמוע תשמע בקלו ועשית כל	אשר	אדבר ואיבתי את- איביך וצרתי את-	53					2
ט232709	אשלח לפניך והמתי את- כל- העם	אשר	תבא בהם ונתתי את- כל- איביך	53					2
ט233006	השדה / מעט מעט אגרשנו מפניך עד	אשר	תפרה ונחלת את- הארץ / ושתי את-	53					2
ט240320	העם קול אחד ויאמרו כל- הדברים	אשר-	דבר יהוה נעשה / ויכתב משה את	53					2
ט240710	הברית ויקרא באזני העם ויאמרו כל	אשר-	דבר יהוה נעשה ונשמע / ויקח משה	53					2
ט240812	על- העם ויאמר הנה דם- הברית	אשר	כרת יהוה עמכם על כל- הדברים	53					2
ט241217	לך את- לחת האבן והתורה והמצוה	אשר	כתבתי להורתם / ויקם משה ויהושע משרתו	53					2
ט241408	הזקנים אמר שבו- לנו בזה עד	אשר-	נשוב אליכם והנה אהרן וחור עמכם	53					2
ט250211	ויקחו לי תרומה מאת כל- איש	אשר	ידבנו לבו תקחו את- תרומתי / וזאת	53					2
ט250303	לבו תקחו את- תרומתי / וזאת התרומה	אשר	תקחו מאתם זהב וכסף ונחשת / ותכלת	53					2
ט250902	ועשו לי מקדש ושכנתי בתוכם / ככל	אשר	אני מראה אותך את תבנית המשכן	53					2
ט251606	ממנו / ונתת אל- הארן את העדת	אשר	אתן אליך / ועשית כפרת זהב טהור	53					2
ט252112	מלמעלה ואל- הארן תתן את- העדת	אשר	אתן אליך / ונועדתי לך שם ודברתי	53					2
ט252211	אתך מעל הכפרת מבין שני הכרבים	אשר	על- ארון העדת את כל- אשר	53					2
ט252217	אשר על- ארון העדת את כל-	אשר	אצוה אותך אל- בני ישראל / ועשית	53					2
ט252612	ונתת את- הטבעת על ארבע הפאת	אשר	לארבע רגליו / לעמת המסגרת תהיין הטבעת	53					2
ט252906	לחן / ועשית קערתיו וכפתיו וקשותיו ומנקיתיו	אשר	יסך בהן זהב טהור תעשה אתם	53					2
ט254004	כל- הכלים האלה / וראה ועשה בתבניתם	אשר-	אתה מראה בהר // ואת- המשכן תעשה	53					2
ט260511	האחת וחמשים ללאת תעשה בקצה היריעה	אשר	במחברת השנית מקבילת הללאת אשה אל-	53					2
ט263005	הבריחם זהב / והקמת את- המשכן כמשפטו	אשר	הראית בהר / ועשית פרכת תכלת וארגמן	53					2
ט270805	בשאת אתו / נבוב לחת תעשה אתו	כאשר	הראה אתך בהר כן יעשו / ועשית	53				5	3
ט272105	נר תמיד / באהל מועד מחוץ לפרכת	אשר	על- העדת יערך אתו אהרן ובניו	53					2
ט280307	ואתה תדבר אל- כל- חכמי- לב	אשר	מלאתיו רוח חכמה ועשו את- בגדי	53					2
ט280403	אהרן לקדשו לכהנו- לי / ואלה הבגדים	אשר	יעשו חשן ואפוד ומעיל וכתנת תשבץ	53					2
ט280803	אל שני קצותיו וחבר / וחשב אפדתו	אשר	עליו כמעשהו ממנו יהיה זהב תכלת	53					2
ט282613	על- שני קצות החשן על- שפתו	אשר	אל- עבר האפוד ביתה / ועשית שתי	53					2
ט283810	אהרן ונשא אהרן את- עון הקדשים	אשר	יקדישו בני ישראל לכל- מתנת קדשיהם	53					2
ט290103	עולם לו ולזרעו אחריו // וזה הדבר	אשר	תעשה להם לקדש אתם לכהן לי	53					2
ט291317	הכבד ואת שתי הכלית ואת- החלב	אשר	עליהן והקטרת המזבחה / ואת- בשר הפר	53					2
ט292104	על- המזבח סביב / ולקחת מן- הדם	אשר	על- המזבח ומשמן המשחה והזית על-	53					2
ט292219	הכבד ואת שתי הכלית ואת- החלב	אשר	עליהן ואת שוק הימין כי איל	53					2
ט292312	שמן אחת ורקיק אחד מסל המצות	אשר	לפני יהוה / ושמת הכל על כפי	53					2
ט292606	ליהוה / ולקחת את- החזה מאיל המלאים	אשר	לאהרן והנפת אתו תנופה לפני יהוה	53					2
ט292708	את חזה התנופה ואת שוק התרומה	אשר	הונף ואשר הורם מאיל המלאים מאשר	53					2
ט292710	התנופה ואת שוק התרומה אשר הונף	ואשר	הורם מאיל המלאים מאשר לאהרן ומאשר	53				1	3
ט292716	ואשר הורם מאיל המלאים מאשר לאהרן	ומאשר	לבניו / והיה לאהרן ולבניו לחק- עולם	53				71	4
ט292903	מזבחי שלמיהם תרומתם ליהוה / ובגדי הקדש	אשר	לאהרן יהיו לבניו אחריו למשחה בהם	53					2
ט293008	שבעת ימים ילבשם הכהן תחתיו מבניו	אשר	יבא אל- אהל מועד לשרת בקדש	53					2
ט293209	ובניו את- בשר האיל ואת- הלחם	אשר	בסל פתח אהל מועד / ואכלו אתם	53					2
ט293303	בסל פתח אהל מועד / ואכלו אתם	אשר	כפר בהם למלא את- ידם לקדש	53					2
ט293506	הוא / ועשית לאהרן ולבניו ככה ככל	אשר-	צויתי אתכה שבעת ימים תמלא ידם	53					2
ט293802	קדשים כל- הנגע במזבח יקדש / וזה	אשר	תעשה על- המזבח כבשים בני- שנה	53					2
ט294209	לדרתיכם פתח אהל- מועד לפני יהוה	אשר	אועד לכם שמה לדבר אליך שם	53					2
ט294606	לאלהים / וידעו כי אני יהוה אלהיהם	אשר	הוצאתי אתם מארץ מצרים לשכני בתוכם	53					2
ט300605	אתם זהב / ונתתה אתו לפני הפרכת	אשר	על- ארן העדת לפני הכפרת אשר	53					2
ט300611	אשר על- ארן העדת לפני הכפרת	אשר	על- העדת אשר אועד לך שמה	53					2
ט300614	העדת לפני הכפרת אשר על- העדת	אשר	אועד לך שמה / והקטיר עליו אהרן	53					2
ט303302	קדש הוא קדש יהיה לכם / איש	אשר	ירקח כמהו ואשר יתן ממנו על-	53					2
ט303305	יהיה לכם / איש אשר ירקח כמהו	ואשר	יתן ממנו על- זר ונכרת מעמיו	53				1	3
ט303610	ונתתה ממנה לפני העדת באהל מועד	אשר	אועד לך שמה קדש קדשים תהיה	53					2
ט303702	שמה קדש קדשים תהיה לכם / והקטרת	אשר	תעשה במתכנתה לא תעשו לכם קדש	53					2
ט303802	לכם קדש תהיה לך ליהוה / איש	אשר-	יעשה כמוהו להריח בה ונכרת מעמיו	53					2

/ = סוף פסוק   // = סוף פרק   ג = מין   # = מספר   כ = כינוי חבור   קס = קידומות וסיומות   ה = מספר ההברות

אזכור		מלה		צופן ג # כ	קס	ה
ט310620	לב נתתי חכמה ועשו את כל-	אשר	צויתך / את אהל מועד ואת- הארן	53		2
ט310709	מועד ואת- הארן לעדת ואת- הכפרת	אשר	עליו ואת כל- כלי האהל / ואת-	53		2
ט311109	המשחה ואת- קטרת הסמים לקדש ככל	אשר-	צויתך יעשו / ויאמר יהוה אל- משה	53		2
ט320119	ויאמרו אליו קום עשה- לנו אלהים	אשר	ילכו לפנינו כי- זה משה האיש	53		2
ט320126	ילכו לפנינו כי- זה משה האיש	אשר	העלנו מארץ מצרים לא ידענו מה-	53		2
ט320207	ויאמר אלהם אהרן פרקו נזמי הזהב	אשר	באזני נשיכם בניכם ובנתיכם והביאו אלי	53		2
ט320307	ויתפרקו כל- העם את- נזמי הזהב	אשר	באזניהם ויביאו אל- אהרן / ויקח מידם	53		2
ט320413	עגל מסכה ויאמרו אלה אלהיך ישראל	אשר	העלוך מארץ מצרים / וירא אהרן ויבן	53		2
ט320710	משה לך- רד כי שחת עמך	אשר	העלית מארץ מצרים / סרו מהר מן-	53		2
ט320805	מארץ מצרים / סרו מהר מן- הדרך	אשר	צויתם עשו להם עגל מסכה וישתחוו-	53		2
ט320819	ויזבחו- לו ויאמרו אלה אלהיך ישראל	אשר	העלוך מארץ מצרים / ויאמר יהוה אל-	53		2
ט321113	ויאמר למה יהוה יחרה אפך בעמך	אשר	הוצאת מארץ מצרים בכח גדול וביד	53		2
ט321306	לעמך / זכר לאברהם ליצחק ולישראל עבדיך	אשר	נשבעת להם בך ותדבר אלהם ארבה	53		2
ט321320	זרעכם ככוכבי השמים וכל- הארץ הזאת	אשר	אמרתי אתן לזרעכם ונחלו לעלם / וינחם	53		2
ט321405	ונחלו לעלם / וינחם יהוה על- הרעה	אשר	דבר לעשות לעמו / ויפן וירד משה	53		2
ט321902	חלושה קול ענות אנכי שמע / ויהי	כאשר	קרב אל- המחנה וירא את- העגל	53	6	3
ט322004	אתם תחת ההר / ויקח את- העגל	אשר	עשו וישרף באש ויטחן עד אשר-	53		2
ט322010	אשר עשו וישרף באש ויטחן עד	אשר-	דק ויזר על- פני המים וישק	53		2
ט322306	הוא / ויאמרו לי עשה- לנו אלהים	אשר	ילכו לפנינו כי- זה משה האיש	53		2
ט322313	ילכו לפנינו כי- זה משה האיש	אשר	העלנו מארץ מצרים לא ידענו מה-	53		2
ט323210	חטאתם ואם- אין מחני נא מספרך	אשר	כתבת / ויאמר יהוה אל- משה מי	53		2
ט323306	כתבת / ויאמר יהוה אל- משה מי	אשר	חטא- לי אמחנו מספרי / ועתה לך	53		2
ט323407	ועתה לך נחה את- העם אל	אשר-	דברתי לך הנה מלאכי ילך לפניך	53		2
ט323506	חטאתם / ויגף יהוה את- העם על	אשר	עשו את- העגל אשר עשה אהרן	53		2
ט323510	העם על אשר עשו את- העגל	אשר	עשה אהרן // וידבר יהוה אל- משה	53		2
ט330110	משה לך עלה מזה אתה והעם	אשר	העלית מארץ מצרים אל- הארץ אשר	53		2
ט330116	אשר העלית מארץ מצרים אל- הארץ	אשר	נשבעתי לאברהם ליצחק וליעקב לאמר לזרעך	53		2
ט330724	מבקש יהוה יצא אל- אהל מועד	אשר	מחוץ למחנה / והיה כצאת משה אל-	53		2
ט331108	יהוה אל- משה פנים אל- פנים	כאשר	ידבר איש אל- רעהו ושב אל-	53	5	3
ט331217	העם הזה ואתה לא הודעתני את	אשר-	תשלח עמי ואתה אמרת ידעתיך בשם	53		2
ט331618	עמנו ונפלינו אני ועמך מכל- העם	אשר	על- פני האדמה / ויאמר יהוה אל-	53		2
ט331709	אל- משה גם את- הדבר הזה	אשר	דברת אעשה כי- מצאת חן בעיני	53		2
ט331914	וקראתי בשם יהוה לפניך וחנתי את-	אשר	אחן ורחמתי את- אשר ארחם / ויאמר	53		2
ט331918	וחנתי את- אשר אחן ורחמתי את-	אשר	ארחם / ויאמר לא תוכל לראת את-	53		2
ט340116	כראשנים וכתבתי על- הלחת את- הדברים	אשר	היו על- הלחת הראשנים אשר שברת	53		2
ט340121	הדברים אשר היו על- הלחת הראשנים	אשר	שברת / והיה נכון לבקר ועלית בבקר	53		2
ט340413	משה בבקר ויעל אל- הר סיני	כאשר	צוה יהוה אתו ויקח בידו שני	53	5	3
ט341011	ברית נגד כל- עמך אעשה נפלאת	אשר	לא- נבראו בכל- הארץ ובכל- הגוים	53		2
ט341021	הארץ ובכל- הגוים וראה כל- העם	אשר-	אתה בקרבו את- מעשה יהוה כי-	53		2
ט341030	את- מעשה יהוה כי- נורא הוא	אשר	אני עשה עמך / שמר- לך את	53		2
ט341104	אני עשה עמך / שמר- לך את	אשר	אנכי מצוך היום הנני גרש מפניך	53		2
ט341208	לך פן- תכרת ברית ליושב הארץ	אשר	אתה בא עליה פן- יהיה למוקש	53		2
ט341809	המצות תשמר שבעת ימים תאכל מצות	אשר	צויתך למועד חדש האביב כי בחדש	53		2
ט343210	כל- בני ישראל ויצום את כל-	אשר	דבר יהוה אתו בהר סיני / ויכל	53		2
ט343418	ויצא ודבר אל- בני ישראל את	אשר	יצוה / וראו בני- ישראל את- פני	53		2
ט350112	בני ישראל ויאמר אלהם אלה הדברים	אשר-	צוה יהוה לעשת אתם / ששת ימים	53		2
ט350411	עדת בני- ישראל לאמר זה הדבר	אשר-	צוה יהוה לאמר / קחו מאתכם תרומה	53		2
ט351009	לב בכם יבאו ויעשו את כל-	אשר	צוה יהוה / את- המשכן את- אהלו	53		2
ט351607	את מזבח העלה ואת- מכבר הנחשת	אשר-	לו את- בדיו ואת- כל- כליו	53		2
ט352104	ישראל מלפני משה / ויבאו כל- איש	אשר-	נשאו לבו וכל אשר נדבה רוחו	53		2
ט352108	כל- איש אשר- נשאו לבו וכל	אשר	נדבה רוחו אתו הביאו את- תרומת	53		2
ט352218	וכומז כל- כלי זהב וכל- איש	אשר	הניף תנופת זהב ליהוה / וכל- איש	53		2
ט352303	הניף תנופת זהב ליהוה / וכל- איש	אשר-	נמצא אתו תכלת וארגמן ותולעת שני	53		2
ט352411	ונחשת הביאו את תרומת יהוה וכל	אשר	נמצא אתו עצי שטים לכל- מלאכת	53		2

/ = סוף פסוק   // = סוף פרק   ג = מין   # = מספר   כ = כינוי הבור   קס = קידומות וסיומות   ה = מספר ההגרות

אזכור		מלה		צורן	ג	#	כ	קס	ה
ט352603	תולעת השני ואת- השש / וכל- הנשים	אשר	נשא לבן אתנה בחכמה טוו את-	53					2
ט352904	המשחה ולקטרת הסמים / כל- איש ואשה	אשר	נדב לבם אתם להביא לכל- המלאכה	53					2
ט352911	נדב לבם אתם להביא לכל- המלאכה	אשר	צוה יהוה לעשות ביד- משה הביאו	53					2
ט360108	בצלאל ואהליאב וכל איש חכם- לב	אשר	נתן יהוה חכמה ותבונה בהמה לדעת	53					2
ט360122	את- כל- מלאכת עבדת הקדש לכל	אשר-	צוה יהוה / ויקרא משה אל- בצלאל	53					2
ט360212	אהליאב ואל כל- איש חכם- לב	אשר	נתן יהוה חכמה בלבו כל אשר	53					2
ט360218	אשר נתן יהוה חכמה בלבו כל	אשר	נשאו לבו לקרבה אל- המלאכה לעשת	53					2
ט360307	ויקחו מלפני משה את כל- התרומה	אשר	הביאו בני ישראל למלאכת עבדת הקדש	53					2
ט360412	כל- מלאכת הקדש איש- איש ממלאכתו	אשר-	הנה עשים / ויאמרו אל- משה לאמר	53					2
ט360511	מרבים העם להביא מדי העבדה למלאכה	אשר-	צוה יהוה לעשת אתה / ויצו משה	53					2
ט361211	האחת וחמשים ללאת עשה בקצה היריעה	אשר	במחברת השנית מקבילת הללאת אחת אל-	53					2
ט371312	ויתן את- הטבעת על ארבע הפאת	אשר	לארבע רגליו / לעמת המסגרת היו הטבעת	53					2
ט371604	לשאת את- השלחן / ויעש את- הכלים	אשר	על- השלחן את- קערתיו ואת- כפתיו	53					2
ט371615	ואת- כפתיו ואת מנקיתיו ואת- הקשות	אשר	יסך בהן זהב טהור / ויעש את-	53					2
ט380810	נחשת ואת כנו נחשת במראת הצבאת	אשר	צבאו פתח אהל מועד / ויעש את-	53					2
ט382106	נחשת / אלה פקודי המשכן משכן העדת	אשר	פקד על- פי משה עבדת הלוים	53					2
ט382211	חור למטה יהודה עשה את כל-	אשר-	צוה יהוה את- משה / ואתו אהליאב	53					2
ט383014	ואת מזבח הנחשת ואת- מכבר הנחשת	אשר-	לו ואת כל- כלי המזבח / ואת-	53					2
ט390115	לשרת בקדש ויעשו את- בגדי הקדש	אשר	לאהרן כאשר צוה יהוה את- משה	53					2
ט390117	ויעשו את- בגדי הקדש אשר לאהרן	כאשר	צוה יהוה את- משה / ויעש את-	53				5	3
ט390503	על- שני קצותיו חבר / וחשב אפדתו	אשר	עליו ממנו הוא כמעשהו זהב תכלת	53					2
ט390515	תכלת וארגמן ותולעת שני ושש משזר	כאשר	צוה יהוה את- משה / ויעשו את-	53				5	3
ט390710	כתפת האפד אבני זכרון לבני ישראל	כאשר	צוה יהוה את- משה / ויעש את-	53				5	3
ט391912	על- שני קצות החשן על- שפתו	אשר	אל- עבר האפד ביתה / ויעשו שתי	53					2
ט392119	האפד ולא- יזח החשן מעל האפד	כאשר	צוה יהוה את- משה / ויעש את-	53				5	3
ט392610	ורמן על- שולי המעיל סביב לשרת	כאשר	צוה יהוה את- משה / ויעשו את-	53				5	3
ט392911	ותכלת וארגמן ותולעת שני מעשה רקם	כאשר	צוה יהוה את- משה / ויעשו את-	53				5	3
ט393109	פתיל תכלת לתת על- המצנפת מלמעלה	כאשר	צוה יהוה את- משה / ותכל כל-	53				5	3
ט393211	אהל מועד ויעשו בני ישראל ככל	אשר	צוה יהוה את- משה כן עשו	53					2
ט393907	את מזבח הנחשת ואת- מכבר הנחשת	אשר-	לו את- בדיו ואת- כל- כליו	53					2
ט394202	הכהן ואת- בגדי בניו לכהן / ככל	אשר-	צוה יהוה את- משה כן עשו	53					2
ט394309	את- כל- המלאכה והנה עשו אתה	כאשר	צוה יהוה כן עשו ויברך אתם	53				5	3
ט400910	המשחה ומשחת את- המשכן ואת- כל-	אשר-	בו וקדשת אתו ואת- כל- כליו	53					2
ט401503	תקריב והלבשת אתם כתנת / ומשחת אתם	כאשר	משחת את- אביהם וכהנו לי והיתה	53				5	3
ט401604	לכהנת עולם לדרתם / ויעש משה ככל	אשר	צוה יהוה אתו כן עשה / ויהי	53					2
ט401912	וישם את- מכסה האהל עליו מלמעלה	כאשר	צוה יהוה את- משה / ויקח ויתן	53				5	3
ט402114	פרכת המסך ויסך על ארון העדות	כאשר	צוה יהוה את- משה / ויתן את-	53				5	3
ט402307	ויערך עליו ערך לחם לפני יהוה	כאשר	צוה יהוה את- משה / וישם את-	53				5	3
ט402505	המשכן נגבה / ויעל הנרת לפני יהוה	כאשר	צוה יהוה את- משה / וישם את-	53				5	3
ט402705	לפני הפרכת / ויקטר עליו קטרת סמים	כאשר	צוה יהוה את- משה / וישם את-	53				5	3
ט402915	ויעל עליו את- העלה ואת- המנחה	כאשר	צוה יהוה את- משה / וישם את-	53				5	3
ט403209	אהל מועד ובקרבתם אל- המזבח ירחצו	כאשר	צוה יהוה את- משה / ויקם את-	53				5	3
	-	אשר	*-*						
ט292714	אשר הונף ואשר הורם מאיל המלאים	מאשר	לאהרן ומאשר לבניו / והיה לאהרן ולבניו	53				7	3
	-	אשרה	*-*						
ט341309	מזבחתם תתצון ואת- מצבתם תשברון ואת-	אשריו	תכרתון / כי לא תשתחוה לאל אחר	1127		2	3	4	3
	-	את	*-*						
ט010107	ואלה שמות בני ישראל הבאים מצרימה	את	יעקב איש וביתו באו / ראובן שמעון	4					1
ט010809	חדש על מצרים אשר לא- ידע	את-	יוסף / ויאמר אל עמו הנה עם	4					1
ט011112	ענתו בסבלתם ויבן ערי מסכנות לפרעה	את	פתם ואת- רעמסס / וכאשר יענו אתו	4					1
ט011114	ויבן ערי מסכנות לפרעה את פתם	ואת-	רעמסס / וכאשר יענו אתו כן ירבה	4				1	2

/ = סוף פסוק   // = סוף פרק   ג = מין   # = מספר   כ = כינוי הבור   קס = קידומות וסיומות   ה = מספר ההברות

אזכור		מלה		צורן	ג	#	כ	קס	ה
ט011303	ויקצו מפני בני ישראל / ויעבדו מצרים	-את	בני ישראל בפרך / וימררו את- חייהם		4				1
ט011402	מצרים את- בני ישראל בפרך / וימררו	-את	חייהם בעבדה קשה בחמר ובלבנים ובכל-		4				1
ט011411	קשה בחמר ובלבנים ובכל- עבדה בשדה	את	כל- עבדתם אשר- עבדו בהם בפרך		4				1
ט011603	שפרה ושם השנית פועה / ויאמר בילדכן	-את	העבריות וראיתן על- האבנים אם- בן		4				1
ט011703	ואם בת הוא וחיה / ותיראן המילדת	-את	האלהים ולא עשו כאשר דבר אליהן		4				1
ט011713	כאשר דבר אליהן מלך מצרים ותחיין	-את	הילדים / ויקרא מלך- מצרים למילדת ויאמר		4				1
ט011812	להן מדוע עשיתן הדבר הזה ותחיין	-את	הילדים / ותאמרן המילדת אל- פרעה כי		4				1
ט012105	ויעצמו מאד / ויהי כי- יראו המילדת	את	האלהים ויעש להם בתים / ויצו פרעה		4				1
ט020106	החיון // וילך איש מבית לוי ויקח	את	בת- לוי / ותהר האשה ותלד בן		4				1
ט020314	גמא ותחמרה בחמר ובזפת ותשם בה	-את	הילד ותשם בסוף על- שפת היאור		4				1
ט020513	ונערתיה הלכת על- יד היאר ותרא	-את	התבה בתוך הסוף ותשלח את- אמתה		4				1
ט020518	ותרא את- התבה בתוך הסוף ותשלח	-את	אמתה ותקחה / ותפתח ותראהו את- הילד		4				1
ט020603	ותשלח את- אמתה ותקחה / ותפתח ותראהו	-את	הילד והנה- נער בכה ותחמל עליו		4				1
ט020715	אשה מינקת מן העברים ותינק לך	-את	הילד / ותאמר- לה בת- פרעה לכי		4				1
ט020809	בת- פרעה לכי ותלך העלמה ותקרא	-את	אם הילד / ותאמר לה בת- פרעה		4				1
ט020906	הילד / ותאמר לה בת- פרעה היליכי	-את	הילד הזה והינקהו לי ואני אתן		4				1
ט020913	הילד הזה והינקהו לי ואני אתן	-את	שכרך ותקח האשה הילד ותניקהו / ויגדל		4				1
ט021209	וכה וירא כי- אין איש ויך	-את	המצרי ויטמנהו בחול / ויצא ביום השני		4				1
ט021413	עלינו הלהרגני אתה אמר כאשר הרגת	-את	המצרי וייראו משה ויאמר אכן נודע		4				1
ט021503	ויאמר אכן נודע הדבר / וישמע פרעה	-את	הדבר הזה ויבקש להרג את- משה		4				1
ט021508	פרעה את- הדבר הזה ויבקש להרג	-את	משה ויברח משה מפני פרעה וישב		4				1
ט021608	מדין שבע בנות ותבאנה ותדלנה ותמלאנה	-את	הרהטים להשקות צאן אביהן / ויבאו הרעים		4				1
ט021708	הרעים ויגרשום ויקם משה ויושען וישק	-את	צאנם / ותבאנה אל- רעואל אביהן ויאמר		4				1
ט021912	הרעים וגם דלה דלה לנו וישק	-את	הצאן / ויאמר אל- בנתיו ואיו למה		4				1
ט022008	אל- בנתיו ואיו למה זה עזבתן	-את	האיש קראן לו ויאכל לחם / ויואל		4				1
ט022104	לו ויאכל לחם / ויואל משה לשבת	-את	האיש ויתן את- צפרה בתו למשה		4				1
ט022107	ויואל משה לשבת את- האיש ויתן	-את	צפרה בתו למשה / ותלד בן ויקרא		4				1
ט022204	צפרה בתו למשה / ותלד בן ויקרא	-את	שמו גרשם כי אמר גר הייתי		4				1
ט022403	אל- האלהים מן- העבדה / וישמע אלהים	-את	נאקתם ויזכר אלהים את- בריתו את-		4				1
ט022407	וישמע אלהים את- נאקתם ויזכר אלהים	-את	בריתו את- אברהם את- יצחק ואת-		4				1
ט022409	את- נאקתם ויזכר אלהים את- בריתו	-את	אברהם את- יצחק ואת- יעקב / וירא		4				1
ט022411	ויזכר אלהים את- בריתו את- אברהם	-את	יצחק ואת- יעקב / וירא אלהים את-		4				1
ט022413	את- בריתו את- אברהם את- יצחק	-ואת	יעקב / וירא אלהים את- בני ישראל		4			1	2
ט022503	את- יצחק ואת- יעקב / וירא אלהים	-את	בני ישראל וידע אלהים // ומשה היה		4				1
ט030104	ישראל וידע אלהים // ומשה היה רעה	-את	צאן יתרו חתנו כהן מדין וינהג		4				1
ט030111	צאן יתרו חתנו כהן מדין וינהג	-את	הצאן אחר המדבר ויבא אל- הר		4				1
ט030306	אכל / ויאמר משה אסרה- נא ואראה	-את	המראה הגדל הזה מדוע לא- יבער		4				1
ט030705	אל- האלהים / ויאמר יהוה ראה ראיתי	-את	עני עמי אשר במצרים ואת- צעקתם		4				1
ט030710	ראיתי את- עני עמי אשר במצרים	-ואת	צעקתם שמעתי מפני נגשיו כי ידעתי		4			1	2
ט030717	צעקתם שמעתי מפני נגשיו כי ידעתי	-את	מכאביו / וארד להצילו מיד מצרים ולהעלתו		4				1
ט030910	בני- ישראל באה אלי וגם- ראיתי	-את	הלחץ אשר מצרים לחצים אתם / ועתה		4				1
ט031007	ועתה לכה ואשלחך אל- פרעה והוצא	-את	עמי בני- ישראל ממצרים / ויאמר משה		4				1
ט031113	כי אלך אל- פרעה וכי אוציא	-את	בני ישראל ממצרים / ויאמר כי- אהיה		4				1
ט031212	לך האות כי אנכי שלחתיך בהוציאך	-את	העם ממצרים תעבדון את- האלהים על		4				1
ט031216	שלחתיך בהוציאך את- העם ממצרים תעבדון	-את	האלהים על ההר הזה / ויאמר משה		4				1
ט031603	וזה זכרי לדר דר / לך ואספת	-את	זקני ישראל ואמרת אלהם יהוה אלהי		4				1
ט031621	יצחק ויעקב לאמר פקד פקדתי אתכם	-ואת	העשוי לכם במצרים / ואמר אעלה אתכם		4			1	2
ט032002	מצרים להלך ולא ביד חזקה / ושלחתי	-את	ידי והכיתי את- מצרים בכל נפלאתי		4				1
ט032005	ביד חזקה / ושלחתי את- ידי והכיתי	-את	מצרים בכל נפלאתי אשר אעשה בקרבו		4				1
ט032102	בקרבו ואחרי- כן ישלח אתכם / ונתתי	-את	חן העם- הזה בעיני מצרים והיה		4				1
ט032217	ושמתם על- בניכם ועל- בנתיכם ונצלתם	-את	מצרים // ויען משה ויאמר והן לא-		4				1
ט041504	וראך ושמח בלבו / ודברת אליו ושמת	-את	הדברים בפיו ואנכי אהיה עם- פיך		4				1
ט041515	עם- פיך ועם- פיהו והוריתי אתכם	את	אשר תעשון / ודבר- הוא לך אל-		4				1
ט041701	לך לפה ואתה תהיה- לו לאלהים /	-ואת	המטה הזה תקח בידך אשר תעשה-		4			1	2

אזכור		מלה		צורן	ג	#	כ	קס	ה
ט041709	הזה תקח בידך אשר תעשה- בו	את-	האתת / וילך משה וישב אל- יתר	4					1
ט041914	מצרים כי- מתו כל- האנשים המבקשים	את-	נפשך / ויקח משה את- אשתו ואת-	4					1
ט042003	האנשים המבקשים את- נפשך / ויקח משה	את-	אשתו ואת- בניו וירכבם על- החמר	4					1
ט042005	את- נפשך / ויקח משה את- אשתו	ואת-	בניו וירכבם על- החמר וישב ארצה	4				1	2
ט042015	החמר וישב ארצה מצרים ויקח משה	את-	מטה האלהים בידו / ויאמר יהוה אל-	4					1
ט042119	בידך ועשיתם לפני פרעה ואני אחזק	את-	לבו ולא ישלח את- העם / ואמרת	4					1
ט042123	ואני אחזק את- לבו ולא ישלח	את-	העם / ואמרת אל- פרעה כה אמר	4					1
ט042304	בני בכרי ישראל / ואמר אליך שלח	את-	בני ויעבדני ותמאן לשלחו הנה אנכי	4					1
ט042312	ויעבדני ותמאן לשלחו הנה אנכי הרג	את-	בנך בכרך / ויהי בדרך במלון ויפגשהו	4					1
ט042505	ויבקש המיתו / ותקח צפרה צר ותכרת	את-	ערלת בנה ותגע לרגליו ותאמר כי	4					1
ט042804	האלהים וישק- לו / ויגד משה לאהרן	את	כל- דברי יהוה אשר שלחו ואת	4					1
ט042810	את כל- דברי יהוה אשר שלחו	ואת	כל- האתת אשר צוהו / וילך משה	4				1	2
ט042905	אשר צוהו / וילך משה ואהרן ויאספו	את-	כל- זקני בני ישראל / וידבר אהרן	4					1
ט043003	כל- זקני בני ישראל / וידבר אהרן	את	כל- הדברים אשר- דבר יהוה אל-	4					1
ט043107	ויאמן העם וישמעו כי- פקד יהוה	את-	בני ישראל וכי ראה את- ענים	4					1
ט043112	יהוה את- בני ישראל וכי ראה	את-	ענים ויקדו וישתחוו // ואחר באו משה	4					1
ט050114	כה- אמר יהוה אלהי ישראל שלח	את-	עמי ויחגו לי במדבר / ויאמר פרעה	4					1
ט050209	מי יהוה אשר אשמע בקלו לשלח	את-	ישראל לא ידעתי את- יהוה וגם	4					1
ט050213	בקלו לשלח את- ישראל לא ידעתי	את-	יהוה וגם את- ישראל לא אשלח	4					1
ט050216	ישראל לא ידעתי את- יהוה וגם	את-	ישראל לא אשלח / ויאמרו אלהי העברים	4					1
ט050409	מלך מצרים למה משה ואהרן תפריעו	את-	העם ממעשיו לכו לסבלתיכם / ויאמר פרעה	4					1
ט050605	אתם מסבלתם / ויצו פרעה ביום ההוא	את-	הנגשים בעם ואת- שטריו לאמר / לא	4					1
ט050608	פרעה ביום ההוא את- הנגשים בעם	ואת-	שטריו לאמר / לא תאספון לתת תבן	4				1	2
ט050801	שלשם הם ילכו וקששו להם תבן /	ואת-	מתכנת הלבנים אשר הם עשים תמול	4				1	2
ט052002	תגרעו מלבניכם דבר- יום ביומו / ויפגעו	את-	משה ואת- אהרן נצבים לקראתם בצאתם	4					1
ט052004	דבר- יום ביומו / ויפגעו את- משה	ואת-	אהרן נצבים לקראתם בצאתם מאת פרעה	4				1	2
ט052009	משה ואת- אהרן נצבים לקראתם בצאתם	מאת	פרעה / ויאמרו אלהם ירא יהוה עליכם	4				7	2
ט052109	ירא יהוה עליכם וישפט אשר הבאשתם	את-	ריחנו בעיני פרעה ובעיני עבדיו לתת-	4					1
ט052313	הרע לעם הזה והצל לא- הצלת	את-	עמך // ויאמר יהוה אל- משה עתה	4					1
ט060403	יהוה לא נודעתי להם / וגם הקמתי	את-	בריתי אתם לתת להם את- ארץ	4					1
ט060408	הקמתי את- בריתי אתם לתת להם	את-	ארץ כנען את ארץ מגריהם אשר-	4					1
ט060411	אתם לתת להם את- ארץ כנען	את	ארץ מגריהם אשר- גרו בה / וגם	4					1
ט060504	אשר- גרו בה / וגם אני שמעתי	את-	נאקת בני ישראל אשר מצרים מעבדים	4					1
ט060513	ישראל אשר מצרים מעבדים אתם ואזכר	את-	בריתי / לכן אמר לבני- ישראל אני	4					1
ט060807	והבאתי אתכם אל- הארץ אשר נשאתי	את-	ידי לתת אתה לאברהם ליצחק וליעקב	4					1
ט061108	דבר אל- פרעה מלך מצרים וישלח	את-	בני- ישראל מארצו / וידבר משה לפני	4					1
ט061316	ישראל ואל- פרעה מלך מצרים להוציא	את-	בני- ישראל מארץ מצרים / אלה ראשי	4					1
ט062003	אלה משפחת הלוי לתלדתם / ויקח עמרם	את-	יוכבד דדתו לו לאשה ותלד לו	4					1
ט062010	יוכבד דדתו לו לאשה ותלד לו	את-	אהרן ואת- משה ושני חיי עמרם	4					1
ט062012	לו לאשה ותלד לו את- אהרן	ואת-	משה ושני חיי עמרם שבע ושלשים	4				1	2
ט062303	עזיאל מישאל ואלצפן וסתרי / ויקח אהרן	את-	אלישבע בת- עמינדב אחות נחשון לו	4					1
ט062313	אחות נחשון לו לאשה ותלד לו	את-	נדב ואת- אביהוא את- אלעזר ואת-	4					1
ט062315	לו לאשה ותלד לו את- נדב	ואת-	אביהוא את- אלעזר ואת- איתמר / ובני	4				1	2
ט062317	ותלד לו את- נדב ואת- אביהוא	את-	אלעזר ואת- איתמר / ובני קרח אסיר	4					1
ט062319	את- נדב ואת- אביהוא את- אלעזר	ואת-	איתמר / ובני קרח אסיר ואלקנה אביאסף	4				1	2
ט062420	מבנות פוטיאל לו לאשה ותלד לו	את-	פינחס אלה ראשי אבות הלוים למשפחתם	4					1
ט062609	ומשה אשר אמר יהוה להם הוציאו	את-	בני ישראל מארץ מצרים על- צבאתם	4					1
ט062708	המדברים אל- פרעה מלך- מצרים להוציא	את-	בני- ישראל ממצרים הוא משה ואהרן	4					1
ט062913	יהוה דבר אל- פרעה מלך מצרים	את	כל- אשר אני דבר אליך / ויאמר	4					1
ט070203	ואהרן אחיך יהיה נביאך / אתה תדבר	את	כל- אשר אצוך ואהרן אחיך ידבר	4					1
ט070213	ואהרן אחיך ידבר אל- פרעה ושלח	את-	בני- ישראל מארצו / ואני אקשה את-	4					1
ט070303	את- בני- ישראל מארצו / ואני אקשה	את-	לב פרעה והרביתי את- אתתי ואת-	4					1
ט070307	ואני אקשה את- לב פרעה והרביתי	את-	אתתי ואת- מופתי בארץ מצרים / ולא-	4					1
ט070309	את- לב פרעה והרביתי את- אתתי	ואת-	מופתי בארץ מצרים / ולא- ישמע אלכם	4				1	2

אזכור		מלה		צונן	ג	#	כ	קס	ה
ט070406	מצרים / ולא- ישמע אלכם פרעה ונתתי	את-	ידי במצרים והוצאתי את- צבאתי את-		4				1
ט070410	פרעה ונתתי את- ידי במצרים והוצאתי	את-	צבאתי את- עמי בני- ישראל מארץ		4				1
ט070412	את- ידי במצרים והוצאתי את- צבאתי	את-	עמי בני- ישראל מארץ מצרים בשפטים		4				1
ט070507	וידעו מצרים כי- אני יהוה בנטתי	את-	ידי על- מצרים והוצאתי את- בני-		4				1
ט070512	בנטתי את- ידי על- מצרים והוצאתי	את-	בני- ישראל מתוכם / ויגש משה ואהרן		4				1
ט070913	לכם מופת ואמרת אל- אהרן קח	את-	מטך והשלך לפני- פרעה יהי לתנין		4				1
ט071013	כן כאשר צוה יהוה וישלך אהרן	את-	מטהו לפני פרעה ולפני עבדיו ויהי		4				1
ט071209	מטהו ויהיו לתנינם ויבלע מטה- אהרן	את-	מטתם / ויחזק לב פרעה ולא שמע		4				1
ט071610	אלהי העברים שלחני אליך לאמר שלח	את-	עמי ויעבדני במדבר והנה לא- שמעת		4				1
ט072011	כאשר צוה יהוה וירם במטה ויך	את-	המים אשר- ביאר לעיני פרעה ולעיני		4				1
ט072507	וימלא שבעת ימים אחרי הכות- יהוה	את-	היאר / ויאמר יהוה אל- משה בא		4				1
ט072614	ואמרת אליו כה אמר יהוה שלח	את-	עמי ויעבדני / ואם- מאן אתה לשלח		4				1
ט072708	מאן אתה לשלח הנה אנכי נגף	את-	כל- גבולך בצפרדעים / ושרץ היאר צפרדעים		4				1
ט080109	אל- משה אמר אל- אהרן נטה	את-	ידך במטך על- הנהרת על- היארים		4				1
ט080119	הנהרת על- היארים ועל- האגמים והעל	את-	הצפרדעים על- ארץ מצרים / ויט אהרן		4				1
ט080203	הצפרדעים על- ארץ מצרים / ויט אהרן	את-	ידו על מימי מצרים ותעל הצפרדע		4				1
ט080211	על מימי מצרים ותעל הצפרדע ותכס	את-	ארץ מצרים / ויעשו- כן החרטמים בלטיהם		4				1
ט080306	מצרים / ויעשו- כן החרטמים בלטיהם ויעלו	את-	הצפרדעים על- ארץ מצרים / ויקרא פרעה		4				1
ט080414	יהוה ויסר הצפרדעים ממני ומעמי ואשלחה	את-	העם ויזבחו ליהוה / ויאמר משה לפרעה		4				1
ט081107	וירא פרעה כי היתה הרוחה והכבד	את-	לבו ולא שמע אלהם כאשר דבר		4				1
ט081209	אל- משה אמר אל- אהרן נטה	את-	מטך והך את- עפר הארץ והיה		4				1
ט081212	אל- אהרן נטה את- מטך והך	את-	עפר הארץ והיה לכנם בכל- ארץ		4				1
ט081305	ארץ מצרים / ויעשו- כן ויט אהרן	את-	ידו במטהו ויך את- עפר הארץ		4				1
ט081309	ויט אהרן את- ידו במטהו ויך	את-	עפר הארץ ותהי הכנם באדם ובבהמה		4				1
ט081406	מצרים / ויעשו- כן החרטמים בלטיהם להוציא	את-	הכנים ולא יכלו ותהי הכנם באדם		4				1
ט081705	עמי ויעבדני / כי אם- אינך משלח	את-	עמי הנני משליח בך ובעבדיך ובעמך		4				1
ט081713	הנני משליח בך ובעבדיך ובעמך ובבתיך	את-	הערב ומלאו בתי מצרים את- הערב		4				1
ט081718	ובבתיך את- הערב ומלאו בתי מצרים	את-	הערב וגם האדמה אשר- הם עליה		4				1
ט081804	אשר- הם עליה / והפליתי ביום ההוא	את-	ארץ גשן אשר עמי עמד עליה		4				1
ט082215	מצרים נזבח ליהוה אלהינו הן נזבח	את-	תועבת מצרים לעיניהם ולא יסקלנו / דרך		4				1
ט082523	אל- יסף פרעה התל לבלתי שלח	את-	העם לזבח ליהוה / ויצא משה מעם		4				1
ט082803	ומעמו לא נשאר אחד / ויכבד פרעה	את-	לבו גם בפעם- הזאת ולא שלח		4				1
ט082810	לבו גם בפעם- הזאת ולא שלח	את-	העם // ויאמר יהוה אל- משה בא		4				1
ט090116	כה- אמר יהוה אלהי העברים שלח	את-	עמי ויעבדני / כי אם- מאן אתה		4				1
ט090603	יהוה הדבר הזה בארץ / ויעש יהוה	את-	הדבר הזה ממחרת וימת כל מקנה		4				1
ט090715	אחד ויכבד לב פרעה ולא שלח	את-	העם / ויאמר יהוה אל- משה ואל-		4				1
ט091002	פרח אבעבעת בכל- ארץ מצרים / ויקחו	את	פיח הכבשן ויעמדו לפני פרעה ויזרק		4				1
ט091203	השחין בחרטמים ובכל- מצרים / ויחזק יהוה	את-	לב פרעה ולא שמע אלהם כאשר		4				1
ט091318	כה- אמר יהוה אלהי העברים שלח	את-	עמי ויעבדני / כי בפעם הזאת אני		4				1
ט091406	ויעבדני / כי בפעם הזאת אני שלח	את-	כל- מגפתי אל- לבך ובעבדיך ובעמך		4				1
ט091504	כמני בכל- הארץ / כי עתה שלחתי	את-	ידי ואך אותך ואת- עמך בדבר		4				1
ט091508	עתה שלחתי את- ידי ואך אותך	ואת-	עמך בדבר ותכחד מן- הארץ / ואולם		4			1	2
ט091607	ואולם בעבור זאת העמדתיך בעבור הראתך	את-	כחי ולמען ספר שמי בכל- הארץ		4				1
ט091904	הוסרה ועד- עתה / ועתה שלח העז	את-	מקנך ואת כל- אשר לך בשדה		4				1
ט091906	עתה / ועתה שלח העז את- מקנך	ואת	כל- אשר לך בשדה כל- האדם		4			1	2
ט092002	הביתה וירד עלהם הברד ומתו / הירא	את-	דבר יהוה מעבדי פרעה הניס את-		4				1
ט092008	את- דבר יהוה מעבדי פרעה הניס	את-	עבדיו ואת- מקנהו אל- הבתים / ואשר		4				1
ט092010	יהוה מעבדי פרעה הניס את- עבדיו	ואת-	מקנהו אל- הבתים / ואשר לא- שם		4			1	2
ט092109	שם לבו אל- דבר יהוה ויעזב	את-	עבדיו ואת מקנהו בשדה / ויאמר יהוה		4				1
ט092111	אל- דבר יהוה ויעזב את- עבדיו	ואת	מקנהו בשדה / ויאמר יהוה אל- משה		4			1	2
ט092206	בשדה / ויאמר יהוה אל- משה נטה	את-	ידך על- השמים ויהי ברד בכל-		4				1
ט092303	עשב השדה בארץ מצרים / ויט משה	את-	מטהו על- השמים ויהוה נתן קלת		4				1
ט092506	לגוי / ויך הברד בכל- ארץ מצרים	את	כל- אשר בשדה מאדם ועד- בהמה		4				1
ט092513	כל- אשר בשדה מאדם ועד- בהמה	ואת	כל- עשב השדה הכה הברד ואת-		4			1	2

/ = סוף פסוק   // = סוף פרק   ג = מין   # = מספר   כ = כינוי חבור   קס = קידומות וסיומות   ה = מספר ההברות

אזכור		מלה		צורן	ג	#	כ	קס	ה
ט092519	ואת כל- עשב השדה הכה הברד	ואת-	כל- עץ השדה שבר / רק בארץ	4				1	2
ט092905	תספון לעמד / ויאמר אליו משה כצאתי	את-	העיר אפרש את כפי אל- יהוה	4					1
ט092908	אליו משה כצאתי את- העיר אפרש	את	כפי אל- יהוה הקלות יחדלון והברד	4					1
ט093305	אפילת הנה / ויצא משה מעם פרעה	את-	העיר ויפרש כפיו אל- יהוה ויחדלו	4					1
ט093506	ועבדיו / ויחזק לב פרעה ולא שלח	את-	בני ישראל כאשר דבר יהוה ביד-	4					1
ט100111	בא אל- פרעה כי- אני הכבדתי	את-	לבו ואת- לב עבדיו למען שתי	4					1
ט100113	פרעה כי- אני הכבדתי את- לבו	ואת-	לב עבדיו למען שתי אתתי אלה	4				1	2
ט100207	ולמען תספר באזני בנך ובן- בנך	את	אשר התעללתי במצרים ואת- אתתי אשר-	4					1
ט100211	ובן- בנך את אשר התעללתי במצרים	ואת-	אתתי אשר- שמתי בם וידעתם כי-	4				1	2
ט100406	ויעבדני / כי אם- מאן אתה לשלח	את-	עמי הנני מביא מחר ארבה בגבלך	4					1
ט100502	הנני מביא מחר ארבה בגבלך / וכסה	את-	עין הארץ ולא יוכל לראת את-	4					1
ט100508	את- עין הארץ ולא יוכל לראת	את-	הארץ ואכל את- יתר הפלטה הנשארת	4					1
ט100511	ולא יוכל לראת את- הארץ ואכל	את-	יתר הפלטה הנשארת לכם מן- הברד	4					1
ט100519	הפלטה הנשארת לכם מן- הברד ואכל	את-	כל- העץ הצמח לכם מן- השדה	4					1
ט100712	מתי יהיה זה לנו למוקש שלח	את-	האנשים ויעבדו את- יהוה אלהיהם הטרם	4					1
ט100715	לנו למוקש שלח את- האנשים ויעבדו	את-	יהוה אלהיהם הטרם תדע כי אבדה	4					1
ט100802	הטרם תדע כי אבדה מצרים / ויושב	את-	משה ואת- אהרן אל- פרעה ויאמר	4					1
ט100804	כי אבדה מצרים / ויושב את- משה	ואת-	אהרן אל- פרעה ויאמר אלהם לכו	4				1	2
ט100812	אל- פרעה ויאמר אלהם לכו עבדו	את-	יהוה אלהיכם מי ומי ההלכים / ויאמר	4					1
ט101010	כן יהוה עמכם כאשר אשלח אתכם	ואת	טפכם ראו כי רעה נגד פניכם	4				1	2
ט101107	לא כן לכו נא הגברים ועבדו	את-	יהוה כי אתה אתם מבקשים ויגרש	4					1
ט101115	כי אתה אתם מבקשים ויגרש אתם	מאת	פני פרעה / ויאמר יהוה אל- משה	4				7	2
ט101216	בארבה ויעל על- ארץ מצרים ויאכל	את-	כל- עשב הארץ את כל אשר	4					1
ט101220	מצרים ויאכל את- כל- עשב הארץ	את	כל אשר השאיר הברד / ויט משה	4					1
ט101303	כל אשר השאיר הברד / ויט משה	את-	מטהו על- ארץ מצרים ויהוה נהג	4					1
ט101323	הלילה הבקר היה ורוח הקדים נשא	את-	הארבה / ויעל הארבה על כל- ארץ	4					1
ט101502	כמהו ואחריו לא יהיה- כן / ויכס	את-	עין כל- הארץ ותחשך הארץ ויאכל	4					1
ט101509	עין כל- הארץ ותחשך הארץ ויאכל	את-	כל- עשב הארץ ואת כל- פרי	4					1
ט101513	הארץ ויאכל את- כל- עשב הארץ	ואת	כל- פרי העץ אשר הותיר הברד	4				1	2
ט101713	והעתירו ליהוה אלהיכם ויסר מעלי רק	את-	המות הזה / ויצא מעם פרעה ויעתר	4					1
ט101908	יהוה רוח- ים חזק מאד וישא	את-	הארבה ויתקעהו ימה סוף לא נשאר	4					1
ט102003	אחד בכל גבול מצרים / ויחזק יהוה	את-	לב פרעה ולא שלח את- בני	4					1
ט102008	יהוה את- לב פרעה ולא שלח	את-	בני ישראל / ויאמר יהוה אל- משה	4					1
ט102203	ארץ מצרים וימש חשך / ויט משה	את-	ידו על- השמים ויהי חשך- אפלה	4					1
ט102304	מצרים שלשת ימים / לא- ראו איש	את-	אחיו ולא- קמו איש מתחתיו שלשת	4					1
ט102408	פרעה אל- משה ויאמר לכו עבדו	את-	יהוה רק צאנכם ובקרכם יצג גם-	4					1
ט102612	תשאר פרסה כי ממנו נקח לעבד	את-	יהוה אלהינו ואנחנו לא- נדע מה-	4					1
ט102620	אלהינו ואנחנו לא- נדע מה- נעבד	את-	יהוה עד- באנו שמה / ויחזק יהוה	4					1
ט102703	יהוה עד- באנו שמה / ויחזק יהוה	את-	לב פרעה ולא אבה לשלחם / ויאמר-	4					1
ט110207	דבר- נא באזני העם וישאלו איש	מאת	רעהו ואשה מאת רעותה כלי- כסף	4				7	2
ט110210	העם וישאלו איש מאת רעהו ואשה	מאת	רעותה כלי- כסף וכלי זהב / ויתן	4				7	2
ט110303	כלי- כסף וכלי זהב / ויתן יהוה	את-	חן העם בעיני מצרים גם האיש	4					1
ט111004	מופתי בארץ מצרים / ומשה ואהרן עשו	את-	כל- המפתים האלה לפני פרעה ויחזק	4					1
ט111012	המפתים האלה לפני פרעה ויחזק יהוה	את-	לב פרעה ולא- שלח את- בני-	4					1
ט111017	יהוה את- לב פרעה ולא- שלח	את-	בני- ישראל מארצו // ויאמר יהוה אל-	4					1
ט120802	הבתים אשר- יאכלו אתו בהם / ואכלו	את-	הבשר בלילה הזה צלי- אש ומצות	4					1
ט121311	על הבתים אשר אתם שם וראיתי	את-	הדם ופסחתי עלכם ולא- יהיה בכם	4					1
ט121702	נפש הוא לבדו יעשה לכם / ושמרתם	את-	המצות כי בעצם היום הזה הוצאתי	4					1
ט121709	המצות כי בעצם היום הזה הוצאתי	את-	צבאותיכם מארץ מצרים ושמרתם את- היום	4					1
ט121714	הוצאתי את- צבאותיכם מארץ מצרים ושמרתם	את-	היום הזה לדרתיכם חקת עולם / בראשן	4					1
ט122304	ביתו עד- בקר / ועבר יהוה לנגף	את-	מצרים וראה את- הדם על- המשקוף	4					1
ט122307	ועבר יהוה לנגף את- מצרים וראה	את-	הדם על- המשקוף ועל שתי המזוזת	4					1
ט122402	המשחית לבא אל- בתיכם לנגף / ושמרתם	את-	הדבר הזה לחק- לך ולבניך עד-	4					1
ט122513	יתן יהוה לכם כאשר דבר ושמרתם	את-	העבדה הזאת / והיה כי יאמרו אליכם	4					1

/ = סוף פסוק // = סוף פרק ג = מין # = מספר כ = כינוי חבור קס = קידומות וסיומות ה = מספר ההברות

אזכור		מלה		צונן	ג	#	כ	קס	ה
ט122714	על- בתי בני- ישראל במצרים בנגפו	את-	מצרים ואת- בתינו הציל ויקד העם	4					1
ט122716	בני- ישראל במצרים בנגפו את- מצרים	ואת-	בתינו הציל ויקד העם וישתחוו / וילכו	4				1	2
ט122808	ויעשו בני ישראל כאשר צוה יהוה	את-	משה ואהרן כן עשו / ויהי בחצי	4					1
ט123117	אתם גם- בני ישראל ולכו עבדו	את-	יהוה כדברכם / גם- צאנכם גם- בקרכם	4					1
ט123403	כי אמרו כלנו מתים / וישא העם	את-	בצקו טרם יחמץ משארתם צררת בשמלתם	4					1
ט123603	כסף וכלי- זהב ושמלת / ויהוה נתן	את-	חן העם בעיני מצרים וישאלום וינצלו	4					1
ט123610	חן העם בעיני מצרים וישאלום וינצלו	את-	מצרים / ויסעו בני- ישראל מרעמסס סכתה	4					1
ט123902	וצאן ובקר מקנה כבד מאד / ויאפו	את-	הבצק אשר הוציאו ממצרים עגת מצת	4					1
ט125008	כל- בני ישראל כאשר צוה יהוה	את-	משה ואת- אהרן כן עשו / ויהי	4					1
ט125010	ישראל כאשר צוה יהוה את- משה	ואת-	אהרן כן עשו / ויהי בעצם היום	4				1	2
ט125107	ויהי בעצם היום הזה הוציא יהוה	את-	בני ישראל מארץ מצרים על- צבאתם	4					1
ט130306	הוא / ויאמר משה אל- העם זכור	את-	היום הזה אשר יצאתם ממצרים מבית	4					1
ט130522	לך ארץ זבת חלב ודבש ועבדת	את-	העבדה הזאת בחדש הזה / שבעת ימים	4					1
ט130703	וביום השביעי חג ליהוה / מצות יאכל	את	שבעת הימים ולא- יראה לך חמץ	4					1
ט131002	ביד חזקה הוצאך יהוה ממצרים / ושמרת	את	החקה הזאת למועדה מימים ימימה / והיה	4					1
ט131704	הוציאנו יהוה ממצרים / ויהי בשלח פרעה	את-	העם ולא- נחם אלהים דרך ארץ	4					1
ט131803	בראתם מלחמה ושבו מצרימה / ויסב אלהים	את-	העם דרך המדבר ים- סוף וחמשים	4					1
ט131903	בני ישראל מארץ מצרים / ויקח משה	את-	עצמות יוסף עמו כי השבע השביע	4					1
ט131910	עצמות יוסף עמו כי השבע השביע	את-	בני- ישראל לאמר פקד יפקד אלהים	4					1
ט131919	לאמר פקד יפקד אלהים אתכם והעליתם	את-	עצמתי מזה אתכם / ויסעו מסכת ויחנו	4					1
ט140402	הם בארץ סגר עליהם המדבר / וחזקתי	את-	לב- פרעה ורדף אחריהם ואכבדה בפרעה	4					1
ט140519	ויאמרו מה- זאת עשינו כי- שלחנו	את-	ישראל מעבדנו / ויאסר את- רכבו ואת-	4					1
ט140602	כי- שלחנו את- ישראל מעבדנו / ויאסר	את-	רכבו ואת- עמו לקח עמו / ויקח	4					1
ט140604	את- ישראל מעבדנו / ויאסר את- רכבו	ואת-	עמו לקח עמו / ויקח שש- מאות	4				1	2
ט140803	מצרים ושלשם על- כלו / ויחזק יהוה	את-	לב פרעה מלך מצרים וירדף אחרי	4					1
ט141006	בעלצפן / ופרעה הקריב וישאו בני- ישראל	את-	עיניהם והנה מצרים נסע אחריהם וייראו	4					1
ט141212	אליך במצרים לאמר חדל ממנו ונעבדה	את-	מצרים כי טוב לנו עבד את-	4					1
ט141218	את- מצרים כי טוב לנו עבד	את-	מצרים ממתנו במדבר / ויאמר משה אל-	4					1
ט141309	אל- העם אל- תיראו התיצבו וראו	את-	ישועת יהוה אשר- יעשה לכם היום	4					1
ט141319	יעשה לכם היום כי אשר ראיתם	את	מצרים היום לא תספו לראתם עוד	4					1
ט141603	אל- בני- ישראל ויסעו / ואתה הרם	את-	מטך ונטה את- ידך על- הים	4					1
ט141606	ויסעו / ואתה הרם את- מטך ונטה	את-	ידך על- הים ובקעהו ויבאו בני-	4					1
ט141704	בתוך הים ביבשה / ואני הנני מחזק	את-	לב מצרים ויבאו אחריהם ואכבדה בפרעה	4					1
ט142012	מחנה ישראל ויהי הענן והחשך ויאר	את-	הלילה ולא- קרב זה אל- זה	4					1
ט142103	אל- זה כל- הלילה / ויט משה	את-	ידו על- הים ויולך יהוה את-	4					1
ט142109	את- ידו על- הים ויולך יהוה	את-	הים ברוח קדים עזה כל- הלילה	4					1
ט142117	ברוח קדים עזה כל- הלילה וישם	את-	הים לחרבה ויבקעו המים / ויבאו בני-	4					1
ט142414	מחנה מצרים בעמוד אש וענן ויהם	את	מחנה מצרים / ויסר את אפן מרכבתיו	4					1
ט142502	וענן ויהם את מחנה מצרים / ויסר	את	אפן מרכבתיו וינהגהו בכבדת ויאמר מצרים	4					1
ט142606	במצרים / ויאמר יהוה אל- משה נטה	את-	ידך על- הים וישבו המים על-	4					1
ט142703	על- רכבו ועל- פרשיו / ויט משה	את-	ידו על- הים וישב הים לפנות	4					1
ט142717	לאיתנו ומצרים נסים לקראתו וינער יהוה	את-	מצרים בתוך הים / וישבו המים ויכסו	4					1
ט142804	מצרים בתוך הים / וישבו המים ויכסו	את-	הרכב ואת- הפרשים לכל חיל פרעה	4					1
ט142806	הים / וישבו המים ויכסו את- הרכב	ואת-	הפרשים לכל חיל פרעה הבאים אחריהם	4				1	2
ט143005	מימינם ומשמאלם / ויושע יהוה ביום ההוא	את-	ישראל מיד מצרים וירא ישראל את-	4					1
ט143011	את- ישראל מיד מצרים וירא ישראל	את-	מצרים מת על- שפת הים / וירא	4					1
ט143103	מת על- שפת הים / וירא ישראל	את-	היד הגדלה אשר עשה יהוה במצרים	4					1
ט143112	אשר עשה יהוה במצרים וייראו העם	את	יהוה ויאמינו ביהוה ובמשה עבדו // אז	4					1
ט150106	עבדו // אז ישיר- משה ובני ישראל	את-	השירה הזאת ליהוה ויאמרו לאמר אשירה	4					1
ט151911	ברכבו ובפרשיו בים וישב יהוה עלהם	את-	מי הים ובני ישראל הלכו ביבשה	4					1
ט152006	הים / ותקח מרים הנביאה אחות אהרן	את-	התף בידה ותצאן כל- הנשים אחריה	4					1
ט152203	סוס ורכבו רמה בים / ויסע משה	את-	ישראל מים- סוף ויצאו אל- מדבר-	4					1
ט160326	הוצאתם אתנו אל- המדבר הזה להמית	את-	כל- הקהל הזה ברעב / ויאמר יהוה	4					1
ט160505	אם- לא / והיה ביום הששי והכינו	את	אשר- יביאו והיה משנה על אשר-	4					1

/ = סוף פסוק   // = סוף פרק   ג = מין   # = מספר   כ = כינוי חבור   קס = קידומות וסיומות   ו = מספר ההברות

אזכור		מלה		צורן	ג	#	כ	קס	ה
ט160703	הוציא אתכם מארץ מצרים / ובקר וראיתם	את-	כבוד יהוה בשמעו את- תלנתיכם על-		4				1
ט160707	ובקר וראיתם את- כבוד יהוה בשמעו	את-	תלנתיכם על- יהוה ונחנו מה כי		4				1
ט160814	לאכל ולחם בבקר לשבע בשמע יהוה	את-	תלנתיכם אשר- אתם מלינם עליו ונחנו		4				1
ט160916	ישראל קרבו לפני יהוה כי שמע	את	תלנתיכם / ויהי כדבר אהרן אל- כל-		4				1
ט161202	וידבר יהוה אל- משה לאמר / שמעתי	את-	תלונת בני ישראל דבר אלהם לאמר		4				1
ט161306	אלהיכם / ויהי בערב ותעל השלו ותכס	את-	המחנה ובבקר היתה שכבת הטל סביב		4				1
ט162312	יהוה שבתון שבת- קדש ליהוה מחר	את	אשר- תאפו אפו ואת אשר- תבשלו		4				1
ט162316	ליהוה מחר את אשר- תאפו אפו	ואת	אשר- תבשלו בשלו ואת כל- העדף		4			1	2
ט162320	תאפו אפו ואת אשר- תבשלו בשלו	ואת	כל- העדף הניחו לכם למשמרת עד-		4			1	2
ט163104	העם ביום השביעי / ויקראו בית- ישראל	את-	שמו מן והוא כזרע גד לבן		4				1
ט163215	העמר ממנו למשמרת לדרתיכם למען יראו	את-	הלחם אשר האכלתי אתכם במדבר בהוציאי		4				1
ט163504	לפני העדת למשמרת / ובני ישראל אכלו	את-	המן ארבעים שנה עד- באם אל-		4				1
ט163513	שנה עד- באם אל- ארץ נושבת	את-	המן אכלו עד- באם אל- קצה		4				1
ט170218	משה מה תריבון עמדי מה- תנסון	את-	יהוה / ויצמא שם העם למים וילן		4				1
ט170316	למה זה העליתנו ממצרים להמית אתי	ואת-	בני ואת- מקני בצמא / ויצעק משה		4			1	2
ט170318	העליתנו ממצרים להמית אתי ואת- בני	ואת-	מקני בצמא / ויצעק משה אל יהוה		4			1	2
ט170516	מזקני ישראל ומטך אשר הכית בו	את-	היאר קח בידך והלכת / הנני עמד		4				1
ט170711	על- ריב בני ישראל ועל נסתם	את-	יהוה לאמר היש יהוה בקרבנו אם-		4				1
ט171303	אמונה עד- בא השמש / ויחלש יהושע	את-	עמלק ואת- עמו לפי- חרב / ויאמר		4				1
ט171305	בא השמש / ויחלש יהושע את- עמלק	ואת-	עמו לפי- חרב / ויאמר יהוה אל-		4			1	2
ט171415	ושים באזני יהושע כי- מחה אמחה	את-	זכר עמלק מתחת השמים / ויבן משה		4				1
ט180107	וישמע יתרו כהן מדין חתן משה	את	כל- אשר עשה אלהים למשה ולישראל		4				1
ט180118	למשה ולישראל עמו כי- הוציא יהוה	את-	ישראל ממצרים / ויקח יתרו חתן משה		4				1
ט180205	ישראל ממצרים / ויקח יתרו חתן משה	את-	צפרה אשת משה אחר שלוחיה / ואת		4				1
ט180301	את- צפרה אשת משה אחר שלוחיה /	ואת	שני בניה אשר שם האחד גרשם		4			1	2
ט180804	לשלום ויבאו האהלה / ויספר משה לחתנו	את	כל- אשר עשה יהוה לפרעה ולמצרים		4				1
ט180814	יהוה לפרעה ולמצרים על אודת ישראל	את	כל- התלאה אשר מצאתם בדרך ויצלם		4				1
ט181014	מיד מצרים ומיד פרעה אשר הציל	את-	העם מתחת יד- מצרים / עתה ידעתי		4				1
ט181306	האלהים / ויהי ממחרת וישב משה לשפט	את-	העם ויעמד העם על- משה מן-		4				1
ט181404	הבקר עד- הערב / וירא חתן משה	את	כל- אשר- הוא עשה לעם ויאמר		4				1
ט181613	ושפטתי בין איש ובין רעהו והודעתי	את-	חקי האלהים ואת- תורתיו / ויאמר חתן		4				1
ט181616	ובין רעהו והודעתי את- חקי האלהים	ואת-	תורתיו / ויאמר חתן משה אליו לא-		4			1	2
ט181915	אתה לעם מול האלהים והבאת אתה	את-	הדברים אל- האלהים / והזהרתה אתהם את-		4				1
ט182003	את- הדברים אל- האלהים / והזהרתה אתהם	את-	החקים ואת- התורת והודעת להם את-		4				1
ט182005	אל- האלהים / והזהרתה אתהם את- החקים	ואת-	התורת והודעת להם את- הדרך ילכו		4			1	2
ט182009	את- החקים ואת- התורת והודעת להם	את-	הדרך ילכו בה ואת המעשה אשר		4				1
ט182013	והודעת להם את- הדרך ילכו בה	ואת	המעשה אשר יעשון / ואתה תחזה מכל-		4			1	2
ט182202	מאות שרי חמשים ושרי עשרת / ושפטו	את-	העם בכל- עת והיה כל- הדבר		4				1
ט182302	הם והקל מעליך ונשאו אתך / אם	את-	הדבר הזה תעשה וצוך אלהים ויכלת		4				1
ט182602	מאות שרי חמשים ושרי עשרת / ושפטו	את-	העם בכל- עת את- הדבר הקשה		4				1
ט182606	עשרת / ושפטו את- העם בכל- עת	את-	הדבר הקשה יביאון אל- משה וכל-		4				1
ט182703	הדבר הקטן ישפוטו הם / וישלח משה	את-	חתנו וילך לו אל- ארצו // בחדש		4				1
ט190507	ועתה אם- שמוע תשמעו בקלי ושמרתם	את-	בריתי והייתם לי סגלה מכל- העמים		4				1
ט190708	משה ויקרא לזקני העם וישם לפניהם	את	כל- הדברים האלה אשר צוהו יהוה		4				1
ט190813	אשר- דבר יהוה נעשה וישב משה	את-	דברי העם אל- יהוה / ויאמר יהוה		4				1
ט190922	וגם- בך יאמינו לעולם ויגד משה	את-	דברי העם אל- יהוה / ויאמר יהוה		4				1
ט191202	כל- העם על- הר סיני / והגבלת	את-	העם סביב לאמר השמרו לכם עלות		4				1
ט191408	משה מן- ההר אל- העם ויקדש	את-	העם ויכבסו שמלתם / ויאמר אל- העם		4				1
ט191703	כל- העם אשר במחנה / ויוצא משה	את-	העם לקראת האלהים מן- המחנה ויתיצבו		4				1
ט192318	כי- אתה העדתה בנו לאמר הגבל	את-	ההר וקדשתו / ויאמר אליו יהוה לך-		4				1
ט200103	אל- העם ויאמר אלהם // וידבר אלהים	את	כל- הדברים האלה לאמר / אנכי יהוה		4				1
ט200703	לאלפים לאהבי ולשמרי מצותי / לא תשא	את-	שם- יהוה אלהיך לשוא כי לא		4				1
ט200712	אלהיך לשוא כי לא ינקה יהוה	את	אשר- ישא את- שמו לשוא / זכור		4				1
ט200715	לא ינקה יהוה את אשר- ישא	את-	שמו לשוא / זכור את יום השבת		4				1

/ = סוף פסוק   // = סוף פרק   ג = מין   # = מספר   כ = כינוי חבור   קס = קידומות וסיומות   ה = מספר ההברות

אזכור		מלה		צורן	ג	#	כ	קס	ה
ט200802	אשר- ישא את- שמו לשוא / זכור	את	יום השבת לקדשו / ששת ימים תעבד	4					1
ט201106	בשעריך / כי ששת- ימים עשה יהוה	-את	השמים ואת- הארץ את- הים ואת-	4					1
ט201108	ששת- ימים עשה יהוה את- השמים	ואת-	הארץ את- הים ואת- כל- אשר-	4				1	2
ט201110	עשה יהוה את- השמים ואת- הארץ	-את	הים ואת- כל- אשר- בם וינח	4					1
ט201112	את- השמים ואת- הארץ את- הים	ואת-	כל- אשר- בם וינח ביום השביעי	4				1	2
ט201123	ביום השביעי על- כן ברך יהוה	-את	יום השבת ויקדשהו / כבד את- אביך	4					1
ט201202	יהוה את- יום השבת ויקדשהו / כבד	-את	אביך ואת- אמך למען יארכון ימיך	4					1
ט201204	יום השבת ויקדשהו / כבד את- אביך	ואת-	אמך למען יארכון ימיך על האדמה	4				1	2
ט201804	וכל אשר לרעך / וכל- העם ראים	-את	הקולת ואת הלפידים ואת קול השפר	4					1
ט201806	לרעך / וכל- העם ראים את- הקולת	ואת	הלפידים ואת קול השפר ואת- ההר	4				1	2
ט201808	העם ראים את- הקולת ואת הלפידים	ואת	קול השפר ואת- ההר עשן וירא	4				1	2
ט201811	הקולת ואת הלפידים ואת קול השפר	ואת-	ההר עשן וירא העם וינעו ויעמדו	4				1	2
ט202407	מזבח אדמה תעשה לי וזבחת עליו	-את	עלתיך ואת- שלמיך את- צאנך ואת-	4					1
ט202409	תעשה לי וזבחת עליו את- עלתיך	ואת-	שלמיך את- צאנך ואת- בקרך בכל-	4				1	2
ט202411	וזבחת עליו את- עלתיך ואת- שלמיך	-את	צאנך ואת- בקרך בכל- המקום אשר	4					1
ט202413	את- עלתיך ואת- שלמיך את- צאנך	ואת-	בקרך בכל- המקום אשר אזכיר את-	4				1	2
ט202419	ואת- בקרך בכל- המקום אשר אזכיר	-את	שמי אבוא אליך וברכתיך / ואם- מזבח	4					1
ט210506	בגפו / ואם- אמר יאמר העבד אהבתי	-את	אדני את- אשתי ואת- בני לא	4					1
ט210508	אמר יאמר העבד אהבתי את- אדני	-את	אשתי ואת- בני לא אצא חפשי	4					1
ט210510	העבד אהבתי את- אדני את- אשתי	ואת-	בני לא אצא חפשי / והגישו אדניו	4				1	2
ט210613	הדלת או אל- המזוזה ורצע אדניו	-את	אזנו במרצע ועבדו לעלם / וכי- ימכר	4					1
ט210704	במרצע ועבדו לעלם / וכי- ימכר איש	-את	בתו לאמה לא תצא כצאת העבדים	4					1
ט211806	יומת / וכי- יריבן אנשים והכה- איש	-את	רעהו באבן או באגרף ולא ימות	4					1
ט212004	יתן ורפא ירפא / וכי- יכה איש	-את	עבדו או את- אמתו בשבט ומת	4					1
ט212007	וכי- יכה איש את- עבדו או	-את	אמתו בשבט ומת תחת ידו נקם	4					1
ט212604	חבורה תחת חבורה / וכי- יכה איש	-את	עין עבדו או- את- עין אמתו	4					1
ט212608	יכה איש את- עין עבדו או-	-את	עין אמתו ושחתה לחפשי ישלחנו תחת	4					1
ט212804	ישלחנו תחת שנו / וכי- יגח שור	-את	איש או את- אשה ומת סקול	4					1
ט212807	וכי- יגח שור את- איש או	-את	אשה ומת סקול יסקל השור ולא	4					1
ט212815	ומת סקול יסקל השור ולא יאכל	-את	בשרו ובעל השור נקי / ואם שור	4					1
ט213505	יהיה- לו / וכי- יגף שור- איש	-את	שור רעהו ומת ומכרו את- השור	4					1
ט213510	איש את- שור רעהו ומת ומכרו	-את	השור החי וחצו את- כספו וגם	4					1
ט213514	ומת ומכרו את- השור החי וחצו	-את	כספו וגם את- המת יחצון / או	4					1
ט213517	השור החי וחצו את- כספו וגם	-את	המת יחצון / או נודע כי שור	4					1
ט220408	יבער- איש שדה או- כרם ושלח	-את	בעירה ובער בשדה אחר מיטב שדהו	4					1
ט220515	הקמה או השדה שלם ישלם המבער	-את	הבערה / כי- יתן איש אל- רעהו	4					1
ט222404	אלמנות ובניכם יתמים / אם- כסף תלוה	-את	עמי את- העני עמך לא- תהיה	4					1
ט222406	יתמים / אם- כסף תלוה את- עמי	-את	העני עמך לא- תהיה לו כנשה	4					1
ט230906	צדיקים / וגר לא תלחץ ואתם ידעתם	-את	נפש הגר כי- גרים הייתם בארץ	4					1
ט231004	הייתם בארץ מצרים / ושש שנים תזרע	-את	ארצך ואספת את- תבואתה / והשביעת תשמטנה	4					1
ט231007	ושש שנים תזרע את- ארצך ואספת	-את	תבואתה / והשביעת תשמטנה ונטשתה ואכלו אביני	4					1
ט231501	פיך / שלש רגלים תחג לי בשנה /	את	חג המצות תשמר שבעת ימים תאכל	4					1
ט231613	בשדה וחג האסף בצאת השנה באספך	-את	מעשיך מן- השדה / שלש פעמים בשנה	4					1
ט232211	בקלו ועשית כל אשר אדבר ואיבתי	-את	איבך וצרתי את- צררין / כי- ילך	4					1
ט232214	אשר אדבר ואיבתי את- איבך וצרתי	-את	צרריך / כי- ילך מלאכי לפניך והביאך	4					1
ט232502	הרס תהרסם ושבר תשבר מצבתיהם / ועבדתם	את	יהוה אלהיכם וברך את- לחמך ואת-	4					1
ט232506	מצבתיהם / ועבדתם את יהוה אלהיכם וברך	-את	לחמך ואת- מימיך והסרתי מחלה מקרבך	4					1
ט232508	את יהוה אלהיכם וברך את- לחמך	ואת-	מימיך והסרתי מחלה מקרבך / לא תהיה	4				1	2
ט232606	מקרבך / לא תהיה משכלה ועקרה בארצך	-את	מספר ימיך אמלא / את- אימתי אשלח	4					1
ט232701	ועקרה בארצך את- מספר ימיך אמלא /	-את	אימתי אשלח לפניך והמתי את- כל-	4					1
ט232706	אמלא / את- אימתי אשלח לפניך והמתי	-את	כל- העם אשר תבא בהם ונתתי	4					1
ט232713	כל- העם אשר תבא בהם ונתתי	-את	כל- איביך אליך ערף / ושלחתי את-	4					1
ט232802	את- כל- איביך אליך ערף / ושלחתי	-את	הצרעה לפניך וגרשה את- החוי את-	4					1
ט232806	ערף / ושלחתי את- הצרעה לפניך וגרשה	-את	החוי את- הכנעני ואת החתי מלפניך	4					1

אזכור		מלה		צורן	ג	#	כ	קס	ה
ט232808	את- הצרעה לפניך וגרשה את- החוי	את-	הכנעני ואת החתי מלפניך / לא אגרשנו	4					1
ט232810	לפניך וגרשה את- החוי את- הכנעני	ואת	החתי מלפניך / לא אגרשנו מפניך בשנה	4				1	2
ט233009	אגרשנו מפניך עד אשר תפרה ונחלת	את-	הארץ / ושתי את- גבלך מים- סוף	4					1
ט233102	אשר תפרה ונחלת את- הארץ / ושתי	את-	גבלך מים- סוף ועד- ים פלשתים	4					1
ט233115	וממדבר עד- הנהר כי אתן בידכם	את	ישבי הארץ וגרשתמו מפניך / לא- תכרת	4					1
ט233310	פן- יחטיאו אתך לי כי תעבד	את-	אלהיהם כי- יהיה לך למוקש // ואל	4					1
ט240305	יעלו עמו / ויבא משה ויספר לעם	את	כל- דברי יהוה ואת כל- המשפטים	4					1
ט240309	ויספר לעם את כל- דברי יהוה	ואת	כל- המשפטים ויען כל- העם קול	4				1	2
ט240403	אשר- דבר יהוה נעשה / ויכתב משה	את	כל- דברי יהוה וישכם בבקר ויבן	4					1
ט240502	תים עשרה מצבה לשנים עשר שבטי ישראל / וישלח	את-	נערי בני ישראל ויעלו עלת ויזבחו	4					1
ט240803	דבר יהוה נעשה ונשמע / ויקח משה	את-	הדם ויזרק על- העם ויאמר הנה	4					1
ט241002	נדב ואביהוא ושבעים מזקני ישראל / ויראו	את	אלהי ישראל ותחת רגליו כמעשה לבנת	4					1
ט241109	בני ישראל לא שלח ידו ויחזו	את-	האלהים ויאכלו וישתו / ויאמר יהוה אל-	4					1
ט241212	אלי ההרה והיה- שם ואתנה לך	את-	לחת האבן והתורה והמצוה אשר כתבתי	4					1
ט241507	ויעל משה אל- ההר ויכס הענן	את-	ההר / וישכן כבוד- יהוה על- הר	4					1
ט250208	אל- בני ישראל ויקחו לי תרומה	מאת	כל- איש אשר ידבנו לבו תקחו	4				7	2
ט250215	כל- איש אשר ידבנו לבו תקחו	את-	תרומתי / וזאת התרומה אשר תקחו מאתם	4					1
ט250906	בתוכם / ככל אשר אני מראה אותך	את	תבנית המשכן ואת תבנית כל- כליו	4					1
ט250909	אני מראה אותך את תבנית המשכן	ואת	תבנית כל- כליו וכן תעשו / ועשו	4				1	2
ט251402	עצי שטים וצפית אתם זהב / והבאת	את-	הבדים בטבעת על צלעת הארן לשאת	4					1
ט251409	הבדים בטבעת על צלעת הארן לשאת	את-	הארן בהם / בטבעת הארן יהיו הבדים	4					1
ט251604	לא יסרו ממנו / ונתת אל- הארן	את	העדת אשר אתן אליך / ועשית כפרת	4					1
ט251913	אחד מקצה מזה מן- הכפרת תעשו	את-	הכרבים על- שני קצותיו / והיו הכרבים	4					1
ט252102	אל- הכפרת יהיו פני הכרבים / ונתת	את-	הכפרת על- הארן מלמעלה ואל- הארן	4					1
ט252110	על- הארן מלמעלה ואל- הארן תתן	את-	העדת אשר אתן אליך / ונועדתי לך	4					1
ט252215	שני הכרבים אשר על- ארון העדת	את	כל- אשר אצוה אותך אל- בני	4					1
ט252607	ועשית לו ארבע טבעת זהב ונתת	את-	הטבעת על ארבע הפאת אשר לארבע	4					1
ט252708	המסגרת תהיין הטבעת לבתים לבדים לשאת	את-	השלחן / ועשית את- הבדים עצי שטים	4					1
ט252802	לבתים לבדים לשאת את- השלחן / ועשית	את-	הבדים עצי שטים וצפית אתם זהב	4					1
ט252811	שטים וצפית אתם זהב ונשא בם	את-	השלחן / ועשית קערתיו וכפתיו וקשותיו ומנקית	4					1
ט253702	כלה מקשה אחת זהב טהור / ועשית	את-	נרתיה שבעה והעלה את- נרתיה והאיר	4					1
ט253706	טהור / ועשית את- נרתיה שבעה והעלה	את-	נרתיה והאיר על- עבר פניה / ומלקחיה	4					1
ט253906	טהור / ככר זהב טהור יעשה אתה	את	כל- הכלים האלה / וראה ועשה בתבניתם	4					1
ט260101	ועשה בתבניתם אשר- אתה מראה בהר //	ואת-	המשכן תעשה עשר יריעת שש משזר	4				1	2
ט260606	אחתה / ועשית חמשים קרסי זהב וחברת	את-	היריעת אשה אל- אחתה בקרסים והיה	4					1
ט260902	האחת מדה אחת לעשתי עשרה יריעת / וחברת	את-	חמש היריעת לבד ואת שש היריעת	4					1
ט260906	יריעת / וחברת את- חמש היריעת לבד	ואת	שש היריעת לבד וכפלת את- היריעה	4				1	2
ט260911	לבד ואת שש היריעת לבד וכפלת	את-	היריעה הששית אל- מול פני האהל	4					1
ט261106	השנית / ועשית קרסי נחשת חמשים והבאת	את-	הקרסים בללאת וחברת את- האהל והיה	4					1
ט261110	חמשים והבאת את- הקרסים בללאת וחברת	את-	האהל והיה אחד / וסרח העדף ביריעת	4					1
ט261502	מאדמים ומכסה ערת תחשים מלמעלה / ועשית	את-	הקרשים למשכן עצי שטים עמדים / עשר	4					1
ט261802	כן תעשה לכל קרשי המשכן / ועשית	את-	הקרשים למשכן עשרים קרש לפאת נגבה	4					1
ט262901	הקרשים מברח מן- הקצה אל- הקצה /	ואת-	הקרשים תצפה זהב ואת- טבעתיהם תעשה	4				1	2
ט262905	אל- הקצה / ואת- הקרשים תצפה זהב	ואת-	טבעתיהם תעשה זהב בתים לבריחם וצפית	4				1	2
ט262912	טבעתיהם תעשה זהב בתים לבריחם וצפית	את-	הבריחם זהב / והקמת את- המשכן כמשפטו	4					1
ט263002	לבריחם וצפית את- הבריחם זהב / והקמת	את-	המשכן כמשפטו אשר הראית בהר / ועשית	4					1
ט263302	זהב על- ארבעה אדני- כסף / ונתתה	את-	הפרכת תחת הקרסים והבאת שמה מבית	4					1
ט263310	תחת הקרסים והבאת שמה מבית לפרכת	את	ארון העדות והבדילה הפרכת לכם בין	4					1
ט263402	בין הקדש ובין קדש הקדשים / ונתת	את-	הכפרת על ארון העדת בקדש הקדשים	4					1
ט263502	על ארון העדת בקדש הקדשים / ושמת	את-	השלחן מחוץ לפרכת ואת- המנרה נכח	4					1
ט263506	הקדשים / ושמת את- השלחן מחוץ לפרכת	ואת-	המנרה נכח השלחן על צלע המשכן	4				1	2
ט270102	ויצקת להם חמשה אדני נחשת // ועשית	את-	המזבח עצי שטים חמש אמות ארך	4					1
ט270702	עצי שטים וצפית אתם נחשת / והובא	את-	בדיו בטבעת והיו הבדים על- שתי	4					1
ט270902	הראה אתך בהר כן יעשו / ועשית	את	חצר המשכן לפאת נגב- תימנה קלעים	4					1

/ = סוף פסוק // = סוף פרק ג = מין # = מספר כ = כינוי גבור קס = קידומות וסיומות ה = מספר ההברות

אזכור		מלה		צורן	ג	#	כ	קס	ה
ט272003	וכל- יתדת החצר נחשת / ואתה תצוה	את-	בני ישראל ויקחו אליך שמן זית	4					1
ט272120	בקר לפני יהוה חקת עולם לדרתם	מאת	בני ישראל // ואתה הקרב אליך את-	4			7		2
ט280104	מאת בני ישראל // ואתה הקרב אליך	את-	אהרן אחיך ואת- בניו אתו מתוך	4					1
ט280107	ואתה הקרב אליך את- אהרן אחיך	ואת-	בניו אתו מתוך בני ישראל לכהנו-	4			1		2
ט280312	לב אשר מלאתיו רוח חכמה ועשו	את-	בגדי אהרן לקדשו לכהנו- לי / ואלה	4					1
ט280503	אחיך ולבניו לכהנו- לי / והם יקחו	את-	הזהב ואת- התכלת ואת- הארגמן ואת-	4					1
ט280505	לכהנו- לי / והם יקחו את- הזהב	ואת-	התכלת ואת- הארגמן ואת- תולעת השני	4			1		2
ט280507	והם יקחו את- הזהב ואת- התכלת	ואת-	הארגמן ואת- תולעת השני ואת- השש	4			1		2
ט280509	את- הזהב ואת- התכלת ואת- הארגמן	ואת-	תולעת השני ואת- השש / ועשו את-	4			1		2
ט280512	התכלת ואת- הארגמן ואת- תולעת השני	ואת-	השש / ועשו את- האפד זהב תכלת	4			1		2
ט280602	ואת- תולעת השני ואת- השש / ועשו	את-	האפד זהב תכלת וארגמן תולעת שני	4					1
ט280902	וארגמן ותולעת שני ושש משזר / ולקחת	את-	שתי אבני- שהם ופתחת עליהם שמות	4					1
ט281006	ישראל / ששה משמתם על האבן האחת	ואת-	שמות הששה הנותרים על- האבן השנית	4			1		2
ט281107	מעשה חרש אבן פתוחי חתם תפתח	את-	שתי האבנים על- שמת בני ישראל	4					1
ט281202	מסבת משבצות זהב תעשה אתם / ושמת	את-	שתי האבנים על כתפת האפד אבני	4					1
ט281214	אבני זכרן לבני ישראל ונשא אהרן	את-	שמותם לפני יהוה על- שתי כתפיו	4					1
ט281411	מגבלת תעשה אתם מעשה עבת ונתתה	את-	שרשרת העבתת על- המשבצת / ועשית חשן	4					1
ט282308	על- החשן שתי טבעות זהב ונתת	את-	שתי הטבעות על- שני קצות החשן	4					1
ט282402	הטבעות על- שני קצות החשן / ונתתה	את-	שתי עבתת הזהב על- שתי הטבעת	4					1
ט282501	על- שתי הטבעת אל- קצות החשן /	ואת	שתי קצות שתי העבתת תתן על-	4			1		2
ט282802	לעמת מחברתו ממעל לחשב האפוד / וירכסו	את-	החשן מטבעתו אל- טבעת האפוד בפתיל	4					1
ט282903	יזח החשן מעל האפוד / ונשא אהרן	את-	שמות בני- ישראל בחשן המשפט על-	4					1
ט283005	יהוה תמיד / ונתת אל- חשן המשפט	את-	האורים ואת- התמים והיו על- לב	4					1
ט283007	ונתת אל- חשן המשפט את- האורים	ואת-	התמים והיו על- לב אהרן בבאו	4			1		2
ט283018	אהרן בבאו לפני יהוה ונשא אהרן	את-	משפט בני- ישראל על- לבו לפני	4					1
ט283102	על- לבו לפני יהוה תמיד / ועשית	את-	מעיל האפוד כליל תכלת / והיה פי-	4					1
ט283807	והיה על- מצח אהרן ונשא אהרן	את-	עון הקדשים אשר יקדישו בני ישראל	4					1
ט284103	תעשה להם לכבוד ולתפארת / והלבשת אתם	את-	אהרן אחיך ואת- בניו אתו ומשחת	4					1
ט284106	ולתפארת / והלבשת אתם את- אהרן אחיך	ואת-	בניו אתו ומשחת אתם ומלאת את-	4			1		2
ט284112	ואת- בניו אתו ומשחת אתם ומלאת	את-	ידם וקדשת אתם וכהנו- לי / ועשה	4					1
ט290309	על- סל אחד והקרבת אתם בסל	ואת-	הפר ואת שני האילם / ואת- אהרן	4			1		2
ט290311	אחד והקרבת אתם בסל ואת- הפר	ואת	שני האילם / ואת- אהרן ואת בניו	4			1		2
ט290401	בסל ואת- הפר ואת שני האילם /	ואת-	אהרן ואת בניו תקריב אל- פתח	4			1		2
ט290403	הפר ואת שני האילם / ואת- אהרן	ואת	בניו תקריב אל- פתח אהל מועד	4			1		2
ט290502	אהל מועד ורחצת אתם במים / ולקחת	את-	הבגדים והלבשת את- אהרן את- הכתנת	4					1
ט290505	אתם במים / ולקחת את- הבגדים והלבשת	את-	אהרן את- הכתנת ואת מעיל האפד	4					1
ט290507	ולקחת את- הבגדים והלבשת את- אהרן	את-	הכתנת ואת מעיל האפד ואת- האפד	4					1
ט290509	הבגדים והלבשת את- אהרן את- הכתנת	ואת	מעיל האפד ואת- האפד ואת- החשן	4			1		2
ט290512	אהרן את- הכתנת ואת מעיל האפד	ואת-	האפד ואת- החשן ואפדת לו בחשב	4			1		2
ט290514	הכתנת ואת מעיל האפד ואת- האפד	ואת-	החשן ואפדת לו בחשב האפד / ושמת	4			1		2
ט290606	האפד / ושמת המצנפת על- ראשו ונתת	את-	נזר הקדש על- המצנפת / ולקחת את-	4					1
ט290702	את- נזר הקדש על- המצנפת / ולקחת	את-	שמן המשחה ויצקת על- ראשו ומשחת	4					1
ט290801	המשחה ויצקת על- ראשו ומשחת אתו /	ואת-	בניו תקריב והלבשתם כתנת / וחגרת אתם	4			1		2
ט291002	ומלאת יד- אהרן ויד- בניו / והקרבת	את-	הפר לפני אהל מועד וסמך אהרן	4					1
ט291010	לפני אהל מועד וסמך אהרן ובניו	את-	ידיהם על- ראש הפר / ושחטת את-	4					1
ט291102	את- ידיהם על- ראש הפר / ושחטת	את-	הפר לפני יהוה פתח אהל מועד	4					1
ט291209	הפר ונתתה על- קרנת המזבח באצבעך	ואת-	כל- הדם תשפך אל- יסוד המזבח	4			1		2
ט291302	הדם תשפך אל- יסוד המזבח / ולקחת	את-	כל- החלב המכסה את- הקרב ואת	4					1
ט291306	המזבח / ולקחת את- כל- החלב המכסה	את-	הקרב ואת היתרת על- הכבד ואת	4					1
ט291308	את- כל- החלב המכסה את- הקרב	ואת	היתרת על- הכבד ואת שתי הכלית	4			1		2
ט291312	את- הקרב ואת היתרת על- הכבד	ואת	שתי הכלית ואת- החלב אשר עליהן	4			1		2
ט291315	היתרת על- הכבד ואת שתי הכלית	ואת-	החלב אשר עליהן והקטרת המזבחה / ואת-	4			1		2
ט291401	ואת- החלב אשר עליהן והקטרת המזבחה /	ואת-	בשר הפר ואת- ערו ואת- פרשו	4			1		2
ט291404	עליהן והקטרת המזבחה / ואת- בשר הפר	ואת-	ערו ואת- פרשו תשרף באש מחוץ	4			1		2

אזכור		מלה		צונן	ג	#	כ	קס	ה
ט291406	המזבחה / ואת- בשר הפר ואת- ערו	ואת-	פרשו תשרף באש מחוץ למחנה חטאת	4				1	2
ט291501	תשרף באש מחוץ למחנה חטאת הוא /	ואת-	האיל האחד תקח וסמכו אהרן ובניו	4				1	2
ט291508	האיל האחד תקח וסמכו אהרן ובניו	את-	ידיהם על- ראש האיל / ושחטת את-	4					1
ט291602	את- ידיהם על- ראש האיל / ושחטת	את-	האיל ולקחת את- דמו וזרקת על-	4					1
ט291605	ראש האיל / ושחטת את- האיל ולקחת	את-	דמו וזרקת על- המזבח סביב / ואת-	4					1
ט291701	את- דמו וזרקת על- המזבח סביב /	ואת-	האיל תנתח לנתחיו ורחצת קרבו וכרעיו	4				1	2
ט291802	ונתת על- נתחיו ועל- ראשו / והקטרת	את-	כל- האיל המזבחה עלה הוא ליהוה	4					1
ט291902	ריח ניחוח אשה ליהוה הוא / ולקחת	את	האיל השני וסמך אהרן ובניו את-	4					1
ט291908	את האיל השני וסמך אהרן ובניו	את-	ידיהם על- ראש האיל / ושחטת את-	4					1
ט292002	את- ידיהם על- ראש האיל / ושחטת	את-	האיל ולקחת מדמו ונתתה על- תנוך	4					1
ט292025	הימנית ועל- בהן רגלם הימנית וזרקת	את-	הדם על- המזבח סביב / ולקחת מן-	4					1
ט292206	אתו / ולקחת מן- האיל החלב והאליה	ואת-	החלב המכסה את- הקרב ואת יתרת	4				1	2
ט292209	האיל החלב והאליה ואת- החלב המכסה	את-	הקרב ואת יתרת הכבד ואת שתי	4					1
ט292211	והאליה ואת- החלב המכסה את- הקרב	ואת	יתרת הכבד ואת שתי הכלית ואת-	4				1	2
ט292214	המכסה את- הקרב ואת יתרת הכבד	ואת	שתי הכלית ואת- החלב אשר עליהן	4				1	2
ט292217	ואת יתרת הכבד ואת שתי הכלית	ואת-	החלב אשר עליהן ואת שוק הימין	4				1	2
ט292221	שתי הכלית ואת- החלב אשר עליהן	ואת	שוק הימין כי איל מלאים הוא	4				1	2
ט292602	לפני יהוה אשה הוא ליהוה / ולקחת	את-	החזה מאיל המלאים אשר לאהרן והנפת	4					1
ט292702	לפני יהוה והיה לך למנה / וקדשת	את	חזה התנופה ואת שוק התרומה אשר	4					1
ט292705	לך למנה / וקדשת את חזה התנופה	ואת	שוק התרומה אשר הונף ואשר הורם	4				1	2
ט292806	לבניו / והיה לאהרן ולבניו לחק- עולם	מאת	בני ישראל כי תרומה הוא ותרומה	4				7	2
ט292814	ישראל כי תרומה הוא ותרומה יהיה	מאת	בני- ישראל מזבחי שלמיהם תרומתם ליהוה	4				7	2
ט292912	לבניו אחריו למשחה בהם ולמלא- בם	את-	ידם / שבעת ימים ילבשם הכהן תחתיו	4					1
ט293101	יבא אל- אהל מועד לשרת בקדש /	ואת	איל המלאים תקח ובשלת את- בשרו	4				1	2
ט293106	בקדש / ואת איל המלאים תקח ובשלת	את-	בשרו במקם קדש / ואכל אהרן ובניו	4					1
ט293204	בשרו במקם קדש / ואכל אהרן ובניו	את-	בשר האיל ואת- הלחם אשר בסל	4					1
ט293207	ואכל אהרן ובניו את- בשר האיל	ואת-	הלחם אשר בסל פתח אהל מועד	4				1	2
ט293307	ואכלו אתם אשר כפר בהם למלא	את-	ידם לקדש אתם וזר לא- יאכל	4					1
ט293410	המלאים ומן- הלחם עד- הבקר ושרפת	את-	הנותר באש לא יאכל כי- קדש	4					1
ט293901	כבשים בני- שנה שנים ליום תמיד /	את-	הכבש האחד תעשה בבקר ואת הכבש	4					1
ט293906	תמיד / את- הכבש האחד תעשה בבקר	ואת	הכבש השני תעשה בין הערבים / ועשרן	4				1	2
ט294101	ונסך רביעית ההין יין לכבש האחד /	ואת	הכבש השני תעשה בין הערבים כמנחת	4				1	2
ט294402	שמה לבני- ישראל ונקדש בכבדי / וקדשתי	את-	אהל מועד ואת- המזבח ואת- אהרן	4					1
ט294405	ונקדש בכבדי / וקדשתי את- אהל מועד	ואת-	המזבח ואת- אהרן ואת- בניו אקדש	4				1	2
ט294407	וקדשתי את- אהל מועד ואת- המזבח	ואת-	אהרן ואת- בניו אקדש לכהן לי	4				1	2
ט294409	אהל מועד ואת- המזבח ואת- אהרן	ואת-	בניו אקדש לכהן לי / ושכנתי בתוך	4				1	2
ט300305	ממנו קרנתיו / וצפית אתו זהב טהור	את-	גגו ואת- קירתיו סביב ואת- קרנתיו	4					1
ט300307	וצפית אתו זהב טהור את- גגו	ואת-	קירתיו סביב ואת- קרנתיו ועשית לו	4				1	2
ט300310	טהור את- גגו ואת- קירתיו סביב	ואת-	קרנתיו ועשית לו זר זהב סביב	4				1	2
ט300502	לבתים לבדים לשאת אתו בהמה / ועשית	את-	הבדים עצי שטים וצפית אתם זהב	4					1
ט300709	אהרן קטרת סמים בבקר בבקר בהיטיבו	את-	הנרת יקטירנה / ובהעלת אהרן את- הנרת	4					1
ט300803	בהיטיבו את- הנרת יקטירנה / ובהעלת אהרן	את-	הנרת בין- הערבים יקטירנה קטרת תמיד	4					1
ט301203	יהוה אל- משה לאמר / כי תשא	את-	ראש בני- ישראל לפקדיהם ונתנו איש	4					1
ט301510	והדל לא ימעיט ממחצית השקל לתת	את-	תרומת יהוה לכפר על- נפשתיכם / ולקחת	4					1
ט301602	תרומת יהוה לכפר על- נפשתיכם / ולקחת	את-	כסף הכפרים מאת בני ישראל ונתת	4					1
ט301605	על- נפשתיכם / ולקחת את- כסף הכפרים	מאת	בני ישראל ונתת אתו על עבדת	4				7	2
ט301905	שמה מים / ורחצו אהרן ובניו ממנו	את-	ידיהם ואת- רגליהם / בבאם אל- אהל	4					1
ט301907	ורחצו אהרן ובניו ממנו את- ידיהם	ואת-	רגליהם / בבאם אל- אהל מועד ירחצו-	4				1	2
ט302603	שמן משחת- קדש יהיה / ומשחת בו	את-	אהל מועד ואת ארון העדת / ואת-	4					1
ט302606	יהיה / ומשחת בו את- אהל מועד	ואת	ארון העדת / ואת- השלחן ואת- כל-	4				1	2
ט302701	את- אהל מועד ואת ארון העדת /	ואת-	השלחן ואת- כל- כליו ואת המנרה	4				1	2
ט302703	מועד ואת ארון העדת / ואת- השלחן	ואת-	כל- כליו ואת המנרה ואת- כליה	4				1	2
ט302706	העדת / ואת- השלחן ואת- כל- כליו	ואת	המנרה ואת- כליה ואת מזבח הקטרת	4				1	2
ט302708	השלחן ואת- כל- כליו ואת המנרה	ואת-	כליה ואת מזבח הקטרת / ואת- מזבח	4				1	2

/ = סוף פסוק // = סוף פרק ג = מין # = מספר כ = כינוי חבור קס = קידומות וסיומות ה = נספר ההברות

אזכור		מלה		צורן	ג	#	כ	קס	ה
ט302710	כל- כליו ואת המנרה ואת- כליה	ואת	מזבח הקטרת / ואת- מזבח העלה ואת-	4				1	2
ט302801	המנרה ואת- כליה ואת מזבח הקטרת /	ואת-	מזבח העלה ואת- כל- כליו ואת-	4				1	2
ט302804	ואת מזבח הקטרת / ואת- מזבח העלה	ואת-	כל- כליו ואת- הכיר ואת- כנו	4				1	2
ט302807	ואת- מזבח העלה ואת- כל- כליו	ואת-	הכיר ואת- כנו / וקדשת אתם והיו	4				1	2
ט302809	העלה ואת- כל- כליו ואת- הכיר	ואת-	כנו / וקדשת אתם והיו קדש קדשים	4				1	2
ט303001	קדש קדשים כל- הנגע בהם יקדש /	ואת-	אהרן ואת- בניו תמשח וקדשת אתם	4				1	2
ט303003	כל- הנגע בהם יקדש / ואת- אהרן	ואת-	בניו תמשח וקדשת אתם לכהן לי	4				1	2
ט310605	בכל- מלאכה / ואני הנה נתתי אתו	את	אהליאב בן- אחיסמך למטה- דן ובלב	4					1
ט310618	כל- חכם- לב נתתי חכמה ועשו	את	כל- אשר צויתך / את אהל מועד	4					1
ט310701	חכמה ועשו את כל- אשר צויתך /	את	אהל מועד ואת- הארן לעדת ואת-	4					1
ט310704	כל- אשר צויתך / את אהל מועד	ואת-	הארן לעדת ואת- הכפרת אשר עליו	4				1	2
ט310707	את אהל מועד ואת- הארן לעדת	ואת-	הכפרת אשר עליו ואת כל- כלי	4				1	2
ט310711	הארן לעדת ואת- הכפרת אשר עליו	ואת	כל- כלי האהל / ואת- השלחן ואת-	4				1	2
ט310801	אשר עליו ואת כל- כלי האהל /	ואת-	השלחן ואת- כליו ואת- המנרה הטהרה	4				1	2
ט310803	ואת כל- כלי האהל / ואת- השלחן	ואת-	כליו ואת- המנרה הטהרה ואת- כל-	4				1	2
ט310805	כלי האהל / ואת- השלחן ואת- כליו	ואת-	המנרה הטהרה ואת- כל- כליה ואת	4				1	2
ט310808	השלחן ואת- כליו ואת- המנרה הטהרה	ואת-	כל- כליה ואת מזבח הקטרת / ואת-	4				1	2
ט310811	ואת- המנרה הטהרה ואת- כל- כליה	ואת	מזבח הקטרת / ואת- מזבח העלה ואת-	4				1	2
ט310901	ואת- כל- כליה ואת מזבח הקטרת /	ואת-	מזבח העלה ואת- כל- כליו ואת	4				1	2
ט310904	ואת מזבח הקטרת / ואת- מזבח העלה	ואת-	כל- כליו ואת הכיור ואת- כנו	4				1	2
ט310907	ואת- מזבח העלה ואת- כל- כליו	ואת	הכיור ואת- כנו / ואת בגדי השרד	4				1	2
ט310909	העלה ואת- כל- כליו ואת הכיור	ואת-	כנו / ואת בגדי השרד ואת- בגדי	4				1	2
ט311001	כל- כליו ואת הכיור ואת- כנו /	ואת	בגדי השרד ואת- בגדי הקדש לאהרן	4				1	2
ט311004	הכיור ואת- כנו / ואת בגדי השרד	ואת-	בגדי הקדש לאהרן הכהן ואת- בגדי	4				1	2
ט311009	השרד ואת- בגדי הקדש לאהרן הכהן	ואת-	בגדי בניו לכהן / ואת שמן המשחה	4				1	2
ט311101	לאהרן הכהן ואת- בגדי בניו לכהן /	ואת	שמן המשחה ואת- קטרת הסמים לקדש	4				1	2
ט311104	בגדי בניו לכהן / ואת שמן המשחה	ואת-	קטרת הסמים לקדש ככל אשר- צויתך	4				1	2
ט311308	דבר אל- בני ישראל לאמר אך	את-	שבתתי תשמרו כי אות הוא ביני	4					1
ט311402	לדעת כי אני יהוה מקדשכם / ושמרתם	את-	השבת כי קדש הוא לכם מחלליה	4					1
ט311604	השבת מות יומת / ושמרו בני- ישראל	את	השבת לעשות את- השבת לדרתם ברית	4					1
ט311607	ושמרו בני- ישראל את השבת לעשות	את-	השבת לדרתם ברית עולם / ביני ובין	4					1
ט311713	לעלם כי- ששת ימים עשה יהוה	את-	השמים ואת- הארץ וביום השביעי שבת	4					1
ט311715	ששת ימים עשה יהוה את- השמים	ואת-	הארץ וביום השביעי שבת וינפש / ויתן	4				1	2
ט320304	ובנתיכם והביאו אלי / ויתפרקו כל- העם	את-	נזמי הזהב אשר באזניהם ויביאו אל-	4					1
ט320906	מצרים / ויאמר יהוה אל- משה ראיתי	את-	העם הזה והנה עם- קשה- ערף	4					1
ט321103	ואעשה אותך לגוי גדול / ויחל משה	את-	פני יהוה אלהיו ויאמר למה יהוה	4					1
ט321313	נשבעת להם בך ותדבר אלהם ארבה	את-	זרעכם ככוכבי השמים וכל- הארץ הזאת	4					1
ט321703	הוא חרות על- הלחת / וישמע יהושע	את-	קול העם ברעה ויאמר אל- משה	4					1
ט321907	ויהי כאשר קרב אל- המחנה וירא	את-	העגל ומחלת ויחר- אף משה וישלך	4					1
ט321915	ומחלת ויחר- אף משה וישלך מידו	את-	הלחת וישבר אתם תחת ההר / ויקח	4					1
ט322002	הלחת וישבר אתם תחת ההר / ויקח	את-	העגל אשר עשו וישרף באש ויטחן	4					1
ט322017	דק ויזר על- פני המים וישק	את-	בני ישראל / ויאמר משה אל- אהרן	4					1
ט322209	אל- יחר אף אדני אתה ידעת	את-	העם כי ברע הוא / ויאמרו לי	4					1
ט322503	באש ויצא העגל הזה / וירא משה	את-	העם כי פרע הוא כי- פרעה	4					1
ט322720	ושובו משער לשער במחנה והרגו איש-	את-	אחיו ואיש את- רעהו ואיש את-	4					1
ט322723	במחנה והרגו איש- את- אחיו ואיש	את-	רעהו ואיש את- קרבו / ויעשו בני-	4					1
ט322726	אז- אחיו ואיש את- רעהו ואיש	את-	קרבו / ויעשו בני- לוי כדבר משה	4					1
ט323404	לי אמחנו מספרי / ועתה לך נחה	את-	העם אל אשר- דברתי לך הנה	4					1
ט323503	פקדי ופקדתי עלהם חטאתם / ויגף יהוה	את-	העם על אשר עשו את- העגל	4					1
ט323508	יהוה את- העם על אשר עשו	את-	העגל אשר עשה אהרן // וידבר יהוה	4					1
ט330205	לזרעך אתננה / ושלחתי לפניך מלאך וגרשתי	את-	הכנעני האמרי והחתי והפרזי החוי והיבוסי	4					1
ט330403	אתה פן אכלך בדרך / וישמע העם	את-	הדבר הרע הזה ויתאבלו ולא- שתו	4					1
ט330604	מה אעשה- לך / ויתנצלו בני- ישראל	את-	עדים מהר חורב / ומשה יקח את-	4					1
ט330703	את- עדים מהר חורב / ומשה יקח	את-	האהל ונטה לו מחוץ למחנה הרחק	4					1

אזכור		מלה		צורן	ג	#	כ	קס	ה
ט331004	ודבר עם- משה / וראה כל- העם	את-	עמוד הענן עמד פתח האהל וקם	4					1
ט331210	יהוה ראה אתה אמר אלי העל	את-	העם הזה ואתה לא הודעתני את	4					1
ט331216	את- העם הזה ואתה לא הודעתני	את	אשר- תשלח עמי ואתה אמרת ידעתיך	4					1
ט331309	נא מצאתי חן בעיניך הודעני נא	את-	דרכך ואדעך למען אמצא- חן בעיניך	4					1
ט331706	האדמה / ויאמר יהוה אל- משה גם	את-	הדבר הזה אשר דברת אעשה כי-	4					1
ט331804	בעיני ואדעך בשם / ויאמר הראני נא	את-	כבדך / ויאמר אני אעביר כל- טובי	4					1
ט331913	פניך וקראתי בשם יהוה לפניך וחנתי	את-	אשר אחן ורחמתי את- אשר ארחם	4					1
ט331917	לפניך וחנתי את- אשר אחן ורחמתי	את-	אשר ארחם / ויאמר לא תוכל לראת	4					1
ט332005	אשר ארחם / ויאמר לא תוכל לראת	את-	פני כי לא- יראני האדם וחי	4					1
ט332302	ושכתי כפי עליך עד- עברי / והסרתי	את-	כפי וראית את- אחרי ופני לא	4					1
ט332305	עד- עברי / והסרתי את- כפי וראית	את-	אחרי ופני לא יראו // ויאמר יהוה	4					1
ט340114	לחת אבנים כראשנים וכתבתי על- הלחת	את-	הדברים אשר היו על- הלחת הראשנים	4					1
ט341024	וראה כל- העם אשר- אתה בקרבו	את-	מעשה יהוה כי- נורא הוא אשר	4					1
ט341103	אשר אני עשה עמך / שמר- לך	את	אשר אנכי מצוך היום הנני גרש	4					1
ט341111	אנכי מצוך היום הנני גרש מפניך	את-	האמרי והכנעני והחתי והפרזי והחוי והיבוסי	4					1
ט341302	עליה פן- יהיה למוקש בקרבך / כי	את-	מזבחתם תתצון ואת- מצבתם תשברון ואת-	4					1
ט341305	למוקש בקרבך / כי את- מזבחתם תתצון	ואת-	מצבתם תשברון ואת- אשריו תכרתון / כי	4				1	2
ט341308	את- מזבחתם תתצון ואת- מצבתם תשברון	ואת-	אשריו תכרתון / כי לא תשתחוה לאל	4				1	2
ט341609	לבניך וזנו בנתיו אחרי אלהיהן והזנו	את-	בניך אחרי אלהיהן / אלהי מסכה לא	4					1
ט341801	אלהיהן / אלהי מסכה לא תעשה- לך /	את-	חג המצות תשמר שבעת ימים תאכל	4					1
ט342307	שלש פעמים בשנה יראה כל- זכורך	את-	פני האדן יהוה אלהי ישראל / כי-	4					1
ט342406	ישראל / כי- אוריש גוים מפניך והרחבתי	את-	גבלך ולא- יחמד איש את- ארצך	4					1
ט342411	והרחבתי את- גבלך ולא- יחמד איש	את-	ארצך בעלתך לראות את- פני יהוה	4					1
ט342415	יחמד איש את- ארצך בעלתך לראות	את-	פני יהוה אלהיך שלש פעמים בשנה	4					1
ט342707	ויאמר יהוה אל- משה כתב- לך	את-	הדברים האלה כי על- פי הדברים	4					1
ט342718	פי הדברים האלה כרתי אתך ברית	ואת-	ישראל / ויהי- שם עם- יהוה ארבעים	4				1	2
ט342818	ומים לא שתה ויכתב על- הלחת	את	דברי הברית עשרת הדברים / ויהי ברדת	4					1
ט343006	אתו / וירא אהרן וכל- בני ישראל	את-	משה והנה קרן עור פניו וייראו	4					1
ט343208	כן נגשו כל- בני ישראל ויצום	את	כל- אשר דבר יהוה אתו בהר	4					1
ט343408	משה לפני יהוה לדבר אתו יסיר	את-	המסוה עד- צאתו ויצא ודבר אל-	4					1
ט343417	צאתו ויצא ודבר אל- בני ישראל	את	אשר יצוה / וראו בני- ישראל את-	4					1
ט343504	את אשר יצוה / וראו בני- ישראל	את-	פני משה כי קרן עור פני	4					1
ט343514	קרן עור פני משה והשיב משה	את-	המסוה על- פניו עד- באו לדבר	4					1
ט350103	עד- באו לדבר אתו // ויקהל משה	את-	כל- עדת בני ישראל ויאמר אלהם	4					1
ט350509	תרומה ליהוה כל נדיב לבו יביאה	את	תרומת יהוה זהב וכסף ונחשת / ותכלת	4					1
ט351007	ובל- חכם- לב בכם יבאו ויעשו	את	כל- אשר צוה יהוה / את- המשכן	4					1
ט351101	ויעשו את כל- אשר צוה יהוה /	את-	המשכן את- אהלו ואת- מכסהו את-	4					1
ט351103	כל- אשר צוה יהוה / את- המשכן	את-	אהלו ואת- מכסהו את- קרסיו ואת-	4					1
ט351105	צוה יהוה / את- המשכן את- אהלו	ואת-	מכסהו את- קרסיו ואת- קרשיו את-	4				1	2
ט351107	את- המשכן את- אהלו ואת- מכסהו	את-	קרסיו ואת- קרשיו את- בריחו את-	4					1
ט351109	את- אהלו ואת- מכסהו את- קרסיו	ואת-	קרשיו את- בריחו את- עמדיו ואת-	4				1	2
ט351111	ואת- מכסהו את- קרסיו ואת- קרשיו	את-	בריחו את- עמדיו ואת- אדניו / את-	4					1
ט351113	את- קרסיו ואת- קרשיו את- בריחו	את-	עמדיו ואת- אדניו / את- הארן ואת-	4					1
ט351115	ואת- קרשיו את- בריחו את- עמדיו	ואת-	אדניו / את- הארן ואת- בדיו את-	4				1	2
ט351201	את- בריחו את- עמדיו ואת- אדניו /	את-	הארן ואת- בדיו את- הכפרת ואת	4					1
ט351203	את- עמדיו ואת- אדניו / את- הארן	ואת-	בדיו את- הכפרת ואת פרכת המסך	4				1	2
ט351205	ואת- אדניו / את- הארן ואת- בדיו	את-	הכפרת ואת פרכת המסך / את- השלחן	4					1
ט351207	את- הארן ואת- בדיו את- הכפרת	ואת	פרכת המסך / את- השלחן ואת- בדיו	4				1	2
ט351301	בדיו את- הכפרת ואת פרכת המסך /	את-	השלחן ואת- בדיו ואת- כל- כליו	4					1
ט351303	הכפרת ואת פרכת המסך / את- השלחן	ואת-	בדיו ואת- כל- כליו ואת לחם	4				1	2
ט351305	פרכת המסך / את- השלחן ואת- בדיו	ואת-	כל- כליו ואת לחם הפנים / ואת-	4				1	2
ט351308	השלחן ואת- בדיו ואת- כל- כליו	ואת	לחם הפנים / ואת- מנרת המאור ואת-	4				1	2
ט351401	ואת- כל- כליו ואת לחם הפנים /	ואת-	מנרת המאור ואת- כליה ואת- נרתיה	4				1	2
ט351413	ואת לחם הפנים / ואת- מנרת המאור	ואת-	כליה ואת- נרתיה ואת שמן המאור	4				1	2

אזכור		מלה		צונן	ג	#	כ	קס	ה
ט351415	הפנים / ואת- מנרת המאור ואת- כליה	ואת-	נרתיה ואת שמן המאור / ואת- מזבח		4			1	2
ט351417	מנרת המאור ואת- כליה ואת- נרתיה	ואת	שמן המאור / ואת- מזבח הקטרת ואת-		4			1	2
ט351501	כליה ואת- נרתיה ואת שמן המאור /	ואת-	מזבח הקטרת ואת- בדיו ואת שמן		4			1	2
ט351504	ואת שמן המאור / ואת- מזבח הקטרת	ואת-	בדיו ואת שמן המשחה ואת קטרת		4			1	2
ט351506	המאור / ואת- מזבח הקטרת ואת- בדיו	ואת	שמן המשחה ואת קטרת הסמים ואת-		4			1	2
ט351509	הקטרת ואת- בדיו ואת שמן המשחה	ואת	קטרת הסמים ואת- מסך הפתח לפתח		4			1	2
ט351512	ואת שמן המשחה ואת קטרת הסמים	ואת-	מסך הפתח לפתח המשכן / את מזבח		4			1	2
ט351601	הסמים ואת- מסך הפתח לפתח המשכן /	את	מזבח העלה ואת- מכבר הנחשת אשר-		4				1
ט351604	הפתח לפתח המשכן / את מזבח העלה	ואת-	מכבר הנחשת אשר- לו את- בדיו		4			1	2
ט351609	העלה ואת- מכבר הנחשת אשר- לו	את-	בדיו ואת- כל- כליו את- הכיר		4				1
ט351611	מכבר הנחשת אשר- לו את- בדיו	ואת-	כל- כליו את- הכיר ואת- כנו		4			1	2
ט351614	לו את- בדיו ואת- כל- כליו	את-	הכיר ואת- כנו / את קלעי החצר		4				1
ט351616	בדיו ואת- כל- כליו את- הכיר	ואת-	כנו / את קלעי החצר את- עמדיו		4			1	2
ט351701	כל- כליו את- הכיר ואת- כנו /	את	קלעי החצר את- עמדיו ואת- אדניה		4				1
ט351704	הכיר ואת- כנו / את קלעי החצר	את-	עמדיו ואת- אדניה ואת מסך שער		4				1
ט351706	כנו / את קלעי החצר את- עמדיו	ואת-	אדניה ואת מסך שער החצר / את-		4			1	2
ט351708	קלעי החצר את- עמדיו ואת- אדניה	ואת	מסך שער החצר / את- יתדת המשכן		4			1	2
ט351801	ואת- אדניה ואת מסך שער החצר /	את-	יתדת המשכן ואת- יתדת החצר ואת-		4				1
ט351804	מסך שער החצר / את- יתדת המשכן	ואת-	יתדת החצר ואת- מיתריהם / את- בגדי		4			1	2
ט351807	את- יתדת המשכן ואת- יתדת החצר	ואת-	מיתריהם / את- בגדי השרד לשרת בקדש		4			1	2
ט351901	המשכן ואת- יתדת החצר ואת- מיתריהם /	את-	בגדי השרד לשרת בקדש את- בגדי		4				1
ט351906	מיתריהם / את- בגדי השרד לשרת בקדש	את-	בגדי הקדש לאהרן הכהן ואת- בגדי		4				1
ט351911	בקדש את- בגדי הקדש לאהרן הכהן	ואת-	בגדי בניו לכהן / ויצאו כל- עדת		4			1	2
ט352113	וכל אשר נדבה רוחו אתו הביאו	את-	תרומת יהוה למלאכת אהל מועד ולכל-		4				1
ט352407	כל- מרים תרומת כסף ונחשת הביאו	את	תרומת יהוה וכל אשר נמצא אתו		4				1
ט352509	חכמת לב בידיה טוו ויביאו מטוה	את-	התכלת ואת- הארגמן את- תולעת השני		4				1
ט352511	בידיה טוו ויביאו מטוה את- התכלת	ואת-	הארגמן את- תולעת השני ואת- השש		4			1	2
ט352513	ויביאו מטוה את- התכלת ואת- הארגמן	את-	תולעת השני ואת- השש / וכל- הנשים		4				1
ט352516	התכלת ואת- הארגמן את- תולעת השני	ואת-	השש / וכל- הנשים אשר נשא לבן		4			1	2
ט352609	אשר נשא לבן אתנה בחכמה טוו	את-	העזים / והנשאם הביאו את אבני השהם		4				1
ט352703	בחכמה טוו את- העזים / והנשאם הביאו	את	אבני השהם ואת אבני המלאים לאפוד		4				1
ט352706	העזים / והנשאם הביאו את אבני השהם	ואת	אבני המלאים לאפוד ולחשן / ואת- הבשם		4			1	2
ט352801	השהם ואת אבני המלאים לאפוד ולחשן /	ואת-	הבשם ואת- השמן למאור ולשמן המשחה		4			1	2
ט352803	אבני המלאים לאפוד ולחשן / ואת- הבשם	ואת-	השמן למאור ולשמן המשחה ולקטרת הסמים		4			1	2
ט360116	יהוה חכמה ותבונה בהמה לדעת לעשת	את-	כל- מלאכת עבדת הקדש לכל אשר-		4				1
ט360304	המלאכה לעשת אתה / ויקחו מלפני משה	את	כל- התרומה אשר הביאו בני ישראל		4				1
ט360405	בבקר בבקר / ויבאו כל- החכמים העשים	את	כל- מלאכת הקדש איש- איש ממלאכתו		4				1
ט360807	ויעשו כל- חכם- לב בעשי המלאכה	את-	המשכן עשר יריעת שש משזר ותכלת		4				1
ט361002	האחת מדה אחת לכל- היריעת / ויחבר	את-	חמש היריעת אחת אל- אחת וחמש		4				1
ט361306	אחת / ויעש חמשים קרסי זהב ויחבר	את-	היריעת אחת אל- אחת בקרסים ויהי		4				1
ט361602	האחת מדה אחת לעשתי עשרה יריעת / ויחבר	את-	חמש היריעת לבד ואת- שש היריעת		4				1
ט361606	יריעת / ויחבר את- חמש היריעת לבד	ואת-	שש היריעת לבד / ויעש ללאת חמשים		4			1	2
ט361806	השנית / ויעש קרסי נחשת חמשים לחבר	את-	האהל להית אחד / ויעש מכסה לאהל		4				1
ט362002	מאדמים ומכסה ערת תחשים מלמעלה / ויעש	את-	הקרשים למשכן עצי שטים עמדים / עשר		4				1
ט362302	כן עשה לכל קרשי המשכן / ויעש	את-	הקרשים למשכן עשרים קרשים לפאת נגב		4				1
ט363302	בריחם לקרשי המשכן לירכתים ימה / ויעש	את-	הבריח התיכן לברח בתוך הקרשים מן-		4				1
ט363401	בתוך הקרשים מן- הקצה אל- הקצה /	ואת-	הקרשים צפה זהב ואת- טבעתם עשה		4			1	2
ט363405	אל- הקצה / ואת- הקרשים צפה זהב	ואת-	טבעתם עשה זהב בתים לבריחם ויצף		4			1	2
ט363412	טבעתם עשה זהב בתים לבריחם ויצף	את-	הבריחם זהב / ויעש את- הפרכת תכלת		4				1
ט363502	לבריחם ויצף את- הבריחם זהב / ויעש	את-	הפרכת תכלת וארגמן ותולעת שני ושש		4				1
ט363801	ותולעת שני ושש משזר מעשה רקם /	ואת-	עמודיו חמשה ואת- וויהם וצפה ראשיהם		4			1	2
ט363804	משזר מעשה רקם / ואת- עמודיו חמשה	ואת-	וויהם וצפה ראשיהם וחשקיהם זהב ואדניהם		4			1	2
ט370103	זהב ואדניהם חמשה נחשת // ויעש בצלאל	את-	הארן עצי שטים אמתים וחצי ארכו		4				1
ט370502	עצי שטים ויצף אתם זהב / ויבא	את-	הבדים בטבעת על צלעת הארן לשאת		4				1

/ = סוף פסוק   // = סוף פרק   ג = מין   # = מספר   כ = כינוי הבור   קס = קידומות וסיומות   ה = מספר ההברות

אזכור		מלה		צורן	ג	#	כ	קס	ה
ט370509	הבדים בטבעת על צלעת הארן לשאת	את-	הארן / ויעש כפרת זהב טהור אמתים	4					1
ט370812	אחד מקצה מזה מן- הכפרת עשה	את-	הכרבים משני קצותיו / ויהיו הכרבים פרשי	4					1
ט371002	אל- הכפרת היו פני הכרבים / ויעש	את-	השלחן עצי שטים אמתים ארכו ואמה	4					1
ט371307	ויצק לו ארבע טבעת זהב ויתן	את-	הטבעת על ארבע הפאת אשר לארבע	4					1
ט371408	המסגרת היו הטבעת בתים לבדים לשאת	את-	השלחן / ויעש את- הבדים עצי שטים	4					1
ט371502	בתים לבדים לשאת את- השלחן / ויעש	את-	הבדים עצי שטים ויצף אתם זהב	4					1
ט371510	עצי שטים ויצף אתם זהב לשאת	את-	השלחן / ויעש את- הכלים אשר על-	4					1
ט371602	אתם זהב לשאת את- השלחן / ויעש	את-	הכלים אשר על- השלחן את- קערתיו	4					1
ט371607	ויעש את- הכלים אשר על- השלחן	את-	קערתיו ואת- כפתיו ואת מנקיתיו ואת-	4					1
ט371609	הכלים אשר על- השלחן את- קערתיו	ואת-	כפתיו ואת מנקיתיו ואת- הקשות אשר	4				1	2
ט371611	על- השלחן את- קערתיו ואת- כפתיו	ואת	מנקיתיו ואת- הקשות אשר יסך בהן	4				1	2
ט371613	את- קערתיו ואת- כפתיו ואת מנקיתיו	ואת-	הקשות אשר יסך בהן זהב טהור	4				1	2
ט371702	אשר יסך בהן זהב טהור / ויעש	את-	המנרה זהב טהור מקשה עשה את-	4					1
ט371708	את- המנרה זהב טהור מקשה עשה	את-	המנרה ירכה וקנה גביעיה כפתריה ופרחיה	4					1
ט372302	כלה מקשה אחת זהב טהור / ויעש	את-	נרתיה שבעה ומלקחיה ומחתתיה זהב טהור	4					1
ט372406	טהור / ככר זהב טהור עשה אתה	ואת	כל- כליה / ויעש את- מזבח הקטרת	4				1	2
ט372502	עשה אתה ואת כל- כליה / ויעש	את-	מזבח הקטרת עצי שטים אמה ארכו	4					1
ט372605	היו קרנתיו / ויצף אתו זהב טהור	את-	גגו ואת- קירתיו סביב ואת- קרנתיו	4					1
ט372607	ויצף אתו זהב טהור את- גגו	ואת-	קירתיו סביב ואת- קרנתיו ויעש לו	4				1	2
ט372610	טהור את- גגו ואת- קירתיו סביב	ואת-	קרנתיו ויעש לו זר זהב סביב	4				1	2
ט372802	לבתים לבדים לשאת אתו בהם / ויעש	את-	הבדים עצי שטים ויצף אתם זהב	4					1
ט372902	עצי שטים ויצף אתם זהב / ויעש	את-	שמן המשחה קדש ואת- קטרת הסמים	4					1
ט372906	זהב / ויעש את- שמן המשחה קדש	ואת-	קטרת הסמים טהור מעשה רקח // ויעש	4				1	2
ט380102	קטרת הסמים טהור מעשה רקח // ויעש	את-	מזבח העלה עצי שטים חמש אמות	4					1
ט380302	היו קרנתיו ויצף אתו נחשת / ויעש	את-	כל- כלי המזבח את- הסירת ואת-	4					1
ט380306	נחשת / ויעש את- כל- כלי המזבח	את-	הסירת ואת- היעים ואת- המזרקת את-	4					1
ט380308	את- כל- כלי המזבח את- הסירת	ואת-	היעים ואת- המזרקת את- המזלגת ואת-	4				1	2
ט380310	כלי המזבח את- הסירת ואת- היעים	ואת-	המזרקת את- המזלגת ואת- המחתת כל-	4				1	2
ט380312	את- הסירת ואת- היעים ואת- המזרקת	את-	המזלגת ואת- המחתת כל- כליו עשה	4					1
ט380314	ואת- היעים ואת- המזרקת את- המזלגת	ואת-	המחתת כל- כליו עשה נחשת / ויעש	4				1	2
ט380602	הקצות למכבר הנחשת בתים לבדים / ויעש	את-	הבדים עצי שטים ויצף אתם נחשת	4					1
ט380702	עצי שטים ויצף אתם נחשת / ויבא	את-	הבדים בטבעת על צלעת המזבח לשאת	4					1
ט380802	בהם נבוב לחת עשה אתו / ויעש	את	הכיור נחשת ואת כנו נחשת במראת	4					1
ט380805	עשה אתו / ויעש את הכיור נחשת	ואת	כנו נחשת במראת הצבאת אשר צבאו	4				1	2
ט380902	אשר צבאו פתח אהל מועד / ויעש	את-	החצר לפאת נגב תימנה קלעי החצר	4					1
ט382209	אורי בן- חור למטה יהודה עשה	את	כל- אשר- צוה יהוה את- משה	4					1
ט382214	עשה את כל- אשר- צוה יהוה	את-	משה / ואתו אהליאב בן- אחיסמך למטה-	4					1
ט382706	וחמשים / ויהי מאת ככר הכסף לצקת	את	אדני הקדש ואת אדני הפרכת מאת	4					1
ט382709	ככר הכסף לצקת את אדני הקדש	ואת	אדני הפרכת מאת אדנים למאת הככר	4				1	2
ט382801	מאת אדנים למאת הככר ככר לאדן /	ואת-	האלף ושבע המאות וחמשה ושבעים עשה	4				1	2
ט383003	ואלפים וארבע- מאות שקל / ויעש בה	את-	אדני פתח אהל מועד ואת מזבח	4					1
ט383008	בה את- אדני פתח אהל מועד	ואת	מזבח הנחשת ואת- מכבר הנחשת אשר-	4				1	2
ט383011	פתח אהל מועד ואת מזבח הנחשת	ואת-	מכבר הנחשת אשר- לו ואת כל-	4				1	2
ט383016	הנחשת ואת- מכבר הנחשת אשר- לו	ואת	כל- כלי המזבח / ואת- אדני החצר	4				1	2
ט383101	אשר- לו ואת כל- כלי המזבח /	ואת-	אדני החצר סביב ואת- אדני שער	4				1	2
ט383105	כלי המזבח / ואת- אדני החצר סביב	ואת-	אדני שער החצר ואת כל- יתדת	4				1	2
ט383109	החצר סביב ואת- אדני שער החצר	ואת	כל- יתדת המשכן ואת- כל- יתדת	4				1	2
ט383113	שער החצר ואת כל- יתדת המשכן	ואת-	כל- יתדת החצר סביב // ומן- התכלת	4				1	2
ט390112	עשו בגדי- שרד לשרת בקדש ויעשו	את-	בגדי הקדש אשר לאהרן כאשר צוה	4					1
ט390120	הקדש אשר לאהרן כאשר צוה יהוה	את-	משה / ויעש את- האפד זהב תכלת	4					1
ט390202	כאשר צוה יהוה את- משה / ויעש	את-	האפד זהב תכלת וארגמן ותולעת שני	4					1
ט390302	וארגמן ותולעת שני ושש משזר / וירקעו	את-	פחי הזהב וקצץ פתילם לעשות בתוך	4					1
ט390518	שני ושש משזר כאשר צוה יהוה	את-	משה / ויעשו את- אבני השהם מסבת	4					1
ט390602	כאשר צוה יהוה את- משה / ויעשו	את-	אבני השהם מסבת משבצת זהב נפתחת	4					1

אזכור		מלה		צורן	ג	#	כ	קס	ה
ט390713	זכרון לבני ישראל כאשר צוה יהוה	את-	משה / ויעש את- החשן מעשה חשב	4					1
ט390802	כאשר צוה יהוה את- משה / ויעש	את-	החשן מעשה חשב כמעשה אפד זהב	4					1
ט390905	ושש משזר / רבוע היה כפול עשו	את-	החשן זרת ארכו וזרת רחבו כפול	4					1
ט391609	משבצת זהב ושתי טבעת זהב ויתנו	את-	שתי הטבעת על- שני קצות החשן	4					1
ט391801	על- שתי הטבעת על- קצות החשן /	ואת	שתי קצות שתי העבתת נתנו על-	4				1	2
ט392102	לעמת מחברתו ממעל לחשב האפד / וירכסו	את-	החשן מטבעתיו אל- טבעת האפד בפתיל	4					1
ט392122	החשן מעל האפד כאשר צוה יהוה	את-	משה / ויעש את- מעיל האפד מעשה	4					1
ט392202	כאשר צוה יהוה את- משה / ויעש	את-	מעיל האפד מעשה ארג כליל תכלת	4					1
ט392506	משזר / ויעשו פעמני זהב טהור ויתנו	את-	הפעמנים בתוך הרמנים על- שולי המעיל	4					1
ט392613	המעיל סביב לשרת כאשר צוה יהוה	את-	משה / ויעשו את- הכתנת שש מעשה	4					1
ט392702	כאשר צוה יהוה את- משה / ויעשו	את-	הכתנת שש מעשה ארג לאהרן ולבניו	4					1
ט392801	הכתנת שש מעשה ארג לאהרן ולבניו /	ואת	המצנפת שש ואת- פארי המגבעת שש	4				1	2
ט392804	ארג לאהרן ולבניו / ואת המצנפת שש	ואת-	פארי המגבעת שש ואת- מכנסי הבד	4				1	2
ט392808	המצנפת שש ואת- פארי המגבעת שש	ואת-	מכנסי הבד שש משזר / ואת- האבנט	4				1	2
ט392901	שש ואת- מכנסי הבד שש משזר /	ואת-	האבנט שש משזר ותכלת וארגמן ותולעת	4				1	2
ט392914	שני מעשה רקם כאשר צוה יהוה	את-	משה / ויעשו את- ציץ נזר- הקדש	4					1
ט393002	כאשר צוה יהוה את- משה / ויעשו	את-	ציץ נזר- הקדש זהב טהור ויכתבו	4					1
ט393112	על- המצנפת מלמעלה כאשר צוה יהוה	את-	משה / ותכל כל- עבדת משכן אהל	4					1
ט393214	בני ישראל ככל אשר צוה יהוה	את-	משה כן עשו / ויביאו את- המשכן	4					1
ט393302	יהוה את- משה כן עשו / ויביאו	את-	המשכן אל- משה את- האהל ואת-	4					1
ט393306	עשו / ויביאו את- המשכן אל- משה	את-	האהל ואת- כל- כליו קרסיו קרשיו	4					1
ט393308	את- המשכן אל- משה את- האהל	ואת-	כל- כליו קרסיו קרשיו בריחו ועמדיו	4				1	2
ט393401	כליו קרסיו קרשיו בריחו ועמדיו ואדניו /	ואת-	מכסה ערת האילם המאדמים ואת- מכסה	4				1	2
ט393406	ואדניו / ואת- מכסה ערת האילם המאדמים	ואת-	מכסה ערת התחשים ואת פרכת המסך	4				1	2
ט393410	האילם המאדמים ואת- מכסה ערת התחשים	ואת	פרכת המסך / את- ארון העדת ואת-	4				1	2
ט393501	מכסה ערת התחשים ואת פרכת המסך /	את-	ארון העדת ואת- בדיו ואת הכפרת	4					1
ט393504	ואת פרכת המסך / את- ארון העדת	ואת-	בדיו ואת הכפרת / את- השלחן את-	4				1	2
ט393506	המסך / את- ארון העדת ואת- בדיו	ואת	הכפרת / את- השלחן את- כל- כליו	4				1	2
ט393601	ארון העדת ואת- בדיו ואת הכפרת /	את-	השלחן את- כל- כליו ואת לחם	4					1
ט393603	ואת- בדיו ואת הכפרת / את- השלחן	את-	כל- כליו ואת לחם הפנים / את-	4					1
ט393606	הכפרת / את- השלחן את- כל- כליו	ואת	לחם הפנים / את- המנרה הטהרה את-	4				1	2
ט393701	את- כל- כליו ואת לחם הפנים /	את-	המנרה הטהרה את- נרתיה נרת המערכה	4					1
ט393704	ואת לחם הפנים / את- המנרה הטהרה	את-	נרתיה נרת המערכה ואת- כל- כליה	4					1
ט393708	המנרה הטהרה את- נרתיה נרת המערכה	ואת-	כל- כליה ואת שמן המאור / ואת	4				1	2
ט393711	נרתיה נרת המערכה ואת- כל- כליה	ואת	שמן המאור / ואת מזבח הזהב ואת	4				1	2
ט393801	ואת- כל- כליה ואת שמן המאור /	ואת	מזבח הזהב ואת שמן המשחה ואת	4				1	2
ט393804	ואת שמן המאור / ואת מזבח הזהב	ואת	שמן המשחה ואת קטרת הסמים ואת	4				1	2
ט393807	ואת מזבח הזהב ואת שמן המשחה	ואת	קטרת הסמים ואת מסך פתח האהל	4				1	2
ט393810	ואת שמן המשחה ואת קטרת הסמים	ואת	מסך פתח האהל / את מזבח הנחשת	4				1	2
ט393901	קטרת הסמים ואת מסך פתח האהל /	את	מזבח הנחשת ואת- מכבר הנחשת אשר-	4					1
ט393904	מסך פתח האהל / את מזבח הנחשת	ואת-	מכבר הנחשת אשר- לו את- בדיו	4				1	2
ט393909	הנחשת ואת- מכבר הנחשת אשר- לו	את-	בדיו ואת- כל- כליו את- הכיר	4					1
ט393911	מכבר הנחשת אשר- לו את- בדיו	ואת-	כל- כליו את- הכיר ואת- כנו	4				1	2
ט393914	לו את- בדיו ואת- כל- כליו	את-	הכיר ואת- כנו / את קלעי החצר	4					1
ט393916	בדיו ואת- כל- כליו את- הכיר	ואת-	כנו / את קלעי החצר את- עמדיה	4				1	2
ט394001	כל- כליו את- הכיר ואת- כנו /	את	קלעי החצר את- עמדיה ואת- אדניה	4					1
ט394004	הכיר ואת- כנו / את קלעי החצר	את-	עמדיה ואת- אדניה ואת- המסך לשער	4					1
ט394006	כנו / את קלעי החצר את- עמדיה	ואת-	אדניה ואת- המסך לשער החצר את-	4				1	2
ט394008	קלעי החצר את- עמדיה ואת- אדניה	ואת-	המסך לשער החצר את- מיתריו ויתדתיה	4				1	2
ט394012	ואת- אדניה ואת- המסך לשער החצר	את-	מיתריו ויתדתיה ואת כל- כלי עבדת	4					1
ט394015	המסך לשער החצר את- מיתריו ויתדתיה	ואת	כל- כלי עבדת המשכן לאהל מועד	4				1	2
ט394101	כל- כלי עבדת המשכן לאהל מועד /	את-	בגדי השרד לשרת בקדש את- בגדי	4					1
ט394106	מועד / את- בגדי השרד לשרת בקדש	את-	בגדי הקדש לאהרן הכהן ואת- בגדי	4					1
ט394111	בקדש את- בגדי הקדש לאהרן הכהן	ואת-	בגדי בניו לכהן / ככל אשר- צוה	4				1	2

/ = סוף פסוק // = סוף פרק ג = מין # = מספר כ = כינוי רבור קס = קידומות וסיומות ה = מספר ההברות

אזכור		מלה		צונן	ג	#	כ	קס	ה
ט394205	בניו לכהן / ככל אשר- צוה יהוה	את-	משה כן עשו בני ישראל את	4					1
ט394211	את- משה כן עשו בני ישראל	את	כל- העבדה / וירא משה את- כל-	4					1
ט394303	ישראל את כל- העבדה / וירא משה	את-	כל- המלאכה והנה עשו אתה כאשר	4					1
ט400207	ביום- החדש הראשון באחד לחדש תקים	את-	משכן אהל מועד / ושמת שם את	4					1
ט400303	את- משכן אהל מועד / ושמת שם	את	ארון העדות וסכת על- הארן את-	4					1
ט400309	את ארון העדות וסכת על- הארן	את-	הפרכת / והבאת את- השלחן וערכת את-	4					1
ט400412	וסכת על- הארן את- הפרכת / והבאת	את-	השלחן וערכת את- ערכו והבאת את-	4					1
ט400415	את- הפרכת / והבאת את- השלחן וערכת	את-	ערכו והבאת את- המנרה והעלית את-	4					1
ט400418	את- השלחן וערכת את- ערכו והבאת	את-	המנרה והעלית את- נרתיה / ונתתה את-	4					1
ט400421	את- ערכו והבאת את- המנרה והעלית	את-	נרתיה / ונתתה את- מזבח הזהב לקטרת	4					1
ט400502	את- המנרה והעלית את- נרתיה / ונתתה	את-	מזבח הזהב לקטרת לפני ארון העדת	4					1
ט400510	הזהב לקטרת לפני ארון העדת ושמת	את-	מסך הפתח למשכן / ונתתה את מזבח	4					1
ט400602	ושמת את- מסך הפתח למשכן / ונתתה	את	מזבח העלה לפני פתח משכן אהל-	4					1
ט400702	לפני פתח משכן אהל- מועד / ונתת	את-	הכיר בין- אהל מועד ובין המזבח	4					1
ט400802	ובין המזבח ונתת שם מים / ושמת	את-	החצר סביב ונתת את- מסך שער	4					1
ט400806	מים / ושמת את- החצר סביב ונתת	את-	מסך שער החצר / ולקחת את- שמן	4					1
ט400902	ונתת את- מסך שער החצר / ולקחת	את-	שמן המשחה ומשחת את- המשכן ואת-	4					1
ט400906	החצר / ולקחת את- שמן המשחה ומשחת	את-	המשכן ואת- כל- אשר- בו וקדשת	4					1
ט400908	את- שמן המשחה ומשחת את- המשכן	ואת-	כל- אשר- בו וקדשת אתו ואת-	4				1	2
ט400914	ואת- כל- אשר- בו וקדשת אתו	ואת-	כל- כליו והיה קדש / ומשחת את-	4				1	2
ט401002	ואת- כל- כליו והיה קדש / ומשחת	את-	מזבח העלה ואת- כל- כליו וקדשת	4					1
ט401005	והיה קדש / ומשחת את- מזבח העלה	ואת-	כל- כליו וקדשת את- המזבח והיה	4				1	2
ט401009	מזבח העלה ואת- כל- כליו וקדשת	את-	המזבח והיה המזבח קדש קדשים / ומשחת	4					1
ט401102	המזבח והיה המזבח קדש קדשים / ומשחת	את-	הכיר ואת- כנו וקדשת אתו / והקרבת	4					1
ט401104	המזבח קדש קדשים / ומשחת את- הכיר	ואת-	כנו וקדשת אתו / והקרבת את- אהרן	4				1	2
ט401202	הכיר ואת- כנו וקדשת אתו / והקרבת	את-	אהרן ואת- בניו אל- פתח אהל	4					1
ט401204	כנו וקדשת אתו / והקרבת את- אהרן	ואת-	בניו אל- פתח אהל מועד ורחצת	4				1	2
ט401302	אהל מועד ורחצת אתם במים / והלבשת	את-	אהרן את בגדי הקדש ומשחת אתו	4					1
ט401304	ורחצת אתם במים / והלבשת את- אהרן	את	בגדי הקדש ומשחת אתו וקדשת אתו	4					1
ט401401	ומשחת אתו וקדשת אתו וכהן לי /	ואת-	בניו תקריב והלבשת אתם כתנת / ומשחת	4				1	2
ט401505	אתם כתנת / ומשחת אתם כאשר משחת	את-	אביהם וכהנו לי והיתה להית להם	4					1
ט401803	באחד לחדש הוקם המשכן / ויקם משה	את-	המשכן ויתן את- אדניו וישם את-	4					1
ט401806	המשכן / ויקם משה את- המשכן ויתן	את-	אדניו וישם את- קרשיו ויתן את-	4					1
ט401809	את- המשכן ויתן את- אדניו וישם	את-	קרשיו ויתן את- בריחיו ויקם את-	4					1
ט401812	את- אדניו וישם את- קרשיו ויתן	את-	בריחיו ויקם את- עמודיו / ויפרש את-	4					1
ט401815	את- קרשיו ויתן את- בריחיו ויקם	את-	עמודיו / ויפרש את- האהל על- המשכן	4					1
ט401902	את- בריחיו ויקם את- עמודיו / ויפרש	את-	האהל על- המשכן וישם את- מכסה	4					1
ט401907	ויפרש את- האהל על- המשכן וישם	את-	מכסה האהל עליו מלמעלה כאשר צוה	4					1
ט401915	האהל עליו מלמעלה כאשר צוה יהוה	את-	משה / ויקח ויתן את- העדת אל-	4					1
ט402003	צוה יהוה את- משה / ויקח ויתן	את-	העדת אל- הארן וישם את- הבדים	4					1
ט402008	ויתן את- העדת אל- הארן וישם	את-	הבדים על- הארן ויתן את- הכפרת	4					1
ט402013	וישם את- הבדים על- הארן ויתן	את-	הכפרת על- הארן מלמעלה / ויבא את-	4					1
ט402102	את- הכפרת על- הארן מלמעלה / ויבא	את-	הארן אל- המשכן וישם את פרכת	4					1
ט402107	ויבא את- הארן אל- המשכן וישם	את	פרכת המסך ויסך על ארון העדות	4					1
ט402117	על ארון העדות כאשר צוה יהוה	את-	משה / ויתן את- השלחן באהל מועד	4					1
ט402202	כאשר צוה יהוה את- משה / ויתן	את-	השלחן באהל מועד על ירך המשכן	4					1
ט402310	לחם לפני יהוה כאשר צוה יהוה	את-	משה / וישם את- המנרה באהל מועד	4					1
ט402402	כאשר צוה יהוה את- משה / וישם	את-	המנרה באהל מועד נכח השלחן על	4					1
ט402508	הנרת לפני יהוה כאשר צוה יהוה	את-	משה / וישם את- מזבח הזהב באהל	4					1
ט402602	כאשר צוה יהוה את- משה / וישם	את-	מזבח הזהב באהל מועד לפני הפרכת	4					1
ט402708	עליו קטרת סמים כאשר צוה יהוה	את-	משה / וישם את- מסך הפתח למשכן	4					1
ט402802	כאשר צוה יהוה את- משה / וישם	את-	מסך הפתח למשכן / ואת מזבח העלה	4					1
ט402901	משה / וישם את- מסך הפתח למשכן /	ואת	מזבח העלה שם פתח משכן אהל-	4				1	2
ט402911	פתח משכן אהל- מועד ויעל עליו	את-	העלה ואת- המנחה כאשר צוה יהוה	4					1

/ = סוף פסוק // = סוף פרק ג = מין # = מספר כ = כינוי הבור קס = קידומות וסיומות ה = מספר ההברות

אזכור		מלה		ה קס כ # ג צופן
ט402913	אהל- מועד ויעל עליו את- העלה	ואת-	המנחה כאשר צוה יהוה את- משה	2 1 4
ט402918	העלה ואת- המנחה כאשר צוה יהוה	את-	משה / וישם את- הכיר בין- אהל	1 4
ט403002	כאשר צוה יהוה את- משה / וישם	את-	הכיר בין- אהל מועד ובין המזבח	1 4
ט403106	לרחצה / ורחצו ממנו משה ואהרן ובניו	את-	ידיהם ואת- רגליהם / בבאם אל- אהל	1 4
ט403108	ממנו משה ואהרן ובניו את- ידיהם	ואת-	רגליהם / בבאם אל- אהל מועד ובקרבתם	2 1 4
ט403212	אל- המזבח ירחצו כאשר צוה יהוה	את-	משה / ויקם את- החצר סביב למשכן	1 4
ט403302	כאשר צוה יהוה את- משה / ויקם	את-	החצר סביב למשכן ולמזבח ויתן את-	1 4
ט403308	את- החצר סביב למשכן ולמזבח ויתן	את-	מסך שער החצר ויכל משה את-	1 4
ט403314	את- מסך שער החצר ויכל משה	את-	המלאכה / ויכס הענן את- אהל מועד	1 4
ט403403	ויכל משה את- המלאכה / ויכס הענן	את-	אהל מועד וכבוד יהוה מלא את-	1 4
ט403409	את- אהל מועד וכבוד יהוה מלא	את-	המשכן / ולא- יכל משה לבוא אל-	1 4
ט403515	שכן עליו הענן וכבוד יהוה מלא	את-	המשכן / ובהעלות הענן מעל המשכן יסעו	1 4
	-	אתה	*-*	
ט021409	שמך לאיש שר ושפט עלינו הלהרגני	אתה	אמר כאשר הרגת את- המצרי ויירא	2 1 1 61
ט030512	נעליך מעל רגליך כי המקום אשר	אתה	עומד עליו אדמת- קדש הוא / ויאמר	2 1 1 61
ט031804	זבת חלב ודבש / ושמעו לקלך ובאת	אתה	וזקני ישראל אל- מלך מצרים ואמרתם	2 1 1 61
ט041611	העם והיה הוא יהיה- לך לפה	ואתה	תהיה- לו לאלהים / ואת- המטה הזה	3 1 1 1 61
ט042514	ותגע לרגליו ותאמר כי חתן- דמים	אתה	לי / וירף ממנו אז אמרה חתן	2 1 1 61
ט070201	אלהים לפרעה ואהרן אחיך יהיה נביאך /	אתה	תדבר את כל- אשר אצוך ואהרן	2 1 1 61
ט072703	שלח את- עמי ויעבדני / ואם- מאן	אתה	לשלח הנה אנכי נגף את- כל-	2 1 1 61
ט090204	את- עמי ויעבדני / כי אם- מאן	אתה	לשלח ועודך מחזיק בם / הנה יד-	2 1 1 61
ט093001	עוד למען תדע כי ליהוה הארץ /	ואתה	ועבדיך ידעתי כי טרם תיראון מפני	3 1 1 1 61
ט100404	שלח עמי ויעבדני / כי אם- מאן	אתה	לשלח את- עמי הנני מביא מחר	2 1 1 61
ט102504	טפכם ילך עמכם / ויאמר משה גם-	אתה	תתן בידנו זבחים ועלת ועשינו ליהוה	2 1 1 61
ט110810	אלה אלי והשתחוו- לי לאמר צא	אתה	וכל העם אשר- ברגליך ואחרי- כן	2 1 1 61
ט141601	אלי דבר אל- בני- ישראל ויסעו /	ואתה	הרם את- מטך ונטה את- ידך	3 1 1 1 61
ט181415	לעם ויאמר מה- הדבר הזה אשר	אתה	עשה לעם מדוע אתה יושב לבדך	2 1 1 61
ט181419	הזה אשר אתה עשה לעם מדוע	אתה	יושב לבדך וכל- העם נצב עליך	2 1 1 61
ט181709	משה אליו לא- טוב הדבר אשר	אתה	עשה / נבל תבל גם- אתה גם-	2 1 1 61
ט181804	אשר אתה עשה / נבל תבל גם-	אתה	גם- העם הזה אשר עמך כי-	2 1 1 61
ט181909	בקלי איעצך ויהי אלהים עמך היה	אתה	לעם מול האלהים והבאת אתה את-	2 1 1 61
ט181914	היה אתה לעם מול האלהים והבאת	אתה	את- הדברים אל- האלהים / והזהרתה אתהם	2 1 1 61
ט182101	ילכו בה ואת המעשה אשר יעשון /	ואתה	תחזה מכל- העם אנשי- חיל יראי	3 1 1 1 61
ט192313	העם לעלת אל- הר סיני כי-	אתה	העדתה בנו לאמר הגבל את- ההר	2 1 1 61
ט192407	ויאמר אליו יהוה לך- רד ועלית	אתה	ואהרן עמך והכהנים והעם אל- יהרסו	2 1 1 61
ט201010	ליהוה אלהיך לא- תעשה כל- מלאכה	אתה	ובנך- ובתך עבדך ואמתך ובהמתך וגרך	2 1 1 61
ט201905	ויעמדו מרחק / ויאמרו אל- משה דבר-	אתה	עמנו ונשמעה ואל- ידבר עמנו אלהים	2 1 1 61
ט240107	ואל משה אמר עלה אל- יהוה	אתה	ואהרן נדב ואביהוא ושבעים מזקני ישראל	2 1 1 61
ט254005	הכלים האלה / וראה ועשה בתבניתם אשר-	אתה	מראה בהר // ואת- המשכן תעשה עשר	2 1 1 61
ט272001	וכל- יתדתיו וכל- יתדת החצר נחשת /	ואתה	תצוה את- בני ישראל ויקחו אליך	3 1 1 1 61
ט280101	חקת עולם לדרתם מאת בני ישראל //	ואתה	הקרב אליך את- אהרן אחיך ואת-	3 1 1 1 61
ט280301	בגדי קדש לאהרן אחיך לכבוד ולתפארת /	ואתה	תדבר אל- כל- חכמי- לב אשר	3 1 1 1 61
ט302301	לדרתם / וידבר יהוה אל- משה לאמר /	ואתה	קח- לך בשמים ראש מר- דרור	3 1 1 1 61
ט311301	יעשו / ויאמר יהוה אל- משה לאמר /	ואתה	דבר אל- בני ישראל לאמר אך	3 1 1 1 61
ט322207	ויאמר אהרן אל- יחר אף אדני	אתה	ידעת את- העם כי ברע הוא	2 1 1 61
ט330108	יהוה אל- משה לך עלה מזה	אתה	והעם אשר העלית מארץ מצרים אל-	2 1 1 61
ט330314	אעלה בקרבך כי עם- קשה- ערף	אתה	פן אכלך בדרך / וישמע העם את-	2 1 1 61
ט331206	האהל / ויאמר משה אל- יהוה ראה	אתה	אמר אלי העל את- העם הזה	2 1 1 61
ט331213	אמר אלי העל את- העם הזה	ואתה	לא הודעתני את אשר- תשלח עמי	3 1 1 1 61
ט331220	לא הודעתני את אשר- תשלח עמי	ואתה	אמרת ידעתיך בשם וגם- מצאת חן	3 1 1 1 61
ט341022	ובכל- הגוים וראה כל- העם אשר-	אתה	בקרבו את- מעשה יהוה כי- נורא	2 1 1 61
ט341209	פן- תכרת ברית ליושב הארץ אשר	אתה	בא עליה פן- יהיה למוקש בקרבך	2 1 1 61

/ = סוף פסוק // = סוף פרק ג = מין # = מספר כ = כינוי הבור קס = קידומות וסיומות ו = מספר ההברות

אזכור		מלה		ה קס כ # ג צורן
	אתו			
ט060405	נודעתי להם / וגם הקמתי את- בריתי	אתם	לתת להם את- ארץ כנען את	2 9 41
ט123805	לבד מטף / וגם- ערב רב עלה	אתם	וצאן ובקר מקנה כבד מאד / ויאפו	2 7 41
ט124803	עדת ישראל יעשו אתו / וכי- יגור	אתך	גר ועשה פסח ליהוה המול לו	3 2 41
ט131922	אלהים אתכם והעליתם את- עצמתי מזה	אתכם	/ ויסעו מסכת ויחנו באתם בקצה המדבר	3 7 41
ט170509	אל- משה עבר לפני העם וקח	אתך	מזקני ישראל ומטך אשר הכית בו	3 2 41
ט182220	הקטן ישפטו- הם והקל מעליך ונשאו	אתך	/ אם את- הדבר הזה תעשה וצוך	2 2 41
ט202303	מן- השמים דברתי עמכם / לא תעשון	אתי	אלהי כסף ואלהי זהב לא תעשו	2 1 41
ט250305	את- תרומתי / וזאת התרומה אשר תקחו	מאתם	זהב וכסף ונחשת / ותכלת וארגמן ותולעת	3 7 9 41
ט252205	אתן אליך / ונועדתי לך שם ודברתי	אתך	מעל הכפרת מבין שני הכרבים אשר	3 2 41
ט280109	אליך את- אהרן אחיך ואת- בניו	אתו	מתוך בני ישראל לכהנו- לי אהרן	2 4 41
ט284108	אתם את- אהרן אחיך ואת- בניו	אתו	ונשחת אתם ומלאת את- ידם וקדשת	2 4 41
ט292119	בגדיו ועל- בניו ועל- בגדי בניו	אתו	וקדש הוא ובגדיו ובניו ובגדי בניו	2 4 41
ט292126	וקדש הוא ובגדיו ובניו ובגדי בניו	אתו	/ ולקחת מן- האיל החלב והאליה ואת-	2 4 41
ט310604	לעשות בכל- מלאכה / ואני הנה נתתי	אתו	את אהליאב בן- אחיסמך למטה- דן	2 4 41
ט311806	וינפש / ויתן אל- משה ככלתו לדבר	אתו	בהר סיני שני לחת העדת לחת	2 4 41
ט332105	האדם וחי / ויאמר יהוה הנה מקום	אתי	ונצבת על- הצור / והיה בעבר כבדי	2 1 41
ט342716	כי על- פי הדברים האלה כרתי	אתך	ברית ואת- ישראל / ויהי- שם עם-	3 2 41
ט342922	ידע כי קרן עור פניו בדברו	אתו	/ וירא אהרן וכל- בני ישראל את-	2 4 41
ט343213	ויצום את כל- אשר דבר יהוה	אתו	בהר סיני / ויכל משה מדבר אתם	2 4 41
ט343304	אתו בהר סיני / ויכל משה מדבר	אתם	ויתן על- פניו מסוה / ובבא משה	2 9 41
ט343406	מסוה / ובבא משה לפני יהוה לדבר	אתו	יסיר את- המסוה עד- צאתו ויצא	2 4 41
ט343521	המסוה על- פניו עד- באו לדבר	אתו	// ויקהל משה את- כל- עדת בני	2 4 41
ט350502	הדבר אשר- צוה יהוה לאמר / קחו	מאתכם	תרומה ליהוה כל נדיב לבו יביאה	4 7 7 41
ט352305	זהב ליהוה / וכל- איש אשר- נמצא	אתו	תכלת וארגמן ותולעת שני ושש ועזים	2 4 41
ט352413	את תרומת יהוה וכל אשר נמצא	אתו	עצי שטים לכל- מלאכת העבדה הביאו	2 4 41
ט382301	כל- אשר- צוה יהוה את- משה /	ואתו	אהליאב בן- אחיסמך למטה- דן חרש	3 1 4 41
	אתם			
ט132004	עצמתי מזה אתכם / ויסעו מסכת ויחנו	באתם	בקצה המדבר / ויהוה הלך לפניהם יומם	3 4 2 123
	אתם			
ט051101	אמר פרעה אינני נתן לכם תבן /	אתם	לכו קחו לכם תבן מאשר תמצאו	2 3 1 61
ט051703	עבדיך מכים וחטאת עמך / ויאמר נרפים	אתם	נרפים על- כן אתם אמרים נלכה	2 3 1 61
ט051707	ויאמר נרפים אתם נרפים על- כן	אתם	אמרים נלכה נזבחה ליהוה / ועתה לכו	2 3 1 61
ט101111	הגברים ועבדו את- יהוה כי אתה	אתם	מבקשים ויגרש אתם מאת פני פרעה	2 3 1 61
ט121308	הדם לכם לאת על הבתים אשר	אתם	שם וראיתי את- הדם ופסחתי עלכם	2 3 1 61
ט122218	שתי המזוזת מן- הדם אשר בסף	ואתם	לא תצאו איש מפתח- ביתו עד-	3 1 3 1 61
ט123111	ויאמר קומו צאו מתוך עמי גם-	אתם	גם- בני ישראל ולכו עבדו את-	2 3 1 61
ט130402	אתכם מזה ולא יאכל חמץ / היום	אתם	יצאים בחדש האביב / והיה כי- יביאך	2 3 1 61
ט141404	עוד עד- עולם / יהוה ילחם לכם	ואתם	תחרשון / ויאמר יהוה אל- משה מה-	3 1 3 1 61
ט160817	לשבע בשמע יהוה את- תלנתיכם אשר-	אתם	מלינם עליו ונחנו מה לא- עלינו	2 3 1 61
ט190401	תאמר לבית יעקב ותגיד לבני ישראל /	אתם	ראיתם אשר עשיתי למצרים ואשא אתכם	2 3 1 61
ט190601	מכל- העמים כי- לי כל- הארץ /	ואתם	תהיו- לי ממלכת כהנים וגוי קדוש	3 1 3 1 61
ט202210	משה כה תאמר אל- בני ישראל	אתם	ראיתם כי מן- השמים דברתי עמכם	2 3 1 61
ט230904	ויסלף דברי צדיקים / וגר לא תלחץ	ואתם	ידעתם את- נפש הגר כי- גרים	3 1 3 1 61
ט323007	ויהי ממחרת ויאמר משה אל- העם	אתם	חטאתם חטאה גדלה ועתה אעלה אל-	2 3 1 61
ט330509	אל- משה אמר אל- בני- ישראל	אתם	עם- קשה- ערף רגע אחד אעלה	2 3 1 61
	בא			
ט010111	הבאים מצרימה את יעקב איש וביתו	באו	/ ראובן שמעון לוי ויהודה / יששכר זבולן	2 3 1 3111
ט031803	ארץ זבת חלב ודבש / ושמעו לקלך	ובאת	אתה וזקני ישראל אל- מלך מצרים	3 1 1 1 3111
ט050102	ראה את- ענים ויקדו וישתחוו // ואחר	באו	משה ואהרן ויאמרו אל- פרעה כה-	2 3 1 3111
ט052302	לעם הזה למה זה שלחתני / ומאז	באתי	אל- פרעה לדבר בשמך הרע לעם	2 1 1 3111

אזכור		מלה		צונן	ג	#	כ	קס	ה
ט072805	גבולך בצפרדעים / ושרץ היאר צפרדעים ועלו	ובאו	בביתך ובחדר משכבך ועל- מטתך ובבית	3111	1	3		1	3
ט151902	ידיך / יהוה ימלך לעלם ועד / כי	בא	סוס פרעה ברכבו ובפרשיו בים וישב	3111	1	1			1
ט190110	בני- ישראל מארץ מצרים ביום הזה	באו	מדבר סיני / ויסעו מרפידים ויבאו מדבר	3111	1	3			2
ט202011	אל- תיראו כי לבעבור נסות אתכם	בא	האלהים ובעבור תהיה יראתו על- פניכם	3111	1	1			1
ט221409	עמו לא ישלם אם- שכיר הוא	בא	בשכרו / .וכי- יפתה איש בתולה אשר	3111	1	1			1
ט030906	והיבוסי / ועתה הנה צעקת בני- ישראל	באה	אלי וגם- ראיתי את- הלחץ אשר	3112	2	1			2
ט021701	ותמלאנה את- הרהטים להשקות צאן אביהן /	ויבאו	הרעים ויגרשום ויקם משה ויושען וישק	3121	1	3		*	4
ט030115	מדין וינהג את- הצאן אחר המדבר	ויבא	אל- הר האלהים חרבה / וירא מלאך	3121	1	1		*	3
ט051501	כתמול שלשם גם- תמול גם- היום /	ויבאו	שטרי בני ישראל ויצעקו אל- פרעה	3121	1	3		*	4
ט071001	מטך והשלך לפני- פרעה יהי לתנין /	ויבא	משה ואהרן אל- פרעה ויעשו כן	3121	1	1		*	3
ט072303	אלהם כאשר דבר יהוה / ויפן פרעה	ויבא	אל- ביתו ולא- שת לבו גם-	3121	1	1		*	3
ט082004	יהיה האת הזה / ויעש יהוה כן	ויבא	ערב כבד ביתה פרעה ובית עבדיו	3121	1	1		*	3
ט100301	שמתי בם וידעתם כי- אני יהוה /	ויבא	משה ואהרן אל- פרעה ויאמרו אליו	3121	1	1		*	3
ט122503	לך ולבניך עד- עולם / והיה כי-	תבאו	אל- הארץ אשר יתן יהוה לכם	3121	1	3			3
ט141611	ונטה את- ידך על- הים ובקעהו	ויבאו	בני- ישראל בתוך הים ביבשה / ואני	3121	1	3		1	4
ט141707	ואני הנני מחזק את- לב מצרים	ויבאו	אחריכם ואכבדה בפרעה ובכל- חילו ברכבו	3121	1	3		1	4
ט142001	ויסע עמוד הענן מפניהם ויעמד מאחריהם /	ויבא	בין מחנה מצרים ובין מחנה ישראל	3121	1	1		*	3
ט142201	וישם את- הים לחרבה ויבקעו המים /	ויבאו	בני- ישראל בתוך הים ביבשה והמים	3121	1	3		*	4
ט142303	להם חומה מימינם ומשמאלם / וירדפו מצרים	ויבאו	אחריהם כל סוס פרעה רכבו ופרשיו	3121	1	3		*	4
ט152301	שלשת- ימים במדבר ולא- מצאו מים /	ויבאו	מרתה ולא יכלו לשתת מים ממרה	3121	1	3		*	4
ט152701	אשים עליך כי אני יהוה רפאך /	ויבאו	אילמה ושם שתים עשרה עינת מים ושבעים	3121	1	3		*	4
ט160103	ויחנו- שם על- המים // ויסעו מאילם	ויבאו	כל- עדת בני- ישראל אל- מדבר-	3121	1	3		*	4
ט162210	לקטו לחם משנה שני העמר לאחד	ויבאו	כל- נשיאי העדה ויגידו למשה / ויאמר	3121	1	3		*	3
ט170801	לאמר היש יהוה בקרבנו אם- אין /	ויבא	עמלק וילחם עם- ישראל ברפידם / ויאמר	3121	1	1		*	3
ט180501	אלהי אבי בעזרי ויצלני מחרב פרעה /	ויבא	יתרו חתן משה ובניו ואשתו אל-	3121	1	1		*	3
ט180712	וישק- לו וישאלו איש- לרעהו לשלום	ויבאו	האהלה / ויספר משה לחתנו את כל-	3121	1	3		*	4
ט181208	יתרו חתן משה עלה וזבחים לאלהים	ויבא	אהרן וכל זקני ישראל לאכל- לחם	3121	1	1		*	3
ט181505	עד- ערב / ויאמר משה לחתנו כי-	יבא	אלי העם לדרש אלהים / כי- יהיה	3121	1	1			2
ט182316	וגם כל- העם הזה על- מקמו	יבא	בשלום / וישמע משה לקול חתנו ויעש	3121	1	1			2
ט190203	הזה באו מדבר סיני / ויסעו מרפידים	ויבאו	מדבר סיני ויחנו במדבר ויחן- שם	3121	1	3		*	4
ט190701	הדברים אשר תדבר אל- בני ישראל /	ויבא	משה ויקרא לזקני העם וישם לפניהם	3121	1	1		*	3
ט190907	ויאמר יהוה אל- משה הנה אנכי	בא	אליך בעב הענן בעבור ישמע העם	3121	1	1			1
ט210303	ובשבעת יצא לחפשי חנם / אם- בגפו	יבא	בגפו יצא אם- בעל אשה הוא	3121	1	1			2
ט220823	יאמר כי- הוא זה עד האלהים	יבא	דבר- שניהם אשר ירשיען אלהים ישלם	3121	1	1			2
ט232710	לפניך והמתי את- כל- העם אשר	תבא	בהם ונתתי את- כל- איביך אליך	3121	1	1			2
ט240301	לא יגשו והעם לא יעלו עמו /	ויבא	משה ויספר לעם את כל- דברי	3121	1	1		*	3
ט241801	אכלת בראש ההר לעיני בני ישראל /	ויבא	משה בתוך הענן ויעל אל- ההר	3121	1	1		*	3
ט293009	ימים ילבשם הכהן תחתיו מבניו אשר	יבא	אל- אהל מועד לשרת בקדש / ואת	3121	1	1			2
ט351005	לאפוד ולחשן / וכל- חכם- לב בכם	יבאו	ויעשו את כל- אשר צוה יהוה	3121	1	3			3
ט352101	כל- עדת בני- ישראל מלפני משה /	ויבאו	כל- איש אשר- נשאו לבו וכל	3121	1	3		*	4
ט352201	אהל מועד ולכל- עבדתו ולבגדי הקדש /	ויבאו	האנשים על- הנשים כל נדיב לב	3121	1	3		*	4
ט360401	הביאו אליו עוד נדבה בבקר בבקר /	ויבאו	כל- החכמים העשים את כל- מלאכת	3121	1	3		*	4
ט011914	המצרית העברית כי- חיות הנה בטרם	תבוא	אלהן המילדת וילדו / וייטב אלהים למילדת	3122	2	1			2
ט021605	על- הבאר / ולכהן מדין שבע בנות	ותבאנה	ותדלנה ותמלאנה את- הרהטים להשקות צאן	3122	2	3		*	4
ט021801	ויקם משה ויושען וישק את- צאנם /	ותבאנה	אל- רעואל אביהן ויאמר מדוע מהרתן	3122	2	3		*	4
ט010105	ואלה שמות בני ישראל	הבאים	מצרימה את יעקב איש וביתו באו	3131	1	3		2	3
ט031307	ויאמר משה אל- האלהים הנה אנכי	בא	אל- בני ישראל ואמרתי להם אלהי	3131	1	1			1
ט142811	הרכב ואת- הפרשים לכל חיל פרעה	הבאים	אחריהם בים לא- נשאר בהם עד-	3131	1	3		2	3
ט180607	ויאמר אל- משה אני חתנך יתרו	בא	אליך ואשתך ושני בניה עמה / ויצא	3131	1	1			1
ט181605	לדרש אלהים / כי- יהיה להם דבר	בא	אלי ושפטתי בין איש ובין רעהו	3131	1	1			1
ט202421	בכל- המקום אשר אזכיר את- שמי	אבוא	אליך וברכתיך / ואם- מזבח אבנים תעשה-	3131	1	1			2
ט341210	תכרת ברית ליושב הארץ אשר אתה	בא	עליה פן- יהיה למוקש בקרבך / כי	3131	1	1			1
ט061101	קשה / וידבר יהוה אל- משה לאמר /	בא	דבר אל- פרעה מלך מצרים וישלח	314	1	1			1
ט072605	את- היאר / ויאמר יהוה אל- משה	בא	אל- פרעה ואמרת אליו כה אמר	314	1	1			1

/ = סוף פסוק   // = סוף פרק   ג = מין   # = מספר   כ = כינויי חבור   קס = קידומות וסיומות   ה = מספר ההברות

אזכור		מלה		צופן	ג	#	כ	קס	ה
ט090105	את- העם // ויאמר יהוה אל- משה	בא	אל- פרעה ודברת אליו כה- אמר	314	1	1			1
ט100105	ביד- משה // ויאמר יהוה אל- משה	בא	אל- פרעה כי- אני הכבדתי את-	314	1	1			1
ט021808	אל- רעואל אביהן ויאמר מדוע מהרתן	בא	היום / ותאמרן איש מצרי הצילנו מיד	3151					1
ט330902	אחרי משה עד- באו האהלה / והיה	כבא	משה האהלה ירד עמוד הענן ועמד	3151				5	2
ט171222	ומזה אחד ויהי ידיו אמונה עד-	בא	השמש / ויחלש יהושע את- עמלק ואת-	3152					1
ט222507	אם- חבל תחבל שלמת רעך עד-	בא	השמש תשיבנו לו / כי הוא כסותה	3152					1
ט343401	מדבר אתם ויתן על- פניו מסוה /	ובבא	משה לפני יהוה לדבר אתו יסיר	3152				41	3
ט102623	נדע מה- נעבד את- יהוה עד-	באנו	שמה / ויחזק יהוה את- לב פרעה	3153			6		3
ט163509	אכלו את- המן ארבעים שנה עד-	באם	אל- ארץ נושבת את- המן אכלו	3153			9		2
ט163517	ארץ נושבת את- המן אכלו עד-	באם	אל- קצה ארץ כנען / והעמר עשרית	3153			9		2
ט282911	בני- ישראל בחשן המשפט על- לבו	בבאו	אל- הקדש לזכרן לפני- יהוה תמיד	3153			4	4	3
ט283013	ואת- התמים והיו על- לב אהרן	בבאו	לפני יהוה ונשא אהרן את- משפט	3153			4	4	3
ט283507	והיה על- אהרן לשרת ונשמע קולו	בבאו	אל- הקדש לפני יהוה ובצאתו ולא	3153			4	4	3
ט284306	יהיו / והיו על- אהרן ועל- בניו	בבאם	אל- אהל מועד או בגשתם אל-	3153			9	4	3
ט302001	ובניו ממנו את- ידיהם ואת- רגליהם /	בבאם	אל- אהל מועד ירחצו- מים ולא	3153			9	4	3
ט330817	פתח אהלו והביטו אחרי משה עד-	באו	האהלה / והיה כבא משה האהלה ירד	3153			4		2
ט343519	משה את- המסוה על- פניו עד-	באו	לדבר אתו // ויקהל משה את- כל-	3153			4		2
ט403201	ואהרן ובניו את- ידיהם ואת- רגליהם /	בבאם	אל- אהל מועד ובקרבתם אל- המזבח	3153			9	4	3
ט122321	יהוה על- הפתח ולא יתן המשחית	לבא	אל- בתיכם לנגף / ושמרתם את- הדבר	3154				6	2
ט403504	מלא את- המשכן / ולא- יכל משה	לבוא	אל- אהל מועד כי- שכן עליו	3154				6	2
	-	באר	*-*						
ט021519	פרעה וישב בארץ- מדין וישב על-	הבאר	/ ולכהן מדין שבע בנות ותבאנה ותדלנה	1121	2	1		2	3
	-	באש	*-*						
ט071805	ונהפכו לדם / והדגה אשר- ביאר תמות	ובאש	היאר ונלאו מצרים לשתות מים מן-	3111	1	1		1	3
ט072105	ביאר לדם / והדגה אשר- ביאר מתה	ויבאש	היאר ולא- יכלו מצרים לשתות מים	3121	1	1		*	3
ט162012	אנשים ממנו עד- בקר וירם תולעים	ויבאש	ויקצף עלהם משה / וילקטו אתו בבקר	3121	1	1		*	3
ט081005	ומן- השדות / ויצברו אתם חמרם חמרם	ותבאש	הארץ / וירא פרעה כי היתה הרוחה	3122	2	1		*	3
	-	בגד	*-*						
ט280402	בגדי אהרן לקדשו לכהנו- לי / ואלה	הבגדים	אשר יעשו חשן ואפוד ומעיל וכתנת	1115	1	3		2	4
ט290503	מועד ורחצת אתם במים / ולקחת את-	הבגדים	והלבשת את- אהרן את- הכתנת ואת	1115	1	3		2	4
ט280202	ואביהוא אלעזר ואיתמר בני אהרן / ועשית	בגדי	קדש לאהרן אחיך לכבוד ולתפארת / ואתה	1116	1	3			3
ט280313	אשר מלאתיו רוח חכמה ועשו את-	בגדי	אהרן לקדשו לכהנו- לי / ואלה הבגדים	1116	1	3			3
ט280413	ומעיל וכתנת תשבץ מצנפת ואבנט ועשו	בגדי-	קדש לאהרן אחיך ולבניו לכהנו- לי	1116	1	3			3
ט292117	אהרן ועל- בגדיו ועל- בניו ועל-	בגדי	בניו אתו וקדש הוא ובגדיו ובניו	1116	1	3			3
ט292124	בניו אתו וקדש הוא ובגדיו ובניו	ובגדי	בניו אתו / ולקחת מן- האיל החלב	1116	1	3		1	4
ט292901	בני- ישראל מזבחי שלמיהם תרומתם ליהוה /	ובגדי	הקדש אשר לאהרן יהיו לבניו אחריו	1116	1	3		1	4
ט311002	כליו ואת הכיור ואת- כנו / ואת	בגדי	השרד ואת- בגדי הקדש לאהרן הכהן	1116	1	3			3
ט311005	ואת- כנו / ואת בגדי השרד ואת-	בגדי	הקדש לאהרן הכהן ואת- בגדי בניו	1116	1	3			3
ט311010	ואת- בגדי הקדש לאהרן הכהן ואת-	בגדי	בניו לכהן / ואת שמן המשחה ואת-	1116	1	3			3
ט351902	ואת- יתדת החצר ואת- מיתריהם / את-	בגדי	השרד לשרת בקדש את- בגדי הקדש	1116	1	3			3
ט351907	את- בגדי השרד לשרת בקדש את-	בגדי	הקדש לאהרן הכהן ואת- בגדי בניו	1116	1	3			3
ט351912	את- בגדי הקדש לאהרן הכהן ואת-	בגדי	בניו לכהן / ויצאו כל- עדת בני-	1116	1	3			3
ט352121	יהוה למלאכת אהל מועד ולכל- עבדתו	ולבגדי	הקדש / ויבאו האנשים על- הנשים כל	1116	1	3		61	5
ט390107	ומן- התכלת והארגמן ותולעת השני עשו	בגדי-	שרד לשרת בקדש ויעשו את- בגדי	1116	1	3			3
ט390113	בגדי- שרד לשרת בקדש ויעשו את-	בגדי	הקדש אשר לאהרן כאשר צוה יהוה	1116	1	3			3
ט394102	כלי עבדת המשכן לאהל מועד / את-	בגדי	השרד לשרת בקדש את- בגדי הקדש	1116	1	3			3
ט394107	את- בגדי השרד לשרת בקדש את-	בגדי	הקדש לאהרן הכהן ואת- בגדי בניו	1116	1	3			3
ט394112	את- בגדי הקדש לאהרן הכהן ואת-	בגדי	בניו לכהן / ככל אשר- צוה יהוה	1116	1	3			3
ט401305	אתם במים / והלבשת את- אהרן את	בגדי	הקדש ומשחת אתו וקדשת אתו וכהן	1116	1	3			3
ט292113	ומשמן המשחה והזית על- אהרן ועל-	בגדיו	ועל- בניו ועל- בגדי בניו אתו	1117	1	3	4		3
ט292122	ועל- בגדי בניו אתו וקדש הוא	ובגדיו	ובניו ובגדי בניו אתו / ולקחת מן-	1117	1	3	4	1	4

/ = סוף פסוק   // = סוף פרק   ג = מין   # = מספר   כ = כינוי ובור   קס = קידומות וסיומות   ה = מספר ההברות

אזכור		מלה		צורן	ג	#	כ	קס	ה
	-	בגד	*-*						
ט210814	והפדה לעם נכרי לא- ימשל למכרה	בבגדו-	בו / ואם- לבנו ייעדנה כמשפט הבנות	3153			4	4	4
	-	בד	*-*						
ט284204	אתם וכהנו- לי / ועשה להם מכנסי-	בד	לכסות בשר ערוה ממתנים ועד- ירכים	1111	1	1			1
ט392810	ואת- פארי המגבעת שש ואת- מכנסי	הבד	שש משזר / ואת- האבנט שש משזר	1111	1	1		2	2
	-	בד	*-*						
ט303414	נטף ושחלת וחלבנה סמים ולבנה זכה	בד	בבד יהיה / ועשית אתה קטרת רקח	1111	1	1			1
ט303415	ושחלת וחלבנה סמים ולבנה זכה בד	בבד	יהיה / ועשית אתה קטרת רקח מעשה	1111	1	1		4	2
ט251403	שטים וצפית אתם זהב / והבאת את-	הבדים	בטבעת על צלעת הארן לשאת את-	1115	1	3		2	3
ט251504	את- הארן בהם / בטבעת הארן יהיו	הבדים	לא יסרו ממנו / ונתת אל- הארן	1115	1	3		2	3
ט252706	רגליו / לעמת המסגרת תהיין הטבעת לבתים	לבדים	לשאת את- השלחן / ועשית את- הבדים	1115	1	3		6	3
ט252803	לבדים לשאת את- השלחן / ועשית את-	הבדים	עצי שטים וצפית אתם זהב ונשא	1115	1	3		2	3
ט270602	והיתה הרשת עד חצי המזבח / ועשית	בדים	למזבח בדי עצי שטים וצפית אתם	1115	1	3			2
ט270706	נחשת / והובא את- בדיו בטבעת והיו	הבדים	על- שתי צלעת המזבח בשאת אתו	1115	1	3		2	3
ט300417	תעשה על- שני צדיו והיה לבתים	לבדים	לשאת אתו בהמה / ועשית את- הבדים	1115	1	3		6	3
ט300503	לבדים לשאת אתו בהמה / ועשית את-	הבדים	עצי שטים וצפית אתם זהב / ונתתה	1115	1	3		2	3
ט370503	שטים ויצף אתם זהב / ויבא את-	הבדים	בטבעת על צלעת הארן לשאת את-	1115	1	3		2	3
ט371406	רגליו / לעמת המסגרת היו הטבעת בתים	לבדים	לשאת את- השלחן / ויעש את- הבדים	1115	1	3		26	3
ט371503	לבדים לשאת את- השלחן / ויעש את-	הבדים	עצי שטים ויצף אתם זהב לשאת	1115	1	3		2	3
ט372715	שתי צלעתיו על שני צדיו לבתים	לבדים	לשאת אתו בהם / ויעש את- הבדים	1115	1	3		6	3
ט372803	לבדים לשאת אתו בהם / ויעש את-	הבדים	עצי שטים ויצף אתם זהב / ויעש	1115	1	3		2	3
ט380509	טבעת בארבע הקצות למכבר הנחשת בתים	לבדים	/ ויעש את- הבדים עצי שטים ויצף	1115	1	3		26	3
ט380603	למכבר הנחשת בתים לבדים / ויעש את-	הבדים	עצי שטים ויצף אתם נחשת / ויבא	1115	1	3		2	3
ט380703	שטים ויצף אתם נחשת / ויבא את-	הבדים	בטבעת על צלעת המזבח לשאת אתו	1115	1	3		2	3
ט402009	את- העדת אל- הארן וישם את-	הבדים	על- הארן ויתן את- הכפרת על-	1115	1	3		2	3
ט251302	ושתי טבעת על- צלעו השנית / ועשית	בדי	עצי שטים וצפית אתם זהב / והבאת	1116	1	3			2
ט270604	עד חצי המזבח / ועשית בדים למזבח	בדי	עצי שטים וצפית אתם נחשת / והובא	1116	1	3			2
ט370402	ושתי טבעת על- צלעו השנית / ויעש	בדי	עצי שטים ויצף אתם זהב / ויבא	1116	1	3			2
ט270703	שטים וצפית אתם נחשת / והובא את-	בדיו	בטבעת והיו הבדים על- שתי צלעת	1117	1	3	4		2
ט351204	עמדיו ואת- אדניו / את- הארן ואת-	בדיו	את- הכפרת ואת פרכת המסך / את-	1117	1	3	4		2
ט351304	ואת פרכת המסך / את- השלחן ואת-	בדיו	ואת- כל- כליו ואת לחם הפנים	1117	1	3	4		2
ט351505	שמן המאור / ואת- מזבח הקטרת ואת-	בדיו	ואת שמן המשחה ואת קטרת הסמים	1117	1	3	4		2
ט351610	ואת- מכבר הנחשת אשר- לו את-	בדיו	ואת- כל- כליו את- הכיר ואת-	1117	1	3			2
ט393505	פרכת המסך / את- ארון העדת ואת-	בדיו	ואת הכפרת / את- השלחן את- כל-	1117	1	3	4		2
ט393910	ואת- מכבר הנחשת אשר- לו את-	בדיו	ואת- כל- כליו את- הכיר ואת-	1117	1	3	4		2
	-	בהמה	*-*						
ט081315	את- עפר הארץ ותהי הכנם באדם	ובבהמה	כל- עפר הארץ היה כנם בכל-	1121	2	1		241	5
ט081413	הכנים ולא יכלו ותהי הכנם באדם	ובבהמה	/ ויאמרו החרטמם אל- פרעה אצבע אלהים	1121	2	1		241	5
ט090911	ארץ מצרים והיה על- האדם ועל-	הבהמה	לשחין פרח אבעבעת בכל- ארץ מצרים	1121	2	1		2	4
ט091017	השמימה ויהי שחין אבעבעת פרח באדם	ובבהמה	/ ולא- יכלו החרטמים לעמד לפני משה	1121	2	1		241	5
ט091913	כל- אשר לך בשדה כל- האדם	והבהמה	אשר- ימצא בשדה ולא יאסף הביתה	1121	2	1		21	5
ט092218	בכל- ארץ מצרים על- האדם ועל-	הבהמה	ועל כל- עשב השדה בארץ מצרים	1121	2	1		2	4
ט092512	את כל- אשר בשדה מאדם ועד-	בהמה	ואת כל- עשב השדה הכה הברד	1121	2	1			3
ט110519	השפחה אשר אחר הרחים וכל בכור	בהמה	/ והיתה צעקה גדלה בכל- ארץ מצרים	1121	2	1			3
ט110710	לא יחרץ- כלב לשנו למאיש ועד-	בהמה	למען תדעון אשר יפלה יהוה בין	1121	2	1			3
ט121213	כל- בכור בארץ מצרים מאדם ועד-	בהמה	ובכל- אלהי מצרים אעשה שפטים אני	1121	2	1			3
ט122923	השבי אשר בבית הבור וכל בכור	בהמה	/ ויקם פרעה לילה הוא וכל- עבדיו	1121	2	1			3
ט130211	פטר כל- רחם בבני ישראל באדם	ובבהמה	לי הוא / ויאמר משה אל- העם	1121	2	1		241	5
ט131209	פטר- רחם ליהוה וכל- פטר שגר	בהמה	אשר יהיה לך הזכרים ליהוה / וכל-	1121	2	1			3
ט131516	בארץ מצרים מבכר אדם ועד- בכור	בהמה	על- כן אני זבח ליהוה כל-	1121	2	1			3
ט191312	סקול יסקל או- ירה יירה אם-	בהמה	אם- איש לא יחיה במשך היבל	1121	2	1			2

אזכור		מלה		צופן	ג	#	כ	קס	ה
ט220912	חמור או- שור או- שה וכל-	בהמה	לשמר ומת או- נשבר או- נשבה	1121	2	1			3
ט221804	מכשפה לא תחיה / כל- שכב עם-	בהמה	מות יומת / זבח לאלהים יחרם בלתי	1121	2	1			3
ט201015	מלאכה אתה ובנך- ובתך עבדך ואמתך	ובהמתך	וגרך אשר בשעריך / כי ששת- ימים	1123	2	1	2	1	5
	-	בהן	*-*						
ט292017	ועל תנוך אזן בניו הימנית ועל-	בהן	ידם הימנית ועל- בהן רגלם הימנית	1122	2	1			2
ט292021	הימנית ועל- בהן ידם הימנית ועל-	בהן	רגלם הימנית וזרקת את- הדם על-	1122	2	1			2
	-	בו	*-*						
ט011016	ונוסף גם- הוא על- שנאינו ונלחם-	בנו	ועלה מן- הארץ / וישימו עליו שרי	41			6		2
ט011416	בשדה את כל- עבדתם אשר- עבדו	בהם	בפרך / ויאמר מלך מצרים למילדת העברית	41			9		2
ט040412	ידך ואחז בזנבו וישלח ידו ויחזק	בו	ויהי למטה בכפו / למען יאמינו כי-	41			4		1
ט041005	לדם ביבשת / ויאמר משה אל- יהוה	בי	אדני לא איש דברים אנכי גם	41			1		1
ט041302	עם- פיך והוריתיך אשר תדבר / ויאמר	בי	אדני שלח- נא ביד- תשלח / ויחר-	41			1		1
ט041708	המטה הזה תקח בידך אשר תעשה-	בו	את- האתת / וילך משה וישב אל-	41			4		1
ט072901	תך ובבית עבדיך ובעמך ובתנוריך ובמשארותיך /	ובכה	ובעמך ובכל- עבדיך יעלו הצפרדעים // ויאמר	41			2	91	3
ט081709	אינך משלח את- עמי הנני משליח	בך	ובעבדיך ובעמך ובבתיך את- הערב ומלאו	41			2		2
ט090208	אם- מאן אתה לשלח ועודך מחזיק	בם	/ הנה יד- יהוה הויה במקנך אשר	41			9		1
ט100215	התעללתי במצרים ואת- אתתי אשר- שמתי	בם	וידעתם כי- אני יהוה / ויבא משה	41			9		1
ט120715	המשקוף על הבתים אשר- יאכלו אתו	בהם	/ ואכלו את- הבשר בלילה הזה צלי-	41			9		2
ט121317	את- הדם ופסחתי עלכם ולא- יהיה	בכם	נגף למשחית בהכתי בארץ מצרים / והיה	41			7		2
ט121615	יהיה לכם כל- מלאכה לא- יעשה	בהם	אך אשר יאכל לכל- נפש הוא	41			9		2
ט124314	הפסח כל- בן- נכר לא- יאכל	בו	/ וכל- עבד איש מקנת- כסף ומלתה	41			4		1
ט124410	מקנת- כסף ומלתה אתו אז יאכל	בו	/ תושב ושכיר לא- יאכל בו / בבית	41			4		1
ט124505	יאכל בו / תושב ושכיר לא- יאכל	בו	/ בבית אחד יאכל לא- תוציא מן-	41			4		1
ט124614	מן- הבשר חוצה ועצם לא- תשברו-	בו	/ כל- עדת ישראל יעשו אתו / וכי-	41			4		1
ט124822	כאזרח הארץ וכל- ערל לא- יאכל	בו	/ תורה אחת יהיה לאזרח ולגר הגר	41			4		1
ט142816	פרעה הבאים אחריהם בים לא- נשאר	בהם	עד- אחד / ובני ישראל הלכו ביבשה	41			9		2
ט162413	משה ולא הבאיש ורמה לא- היתה	בו	/ ויאמר משה אכלהו היום כי- שבת	41			4		1
ט162609	תלקטהו וביום השביעי שבת לא יהיה-	בו	/ ויהי ביום השביעי יצאו מן- העם	41			4		1
ט170515	אתך מזקני ישראל ומטך אשר הכית	בו	את- היאר קח בידך והלכת / הנני	41			4		1
ט190917	בעבור ישמע העם בדברי עמך וגם-	בך	יאמינו לעולם ויגד משה את- דברי	41			2		2
ט191303	הנגע בהר מות יומת / לא- תגע	בו	יד כי- סקול יסקל או- ירה	41			4		1
ט192209	הנגשים אל- יהוה יתקדשו פן- יפרץ	בהם	יהוה / ויאמר משה אל יהוה לא-	41			9		2
ט192315	אל- הר סיני כי- אתה העדתה	בנו	לאמר הגבל את- ההר וקדשתו / ויאמר	41			6		2
ט192419	יהרסו לעלת אל- יהוה פן- יפרץ-	בם	/ וירד משה אל- העם ויאמר אלהם	41			9		1
ט201115	הארץ את- הים ואת- כל- אשר-	בם	וינח ביום השביעי על- כן ברך	41			9		1
ט231515	כאשר צויתך למועד חדש האביב כי-	בו	יצאת ממצרים ולא- יראו פני ריקם	41			4		1
ט232107	השמר מפניו ושמע בקלו אל- תמר	בו	כי לא ישא לפשעכם כי שמי	41			4		1
ט232711	והמתי את- כל- העם אשר תבא	בהם	ונתתי את- כל- איביך אליך ערף	41			9		2
ט251411	על צלעת הארן לשאת את- הארן	בהם	/ בטבעת הארן יהיו הבדים לא יסרו	41			9		2
ט252810	עצי שטים וצפית אתם זהב ונשא	בם	את- השלחן / ועשית קערתיו וכפתיו וקשותיו	41			9		1
ט281702	כפול זרת ארכו וזרת רחבו / ומלאת	בו	מלאת אבן ארבעה טורים אבן טור	41			4		1
ט292909	אשר לאהרן יהיו לבניו אחריו למשחה	בהם	ולמלא- בם את- ידם / שבעת ימים	41			9		2
ט292911	יהיו לבניו אחריו למשחה בהם ולמלא-	בם	את- ידם / שבעה ימים ילבשם הכהן	41			9		1
ט293305	אהל מועד / ואכלו אתם אשר כפר	בהם	למלא את- ידם לקדש אתם וזר	41			9		2
ט300420	צדיו והיה לבתים לבדים לשאת אתו	בהמה	/ ועשית את- הבדים עצי שטים וצפית	41			9	9	3
ט301217	נפשו ליהוה בפקד אתם ולא- יהיה	בהם	נגף בפקד אתם / זה יתנו כל-	41			9		2
ט302602	רקח שמן משחת- קדש יהיה / ומשחת	בו	את- אהל מועד ואת ארון העדת	41			4		1
ט302908	אתם והיו קדש קדשים כל- הנגע	בהם	יקדש / ואת- אהרן ואת- בניו תמשח	41			9		2
ט321006	הוא / ועתה הניחה לי ויחר- אפי	בהם	ואכלם ואעשה אותך לגוי גדול / ויחל	41			9		2
ט321309	ליצחק ולישראל עבדיך אשר נשבעת להם	בך	ותדבר אלהם ארבה את- זרעכם ככוכבי	41			2		1
ט350215	קדש שבת שבתון ליהוה כל- העשה	בו	מלאכה יומת / לא- תבערו אש בכל	41			4		1
ט351004	מלאים לאפוד ולחשן / וכל- חכם- לב	בכם	יבאו ויעשו את כל- אשר צוה	41			7		2

/ = סוף פסוק   // = סוף פרק   ג = מין   # = מספר   כ = כינוי גוף   קס = קידומות וסיומות   ה = מספר ההברות

אזכור		מלה		צורן	ג	#	כ	קס	ה
ט360113	לב אשר נתן יהוה חכמה ותבונה	בהמה	לדעת לעשת את- כל- מלאכת עבדת	41			9	9	3
ט372718	שני צדיו לבתים לבדים לשאת אתו	בהם	/ ויעש את- הבדים עצי שטים ויצף	41			9		2
ט380710	בטבעת על צלעת המזבח לשאת אתו	בהם	נבוב לחת עשה אתו / ויעש את	41			9		2
ט391002	זרת ארכו וזרת רחבו כפול / וימלאו-	בו	ארבעה טורי אבן טור אדם פטדה	41			4		1
ט400911	ומשחת את- המשכן ואת- כל- אשר-	בו	וקדשת אתו ואת- כל- כליו והיה	41			4		1
ט403810	על- המשכן יומם ואש תהיה לילה	בו	לעיני כל- בית ישראל בכל- מסעיהם	41			4		1
ט020313	תבת גמא ותחמרה בחמר ובזפת ותשם	בה	את- הילד ותשם בסוף על- שפת	42			5		1
ט050906	לאלהינו / תכבד העבדה על- האנשים ויעשו-	בה	ואל- ישעו בדברי- שקר / ויצאו נגשי	42			5		1
ט060416	כנען את ארץ מגריהם אשר- גרו	בה	/ וגם אני שמעתי את- נאקת בני	42			5		1
ט182012	התורת והודעת להם את- הדרך ילכו	בה	ואת המעשה אשר יעשון / ואתה תחזה	42			5		1
ט210815	לעם נכרי לא- ימשל למכרה בבגדו-	בה	/ ואם- לבנו ייעדנה כמשפט הבנות יעשה-	42			4		1
ט252908	קערתיו וכפתיו וקשותיו ומנקיתיו אשר יסך	בהן	זהב טהור תעשה אתם / ועשית על-	42			0		2
ט303806	ליהוה / איש אשר- יעשה כמוה להריח	בה	ונכרת מעמיו // וידבר יהוה אל- משה	42			5		1
ט311414	מחלליה מות יומת כי כל- העשה	בה	מלאכה ונכרתה הנפש ההוא מקרב עמיה	42			5		1
ט371617	ואת מנקיתיו ואת- הקשות אשר יסך	בהן	זהב טהור / ויעש את- המנרה זהב	42			0		2
ט383002	ככר ואלפים וארבע- מאות שקל / ויעש	בה	את- אדני פתח אהל מועד ואת	42			5		1
	-	בוקר	*-*						
ט071504	מאן לשלח העם / לך אל- פרעה	בבקר	הנה יצא המימה ונצבת לקראתו על-	1111	1	1		24	3
ט081606	יהוה / ויאמר יהוה אל- משה השכם	בבקר	והתיצב לפני פרעה הנה יוצא המימה	1111	1	1		24	3
ט091306	משה / ויאמר יהוה אל משה השכם	בבקר	והתיצב לפני פרעה ואמרת אליו כה-	1111	1	1		24	3
ט101318	בארץ כל- היום ההוא וכל- הלילה	הבקר	היה ורוח הקדים נשא את- הארבה	1111	1	1		2	3
ט121005	ועל- קרבו / ולא- תותירו ממנו עד-	בקר	והנתר ממנו עד- בקר באש תשרפו	1111	1	1			2
ט121009	ממנו עד- בקר והנתר ממנו עד-	בקר	באש תשרפו / וככה תאכלו אתו מתניכם	1111	1	1			2
ט122225	לא תצאו איש מפתח- ביתו עד-	בקר	/ ועבר יהוה לנגף את- מצרים וראה	1111	1	1			2
ט142404	ופרשיו אל- תוך הים / ויהי באשמרת	הבקר	וישקף יהוה אל- מחנה מצרים בעמוד	1111	1	1		2	3
ט142710	ידו על- הים וישב הים לפנות	בקר	לאיתנו ומצרים נסים לקראתו וינער יהוה	1111	1	1			2
ט160701	כי יהוה הוציא אתכם מארץ מצרים /	ובקר	וראיתם את- כבוד יהוה בשמעו את-	1111	1	1		1	3
ט160810	יהוה לכם בערב בשר לאכל ולחם	בבקר	לשבע בשמע יהוה את- תלנתיכם אשר-	1111	1	1		24	3
ט161213	אלהם לאמר בין הערבים תאכלו בשר	ובבקר	תשבעו- לחם וידעתם כי אני יהוה	1111	1	1		241	4
ט161308	בערב ותעל השלו ותכס את- המחנה	ובבקר	היתה שכבת הטל סביב למחנה / ותעל	1111	1	1		241	4
ט161909	אלהם איש אל- יותר ממנו עד-	בקר	/ ולא- שמעו אל- משה ויותרו אנשים	1111	1	1			2
ט162009	אל- משה ויותרו אנשים ממנו עד-	בקר	וירם תולעים ויבאש ויקצף עלהם משה	1111	1	1			2
ט162103	ויבאש ויקצף עלהם משה / וילקטו אתו	בבקר	בבקר איש כפי אכלו וחם השמש	1111	1	1		24	3
ט162104	ויקצף עלהם משה / וילקטו אתו בבקר	בבקר	איש כפי אכלו וחם השמש ונמס	1111	1	1		24	3
ט162327	כל- העדף הניחו לכם למשמרת עד-	הבקר	/ ויניחו אתו עד- הבקר כאשר צוה	1111	1	1		2	3
ט162404	למשמרת עד- הבקר / ויניחו אתו עד-	הבקר	כאשר צוה משה ולא הבאיש ורמה	1111	1	1		2	3
ט181313	העם ויעמד העם על- משה מן-	הבקר	עד- הערב / וירא חתן משה את	1111	1	1		2	3
ט181427	לבדך וכל- העם נצב עליך מן-	בקר	עד- ערב / ויאמר משה לחתנו כי-	1111	1	1			2
ט191605	אל- אשה / ויהי ביום השלישי בהית	הבקר	ויהי קלת וברקים וענן כבד על-	1111	1	1		2	3
ט231812	זבחי ולא- ילין חלב- חגי עד-	בקר	/ ראשית בכורי אדמתך תביא בית יהוה	1111	1	1			2
ט240408	משה את כל- דברי יהוה וישכם	בבקר	ויבן מזבח תחת ההר ושתים עשרה מצבה	1111	1	1		24	3
ט272114	יערך אתו אהרן ובניו מערב עד-	בקר	לפני יהוה חקת עולם לדרתם מאת	1111	1	1			2
ט293408	יותר מבשר המלאים ומן- הלחם עד-	הבקר	ושרפת את- הנותר באש לא יאכל	1111	1	1		2	3
ט293905	ליום תמיד / את- הכבש האחד תעשה	בבקר	ואת הכבש השני תעשה בין הערבים	1111	1	1		24	3
ט294108	הכבש השני תעשה בין הערבים כמנחת	הבקר	וכנסכה תעשה- לה לריח ניחח אשה	1111	1	1		2	3
ט300706	שמה / והקטיר עליו אהרן קטרת סמים	בבקר	בבקר בהיטיבו את- הנרת יקטירנה / ובהעלת	1111	1	1		24	3
ט300707	והקטיר עליו אהרן קטרת סמים בבקר	בבקר	בהיטיבו את- הנרת יקטירנה / ובהעלת אהרן	1111	1	1		24	3
ט340203	הלחת הראשנים אשר שברת / והיה נכון	לבקר	ועלית בבקר אל- הר סיני ונצבת	1111	1	1		26	3
ט340205	אשר שברת / והיה נכון לבקר ועלית	בבקר	אל- הר סיני ונצבת לי שם	1111	1	1		24	3
ט340408	שני לחת אבנים כראשנים וישכם משה	בבקר	ויעל אל- הר סיני כאשר צוה	1111	1	1		24	3
ט342509	על- חמץ דם- זבחי ולא- ילין	לבקר	זבח חג הפסח / ראשית בכורי אדמתך	1111	1	1		26	3
ט360321	אתה והם הביאו אליו עוד נדבה	בבקר	בבקר / ויבאו כל- החכמים העשים את	1111	1	1		24	3
ט360322	והם הביאו אליו עוד נדבה בבקר	בבקר	/ ויבאו כל- החכמים העשים את כל-	1111	1	1		24	3

אזכור		מלה		ה קס כ # ג צופן
		בור		
ט122920	כשאו עד בכור השבי אשר בבית	הבור	וכל בכור בהמה / ויקם פרעה לילה	2 2 1 1 1111
ט213304	לאדניו והשור יסקל / וכי- יפתח איש	בור	או כי- יכרה איש בר ולא	1 1 1 1111
ט213309	איש בור או כי- יכרה איש	בר	ולא יכסנו ונפל- שמה שור או	1 1 1 1111
ט213402	ונפל- שמה שור או חמור / בעל	הבור	ישלם כסף ישיב לבעליו והמת יהיה-	2 2 1 1 1111
		בושש		
ט320104	כתבים באצבע אלהים // וירא העם כי-	בשש	משה לרדת מן- ההר ויקהל העם	2 1 1 3311
		בחר		
ט182501	לקול חתנו ויעש כל אשר אמר /	ויבחר	משה אנשי- חיל מכל- ישראל ויתן	3 * 1 1 3121
ט170905	ישראל ברפידם / ויאמר משה אל- יהושע	בחר-	לנו אנשים וצא הלחם בעמלק מחר	2 1 1 314
ט140705	לקח עמו / ויקח שש- מאות רכב	בחור	וכל רכב מצרים ושלשם על- כלו	2 1 1 3161
		בין		
ט081903	אני יהוה בקרב הארץ / ושמתי פדת	בין	עמי ובין עמך למחר יהיה האת	1 4
ט081905	בקרב הארץ / ושמתי פדת בין עמי	ובין	עמך למחר יהיה האת הזה / ויעש	2 1 4
ט090403	ובצאן דבר כבד מאד / והפלה יהוה	בין	מקנה ישראל ובין מקנה מצרים ולא	1 4
ט090406	מאד / והפלה יהוה בין מקנה ישראל	ובין	מקנה מצרים ולא ימות מכל- לבני	2 1 4
ט110716	בהמה למען תדעון אשר יפלה יהוה	בין	מצרים ובין ישראל / וירדו כל- עבדיך	1 4
ט110718	תדעון אשר יפלה יהוה בין מצרים	ובין	ישראל / וירדו כל- עבדיך אלה אלי	2 1 4
ט120615	ושחטו אתו כל קהל עדת- ישראל	בין	הערבים / ולקחו מן- הדם ונתנו על-	1 4
ט130907	והיה לך לאות על- ידך ולזכרון	בין	עיניך למען תהיה תורת יהוה בפיך	1 4
ט131606	אפדה / והיה לאות על- ידכה ולטוטפת	בין	עיניך כי בחזק יד הוציאנו יהוה	1 4
ט140209	בני ישראל וישבו ויחנו לפני פיהחירת	בין	מגדל ובין הים לפני בעלצפן נכחו	1 4
ט140211	וישבו ויחנו לפני פיהחירת בין מגדל	ובין	הים לפני בעלצפן נכחו תחנו על-	2 1 4
ט142002	עמוד הענן מפניהם ויעמד מאחריהם / ויבא	בין	מחנה מצרים ובין מחנה ישראל ויהי	1 4
ט142005	ויעמד מאחריהם / ויבא בין מחנה מצרים	ובין	מחנה ישראל ויהי הענן והחשך ויאר	2 1 4
ט160112	בני- ישראל אל- מדבר- סין אשר	בין-	אילם ובין סיני בחמשה עשר יום לחדש	1 4
ט160114	אל- מדבר- סין אשר בין- אילם	ובין	סיני בחמשה עשר יום לחדש השני לצאתם	2 1 4
ט161209	תלונת בני ישראל דבר אלהם לאמר	בין	הערבים תאכלו בשר ובבקר תשבעו- לחם	1 4
ט181608	יהיה להם דבר בא אלי ושפטתי	בין	איש ובין רעהו והודעתי את- חקי	1 4
ט181610	דבר בא אלי ושפטתי בין איש	ובין	רעהו והודעתי את- חקי האלהים ואת-	2 1 4
ט221004	נשבה אין ראה / שבעת יהוה תהיה	בין	שניהם אם- לא שלח ידו במלאכת	1 4
ט252208	לך שם ודברתי אתך מעל הכפרת	מבין	שני הכרבים אשר על- ארון העדת	2 7 4
ט263316	את ארון העדות והבדילה הפרכת לכם	בין	הקדש ובין קדש הקדשים / ונתת את-	1 4
ט263318	העדות והבדילה הפרכת לכם בין הקדש	ובין	קדש הקדשים / ונתת את- הכפרת על	2 1 4
ט293910	תעשה בבקר ואת הכבש השני תעשה	בין	הערבים / ועשרן סלת בלול בשמן כתית	1 4
ט294105	לכבש האחד / ואת הכבש השני תעשה	בין	הערבים כמנחת הבקר וכנסכה תעשה- לה	1 4
ט300805	הנרת יקטירנה / ובהעלת אהרן את- הנרת	בין-	הערבים יקטירנה קטרת תמיד לפני יהוה	1 4
ט301809	נחשת וכנו נחשת לרחצה ונתת אתו	בין-	אהל מועד ובין המזבח ונתת שמה	1 4
ט301812	לרחצה ונתת אתו בין- אהל מועד	ובין	המזבח ונתת שמה מים / ורחצו אהרן	2 1 4
ט311702	את- השבת לדרתם ברית עולם / ביני	ובין	בני ישראל אות הוא לעלם כי-	2 1 4
ט400704	משכן אהל- מועד / ונתת את- הכיר	בין-	אהל מועד ובין המזבח ונתת שם	1 4
ט400707	ונתת את- הכיר בין- אהל מועד	ובין	המזבח ונתת שם מים / ושמת את-	2 1 4
ט403004	יהוה את- משה / וישם את- הכיר	בין-	אהל מועד ובין המזבח ויתן שמה	1 4
ט403007	וישם את- הכיר בין- אהל מועד	ובין	המזבח ויתן שמה מים לרחצה / ורחצו	2 1 4
ט311314	את- שבתתי תשמרו כי אות הוא	ביני	וביניכם לדרתיכם לדעת כי אני יהוה	2 1 41
ט311315	שבתתי תשמרו כי אות הוא ביני	וביניכם	לדרתיכם לדעת כי אני יהוה מקדשכם	4 1 7 41
ט311701	לעשות את- השבת לדרתם ברית עולם /	ביני	ובין בני ישראל אות הוא לעלם	2 1 41
		בית		
ט082007	ויעש יהוה כן ויבא ערב כבד	ביתה	פרעה ובית עבדיו ובכל- ארץ מצרים	2 9 1 1 1111
ט082009	כן ויבא ערב כבד ביתה פרעה	ובית	עבדיו ובכל- ארץ מצרים תשחת הארץ	2 1 1 1 1111

/ = סוף פסוק   // = סוף פרק   ג = מין   # = מספר   כ = כינוי חבור   קס = קידומות וסיומות   ה = מספר ההברות

אזכור		מלה		צונן	ג	#	כ	קס	ה
ט091919	והבהמה אשר- ימצא בשדה ולא יאסף	הביתה	וירד עלהם הברד ומתו / הירא את-	1111	1	1		92	3
ט120317	להם איש שה לבית אבת שה	לבית	/ ואם- ימעט הבית מהית משה ולקח	1111	1	1		26	2
ט120403	לבית אבת שה לבית / ואם- ימעט	הבית	מהיות משה ולקח הוא ושכנו הקרב	1111	1	1		2	3
ט123015	ותהי צעקה גדלה במצרים כי- אין	בית	אשר אין- שם מת / ויקרא למשה	1111	1	1			2
ט124601	בו / תושב ושכיר לא- יאכל בו /	בבית	אחד יאכל לא- תוציא מן- הבית	1111	1	1		4	3
ט124607	בבית אחד יאכל לא- תוציא מן-	הבית	מן- הבשר חוצה ועצם לא- תשברו-	1111	1	1		2	3
ט220707	אם- לא ימצא הגנב ונקרב בעל-	הבית	אל- האלהים אם- לא שלח ידו	1111	1	1		2	3
ט251105	וחצי קמתו וצפית אתו זהב טהור	מבית	ומחוץ תצפנו ועשית עליו זר זהב	1111	1	1		7	3
ט282617	על- שפתו אשר אל- עבר האפוד	ביתה	/ ועשית שתי טבעות זהב ונתתה אתם	1111	1	1		9	2
ט370204	ואמה וחצי קמתו / ויצפהו זהב טהור	מבית	ומחוץ ויעש לו זר זהב סביב	1111	1	1		7	3
ט391916	על- שפתו אשר אל- עבר האפד	ביתה	/ ויעשו שתי טבעת זהב ויתנם על-	1111	1	1		9	2
ט020103	תשליכהו וכל- הבת תחיון // וילך איש	מבית	לוי ויקח את בת- לוי / ומהר	1112	1	1		7	2
ט061403	בני- ישראל מארץ מצרים / אלה ראשי	בית-	אבתם בני ראובן בכר ישראל חנוך	1112	1	1			1
ט072811	ובאו בביתך ובחדר משכבך ועל- מטתך	ובבית	עבדיך ובעמך ובתנוריך ובמשארותיך / ובכה ובע	1112	1	1		41	3
ט120314	לחדש הזה ויקחו להם איש שה	לבית	אבת שה לבית / ואם- ימעט הבית	1112	1	1		6	2
ט122919	על- כסאו עד בכור השבי אשר	בבית	הבור וכל בכור בהמה / ויקם פרעה	1112	1	1		24	2
ט130312	את- היום הזה אשר יצאתם ממצרים	מבית	עבדים כי בחזק יד הוציא יהוה	1112	1	1		7	2
ט131416	אליו בחזק יד הוציאנו יהוה ממצרים	מבית	עבדים / ויהי כי- הקשה פרעה לשלחנו	1112	1	1		7	2
ט163102	השביעי / וישבתו העם ביום השבעי / ויקראו	בית-	ישראל את- שמו מן והוא כזרע	1112	1	1			1
ט190313	יהוה מן- ההר לאמר כה תאמר	לבית	יעקב ותגיד לבני ישראל / אתם ראיתם	1112	1	1		6	2
ט200208	יהוה אלהיך אשר הוצאתיך מארץ מצרים	מבית	עבדים / לא- יהיה לך אלהים אחרים	1112	1	1		7	2
ט201703	תענה ברעך עד שקר / לא תחמד	בית	רעך לא תחמד אשת רעך ועבדו	1112	1	1			1
ט220611	רעהו כסף או- כלים לשמר וגנב	מבית	האיש אם- ימצא הגנב ישלם שנים	1112	1	1		7	2
ט231905	עד- בקר / ראשית בכורי אדמתך תביא	בית	יהוה אלהיך לא- תבשל גדי בחלב	1112	1	1			1
ט263308	את- הפרכת תחת הקרסים והבאת שמה	מבית	לפרכת את ארון העדות והבדילה הפרכת	1112	1	1		7	2
ט342605	חג הפסח / ראשית בכורי אדמתך תביא	בית	יהוה אלהיך לא- תבשל גדי בחלב	1112	1	1			1
ט403813	ואש תהיה לילה בו לעיני כל-	בית	ישראל בכל- מסעיהם //	1112	1	1			1
ט010110	ישראל הבאים מצרימה את יעקב איש	וביתו	באו / ראובן שמעון לוי ויהודה / יששכר	1113	1	1	4	1	3
ט072305	דבר יהוה / ויפן פרעה ויבא אל-	ביתו	ולא- שת לבו גם- לזאת / ויחפרו	1113	1	1	4		2
ט072806	בצפרדעים / ושרץ היאר צפרדעים ועלו ובאו	בביתך	ובחדר משכבך ועל- מטתך ובבית עבדיך	1113	1	1	2	4	4
ט120411	משה ולקח הוא ושכנו הקרב אל-	ביתו	בנכסת נפשת איש לפי אכלו תכסו	1113	1	1	4		2
ט122223	בסף ואתם לא תצאו איש מפתח-	ביתו	עד- בקר / ועבר יהוה לנגף את-	1113	1	1	4		2
ט032205	תלכו ריקם / ושאלה אשה משכנתה ומגרת	ביתה	כלי- כסף וכלי זהב ושמלת ושמתם	1114	1	1	5		2
ט012109	יראו המילדת את האלהים ויעש להם	בתים	/ ויצו פרעה לכל- עמו לאמר כל-	1115	1	3			2
ט080908	יהוה כדבר משה וימתו הצפרדעים מן-	הבתים	מן- החצרת ומן- השדת / ויצברו אתם	1115	1	3		2	3
ט092013	הניס את- עבדיו ואת- מקנהו אל-	הבתים	/ ואשר לא- שם לבו אל- דבר	1115	1	3		2	3
ט120711	על- שתי המזוזת ועל- המשקוף על	הבתים	אשר- יאכלו אתו בהם / ואכלו את-	1115	1	3		2	3
ט121306	יהוה / והיה הדם לכם לאת על	הבתים	אשר אתם שם וראיתי את- הדם	1115	1	3		2	3
ט252705	לארבע רגליו / לעמת המסגרת תהיין הטבעת	לבתים	לבדים לשאת את- השלחן / ועשית את-	1115	1	3		6	3
ט262909	תצפה זהב ואת- טבעתיהם תעשה זהב	בתים	לבריחם וצפית את- הבריחם זהב / והקמת	1115	1	3			2
ט300416	צלעתיו תעשה על- שני צדיו והיה	לבתים	לבדים לשאת אתו בהמה / ועשית את-	1115	1	3		6	3
ט363409	צפה זהב ואת- טבעתם עשה זהב	בתים	לבריחם ויצף את- הבריחם זהב / ויעש	1115	1	3			2
ט371405	לארבע רגליו / לעמת המסגרת היו הטבעת	בתים	לבדים לשאת את- השלחן / ויעש את-	1115	1	3			2
ט372714	על שתי צלעתיו על שני צדיו	לבתים	לבדים לשאת אתו בהם / ויעש את-	1115	1	3		6	3
ט380508	ארבע טבעת בארבע הקצות למכבר הנחשת	בתים	לבדים / ויעש את- הבדים עצי שטים	1115	1	3			2
ט081716	ובעבדיך ובעמך ובבתיך את- הערב ומלאו	בתי	מצרים את- הערב וגם האדמה אשר-	1116	1	3			2
ט100603	הצמח לכם מן- השדה / ומלאו בתיך	ובתי	כל- עבדיך ובתי כל- מצרים אשר	1116	1	3		1	3
ט100606	השדה / ומלאו בתיך ובתי כל- עבדיך	ובתי	כל- מצרים אשר לא- ראו אבתיך	1116	1	3		1	3
ט122709	פסח הוא ליהוה אשר פסח על-	בתי	בני- ישראל במצרים בנגפו את- מצרים	1116	1	3			2
ט080514	לך ולעבדיך ולעמך להכרית הצפרדעים ממך	ומבתיך	רק ביאר תשארנה / ויאמר למחר ויאמר	1117	1	3	2	71	5
ט080704	אין כיהוה אלהינו / וסרו הצפרדעים ממך	ומבתיך	ומעבדיך ומעמך רק ביאר תשארנה / ויצא	1117	1	3	2	71	5
ט081712	עמי הנני משליח בך ובעבדיך ובעמך	ובבתיך	את- הערב ומלאו בתי מצרים את-	1117	1	3	2	41	5
ט100602	העץ הצמח לכם מן- השדה / ומלאו	בתיך	ובתי כל- עבדיך ובתי כל- מצרים	1117	1	3	2		3
ט121510	תאכלו אך ביום הראשון תשביתו שאר	מבתיכם	כי כל- אכל חמץ ונכרתה הנפש	1117	1	3	7	7	4

אזכור		מלה		צופן ג # כ קס	ה
ט121906	בערב / שבעת ימים שאר לא ימצא	בבתיכם	כי כל אכל מחמצת ונכרתה הנפש	4 7 3 1 1117	4
ט122323	הפתח ולא יתן המשחית לבא אל-	בתיכם	לנגף / ושמרתם את- הדבר הזה לחק-	7 3 1 1117	3
ט122717	ישראל במצרים בנגפו את- מצרים ואת-	בתינו	הציל ויקד העם וישתחוו / וילכו ויעשו	6 3 1 1117	3
	--*-*-*-*-*-*-*-*-*-*-*-*-*-*-*-*-*-*	בכה	*-*-*-*-*-*-*-*-*-*-*-*-*-*-*-*-*-*-*-*		
ט020607	ותפתח ותראהו את- הילד והנה- נער	בכה	ותחמל עליו ותאמר מילדי העברים זה	1 1 3131	2
	--*-*-*-*-*-*-*-*-*-*-*-*-*-*-*-*-*-*	בכור	*-*-*-*-*-*-*-*-*-*-*-*-*-*-*-*-*-*-*-*		
ט110503	אני יוצא בתוך מצרים / ומת כל-	בכור	בארץ מצרים מבכור פרעה הישב על-	1 1 1111	2
ט121208	בארץ- מצרים בלילה הזה והכיתי כל-	בכור	בארץ מצרים מאדם ועד- בהמה ובכל-	1 1 1111	2
ט122907	ויהי בחצי הלילה ויהוה הכה כל-	בכור	בארץ מצרים מבכר פרעה הישב על-	1 1 1111	2
ט131509	הקשה פרעה לשלחנו ויהרג יהוה כל-	בכור	בארץ מצרים מבכר אדם ועד- בכור	1 1 1111	2
ט061407	אלה ראשי בית- אבתם בני ראובן	בכר	ישראל חנוך ופלוא חצרן וכרמי אלה	1 1 1112	2
ט110506	מצרים / ומת כל- בכור בארץ מצרים	מבכור	פרעה הישב על- כסאו עד בכור	7 1 1 1112	3
ט110512	מבכור פרעה הישב על- כסאו עד	בכור	השפחה אשר אחר הרחים וכל בכור	1 1 1112	2
ט110518	בכור השפחה אשר אחר הרחים וכל	בכור	בהמה / והיתה צעקה גדלה בכל- ארץ	1 1 1112	2
ט122910	ויהוה הכה כל- בכור בארץ מצרים	מבכר	פרעה הישב על- כסאו עד בכור	7 1 1 1112	3
ט122916	מבכר פרעה הישב על- כסאו עד	בכור	השבי אשר בבית הבור וכל בכור	1 1 1112	2
ט122922	בכור השבי אשר בבית הבור וכל	בכור	בהמה / ויקם פרעה לילה הוא וכל-	1 1 1112	2
ט130204	אל- משה לאמר / קדש- לי כל-	בכור	פטר כל- רחם בבני ישראל באדם	1 1 1112	2
ט131311	בשה ואם- לא תפדה וערפתו וכל	בכור	אדם בבניך תפדה / והיה כי- ישאלך	1 1 1112	2
ט131512	ויהרג יהוה כל- בכור בארץ מצרים	מבכר	אדם ועד- בכור בהמה על- כן	7 1 1 1112	3
ט131515	בכור בארץ מצרים מבכר אדם ועד-	בכור	בהמה על- כן אני זבח ליהוה	1 1 1112	2
ט131527	ליהוה כל- פטר רחם הזכרים וכל-	בכור	בני אפדה / והיה לאות על- ידכה	1 1 1112	2
ט222805	לא תאר / מלאתך ודמעך לא תאחר	בכור	בניך תתן- לי / כן- תעשה לשרך	1 1 1112	2
ט342010	בשה ואם- לא תפדה וערפתו כל	בכור	בניך תפדה ולא- יראו פני ריקם	1 1 1112	2
ט042208	אל- פרעה כה אמר יהוה בני	בכרי	ישראל / ואמר אליך שלח את- בני	1 1 1 1113	3
ט042314	לשלחו הנה אנכי הרג את- בנך	בכרך	/ ויהי בדרך במלון ויפגשהו יהוה ויבקש	2 1 1 1113	4
	--*-*-*-*-*-*-*-*-*-*-*-*-*-*-*-*-*-*	בכורים	*-*-*-*-*-*-*-*-*-*-*-*-*-*-*-*-*-*-*-*		
ט231603	ולא- יראו פני ריקם / וחג הקציר	בכורי	מעשיך אשר תזרע בשדה וחג האסף	3 1 1116	3
ט231902	ילין חלב- חגי עד- בקר / ראשית	בכורי	אדמתך תביא בית יהוה אלהיך לא-	3 1 1116	3
ט342205	ובקציר תשבת / וחג שבעת תעשה לך	בכורי	קציר חטים וחג האסיף תקופת השנה	3 1 1116	3
ט342602	ילין לבקר זבח חג הפסח / ראשית	בכורי	אדמתך תביא בית יהוה אלהיך לא-	3 1 1116	3
	--*-*-*-*-*-*-*-*-*-*-*-*-*-*-*-*-*-*	בלי	*-*-*-*-*-*-*-*-*-*-*-*-*-*-*-*-*-*-*-*		
ט141104	ישראל אל- יהוה / ויאמרו אל- משה	המבלי	אין- קברים במצרים לקחתנו למות במדבר	73 4	4
	--*-*-*-*-*-*-*-*-*-*-*-*-*-*-*-*-*-*	בלל	*-*-*-*-*-*-*-*-*-*-*-*-*-*-*-*-*-*-*-*		
ט294003	השני תעשה בין הערבים / ועשרן סלת	בלול	בשמן כתית רבע ההין ונסך רביעית	1 1 3161	2
ט290205	שנים תמימם / ולחם מצות וחלת מצת	בלולת	בשמן ורקיקי מצות משחים בשמן סלת	3 2 3164	3
	--*-*-*-*-*-*-*-*-*-*-*-*-*-*-*-*-*-*	בלע	*-*-*-*-*-*-*-*-*-*-*-*-*-*-*-*-*-*-*-*		
ט071206	כן / וישליכו איש מטהו ויהיו לתנינם	ויבלע	מטה- אהרן את- מטתם / ויחזק לב	* 1 1 3121	3
ט151203	נורא תהלת עשה- פלא / נטית ימינך	תבלעמו	ארץ / נחית בחסדך עם- זו גאלת	0 9 1 2 3122	4
	--*-*-*-*-*-*-*-*-*-*-*-*-*-*-*-*-*-*	בלתי	*-*-*-*-*-*-*-*-*-*-*-*-*-*-*-*-*-*-*-*		
ט081811	ארץ גשן אשר עמי עמד עליה	לבלתי	היות- שם ערב למען תדע כי	6 22	3
ט082521	מהר רק אל- יסף פרעה התל	לבלתי	שלח את- העם לזבח ליהוה / ויצא	6 22	3
ט091704	שמי בכל- הארץ / עודך מסתולל בעמי	לבלתי	שלחם / הנני ממטיר כעת מחר ברד	6 22	3
ט202018	האלהים ובעבור תהיה יראתו על- פניכם	לבלתי	תחטאו / ויעמד העם מרחק ומשה נגש	6 22	3
ט221904	בהמה מות יומת / זבח לאלהים יחרם	בלתי	ליהוה לבדו / וגר לא- תונה ולא	22	2

אזכור		מלה		צונן	ג	#	כ	קס	ה
	-	בן	*-*						
ט011609	את- העברית וראיתן על- האבנים אם-	בן	הוא והמתן אתו ואם בת הוא	1111	1	1			1
ט012207	ויצו פרעה לכל- עמו לאמר כל-	הבן	הילוד היארה תשליכהו וכל- הבת תחיון	1111	1	1		2	2
ט020204	את בת- לוי / ותהר האשה ותלד	בן	ותרא אתו כי- טוב הוא ותצפנהו	1111	1	1			1
ט021008	הילד ותבאהו לבת- פרעה ויהי- לה	לבן	ותקרא שמו משה ותאמר כי מן-	1111	1	1		6	2
ט022202	ויתן את- צפרה בתו למשה / ותלד	בן	ויקרא את- שמו גרשם כי אמר	1111	1	1			1
ט213102	נפשו בכל אשר- יושת עליו / או-	בן	יגח או- בת יגח כמשפט הזה	1111	1	1			1
ט061509	ימואל וימין ואהד ויכין וצחר ושאול	בן-	הכנענית אלה משפחת שמעון / ואלה שמות	1112	1	1			1
ט062410	ואלקנה ואביאסף אלה משפחת הקרחי ואלעזר	בן-	אהרן לקח- לו מבנות פוטיאל לו	1112	1	1			1
ט070702	צוה יהוה אתם כן עשו / ומשה	בן-	שמנים שנה ואהרן בן- שלש ושמנים	1112	1	1			1
ט070706	עשו / ומשה בן- שמנים שנה ואהרן	בן-	שלש ושמנים שנה בדברם אל- פרעה	1112	1	1			1
ט100205	אלה בקרבו / ולמען תספר באזני בנך	ובן-	בנך את אשר התעללתי במצרים ואת-	1112	1	1		1	2
ט120504	תכסו על- השה / שה תמים זכר	בן-	שנה יהיה לכם מן- הכבשים ומן-	1112	1	1			1
ט124310	משה ואהרן זאת חקת הפסח כל-	בן-	נכר לא- יאכל בו / וכל- עבד	1112	1	1			1
ט231213	תשבת למען ינוח שורך וחמרך וינפש	בן-	אמתך והגר / ובכל אשר- אמרתי אליכם	1112	1	1			1
ט290113	אתם לכהן לי לקח פר אחד	בן-	בקר ואילם שנים תמימם / ולחם מצות	1112	1	1			1
ט301405	תרומה ליהוה / כל העבר על הפקדים	מבן	עשרים שנה ומעלה יתן תרומת יהוה	1112	1	1		7	2
ט310205	משה לאמר / ראה קראתי בשם בצלאל	בן-	אורי בן- חור למטה יהודה / ואמלא	1112	1	1			1
ט310207	ראה קראתי בשם בצלאל בן- אורי	בן-	חור למטה יהודה / ואמלא אתו רוח	1112	1	1			1
ט310607	ואני הנה נתתי אתו את אהליאב	בן-	אחיסמך למטה- דן ובלב כל- חכם-	1112	1	1			1
ט331118	רעהו ושב אל- המחנה ומשרתו יהושע	בן-	נון נער לא ימיש מתוך האהל	1112	1	1			1
ט353011	ישראל ראו קרא יהוה בשם בצלאל	בן-	אורי בן- חור למטה יהודה / וימלא	1112	1	1			1
ט353013	קרא יהוה בשם בצלאל בן- אורי	בן-	חור למטה יהודה / וימלא אתו רוח	1112	1	1			1
ט353406	מחשבת / ולהורת נתן בלבו הוא ואהליאב	בן-	אחיסמך למטה- דן / מלא אתם חכמה-	1112	1	1			1
ט382115	פי משה עבדת הלוים ביד איתמר	בן-	אהרן הכהן / ובצלאל בן- אורי בן-	1112	1	1			1
ט382202	ביד איתמר בן- אהרן הכהן / ובצלאל	בן-	אורי בן- חור למטה יהודה עשה	1112	1	1			1
ט382204	בן- אהרן הכהן / ובצלאל בן- אורי	בן-	חור למטה יהודה עשה את כל-	1112	1	1			1
ט382303	צוה יהוה את- משה / ואתו אהליאב	בן-	אחיסמך למטה- דן חרש וחשב ורקם	1112	1	1			1
ט382611	בשקל הקדש לכל העבר על- הפקדים	מבן	עשרים שנה ומעלה לשש- מאות אלף	1112	1	1		7	2
ט042207	ואמרת אל- פרעה כה אמר יהוה	בני	בכרי ישראל / ואמר אליך שלח את-	1113	1	1	1		2
ט042305	בכרי ישראל / ואמר אליך שלח את-	בני	ויעבדני ותמאן לשלחו הנה אנכי הרג	1113	1	1	1		2
ט042313	ותמאן לשלחו הנה אנכי הרג את-	בנך	בכרך / ויהי בדרך במלון ויפגשהו יהוה	1113	1	1	2		3
ט100204	אתתי אלה בקרבו / ולמען תספר באזני	בנך	ובן- בנך את אשר התעללתי במצרים	1113	1	1	2		3
ט100206	בקרבו / ולמען תספר באזני בנך ובן-	בנך	את אשר התעללתי במצרים ואת- אתתי	1113	1	1	2		3
ט130802	יראה לך שאר בכל- גבלך / והגדת	לבנך	ביום ההוא לאמר בעבור זה עשה	1113	1	1	2	6	4
ט131404	אדם בבניך תפדה / והיה כי- ישאלך	בנך	מחר לאמר מה- זאת ואמרת אליו	1113	1	1	2		3
ט201011	אלהיך לא- תעשה כל- מלאכה אתה	ובנך-	ובתך עבדך ואמתך ובהמתך וגרך אשר	1113	1	1	2	1	4
ט210902	לא- ימשל למכרה בבגדו- בה / ואם-	לבנו	ייעדנה כמשפט הבנות יעשה- לה / אם-	1113	1	1	4	6	3
ט322909	מלאו ידכם היום ליהוה כי איש	בבנו	ובאחיו ולתת עליכם היום ברכה / ויהי	1113	1	1	4	4	3
ט042507	ותקח צפרה צר ותכרת את- ערלת	בנה	ותגע לרגליו ותאמר כי חתן- דמים	1114	1	1	5		2
ט200516	אל קנא פקד עון אבת על-	בנים	על- שלשים ועל- רבעים לשנאי / ועשה	1115	1	3			2
ט210408	אדניו יתן- לו אשה וילדה- לו	בנים	או בנות האשה וילדיה תהיה לאדניה	1115	1	3			2
ט340715	לא ינקה פקד עון אבות על-	בנים	ועל- בני בנים על- שלשים ועל-	1115	1	3			2
ט340718	עון אבות על- בנים ועל- בני	בנים	על- שלשים ועל- רבעים / וימהר משה	1115	1	3			2
ט010103	ואלה שמות	בני	ישראל הבאים מצרימה את יעקב איש	1116	1	3			2
ט010701	יוסף וכל אחיו וכל הדור ההוא /	ובני	ישראל פרו וישרצו וירבו ויעצמו במאד	1116	1	3		1	3
ט010906	יוסף / ויאמר אל עמו הנה עם	בני	ישראל רב ועצום ממנו / הבה נתחכמה	1116	1	3			2
ט011210	כן ירבה וכן יפרץ ויקצו מפני	בני	ישראל / ויעבדו מצרים את- בני ישראל	1116	1	3			2
ט011304	מפני בני ישראל / ויעבדו מצרים את-	בני	ישראל בפרך / וימררו את- חייהם בעבדה	1116	1	3			2
ט022309	הרבים ההם וימת מלך מצרים ויאנחו	בני-	ישראל מן- העבדה ויזעקו ותעל שועתם	1116	1	3			2
ט022504	יצחק ואת- יעקב / וירא אלהים את-	בני	ישראל וידע אלהים // ומשה היה רעה	1116	1	3			2
ט030904	והפרזי והחוי והיבוסי / ועתה הנה צעקת	בני-	ישראל באה אלי וגם- ראיתי את-	1116	1	3			2
ט031009	ואשלחך אל- פרעה והוצא את- עמי	בני-	ישראל ממצרים / ויאמר משה אל- האלהים	1116	1	3			2
ט031114	אלך אל- פרעה וכי אוציא את-	בני	ישראל ממצרים / ויאמר כי- אהיה עמך	1116	1	3			2

/ = סוף פסוק // = סוף פרק ג = מין # = מספר כ = כינוי ובור קס = קידומות וסיומות ה = מספר ההברות

אזכור		מלה		צופן	ג	#	כ	קס	ה
ט031309	אל- האלהים הנה אנכי בא אל-	בני	ישראל ואמרתי להם אלהי אבותיכם שלחני	1116	1	3			2
ט031411	אהיה אשר אהיה ויאמר כה תאמר	לבני	ישראל אהיה שלחני אליכם / ויאמר עוד	1116	1	3		6	3
ט031509	אלהים אל- משה כה תאמר אל-	בני	ישראל יהוה אלהי אבתיכם אלהי אברהם	1116	1	3			2
ט042908	משה ואהרן ויאספו את- כל- זקני	בני	ישראל / וידבר אהרן את כל- הדברים	1116	1	3			2
ט043108	העם וישמעו כי- פקד יהוה את-	בני	ישראל וכי ראה את- ענים ויקדו	1116	1	3			2
ט051403	ביומו כאשר בהיות התבן / ויכו שטרי	בני	ישראל אשר- שמו עלהם נגשי פרעה	1116	1	3			2
ט051503	גם- תמול גם- היום / ויבאו שטרי	בני	ישראל ויצעקו אל- פרעה לאמר למה	1116	1	3			2
ט051903	לכם ותכן לבנים תתנו / ויראו שטרי	בני-	ישראל אתם ברע לאמר לא- תגרעו	1116	1	3			2
ט060506	וה / וגם אני שמעתי את- נאקת	בני	ישראל אשר מצרים מעבדים אתם ואזכר	1116	1	3			2
ט060603	אתם ואזכר את- בריתי / לכן אמר	לבני-	ישראל אני יהוה והוצאתי אתכם מתחת	1116	1	3		6	3
ט060905	אני יהוה / וידבר משה כן אל-	בני	ישראל ולא שמעו אל- משה מקצר	1116	1	3			2
ט061109	אל- פרעה מלך מצרים וישלח את-	בני-	ישראל מארצו / וידבר משה לפני יהוה	1116	1	3			2
ט061207	וידבר משה לפני יהוה לאמר הן	בני	ישראל לא- שמעו אלי ואיך ישמעני	1116	1	3			2
ט061309	אל- משה ואל- אהרן ויצום אל-	בני	ישראל ואל- פרעה מלך מצרים להוציא	1116	1	3			2
ט061317	ואל- פרעה מלך מצרים להוציא את-	בני-	ישראל מארץ מצרים / אלה ראשי בית-	1116	1	3			2
ט061405	מארץ מצרים / אלה ראשי בית- אבתם	בני	ראובן בכר ישראל חנוך ופלוא חצרן	1116	1	3			2
ט061501	ופלוא חצרן וכרמי אלה משפחת ראובן /	ובני	שמעון ימואל וימין ואהד ויכין וצחר	1116	1	3		1	3
ט061603	הכנענית אלה משפחת שמעון / ואלה שמות	בני-	לוי לתלדתם גרשון וקהת ומררי ושני	1116	1	3			2
ט061701	חיי לוי שבע ושלשים ומאת שנה /	בני	גרשון לבני ושמעי למשפחתם / ובני קהת	1116	1	3			2
ט061801	שנה / בני גרשון לבני ושמעי למשפחתם /	ובני	קהת עמרם ויצהר וחברון ועזיאל ושני	1116	1	3		1	3
ט061901	חיי קהת שלש ושלשים ומאת שנה /	ובני	מררי מחלי ומושי אלה משפחת הלוי	1116	1	3		1	3
ט062101	חיי עמרם שבע ושלשים ומאת שנה /	ובני	יצהר קרח ונפג וזכרי / ובני עזיאל	1116	1	3		1	3
ט062201	שנה / ובני יצהר קרח ונפג וזכרי /	ובני	עזיאל מישאל ואלצפן וסתרי / ויקח אהרן	1116	1	3		1	3
ט062401	ואת- אביהוא את- אלעזר ואת- איתמר /	ובני	קרח אסיר ואלקנה ואביאסף אלה משפחת	1116	1	3		1	3
ט062610	אשר אמר יהוה להם הוציאו את-	בני	ישראל מארץ מצרים על- צבאתם / הם	1116	1	3			2
ט062709	אל- פרעה מלך- מצרים להוציא את-	בני-	ישראל ממצרים הוא משה ואהרן / ויהי	1116	1	3			2
ט070214	אחיך ידבר אל- פרעה ושלח את-	בני-	ישראל מארצו / ואני אקשה את- לב	1116	1	3			2
ט070414	במצרים והוצאתי את- צבאתי את- עמי	בני-	ישראל מארץ מצרים בשפטים גדלים / וידעו	1116	1	3			2
ט070513	את- ידי על- מצרים והוצאתי את-	בני-	ישראל מתוכם / ויעש משה ואהרן כאשר	1116	1	3			2
ט090412	ובין מקנה מצרים ולא ימות מכל-	לבני	ישראל דבר / וישם יהוה מועד לאמר	1116	1	3		6	3
ט090612	ממחרת וימת כל מקנה מצרים וממקנה	בני-	ישראל לא- מת אחד / וישלח פרעה	1116	1	3			2
ט092606	שבר / רק בארץ גשן אשר- שם	בני	ישראל לא היה ברד / וישלח פרעה	1116	1	3			2
ט093507	ויחזק לב פרעה ולא שלח את-	בני	ישראל כאשר דבר יהוה ביד- משה	1116	1	3			2
ט102009	את- לב פרעה ולא שלח את-	בני	ישראל / ויאמר יהוה אל- משה נטה	1116	1	3			2
ט102313	קמו איש מתחתיו שלשת ימים ולכל	בני	ישראל היה אור במושבתם / ויקרא פרעה	1116	1	3			2
ט110702	לא נהיתה וכמהו לא תסף / ולכל	בני	ישראל לא יחרץ- כלב לשנו למאיש	1116	1	3			2
ט111018	את- לב פרעה ולא- שלח את-	בני-	ישראל מארצו // ויאמר יהוה אל- משה	1116	1	3			2
ט122710	הוא ליהוה אשר פסח על- בתי	בני-	ישראל במצרים בנגפו את- מצרים ואת-	1116	1	3			2
ט122803	הציל ויקד העם וישתחוו / וילכו ויעשו	בני	ישראל כאשר צוה יהוה את- משה	1116	1	3			2
ט123113	צאו מתוך עמי גם- אתם גם-	בני	ישראל ולכו עבדו את- יהוה כדברכם	1116	1	3			2
ט123501	יחמץ משארתם צררת בשמלתם על- שכמם /	ובני-	ישראל עשו כדבר משה וישאלו ממצרים	1116	1	3		1	3
ט123702	מצרים וישאלום וינצלו את- מצרים / ויסעו	בני-	ישראל מרעמסס סכתה כשש- מאות אלף	1116	1	3			2
ט124002	וגם- צדה לא- עשו להם / ומושב	בני	ישראל אשר ישבו במצרים שלשים שנה	1116	1	3			2
ט124214	הוא- הלילה הזה ליהוה שמרים לכל-	בני	ישראל לדרתם / ויאמר יהוה אל- משה	1116	1	3			2
ט125003	לאזרח ולגר הגר בתוככם / ויעשו כל-	בני	ישראל כאשר צוה יהוה את- משה	1116	1	3			2
ט125108	בעצם היום הזה הוציא יהוה את-	בני	ישראל מארץ מצרים על- צבאתם // וידבר	1116	1	3			2
ט130208	לי כל- בכור פטר כל- רחם	בבני	ישראל באדם ובבהמה לי הוא / ויאמר	1116	1	3		4	3
ט131811	דרך המדבר ים- סוף וחמשים עלו	בני	ישראל מארץ מצרים / ויקח משה את-	1116	1	3			2
ט131911	יוסף עמו כי השבע השביע את-	בני-	ישראל לאמר פקד יפקד אלהים אתכם	1116	1	3			2
ט140203	יהוה אל- משה לאמר / דבר אל-	בני	ישראל וישבו ויחנו לפני פיהחירת בין	1116	1	3			2
ט140303	נכחו תחנו על- הים / ואמר פרעה	לבני	ישראל נבכים הם בארץ סגר עליהם	1116	1	3		6	3
ט140810	לב פרעה מלך מצרים וירדף אחרי	בני	ישראל ובני ישראל יצאים ביד רמה	1116	1	3			2
ט140812	מלך מצרים וירדף אחרי בני ישראל	ובני	ישראל יצאים ביד רמה / וירדפו מצרים	1116	1	3		1	3
ט141004	פיהחירת לפני בעלצפן / ופרעה הקריב וישאו	בני-	ישראל את- עיניהם והנה מצרים נסע	1116	1	3			2

/ = סוף פסוק // = סוף פרק ג = מין # = מספר כ = כינוי הבור קס = קידומות וסיומות ה = מספר ההברות

אזכור		מלה		צופן ג # כ	קס	ה
ט141015	מצרים נסע אחריהם וייראו מאד ויצעקו	בני-	ישראל אל- יהוה / ויאמרו אל- משה	3 1 1116		2
ט141510	משה מה- תצעק אלי דבר אל-	בני-	ישראל ויסעו / ואתה הרם את- מטך	3 1 1116		2
ט141612	את- ידך על- הים ובקעהו ויבאו	בני-	ישראל בתוך הים ביבשה / ואני הנני	3 1 1116		2
ט142202	את- הים לחרבה ויבקעו המים / ויבאו	בני-	ישראל בתוך הים ביבשה והמים להם	3 1 1116		2
ט142901	בים לא- נשאר בהם עד- אחד /	ובני	ישראל הלכו ביבשה בתוך הים והמים	3 1 1116	1	3
ט150104	ביהוה ובמשה עבדו // אז ישיר- משה	ובני	ישראל את- השירה הזאת ליהוה ויאמרו	3 1 1116	1	3
ט151914	וישב יהוה עלהם את- מי הים	ובני	ישראל הלכו ביבשה בתוך הים / ותקח	3 1 1116	1	3
ט160106	המים // ויסעו מאילם ויבאו כל- עדת	בני-	ישראל אל- מדבר- סין אשר בין-	3 1 1116		2
ט160204	לצאתם מארץ מצרים / וילונו כל- עדת	בני-	ישראל על- משה ועל- אהרן במדבר	3 1 1116		2
ט160303	משה ועל- אהרן במדבר / ויאמרו אלהם	בני	ישראל מי- יתן מותנו ביד- יהוה	3 1 1116		2
ט160606	יום / ויאמר משה ואהרן אל- כל-	בני	ישראל ערב וידעתם כי יהוה הוציא	3 1 1116		2
ט160909	אל- אהרן אמר אל- כל- עדת	בני	ישראל קרבו לפני יהוה כי שמע	3 1 1116		2
ט161007	ויהי כדבר אהרן אל- כל- עדת	בני-	ישראל ויפנו אל- המדבר והנה כבוד	3 1 1116		2
ט161204	אל- משה לאמר / שמעתי את- תלונת	בני	ישראל דבר אלהם לאמר בין הערבים	3 1 1116		2
ט161502	מחספס דק ככפר על- הארץ / ויראו	בני-	ישראל ויאמרו איש אל- אחיו מן	3 1 1116		2
ט161703	איש לאשר באהלו תקחו / ויעשו- כן	בני	ישראל וילקטו המרבה והממעיט / וימדו בעמר	3 1 1116		2
ט163501	משה ויניחהו אהרן לפני העדת למשמרת /	ובני	ישראל אכלו את- המן ארבעים שנה	3 1 1116	1	3
ט170104	עשירת האפה הוא // ויסעו כל- עדת	בני-	ישראל ממדבר- סין למסעיהם על- פי	3 1 1116		2
ט170317	זה העליתנו ממצרים להמית אתי ואת-	בני	ואת- מקני בצמא / ויצעק משה אל	3 1 1116		2
ט170707	ויקרא שם המקום מסהומריבה על- ריב	בני	ישראל ועל נסתם את- יהוה לאמר	3 1 1116		2
ט190104	לו אל- ארצו // בחדש השלישי לצאת	בני-	ישראל מארץ מצרים ביום הזה באו	3 1 1116		2
ט190316	לאמר כה תאמר לבית יעקב ותגיד	לבני	ישראל / אתם ראיתם אשר עשיתי למצרים	3 1 1116	6	3
ט190613	קדוש אלה הדברים אשר תדבר אל-	בני	ישראל / ויבא משה ויקרא לזקני העם	3 1 1116		2
ט202208	יהוה אל- משה כה תאמר אל-	בני	ישראל אתם ראיתם כי מן- השמים	3 1 1116		2
ט240504	לשנים עשר שבטי ישראל / וישלח את- נערי	בני	ישראל ויעלו עלת ויזבחו זבחים שלמים	3 1 1116		2
ט241103	הספיר וכעצם השמים לטהר / ואל- אצילי	בני	ישראל לא שלח ידו ויחזו את-	3 1 1116		2
ט241709	יהוה כאש אכלת בראש ההר לעיני	בני	ישראל / ויבא משה בתוך הענן ויעל	3 1 1116		2
ט250203	יהוה אל- משה לאמר / דבר אל-	בני	ישראל ויקחו לי תרומה מאת כל-	3 1 1116		2
ט252221	את כל- אשר אצוה אותך אל-	בני	ישראל / ועשית שלחן עצי שטים אמתים	3 1 1116		2
ט272004	יתדת החצר נחשת / ואתה תצוה את-	בני	ישראל ויקחו אליך שמן זית זך	3 1 1116		2
ט272121	לפני יהוה חקת עולם לדרתם מאת	בני	ישראל // ואתה הקרב אליך את- אהרן	3 1 1116		2
ט280111	אהרן אחיך ואת- בניו אתו מתוך	בני	ישראל לכהנו- לי אהרן נדב ואביהוא	3 1 1116		2
ט280120	לי אהרן נדב ואביהוא אלעזר ואיתמר	בני	אהרן / ועשית בגדי קדש לאהרן אחיך	3 1 1116		2
ט280909	שתי אבני- שהם ופתחת עליהם שמות	בני	ישראל / ששה משמתם על האבן האחת	3 1 1116		2
ט281112	תפתח את- שתי האבנים על- שמת	בני	ישראל מסבת משבצות זהב תעשה אתם	3 1 1116		2
ט281210	האבנים על כתפת האפד אבני זכרן	לבני	ישראל ונשא אהרן את- שמותם לפני	3 1 1116	6	3
ט282105	יהיו במלואתם / והאבנים תהיין על- שמת	בני-	ישראל שתים עשרה על- שמתם פתוחי חותם	3 1 1116		2
ט282905	מעל האפוד / ונשא אהרן את- שמות	בני-	ישראל בחשן המשפט על- לבו בבאו	3 1 1116		2
ט283020	לפני יהוה ונשא אהרן את- משפט	בני-	ישראל על- לבו לפני יהוה תמיד	3 1 1116		2
ט283812	אהרן את- עון הקדשים אשר יקדישו	בני	ישראל לכל- מתנת קדשיהם והיה על-	3 1 1116		2
ט284001	מצנפת שש ואבנט תעשה מעשה רקם /	ולבני	אהרן תעשה כתנת ועשית להם אבנטים	3 1 1116	61	4
ט292807	והיה לאהרן ולבניו לחק- עולם מאת	בני	ישראל כי תרומה הוא ותרומה יהיה	3 1 1116		2
ט292815	כי תרומה הוא ותרומה יהיה מאת	בני-	ישראל מזבחי שלמיהם תרומתם ליהוה / ובגדי	3 1 1116		2
ט293807	וזה אשר תעשה על- המזבח כבשים	בני-	שנה שנים ליום תמיד / את- הכבש	3 1 1116		2
ט294303	שמה לדבר אליך שם / ונעדתי שמה	לבני-	ישראל ונקדש בכבדי / וקדשתי את- אהל	3 1 1116	6	3
ט294503	בניו אקדש לכהן לי / ושכנתי בתוך	בני	ישראל והייתי להם לאלהים / וידעו כי	3 1 1116		2
ט301205	משה לאמר / כי תשא את- ראש	בני-	ישראל לפקדיהם ונתנו איש כפר נפשו	3 1 1116		2
ט301606	נפשתיכם / ולקחת את- כסף הכפרים מאת	בני	ישראל ונתת אתו על עבדת אהל	3 1 1116		2
ט301615	אתו על עבדת אהל מועד והיה	לבני	ישראל לזכרון לפני יהוה לכפר על-	3 1 1116	6	3
ט303102	תמשח וקדשת אתם לכהן לי / ואל-	בני	ישראל תדבר לאמר שמן משחת- קדש	3 1 1116		2
ט311304	אל- משה לאמר / ואתה דבר אל-	בני	ישראל לאמר אך את- שבתתי תשמרו	3 1 1116		2
ט311602	מלאכה ביום השבת מות יומת / ושמרו	בני-	ישראל את השבת לעשות את- השבת	3 1 1116		2
ט311703	השבת לדרתם ברית עולם / ביני ובין	בני	ישראל אות הוא לעלם כי- ששת	3 1 1116		2
ט322018	ויזר על- פני המים וישק את-	בני	ישראל / ויאמר משה אל- אהרן מה-	3 1 1116		2

/ = סוף פסוק // = סוף פרק ג = מין # = מספר כ = כינוי וגוור קס = קידומות וסיומות ו = נמספר ההברות

אזכור		מלה		צופן	ג	#	כ	קס	ה
ט322612	מי ליהוה אלי ויאספו אליו כל-	בני	לוי / ויאמר להם כה- אמר יהוה	1116	1	3			2
ט322802	את- רעהו ואיש את- קרבו / ויעשו	בני-	לוי כדבר משה ויפל מן- העם	1116	1	3			2
ט330507	ויאמר יהוה אל- משה אמר אל-	בני-	ישראל אתם עם- קשה- ערף רגע	1116	1	3			2
ט330602	מעליך ואדעה מה אעשה- לך / ויתנצלו	בני-	ישראל את- עדים מהר חורב / ומשה	1116	1	3			2
ט340717	פקד עון אבות על- בנים ועל-	בני	בנים על- שלשים ועל- רבעים / וימהר	1116	1	3			2
ט343004	פניו בדברו אתו / וירא אהרן וכל-	בני	ישראל את- משה והנה קרן עור	1116	1	3			2
ט343205	משה אלהם / ואחרי- כן נגשו כל-	בני	ישראל ויצום את כל- אשר דבר	1116	1	3			2
ט343415	המסוה עד- צאתו ויצא ודבר אל-	בני	ישראל את אשר יצוה / וראו בני-	1116	1	3			2
ט343502	בני ישראל את אשר יצוה / וראו	בני-	ישראל את- פני משה כי קרן	1116	1	3			2
ט350106	אתו // ויקהל משה את- כל- עדת	בני	ישראל ויאמר אלהם אלה הדברים אשר-	1116	1	3			2
ט350406	השבת / ויאמר משה אל- כל- עדת	בני-	ישראל לאמר זה הדבר אשר- צוה	1116	1	3			2
ט352004	בגדי בניו לכהן / ויצאו כל- עדת	בני-	ישראל מלפני משה / ויבאו כל- איש	1116	1	3			2
ט352918	צוה יהוה לעשות ביד- משה הביאו	בני-	ישראל נדבה ליהוה / ויאמר משה אל-	1116	1	3			2
ט353004	ישראל נדבה ליהוה / ויאמר משה אל-	בני	ישראל ראו קרא יהוה בשם בצלאל	1116	1	3			2
ט360309	משה את כל- התרומה אשר הביאו	בני	ישראל למלאכת עבדת הקדש לעשת אתה	1116	1	3			2
ט390613	זהב מפתחת פתוחי חותם על- שמות	בני	ישראל / וישם אתם על כתפת האפד	1116	1	3			2
ט390708	אתם על כתפת האפד אבני זכרון	לבני	ישראל כאשר צוה יהוה את- משה	1116	1	3		6	3
ט391404	משבצת זהב במלאתם / והאבנים על- שמת	בני-	ישראל הנה שתים עשרה על- שמתם פתוחי	1116	1	3			2
ט393208	כל- עבדת משכן אהל מועד ויעשו	בני	ישראל ככל אשר צוה יהוה את-	1116	1	3			2
ט394209	צוה יהוה את- משה כן עשו	בני	ישראל את כל- העבדה / וירא משה	1116	1	3			2
ט403606	המשכן / ובהעלות הענן מעל המשכן יסעו	בני	ישראל בכל מסעיהם / ואם- לא יעלה	1116	1	3			2
ט032213	כסף וכלי זהב ושמלת ושמתם על-	בניכם	ועל- בנתיכם ונצלתם את- מצרים // ויען	1117	1	3	7		3
ט042006	נפשך / ויקח משה את- אשתו ואת-	בניו	וירכבם על- החמר וישב ארצה מצרים	1117	1	3	4		2
ט100906	ההלכים / ויאמר משה בנערינו ובזקנינו נלך	בבנינו	ובבנותנו בצאננו ובבקרנו נלך כי חג-	1117	1	3	6	4	4
ט122407	ושמרתם את- הדבר הזה לחק- לך	ולבניך	עד- עולם / והיה כי- תבאו אל-	1117	1	3	2	61	5
ט122605	העבדה הזאת / והיה כי יאמרו אליכם	בניכם	מה העבדה הזאת לכם / ואמרתם זבח-	1117	1	3	7		3
ט131313	לא תפדה וערפתו וכל בכור אדם	בבניך	תפדה / והיה כי- ישאלך בנך מחר	1117	1	3	2	4	4
ט131528	כל- פטר רחם הזכרים וכל- בכור	בני	אפדה / והיה לאות על- ידכה ולטוטפת	1117	1	3	1		2
ט180505	מחרב פרעה / ויבא יתרו חתן משה	ובניו	ואשתו אל- משה אל המדבר אשר-	1117	1	3	4	1	3
ט210511	אהבתי את- אדני את- אשתי ואת-	בני	לא אצא חפשי / והגישו אדניו אל-	1117	1	3	1		2
ט222309	והרגתי אתכם בחרב והיו נשיכם אלמנות	ובניכם	יתמים / אם- כסף תלוה את- עמי	1117	1	3	7	1	4
ט222806	תאר / מלאתך ודמעך לא תאחר בכור	בניך	תתן- לי / כן- תעשה לשרך לצאנך	1117	1	3	2		3
ט272111	אשר על- העדת יערך אתו אהרן	ובניו	מערב עד- בקר לפני יהוה חקת	1117	1	3	4	1	3
ט280108	הקרב אליך את- אהרן אחיך ואת-	בניו	אתו מתוך בני ישראל לכהנו- לי	1117	1	3	4		2
ט280417	ואבנט ועשו בגדי- קדש לאהרן אחיך	ולבניו	לכהנו- לי / והם יקחו את- הזהב	1117	1	3	4	61	4
ט284107	והלבשת אתם את- אהרן אחיך ואת-	בניו	אתו ומשחת אתם ומלאת את- ידם	1117	1	3	4		2
ט284305	ירכים יהיו / והיו על- אהרן ועל-	בניו	בבאם אל- אהל מועד או בגשתם	1117	1	3	4		2
ט290404	ואת שני האילם / ואת- אהרן ואת	בניו	תקריב אל- פתח אהל מועד ורחצת	1117	1	3	4		2
ט290802	ויצקת על- ראשו ומשחת אתו / ואת-	בניו	תקריב והלבשתם כתנת / וחגרת אתם אבנט	1117	1	3	4		2
ט290905	והלבשתם כתנת / וחגרת אתם אבנט אהרן	ובניו	וחבשת להם מגבעת והיתה להם כהנה	1117	1	3	4	1	3
ט290918	לחקת עולם ומלאת יד- אהרן ויד-	בניו	/ והקרבת את- הפר לפני אהל מועד	1117	1	3	4		2
ט291009	הפר לפני אהל מועד וסמך אהרן	ובניו	את- ידיהם על- ראש הפר / ושחטת	1117	1	3	4	1	3
ט291507	ואת- האיל האחד תקח וסמכו אהרן	ובניו	את- ידיהם על- ראש האיל / ושחטת	1117	1	3	4	1	3
ט291907	ולקחת את האיל השני וסמך אהרן	ובניו	את- ידיהם על- ראש האיל / ושחטת	1117	1	3	4	1	3
ט292014	תנוך אזן אהרן ועל תנוך אזן	בניו	הימנית ועל- בהן ידם הימנית ועל-	1117	1	3	4		2
ט292115	והזית על- אהרן ועל- בגדיו ועל-	בניו	ועל- בגדי בניו אתו וקדש הוא	1117	1	3	4		2
ט292118	ועל- בגדיו ועל- בניו ועל- בגדי	בניו	אתו וקדש הוא ובגדיו ובניו ובגדי	1117	1	3			2
ט292123	בגדי בניו אתו וקדש הוא ובגדיו	ובניו	ובגדי בניו אתו / ולקחת מן- האיל	1117	1	3	4	1	3
ט292125	אתו וקדש הוא ובגדיו ובניו ובגדי	בניו	אתו / ולקחת מן- האיל החלב והאליה	1117	1	3	4		2
ט292408	הכל על כפי אהרן ועל כפי	בניו	והנפת אתם תנופה לפני יהוה / ולקחת	1117	1	3	4		2
ט292717	הורם מאיל המלאים מאשר לאהרן ומאשר	לבניו	/ והיה לאהרן ולבניו לחק- עולם מאת	1117	1	3	4	6	3
ט292803	מאשר לאהרן ומאשר לבניו / והיה לאהרן	ולבניו	לחק- עולם מאת בני ישראל כי	1117	1	3	4	61	4
ט292906	ליהוה / ובגדי הקדש אשר לאהרן יהיו	לבניו	אחריו למשחה בהם ולמלא- בם את-	1117	1	3	4	6	3
ט293007	ידם / שבעת ימים ילבשם הכהן תחתיו	מבניו	אשר יבא אל- אהל מועד לשרת	1117	1	3	4	7	3

/ = סוף פסוק   // = סוף פרק   ג = מין   # = מספר   כ = כינוי הגוף   קס = קידומות וסיומות   ה = מספר ההברות

ה	קס	כ	#	ג	צופן	הקשר	מלה	הקשר	אזכור
3	1	4	3	1	1117	את- בשר האיל ואת- הלחם אשר	ובניו	את- בשרו במקום קדש / ואכל אהרן	ט293203
4	61	4	3	1	1117	ככה ככל אשר- צויתי אתכה שבעת	ולבניו	יאכל כי- קדש הוא / ועשית לאהרן	ט293503
2		4	3	1	1117	אקדש לכהן לי / ושכנתי בתוך בני	בניו	מועד ואת- המזבח ואת- אהרן ואת-	ט294410
3	1	4	3	1	1117	ממנו את- ידיהם ואת- רגליהם / בבאם	ובניו	המזבח ונתת שמה מים / ורחצו אהרן	ט301903
2		4	3	1	1117	תמשח וקדשת אתם לכהן לי / ואל-	בניו	הנגע בהם יקדש / ואת- אהרן ואת-	ט303004
2		4	3	1	1117	לכהן / ואת שמן המשחה ואת- קטרת	בניו	בגדי הקדש לאהרן הכהן ואת- בגדי	ט311011
3		7	3	1	1117	ובנתיכם והביאו אלי / ויתפרקו כל- העם	בניכם	פרקו נזמי הזהב אשר באזני נשיכם	ט320210
4	6	2	3	1	1117	וזנו בנתיו אחרי אלהיהן והזנו את-	לבניך	וקרא לך ואכלת מזבחו / ולקחת מבנתיו	ט341603
3		2	3	1	1117	אחרי אלהיהן / אלהי מסכה לא תעשה-	בניך	וזנו בנתיו אחרי אלהיהן והזנו את-	ט341610
3		2	3	1	1117	תפדה ולא- יראו פני ריקם / ששת	בניך	ואם- לא תפדה וערפתו כל בכור	ט342011
2		4	3	1	1117	לכהן / ויצאו כל- עדת בני- ישראל	בניו	בגדי הקדש לאהרן הכהן ואת- בגדי	ט351913
4	61	4	3	1	1117	/ ואת המצנפת שש ואת- פארי המגבעת	ולבניו	את- הכתנת שש מעשה ארג לאהרן	ט392708
2		4	3	1	1117	לכהן / ככל אשר- צוה יהוה את-	בניו	בגדי הקדש לאהרן הכהן ואת- בגדי	ט394113
2		4	3	1	1117	אל- פתח אהל מועד ורחצת אתם	בניו	וקדשת אתו / והקרבת את- אהרן ואת-	ט401205
2		4	3	1	1117	תקריב והלבשת אתם כתנת / ומשחת אתם	בניו	אתו וקדשת אתו וכהן לי / ואת-	ט401402
3	1	4	3	1	1117	את- ידיהם ואת- רגליהם / בבאם אל-	ובניו	מים לרחצה / ורחצו ממנו משה ואהרן	ט403105
3		5	3	1	1118	אשר שם האחד גרשם כי אמר	בניה	אשת משה אחר שלוחיה / ואת שני	ט180303
3		5	3	1	1118	עמה / ויצא משה לקראת חתנו וישתחו	בניה	חתנך יתרו בא אליך ואשתך ושני	ט180611
						-	בנה	*-*	
3	*		1	1	3121	ערי מסכנות לפרעה את פתם ואת-	ויבן	עליו שרי מסים למען ענתו בסבלתם	ט011108
3	*		1	1	3121	משה מזבח ויקרא שמו יהוה נסי	ויבן	אמחה את- זכר עמלק מתחת השמים /	ט171501
2			1	1	3121	אתהן גזית כי חרבך הנפת עליה	תבנה	ואם- מזבח אבנים תעשה- לי לא	ט202507
3	*		1	1	3121	מזבח תחת ההר ושתים עשרה מצבה לשנים עשר	ויבן	את כל- דברי יהוה וישכם בבקר	ט240409
3	*		1	1	3121	מזבח לפניו ויקרא אהרן ויאמר חג	ויבן	אשר העלוך מארץ מצרים / וירא אהרן	ט320503
						-	בנימין	*-*	
4	1			1	122	/ דן ונפתלי גד ואשר / ויהי כל-	ובנימן	ראובן שמעון לוי ויהודה / יששכר זבולן	ט010303
						-	בעד	*-*	
2					4	חטאתכם / וישב משה אל- יהוה ויאמר	בעד	ועתה אעלה אל- יהוה אולי אכפרה	ט323017
3		1			41	/ ויאמר משה הנה אנכי יוצא מעמך	בעדי	רק הרחק לא- תרחיקו ללכת העתירו	ט082416
						-	בעיר	*-*	
3	9	4	1	1	1113	ובער בשדה אחר מיטב שדהו ומיטב	בעירה	איש שדה או- כרם ושלח את-	ט220409
						-	בעל	*-*	
2			1	1	1112	אשה הוא ויצאה אשתו עמו / אם-	בעל	אם- בגפו יבא בגפו יצא אם-	ט210307
2			1	1	1112	האשה ונתן בפללים / ואם- אסון יהיה	בעל	אסון ענוש יענש כאשר ישית עליו	ט212217
3	1		1	1	1112	השור נקי / ואם שור נגח הוא	ובעל	יסקל השור ולא יאכל את- בשרו	ט212817
2			1	1	1112	הבור ישלם כסף ישיב לבעליו והמת	בעל	יכסנו ונפל- שמה שור או חמור /	ט213401
2			1	1	1112	הבית אל- האלהים אם- לא שלח	בעל-	שנים / אם- לא ימצא הגנב ונקרב	ט220706
2			1	1	1112	דברים יגש אלהם / ויעל משה אל-	בעל	אליכם והנה אהרן וחור עמכם מי-	ט241416
4	4	4	1	1	1117	ולא ישמרנו והמית איש או אשה	בבעליו	שור נגח הוא מתמל שלשם והועד	ט212908
3		4	1	1	1117	יומת / אם- כפר יושת עליו ונתן	בעליו	איש או אשה השור יסקל וגם-	ט212918
4	6	4	1	1	1117	והמת יהיה- לו / וכי- יגף שור-	לבעליו	חמור / בעל הבור ישלם כסף ישיב	ט213406
3		4	1	1	1117	שלם ישלם שור תחת השור והמת	בעליו	נגח הוא מתמול שלשם ולא ישמרנו	ט213611
3		4	1	1	1117	ולא ישלם / ואם- גנב יגנב מעמו	בעליו	לא שלח ידו במלאכת רעהו ולקח	ט221013
4	6	4	1	1	1117	/ אם- טרף יטרף יבאהו עד הטרפה	לבעליו	ישלם / ואם- גנב יגנב מעמו ישלם	ט221106
3		4	1	1	1117	אין- עמו שלם ישלם / אם- בעליו	בעליו	איש מעם רעהו ונשבר או- מת	ט221309
3		4	1	1	1117	עמו לא ישלם אם- שכיר הוא	בעליו	בעליו אין- עמו שלם ישלם / אם-	ט221402

אזכור		מלה		צונן	ג	#	כ	קס	ה
	--*-*-*-*-*-*-*-*-*-*-*-*-*-*-*-*-*	בעלצפון	*-*-*-*-*-*-*-*-*-*-*-*-*-*-*-*-*-*-*						
ט140214	פיהחירת בין מגדל ובין הים לפני	בעלצפן	נכחו תחנו על- הים / ואמר פרעה	123	1				4
ט140918	פרעה ופרשיו וחילו על- פיהחירת לפני	בעלצפן	/ ופרעה הקריב וישאו בני- ישראל את-	123	1				4
	--*-*-*-*-*-*-*-*-*-*-*-*-*-*-*-*-*	בער	*-*-*-*-*-*-*-*-*-*-*-*-*-*-*-*-*-*-*						
ט030312	את- המראה הגדל הזה מדוע לא-	יבער	הסנה / וירא יהוה כי סר לראות	3121	1	1			2
ט030212	אש מתוך הסנה וירא והנה הסנה	בער	באש והסנה איננו אכל / ויאמר משה	3131	1	1			2
	--*-*-*-*-*-*-*-*-*-*-*-*-*-*-*-*-*	בער	*-*-*-*-*-*-*-*-*-*-*-*-*-*-*-*-*-*-*						
ט350302	כל- העשה בו מלאכה יומת / לא-	תבערו	אש בכל משבתיכם ביום השבת / ויאמר	3321	1	3			3
	--*-*-*-*-*-*-*-*-*-*-*-*-*-*-*-*-*	בער	*-*-*-*-*-*-*-*-*-*-*-*-*-*-*-*-*-*-*						
ט220410	שדה או- כרם ושלח את- בעירה	ובער	בשדה אחר מיטב שדהו ומיטב כרמו	3311	1	1		1	3
	--*-*-*-*-*-*-*-*-*-*-*-*-*-*-*-*-*	בערה	*-*-*-*-*-*-*-*-*-*-*-*-*-*-*-*-*-*-*						
ט220516	או השדה שלם ישלם המבער את-	הבערה	/ כי- יתן איש אל- רעהו כסף	1121	2	1		2	4
	--*-*-*-*-*-*-*-*-*-*-*-*-*-*-*-*-*	בצלאל	*-*-*-*-*-*-*-*-*-*-*-*-*-*-*-*-*-*-*						
ט310204	אל- משה לאמר / ראה קראתי בשם	בצלאל	בן- אורי בן- חור למטה יהודה	122	1				3
ט353010	בני ישראל ראו קרא יהוה בשם	בצלאל	בן- אורי בן- חור למטה יהודה	122	1				3
ט360102	עשי כל- מלאכה וחשבי מחשבת // ועשה	בצלאל	ואהליאב וכל איש חכם- לב אשר	122	1				3
ט360204	אשר- צוה יהוה / ויקרא משה אל-	בצלאל	ואל- אהליאב ואל כל- איש חכם-	122	1				3
ט370102	וחשקיהם זהב ואדניהם חמשה נחשת // ויעש	בצלאל	את- הארן עצי שטים אמתים וחצי	122	1				3
ט382201	הלוים ביד איתמר בן- אהרן הכהן /	ובצלאל	בן- אורי בן- חור למטה יהודה	122	1			1	4
	--*-*-*-*-*-*-*-*-*-*-*-*-*-*-*-*-*	בצע	*-*-*-*-*-*-*-*-*-*-*-*-*-*-*-*-*-*-*						
ט182112	חיל יראי אלהים אנשי אמת שנאי	בצע	ושמת עלהם שרי אלפים שרי מאות	1111	1	1			2
	--*-*-*-*-*-*-*-*-*-*-*-*-*-*-*-*-*	בצק	*-*-*-*-*-*-*-*-*-*-*-*-*-*-*-*-*-*-*						
ט123903	ובקר מקנה כבד מאד / ויאפו את-	הבצק	אשר הוציאו ממצרים עגת מצות כי	1111	1	1		2	3
ט123404	אצרו כלנו מתים / וישא העם את-	בצקו	טרם יחמץ משארתם צררת בשמלתם על-	1113	1	1	4		3
	--*-*-*-*-*-*-*-*-*-*-*-*-*-*-*-*-*	בקע	*-*-*-*-*-*-*-*-*-*-*-*-*-*-*-*-*-*-*						
ט382601	מאות וחמשה ושבעים שקל בשקל הקדש /	בקע	לגלגלת מחצית השקל בשקל הקדש לכל	1111	1	1			2
	--*-*-*-*-*-*-*-*-*-*-*-*-*-*-*-*-*	בקע	*-*-*-*-*-*-*-*-*-*-*-*-*-*-*-*-*-*-*						
ט141610	מטך ונטה את- ידך על- הים	ובקעהו	ויבאו בני- ישראל בתוך הים ביבשה	314	1	1	4	1	5
	--*-*-*-*-*-*-*-*-*-*-*-*-*-*-*-*-*	בקר	*-*-*-*-*-*-*-*-*-*-*-*-*-*-*-*-*-*-*						
ט090311	במקנך אשר בשדה בסוסים בחמרים בגמלים	בבקר	ובצאן דבר כבד מאד / והפלה יהוה	1111	1	1		24	3
ט123807	וגם- ערב רב עלה אתם וצאן	ובקר	מקנה כבד מאד / ויאפו את- הבצק	1111	1	1		1	3
ט213711	או- שה וטבחו או מכרו חמשה	בקר	ישלם תחת השור וארבע- צאן תחת	1111	1	1			2
ט290114	לכהן לי לקח פר אחד בן-	בקר	ואילם שנים תמימם / ולחם מצות וחלת	1111	1	1			2
ט340313	אל- ירא בכל- ההר גם- הצאן	והבקר	אל- ירעו אל- מול ההר ההוא	1111	1	1		21	4
ט100909	נערינו ובזקנינו נלך בבנינו ובבנותנו בצאננו	ובבקרנו	נלך כי חג- יהוה לנו / ויאמר	1113	1	1	6	41	6
ט102412	לכו עבדו את- יהוה רק צאנכם	ובקרכם	יצג גם- טפכם ילך עמכם / ויאמר	1113	1	1	7	1	5
ט123204	את- יהוה כדברכם / גם- צאנכם גם-	בקרכם	קחו כאשר דברתם ולכו וברכתם גם-	1113	1	1	7		3
ט202414	עלתיך ואת- שלמיך את- צאנך ואת-	בקרך	בכל- המקום אשר אזכיר את- שמי	1113	1	1	2		4
	--*-*-*-*-*-*-*-*-*-*-*-*-*-*-*-*-*	בקש	*-*-*-*-*-*-*-*-*-*-*-*-*-*-*-*-*-*-*						
ט021506	הדבר / וישמע פרעה את- הדבר הזה	ויבקש	להרג את- משה ויברח משה מפני	3321	1	1		*	4
ט042406	בברך / ויהי בדרך במלון ויפגשהו יהוה	ויבקש	המיתו / ותקח צפרה צר ותכרת את-	3321	1	1		*	4
ט041913	שב מצרים כי- מתו כל- האנשים	המבקשים	את- נפשך / ויקח משה את- אשתו	3331	1	3		2	5
ט101112	ועבדו את- יהוה כי אתה אתם	מבקשים	ויגרש אתם מאת פני פרעה / ויאמר	3331	1	3			4

/ = סוף פסוק   // = סוף פרק   ג = מין   # = מספר   כ = כינוי חבור   קס = קידומות וסיומות   ה = מספר ההברות

אזכור		מלה		צופן	ג	#	כ	קס	ה
ט330718	וקרא לו אהל מועד והיה כל-	מבקש	יהוה יצא אל- אהל מועד אשר	3331	1	1			3
	ברד *-*		*-*						
ט091805	לבלתי שלחם / הנני ממטיר כעת מחר	ברד	כבד מאד אשר לא- היה כמהו	1111	1	1			2
ט091922	בשדה ולא יאסף הביתה וירד עלהם	הברד	ונתו / הירא את- דבר יהוה מעבדי	1111	1	1		2	3
ט092211	נטה את- ידך על- השמים ויהי	ברד	בכל- ארץ מצרים על- האדם ועל-	1111	1	1			2
ט092310	מטהו על- השמים ויהוה נתן קלת	וברד	ותהלך- אש ארצה וימטר יהוה ברד	1111	1	1		1	3
ט092316	וברד ותהלך- אש ארצה וימטר יהוה	ברד	על- ארץ מצרים / ויהי ברד ואש	1111	1	1			2
ט092402	יהוה ברד על- ארץ מצרים / ויהי	ברד	ואש מתלקחת בתוך הברד כבד מאד	1111	1	1			2
ט092406	מצרים / ויהי ברד ואש מתלקחת בתוך	הברד	כבד מאד אשר לא- היה כמהו	1111	1	1		2	3
ט092502	ארץ מצרים מאז היתה לגוי / ויך	הברד	בכל- ארץ מצרים את כל- אשר	1111	1	1		2	3
ט092518	בהמה ואת כל- עשב השדה הכה	הברד	ואת- כל- עץ השדה שבר / רק	1111	1	1		2	3
ט092610	אשר- שם בני ישראל לא היה	ברד	/ וישלח פרעה ויקרא למשה ולאהרן ויאמר	1111	1	1			2
ט092808	אל- יהוה ורב מהית קלת אלהים	וברד	ואשלחה אתכם ולא תספון לעמד / ויאמר	1111	1	1		1	3
ט092914	את כפי אל- יהוה הקלות יחדלון	והברד	לא יהיה- עוד למען תדע כי	1111	1	1		21	4
ט093313	ויפרש כפיו אל- יהוה ויחדלו הקלות	והברד	ומטר לא- נתך ארצה / וירא פרעה	1111	1	1		21	4
ט093406	ארצה / וירא פרעה כי חדל המטר	והברד	והקלת ויסף לחטא ויכבד לבו הוא	1111	1	1		21	4
ט100517	את- יתר הפלטה הנשארת לכם מן-	הברד	ואכל את- כל- העץ הצמח לכם	1111	1	1		2	3
ט101224	עשב הארץ את כל אשר השאיר	הברד	/ ויט משה את- מטהו על- ארץ	1111	1	1		2	3
ט101519	ואת כל- פרי העץ אשר הותיר	הברד	ולא- נותר כל- ירק בעץ ובעשב	1111	1	1		2	3
	ברח *-*		*-*						
ט140505	ויעשו כן / ויגד למלך מצרים כי	ברח	העם ויהפך לבב פרעה ועבדיו אל-	3111	1	1			2
ט021510	הדבר הזה ויבקש להרג את- משה	ויברח	משה מפני פרעה וישב בארץ- מדין	3121	1	1		*	3
	ברה *-*		*-*						
ט363305	לירכתים ימה / ויעש את- הבריח התיכן	לברח	בתוך הקרשים מן- הקצה אל- הקצה	3154				6	4
	בריח *-*		*-*						
ט262801	בריחם לקרשי צלע המשכן לירכתים ימה /	והבריח	התיכן בתוך הקרשים מברח מן- הקצה	1111	1	1		21	5
ט363303	לקרשי המשכן לירכתים ימה / ויעש את-	הבריח	התיכן לברח בתוך הקרשים מן- הקצה	1111	1	1		2	4
ט262602	ושני אדנים תחת הקרש האחד / ועשית	בריחם	עצי שטים חמשה לקרשי צלע- המשכן	1115	1	3			3
ט262702	חמשה לקרשי צלע- המשכן האחד / וחמשה	בריחם	לקרשי צלע- המשכן השנית וחמשה בריחם	1115	1	3			3
ט262708	בריחם לקרשי צלע- המשכן השנית וחמשה	בריחם	לקרשי צלע המשכן לירכתים ימה / והבריח	1115	1	3			3
ט262910	זהב ואת- טבעתיהם תעשה זהב בתים	לבריחם	וצפית את- הבריחם זהב / והקמת את-	1115	1	3		26	4
ט262913	תעשה זהב בתים לבריחם וצפית את-	הבריחם	זהב / והקמת את- המשכן כמשפטו אשר	1115	1	3		2	4
ט363202	חמשה לקרשי צלע- המשכן האחת / וחמשה	בריחם	לקרשי צלע- המשכן השנית וחמשה בריחם	1115	1	3			3
ט363208	בריחם לקרשי צלע- המשכן השנית וחמשה	בריחם	לקרשי המשכן לירכתים ימה / ויעש את-	1115	1	3			3
ט363410	זהב ואת- טבעתם עשה זהב בתים	לבריחם	ויצף את- הבריחם זהב / ויעש את-	1115	1	3		26	4
ט363413	עשה זהב בתים לבריחם ויצף את-	הבריחם	זהב / ויעש את- הפרכת תכלת וארגמן	1115	1	3		2	4
ט363102	שני אדנים תחת הקרש האחד / ויעש	בריחי	עצי שטים חמשה לקרשי צלע- המשכן	1116	1	3			3
ט351112	מכסהו את- קרסיו ואת- קרשיו את-	בריחו	את- עמדיו ואת- אדניו / את- הארן	1117	1	3	4		3
ט393313	האהל ואת- כל- כליו קרסיו קרשיו	בריחו	ועמדיו ואדניו / ואת- מכסה עורת האילם	1117	1	3	4		3
ט401813	אדניו וישם את- קרשיו ויתן את-	בריחיו	ויקם את- עמודיו / ויפרש את- האהל	1117	1	3	4		3
	ברית *-*		*-*						
ט233205	וגרשתמו מפניך / לא- תכרת להם ולאלהיהם	ברית	/ לא ישבו בארצך פן- יחטיאו אתך	1121	2	1			2
ט240704	הדם זרק על- / המזבח ויקח ספר	הברית	ויקרא באזני העם ויאמרו כל אשר-	1121	2	1		2	3
ט240811	ויזרק על- העם ויאמר הנה דם-	הברית	אשר כרת יהוה עמכם על כל-	1121	2	1		2	3
ט341005	ולחטאתנו ונחלתנו / ויאמר הנה אנכי כרת	ברית	נגד כל- עמך אעשה נפלאת אשר	1121	2	1			2
ט341205	והחוי והיבוסי / השמר לך פן- תכרת	ברית	ליושב הארץ אשר אתה בא עליה	1121	2	1			2
ט341503	שמו אל קנא הוא / פן- תכרת	ברית	ליושב הארץ וזנו אחרי אלהיהם וזבחו	1121	2	1			2
ט342717	על- פי הדברים האלה כרתי אתך	ברית	ואת- ישראל / ויהי- שם עם- יהוה	1121	2	1			2
ט342820	שתה ויכתב על- הלחת את דברי	הברית	עשרת הדברים / ויהי ברדת משה מהר	1121	2	1		2	3

אזכור		מלה		צורן	ג	#	כ	קס	ה
ט311610	את השבת לעשות את- השבת לדרתם	ברית	עולם / ביני ובין בני ישראל אות	1122	2	1			2
ט022408	אלהים את- נאקתם ויזכר אלהים את-	בריתו	את- אברהם את- יצחק ואת- יעקב	1123	2	1	4		3
ט060404	לא נודעתי להם / וגם הקמתי את-	בריתי	אתם לתת להם את- ארץ כנען	1123	2	1	1		3
ט060514	אשר מצרים מעבדים אתם ואזכר את-	בריתי	/ לכן אמר לבני- ישראל אני יהוה	1123	2	1	1		3
ט190508	אם- שמוע תשמעו בקלי ושמרתם את-	בריתי	והייתם לי סגלה מכל- העמים כי-	1123	2	1	1		3
		ברך							
ט181003	אשר הצילו מיד מצרים / ויאמר יתרו	ברוך	יהוה אשר הציל אתכם מיד מצרים	3161	1	1			2
		ברך							
ט123209	גם- בקרכם קחו כאשר דברתם ולכו	וברכתם	גם- אתי / ותחזק מצרים על- העם	3311	1	3		1	4
ט201121	גם וינח ביום השביעי על- כן	ברך	יהוה את- יום השבת ויקדשהו / כבד	3311	1	1			2
ט202423	אשר אזכיר את- שמי אבוא אליך	וברכתיך	/ ואם- מזבח אבנים תעשה- לי לא	3311	1	1	2	1	5
ט232505	תשבר מצבתיהם / ועבדתם את יהוה אלהיכם	וברך	את- לחמך ואת- מימיך והסרתי מחלה	3311	1	1		1	3
ט394314	אתה כאשר צוה יהוה כן עשו	ויברך	אתם משה // וידבר יהוה אל- משה	3321	1	1		*	4
		ברכה							
ט322914	איש בבנו ובאחיו ולתת עליכם היום	ברכה	/ ויהי ממחרת ויאמר משה אל- העם	1121	2	1			3
		ברק							
ט191608	ביום השלישי בהית הבקר ויהי קלת	וברקים	וענן כבד על- ההר וקל שפר	1115	1	3		1	4
		ברקת							
ט281711	ארבעה טורים אבן טור אדם פטדה	וברקת	והטור האחד / והטור השני נפך ספיר	1121	2	1		1	4
ט391009	ארבעה טורי אבן טור אדם פטדה	וברקת	הטור האחד / והטור השני נפך ספיר	1121	2	1		1	4
		בשל							
ט120905	מררים יאכלהו / אל- תאכלו ממנו נא	ובשל	מבשל במים כי אם- צלי- אש	3131	1	1			3
		בשל							
ט293105	לשרת בקדש / ואת איל המלאים תקח	ובשלת	את- בשרו במקם קדש / ואכל אהרן	3311	1	1		1	4
ט162318	את אשר- תאפו אפו ואת אשר-	תבשלו	בשלו ואת כל- העדף הניחו לכם	3321	1	3			4
ט231909	אדמתך תביא בית יהוה אלהיך לא-	תבשל	גדי בחלב אמו / הנה אנכי שלח	3321	1	1			3
ט342609	אדמתך תביא בית יהוה אלהיך לא-	תבשל	גדי בחלב אמו / ויאמר יהוה אל-	3321	1	1			3
ט162319	אשר- תאפו אפו ואת אשר- תבשלו	בשלו	ואת כל- העדף הניחו לכם למשמרת	334	1	3			3
		בשל							
ט120906	יאכלהו / אל- תאכלו ממנו נא ובשל	מבשל	במים כי אם- צלי- אש ראשו	3431	1	1			3
		בשם							
ט302311	ראש מר- דרור חמש מאות וקנמן-	בשם	מחציתו חמשים ומאתים וקנה- בשם חמשים	1111	1	1			2
ט302316	וקנמן- בשם מחציתו חמשים ומאתים וקנה-	בשם	חמשים ומאתים / וקדה חמש מאות בשקל	1111	1	1			2
ט352802	ואת אבני המלאים לאפוד ולחשן / ואת-	הבשם	ואת- השמן למאור ולשמן המשחה ולקטרת	1111	1	1		2	3
ט250603	וערת תחשים ועצי שטים / שמן למאר	בשמים	לשמן המשחה ולקטרת הסמים / אבני- שהם	1115	1	3			3
ט302304	אל- משה לאמר / ואתה קח- לך	בשמים	ראש מר- דרור חמש מאות וקנמן-	1115	1	3			3
ט350803	וערת תחשים ועצי שטים / ושמן למאור	ובשמים	לשמן המשחה ולקטרת הסמים / ואבני- שהם	1115	1	3		1	4
		בשר							
ט120803	אשר- יאכלו אתו בהם / ואכלו את-	הבשר	בלילה הזה צלי- אש ומצות על-	1111	1	1		2	3
ט124609	יאכל לא- תוציא מן- הבית מן-	הבשר	חוצה ועצם לא- תשברו- בו / כל-	1111	1	1		2	3
ט160315	יהוה בארץ מצרים בשבתנו על- סיר	הבשר	באכלנו לחם לשבע כי- הוצאתם אתנו	1111	1	1		2	3
ט160807	ויאמר משה בתת יהוה לכם בערב	בשר	לאכל ולחם בבקר לשבע בשמע יהוה	1111	1	1			2
ט161212	דבר אלהם לאמר בין הערבים תאכלו	בשר	ובבקר תשבעו- לחם וידעתם כי אני	1111	1	1			2
ט223005	תתנו- לי / ואנשי קדש תהיון לי	ובשר	בשדה טרפה לא תאכלו לכלב תשלכון	1111	1	1		1	3

אזכור		מלה		צופן	ג	#	כ	קס	ה
	-	גשן	*-*						
ט081806	עליה / והפליתי ביום ההוא את- ארץ	גשן	אשר עמי עמד עליה לבלתי היות-	123	2				2
ט092603	כל- עץ השדה שבר / רק בארץ	גשן	אשר- שם בני ישראל לא היה	123	2				2
	-	דבר	*-*						
ט011809	מצרים למילדת ויאמר להן מדוע עשיתן	הדבר	הזה ותחיין את- הילדים / ותאמרן המילדת	1111	1	1		2	3
ט021420	המצרי ויירא משה ויאמר אכן נודע	הדבר	/ וישמע פרעה את- הדבר הזה ויבקש	1111	1	1		2	3
ט021504	אכן נודע הדבר / וישמע פרעה את-	הדבר	הזה ויבקש להרג את- משה ויברח	1111	1	1		2	3
ט051112	מאשר תמצאו כי אין נגרע מעבדתכם	דבר	/ ויפץ העם בכל- ארץ מצרים לקשש	1111	1	1			2
ט090414	מצרים ולא ימות מכל- לבני ישראל	דבר	/ וישם יהוה מועד לאמר מחר יעשה	1111	1	1			2
ט090508	יהוה מועד לאמר מחר יעשה יהוה	הדבר	הזה בארץ / ויעש יהוה את- הדבר	1111	1	1		2	3
ט090604	הדבר הזה בארץ / ויעש יהוה את-	הדבר	הזה ממחרת וימת כל מקנה מצרים	1111	1	1		2	3
ט122403	לבא אל- בתיכם לנגף / ושמרתם את-	הדבר	הזה לחק- לך ולבניך עד- עולם	1111	1	1		2	3
ט141203	עשית לנו להוציאנו ממצרים / הלא- זה	הדבר	אשר דברנו אליך במצרים לאמר חדל	1111	1	1		2	3
ט161602	אשר נתן יהוה לכם לאכלה / זה	הדבר	אשר צוה יהוה לקטו ממנו איש	1111	1	1		2	3
ט163204	וטעמו כצפיחת בדבש / ויאמר משה זה	הדבר	אשר צוה יהוה מלא העמר ממנו	1111	1	1		2	3
ט181109	כי- גדול יהוה מכל- האלהים כי	בדבר	אשר זדו עליהם / ויקח יתרו חתן	1111	1	1		24	3
ט181412	אשר- הוא עשה לעם ויאמר מה-	הדבר	הזה אשר אתה עשה לעם מדוע	1111	1	1		2	3
ט181604	העם לדרש אלהים / כי- יהיה להם	דבר	בא אלי ושפטתי בין איש ובין	1111	1	1			2
ט181707	ויאמר חתן משה אליו לא- טוב	הדבר	אשר אתה עשה / נבל תבל גם-	1111	1	1		2	3
ט181813	הזה אשר עמך כי- כבד ממך	הדבר	לא- תוכל עשהו לבדך / עתה שמע	1111	1	1		2	3
ט182208	את- העם בכל- עת והיה כל-	הדבר	הגדל יביאו אליך וכל- הדבר הקטן	1111	1	1		2	3
ט182213	כל- הדבר הגדל יביאו אליך וכל-	הדבר	הקטן ישפטו- הם והקל מעליך ונשאו	1111	1	1		2	3
ט182303	והקל מעליך ונשאו אתך / אם את-	הדבר	הזה תעשה וצוך אלהים ויכלת עמד	1111	1	1		2	3
ט182607	ושפטו את- העם בכל- עת את-	הדבר	הקשה יביאון אל- משה וכל- הדבר	1111	1	1		2	2
ט182613	הדבר הקשה יביאון אל- משה וכל-	הדבר	הקטן ישפוטו הם / וישלח משה את-	1111	1	1		2	3
ט290102	חקת עולם לו ולזרעו אחריו // וזה	הדבר	אשר תעשה להם לקדש אתם לכהן	1111	1	1		2	3
ט330404	פן אכלך בדרך / וישמע העם את-	הדבר	הרע הזה ויתאבלו ולא- שתו איש	1111	1	1		2	3
ט331707	ויאמר יהוה אל- משה גם את-	הדבר	הזה אשר דברת אעשה כי- מצאת	1111	1	1		2	3
ט350410	כל- עדת בני- ישראל לאמר זה	הדבר	אשר- צוה יהוה לאמר / קחו מאתכם	1111	1	1		2	3
ט051306	לתבן / והנגשים אצים לאמר כלו מעשיכם	דבר-	יום ביומו כאשר בהיות התבן / ויכו	1112	1	1			2
ט051911	אתם ברע לאמר לא- תגרעו מלבניכם	דבר-	יום ביומו / ויפגעו את- משה ואת-	1112	1	1			2
ט080811	פרעה ויצעק משה אל- יהוה על-	דבר	הצפרדעים אשר- שם לפרעה / ויעש יהוה	1112	1	1			2
ט080903	הצפרדעים אשר- שם לפרעה / ויעש יהוה	כדבר	משה וימתו הצפרדעים מן- הבתים מן-	1112	1	1		5	3
ט082703	פרעה ויעתר אל- יהוה / ויעש יהוה	כדבר	משה ויסר הערב מפרעה מעבדיו ומעמו	1112	1	1		5	3
ט092003	וירד עלהם הברד ומתו / הירא את-	דבר	יהוה מעבדי פרעה הניס את- עבדיו	1112	1	1			2
ט092106	הבתים / ואשר לא- שם לבו אל-	דבר	יהוה ויעזב את- עבדיו ואת מקנהו	1112	1	1			2
ט123504	בשמלתם על- שכמם / ובני- ישראל עשו	כדבר	משה וישאלו ממצרים כלי- כסף וכלי-	1112	1	1		5	3
ט160414	לחם מן- השמים ויצא העם ולקטו	דבר-	יום ביומו למען אנסנו הילך בתורתי	1112	1	1			2
ט220803	שלח ידו במלאכת רעהו / על- כל-	דבר-	פשע על- שור על- חמור על-	1112	1	1			2
ט220824	כי- הוא זה עד האלהים יבא	דבר-	שניהם אשר ירשיען אלהים ישלם שנים	1112	1	1			2
ט230701	עמו / לא תטה משפט אבינך בריבו /	מדבר-	שקר תרחק ונקי וצדיק אל- תהרג	1112	1	1		7	3
ט322804	ואיש את- קרבו / ויעשו בני- לוי	כדבר	משה ויפל מן- העם ביום ההוא	1112	1	1		5	3
ט080604	רק ביאר תשארנה / ויאמר למחר ויאמר	כדברך	למען תדע כי- אין כיהוה אלהינו	1113	1	1	2	5	5
ט041009	אל- יהוה בי אדני לא איש	דברים	אנכי גם מתמול גם משלש גם	1115	1	3			3
ט041505	ושמח בלבו / ודברת אליו ושמת את-	הדברים	בפיו ואנכי אהיה עם- פיך ועם-	1115	1	3		2	4
ט043005	בני ישראל / וידבר אהרן את כל-	הדברים	אשר- דבר יהוה אל- משה ויעש	1115	1	3		2	4
ט181916	לעם מול האלהים והבאת אתה את-	הדברים	אל- האלהים / והזהרתה אתהם את- החקים	1115	1	3		2	4
ט190609	לי ממלכת כהנים וגוי קדוש אלה	הדברים	אשר תדבר אל- בני ישראל / ויבא	1115	1	3		2	4
ט190710	לזקני העם וישם לפניהם את כל-	הדברים	האלה אשר צוהו יהוה / ויענו כל-	1115	1	3		2	4
ט200105	ויאמר אלהם // וידבר אלהים את כל-	הדברים	האלה לאמר / אנכי יהוה אלהיך אשר	1115	1	3		2	4
ט240319	כל- העם קול אחד ויאמרו כל-	הדברים	אשר- דבר יהוה נעשה / ויכתב משה	1115	1	3		2	4
ט240818	אשר כרת יהוה עמכם על כל-	הדברים	האלה / ויעל משה ואהרן נדב ואביהוא	1115	1	3		2	4
ט241417	והנה אהרן וחור עמכם מי- בעל	דברים	יגש אלהם / ויעל משה אל- ההר	1115	1	3			3

אזכור		מלה		צונ	ג	#	כ	קס	ה
ט072710	לשלח הנה אנכי נגף את- כל-	גבולך	בצפרדעים / ושרץ היאר צפרדעים ועלו ובאו	1113	1	1	2		4
ט100412	את- עמי הנני מביא מחר ארבה	בגבלך	/ וכסה את- עין הארץ ולא יוכל	1113	1	1	2	4	5
ט130715	חמץ ולא- יראה לך שאר בכל-	גבלך	/ והגדת לבנך ביום ההוא לאמר בעבור	1113	1	1	2		4
ט233103	תפרה ונחלת את- הארץ / ושתי את-	גבלך	מים- סוף ועד- ים פלשתים וממדבר	1113	1	1	2		4
ט342407	כי- אוריש גוים מפניך והרחבתי את-	גבלך	ולא- יחמד איש את- ארצך בעלתך	1113	1	1	2		4
	--*-*-*-*-*-*-*-*-*-*-*-*-*-*	גבורה	*-*-*-*-*-*-*-*-*-*-*-*-*-*-*-*						
ט321805	מלחמה במחנה / ויאמר אין קול ענות	גבורה	ואין קול ענות חלושה קול ענות	1121	2	1			3
	--*-*-*-*-*-*-*-*-*-*-*-*-*-*	גביע	*-*-*-*-*-*-*-*-*-*-*-*-*-*-*-*						
ט253302	ושלשה קני מנרה מצדה השני / שלשה	גבעים	משקדים בקנה האחד כפתר ופרח ושלשה	1115	1	3			3
ט253309	משקדים בקנה האחד כפתר ופרח ושלשה	גבעים	משקדים בקנה האחד כפתר ופרח כן	1115	1	3			3
ט253403	הקנים היצאים מן- המנרה / ובמנרה ארבעה	גבעים	משקדים כפתריה ופרחיה / וכפתר תחת שני	1115	1	3			3
ט371902	ושלשה קני מנרה מצדה השני / שלשה	גבעים	משקדים בקנה האחד כפתר ופרח ושלשה	1115	1	3			3
ט371909	משקדים בקנה האחד כפתר ופרח ושלשה	גבעים	משקדים בקנה אחד כפתר ופרח כן	1115	1	3			3
ט372003	הקנים היצאים מן- המנרה / ובמנרה ארבעה	גבעים	משקדים כפתריה ופרחיה / וכפתר תחת שני	1115	1	3			3
ט253110	טהור מקשה תיעשה המנורה ירכה וקנה	גביעיה	כפתריה ופרחיה ממנה יהיו / וששה קנים	1118	1	3	5		4
ט371712	מקשה עשה את- המנרה ירכה וקנה	גביעיה	כפתריה ופרחיה ממנה היו / וששה קנים	1118	1	3	5		4
	--*-*-*-*-*-*-*-*-*-*-*-*-*-*	גבלות	*-*-*-*-*-*-*-*-*-*-*-*-*-*-*-*						
ט282205	לשני עשר שבט / ועשית על- החשן שרשת	גבלת	מעשה עבת זהב טהור / ועשית על-	1121	2	1			2
ט391505	לשנים עשר שבט / ויעשו על- החשן שרשרת	גבלת	מעשה עבת זהב טהור / ויעשו שתי	1121	2	1			2
	--*-*-*-*-*-*-*-*-*-*-*-*-*-*	גבעה	*-*-*-*-*-*-*-*-*-*-*-*-*-*-*-*						
ט170916	בעמלק מחר אנכי נצב על- ראש	הגבעה	ומטה האלהים בידי / ויעש יהושע כאשר	1121	2	1		2	3
ט171014	בעמלק ומשה אהרן וחור עלו ראש	הגבעה	/ והיה כאשר ירים משה ידו וגבר	1121	2	1		2	3
	--*-*-*-*-*-*-*-*-*-*-*-*-*-*	גבעל	*-*-*-*-*-*-*-*-*-*-*-*-*-*-*-*						
ט093108	והשערה נכתה כי השערה אביב והפשתה	גבעל	/ והחטה והכסמת לא נכו כי אפילת	1111	1	1			2
	--*-*-*-*-*-*-*-*-*-*-*-*-*-*	גבר	*-*-*-*-*-*-*-*-*-*-*-*-*-*-*-*						
ט101105	נגד פניכם / לא כן לכו נא	הגברים	ועבדו את- יהוה כי אתה אתם	1115	1	3		2	4
ט123710	מרעמסס סכתה כשש- מאות אלף רגלי	הגברים	לבד מטף / וגם- ערב רב עלה	1115	1	3		2	4
	--*-*-*-*-*-*-*-*-*-*-*-*-*-*	גבר	*-*-*-*-*-*-*-*-*-*-*-*-*-*-*-*						
ט171106	הגבעה / והיה כאשר ירים משה ידו	וגבר	ישראל וכאשר יניח ידו וגבר עמלק	3111	1	1		1	3
ט171111	ידו וגבר ישראל וכאשר יניח ידו	וגבר	עמלק / וידי משה כבדים ויקחו- אבן	3111	1	1		1	3
	--*-*-*-*-*-*-*-*-*-*-*-*-*-*	גג	*-*-*-*-*-*-*-*-*-*-*-*-*-*-*-*						
ט300306	קרנתיו / וצפית אתו זהב טהור את-	גגו	ואת- קירתיו סביב ואת- קרנתיו ועשית	1113	1	1	4		2
ט372606	קרנתיו / ויצף אתו זהב טהור את-	גגו	ואת- קירתיו סביב ואת- קרנתיו ויעש	1113	1	1	4		2
	--*-*-*-*-*-*-*-*-*-*-*-*-*-*	גד	*-*-*-*-*-*-*-*-*-*-*-*-*-*-*-*						
ט163109	ישראל את- שמו מן והוא כזרע	גד	לבן וטעמו כצפיחת בדבש / ויאמר משה	1111	1	1			1
	--*-*-*-*-*-*-*-*-*-*-*-*-*-*	גד	*-*-*-*-*-*-*-*-*-*-*-*-*-*-*-*						
ט010403	ויהודה / יששכר זבולן ובנימן / דן ונפתלי	גד	ואשר / ויהי כל- נפש יצאי ירך-	122	1				1
	--*-*-*-*-*-*-*-*-*-*-*-*-*-*	גדול	*-*-*-*-*-*-*-*-*-*-*-*-*-*-*-*						
ט030308	משה אסרה- נא ואראה את- המראה	הגדל	הזה מדוע לא- יבער הסנה / וירא	1111	1	1		2	3
ט110311	העם בעיני מצרים גם האיש משה	גדול	מאד בארץ מצרים בעיני עבדי- פרעה	1111	1	1			2
ט181104	מתחת יד- מצרים / עתה ידעתי כי-	גדול	יהוה מכל- האלהים כי בדבר אשר	1111	1	1			2
ט182209	העם בכל- עת והיה כל- הדבר	הגדל	יביאו אליך וכל- הדבר הקטן ישפטו-	1111	1	1		2	3
ט321011	אפי בהם ואכלם ואעשה אותך לגוי	גדול	/ ויחל משה את- פני יהוה אלהיו	1111	1	1			2

אזכור		מלה		צורן	ג	#	כ	קס	ה
ט321118	בעמך אשר הוצאת מארץ מצרים בכח	גדול	וביד חזקה / למה יאמרו מצרים לאמר	1111	1	1			2
ט151605	ישבי כנען / תפל עליהם אימתה ופחד	בגדל	זרועך ידמו כאבן עד- יעבר עמך	1112	1	1		4	3
ט060620	מעבדתם וגאלתי אתכם בזרוע נטויה ובשפטים	גדלים	/ ולקחתי אתכם לי לעם והייתי לכם	1115	1	3			3
ט070415	עמי בני- ישראל מארץ מצרים בשפטים	גדלים	/ וידעו מצרים כי- אני יהוה בנטתי	1115	1	3			3
ט110603	הרחים וכל בכור בהמה / והיתה צעקה	גדלה	בכל- ארץ מצרים אשר כמהו לא	1121	2	1			3
ט123011	וכל- עבדיו וכל- מצרים ותהי צעקה	גדלה	במצרים כי- אין בית אשר אין-	1121	2	1			3
ט143105	שפת הים / וירא ישראל את- היד	הגדלה	אשר עשה יהוה במצרים וייראו העם	1121	2	1		2	4
ט322114	העם הזה כי- הבאת עליו חטאה	גדלה	/ ויאמר אהרן אל- יחר אף אדני	1121	2	1			3
ט323010	משה אל- העם אתם חטאתם חטאה	גדלה	ועתה אעלה אל- יהוה אולי אכפרה	1121	2	1			3
ט323111	ויאמר אנא חטא העם הזה חטאה	גדלה	ויעשו להם אלהי זהב / ועתה אם-	1121	2	1			3
	-	גדי	*-*						
ט231910	תביא בית יהוה אלהיך לא- תבשל	גדי	בחלב אמו / הנה אנכי שלח מלאך	1111	1	1			2
ט342610	תביא בית יהוה אלהיך לא- תבשל	גדי	בחלב אמו / ויאמר יהוה אל- משה	1111	1	1			2
	-	גדיש	*-*						
ט220507	כי- תצא אש ומצאה קצים ונאכל	גדיש	או הקמה או השדה שלם ישלם	1111	1	1			2
	-	גדל	*-*						
ט021001	את- שכרך ותקח האשה הילד ותניקהו /	ויגדל	הילד ותבאהו לבת- פרעה ויהי- לה	3121	1	1		*	3
ט021104	מן- המים משיתהו / ויהי בימים ההם	ויגדל	משה ויצא אל אחיו וירא בסבלתם	3121	1	1		*	3
	-	גוי	*-*						
ט092418	כמהו בכל- ארץ מצרים מאז היתה	לגוי	/ ויך הברד בכל- ארץ מצרים את	1111	1	1		6	2
ט190606	הארץ / ואתם תהיו- לי ממלכת כהנים	וגוי	קדוש אלה הדברים אשר תדבר אל-	1111	1	1		1	2
ט321010	ויחר- אפי בהם ואכלם ואעשה אותך	לגוי	גדול / ויחל משה את- פני יהוה	1111	1	1		6	2
ט331319	אמצא- חן בעיניך וראה כי עמך	הגוי	הזה / ויאמר פני ילכו והנחתי לך	1111	1	1		2	2
ט341017	אשר לא- נבראו בכל- הארץ ובכל-	הגוים	וראה כל- העם אשר- אתה בקרבו	1115	1	3		2	3
ט342403	האדן יהוה אלהי ישראל / כי- אוריש	גוים	מפניך והרחבתי את- גבלך ולא- יחמד	1115	1	3			2
	-	גזית	*-*						
ט202509	אבנים תעשה- לי לא תבנה אתהן	גזית	כי חרבך הנפת עליה ותחללה / ולא-	1121	2	1			2
	-	גלגלת	*-*						
ט161612	לקטו ממנו איש לפי אכלו עמר	לגלגלת	מספר נפשתיכם איש לאשר באהלו תקחו	1121	2	1		26	4
ט382602	והמשה ושבעים שקל בשקל הקדש / בקע	לגלגלת	מחצית השקל בשקל הקדש לכל העבר	1121	2	1		26	4
	-	גם	*-*						
ט011011	ירבה והיה כי- תקראנה מלחמה ונוסף	גם-	הוא על- שנאינו ונלחם- בנו ועלה	22					1
ט021907	ותאמרן איש מצרי הצילנו מיד הרעים	וגם	דלה דלה לנו וישק את- הצאן	22				1	2
ט030908	הנה צעקת בני- ישראל באה אלי	וגם-	ראיתי את- הלחץ אשר מצרים לחצים	22				1	2
ט040905	האת האחרון / והיה אם- לא יאמינו	גם	לשני האתות האלה ולא ישמעון לקלך	22					1
ט041011	בי אדני לא איש דברים אנכי	גם	מתמול גם משלשם גם מאז דברך	22					1
ט041013	לא איש דברים אנכי גם מתמול	גם	משלשם גם מאז דברך אל- עבדך	22					1
ט041015	דברים אנכי גם מתמול גם משלשם	גם	מאז דברך אל- עבדך כי כבד-	22					1
ט041415	הלוי ידעתי כי- דבר ידבר הוא	וגם	הנה- הוא יצא לקראתך וראך ושמח	22				1	2
ט050215	את- ישראל לא ידעתי את- יהוה	וגם	את- ישראל לא אשלח / ויאמרו אלהי	22				1	2
ט051418	לא כליתם חקכם ללבן כתמול שלשם	גם-	תמול גם- היום / ויבאו שטרי בני	22					1
ט051420	חקכם ללבן כתמול שלשם גם- תמול	גם-	היום / ויבאו שטרי בני ישראל ויצעקו	22					1
ט060401	שדי ושמי יהוה לא נודעתי להם /	וגם	הקמתי את- בריתי אתם לתת להם	22				1	2
ט060501	את ארץ מגריהם אשר- גרו בה /	וגם	אני שמעתי את- נאקת בני ישראל	22				1	2
ט071102	פרעה ולפני עבדיו ויהי לתנין / ויקרא	גם-	פרעה לחכמים ולמכשפים ויעשו גם- הם	22					1
ט071107	ויקרא גם- פרעה לחכמים ולמכשפים ויעשו	גם-	הם חרטמי מצרים בלהטיהם כן / וישליכו	22					1
ט072309	ויבא אל- ביתו ולא- שת לבו	גם-	לזאת / ויחפרו כל- מצרים סביבת היאר	22					1

/ = סוף פסוק // = סוף פרק ג = מין # = מספר כ = כינוי חבור קס = קידומות וסיומות ה = מספר ההבנות

אזכור		מלה		צונן	ג	#	כ	קס	ה
ט081720	הערב ומלאו בתי מצרים את- הערב	וגם	ואדמה אשר- הם עליה / והפליתי ביום	22				1	2
ט082805	נשאר אחד / ויכבד פרעה את- לבו	גם	בפעם- הזאת ולא שלח את- העם	22					1
ט102414	את- יהוה רק צאנכם ובקרכם יצג	גם-	טפכם ילך עמכם / ויאמר משה גם-	22					1
ט102503	גם- טפכם ילך עמכם / ויאמר משה	גם-	אתה תתן בידנו זבחים ועלת ועשינו	22					1
ט102601	בידנו זבחים ועלת ועשינו ליהוה אלהינו /	וגם-	מקננו ילך עמנו לא תשאר פרסה	22				1	2
ט110308	יהוה את- חן העם בעיני מצרים	גם	האיש משה גדול מאד בארץ מצרים	22					1
ט123110	לילה ויאמר קומו צאו מתוך עמי	גם-	אתם גם- בני ישראל ולכו עבדו	22					1
ט123112	קומו צאו מתוך עמי גם- אתם	גם-	בני ישראל ולכו עבדו את- יהוה	22					1
ט123201	ישראל ולכו עבדו את- יהוה כדברכם /	גם-	צאנכם גם- בקרכם קחו כאשר דברתם	22					1
ט123203	עבדו את- יהוה כדברכם / גם- צאנכם	גם-	בקרכם קחו כאשר דברתם ולכו וברכתם	22					1
ט123210	בקרכם קחו כאשר דברתם ולכו וברכתם	גם-	אתי / ותחזק מצרים על- העם למהר	22					1
ט123801	מאות אלף רגלי הגברים לבד מטף /	וגם-	ערב רב עלה אתם וצאן ובקר	22				1	2
ט123918	כי- גרשו ממצרים ולא יכלו להתמהמה	וגם-	צדה לא- עשו להם / ומושב בני	22				1	2
ט181803	הדבר אשר אתה עשה / נבל תבל	גם-	אתה גם- העם הזה אשר עמך	22					1
ט181805	אתה עשה / נבל תבל גם- אתה	גם-	העם הזה אשר עמך כי- כבד	22					1
ט182310	הזה תעשה וצוך אלהים ויכלת עמד	וגם	כל- העם הזה על- מקמו יבא	22				1	2
ט190916	הענן בעבור ישמע העם בדברי עמך	וגם-	בך יאמינו לעולם ויגד משה את-	22				1	2
ט192201	אל- יהוה לראות ונפל ממנו רב /	וגם	הכהנים הנגשים אל- יהוה יתקדשו פן-	22				1	2
ט212917	והמית איש או אשה השור יסקל	וגם-	בעליו יומת / אם- כפר יושת עליו	22				1	2
ט213516	את- השור החי וחצו את- כספו	וגם	את- המת יחצון / או נודע כי	22				1	2
ט331224	תשלח עמי ואתה אמרת ידעתיך בשם	וגם-	מצאת חן בעיני / ועתה אם- נא	22				1	2
ט331705	פני האדמה / ויאמר יהוה אל- משה	גם	את- הדבר הזה אשר דברת אעשה	22					1
ט340305	ראש ההר / ואיש לא- יעלה עמך	וגם-	איש אל- ירא בכל- ההר גם-	22				1	2
ט340311	וגם- איש אל- ירא בכל- ההר	גם-	הצאן והבקר אל- ירעו אל- מול	22					1
	-	גמא	*-*						
ט020308	יכלה עוד הצפינו ותקח- לו תבת	גמא	ותחמרה בחמר ובזפת ותשם בה את-	1111	1	1			2
	-	גמל	*-*						
ט090310	הויה במקנך אשר בשדה בסוסים בחמרים	בגמלים	בבקר ובצאן דבר כבד מאד / והפלה	1115	1	3		24	4
	-	גנב	*-*						
ט220104	צאן תחת השה // אם- במחתרת ימצא	הגנב	והכה ומת אין לו דמים / אם-	1111	1	1		2	3
ט220615	לשמר וגנב מבית האיש אם- ימצא	הגנב	ישלם שנים / אם- לא ימצא הגנב	1111	1	1		2	3
ט220704	הגנב ישלם שנים / אם- לא ימצא	הגנב	ונקרב בעל- הבית אל- האלהים אם-	1111	1	1		2	3
	-	גנב	*-*						
ט201502	לך / לא תרצח / לא תנאף / לא	תגנב	/ לא- תענה ברעך עד שקר / לא	3121	1	1			2
ט213702	תחת השור והמת יהיה- לו / כי	יגנב-	איש שור או- שה וטבחו או	3121	1	1			2
ט211601	למות / ומכה אביו ואמו מות יומת /	וגנב	איש ומכרו ונמצא בידו מות יומת	3133	1	1		1	3
ט221102	רעהו ולקח בעליו ולא ישלם / ואם-	גנב	יגנב מעמו ישלם לבעליו / אם- טרף	3151					2
	-	גנב	*-*						
ט220610	אל- רעהו כסף או- כלים לשמר	וגנב	מבית האיש אם- ימצא הגנב ישלם	3411	1	1		1	3
	-	גנבה	*-*						
ט220305	ונמכר בגנבתו / אם- המצא תמצא בידו	הגנבה	משור עד- חמור עד- שה חיים	1121	2	1		2	4
ט220213	שלם ישלם אם- אין לו ונמכר	בגנבתו	/ אם- המצא תמצא בידו הגנבה משור	1123	2	1	4	4	5
	-	גף	*-*						
ט210302	יעבד ובשבעת יצא לחפשי חנם / אם-	בגפו	יבא בגפו יצא אם- בעל אשה	1123	1	1	4	4	3
ט210304	יצא לחפשי חנם / אם- בגפו יבא	בגפו	יצא אם- בעל אשה הוא ויצאה	1123	1	1	4	4	3
ט210417	האשה וילדיה תהיה לאדניה והוא יצא	בגפו	/ ואם- אמר יאמר העבד אהבתי את-	1123	1	1	4	4	3

אזכור		מלה		צונן ג # כ קס ה
	--*-*-*-*-*-*-*-*-*-*-*-*-*	גר	*-*-*-*-*-*-*-*-*-*-*-*-*-*-*	
ט022209	ויקרא את- שמו גרשם כי אמר	גר	וייתי בארץ נכריה / ויהי בימים הרבים	1 1 1 1111
ט121916	מחמצת ונכרתה הנפש ההוא מעדת ישראל	בגר	ובאזרח הארץ / כל- מחמצת לא תאכלו	2 24 1 1 1111
ט124804	ישראל יעשו אתו / וכי- יגור אתך	גר	ועשה פסח ליהוה המול לו כל-	1 1 1 1111
ט124905	יאכל בו / תורה אחת יהיה לאזרח	ולגר	הגר בתוככם / ויעשו כל- בני ישראל	3 261 1 1 1111
ט180310	אשר שם האחד גרשם כי אמר	גר	וייתי בארץ נכריה / ושם האחד אליעזר	1 1 1 1111
ט222001	זבח לאלהים יחרם בלתי ליהוה לבדו /	וגר	לא- תונה ולא תלחצנו כי- גרים	2 1 1 1 1111
ט230901	השחד יעור פקחים ויסלף דברי צדיקים /	וגר	לא תלחץ ואתם ידעתם את- נפש	2 1 1 1 1111
ט230908	לא תלחץ ואתם ידעתם את- נפש	הגר	כי- גרים הייתם בארץ מצרים / ושש	2 2 1 1 1111
ט231215	ינוח שורך וחמרך וינפש בן- אמתך	והגר	/ ובכל אשר- אמרתי אליכם תשמרו ושם	3 21 1 1 1111
ט201016	אתה ובנך- ובתך עבדך ואמתך ובהמתך	וגרך	אשר בשעריך / כי ששת- ימים עשה	4 1 2 1 1113
ט222007	וגר לא- תונה ולא תלחצנו כי-	גרים	הייתם בארץ מצרים / כל- אלמנה ויתום	2 3 1 1115
ט230910	ואתם ידעתם את- נפש הגר כי-	גרים	הייתם בארץ מצרים / ושש שנים תזרע	2 3 1 1115
	--*-*-*-*-*-*-*-*-*-*-*-*-*	גר	*-*-*-*-*-*-*-*-*-*-*-*-*-*-*	
ט060415	ארץ כנען את ארץ מגריהם אשר-	גרו	בה / וגם אני שמעתי את- נאקת	2 3 1 3111
ט124802	כל- עדת ישראל יעשו אתו / וכי-	יגור	אתך גר ועשה פסח ליהוה המול	2 1 1 3121
ט124906	בו / תורה אחת יהיה לאזרח ולגר	הגר	בתוככם / ויעשו כל- בני ישראל כאשר	2 2 1 1 3131
ט032204	לא תלכו ריקם / ושאלה אשה משכנתה	ומגרת	ביתה כלי- כסף וכלי זהב ושמלת	4 71 1 2 3134
	--*-*-*-*-*-*-*-*-*-*-*-*-*	גרה	*-*-*-*-*-*-*-*-*-*-*-*-*-*-*	
ט301312	הפקדים מחצית השקל בשקל הקדש עשרים	גרה	השקל מחצית השקל תרומה ליהוה / כל	2 1 2 1121
	--*-*-*-*-*-*-*-*-*-*-*-*-*	גרע	*-*-*-*-*-*-*-*-*-*-*-*-*-*-*	
ט050812	עשים תמול שלשם תשימו עליהם לא	תגרעו	ממנו כי- נרפים הם על- כן	3 3 1 3121
ט051909	בני- ישראל אתם ברע לאמר לא-	תגרעו	מלבניכם דבר- יום ביומו / ויפגעו את-	3 3 1 3121
ט211009	יקח- לו שארה כסותה וענתה לא	יגרע	/ ואם- שלש- אלה לא יעשה לה	2 1 1 3121
	--*-*-*-*-*-*-*-*-*-*-*-*-*	גרש	*-*-*-*-*-*-*-*-*-*-*-*-*-*-*	
ט341109	את אשר אנכי מצוך היום הנני	גרש	מפניך את- האמרי והכנעני והחתי והפרזי	2 1 1 3131
	--*-*-*-*-*-*-*-*-*-*-*-*-*	גרש	*-*-*-*-*-*-*-*-*-*-*-*-*-*-*	
ט233118	כי אתן בידכם את ישבי הארץ	וגרשתמו	מפניך / לא- תכרת להם ולאלהיהם ברית	5 01 1 1 3311
ט330204	לאמר לזרעך אתננה / ושלחתי לפניך מלאך	וגרשתי	את- הכנעני האמרי והחתי והפרזי החוי	4 1 1 1 3311
ט232805	אליך ערף / ושלחתי את- הצרעה לפניך	וגרשה	את- החוי את- הכנעני ואת החתי	4 1 1 2 3312
ט021703	הרהטים להשקות צאן אביהן / ויבאו הרעים	ויגרשום	ויקם משה ויושען וישק את- צאנם	5 * 9 3 1 3321
ט060116	כי ביד חזקה ישלחם וביד חזקה	יגרשם	מארצו / וידבר אלהים אל- משה ויאמר	4 9 1 1 3321
ט101113	את- יהוה כי אתה אתם מבקשים	ויגרש	אתם מאת פני פרעה / ויאמר יהוה	4 * 1 1 3321
ט110121	ישלח אתכם מזה כשלחו כלה גרש	יגרש	אתכם מזה / דבר- נא באזני העם	3 1 1 3321
ט232902	את- הכנעני ואת החתי מלפניך / לא	אגרשנו	מפניך בשנה אחת פן- תהיה הארץ	5 4 1 1 3321
ט233003	ורבה עליך חית השדה / מעט מעט	אגרשנו	מפניך עד אשר תפרה ונחלת את-	5 4 1 1 3321
ט110120	כן ישלח אתכם מזה כשלחו כלה	גרש	יגרש אתכם מזה / דבר- נא באזני	2 3351
	--*-*-*-*-*-*-*-*-*-*-*-*-*	גרש	*-*-*-*-*-*-*-*-*-*-*-*-*-*-*	
ט123913	עגת מצת כי לא חמץ כי-	גרשו	ממצרים ולא יכלו להתמהמה וגם- צדה	3 3 1 3411
	--*-*-*-*-*-*-*-*-*-*-*-*-*	גרשום	*-*-*-*-*-*-*-*-*-*-*-*-*-*-*	
ט022206	למשה / ותלד בן ויקרא את- שמו	גרשם	כי אמר גר הייתי בארץ נכריה	3 1 122
ט180307	ואת שני בניה אשר שם האחד	גרשם	כי אמר גר הייתי בארץ נכריה	2 1 122
	--*-*-*-*-*-*-*-*-*-*-*-*-*	גרשון	*-*-*-*-*-*-*-*-*-*-*-*-*-*-*	
ט061606	שמעון / ואלה שמות בני- לוי לתלדתם	גרשון	וקהת ומררי ושני חיי לוי שבע	2 1 122
ט061702	לוי שבע ושלשים ומאת שנה / בני	גרשון	לבני ושמעי למשפחתם / ובני קהת עמרם	2 1 122

ה	קס	כ	#	ג	צופן		מלה		אזכור
						-	גשן	*-*	
2				2	123	אשר עמי עמד עליה לבלתי היות-	גשן	עליה / והפליתי ביום ההוא את- ארץ	ט081806
2				2	123	אשר- שם בני ישראל לא היה	גשן	כל- עץ השדה שבר / רק בארץ	ט092603
						-	דבר	*-*	
3	2		1	1	1111	הזה ותחיין את- הילדים / ותאמרן המילדת	הדבר	מצרים למילדת ויאמר להן מדוע עשיתן	ט011809
3	2		1	1	1111	/ וישמע פרעה את- הדבר הזה ויבקש	הדבר	המצרי ויירא משה ויאמר אכן נודע	ט021420
3	2		1	1	1111	הזה ויבקש להרג את- משה ויברח	הדבר	אכן נודע הדבר / וישמע פרעה את-	ט021504
2			1	1	1111	/ ויפץ העם בכל- ארץ מצרים לקשש	דבר	מאשר תמצאו כי אין נגרע מעבדתכם	ט051112
2			1	1	1111	/ וישם יהוה מועד לאמר מחר יעשה	דבר	מצרים ולא ימות מכל- לבני ישראל	ט090414
3	2		1	1	1111	הזה בארץ / ויעש יהוה את- הדבר	הדבר	יהוה מועד לאמר מחר יעשה יהוה	ט090508
3	2		1	1	1111	הזה ממחרת וימת כל מקנה מצרים	הדבר	הדבר הזה בארץ / ויעש יהוה את-	ט090604
3	2		1	1	1111	הזה לחק- לך ולבניך עד- עולם	הדבר	לבא אל- בתיכם לנגף / ושמרתם את-	ט122403
3	2		1	1	1111	אשר דברנו אליך במצרים לאמר חדל	הדבר	עשית לנו להוציאנו ממצרים / הלא- זה	ט141203
3	2		1	1	1111	אשר צוה יהוה לקטו ממנו איש	הדבר	אשר נתן יהוה לכם לאכלה / זה	ט161602
3	2		1	1	1111	אשר צוה יהוה מלא העמר ממנו	הדבר	וטעמו כצפיחת בדבש / ויאמר משה זה	ט163204
3	24		1	1	1111	אשר זדו עליהם / ויקח יתרו חתן	בדבר	כי- גדול יהוה מכל- האלהים כי	ט181109
3	2		1	1	1111	הזה אשר אתה עשה לעם מדוע	הדבר	אשר- הוא עשה לעם ויאמר מה-	ט181412
2			1	1	1111	בא אלי ושפטתי בין איש ובין	דבר	העם לדרש אלהים / כי- יהיה להם	ט181604
3	2		1	1	1111	אשר אתה עשה / נבל תבל גם-	הדבר	ויאמר חתן משה אליו לא- טוב	ט181707
3	2		1	1	1111	לא- תוכל עשהו לבדך / עתה שמע	הדבר	הזה אשר עמך כי- כבד ממך	ט181813
3	2		1	1	1111	הגדל יביאו אליך וכל- הדבר הקטן	הדבר	את- העם בכל- עת והיה כל-	ט182208
3	2		1	1	1111	הקטן ישפטו- הם והקל מעליך ונשאו	הדבר	כל- הדבר הגדל יביאו אליך וכל-	ט182213
3	2		1	1	1111	הזה תעשה וצוך אלהים ויכלת עמד	הדבר	והקל מעליך ונשאו אתך / אם את-	ט182303
2	2		1	1	1111	הקשה יביאון אל- משה וכל- הדבר	הדבר	ושפטו את- העם בכל- עת את-	ט182607
3	2		1	1	1111	הקטן ישפוטו הם / וישלח משה את-	הדבר	הדבר הקשה יביאון אל- משה וכל-	ט182613
3	2		1	1	1111	אשר תעשה להם לקדש אתם לכהן	הדבר	חקת עולם לו ולזרעו אחריו // וזה	ט290102
3	2		1	1	1111	הרע הזה ויתאבלו ולא- שתו איש	הדבר	פן אכלך בדרך / וישמע העם את-	ט330404
3	2		1	1	1111	הזה אשר דברת אעשה כי- מצאת	הדבר	ויאמר יהוה אל- משה גם את-	ט331707
3	2		1	1	1111	אשר- צוה יהוה לאמר / קחו מאתכם	הדבר	כל- עדת בני- ישראל לאמר זה	ט350410
2			1	1	1112	יום ביומו כאשר בהיות התבן / ויכו	דבר-	לתבן / והנגשים אצים לאמר כלו מעשיכם	ט051306
2			1	1	1112	יום ביומו / ויפגעו את- משה ואת-	דבר-	אתם ברע לאמר לא- תגרעו מלבניכם	ט051911
2			1	1	1112	הצפרדעים אשר- שם לפרעה / ויעש יהוה	דבר	פרעה ויצעק משה אל- יהוה על-	ט080811
3	5		1	1	1112	משה וימתו הצפרדעים מן- הבתים מן-	כדבר	הצפרדעים אשר- שם לפרעה / ויעש יהוה	ט080903
3	5		1	1	1112	משה ויסר הערב מפרעה מעבדיו ומעמו	כדבר	פרעה ויעתר אל- יהוה / ויעש יהוה	ט082703
2			1	1	1112	יהוה מעבדי פרעה הניס את- עבדיו	דבר	וירד עלהם הברד ומתו / הירא את-	ט092003
2			1	1	1112	יהוה ויעזב את- עבדיו ואת מקנהו	דבר	הבתים / ואשר לא- שם לבו אל-	ט092106
3	5		1	1	1112	משה וישאלו ממצרים כלי- כסף וכלי-	כדבר	בשמלתם על- שכמם / ובני- ישראל עשו	ט123504
2			1	1	1112	יום ביומו למען אנסנו הילך בתורתי	דבר-	לחם מן- השמים ויצא העם ולקטו	ט160414
2			1	1	1112	פשע על- שור על- חמור על-	דבר-	שלח ידו במלאכת רעהו / על- כל-	ט220803
2			1	1	1112	שניהם אשר ירשיען אלהים ישלם שנים	דבר-	כי- הוא זה עד האלהים יבא	ט220824
3	7		1	1	1112	שקר תרחק ונקי וצדיק אל- תהרג	מדבר-	עמו / לא תטה משפט אבינך בריבו /	ט230701
3	5		1	1	1112	משה ויפל מן- העם ביום ההוא	כדבר	ואיש את- קרבו / ויעשו בני- לוי	ט322804
5	5	2	1	1	1113	למען תדע כי- אין כיהוה אלהינו	כדברך	רק ביאר תשארנה / ויאמר למחר ויאמר	ט080604
3			3	1	1115	אנכי גם מתמול גם משלשם גם	דברים	אל- יהוה בי אדני לא איש	ט041009
4	2		3	1	1115	בפיו ואנכי אהיה עם- פיך ועם-	הדברים	ושמח בלבו / ודברת אליו ושמת את-	ט041505
4	2		3	1	1115	אשר- דבר יהוה אל- משה ויעש	הדברים	בני ישראל / וידבר אהרן את כל-	ט043005
4	2		3	1	1115	אל- האלהים / והזהרתה אתהם את- החקים	הדברים	לעם מול האלהים והבאת אתה את-	ט181916
4	2		3	1	1115	אשר תדבר אל- בני ישראל / ויבא	הדברים	לי ממלכת כהנים וגוי קדוש אלה	ט190609
4	2		3	1	1115	האלה אשר צוהו יהוה / ויענו כל-	הדברים	לזקני העם וישם לפניהם את כל-	ט190710
4	2		3	1	1115	האלה לאמר / אנכי יהוה אלהיך אשר	הדברים	ויאמר אלהם // וידבר אלהים את כל-	ט200105
4	2		3	1	1115	אשר- דבר יהוה נעשה / ויכתב משה	הדברים	כל- העם קול אחד ויאמרו כל-	ט240319
4	2		3	1	1115	האלה / ויעל משה ואהרן נדב ואביהוא	הדברים	אשר כרת יהוה עמכם על כל-	ט240818
3			3	1	1115	יגש אלהם / ויעל משה אל- ההר	דברים	והנה אהרן וחור עמכם מי- בעל	ט241417

/ = סוף פסוק // = סוף פרק ג = מין # = מספר כ = כינוי גבור קס = קידומות וסיומות ה = מספר ההברות

אזכור		מלה		צורן	ג	#	כ	קס	ה
ט340115	אבנים כראשנים וכתבתי על- הלחת את-	הדברים	אשר היו על- הלחת הראשנים אשר	1115	1	3		2	4
ט342708	יהוה אל- משה כתב- לך את-	הדברים	האלה כי על- פי הדברים האלה	1115	1	3		2	4
ט342713	את- הדברים האלה כי על- פי	הדברים	האלה כרתי אתך ברית ואת- ישראל	1115	1	3		2	4
ט342822	על- הלחת את דברי הברית עשרת	הדברים	/ ויהי ברדת משה מהר סיני ושני	1115	1	3		2	4
ט350111	עדת בני ישראל ויאמר אלהם אלה	הדברים	אשר- צוה יהוה לעשת אתם / ששת	1115	1	3		2	4
ט042806	לו / ויגד משה לאהרן את כל-	דברי	יהוה אשר שלחו ואת כל- האתת	1116	1	3			3
ט050909	על- האנשים ויעשו- בה ואל- ישעו	בדברי-	שקר / ויצאו נגשי העם ושטריו ויאמרו	1116	1	3		4	4
ט190814	דבר יהוה נעשה וישב משה את-	דברי	העם אל- יהוה / ויאמר יהוה אל-	1116	1	3			3
ט190923	בך יאמינו לעולם ויגד משה את-	דברי	העם אל- יהוה / ויאמר יהוה אל-	1116	1	3			3
ט230809	תקח כי השחד יעור פקחים ויסלף	דברי	צדיקים / וגר לא תלחץ ואתם ידעתם	1116	1	3			3
ט240307	ויבא משה ויספר לעם את כל-	דברי	יהוה ואת כל- המשפטים ויען כל-	1116	1	3			3
ט240405	יהוה נעשה / ויכתב משה את כל-	דברי	יהוה וישכם בבקר ויבן מזבח תחת	1116	1	3			3
ט342819	לא שתה ויכתב על- הלחת את	דברי	הברית עשרת הדברים / ויהי ברדת משה	1116	1	3			3
	-	דבר	*-*						
ט062917	מלך מצרים את כל- אשר אני	דבר	אליך / ויאמר משה לפני יהוה הן	3131	1	1			2
	-	דבר	*-*						
ט011708	המילדת את- האלהים ולא עשו כאשר	דבר	אליהן מלך מצרים ותחיין את- הילדים	3311	1	1			2
ט041501	הוא יצא לקראתך וראך ושמח בלבו /	ודברת	אליו ושמת את- הדברים בפיו ואנכי	3311	1	1		1	4
ט041601	פיהו והוריתי אתכם את אשר תעשון /	ודבר-	הוא לך אל- העם והיה הוא	3311	1	1		1	3
ט043007	וידבר אהרן את כל- הדברים אשר-	דבר	יהוה אל- משה ויעש האתת לעיני	3311	1	1			2
ט062803	ממצרים הוא משה ואהרן / ויהי ביום	דבר	יהוה אל- משה בארץ מצרים / וידבר	3311	1	1			2
ט071308	לב פרעה ולא שמע אלהם כאשר	דבר	יהוה / ויאמר יהוה אל- משה כבד	3311	1	1			2
ט072213	לב- פרעה ולא- שמע אלהם כאשר	דבר	יהוה / ויפן פרעה ויבא אל- ביתו	3311	1	1			2
ט081113	את- לבו ולא שמע אלהם כאשר	דבר	יהוה / ויאמר יהוה אל- משה אמר	3311	1	1			2
ט081515	לב- פרעה ולא- שמע אלהם כאשר	דבר	יהוה / ויאמר יהוה אל- משה השכם	3311	1	1			2
ט090108	יהוה אל- משה בא אל- פרעה	ודברת	אליו כה- אמר יהוה אלהי העברים	3311	1	1		1	4
ט091210	לב פרעה ולא שמע אלהם כאשר	דבר	יהוה אל- משה / ויאמר יהוה אל	3311	1	1			2
ט093510	ולא שלח את- בני ישראל כאשר	דבר	יהוה ביד- משה // ויאמר יהוה אל-	3311	1	1			2
ט102904	ראתך פני תמות / ויאמר משה כן	דברת	לא- אסף עוד ראות פניך // ויאמר	3311	1	1			3
ט122511	הארץ אשר יתן יהוה לכם כאשר	דבר	ושמרתם את- העבדה הזאת / והיה כי	3311	1	1			2
ט123207	גם- צאנכם גם- בקרכם קחו כאשר	דברתם	ולכו וברכתם גם- אתי / ותחזק מצרים	3311	1	3			3
ט141205	להוציאנו ממצרים / הלא- זה הדבר אשר	דברנו	אליך במצרים לאמר חדל ממנו ונעבדה	3311	1	3			3
ט162305	ויגידו למשה / ויאמר אלהם הוא אשר	דבר	יהוה שבתון שבת- קדש ליהוה מחר	3311	1	1			2
ט190808	כל- העם יחדו ויאמרו כל אשר-	דבר	יהוה נעשה וישב משה את- דברי	3311	1	1			2
ט202215	ישראל אתם ראיתם כי מן- השמים	דברתי	עמכם / לא תעשון אתי אלהי כסף	3311	1	1			3
ט240321	קול אחד ויאמרו כל- הדברים אשר-	דבר	יהוה נעשה / ויכתב משה את כל-	3311	1	1			2
ט240711	ויקרא באזני העם ויאמרו כל אשר-	דבר	יהוה נעשה ונשמע / ויקח משה את-	3311	1	1			2
ט252204	אשר אתן אליך / ונועדתי לך שם	ודברתי	אתך מעל הכפרת מבין שני הכרבים	3311	1	1		1	4
ט321406	לעלם / וינחם יהוה על- הרעה אשר	דבר	לעשות לעמו / ויפן וירד משה מן-	3311	1	1			2
ט323408	לך נחה את- העם אל אשר-	דברתי	לך הנה מלאכי ילך לפניך וביום	3311	1	1			3
ט330911	ירד עמוד הענן ועמד פתח האהל	ודבר	עם- משה / וראה כל- העם את-	3311	1	1		1	3
ט331101	כל- העם והשתחוו איש פתח אהלו /	ודבר	יהוה אל- משה פנים אל- פנים	3311	1	1		1	3
ט331710	משה גם את- הדבר הזה אשר	דברת	אעשה כי- מצאת חן בעיני ואדעך	3311	1	1			3
ט340122	אשר היו על- הלחת הראשנים אשר	דברת	/ והיה נכון לבקר ועלית בבקר אל-	3311	1	1			3
ט343211	בני ישראל ויצום את כל- אשר	דבר	יהוה אתו בהר סיני / ויכל משה	3311	1	1			2
ט343413	יסיר את- המסוה עד- צאתו ויצא	ודבר	אל- בני ישראל את אשר יצוה	3311	1	1		1	3
ט041209	ואנכי אהיה עם- פיך והוריתיך אשר	תדבר	/ ויאמר בי אדני שלח- נא ביד-	3321	1	1			3
ט041413	אהרן אחיך הלוי ידעתי כי- דבר	ידבר	הוא וגם הנה- הוא יצא לקראתך	3321	1	1			3
ט043001	ויאספו את- כל- זקני בני ישראל /	וידבר	אהרן את כל- הדברים אשר- דבר	3321	1	1		*	4
ט060201	חזקה ישלחם וביד חזקה יגרשם מארצו /	וידבר	אלהים אל- משה ויאמר אליו אני	3321	1	1		*	4
ט060901	ונתתי אתה לכם מורשה אני יהוה /	וידבר	משה כן אל- בני ישראל ולא	3321	1	1		*	4
ט061001	אל- משה מקצר רוח ומעבדה קשה /	וידבר	יהוה אל- משה לאמר / בא דבר	3321	1	1		*	4

אזכור		מלה		צורן	ג	#	כ	קס	ה
ט061201	מצרים וישלח את- בני- ישראל מארצו /	וידבר	משה לפני יהוה לאמר הן בני	3321	1	1		*	4
ט061301	ואיך ישמעני פרעה ואני ערל שפתים /	וידבר	יהוה אל- משה ואל- אהרן ויצום	3321	1	1		*	4
ט062901	דבר יהוה אל- משה בארץ מצרים /	וידבר	יהוה אל- משה לאמר אני יהוה	3321	1	1		*	4
ט070202	לפרעה ואהרן אחיך יהיה נביאך / אתה	תדבר	את כל- אשר אצוך ואהרן אחיך	3321	1	1			3
ט070209	את כל- אשר אצוך ואהרן אחיך	ידבר	אל- פרעה ושלח את- בני- ישראל	3321	1	1			3
ט070902	אל- משה ואל- אהרן לאמר / כי	ידבר	אלכם פרעה לאמר תנו לכם מופת	3321	1	1			3
ט130101	בני ישראל מארץ מצרים על- צבאתם //	וידבר	יהוה אל- משה לאמר / קדש- לי	3321	1	1		*	4
ט140101	יומם ועמוד האש לילה לפני העם //	וידבר	יהוה אל- משה לאמר / דבר אל-	3321	1	1		*	4
ט161101	המדבר והנה כבוד יהוה נראה בענן /	וידבר	יהוה אל- משה לאמר / שמעתי את-	3321	1	1		*	4
ט190611	כהנים וגוי קדוש אלה הדברים אשר	תדבר	אל- בני ישראל / ויבא משה ויקרא	3321	1	1			3
ט191908	קול השפר הולך וחזק מאד משה	ידבר	והאלהים יעננו בקול / וירד יהוה על-	3321	1	1			3
ט200101	וירד משה אל- העם ויאמר אלהם //	וידבר	אלהים את כל- הדברים האלה לאמר	3321	1	1		*	4
ט201909	משה דבר- אתה עמנו ונשמעה ואל-	ידבר	עמנו אלהים פן- נמות / ויאמר משה	3321	1	1			3
ט232209	שמוע תשמע בקלו ועשית כל אשר	אדבר	ואיבתי את- איביך וצרתי את- צרריך	3321	1	1			3
ט250101	משה בהר ארבעים יום וארבעים לילה //	וידבר	יהוה אל- משה לאמר / דבר אל-	3321	1	1		*	4
ט280302	קדש לאהרן אחיך לכבוד ולתפארת / ואתה	תדבר	אל- כל- חכמי- לב אשר מלאתיו	3321	1	1			3
ט301101	עליו לדרתיכם קדש קדשים הוא ליהוה /	וידבר	יהוה אל- משה לאמר / כי תשא	3321	1	1		*	4
ט301701	לזכרון לפני יהוה לכפר על- נפשתיכם /	וידבר	יהוה אל- משה לאמר / ועשית כיור	3321	1	1		*	4
ט302201	להם חק- עולם לו ולזרעו לדרתם /	וידבר	יהוה אל- משה לאמר / ואתה קח-	3321	1	1		*	4
ט303104	אתם לכהן לי / ואל- בני ישראל	תדבר	לאמר שמן משחת- קדש יהיה זה	3321	1	1			3
ט310101	יעשה כמוה להריח בה ונכרת מעמיו //	וידבר	יהוה אל- משה לאמר / ראה קראתי	3321	1	1		*	4
ט320701	וישב העם לאכל ושתו ויקמו לצחק /	וידבר	יהוה אל- משה לך- רד כי	3321	1	1		*	4
ט321310	ולישראל עבדיך אשר נשבעת להם בך	ותדבר	אלהם ארבה את- זרעכם ככוכבי השמים	3321	1	1		*	4
ט330101	עשו את- העגל אשר עשה אהרן //	וידבר	יהוה אל- משה לך עלה מזה	3321	1	1		*	4
ט331109	אל- משה פנים אל- פנים כאשר	ידבר	איש אל- רעהו ושב אל- המחנה	3321	1	1			3
ט343110	וישבו אליו אהרן וכל- הנשאים בעדה	וידבר	משה אלהם / ואחרי- כן נגשו כל-	3321	1	1		*	4
ט400101	יהוה כן עשו ויברך אתם משה //	וידבר	יהוה אל- משה לאמר / ביום- החדש	3321	1	1		*	4
ט062702	ישראל מארץ מצרים על- צבאתם / הם	המדברים	אל- פרעה מלך- מצרים להוציא את-	3331	1	3		2	5
ט061102	וידבר יהוה אל- משה לאמר / בא	דבר	אל- פרעה מלך מצרים וישלח את-	334	1	1			2
ט062908	יהוה אל- משה לאמר אני יהוה	דבר	אל- פרעה מלך מצרים את כל-	334	1	1			2
ט110201	כשלחו כלה גרש יגרש אתכם מזה /	דבר-	נא באזני העם וישאלו איש מאת	334	1	1			2
ט120301	חדשים ראשון הוא לכם לחדשי השנה /	דברו	אל- כל- עדת ישראל לאמר בעשר	334	1	3			3
ט140201	העם // וידבר יהוה אל- משה לאמר /	דבר	אל- בני ישראל וישבו ויחנו לפני	334	1	1			2
ט141508	יהוה אל- משה מה- תצעק אלי	דבר	אל- בני- ישראל ויסעו / ואתה הרם	334	1	1			2
ט161206	לאמר / שמעתי את- תלונת בני ישראל	דבר	אלהם לאמר בין הערבים תאכלו בשר	334	1	1			2
ט201904	וינעו ויעמדו מרחק / ויאמרו אל- משה	דבר-	אתה עמנו ונשמעה ואל- ידבר עמנו	334	1	1			2
ט250201	לילה // וידבר יהוה אל- משה לאמר /	דבר	אל- בני ישראל ויקחו לי תרומה	334	1	1			2
ט311302	ויאמר יהוה אל- משה לאמר / ואתה	דבר	אל- בני ישראל לאמר אך את-	334	1	1			2
ט041412	הלא אהרן אחיך הלוי ידעתי כי-	דבר	ידבר הוא וגם הנה- הוא יצא	3351					2
ט343303	יהוה אתו בהר סיני / ויכל משה	מדבר	אתם ויתן על- פניו מסוה / ובבא	3351				7	3
ט161002	יהוה כי שמע את תלנתיכם / ויהי	כדבר	אהרן אל- כל- עדת בני- ישראל	3352				5	3
ט041017	גם מתמול גם משלשם גם מאז	דברך	אל- עבדך כי כבד- פה וכבד	3353			2		4
ט070710	שנה ואהרן בן- שלש ושמנים שנה	בדברם	אל- פרעה / ויאמר יהוה אל- משה	3353			9	4	4
ט123119	בני ישראל ולכו עבדו את- יהוה	כדברכם	/ גם- צאנכם גם- בקרכם קחו כאשר	3353			7	5	4
ט190914	אליך בעב הענן בעבור ישמע העם	בדברי	עמך וגם- בך יאמינו לעולם ויגד	3353			1	4	4
ט342921	לא- ידע כי קרן עור פניו	בדברו	אתו / וירא אהרן וכל- בני ישראל	3353			4	4	4
ט052305	זה שלחתני / ומאז באתי אל- פרעה	לדבר	בשמך הרע לעם הזה והצל לא-	3354				6	3
ט294213	לפני יהוה אשר אועד לכם שמה	לדבר	אליך שם / ונעדתי שמה לבני- ישראל	3354				6	3
ט311805	שבת וינפש / ויתן אל- משה ככלתו	לדבר	אתו בהר סיני שני לחת העדת	3354				6	3
ט343405	· פניו מסוה / ובבא משה לפני יהוה	לדבר	אתו יסיר את- המסוה עד- צאתו	3354				6	3
ט343520	את- המסוה על- פניו עד- באו	לדבר	אתו // ויקהל משה את- כל- עדת	3354				6	3

אזכור		מלה		צופן	ג	#	כ	קס	ה
	--*-*-*-*-*-*-*-*-*-*-*-*-*-*-*-*	דבר	*-*-*-*-*-*-*-*-*-*-*-*-*-*-*-*-*-*-*						
ט050317	במדבר ונזבחה ליהוה אלהינו פן- יפגענו	בדבר	או בחרב / ויאמר אלהם מלך מצרים	1111	1	1		24	3
ט090313	בשדה בסוסים בחמרים בגמלים בבקר ובצאן	דבר	כבד מאד / והפלה יהוה בין מקנה	1111	1	1			2
ט091510	את- ידי ואך אותך ואת- עמך	בדבר	והכחד מן- הארץ / ואולם בעבור זאת	1111	1	1		24	3
	--*-*-*-*-*-*-*-*-*-*-*-*-*-*-*-*	דבש	*-*-*-*-*-*-*-*-*-*-*-*-*-*-*-*-*-*-*						
ט030817	טובה ורחבה אל- ארץ זבת חלב	ודבש	אל- מקום הכנעני והחתי והאמרי והפרזי	1111	1	1		1	3
ט031718	והחוי והיבוסי אל- ארץ זבת חלב	ודבש	/ ושמעו לקלך ובאת אתה וזקני ישראל	1111	1	1		1	3
ט130520	לאבתיך לתת לך ארץ זבת חלב	ודבש	ועבדת את- העבדה הזאת בחדש הזה	1111	1	1		1	3
ט163113	והוא כזרע גד לבן וטעמו כצפיחת	בדבש	/ ויאמר משה זה הדבר אשר צוה	1111	1	1		4	3
ט330305	החוי והיבוסי / אל- ארץ זבת חלב	ודבש	כי לא אעלה בקרבך כי עם-	1111	1	1		1	3
	--*-*-*-*-*-*-*-*-*-*-*-*-*-*-*-*	דגה	*-*-*-*-*-*-*-*-*-*-*-*-*-*-*-*-*-*-*						
ט071801	על- המים אשר ביאר ונהפכו לדם /	והדגה	אשר- ביאר תמות ובאש היאר ונלאו	1121	2	1		21	4
ט072101	ויהפכו כל- המים אשר- ביאר לדם /	והדגה	אשר- ביאר מתה ויבאש היאר ולא-	1121	2	1	1	21	4
	--*-*-*-*-*-*-*-*-*-*-*-*-*-*-*-*	דודה	*-*-*-*-*-*-*-*-*-*-*-*-*-*-*-*-*-*-*						
ט062005	הלוי לתלדתם / ויקח עמרם את- יוכבד	דדתו	לו לאשה ותלד לו את- אהרן	1123	2	1	4		3
	--*-*-*-*-*-*-*-*-*-*-*-*-*-*-*-*	דור	*-*-*-*-*-*-*-*-*-*-*-*-*-*-*-*-*-*-*						
ט010606	במצרים / וימת יוסף וכל אחיו וכל	הדור	ההוא / ובני ישראל פרו וישרצו וירבו	1111	1	1		2	2
ט031527	אליכם זה- שמי לעלם וזה זכרי	לדר	דר / לך ואספת את- זקני ישראל	1111	1	1		6	2
ט031528	זה- שמי לעלם וזה זכרי לדר	דר	/ לך ואספת את- זקני ישראל ואמרת	1111	1	1			1
ט171611	כס יה מלחמה ליהוה בעמלק מדר	דר	// וישמע יתרו כהן מדין חתן משה	1111	1	1			1
ט171610	על כס יה מלחמה ליהוה בעמלק	מדר	דר // וישמע יתרו כהן מדין חתן	1112	1	1		7	2
ט121410	לכם לזכרון וחגתם אתו חג ליהוה	לדרתיכם	חקת עולם תחגהו / שבעת ימים מצות	1117	1	3	7	6	5
ט121717	מארץ מצרים ושמרתם את- היום הזה	לדרתיכם	חקת עולם / בראשן בארבעה עשר יום לחדש	1117	1	3	7	6	5
ט124216	הזה ליהוה שמרים לכל- בני ישראל	לדרתם	/ ויאמר יהוה אל- משה ואהרן זאת	1117	1	3	9	6	4
ט163212	צוה יהוה מלא העמר ממנו למשמרת	לדרתיכם	למען יראו את- הלחם אשר האכלתי	1117	1	3	7	6	5
ט163318	מן והנח אתו לפני יהוה למשמרת	לדרתיכם	/ כאשר צוה יהוה אל משה ויניחהו	1117	1	3	7	6	5
ט272119	עד- בקר לפני יהוה חקת עולם	לדרתם	מאת בני ישראל // ואתה הקרב אליך	1117	1	3	9	6	4
ט294203	לריח ניחח אשה ליהוה / עלת תמיד	לדרתיכם	פתח אהל- מועד לפני יהוה אשר	1117	1	3	7	6	5
ט300812	הערבים יקטירנה קטרת תמיד לפני יהוה	לדרתיכם	/ לא- תעלו עליו קטרת זרה ועלה	1117	1	3	7	6	5
ט301014	חטאת הכפרים אחת בשנה יכפר עליו	לדרתיכם	קדש קדשים הוא ליהוה / וידבר יהוה	1117	1	3	7	6	5
ט302112	והיתה להם חק- עולם לו ולזרעו	לדרתם	/ וידבר יהוה אל- משה לאמר / ואתה	1117	1	3	9	6	4
ט303112	שמן משחת- קדש יהיה זה לי	לדרתיכם	/ על- בשר אדם לא ייסך ובמתכנתו	1117	1	3	7	6	5
ט311316	תשמרו כי אות הוא ביני וביניכם	לדרתיכם	לדעת כי אני יהוה מקדשכם / ושמרתם	1117	1	3	7	6	5
ט311609	ישראל את השבת לעשות את- השבת	לדרתם	ברית עולם / ביני ובין בני ישראל	1117	1	3	9	6	4
ט401515	והיתה להית להם משחתם לכהנת עולם	לדרתם	/ ויעש משה ככל אשר צוה יהוה	1117	1	3	9	6	4
	--*-*-*-*-*-*-*-*-*-*-*-*-*-*-*-*	די	*-*-*-*-*-*-*-*-*-*-*-*-*-*-*-*-*-*-*						
ט360508	אל- משה לאמר מרבים העם להביא	מדי	העבדה למלאכה אשר- צוה יהוה לעשת	22				7	2
ט360703	הקדש ויכלא העם מהביא / והמלאכה היתה	דים	לכל- המלאכה לעשות אתה והותר / ויעשו	22			9		2
	--*-*-*-*-*-*-*-*-*-*-*-*-*-*-*-*	דל	*-*-*-*-*-*-*-*-*-*-*-*-*-*-*-*-*-*-*						
ט230301	על- רב לנטת אחרי רבים להטת /	ודל	לא תהדר בריבו / כי תפגע שור	1111	1	1		1	2
ט301504	יתן תרומת יהוה / העשיר לא- ירבה	והדל	לא ימעיט ממחצית השקל לתת את-	1111	1	1		21	3
	--*-*-*-*-*-*-*-*-*-*-*-*-*-*-*-*	דלה	*-*-*-*-*-*-*-*-*-*-*-*-*-*-*-*-*-*-*						
ט021909	מצרי הצילנו מיד הרעים וגם דלה	דלה	לנו וישק את- הצאן / ויאמר אל-	3111	1	1			2
ט021606	הבאר / ולכהן מדין שבע בנות ותבאנה	ותדלנה	ותמלאנה את- הרהטים להשקות צאן אביהן	3122	2	3	*		4
ט021908	איש מצרי הצילנו מיד הרעים וגם	דלה	דלה לנו וישק את- הצאן / ויאמר	3151					2

אזכור		מלה		ה קס כ # ג צופן
	--*-*-*-*-*-*-*-*-*-*-*-*	דלת	*-*-*-*-*-*-*-*-*-*-*-*-*-*	
ט210607	והגישו אדניו אל- האלהים והגישו אל-	הדלת	או אל- המזוזה ורצע אדניו את-	3 2 1 2 1121
	--*-*-*-*-*-*-*-*-*-*-*-*	דם	*-*-*-*-*-*-*-*-*-*-*-*-*-*	
ט040924	המים אשר תקח מן- היאר והיו	לדם	ביבשת / ויאמר משה אל- יהוה בי	2 6 1 1 1111
ט071720	בידי על- המים אשר ביאר ונהפכו	לדם	/ והדגה אשר- ביאר תמות ובאש היאר	2 6 1 1 1111
ט071926	אגמיהם ועל כל- מקוה מימיהם ויהיו-	דם	והיה דם בכל- ארץ מצרים ובעצים	1 1 1 1111
ט071928	כל- מקוה מימיהם ויהיו- דם והיה	דם	בכל- ארץ מצרים ובעצים ובאבנים / ויעשו-	1 1 1 1111
ט072024	עבדיו ויהפכו כל- המים אשר- ביאר	לדם	/ והדגה אשר- ביאר מתה ויבאש היאר	2 6 1 1 1111
ט072115	מצרים לשתות מים מן- היאר ויהי	הדם	בכל- ארץ מצרים / ויעשו- כן חרטמי	2 2 1 1 1111
ט120703	עדת- ישראל בין הערבים / ולקחו מן-	הדם	ונתנו על- שתי המזוזת ועל- המשקוף	2 2 1 1 1111
ט121302	מצרים אעשה שפטים אני יהוה / והיה	הדם	לכם לאת על הבתים אשר אתם	2 2 1 1 1111
ט121312	הבתים אשר אתם שם וראיתי את-	הדם	ופסחתי עלכם ולא- יהיה בכם נגף	2 2 1 1 1111
ט122205	ושחטו הפסח / ולקחתם אגדת אזוב וטבלתם	בדם	אשר- בסף והגעתם אל- המשקוף ואל-	2 24 1 1 1111
ט122215	אל- המשקוף ואל- שתי המזוזת מן-	הדם	אשר בסף ואתם לא תצאו איש	2 2 1 1 1111
ט122308	יהוה לנגף את- מצרים וראה את-	הדם	על- המשקוף ועל שתי המזוזת ופסח	2 2 1 1 1111
ט240604	שלמים ליהוה פרים / ויקח משה חצי	הדם	וישם באגנת וחצי הדם זרק על-	2 2 1 1 1111
ט240608	משה חצי הדם וישם באגנת וחצי	הדם	זרק על- / המזבח ויקח ספר הברית	2 2 1 1 1111
ט240804	יהוה נעשה ונשמע / ויקח משה את-	הדם	ויזרק על- העם ויאמר הנה דם-	2 2 1 1 1111
ט291211	על- קרנת המזבח באצבעך ואת- כל-	הדם	תשפך אל- יסוד המזבח / ולקחת את-	2 2 1 1 1111
ט292026	ועל- בהן רגלם הימנית וזרקת את-	הדם	על- המזבח סביב / ולקחת מן- הדם	2 2 1 1 1111
ט292103	הדם על- המזבח סביב / ולקחת מן-	הדם	אשר על- המזבח ומשמן המשחה והזית	2 2 1 1 1111
ט231805	הארץ יהוה / לא- תזבח על- חמץ	דם-	זבחי ולא- ילין חלב- חגי עד-	1 1 1 1112
ט240810	הדם ויזרק על- העם ויאמר הנה	דם-	הברית אשר כרת יהוה עמכם על	1 1 1 1112
ט291202	לפני יהוה פתח אהל מועד / ולקחת	מדם	הפר ונתתה על- קרנת המזבח באצבעך	2 7 1 1 1112
ט301007	וכפר אהרן על- קרנתיו אחת בשנה	מדם	חטאת הכפרים אחת בשנה יכפר עליו	2 7 1 1 1112
ט342505	פעמים בשנה / לא- תשחט על- חמץ	דם-	זבחי ולא- ילין לבקר זבח חג	1 1 1 1112
ט291606	האיל / ושחטת את- האיל ולקחת את-	דמו	וזרקת על- המזבח סביב / ואת- האיל	2 4 1 1 1113
ט292005	ראש האיל / ושחטת את- האיל ולקחת	מדמו	ונתתה על- תנוך אזן אהרן ועל	3 7 4 1 1 1113
ט042513	בנה ותגע לרגליו ותאמר כי חתן-	דמים	אתה לי / וירף ממנו אז אמרה	2 3 1 1115
ט042606	לי / וירף ממנו אז אמרה חתן	דמים	למולת / ויאמר יהוה אל- אהרן לך	2 3 1 1115
ט220109	ימצא הגנב והכה ומת אין לו	דמים	/ אם- זרחה השמש עליו דמים לו	2 3 1 1115
ט220205	לו דמים / אם- זרחה השמש עליו	דמים	לו שלם ישלם אם- אין לו	2 3 1 1115
	--*-*-*-*-*-*-*-*-*-*-*-*	דמם	*-*-*-*-*-*-*-*-*-*-*-*-*-*	
ט151607	תפל עליהם אימתה ופחד בגדל זרועך	ידמו	כאבן עד- יעבר עמך יהוה עד-	3 3 1 3121
	--*-*-*-*-*-*-*-*-*-*-*-*	דמע	*-*-*-*-*-*-*-*-*-*-*-*-*-*	
ט222802	תקלל ונשיא בעמך לא תאר / מלאתך	ודמעך	לא תאחר בכור בניך תתן- לי	4 1 2 1 1 1113
	--*-*-*-*-*-*-*-*-*-*-*-*	דן	*-*-*-*-*-*-*-*-*-*-*-*-*-*	
ט010401	שמעון לוי ויהודה / יששכר זבולן ובנימן /	דן	ונפתלי גד ואשר / ויהי כל- נפש	1 1 122
ט310610	אתו את אהליאב בן- אחיסמך למטה-	דן	ובלב כל- חכם- לב נתתי חכמה	1 1 122
ט353409	בלבו הוא ואהליאב בן- אחיסמך למטה-	דן	/ מלא אתם חכמה- לב לעשות כל-	1 1 122
ט382306	משה / ואתו אהליאב בן- אחיסמך למטה-	דן	חרש וחשב ורקם בתכלת ובארגמן ובתולעת	1 1 122
	--*-*-*-*-*-*-*-*-*-*-*-*	דעת	*-*-*-*-*-*-*-*-*-*-*-*-*-*	
ט310307	ואמלא אתו רוח אלהים בחכמה ובתבונה	ובדעת	ובכל מלאכה / לחשב מחשבת לעשות בזהב	4 41 1 2 1121
ט353107	וימלא אתו רוח אלהים בחכמה בתבונה	ובדעת	ובכל- מלאכה / ולחשב מחשבת לעשת בזהב	4 41 1 2 1121
	--*-*-*-*-*-*-*-*-*-*-*-*	דק	*-*-*-*-*-*-*-*-*-*-*-*-*-*	
ט161408	שכבת הטל והנה על- פני המדבר	דק	מחספס דק ככפר על- הארץ / ויראו	1 1 1 1111
ט161410	והנה על- פני המדבר דק מחספס	דק	ככפר על- הארץ / ויראו בני- ישראל	1 1 1 1111

/ = סוף פסוק // = סוף פרק ג = מין # = מספר כ = כינוי דבור קס = קידומות וסיומות ה = מספר ההברות

אזכור		מלה		צופן	ג	#	כ	קס	ה
		דק							
ט322011	עשו וישרף באש ויטחן עד אשר-	דק	ויזר על- פני המים וישק את-	3111	1	1			1
		דרור							
ט302307	ואתה קח- לך בשמים ראש מר-	דרור	המש מאות וקנמן- בשם מחציתו חמשים	1111	1	1			2
		דרך							
ט042402	אנכי הרג את- בנך בכרך / ויהי	בדרך	במלון ויפגשהו יהוה ויבקש המיתו / ותקח	1121	2	1		24	3
ט132108	הלך לפניהם יומם בעמוד ענן לנחתם	הדרך	ולילה בעמוד אש להאיר להם ללכת	1121	2	1		2	3
ט180819	ישראל את כל- התלאה אשר מצאתם	בדרך	ויצלם יהוה / ויחד יתרו על כל-	1121	2	1		24	3
ט182010	החקים ואת- התורת והודעת להם את-	הדרך	ילכו בה ואת המעשה אשר יעשון	1121	2	1		2	3
ט232007	הנה אנכי שלח מלאך לפניך לשמרך	בדרך	ולהביאך אל- המקום אשר הכנתי / השמר	1121	2	1		24	3
ט320804	העלוך מארץ מצרים / סרו מהר מן-	הדרך	אשר צויתם עשו להם עגל מסכה	1121	2	1		2	3
ט330317	עם- קשה- ערף אתה פן אכלך	בדרך	/ וישמע העם את- הדבר הרע הזה	1121	2	1		24	3
ט031820	העבריים נקרה עלינו ועתה נלכה- נא	דרך	שלשת ימים במדבר ונזבחה ליהוה אלהינו	1122	2	1			2
ט050308	אלהי העברים נקרא עלינו נלכה נא	דרך	שלשת ימים במדבר ונזבחה ליהוה אלהינו	1122	2	1			2
ט082301	את- תועבת מצרים לעיניהם ולא יסקלנו /	דרך	שלשת ימים נלך במדבר וזבחנו ליהוה	1122	2	1			2
ט131709	פרעה את- העם ולא- נחם אלהים	דרך	ארץ פלשתים כי קרוב הוא כי	1122	2	1			2
ט131805	ושבו מצרימה / ויסב אלהים את- העם	דרך	המדבר ים- סוף וחמשים עלו בני	1122	2	1			2
ט331310	מצאתי חן בעיניך הודעני נא את-	דרכך	ואדעך למען אמצא- חן בעיניך וראה	1127	2	3	2		4
		דרש							
ט181508	משה לחתנו כי- יבא אלי העם	לדרש	אלהים / כי- יהיה להם דבר בא	3154				6	3
		דשן							
ט270303	קרנתיו וצפית אתו נחשת / ועשית סירתיו	לדשנו	ויעיו ומזרקתיו ומזלגתיו ומחתתיו לכל- כליו	3354			4	6	4
		האזין							
ט152611	לקול יהוה אלהיך והישר בעיניו תעשה	והאזנת	למצותיו ושמרת כל- חקיו כל- המחלה	3611	1	1		1	5
		האיר							
ט253708	את- נרתיה שבעה והעלה את- נרתיה	והאיר	על- עבר פניה / ומלקחיה ומחתתיה זהב	3611	1	1		1	3
ט142011	ובין מחנה ישראל ויהי הענן והחשך	ויאר	את- הלילה ולא- קרב זה אל-	3621	1	1		1	3
ט132112	ענן לנחתם הדרך ולילה בעמוד אש	להאיר	להם ללכת יומם ולילה / לא- ימיש	3354				6	3
		האכיל							
ט163218	לדרתיכם למען יראו את- הלחם אשר	האכלתי	אתכם במדבר בהוציאי אתכם מארץ מצרים	3611	1	1			4
		האמין							
ט040811	לך ולא ישמעו לקל האת הראשון	והאמינו	לקל האת האחרון / והיה אם- לא	3611	1	3		1	5
ט043101	אל- משה ויעש האתת לעיני העם /	ויאמן	העם וישמעו כי- פקד יהוה את-	3611	1	1		*	4
ט040106	מצרים // ויען משה ויאמר והן לא-	יאמינו	לי ולא ישמעו בקלי כי יאמרו	3621	1	3			4
ט040502	ויחזק בו ויהי למטה בכפו / למען	יאמינו	כי- נראה אליך יהוה אלהי אבתם	3621	1	3			4
ט040804	והנה- שבה כבשרו / והיה אם- לא	יאמינו	לך ולא ישמעו לקל האת הראשון	3621	1	3			4
ט040904	לקל האת האחרון / והיה אם- לא	יאמינו	גם לשני האתות האלה ולא ישמעון	3621	1	3			4
ט143114	יהוה במצרים וייראו העם את יהוה	ויאמינו	ביהוה ובמשה עבדו // אז ישיר- משה	3621	1	3		*	5
ט190918	ישמע העם בדברי עמך וגם- בך	יאמינו	לעולם ויגד משה את- דברי העם	3621	1	3			4
		האריך							
ט201207	כבד את- אביך ואת- אמך למען	יארכון	ימיך על האדמה אשר- יהוה אלהיך	3621	1	3		0	4
		הב							
ט011001	עם בני ישראל רב ועצום ממנו /	הבה	נתחכמה לו פן ירבה והיה כי-	314	1	1		9	2

אזכור		מלה		צורן	ג	#	כ	קס	ה
	--*-*-*-*-*-*-*-*-*-*-*-*-*-*-*-*	הבאיש	*-*-*-*-*-*-*-*-*-*-*-*-*-*-*-*-*-*						
ט052108	אלהם ירא יהוה עליכם וישפט אשר	הבאשתם	את- ריחנו בעיני פרעה ובעיני עבדיו	3611	1	3			3
ט162409	עד- הבקר כאשר צוה משה ולא	הבאיש	ורמה לא- היתה בו / ויאמר משה	3611	1	1			2
	--*-*-*-*-*-*-*-*-*-*-*-*-*-*-*-*	הבדיל	*-*-*-*-*-*-*-*-*-*-*-*-*-*-*-*-*-*						
ט263313	שמה מבית לפרכת את ארון העדות	והבדילה	הפרכת לכם בין הקדש ובין קדש	3612	2	1		1	4
	--*-*-*-*-*-*-*-*-*-*-*-*-*-*-*-*	הביא	*-*-*-*-*-*-*-*-*-*-*-*-*-*-*-*-*-*						
ט060801	אלהיכם המוציא אתכם מתחת סבלות מצרים /	והבאתי	אתכם אל- הארץ אשר נשאתי את-	3611	1	1		1	4
ט181913	עמך היה אתה לעם מול האלהים	והבאת	אתה את- הדברים אל- האלהים / והזהרתה	3611	1	1		1	4
ט232305	את- צרריך / כי- ילך מלאכי לפניך	והביאך	אל- האמרי והחתי והפרזי והכנעני החוי	3611	1	1	2	1	5
ט251401	בדי עצי שטים וצפית אתם זהב /	והבאת	את- הבדים בטבעת על צלעת הארן	3611	1	1		1	4
ט261105	החברת השנית / ועשית קרסי נחשת חמשים	והבאת	את- הקרסים בללאת וחברת את- האהל	3611	1	1		1	4
ט263306	כסף / ונתתה את- הפרכת תחת הקרסים	והבאת	שמה מבית לפרכת את ארון העדות	3611	1	1		1	4
ט322111	מה- עשה לך העם הזה כי-	הבאת	עליו חטאה גדלה / ויאמר אהרן אל-	3611	1	1			3
ט352112	לבו וכל אשר נדבה רוחו אתו	הביאו	את- תרומת יהוה למלאכת אהל מועד	3611	1	3			3
ט352208	האנשים על- הנשים כל נדיב לב	הביאו	חח ונזם וטבעת וכומז כל- כלי	3611	1	3			3
ט352317	ועזים וערת אילם מאדמים וערת תחשים	הביאו	/ כל- מרים תרומת כסף ונחשת הביאו	3611	1	3			3
ט352406	הביאו / כל- מרים תרומת כסף ונחשת	הביאו	את תרומת יהוה וכל אשר נמצא	3611	1	3			3
ט352419	אתו עצי שטים לכל- מלאכת העבדה	הביאו	/ וכל- אשה חכמת לב בידיה טוו	3611	1	3			3
ט352702	אתנה בחכמה טוו את- העזים / והנשאם	הביאו	את אבני השהם ואת אבני המלאים	3611	1	3			3
ט352917	אשר צוה יהוה לעשות ביד- משה	הביאו	בני- ישראל נדבה ליהוה / ויאמר משה	3611	1	3			3
ט360308	מלפני משה את כל- התרומה אשר	הביאו	בני ישראל למלאכת עבדת הקדש לעשת	3611	1	3			3
ט360317	למלאכת עבדת הקדש לעשת אתה והם	הביאו	אליו עוד נדבה בבקר בבקר / ויבאו	3611	1	3			3
ט400411	העדות וסכת על- הארן את- הפרכת /	והבאת	את- השלחן וערכת את- ערכו והבאת	3611	1	1		1	4
ט400417	והבאת את- השלחן וערכת את- ערכו	והבאת	את- המנרה והעלית את- נרתיה / ונתתה	3611	1	1		1	4
ט040609	לו עוד הבא- נא ידך בחיקך	ויבא	ידו בחיקו ויוצאה והנה ידו מצרעת	3621	1	1		*	3
ט110108	יהוה אל- משה עוד נגע אחד	אביא	על- פרעה ועל- מצרים אחרי- כן	3621	1	1			2
ט130503	אתם יצאים בחדש האביב / והיה כי-	יביאך	יהוה אל- ארץ הכנעני והחתי והאמרי	3621	1	1	2		4
ט131103	הזאת למועדה מימים ימימה / והיה כי-	יבאך	יהוה אל- ארץ הכנעני כאשר נשבע	3621	1	1	2		4
ט151701	יהוה עד- יעבר עם- זו קנית /	תבאמו	והטעמו בהר נחלתך מכון לשבתך פעלת	3621	1	1	9	0	4
ט160507	והיה ביום הששי והכינו את אשר-	יביאו	והיה משנה על אשר- ילקטו יום	3621	1	3			3
ט182210	בכל- עת והיה כל- הדבר הגדל	יביאו	אליך וכל- הדבר הקטן ישפטו- הם	3621	1	3			3
ט182609	העם בכל- עת את- הדבר הקשה	יביאון	אל- משה וכל- הדבר הקטן ישפוטו	3621	1	3		0	3
ט190411	למצרים ואשא אתכם על- כנפי נשרים	ואבא	אתכם אלי / ועתה אם- שמוע תשמעו	3621	1	1		*	3
ט221204	מעמו ישלם לבעליו / אם- טרף יטרף	יבאהו	עד הטרפה לא ישלם / וכי- ישאל	3621	1	1	4		4
ט231904	חגי עד- בקר / ראשית בכורי אדמתך	תביא	בית יהוה אלהיך לא- תבשל גדי	3621	1	1			2
ט320309	העם את- נזמי הזהב אשר באזניהם	ויביאו	אל- אהרן / ויקח מידם ויצר אתו	3621	1	3		*	4
ט342604	זבח חג הפסח / ראשית בכורי אדמתך	תביא	בית יהוה אלהיך לא- תבשל גדי	3621	1	1			2
ט350508	מאתכם תרומה ליהוה כל נדיב לבו	יביאה	את תרומת יהוה זהב וכסף ונחשת	3621	1	1	5		4
ט352507	וכל- אשה חכמת לב בידיה טוו	ויביאו	מטוה את- התכלת ואת- הארגמן את-	3621	1	3		*	4
ט370501	בדי עצי שטים ויצף אתם זהב /	ויבא	את- הבדים בטבעת על צלעת הארן	3621	1	1		*	3
ט380701	הבדים עצי שטים ויצף אתם נחשת /	ויבא	את- הבדים בטבעת על צלעת המזבח	3621	1	1		*	3
ט393301	צוה יהוה את- משה כן עשו /	ויביאו	את- המשכן אל- משה את- האהל	3621	1	3		*	4
ט402101	ויתן את- הכפרת על- הארן מלמעלה /	ויבא	את- הארן אל- המשכן וישם את	3621	1	1		*	3
ט021003	ותקח האשה הילד ותניקהו / ויגדל הילד	ותבאהו	לבת- פרעה ויהי- לה לבן ותקרא	3622	2	1	4	*	5
ט100409	מאן אתה לשלח את- עמי הנני	מביא	מחר ארבה בגבלך / וכסה את- עין	3631	1	1			2
ט040605	ואלהי יעקב / ויאמר יהוה לו עוד	הבא-	נא ידך בחיקך ויבא ידו בחיקו	364	1	1			2
ט320212	הזהב אשר באזני נשיכם בניכם ובנתיכם	והביאו	אלי / ויתפרקו כל- העם את- נזמי	364	1	3		1	4
ט360617	עוד מלאכה לתרומת הקדש ויכלא העם	מהביא	/ והמלאכה היתה דים לכל- המלאכה לעשות	3651				7	3
ט232008	אנכי שלח מלאך לפניך לשמרך בדרך	ולהביאך	אל- המקום אשר הכנתי / השמר מפניו	3654			2	61	6
ט352908	איש ואשה אשר נדב לבם אתם	להביא	לכל- המלאכה אשר צוה יהוה לעשות	3654				6	3
ט360507	ויאמרו אל- משה לאמר מרבים העם	להביא	מדי העבדה למלאכה אשר- צוה יהוה	3654				6	3

/ = סוף פסוק   // = סוף פרק   ג = מין   # = מספר   כ = כינוי חבור   קס = קידומות וסיומות   ה = מספר ההברות

אזכור		מלה		צופן	ג	#	כ	קס	ה
		הביט							
ט330813	כל- העם ונצבו איש פתח אהלו	והביטו	אחרי משה עד- באו האהלה / והיה	3611	1	3		1	4
ט030616	יעקב ויסתר משה פניו כי ירא	מהביט	אל- האלהים / ויאמר יהוה ראה ראיתי	3651				7	3
		הבעיר							
ט220514	או הקמה או השדה שלם ישלם	המבער	את- הבערה / כי- יתן איש אל-	3631	1	1		2	3
		הבעיר							
ט220402	עד- שה חיים שנים ישלם / כי	יבער-	איש שדה או- כרם ושלח את-	3621	1	1			2
		הבריח							
ט262805	לירכתים ימה / והבריח התיכן בתוך הקרשים	מברח	מן- הקצה אל- הקצה / ואת- הקרשים	3631	1	1			3
		הגביל							
ט191201	לעיני כל- העם על- הר סיני /	והגבלת	את- העם סביב לאמר השמרו לכם	3611	1	1		1	4
ט192317	סיני כי- אתה העדתה בנו לאמר	הגבל	את- ההר וקדשתו / ויאמר אליו יהוה	364	1	1			2
		הגד							
ט140501	מצרים כי- אני יהוה ויעשו כן /	ויגד	למלך מצרים כי ברח העם ויהפך	3721	1	1		*	3
		הגיד							
ט130801	ולא- יראה לך שאר בכל- גבלך /	והגדת	לבנך ביום ההוא לאמר בעבור זה	3611	1	1		1	4
ט042801	וילך ויפגשהו בהר האלהים וישק- לו /	ויגד	משה לאהרן את כל- דברי יהוה	3621	1	1		*	3
ט162214	העמר לאחד ויבאו כל- נשיאי העדה	ויגידו	למשה / ויאמר אלהם הוא אשר דבר	3621	1	3		*	4
ט190315	ההר לאמר כה תאמר לבית יעקב	ותגיד	לבני ישראל / אתם ראיתם אשר עשיתי	3621	1	1		1	3
ט190920	בדברי עמך וגם- בך יאמינו לעולם	ויגד	משה את- דברי העם אל- יהוה	3621	1	1		*	3
		הגיע							
ט122208	אגדת אזוב וטבלתם בדם אשר- בסף	והגעתם	אל- המשקוף ואל- שתי המזוזת מן-	3611	1	3		1	4
		הגיש							
ט210601	אשתי ואת- בני לא אצא חפשי /	והגישו	אדניו אל- האלהים והגישו אל- הדלת	3611	1	1	4	1	4
ט210605	אצא חפשי / והגישו אדניו אל- האלהים	והגישו	אל- הדלת או אל- המזוזה ורצע	3611	1	1	4	1	4
ט320605	ליהוה מחר / וישכימו ממחרת ויעלו עלת	ויגשו	שלמים וישב העם לאכל ושתו ויקמו	3621	1	3		*	4
		הדק							
ט303603	רוקח ממלח טהור קדש / ושחקת ממנה	הדק	ונתתה ממנה לפני העדת באהל מועד	3651					2
		הדר							
ט230303	לנטת אחרי רבים להטת / ודל לא	תהדר	בריבו / כי תפגע שור איבך או	3121	1	1			2
		ההוא							
ט010607	וימת יוסף וכל אחיו וכל הדור	ההוא	/ ובני ישראל פרו וישרצו וירבו ויעצמו	62	1	1		2	2
ט050604	והשבתם אתם מסבלתם / ויצו פרעה ביום	ההוא	את- הנגשים בעם ואת- שטריו לאמר	62	1	1		2	2
ט081803	האדמה אשר- הם עליה / והפליתי ביום	ההוא	את- ארץ גשן אשר עמי עמד	62	1	1		2	2
ט101315	נהג רוח- קדים בארץ כל- היום	ההוא	וכל- הלילה הבקר היה ורוח הקדים	62	1	1		2	2
ט130804	שאר בכל- גבלך / והגדת לבנך ביום	ההוא	לאמר בעבור זה עשה יהוה לי	62	1	1		2	2
ט143004	חמה מימינם ומשמאלם / ויושע יהוה ביום	ההוא	את- ישראל מיד מצרים וירא ישראל	62	1	1		2	2
ט322810	כדבר משה ויפל מן- העם ביום	ההוא	כשלשת אלפי איש / ויאמר משה מלאו	62	1	1		2	2
ט340319	והבקר אל- ירעו אל- מול ההר	ההוא	/ ויפסל שני לחת אבנים כראשנים וישכם	62	1	1		2	2
		ההיא							
ט030808	להצילו מיד מצרים ולהעלתו מן- הארץ	ההוא	אל- ארץ טובה ורחבה אל- ארץ	62	2	1		2	2
ט121517	כי כל- אכל חמץ ונכרתה הנפש	ההוא	מישראל מיום הראשן עד- יום השבעי	62	2	1		2	2

/ = סוף פסוק   // = סוף פרק   ג = מין   # = מספר   כ = כינוי רבור   קס = קידומות וסיומות   ה = מספר ההברות

אזכור		מלה		צופן	ג	#	כ	קס	ה
ט121913	כי כל אכל מחמצת ונכרתה הנפש	ההוא	מעדת ישראל בגר ובאזרח הארץ / כל-	62	2	1		2	2
ט311418	כל- העשה בה מלאכה ונכרתה הנפש	ההוא	מקרב עמיה / ששת ימים יעשה מלאכה	62	2	1		2	2
	-	ההם	*-*						
ט021103	כי מן- המים משיתהו / ויהי בימים	ההם	ויגדל משה ויצא אל אחיו וירא	62	1	3		2	2
ט022304	הייתי בארץ נכריה / ויהי בימים הרבים	ההם	וימת מלך מצרים ויאנחו בני- ישראל	62	1	3		2	2
	-	הוא	*-*						
ט011012	והיה כי- תקראנה מלחמה ונוסף גם-	הוא	על- שנאינו ונלחם- בנו ועלה מן-	61	1	1			1
ט011610	העברית וראיתן על- האבנים אם- בן	הוא	והמתן אתו ואם בת הוא וחיה	61	1	1			1
ט020209	ותלד בן ותרא אתו כי- טוב	הוא	ותצפנהו שלשה ירחים / ולא- יכלה עוד	61	1	1			1
ט030517	אשר אתה עומד עליו אדמת- קדש	הוא	/ ויאמר אנכי אלהי אביך אלהי אברהם	61	1	1			1
ט041414	אחיך הלוי ידעתי כי- דבר ידבר	הוא	וגם הנה- הוא יצא לקראתך וראך	61	1	1			1
ט041417	כי- דבר ידבר הוא וגם הנה-	הוא	יצא לקראתך וראך ושמח בלבו / ודברת	61	1	1			1
ט041602	והוריתי אתכם את אשר תעשון / ודבר-	הוא	לך אל- העם והיה הוא יהיה-	61	1	1			1
ט041607	ודבר- הוא לך אל- העם והיה	הוא	יהיה- לך לפה ואתה תהיה- לו	61	1	1			1
ט062601	פינחס אלה ראשי אבות הלוים למשפחתם /	הוא	אהרן ומשה אשר אמר יהוה להם	61	1	1			1
ט062712	מצרים להוציא את- בני- ישראל ממצרים	הוא	משה ואהרן / ויהי ביום דבר יהוה	61	1	1			1
ט093412	והברד והקלת ויסף לחטא ויכבד לבו	הוא	ועבדיו / ויחזק לב פרעה ולא שלח	61	1	1			1
ט120207	החדש הזה לכם ראש חדשים ראשון	הוא	לכם לחדשי השנה / דברו אל- כל-	61	1	1			1
ט120407	ואם- ימעט הבית מהיות משה ולקח	הוא	ושכנו הקרב אל- ביתו במכסת נפשת	61	1	1			1
ט121114	ומקלכם בידכם ואכלתם אתו בחפזון פסח	הוא	ליהוה / ועברתי בארץ- מצרים בלילה הזה	61	1	1			1
ט121621	בהם אך אשר יאכל לכל- נפש	הוא	לבדו יעשה לכם / ושמרתם את- המצות	61	1	1			1
ט122704	העבדה הזאת לכם / ואמרתם זבח- פסח	הוא	ליהוה אשר פסח על- בתי בני-	61	1	1			1
ט123004	וכל בכור בהמה / ויקם פרעה לילה	הוא	וכל- עבדיו וכל- מצרים ותהי צעקה	61	1	1			1
ט124203	צבאות יהוה מארץ מצרים / ליל שמרים	הוא	ליהוה להוציאם מארץ מצרים הוא- הלילה	61	1	1			1
ט124208	שמרים הוא ליהוה להוציאם מארץ מצרים	הוא-	הלילה הזה ליהוה שמרים לכל- בני	61	1	1			1
ט130213	רחם בבני ישראל באדם ובבהמה לי	הוא	/ ויאמר משה אל- העם זכור את-	61	1	1			1
ט131714	אלהים דרך ארץ פלשתים כי קרוב	הוא	כי אמר אלהים פן- ינחם העם	61	1	1			1
ט161509	ישראל ויאמרו איש אל- אחיו מן	הוא	כי לא ידעו מה- הוא ויאמר	61	1	1			1
ט161514	מן הוא כי לא ידעו מה-	הוא	ויאמר משה אלהם הוא הלחם אשר	61	1	1			1
ט161518	ידעו מה- הוא ויאמר משה אלהם	הוא	הלחם אשר נתן יהוה לכם לאכלה	61	1	1			1
ט162303	נשיאי העדה ויגידו למשה / ויאמר אלהם	הוא	אשר דבר יהוה שבתון שבת- קדש	61	1	1			1
ט162909	יהוה נתן לכם השבת על- כן	הוא	נתן לכם ביום הששי לחם יומים	61	1	1			1
ט163107	ויקראו בית- ישראל את- שמו מן	והוא	כזרע גד לבן וטעמו כצפיחת בדבש	61	1	1		1	2
ט163604	קצה ארץ כנען / והעמר עשרית האפה	הוא	// ויסעו כל- עדת בני- ישראל ממדבר-	61	1	1			1
ט180512	ואשתו אל- משה אל המדבר אשר-	הוא	חנה שם הר האלהים / ויאמר אל-	61	1	1			1
ט181407	וירא חתן משה את כל- אשר-	הוא	עשה לעם ויאמר מה- הדבר הזה	61	1	1			1
ט210309	יבא בגפו יצא אם- בעל אשה	הוא	ויצאה אשתו עמו / אם- אדניו יתן-	61	1	1			1
ט210415	או בנות האשה וילדיה תהיה לאדניה	והוא	יצא בגפו / ואם- אמר יאמר העבד	61	1	1		1	2
ט212111	יומים יעמד לא יקם כי כספו	הוא	/ וכי- ינצו אנשים ונגפו אשה הרה	61	1	1			1
ט212904	ובעל השור נקי / ואם שור נגח	הוא	מתמל שלשם והועד בבעליו ולא ישמרנו	61	1	1			1
ט213606	יתצון / או נודע כי שור נגח	הוא	מתמול שלשם ולא ישמרנו בעליו שלם	61	1	1			1
ט220819	על- כל- אבדה אשר יאמר כי-	הוא	זה עד האלהים יבא דבר- שניהם	61	1	1			1
ט221408	בעליו עמו לא ישלם אם- שכיר	הוא	בא בשכרו / וכי- יפתה איש בתולה	61	1	1			1
ט291413	פרשו תשרף באש מחוץ למחנה חטאת	הוא	/ ואת- האיל האחד תקח וסמכו אהרן	61	1	1			1
ט291807	והקטרת את- כל- האיל המזבחה עלה	הוא	ליהוה ריח ניחוח אשה ליהוה הוא	61	1	1			1
ט291813	הוא ליהוה ריח ניחוח אשה ליהוה	הוא	/ ולקחת את האיל השני וסמך אהרן	61	1	1			1
ט292121	בניו ועל- בגדי בניו אתו וקדש	הוא	ובגדיו ובניו ובגדי בניו אתו / ולקחת	61	1	1			1
ט292227	ואת שוק הימין כי איל מלאים	הוא	/ וככר לחם אחת וחלת לחם שמן	61	1	1			1
ט292513	העלה לריח ניחוח לפני יהוה אשה	הוא	ליהוה / ולקחת את- החזה מאיל המלאים	61	1	1			1
ט292811	עולם מאת בני ישראל כי תרומה	הוא	ותרומה יהיה מאת בני- ישראל מזבחי	61	1	1			1
ט293417	הנותר באש לא יאכל כי- קדש	הוא	/ ועשית לאהרן ולבניו ככה ככל אשר-	61	1	1			1
ט301017	בשנה יכפר עליו לדרתיכם קדש קדשים	הוא	ליהוה / וידבר יהוה אל- משה לאמר	61	1	1			1

/ = סוף פסוק   // = סוף פרק   ג = מין   # = מספר   כ = כינוי חבור   קס = קידומות וסיומות   ה = מספר ההברות

אזכור		מלה		צופן	ג	#	כ	קס	ה
ט303211	ייסך ובמתכנתו לא תעשו כמהו קדש	הוא	קדש יהיה לכם / איש אשר ירקח	61	1	1			1
ט320913	העם הזה והנה עם- קשה- ערף	הוא	/ ועתה הניחה לי ויחר- אפי בהם	61	1	1			1
ט321608	מעשה אלהים המה והמכתב מכתב אלהים	הוא	חרות על- הלחת / וישמע יהושע את-	61	1	1			1
ט322213	אתה ידעת את- העם כי ברע	הוא	/ ויאמרו לי עשה- לנו אלהים אשר	61	1	1			1
ט322507	וירא משה את- העם כי פרע	הוא	כי- פרעה אהרן לשמצה בקמיהם / ויעמד	61	1	1			1
ט340916	אדני בקרבנו כי עם- קשה- ערף	הוא	וסלחת לעוננו ולחטאתנו ונחלתנו / ויאמר הנה	61	1	1			1
ט341029	בקרבו את- מעשה יהוה כי- נורא	הוא	אשר אני עשה עמך / שמר- לך	61	1	1			1
ט341412	כי יהוה קנא שמו אל קנא	הוא	/ פן- תכרת ברית ליושב הארץ וזנו	61	1	1			1
ט353404	בכל- מלאכת מחשבת / ולהורת נתן בלבו	הוא	ואהליאב בן- אחיסמך למטה- דן / מלא	61	1	1			1
ט390506	חבר / וחשב אפדתו אשר עליו ממנו	הוא	כמעשהו זהב תכלת וארגמן ותולעת שני	61	1	1			1
	--*-*-*-*-*-*-*-*-*-*-*-*-*-*-*-*-*-*	הואיל	*-*-*-*-*-*-*-*-*-*-*-*-*-*-*-*-*-*-*-*						
ט022101	את- האיש קראן לו ויאכל לחם /	ויואל	משה לשבת את- האיש ויתן את-	3621	1	1		*	3
	--*-*-*-*-*-*-*-*-*-*-*-*-*-*-*-*-*-*	הובא	*-*-*-*-*-*-*-*-*-*-*-*-*-*-*-*-*-*-*-*						
ט270701	בדי עצי שטים וצפית אתם נחשת /	והובא	את- בדיו בטבעת והיו הבדים על-	3711	1	1		1	3
	--*-*-*-*-*-*-*-*-*-*-*-*-*-*-*-*-*-*	הודיע	*-*-*-*-*-*-*-*-*-*-*-*-*-*-*-*-*-*-*-*						
ט181612	אלי ושפטתי בין איש ובין רעהו	והודעתי	את- חקי האלהים ואת- תורתיו / ויאמר	3611	1	1		1	4
ט182007	והזהרתה אתהם את- החקים ואת- התורת	והודעת	להם את- הדרך ילכו בה ואת	3611	1	1		1	4
ט331215	העל את- העם הזה ואתה לא	הודעתני	את אשר- תשלח עמי ואתה אמרת	3611	1	1	1		4
ט331307	ועתה אם- נא מצאתי חן בעיניך	הודעני	נא את- דרכך ואדעך למען אמצא-	364	1	1	1		4
	--*-*-*-*-*-*-*-*-*-*-*-*-*-*-*-*-*-*	הוליך	*-*-*-*-*-*-*-*-*-*-*-*-*-*-*-*-*-*-*-*						
ט142107	ויט משה את- ידו על- הים	ויולך	יהוה את- הים ברוח קדים עזה	3621	1	1		*	3
ט020905	אם הילד / ותאמר לה בת- פרעה	היליכי	את- הילד הזה והינקהו לי ואני	364	2	1			3
	--*-*-*-*-*-*-*-*-*-*-*-*-*-*-*-*-*-*	הומת	*-*-*-*-*-*-*-*-*-*-*-*-*-*-*-*-*-*-*-*						
ט191216	ונגע בקצהו כל- הנגע בהר מות	יומת	/ לא- תגע בו יד כי- סקול	3721	1	1			2
ט211205	אין כסף / מכה איש ומת מות	יומת	/ ואשר לא צדה והאלהים אנה לידו	3721	1	1			2
ט211505	תקחנו למות / ומכה אביו ואמו מות	יומת	/ וגנב איש ומכרו ונמצא בידו מות	3721	1	1			2
ט211607	וגנב איש ומכרו ונמצא בידו מות	יומת	/ ומקלל אביו ואמו מות יומת / וכי-	3721	1	1			2
ט211705	מות יומת / ומקלל אביו ואמו מות	יומת	/ וכי- יריבן אנשים והכה- איש את-	3721	1	1			2
ט212919	או אשה השור יסקל וגם- בעליו	יומת	/ אם- כפר יושת עליו ונתן פדין	3721	1	1			2
ט221806	תחיה / כל- שכב עם- בהמה מות	יומת	/ זבח לאלהים יחרם בלתי ליהוה לבדו	3721	1	1			2
ט311410	כי קדש הוא לכם מחלליה מות	יומת	כי כל- העשה בה מלאכה ונכרתה	3721	1	1			2
ט311517	כל- העשה מלאכה ביום השבת מות	יומת	/ ושמרו בני- ישראל את השבת לעשות	3721	1	1			2
ט350217	שבתון ליהוה כל- העשה בו מלאכה	יומת	/ לא- תבערו אש בכל משבתיכם ביום	3721	1	1			2
	--*-*-*-*-*-*-*-*-*-*-*-*-*-*-*-*-*-*	הונה	*-*-*-*-*-*-*-*-*-*-*-*-*-*-*-*-*-*-*-*						
ט222003	יחרם בלתי ליהוה לבדו / וגר לא-	תונה	ולא תלחצנו כי- גרים הייתם בארץ	3621	1	1			2
	--*-*-*-*-*-*-*-*-*-*-*-*-*-*-*-*-*-*	הונף	*-*-*-*-*-*-*-*-*-*-*-*-*-*-*-*-*-*-*-*						
ט292709	חזה התנופה ואת שוק התרומה אשר	הונף	ואשר הורם מאיל המלאים מאשר לאהרן	3711	1	1			2
	--*-*-*-*-*-*-*-*-*-*-*-*-*-*-*-*-*-*	הוסב	*-*-*-*-*-*-*-*-*-*-*-*-*-*-*-*-*-*-*-*						
ט281114	שתי האבנים על- שמת בני ישראל	מסבת	משבצות זהב תעשה אתם / ושמת את-	3732	2	3			3
ט390605	את- משה / ויעשו את- אבני השהם	מסבת	משבצת זהב מפתחת פתוחי חותם על-	3732	2	3			3
ט391306	ואחלמה / והטור הרביעי תרשיש שהם וישפה	מוסבת	משבצת זהב במלאתם / והאבנים על- שמת	3732	2	3			3
	--*-*-*-*-*-*-*-*-*-*-*-*-*-*-*-*-*-*	הוסיף	*-*-*-*-*-*-*-*-*-*-*-*-*-*-*-*-*-*-*-*						
ט050702	הנגשים בעם ואת- שטריו לאמר / לא	תאספון	לתת תבן לעם ללבן הלבנים כתמול	3621	1	3		0	3
ט082518	מפרעה מעבדיו ומעמו מחר רק אל-	יסף	פרעה התל לבלתי שלח את- העם	3621	1	1			2
ט092812	קלת אלהים וברד ואשלחה אתכם ולא	תספון	לעמד / ויאמר אליו משה כצאתי את-	3621	1	3		0	3

/ = סוף פסוק   // = סוף פרק   ג = מין   # = מספר   כ = כינוי חבור   קס = קידומות וסיומות   ה = מספר ההברות

אזכור		מלה		צופן	ג	#	כ	קס	ה
ט093408	פרעה כי חדל המטר והברד והקלת	ויסף	להטא ויכבד לבו הוא ועבדיו / ויחזק	3621	1	1		*	3
ט102809	פרעה לך מעלי השמר לך אל	תסף	ראות פני כי ביום ראתך פני	3621	1	1			2
ט102906	תמות / ויאמר משה כן דברת לא-	אסף	עוד ראות פניך // ויאמר יהוה אל-	3621	1	1			2
ט141323	אשר ראיתם את מצרים היום לא	תספו	לראתם עוד עד- עולם / יהוה ילחם	3621	1	3			3
ט110613	אשר כמהו לא נהיתה וכמהו לא	תסף	/ ולכל בני ישראל לא יחרץ- כלב	3622	2	1			2
	--*-*-*-*-*-*-*-*-*-*-*-*-*-*-*-*-*-*	הועד	*-*-*-*-*-*-*-*-*-*-*-*-*-*-*-*-*-*-*-*						
ט212907	ואם שור נגח הוא מתמל שלשם	והועד	בבעליו ולא ישמרנו והמית איש או	3711	1	1		1	3
	--*-*-*-*-*-*-*-*-*-*-*-*-*-*-*-*-*-*	הוציא	*-*-*-*-*-*-*-*-*-*-*-*-*-*-*-*-*-*-*-*						
ט060607	לכן אמר לבני- ישראל אני יהוה	והוצאתי	אתכם מתחת סבלת מצרים והצלתי אתכם	3611	1	1		1	4
ט070409	אלכם פרעה ונתתי את- ידי במצרים	והוצאתי	את- צבאתי את- עמי בני- ישראל	3611	1	1		1	4
ט070511	יהוה בנטתי את- ידי על- מצרים	והוצאתי	את- בני- ישראל מתוכם / ויעש משה	3611	1	1		1	4
ט121708	את- המצות כי בעצם היום הזה	הוצאתי	את- צבאותיכם מארץ מצרים ושמרתם את-	3611	1	1			3
ט123905	כבד מאד / ויאפו את- הבצק אשר	הוציאו	ממצרים עגת מצת כי לא חמץ	3611	1	3			3
ט125105	כן עשו / ויהי בעצם היום הזה	הוציא	יהוה את- בני ישראל מארץ מצרים	3611	1	1			2
ט130317	ממצרים מבית עבדים כי בחזק יד	הוציא	יהוה אתכם מזה ולא יאכל חמץ	3611	1	1			2
ט130917	תורת יהוה בפיך כי ביד חזקה	הוצאך	יהוה ממצרים / ושמרת את החקה הזאת	3611	1	1	2		4
ט131413	מה- זאת ואמרת אליו בחזק יד	הוציאנו	יהוה ממצרים מבית עבדים / ויהי כי-	3611	1	1	6		4
ט131611	ולטוטפת בין עיניך כי בחזק יד	הוציאנו	יהוה ממצרים / ויהי בשלח פרעה את-	3611	1	1	6		4
ט160320	סיר הבשר באכלנו לחם לשבע כי-	הוצאתם	אתנו אל- המדבר הזה להמית את-	3611	1	3			3
ט160612	בני ישראל ערב וידעתם כי יהוה	הוציא	אתכם מארץ מצרים / ובקר וראיתם את-	3611	1	1			2
ט180116	עשה אלהים למשה ולישראל עמו כי-	הוציא	יהוה את- ישראל ממצרים / ויקח יתרו	3611	1	1			2
ט200205	האלה לאמר / אנכי יהוה אלהיך אשר	הוצאתיך	מארץ מצרים מבית עבדים / לא- יהיה	3611	1	1	2		4
ט294607	וידעו כי אני יהוה אלהיהם אשר	הוצאתי	אתם מארץ מצרים לשכני בתוכם אני	3611	1	1			3
ט321114	למה יהוה יחרה אפך בעמך אשר	הוצאת	מארץ מצרים בכח גדול וביד חזקה	3611	1	1			3
ט321206	חזקה / למה יאמרו מצרים לאמר ברעה	הוציאם	להרג אתם בהרים ולכלתם מעל פני	3611	1	1	9		3
ט031112	אנכי כי אלך אל- פרעה וכי	אוציא	את- בני ישראל ממצרים / ויאמר כי-	3621	1	1			2
ט040612	נא ידך בחיקך ויבא ידו בחיקו	ויוצאה	והנה ידו מצרעת כשלג / ויאמר השב	3621	1	1	5	*	5
ט040710	אל- חיקך וישב ידו אל- חיקו	ויוצאה	מחיקו והנה- שבה כבשרו / והיה אם-	3621	1	1	5	*	5
ט124605	יאכל בו / בבית אחד יאכל לא-	תוציא	מן- הבית מן- הבשר חוצה ועצם	3621	1	1			2
ט191701	מאד ויחרד כל- העם אשר במחנה /	ויוצא	משה את- העם לקראת האלהים מן-	3621	1	1		*	3
ט060713	לאלהים וידעתם כי אני יהוה אלהיכם	המוציא	אתכם מתחת סבלות מצרים / והבאתי אתכם	3631	1	1		2	3
ט031006	אתם / ועתה לכה ואשלחך אל- פרעה	והוצא	את- עמי בני- ישראל ממצרים / ויאמר	364	1	1		2	3
ט062608	אהרן ומשה אשר אמר יהוה להם	הוציאו	את- בני ישראל מארץ מצרים על-	364	1	3			3
ט031211	וזה- לך האות כי אנכי שלחתיך	בהוציאך	את- העם ממצרים תעבדון את- האלהים	3653			2	4	5
ט124205	מארץ מצרים / ליל שמרים הוא ליהוה	להוציאם	מארץ מצרים הוא- הלילה הזה ליהוה	3653			9	6	4
ט141115	למות במדבר מה זאת עשית לנו	להוציאנו	ממצרים / הלא- זה הדבר אשר דברנו	3653			6	6	5
ט163221	את- הלחם אשר האכלתי אתכם במדבר	בהוציאי	אתכם מארץ מצרים / ויאמר משה אל-	3653			1	4	4
ט061315	בני ישראל ואל- פרעה מלך מצרים	להוציא	את- בני- ישראל מארץ מצרים / אלה	3654				6	3
ט062707	הם המדברים אל- פרעה מלך- מצרים	להוציא	את- בני- ישראל ממצרים הוא משה	3654				6	3
ט081405	ארץ מצרים / ויעשו- כן החרטמים בלטיהם	להוציא	את- הכנים ולא יכלו ותהי הכנם	3654				6	3
	--*-*-*-*-*-*-*-*-*-*-*-*-*-*-*-*-*-*	הוקם	*-*-*-*-*-*-*-*-*-*-*-*-*-*-*-*-*-*-*-*						
ט401708	בחדש הראשון בשנה השנית באחד לחדש	הוקם	המשכן / ויקם משה את- המשכן ויתן	3711	1	1			2
	--*-*-*-*-*-*-*-*-*-*-*-*-*-*-*-*-*-*	הורה	*-*-*-*-*-*-*-*-*-*-*-*-*-*-*-*-*-*-*-*						
ט041207	ועתה לך ואנכי אהיה עם- פיך	והוריתיך	אשר תדבר / ויאמר בי אדני שלח-	3611	1	1	2	1	5
ט041513	ואנכי אהיה עם- פיך ועם- פיהו	והוריתי	אתכם את אשר תעשון / ודבר- הוא	3621	1	1		1	4
ט152504	לאמר מה נשתה / ויצעק אל- יהוה	ויורהו	יהוה עץ וישלך אל המים וימתקו	3621	1	1	4	*	4
ט241219	לחת האבן והתורה והמצוה אשר כתבתי	להורתם	/ ויקם משה ויהושע משרתו ויעל משה	3654			9	6	4
ט353401	ובחרשת עץ לעשות בכל- מלאכת מחשבת /	ולהורת	נתן בלבו הוא ואהליאב בן- אחיסמך	3654				61	4

/ = סוף פסוק   // = סוף פרק   ג = מין   # = מספר   כ = כינוי חבור   קס = קידומות וסיומות   ה = מספר ההברות

אזכור		מלה		צופן	ג	#	כ	קס	ה
		הוריד							
ט330519	רגע אחד אעלה בקרבך וכליתיך ועתה	הורד	עדיך מעליך ואדעה מה אעשה- לך	364	1	1			2
		הוריש							
ט342402	פני האדן יהוה אלהי ישראל / כי-	אוריש	גוים מפניך והרחבתי את- גבלך ולא-	3621	1	1			2
ט150911	אחלק שלל תמלאמו נפשי אריק חרבי	תורישמו	ידי / נשפת ברוחך כסמו ים צללו	3622	2	1		0	4
		הורם							
ט292711	ואת שוק התרומה אשר הונף ואשר	הורם	מאיל המלאים מאשר לאהרן ומאשר לבניו	3711	1	1			2
		הושב							
ט100801	אלהיהם הטרם תדע כי אבדה מצרים /	ויושב	את- משה ואת- אהרן אל- פרעה	3721	1	1		*	3
		הושיע							
ט021706	אביהן / ויבאו הרעים ויגרשום ויקם משה	ויושען	וישק את- צאנם / ותבאנה אל- רעואל	3621	1	1	0	*	4
ט143001	הים והמים להם חמה מימינם ומשמאלם /	ויושע	יהוה ביום ההוא את- ישראל מיד	3621	1	1		*	3
		הושת							
ט213003	יסקל וגם- בעליו יומת / אם- כפר	יושת	עליו ונתן פדין נפשו ככל אשר-	3721	1	1			2
ט213010	עליו ונתן פדין נפשו ככל אשר-	יושת	עליו / או- בן יגח או- בת	3721	1	1			2
		הותיר							
ט101518	הארץ ואת כל- פרי העץ אשר	הותיר	הברד ולא- נותר כל- ירק בעץ	3621	1	1			2
ט121002	ראשו על- כרעיו ועל- קרבו / ולא-	תותירו	ממנו עד- בקר והנתר ממנו עד-	3621	1	3			3
ט161906	לקטו / ויאמר משה אלהם איש אל-	יותר	ממנו עד- בקר / ולא- שמעו אל-	3621	1	1			2
ט162005	עד- בקר / ולא- שמעו אל- משה	ויותרו	אנשים ממנו עד- בקר וירם תולעים	3621	1	3		*	4
ט360708	היתה דים לכל- המלאכה לעשות אתה	והותר	/ ויעשו כל- חכם- לב בעשי המלאכה	3651				1	3
		הזה							
ט292109	הדם אשר על- המזבח ומשמן המשחה	והזית	על- אהרן ועל- בגדיו ועל- בניו	3611	1	1		1	4
		הזהיר							
ט182001	והבאת אתה את- הדברים אל- האלהים /	והזהרתה	אתהם את- החקים ואת- התורת והודעת	3611	1	1		91	4
		הזיד							
ט211402	לך מקום אשר ינוס שמה / וכי-	יזד	איש על- רעהו להרגו בערמה מעם	3621	1	1			2
		הזכיר							
ט202418	צאנך ואת- בקרך בכל- המקום אשר	אזכיר	את- שמי אבוא אליך וברכתיך / ואם-	3621	1	1			2
ט231310	אליכם תשמרו ושם אלהים אחרים לא	תזכירו	לא ישמע על- פיך / שלש רגלים	3621	1	3			3
		הזנה							
ט341608	מבנתיו לבניך וזנו בנתיו אחרי אלהיהן	והזנו	את- בניך אחרי אלהיהן / אלהי מסכה	3611	1	3		1	3
		החזיק							
ט040411	שלח ידך ואחז בזנבו וישלח ידו	ויחזק	בו ויהי למטה בכפו / למען יאמינו	3621	1	1		*	4
ט090207	כי אם- מאן אתה לשלח ועודך	מחזיק	בם / הנה יד- יהוה הויה במקנך	3631	1	1			3
		החטיא							
ט233305	ולאלהיהם ברית / לא ישבו בארצך פן-	יחטיאו	אתך לי כי תעבד את- אלהיהם	3621	1	3			4
		החסיר							
ט161808	בעמר ולא העדיף המרבה והממעיט לא	החסיר	איש לפי- אכלו לקטו / ויאמר משה	3611	1	1			2

אזכור		מלה		ה קס כ # ג צופן
	החריש			
ט141405	עד- עולם / יהוה ילחם לכם ואתם	תחרשון	/ ויאמר יהוה אל- משה מה- תצעק	4 0 3 1 3621
	החרם			
ט221903	עם- בהמה מות יומת / זבח לאלהים	יחרם	בלתי ליהוה לבדו / וגר לא- תונה	3 1 1 3721
	הטה			
ט230602	מעזב לו עזב תעזב עמו / לא	תטה	משפט אבינך בריבו / מדבר- שקר תרחק	2 1 1 3621
ט230213	תענה על- רב לנטת אחרי רבים	להטת	/ ודל לא תהדר בריבו / כי תפגע	3 6 3654
	היא			
ט011615	בן הוא והמתן אתו ואם בת	הוא	והיה / ותראן המילדת את- האלהים ולא	1 1 2 61
ט081507	ויאמרו החרטמם אל- פרעה אצבע אלהים	הוא	ויחזק לב- פרעה ולא- שמע אלהם	1 1 2 61
ט222602	עד- בא השמש תשיבנו לו / כי	הוא	כסותה לבדה הוא שמלתו לערו במה	1 1 2 61
ט222605	תשיבנו לו / כי הוא כסותה לבדה	הוא	שמלתו לערו במה ישכב והיה כי-	1 1 2 61
ט311313	אך את- שבתתי תשמרו כי אות	הוא	ביני וביניכם לדרתיכם לדעת כי אני	1 1 2 61
ט311406	מקדשכם / ושמרתם את- השבת כי קדש	הוא	לכם מחלליה מות יומת כי כל-	1 1 2 61
ט311706	עולם / ביני ובין בני ישראל אות	הוא	לעלם כי- ששת ימים עשה יהוה	1 1 2 61
	היה			
ט010510	יצאי ירך- יעקב שבעים נפש ויוסף	היה	בנצרים / וימת יוסף וכל אחיו וכל	2 1 1 3111
ט011006	ממנו / הבה נתחכמה לו פן ירבה	והיה	כי- תקראנה מלחמה ונוסף גם- הוא	3 1 1 1 3111
ט022210	את- שמו גרשם כי אמר גר	הייתי	בארץ נכריה / ויהי בימים הרבים ההם	3 1 1 3111
ט030102	את- בני ישראל וידע אלהים // ומשה	היה	רעה את- צאן יתרו חתנו כהן	2 1 1 3111
ט032108	את- חן העם- הזה בעיני מצרים	והיה	כי תלכון לא תלכו ריקם / ושאלה	3 1 1 1 3111
ט040801	חיקו ויוצאה מחיקו והנה- שבה כבשרו /	והיה	אם- לא יאמינו לך ולא ישמעו	3 1 1 1 3111
ט040901	האת הראשון והאמינו לקל האת האחרון /	והיה	אם- לא יאמינו גם לשני האתות	3 1 1 1 3111
ט040917	לקלך ולקחת ממימי היאר ושפכת היבשה	והיו	המים אשר תקח מן- היאר והיו	3 1 3 1 3111
ט040923	והיו המים אשר תקח מן- היאר	והיו	לדם ביבשת / ויאמר משה אל- יהוה	3 1 3 1 3111
ט041606	זעשון / ודבר- הוא לך אל- העם	והיה	הוא יהיה- לך לפה ואתה תהיה-	3 1 1 1 3111
ט060705	ובשפטים גדלים / ולקחתי אתכם לי לעם	והייתי	לכם לאלהים וידעתם כי אני יהוה	4 1 1 1 3111
ט071927	ועל כל- מקוה מימיהם ויהיו- דם	והיה	דם בכל- ארץ מצרים ובעצים ובאבנים	3 1 1 1 3111
ט081215	את- מטך והך את- עפר הארץ	והיה	לכנם בכל- ארץ מצרים / ויעשו- כן	3 1 1 1 3111
ט081319	הכנם באדם ובבהמה כל- עפר הארץ	היה	כנם בכל- ארץ מצרים / ויעשו- כן	2 1 1 3111
ט090901	כבשן וזרקו משה השמימה לעיני פרעה /	והיה	לאבק על כל- ארץ מצרים והיה	3 1 1 1 3111
ט090907	והיה לאבק על כל- ארץ מצרים	והיה	על- האדם ועל- הבהמה לשחין פרח	3 1 1 1 3111
ט091110	לעמד לפני משה מפני השחין כי-	היה	השחין בחרטמים ובכל- מצרים / ויחזק יהוה	2 1 1 3111
ט091810	מחר ברד כבד מאד אשר לא-	היה	כמהו במצרים למן- היום הוסדה ועד-	2 1 1 3111
ט092411	בתוך הברד כבד מאד אשר לא-	היה	כמהו בכל- ארץ מצרים מאז היתה	2 1 1 3111
ט092609	גשן אשר- שם בני ישראל לא	היה	ברד / וישלח פרעה ויקרא למשה ולאהרן	2 1 1 3111
ט101319	כל- היום ההוא וכל- הלילה הבקר	היה	ורוח הקדים נשא את- הארבה / ויעל	2 1 1 3111
ט101415	גבול מצרים כבד מאד לפניו לא-	היה	כן ארבה כמהו ואחריו לא יהיה-	2 1 1 3111
ט102315	מתחתיו שלשת ימים ולכל בני ישראל	היה	אור במושבתם / ויקרא פרעה אל- משה	2 1 1 3111
ט120601	לכם מן- הכבשים ומן- העזים תקחו /	והיה	לכם למשמרת עד ארבעה עשר יום להדש	3 1 1 1 3111
ט121301	אלהי מצרים אעשה שפטים אני יהוה /	והיה	הדם לכם לאת על הבתים אשר	3 1 1 1 3111
ט121401	בכם נגף למשחית בהכתי בארץ מצרים /	והיה	היום הזה לכם לזכרון וחגתם אתו	3 1 1 1 3111
ט122501	הזה לחק- לך ולבניך עד- עולם /	והיה	כי- תבאו אל- הארץ אשר יתן	3 1 1 1 3111
ט122601	כאשר דבר ושמרתם את- העבדה הזאת /	והיה	כי יאמרו אליכם בניכם מה העבדה	3 1 1 1 3111
ט124815	לו כל- זכר ואז יקרב לעשתו	והיה	כאזרח הארץ וכל- ערל לא- יאכל	3 1 1 1 3111
ט130501	חמץ / היום אתם יצאים בחדש האביב /	והיה	כי- יביאך יהוה אל- ארץ הכנעני	3 1 1 1 3111
ט130901	זה עשה יהוה לי בצאתי ממצרים /	והיה	לך לאות על- ידך ולזכרון בין	3 1 1 1 3111
ט131101	אז החקה הזאת למועדה מימים ימימה /	והיה	כי- יבאך יהוה אל- ארץ הכנעני	3 1 1 1 3111
ט131401	וערפתו וכל בכור אדם בבניך תפדה /	והיה	כי- ישאלך בנך מחר לאמר מה-	3 1 1 1 3111
ט131601	רחם הזכרים וכל- בכור בני אפדה /	והיה	לאות על- ידכה ולטוטפת בין עיניך	3 1 1 1 3111

אזכור		מלה		צופן	ג	#	כ	קס	ה
ט160501	למען אנסנו הילך בתורתי אם- לא /	והיה	ביום הששי והכינו את אשר- יביאו	3111	1	1		1	3
ט160508	ביום הששי והכינו את אשר- יביאו	והיה	משנה על אשר- ילקטו יום יום	3111	1	1		1	3
ט171101	ומשה אהרן וחור עלו ראש הגבעה /	והיה	כאשר ירים משה ידו וגבר ישראל	3111	1	1		1	3
ט180311	שם האחד גרשם כי אמר גר	הייתי	בארץ נכריה / ושם האחד אליעזר כי-	3111	1	1			3
ט182206	עשרת / ושפטו את- העם בכל- עת	והיה	כל- הדבר הגדל יביאו אליך וכל-	3111	1	1		1	3
ט190509	שמוע תשמעו בקלי ושמרתם את- בריתי	והייתם	לי סגלה מכל- העמים כי- לי	3111	1	3		1	4
ט191101	העם וקדשתם היום ומחר וכבסו שמלתם /	והיו	נכנים ליום השלישי כי ביום השלישי	3111	1	3		1	3
ט222008	לא- תונה ולא תלחצנו כי- גרים	הייתם	בארץ מצרים / כל- אלמנה ויתום לא	3111	1	3			3
ט222610	לבדה הוא שמלתו לערו במה ישכב	והיה	כי- יצעק אלי ושמעתי כי- חנון	3111	1	1		1	3
ט230911	ידעתם את- נפש הגר כי- גרים	הייתם	בארץ מצרים / ושש שנים תזרע את-	3111	1	3			3
ט252001	תעשו את- הכרבים על- שני קצותיו /	והיו	הכרבים פרשי כנפים למעלה סככים בכנפיהם	3111	1	3		1	3
ט260612	את- היריעת אשה אל- אחתה בקרסים	והיה	המשכן אחד / ועשית יריעת עזים לאהל	3111	1	1		1	3
ט261112	את- הקרסים בללאת וחברת את- האהל	והיה	אחד / וסרח העדף ביריעת האהל חצי	3111	1	1		1	3
ט262501	כן יהיה לשניהם לשני המקצעת יהיו /	והיו	שמנה קרשים ואדניהם כסף ששה עשר אדנים	3111	1	3		1	3
ט270705	אתם נחשת / והובא את- בדיו בטבעת	והיו	הבדים על- שתי צלעת המזבח בשאת	3111	1	3		1	3
ט283009	חשן המשפט את- האורים ואת- התמים	והיו	על- לב אהרן בבאו לפני יהוה	3111	1	3		1	3
ט283201	ועשית את- מעיל האפוד כליל תכלת /	והיה	פי- ראשו בתוכו שפה יהיה לפיו	3111	1	1		1	3
ט283501	זהב ורמון על- שולי המעיל סביב /	והיה	על- אהרן לשרת ונשמע קולו בבאו	3111	1	1		1	3
ט283706	ליהוה / ושמת אתו על- פתיל תכלת	והיה	על- המצנפת אל- מול פני- המצנפת	3111	1	1		1	3
ט283801	המצנפת אל- מול פני- המצנפת יהיה /	והיה	על- מצח אהרן ונשא אהרן את-	3111	1	1		1	3
ט283817	יקדישו בני ישראל לכל- מתנת קדשיהם	והיה	על- מצחו תמיד לרצון להם לפני	3111	1	1		1	3
ט284301	בשר ערוה ממתנים ועד- ירכים יהיו /	והיו	על- אהרן ועל- בניו בבאם אל-	3111	1	3		1	3
ט292613	לאהרן והנפת אתו תנופה לפני יהוה	והיה	לך למנה / וקדשת את חזה התנופה	3111	1	1		1	3
ט292801	מאיל המלאים מאשר לאהרן ומאשר לבניו /	והיה	לאהרן ולבניו לחק- עולם מאת בני	3111	1	1		1	3
ט293708	ימים תכפר על- המזבח וקדשת אתו	והיה	המזבח קדש קדשים כל- הנגע במזבח	3111	1	1		1	3
ט294505	לכהן לי / ושכנתי בתוך בני ישראל	והייתי	להם לאלהים / וידעו כי אני יהוה	3111	1	1		1	4
ט300415	שתי צלעתיו תעשה על- שני צדיו	והיה	לבתים לבדים לשאת אתו בהמה / ועשית	3111	1	1		1	3
ט301614	ונתת אתו על עבדת אהל מועד	והיה	לבני ישראל לזכרון לפני יהוה לכפר	3111	1	1		1	3
ט302903	ואת- הכיר ואת- כנו / וקדשת אתם	והיו	קדש קדשים כל- הנגע בהם יקדש	3111	1	3		1	3
ט320133	העלנו מארץ מצרים לא ידענו מה-	היה	לו / ויאמר אלהם אהרן פרקו נזמי	3111	1	1			2
ט322320	העלנו מארץ מצרים לא ידענו מה-	היה	לו / ואמר להם למי זהב התפרקו	3111	1	1			2
ט330716	מן- המחנה וקרא לו אהל מועד	והיה	כל- מבקש יהוה יצא אל- אהל	3111	1	1		1	3
ט330801	אל- אהל מועד אשר מחוץ למחנה /	והיה	כצאת משה אל- האהל יקומו כל-	3111	1	1		1	3
ט330901	והביטו אחרי משה עד- באו האהלה /	והיה	כבא משה האהלה ירד עמוד הענן	3111	1	1		1	3
ט332201	הנה מקום אתי ונצבת על- הצור /	והיה	בעבר כבדי ושמתיך בנקרת הצור ושכתי	3111	1	1		1	3
ט340117	וכתבתי על- הלחת את- הדברים אשר	היו	על- הלחת הראשנים אשר שברת / והיה	3111	1	3			2
ט362901	ושני קרשים עשה למקצעת המשכן בירכתים /	והיו	תואמם מלמטה ויחדו יהיו תמים אל-	3111	1	3		1	3
ט363001	האחת כן עשה לשניהם לשני המקצעת /	והיו	שמנה קרשים ואדניהם כסף ששה עשר אדנים	3111	1	3		1	3
ט370916	ופניהם איש אל- אחיו אל- הכפרת	היו	פני הכרבים / ויעש את- השלחן עצי	3111	1	3			2
ט371403	הפאת אשר לארבע רגליו / לעמת המסגרת	היו	הטבעת בתים לבדים לשאת את- השלחן	3111	1	3			2
ט371716	ירכה וקנה גביעיה כפתריה ופרחיה ממנה	היו	/ וששה קנים יצאים מצדיה שלשה קני	3111	1	3			2
ט372204	הקנים היצאים ממנה / כפתריהם וקנתם ממנה	היו	כלה מקשה אחת זהב טהור / ויעש	3111	1	3			2
ט372515	ואמה רחבו רבוע ואמתים קמתו ממנו	היו	קרנתיו / ויצף אתו זהב טהור את-	3111	1	1			2
ט380207	ויעש קרנתיו על ארבע פנתיו ממנו	היו	קרנתיו ויצף אתו נחשת / ויעש את-	3111	1	3			2
ט390902	וארגמן ותולעת שני ושש משזר / רבוע	היה	כפול עשו את- החשן זרת ארכו	3111	1	1			2
ט400917	בו וקדשת אתו ואת- כל- כליו	והיה	קדש / ומשחת את- מזבח העלה ואת-	3111	1	1		1	3
ט401011	ואת- כל- כליו וקדשת את- המזבח	והיה	המזבח קדש קדשים / ומשחת את- הכיר	3111	1	1		1	3
ט081104	חמרם ותבאש הארץ / וירא פרעה כי	היתה	הרוחה והכבד את- לבו ולא שמע	3112	2	1			3
ט092417	היה כמהו בכל- ארץ מצרים מאז	היתה	לגוי / ויך הברד בכל- ארץ מצרים	3112	2	1			3
ט110601	אשר אחר הרחים וכל בכור בהמה /	והיתה	צעקה גדלה בכל- ארץ מצרים אשר	3112	2	1		1	4
ט161309	ותעל השלו ותכס את- המחנה ובבקר	היתה	שכבת הטל סביב למחנה / ותעל שכבת	3112	2	1			3
ט162412	צוה משה ולא הבאיש ורמה לא-	היתה	בו / ויאמר משה אכלהו היום כי-	3112	2	1			3
ט222306	צעקתו / וחרה אפי והרגתי אתכם בחרב	והיו	נשיכם אלמנות ובניכם יתמים / אם- כסף	3112	2	3		1	3
ט270507	ונתת אתה תחת כרכב המזבח מלמטה	והיתה	הרשת עד חצי המזבח / ועשית בדים	3112	2	1		1	4

/ = סוף פסוק   // = סוף פרק   ג = מין   # = מספר   כ = כינוי חבור   קס = קידומות וסיומות   ה = מספר ההברות

אזכור		מלה		צונן	ג	#	כ	קס	ה
ט290909	אבנט אהרן ובניו וחבשת להם מגבעת	והיתה	להם כהנה לחקת עולם ומלאת יד-	3112	2	1		1	4
ט302106	ליהוה / ורחצו ידיהם ורגליהם ולא ימתו	והיתה	להם חק- עולם לו ולזרעו לדרתם	3112	2	1		1	4
ט360702	לתרומת הקדש ויכלא העם מהביא / והמלאכה	היתה	דים לכל- המלאכה לעשות אתה והותר	3112	2	1			3
ט401509	כאשר משחת את- אביהם וכהנו לי	והיתה	לוית להם משחתם לכהנת עולם לדרתם	3112	2	1		1	4
ט010501	זבולן ובנימן / דן ונפתלי גד ואשר /	ויהי	כל- נפש יצאי ירך- יעקב שבעים	3121	1	1		*	3
ט012101	אלהים למילדת וירב העם ויעצמו מאד /	ויהי	כי- יראו המילדת את האלהים ויעש	3121	1	1		*	3
ט021006	ותניקהו / ויגדל הילד ותבאהו לבת- פרעה	ויהי-	לה לבן ותקרא שמו משה ותאמר	3121	1	1		*	3
ט021101	משה ותאמר כי מן- המים משיתהו /	ויהי	בימים ההם ויגדל משה ויצא אל	3121	1	1		*	3
ט022301	כי אמר גר הייתי בארץ נכריה /	ויהי	בימים הרבים ההם וימת מלך מצרים	3121	1	1		*	3
ט031203	את- בני ישראל ממצרים / ויאמר כי-	אהיה	עמך וזה- לך האות כי אנכי	3121	1	1			2
ט031405	אמר אלהם / ויאמר אלהים אל- משה	אהיה	אשר אהיה ויאמר כה תאמר לבני	3121	1	1			2
ט031407	ויאמר אלהים אל- משה אהיה אשר	אהיה	ויאמר כה תאמר לבני ישראל אהיה	3121	1	1			2
ט031413	אהיה ויאמר כה תאמר לבני ישראל	אהיה	שלחני אליכם / ויאמר עוד אלהים אל-	3121	1	1			2
ט040306	מטה / ויאמר השליכהו ארצה וישלכהו ארצה	ויהי	לנחש וינס משה מפניו / ויאמר יהוה	3121	1	1		*	3
ט040413	ואחז בזנבו וישלח ידו ויחזק בו	ויהי	למטה בכפו / למען יאמינו כי- נראה	3121	1	1		*	3
ט041204	הלא- אנכי יהוה / ועתה לך ואנכי	אהיה	עם- פיך והוריתיך אשר תדבר / ויאמר	3121	1	1			2
ט041508	אליו ושמת את- הדברים בפיו ואנכי	אהיה	עם- פיך ועם- פיהו והוריתי אתכם	3121	1	1			2
ט041608	הוא לך אל- העם והיה הוא	יהיה-	לך לפה ואתה תהיה- לו לאלהים	3121	1	1			2
ט041612	והיה הוא יהיה- לך לפה ואתה	תהיה-	לו לאלהים / ואת- המטה הזה תקח	3121	1	1			2
ט042401	הנה אנכי הרג את- בנך בכרך /	ויהי	בדרך במלון ויפגשהו יהוה ויבקש המיתו	3121	1	1		*	3
ט062801	בני- ישראל ממצרים הוא משה ואהרן /	ויהי	ביום דבר יהוה אל- משה בארץ	3121	1	1		*	3
ט070111	ראה נתתיך אלהים לפרעה ואהרן אחיך	יהיה	נביאך / אתה תדבר את כל- אשר	3121	1	1			2
ט070918	קח את- מטך והשלך לפני- פרעה	יהי	לתנין / ויבא משה ואהרן אל- פרעה	3121	1	1			2
ט071019	את- מטהו לפני פרעה ולפני עבדיו	ויהי	לתנין / ויקרא גם- פרעה לחכמים ולמכשפים	3121	1	1		*	3
ט071204	מצרים בלהטיהם כן / וישליכו איש מטהו	ויהיו	לתנינם ויבלע מטה- אהרן את- מטתם	3121	1	3		*	3
ט071925	ועל- אגמיהם ועל כל- מקוה מימיהם	ויהיו-	דם והיה דם בכל- ארץ מצרים	3121	1	3		1	3
ט072114	יכלו מצרים לשתות מים מן- היאר	ויהי	הדם בכל- ארץ מצרים / ויעשו- כן	3121	1	1		*	3
ט081908	פדת בין עמי ובין עמך למחר	יהיה	האת הזה / ויעש יהוה כן ויבא	3121	1	1			2
ט091012	לפני פרעה ויזרק אתו משה השמימה	ויהי	שחין אבעבעת פרח באדם ובבהמה / ולא-	3121	1	1		*	3
ט092210	משה נטה את- ידך על- השמים	ויהי	ברד בכל- ארץ מצרים על- האדם	3121	1	1		1	3
ט092401	וימטר יהוה ברד על- ארץ מצרים /	ויהי	ברד ואש מתלקחת בתוך הברד כבד	3121	1	1		*	3
ט092916	אל- יהוה הקלות יחדלון והברד לא	יהיה-	עוד למען תדע כי ליהוה הארץ	3121	1	1			2
ט100707	ויאמרו עבדי פרעה אליו עד- מתי	יהיה	זה לנו למוקש שלח את- האנשים	3121	1	1			2
ט101003	כי חג- יהוה לנו / ויאמר אלהם	יהי	כן יהוה עמכם כאשר אשלח אתכם	3121	1	1			2
ט101421	היה כן ארבה כמהו ואחריו לא	יהיה-	כן / ויכס את- עין כל- הארץ	3121	1	1			2
ט102109	אל- משה נטה ידך על- השמים	ויהי	חשך על- ארץ מצרים וימש חשך	3121	1	1		1	2
ט102207	ויט משה את- ידו על- השמים	ויהי	חשך- אפלה בכל- ארץ מצרים שלשת	3121	1	1		*	3
ט120506	השה / שה תמים זכר בן- שנה	יהיה	לכם מן- הכבשים ומן- העזים תקחו	3121	1	1			2
ט121316	וראיתי את- הדם ופסחתי עלכם ולא-	יהיה	בכם נגף למשחית בהכתי בארץ מצרים	3121	1	1			2
ט121609	מקרא- קדש וביום השביעי מקרא- קדש	יהיה	לכם כל- מלאכה לא- יעשה בהם	3121	1	1			2
ט122901	יהוה את- משה ואהרן כן עשו /	ויהי	בחצי הלילה ויהוה הכה כל- בכור	3121	1	1		*	3
ט124101	במצרים שלשים שנה וארבע מאות שנה /	ויהי	מקץ שלשים שנה וארבע מאות שנה	3121	1	1		*	3
ט124108	מקץ שלשים שנה וארבע מאות שנה	ויהי	בעצם היום הזה יצאו כל- צבאות	3121	1	1		*	3
ט124903	ערל לא- יאכל בו / תורה אחת	יהיה	לאזרח ולגר הגר בתוככם / ויעשו כל-	3121	1	1			2
ט125101	את- משה ואת- אהרן כן עשו /	ויהי	בעצם היום הזה הוציא יהוה את-	3121	1	1		*	3
ט131211	ליהוה וכל- פטר שגר בהמה אשר	יהיה	לך הזכרים ליהוה / וכל- פטר חמר	3121	1	1			2
ט131501	יד הוציאנו יהוה ממצרים מבית עבדים /	ויהי	כי- הקשה פרעה לשלחנו ויהרג יהוה	3121	1	1		*	3
ט131701	כי בחזק יד הוציאנו יהוה ממצרים /	ויהי	בשלח פרעה את- העם ולא- נחם	3121	1	1		*	3
ט142008	בין מחנה מצרים ובין מחנה ישראל	ויהי	הענן והחשך ויאר את- הלילה ולא-	3121	1	1		*	3
ט142401	פרעה רכבו ופרשיו אל- תוך הים /	ויהי	באשמרת הבקר וישקף יהוה אל- מחנה	3121	1	1		*	3
ט150204	ורכבו רמה בים / עזי וזמרת יה	ויהי-	לי לישועה זה אלי ואנוהו אלהי	3121	1	1		*	3
ט161001	לפני יהוה כי שמע את תלנתיכם /	ויהי	כדבר אהרן אל- כל- עדת בני-	3121	1	1		*	3
ט161301	לחם וידעתם כי אני יהוה אלהיכם /	ויהי	בערב ותעל השלו ותכס את- המחנה	3121	1	1		*	3
ט162201	איש כפי אכלו וחם השמש ונמס /	ויהי	ביום הששי לקטו לחם משנה שני	3121	1	1		*	3

אזכור		מלה		צופן ג # כ	קס	ה
ט162608	ימים תלקטהו וביום השביעי שבת לא	יהיה-	בו / ויהי ביום השביעי יצאו מן-	1 1 3121		2
ט162701	וביום השביעי שבת לא יהיה- בו /	ויהי	ביום השביעי יצאו מן- העם ללקט	1 1 3121	*	3
ט171218	תמכו בידיו מזה אחד ומזה אחד	ויהי	ידיו אמונה עד- בא השמש / ויחלש	1 1 3121	*	3
ט181301	לחם עם- חתן משה לפני האלהים /	ויהי	ממחרת וישב משה לשפט את- העם	1 1 3121	*	3
ט181602	יבא אלי העם לדרש אלהים / כי-	יהיה	להם דבר בא אלי ושפטתי בין	1 1 3121		2
ט181905	עשהו לבדך / עתה שמע בקלי איעצך	ויהי	אלהים עמך היה אתה לעם מול	1 1 3121	1	3
ט190602	העמים כי- לי כל- הארץ / ואתם	תהיו-	לי ממלכת כהנים וגוי קדוש אלה	3 1 3121		2
ט191601	לשלשת ימים אל- תגשו אל- אשה /	ויהי	ביום השלישי בהית הבקר ויהי קלת	1 1 3121	*	3
ט191606	אשה / ויהי ביום השלישי בהית הבקר	ויהי	קלת וברקים וענן כבד על- ההר	1 1 3121	*	3
ט191901	כעשן הכבשן ויחרד כל- ההר מאד /	ויהי	קול השפר הולך וחזק מאד משה	1 1 3121	*	3
ט200302	הוצאתיך מארץ מצרים מבית עבדים / לא-	יהיה	לך אלהים אחרים על- פני / לא-	1 1 3121		2
ט212210	ונגפו אשה הרה ויצאו ילדיה ולא	יהיה	אסון ענוש יענש כאשר ישית עליו	1 1 3121		2
ט212303	בעל האשה ונתן בפללים / ואם- אסון	יהיה	ונתתה נפש תחת נפש / עין תחת	1 1 3121		2
ט213408	הבור ישלם כסף ישיב לבעליו והמת	יהיה-	לו / וכי- יגף שור- איש את-	1 1 3121		2
ט213618	שלם ישלם שור תחת השור והמת	יהיה-	לו / כי יגנב- איש שור או-	1 1 3121		2
ט222410	את- עמי את- העני עמך לא-	תהיה	לו כנשה לא- תשימון עליו נשך	1 1 3121		2
ט222907	כן- תעשה לשרך לצאנך שבעת ימים	יהיה	עם- אמו ביום השמיני תתנו- לי	1 1 3121		2
ט223003	ביום השמיני תתנו- לי / ואנשי קדש	תהיון	לי ובשר בשדה טרפה לא תאכלו	3 1 3121	0	2
ט230202	עם- רשע להית עד חמס / לא-	תהיה	אחרי- רבים לרעת ולא- תענה על-	1 1 3121		2
ט233313	לי כי תעבד את- אלהיהם כי-	יהיה	לך למוקש // ואל משה אמר עלה	1 1 3121		2
ט241808	משה בתוך הענן ויעל אל- ההר	ויהי	משה בהר ארבעים יום וארבעים לילה	1 1 3121	*	3
ט251503	לשאת את- הארן בהם / בטבעת הארן	יהיו	הבדים לא יסרו ממנו / ונתת אל-	3 1 3121		2
ט252016	ופניהם איש אל- אחיו אל- הכפרת	יהיו	פני הכרבים / ונתת את- הכפרת על-	3 1 3121		2
ט253114	ירכה וקנה גביעיה כפתריה ופרחיה ממנה	יהיו	/ וששה קנים יצאים מצדיה שלשה קני	3 1 3121		2
ט253604	היצאים מן- המנרה / כפתריהם וקנתם ממנה	יהיו	כלה מקשה אחת זהב טהור / ועשית	3 1 3121		2
ט261309	והאמה מזה בעדף בארך יריעת האהל	יהיה	סרוח על- צדי המשכן מזה ומזה	1 1 3121		2
ט262401	ושני קרשים תעשה למקצעת המשכן בירכתים /	ויהיו	תאמם מלמטה ויחדו יהיו תמים על-	3 1 3121	1	3
ט262405	המשכן בירכתים / ויהיו תאמם מלמטה ויחדו	יהיו	תמים על- ראשו אל- הטבעת האחת	3 1 3121		2
ט262413	על- ראשו אל- הטבעת האחת כן	יהיה	לשניהם לשני המקצעת יהיו / והיו שמנה	1 1 3121		2
ט262417	האחת כן יהיה לשניהם לשני המקצעת	יהיו	/ והיו שמנה קרשים ואדניהם כסף ששה עשר	3 1 3121		2
ט270113	אמות ארך וחמש אמות רחב רבוע	יהיה	המזבח ושלש אמות קמתו / ועשית קרנתיו	1 1 3121		2
ט280704	משזר מעשה חשב / שתי כתפת חברת	יהיה-	לו אל שני קצותיו וחבר / וחשב	1 1 3121		2
ט280807	וחשב אפדתו אשר עליו כמעשהו ממנו	יהיה	זהב תכלת וארגמן ותולעת שני ושש	1 1 3121		2
ט281602	שני ושש משזר תעשה אתו / רבוע	יהיה	כפול זרת ארכו וזרת רחבו / ומלאת	1 1 3121		2
ט282008	הרביעי תרשיש ושהם וישפה משבצים זהב	יהיו	במלואתם / והאבנים תהיין על- שמת בני-	3 1 3121		2
ט283206	תכלת / והיה פי- ראשו בתוכו שפה	יהיה	לפיו סביב מעשה ארג כפי תחרא	1 1 3121		2
ט283213	לפיו סביב מעשה ארג כפי תחרא	יהיה-	לו לא יקרע / ועשית על- שוליו	1 1 3121		2
ט283713	על- המצנפת אל- מול פני- המצנפת	יהיה	/ והיה על- מצח אהרן ונשא אהרן	1 1 3121		2
ט284211	לכסות בשר ערוה ממתנים ועד- ירכים	יהיו	/ והיו על- אהרן ועל- בניו בבאם	3 1 3121		2
ט292813	בני ישראל כי תרומה הוא ותרומה	יהיה	מאת בני- ישראל מזבחי שלמיהם תרומתם	1 1 3121		2
ט292905	תרומתם ליהוה / ובגדי הקדש אשר לאהרן	יהיו	לבניו אחריו למשחה בהם ולמלא- בם	3 1 3121		2
ט300206	אתו / אמה ארכו ואמה רחבו רבוע	יהיה	ואמתים קמתו ממנו קרנתיו / וצפית אתו	1 1 3121		2
ט301216	כפר נפשו ליהוה בפקד אתם ולא-	יהיה	בהם נגף בפקד אתם / זה יתנו	1 1 3121		2
ט302513	מרקחת מעשה רקח שמן משחת- קדש	יהיה	/ ומשחת בו את- אהל מועד ואת	1 1 3121		2
ט303109	ישראל תדבר לאמר שמן משחת- קדש	יהיה	זה לי לדרתיכם / על- בשר אדם	1 1 3121		2
ט303213	לא תעשו כמהו קדש הוא קדש	יהיה	לכם / איש אשר ירקח כמהו ואשר	1 1 3121		2
ט303416	וחלבנה סמים ולבנה זכה בד בבד	יהיה	/ ועשית אתה קטרת רקח מעשה רוקח	1 1 3121		2
ט321901	ענות חלושה קול ענות אנכי שמע /	ויהי	כאשר קרב אל- המחנה וירא את-	1 1 3121	*	3
ט323001	בבנו ובאחיו ולתת עליכם היום ברכה /	ויהי	ממחרת ויאמר משה אל- העם אתם	1 1 3121	*	3
ט341213	הארץ אשר אתה בא עליה פן-	יהיה	למוקש בקרבך / כי את- מזבחתם תתצון	1 1 3121		2
ט342801	האלה כרתי אתך ברית ואת- ישראל /	ויהי-	שם עם- יהוה ארבעים יום וארבעים	1 1 3121	*	3
ט342901	הלחת את דברי הברית עשרת הדברים /	ויהי	ברדת משה מהר סיני ושני לחת	1 1 3121	*	3
ט350207	ששת ימים תעשה מלאכה וביום השביעי	יהיה	לכם קדש שבת שבתון ליהוה כל-	1 1 3121		2
ט361312	את- היריעת אחת אל- אחת בקרסים	ויהי	המשכן אחד / ויעש יריעת עזים לאהל	1 1 3121	*	3

אזכור		מלה		צופן	ג	#	כ	קס	ה
ט362905	המשכן בירכתים / והיו תואמם מלמטה ויחדו	יהיו	תמים אל- ראשו אל- הטבעת האחת	3121	1	3			2
ט370901	הכפרת עשה את- הכרבים משני קצותיו /	ויהיו	הכרבים פרשי כנפים למעלה סככים בכנפיהם	3121	1	1		*	3
ט382408	הזהב העשוי למלאכה בכל מלאכת הקדש	ויהי	זהב התנופה תשע ועשרים ככר ושבע	3121	1	1		*	3
ט382701	אלף ושלשת אלפים וחמש מאות וחמשים /	ויהי	מאת ככר הכסף לצקת את אדני	3121	1	1		*	3
ט401701	אשר צוה יהוה אתו כן עשה /	ויהי	בחדש הראשון בשנה השנית באחד לחדש	3121	1	1		*	3
ט081312	ידו במטהו ויך את- עפר הארץ	ותהי	הכנם באדם ובבהמה כל- עפר הארץ	3122	2	1		*	3
ט081410	בלטיהם להוציא את- הכנים ולא יכלו	ותהי	הכנם באדם ובבהמה / ויאמרו החרטמם אל-	3122	2	1		*	3
ט123009	לילה הוא וכל- עבדיו וכל- מצרים	ותהי	צעקה גדלה במצרים כי- אין בית	3122	2	1		*	3
ט130910	על- ידך ולזכרון בין עיניך למען	תהיה	תורת יהוה בפיך כי ביד חזקה	3122	2	1			2
ט202014	לבעבור נסות אתכם בא האלהים ובעבור	תהיה	יראתו על- פניכם לבלתי תחטאו / ויעמד	3122	2	1			2
ט210413	לו בנים או בנות האשה וילדיה	תהיה	לאדניה והוא יצא בגפו / ואם- אמר	3122	2	1			2
ט221003	או- נשבה אין ראה / שבעת יהוה	תהיה	בין שניהם אם- לא שלח ידו	3122	2	1			2
ט232602	ואת- מימיך והסרתי מחלה מקרבך / לא	תהיה	משכלה ועקרה בארצך את- מספר ימיך	3122	2	1			2
ט232907	לא אגרשנו מפניך בשנה אחת פן-	תהיה	הארץ שממה ורבה עליך חית השדה	3122	2	1			2
ט252703	הפאת אשר לארבע רגליו / לעמת המסגרת	תהיין	הטבעת לבתים לבדים לשאת את- השלחן	3122	2	3			3
ט260303	מדה אחת לכל היריעת / חמש היריעת	תהיין	חברת אשה אל- אחתה וחמש יריעת	3122	2	3			3
ט270207	ועשית קרנתיו על ארבע פנתיו ממנו	תהיין	קרנתיו וצפית אתו נחשת / ועשית סירתיו	3122	2	3			3
ט282102	וישפה משבצים זהב יהיו במלואתם / והאבנים	תהיין	על- שמת בני- ישראל שתים עשרה על-	3122	2	3			3
ט282115	שמתם פתוחי חותם איש על- שמו	תהיין	לשני עשר שבט / ועשית על- החשן שרשת	3122	2	3			3
ט303616	אשר אועד לך שמה קדש קדשים	תהיה	לכם / והקטרת אשר תעשה במתכנתה לא	3122	2	1			2
ט303709	תעשה במתכנתה לא תעשו לכם קדש	תהיה	לך ליהוה / איש אשר- יעשה כמוה	3122	2	1			2
ט403808	ענן יהוה על- המשכן יומם ואש	תהיה	לילה בו לעיני כל- בית ישראל	3122	2	1			2
ט090304	ועודך מחזיק בם / הנה יד- יהוה	הויה	במקנך אשר בשדה בסוסים בחמרים בגמלים	3131	2	1			2
ט181908	שמע בקלי איעצך ויהי אלהים עמך	היה	אתה לעם מול האלהים והבאת אתה	314	1	1			2
ט191504	העם ויכבסו שמלתם / ויאמר אל- העם	היו	נכנים לשלשת ימים אל- תגשו אל-	314	1	3			2
ט241208	יהוה אל- משה עלה אלי ההרה	והיה-	שם ואתנה לך את- לחת האבן	314	1	1		1	3
ט340201	היו על- הלחת הראשנים אשר שברת /	והיה	נכון לבקר ועלית בבקר אל- הר	314	1	1		1	3
ט081812	גשן אשר עמי עמד עליה לבלתי	היות-	שם ערב למען תדע כי אני	3151					2
ט051310	כלו מעשיכם דבר- יום ביומו כאשר	בהיות	התבן / ויכו שטרי בני ישראל אשר-	3152				4	3
ט092805	ועמי הרשעים / העתירו אל- יהוה ורב	מהית	קלת אלהים וברד ואשלחה אתכם ולא	3152				7	3
ט120404	אבת שה לבית / ואם- ימעט הבית	מהיות	משה ולקח הוא ושכנו הקרב אל-	3152				7	3
ט191604	תגשו אל- אשה / ויהי ביום השלישי	בהית	הבקר ויהי קלת וברקים וענן כבד	3152				4	3
ט100616	לא- ראו אבתיך ואבות אבתיך מיום	היותם	על- האדמה עד היום הזה ויפן	3153			9		3
ט230110	שוא אל- תשת ידך עם- רשע	להית	עד חמס / לא- תהיה אחרי- רבים	3154				6	3
ט282810	מטבעתו אל- טבעת האפוד בפתיל תכלת	להיות	על- חשב האפוד ולא- יזח החשן	3154				6	3
ט361808	קרסי נחשת חמשים לחבר את- האהל	להית	אחד / ויעש מכסה לאהל עזת אילם	3154				6	3
ט392110	מטבעתיו אל- טבעת האפד בפתיל תכלת	להית	על- חשב האפד ולא- יזח החשן	3154				6	3
ט401510	משחת את- אביהם וכהנו לי והיתה	להית	להם משחתם לכהנת עולם לדרתם / ויעש	3154				6	3
	--*-*-*-*-*-*-*-*-*-*-*-*-*-*-*-*-*-*	היטיב	*-*-*-*-*-*-*-*-*-*-*-*-*-*-*-*-*-*-*-*						
ט012001	הנה בטרם תבוא אלהן המילדת וילדו /	וייטב	אלהים למילדת וירב העם ויעצמו מאד	3621	1	1		*	3
ט300708	עליו אהרן קטרת סמים בבקר בבקר	בהיטיבו	את- הנרת יקטירנה / ובהעלת אהרן את-	3653			4	4	4
	--*-*-*-*-*-*-*-*-*-*-*-*-*-*-*-*-*-*	הין	*-*-*-*-*-*-*-*-*-*-*-*-*-*-*-*-*-*-*-*						
ט294007	ועשרן סלת בלול בשמן כתית רבע	ההין	ונסך רביעית ההין יין לכבש האחד	1111	1	1		2	2
ט294010	בשמן כתית רבע ההין ונסך רביעית	ההין	יין לכבש האחד / ואת הכבש השני	1111	1	1		2	2
ט302408	חמש מאות בשקל הקדש ושמן זית	הין	/ ועשית אתו שמן משחת- קדש רקח	1111	1	1			1
	--*-*-*-*-*-*-*-*-*-*-*-*-*-*-*-*-*-*	היניק	*-*-*-*-*-*-*-*-*-*-*-*-*-*-*-*-*-*-*-*						
ט020713	וקראתי לך אשה מינקת מן העברים	ותינק	לך את- הילד / ותאמר- לה בת-	3622	2	1		1	3
ט020918	אתו את- שכרך ותקח האשה הילד	ותניקהו	/ ויגדל הילד ותבאהו לבת- פרעה ויהי-	3622	2	1	4	*	5
ט020710	בת- פרעה האלך וקראתי לך אשה	מינקת	מן העברים ותינק לך את- הילד	3632	2	1			3
ט020909	בת- פרעה היליכי את- הילד הזה	והינקהו	לי ואני אתן את- שכרך ותקח	364	2	1	4	1	5

/ = סוף פסוק   // = סוף פרק   ג = מין   # = מספר   כ = כינוי חבור   קס = קידומות וסיומות   ה = מספר ההברות

אזכור		מלה		צונן	ג	#	כ	קס	ה
	--*-*-*-*-*-*-*-*-*-*-*-*-*-*-*	הכביד	*-*-*-*-*-*-*-*-*-*-*-*-*-*-*-*-*						
ט100110	משה בא אל- פרעה כי- אני	הכבדתי	את- לבו ואת- לב עבדיו למען	3611	1	1			3
ט082801	מפרעה מעבדיו ומעמו לא נשאר אחד /	ויכבד	פרעה את- לבו גם בפעם- הזאת	3621	1	1		*	3
ט093410	חדל המטר והברד והקלת ויסף לחטא	ויכבד	לבו הוא ועבדיו / ויחזק לב פרעה	3621	1	1		*	3
ט081106	הארץ / וירא פרעה כי היתה הרוחה	והכבד	את- לבו ולא שמע אלהם כאשר	3651				1	3
	--*-*-*-*-*-*-*-*-*-*-*-*-*-*-*	הכה	*-*-*-*-*-*-*-*-*-*-*-*-*-*-*-*-*						
ט032004	ולא ביד חזקה / ושלחתי את- ידי	והכיתי	את- מצרים בכל נפלאתי אשר אעשה	3611	1	1		1	4
ט092517	ועד- בהמה ואת כל- עשב השדה	הכה	הברד ואת- כל- עץ השדה שבר	3611	1	1			2
ט121206	ליהוה / ועברתי בארץ- מצרים בלילה הזה	והכיתי	כל- בכור בארץ מצרים מאדם ועד-	3611	1	1		1	4
ט122905	כן עשו / ויהי בחצי הלילה ויהוה	הכה	כל- בכור בארץ מצרים מבכר פרעה	3611	1	1			2
ט170514	וקח אתך מזקני ישראל ומטך אשר	הכית	בו את- היאר קח בידך והלכת	3611	1	1			3
ט170608	עמד לפניך שם על- הצור בחרב	והכית	בצור ויצאו ממנו מים ושתה העם	3611	1	1		1	4
ט211804	ואמו מות יומת / וכי- יריבן אנשים	והכה-	איש את- רעהו באבן או באגרף	3611	1	1		1	3
ט220105	תחת השה // אם- במחתרת ימצא הגנב	והכה	ומת אין לו דמים / אם- זרחה	3611	1	1		1	3
ט021208	כה וכה וירא כי- אין איש	ויך	את- המצרי ויטמנהו בחול / ויצא ביום	3621	1	1		*	2
ט021312	אנשים עברים נצים ויאמר לרשע למה	תכה	רעך / ויאמר מי שמך לאיש שר	3621	1	1			2
ט072010	ואהרן כאשר צוה יהוה וירם במטה	ויך	את- המים אשר- ביאר לעיני פרעה	3621	1	1		*	2
ט081308	כן ויט אהרן את- ידו במטהו	ויך	את- עפר הארץ ותהי הכנם באדם	3621	1	1		*	2
ט091506	הארץ / כי עתה שלחתי את- ידי	ואך	אותך ואת- עמך בדבר ותכחד מן-	3621	1	1		*	2
ט092501	בכל- ארץ מצרים מאז היתה לגוי /	ויך	הברד בכל- ארץ מצרים את כל-	3621	1	1		*	2
ט212002	רק שבתו יתן ורפא ירפא / וכי-	יכה	איש את- עבדו או את- אמתו	3621	1	1			2
ט212602	תחת פצע חבורה תחת חבורה / וכי-	יכה	איש את- עין עבדו או- את-	3621	1	1			2
ט021114	אחיו וירא בסבלתם וירא איש מצרי	מכה	איש- עברי מאחיו / ויפן כה וכה	3631	1	1			2
ט071711	תדע כי אני יהוה הנה אנכי	מכה	במטה אשר- בידי על- המים אשר	3631	1	1			2
ט211908	יקום והתהלך בחוץ על- משענתו ונקה	המכה	רק שבתו יתן ורפא ירפא / וכי-	3631	1	1		2	3
ט211201	יעשה לה ויצאה חנם אין כסף /	מכה	איש ומת מות יומת / ואשר לא	3633	1	1			2
ט211501	להרגו בערמה מעם מזבחי תקחנו למות /	ומכה	אביו ואמו מות יומת / וגנב איש	3633	1	1		1	3
ט081211	אמר אל- אהרן נטה את- מטך	והך	את- עפר הארץ והיה לכנם בכל-	364	1	1		1	2
ט072505	ממימי היאר / וימלא שבעת ימים אחרי	הכות-	יהוה את- היאר / ויאמר יהוה אל-	3652					2
ט121320	עלכם ולא- יהיה בכם נגף למשחית	בהכתי	בארץ מצרים / והיה היום הזה לכם	3653			1	4	4
	--*-*-*-*-*-*-*-*-*-*-*-*-*-*-*	הכה	*-*-*-*-*-*-*-*-*-*-*-*-*-*-*-*-*						
ט051401	דבר- יום ביומו כאשר בהיות התבן /	ויכו	שטרי בני ישראל אשר- שמו עלהם	3711	1	3		*	3
ט051611	ולבנים אמרים לנו עשו והנה עבדיך	מכים	וחטאת עמך / ויאמר נרפים אתם נרפים	3731	1	3			2
	--*-*-*-*-*-*-*-*-*-*-*-*-*-*-*	הכחיד	*-*-*-*-*-*-*-*-*-*-*-*-*-*-*-*-*						
ט232313	האמרי והחתי והפרזי והכנעני החוי והיבוסי	והכחדתיו	/ לא- תשתחוה לאלהיהם ולא תעבדם ולא	3611	1	1	4	1	4
	--*-*-*-*-*-*-*-*-*-*-*-*-*-*-*	הכין	*-*-*-*-*-*-*-*-*-*-*-*-*-*-*-*-*						
ט160504	בתורתי אם- לא / והיה ביום הששי	והכינו	את אשר- יביאו והיה משנה על	3611	1	3		1	4
ט232012	לשמרך בדרך ולהביאך אל- המקום אשר	הכנתי	/ השמר מפניו ושמע בקלו אל- תמר	3611	1	1			4
	--*-*-*-*-*-*-*-*-*-*-*-*-*-*-*	הכרית	*-*-*-*-*-*-*-*-*-*-*-*-*-*-*-*-*						
ט080511	עלי למתי אעתיר לך ולעבדיך ולעמך	להכרית	הצפרדעים ממך ומבתיך רק ביאר תשארנה	3654				6	3
	--*-*-*-*-*-*-*-*-*-*-*-*-*-*-*	הלביש	*-*-*-*-*-*-*-*-*-*-*-*-*-*-*-*-*						
ט284101	אבנטים ומגבעות תעשה להם לכבוד ולתפארת /	והלבשת	אתם את- אהרן אחיך ואת- בניו	3611	1	1		1	4
ט290504	ורחצת אתם במים / ולקחת את- הבגדים	והלבשת	את- אהרן את- הכתנת ואת מעיל	3611	1	1		1	4
ט290804	ראשו ומשחת אתו / ואת- בניו תקריב	והלבשתם	כתנת / וחגרת אתם אבנט אהרן ובניו	3611	1	1	9	1	4
ט401301	פתח אהל מועד ורחצת אתם במים /	והלבשת	את- אהרן את בגדי הקדש ומשחת	3611	1	1		1	4
ט401404	אתו וכהן לי / ואת- בניו תקריב	והלבשת	אתם כתנת / ומשחת אתם כאשר משחת	3611	1	1		1	4

/ = סוף פסוק   // = סוף פרק   ג = מין   # = מספר   כ = כינוי ובור   קס = קידומות וסיומות   ה = מספר ההברות

אזכור		מלה		צופן	ג	#	כ	קס	ה
	--*-*-*-*-*-*-*-*-*-*-*-*-*-*-*-*-*-*	הלוה	*-*						
ט222403	נשיכם אלמנות ובניכם יתמים / אם- כסף	תלוה	את- עמי את- העני עמך לא-	3621	1	1			2
	--*-*-*-*-*-*-*-*-*-*-*-*-*-*-*-*-*-*	הלין	*-*						
ט160714	תלנתיכם על- יהוה ונחנו מה כי	תלינו	עלינו / ויאמר משה בתת יהוה לכם	3621	1	3			3
ט170305	את- יהוה / ויצמא שם העם למים	וילן	העם על- משה ויאמר למה זה	3621	1	1		*	3
ט160818	בשמע יהוה את- תלנתיכם אשר- אתם	מלינם	עליו ונחנו מה לא- עלינו תלנתיכם	3631	1	3			3
	--*-*-*-*-*-*-*-*-*-*-*-*-*-*-*-*-*-*	הלך	*-*						
ט142903	נשאר בהם עד- אחד / ובני ישראל	הלכו	ביבשה בתוך הים והמים להם חמה	3111	1	3			2
ט151916	עלהם את- מי הים ובני ישראל	הלכו	ביבשה בתוך הים / ותקח מרים הנביאה	3111	1	3			3
ט170520	הכית בו את- היאר קח בידך	והלכת	/ הנני עמד לפניך שם על- הצור	3111	1	1		1	4
ט020101	הילוד היארה תשליכהו וכל- הבת תחיון //	וילך	איש מבית לוי ויקח את בת-	3121	1	1		*	3
ט031108	משה אל- האלהים מי אנכי כי	אלך	אל- פרעה וכי אוציא את- בני	3121	1	1			2
ט031818	יהוה אלהי העבריים נקרה עלינו ועתה	נלכה-	נא דרך שלשת ימים במדבר ונזבחה	3121	1	3		9	3
ט032110	העם- הזה בעיני מצרים והיה כי	תלכון	לא תלכו ריקם / ושאלה אשה משכנתה	3121	1	3		0	3
ט032112	בעיני מצרים והיה כי תלכון לא	תלכו	ריקם / ושאלה אשה משכנתה ומגרת ביתה	3121	1	3			3
ט041801	בידך אשר תעשה- בו את- האתת /	וילך	משה וישב אל- יתר חתנו ויאמר	3121	1	1		*	3
ט041809	וישב אל- יתר חתנו ויאמר לו	אלכה	נא ואשובה אל- אחי אשר- במצרים	3121	1	1		9	3
ט042709	אל- אהרן לך לקראת משה המדברה	וילך	ויפגשהו בהר האלהים וישק- לו / ויגד	3121	1	1		*	3
ט042901	שלחו ואת כל- האתת אשר צוהו /	וילך	משה ואהרן ויאספו את- כל- זקני	3121	1	1		*	3
ט050306	אשלח / ויאמרו אלהי העברים נקרא עלינו	נלכה	נא דרך שלשת ימים במדבר ונזבחה	3121	1	3	9		3
ט050711	לעם ללבן הלבנים כתמול שלשם הם	ילכו	וקששו להם תבן / ואת- מתכנת הלבנים	3121	1	3			3
ט050822	הם על- כן הם צעקים לאמר	נלכה	נזבחה לאלהינו / תכבד העבדה על- האנשים	3121	1	3		9	3
ט051709	אתם נרפים על- כן אתם אמרים	נלכה	נזבחה ליהוה / ועתה לכו עבדו ותבן	3121	1	3		9	2
ט082304	לעיניהם ולא יסקלנו / דרך שלשת ימים	נלך	במדבר וזבחנו ליהוה אלהינו כאשר יאמר	3121	1	3			2
ט092311	על- השמים ויהוה נתן קלת וברד	ותהלך-	אש ארצה וימטר יהוה ברד על-	3121	2	1		*	4
ט100905	ומי ההלכים / ויאמר משה בנערינו ובזקנינו	נלך	בבנינו ובבנותנו בצאננו ובבקרנו נלך כי	3121	1	3			2
ט100910	בזקנינו נלך בבנינו ובבנותנו בצאננו ובבקרנו	נלך	כי חג- יהוה לנו / ויאמר אלהם	3121	1	3			2
ט102416	רק צאנכם ובקרכם יצג גם- טפכם	ילך	עמכם / ויאמר משה גם- אתה תתן	3121	1	1			2
ט102603	ועלת ועשינו ליהוה אלהינו / וגם- מקננו	ילך	עמנו לא תשאר פרסה כי ממנו	3121	1	1			2
ט122801	ואת- בתינו הציל ויקד העם וישתחוו /	וילכו	ויעשו בני ישראל כאשר צוה יהוה	3121	1	3		*	4
ט141908	מלאך האלהים ההלך לפני מחנה ישראל	וילך	מאחריהם ויסע עמוד הענן מפניהם ויעמד	3121	1	1		*	3
ט152211	מים- סוף ויצאו אל- מדבר- שור	וילכו	שלשת- ימים במדבר ולא- מצאו מים	3121	1	3		*	4
ט160419	ולקטו דבר- יום ביומו למען אנסנו	הילך	בתורתי אם- לא / והיה ביום הששי	3121	1	1		3	3
ט182011	ואת- התורת והודעת להם את- הדרך	ילכו	בה ואת המעשה אשר יעשון / ואתה	3121	1	3			3
ט182705	ישפוטו הם / וישלח משה את- חתנו	וילך	לו אל- ארצו // בחדש השלישי לצאת	3121	1	1		*	3
ט232302	את- איבך וצרתי את- צרריך / כי-	ילך	מלאכי לפניך והביאך אל- האמרי והחתי	3121	1	1			2
ט320120	אליו קום עשה- לנו אלהים אשר	ילכו	לפנינו כי- זה משה האיש אשר	3121	1	3			3
ט322307	ויאמרו לי עשה- לנו אלהים אשר	ילכו	לפנינו כי- זה משה האיש אשר	3121	1	3			3
ט323412	אל אשר- דברתי לך הנה מלאכי	ילך	לפניך וביום פקדי ופקדתי עלהם חטאתם	3121	1	1			2
ט331403	כי עמך הגוי הזה / ויאמר פני	ילכו	והנחתי לך / ויאמר אליו אם- אין	3121	1	3			3
ט340908	אם- נא מצאתי חן בעיניך אדני	ילך-	נא אדני בקרבנו כי עם- קשה-	3121	1	1			2
ט020706	זה / ותאמר אחתו אל בת- פרעה	האלך	וקראתי לך אשה מינקת מן העברים	3122	2	1		3	3
ט020806	הילד / ותאמר- לה בת- פועה לכי	ותלך	העלמה ותקרא את- אם הילד / ותאמר	3122	2	1		*	3
ט100817	עבדו את- יהוה אלהיכם מי ומי	ההלכים	/ ויאמר משה בנערינו ובזקנינו נלך בבנינו	3131	1	3		2	4
ט132102	מסכת ויחנו באתם בקצה המדבר / ויהוה	הלך	לפניהם יומם בעמוד ענן לנחתם הדרך	3131	1	1			2
ט141904	בפרעה ברכבו ובפרשיו / ויסע מלאך האלהים	ההלך	לפני מחנה ישראל וילך מאחריהם ויסע	3131	1	1		2	3
ט191904	כל- ההר מאד / ויהי קול השפר	הולך	וחזק מאד משה ידבר והאלהים יעננו	3131	1	1			2
ט331506	לך / ויאמר אליו אם- אין פניך	הלכים	אל- תעלנו מזה / ובמה יודע אפוא	3131	1	3			3
ט020508	בת- פרעה לרחץ על- היאר ונערתיה	הלכת	על- יד היאר ותרא את- התבה	3132	2	3			3
ט020805	את- הילד / ותאמר- לה בת- פרעה	לכי	ותלך העלמה ותקרא את- אם הילד	314	2	1			2
ט031002	הלחץ אשר מצרים לחצים אתם / ועתה	לכה	ואשלחך אל- פרעה והוצא את- עמי	314	1	1		9	2
ט031601	שמי לעלם וזה זכרי לדר דר /	לך	ואספת את- זקני ישראל ואמרת אלהם	314	1	1			1

/ = סוף פסוק // = סוף פרק ג = מין # = מספר כ = כינוי וגוף קס = קידומות וסיומות ה = מספר ההברות

אזכור		מלה		צופן	ג	#	כ	קס	ה
ט041202	או עור הלא- אנכי יהוה / ועתה	לך	ואנכי אהיה עם- פיך והוריתיך אשר	314	1	1			1
ט041822	ואראה העודם חיים ויאמר יתרו למשה	לך	לשלום / ויאמר יהוה אל- משה במדין	314	1	1			1
ט041906	לשלום / ויאמר יהוה אל- משה במדין	לך	שב מצרים כי- מתו כל- האנשים	314	1	1			1
ט042705	דמים למולת / ויאמר יהוה אל- אהרן	לך	לקראת משה המדברה וילך ויפגשהו בהר	314	1	1			1
ט050412	משה ואהרן תפריעו את- העם ממעשיו	לכו	לסבלתיכם / ויאמר פרעה הן- רבים עתה	314	1	3			2
ט051102	פרעה אינני נתן לכם תבן / אתם	לכו	קחו לכם תבן מאשר תמצאו כי	314	1	3			2
ט051802	אתם אמרים נלכה נזבחה ליהוה / ועתה	לכו	עבדו ותבן לא- ינתן לכם ותכן	314	1	3			2
ט071501	כבד לב פרעה מאן לשלח העם /	לך	אל- פרעה בבקר הנה יצא המימה	314	1	1			1
ט082107	ויקרא פרעה אל- משה ולאהרן ויאמר	לכו	זבחו לאלהיכם בארץ / ויאמר משה לא	314	1	3			2
ט100810	ואת- אהרן אל- פרעה ויאמר אלהם	לכו	עבדו את- יהוה אלהיכם מי ומי	314	1	3			2
ט101103	כי רעה נגד פניכם / לא כן	לכו	נא הגברים ועבדו את- יהוה כי	314	1	3			2
ט102406	במושבתם / ויקרא פרעה אל- משה ויאמר	לכו	עבדו את- יהוה רק צאנכם ובקרכם	314	1	3			2
ט102804	ולא אבה לשלחם / ויאמר- לו פרעה	לך	מעלי השמר לך אל תסף ראות	314	1	1			1
ט123115	עמי גם- אתם גם- בני ישראל	ולכו	עבדו את- יהוה כדברכם / גם- צאנכם	314	1	3		1	3
ט123208	צאנכם גם- בקרכם קחו כאשר דברתם	ולכו	וברכתם גם- אתי / ותחזק מצרים על-	314	1	3		1	3
ט191005	אל- יהוה / ויאמר יהוה אל- משה	לך	אל- העם וקדשתם היום ומחר וכבסו	314	1	1			1
ט192404	את- ההר וקדשתו / ויאמר אליו יהוה	לך-	רד ועלית אתה ואהרן עמך והכהנים	314	1	1			1
ט320705	ויקמו לצחק / וידבר יהוה אל- משה	לך-	רד כי שחת עמך אשר העלית	314	1	1			1
ט323402	אשר חטא- לי אמחנו מספרי / ועתה	לך	נחה את- העם אל אשר- דברתי	314	1	1			1
ט330105	עשה אהרן // וידבר יהוה אל- משה	לך	עלה מזה אתה והעם אשר העלית	314	1	1			1
ט042105	האלהים בידו / ויאמר יהוה אל- משה	בלכתך	לשוב מצרימה ראה כל- המפתים אשר-	3153			2	4	4
ט331611	מצאתי חן בעיניך אני ועמך הלוא	בלכתך	עמנו ונפלינו אני ועמך מכל- העם	3153			2	4	4
ט031909	כי לא- יתן אתכם מלך מצרים	להלך	ולא ביד חזקה / ושלחתי את- ידי	3154				6	3
ט082414	אלהיכם במדבר רק הרחק לא- תרחיקו	ללכת	העתירו בעדי / ויאמר משה הנה אנכי	3154				6	3
ט132114	הדרך ולילה בעמוד אש להאיר להם	ללכת	יומם ולילה / לא- ימיש עמוד הענן	3154				6	3
	-	הלם	*-*						
ט030504	משה ויאמר הנני / ויאמר אל- תקרב	הלם	של- נעליך מעל רגליך כי המקום	22					2
	-	הם	*-*						
ט050710	תבן לעם ללבן הלבנים כתמול שלשם	הם	ילכו וקששו להם תבן / ואת- מתכנת	61	1	3			1
ט050805	להם תבן / ואת- מתכנת הלבנים אשר	הם	עשים תמול שלשם תשימו עליהם לא	61	1	3			1
ט050816	עליהם לא תגרעו ממנו כי- נרפים	הם	על- כן הם צעקים לאמר נלכה	61	1	3			1
ט050819	ממנו כי- נרפים הם על- כן	הם	צעקים לאמר נלכה נזבחה לאלהינו / תכבד	61	1	3			1
ט062701	בני ישראל מארץ מצרים על- צבאתם /	הם	המדברים אל- פרעה מלך- מצרים להוציא	61	1	3			1
ט071108	גם- פרעה לחכמים ולמכשפים ויעשו גם-	הם	חרטמי מצרים בלהטיהם כן / וישליכו איש	61	1	3			1
ט081723	מצרים את- הערב וגם האדמה אשר-	הם	עליה / והפליתי ביום ההוא את- ארץ	61	1	3			1
ט140306	הים / ואמר פרעה לבני ישראל נבכים	הם	בארץ סגר עליהם המדבר / וחזקתי את-	61	1	3			1
ט152310	יכלו לשתת מים ממרה כי מרים	הם	על- כן קרא- שמה מרה / וילנו	61	1	3			1
ט182216	יביאו אליך וכל- הדבר הקטן ישפטו-	הם	והקל מעליך ונשאו אתך / אם את-	61	1	3			1
ט182616	אל- משה וכל- הדבר הקטן ישפוטו	הם	/ וישלח משה את- חתנו וילך לו	61	1	3			1
ט191319	אם- איש לא יחיה במשך היבל	המה	יעלו בהר / וירד משה מן- ההר	61	1	3		9	2
ט240206	מרחק / ונגש משה לבדו אל- יהוה	והם	לא יגשו והעם לא יעלו עמו	61	1	3		1	2
ט280501	קדש לאהרן אחיך ולבניו לכהנו- לי /	והם	יקחו את- הזהב ואת- התכלת ואת-	61	1	3		1	2
ט293316	אתם וזר לא- יאכל כי- קדש	הם	/ ואם- יותר מבשר המלאים ומן- הלחם	61	1	3			1
ט321516	לחת כתבים משני עבריהם מזה ומזה	הם	כתבים / והלחת מעשה אלהים המה והמכתב	61	1	3			1
ט321604	ומזה הם כתבים / והלחת מעשה אלהים	המה	והמכתב מכתב אלהים הוא חרות על-	61	1	3		9	1
ט360316	ישראל למלאכת עבדת הקדש לעשת אתה	והם	הביאו אליו עוד נדבה בבקר בבקר	61	1	3		1	2
ט360413	מלאכת הקדש איש- איש ממלאכתו אשר-	המה	עשים / ויאמרו אל- משה לאמר מרבים	61	1	3		9	2
ט381711	העמודים וחשוקיהם כסף וצפוי ראשיהם כסף	והם	מחשקים כסף כל עמדי החצר / ומסך	61	1	3		1	2
	-	המטיר	*-*						
ט092314	נתן קלת וברד ותהלך- אש ארצה	וימטר	יהוה ברד על- ארץ מצרים / ויהי	3321	1	1		*	3
ט091802	עודך מסתולל בעמי לבלתי שלחם / הנני	ממטיר	כעת מחר ברד כבד מאד אשר	3331	1	1			2

אזכור		מלה		צורן	ג	#	כ	קס	ה
ט160406	ברעב / ויאמר יהוה אל- משה הנני	ממטיר	לכם לחם מן- השמים ויצא העם	3631	1	1			2
	--*-*-*-*-*-*-*-*-*-*-*-*-*-*-*-*	המית	*-*-*-*-*-*-*-*-*-*-*-*-*-*-*-*-*-*						
ט212911	מתמל שלשם והועד בבעליו ולא ישמרנו	והמית	איש או אשה השור יסקל וגם-	3611	1	1		1	3
ט011611	וראיתן על- האבנים אם- בן הוא	והמתן	אתו ואם בת הוא וחיה / ותחאן	3612	2	3		1	4
ט042407	ויהי בדרך במלון ויפגשהו יהוה ויבקש	המיתו	/ ותקח צפרה צר ותכרת את- ערלת	3653			4		3
ט160325	כי- הוצאתם אתנו אל- המדבר הזה	להמית	את- כל- הקהל הזה ברעב / ויאמר	3654				6	3
ט170314	משה ויאמר למה זה העליתנו ממצרים	להמית	אתי ואת- בני ואת- מקני בצמא	3654				6	3
	--*-*-*-*-*-*-*-*-*-*-*-*-*-*-*-*	המם	*-*-*-*-*-*-*-*-*-*-*-*-*-*-*-*-*-*						
ט232705	ימיך אמלא / את- אימתי אשלח לפניך	והמתי	את- כל- העם אשר תבא בהם	3111	1	1		1	4
ט142413	אל- מחנה מצרים בעמוד אש וענן	ויהם	את מחנה מצרים / ויסר את אפן	3121	1	1		*	3
	--*-*-*-*-*-*-*-*-*-*-*-*-*-*-*-*	המעיט	*-*-*-*-*-*-*-*-*-*-*-*-*-*-*-*-*-*						
ט301506	יהוה / העשיר לא- ירבה והדל לא	ימעיט	ממחצית השקל לתת את- תרומת יהוה	3621	1	1			2
ט161707	ויעשו- כן בני ישראל וילקטו המרבה	והממעיט	/ וימדו בעמר ולא העדיף המרבה והממעיט	3631	1	1		21	4
ט161806	והממעיט / וימדו בעמר ולא העדיף המרבה	והממעיט	לא החסיר איש לפי- אכלו לקטו	3631	1	1		21	4
	--*-*-*-*-*-*-*-*-*-*-*-*-*-*-*-*	המרה	*-*-*-*-*-*-*-*-*-*-*-*-*-*-*-*-*-*						
ט232106	הכנתי / השמר מפניו ושמע בקלו אל-	תמר	בו כי לא ישא לפשעכם כי	3621	1	1			2
	--*-*-*-*-*-*-*-*-*-*-*-*-*-*-*-*	המש	*-*-*-*-*-*-*-*-*-*-*-*-*-*-*-*-*-*						
ט102114	השמים ויהי חשך על- ארץ מצרים	וימש	חשך / ויט משה את- ידו על-	3621	1	1		1	3
	--*-*-*-*-*-*-*-*-*-*-*-*-*-*-*-*	הן	*-*-*-*-*-*-*-*-*-*-*-*-*-*-*-*-*-*						
ט011912	לא כנשים המצרית העברית כי- חיות	הנה	בטרם תבוא אלהן המילדת וילדו / וייטב	61	2	3		9	2
ט093207	והחטה והכסמת לא נכו כי אפילת	הנה	/ ויצא משה מעם פרעה את- העיר	61	2	3		9	2
ט391406	במלאתם / והאבנים על- שמת בני- ישראל	הנה	שתים עשרה על- שמתם פתוחי חתם איש	61	2	3		9	2
	--*-*-*-*-*-*-*-*-*-*-*-*-*-*-*-*	הן	*-*-*-*-*-*-*-*-*-*-*-*-*-*-*-*-*-*						
ט040104	ונצלתם את- מצרים // ויען משה ויאמר	והן	לא- יאמינו לי ולא ישמעו בקלי	34				1	2
ט050503	העם ממעשיו לכו לסבלתיכם / ויאמר פרעה	הן-	רבים עתה עם הארץ והשבתם אתם	84					1
ט061206	מארצו / וידבר משה לפני יהוה לאמר	הן	בני ישראל לא- שמעו אלי ואיך	34					1
ט063005	דבר אליך / ויאמר משה לפני יהוה	הן	אני ערל שפתים ואיך ישמע אלי	84					1
ט082213	כי תועבת מצרים נזבח ליהוה אלהינו	הן	נזבח את- תועבת מצרים לעיניהם ולא	34					1
	--*-*-*-*-*-*-*-*-*-*-*-*-*-*-*-*	הנה	*-*-*-*-*-*-*-*-*-*-*-*-*-*-*-*-*-*						
ט010904	ידע את- יוסף / ויאמר אל עמו	הנה	עם בני ישראל רב ועצום ממנו	34					2
ט020605	אמתה ותקחה / ותפתח ותראהו את- הילד	והנה-	נער בכה ותחמל עליו ותאמר מילדי	34				1	3
ט021304	המצרי ויטמנהו בחול / ויצא ביום השני	והנה	שני- אנשים עברים נצים ויאמר לרשע	34				1	3
ט030210	אליו בלבת- אש מתוך הסנה וירא	והנה	הסנה בער באש והסנה איננו אכל	34				1	3
ט030415	מתוך הסנה ויאמר משה משה ויאמר	הנני	/ ויאמר אל- תקרב הלם של- נעליך	34			1		3
ט030902	והחתי והאמרי והפרזי והחוי והיבוסי / ועתה	הנה	צעקת בני- ישראל באה אלי וגם-	34					2
ט031305	ההר הזה / ויאמר משה אל- האלהים	הנה	אנכי בא אל- בני ישראל ואמרתי	84					2
ט040613	ידך בחיקך ויבא ידו בחיקו ויוצאה	והנה	ידו מצרעת כשלג / ויאמר השב ידך	84				1	3
ט040712	וישב ידו אל- חיקו ויוצאה מחיקו	והנה-	שבה כבשרו / והיה אם- לא יאמינו	34				1	3
ט041416	ידעתי כי- דבר ידבר הוא וגם	הנה-	הוא יצא לקראתך וראך ושמח בלבו	34					2
ט042309	שלח את- בני ויעבדני ותמאן לשלחו	הנה	אנכי הרג את- בנך בכרך / ויהי	34					2
ט051609	נתן לעבדיך ולבנים אמרים לנו עשו	והנה	עבדיך מכים וחטאת עמך / ויאמר נרפים	34				1	3
ט071505	לשלח העם / לך אל- פרעה בבקר	הנה	יצא המימה ונצבת לקראתו על- שפת	84					2
ט071614	לאמר שלח את- עמי ויעבדני במדבר	והנה	לא- שמעת עד- כה / כה אמר	34				1	3
ט071709	יהוה בזאת תדע כי אני יהוה	הנה	אנכי מכה במטה אשר- בידי על-	34					2
ט072705	עמי ויעבדני / ואם- מאן אתה לשלח	הנה	אנכי נגף את- כל- גבולך בצפרדעים	84					2
ט081610	משה השכם בבקר והתיצב לפני פרעה	הנה	יוצא המימה ואמרת אליו כה אמר	34					2

/ = סוף פסוק   // = סוף פרק   ג = מין   # = מספר   כ = כינוי ובור   קס = קידומות וסיומות   ה = מספר ההברות

אזכור		מלה		צופן	ג	#	כ	קס	ה
ט081707	כי אם- אינך משלה את- עמי	הנני	משליח בך ובעבדיך ובעמך ובבתיך את-	34			1		3
ט082503	תרחיקו ללכת העתירו בעדי / ויאמר משה	הנה	אנכי יוצא מעמך והעתרתי אל- יהוה	34					2
ט090301	מאן אתה לשלח ועודך מחזיק בם /	הנה	יד- יהוה הויה במקנך אשר בשדה	34					2
ט090703	ישראל לא- מת אחד / וישלח פרעה	והנה	לא- מת ממקנה ישראל עד- אחד	34				1	3
ט091801	הארץ / עודך מסתולל בעמי לבלתי שלחם /	הנני	ממטיר כעת מחר ברד כבד מאד	34			1		3
ט100408	אם- מאן אתה לשלח את- עמי	הנני	מביא מחר ארבה בגבלך / וכסה את-	34			1		3
ט141008	הקריב וישאו בני- ישראל את- עיניהם	והנה	מצרים נסע אחריהם וייראו מאד ויצעקו	34				1	3
ט141702	בני- ישראל בתוך הים ביבשה / ואני	הנני	מחזק את- לב מצרים ויבאו אחריהם	34			1		3
ט160405	הזה ברעב / ויאמר יהוה אל- משה	הנני	ממטיר לכם לחם מן- השמים ויצא	34			1		3
ט161012	עדת בני- ישראל ויפנו אל- המדבר	והנה	כבוד יהוה נראה בענן / וידבר יהוה	34				1	3
ט161404	הטל סביב למחנה / ותעל שכבת הטל	והנה	על- פני המדבר דק מחספס דק	34				1	3
ט170601	בו את- היאר קח בידך והלכת /	הנני	עמד לפניך שם על- הצור בחרב	34			1		3
ט190905	אל- יהוה / ויאמר יהוה אל- משה	הנה	אנכי בא אליך בעב הענן בעבור	34					2
ט232001	אלהיך לא- תבשל גדי בחלב אמו /	הנה	אנכי שלח מלאך לפניך לשמרך בדרך	34					2
ט240809	את- הדם ויזרק על- העם ויאמר	הנה	דם- הברית אשר כרת יהוה עמכם	34					2
ט241411	לנו בזה עד אשר- נשוב אליכם	והנה	אהרן וחור עמכם מי- בעל דברים	34				1	3
ט310602	ובחרשת עץ לעשות בכל- מלאכה / ואני	הנה	נתתי אתו את אהליאב בן- אחיסמך	34					2
ט320909	אל- משה ראיתי את- העם הזה	והנה	עם- קשה- ערף הוא / ועתה הניחה	34				1	3
ט323410	את- העם אל אשר- דברתי לך	הנה	מלאכי ילך לפניך וביום פקדי ופקדתי	34					2
ט332103	לא- יראני האדם וחי / ויאמר יהוה	הנה	מקום אתי ונצבת על- הצור / והיה	34					2
ט341002	הוא וסלחת לעוננו ולחטאתנו ונחלתנו / ויאמר	הנה	אנכי כרת ברית נגד כל- עמך	34					2
ט341108	לך את אשר אנכי מצוך היום	הנני	גרש מפניך את- האמרי והכנעני והחתי	34			1		3
ט343008	אהרן וכל- בני ישראל את- משה	והנה	קרן עור פניו וייראו מגשת אליו	34				1	3
ט394306	העבדה / וירא משה את- כל- המלאכה	והנה	עשו אתה כאשר צוה יהוה כן	34				1	3
	--*-*-*-*-*-*-*-*-*-*-*-*-*-*-*-*-*-*	הנהיג	*-*-*-*-*-*-*-*-*-*-*-*-*-*-*-*-*-*-*-*						
ט030110	את- צאן יתרו חתנו כהן מדין	וינהג	את- הצאן אחר המדבר ויבא אל-	3621	1	1		*	3
	--*-*-*-*-*-*-*-*-*-*-*-*-*-*-*-*-*-*	הנוה	*-*-*-*-*-*-*-*-*-*-*-*-*-*-*-*-*-*-*-*						
ט150209	יה ויהי- לי לישועה זה אלי	ואנוהו	אלהי אבי וארממנהו / יהוה איש מלחמה	3621	1	1	4	1	4
	--*-*-*-*-*-*-*-*-*-*-*-*-*-*-*-*-*-*	הנחה	*-*-*-*-*-*-*-*-*-*-*-*-*-*-*-*-*-*-*-*						
ט132107	ויהוה הלך לפניהם יומם בעמוד ענן	לנחתם	הדרך ולילה בעמוד אש להאיר להם	3653			9	6	4
	--*-*-*-*-*-*-*-*-*-*-*-*-*-*-*-*-*-*	הניח	*-*-*-*-*-*-*-*-*-*-*-*-*-*-*-*-*-*-*-*						
ט162401	העדף הניחו לכם למשמרת עד- הבקר /	ויניחו	אתו עד- הבקר כאשר צוה משה	3621				*	4
ט163406	לדרתיכם / כאשר צוה יהוה אל משה	ויניחהו	אהרן לפני העדת למשמרת / ובני ישראל	3621	1	1	4	*	5
ט162323	אשר- תבשלו בשלו ואת כל- העדף	הניחו	לכם למשמרת עד- הבקר / ויניחו אתו	364	1	3			3
ט163313	אחת ותן- שמה מלא- העמר מן	והנח	אתו לפני יהוה למשמרת לדרתיכם / כאשר	364	1	1		1	3
ט321002	והנה עם- קשה- ערף הוא / ועתה	הניחה	לי ויחר- אפי בהם ואכלם ואעשה	364	1	1		9	3
	--*-*-*-*-*-*-*-*-*-*-*-*-*-*-*-*-*-*	הניח	*-*-*-*-*-*-*-*-*-*-*-*-*-*-*-*-*-*-*-*						
ט331404	עמך הגוי הזה / ויאמר פני ילכו	והנחתי	לך / ויאמר אליו אם- אין פניך	3611	1	1		1	5
ט171109	ירים משה ידו וגבר ישראל וכאשר	יניח	ידו וגבר עמלק / וידי משה כבדים	3621	1	1			3
	--*-*-*-*-*-*-*-*-*-*-*-*-*-*-*-*-*-*	הניס	*-*-*-*-*-*-*-*-*-*-*-*-*-*-*-*-*-*-*-*						
ט092007	הירא את- דבר יהוה מעבדי פרעה	הניס	את- עבדיו ואת- מקנהו אל- הבתים	3611	1	1			2
	--*-*-*-*-*-*-*-*-*-*-*-*-*-*-*-*-*-*	הניף	*-*-*-*-*-*-*-*-*-*-*-*-*-*-*-*-*-*-*-*						
ט202512	לא תבנה אתהן גזית כי חרבך	הנפת	עליה ותחללה / ולא- תעלה במעלת על-	3611	1	1			3
ט292409	על כפי אהרן ועל כפי בניו	והנפת	אתם תנופה לפני יהוה / ולקחת אתם	3611	1	1		1	4
ט292608	את- החזה מאיל המלאים אשר לאהרן	והנפת	אתו תנופה לפני יהוה והיה לך	3611	1	1		1	4
ט352219	כל- כלי זהב וכל- איש אשר	הניף	הנופת זהב ליהוה / וכל- איש אשר-	3611	1	1			2

/ = סוף פסוק // = סוף פרק ג = מין # = מספר כ = כינוי גבור קס = קידומות וסיומות ה = מספר ההברות

אזכור		מלה		צופן	ג	#	כ	קס	ה
	-	הסב	*-*						
ט131801	ינחם העם בראתם מלחמה ושבו מצרימה /	ויסב	אלהים את- העם דרך המדבר ים-	3621	1	1		*	3
	-	הסיע	*-*						
ט152201	גאה גאה סוס ורכבו רמה בים /	ויסע	משה את- ישראל מים- סוף ויצאו	3621	1	1		*	3
	-	הסיר	*-*						
ט232510	אלהיכם וברך את- לחמך ואת- מימיך	והסרתי	מחלה מקרבך / לא תהיה משכלה ועקרה	3611	1	1		1	5
ט332301	הצור ושכתי כפי עליך עד- עברי /	והסרתי	את- כפי וראית את- אחרי ופני	3611	1	1		1	5
ט080409	למשה ולאהרן ויאמר העתירו אל- יהוה	ויסר	הצפרדעים ממני ומעמי ואשלחה את- העם	3621	1	1		1	3
ט101710	חטאתי אך הפעם והעתירו ליהוה אלהיכם	ויסר	מעלי רק את- המות הזה / ויצא	3621	1	1		1	3
ט142501	אש וענן ויהם את מחנה מצרים /	ויסר	את אפן מרכבתיו וינהגהו בכבדת ויאמר	3621	1	1		*	3
ט343407	ובבא משה לפני יהוה לדבר אתו	יסיר	את- המסוה עד- צאתו ויצא ודבר	3621	1	1			2
	-	הסך	*-*						
ט252907	ועשית קערתיו וכפתיו וקשותיו ומנקיתיו אשר	יסך	בהן זהב טהור תעשה אתם / ועשית	3721	1	1			2
ט371616	כפתיו ואת מנקיתיו ואת- הקשות אשר	יסך	בהן זהב טהור / ויעש את- המנרה	3721	1	1			2
	-	הסתולל	*-*						
ט091702	ולמען ספר שמי בכל- הארץ / עודך	מסתולל	בעמי לבלתי שלחם / הנני ממטיר כעת	3531	1	1			3
	-	הסתיר	*-*						
ט030611	אלהי אברהם אלהי יצחק ואלהי יעקב	ויסתר	משה פניו כי ירא מהביט אל-	3621	1	1		*	3
	-	העביד	*-*						
ט011301	וכן יפרץ ויקצו מפני בני ישראל /	ויעבדו	מצרים את- בני ישראל בפרך / וימררו	3621	1	3		*	5
ט060510	את- נאקת בני ישראל אשר מצרים	מעבדים	אתם ואזכר את- בריתי / לכן אמר	3531	1	3			4
	-	העביר	*-*						
ט131201	כאשר נשבע לך ולאבתיך ונתנה לך /	והעברת	כל- פטר- רחם ליהוה וכל- פטר	3611	1	1		1	5
ט331903	הראני נא את- כבדך / ויאמר אני	אעביר	כל- טובי על- פניך וקראתי בשם	3521	1	1			3
ט360603	צוה יהוה לעשת אתה / ויצו משה	ויעבירו	קול במחנה לאמר איש ואשה אל-	3621	1	3		*	5
	-	העדיף	*-*						
ט161804	וילקטו המרבה והממעיט / וימדו בעמר ולא	העדיף	המרבה והממעיט לא החסיר איש לפי-	3611	1	1			2
	-	העז	*-*						
ט091903	היום הוסדה ועד- עתה / ועתה שלח	העז	את- מקנך ואת כל- אשר לך	364	1	1			2
	-	העיד	*-*						
ט192314	לעלת אל- הר סיני כי- אתה	העדתה	בנו לאמר הגבל את- ההר וקדשתו	3611	1	1		9	4
ט192106	משה / ויאמר יהוה אל- משה רד	העד	בעם פן- יהרסו אל- יהוה לראות	364	1	1			2
	-	העלה	*-*						
ט131918	ישראל לאמר פקד יפקד אלהים אתכם	והעליתם	את- עצמתי מזה אתכם / ויסעו מסכת	3611	1	3		1	5
ט170312	העם על- משה ויאמר למה זה	העליתנו	ממצרים להמית אתי ואת- בני ואת-	3611	1	1	6		5
ט253705	זהב טהור / ועשית את- נרתיה שבעה	והעלה	את- נרתיה והאיר על- עבר פניה	3611	1	1		1	4
ט320127	לפנינו כי- זה משה האיש אשר	העלנו	מארץ מצרים לא ידענו מה- היה	3611	1	1	6		4
ט320414	מסכה ויאמרו אלה אלהיך ישראל אשר	העלוך	מארץ מצרים / וירא אהרן ויבן מזבח	3611	1	3	2		4
ט320711	לך- רד כי שחת עמך אשר	העלית	מארץ מצרים / סרו מהר מן- הדרך	3611	1	1			4
ט320820	לו ויאמרו אלה אלהיך ישראל אשר	העלוך	מארץ מצרים / ויאמר יהוה אל- משה	3611	1	3	2		4
ט322314	לפנינו כי- זה משה האיש אשר	העלנו	מארץ מצרים לא ידענו מה- היה	3611	1	1	6		4
ט330111	לך עלה מזה אתה והעם אשר	העלית	מארץ מצרים אל- הארץ אשר נשבעתי	3611	1	1			4
ט400420	וערכת את- ערכו והבאת את- המנרה	והעלית	את- נרתיה / ונתתה את- מזבח הזהב	3611	1	1		1	5

/ = סוף פסוק   // = סוף פרק   ג = מין   # = מספר   כ = כינוי חבור   קס = קידומות וסיומות   ה = מספר ההברות

אזכור		מלה		צופן	ג	#	כ	קס	ה
ט031702	אתכם ראת- העשוי לכם במצרים / ואמר	אעלה	אתכם מעני מצרים אל- ארץ הכנעני	3621	1	1			3
ט080305	ארץ מצרים / ויעשו- כן החרטמים בלטיהם	ויעלו	את- הצפרדעים על- ארץ מצרים / ויקרא	3621	1	3		*	4
ט240506	ישראל / וישלח את- נערי בני ישראל	ויעלו	עלת ויזבחו זבחים שלמים ליהוה פרים	3621	1	3		*	4
ט300902	קטרת תמיד לפני יהוה לדרתיכם / לא-	תעלו	עליו קטרת זרה ועלה ומנחה ונסך	3621	1	3			3
ט320603	ויאמר חג ליהוה מחר / וישכימו ממחרת	ויעלו	עלת ויגשו שלמים וישב העם לאכל	3621	1	3		*	4
ט331508	אליו אם- אין פניך הלכים אל-	תעלנו	מזה / ובמה יודע אפוא כי- מצאתי	3621	1	3	6		4
ט402501	נכח השלחן על ירך המשכן נגבה /	ויעל	הנרת לפני יהוה כאשר צוה יהוה	3621	1	1		*	3
ט402909	העלה שם פתח משכן אהל- מועד	ויעל	עליו את- העלה ואת- המנחה כאשר	3621	1	1		*	3
ט080118	על- הנהרת על- היארים ועל- האגמים	והעל	את- הצפרדעים על- ארץ מצרים / ויט	364	1	1		1	3
ט331209	אל- יהוה ראה אתה אמר אלי	העל	את- העם הזה ואתה לא הודעתני	364	1	1			2
ט300801	בבקר בבקר בהיטיבו את- הנרת יקטירנה /	ובהעלת	אורן את- הנרת בין- הערבים יקטירנה	3551				41	5
ט030805	את- מכאביו / וארד להצילו מיד מצרים	ולהעלתו	מן- הארץ ההוא אל- ארץ טובה	3654			4	61	6
ט272013	אליך שמן זית זך כתית למאור	להעלת	נר תמיד / באהל מועד מחוץ לפרכת	3654				6	4
	-	העמיד	*-*						
ט091604	ותכחד מן- הארץ / ואולם בעבור זאת	העמדתיך	בעבור הראתך את- כחי ולמען ספר	3611	1	1	2		5
	-	העתיר	*-*						
ט082507	ויאמר משה הנה אנכי יוצא מעמך	והעתרתי	אל- יהוה וסר הערב מפרעה מעבדיו	3611	1	1		1	4
ט080507	ויאמר משה לפרעה התפאר עלי למתי	אעתיר	לך ולעבדיך ולעמך להכרית הצפרדעים ממך	3621	1	1			2
ט080406	מצרים / ויקרא פרעה למשה ולאהרן ויאמר	העתירו	אל- יהוה ויסר הצפרדעים ממני ומעמי	364	1	3			3
ט082415	במדבר רק הרחק לא- תרחיקו ללכת	העתירו	בעדי / ויאמר משה הנה אנכי יוצא	364	1	3			3
ט092801	הפעם יהוה הצדיק ואני ועמי הרשעים /	העתירו	אל- יהוה ורב מהית קלת אלהים	364	1	3			3
ט101707	ועתה שא נא חטאתי אך הפעם	והעתירו	ליהוה אלהיכם ויסר מעלי רק את-	364	1	3		1	4
	-	הפדה	*-*						
ט210808	רעה בעיני אדניה אשר- לא יעדה	והפדה	לעם נכרי לא- ימשל לנכרה בבגדו-	3611	1	1	5	1	3
	-	הפיל	*-*						
ט212707	ואם- שן עבדו או- שן אמתו	יפיל	לחפשי ישלחנו תחת שנו / וכי- יגח	3621	1	1			2
	-	הפך	*-*						
ט101901	ויצא מעם פרעה ויעתר אל- יהוה /	ויהפך	יהוה רוח- ים חזק מאד וישא	3121	1	1		*	4
	-	הפלה	*-*						
ט090401	בגמלים בבקר ובצאן דבר כבד מאד /	והפלה	יהוה בין מקנה ישראל ובין מקנה	3611	1	1		1	3
ט081801	הערב וגם האדמה אשר- הם עליה /	והפליתי	ביום ההוא את- ארץ גשן אשר	3621	1	1		1	4
ט110714	למאיש ועד- בהמה למען תדעון אשר	יפלה	יהוה בין מצרים ובין ישראל / וירדו	3621	1	1			2
	-	הפריע	*-*						
ט050408	אלהם מלך מצרים למה משה ואהרן	תפריעו	את- העם ממעשיו לכו לסבלתיכם / ויאמר	3621	1	3			3
	-	הצג	*-*						
ט102413	עבדו את- יהוה רק צאנכם ובקרכם	יצג	גם- טפכם ילך עמכם / ויאמר משה	3721	1	1			2
	-	הצדיק	*-*						
ט230710	ונקי וצדיק אל- תהרג כי לא-	אצדיק	רשע / ושחד לא תקח כי השחד	3621	1	1			2
	-	הציל	*-*						
ט021904	מהרתן בא היום / ותאמרן איש מצרי	הצילנו	מיד הרעים וגם דלה דלה לנו	3611	1	1	6		4
ט052312	בשמך הרע לעם הזה והצל לא-	הצלת	את- עמך // ויאמר יהוה אל- משה	3611	1	1			3
ט060612	יהוה והוצאתי אתכם מתחת סבלת מצרים	והצלתי	אתכם מעבדתם וגאלתי אתכם בזרוע נטויה	3511	1	1		1	4
ט122718	במצרים בנגפו את- מצרים ואת- בתינו	הציל	ויקד העם וישתחוו / וילכו ויעשו בני	3511	1	1			2
ט180911	הטובה אשר- עשה יהוה לישראל אשר	הצילו	מיד מצרים / ויאמר יתרו ברוך יהוה	3611	1	1	4		3

/ = סוף פסוק // = סוף פרק ג = מין # = מספר כ = כינוי חבור קס = קידומות וסיומות ה = מספר ההברות

אזכור		מלה		צונן	ג	#	כ	קס	ה
ט181006	מצרים / ויאמר יתרו ברוך יהוה אשר	הציל	אתכם מיד מצרים ומיד פרעה אשר	3611	1	1			2
ט181013	אתכם מיד מצרים ומיד פרעה אשר	הציל	את- העם מתחת יד- מצרים / עתה	3611	1	1			2
ט180408	האחד אליעזר כי- אלהי אבי בעזרי	ויצלני	מחרב פרעה / ויבא יתרו חתן משה	3621	1	1	1	⁎	5
ט180820	את כל- התלאה אשר מצאתם בדרך	ויצלם	יהוה / ויחד יתרו על כל- הטובה	3621	1	1	9	*	4
ט052310	פרעה לדבר בשמך הרע לעם הזה	והצל	לא- הצלת את- עמך // ויאמר יהוה	3651				1	3
ט030802	נגשיו כי ידעתי את- מכאביו / וארד	להצילו	מיד מצרים ולהעלתו מן- הארץ ההוא	3654			4	6	4
	--*-*-*-*-*-*-*-*-*-*-*-*-*-*-*-*-*-*	הצפין	*-*-*-*-*-*-*-*-*-*-*-*-*-*-*-*-*-*-*-*						
ט020304	ותצפנהו שלשה ירחים / ולא- יכלה עוד	הצפינו	ותקח- לו תבת גמא ותחמרה בחמר	3653			4		3
	--*-*-*-*-*-*-*-*-*-*-*-*-*-*-*-*-*-*	הצר	*-*-*-*-*-*-*-*-*-*-*-*-*-*-*-*-*-*-*-*						
ט320403	באזניהם ויביאו אל- אהרן / ויקח מידם	ויצר	אתו בחרט ויעשהו עגל מסכה ויאמרו	3621	1	1		*	3
	--*-*-*-*-*-*-*-*-*-*-*-*-*-*-*-*-*-*	הקביל	*-*-*-*-*-*-*-*-*-*-*-*-*-*-*-*-*-*-*-*						
ט260514	תעשה בקצה היריעה אשר במחברת השנית	מקבילת	הללאת אשה אל- אחתה / ועשית חמשים	3632	2	3			3
ט361214	עשה בקצה היריעה אשר במחברת השנית	מקבילת	הללאת אחת אל- אחת / ויעש חמשים	3632	2	3			3
	--*-*-*-*-*-*-*-*-*-*-*-*-*-*-*-*-*-*	הקדיש	*-*-*-*-*-*-*-*-*-*-*-*-*-*-*-*-*-*-*-*						
ט283811	ונשא אהרן את- עון הקדשים אשר	יקדישו	בני ישראל לכל- מתנת קדשיהם והיה	3621	1	3			3
	--*-*-*-*-*-*-*-*-*-*-*-*-*-*-*-*-*-*	הקהיל	*-*-*-*-*-*-*-*-*-*-*-*-*-*-*-*-*-*-*-*						
ט350101	על- פניו עד- באו לדבר אתו //	ויקהל	משה את- כל- עדת בני ישראל	3621	1	1		*	3
	--*-*-*-*-*-*-*-*-*-*-*-*-*-*-*-*-*-*	הקטיר	*-*-*-*-*-*-*-*-*-*-*-*-*-*-*-*-*-*-*-*						
ט291319	שתי הכלית ואת- החלב אשר עליהן	והקטרת	המזבחה / ואת- בשר הפר ואת- ערו	3611	1	1		1	4
ט291801	וכרעיו ונתת על- נתחיו ועל- ראשו /	והקטרת	את- כל- האיל המזבחה עלה הוא	3611	1	1		1	4
ט292504	תנופה לפני יהוה / ולקחת אתם מידם	והקטרת	המזבחה על- העלה לריח ניחוח לפני	3611	1	1		1	4
ט300701	על- העדת אשר אועד לך שמה /	והקטיר	עליו אהרן קטרת סמים בבקר בבקר	3611	1	1		1	3
ט303701	לך שמה קדש קדשים תהיה לכם /	והקטרת	אשר תעשה במתכנתה לא תעשו לכם	3611	1	1		1	5
ט300711	סמים בבקר בבקר בהיטיבו את- הנרת	יקטירנה	/ ובהעלת אהרן את- הנרת בין- הערבים	3621	1	1	5		4
ט300807	ובהעלת אהרן את- הנרת בין- הערבים	יקטירנה	קטרת תמיד לפני יהוה לדרתיכם / לא-	3621	1	1	5		4
ט402701	מזבח הזהב באהל מועד לפני הפרכת /	ויקטר	עליו קטרת סמים כאשר צוה יהוה	3621	1	1		*	3
ט302014	ימתו או בגשתם אל- המזבח לשרת	להקטיר	אשה ליהוה / ורחצו ידיהם ורגליהם ולא	3654				6	3
	--*-*-*-*-*-*-*-*-*-*-*-*-*-*-*-*-*-*	הקים	*-*-*-*-*-*-*-*-*-*-*-*-*-*-*-*-*-*-*-*						
ט060402	ושמי יהוה לא נודעתי להם / וגם	הקמתי	את- בריתי אתם לתת להם את-	3611	1	1			3
ט263001	בתים לבריחם וצפית את- הבריחם זהב /	והקמת	את- המשכן כמשפטו אשר הראית בהר	3611	1	1		1	5
ט400206	לאמר / ביום- החדש הראשון באחד לחדש	תקים	את- משכן אהל מועד / ושמת שם	3621	1	1			2
ט401801	בשנה השנית באחד לחדש הוקם המשכן /	ויקם	משה את- המשכן ויתן את- אדניו	3621	1	1		*	3
ט401814	וישם את- קרשיו ויתן את- בריחיו	ויקם	את- עמודיו / ויפרש את- האהל על-	3621	1	1		*	3
ט403301	ירחצו כאשר צוה יהוה את- משה /	ויקם	את- החצר סביב למשכן ולמזבח ויתן	3621	1	1		*	3
	--*-*-*-*-*-*-*-*-*-*-*-*-*-*-*-*-*-*	הקל	*-*-*-*-*-*-*-*-*-*-*-*-*-*-*-*-*-*-*-*						
ט182217	אליך וכל- הדבר הקטן ישפטו- הם	והקל	מעליך ונשאו אתך / אם את- הדבר	364	1	1		1	3
	--*-*-*-*-*-*-*-*-*-*-*-*-*-*-*-*-*-*	הקם	*-*-*-*-*-*-*-*-*-*-*-*-*-*-*-*-*-*-*-*						
ט212108	אם- יום או יומים יעמד לא	יקם	כי כספו הוא / וכי- ינצו אנשים	3721	1	1			2
	--*-*-*-*-*-*-*-*-*-*-*-*-*-*-*-*-*-*	הקריב	*-*-*-*-*-*-*-*-*-*-*-*-*-*-*-*-*-*-*-*						
ט141002	ותילו על- פיהחירת לפני בעלצפן / ופרעה	הקריב	וישאו בני- ישראל את- עיניהם והנה	3611	1	1			2
ט290306	אתם / ונתת אותם על- סל אחד	והקרבת	אתם בסל ואת- הפר ואת שני	3611	1	1		1	4
ט291001	עולם ומלאת יד- אהרן ויד- בניו /	והקרבת	את- הפר לפני אהל מועד וסמך	3611	1	1		1	4
ט401201	את- הכיר ואת- כנו וקדשת אתו /	והקרבת	את- אהרן ואת- בניו אל- פתח	3611	1	1		1	4
ט290405	שני האילם / ואת- אהרן ואת בניו	תקריב	אל- פתח אהל מועד ורחצת אתם	3621	1	1			2

/ = סוף פסוק // = סוף פרק ג = מין # = מספר כ = כינוי חבור קס = קידומות וסיומות ה = מספר ההברות

אזכור		מלה		צורן	ג	#	כ	קס	ה
ט290803	על- ראשו ומשחת אתו / ואת- בניו	תקריב	ולבשתם כתנת / וחגרת אתם אבנט אהרן	3621	1	1			2
ט401403	וקדשת אתו וכהן לי / ואת- בניו	תקריב	והלבשת אתם כתנת / ומשחת אתם כאשר	3621	1	1			2
ט280102	עולם לדרתם מאת בני ישראל // ואתה	הקרב	אליך את- אהרן אחיך ואת- בניו	364	1	1			2
	--*-*-*-*-*-*-*-*-*-*-*-*-*-*-*-*-*-*	הקשה	*-*-*-*-*-*-*-*-*-*-*-*-*-*-*-*-*-*-*-*						
ט131503	יהוה ממצרים מבית עבדים / ויהי כי-	הקשה	פרעה לשלחנו ויהרג יהוה כל- בכור	3611	1	1			2
ט070302	ושלח את- בני- ישראל מארצו / ואני	אקשה	את- לב פרעה והרביתי את- אתתי	3621	1	1			2
	--*-*-*-*-*-*-*-*-*-*-*-*-*-*-*-*-*-*	הר	*-*-*-*-*-*-*-*-*-*-*-*-*-*-*-*-*-*-*-*						
ט031219	העם ממצרים תעבדון את- האלהים על	ההר	הזה / ויאמר משה אל- האלהים הנה	1111	1	1		2	2
ט190212	ויחנו במדבר ויחן- שם ישראל נגד	ההר	/ ומשה עלה אל- האלהים ויקרא אליו	1111	1	1		2	2
ט190309	אל- האלהים ויקרא אליו יהוה מן-	ההר	לאמר כה תאמר לבית יעקב ותגיד	1111	1	1		2	2
ט191209	העם סביב לאמר השמרו לכם עלות	בהר	ונגע בקצהו כל- הנגע בהר מות	1111	1	1		24	2
ט191214	עלות בהר ונגע בקצהו כל- הנגע	בהר	מות יומת / לא- תגע בו יד	1111	1	1		24	2
ט191321	לא יחיה במשך היבל המה יעלו	בהר	/ וירד משה מן- ההר אל- העם	1111	1	1		24	2
ט191404	המה יעלו בהר / וירד משה מן-	ההר	אל- העם ויקדש את- העם ויכבסו	1111	1	1		2	2
ט191612	ויהי קלת וברקים וענן כבד על-	ההר	וקל שפר חזק מאד ויחרד כל-	1111	1	1		2	2
ט191711	לקראת האלהים מן- המחנה ויתיצבו בתחתית	ההר	/ והר סיני עשן כלו מפני אשר	1111	1	1		2	2
ט191817	ויעל עשנו כעשן הכבשן ויחרד כל-	ההר	מאד / ויהי קול השפר הולך וחזק	1111	1	1		2	2
ט192008	יהוה על- הר סיני אל- ראש	ההר	ויקרא יהוה למשה אל- ראש ההר	1111	1	1		2	2
ט192014	ההר ויקרא יהוה למשה אל- ראש	ההר	ויעל משה / ויאמר יהוה אל- משה	1111	1	1		2	2
ט192319	אתה העדתה בנו לאמר הגבל את-	ההר	וקדשתו / ויאמר אליו יהוה לך- רד	1111	1	1		2	2
ט201812	ואת הלפידים ואת קול השפר ואת-	ההר	עשן וירא העם וינעו ויעמדו מרחק	1111	1	1		2	2
ט240412	יהוה וישכם בבקר ויבן מזבח תחת	ההר	ושתים עשרה מצבה לשנים עשר שבטי ישראל / ויש	1111	1	1		2	2
ט241207	ויאמר יהוה אל- משה עלה אלי	ההרה	והיה- שם ואתנה לך את- לחת	1111	1	1		92	3
ט241504	דברים יגש אלהם / ויעל משה אל-	ההר	ויכס הענן את- ההר / וישכן כבוד-	1111	1	1		2	2
ט241508	משה אל- ההר ויכס הענן את-	ההר	/ וישכן כבוד- יהוה על- הר סיני	1111	1	1		2	2
ט241707	ומראה כבוד יהוה כאש אכלת בראש	ההר	לעיני בני ישראל / ויבא משה בתוך	1111	1	1		2	2
ט241807	ויבא משה בתוך הענן ויעל אל-	ההר	ויהי משה בהר ארבעים יום וארבעים	1111	1	1		2	2
ט241810	הענן ויעל אל- ההר ויהי משה	בהר	ארבעים יום וארבעים לילה // וידבר יהוה	1111	1	1		24	2
ט254007	וראה ועשה בתבניתם אשר- אתה מראה	בהר	// ואת- המשכן תעשה עשר יריעת שש	1111	1	1		24	2
ט263007	והקמת את- המשכן כמשפטו אשר הראית	בהר	/ ועשית פרכת תכלת וארגמן ותולעת שני	1111	1	1		24	2
ט270808	לחת תעשה אתו כאשר הראה אתך	בהר	כן יעשו / ועשית את חצר המשכן	1111	1	1		24	2
ט320108	העם כי- בשש משה לרדת מן-	ההר	ויקהל העם על- אהרן ויאמרו אליו	1111	1	1		2	2
ט321505	לעשות לעמו / ויפן וירד משה מן-	ההר	ושני לחת העדת בידו לחת כתבים	1111	1	1		2	2
ט321920	מידו את- הלחת וישבר אתם תחת	ההר	/ ויקח את- העגל אשר עשו וישרף	1111	1	1		2	2
ט340214	סיני ונצבת לי שם על- ראש	ההר	/ ואיש לא- יעלה עמך וגם- איש	1111	1	1		2	2
ט340310	עמך וגם- איש אל- ירא בכל-	ההר	גם- הצאן והבקר אל- ירעו אל-	1111	1	1		2	2
ט340318	הצאן והבקר אל- ירעו אל- מול	ההר	ההוא / ויפסל שני לחת אבנים כראשנים	1111	1	1		2	2
ט342913	לחת העדת ביד- משה ברדתו מן-	ההר	ומשה לא- ידע כי קרן עור	1111	1	1		2	2
ט030117	את- הצאן אחר המדבר ויבא אל-	הר	האלהים חרבה / וירא מלאך יהוה אליו	1112	1	1			1
ט042711	לך לקראת משה המדברה וילך ויפגשהו	בהר	האלהים וישק- לו / ויגד משה לאהרן	1112	1	1		4	2
ט151703	יעבר עם- זו קנית / תבאמו ותטעמו	בהר	נחלתך מכון לשבתך פעלת יהוה מקדש	1112	1	1		4	2
ט180515	אל המדבר אשר- הוא חנה שם	הר	האלהים / ויאמר אל- משה אני חתנך	1112	1	1			1
ט191114	ירד יהוה לעיני כל- העם על-	הר	סיני / והגבלת את- העם סביב לאמר	1112	1	1			1
ט191801	האלהים מן- המחנה ויתיצבו בתחתית ההר /	והר	סיני עשן כלו מפני אשר ירד	1112	1	1		1	2
ט192004	והאלהים יעננו בקול / וירד יהוה על-	הר	סיני אל- ראש ההר ויקרא יהוה	1112	1	1			1
ט192310	יהוה לא- יוכל העם לעלת אל-	הר	סיני כי- אתה העדתה בנו לאמר	1112	1	1			1
ט241308	משה ויהושע משרתו ויעל משה אל-	הר	האלהים / ואל- הזקנים אמר שבו- לנו	1112	1	1			1
ט241605	את- ההר / וישכן כבוד- יהוה על-	הר	סיני ויכסהו הענן ששת ימים ויקרא	1112	1	1			1
ט311807	ויתן אל- משה ככלתו לדבר אתו	בהר	סיני שני לחת העדת לחת אבן	1112	1	1		4	2
ט330606	לך / ויתנצלו בני- ישראל את- עדים	מהר	חורב / ומשה יקח את- האהל ונטה	1112	1	1		7	2
ט340207	והיה נכון לבקר ועלית בבקר אל-	הר	סיני ונצבת לי שם על- ראש	1112	1	1			1
ט340411	כראשנים וישכם משה בבקר ויעל אל-	הר	סיני כאשר צוה יהוה אתו ויקח	1112	1	1			1

/ = סוף פסוק   // = סוף פרק   ג = מין   # = מספר   כ = כינוי חבור   קס = קידומות וסיומות   ה = מספר ההברות

אזכור		מלה		צורן	ג	#	כ	קס	ה
ט342904	הברית עשרת הדברים / ויהי ברדת משה	מהר	סיני ושני לחת העדת ביד- משה	1112	1	1		7	2
ט343214	את כל- אשר דבר יהוה אתו	בהר	סיני / ויכל משה מדבר אתם ויתן	1112	1	1		4	2
ט321209	מצרים לאמר ברעה הוציאם להרג אתם	בהרים	ולכלתם מעל פני האדמה שוב מחרון	1115	1	3		24	3
	-	הראה	*-*						
ט270806	אתו / נבוב לחת תעשה אתו כאשר	הראה	אתך בהר כן יעשו / ועשית את	3611	1	1			2
ט250904	מקדש ושכנתי בתוכם / ככל אשר אני	מראה	אותך את תבנית המשכן ואת תבנית	3631	1	1			2
ט331802	מצאת חן בעיני ואדעך בשם / ויאמר	הראני	נא את- כבדך / ויאמר אני אעביר	364	1	1	1		3
ט091606	הארץ / ואולם בעבור זאת העמדתיך בעבור	הראתך	את- כחי ולמען ספר שמי בכל-	3653			2		4
	-	הראה	*-*						
ט263006	זהב / והקמת את- המשכן כמשפטו אשר	הראית	בהר / ועשית פרכת תכלת וארגמן ותולעת	3711	1	1			3
ט254006	האלה / וראה ועשה בתבניתם אשר- אתה	מראה	בהר // ואת- המשכן תעשה עשר יריעת	3731	1	1			2
	-	הרבה	*-*						
ט070306	מארצו / ואני אקשה את- לב פרעה	והרביתי	את- אתתי ואת- מופתי בארץ מצרים	3611	1	1		1	4
ט301503	ומעלה יתן תרומת יהוה / העשיר לא-	ירבה	והדל לא ימעיט ממחצית השקל לתת	3621	1	1			2
ט321312	אשר נשבעת להם בך ותדבר אלהם	ארבה	את- זרעכם ככוכבי השמים וכל- הארץ	3621	1	1			2
ט161706	תקחו / ויעשו- כן בני ישראל וילקטו	המרבה	והממעיט / וימדו בעמר ולא העדיף המרבה	3631	1	1		2	3
ט161805	המרבה והממעיט / וימדו בעמר ולא העדיף	המרבה	והממעיט לא החסיר איש לפי- אכלו	3631	1	1		2	3
ט360505	המה עשים / ויאמרו אל- משה לאמר	מרבים	העם להביא מדי העבדה למלאכה אשר-	3631	1	3			2
	-	הרג	*-*						
ט021412	ושפט עלינו הלהרגני אתה אמר כאשר	הרגת	את- המצרי ויירא משה ויאמר אכן	3111	1	1			3
ט222303	אלי שמע אשמע צעקתו / וחרה אפי	והרגתי	אתכם בחרב והיו נשיכם אלמנות ובניכם	3111	1	1		1	4
ט131506	עבדים / ויהי כי- הקשה פרעה לשלחנו	ויהרג	יהוה כל- בכור בארץ מצרים מבכר	3121	1	1		*	4
ט230707	מדבר- שקר תרחק ונקי וצדיק אל-	תהרג	כי לא- אצדיק רשע / ושחד לא	3121	1	1			3
ט042311	בני ויעבדני ותמאן לשלחו הנה אנכי	הרג	את- בנך בכרך / ויהי בדרך במלון	3131	1	1			2
ט322718	ירכו עברו ושובו משער לשער במחנה	והרגו	איש- את- אחיו ואיש את- רעהו	314	1	3		1	4
ט052118	פרעה ובעיני עבדיו לתת- חרב בידם	להרגנו	/ וישב משה אל- יהוה ויאמר אדני	3153			6	6	4
ט211406	שמה / וכי- יזד איש על- רעהו	להרגו	בערמה מעם מזבחי תקחנו למות / ומכה	3153			4	6	4
ט021408	מי שמך לאיש שר ושפט עלינו	הלהרגני	אתה אמר כאשר הרגת את- המצרי	3154			1	63	6
ט021507	וישמע פרעה את- הדבר הזה ויבקש	להרג	את- משה ויברח משה מפני פרעה	3154				6	3
ט321207	למה יאמרו מצרים לאמר ברעה הוציאם	להרג	אתם בהרים ולכלתם מעל פני האדמה	3154				6	3
	-	הרה	*-*						
ט020201	מבית לוי ויקח את בת- לוי /	ותהר	האשה ותלד בן ותרא אתו כי-	3122	2	1		*	3
ט212206	הוא / וכי- ינצו אנשים ונגפו אשה	הרה	ויצאו ילדיה ולא יהיה אסון ענוש	3132	1	1			2
	-	הרחיב	*-*						
ט342405	אלהי ישראל / כי- אוריש גוים מפניך	והרחבתי	את- גבלך ולא- יחמד איש את-	3611	1	1		1	4
	-	הרחיק	*-*						
ט082413	ליהוה אלהיכם במדבר רק הרחק לא-	תרחיקו	ללכת העתירו בעדי / ויאמר משה הנה	3621	1	3			3
ט082411	אתכם וזבחתם ליהוה אלהיכם במדבר רק	הרחק	לא- תרחיקו ללכת העתירו בעדי / ויאמר	3651					2
ט330709	את- האהל ונטה לו מחוץ למחנה	הרחק	מן- המחנה וקרא לו אהל מועד	3651					2
	-	הריח	*-*						
ט303805	לך ליהוה / איש אשר- יעשה כמוה	להריח	בה ונכרת מעמיו // וידבר יהוה אל-	3654				6	4
	-	הרים	*-*						
ט072008	כן משה ואהרן כאשר צוה יהוה	וירם	במטה ויך את- המים אשר- ביאר	3621	1	1		*	3
ט171103	וחור עלו ראש הגבעה / והיה כאשר	ירים	משה ידו וגבר ישראל וכאשר יניח	3621	1	1			2
ט352402	אילם מאדמים וערת תחשים הביאו / כל-	מרים	תרומת כסף ונחשת הביאו את תרומת	3631	1	1			2

ה = מספר ההברות   קס = קידומות וסיומות   כ = כינוי הבור   # = מספר   ג = מין   // = סוף פרק   / = סוף פסוק

אזכור		מלה		צופן	ג	#	כ	קס	ה
ט141602	דבר אל- בני- ישראל ויסעו / ואתה	הרם	את- מטך ונטה את- ידך על-	364	1	1			2
		הריק							
ט150909	ארדף אשיג אחלק שלל תמלאמו נפשי	אריק	חרבי תורישמו ידי / נשפת ברוחך כסמו	3121	1	1			2
		הרכיב							
ט042007	ויקח משה את- אשתו ואת- בניו	וירכבם	על- החמר וישב ארצה מצרים ויקח	3621	1	1	9	*	4
		הרס							
ט150703	ימינך יהוה תרעץ אויב / וברב גאונך	תהרס	קמיך תשלח חרנך יאכלמו כקש / וברוח	3121	1	1			3
		הרס							
ט232411	תעבדם ולא תעשה כמעשיהם כי הרס	תהרסם	ושבר תשבר מצבתיהם / ועבדתם את יהוה	3321	1	1	9		4
ט232410	ולא תעבדם ולא תעשה כמעשיהם כי	הרס	תהרסם ושבר תשבר מצבתיהם / ועבדתם את	3351					2
		הרס							
ט192109	אל- משה רד העד בעם פן-	יהרסו	אל- יהוה לראות ונפל ממנו רב	3121	1	3			4
ט192413	אתה ואהרן עמך והכהנים והעם אל-	יהרסו	לעלת אל- יהוה פן- יפרץ- בם	3121	1	3			4
		הרע							
ט052208	משה אל- יהוה ויאמר אדני למה	הרעתה	לעם הזה למה זה שלחתני / ומאז	3611	1	1	9		4
ט052307	ומאז באתי אל- פרעה לדבר בשמך	הרע	לעם הזה והצל לא- הצלת את-	3611	1	1			2
		הרשיע							
ט220827	עד האלהים יבא דבר- שניהם אשר	ירשיען	אלהים ישלם שנים לרעהו / כי- יתן	3621	1	3			3
		השאיל							
ט123608	נתן את- חן העם בעיני מצרים	וישאלום	וינצלו את- מצרים / ויסעו בני- ישראל	3621	1	3		*	4
		השאיר							
ט101223	כל- עשב הארץ את כל אשר	השאיר	הברד / ויט משה את- מטהו על-	3611	1	1			2
		השביע							
ט131909	את- עצמות יוסף עמו כי השבע	השביע	את- בני- ישראל לאמר פקד יפקד	3611	1	1			3
ט131908	משה את- עצמות יוסף עמו כי	השבע	השביע את- בני- ישראל לאמר פקד	3651	1				3
		השבית							
ט050508	פרעה הן- רבים עתה עם הארץ	והשבתם	אתם מסבלתם / ויצו פרעה ביום ההוא	3611	1	3		1	4
ט121508	ימים מצות תאכלו אך ביום הראשון	תשביתו	שאר מבתיכם כי כל- אכל חמץ	3621	1	3			3
		השזר							
ט260107	ואת- המשכן תעשה עשר יריעת שש	משזר	ותכלת וארגמן ותלעת שני כרבים מעשה	3731	1	1			2
ט263108	פרכת תכלת וארגמן ותולעת שני ושש	משזר	מעשה חשב יעשה אתה כרבים / ונתתה	3731	1	1			2
ט263610	האהל תכלת וארגמן ותולעת שני ושש	משזר	מעשה רקם / ועשית למסך חמשה עמודי	3731	1	1			2
ט270911	לפאת נגב- תימנה קלעים לחצר שש	משזר	מאה באמה ארך לפאה האחת / ועמדיו	3731	1	1			2
ט271611	אמה תכלת וארגמן ותולעת שני ושש	משזר	מעשה רקם עמדיהם ארבעה ואדניהם ארבעה	3731	1	1			2
ט271812	חמשים בחמשים וקמה חמש אמות שש	משזר	ואדניהם נחשת / לכל כלי המשכן בכל	3731	1	1			2
ט280610	זהב תכלת וארגמן תולעת שני ושש	משזר	מעשה חשב / שתי כתפת חברת יהיה-	3731	1	1			2
ט280814	זהב תכלת וארגמן ותולעת שני ושש	משזר	/ ולקחת את- שתי אבני- שהם ופתחת	3731	1	1			2
ט281515	זהב תכלת וארגמן ותולעת שני ושש	משזר	תעשה אתו / רבוע יהיה כפול זרת	3731	1	1			2
ט360812	המלאכה את- המשכן עשר יריעת שש	משזר	ותכלת וארגמן ותולעת שני כרבים מעשה	3731	1	1			2
ט363509	הפרכת תכלת וארגמן ותולעת שני ושש	משזר	מעשה חשב עשה אתה כרבים / ויעש	3731	1	1			2
ט363710	האהל תכלת וארגמן ותולעת שני ושש	משזר	מעשה רקם / ואת- עמודיו חמשה ואת-	3731	1	1			2
ט380910	לפאת נגב תימנה קלעי החצר שש	משזר	מאה באמה / עמודיהם עשרים ואדניהם עשרים	3731	1	1			2

אזכור		מלה		צופן	ג	#	כ	קס	ה
ט381606	שלשה / כל- קלעי החצר סביב שש	משזר	/ והאדנים לעמדים נחשת ווי העמודים וחשוקיהם	3731	1	1			2
ט381811	רקם תכלת וארגמן ותולעת שני ושש	משזר	ועשרים אמה ארך וקומה ברחב חמש	3731	1	1			2
ט390210	זהב תכלת וארגמן ותולעת שני ושש	משזר	/ וירקעו את- פחי הזהב וקצץ פתילם	3731	1	1			2
ט390514	זהב תכלת וארגמן ותולעת שני ושש	משזר	כאשר צוה יהוה את- משה / ויעשו	3731	1	1			2
ט390814	זהב תכלת וארגמן ותולעת שני ושש	משזר	/ רבוע היה כפול עשו את- החשן	3731	1	1			2
ט392410	המעיל רמוני תכלת וארגמן ותולעת שני	משזר	/ ויעשו פעמני זהב טהור ויתנו את-	3731	1	1			2
ט392812	המגבעת שש ואת- מכנסי הבד שש	משזר	/ ואת- האבנט שש משזר ותכלת וארגמן	3731	1	1			2
ט392904	הבד שש משזר / ואת- האבנט שש	משזר	ותכלת וארגמן ותולעת שני מעשה רקם	3731	1	1			2
	--*-*-*-*-*-*-*-*-*-*-*-*-*-*-*-*-*-*	השחית	*-*-*-*-*-*-*-*-*-*-*-*-*-*-*-*-*-*-*-*						
ט121319	ופסחתי עלכם ולא- יהיה בכם נגף	למשחית	בהכתי בארץ מצרים / והיה היום הזה	3631	1	1		6	3
ט122320	ופסח יהוה על- הפתח ולא יתן	המשחית	לבא אל- בתיכם לנגף / ושמרתם את-	3631	1	1		2	3
	--*-*-*-*-*-*-*-*-*-*-*-*-*-*-*-*-*-*	השיב	*-*-*-*-*-*-*-*-*-*-*-*-*-*-*-*-*-*-*-*						
ט343512	משה כי קרן עור פני משה	והשיב	משה את- המסוה על- פניו עד-	3611	1	1		1	3
ט040706	כשלג / ויאמר השב ידך אל- חיקך	וישב	ידו אל- חיקו ויוצאה מחיקו והנה-	3621	1	1		*	3
ט151908	בא סוס פרעה ברכבו ובפרשיו בים	וישב	יהוה עלהם את- מי הים ובני	3621	1	1		*	3
ט190811	ויאמרו כל אשר- דבר יהוה נעשה	וישב	משה את- דברי העם אל- יהוה	3621	1	1		*	3
ט213405	או חמור / בעל הבור ישלם כסף	ישיב	לבעליו והמת יהיה- לו / וכי- יגף	3621	1	1			2
ט222509	תחבל שלמת רעך עד- בא השמש	תשיבנו	לו / כי הוא כסותה לבדה הוא	3621	1	1	4		4
ט230409	שור איבך או חמרו תעה השב	תשיבנו	לו / כי- תראה חמור שנאך רבץ	3621	1	1	4		4
ט040702	ויוצאה והנה ידו מצרעת כשלג / ויאמר	השב	ידך אל- חיקך וישב ידו אל-	364	1	1			2
ט230408	תפגע שור איבך או חמרו תעה	השב	תשיבנו לו / כי- תראה חמור שנאך	3651					2
	--*-*-*-*-*-*-*-*-*-*-*-*-*-*-*-*-*-*	השיג	*-*-*-*-*-*-*-*-*-*-*-*-*-*-*-*-*-*-*-*						
ט140904	יצאים ביד רמה / וירדפו מצרים אחריהם	וישיגו	אותם חנים על- הים כל- סוס	3621	1	3		*	4
ט150904	תהמת בלב- ים / אמר אויב ארדף	אשיג	אחלק שלל תמלאמו נפשי אריק חרבי	3621	1	1			2
	--*-*-*-*-*-*-*-*-*-*-*-*-*-*-*-*-*-*	השכים	*-*-*-*-*-*-*-*-*-*-*-*-*-*-*-*-*-*-*-*						
ט240407	ויכתב משה את כל- דברי יהוה	וישכם	בבקר ויבן מזבח תחת ההר ושתים עשרה	3621	1	1		*	3
ט320601	ויקרא אהרן ויאמר חג ליהוה מחר /	וישכימו	ממחרת ויעלו עלת ויגשו שלמים וישב	3621	1	3		*	4
ט340406	ההוא / ויפסל שני לחת אבנים כראשנים	וישכם	משה בבקר ויעל אל- הר סיני	3621	1	1		*	3
ט081605	דבר יהוה / ויאמר יהוה אל- משה	השכם	בבקר והתיצב לפני פרעה הנה יוצא	364	1	1			2
ט091305	אל- משה / ויאמר יהוה אל משה	השכם	בבקר והתיצב לפני פרעה ואמרת אליו	364	1	1			2
	--*-*-*-*-*-*-*-*-*-*-*-*-*-*-*-*-*-*	השליח	*-*-*-*-*-*-*-*-*-*-*-*-*-*-*-*-*-*-*-*						
ט081708	אם- אינך משלח את- עמי הנני	משליח	בך ובעבדיך ובעמך ובבתיך את- הערב	3631	1	1			3
	--*-*-*-*-*-*-*-*-*-*-*-*-*-*-*-*-*-*	השליך	*-*-*-*-*-*-*-*-*-*-*-*-*-*-*-*-*-*-*-*						
ט012210	עמו לאמר כל- הבן הילוד היארה	תשליכהו	וכל- הבת תחיון // וילך איש מבית	3621	1	3	4		4
ט040304	בידך ויאמר מטה / ויאמר השליכהו ארצה	וישלכהו	ארצה ויהי לנחש וינס משה מפניו	3621	1	1		*	5
ט071011	פרעה ויעשו כן כאשר צוה יהוה	וישלך	אהרן את- מטהו לפני פרעה ולפני	3621	1	1		*	3
ט071201	גם- הם חרטמי מצרים בלהטיהם כן /	וישליכו	איש מטהו ויהיו לתנינם ויבלע מטה-	3621	1	3		*	4
ט152507	ויצעק אל- יהוה ויורהו יהוה עץ	וישלך	אל המים וימתקו המים שם שם	3621	1	1		*	3
ט223011	ובשר בשדה טרפה לא תאכלו לכלב	תשלכון	אתו // לא תשא שמע שוא אל-	3621	1	3		0	3
ט321913	אז- העגל ומחלת ויחר- אף משה	וישלך	מידו את- הלחת וישבר אתם תחת	3621	1	1		*	3
ט322408	להם למי זהב התפרקו ויתנו- לי	ואשלכהו	באש ויצא העגל הזה / וירא משה	3621	1	1	4	*	5
ט040302	מה זה בידך ויאמר מטה / ויאמר	השליכהו	ארצה וישלכהו ארצה ויהי לנחש וינס	354	1	1		4	4
ט070915	ואמרת אל- אהרן קח את- מטך	והשלך	לפני- פרעה יהי לתנין / ויבא משה	354	1	1		1	3
	--*-*-*-*-*-*-*-*-*-*-*-*-*-*-*-*-*-*	השקה	*-*-*-*-*-*-*-*-*-*-*-*-*-*-*-*-*-*-*-*						
ט021707	ויבאו הרעים ויגרשום ויקם משה ויושען	וישק	את- צאנם / ותבאנה אל- רעואל אביהן	3621	1	1		*	2
ט021911	מיד הרעים וגם דלה דלה לנו	וישק	את- הצאן / ויאמר אל- בנתיו ואיו	3621	1	1		*	2
ט322016	אשר- דק ויזר על- פני המים	וישק	את- בני ישראל / ויאמר משה אל-	3621	1	1		*	2

אזכור		מלה		צופן ג # כ	קס	ה
ט021610	בנות ותבאנה ותדלנה ותמלאנה את- הרהטים	להשקות	צאן אביהן / ויבאו הרעים ויגרשום ויקם	3654	6	3
	-	השקיף	*-*			
ט142405	אל- תוך הים / ויהי באשמרת הבקר	וישקף	יהוה אל- מחנה מצרים בעמוד אש	1 1 3621	*	3
	-	השתחוה	*-*			
ט110806	ישראל / וירדו כל- עבדיך אלה אלי	והשתחוו-	לי לאמר צא אתה וכל העם	3 1 3511	1	5
ט240114	ואהרן נדב ואביהוא ושבעים מזקני ישראל	והשתחויתם	מרחק / ונגש משה לבדו אל- יהוה	3 1 3511	1	6
ט331013	עמד פתח האהל וקם כל- העם	והשתחוו	איש פתח אהלו / וידבר יהוה אל-	3 1 3511	1	5
ט043115	ישראל וכי ראה את- ענים ויקדו	וישתחוו	// ואחר באו משה ואהרן ויאמרו אל-	3 1 3521	*	5
ט122721	מצרים ואת- בתינו הציל ויקד העם	וישתחוו	/ וילכו ויעשו בני ישראל כאשר צוה	3 1 3521	*	5
ט180705	בניה עמה / ויצא משה לקראת חתנו	וישתחו	וישק- לו וישאלו איש- לרעהו לשלום	1 1 3521	*	4
ט200502	מתחת ואשר במים מתחת לארץ / לא-	תשתחוה	להם ולא תעבדם כי אנכי יהוה	1 1 3521		4
ט232402	והפרזי והכנעני החוי והיבוסי והכחדתיו / לא-	תשתחוה	לאלהיהם ולא תעבדם ולא תעשה כמעשיהם	1 1 3521		4
ט320811	אשר צויתם עשו להם עגל מסכה	וישתחוו-	לו ויזבחו- לו ויאמרו אלה אלהיך	3 1 3521	*	5
ט340805	ועל- רבעים / וימהר משה ויקד ארצה	וישתחו	/ ויאמר אם- נא מצאתי חן בעיניך	1 1 3521	*	4
ט341403	תשברון ואת- אשריו תכרתון / כי לא	תשתחוה	לאל אחר כי יהוה קנא שמו	1 1 3521		4
	-	התאבל	*-*			
ט330407	וישמע העם את- הדבר הרע הזה	ויתאבלו	ולא- שתו איש עדיו עליו / ויאמר	3 1 3521	*	5
	-	התהלך	*-*			
ט211903	ולא ימות ונפל למשכב / אם- יקום	והתהלך	בחוץ על- משענתו ונקה המכה רק	1 1 3511	1	4
	-	התחכם	*-*			
ט011002	בני ישראל רב ועצום ממנו / הבה	נתחכמה	לו פן ירבה והיה כי- תקראנה	3 1 3521	9	4
	-	התיצב	*-*			
ט191709	את- העם לקראת האלהים מן- המחנה	ויתיצבו	בתחתית ההר / והר סיני עשן כלו	3 1 3521	*	5
ט340504	שני לחת אבנים / וירד יהוה בענן	ויתיצב	עמו שם ויקרא בשם יהוה / ויעבר	1 1 3521	*	4
ט081607	ויאמר יהוה אל- משה השכם בבקר	והתיצב	לפני פרעה הנה יוצא המימה ואמרת	1 1 354	1	4
ט091307	ויאמר יהוה אל משה השכם בבקר	והתיצב	לפני פרעה ואמרת אליו כה- אמר	1 1 354	1	4
ט141307	ויאמר משה אל- העם אל- תיראו	התיצבו	וראו את- ישועת יהוה אשר- יעשה	3 1 354		4
	-	התל	*-*			
ט082520	ומעמו מחר רק אל- יסף פרעה	התל	לבלתי שלח את- העם לזבח ליהוה	3651		2
	-	התלקח	*-*			
ט092404	על- ארץ מצרים / ויהי ברד ואש	מתלקחת	בתוך הברד כבד מאד אשר לא-	1 2 3532		4
	-	התמהמה	*-*			
ט123917	חמץ כי- גרשו ממצרים ולא יכלו	להתמהמה	וגם- צדה לא- עשו להם / ומושב	3514	6	5
	-	התנצל	*-*			
ט330601	עדיך מעליך ואדעה מה אעשה- לך /	ויתנצלו	בני- ישראל את- עדים מהר חורב	3 1 3521	*	5
	-	התעלל	*-*			
ט100209	באזני בנך ובן- בנך את אשר	התעללתי	במצרים ואת- אתתי אשר- שמתי בם	1 1 3511		4
	-	התפאר	*-*			
ט080504	העם ויזבחו ליהוה / ויאמר משה לפרעה	התפאר	עלי למתי אעתיר לך ולעבדיך ולעמך	1 1 354		3

אזכור		מלה		צופן	ג	#	כ	קס	ה
	-	התפרק	*-*						
ט320301	באזני נשיכם בניכם ובנתיכם והביאו אלי /	ויתפרקו	כל- העם את- נזמי הזהב אשר	3521	1	3		*	5
ט322405	היה לו / ואמר להם למי זהב	התפרקו	ויתנו- לי ואשלכהו באש ויצא העגל	354	1	3			4
	-	התצב	*-*						
ט020401	הילד ותשם בסוף על- שפת היאור /	ותתצב	אותו מרחק לדעה מה- יעשה לו	3822	2	1		*	4
	-	התקדש	*-*						
ט192206	רב / וגם הכהנים הנגשים אל- יהוה	יתקדשו	פן- יפרץ בהם יהוה / ויאמר משה	3521	1	3			4
	-	וו	*-*						
ט382808	האלף ושבע המאות וחמשה ושבעים עשה	ווים	לעמודים וצפה ראשיהם וחשק אתם / ונחשת	1115	1	3			2
ט271006	האחת / ועמדיו עשרים ואדניהם עשרים נחשת	ווי	ועמדים וחשקיהם כסף / וכן לפאת צפון	1116	1	3			2
ט271113	ארך ועמדו עשרים ואדניהם עשרים נחשת	ווי	העמדים וחשקיהם כסף / ורחב החצר לפאת-	1116	1	3			2
ט381006	באמה / עמודיהם עשרים ואדניהם עשרים נחשת	ווי	ועמודים וחשקיהם כסף / ולפאת צפון מאה	1116	1	3			2
ט381110	באמה עמודיהם עשרים ואדניהם עשרים נחשת	ווי	העמודים וחשקיהם כסף / ולפאת- ים קלעים	1116	1	3			2
ט381210	חמשים באמה עמודיהם עשרה ואדניהם עשרה	ווי	העמדים וחשוקיהם כסף / ולפאת קדמה מזרחה	1116	1	3			2
ט381704	סביב שש משזר / והאדנים לעמדים נחשת	ווי	העמודים וחשוקיהם כסף וצפוי ראשיהם כסף	1116	1	3			2
ט263209	על- ארבעה עמודי שטים מצפים זהב	וויהם	זהב על- ארבעה אדני- כסף / ונתתה	1117	1	3	9		3
ט263709	חמשה עמודי שטים וצפית אתם זהב	וויהם	זהב ויצקת להם חמשה אדני נחשת	1117	1	3	9		3
ט271707	כל- עמודי החצר סביב מחשקים כסף	וויהם	כסף ואדניהם נחשת / ארך החצר מאה	1117	1	3	9		3
ט363608	לה ארבעה עמודי שטים ויצפם זהב	וויהם	זהב ויצק להם ארבעה אדני- כסף	1117	1	3	9		3
ט363805	מעשה רקם / ואת- עמודיו חמשה ואת-	וויהם	וצפה ראשיהם וחשקיהם זהב ואדניהם חמשה	1117	1	3	9		3
ט381906	החצר / ועמדיהם ארבעה ואדניהם ארבעה נחשת	וויהם	כסף וצפוי ראשיהם וחשקיהם כסף / וכל-	1117	1	3	9		3
	-	זאת	*-*						
ט071704	שמעת עד- כה / כה אמר יהוה	בזאת	תדע כי אני יהוה הנה אנכי	62	2	1		4	2
ט072310	אל- ביתו ולא- שת לבו גם-	לזאת	/ ויהפכו כל- מצרים סביבת היאר מים	62	2	1		6	2
ט082807	ויכבד פרעה את- לבו גם בפעם-	הזאת	ולא שלח את- העם // ויאמר יהוה	62	2	1		2	2
ט091403	שלח את- עמי ויעבדני / כי בפעם	הזאת	אני שלח את- כל- מגפתי אל-	62	2	1		2	2
ט091603	בדבר ותכחד מן- הארץ / ואולם בעבור	זאת	העמדתיך בעבור הראתך את- כחי ולמען	62	2	1			1
ט122515	לכם כאשר דבר ושמרתם את- העבדה	הזאת	/ והיה כי יאמרו אליכם בניכם מה	62	2	1		2	2
ט122608	כי יאמרו אליכם בניכם מה העבדה	הזאת	לכם / ואמרתם זבח- פסח הוא ליהוה	62	2	1		2	2
ט124306	לדרתם / ויאמר יהוה אל- משה ואהרן	זאת	חקת הפסח כל- בן- נכר לא-	62	2	1			1
ט130524	זבת חלב ודבש ועבדת את- העבדה	הזאת	בחדש הזה / שבעת ימים תאכל מצת	62	2	1		2	2
ט131004	הוצאך יהוה ממצרים / ושמרת את החקה	הזאת	למועדה מימים ימימה / והיה כי- יבאך	62	2	1		2	2
ט131408	כי- ישאלך בנך מחר לאמר מה-	זאת	ואמרת אליו בחזק יד הוציאנו יהוה	62	2	1			1
ט140515	פרעה ועבדיו אל- העם ויאמרו מה-	זאת	עשינו כי- שלחנו את- ישראל מעבדנו	62	2	1			1
ט141112	קברים במצרים לקחתנו למות במדבר מה	זאת	עשית לנו להוציאנו ממצרים / הלא- זה	62	2	1			1
ט150108	ישיר- משה ובני ישראל את- השירה	הזאת	ליהוה ויאמרו לאמר אשירה ליהוה כי	62	2	1		2	2
ט171406	חרב / ויאמר יהוה אל- משה כתב	זאת	זכרון בספר ושים באזני יהושע כי-	62	2	1			1
ט250301	אשר ידבנו לבו תקחו את- תרומתי /	וזאת	התרומה אשר תקחו מאתם זהב וכסף	62	2	1		1	2
ט321319	את- זרעכם ככוכבי השמים וכל- הארץ	הזאת	אשר אמרתי אתן לזרעכם ונחלו לעלם	62	2	1		2	2
	-	זב	*-*						
ט030815	אל- ארץ טובה ורחבה אל- ארץ	זבת	חלב ודבש אל- מקום הכנעני והחתי	3134	2	1			2
ט031716	והאמרי והפרזי והחוי והיבוסי אל- ארץ	זבת	חלב ודבש / ושמעו לקלך ובאת אתה	3134	2	1			2
ט130518	אשר נשבע לאבתיך לתת לך ארץ	זבת	חלב ודבש ועבדת את- העבדה הזאת	3134	2	1			2
ט330303	והחתי והפרזי החוי והיבוסי / אל- ארץ	זבת	חלב ודבש כי לא אעלה בקרבך	3134	2	1			2
	-	זבולן	*-*						
ט010302	באו / ראובן שמעון לוי ויהודה / יששכר	זבולן	ובנימן / דן ונפתלי גד ואשר / ויהי	122	1				3

/ = סוף פסוק // = סוף פרק ג = מין # = מספר כ = כינוי חבור קס = קידומות וסיומות ה = מספר ההברות

אזכור		מלה		צורן	ג	#	כ	קס	ה
	--*-*-*-*-*-*-*-*-*-*-*-*-*-*-*-*-*	זבח	*-*-*-*-*-*-*-*-*-*-*-*-*-*-*-*-*-*-*						
ט122702	בניכם מה העבדה הזאת לכם / ואמרתם	זבח-	פסח הוא ליהוה אשר פסח על-	1112	1	1			2
ט342510	חמץ דם- זבחי ולא- ילין לבקר	זבח	חג הפסח / ראשית בכורי אדמתך תביא	1112	1	1			2
ט231806	יהוה / לא- תזבח על- חמץ דם-	זבחי	ולא- ילין חלב- חגי עד- בקר	1113	1	1	2		2
ט341514	אלהיהם וזבחו לאלהיהם וקרא לך ואכלת	מזבחו	/ ולקחת מבנתיו לבניך וזנו בנתיו אחרי	1113	1	1	4	7	3
ט342506	בשנה / לא- תשחט על- חמץ דם-	זבחי	ולא- ילין לבקר זבח חג הפסח	1113	1	1	1		2
ט102507	ויאמר משה גם- אתה תתן בידנו	זבחים	ועלת ועשינו ליהוה אלהינו / וגם- מקננו	1115	1	3			3
ט181206	עליהם / ויקח יתרו חתן משה עלה	וזבחים	לאלהים ויבא אהרן וכל זקני ישראל	1115	1	3		1	4
ט240509	נערי בני ישראל ויעלו עלת ויזבחו	זבחים	שלמים ליהוה פרים / ויקח משה חצי	1115	1	3			3
ט292817	הוא ותרומה יהיה מאת בני- ישראל	מזבחי	שלמיהם תרומתם ליהוה / ובגדי הקדש אשר	1116	1	3		7	4
	--*-*-*-*-*-*-*-*-*-*-*-*-*-*-*-*-*	זבח	*-*-*-*-*-*-*-*-*-*-*-*-*-*-*-*-*-*-*						
ט082306	יסקלנו / דרך שלשת ימים נלך במדבר	וזבחנו	ליהוה אלהינו כאשר יאמר אלינו / ויאמר	3111	1	3		1	4
ט202405	תעשה לכם / מזבח אדמה תעשה לי	וזבחת	עליו את- עלתיך ואת- שלמיך את-	3111	1	1		1	4
ט341509	ברית ליושב הארץ וזנו אחרי אלהיהם	וזבחו	לאלהיהם וקרא לך ואכלת מזבחו / ולקחת	3111	1	3		1	4
ט031824	נלכה- נא דרך שלשת ימים במדבר	ונזבחה	ליהוה אלהינו / ואני ידעתי כי לא-	3121	1	3		91	4
ט050312	נלכה נא דרך שלשת ימים במדבר	ונזבחה	ליהוה אלהינו פן- יפגענו בדבר או	3121	1	3		91	4
ט050823	על- כן הם צעקים לאמר נלכה	נזבחה	לאלהינו / תכבד העבדה על- האנשים ויעשו-	3121	1	3		9	3
ט051710	נרפים על- כן אתם אמרים נלכה	נזבחה	ליהוה / ועתה לכו עבדו ותבן לא-	3121	1	3		9	3
ט080416	הצפרדעים ממני ומעמי ואשלחה את- העם	ויזבחו	ליהוה / ויאמר משה לפרעה התפאר עלי	3121	1	3		1	4
ט082210	נכון לעשות כן כי תועבת מצרים	נזבח	ליהוה אלהינו הן נזבח את- תועבת	3121	1	3			2
ט082214	תועבת מצרים נזבח ליהוה אלהינו הן	נזבח	את- תועבת מצרים לעיניהם ולא יסקלנו	3121	1	3			2
ט082406	אלינו / ויאמר פרעה אנכי אשלח אתכם	וזבחתם	ליהוה אלהיכם במדבר רק הרחק לא-	3121	1	3		1	4
ט231802	זכורך אל- פני האדן יהוה / לא-	תזבח	על- חמץ דם- זבחי ולא- ילין	3121	1	1			2
ט240508	את- נערי בני ישראל ויעלו עלת	ויזבחו	זבחים שלמים ליהוה פרים / ויקח משה	3121	1	3		*	4
ט320813	עשו להם עגל מסכה וישתחוו- לו	ויזבחו-	לו ויאמרו אלה אלהיך ישראל אשר	3121	1	3		*	4
ט131520	ועד- בכור בהמה על- כן אני	זבח	ליהוה כל- פטר רחם הזכרים וכל-	3131	1	1			3
ט221901	כל- שכב עם- בהמה מות יומת /	זבח	לאלהים יחרם בלתי ליהוה לבדו / וגר	3131	1	1			3
ט082108	פרעה אל- משה ולאהרן ויאמר לכו	זבחו	לאלהיכם בארץ / ויאמר משה לא נכון	314	1	3			3
ט082525	פרעה התל לבלתי שלח את- העם	לזבח	ליהוה / ויצא משה מעם פרעה ויעתר	3154				6	3
	--*-*-*-*-*-*-*-*-*-*-*-*-*-*-*-*-*	זדה	*-*-*-*-*-*-*-*-*-*-*-*-*-*-*-*-*-*-*						
ט181111	יהוה מכל- האלהים כי בדבר אשר	זדו	עליהם / ויקח יתרו חתן משה עלה	3111	1	3			2
	--*-*-*-*-*-*-*-*-*-*-*-*-*-*-*-*-*	זה	*-*-*-*-*-*-*-*-*-*-*-*-*-*-*-*-*-*-*						
ט011810	למילדת ויאמר להן מדוע עשיתן הדבר	הזה	ותחיין את- הילדים / ותאמרן המילדת אל-	62	1	1		2	2
ט020613	בכה ותחמל עליו ותאמר מילדי העברים	זה	/ ותאמר אחתו אל בת- פרעה האלך	62	1	1			1
ט020908	לה בת- פרעה היליכי את- הילד	הזה	והינקהו לי ואני אתן את- שכרך	62	1	1		2	2
ט021505	נודע הדבר / וישמע פרעה את- הדבר	הזה	ויבקש להרג את- משה ויברח משה	62	1	1		2	2
ט022006	הצאן / ויאמר אל- בנתיו ואיו למה	זה	עזבתן את- האיש קראן לו ויאכל	62	1	1			1
ט030309	אסרה- נא ואראה את- המראה הגדל	הזה	מדוע לא- יבער הסנה / וירא יהוה	62	1	1		2	2
ט031205	ישראל ממצרים / ויאמר כי- אהיה עמך	וזה-	לך האות כי אנכי שלחתיך בהוציאך	62	1	1		1	2
ט031220	ממצרים תעבדון את- האלהים על ההר	הזה	/ ויאמר משה אל- האלהים הנה אנכי	62	1	1		2	2
ט031522	אלהי יצחק אלהי יעקב שלחני אליכם	זה-	שמי לעלם וזה זכרי לדר דר	62	1	1			1
ט031525	יעקב שלחני אליכם זה- שמי לעלם	וזה	זכרי לדר דר / לך ואספת את-	62	1	1		1	2
ט032105	ישלח אתכם / ונתתי את- חן העם-	הזה	בעיני מצרים והיה כי תלכון לא	62	1	1		2	2
ט040205	אליך יהוה / ויאמר אליו יהוה מה	זה	בידך ויאמר מטה / ויאמר השליכהו ארצה	62	1	1			1
ט041703	ואתה תהיה- לו לאלהים / ואת- המטה	הזה	תקח בידך אשר תעשה- בו את-	62	1	1		2	2
ט052210	יהוה ויאמר אדני למה הרעתה לעם	הזה	למה זה שלחתני / ומאז באתי אל-	62	1	1		2	2
ט052212	אדני למה הרעתה לעם הזה למה	זה	שלחתני / ומאז באתי אל- פרעה לדבר	62	1	1			1
ט052309	אל- פרעה לדבר בשמך הרע לעם	הזה	והצל לא- הצלת את- עמך // ויאמר	62	1	1		2	2
ט081910	עמי ובין עמך למחר יהיה האת	הזה	/ ויעש יהוה כן ויבא ערב כבד	62	1	1		2	2
ט090509	מועד לאמר מחר יעשה יהוה הדבר	הזה	בארץ / ויעש יהוה את- הדבר הזה	62	1	1		2	2
ט090605	הזה בארץ / ויעש יהוה את- הדבר	הזה	ממחרת וימת כל מקנה מצרים וממקנה	62	1	1		2	2

אזכור		מלה		צופן	ג	#	כ	קס	ה
ט100621	מיום היותם על- האדמה עד היום	הזה	ויפן ויצא מעם פרעה / ויאמרו עבדי	62	1	1		2	2
ט100708	עבדי פרעה אליו עד- מתי יהיה	זה	לנו למוקש שלח את- האנשים ויעבדו	62	1	1			1
ט101715	אלהיכם ויסר מעלי רק את- המות	הזה	/ ויצא מעם פרעה ויעתר אל- יהוה	62	1	1		2	2
ט110117	ועל- מצרים אחרי- כן ישלח אתכם	מזה	כשלחו כלה גרש יגרש אתכם מזה	62	1	1		7	2
ט110123	מזה כשלחו כלה גרש יגרש אתכם	מזה	/ דבר- נא באזני העם וישאלו איש	62	1	1		7	2
ט120202	ואל- אהרן בארץ מצרים לאמר / החדש	הזה	לכם ראש חדשים ראשון הוא לכם	62	1	1		2	2
ט120309	כל- עדת ישראל לאמר בעשר לחדש	הזה	ויקחו להם איש שה לבית אבת	62	1	1		2	2
ט120608	לכם למשמרת עד ארבעה עשר יום לחדש	הזה	ושחטו אתו כל קהל עדת- ישראל	62	1	1		2	2
ט120805	אתו בהם / ואכלו את- הבשר בלילה	הזה	צלי- אש ומצות על- מררים יאכלהו	62	1	1		2	2
ט121205	הוא ליהוה / ועברתי בארץ- מצרים בלילה	הזה	והכיתי כל- בכור בארץ מצרים מאדם	62	1	1		2	2
ט121403	למשחית בהכתי בארץ מצרים / והיה היום	הזה	לכם לזכרון וחגתם אתו חג ליהוה	62	1	1		2	2
ט121707	ושמרתם את- המצות כי בעצם היום	הזה	הוצאתי את- צבאותיכם מארץ מצרים ושמרתם	62	1	1		2	2
ט121716	צבאותיכם מארץ מצרים ושמרתם את- היום	הזה	לדרתיכם חקת עולם / בראשן בארבעה עשר יום	62	1	1		2	2
ט122404	אל- בתיכם לנגף / ושמרתם את- הדבר	הזה	לחק- לך ולבניך עד- עולם / והיה	62	1	1		2	2
ט124111	וארבע מאות שנה ויהי בעצם היום	הזה	יצאו כל- צבאות יהוה מארץ מצרים	62	1	1		2	2
ט124210	ליהוה להוציאם מארץ מצרים הוא- הלילה	הזה	ליהוה שמרים לכל- בני ישראל לדרתם	62	1	1		2	2
ט125104	אהרן כן עשו / ויהי בעצם היום	הזה	הוציא יהוה את- בני ישראל מארץ	62	1	1		2	2
ט130308	משה אל- העם זכור את- היום	הזה	אשר יצאתם ממצרים מבית עבדים כי	62	1	1		2	2
ט130320	כי בחזק יד הוציא יהוה אתכם	מזה	ולא יאכל חמץ / היום אתם יצאים	62	1	1		7	2
ט130526	ודבש ועבדת את- העבדה הזאת בחדש	הזה	/ שבעת ימים תאכל מצת וביום השביעי	62	1	1		2	2
ט130807	והגדת לבנך ביום ההוא לאמר בעבור	זה	עשה יהוה לי בצאתי ממצרים / והיה	62	1	1			1
ט131921	יפקד אלהים אתכם והעליתם את- עצמתי	מזה	אתכם / ויסעו מסכת ויחנו באתם בקצה	62	1	1		7	2
ט141202	זאת עשית לנו להוציאנו ממצרים / הלא-	זה	הדבר אשר דברנו אליך במצרים לאמר	62	1	1			1
ט142016	והחשך ויאר את- הלילה ולא- קרב	זה	אל- זה כל- הלילה / ויט משה	62	1	1			1
ט142018	את- הלילה ולא- קרב זה אל-	זה	כל- הלילה / ויט משה את- ידו	62	1	1			1
ט150207	עזי וזמרת יה ויהי- לי לישועה	זה	אלי ואנוהו אלהי אבי וארממנהו / יהוה	62	1	1			1
ט160324	לשבע כי- הוצאתם אתנו אל- המדבר	הזה	להמית את- כל- הקהל הזה ברעב	62	1	1		2	2
ט160329	המדבר הזה להמית את- כל- הקהל	הזה	ברעב / ויאמר יהוה אל- משה הנני	62	1	1		2	2
ט161601	הלחם אשר נתן יהוה לכם לאכלה /	זה	הדבר אשר צוה יהוה לקטו ממנו	62	1	1			1
ט163203	לבן וטעמו כצפיחת בדבש / ויאמר משה	זה	הדבר אשר צוה יהוה מלא העמר	62	1	1			1
ט170311	וילן העם על- משה ויאמר למה	זה	העליתנו ממצרים להמית אתי ואת- בני	62	1	1			1
ט170409	אל יהוה לאמר מה אעשה לעם	הזה	עוד מעט וסקלני / ויאמר יהוה אל-	62	1	1		2	2
ט171214	וישב עליה ואהרן וחור תמכו בידיו	מזה	אחד ומזה אחד ויהי ידיו אמונה	62	1	1		7	2
ט171216	ואהרן וחור תמכו בידיו מזה אחד	ומזה	אחד ויהי ידיו אמונה עד- בא	62	1	1		71	3
ט181413	הוא עשה לעם ויאמר מה- הדבר	הזה	אשר אתה עשה לעם מדוע אתה	62	1	1		2	2
ט181807	נבל תבל גם- אתה גם- העם	הזה	אשר עמך כי- כבד ממך הדבר	62	1	1		2	2
ט182304	מעליך ונשאו אתך / אם את- הדבר	הזה	תעשה וצוך אלהים ויכלת עמד וגם	62	1	1		2	2
ט182313	אלהים ויכלת עמד וגם כל- העם	הזה	על- מקמו יבא בשלום / וישמע משה	62	1	1		2	2
ט190109	לצאת בני- ישראל מארץ מצרים ביום	הזה	באו מדבר סיני / ויסעו מרפידים ויבאו	62	1	1		2	2
ט213108	בן יגח או- בת יגח כמשפט	הזה	יעשה לו / אם- עבד יגח השור	62	1	1		2	2
ט220820	כל- אבדה אשר יאמר כי- הוא	זה	עד האלהים יבא דבר- שניהם אשר	62	1	1			1
ט241406	האלהים / ואל- הזקנים אמר שבו- לנו	בזה	עד אשר- נשוב אליכם והנה אהרן	62	1	1		4	2
ט251905	קצות הכפרת / ועשה כרוב אחד מקצה	מזה	וכרוב- אחד מקצה מזה מן- הכפרת	62	1	1		7	2
ט251909	אחד מקצה מזה וכרוב- אחד מקצה	מזה	מן- הכפרת תעשו את- הכרבים על-	62	1	1		7	2
ט261302	העדפת תסרח על אחרי המשכן / והאמה	מזה	והאמה מזה בעדף בארך יריעת האהל	62	1	1		7	2
ט261304	על אחרי המשכן / והאמה מזה והאמה	מזה	בעדף בארך יריעת האהל יהיה סרוח	62	1	1		7	2
ט261314	האהל יהיה סרוח על- צדי המשכן	מזה	ומזה לכסתו / ועשית מכסה לאהל ערת	62	1	1		7	2
ט261315	יהיה סרוח על- צדי המשכן מזה	ומזה	לכסתו / ועשית מכסה לאהל ערת אילם	62	1	1		71	3
ט290101	ומתו חקת עולם לו ולזרעו אחריו //	וזה	הדבר אשר תעשה להם לקדש אתם	62	1	1		1	2
ט293801	קדש קדשים כל- הנגע במזבח יקדש /	וזה	אשר תעשה על- המזבח כבשים בני-	62	1	1		1	2
ט301301	ולא- יהיה בהם נגף בפקד אתם /	זה	יתנו כל- העבר על- הפקדים מחצית	62	1	1			1
ט303110	תדבר לאמר שמן משחת- קדש יהיה	זה	לי לדרתיכם / על- בשר אדם לא	62	1	1			1
ט320123	לנו אלהים אשר ילכו לפנינו כי-	זה	משה האיש אשר העלנו מארץ מצרים	62	1	1			1
ט320908	יהוה אל- משה ראיתי את- העם	הזה	והנה עם- קשה- ערף הוא / ועתה	62	1	1		2	2

אזכור		מלה		צופן	ג	#	כ	קס	ה
ט321514	העדת בידו לחת כתבים משני עבריהם	מזה	ונזה הם כתבים / והלחת מעשה אלהים	62	1	1		7	2
ט321515	בידו לחת כתבים משני עבריהם מזה	ומזה	הם כתבים / והלחת מעשה אלהים המה	62	1	1		71	3
ט322109	אל- אהרן מה- עשה לך העם	הזה	כי- הבאת עליו חטאה גדלה / ויאמר	62	1	1		2	2
ט322310	לנו אלהים אשר ילכו לפנינו כי-	זה	משה האיש אשר העלנו מארץ מצרים	62	1	1			1
ט322412	ויתנו- לי ואשלכהו באש ויצא העגל	הזה	/ וירא משה את- העם כי פרע	62	1	1		2	2
ט323109	אל- יהוה ויאמר אנא חטא העם	הזה	חטאה גדלה ויעשו להם אלהי זהב	62	1	1		2	2
ט330107	וידבר יהוה אל- משה לך עלה	מזה	אתה והעם אשר העלית מארץ מצרים	62	1	1		7	2
ט330406	בדרך / וישמע העם את- הדבר הרע	הזה	ויתאבלו ולא- שתו איש עדיו עליו	62	1	1		2	2
ט331212	אתה אמר אלי העל את- העם	הזה	ואתה לא הודעתני את אשר- תשלח	62	1	1		2	2
ט331320	חן בעיניך וראה כי עמך הגוי	הזה	/ ויאמר פני ילכו והנחתי לך / ויאמר	62	1	1		2	2
ט331509	אם- אין פניך הלכים אל- תעלנו	מזה	/ ובמה יודע אפוא כי- מצאתי חן	62	1	1		7	2
ט331708	יהוה אל- משה גם את- הדבר	הזה	אשר דברת אעשה כי- מצאת חן	62	1	1		2	2
ט350409	אל- כל- עדת בני- ישראל לאמר	זה	הדבר אשר- צוה יהוה לאמר / קחו	62	1	1			1
ט370804	משני קצות הכפרת / כרוב אחד מקצה	מזה	וכרוב- אחד מקצה מזה מן- הכפרת	62	1	1		7	2
ט370808	אחד מקצה מזה וכרוב- אחד מקצה	מזה	מן- הכפרת עשה את- הכרבים משני	62	1	1		7	2
ט381503	עמודיהם שלשה ואדניהם שלשה / ולכתף השנית	מזה	ומזה לשער החצר קלעים חמש עשרה אמה	62	1	1		7	2
ט381504	שלשה ואדניהם שלשה / ולכתף השנית מזה	ומזה	לשער החצר קלעים חמש עשרה אמה עמדיהם	62	1	1		71	3
	-	זהב	*-*						
ט032209	משכנתה ומגרת ביתה כלי- כסף וכלי	זהב	ושמלת ושמתם על- בניכם ועל- בנתיכם	1111	1	1			2
ט110215	ואשה מאת רעותה כלי- כסף וכלי	זהב	/ ויתן יהוה את- חן העם בעיני	1111	1	1			2
ט123511	משה וישאלו ממצרים כלי- כסף וכלי-	זהב	ושמלת / ויהוה נתן את- חן העם	1111	1	1			2
ט202307	לא תעשון אתי אלהי כסף ואלהי	זהב	לא תעשו לכם / מזבח אדמה תעשה	1111	1	1			2
ט250306	תרומתי / וזאת התרומה אשר תקחו מאתם	זהב	וכסף ונחשת / ותכלת וארגמן ותולעת שני	1111	1	1			2
ט251103	רחבו ואמה וחצי קמתו / וצפית אתו	זהב	טהור מבית ומחוץ תצפנו ועשית עליו	1111	1	1			2
ט251111	מבית ומחוץ תצפנו ועשית עליו זר	זהב	סביב / ויצקת לו ארבע טבעת זהב	1111	1	1			2
ט251205	זהב סביב / ויצקת לו ארבע טבעת	זהב	ונתתה על ארבע פעמתיו ושתי טבעת	1111	1	1			2
ט251307	ועשית בדי עצי שטים וצפית אתם	זהב	/ והבאת את- הבדים בטבעת על צלעת	1111	1	1			2
ט251703	העדת אשר אתן אליך / ועשית כפרת	זהב	טהור אמתים וחצי ארכה ואמה וחצי	1111	1	1			2
ט251804	ואמה וחצי רחבה / ועשית שנים כרבים	זהב	מקשה תעשה אתם משני קצות הכפרת	1111	1	1			2
ט252403	רחבו ואמה וחצי קמתו / וצפית אתו	זהב	טהור ועשית לו זר זהב סביב	1111	1	1			2
ט252408	אתו זהב טהור ועשית לו זר	זהב	סביב / ועשית לו מסגרת טפח סביב	1111	1	1			2
ט252508	לו מסגרת טפח סביב ועשית זר-	זהב	למסגרתו סביב / ועשית לו ארבע טבעת	1111	1	1			2
ט252605	למסגרתו סביב / ועשית לו ארבע טבעת	זהב	ונתת את- הטבעת על ארבע הפאת	1111	1	1			2
ט252808	את- הבדים עצי שטים וצפית אתם	זהב	ונשא בם את- השלחן / ועשית קערתיו	1111	1	1			2
ט252909	וכפתיו וקשותיו ומנקיתיו אשר יסך בהן	זהב	טהור תעשה אתם / ונתת על- השלחן	1111	1	1			2
ט253103	לחם פנים לפני תמיד / ועשית מנרת	זהב	טהור מקשה תיעשה המנורה ירכה וקנה	1111	1	1			2
ט253608	וקנתם ממנה יהיו כלה מקשה אחת	זהב	טהור / ועשית את- נרתיה שבעה והעלה	1111	1	1			2
ט253803	והאיר על- עבר פניה / ומלקחיה ומחתתיה	זהב	טהור / ככר זהב טהור יעשה אתה	1111	1	1			2
ט253902	פניה / ומלקחיה ומחתתיה זהב טהור / ככר	זהב	טהור יעשה אתה את כל- הכלים	1111	1	1			2
ט260604	אשה אל- אחתה / ועשית חמשים קרסי	זהב	וחברת את- היריעת אשה אל- אחתה	1111	1	1			2
ט262904	הקצה אל- הקצה / ואת- הקרשים תצפה	זהב	ואת- טבעתיהם תעשה זהב בתים לבריחם	1111	1	1			2
ט262908	הקרשים תצפה זהב ואת- טבעתיהם תעשה	זהב	בתים לבריחם וצפית את- הבריחם זהב	1111	1	1			2
ט262914	זהב בתים לבריחם וצפית את- הבריחם	זהב	/ והקמת את- המשכן כמשפטו אשר הראית	1111	1	1			2
ט263208	אתה על- ארבעה עמודי שטים מצפים	זהב	וויהם זהב על- ארבעה אדני- כסף	1111	1	1			2
ט263210	ארבעה עמודי שטים מצפים זהב וויהם	זהב	על- ארבעה אדני- כסף / ונתתה את-	1111	1	1			2
ט263708	למסך חמשה עמודי שטים וצפית אתם	זהב	וויהם זהב ויצקת להם חמשה אדני	1111	1	1			2
ט263710	עמודי שטים וצפית אתם זהב וויהם	זהב	ויצקת להם חמשה אדני נחשת // ועשית	1111	1	1			2
ט280504	ולבניו לכהנו- לי / והם יקחו את-	הזהב	ואת- התכלת ואת- הארגמן ואת- תולעת	1111	1	1		2	3
ט280604	השני ואת- השש / ועשו את- האפד	זהב	תכלת וארגמן תולעת שני ושש משזר	1111	1	1			2
ט280808	אפדתו אשר עליו כמעשהו ממנו יהיה	זהב	תכלת וארגמן ותולעת שני ושש משזר	1111	1	1			2
ט281116	על- שמת בני ישראל מסבת משבצות	זהב	תעשה אתם / ושמת את- שתי האבנים	1111	1	1			2
ט281303	על- שתי כתפיו לזכרן / ועשית משבצת	זהב	/ ושתי שרשרת זהב טהור מגבלת תעשה	1111	1	1			2
ט281403	לזכרן / ועשית משבצת זהב / ושתי שרשרת	זהב	טהור מגבלת תעשה אתם מעשה עבת	1111	1	1			2

/ = סוף פסוק   // = סוף פרק   ג = מין   # = מספר   כ = כינוי חבור   קס = קידומות וסיומות   ה = מספר ההברות

אזכור		מלה		צופן	ג	#	כ	קס	ה
ט281509	משפט מעשה חשב כמעשה אפד תעשנו	זהב	תכלת וארגמן ותולעת שני ושש משזר	1111	1	1			2
ט282007	והטור הרביעי תרשיש ושהם וישפה משבצים	זהב	יהיו במלואתם / והאבנים תהיין על- שמת	1111	1	1			2
ט282208	על- החשן שרשת גבלת מעשה עבת	זהב	טהור / ועשית על- החשן שתי טבעות	1111	1	1			2
ט282306	טהור / ועשית על- החשן שתי טבעות	זהב	ונתת את- שתי הטבעות על- שני	1111	1	1			2
ט282405	קצות החשן / ונתתה את- שתי עבתת	הזהב	על- שתי הטבעת אל- קצות החשן	1111	1	1		2	3
ט282604	אל- מול פניו / ועשית שתי טבעות	זהב	ושמת אתם על- שני קצות החשן	1111	1	1			2
ט282704	עבר האפוד ביתה / ועשית שתי טבעות	זהב	ונתתה אתם על- שתי כתפות האפוד	1111	1	1			2
ט283313	ותולעת שני על- שוליו סביב ופעמני	זהב	בתוכם סביב / פעמן זהב ורמון פעמן	1111	1	1			2
ט283402	סביב ופעמני זהב בתוכם סביב / פעמן	זהב	ורמון פעמן זהב ורמון על- שולי	1111	1	1			2
ט283405	בתוכם סביב / פעמן זהב ורמון פעמן	זהב	ורמון על- שולי המעיל סביב / והיה	1111	1	1			2
ט283603	יהוה ובצאתו ולא ימות / ועשית ציץ	זהב	טהור ופתחת עליו פתוחי חתם קדש	1111	1	1			2
ט300303	ואמתים קמתו ממנו קרנתיו / וצפית אתו	זהב	טהור את- גגו ואת- קירתיו סביב	1111	1	1			2
ט300315	סביב ואת- קרנתיו ועשית לו זר	זהב	סביב / ושתי טבעת זהב תעשה- לו	1111	1	1			2
ט300403	לו זר זהב סביב / ושתי טבעת	זהב	תעשה- לו מתחת לזרו על שתי	1111	1	1			2
ט300508	את- הבדים עצי שטים וצפית אתם	זהב	/ ונתתה אתו לפני הפרכת אשר על-	1111	1	1			2
ט310404	ובדעת ובכל מלאכה / לחשב מחשבת לעשות	בזהב	ובכסף ובנחשת / ובחרשת אבן למלאת ובחרשת	1111	1	1		24	3
ט320206	לו / ויאמר אלהם אהרן פרקו נזמי	הזהב	אשר באזני נשיכם בניכם ובנתיכם והביאו	1111	1	1		2	3
ט320306	אלי / ויתפרקו כל- העם את- נזמי	הזהב	אשר באזניהם ויביאו אל- אהרן / ויקח	1111	1	1		2	3
ט322404	מה- היה לו / ואמר להם למי	זהב	התפרקו ויתנו- לי ואשלכהו באש ויצא	1111	1	1			2
ט323115	הזה חטאה גדלה ויעשו להם אלהי	זהב	/ ועתה אם- תשא חטאתם ואם- אין	1111	1	1			2
ט350512	נדיב לבו יביאה את תרומת יהוה	זהב	וכסף ונחשת / ותכלת וארגמן ותולעת שני	1111	1	1			2
ט352215	חח ונזם וטבעת וכומז כל- כלי	זהב	וכל- איש אשר הניף תנופת זהב	1111	1	1			2
ט352221	זהב וכל- איש אשר הניף תנופת	זהב	ליהוה / וכל- איש אשר- נמצא אתו	1111	1	1			2
ט353204	ובדעת ובכל- מלאכה / ולחשב מחשבת לעשת	בזהב	ובכסף ובנחשת / ובחרשת אבן למלאת ובחרשת	1111	1	1		24	3
ט361304	אחת אל- אחת / ויעש חמשים קרסי	זהב	ויחבר את- היריעת אחת אל- אחת	1111	1	1			2
ט363404	הקצה אל- הקצה / ואת- הקרשים צפה	זהב	ואת- טבעתם עשה זהב בתים לבריחם	1111	1	1			2
ט363408	הקרשים צפה זהב ואת- טבעתם עשה	זהב	בתים לבריחם ויצף את- הבריחם זהב	1111	1	1			2
ט363414	זהב בתים לבריחם ויצף את- הבריחם	זהב	/ ויעש את- הפרכת תכלת וארגמן ותולעת	1111	1	1			2
ט363607	ויעש לה ארבעה עמודי שטים ויצפם	זהב	וויהם זהב ויצק להם ארבעה אדני-	1111	1	1			2
ט363609	ארבעה עמודי שטים ויצפם זהב וויהם	זהב	ויצק להם ארבעה אדני- כסף / ויעש	1111	1	1			2
ט363809	חמשה ואת- וויהם וצפה ראשיהם וחשקיהם	זהב	ואדניהם חמשה נחשת // ויעש בצלאל את-	1111	1	1			2
ט370202	וחצי רחבו ואמה וחצי קמתו / ויצפהו	זהב	טהור מבית ומחוץ ויעש לו זר	1111	1	1			2
ט370209	טהור מבית ומחוץ ויעש לו זר	זהב	סביב / ויצק לו ארבע טבעת זהב	1111	1	1			2
ט370305	זהב סביב / ויצק לו ארבע טבעת	זהב	על ארבע פעמתיו ושתי טבעת על-	1111	1	1			2
ט370407	ויעש בדי עצי שטים ויצף אתם	זהב	/ ויבא את- הבדים בטבעת על צלעת	1111	1	1			2
ט370603	הארן לשאת את- הארן / ויעש כפרת	זהב	טהור אמתים וחצי ארכה ואמה וחצי	1111	1	1			2
ט370704	ואמה וחצי רחבה / ויעש שני כרבים	זהב	מקשה עשה אתם משני קצות הכפרת	1111	1	1			2
ט371103	רחבו ואמה וחצי קמתו / ויצף אתו	זהב	טהור ויעש לו זר זהב סביב	1111	1	1			2
ט371108	אתו זהב טהור ויעש לו זר	זהב	סביב / ויעש לו מסגרת טפח סביב	1111	1	1			2
ט371208	לו מסגרת טפח סביב ויעש זר-	זהב	למסגרתו סביב / ויצק לו ארבע טבעת	1111	1	1			2
ט371305	למסגרתו סביב / ויצק לו ארבע טבעת	זהב	ויתן את- הטבעת על ארבע הפאת	1111	1	1			2
ט371508	את- הבדים עצי שטים ויצף אתם	זהב	לשאת את- השלחן / ויעש את- הכלים	1111	1	1			2
ט371618	מנקיתיו ואת- הקשות אשר יסך בהן	זהב	טהור / ויעש את- המנורה זהב טהור	1111	1	1			2
ט371704	בהן זהב טהור / ויעש את- המנרה	זהב	טהור מקשה עשה את- המנרה ירכה	1111	1	1			2
ט372208	וקנתם ממנה היו כלה מקשה אחת	זהב	טהור / ויעש את- נרתיה שבעה ומלקחיה	1111	1	1			2
ט372307	ויעש את- נרתיה שבעה ומלקחיה ומחתתיה	זהב	טהור / ככר זהב טהור עשה אתה	1111	1	1			2
ט372402	שבעה ומלקחיה ומחתתיה זהב טהור / ככר	זהב	טהור עשה אתה ואת כל- כליה	1111	1	1			2
ט372603	קמתו ממנו היו קרנתיו / ויצף אתו	זהב	טהור את- גגו ואת- קירתיו סביב	1111	1	1			2
ט372615	סביב ואת- קרנתיו ויעש לו זר	זהב	סביב / ושתי טבעת זהב עשה- לו	1111	1	1			2
ט372703	לו זר זהב סביב / ושתי טבעת	זהב	עשה- לו מתחת לזרו על שתי	1111	1	1			2
ט372808	את- הבדים עצי שטים ויצף אתם	זהב	/ ויעש את- שמן המשחה קדש ואת-	1111	1	1			2
ט382402	בתכלת ובארגמן ובתולעת השני ובשש / כל-	הזהב	העשוי למלאכה בכל מלאכת הקדש ויהי	1111	1	1		2	3
ט390204	יהוה את- משה / ויעש את- האפד	זהב	תכלת וארגמן ותולעת שני ושש משזר	1111	1	1			2
ט390304	שני ושש משזר / וירקעו את- פחי	הזהב	ויקצץ פתילם לעשות בתוך התכלת ובתוך	1111	1	1		2	3

/ = סוף פסוק // = סוף פרק ג = מין # = מספר כ = כינוי גבור קס = קידומות וסיומות ה = מספר ההברות

אזכור		מלה		צופן	ג	#	כ	קס	ה
ט390508	אפדתו אשר עליו ממנו הוא כמעשהו	זהב	תכלת וארגמן ותולעת שני ושש משזר	1111	1	1			2
ט390607	ויעשו את- אבני השהם מסבת משבצת	זהב	נפתחת פתוחי חותם על- שמות בני	1111	1	1			2
ט390808	אז- החשן מעשה חשב כמעשה אפד	זהב	תכלת וארגמן ותולעת שני ושש משזר	1111	1	1			2
ט391308	הרביעי תרשיש שהם וישפה מוסבת משבצת	זהב	במלאתם / והאבנים על- שמת בני- ישראל	1111	1	1			2
ט391508	על- החשן שרשרת גבלת מעשה עבת	זהב	טהור / ויעשו שתי משבצת זהב ושתי	1111	1	1			2
ט391604	עבת זהב טהור / ויעשו שתי משבצת	זהב	ושתי טבעת זהב ויתנו את- שתי	1111	1	1			2
ט391607	ויעשו שתי משבצת זהב ושתי טבעת	זהב	ויתנו את- שתי הטבעת על- שני	1111	1	1			2
ט391704	שני קצות החשן / ויתנו שתי העבתת	הזהב	על- שתי הטבעת על- קצות החשן	1111	1	1		2	3
ט391904	אל- מול פניו / ויעשו שתי טבעת	זהב	וישימו על- שני קצות החשן על-	1111	1	1			2
ט392004	עבר האפד ביתה / ויעשו שתי טבעת	זהב	ויתנם על- שתי כתפת האפד מלמטה	1111	1	1			2
ט392503	וארגמן ותולעת שני משזר / ויעשו פעמני	זהב	טהור ויתנו את- הפעמנים בתוך הרמנים	1111	1	1			2
ט393006	משה / ויעשו את- ציץ נזר- הקדש	זהב	טהור ויכתבו עליו מכתב פתוחי חותם	1111	1	1			2
ט393803	כליה ואת שמן המאור / ואת מזבח	הזהב	ואת שמן המשחה ואת קטרת הסמים	1111	1	1		2	3
ט400504	והעלית את- נרתיה / ונתתה את- מזבח	הזהב	לקטרת לפני ארון העדת ושמת את-	1111	1	1		2	3
ט402604	יהוה את- משה / וישם את- מזבח	הזהב	באהל מועד לפני הפרכת / ויקטר עליו	1111	1	1		2	3
ט382409	העשוי למלאכה בכל מלאכת הקדש ויהי	זהב	והנופה תשע ועשרים ככר ושבע מאות	1112	1	1			2
	--*-*-*-*-*-*-*-*-*-*-*-*-*-*-*-*-*	זו	*-*-*-*-*-*-*-*-*-*-*-*-*-*-*-*-*-*-*						
ט151304	ימינך תבלעמו ארץ / נחית בחסדך עם-	זו	גאלת נהלת בעזך אל- נוה קדשך	53					1
ט151616	יעבר עמך יהוה עד- יעבר עם-	זו	קנית / תבאמו ותטעמו בהר נחלתך מכון	53					1
	--*-*-*-*-*-*-*-*-*-*-*-*-*-*-*-*-*	זחח	*-*-*-*-*-*-*-*-*-*-*-*-*-*-*-*-*-*-*						
ט282815	תכלת להיות על- חשב האפוד ולא-	יזח	החשן מעל האפוד / ונשא אהרן את-	3121	1	1			2
ט392115	תכלת להית על- חשב האפד ולא-	יזח	החשן מעל האפד כאשר צוה יהוה	3121	1	1			2
	--*-*-*-*-*-*-*-*-*-*-*-*-*-*-*-*-*	זית	*-*-*-*-*-*-*-*-*-*-*-*-*-*-*-*-*-*-*						
ט272009	את- בני ישראל ויקחו אליך שמן	זית	זך כתית למאור להעלת נר תמיד	1111	1	1			2
ט302407	וקדה חמש מאות בשקל הקדש ושמן	זית	הין / ועשית אתו שמן משחת- קדש	1111	1	1			2
ט231114	תאכל חית השדה כן- תעשה לכרמך	לזיתך	/ ששת ימים תעשה מעשיך וביום השביעי	1113	1	1	2	6	4
	--*-*-*-*-*-*-*-*-*-*-*-*-*-*-*-*-*	זך	*-*-*-*-*-*-*-*-*-*-*-*-*-*-*-*-*-*-*						
ט272010	בני ישראל ויקחו אלין שמן זית	זך	כתית למאור להעלת נר תמיד / באהל	1111	1	1			1
ט303413	סמים נטף ושחלת וחלבנה סמים ולבנה	זכה	בד בבד יהיה / ועשית אתה קטרת	1121	2	1			2
	--*-*-*-*-*-*-*-*-*-*-*-*-*-*-*-*-*	זכור	*-*-*-*-*-*-*-*-*-*-*-*-*-*-*-*-*-*-*						
ט231706	השנה / שלש פעמים בשנה יראה כל-	זכורך	אל- פני האדן יהוה / לא- תזבח	1113	1	1	2		4
ט342306	השנה / שלש פעמים בשנה יראה כל-	זכורך	את- פני האדן יהוה אלהי ישראל	1113	1	1	2		4
	--*-*-*-*-*-*-*-*-*-*-*-*-*-*-*-*-*	זכר	*-*-*-*-*-*-*-*-*-*-*-*-*-*-*-*-*-*-*						
ט120503	אכלו תכסו על- השה / שה תמים	זכר	בן- שנה יהיה לכם מן- הכבשים	1111	1	1			2
ט124811	ועשה פסח ליהוה המול לו כל-	זכר	ואז יקרב לעשתו והיה כאזרח הארץ	1111	1	1			2
ט131213	פטר שגר בהמה אשר יהיה לך	הזכרים	ליהוה / וכל- פטר חמר תפדה בשה	1115	1	3		2	4
ט131525	אני זבח ליהוה כל- פטר רחם	הזכרים	וכל- בכור בני אפדה / והיה לאות	1115	1	3		2	4
	--*-*-*-*-*-*-*-*-*-*-*-*-*-*-*-*-*	זכר	*-*-*-*-*-*-*-*-*-*-*-*-*-*-*-*-*-*-*						
ט022405	מן- העבדה / וישמע אלהים את- נאקתם	ויזכר	אלהים את- בריתו את- אברהם את-	3121	1	1		*	3
ט060512	בני ישראל אשר מצרים מעבדים אתם	ואזכר	את- בריתי / לכן אמר לבני- ישראל	3121	1	1		*	3
ט321301	מחרון אפך והנחם על- הרעה לעמך /	זכר	לאברהם ליצחק ולישראל עבדיך אשר נשבעת	314	1	1			2
ט130305	לי הוא / ויאמר משה אל- העם	זכור	את- היום הזה אשר יצאתם ממצרים	3151					2
ט200801	את אשר- ישא את- שמו לשוא /	זכור	את יום השבת לקדשו / ששת ימים	3151					2
	--*-*-*-*-*-*-*-*-*-*-*-*-*-*-*-*-*	זכר	*-*-*-*-*-*-*-*-*-*-*-*-*-*-*-*-*-*-*						
ט171416	באזני יהושע כי- מחה אמחה את-	זכר	עמלק מתחת השמים / ויבן משה מזבח	1112	1	1			2
ט031526	שלחני אליכם זה- שמי לעלם וזה	זכרי	לדר דר / לך ואספת את- זקני	1113	1	1	1		2

אזכור		מלה		צונן	ג	#	כ	קס	ה
		זכרון							
ט121405	וארץ מצרים / והיה היום הזה לכם	לזכרון	וחגתם אתו חג ליהוה לדרתיכם חקת	1111	1	1		6	4
ט130906	ממצרים / והיה לך לאות על- ידך	ולזכרון	בין עיניך למען תהיה תורת יהוה	1111	1	1		61	5
ט171407	ויאמר יהוה אל- משה כתב זאת	זכרון	בספר ושים באזני יהושע כי- מחה	1111	1	1			3
ט281209	שתי האבנים על כתפת האפד אבני	זכרן	לבני ישראל ונשא אהרן את- שמותם	1111	1	1			3
ט281221	שמותם לפני יהוה על- שתי כתפיו	לזכרן	/ ועשית משבצת זהב / ושתי שרשרת זהב	1111	1	1		6	4
ט282914	המשפט על- לבו בבאו אל- הקדש	לזכרן	לפני- יהוה תמיד / ונתת אל- חשן	1111	1	1		6	4
ט301617	עבדת אהל מועד והיה לבני ישראל	לזכרון	לפני יהוה לכפר על- נפשתיכם / וידבר	1111	1	1		6	4
ט390707	וישם אתם על כתפת האפד אבני	זכרון	לבני ישראל כאשר צוה יהוה את-	1111	1	1			3
		זכרי							
ט062105	ומאת שנה / ובני יצהר קרח ונפג	וזכרי	/ ובני עזיאל מישאל ואלצפן וסתרי / ויקה	122	1			1	3
		זמרת							
ט150202	גאה סוס ורכבו רמה בים / עזי	וזמרת	יה ויהי- לי לישועה זה אלי	1121	2	1			3
		זנב							
ט040408	יהוה אל- משה שלח ידך ואחז	בזנבו	וישלח ידו ויחזק בו ויהי למטה	1113	1	1	4	4	4
		זנה							
ט341506	הוא / פן- תכרת ברית ליושב הארץ	וזנו	אחרי אלהיהם וזבחו לאלהיהם וקרא לך	3111	1	3		1	3
ט341604	לך ואכלת מזבחו / ולקחת מבנתיו לבניך	וזנו	בנתיו אחרי אלהיהן והזנו את- בניך	3111	1	3		1	3
		זעק							
ט022313	מצרים ויאנחו בני- ישראל מן- העבדה	ויזעקו	ותעל שועתם אל- האלהים מן- העבדה	3121	1	3		*	4
		זפת							
ט020311	ותקח- לו תבת גמא ותחמרה בחמר	ובזפת	ותשם בה את- הילד ותשם בסוף	1121	2	1		241	4
		זקן							
ט241402	ויעל משה אל- הר האלהים / ואל-	הזקנים	אמר שבו- לנו בזה עד אשר-	1115	1	3		2	4
ט031604	זכרי לדר דר / לך ואספת את-	זקני	ישראל ואמרת אלהם יהוה אלהי אבתיכם	1116	1	3			3
ט031805	חלב ודבש / ושמעו לקלך ובאת אתה	וזקני	ישראל אל- מלך מצרים ואמרתם אליו	1116	1	3		1	4
ט042907	וילך משה ואהרן ויאספו את- כל-	זקני	בני ישראל / וידבר אהרן את כל-	1116	1	3			3
ט122104	מושבתיכם תאכלו מצות / ויקרא משה לכל-	זקני	ישראל ויאמר אלהם משכו וקחו לכם	1116	1	3			3
ט170510	משה עבר לפני העם וקח אתך	מזקני	ישראל ומטך אשר הכית בו את-	1116	1	3		7	4
ט170619	ושתה העם ויעש כן משה לעיני	זקני	ישראל / ויקרא שם המקום מסה ומריבה על-	1116	1	3			3
ט181211	עלה וזבחים לאלהים ויבא אהרן וכל	זקני	ישראל לאכל- לחם עם- חתן משה	1116	1	3			3
ט190704	אל- בני ישראל / ויבא משה ויקרא	לזקני	העם וישם לפניהם את כל- הדברים	1116	1	3		6	4
ט240112	יהוה אתה ואהרן נדב ואביהוא ושבעים	מזקני	ישראל והשתחויתם מרחק / ונגש משה לבדו	1116	1	3		7	4
ט240907	ויעל משה ואהרן נדב ואביהוא ושבעים	מזקני	ישראל / ויראו את אלהי ישראל ותחת	1116	1	3		7	4
ט100904	מי ומי ההלכים / ויאמר משה בנערינו	ובזקנינו	נלך בבנינו ובבנותנו בצאננו ובבקרנו נלך	1117	1	3	6	41	6
		זר							
ט293311	בהם למלא את- ידם לקדש אתם	וזר	לא- יאכל כי- קדש הם / ואם-	1111	1	1		1	2
ט303309	ירקח כמהו ואשר יתן ממנו על-	זר	ונכרת מעמיו / ויאמר יהוה אל- משה	1111	1	1			1
ט300905	יהוה לדרתיכם / לא- תעלו עליו קטרת	זרה	ועלה ומנחה ונסך לא תסכו עליו	1121	2	1			2
		זר							
ט251110	טהור מבית ומחוץ תצפנו ועשית עליו	זר	זהב סביב / ויצקת לו ארבע טבעת	1112	1	1			1
ט252407	וצפית אתו זהב טהור ועשית לו	זר	זהב סביב / ועשית לו מסגרת טפח	1112	1	1			1
ט252507	ועשית לו מסגרת טפח סביב ועשית	זר-	זהב למסגרתו סביב / ועשית לו ארבע	1112	1	1			1
ט300314	קירתיו סביב ואת- קרנתיו ועשית לו	זר	זהב סביב / ושתי טבעת זהב תעשה-	1112	1	1			1
ט370208	זהב טהור מבית ומחוץ ויעש לו	זר	זהב סביב / ויצק לו ארבע טבעת	1112	1	1			1

/ = סוף פסוק   // = סוף פרק   ג = מין   # = מספר   כ = כינוי גבור   קס = קידומות וסיומות   ה = מספר ההברות

אזכור		מלה		צונן	ג	#	כ	קס	ה
ט371107	ויצף אתו זהב טהור ויעש לו	זר	זהב סביב / ויעש לו מסגרת טפח	1112	1	1			1
ט371207	ויעש לו מסגרת טפח סביב ויעש	זר-	זהב למסגרתו סביב / ויצק לו ארבע	1112	1	1			1
ט372614	קירתיו סביב ואת- קרנתיו ויעש לו	זר	זהב סביב / ושתי טבעת זהב עשה-	1112	1	1			1
ט300407	ושתי טבעת זהב תעשה- לו מתחת	לזרו	על שתי צלעתיו תעשה על- שני	1113	1	1	4	6	3
ט372707	ושתי טבעת זהב עשה- לו מתחת	לזרו	על שתי צלעתיו על שני צדיו	1113	1	1	4	6	3
	--*-*-*-*-*-*-*-*-*-*-*-*-*-*	זרה	*-*-*-*-*-*-*-*-*-*-*-*-*-*-*-*						
ט322012	וישרף באש ויטחן עד אשר- דק	ויזר	על- פני המים וישק את- בני	3121	1	1		*	3
	--*-*-*-*-*-*-*-*-*-*-*-*-*-*	זרוע	*-*-*-*-*-*-*-*-*-*-*-*-*-*-*-*						
ט060617	מצרים והצלתי אתכם מעבדתם וגאלתי אתכם	בזרוע	נטויה ובשפטים גדלים / ולקחתי אתכם לי	1121	2	1	4		4
ט151606	כנען / תפל עליהם אימתה ופחד בגדל	זרועך	יזמו כאבן עד- יעבר עמך יהוה	1123	2	1	2		4
	--*-*-*-*-*-*-*-*-*-*-*-*-*-*	זרח	*-*-*-*-*-*-*-*-*-*-*-*-*-*-*-*						
ט220202	והכה ומת אין לו דמים / אם-	זרחה	השמש עליו דמים לו שלם ישלם	3112	2	1			3
	--*-*-*-*-*-*-*-*-*-*-*-*-*-*	זרע	*-*-*-*-*-*-*-*-*-*-*-*-*-*-*-*						
ט163108	בית- ישראל את- שמו מן והוא	כזרע	גד לבן וטעמו כצפיחת בדבש / ויאמר	1112	1	1		5	3
ט284323	ישאו עון ומתו חקת עולם לו	ולזרעו	אחריו // וזה הדבר אשר תעשה להם	1113	1	1	4	61	4
ט302111	ימתו והיתה להם חק- עולם לו	ולזרעו	לדרתם / וידבר יהוה אל- משה לאמר	1113	1	1	4	61	4
ט321314	להם בך ותדבר אלהם ארבה את-	זרעכם	ככוכבי השמים וכל- הארץ הזאת אשר	1113	1	1	7		3
ט321323	וכל- הארץ הזאת אשר אמרתי אתן	לזרעכם	ונחלו לעלם / וינחם יהוה על- הרעה	1113	1	1	7	6	4
ט330122	אשר נשבעתי לאברהם ליצחק וליעקב לאמר	לזרעך	אתננה / ושלחתי לפניך מלאך וגרשתי את-	1113	1	1	2	6	4
	--*-*-*-*-*-*-*-*-*-*-*-*-*-*	זרע	*-*-*-*-*-*-*-*-*-*-*-*-*-*-*-*						
ט231003	גרים הייתם בארץ מצרים / ושש שנים	תזרע	את- ארצך ואספת את- תבואתה / והשביעת	3121	1	1			2
ט231606	ריקם / וחג הקציר בכורי מעשיך אשר	תזרע	בשדה וחג האסף בצאת השנה באספך	3121	1	1			2
	--*-*-*-*-*-*-*-*-*-*-*-*-*-*	זרק	*-*-*-*-*-*-*-*-*-*-*-*-*-*-*-*						
ט090813	קחו לכם מלא חפניכם פיח כבשן	וזרקו	משה השמימה לעיני פרעה / והיה לאבק	3111	1	1	4	1	4
ט240609	חצי הדם וישם באגנת וחצי הדם	זרק	על- / המזבח ויקח ספר הברית ויקרא	3111	1	1			2
ט291607	ושחטת את- האיל ולקחת את- דמו	וזרקת	על- המזבח סביב / ואת- האיל תנתח	3111	1	1		1	4
ט292024	ידם הימנית ועל- בהן רגלם הימנית	וזרקת	את- הדם על- המזבח סביב / ולקחת	3111	1	1		1	4
ט091008	את פיח הכבשן ויעמדו לפני פרעה	ויזרק	אתו משה השמימה ויהי שחין אבעבעת	3121	1	1		*	3
ט240805	נעשה ונשמע / ויקח משה את- הדם	ויזרק	על- העם ויאמר הנה דם- הברית	3121	1	1		*	3
	--*-*-*-*-*-*-*-*-*-*-*-*-*-*	זרת	*-*-*-*-*-*-*-*-*-*-*-*-*-*-*-*						
ט281604	משזר תעשה אתו / רבוע יהיה כפול	זרת	ארכו וזרת רחבו / ומלאת בו מלאת	1121	2	1			2
ט281606	אתו / רבוע יהיה כפול זרת ארכו	וזרת	רחבו / ומלאת בו מלאת אבן ארבעה	1121	2	1		1	3
ט390907	רבוע היה כפול עשו את- החשן	זרת	ארכו וזרת רחבו כפול / וימלאו- בו	1121	2	1			2
ט390909	כפול עשו את- החשן זרת ארכו	וזרת	רחבו כפול / וימלאו- בו ארבעה טורי	1121	2	1		1	3
	--*-*-*-*-*-*-*-*-*-*-*-*-*-*	חבורה	*-*-*-*-*-*-*-*-*-*-*-*-*-*-*-*						
ט212507	כויה תחת כויה פצע תחת פצע	חבורה	תחת חבורה / וכי- יכה איש את-	1121	2	1			3
ט212509	כויה פצע תחת פצע חבורה תחת	חבורה	/ וכי- יכה איש את- עין עבדו	1121	2	1			3
	--*-*-*-*-*-*-*-*-*-*-*-*-*-*	חבל	*-*-*-*-*-*-*-*-*-*-*-*-*-*-*-*						
ט222503	לא- תשימון עליו נשך / אם- חבל	תחבל	שלמת רעך עד- בא השמש תשיבנו	3121	1	1			2
ט222502	כנשה לא- תשימון עליו נשך / אם-	חבל	תחבל שלמת רעך עד- בא השמש	3151					2
	--*-*-*-*-*-*-*-*-*-*-*-*-*-*	חבר	*-*-*-*-*-*-*-*-*-*-*-*-*-*-*-*						
ט260304	אחת לכל היריעת / חמש היריעת תהיין	חברת	אשה אל- אחתה וחמש יריעת חברת	3132	2	3			3
ט260310	חברת אשה אל- אחתה וחמש יריעת	חברת	אשה אל- אחתה / ועשית ללאת תכלת	3132	2	3			3
ט260409	תכלת על שפת היריעה האחת מקצה	בחברת	וכן תעשה בשפת היריעה הקיצונה במחברת	3132	2	1		24	4

ה	קס	כ	#	ג	צופן		מלה		אזכור
4	24		1	2	3132	וחמשים ללאת על שפת היריעה החברת	בחברת	ללאת על שפת היריעה האחת הקיצנה	ט261009
4	2		1	2	3132	השנית / ועשית קרסי נחשת חמשים והבאת	החברת	בחברת וחמשים ללאת על שפת היריעה	ט261015
3			3	2	3132	יהיה- לו אל שני קצותיו וחבר	חברת	ושש משזר מעשה חשב / שתי כתפת	ט280703
4	2		1	2	3132	השנית / ויעש קרסי נחשת חמשים לחבר	החברת	וחמשים ללאת עשה על- שפת היריעה	ט361715
3			3	2	3132	על- שני קצותיו חבר / וחשב אפדתו	חברת	השש מעשה חשב / כתפת עשו- לו	ט390404
						--*-*-*-*-*-*-*-*-*-*-*-*-*-*-*-*	חבר	*-*-*-*-*-*-*-*-*-*-*-*-*-*-*-*-*-*	
4	1		1	1	3311	את- היריעת אשה אל- אחתה בקרסים	וחברת	אל- אחתה / ועשית חמשים קרסי זהב	ט260605
4	1		1	1	3311	את- חמש היריעת לבד ואת שש	וחברת	היריעה האחת מדה אחת לעשתי עשרה יריעת /	ט260901
4	1		1	1	3311	את- האהל והיה אחד / וסרח העדף	וחברת	נחשת חמשים והבאת את- הקרסים בללאת	ט261109
2			1	1	3311	אחת אל- אחת / ויעש ללאת תכלת	חבר	היריעת אחת אל- אחת וחמש יריעת	ט361010
4	*		1	1	3321	את- חמש היריעת אחת אל- אחת	ויחבר	היריעה האחת מדה אחת לכל- היריעת /	ט361001
4	*		1	1	3321	את- היריעת אחת אל- אחת בקרסים	ויחבר	אל- אחת / ויעש חמשים קרסי זהב	ט361305
4	*		1	1	3321	את- חמש היריעת לבד ואת- שש	ויחבר	היריעה האחת מדה אחת לעשתי עשרה יריעת /	ט361601
3	6				3354	את- האהל להית אחד / ויעש מכסה	לחבר	החברת השנית / ויעש קרסי נחשת חמשים	ט361805
						--*-*-*-*-*-*-*-*-*-*-*-*-*-*-*-*	חבר	*-*-*-*-*-*-*-*-*-*-*-*-*-*-*-*-*-*	
3	1		1	1	3411	/ וחשב אפדתו אשר עליו כמעשהו ממנו	וחבר	חברת יהיה- לו אל שני קצותיו	ט280709
2			1	1	3411	/ וחשב אפדתו אשר עליו ממנו הוא	חבר	עשו- לו חברת על- שני קצותיו	ט390408
						--*-*-*-*-*-*-*-*-*-*-*-*-*-*-*-*	חברון	*-*-*-*-*-*-*-*-*-*-*-*-*-*-*-*-*-*	
3	1			1	122	ועזיאל ושני חיי קהת שלש ושלשים	וחברון	ושמעי למשפחתם / ובני קהת עמרם ויצהר	ט061805
						--*-*-*-*-*-*-*-*-*-*-*-*-*-*-*-*	חבש	*-*-*-*-*-*-*-*-*-*-*-*-*-*-*-*-*-*	
4	1		1	1	3111	לום מגבעת והיתה להם כהנה לחקת	וחבשת	כתנת / וחגרת אתם אבנט אהרן ובניו	ט290906
						--*-*-*-*-*-*-*-*-*-*-*-*-*-*-*-*	חג	*-*-*-*-*-*-*-*-*-*-*-*-*-*-*-*-*-*	
1			1	1	1111	ליהוה לדרתיכם חקת עולם תחגהו / שבעת	חג	היום הזה לכם לזכרון וחגתם אתו	ט121408
1			1	1	1111	ליהוה / מצות יאכל את שבעת הימים	חג	שבעת ימים תאכל מצת וביום השביעי	ט130607
1			1	1	1111	ליהוה מחר / וישכימו ממחרת ויעלו עלת	חג	ויבן מזבח לפניו ויקרא אהרן ויאמר	ט320509
1			1	1	1112	יהוה לנו / ויאמר אלהם יהי כן	חג-	בבנינו ובבנותנו בצאננו ובבקרנו נלך כי	ט100912
1			1	1	1112	המצות תשמר שבעת ימים תאכל מצות	חג	שלש רגלים תחג לי בשנה / את	ט231502
2	1		1	1	1112	הקציר בכורי מעשיך אשר תזרע בשדה	וחג	יצאת ממצרים ולא- יראו פני ריקם /	ט231601
2	1		1	1	1112	האסף בצאת השנה באספך את- מעשיך	וחג	הקציר בכורי מעשיך אשר תזרע בשדה	ט231608
1			1	1	1112	המצות תשמר שבעת ימים תאכל מצות	חג	אלהי מסכה לא תעשה- לך / את-	ט341802
2	1		1	1	1112	שבעת תעשה לך בכורי קציר חטים	וחג	וביום השביעי תשבת בחריש ובקציר תשבת /	ט342201
2	1		1	1	1112	האסיף תקופת השנה / שלש פעמים בשנה	וחג	שבעת תעשה לך בכורי קציר חטים	ט342208
1			1	1	1112	הפסח / ראשית בכורי אדמתך תביא בית	חג	דם- זבחי ולא- ילין לבקר זבח	ט342511
2		1	1	1	1113	עד- בקר / ראשית בכורי אדמתך תביא	חגי	חמץ דם- זבחי ולא- ילין חלב-	ט231810
						--*-*-*-*-*-*-*-*-*-*-*-*-*-*-*-*	חג	*-*-*-*-*-*-*-*-*-*-*-*-*-*-*-*-*-*	
4	1		3	1	3111	אתו חג ליהוה לדרתיכם חקת עולם	וחגתם	מצרים / והיה היום הזה לכם לזכרון	ט121406
4	1		3	1	3121	לי במדבר / ויאמר פרעה מי יהוה	ויחגו	יהוה אלהי ישראל שלח את- עמי	ט050116
4		4	3	1	3121	/ שבעת ימים מצות תאכלו אך ביום	תחגהו	אתו חג ליהוה לדרתיכם חקת עולם	ט121413
2			1	1	3121	לי בשנה / את חג המצות תשמר	תחג	לא ישמע על- פיך / שלש רגלים	ט231403
						--*-*-*-*-*-*-*-*-*-*-*-*-*-*-*-*	חגר	*-*-*-*-*-*-*-*-*-*-*-*-*-*-*-*-*-*	
4	1		1	1	3111	אתם אבנט אהרן ובניו וחבשת להם	וחגרת	אתו / ואת- בניו תקריב והלבשתם כתנת /	ט290901
3			3	1	3161	נעליכם ברגליכם ומקלכם בידכם ואכלתם אתו	חגרים	באש תשרפו / וככה תאכלו אתו מתניכם	ט121105
						--*-*-*-*-*-*-*-*-*-*-*-*-*-*-*-*	חדה	*-*-*-*-*-*-*-*-*-*-*-*-*-*-*-*-*-*	
3	*		1	1	3121	יתרו על כל- הטובה אשר- עשה	ויחד	התלאה אשר מצאתם בדרך ויצלם יהוה /	ט180901

אזכור		מלה		צופן	ג	#	כ	קס	ה
	-	חדל	*-*						
ט093404	לא- נתך ארצה / וירא פרעה כי	חדל	ונטר והברד והקלת ויסף לחטא ויכבד	3111	1	1			2
ט230508	תראה חמור שנאך רבץ תחת משאו	וחדלת	מעזב לו עזב תעזב עמו / לא	3111	1	1		1	4
ט092913	אפרש את כפי אל- יהוה הקלות	יחדלון	והברד לא יהיה- עוד למען תדע	3121	1	3		0	3
ט093311	את- העיר ויפרש כפיו אל- יהוה	ויחדלו	הקלות והברד ומטר לא- נתך ארצה	3121	1	3		*	4
ט141209	הדבר אשר דברנו אליך במצרים לאמר	חדל	ממנו ונעבדה את- מצרים כי טוב	314	1	1			2
	-	חדר	*-*						
ט072807	ושרץ היאר צפרדעים ועלו ובאו בביתך	ובחדר	משכבך ועל- מטתך ובבית עבדיך ובעמך	1112	1	1		41	4
	-	חדש	*-*						
ט120201	משה ואל- אהרן בארץ מצרים לאמר /	החדש	הזה לכם ראש חדשים ראשון הוא	1111	1	1		2	3
ט120308	אל- כל- עדת ישראל לאמר בעשר	לחדש	הזה ויקחו להם איש שה לבית	1111	1	1		26	3
ט120607	והיה לכם למשמרת עד ארבעה עשר יום	לחדש	הזה ושחטו אתו כל קהל עדת-	1111	1	1		26	3
ט121804	לדרתיכם חקת עולם / בראשן בארבעה עשר יום	לחדש	בערב תאכלו מצת עד יום האחד	1111	1	1		26	3
ט121812	תאכלו מצת עד יום האחד ועשרים	לחדש	בערב / שבעת ימים שאר לא ימצא	1111	1	1		26	3
ט130525	חלב ודבש ועבדת את- העבדה הזאת	בחדש	הזה / שבעת ימים תאכל מצת וביום	1111	1	1		24	3
ט160118	בין- אילם ובין סיני בחמשה עשר יום	לחדש	השני לצאתם מארץ מצרים / וילונו כל-	1111	1	1		26	3
ט190101	את- חתנו וילך לו אל- ארצו //	בחדש	השלישי לצאת בני- ישראל מארץ מצרים	1111	1	1		24	3
ט400202	וידבר יהוה אל- משה לאמר / ביום-	החדש	הראשון באחד לחדש תקים את- משכן	1111	1	1		2	3
ט400205	משה לאמר / ביום- החדש הראשון באחד	לחדש	תקים את- משכן אהל מועד / ושמת	1111	1	1		26	3
ט401702	צוה יהוה אתו כן עשה / ויהי	בחדש	הראשון בשנה השנית באחד לחדש הוקם	1111	1	1		24	3
ט401707	ויהי בחדש הראשון בשנה השנית באחד	לחדש	הוקם המשכן / ויקם משה את- המשכן	1111	1	1		26	3
ט130404	ולא יאכל חמץ / היום אתם יצאים	בחדש	האביב / והיה כי- יביאך יהוה אל-	1112	1	1		4	3
ט231512	ימים תאכל מצות כאשר צויתך למועד	חדש	האביב כי- בו יצאת ממצרים ולא-	1112	1	1			2
ט341812	ימים תאכל מצות אשר צויתך למועד	חדש	האביב כי בחדש האביב יצאת ממצרים	1112	1	1			2
ט341815	אשר צויתך למועד חדש האביב כי	בחדש	האביב יצאת ממצרים / כל- פטר רחם	1112	1	1		4	3
ט120205	מצרים לאמר / החדש הזה לכם ראש	חדשים	ראשון הוא לכם לחדשי השנה / דברו	1115	1	3			3
ט120209	לכם ראש חדשים ראשון הוא לכם	לחדשי	השנה / דברו אל- כל- עדת ישראל	1116	1	3		6	4
	-	חדש	*-*						
ט010803	מאד ותמלא הארץ אתם / ויקם מלך-	חדש	על מצרים אשר לא- ידע את-	1111	1	1			2
	-	חוזק	*-*						
ט130315	אשר יצאתם ממצרים מבית עבדים כי	בחזק	יד הוציא יהוה אתכם מזה ולא	1112	1	1		4	3
ט131411	מחר לאמר מה- זאת ואמרת אליו	בחזק	יד הוציאנו יהוה ממצרים מבית עבדים	1112	1	1		4	3
ט131609	על- ידכה ולטוטפת בין עיניך כי	בחזק	יד הוציאנו יהוה ממצרים / ויהי בשלח	1112	1	1		4	3
	-	חוי	*-*						
ט030824	אל- מקום הכנעני והחתי והאמרי והפרזי	והחוי	והיבוסי / ועתה הנה צעקת בני- ישראל	124	1	1		21	4
ט031712	אל- ארץ הכנעני והחתי והאמרי והפרזי	והחוי	והיבוסי אל- ארץ זבת חלב ודבש	124	1	1		21	4
ט130510	יהוה אל- ארץ הכנעני והחתי והאמרי	והחוי	והיבוסי אשר נשבע לאבתיך לתת לך	124	1	1		21	4
ט232311	והביאך אל- האמרי והחתי והפרזי והכנעני	החוי	והיבוסי והכחדתיו / לא- תשתחוה לאלהיהם ולא	124	1	1		2	3
ט232807	ושלחתי את- הצרעה לפניך וגרשה את-	החוי	את- הכנעני ואת החתי מלפניך / לא	124	1	1		2	3
ט330210	וגרשתי את- הכנעני האמרי והחתי והפרזי	החוי	והיבוסי / אל- ארץ זבת חלב ודבש	124	1	1		2	3
ט341116	מפניך את- האמרי והכנעני והחתי והפרזי	והחוי	והיבוסי / השמר לך פן- תכרת ברית	124	1	1		21	4
	-	חול	*-*						
ט021212	אין איש ויך את- המצרי ויטמנהו	בחול	/ ויצא ביום השני והנה שני- אנשים	1111	1	1		24	2
	-	חומה	*-*						
ט142209	ישראל בתוך הים ביבשה והמים להם	חומה	מימינם ומשמאלם / וירדפו מצרים ויבאו אחריהם	1121	2	1			2
ט142909	הלכו ביבשה בתוך הים והמים להם	חמה	מימינם ומשמאלם / ויושע יהוה ביום ההוא	1121	2	1			2

/ = סוף פסוק   // = סוף פרק   ג = מין   # = מספר   כ = כינוי חבור   קס = קידומות וסיומות   ה = מספר ההברות   עמ' 137

אזכור		מלה		צופן	ג	#	כ	קס	ה
		חוץ							
ט124610	לא- תוציא מן- הבית מן- הבשר	חוצה	ועצם לא- תשברו- בו / כל- עדת	1111	1	1		9	2
ט211904	ימות ונפל למשכב / אם- יקום והתהלך	בחוץ	על- משענתו ונקה המכה רק שבתו	1111	1	1		24	2
ט251106	קמתו / וצפית אתו זהב טהור מבית	ומחוץ	תצפנו ועשית עליו זר זהב סביב	1111	1	1		71	3
ט263504	העדת בקדש הקדשים / ושמת את- השלחן	מחוץ	לפרכת ואת- המנרה נכח השלחן על	1111	1	1		7	2
ט272103	למאור להעלת נר תמיד / באהל מועד	מחוץ	לפרכת אשר על- העדת יערך אתו	1111	1	1		7	2
ט291410	ואת- ערו ואת- פרשו תשרף באש	מחוץ	למחנה חטאת הוא / ואת- האיל האחד	1111	1	1		7	2
ט330707	ומשה יקח את- האהל ונטה לו	מחוץ	למחנה הרחק מן- המחנה וקרא לו	1111	1	1		7	2
ט330725	יהוה יצא אל- אהל מועד אשר	מחוץ	למחנה / והיה כצאת משה אל- האהל	1111	1	1		7	2
ט370205	וחצי קמתו / ויצפהו זהב טהור מבית	ומחוץ	ויעש לו זר זהב סביב / ויצק	1111	1	1		71	3
ט402210	באהל מועד על ירך המשכן צפנה	מחוץ	לפרכת / ויערך עליו ערך לחם לפני	1111	1	1		7	2
		חור							
ט171011	לו משה להלחם בעמלק ומשה אהרן	וחור	עלו ראש הגבעה / והיה כאשר ירים	122	1			1	2
ט171211	אבן וישימו תחתיו וישב עליה ואהרן	וחור	תמכו בידיו מזה אחד ומזה אחד	122	1			1	2
ט241413	עד אשר- נשוב אליכם והנה אהרן	וחור	עמכם מי- בעל דברים יגש אלהם	122	1			1	2
ט310208	קראתי בשם בצלאל בן- אורי בן-	חור	למטה יהודה / ואמלא אתו רוח אלהים	122	1				1
ט353014	יהוה בשם בצלאל בן- אורי בן-	חור	למטה יהודה / וימלא אתו רוח אלהים	122	1				1
ט382205	אהרן הכהן / ובצלאל בן- אורי בן-	חור	למטה יהודה עשה את כל- אשר-	122	1				1
		חורב							
ט030119	אחר המדבר ויבא אל- הר האלהים	חרבה	/ וירא מלאך יהוה אליו בלבת- אש	123	1			9	3
ט330607	ויתנצלו בני- ישראל את- עדים מהר	חורב	/ ומשה יקח את- האהל ונטה לו	123	1				2
		חותם							
ט281105	השנית כתולדתם / מעשה חרש אבן פתוחי	חתם	תפתח את- שתי האבנים על- שמת	1111	1	1			2
ט282111	בני- ישראל שתים עשרה על- שמתם פתוחי	חותם	איש על- שמו תהיין לשני עשר שבט	1111	1	1			2
ט283608	ציץ זהב טהור ופתחת עליו פתוחי	חתם	קדש ליהוה / ושמת אתו על- פתיל	1111	1	1			2
ט390610	השהם מסבת משבצת זהב מפתחת פתוחי	חותם	על- שמות בני ישראל / וישם אתם	1111	1	1			2
ט391411	ישראל הנה שתים עשרה על- שמתם פתוחי	חתם	איש על- שמו לשנים עשר שבט / ויעשו	1111	1	1			2
ט393012	זהב טהור ויכתבו עליו מכתב פתוחי	חותם	קדש ליהוה / ויתנו עליו פתיל תכלת	1111	1	1			2
		חותן							
ט180105	מדר דר // וישמע יתרו כהן מדין	חתן	משה את כל- אשר עשה אלהים	1112	1	1			2
ט180203	יהוה את- ישראל ממצרים / ויקח יתרו	חתן	משה את- צפרה אשת משה אחר	1112	1	1			2
ט180503	בעזרי ויצלני מחרב פרעה / ויבא יתרו	חתן	משה ובניו ואשתו אל- משה אל	1112	1	1			2
ט181203	בדבר אשר זדו עליהם / ויקח יתרו	חתן	משה עלה וזבחים לאלהים ויבא אהרן	1112	1	1			2
ט181216	וכל זקני ישראל לאכל- לחם עם-	חתן	משה לפני האלהים / ויהי ממחרת וישב	1112	1	1			2
ט181402	משה מן- הבקר עד- הערב / וירא	חתן	משה את כל- אשר- הוא עשה	1112	1	1			2
ט181702	את- חקי האלהים ואת- תורתיו / ויאמר	חתן	משה אליו לא- טוב הדבר אשר	1112	1	1			2
ט030107	ומשה היה רעה את- צאן יתרו	חתנו	כהן מדין וינהג את- הצאן אחר	1113	1	1	4		3
ט041806	האתה / וילך משה וישב אל- יתר	חתנו	ויאמר לו אלכה נא ואשובה אל-	1113	1	1	4		3
ט180605	הר האלהים / ויאמר אל- משה אני	חתנך	יתרו בא אליך ואשתך ושני בניה	1113	1	1	2		4
ט180704	ושני בניה עמה / ויצא משה לקראת	חתנו	וישתחו וישק- לו וישאלו איש- לרעהו	1113	1	1	4		3
ט180803	לרעהו לשלום ויבאו האהלה / ויספר משה	לחתנו	את כל- אשר עשה יהוה לפרעה	1113	1	1	4	6	4
ט181503	מן- בקר עד- ערב / ויאמר משה	לחתנו	כי- יבא אלי העם לדרש אלהים	1113	1	1	4	6	4
ט182404	מקמו יבא בשלום / וישמע משה לקול	חתנו	ויעש כל אשר אמר / ויבחר משה	1113	1	1	4		3
ט182704	הקטן ישפוטו הם / וישלח משה את-	חתנו	וילך לו אל- ארצו // בחדש השלישי	1113	1	1	4		3
		חזה							
ט292603	יהוה אשה הוא ליהוה / ולקחת את-	החזה	מאיל המלאים אשר לאהרן והנפת אתו	1111	1	1		2	3
ט292703	יהוה והיה לך למנה / וקדשת את	חזה	התנופה ואת שוק התרומה אשר הונף	1112	1	1			2

אזכור		מלה		ה קס כ # ג צונן
	--*-*-*-*-*-*-*-*-*-*-*-*-*	חזה	*-*-*-*-*-*-*-*-*-*-*-*-*-*-*	
ט182102	בה ואת המעשה אשר יעשון / ואתה	תחזה	מכל- העם אנשי- חיל יראי אלהים	3 1 1 3121
ט241108	אצילי בני ישראל לא שלח ידו	ויחזו	את- האלהים ויאכלו וישתו / ויאמר יהוה	4 * 3 1 3121
	--*-*-*-*-*-*-*-*-*-*-*-*-*	חזק	*-*-*-*-*-*-*-*-*-*-*-*-*-*-*	
ט101905	אל- יהוה / ויהפך יהוה רוח- ים	חזק	מאד וישא את- הארבה ויתקעהו ימה	2 1 1 1111
ט191615	וענן כבד על- ההר וקל שפר	חזק	מאד ויחרד כל- העם אשר במחנה	2 1 1 1111
ט031912	אתכם מלך מצרים להלך ולא ביד	חזקה	/ ושלחתי את- ידי והכיתי את- מצרים	3 1 2 1121
ט060112	תראה אשר אעשה לפרעה כי ביד	חזקה	ישלחם וביד חזקה יגרשם מארצו / וידבר	3 1 2 1121
ט060115	לפרעה כי ביד חזקה ישלחם וביד	חזקה	יגרשם מארצו / וידבר אלהים אל- משה	3 1 2 1121
ט130916	תהיה תורת יהוה בפיך כי ביד	חזקה	הוצאך יהוה ממצרים / ושמרת את החקה	3 1 2 1121
ט321120	הוצאת מארץ מצרים בכח גדול וביד	חזקה	/ למה יאמרו מצרים לאמר ברעה הוציאם	3 1 2 1121
	--*-*-*-*-*-*-*-*-*-*-*-*-*	חזק	*-*-*-*-*-*-*-*-*-*-*-*-*-*-*	
ט071301	לתנינם ויבלע מטה- אהרן את- מטתם /	ויחזק	לב פרעה ולא שמע אלהם כאשר	4 * 1 1 3121
ט072206	מצרים / ויעשו- כן חרטמי מצרים בלטיהם	ויחזק	לב- פרעה ולא- שמע אלהם כאשר	4 * 1 1 3121
ט081508	החרטמם אל- פרעה אצבע אלהים הוא	ויחזק	לב- פרעה ולא- שמע אלהם כאשר	4 * 1 1 3121
ט093501	ויסף לחטא ויכבד לבו הוא ועבדיו /	ויחזק	לב פרעה ולא שלח את- בני	4 * 1 1 3121
ט123301	כאשר דברתם ולכו וברכתם גם- אתי /	ותחזק	מצרים על- העם למהר לשלחם מן-	4 * 1 2 3122
ט191905	ההר מאד / ויהי קול השפר הולך	וחזק	מאד משה ידבר והאלהים יעננו בקול	3 1 1 1 3131
	--*-*-*-*-*-*-*-*-*-*-*-*-*	חזק	*-*-*-*-*-*-*-*-*-*-*-*-*-*-*	
ט140401	נבכים הם בארץ סגר עליהם המדבר /	וחזקתי	את- לב- פרעה ורדף אחריהם ואכבדה	4 1 1 1 3311
ט042118	שמתי בידך ועשיתם לפני פרעה ואני	אחזק	את- לבו ולא ישלח את- העם	3 1 1 3321
ט091201	כי- היה השחין בחרטמים ובכל- מצרים /	ויחזק	יהוה את- לב פרעה ולא שמע	4 * 1 1 3321
ט102001	נשאר ארבה אחד בכל גבול מצרים /	ויחזק	יהוה את- לב פרעה ולא שלח	4 * 1 1 3321
ט102701	נעבד את- יהוה עד- באנו שמה /	ויחזק	יהוה את- לב פרעה ולא אבה	4 * 1 1 3321
ט111010	את- כל- המפתים האלה לפני פרעה	ויחזק	יהוה את- לב פרעה ולא- שלח	4 * 1 1 3321
ט140801	וכל רכב מצרים ושלשם על- כלו /	ויחזק	יהוה את- לב פרעה מלך מצרים	4 * 1 1 3321
ט141703	ישראל בתוך הים ביבשה / ואני הנני	מחזק	את- לב מצרים ויבאו אחריהם ואכבדה	3 1 1 3331
	--*-*-*-*-*-*-*-*-*-*-*-*-*	חח	*-*-*-*-*-*-*-*-*-*-*-*-*-*-*	
ט352209	על- הנשים כל נדיב לב הביאו	חח	ונזם וטבעת וכומז כל- כלי זהב	1 1 1 1111
	--*-*-*-*-*-*-*-*-*-*-*-*-*	חטא	*-*-*-*-*-*-*-*-*-*-*-*-*-*-*	
ט092708	פרעה ויקרא למשה ולאהרן ויאמר אלהם	חטאתי	הפעם יהוה הצדיק ואני ועמי הרשעים	3 1 1 3111
ט101607	וימהר פרעה לקרא למשה ולאהרן ויאמר	חטאתי	ליהוה אלהיכם ולכם / ועתה שא נא	3 1 1 3111
ט323008	ממחרת ויאמר משה אל- העם אתם	חטאתם	חטאה גדלה ועתה אעלה אל- יהוה	3 3 1 3111
ט323107	וישב משה אל- יהוה ויאמר אנא	חטא	העם הזה חטאה גדלה ויעשו להם	2 1 1 3111
ט323307	ויאמר יהוה אל- משה מי אשר	חטא-	לי אמחנו מספרי / ועתה לך נחה	2 1 1 3111
ט202019	ובעבור תהיה יראתו על- פניכם לבלתי	תחטאו	/ ויעמד העם מרחק ומשה נגש אל-	4 3 1 3121
ט051612	אמרים לנו עשו והנה עבדיך מכים	וחטאת	עמך / ויאמר נרפים אתם נרפים על-	3 1 1 2 3122
ט093409	כי חדל המטר והברד והקלת ויסף	לחטא	ויכבד לבו הוא ועבדיו / ויחזק לב	3 6 3154
	--*-*-*-*-*-*-*-*-*-*-*-*-*	חטאה	*-*-*-*-*-*-*-*-*-*-*-*-*-*-*	
ט340707	נצר חסד לאלפים נשא עון ופשע	וחטאה	ונקה לא ינקה פקד עון אבות	4 1 1 2 1121
ט101704	ליהוה אלהיכם ולכם / ועתה שא נא	חטאתי	אך הפעם והעתירו ליהוה אלהיכם ויסר	3 1 1 2 1123
ט323018	אעלה אל- יהוה אולי אכפרה בעד	חטאתכם	/ וישב משה אל- יהוה ויאמר אנא	4 7 1 2 1123
ט323204	להם אלהי זהב / ועתה אם- תשא	חטאתם	ואם- אין מחני נא מספרך אשר	3 9 1 2 1123
ט323418	ילך לפניך וביום פקדי ופקדתי עלהם	חטאתם	/ ויגף יהוה את- העם על אשר	3 9 1 2 1123
ט340919	עם- קשה- ערף הוא וסלחת לעוננו	ולחטאתנו	ונחלתנו / ויאמר הנה אנכי כרת ברית	6 61 6 1 2 1123

אזכור		מלה		צורן ג # כ קס ה
	--*-*-*-*-*-*-*-*-*-*-*-*-*-*	חטאה	*-*-*-*-*-*-*-*-*-*-*-*-*-*-*-*	
ט322113	לך העם הזה כי- הבאת עליו	חטאה	גדלה / ויאמר אהרן אל- יחר אף	3 1 2 1121
ט323009	ויאמר משה אל- העם אתם חטאתם	חטאה	גדלה ועתה אעלה אל- יהוה אולי	3 1 2 1121
ט323110	יהוה ויאמר אנא חטא העם הזה	חטאה	גדלה ויעשו להם אלהי זהב / ועתה	3 1 2 1121
	--*-*-*-*-*-*-*-*-*-*-*-*-*-*	חטאת	*-*-*-*-*-*-*-*-*-*-*-*-*-*-*-*	
ט291412	ואת- פרשו תשרף באש מחוץ למחנה	חטאת	הוא / ואת- האיל האחד תקח וסמכו	2 1 2 1121
ט293602	אתכה שבעת ימים תמלא ידם / ופר	חטאת	תעשה ליום על- הכפרים וחטאת על-	2 1 2 1121
ט301008	אהרן על- קרנתיו אחת בשנה מדם	חטאת	הכפרים אחת בשנה יכפר עליו לדרתיכם	2 1 2 1122
	--*-*-*-*-*-*-*-*-*-*-*-*-*-*	חטאת	*-*-*-*-*-*-*-*-*-*-*-*-*-*-*-*	
ט293607	ופר חטאת תעשה ליום על- הכפרים	וחטאת	על- המזבח בכפרך עליו ומשחת אתו	4 1 1 1 3311
	--*-*-*-*-*-*-*-*-*-*-*-*-*-*	חטה	*-*-*-*-*-*-*-*-*-*-*-*-*-*-*-*	
ט093201	נכתה כי השערה אביב והפשתה גבעל /	והחטה	והכסמת לא נכו כי אפילת הנה	4 21 1 2 1121
ט290212	בשמן ורקיקי מצות משחים בשמן סלת	חטים	תעשה אתם / ונתת אותם על- סל	2 3 2 1125
ט342207	וחג שבעת תעשה לך בכורי קציר	חטים	וחג האסיף תקופת השנה / שלש פעמים	2 3 2 1125
	--*-*-*-*-*-*-*-*-*-*-*-*-*-*	חי	*-*-*-*-*-*-*-*-*-*-*-*-*-*-*-*	
ט332011	את- פני כי לא- יראני האדם	וחי	/ ויאמר יהוה הנה מקום אתי ונצבת	2 1 1 1 3111
ט011616	הוא והמתן אתו ואם בת הוא	וחיה	/ ותיראן המילדת את- האלהים ולא עשו	3 1 1 2 3112
ט041818	אל- אחי אשר- במצרים ואראה העודם	חיים	ויאמר יתרו למשה לך לשלום / ויאמר	2 3 1 3131
ט213512	שור רעהו ומת ומכרו את- השור	החי	וחצו את- כספו וגם את- המת	2 2 1 1 3131
ט220311	הגנבה משור עד- חמור עד- שה	חיים	שנים ישלם / כי יבער- איש שדה	2 3 1 3131
	--*-*-*-*-*-*-*-*-*-*-*-*-*-*	חיה	*-*-*-*-*-*-*-*-*-*-*-*-*-*-*-*	
ט231109	ונטשתה ואכלו אביני עמך ויתרם תאכל	חית	השדה כן- תעשה לכרמך לזיתך / ששת	2 1 2 1122
ט232912	פן- תהיה הארץ שממה ורבה עליך	חית	השדה / מעט מעט אגרשנו מפניך עד	2 1 2 1122
	--*-*-*-*-*-*-*-*-*-*-*-*-*-*	חיה	*-*-*-*-*-*-*-*-*-*-*-*-*-*-*-*	
ט191316	ירה אם- בהמה אם- איש לא	יחיה	בנשך היבל המה יעלו בהר / וירד	2 1 1 3121
ט011911	כי לא כנשים המצרית העברית כי-	חיות	הנה בטרם תבוא אלהן המילדת וילדו	2 3 2 3132
	--*-*-*-*-*-*-*-*-*-*-*-*-*-*	חיה	*-*-*-*-*-*-*-*-*-*-*-*-*-*-*-*	
ט221703	כסף ישקל כמהר הבתולת / מכשפה לא	תחיה	/ כל- שכב עם- בהמה מות יומת	3 1 1 3321
ט011712	עשו כאשר דבר אליהן מלך מצרים	ותחיין	את- הילדים / ויקרא מלך- מצרים למילדת	5 * 3 2 3322
ט011811	ויאמר להן מדוע עשיתן הדבר הזה	ותחיין	את- הילדים / ותאמרן המילדת אל- פרעה	5 * 3 2 3322
ט012213	הבן הילוד היארה תשליכהו וכל- הבת	תחיון	// וילך איש מבית לוי ויקח את	3 0 3 2 3322
	--*-*-*-*-*-*-*-*-*-*-*-*-*-*	חיים	*-*-*-*-*-*-*-*-*-*-*-*-*-*-*-*	
ט061610	לוי לתלדתם גרשון וקהת ומררי ושני	חיי	לוי שבע ושלשים ומאת שנה / בני	2 3 1 1116
ט061808	קהת עמרם ויצהר וחברון ועזיאל ושני	חיי	קהת שלש ושלשים ומאת שנה / ובני	2 3 1 1116
ט062015	לו את- אהרן ואת- משה ושני	חיי	עמרם שבע ושלשים ומאת שנה / ובני	2 3 1 1116
ט011403	את- בני ישראל בפרך / וימררו את-	חייהם	בעבדה קשה בחמר ובלבנים ובכל- עבדה	3 9 3 1 1117
	--*-*-*-*-*-*-*-*-*-*-*-*-*-*	חיל	*-*-*-*-*-*-*-*-*-*-*-*-*-*-*-*	
ט182106	יעשון / ואתה תחזה מכל- העם אנשי-	חיל	יראי אלהים אנשי אמת שנאי בצע	2 1 1 1111
ט182504	כל אשר אמר / ויבחר משה אנשי-	חיל	מכל- ישראל ויתן אתם ראשים על-	2 1 1 1111
ט142809	ויכסו את- הרכב ואת- הפרשים לכל	חיל	פרעה הבאים אחריהם בים לא- נשאר	1 1 1 1112
ט140410	פרעה ורדף אחריהם ואכבדה בפרעה ובכל-	חילו	וידעו מצרים כי- אני יהוה ויעשו	2 4 1 1 1113
ט140914	הים כל- סוס רכב פרעה ופרשיו	וחילו	על- פיהחירת לפני בעלצפן / ופרעה הקריב	3 1 4 1 1 1113
ט141712	מצרים ויבאו אחריהם ואכבדה בפרעה ובכל-	חילו	ברכבו ובפרשיו / וידעו מצרים כי- אני	2 4 1 1 1113
ט150403	איש מלחמה יהוה שמו / מרכבת פרעה	וחילו	ירה בים ומבחר שלשיו טבעו בים-	3 1 4 1 1 1113

/ = סוף פסוק   // = סוף פרק   ג = מין   # = מספר   כ = כינוי חבור   קס = קידומות וסיומות   ה = מספר ההברות

אזכור		מלה		צונן	ג	#	כ	קס	ה
	--*-*-*-*-*-*-*-*-*-*-*-*-*-*-*-*-*-*	חיל	*-*						
ט151404	אל- נוה קדשך / שמעו עמים ירגזון	חיל	אחז ישבי פלשת / אז נבהלו אלופי	1111	1	1			1
	--*-*-*-*-*-*-*-*-*-*-*-*-*-*-*-*-*-*	חיק	*-*						
ט040608	יהוה לו עוד הבא- נא ידך	בחיקך	ויבא ידו בחיקו ויוצאה והנה ידו	1113	1	1	2	4	4
ט040611	הבא- נא ידך בחיקך ויבא ידו	בחיקו	ויוצאה והנה ידו מצרעת כשלג / ויאמר	1113	1	1	4	4	3
ט040705	מצרעת כשלג / ויאמר השב ידך אל-	חיקך	וישב ידו אל- חיקו ויוצאה מחיקו	1113	1	1	2		3
ט040709	ידך אל- חיקך וישב ידו אל-	חיקו	ויוצאה מחיקו והנה- שבה כבשרו / והיה	1113	1	1	4		2
ט040711	חיקך וישב ידו אל- חיקו ויוצאה	מחיקו	והנה- שבה כבשרו / והיה אם- לא	1113	1	1	4	7	3
	--*-*-*-*-*-*-*-*-*-*-*-*-*-*-*-*-*-*	חכם	*-*						
ט310613	בן- אחיסמך למטה- דן ובלב כל-	חכם-	לב נתתי חכמה ועשו את כל-	1112	1	1			2
ט351002	שהם ואבני מלאים לאפוד ולחשן / וכל-	חכם-	לב בכם יבאו ויעשו את כל-	1112	1	1			2
ט360106	מחשבת // ועשה בצלאל ואהליאב וכל איש	חכם-	לב אשר נתן יהוה חכמה ותבונה	1112	1	1			2
ט360210	בצלאל ואל- אהליאב ואל כל- איש	חכם-	לב אשר נתן יהוה חכמה בלבו	1112	1	1			2
ט360803	המלאכה לעשות אתה והותר / ויעשו כל-	חכם-	לב בעשי המלאכה את- המשכן עשר	1112	1	1			2
ט071104	עבדיו ויהי לתנין / ויקרא גם- פרעה	לחכמים	ולמכשפים ויעשו גם- הם חרטמי מצרים	1115	1	3		26	4
ט360403	עוד נדבה בבקר בבקר / ויבאו כל-	החכמים	העשים את כל- מלאכת הקדש איש-	1115	1	3		2	4
ט280305	לכבוד ולתפארת / ואתה תדבר אל- כל-	חכמי-	לב אשר מלאתיו רוח חכמה ועשו	1116	1	3			3
ט352503	לכל- מלאכת העבדה הביאו / וכל- אשה	חכמת	לב בידיה טוו ויביאו מטוה את-	1122	2	1			3
	--*-*-*-*-*-*-*-*-*-*-*-*-*-*-*-*-*-*	חכמה	*-*						
ט280310	כל- חכמי- לב אשר מלאתיו רוח	חכמה	ועשו את- בגדי אהרן לקדשו לכהנו-	1121	2	1			2
ט310305	למטה יהודה / ואמלא אתו רוח אלהים	בחכמה	ובתבונה ובדעת ובכל מלאכה / לחשב מחשבת	1121	2	1		4	3
ט310616	דן ובלב כל- חכם- לב נתתי	חכמה	ועשו את כל- אשר צויתך / את	1121	2	1			2
ט352607	וכל- הנשים אשר נשא לבן אתנה	בחכמה	טוו את- העזים / והנשאם הביאו את	1121	2	1		4	3
ט353105	למטה יהודה / וימלא אתו רוח אלהים	בחכמה	בתבונה ובדעת ובכל- מלאכה / ולחשב מחשבת	1121	2	1		4	3
ט360111	איש חכם- לב אשר נתן יהוה	חכמה	ותבונה בהמה לדעת לעשת את- כל-	1121	2	1			2
ט360215	איש חכם- לב אשר נתן יהוה	חכמה	בלבו כל אשר נשאו לבו לקרבה	1121	2	1			2
ט353503	בן- אחיסמך למטה- דן / מלא אתם	חכמת-	לב לעשות כל- מלאכת חרש וחשב	1122	2	1			2
	--*-*-*-*-*-*-*-*-*-*-*-*-*-*-*-*-*-*	חלב	*-*						
ט030816	ארץ טובה ורחבה אל- ארץ זבת	חלב	ודבש אל- מקום הכנעני והחתי והאמרי	1111	1	1			2
ט031717	והפרזי והחוי והיבוסי אל- ארץ זבת	חלב	ודבש / ושמעו לקלך ובאת אתה וזקני	1111	1	1			2
ט130519	נשבע לאבתיך לתת לך ארץ זבת	חלב	ודבש ועבדת את- העבדה הזאת בחדש	1111	1	1			2
ט330304	והפרזי החוי והיבוסי / אל- ארץ זבת	חלב	ודבש כי לא אעלה בקרבך כי	1111	1	1			2
ט231911	בית יהוה אלהיך לא- תבשל גדי	בחלב	אמו / הנה אנכי שלח מלאך לפניך	1112	1	1		4	3
ט342611	בית יהוה אלהיך לא- תבשל גדי	בחלב	אמו / ויאמר יהוה אל- משה כתב-	1112	1	1		4	3
	--*-*-*-*-*-*-*-*-*-*-*-*-*-*-*-*-*-*	חלב	*-*						
ט291304	אל- יסוד המזבח / ולקחת את- כל-	החלב	המכסה את- הקרב ואת היתרת על-	1111	1	1		2	3
ט291316	על- הכבד ואת שתי הכלית ואת-	החלב	אשר עליהן והקטרת המזבחה / ואת- בשר	1111	1	1		2	3
ט292204	ובגדי בניו אתו / ולקחת מן- האיל	החלב	והאליה ואת- החלב המכסה את- הקרב	1111	1	1		2	3
ט292207	ולקחת מן- האיל החלב והאליה ואת-	החלב	המכסה את- הקרב ואת יתרת הכבד	1111	1	1		2	3
ט292218	יתרת הכבד ואת שתי הכלית ואת-	החלב	אשר עליהן ואת שוק הימין כי	1111	1	1		2	3
ט231809	על- חמץ דם- זבחי ולא- ילין	חלב-	חגי עד- בקר / ראשית בכורי אדמתך	1112	1	1			2
	--*-*-*-*-*-*-*-*-*-*-*-*-*-*-*-*-*-*	חלבנה	*-*						
ט303410	משה קח- לך סמים נטף ושחלת	וחלבנה	סמים ולבנה זכה בד בבד יהיה	1121	2	1		1	4
	--*-*-*-*-*-*-*-*-*-*-*-*-*-*-*-*-*-*	חלה	*-*						
ט292304	איל מלאים הוא / וככר לחם אחת	וחלת	לחם שמן אחת ורקיק אחד מסל	1122	2	1		1	3
ט290203	בקר ואילם שנים תמימם / ולחם מצות	וחלת	מצת בלולת בשמן ורקיקי מצות משחים	1125	2	3		1	3

/ = סוף פסוק   // = סוף פרק   ג = מין   # = מספר   כ = כינוי הבור   קס = קידומות וסיומות   ו = נמסר ההברות

אזכור		מלה		צונן	ג	#	כ	קס	ה
		חלה							
ט321101	בהם ואכלם ואעשה אותך לגוי גדול /	ויחל	משה את- פני יהוה אלהיו ויאמר	3321	1	1		*	3
		חלושה							
ט321809	קול ענות גבורה ואין קול ענות	חלושה	קול ענות אנכי שמע / ויהי כאשר	1121	2	1			3
		חלל							
ט202514	אתהן גזית כי חרבך הנפת עליה	ותחללה	/ ולא- תעלה במעלת על- מזבחי אשר	3321	1	1	5	*	6
ט311408	את- השבת כי קדש הוא לכם	מחלליה	מות יומת כי כל- העשה בה	3331	1	1	5		5
		חלק							
ט150905	בלב- ים / אמר אויב ארדף אשיג	אחלק	שלל תמלאמו נפשי אריק חרבי תורישמו	3321	1	1			3
		חלש							
ט171301	ויהי ידיו אמונה עד- בא השמש /	ויחלש	יהושע את- עמלק ואת- עמו לפי-	3121	1	1		*	4
		חם							
ט162108	אתו בבקר בבקר איש כפי אכלו	וחם	השמש ונמס / ויהי ביום הששי לקטו	3111	1	1		1	2
		חמד							
ט201702	לא- תענה ברעך עד שקר / לא	תחמד	בית רעך לא תחמד אשת רעך	3121	1	1			2
ט201706	שקר / לא תחמד בית רעך לא	תחמד	אשת רעך ועבדו ואמתו ושורו וחמרו	3121	1	1			2
ט342409	גוים מפניך והרחבתי את- גבלך ולא-	יחמד	איש את- ארצך בעלתך לראות את-	3121	1	1			2
		חמור							
ט042009	את- אשתו ואת- בניו וירכבם על-	החמר	וישב ארצה מצרים ויקח משה את-	1111	1	1		2	3
ט131303	יהיה לך הזכרים ליהוה / וכל- פטר	חמר	תפדה בשה ואם- לא תפדה וערפתו	1111	1	1			2
ט213316	ולא יכסנו ונפל- שמה שור או	חמור	/ בעל הבור ישלם כסף ישיב לבעליו	1111	1	1			2
ט220308	המצא תמצא בידו הגנבה משור עד-	חמור	עד- שה חיים שנים ישלם / כי	1111	1	1			2
ט220808	כל- דבר- פשע על- שור על-	חמור	על- שה על- שלמה על- כל-	1111	1	1			2
ט220906	לרעהו / כי- יתן איש אל- רעהו	חמור	או- שור או- שה וכל- בהמה	1111	1	1			2
ט342002	מקנך תזכר פטר שור ושה / ופטר	חמור	תפדה בשה ואם- לא תפדה וערפתו	1111	1	1			2
ט230503	תעה השב תשיבנו לו / כי- תראה	חמור	שנאך רבץ תחת משאו וחדלת מעזב	1112	1	1			2
ט201712	תחמד אשת רעך ועבדו ואמתו ושורו	וחמרו	וכל אשר לרעך / וכל- העם ראים	1113	1	1	4	1	4
ט230406	גריבו / כי תפגע שור איבך או	חמרו	תעה השב תשיבנו לו / כי- תראה	1113	1	1	4		3
ט231211	וביום השביעי תשבת למען ינוח שורך	וחמרך	וינפש בן- אמתך והגר / ובכל אשר-	1113	1	1	2	1	4
ט090309	יהוה הויה במקנך אשר בשדה בסוסים	בחמרים	בגמלים בבקר ובצאן דבר כבד מאד	1115	1	3		24	4
		חמוש							
ט131809	את- העם דרך המדבר ים- סוף	וחמשים	עלו בני ישראל מארץ מצרים / ויקח	1115	1	3		1	4
		חמל							
ט020608	ותראהו את- הילד והנה- נער בכה	ותחמל	עליו ותאמר מילדי העברים זה / ותאמר	3122	2	1		*	3
		חמס							
ט230112	תשת ידך עם- רשע להית עד	חמס	/ לא- תהיה אחרי- רבים לרעת ולא-	1111	1	1			2
		חמץ							
ט121514	תשביתו שאר מבתיכם כי כל- אכל	חמץ	ונכרתה הנפש ההוא מישראל מיום הראשן	1111	1	1			2
ט130323	הוציא יהוה אתכם מזה ולא יאכל	חמץ	/ היום אתם יצאים בחדש האביב / והיה	1111	1	1			2
ט130709	את שבעת הימים ולא- יראה לך	חמץ	ולא- יראה לך שאר בכל- גבלך	1111	1	1			2
ט231804	פני האדן יהוה / לא- תזבח על-	חמץ	דם- זבחי ולא- ילין חלב- חגי	1111	1	1			2
ט342504	שלש פעמים בשנה / לא- תשחט על-	חמץ	דם- זבחי ולא- ילין לבקר זבח	1111	1	1			2

אזכור		מלה		צונן ג # כ	קס	ה
	-	חמץ	*-*			
ט123911	הוציאו ממצרים עגת מצת כי לא	חמץ	כי- גרשו ממצרים ולא יכלו להתמהמה	1 1 3111		2
ט123406	מתים / וישא העם את- בצקו טרם	יחמץ	משארתם צררת בשמלתם על- שכמם / ובני-	1 1 3121		2
	-	חמר	*-*			
ט020310	הצפינו ותקח- לו תבת גמא ותחמרה	בחמר	ובזפת ותשם בה את- הילד ותשם	1 1 1111	24	3
	-	חמר	*-*			
ט020309	עוד הצפינו ותקח- לו תבת גמא	ותחמרה	בחמר ובזפת ותשם בה את- הילד	5 1 2 3122	*	4
	-	חמר	*-*			
ט081003	מן- החצרת ומן- השדות / ויצברו אתם	חמרם	חמרם ותבאש הארץ / וירא פרעה כי	3 1 1115		3
ט081004	החצרת ומן- השדות / ויצברו אתם חמרם	חמרם	ותבאש הארץ / וירא פרעה כי היתה	3 1 1115		3
	-	חמר	*-*			
ט011406	בפרך / וימררו את- חייהם בעבדה קשה	בחמר	ובלבנים ובכל- עבדה בשדה את כל-	1 1 1111	4	3
	-	חמש	*-*			
ט260301	היריעה האחת מדה אחת לכל היריעת /	חמש	היריעת תהיין חברת אשה אל- אחתה	2 71		2
ט260308	היריעת תהיין חברת אשה אל- אחתה	וחמש	יריעת חברת אשה אל- אחתה / ועשית	2 71	1	3
ט260903	מדה אחת לעשתי עשרה יריעת / וחברת את-	חמש	היריעת לבד ואת שש היריעת לבד	2 71		2
ט270106	נחשת // ועשית את- המזבח עצי שטים	חמש	אמות ארך וחמש אמות רחב רבוע	2 71		2
ט270109	המזבח עצי שטים חמש אמות ארך	וחמש	אמות רחב רבוע יהיה המזבח ושלש	2 71	1	3
ט271809	מאה באמה ורחב חמשים בחמשים וקמה	חמש	אמות שש משזר ואדניהם נחשת / לכל	2 71		2
ט302308	קח- לך בשמים ראש מר- דרור	חמש	מאות וקנמן- בשם מחציתו חמשים ומאתים	2 71		2
ט302402	ומאתים וקנה- בשם חמשים ומאתים / וקדה	חמש	מאות בשקל הקדש ושמן זית הין	2 71		2
ט361003	מדה אחת לכל- היריעת / ויחבר את-	חמש	היריעת אחת אל- אחת וחמש יריעת	2 71		2
ט361008	את- חמש היריעת אחת אל- אחת	וחמש	יריעת חבר אחת אל- אחת / ויעש	2 71	1	3
ט361603	מדה אחת לעשתי עשרה יריעת / ויחבר את-	חמש	היריעת לבד ואת- שש היריעת לבד	2 71		2
ט380107	ויעש את- מזבח העלה עצי שטים	חמש	אמות ארכו וחמש אמות רחבו רבוע	2 71		2
ט380110	העלה עצי שטים חמש אמות ארכו	וחמש	אמות רחבו רבוע ושלש אמות קמתו	2 71	1	3
ט381817	משזר ועשרים אמה ארך וקומה ברחב	חמש	אמות לעמת קלעי החצר / ועמדיהם ארבעה	2 71		2
ט382620	ומעלה לשש- מאות אלף ושלשת אלפים	וחמש	מאות וחמשים / ויהי מאת ככר הכסף	2 71	1	3
	-	חמשה	*-*			
ט213710	שור או- שה וטבחו או מכרו	חמשה	בקר ישלם תחת השור וארבע- צאן	1 71		3
ט262605	הקרש האחד / ועשית בריחם עצי שטים	חמשה	לקרשי צלע- המשכן האחד / וחמשה בריחם	1 71		3
ט262701	שטים חמשה לקרשי צלע- המשכן האחד /	וחמשה	בריחם לקרשי צלע- המשכן השנית וחמשה	1 71	1	4
ט262707	וחמשה בריחם לקרשי צלע- המשכן השנית	וחמשה	בריחם לקרשי צלע המשכן לירכתים ימה	1 71	1	4
ט263703	ושש משזר מעשה רקם / ועשית למסך	חמשה	עמודי שטים וצפית אתם זהב וויהם	1 71		3
ט263713	אתם זהב וויהם זהב ויצקת להם	חמשה	אדני נחשת // ועשית את- המזבח עצי	1 71		3
ט363105	הקרש האחד / ויעש בריחי עצי שטים	חמשה	לקרשי צלע- המשכן האחת / וחמשה בריחם	1 71		3
ט363201	שטים חמשה לקרשי צלע- המשכן האחת /	וחמשה	בריחם לקרשי צלע- המשכן השנית וחמשה	1 71	1	4
ט363207	וחמשה בריחם לקרשי צלע- המשכן השנית	וחמשה	בריחם לקרשי המשכן לירכתים ימה / ויעש	1 71	1	4
ט363803	ושש משזר מעשה רקם / ואת- עמודיו	חמשה	וזת- וויהם וצפה ראשיהם וחשקיהם זהב	1 71		3
ט363811	וויהם וצפה ראשיהם וחשקיהם זהב ואדניהם	חמשה	נחשת // ויעש בצלאל את- הארן עצי	1 71		3
ט382509	העדה מאת ככר ואלף ושבע מאות	וחמשה	ושבעים שקל בשקל הקדש / בקע לגלגלת	1 71	1	2
ט382805	ככר לאדן / ואת- האלף ושבע המאות	וחמשה	ושבעים עשה ווים לעמודים וצפה ראשיהם	1 71	1	4
	-	חמשהעשר	*-*			
ט160116	סין אשר בין- אילם ובין סיני	בחמשה עשר	יום לחדש השני לצאתם מארץ מצרים	71	4	6

אזכור		מלה		צופן	ג	#	כ	קס	ה
	--*-*-*-*-*-*-*-*-*-*-*-*-*-*-*-*-*-*	חמשים	*-*-*-*-*-*-*-*-*-*-*-*-*-*-*-*-*-*-*-*						
ט182120	עלהם שרי אלפים שרי מאות שרי	חמשים	ושרי עשרת / ושפטו את- העם בכל-	71					3
ט182517	העם שרי אלפים שרי מאות שרי	חמשים	ושרי עשרת / ושפטו את- העם בכל-	71					3
ט260501	תעשה בשפת היריעה הקיצונה במחברת השנית /	חמשים	ללאת תעשה ביריעה האחת וחמשים ללאת	71					3
ט260506	השנית / חמשים ללאת תעשה ביריעה האחת	וחמשים	ללאת תעשה בקצה היריעה אשר במחברת	71				1	4
ט260602	מקבילת הללאת אשה אל- אחתה / ועשית	חמשים	קרסי זהב וחברת את- היריעת אשה	71					3
ט261002	הששית אל- מול פני האהל / ועשית	חמשים	ללאת על שפת היריעה האחת הקיצנה	71					3
ט261010	על שפת היריעה האחת הקיצנה בחברת	וחמשים	ללאת על שפת היריעה החברת השנית	71				1	4
ט261104	היריעה החברת השנית / ועשית קרסי נחשת	חמשים	והבאת את- הקרסים בללאת וחברת את-	71					3
ט271206	כסף / ורחב החצר לפאת- ים קלעים	חמשים	אמה עמדיהם עשרה ואדניהם עשרה / ורחב	71					3
ט271306	עשרה / ורחב החצר לפאת קדמה מזרחה	חמשים	אמה / וחמש עשרה אמה קלעים לכתף עמדיהם	71					3
ט271806	נחשת / ארך החצר מאה באמה ורחב	חמשים	בחמשים וקמה חמש אמות שש משזר	71					3
ט271807	ארך החצר מאה באמה ורחב חמשים	בחמשים	וקמה חמש אמות שש משזר ואדניהם	71				4	4
ט302313	דרור חמש מאות וקנמן- בשם מחציתו	חמשים	ומאתים וקנה- בשם חמשים ומאתים / וקדה	71					3
ט302317	בשם מחציתו חמשים ומאתים וקנה- בשם	חמשים	ומאתים / וקדה חמש מאות בשקל הקדש	71					3
ט361201	עשה בשפת היריעה הקיצונה במחברת השנית /	חמשים	ללאת עשה ביריעה האחת וחמשים ללאת	71					3
ט361206	השנית / חמשים ללאת עשה ביריעה האחת	וחמשים	ללאת עשה בקצה היריעה אשר במחברת	71				1	4
ט361302	מקבילת הללאת אחת אל- אחת / ויעש	חמשים	קרסי זהב ויחבר את- היריעת אחת	71					3
ט361703	ואת- שש היריעת לבד / ויעש ללאת	חמשים	על שפת היריעה הקיצנה במחברת וחמשים	71					3
ט361709	חמשים על שפת היריעה הקיצנה במחברת	וחמשים	ללאת עשה על- שפת היריעה החברת	71				1	4
ט361804	היריעה החברת השנית / ויעש קרסי נחשת	חמשים	לחבר את- האהל להית אחד / ויעש	71					3
ט381204	העמודים וחשקיהם כסף / ולפאת- ים קלעים	חמשים	באמה עמודיהם עשרה ואדניהם עשרה ווי	71					3
ט381304	העמדים וחשוקיהם כסף / ולפאת קדמה מזרחה	חמשים	אמה / קלעים חמש-עשרה אמה אל- הכתף	71					3
ט382622	מאות אלף ושלשת אלפים וחמש מאות	וחמשים	/ ויהי מאת ככר הכסף לצקת את	71				1	3
	--*-*-*-*-*-*-*-*-*-*-*-*-*-*-*-*-*-*	חמשעשרה	*-*-*-*-*-*-*-*-*-*-*-*-*-*-*-*-*-*-*-*						
ט271401	החצר לפאת קדמה מזרחה חמשים אמה /	וחמש עשרה	אמה קלעים לכתף עמדיהם שלשה ואדניהם	71	2			1	5
ט271503	עמדיהם שלשה ואדניהם שלשה / ולכתף השנית	חמש עשרה	קלעים עמדיהם שלשה ואדניהם שלשה / ולשער	71	2				5
ט381402	ולפאת קדמה מזרחה חמשים אמה / קלעים	חמש-עשרה	אמה אל- הכתף עמודיהם שלשה ואדניהם	71	2				4
ט381508	השנית מזה ומזה לשער החצר קלעים	חמש עשרה	אמה עמדיהם שלשה ואדניהם שלשה / כל-	71	2				4
	--*-*-*-*-*-*-*-*-*-*-*-*-*-*-*-*-*-*	חן	*-*-*-*-*-*-*-*-*-*-*-*-*-*-*-*-*-*-*-*						
ט331226	ואתה אמרת ידעתיך בשם וגם- מצאת	חן	בעיני / ועתה אם- נא מצאתי חן	1111	1	1			1
ט331305	חן בעיני / ועתה אם- נא מצאתי	חן	בעיניך הודעני נא את- דרכך ואדעך	1111	1	1			1
ט331314	נא את- דרכך ואדעך למען אמצא-	חן	בעיניך וראה כי עמך הגוי הזה	1111	1	1			1
ט331606	מזה / ובמה יודע אפוא כי- מצאתי	חן	בעיניך אני ועמך הלוא בלכתך עמנו	1111	1	1			1
ט331714	הזה אשר דברת אעשה כי- מצאת	חן	בעיני ואדעך בשם / ויאמר הראני נא	1111	1	1			1
ט340905	ארצה וישתחו / ויאמר אם- נא מצאתי	חן	בעיניך אדני ילך- נא אדני בקרבנו	1111	1	1			1
ט032103	ואחרי- כן ישלח אתכם / ונתתי את-	חן	העם- הזה בעיני מצרים והיה כי	1112	1	1			1
ט110304	כסף וכלי זהב / ויתן יהוה את-	חן	העם בעיני מצרים גם האיש משה	1112	1	1			1
ט123604	וכלי- זהב ושמלת / ויהוה נתן את-	חן	העם בעיני מצרים וישאלום וינצלו את-	1112	1	1			1
	--*-*-*-*-*-*-*-*-*-*-*-*-*-*-*-*-*-*	חנה	*-*-*-*-*-*-*-*-*-*-*-*-*-*-*-*-*-*-*-*						
ט132003	את- עצמתי מזה אתכם / ויסעו מסכת	ויחנו	באתם בקצה המדבר / ויהוה הלך לפניהם	3121	1	3		*	4
ט140206	לאמר / דבר אל- בני ישראל וישבו	ויחנו	לפני פיהחירת בין מגדל ובין הים	3121	1	3		1	4
ט140216	מגדל ובין הים לפני בעלצפן נכחו	תחנו	על- הים / ואמר פרעה לבני ישראל	3121	1	3			3
ט152709	ושם שתים עשרה עינת מים ושבעים תמרים	ויחנו-	שם על- המים // ויסעו מאילם ויבאו	3121	1	3		*	4
ט170112	ממדבר- סין למסעיהם על- פי יהוה	ויחנו	ברפידים ואין מים לשתת העם / וירב	3121	1	3		*	4
ט190206	סיני / ויסעו מרפידים ויבאו מדבר סיני	ויחנו	במדבר ויחן- שם ישראל נגד ההר	3121	1	3		*	4
ט190208	מרפידים ויבאו מדבר סיני ויחנו במדבר	ויחן-	שם ישראל נגד ההר / ומשה עלה	3121	1	1		*	3
ט140906	רמה / וירדפו מצרים אחריהם וישיגו אותם	חנים	על- הים כל- סוס רכב פרעה	3131	1	3			2
ט180513	אל- משה אל המדבר אשר- הוא	חנה	שם הר האלהים / ויאמר אל- משה	3131	1	1			2

אזכור		מלה		צורן	ג	#	כ	קס	ה
	-	חנוך	*-*						
ט061409	בית- אבתם בני ראובן בכר ישראל	חנוך	ופלוא חצרן וכרמי אלה משפחת ראובן	122	1				2
	-	חנון	*-*						
ט222616	והיה כי- יצעק אלי ושמעתי כי-	חנון	אני / אלהים לא תקלל ונשיא בעמך	1111	1	1			2
ט340610	פניו ויקרא יהוה יהוה אל רחום	וחנון	ארך אפים ורב- חסד ואמת / נצר	1111	1	1		1	3
	-	חנם	*-*						
ט210211	שש שנים יעבד ובשבעת יצא לחפשי	חנם	/ אם- בגפו יבא בגפו יצא אם-	22				9	2
ט211108	שלש- אלה לא יעשה לה ויצאה	חנם	אין כסף / מכה איש ומת מות	22				9	2
	-	חנן	*-*						
ט331912	על- פניך וקראתי בשם יהוה לפניך	וחנתי	את- אשר אחן ורחמתי את- אשר	3111	1	1		1	4
ט331915	בשם יהוה לפניך וחנתי את- אשר	אחן	ורחמתי את- אשר ארחם / ויאמר לא	3121	1	1			2
	-	חסד	*-*						
ט200602	על- שלשים ועל- רבעים לשנאי / ועשה	חסד	לאלפים לאהבי ולשמרי מצותי / לא תשא	1111	1	1			2
ט340614	אל רחום וחנון ארך אפים ורב-	חסד	ואמת / נצר חסד לאלפים נשא עון	1111	1	1			2
ט340702	ארך אפים ורב- חסד ואמת / נצר	חסד	לאלפים נשא עון ופשע וחטאה ונקה	1111	1	1			2
ט151302	פלא / נטית ימינך תבלעמו ארץ / נחית	בחסדך	עם- זו גאלת נהלת בעזך אל-	1113	1	1	2	4	4
	-	חספס	*-*						
ט161409	הטל והנה על- פני המדבר דק	מחספס	דק ככפר על- הארץ / ויראו בני-	3431	1	1			3
	-	חפזון	*-*						
ט121112	נעליכם ברגליכם ומקלכם בידכם ואכלתם אתו	בחפזון	פסח הוא ליהוה / ועברתי בארץ- מצרים	1111	1	1		4	4
	-	חפן	*-*						
ט090810	משה ואל- אהרן קחו לכם מלא	חפניכם	פיח כבשן וזרקו משה השמימה לעיני	1117	1	2	7		3
	-	חפר	*-*						
ט072401	ביתו ולא- שת לבו גם- לזאת /	ויחפרו	כל- מצרים סביבת היאר מים לשתות	3121	1	3		*	4
	-	חפשי	*-*						
ט210210	עברי שש שנים יעבד ובשבעת יצא	לחפשי	חנם / אם- בגפו יבא בגפו יצא	1111	1	1		26	3
ט210514	את- אשתי ואת- בני לא אצא	חפשי	/ והגישו אדניו אל- האלהים והגישו אל-	1111	1	1			2
ט212612	עבדו או- את- עין אמתו ושחתה	לחפשי	ישלחנו תחת עינו / ואם- שן עבדו	1111	1	1		26	3
ט212708	שן עבדו או- שן אמתו יפיל	לחפשי	ישלחנו תחת שנו / וכי- יגח שור	1111	1	1		26	3
	-	חצה	*-*						
ט213513	רעהו ומת ומכרו את- השור החי	וחצו	את- כספו וגם את- המת יחצון	3111	1	3		1	3
ט213519	וחצו את- כספו וגם את- המת	יחצון	/ או נודע כי שור נגח הוא	3121	1	3		0	3
	-	חצות	*-*						
ט110406	העם / ויאמר משה כה אמר יהוה	כחצת	ולילה אני יוצא בתוך מצרים / ומת	1122	2	1		5	3
	-	חצי	*-*						
ט251006	תעשו / ועשו ארון עצי שטים אמתים	וחצי	ארכו ואמה וחצי רחבו ואמה וחצי	1111	1	1		1	3
ט251009	עצי שטים אמתים וחצי ארכו ואמה	וחצי	רחבו ואמה וחצי קמתו / וצפית אתו	1111	1	1		1	3
ט251012	וחצי ארכו ואמה וחצי רחבו ואמה	וחצי	קמתו / וצפית אתו זהב טהור מבית	1111	1	1		1	3
ט251706	אליך / ועשית כפרת זהב טהור אמתים	וחצי	ארכה ואמה וחצי רחבה / ועשית שנים	1111	1	1		1	3
ט251709	זהב טהור אמתים וחצי ארכה ואמה	וחצי	רחבה / ועשית שנים כרבים זהב מקשה	1111	1	1		1	3
ט252310	שטים אמתים ארכו ואמה רחבו ואמה	וחצי	קמתו / וצפית אתו זהב טהור ועשית	1111	1	1		1	3
ט370108	בצלאל את- הארן עצי שטים אמתים	וחצי	ארכו ואמה וחצי רחבו ואמה וחצי	1111	1	1		1	3

/ = סוף פסוק   // = סוף פרק   ג = מין   # = מספר   כ = כינוי חבור   קס = קידומות וסיומות   ה = מספר ההברות

אזכור		מלה		צונן	ג	#	כ	קס	ה
ט370111	עצי שטים אמתים וחצי ארכו ואמה	וחצי	רחבו ואמה וחצי קמתו / ויצפהו זהב	1111	1	1		1	3
ט370114	וחצי ארכו ואמה וחצי רחבו ואמה	וחצי	קמתו / ויצפהו זהב טהור מבית ומחוץ	1111	1	1		1	3
ט370606	הארן / ויעש כפרת זהב טהור אמתים	וחצי	ארכה ואמה וחצי רחבה / ויעש שני	1111	1	1		1	3
ט370609	זהב טהור אמתים וחצי ארכה ואמה	וחצי	רחבה / ויעש שני כרבים זהב מקשה	1111	1	1		1	3
ט371011	שטים אמתים ארכו ואמה רחבו ואמה	וחצי	קמתו / ויצף אתו זהב טהור ויעש	1111	1	1		1	3
ט122902	את- משה ואהרן כן עשו / ויהי	בחצי	הלילה ויהוה הכה כל- בכור בארץ	1112	1	1		4	3
ט240603	זבחים שלמים ליהוה פרים / ויקח משה	חצי	הדם וישם באגנת וחצי הדם זרק	1112	1	1			2
ט240607	ויקח משה חצי הדם וישם באגנת	וחצי	הדם זרק על- / המזבח ויקח ספר	1112	1	1		1	3
ט261205	והיה אחד / וסרח העדף ביריעת האהל	חצי	היריעה העדפת תסרח על אחרי המשכן	1112	1	1			2
ט261606	עמדים / עשר אמות ארך הקרש ואמה	וחצי	האמה רחב הקרש האחד / שתי ידות	1112	1	1		1	3
ט270510	כרכב המזבח מלמטה והיתה הרשת עד	חצי	המזבח / ועשית בדים למזבח בדי עצי	1112	1	1			2
ט362106	עמדים / עשר אמת ארך הקרש ואמה	וחצי	האמה רחב הקרש האחד / שתי ידת	1112	1	1		1	3
ט380411	רשת נחשת תחת כרכבו מלמטה עד-	חציו	/ ויצק ארבע טבעת בארבע הקצות למכבר	1113	1	1	4		2
	-	חצר	*-*						
ט270909	חצר המשכן לפאת נגב- תימנה קלעים	לחצר	שש משזר מאה באמה ארך לפאה	1121	2	1		26	3
ט271202	נחשת ווי העמדים וחשקיהם כסף / ורחב	החצר	לפאת- ים קלעים חמשים אמה עמדיהם	1121	2	1		2	3
ט271302	אמה עמדיהם עשרה ואדניהם עשרה / ורחב	החצר	לפאת קדמה מזרחה חמשים אמה / וחמש עשרה	1121	2	1		2	3
ט271602	קלעים עמדיהם שלשה ואדניהם שלשה / ולשער	החצר	מסך עשרים אמה תכלת וארגמן ותולעת	1121	2	1		2	3
ט271703	עמדיהם ארבעה ואדניהם ארבעה / כל- עמודי	החצר	סביב מחשקים כסף וויהם כסף ואדניהם	1121	2	1		2	3
ט271802	כסף וויהם כסף ואדניהם נחשת / ארך	החצר	מאה באמה ורחב חמשים בחמשים וקמה	1121	2	1		2	3
ט271910	בכל עבדתו וכל- יתדתיו וכל- יתדת	החצר	נחשת / ואתה תצוה את- בני ישראל	1121	2	1		2	3
ט351703	את- הכיר ואת- כנו / את קלעי	החצר	את- עמדיו ואת- אדניה ואת מסך	1121	2	1		2	3
ט351711	עמדיו ואת- אדניה ואת מסך שער	החצר	/ את- יתדת המשכן ואת- יתדת החצר	1121	2	1		2	3
ט351806	החצר / את- יתדת המשכן ואת- יתדת	החצר	ואת- מיתריהם / את- בגדי השרד לשרת	1121	2	1		2	3
ט380903	צבאו פתח אהל מועד / ויעש את-	החצר	לפאת נגב תימנה קלעי החצר שש	1121	2	1		2	3
ט380908	את- החצר לפאת נגב תימנה קלעי	החצר	שש משזר מאה באמה / עמודיהם עשרים	1121	2	1		2	3
ט381506	שלשה / ולכתף השנית מזה ומזה לשער	החצר	קלעים חמש עשרה אמה עמדיהם שלשה ואדניהם	1121	2	1		2	3
ט381603	עמדיהם שלשה ואדניהם שלשה / כל- קלעי	החצר	סביב שש משזר / והאדנים לעמדים נחשת	1121	2	1		2	3
ט381716	כסף והם מחשקים כסף כל עמדי	החצר	/ ומסך שער החצר מעשה רקם תכלת	1121	2	1		2	3
ט381803	כסף כל עמדי החצר / ומסך שער	החצר	מעשה רקם תכלת וארגמן ותולעת שני	1121	2	1		2	3
ט381821	וקומה ברחב חמש אמות לעמת קלעי	החצר	/ ועמדיהם ארבעה ואדניהם ארבעה נחשת וויהם	1121	2	1		2	3
ט382004	ראשיהם וחשקיהם כסף / וכל- היתדת למשכן	ולחצר	סביב נחשת / אלה פקודי המשכן משכן	1121	2	1		261	4
ט383103	ואת כל- כלי המזבח / ואת- אדני	החצר	סביב ואת- אדני שער החצר ואת	1121	2	1		2	3
ט383108	אדני החצר סביב ואת- אדני שער	החצר	ואת כל- יתדת המשכן ואת- כל-	1121	2	1		2	3
ט383116	כל- יתדת המשכן ואת- כל- יתדת	החצר	סביב // ומן- התכלת והארגמן ותולעת השני	1121	2	1		2	3
ט394003	את- הכיר ואת- כנו / את קלעי	החצר	את- עמדיה ואת- אדניה ואת- המסך	1121	2	1		2	3
ט394011	עמדיה ואת- אדניה ואת- המסך לשער	החצר	את- מיתריו ויתדתיה ואת כל- כלי	1121	2	1		2	3
ט400803	המזבח ונתת שם מים / ושמת את-	החצר	סביב ונתת את- מסך שער החצר	1121	2	1		2	3
ט400809	החצר סביב ונתת את- מסך שער	החצר	/ ולקחת את- שמן המשחה ומשחת את-	1121	2	1		2	3
ט403303	צוה יהוה את- משה / ויקם את-	החצר	סביב למשכן ולמזבח ויתן את- מסך	1121	2	1		2	3
ט403311	למשכן ולמזבח ויתן את- מסך שער	החצר	ויכל משה את- המלאכה / ויכס הענן	1121	2	1		2	3
ט270903	אתך בהר כן יעשו / ועשית את	חצר	המשכן לפאת נגב- תימנה קלעים לחצר	1122	2	1			2
ט080910	משה וימתו הצפרדעים מן- הבתים מן-	החצרת	ומן- השדות / ויצברו אתם חמרם חמרם	1125	2	3		2	4
	-	הצרון	*-*						
ט061411	בני ראובן בכר ישראל חנוך ופלוא	חצרן	וכרמי אלה משפחת ראובן / ובני שמעון	122	1				2
	-	חק	*-*						
ט122405	בתיכם לנגף / ושמרתם את- הדבר הזה	לחק-	לך ולבניך עד- עולם / והיה כי-	1111	1	1		6	2
ט152515	המים וימתקו המים שם שם לו	חק	ומשפט ושם נסהו / ויאמר אם- שמוע	1111	1	1			1
ט292804	לאהרן ומאשר לבניו / והיה לאהרן ולבניו	לחק-	עולם מאת בני ישראל כי תרומה	1112	1	1		6	2
ט302108	ידיהם ורגליהם ולא ימתו והיתה להם	חק-	עולם לו ולזרעו לדרתם / וידבר יהוה	1112	1	1			1
ט051414	נגשי פרעה לאמר מדוע לא כליתם	חקכם	ללבן כתמול שלשם גם- תמול גם-	1113	1	1	7		2

/ = סוף פסוק   // = סוף פרק   ג = מין   # = מספר   כ = כינוי חבור   קס = קידומות וסיומות   ה = מספר ההברות   עמ' 146

אזכור		מלה		צופן	ג	#	כ	קס	ה
ט182004	הדברים אל- האלהים / והזהרתה אתהם את-	החקים	ואת- התורת והודעת להם את- הדרך	1115	1	3		2	3
ט181614	בין איש ובין רעהו והודעתי את-	חקי	האלהים ואת- תורתיו / ויאמר חתן משה	1116	1	3			2
ט152615	בעיניו תעשה והאזנת למצותיו ושמרת כל-	חקיו	כל- המחלה אשר- שמתי במצרים לא-	1117	1	3	4		2
	-	חקה	*-*						
ט131003	חזקה הוצאך יהוה ממצרים / ושמרת את	החקה	הזאת למועדה מימים ימימה / והיה כי-	1121	2	1		2	3
ט121411	לזכרון וחגתם אתו חג ליהוה לדרתיכם	חקת	עולם תחגהו / שבעת ימים מצות תאכלו	1122	2	1			2
ט121718	מצרים ושמרתם את- היום הזה לדרתיכם	חקת	עולם / בראשן בארבעה עשר יום לחדש בערב	1122	2	1			2
ט124307	ויאמר יהוה אל- משה ואהרן זאת	חקת	הפסח כל- בן- נכר לא- יאכל	1122	2	1			2
ט272117	ובניו מערב עד- בקר לפני יהוה	חקת	עולם לדרתם מאת בני ישראל // ואתה	1122	2	1			2
ט284320	לשרת בקדש ולא- ישאו עון ומתו	חקת	עולם לו ולזרעו אחריו // וזה הדבר	1122	2	1			2
ט290912	וחבשת להם מגבעת והיתה להם כהנה	לחקת	עולם ומלאת יד- אהרן ויד- בניו	1122	2	1		6	3
	-	חרב	*-*						
ט050319	ליהוה אלהינו פן- יפגענו בדבר או	בחרב	/ ויאמר אלהם מלך מצרים למה משה	1121	2	1		24	3
ט052116	ריחנו בעיני פרעה ובעיני עבדיו לתת-	חרב	בידם להרגנו / וישב משה אל- יהוה	1121	2	1			2
ט171308	יהושע את- עמלק ואת- עמו לפי-	חרב	/ ויאמר יהוה אל- משה כתב זאת	1121	2	1			2
ט222305	אשמע צעקתו / וחרה אפי והרגתי אתכם	בחרב	והיו נשיכם אלמנות ובניכם יתמים / אם-	1121	2	1		24	3
ט180409	אליעזר כי- אלהי אבי בעזרי ויצלני	מחרב	פרעה / ויבא יתרו חתן משה ובניו	1122	2	1		7	3
ט150910	אשיג אחלק שלל תמלאמו נפשי אריק	חרבי	תורישמו ידי / נשפת ברוחך כסמו ים	1123	2	1	1		2
ט202511	לי לא תבנה אתהן גזית כי	חרבך	הנפת עליה ותחללה / ולא- תעלה במעלת	1123	2	1	2		3
ט322710	אמר יהוה אלהי ישראל שימו איש-	חרבו	על- ירכו עברו ושובו משער לשער	1123	2	1	4		2
	-	חרב	*-*						
ט170607	הנני עמד לפניך שם על- הצור	בחרב	והכית בצור ויצאו ממנו מים ושתה	123	1			4	3
	-	חרבה	*-*						
ט142119	עזה כל- הלילה וישם את- הים	להרבה	ויבקעו המים / ויבאו בני- ישראל בתוך	1121	2	1		26	4
	-	חרד	*-*						
ט191617	על- ההר וקל שפר חזק מאד	ויחרד	כל- העם אשר במחנה / ויוצא משה	3121	1	1		*	4
ט191815	יהוה באש ויעל עשנו כעשן הכבשן	ויחרד	כל- ההר מאד / ויהי קול השפר	3121	1	1		*	4
	-	חרה	*-*						
ט222301	צעק יצעק אלי שמע אשמע צעקתו /	וחרה	אפי והרגתי אתכם בחרב והיו נשיכם	3111	1	1		1	3
ט041401	בי אדני שלח- נא ביד- תשלח /	ויחר-	אף יהוה במשה ויאמר הלא אהרן	3121	1	1		*	3
ט321004	קשה- ערף הוא / ועתה הניחה לי	ויחר-	אפי בהם ואכלם ואעשה אותך לגוי	3121	1	1		1	3
ט321110	פני יהוה אלהיו ויאמר למה יהוה	יחרה	אפך בעמך אשר הוצאת מארץ מצרים	3121	1	1			3
ט321910	אל- המחנה וירא את- העגל ומחלת	ויחר-	אף משה וישלך מידו את- הלחת	3121	1	1		*	3
ט322204	עליו חטאה גדלה / ויאמר אהרן אל-	יחר	אף אדני אתה ידעת את- העם	3121	1	1			2
	-	חרון	*-*						
ט321215	בהרים ולכלתם מעל פני האדמה שוב	מחרון	אפך והנחם על- הרעה לעמך / זכר	1112	1	1		7	3
ט150706	אויב / וברב גאונך תהרס קמיך תשלח	חרנך	יאכלמו כקש / וברוח אפיך נערמו- מים	1113	1	1	2		4
	-	חרט	*-*						
ט320405	אל- אהרן / ויקח מידם ויצר אתו	בחרט	ויעשהו עגל מסכה ויאמרו אלה אלהיך	1111	1	1		24	3
	-	חרטם	*-*						
ט080303	ותכס את- ארץ מצרים / ויעשו- כן	החרטמים	בלטיהם ויעלו את- הצפרדעים על- ארץ	1115	1	3		2	4
ט081403	כנם בכל- ארץ מצרים / ויעשו- כן	החרטמים	בלטיהם להוציא את- הכנים ולא יכלו	1115	1	3		2	4
ט081502	יכלו ותהי הכנם באדם ובבהמה / ויאמרו	החרטמם	אל- פרעה אצבע אלהים הוא ויחזק	1115	1	3		2	4
ט091103	אבעבעת פרח באדם ובבהמה / ולא- יכלו	החרטמים	לעמד לפני משה מפני השחין כי-	1115	1	3		2	4
ט091112	משה מפני השחין כי- היה השחין	בחרטמים	ובכל- מצרים / ויחזק יהוה את- לב	1115	1	3		24	4

/ = סוף פסוק   // = סוף פרק   ג = מין   # = מספר   כ = כינוי גבור   קס = קידומות וסיומות   ה = מספר ההברות

אזכור		מלה		צופן	ג	#	כ	קס	ה
ט071109	פרעה לחכמים ולמכשפים ויעשו גם- הם	חרטמי	מצרים בלהטיהם כן / וישליכו איש מטהו	1116	1	3			3
ט072203	הדם בכל- ארץ מצרים / ויעשו- כן	חרטמי	מצרים בלטיהם ויחזק לב- פרעה ולא-	1116	1	3			3
	--*-*-*-*-*-*-*-*-*-*-*-*-*-*-*-*	חרי	*-*-*-*-*-*-*-*-*-*-*-*-*-*-*-*-*-*						
ט110821	ואחרי- כן אצא ויצא מעם- פרעה	בחרי-	אף / ויאמר יהוה אל- משה לא-	1112	1	1		4	3
	--*-*-*-*-*-*-*-*-*-*-*-*-*-*-*-*	חריש	*-*-*-*-*-*-*-*-*-*-*-*-*-*-*-*-*-*						
ט342107	ששת ימים תעבד וביום השביעי תשבת	בחריש	ובקציר תשבת / וחג שבעת תעשה לך	1111	1	1		24	3
	--*-*-*-*-*-*-*-*-*-*-*-*-*-*-*-*	חרץ	*-*-*-*-*-*-*-*-*-*-*-*-*-*-*-*-*-*						
ט110705	לא תסף / ולכל בני ישראל לא	יחרץ-	כלב לשנו למאיש ועד- בהמה למען	3121	1	1			3
	--*-*-*-*-*-*-*-*-*-*-*-*-*-*-*-*	חרש	*-*-*-*-*-*-*-*-*-*-*-*-*-*-*-*-*-*						
ט041113	לאדם או מי- ישום אלם או	חרש	או פקח או עור הלא- אנכי	1111	1	1			2
	--*-*-*-*-*-*-*-*-*-*-*-*-*-*-*-*	חרש	*-*-*-*-*-*-*-*-*-*-*-*-*-*-*-*-*-*						
ט353508	אתם חכמת- לב לעשות כל- מלאכת	חרש	וחשב ורקם בתכלת ובארגמן בתולעת השני	1111	1	1			2
ט382307	ואתו אהליאב בן- אחיסמך למטה- דן	חרש	וחשב ורקם בתכלת ובארגמן ובתולעת השני	1111	1	1			2
ט281102	הנותרים על- האבן השנית כתולדתם / מעשה	חרש	אבן פתוחי חתם תפתח את- שתי	1112	1	1			2
	--*-*-*-*-*-*-*-*-*-*-*-*-*-*-*-*	חרשת	*-*-*-*-*-*-*-*-*-*-*-*-*-*-*-*-*-*						
ט310501	לחשב מחשבת לעשות בזהב ובכסף ובנחשת /	ובחרשת	אבן למלאת ובחרשת עץ לעשות בכל-	1122	2	1		41	5
ט310504	בזהב ובכסף ובנחשת / ובחרשת אבן למלאת	ובחרשת	עץ לעשות בכל- מלאכה / ואני הנה	1122	2	1		41	5
ט353301	ולחשב מחשבת לעשת בזהב ובכסף ובנחשת /	ובחרשת	אבן למלאת ובחרשת עץ לעשות בכל-	1122	2	1		41	5
ט353304	בזהב ובכסף ובנחשת / ובחרשת אבן למלאת	ובחרשת	עץ לעשות בכל- מלאכת מחשבת / ולהורת	1122	2	1		41	5
	--*-*-*-*-*-*-*-*-*-*-*-*-*-*-*-*	חרת	*-*-*-*-*-*-*-*-*-*-*-*-*-*-*-*-*-*						
ט321609	אלהים המה והמכתב מכתב אלהים הוא	חרות	על- הלחת / וישמע יהושע את- קול	3161	1	1			2
	--*-*-*-*-*-*-*-*-*-*-*-*-*-*-*-*	חשב	*-*-*-*-*-*-*-*-*-*-*-*-*-*-*-*-*-*						
ט280801	יהיה- לו אל שני קצותיו וחבר /	וחשב	אפדתו אשר עליו כמעשהו ממנו יהיה	1112	1	1		1	3
ט282717	מלמטה ממול פניו לעמת מחברתו ממעל	לחשב	האפוד / וירכסו את- החשן מטבעתו אל-	1112	1	1		6	3
ט282812	טבעת האפוד בפתיל תכלת להיות על-	חשב	האפוד ולא- יזח החשן מעל האפוד	1112	1	1			2
ט290518	ואת- האפוד ואת- החשן ואפדת לו	בחשב	האפד / ושמת המצנפת על- ראשו ונתת	1112	1	1		4	3
ט390501	לו חברת על- שני קצותיו חבר /	וחשב	אפדתו אשר עליו ממנו הוא כמעשהו	1112	1	1		1	3
ט392016	מלמטה ממול פניו לעמת מחברתו ממעל	לחשב	האפד / וירכסו את- החשן מטבעתיו אל-	1112	1	1		6	3
ט392112	טבעת האפד בפתיל תכלת להית על-	חשב	האפד ולא- יזח החשן מעל האפד	1112	1	1			2
	--*-*-*-*-*-*-*-*-*-*-*-*-*-*-*-*	חשב	*-*-*-*-*-*-*-*-*-*-*-*-*-*-*-*-*-*						
ט260114	ותכלת וארגמן ותלעת שני כרבים מעשה	חשב	תעשה אתם / ארך היריעה האחת שמנה	3131	1	1			2
ט263110	וארגמן ותולעת שני ושש משזר מעשה	חשב	יעשה אתה כרבים / ונתתה אתה על-	3131	1	1			2
ט280612	וארגמן תולעת שני ושש משזר מעשה	חשב	/ שתי כתפת חברת יהיה- לו אל	3131	1	1			2
ט281505	על- המשבצת / ועשית חשן משפט מעשה	חשב	כמעשה אפד תעשנו זהב תכלת וארגמן	3131	1	1			2
ט353509	חכמת- לב לעשות כל- מלאכת חרש	וחשב	ורקם בתכלת ובארגמן בתולעת השני ובשש	3131	1	1		1	3
ט360819	ותכלת וארגמן ותולעת שני כרבים מעשה	חשב	עשה אתם / ארך היריעה האחת שמנה	3131	1	1			2
ט363511	וארגמן ותולעת שני ושש משזר מעשה	חשב	עשה אתה כרבים / ויעש לה ארבעה	3131	1	1			2
ט382308	אהליאב בן- אחיסמך למטה- דן חרש	וחשב	ורקם בתכלת ובארגמן ובתולעת השני ובשש	3131	1	1		1	3
ט390318	ובתוך תולעת השני ובתוך השש מעשה	חשב	/ כתפת עשו- לו חברת על- שני	3131	1	1			2
ט390805	את- משה / ויעש את- החשן מעשה	חשב	כמעשה אפד זהב תכלת וארגמן ותולעת	3131	1	1			2
ט353520	השני ובשש וארג עשי כל- מלאכה	וחשבי	מחשבת // ועשה בצלאל ואהליאב וכל איש	3133	1	3		1	4
ט310401	אלהים בחכמה ובתבונה ובדעת ובכל מלאכה /	לחשב	מחשבת לעשות בזהב ובכסף ובנחשת / ובחרשת	3154				6	3
ט353201	אלהים בחכמה בתבונה ובדעת ובכל- מלאכה /	ולחשב	מחשבת לעשת בזהב ובכסף ובנחשת / ובחרשת	3154				61	4

אזכור		מלה		צופן	ג	#	כ	קס	ה
	--*-*-*-*-*-*-*-*-*-*-*-*-*-*-*-*	חשוק	*-*-*-*-*-*-*-*-*-*-*-*-*-*-*-*-*-*						
ט271008	עשרים ואדניהם עשרים נחשת ווי העמדים	וחשקיהם	כסף / וכן לפאת צפון בארך קלעים	1117	1	3	9	1	5
ט271115	עשרים ואדניהם עשרים נחשת ווי העמדים	וחשקיהם	כסף / ורחב החצר לפאת- ים קלעים	1117	1	3	9	1	5
ט363808	עמודיו חמשה ואת- ויהם וצפה ראשיהם	וחשקיהם	זהב ואדניהם חמשה נחשת // ויעש בצלאל	1117	1	3	9	1	5
ט381008	עשרים ואדניהם עשרים נחשת ווי העמודים	וחשקיהם	כסף / ולפאת צפון מאה באמה עמודיהם	1117	1	3	9	1	5
ט381112	עשרים ואדניהם עשרים נחשת ווי העמודים	וחשקיהם	כסף / ולפאת- ים קלעים חמשים באמה	1117	1	3	9	1	5
ט381212	עמודיהם עשרה ואדניהם עשרה ווי העמדים	וחשוקיהם	כסף / ולפאת קדמה מזרחה חמשים אמה	1117	1	3	9	1	5
ט381706	משזר / והאדנים לעמדים נחשת ווי העמודים	וחשוקיהם	כסף וצפוי ראשיהם כסף והם מחשקים	1117	1	3	9	1	5
ט381910	ארבעה נחשת ויהם כסף וצפוי ראשיהם	וחשקיהם	כסף / וכל- היתדת למשכן ולחצר סביב	1117	1	3	9	1	5
	--*-*-*-*-*-*-*-*-*-*-*-*-*-*-*-*	חשך	*-*-*-*-*-*-*-*-*-*-*-*-*-*-*-*-*-*						
ט102110	משה נטה ידך על- השמים ויהי	חשך	על- ארץ מצרים וימש חשך / ויט	1111	1	1			2
ט102115	ויהי חשך על- ארץ מצרים וימש	חשך	/ ויט משה את- ידו על- השמים	1111	1	1			2
ט142010	מצרים ובין מחנה ישראל ויהי הענן	והחשך	ויאר את- הלילה ולא- קרב זה	1111	1	1		21	4
ט102208	משה את- ידו על- השמים ויהי	חשך-	אפלה בכל- ארץ מצרים שלשת ימים	1112	1	1			2
	--*-*-*-*-*-*-*-*-*-*-*-*-*-*-*-*	חשך	*-*-*-*-*-*-*-*-*-*-*-*-*-*-*-*-*-*						
ט101506	כן / ויכס את- עין כל- הארץ	ותחשך	הארץ ויאכל את- כל- עשב הארץ	3122	2	1		*	3
	--*-*-*-*-*-*-*-*-*-*-*-*-*-*-*-*	חשן	*-*-*-*-*-*-*-*-*-*-*-*-*-*-*-*-*-*						
ט250706	השהם / אבני- שהם ואבני מלאים לאפד	ולחשן	/ ועשו לי מקדש ושכנתי בתוכם / ככל	1111	1	1		261	4
ט280405	לכהנו- לי / ואלה הבגדים אשר יעשו	חשן	ואפוד ומעיל וכתנת תשבץ מצנפת ואבנט	1111	1	1			2
ט282203	שמו תהיין לשני עשר שבט / ועשית על-	החשן	שרשת גבלת מעשה עבת זהב טהור	1111	1	1		2	3
ט282303	מעשה עבת זהב טהור / ועשית על-	החשן	שתי טבעות זהב ונתת את- שתי	1111	1	1		2	3
ט282314	אז- שתי הטבעות על- שני קצות	החשן	/ ונתתה את- שתי עבתת הזהב על-	1111	1	1		2	3
ט282411	הזהב על- שתי הטבעת אל- קצות	החשן	/ ואת שתי קצות שתי העבתת תתן	1111	1	1		2	3
ט282610	זהב ושמת אתם על- שני קצות	החשן	על- שפתו אשר אל- עבר האפוד	1111	1	1		2	3
ט282803	מחברתו ממעל לחשב האפוד / וירכסו את-	החשן	מטבעתו אל- טבעת האפוד בפתיל תכלת	1111	1	1		2	3
ט282816	להיות על- חשב האפוד ולא- יזח	החשן	מעל האפוד / ונשא אהרן את- שמות	1111	1	1		2	3
ט290515	ואת מעיל האפד ואת- האפד ואת-	החשן	ואפדת לו בחשב האפד / ושמת המצנפת	1111	1	1		2	3
ט350906	השהם / ואבני- שהם ואבני מלאים לאפוד	ולחשן	/ וכל- חכם- לב בכם יבאו ויעשו	1111	1	1		261	4
ט352710	אבני השהם ואת אבני המלאים לאפוד	ולחשן	/ ואת- הבשם ואת- השמן למאור ולשמן	1111	1	1		261	4
ט390803	צוה יהוה את- משה / ויעש את-	החשן	מעשה חשב כמעשה אפד זהב תכלת	1111	1	1		2	3
ט390906	משזר / רבוע היה כפול עשו את-	החשן	זרת ארכו וזרת רחבו כפול / וימלאו-	1111	1	1		2	3
ט391503	על- שמו לשנים עשר שבט / ויעשו על-	החשן	שרשרת גבלת מעשה עבת זהב טהור	1111	1	1		2	3
ט391615	את- שתי הטבעת על- שני קצות	החשן	/ ויתנו שתי העבתת הזהב על- שתי	1111	1	1		2	3
ט391710	הזהב על- שתי הטבעת על- קצות	החשן	/ ואת שתי קצות שתי העבתת נתנו	1111	1	1		2	3
ט391909	טבעת זהב וישימו על- שני קצות	החשן	על- שפתו אשר אל- עבר האפד	1111	1	1		2	3
ט392103	מחברתו ממעל לחשב האפד / וירכסו את-	החשן	מטבעתיו אל- טבעת האפד בפתיל תכלת	1111	1	1		2	3
ט392116	להית על- חשב האפד ולא- יזח	החשן	מעל האפד כאשר צוה יהוה את-	1111	1	1		2	3
ט281502	את- שרשרת העבתת על- המשבצת / ועשית	חשן	משפט מעשה חשב כמעשה אפד תעשנו	1112	1	1			2
ט282907	ונשא אהרן את- שמות בני- ישראל	בחשן	המשפט על- לבו בבאו אל- הקדש	1112	1	1		4	3
ט283003	לזכרן לפני- יהוה תמיד / ונתת אל-	חשן	המשפט את- האורים ואת- התמים והיו	1112	1	1			2
	--*-*-*-*-*-*-*-*-*-*-*-*-*-*-*-*	חשק	*-*-*-*-*-*-*-*-*-*-*-*-*-*-*-*-*-*						
ט382812	ושבעים עשה ווים לעמודים וצפה ראשיהם	וחשק	אתם / ונחשת התנופה שבעים ככר ואלפים	3311	1	1		1	3
	--*-*-*-*-*-*-*-*-*-*-*-*-*-*-*-*	חשק	*-*-*-*-*-*-*-*-*-*-*-*-*-*-*-*-*-*						
ט271705	ואדניהם ארבעה / כל- עמודי החצר סביב	מחשקים	כסף וויהם כסף ואדניהם נחשת / ארך	3431	1	3			4
ט381712	וחשוקיהם כסף וצפוי ראשיהם כסף והם	מחשקים	כסף כל עמדי החצר / ומסך שער	3431	1	3			4
	--*-*-*-*-*-*-*-*-*-*-*-*-*-*-*-*	חתי	*-*-*-*-*-*-*-*-*-*-*-*-*-*-*-*-*-*						
ט030821	זבת חלב ודבש אל- מקום הכנעני	והחתי	והאמרי והפרזי והחוי והיבוסי / ועתה הנה	124	1	1		21	4
ט031709	אתכם מעני מצרים אל- ארץ הכנעני	והחתי	והאמרי והפרזי והחוי והיבוסי אל- ארץ	124	1	1		21	4

/ = סוף פסוק   // = סוף פרק   ג = מין   # = מספר   כ = כינוי הגוף   קס = קידומות וסיומות   ו = מספר ההברות

אזכור		מלה		צופן	ג	#	כ	קס	ה
ט130508	כי- יביאך יהוה אל- ארץ הכנעני	והחתי	והאמרי והחוי והיבוסי אשר נשבע לאבתיך	124	1	1		21	4
ט232308	ילך מלאכי לפניך והביאך אל- האמרי	והחתי	והפרזי והכנעני החוי והיבוסי והכחדתיו / לא-	124	1	1		21	4
ט232811	וגרשה את- החוי את- הכנעני ואת	החתי	מלפניך / לא אגרשנו מפניך בשנה אחת	124	1	1		2	3
ט330208	לפניך מלאך וגרשתי את- הכנעני האמרי	והחתי	והפרזי החוי והיבוסי / אל- ארץ זבת	124	1	1		21	4
ט341114	הנני גרש מפניך את- האמרי והכנעני	והחתי	והפרזי והחוי והיבוסי / השמר לך פן-	124	1	1		21	4
	--*-*-*-*-*-*-*-*-*-*-*-*-*-*	חתן	*-*-*-*-*-*-*-*-*-*-*-*-*-*-*-*						
ט042512	ערלת בנה ותגע לרגליו ותאמר כי	חתן-	דמים אתה לי / וירף ממנו אז	1112	1	1			2
ט042605	אתה לי / וירף ממנו אז אמרה	חתן	דמים למולת / ויאמר יהוה אל- אהרן	1112	1	1			2
	--*-*-*-*-*-*-*-*-*-*-*-*-*-*	טבח	*-*-*-*-*-*-*-*-*-*-*-*-*-*-*-*						
ט213707	כי יגנב- איש שור או- שה	וטבחו	או מכרו חמשה בקר ישלם תחת	3111	1	1	4	1	4
	--*-*-*-*-*-*-*-*-*-*-*-*-*-*	טבל	*-*-*-*-*-*-*-*-*-*-*-*-*-*-*-*						
ט122204	למשפחתיכם ושחטו הפסח / ולקחתם אגדת אזוב	וטבלתם	בדם אשר- בסף והגעתם אל- המשקוף	3111	1	3		1	4
	--*-*-*-*-*-*-*-*-*-*-*-*-*-*	טבע	*-*-*-*-*-*-*-*-*-*-*-*-*-*-*-*						
ט150408	פרעה וחילו ירה בים ומבחר שלשיו	טבעו	בים- סוף / תהמת יכסימו ירדו במצולת	3411	1	3			3
	--*-*-*-*-*-*-*-*-*-*-*-*-*-*	טבעת	*-*-*-*-*-*-*-*-*-*-*-*-*-*-*-*						
ט262410	ויחדו יהיו תמים על- ראשו אל-	הטבעת	האחת כן יהיה לשניהם לשני המקצעת	1121	2	1		2	4
ט352211	כל נדיב לב הביאו חח ונזם	וטבעת	וכומז כל- כלי זהב וכל- איש	1121	2	1		1	4
ט362910	ויחדו יהיו תמים אל- ראשו אל-	הטבעת	האחת כן עשה לשניהם לשני המקצעת	1121	2	1		2	4
ט251211	זהב ונתתה על ארבע פעמתיו ושתי	טבעת	על- צלעו האחת ושתי טבעת על-	1125	2	3			3
ט251216	ושתי טבעת על- צלעו האחת ושתי	טבעת	על- צלעו השנית / ועשית בדי עצי	1125	2	3			3
ט251404	וצפית אתם זהב / והבאת את- הבדים	בטבעת	על צלעת הארן לשאת את- הארן	1125	2	3		24	4
ט252608	לו ארבע טבעת זהב ונתת את-	הטבעת	על ארבע הפאת אשר לארבע רגליו	1125	2	3		2	4
ט252704	אשר לארבע רגליו / לעמת המסגרת תהיין	הטבעת	לבתים לבדים לשאת את- השלחן / ועשית	1125	2	3		2	4
ט270704	וצפית אתם נחשת / והובא את- בדיו	בטבעת	והיו הבדים על- שתי צלעת המזבח	1125	2	3		24	4
ט282310	שתי טבעות זהב ונתת את- שתי	הטבעות	על- שני קצות החשן / ונתתה את-	1125	2	3		2	4
ט282408	את- שתי עבתת הזהב על- שתי	הטבעת	אל- קצות החשן / ואת שתי קצות	1125	2	3		2	4
ט370310	טבעת זהב על ארבע פעמתיו ושתי	טבעת	על- צלעו האחת ושתי טבעת על-	1125	2	3			3
ט370315	ושתי טבעת על- צלעו האחת ושתי	טבעת	על- צלעו השנית / ויעש בדי עצי	1125	2	3			3
ט370504	ויצף אתם זהב / ויבא את- הבדים	בטבעת	על צלעת הארן לשאת את- הארן	1125	2	3		24	4
ט371308	לו ארבע טבעת זהב ויתן את-	הטבעת	על ארבע הפאת אשר לארבע רגליו	1125	2	3		2	4
ט371404	אשר לארבע רגליו / לעמת המסגרת היו	הטבעת	בתים לבדים לשאת את- השלחן / ויעש	1125	2	3		2	4
ט380503	כרכבו מלמטה עד- חציו / ויצק ארבע	טבעת	בארבע הקצות למכבר הנחשת בתים לבדים	1125	2	3			3
ט380704	ויצף אתם נחשת / ויבא את- הבדים	בטבעת	על צלעת המזבח לשאת אתו בהם	1125	2	3		24	4
ט391611	ושתי טבעת זהב ויתנו את- שתי	הטבעת	על- שני קצות החשן / ויתנו שתי	1125	2	3		2	4
ט391707	ויתנו שתי העבתת הזהב על- שתי	הטבעת	על- קצות החשן / ואת שתי קצות	1125	2	3		2	4
ט251204	זר זהב סביב / ויצקת לו ארבע	טבעת	זהב ונתתה על ארבע פעמתיו ושתי	1126	2	3			3
ט251501	צלעת הארן לשאת את- הארן בהם /	בטבעת	הארן יהיו הבדים לא יסרו ממנו	1126	2	3		4	4
ט252604	זהב למסגרתו סביב / ועשית לו ארבע	טבעת	זהב ונתת את- הטבעת על ארבע	1126	2	3			3
ט270411	רשת נחשת ועשית על- הרשת ארבע	טבעת	נחשת על ארבע קצותיו / ונתת אתה	1126	2	3			3
ט282305	זהב טהור / ועשית על- החשן שתי	טבעת	זהב ונתת את- שתי הטבעות על-	1126	2	3			3
ט282603	האפד אל- מול פניו / ועשית שתי	טבעות	זהב ושמת אתם על- שני קצות	1126	2	3			3
ט282703	אל- עבר האפוד ביתה / ועשית שתי	טבעות	זהב ונתת אתם על- שתי כתפות	1126	2	3			3
ט282806	האפוד / וירכסו את- החשן מטבעתו אל-	טבעת	האפוד בפתיל תכלת להיות על- חשב	1126	2	3			3
ט300402	ועשית לו זר זהב סביב / ושתי	טבעת	זהב תעשה- לו מתחת לזרו על	1126	2	3			3
ט370304	זר זהב סביב / ויצק לו ארבע	טבעת	זהב על ארבע פעמתיו ושתי טבעת	1126	2	3			3
ט371304	זהב למסגרתו סביב / ויצק לו ארבע	טבעת	זהב ויתן את- הטבעת על ארבע	1126	2	3			3
ט372702	ויעש לו זר זהב סביב / ושתי	טבעת	זהב עשה- לו מתחת לזרו על	1126	2	3			3
ט391606	טהור / ויעשו שתי משבצת זהב ושתי	טבעת	זהב ויתנו את- שתי הטבעת על-	1126	2	3			3
ט391903	האפד אל- מול פניו / ויעשו שתי	טבעת	זהב וישימו על- שני קצות החשן	1126	2	3			3

אזכור		מלה		צופן	ג	#	כ	קס	ה
ט392003	אל- עבר האפד ביתה / ויעשו שתי	טבעת	זוב ויתנום על- שתי כתפת האפד	1126	2	3			3
ט392106	האפד / וירכסו את- החשן מטבעתיו אל-	טבעת	ואפד בפתיל תכלת להית על- חשב	1126	2	3			3
ט262906	הקצה / ואת- הקרשים תצפה זהב ואת-	טבעתיהם	תעשה זהב בתים לבריחם וצפית את-	1127	2	3	9		5
ט282804	ממעל לחשב האפוד / וירכסו את- החשן	מטבעתו	אל- טבעת האפוד בפתיל תכלת להיות	1127	2	3	4	7	5
ט363406	הקצה / ואת- הקרשים צפה זהב ואת-	טבעתם	עשה זהב בתים לבריחם ויצף את-	1127	2	3	9		4
ט392104	ממעל לחשב האפד / וירכסו את- החשן	מטבעתיו	אל- טבעת האפד בפתיל תכלת להית	1127	2	3	4	7	5
	--*-*-*-*-*-*-*-*-*-*-*-*-*-*-*-*-*-*	טהור	*-*-*-*-*-*-*-*-*-*-*-*-*-*-*-*-*-*-*-*						
ט251104	ואמה וחצי קמתו / וצפית אתו זהב	טהור	מבית ומחוץ תצפנו ועשית עליו זר	1111	1	1			2
ט251704	אשר אתן אליך / ועשית כפרת זהב	טהור	אמתים וחצי ארכה ואמה וחצי רחבה	1111	1	1			2
ט252404	ואמה וחצי קמתו / וצפית אתו זהב	טהור	ועשית לו זר זהב סביב / ועשית	1111	1	1			2
ט252910	וקשותיו ומנקיתיו אשר יסך בהן זהב	טהור	תעשה אתם / ונתת על- השלחן להם	1111	1	1			2
ט253104	פנים לפני תמיד / ועשית מנרת זהב	טהור	מקשה תיעשה המנורה ירכה וקנה גביעיה	1111	1	1			2
ט253609	ממנה יהיו כלה מקשה אחת זהב	טהור	/ ועשית את- נרתיה שבעה והעלה את-	1111	1	1			2
ט253804	על- עבר פניה / ומלקחיה ומחתתיה זהב	טהור	/ ככר זהב טהור יעשה אתה את	1111	1	1			2
ט253903	ומלקחיה ומחתתיה זהב טהור / ככר זהב	טהור	יעשה אתה את כל- הכלים האלה	1111	1	1			2
ט281404	ועשית משבצת זהב / ושתי שרשרת זהב	טהור	מגבלת תעשה אתם מעשה עבת ונתתה	1111	1	1			2
ט282209	החשן שרשת גבלת מעשה עבת זהב	טהור	/ ועשית על- החשן שתי טבעת זהב	1111	1	1			2
ט283604	ובצאתו ולא ימות / ועשית ציץ זהב	טהור	ופתחת עליו פתוחי חתם קדש ליהוה	1111	1	1			2
ט300304	קמתו ממנו קרנתיו / וצפית אתו זהב	טהור	את- גגו ואת- קירתיו סביב ואת-	1111	1	1			2
ט303508	אתה קטרת רקח מעשה רוקח ממלח	טהור	קדש / ושחקת ממנה הדק ונתתה ממנה	1111	1	1			2
ט370203	רחבו ואמה וחצי קמתו / ויצפהו זהב	טהור	מבית ומחוץ ויעש לו זר זהב	1111	1	1			2
ט370604	לשאת את- הארן / ויעש כפרת זהב	טהור	אמתים וחצי ארכה ואמה וחצי רחבה	1111	1	1			2
ט371104	ואמה וחצי קמתו / ויצף אתו זהב	טהור	ויעש לו זר זהב סביב / ויעש	1111	1	1			2
ט371619	ואת- הקשות אשר יסך בהן זהב	טהור	/ ויעש את- המנרה זהב טהור מקשה	1111	1	1			2
ט371705	זהב טהור / ויעש את- המנרה זהב	טהור	מקשה עשה את- המנרה ירכה וקנה	1111	1	1			2
ט372209	ממנה היו כלה מקשה אחת זהב	טהור	/ ויעש את- נרתיה שבעה ומלקחיה ומחתתיה	1111	1	1			2
ט372308	את- נרתיה שבעה ומלקחיה ומחתתיה זהב	טהור	/ ככר זהב טהור עשה אתה ואת	1111	1	1			2
ט372403	ומלקחיה ומחתתיה זהב טהור / ככר זהב	טהור	עשה אתה ואת כל- כליה / ויעש	1111	1	1			2
ט372604	ממנו היו קרנתיו / ויצף אתו זהב	טהור	את- גגו ואת- קירתיו סביב ואת-	1111	1	1			2
ט372909	שמן המשחה קדש ואת- קטרת הסמים	טהור	מעשה רקח // ויעש את- מזבח העלה	1111	1	1			2
ט391509	החשן שרשרת גבלת מעשה עבת זהב	טהור	/ ויעשו שתי משבצת זהב ושתי טבעת	1111	1	1			2
ט392504	ותולעת שני משזר / ויעשו פעמני זהב	טהור	ויתנו את- הפעמנים בתוך הרמנים על-	1111	1	1			2
ט393007	ויעשו את- ציץ נזר- הקדש זהב	טהור	ויכתבו עליו מכתב פתוחי חותם קדש	1111	1	1			2
ט310807	ואת- השלחן ואת- כליו ואת- המנרה	הטהרה	ואת- כל- כליה ואת מזבח הקטרת	1121	2	1		2	4
ט393703	כליו ואת לחם הפנים / את- המנרה	הטהרה	את- נרתיה נרת המערכה ואת- כל-	1121	2	1		2	4
	--*-*-*-*-*-*-*-*-*-*-*-*-*-*-*-*-*-*	טהר	*-*-*-*-*-*-*-*-*-*-*-*-*-*-*-*-*-*-*-*						
ט241012	רגליו כמעשה לבנת הספיר וכעצם השמים	לטהר	/ ואל- אצילי בני ישראל לא שלח	1111	1	1		6	3
	--*-*-*-*-*-*-*-*-*-*-*-*-*-*-*-*-*-*	טוב	*-*-*-*-*-*-*-*-*-*-*-*-*-*-*-*-*-*-*-*						
ט020208	האשה ותלד בן ותרא אתו כי-	טוב	הוא ותצפנהו שלשה ירחים / ולא- יכלה	1111	1	1			1
ט141215	חדל ממנו ונעבדה את- מצרים כי	טוב	לנו עבד את- מצרים ממתנו במדבר	1111	1	1			1
ט181706	תורתיו / ויאמר חתן משה אליו לא-	טוב	הדבר אשר אתה עשה / נבל תבל	1111	1	1			1
ט030811	ולהעלתו מן- הארץ ההוא אל- ארץ	טובה	ורחבה אל- ארץ זבת חלב ודבש	1121	2	1			2
	--*-*-*-*-*-*-*-*-*-*-*-*-*-*-*-*-*-*	טוב	*-*-*-*-*-*-*-*-*-*-*-*-*-*-*-*-*-*-*-*						
ט331905	את- כבדך / ויאמר אני אעביר כל-	טובי	על- פניך וקראתי בשם יהוה לפניך	1113	1	1	1		2
	--*-*-*-*-*-*-*-*-*-*-*-*-*-*-*-*-*-*	טובה	*-*-*-*-*-*-*-*-*-*-*-*-*-*-*-*-*-*-*-*						
ט180905	ויצלם יהוה / ויחד יתרו על כל-	הטובה	אשר- עשה יהוה לישראל אשר הצילו	1121	2	1		2	3

אזכור		מלה		צורן	ג	#	כ	קס	ה
	--*-*-*-*-*-*-*-*-*-*-*-*-*-*-*-*	טוה	*-*						
ט352506	הביאו / וכל- אשה חכמת לב בידיה	טוו	ויביאו מטוה את- התכלת ואת- הארגמן	3112	2	3			2
ט352608	הנשים אשר נשא לבן אתנה בחכמה	טוו	את- העזים / והנשאם הביאו את אבני	3112	2	3			2
	--*-*-*-*-*-*-*-*-*-*-*-*-*-*-*-*	טוטפה	*-*						
ט131605	בני אפדה / והיה לאות על- ידכה	ולטוטפת	בין עיניך כי בחזק יד הוציאנו	1125	2	3		61	5
	--*-*-*-*-*-*-*-*-*-*-*-*-*-*-*-*	טופח	*-*						
ט252504	זר זהב סביב / ועשית לו מסגרת	טפח	סביב ועשית זר- זהב למסגרתו סביב	1111	1	1			2
ט371204	זר זהב סביב / ויעש לו מסגרת	טפח	סביב ויעש זר- זהב למסגרתו סביב	1111	1	1			2
	--*-*-*-*-*-*-*-*-*-*-*-*-*-*-*-*	טור	*-*						
ט281712	טורים אבן טור אדם פטדה וברקת	הטור	האחד / והטור השני נפך ספיר ויהלם	1111	1	1		2	2
ט281801	טור אדם פטדה וברקת הטור האחד /	והטור	השני נפך ספיר ויהלם / והטור השלישי	1111	1	1		21	3
ט281901	האחד / והטור השני נפך ספיר ויהלם /	והטור	השלישי לשם שבו ואחלמה / והטור הרביעי	1111	1	1		21	3
ט282001	ויהלם / והטור השלישי לשם שבו ואחלמה /	והטור	הרביעי תרשיש ושהם וישפה משבצים זהב	1111	1	1		21	3
ט391010	טורי אבן טור אדם פטדה וברקת	הטור	האחד / והטור השני נפך ספיר ויהלם	1111	1	1		2	2
ט391101	טור אדם פטדה וברקת הטור האחד /	והטור	השני נפך ספיר ויהלם / והטור השלישי	1111	1	1		21	3
ט391201	האחד / והטור השני נפך ספיר ויהלם /	והטור	השלישי לשם שבו ואחלמה / והטור הרביעי	1111	1	1		21	3
ט391301	ויהלם / והטור השלישי לשם שבו ואחלמה /	והטור	הרביעי תרשיש שהם וישפה מוסבת משבצת	1111	1	1		21	3
ט281708	בו מלאת אבן ארבעה טורים אבן	טור	אדם פטדה וברקת הטור האחד / והטור	1112	1	1			1
ט391006	כפול / וימלאו- בו ארבעה טורי אבן	טור	אדם פטדה וברקת הטור האחד / והטור	1112	1	1			1
ט281706	רחבו / ומלאת בו מלאת אבן ארבעה	טורים	אבן טור אדם פטדה וברקת הטור	1115	1	3			2
ט391004	וזרת רחבו כפול / וימלאו- בו ארבעה	טורי	אבן טור אדם פטדה וברקת הטור	1116	1	3			2
	--*-*-*-*-*-*-*-*-*-*-*-*-*-*-*-*	טחן	*-*						
ט322008	את- העגל אשר עשו וישרף באש	ויטחן	עד אשר- דק ויזר על- פני	3121	1	1		*	3
	--*-*-*-*-*-*-*-*-*-*-*-*-*-*-*-*	טל	*-*						
ט161311	ותכס את- המחנה ובבקר היתה שכבת	הטל	סביב למחנה / ותעל שכבת הטל והנה	1111	1	1		2	2
ט161403	שכבת הטל סביב למחנה / ותעל שכבת	הטל	והנה על- פני המדבר דק מחספס	1111	1	1		2	2
	--*-*-*-*-*-*-*-*-*-*-*-*-*-*-*-*	טמן	*-*						
ט021211	כי- אין איש ויך את- המצרי	ויטמנהו	בחול / ויצא ביום השני והנה שני-	3121	1	1	4	*	5
	--*-*-*-*-*-*-*-*-*-*-*-*-*-*-*-*	טעם	*-*						
ט163111	שמו מן והוא כזרע גד לבן	וטעמו	כצפיחת בדבש / ויאמר משה זה הדבר	1113	1	1	4	1	3
	--*-*-*-*-*-*-*-*-*-*-*-*-*-*-*-*	טף	*-*						
ט123712	כשש- מאות אלף רגלי הגברים לבד	מטף	/ וגם- ערב רב עלה אתם וצאן	1111	1	1		7	2
ט101011	יהוה עמכם כאשר אשלח אתכם ואת	טפכם	ראו כי רעה נגד פניכם / לא	1113	1	1	7		3
ט102415	יהוה רק צאנכם ובקרכם יצג גם-	טפכם	ילך עמכם / ויאמר משה גם- אתה	1113	1	1	6		3
	--*-*-*-*-*-*-*-*-*-*-*-*-*-*-*-*	טרם	*-*						
ט011913	כנשים המצרית העברית כי- חיות הנה	בטרם	תבוא אלהן המילדת וילדו / וייטב אלוהים	22				4	3
ט093005	ליהוה הארץ / ואתה ועבדיך ידעתי כי	טרם	תיראון מפני יהוה אלהים / והפשתה והשערה	22					2
ט100718	את- האנשים ויעבדו את- יהוה אלהיהם	הטרם	תדע כי אבדה מצרים / ויושב את-	22				3	3
ט123405	כלבו מתים / וישא העם את- בצקו	טרם	יחמץ משארתם צררת בשמלתם על- שכמם	22					2
	--*-*-*-*-*-*-*-*-*-*-*-*-*-*-*-*	טרף	*-*						
ט221202	גנב יגנב מעמו ישלם לבעליו / אם-	טרף	יטרף יבאהו עד הטרפה לא ישלם	3151					2

אזכור		מלה		צונן	ג	#	כ	קס	ה
	--*-*-*-*-*-*-*-*-*-*-*-*-*-*-*-*-*-*	טרפה	*-*-*-*-*-*-*-*-*-*-*-*-*-*-*-*-*-*-*-*						
ט221206	לבעליו / אם- טרף יטרף יבאהו עד	הטרפה	לא ישלם / וכי- ישאל איש מעם	1121	2	1		2	4
ט223007	ואנשי קדש תהיון לי ובשר בשדה	טרפה	לא תאכלו לכלב תשלכון אתו // לא	1121	2	1			3
	--*-*-*-*-*-*-*-*-*-*-*-*-*-*-*-*-*-*	יאור	*-*-*-*-*-*-*-*-*-*-*-*-*-*-*-*-*-*-*-*						
ט012209	לכל- עמו לאמר כל- הבן הילוד	היארה	תשליכהו וכל- הבת תחיון // וילך איש	1111	1	1		92	4
ט020320	את- הילד ותשם בסוף על- שפת	היאור	/ ותתצב אחתו מרחק לדעה מה- יעשה	1111	1	1		2	3
ט020506	לו / ותרד בת- פרעה לרחץ על-	היאר	ונערתיה הלכת על- יד היאר ותרא	1111	1	1		2	3
ט020511	על- היאר ונערתיה הלכת על- יד	היאר	ותרא את- התבה בתוך הסוף ותשלח	1111	1	1		2	3
ט040914	האלה ולא ישמעון לקלך ולקחת ממימי	היאר	ושפכת היבשה והיו המים אשר תקח	1111	1	1		2	3
ט040922	היבשה והיו המים אשר תקח מן-	היאר	והיו לדם ביבשת / ויאמר משה אל-	1111	1	1		2	3
ט071512	יצא המימה ונצבת לקראתו על- שפת	היאר	והמטה אשר- נהפך לנחש תקח בידך	1111	1	1		2	3
ט071718	במטה אשר- בידי על- המים אשר	ביאר	ונהפכו לדם / והדגה אשר- ביאר תמות	1111	1	1		24	3
ט071803	אשר ביאר ונהפכו לדם / והדגה אשר-	ביאר	תמות ובאש היאר ונלאו מצרים לשתות	1111	1	1		24	3
ט071806	לדם / והדגה אשר- ביאר תמות ובאש	היאר	ונלאו מצרים לשתות מים מן- היאר	1111	1	1		2	3
ט071812	היאר ונלאו מצרים לשתות מים מן-	היאר	/ ויאמר יהוה אל- משה אמר אל-	1111	1	1		2	3
ט072014	וירם במטה ויך את- המים אשר-	ביאר	לעיני פרעה ולעיני עבדיו ויהפכו כל-	1111	1	1		24	3
ט072023	ולעיני עבדיו ויהפכו כל- המים אשר-	ביאר	לדם / והדגה אשר- ביאר מתה ויבאש	1111	1	1		24	3
ט072103	המים אשר- ביאר לדם / והדגה אשר-	ביאר	מתה ויבאש היאר ולא- יכלו מצרים	1111	1	1		24	3
ט072106	לדם / והדגה אשר- ביאר מתה ויבאש	היאר	ולא- יכלו מצרים לשתות מים מן-	1111	1	1		2	3
ט072113	ולא- יכלו מצרים לשתות מים מן-	היאר	ויהי הדם בכל- ארץ מצרים / ויעשו-	1111	1	1		2	3
ט072405	גם- לזאת / ויחפרו כל- מצרים סביבת	היאר	מים לשתות כי לא יכלו לשתת	1111	1	1		2	3
ט072413	לשתות כי לא יכלו לשתת ממימי	היאר	/ וימלא שבעת ימים אחרי הכות- יהוה	1111	1	1		2	3
ט072508	שבעת ימים אחרי הכות- יהוה את-	היאר	/ ויאמר יהוה אל- משה בא אל-	1111	1	1		2	3
ט072802	נגף את- כל- גבולך בצפרדעים / ושרץ	היאר	צפרדעים ועלו ובאו בביתך ובחדר משכבך	1111	1	1		2	3
ט080516	ולעמך להכרית הצפרדעים ממך ומבתיך רק	ביאר	תשארנה / ויאמר למחר ויאמר כדברך למען	1111	1	1		24	3
ט080708	הצפרדעים ממך ומבתיך ומעבדיך ומעמך רק	ביאר	תשארנה / ויצא משה ואהרן מעם פרעה	1111	1	1		24	3
ט170517	ישראל ומטך אשר הכית בו את-	היאר	קח בידך והלכת / הנני עמד לפניך	1111	1	1		2	3
ט080115	את- ידך במטך על- הנהרת על-	היארים	ועל- האגמים והעל את- הצפרדעים על-	1115	1	3		2	4
ט071918	על- מימי מצרים על- נהרתם על-	יאריהם	ועל- אגמיהם ועל כל- מקוה מימיהם	1117	1	3	9		4
	--*-*-*-*-*-*-*-*-*-*-*-*-*-*-*-*-*-*	יבוסי	*-*-*-*-*-*-*-*-*-*-*-*-*-*-*-*-*-*-*-*						
ט030825	מקום הכנעני והחתי והאמרי והפרזי והחוי	והיבוסי	/ ועתה הנה צעקת בני- ישראל באה	124	1	1		21	5
ט031713	ארץ הכנעני והחתי והאמרי והפרזי והחוי	והיבוסי	אל- ארץ זבת חלב ודבש / ושמעו	124	1	1		21	5
ט130511	אל- ארץ הכנעני והחתי והאמרי והחוי	והיבוסי	אשר נשבע לאבתיך לתת לך ארץ	124	1	1		21	5
ט232312	אל- האמרי והחתי והפרזי והכנעני החוי	והיבוסי	והכחדתיו / לא- תשתחוה לאלהיהם ולא תעבדם	124	1	1		21	5
ט330211	את- הכנעני האמרי והחתי והפרזי החוי	והיבוסי	/ אל- ארץ זבת חלב ודבש כי	124	1	1		21	5
ט341117	את- האמרי והכנעני והחתי והפרזי והחוי	והיבוסי	/ השמר לך פן- תכרת ברית ליושב	124	1	1		21	5
	--*-*-*-*-*-*-*-*-*-*-*-*-*-*-*-*-*-*	יבשה	*-*-*-*-*-*-*-*-*-*-*-*-*-*-*-*-*-*-*-*						
ט040916	ישמעון לקלך ולקחת ממימי היאר ושפכת	היבשה	והיו המים אשר תקח מן- היאר	1121	2	1		2	4
ט141616	ובקעהו ויבאו בני- ישראל בתוך הים	ביבשה	/ ואני הנני מחזק את- לב מצרים	1121	2	1		24	4
ט142206	המים / ויבאו בני- ישראל בתוך הים	ביבשה	והמים להם חומה מימינם ומשמאלם / וירדפו	1121	2	1	4	2	4
ט142904	בהם עד- אחד / ובני ישראל הלכו	ביבשה	בתוך הים והמים להם חמה מימינם	1121	2	1		24	4
ט151917	את- מי הים ובני ישראל הלכו	ביבשה	בתוך הים / ותקח מרים הנביאה אחות	1121	2	1		24	4
	--*-*-*-*-*-*-*-*-*-*-*-*-*-*-*-*-*-*	יבשת	*-*-*-*-*-*-*-*-*-*-*-*-*-*-*-*-*-*-*-*						
ט040925	אשר תקח מן- היאר והיו לדם	ביבשת	/ ויאמר משה אל- יהוה בי אדני	1121	2	1		24	4
	--*-*-*-*-*-*-*-*-*-*-*-*-*-*-*-*-*-*	יד	*-*-*-*-*-*-*-*-*-*-*-*-*-*-*-*-*-*-*-*						
ט021905	בא היום / ותאמרן איש מצרי הצילנו	מיד	הרעים וגם דלה דלה לנו וישק	1121	2	1		7	2
ט031911	יתן אתכם מלך מצרים להלך ולא	ביד	חזקה / ושלחתי את- ידי והכיתי את-	1121	2	1		4	2
ט060111	עתה תראה אשר אעשה לפרעה כי	ביד	חזקה ישלחם וביד חזקה יגרשם מארצו	1121	2	1		4	2
ט060114	אעשה לפרעה כי ביד חזקה ישלחם	וביד	חזקה יגרשם מארצו / וידבר אלהים אל-	1121	2	1		41	3

אזכור		מלה		צופן	ג	#	כ	קס	ה
ט130316	יצאתם ממצרים מבית עבדים כי בחזק	יד	הוציא יהוה אתכם מזה ולא יאכל	1121	2	1			1
ט130915	למען תהיה תורת יהוה בפיך כי	ביד	חזקה הוצאך יהוה ממצרים / ושמרת את	1121	2	1		4	2
ט131412	לאמר מה- זאת ואמרת אליו בחזק	יד	הוציאנו יהוה ממצרים מבית עבדים / ויהי	1121	2	1			1
ט131610	ידכה ולטוטפת בין עיניך כי בחזק	יד	הוציאנו יהוה ממצרים / ויהי בשלח פרעה	1121	2	1			1
ט140815	אחרי בני ישראל ובני ישראל יצאים	ביד	רמה / וירדפו מצרים אחריהם וישיגו אותם	1121	2	1		4	2
ט143104	על- שפת הים / וירא ישראל את-	היד	הגדלה אשר עשה יהוה במצרים וייראו	1121	2	1		2	2
ט171603	ויקרא שמו יהוה נסי / ויאמר כי	יד	על כס יה מלחמה ליהוה בעמלק	1121	2	1			1
ט191304	בהר מות יומת / לא- תגע בו	יד	כי- סקול יסקל או- ירה יירה	1121	2	1			1
ט212407	עין תחת עין שן תחת שן	יד	תחת יד רגל תחת רגל / כויה	1121	2	1			1
ט212409	עין שן תחת שן יד תחת	יד	רגל תחת רגל / כויה תחת כויה	1121	2	1			1
ט321119	אשר הוצאת מארץ מצרים בכח גדול	וביד	חזקה / למה יאמרו מצרים לאמר ברעה	1121	2	1		41	3
ט020510	לרחץ על- היאר ונערתיה הלכת על-	יד	היאר ותרא את- התבה בתוך הסוף	1122	2	1			1
ט030803	כי ידעתי את- מכאביו / וארד להצילו	מיד	מצרים ולהעלתו מן- הארץ ההוא אל-	1122	2	1		7	2
ט041306	תדבר / ויאמר בי אדני שלח- נא	ביד-	תשלח / ויחר- אף יהוה במשה ויאמר	1122	2	1		4	2
ט090302	אתה לשלח ועודך מחזיק בם / הנה	יד-	יהוה הויה במקנך אשר בשדה בסוסים	1122	2	1			1
ט093512	את- בני ישראל כאשר דבר יהוה	ביד-	משה // ויאמר יהוה אל- משה בא	1122	2	1		4	2
ט143007	ויושע יהוה ביום ההוא את- ישראל	מיד	מצרים וירא ישראל את- מצרים מת	1122	2	1		7	2
ט160308	אלהם בני ישראל מי- יתן מותנו	ביד-	יהוה בארץ מצרים בשבתנו על- סיר	1122	2	1		4	2
ט180912	אשר- עשה יהוה לישראל אשר הצילו	מיד	מצרים / ויאמר יתרו ברוך יהוה אשר	1122	2	1		7	2
ט181008	יתרו ברוך יהוה אשר הציל אתכם	מיד	מצרים ומיד פרעה אשר הציל את-	1122	2	1		7	2
ט181010	יהוה אשר הציל אתכם מיד מצרים	ומיד	פרעה אשר הציל את- העם מתחת	1122	2	1		71	3
ט181017	פרעה אשר הציל את- העם מתחת	יד-	מצרים / עתה ידעתי כי- גדול יהוה	1122	2	1			1
ט290915	והיתה להם כהנה לחקת עולם ומלאת	יד-	אהרן ויד- בניו / והקרבת את- הפר	1122	2	1			1
ט290917	כהנה לחקת עולם ומלאת יד- אהרן	ויד-	בניו / והקרבת את- הפר לפני אהל	1122	2	1		1	2
ט342909	משה מהר סיני ושני לחת העדת	ביד-	משה ברדתו מן- ההר ונשה לא-	1122	2	1		4	2
ט352915	לכל- המלאכה אשר צוה יהוה לעשות	ביד-	משה הביאו בני- ישראל נדבה ליהוה	1122	2	1		4	2
ט382113	פקד על- פי משה עבדת הלוים	ביד	איתמר בן- אהרן הכהן / ובצלאל בן-	1122	2	1		4	2
ט032003	להלך ולא ביד חזקה / ושלחתי את-	ידי	והכיתי את- מצרים בכל נפלאתי אשר	1123	2	1	1		2
ט040206	יהוה / ויאמר אליו יהוה מה זה	בידך	ויאמר מטה / ויאמר השליכהו ארצה וישלכהו	1123	2	1	2	4	4
ט040406	מפניו / ויאמר יהוה אל- משה שלח	ידך	ואחז בזנבו וישלח ידו ויחזק בו	1123	2	1	2		3
ט040410	משה שלח ידך ואחז בזנבו וישלח	ידו	ויחזק בו ויהי למטה בכפו / למען	1123	2	1	4		2
ט040607	ויאמר יהוה לו עוד הבא- נא	ידך	בחיקך ויבא ידו בחיקו ויוצאה והנה	1123	2	1	2		3
ט040610	עוד הבא- נא ידך בחיקך ויבא	ידו	בחיקו ויוצאה והנה ידו מצרעת כשלג	1123	2	1	4		2
ט040614	בחיקך ויבא ידו בחיקו ויוצאה והנה	ידו	מצרעת כשלג / ויאמר השב ידך אל-	1123	2	1	4		2
ט040703	והנה ידו מצרעת כשלג / ויאמר השב	ידך	אל- חיקך וישב ידו אל- חיקו	1123	2	1	2		3
ט040707	ויאמר השב ידך אל- חיקך וישב	ידו	אל- חיקו ויוצאה מחיקו והנה- שבה	1123	2	1	4		2
ט041705	לו לאלהים / ואת- המטה הזה תקח	בידך	אשר תעשה- בו את- האתת / וילך	1123	2	1	2	4	4
ט042018	מצרים ויקח משה את- מטה האלהים	בידו	/ ויאמר יהוה אל- משה בלכתך לשוב	1123	2	1	4	4	3
ט042113	מצרימה ראה כל- המפתים אשר- שמתי	בידך	ועשיתם לפני פרעה ואני אחזק את-	1123	2	1	2	4	4
ט052117	בעיני פרעה ובעיני עבדיו לתת- חרב	בידם	להרגנו / וישב משה אל- יהוה ויאמר	1123	2	1	9	4	3
ט060808	אתכם אל- הארץ אשר נשאתי את-	ידי	לתת אתה לאברהם ליצחק וליעקב ונתתי	1123	2	1	1		2
ט070407	ולא- ישמע אלכם פרעה ונתתי את-	ידי	במצרים והוצאתי את- צבאתי את- עמי	1123	2	1	1		2
ט070508	מצרים כי- אני יהוה בנטתי את-	ידי	על- מצרים והוצאתי את- בני- ישראל	1123	2	1	1		2
ט071518	היאר והמטה אשר- נהפך לנחש תקח	בידך	/ ואמרת אליו יהוה אלהי העברים שלחני	1123	2	1	4	4	4
ט071714	יהוה הנה אנכי מכה במטה אשר-	בידי	על- המים אשר ביאר ונהפכו לדם	1123	2	1	1	4	3
ט071911	אמר אל- אהרן קח מטך ונטה-	ידך	על- מימי מצרים על- נהרתם על-	1123	2	1	2		3
ט080110	משה אמר אל- אהרן נטה את-	ידך	במטך על- הנהרת על- היארים ועל-	1123	2	1	2		3
ט080204	על- ארץ מצרים / ויט אהרן את-	ידו	על מימי מצרים ותעל הצפרדע ותכס	1123	2	1	4		2
ט081306	מצרים / ויעשו- כן ויט אהרן את-	ידו	במטהו ויך את- עפר הארץ ותהי	1123	2	1	2		2
ט091505	בכל- הארץ / כי עתה שלחתי את-	ידי	ואך אותך ואת- עמך בדבר ותכחד	1123	2	1	1		2
ט092207	ויאמר יהוה אל- משה נטה את-	ידך	על- השמים ויהי ברד בכל- ארץ	1123	2	1	2		3
ט101206	פרעה / ויאמר יהוה אל- משה נטה	ידך	על- ארץ מצרים בארבה ויעל על-	1123	2	1	2		3
ט102106	ישראל / ויאמר יהוה אל- משה נטה	ידך	על- השמים ויהי חשך על- ארץ	1123	2	1	2		3
ט102204	מצרים וימש חשך / ויט משה את-	ידו	על- השמים ויהי חשך- אפלה בכל-	1123	2	1	4		2

אזכור		מלה		צופן	ג	#	כ	קס	ה
ט102506	עמכם / ויאמר משה גם- אתה תתן	בידנו	זבחים ועלת ועשינו ליהוה אלהינו / וגם-	1123	2	1	6	4	4
ט121109	אתו מתניכם חגרים נעליכם ברגליכם ומקלכם	בידכם	ואכלתם אתו בחפזון פסח הוא ליהוה	1123	2	1	7	4	4
ט130905	בצאתי ממצרים / והיה לך לאות על-	ידך	ולזכרון בין עיניך למען תהיה תורת	1123	2	1	2		3
ט131604	בכור בני אפדה / והיה לאות על-	ידכה	ולטוטפת בין עיניך כי בחזק יד	1123	2	1	2	9	3
ט141607	ואתה הרם את- מטך ונטה את-	ידך	על- הים ובקעהו ויבאו בני- ישראל	1123	2	1	2		3
ט142104	זה כל- הלילה / ויט משה את-	ידו	על- הים ויולך יהוה את- הים	1123	2	1	4		2
ט142607	ויאמר יהוה אל- משה נטה את-	ידך	על- הים וישבו המים על- מצרים	1123	2	1	2		3
ט142704	רכבו ועל- פרשיו / ויט משה את-	ידו	על- הים וישב הים לפנות בקר	1123	2	1	4		2
ט150912	שלל תמלאמו נפשי אריק חרבי תורישמו	ידי	/ נשפת ברוחך כסמו ים צללו כעופרת	1123	2	1	1		2
ט170519	אשר הכית בו את- היאר קח	בידך	והלכת / הנני עמד לפניך שם על-	1123	2	1	2	4	4
ט170919	נצב על- ראש הגבעה ומטה האלהים	בידי	/ ויעש יהושע כאשר אמר- לו משה	1123	2	1	4	4	3
ט171105	ראש הגבעה / והיה כאשר ירים משה	ידו	וגבר ישראל וכאשר יניח ידו וגבר	1123	2	1	4		2
ט171110	משה ידו וגבר ישראל וכאשר יניח	ידו	וגבר עמלק / וידי משה כבדים ויקחו-	1123	2	1	4		2
ט211306	יומת / ואשר לא צדה והאלהים אנה	לידו	ושמתי לך מקום אשר ינוס שמה	1123	2	1	4	6	3
ט211605	מות יומת / וגנב איש ומכרו ונמצא	בידו	מות יומת / ומקלל אביו ואמו מות	1123	2	1	4	4	3
ט212012	או את- אמתו בשבט ומת תחת	ידו	נקם ינקם / אך אם- יום או	1123	2	1	4		2
ט220304	לו ונמכר בגנבתו / אם- המצא תמצא	בידו	הגנבה משור עד- חמור עד- שה	1123	2	1	4	4	3
ט220713	הבית אל- האלהים אם- לא שלח	ידו	במלאכת רעהו / על- כל- דבר- פשע	1123	2	1	4		2
ט221009	תהיה בין שניהם אם- לא שלח	ידו	במלאכת רעהו ולקח בעליו ולא ישלם	1123	2	1	4		2
ט230107	לא תשא שמע שוא אל- תשת	ידך	עם- רשע להית עד חמס / לא-	1123	2	1	2		3
ט233114	פלשתים וממדבר עד- הנהר כי אתן	בידכם	את ישבי הארץ וגרשתמו מפניך / לא-	1123	2	1	7	4	4
ט241107	ואל- אצילי בני ישראל לא שלח	ידו	ויחזו את- האלהים ויאכלו וישתו / ויאמר	1123	2	1	4		2
ט284113	בניו אתו ומשחת אתם ומלאת את-	ידם	וקדשת אתם וכהנו- לי / ועשה להם	1123	2	1	9		2
ט292018	תנוך אזן בניו הימנית ועל- בהן	ידם	הימנית ועל- בהן רגלם הימנית וזרקת	1123	2	1	9		2
ט292503	אתם תנופה לפני יהוה / ולקחת אתם	מידם	והקטרת המזבחה על- העלה לריח ניחוח	1123	2	1	9	7	3
ט292913	אחריו למשחה בהם ולמלא- בם את-	ידם	/ שבעת ימים ילבשם הכהן תחתיו מבניו	1123	2	1	9		2
ט293308	אתם אשר כפר בהם למלא את-	ידם	לקדש אתם וזר לא- יאכל כי-	1123	2	1	9		2
ט293512	אשר- צויתי אתכה שבעת ימים תמלא	ידם	/ ופר חטאת תעשה ליום על- הכפרים	1123	2	1	9		2
ט320402	אשר באזניהם ויביאו אל- אהרן / ויקח	מידם	ויצר אתו בחרט ויעשהו עגל מסכה	1123	2	1	9	7	3
ט321509	משה מן- ההר ושני לחת העדת	בידו	לחת כתבים משני עבריהם מזה ומזה	1123	2	1	4	4	3
ט322904	כשלשת אלפי איש / ויאמר משה מלאו	ידכם	היום ליהוה כי איש בבנו ובאחיו	1123	2	1	7		3
ט340418	סיני כאשר צוה יהוה אתו ויקח	בידו	שני לחת אבנים / וירד יהוה בענן	1123	2	1	4	4	3
ט152008	מרים הנביאה אחות אהרן את- התף	בידה	ותצאן כל- הנשים אחריה בתפים ובמחלת	1124	2	1	5	4	3
ט352505	העבדה הביאו / וכל- אשה חכמת לב	בידיה	טוו ויביאו מטוה את- התכלת ואת-	1124	2	2	5	4	4
ט261702	וחצי האמה רחב הקרש האחד / שתי	ידות	לקרש האחד משלבת אשה אל- אחתה	1125	2	3			2
ט362202	וחצי האמה רחב הקרש האחד / שתי	ידת	לקרש האחד משלבת אחת אל- אחת	1125	2	3			2
ט171201	ישראל וכאשר יניח ידו וגבר עמלק /	וידי	משה כבדים ויקחו- אבן וישימו תחתיו	1126	2	2		1	2
ט151712	לשבתך פעלת יהוה מקדש אדני כוננו	ידיך	/ יהוה ימלך לעלם ועד / כי בא	1127	2	2	2		3
ט171213	תחתיו וישב עליה ואהרן וחור תמכו	בידיו	מזה אחד ומזה אחד ויהי ידיו	1127	2	2	4	4	3
ט171219	בידיו מזה אחד ומזה אחד ויהי	ידיו	אמונה עד- בא השמש / ויחלש יהושע	1127	2	2	4		2
ט261914	שני אדנים תחת- הקרש האחד לשתי	ידתיו	ושני אדנים תחת- הקרש האחד לשתי	1127	2	3	4		3
ט261921	ושני אדנים תחת- הקרש האחד לשתי	ידתיו	/ ולצלע המשכן השנית לפאת צפון עשרים	1127	2	3	4		3
ט291011	אהל מועד וסמך אהרן ובניו את-	ידיהם	על- ראש הפר / ושחטת את- הפר	1127	2	2	9		3
ט291509	האחד תקח וסמכו אהרן ובניו את-	ידיהם	על- ראש האיל / ושחטת את- האיל	1127	2	2	9		3
ט291909	האיל השני וסמך אהרן ובניו את-	ידיהם	על- ראש האיל / ושחטת את- האיל	1127	2	2	9		3
ט301906	מים / ורחצו אהרן ובניו ממנו את-	ידיהם	ואת- רגליהם / בבאם אל- אהל מועד	1127	2	2	9		3
ט302102	המזבח לשרת להקטיר אשה ליהוה / ורחצו	ידיהם	ורגליהם ולא ימתו והיתה להם חק-	1127	2	2	9		3
ט321914	העגל ומחלת ויחר- אף משה וישלך	מידו	את- הלחת וישבר אתם תחת ההר	1127	2	2		7	3
ט362414	שני אדנים תחת- הקרש האחד לשתי	ידתיו	ושני אדנים תחת- הקרש האחד לשתי	1127	2	3	4		3
ט362421	ושני אדנים תחת- הקרש האחד לשתי	ידתיו	/ ולצלע המשכן השנית לפאת צפון עשה	1127	2	3	4		3
ט403107	ורחצו ממנו משה ואהרן ובניו את-	ידיהם	ואת- רגליהם / בבאם אל- אהל מועד	1127	2	2	9		3

אזכור		מלה		צופן	ג	#	כ	קס	ה
	-	ידע	*-*						
ט010808	מלך- חדש על מצרים אשר לא-	ידע	את- יוסף / ויאמר אל עמו הנה	3111	1	1			2
ט030716	ואת- צעקתם שמעתי מפני נגשיו כי	ידעתי	את- מכאביו / וארד להצילו מיד מצרים	3111	1	1			3
ט031902	ימים במדבר ונזבחה ליהוה אלהינו / ואני	ידעתי	כי לא- יתן אתכם מלך מצרים	3111	1	1			3
ט041410	במשה ויאמר הלא אהרן אחיך הלוי	ידעתי	כי- דבר ידבר הוא וגם הנה-	3111	1	1			3
ט050212	אשמע בקלו לשלח את- ישראל לא	ידעתי	את- יהוה וגם את- ישראל לא	3111	1	1			3
ט060708	אתכם לי לעם והייתי לכם לאלהים	וידעתם	כי אני יהוה אלהיכם המוציא אתכם	3111	1	3		1	3
ט070501	בני- ישראל מארץ מצרים בשפטים גדלים /	וידעו	מצרים כי- אני יהוה בנטתי את-	3111	1	3		1	4
ט093003	תדע כי ליהוה הארץ / ואתה ועבדיך	ידעתי	כי טרם תיראון מפני יהוה אלהים	3111	1	1			3
ט100216	במצרים ואת- אתתי אשר- שמתי בם	וידעתם	כי- אני יהוה / ויבא משה ואהרן	3111	1	3		1	3
ט140411	ורדף אחריהם ואכבדה בפרעה ובכל- חילו	וידעו	מצרים כי- אני יהוה ויעשו כן	3111	1	3		1	4
ט141801	ואכבדה בפרעה ובכל- חילו ברכבו ובפרשיו /	וידעו	מצרים כי- אני יהוה בהכבדי בפרעה	3111	1	3		1	4
ט160609	ואהרן אל- כל- בני ישראל ערב	וידעתם	כי יהוה הוציא אתכם מארץ מצרים	3111	1	3		1	3
ט161216	הערבים תאכלו בשר ובבקר תשבעו- לחם	וידעתם	כי אני יהוה אלהיכם / ויהי בערב	3111	1	3		1	3
ט161512	אל- אחיו מן הוא כי לא	ידעו	מה- הוא ויאמר משה אלהם הוא	3111	1	3			3
ט181102	את- העם מתחת יד- מצרים / עתה	ידעתי	כי- גדול יהוה מכל- האלהים כי	3111	1	1			3
ט230905	דברי צדיקים / וגר לא תלחץ ואתם	ידעתם	את- נפש הגר כי- גרים הייתם	3111	1	3			3
ט294601	בתוך בני ישראל והייתי להם לאלהים /	וידעו	כי אני יהוה אלהיהם אשר הוצאתי	3111	1	3		1	4
ט320131	האיש אשר העלנו מארץ מצרים לא	ידענו	מה- היה לו / ויאמר אלהם אהרן	3111	1	3			3
ט322208	אהרן אל- יחר אף אדני אתה	ידעת	את- העם כי ברע הוא / ויאמרו	3111	1	1			3
ט322318	האיש אשר העלנו מארץ מצרים לא	ידענו	מה- היה לו / ואמר להם למי	3111	1	3			3
ט331222	את אשר- תשלח עמי ואתה אמרת	ידעתיך	בשם וגם- מצאת חן בעיני / ועתה	3111	1	1	2		4
ט342916	משה ברדתו מן- ההר ומשה לא-	ידע	כי קרן עור פניו בדברו אתו	3111	1	1			2
ט022506	יעקב / וירא אלהים את- בני ישראל	וידע	אלהים // ומשה היה רעה את- צאן	3121	1	1		*	3
ט071705	עד- כה / כה אמר יהוה בזאת	תדע	כי אני יהוה הנה אנכי מכה	3121	1	1			2
ט080606	תפארנה / ויאמר למחר ויאמר כדברך למען	תדע	כי- אין כיהוה אלהינו / וסרו הצפרדעים	3121	1	1			2
ט081816	עליה לבלתי היות- שם ערב למען	תדע	כי אני יהוה בקרב הארץ / ושמתי	3121	1	1			2
ט091414	מגפתי אל- לבך ובעבדיך ובעמך בעבור	תדע	כי אין כמני בכל- הארץ / כי	3121	1	1			2
ט092919	יחדלון והברד לא יהיה- עוד למען	תדע	כי ליהוה הארץ / ואתה ועבדיך ידעתי	3121	1	1			2
ט100719	האנשים ויעבדו את- יהוה אלהיהם הטרם	תדע	כי אבדה מצרים / ויושב את- משה	3121	1	1			2
ט102617	לעבד את- יהוה אלהינו ואנחנו לא-	נדע	מה- נעבד את- יהוה עד- באנו	3121	1	3			2
ט110712	כלב לשנו למאיש ועד- בהמה למען	תדעון	אשר יפלה יהוה בין מצרים ובין	3121	1	3		0	3
ט330522	בקרבך וכליתיך ועתה הורד עדיך מעליך	ואדעה	מה אעשה- לך / ויתנצלו בני- ישראל	3121	1	1		91	4
ט331311	חן בעיניך הודעני נא את- דרכך	ואדעך	למען אמצא- חן בעיניך וראה כי	3121	1	1	2	1	5
ט331716	דברת אעשה כי- מצאת חן בעיני	ואדעך	בשם / ויאמר הראני נא את- כבדך	3121	1	1	2	1	5
ט020404	על- שפת היאור / ותתצב אחתו מרחק	לדעה	מה- יעשה לו / ותרד בת- פרעה	3154				6	3
ט311317	כי אות הוא ביני וביניכם לדרתיכם	לדעת	כי אני יהוה מקדשכם / ושמרתם את-	3154				6	3
ט360114	אשר נתן יהוה חכמה ותבונה בהמה	לדעת	לעשת את- כל- מלאכת עבדת הקדש	3154				6	3
	-	יה	*-*						
ט150203	סוס ורכבו רמה בים / עזי וזמרת	יה	ויהי- לי לישועה זה אלי ואנוהו	121					1
ט171606	נסי / ויאמר כי יד על כס	יה	מלחמה ליהוה בעמלק מדר דר // וישבע	121					1
	-	יהודה	*-*						
ט010204	איש וביתו באו / ראובן שמעון לוי	ויהודה	/ יששכר זבולן ובנימן / דן ונפתלי גד	122	1			1	3
ט310210	בצלאל בן- אורי בן- חור למטה	יהודה	/ ואמלא אתו רוח אלהים בחכמה ובתבונה	122	1				3
ט353016	בצלאל בן- אורי בן- חור למטה	יהודה	/ וימלא אתו רוח אלהים בחכמה בתבונה	122	1				3
ט382207	ובצלאל בן- אורי בן- חור למטה	יהודה	עשה את כל- אשר- צוה יהוה	122	1				3
	-	יהוה	*-*						
ט030203	אל- הר האלהים חרבה / וירא מלאך	יהוה	אליו בלבת- אש מתוך הסנה וירא	121					3
ט030402	הזה מדוע לא- יבער הסנה / וירא	יהוה	כי סר לראות ויקרא אליו אלהים	121					3
ט030702	כי ירא מהביט אל- האלהים / ויאמר	יהוה	ראה ראיתי את- עני עמי אשר	121					3
ט031511	משה כה תאמר אל- בני ישראל	יהוה	אלהי אבתיכם אלהי אברהם אלהי יצחק	121					3

/ = סוף פסוק   // = סוף פרק   ג = מין   # = מספר   כ = כינוי חבור   קס = קידומות וסיומות   ה = מספר ההברות

אזכור		מלה		צונן	ג	#	כ	קס	ה
ט031608	ואספת את- זקני ישראל ואמרת אלהם	יהוה	אלהי אבתיכם נראה אלי אלהי אברהם	121					3
ט031812	ישראל אל- מלך מצרים ואמרתם אליו	יהוה	אלהי העבריים נקרה עלינו ועתה נלכה-	121					3
ט031825	נא דרך שלשת ימים במדבר ונזבחה	ליהוה	אלהינו / ואני ידעתי כי לא- יתן	121				6	3
ט040116	בקלי כי יאמרו לא- נראה אליך	יהוה	/ ויאמר אליו יהוה מה זה בידך	121					3
ט040203	לא- נראה אליך יהוה / ויאמר אליו	יהוה	מה זה בידך ויאמר מטה / ויאמר	121					3
ט040402	ויהי לנחש וינס משה מפניו / ויאמר	יהוה	אל- משה שלח ידך ואחז בזנבו	121					3
ט040506	בכפו / למען יאמינו כי- נראה אליך	יהוה	אלהי אבתם אלהי אברהם אלהי יצחק	121					3
ט040602	אברהם אלהי יצחק ואלהי יעקב / ויאמר	יהוה	לו עוד הבא- נא ידך בחיקך	121					3
ט041004	והיו לדם ביבשת / ויאמר משה אל-	יהוה	בי אדני לא איש דברים אנכי	121					3
ט041102	כבד- פה וכבד לשון אנכי / ויאמר	יהוה	אליו מי שם פה לאדם או	121					3
ט041120	או פקח או עור הלא- אנכי	יהוה	/ ועתה לך ואנכי אהיה עם- פיך	121					3
ט041403	שלח- נא ביד- תשלח / ויחר- אף	יהוה	במשה ויאמר הלא אהרן אחיך הלוי	121					3
ט041902	ויאמר יתרו למשה לך לשלום / ויאמר	יהוה	אל- משה במדין לך שב מצרים	121					3
ט042102	משה את- מטה האלהים בידו / ויאמר	יהוה	אל- משה בלכתך לשוב מצרימה ראה	121					3
ט042206	העם / ואמרת אל- פרעה כה אמר	יהוה	בני בכרי ישראל / ואמר אליך שלח	121					3
ט042405	בנך בכרך / ויהי בדרך במלון ויפגשהו	יהוה	ויבקש המיתו / ותקח צפרה צר ותכרת	121					3
ט042702	אז אמרה חתן דמים למולת / ויאמר	יהוה	אל- אהרן לך לקראת משה המדברה	121					3
ט042807	ויגד משה לאהרן את כל- דברי	יהוה	אשר שלחו ואת כל- האתת אשר	121					3
ט043008	אהרן את כל- הדברים אשר- דבר	יהוה	אל- משה ויעש האתת לעיני העם	121					3
ט043106	העם / ויאמן העם וישמעו כי- פקד	יהוה	את- בני ישראל וכי ראה את-	121					3
ט050110	ואהרן ויאמרו אל- פרעה כה- אמר	יהוה	אלהי ישראל שלח את- עמי ויחגו	121					3
ט050204	ויחגו לי במדבר / ויאמר פרעה מי	יהוה	אשר אשמע בקלו לשלח את- ישראל	121					3
ט050214	לשלח את- ישראל לא ידעתי את-	יהוה	וגם את- ישראל לא אשלח / ויאמרו	121					3
ט050313	נא דרך שלשת ימים במדבר ונזבחה	ליהוה	אלהינו פן- יפגענו בדבר או בחרב	121				6	3
ט051711	על- כן אתם אמרים נלכה נזבחה	ליהוה	/ ועתה לכו עבדו ותבן לא- ינתן	121				6	3
ט052104	בצאתם מאת פרעה / ויאמרו אלהם ירא	יהוה	עליכם וישפט אשר הבאשתם את- ריחנו	121					3
ט052204	חרב בידם להרגנו / וישב משה אל-	יהוה	ויאמר אדני למה הרעתה לעם הזה	121					3
ט060102	והצל לא- הצלת את- עמך // ויאמר	יהוה	אל- משה עתה תראה אשר אעשה	121					3
ט060208	אלהים אל- משה ויאמר אליו אני	יהוה	/ וארא אל- אברהם אל- יצחק ואל-	121					3
ט060311	יצחק ואל- יעקב באל שדי ושמי	יהוה	לא נודעתי להם / וגם הקמתי את-	121					3
ט060606	בריתי / לכן אמר לבני- ישראל אני	יהוה	והוצאתי אתכם מתחת סבלת מצרים והצלתי	121					3
ט060711	והייתי לכם לאלהים וידעתם כי אני	יהוה	אלהיכם המוציא אתכם מתחת סבלות מצרים	121					3
ט060819	וליעקב ונתתי אתה לכם מורשה אני	יהוה	/ וידבר משה כן אל- בני ישראל	121					3
ט061002	משה מקצר רוח ומעבדה קשה / וידבר	יהוה	אל- משה לאמר / בא דבר אל-	121					3
ט061204	בני- ישראל מארצו / וידבר משה לפני	יהוה	לאמר הן בני ישראל לא- שמעו	121					3
ט061302	ישמעני פרעה ואני ערל שפתים / וידבר	יהוה	אל- משה ואל- אהרן ויצום אל-	121					3
ט062606	למשפחתם / הוא אהרן ומשה אשר אמר	יהוה	להם הוציאו את- בני ישראל מארץ	121					3
ט062804	הוא משה ואהרן / ויהי ביום דבר	יהוה	אל- משה בארץ מצרים / וידבר יהוה	121					3
ט062902	יהוה אל- משה בארץ מצרים / וידבר	יהוה	אל- משה לאמר אני יהוה דבר	121					3
ט062907	וידבר יהוה אל- משה לאמר אני	יהוה	דבר אל- פרעה מלך מצרים את	121					3
ט063004	אני דבר אליך / ויאמר משה לפני	יהוה	הן אני ערל שפתים ואיך ישמע	121					3
ט070102	שפתים ואיך ישמע אלי פרעה // ויאמר	יהוה	אל- משה ראה נתתיך אלהים לפרעה	121					3
ט070505	בשפטים גדלים / וידעו מצרים כי- אני	יהוה	בנטתי את- ידי על- מצרים והוצאתי	121					3
ט070606	מתוכם / ויעש משה ואהרן כאשר צוה	יהוה	אתם כן עשו / ומשה בן- שמנים	121					3
ט070802	ושמנים שנה בדברם אל- פרעה / ויאמר	יהוה	אל- משה ואל- אהרן לאמר / כי	121					3
ט071010	אל- פרעה ויעשו כן כאשר צוה	יהוה	וישלך אהרן את- מטהו לפני פרעה	121					3
ט071309	פרעה ולא שמע אלהם כאשר דבר	יהוה	/ ויאמר יהוה אל- משה כבד לב	121					3
ט071402	שמע אלהם כאשר דבר יהוה / ויאמר	יהוה	אל- משה כבד לב פרעה מאן	121					3
ט071603	נהפך לנחש תקח בידך / ואמרת אליו	יהוה	אלהי העברים שלחני אליך לאמר שלח	121					3
ט071703	לא- שמעת עד- כה / כה אמר	יהוה	בזאת תדע כי אני יהוה הנה	121					3
ט071708	אמר יהוה בזאת תדע כי אני	יהוה	הנה אנכי מכה במטה אשר- בידי	121					3
ט071902	מצרים לשתות מים מן- היאר / ויאמר	יהוה	אל- משה אמר אל- אהרן קח	121					3
ט072007	ויעשו- כן משה ואהרן כאשר צוה	יהוה	וירם במטה ויך את- המים אשר-	121					3
ט072214	פרעה ולא- שמע אלהם כאשר דבר	יהוה	/ ויפן פרעה ויבא אל- ביתו ולא-	121					3

אזכור		מלה		צופן	ג	#	כ	קס	ה
ט072506	היאר / וימלא שבעת ימים אחרי הכות-	יהוה	את- היאר / ויאמר יהוה אל- משה	121					3
ט072602	אחרי הכות- יהוה את- היאר / ויאמר	יהוה	אל- משה בא אל- פרעה ואמרת	121					3
ט072612	אל- פרעה ואמרת אליו כה אמר	יהוה	שלח את- עמי ויעבדני / ואם- מאן	121					3
ט080102	ובעמך ובכל- עבדיך יעלו הצפרדעים // ויאמר	יהוה	אל- משה אמר אל- אהרן נטה	121					3
ט080408	פרעה למשה ולאהרן ויאמר העתירו אל-	יהוה	ויסר הצפרדעים ממני ומעמי ואשלחה את-	121					3
ט080417	ממני ומעמי ואשלחה את- העם ויזבחו	ליהוה	/ ויאמר משה לפרעה התפאר עלי למתי	121				6	3
ט080609	ויאמר כדברך למען תדע כי- אין	כיהוה	אלהינו / וסרו הצפרדעים ממך ומבתיך ומעבדיך	121				5	3
ט080809	ואהרן מעם פרעה ויצעק משה אל-	יהוה	על- דבר הצפרדעים אשר- שם לפרעה	121					3
ט080902	דבר הצפרדעים אשר- שם לפרעה / ויעש	יהוה	כדבר משה וימתו הצפרדעים מן- הבתים	121					3
ט081114	לבו ולא שמע אלהם כאשר דבר	יהוה	/ ויאמר יהוה אל- משה אמר אל-	121					3
ט081202	שמע אלהם כאשר דבר יהוה / ויאמר	יהוה	אל- משה אמר אל- אהרן נטה	121					3
ט081516	פרעה ולא- שמע אלהם כאשר דבר	יהוה	/ ויאמר יהוה אל- משה השכם בבקר	121					3
ט081602	שמע אלהם כאשר דבר יהוה / ויאמר	יהוה	אל- משה השכם בבקר והתיצב לפני	121					3
ט081617	יוצא המימה ואמרת אליו כה אמר	יהוה	שלח עמי ויעבדני / כי אם- אינך	121					3
ט081819	שם ערב למען תדע כי אני	יהוה	בקרב הארץ / ושמתי פדת בין עמי	121					3
ט082002	עמך למחר יהיה האת הזה / ויעש	יהוה	כן ויבא ערב כבד ביתה פרעה	121					3
ט082211	לעשות כן כי תועבת מצרים נזבח	ליהוה	אלהינו הן נזבח את- תועבת מצרים	121				6	3
ט082307	דרך שלשת ימים נלך במדבר וזבחנו	ליהוה	אלהינו כאשר יאמר אלינו / ויאמר פרעה	121				6	3
ט082407	ויאמר פרעה אנכי אשלח אתכם וזבחתם	ליהוה	אלהיכם במדבר רק הרחק לא- תרחיקו	121				6	3
ט082509	הנה אנכי יוצא מעמך והעתרתי אל-	יהוה	וסר הערב מפרעה מעבדיו ומעמו מחר	121					3
ט082526	התל לבלתי שלח את- העם לזבח	ליהוה	/ ויצא משה מעם פרעה ויעתר אל-	121				6	3
ט082607	ויצא משה מעם פרעה ויעתר אל-	יהוה	/ ויעש יהוה כדבר משה ויסר הערב	121					3
ט082702	מעם פרעה ויעתר אל- יהוה / ויעש	יהוה	כדבר משה ויסר הערב מפרעה מעבדיו	121					3
ט090102	הזאת ולא שלח את- העם // ויאמר	יהוה	אל- משה בא אל- פרעה ודברת	121					3
ט090112	אל- פרעה ודברת אליו כה- אמר	יהוה	אלהי העברים שלח את- עמי ויעבדני	121					3
ט090303	לשלח ועודך מחזיק בם / הנה יד-	יהוה	הויה במקנך אשר בשדה בסוסים בחמרים	121					3
ט090402	בבקר ובצאן דבר כבד מאד / והפלה	יהוה	בין מקנה ישראל ובין מקנה מצרים	121					3
ט090502	ימות מכל- לבני ישראל דבר / וישם	יהוה	מועד לאמר מחר יעשה יהוה הדבר	121					3
ט090507	וישם יהוה מועד לאמר מחר יעשה	יהוה	הדבר הזה בארץ / ויעש יהוה את-	121					3
ט090602	יעשה יהוה הדבר הזה בארץ / ויעש	יהוה	את- הדבר הזה ממחרת וימת כל	121					3
ט090802	פרעה ולא שלח את- העם / ויאמר	יהוה	אל- משה ואל- אהרן קחו לכם	121					3
ט091202	היה השחין בחרטמים ובכל- מצרים / ויחזק	יהוה	את- לב פרעה ולא שמע אלהם	121					3
ט091211	פרעה ולא שמע אלהם כאשר דבר	יהוה	אל- משה / ויאמר יהוה אל משה	121					3
ט091302	כאשר דבר יהוה אל- משה / ויאמר	יהוה	אל משה השכם בבקר והתיצב לפני	121					3
ט091314	לפני פרעה ואמרת אליו כה- אמר	יהוה	אלהי העברים שלח את- עמי ויעבדני	121					3
ט092004	עלהם הברד ומתו / הירא את- דבר	יהוה	מעבדי פרעה הניס את- עבדיו ואת-	121					3
ט092107	ואשר לא- שם לבו אל- דבר	יהוה	ויעזב את- עבדיו ואת מקנהו בשדה	121					3
ט092202	את- עבדיו ואת מקנהו בשדה / ויאמר	יהוה	אל- משה נטה את- ידך על-	121					3
ט092307	ויט משה את- מטהו על- השמים	ויהוה	נתן קלת וברד ותהלך- אש ארצה	121				1	4
ט092315	קלת וברד ותהלך- אש ארצה וימטר	יהוה	ברד על- ארץ מצרים / ויהי ברד	121					3
ט092710	למשה ולאהרן ויאמר אלהם חטאתי הפעם	יהוה	הצדיק ואני ועמי הרשעים / העתירו אל-	121					3
ט092803	הצדיק ואני ועמי הרשעים / העתירו אל-	יהוה	ורב מהית קלת אלהים וברד ואשלחה	121					3
ט092911	את- העיר אפרש את כפי אל-	יהוה	הקלות יחדלון והברד לא יהיה- עוד	121					3
ט092921	לא יהיה- עוד למען תדע כי	ליהוה	הארץ / ואתה ועבדיך ידעתי כי טרם	121				6	4
ט093008	ועבדיך ידעתי כי טרם תיראון מפני	יהוה	אלהים / והפשתה והשערה נכתה כי השערה	121					3
ט093310	פרעה את- העיר ויפרש כפיו אל-	יהוה	ויחדלו הקלות והברד ומטר לא- נתך	121					3
ט093511	שלח את- בני ישראל כאשר דבר	יהוה	ביד- משה // ויאמר יהוה אל- משה	121					3
ט100102	כאשר דבר יהוה ביד- משה // ויאמר	יהוה	אל- משה בא אל- פרעה כי-	121					3
ט100219	אשר- שמתי בם וידעתם כי- אני	יהוה	/ ויבא משה ואהרן אל- פרעה ויאמרו	121					3
ט100310	אל- פרעה ויאמרו אליו כה- אמר	יהוה	אלהי העברים עד- מתי מאנת לענת	121					3
ט100716	למוקש שלח את- האנשים ויעבדו את-	יהוה	אלהיהם הטרם תדע כי אבדה מצרים	121					3
ט100813	פרעה ויאמר אלהם לכו עבדו את-	יהוה	אלהיכם מי ומי ההלכים / ויאמר משה	121					3
ט100913	ובבנותנו בצאננו ובבקרנו נלך כי חג-	יהוה	לנו / ויאמר אלהם יהי כן יהוה	121					3
ט101005	יהוה לנו / ויאמר אלהם יהי כן	יהוה	עמכם כאשר אשלח אתכם ואת טפכם	121					3

/ = סוף פסוק   // = סוף פרק   ג = מין   # = מספר   כ = כינוי גבור   קס = קידומות וסיומות   ה = מספר ההברות

אזכור		מלה		צופן	ג	#	כ	קס	ה
ט101108	כן לכו נא הגברים ועבדו את-	יהוה	כי אתה אתם מבקשים ויגרש אתם	121					3
ט101202	ויגרש אתם מאת פני פרעה / ויאמר	יהוה	אל- משה נטה ידך על- ארץ	121					3
ט101308	משה את- מטהו על- ארץ מצרים	ויהוה	נהג רוח- קדים בארץ כל- היום	121				1	3
ט101608	פרעה לקרא למשה ולאהרן ויאמר חטאתי	ליהוה	אלהיכם ולכם / ועתה שא נא חטאתי	121				6	3
ט101708	שא נא חטאתי אך הפעם והעתירו	ליהוה	אלהיכם ויסר מעלי רק את- המות	121				6	3
ט101806	הזה / ויצא מעם פרעה ויעתר אל-	יהוה	/ ויהפך יהוה רוח- ים חזק מאד	121					3
ט101902	מעם פרעה ויעתר אל- יהוה / ויהפך	יהוה	רוח- ים חזק מאד וישא את-	121					3
ט102002	ארבה אחד בכל גבול מצרים / ויחזק	יהוה	את- לב פרעה ולא שלח את-	121					3
ט102102	ולא שלח את- בני ישראל / ויאמר	יהוה	אל- משה נטה ידך על- השמים	121					3
ט102409	אל- משה ויאמר לכו עבדו את-	יהוה	רק צאנכם ובקרכם יצג גם- טפכם	121					3
ט102510	אתה תתן בידנו זבחים ועלת ועשינו	ליהוה	אלהינו / וגם- מקננו ילך עמנו לא	121				6	3
ט102613	פרסה כי ממנו נקח לעבד את-	יהוה	אלהינו ואנחנו לא- נדע מה- נעבד	121					3
ט102621	ואנחנו לא- נדע מה- נעבד את-	יהוה	עד- באנו שמה / ויחזק יהוה את-	121					3
ט102702	את- יהוה עד- באנו שמה / ויחזק	יהוה	את- לב פרעה ולא אבה לשלחם	121					3
ט110102	לא- אסף עוד ראות פניך // ויאמר	יהוה	אל- משה עוד נגע אחד אביא	121					3
ט110302	רעותה כלי- כסף וכלי זהב / ויתן	יהוה	את- חן העם בעיני מצרים גם	121					3
ט110405	ובעיני העם / ויאמר משה כה אמר	יהוה	כחצת הלילה אני יוצא בתוך מצרים	121					3
ט110715	ועד- בהמה למען תדעון אשר יפלה	יהוה	בין מצרים ובין ישראל / וירדו כל-	121					3
ט110902	ויצא מעם- פרעה בחרי- אף / ויאמר	יהוה	אל- משה לא- ישמע אליכם פרעה	121					3
ט111011	כל- המפתים האלה לפני פרעה ויחזק	יהוה	את- לב פרעה ולא- שלח את-	121					3
ט120102	שלח את- בני- ישראל מארצו // ויאמר	יהוה	אל- משה ואל- אהרן בארץ מצרים	121					3
ט121115	בידכם ואכלתם אתו בחפזון פסח הוא	ליהוה	/ ועברתי בארץ- מצרים בלילה הזה והכיתי	121				6	3
ט121220	ובכל- אלהי מצרים אעשה שפטים אני	יהוה	/ והיה הדם לכם לאת על הבתים	121					3
ט121409	הזה לכם לזכרון וחגתם אתו חג	ליהוה	לדרתיכם חקת עולם תחגהו / שבעת ימים	121				6	3
ט122302	איש מפתח- ביתו עד- בקר / ועבר	יהוה	לנגף את- מצרים וראה את- הדם	121					3
ט122315	על- המשקוף ועל שתי המזוזת ופסח	יהוה	על- הפתח ולא יתן המשחית לבא	121					3
ט122508	כי- תבאו אל- הארץ אשר יתן	יהוה	לכם כאשר דבר ושמרתם את- העבדה	121					3
ט122705	הזאת לכם / ואמרתם זבח- פסח הוא	ליהוה	אשר פסח על- בתי בני- ישראל	121				6	3
ט122807	וילכו ויעשו בני ישראל כאשר צוה	יהוה	את- משה ואהרן כן עשו / ויהי	121					3
ט122904	ואהרן כן עשו / ויהי בחצי הלילה	ויהוה	הכה כל- בכור בארץ מצרים מבכר	121				1	3
ט123118	גם- בני ישראל ולכו עבדו את-	יהוה	כדברכם / גם- צאנכם גם- בקרכם קחו	121					3
ט123601	ממצרים כלי- כסף וכלי- זהב ושמלת /	ויהוה	נתן את- חן העם בעיני מצרים	121				1	3
ט124115	בעצם היום הזה יצאו כל- צבאות	יהוה	מארץ מצרים / ליל שמרים הוא ליהוה	121					3
ט124204	יהוה מארץ מצרים / ליל שמרים הוא	ליהוה	להוציאם מארץ מצרים הוא- הלילה הזה	121				6	3
ט124211	להוציאם מארץ מצרים הוא- הלילה הזה	ליהוה	שמרים לכל- בני ישראל לדרתם / ויאמר	121				6	3
ט124302	שמרים לכל- בני ישראל לדרתם / ויאמר	יהוה	אל- משה ואהרן זאת חקת הפסח	121					3
ט124807	וכי- יגור אתך גר ועשה פסח	ליהוה	המול לו כל- זכר ואז יקרב	121				6	3
ט125007	ויעשו כל- בני ישראל כאשר צוה	יהוה	את- משה ואת- אהרן כן עשו	121					3
ט125106	עשו / ויהי בעצם היום הזה הוציא	יהוה	את- בני ישראל מארץ מצרים על-	121					3
ט130102	ישראל מארץ מצרים על- צבאתם // וידבר	יהוה	אל- משה לאמר / קדש- לי כל-	121					3
ט130318	מבית עבדים כי בחזק יד הוציא	יהוה	אתכם מזה ולא יאכל חמץ / היום	121					3
ט130504	יצאים בחדש האביב / והיה כי- יביאך	יהוה	אל- ארץ הכנעני והחתי והאמרי והחוי	121					3
ט130608	ימים תאכל מצת וביום השביעי חג	ליהוה	/ מצות יאכל את שבעת הימים ולא-	121				6	3
ט130809	ביום ההוא לאמר בעבור זה עשה	יהוה	לי בצאתי ממצרים / והיה לך לאות	121					3
ט130912	ולזכרון בין עיניך למען תהיה תורת	יהוה	בפיך כי ביד חזקה הוצאך יהוה	121					3
ט130918	יהוה בפיך כי ביד חזקה הוצאך	יהוה	ממצרים / ושמרת את החקה הזאת למועדה	121					3
ט131104	למועדה מימים ימימה / והיה כי- יבאך	יהוה	אל- ארץ הכנעני כאשר נשבע לך	121					3
ט131205	ונתנה לך / והעברת כל- פטר- רחם	ליהוה	וכל- פטר שגר בהמה אשר יהיה	121				6	3
ט131214	שגר בהמה אשר יהיה לך הזכרים	ליהוה	/ וכל- פטר חמר תפדה בשה ואם-	121				6	3
ט131414	זאת ואמרת אליו בחזק יד הוציאנו	יהוה	ממצרים מבית עבדים / ויהי כי- הקשה	121					3
ט131507	ויהי כי- הקשה פרעה לשלחנו ויהרג	יהוה	כל- בכור בארץ מצרים מבכר אדם	121					3
ט131521	בכור בהמה על- כן אני זבח	ליהוה	כל- פטר רחם הזכרים וכל- בכור	121				6	3
ט131612	בין עיניך כי בחזק יד הוציאנו	יהוה	ממצרים / ויהי בשלח פרעה את- העם	121					3
ט132101	ויסעו מסכת ויחנו באתם בקצה המדבר /	ויהוה	הלך לפניהם יומם בעמוד ענן לנחתם	121				1	3

/ = סוף פסוק   // = סוף פרק   ג = מין   # = מספר   כ = כינוי חבור   קס = קידומות וסיומות   ה = מספר ההברות

אזכור		מלה		צונן ג # כ	קס	ו
ט140102	ועמוד האש לילה לפני העם // וידבר	יהוה	אל- משה לאמר / דבר אל- בני	121		3
ט140415	ובכל- חילו וידעו מצרים כי- אני	יהוה	ויעשו כן / ויגד למלך מצרים כי	121		3
ט140802	רכב מצרים ושלשם על- כלו / ויחזק	יהוה	את- לב פרעה מלך מצרים וירדף	121		3
ט141018	וייראו מאד ויצעקו בני- ישראל אל-	יהוה	/ ויאמרו אל- משה המבלי אין- קברים	121		3
ט141311	אל- תיראו התיצבו וראו את- ישועת	יהוה	אשר- יעשה לכם היום כי אשר	121		3
ט141401	לא תספו לראתם עוד עד- עולם /	יהוה	ילחם לכם ואתם תחרשון / ויאמר יהוה	121		3
ט141502	יהוה ילחם לכם ואתם תחרשון / ויאמר	יהוה	אל- משה מה- תצעק אלי דבר	121		3
ט141805	ברכבו ובפרשיו / וידעו מצרים כי- אני	יהוה	בהכבדי בפרעה ברכבו ובפרשיו / ויסע מלאך	121		3
ט142108	משה את- ידו על- הים ויולך	יהוה	את- הים ברוח קדים עזה כל-	121		3
ט142406	תוך הים / ויהי באשמרת הבקר וישקף	יהוה	אל- מחנה מצרים בעמוד אש וענן	121		3
ט142513	ויאמר מצרים אנוסה מפני ישראל כי	יהוה	נלחם להם במצרים / ויאמר יהוה אל-	121		3
ט142602	כי יהוה נלחם להם במצרים / ויאמר	יהוה	אל- משה נטה את- ידך על-	121		3
ט142716	בקר לאיתנו ומצרים נסים לקראתו וינער	יהוה	את- מצרים בתוך הים / וישבו המים	121		3
ט143002	והמים להם חמה מימינם ומשמאלם / ויושע	יהוה	ביום ההוא את- ישראל מיד מצרים	121		3
ט143108	ישראל את- היד הגדלה אשר עשה	יהוה	במצרים וייראו העם את יהוה ויאמינו	121		3
ט143113	עשה יהוה במצרים וייראו העם את	יהוה	ויאמינו ביהוה ובמשה עבדו // אז ישיר-	121		3
ט143115	במצרים וייראו העם את יהוה ויאמינו	ביהוה	ובמשה עבדו // אז ישיר- משה ובני	121	4	3
ט150109	משה ובני ישראל את- השירה הזאת	ליהוה	ויאמרו לאמר אשירה ליהוה כי גאה	121	6	3
ט150113	השירה הזאת ליהוה ויאמרו לאמר אשירה	ליהוה	כי גאה גאה סוס ורכבו רמה	121	6	3
ט150301	זה אלי ואנוהו אלהי אבי וארממנהו /	יהוה	איש מלחמה יהוה שמו / מרכבת פרעה	121		3
ט150304	אלהי אבי וארממנהו / יהוה איש מלחמה	יהוה	שמו / מרכבת פרעה וחילו ירה בים	121		3
ט150602	יכסימו ירדו במצולת כמו- אבן / ימינך	יהוה	נאדרי בכח ימינך יהוה תרעץ אויב	121		3
ט150606	אבן / ימינך יהוה נאדרי בכח ימינך	יהוה	תרעץ אויב / וברב גאונך תהרס קמיך	121		3
ט151104	כעופרת במים אדירים / מי- כמכה באלם	יהוה	מי כמכה נאדר בקדש נורא תהלת	121		3
ט151612	זרועך ידמו כאבן עד- יעבר עמך	יהוה	עד- יעבר עם- זו קנית / תבאמו	121		3
ט151708	ותטעמו בהר נחלתך מכון לשבתך פעלת	יהוה	מקדש אדני כוננו ידיך / יהוה ימלך	121		3
ט151801	פעלת יהוה מקדש אדני כוננו ידיך /	יהוה	ימלך לעלם ועד / כי בא סוס	121		3
ט151909	סוס פרעה ברכבו ובפרשיו בים וישב	יהוה	עלהם את- מי הים ובני ישראל	121		3
ט152105	בתפים ובמחלת / ותען להם מרים שירו	ליהוה	כי- גאה גאה סוס ורכבו רמה	121	6	3
ט152503	משה לאמר מה נשתה / ויצעק אל-	יהוה	ויורהו יהוה עץ וישלך אל המים	121		3
ט152505	מה נשתה / ויצעק אל- יהוה ויורהו	יהוה	עץ וישלך אל המים וימתקו המים	121		3
ט152606	נסהו / ויאמר אם- שמוע תשמע לקול	יהוה	אלהיך והישר בעיניו תעשה והאזנת למצותיו	121		3
ט152626	במצרים לא- אשים עליך כי אני	יהוה	רפאך / ויבאו אילמה ושם שתים עשרה עינת	121		3
ט160309	בני ישראל מי- יתן מותנו ביד-	יהוה	בארץ מצרים בשבתנו על- סיר הבשר	121		3
ט160402	את- כל- הקהל הזה ברעב / ויאמר	יהוה	אל- משה הנני ממטיר לכם לחם	121		3
ט160611	כל- בני ישראל ערב וידעתם כי	יהוה	הוציא אתכם מארץ מצרים / ובקר וראיתם	121		3
ט160705	מארץ מצרים / ובקר וראיתם את- כבוד	יהוה	בשמעו את- תלנתיכם על- יהוה ונחנו	121		3
ט160710	כבוד יהוה בשמעו את- תלנתיכם על-	יהוה	ונחנו מה כי תלינו עלינו / ויאמר	121		3
ט160804	כי תלינו עלינו / ויאמר משה בתת	יהוה	לכם בערב בשר לאכל ולחם בבקר	121		3
ט160813	בשר לאכל ולחם בבקר לשבע בשמע	יהוה	את- תלנתיכם אשר- אתם מלינם עליו	121		3
ט160827	מה לא- עלינו תלנתיכם כי על-	יהוה	/ ויאמר משה אל- אהרן אמר אל-	121		3
ט160913	כל- עדת בני ישראל קרבו לפני	יהוה	כי שמע את תלנתיכם / ויהי כדבר	121		3
ט161014	ישראל ויפנו אל- המדבר והנה כבוד	יהוה	נראה בענן / וידבר יהוה אל- משה	121		3
ט161102	והנה כבוד יהוה נראה בענן / וידבר	יהוה	אל- משה לאמר / שמעתי את- תלונת	121		3
ט161219	ובבקר תשבעו- לחם וידעתם כי אני	יהוה	אלהיכם / ויהי בערב ותעל השלו ותכס	121		3
ט161522	משה אלהם הוא הלחם אשר נתן	יהוה	לכם לאכלה / זה הדבר אשר צוה	121		3
ט161605	לכם לאכלה / זה הדבר אשר צוה	יהוה	לקטו ממנו איש לפי אכלו עמר	121		3
ט162306	למשה / ויאמר אלהם הוא אשר דבר	יהוה	שבתון שבת- קדש ליהוה מחר את	121		3
ט162310	אשר דבר יהוה שבתון שבת- קדש	ליהוה	מחר את אשר- תאפו אפו ואת	121	6	3
ט162508	משה אכלהו היום כי- שבת היום	ליהוה	היום לא תמצאהו בשדה / ששת ימים	121	6	3
ט162802	מן- העם ללקט ולא מצאו / ויאמר	יהוה	אל- משה עד- אנה מאנתם לשמר	121		3
ט162903	מאנתם לשמר מצותי ותורתי / ראו כי-	יהוה	נתן לכם השבת על- כן הוא	121		3
ט163207	ויאמר משה זה הדבר אשר צוה	יהוה	מלא העמר ממנו למשמרת לדרתיכם למען	121		3
ט163316	מלא- העמר מן והנח אתו לפני	יהוה	למשמרת לדרתיכם / כאשר צוה יהוה אל	121		3

/ = סוף פסוק   // = סוף פרק   ג = מין   # = מספר   כ = כינוי הבור   קס = קידומות וסיומות   ו = מספר ההברות

אזכור		מלה		צורן ג # כ	קס	ה
ט163403	לפני יהוה למשמרת לדרתיכם / כאשר צוה	יהוה	אל משה ויניחהו אהרן לפני העדת	121		3
ט170111	ישראל ממדבר- סין למסעיהם על- פי	יהוה	ויחנו ברפידים ואין מים לשתת העם	121		3
ט170219	מה תריבון עמדי מה- תנסון את-	יהוה	/ ויצמא שם העם למים וילן העם	121		3
ט170404	ואת- מקני בצמא / ויצעק משה אל	יהוה	לאמר מה אעשה לעם הזה עוד	121		3
ט170502	לעם הזה עוד מעט וסקלני / ויאמר	יהוה	אל- משה עבר לפני העם וקח	121		3
ט170712	ריב בני ישראל ועל נסתם את-	יהוה	לאמר היש יהוה בקרבנו אם- אין	121		3
ט170715	ועל נסתם את- יהוה לאמר היש	יהוה	בקרבנו אם- אין / ויבא עמלק וילחם	121		3
ט171402	עמלק ואת- עמו לפי- חרב / ויאמר	יהוה	אל- משה כתב זאת זכרון בספר	121		3
ט171506	השמים / ויבן משה מזבח ויקרא שמו	יהוה	נסי / ויאמר כי יד על כס	121		3
ט171608	כי יד על כס יה מלחמה	ליהוה	בעמלק מדר דר // וישמע יתרו כהן	121	6	3
ט180117	אלהים למשה ולישראל עמו כי- הוציא	יהוה	את- ישראל ממצרים / ויקח יתרו חתן	121		3
ט180808	משה לחתנו את כל- אשר עשה	יהוה	לפרעה ולמצרים על אודת ישראל את	121		3
ט180821	כל- התלאה אשר מצאתם בדרך ויצלם	יהוה	/ ויחד יתרו על כל- הטובה אשר-	121		3
ט180908	יתרו על כל- הטובה אשר- עשה	יהוה	לישראל אשר הצילו מיד מצרים / ויאמר	121		3
ט181004	הצילו מיד מצרים / ויאמר יתרו ברוך	יהוה	אשר הציל אתכם מיד מצרים ומיד	121		3
ט181105	יד- מצרים / עתה ידעתי כי- גדול	יהוה	מכל- האלהים כי בדבר אשר זדו	121		3
ט190307	ומשה עלה אל- האלהים ויקרא אליו	יהוה	מן- ההר לאמר כה תאמר לבית	121		3
ט190714	את כל- הדברים האלה אשר צוהו	יהוה	/ ויענו כל- העם יחדו ויאמרו כל	121		3
ט190809	העם יחדו ויאמרו כל אשר- דבר	יהוה	נעשה וישב משה את- דברי העם	121		3
ט190817	וישב משה את- דברי העם אל-	יהוה	/ ויאמר יהוה אל- משה הנה אנכי	121		3
ט190902	את- דברי העם אל- יהוה / ויאמר	יהוה	אל- משה הנה אנכי בא אליך	121		3
ט190926	ויגד משה את- דברי העם אל-	יהוה	/ ויאמר יהוה אל- משה לך אל-	121		3
ט191002	את- דברי העם אל- יהוה / ויאמר	יהוה	אל- משה לך אל- העם וקדשתם	121		3
ט191109	ליום השלישי כי ביום השלישי ירד	יהוה	לעיני כל- העם על- הר סיני	121		3
ט191809	עשן כלו מפני אשר ירד עליו	יהוה	באש ויעל עשנו כעשן הכבשן ויחרד	121		3
ט192002	משה ידבר והאלהים יעננו בקול / וירד	יהוה	על- הר סיני אל- ראש ההר	121		3
ט192010	הר סיני אל- ראש ההר ויקרא	יהוה	למשה אל- ראש ההר ויעל משה	121		3
ט192102	אל- ראש ההר ויעל משה / ויאמר	יהוה	אל- משה רד העד בעם פן-	121		3
ט192111	רד העד בעם פן- יהרסו אל-	יהוה	לראות ונפל ממנו רב / וגם הכהנים	121		3
ט192205	ממנו רב / וגם הכהנים הנגשים אל-	יהוה	יתקדשו פן- יפרץ בהם יהוה / ויאמר	121		3
ט192210	אל- יהוה יתקדשו פן- יפרץ בהם	יהוה	/ ויאמר משה אל יהוה לא- יוכל	121		3
ט192304	יפרץ בהם יהוה / ויאמר משה אל	יהוה	לא- יוכל העם לעלת אל- הר	121		3
ט192403	הגבל את- ההר וקדשתו / ויאמר אליו	יהוה	לך- רד ועלית אתה ואהרן עמך	121		3
ט192416	והכהנים והעם אל- יהרסו לעלת אל-	יהוה	פן- יפרץ- בם / וירד משה אל-	121		3
ט200202	את כל- הדברים האלה לאמר / אנכי	יהוה	אלהיך אשר הוצאתיך מארץ מצרים מבית	121		3
ט200508	תשתחוה להם ולא תעבדם כי אנכי	יהוה	אלהיך אל קנא פקד עון אבת	121		3
ט200705	ולשמרי מצותי / לא תשא את- שם-	יהוה	אלהיך לשוא כי לא ינקה יהוה	121		3
ט200711	יהוה אלהיך לשוא כי לא ינקה	יהוה	את אשר- ישא את- שמו לשוא	121		3
ט201004	ועשית כל- מלאכתך / ויום השביעי שבת	ליהוה	אלהיך לא- תעשה כל- מלאכה אתה	121	6	3
ט201105	אשר בשעריך / כי ששת- ימים עשה	יהוה	את- השמים ואת- הארץ את- הים	121		3
ט201122	וינח ביום השביעי על- כן ברך	יהוה	את- יום השבת ויקדשהו / כבד את-	121		3
ט201212	למען יארכון ימיך על האדמה אשר-	יהוה	אלהיך נתן לך / לא תרצח / לא	121		3
ט202202	אל- הערפל אשר- שם האלהים / ויאמר	יהוה	אל- משה כה תאמר אל- בני	121		3
ט221002	נשבר או- נשבה אין ראה / שבעת	יהוה	תהיה בין שניהם אם- לא שלח	121		3
ט221905	מות יומת / זבח לאלהים יחרם בלתי	ליהוה	לבדו / וגר לא- תונה ולא תלחצנו	121	6	3
ט231710	יראה כל- זכורך אל- פני האדן	יהוה	/ לא- תזבח על- חמץ דם- זבחי	121		3
ט231906	בכר / ראשית בכורי אדמתך תביא בית	יהוה	אלהיך לא- תבשל גדי בחלב אמו	121		3
ט232503	תהרסם ושבר תשבר מצבתיהם / ועבדתם את	יהוה	אלהיכם וברך את- לחמך ואת- מימיך	121		3
ט240106	למוקש // ואל משה אמר עלה אל-	יהוה	אתה ואהרן נדב ואביהוא ושבעים מזקני	121		3
ט240205	והשתחויתם מרחק / ונגש משה לבדו אל-	יהוה	והם לא יגשו והעם לא יעלו	121		3
ט240309	משה ויספר לעם את כל- דברי	יהוה	ואת כל- המשפטים ויען כל- העם	121		3
ט240322	אחד ויאמרו כל- הדברים אשר- דבר	יהוה	נעשה / ויכתב משה את כל- דברי	121		3
ט240406	נעשה / ויכתב משה את כל- דברי	יהוה	וישכם בבקר ויבן מזבח תחת ההר	121		3
ט240511	ישראל ויעלו עלת ויזבחו זבחים שלמים	ליהוה	פרים / ויקח משה חצי הדם וישם	121	6	3

אזכור		מלה		צורן ג # כ	קס	ה
ט240712	באזני העם ויאמרו כל אשר- דבר	יהוה	נעשה ונשמע / ויקח משה את- הדם	121		3
ט240814	ויאמר הנה דם- הברית אשר כרת	יהוה	עמכם על כל- הדברים האלה / ויעל	121		3
ט241202	ויחזו את- האלהים ויאכלו וישתו / ויאמר	יהוה	אל- משה עלה אלי ההרה והיה-	121		3
ט241603	ויכס הענן את- ההר / וישכן כבוד-	יהוה	על- הר סיני ויכסהו הענן ששת	121		3
ט241703	ביום השביעי מתוך הענן / ומראה כבוד	יהוה	כאש אכלת בראש ההר לעיני בני	121		3
ט250102	בהר ארבעים יום וארבעים לילה // וידבר	יהוה	אל- משה לאמר / דבר אל- בני	121		3
ט272116	אהרן ובניו מערב עד- בקר לפני	יהוה	חקת עולם לדרתם מאת בני ישראל	121		3
ט281217	ישראל ונשא אהרן את- שמותם לפני	יהוה	על- שתי כתפיו לזכרן / ועשית משבצת	121		3
ט282916	לבו בבאו אל- הקדש לזכרן לפני-	יהוה	תמיד / ונתת אל- חשן המשפט את-	121		3
ט283015	והיו על- לב אהרן בבאו לפני	יהוה	ונשא אהרן את- משפט בני- ישראל	121		3
ט283025	משפט בני- ישראל על- לבו לפני	יהוה	תמיד / ועשית את- מעיל האפוד כליל	121		3
ט283511	ונשמע קולו בבאו אל- הקדש לפני	יהוה	ובצאתו ולא ימות / ועשית ציץ זהב	121		3
ט283610	טהור ופתחת עליו פתוחי חתם קדש	ליהוה	/ ושמת אתו על- פתיל תכלת והיה	121	6	3
ט283824	על- מצחו תמיד לרצון להם לפני	יהוה	/ ושבצת הכתנת שש ועשית מצנפת שש	121		3
ט291105	ראש הפר / ושחטת את- הפר לפני	יהוה	פתח אהל מועד / ולקחת מדם הפר	121		3
ט291808	את- כל- האיל המזבחה עלה הוא	ליהוה	ריח ניחוח אשה ליהוה הוא / ולקחת	121	6	3
ט291812	עלה הוא ליהוה ריח ניחוח אשה	ליהוה	הוא / ולקחת את האיל השני וסמך	121	6	3
ט292314	ורקיק אחד מסל המצות אשר לפני	יהוה	/ ושמת הכל על כפי אהרן ועל	121		3
ט292413	כפי בניו והנפת אתם תנופה לפני	יהוה	/ ולקחת אתם מידם והקטרת המזבחה על-	121		3
ט292511	המזבחה על- העלה לריח ניחוח לפני	יהוה	אשה הוא ליהוה / ולקחת את- החזה	121		3
ט292514	לריח ניחוח לפני יהוה אשה הוא	ליהוה	/ ולקחת את- החזה מאיל המלאים אשר	121	6	3
ט292612	אשר לאהרן והנפת אתו תנופה לפני	יהוה	והיה לך למנה / וקדשת את החזה	121		3
ט292820	מאת בני- ישראל מזבחי שלמיהם תרומתם	ליהוה	/ ובגדי הקדש אשר לאהרן יהיו לבניו	121	6	3
ט294115	וכנסכה תעשה- לה לריח ניחח אשה	ליהוה	/ עלת תמיד לדרתיכם פתח אהל- מועד	121	6	3
ט294208	תמיד לדרתיכם פתח אהל- מועד לפני	יהוה	אשר אועד לכם שמה לדבר אליך	121		3
ט294604	והייתי להם לאלהים / וידעו כי אני	יהוה	אלהיהם אשר הוצאתי אתם מארץ מצרים	121		3
ט294614	אתם מארץ מצרים לשכני בתוכם אני	יהוה	אלהיהם // ועשית מזבח מקטר קטרת עצי	121		3
ט300811	בין- הערבים יקטירנה קטרת תמיד לפני	יהוה	לדרתיכם / לא- תעלו עליו קטרת זרה	121		3
ט301018	יכפר עליו לדרתיכם קדש קדשים הוא	ליהוה	/ וידבר יהוה אל- משה לאמר / כי	121	6	3
ט301102	לדרתיכם קדש קדשים הוא ליהוה / וידבר	יהוה	אל- משה לאמר / כי תשא את-	121		3
ט301212	ישראל לפקדיהם ונתנו איש כפר נפשו	ליהוה	בפקד אתם ולא- יהיה בהם נגף	121	6	3
ט301317	עשרים גרה השקל מחצית השקל תרומה	ליהוה	/ כל העבר על הפקדים מבן עשרים	121	6	3
ט301411	מבן עשרים שנה ומעלה יתן תרומת	יהוה	/ העשיר לא- ירבה והדל לא ימעיט	121		3
ט301512	ימעיט ממחצית השקל לתת את- תרומת	יהוה	לכפר על- נפשתיכם / ולקחת את- כסף	121		3
ט301619	מועד והיה לבני ישראל לזכרון לפני	יהוה	לכפר על- נפשתיכם / וידבר יהוה אל-	121		3
ט301702	לפני יהוה לכפר על- נפשתיכם / וידבר	יהוה	אל- משה לאמר / ועשית כיור נחשת	121		3
ט302016	בגשתם אל- המזבח לשרת להקטיר אשה	ליהוה	/ ורחצו ידיהם ורגליהם ולא ימתו והיתה	121	6	3
ט302202	חק- עולם לו ולזרעו לדרתם / וידבר	יהוה	אל- משה לאמר / ואתה קח- לך	121		3
ט303402	ממנו על- זר ונכרת מעמיו / ויאמר	יהוה	אל- משה קח- לך סמים נטף	121		3
ט303711	לא תעשו לכם קדש תהיה לך	ליהוה	/ איש אשר- יעשה כמוה להריח בה	121	6	3
ט310102	כמוה להריח בה ונכרת מעמיו // וידבר	יהוה	אל- משה לאמר / ראה קראתי בשם	121		3
ט311202	לקדש ככל אשר- צויתך יעשו / ויאמר	יהוה	אל- משה לאמר / ואתה דבר אל-	121		3
ט311320	ביני וביניכם לדרתיכם לדעת כי אני	יהוה	מקדשכם / ושמרתם את- השבת כי קדש	121		3
ט311510	מלאכה וביום השביעי שבת שבתון קדש	ליהוה	כל- העשה מלאכה ביום השבת מות	121	6	3
ט311712	הוא לעלם כי- ששת ימים עשה	יהוה	את- השמים ואת- הארץ וביום השביעי	121		3
ט320510	מזבח לפניו ויקרא אהרן ויאמר חג	ליהוה	מחר / וישכימו ממחרת ויעלו עלת ויגשו	121	6	3
ט320702	העם לאכל ושתו ויקמו לצחק / וידבר	יהוה	אל- משה לך- רד כי שחת	121		3
ט320902	ישראל אשר העלוך מארץ מצרים / ויאמר	יהוה	אל- משה ראיתי את- העם הזה	121		3
ט321105	לגוי גדול / ויחל משה את- פני	יהוה	אלהיו ויאמר למה יהוה יחרה אפך	121		3
ט321109	את- פני יהוה אלהיו ויאמר למה	יהוה	יחרה אפך בעמך אשר הוצאת מארץ	121		3
ט321402	אמרתי אתן לזרעכם ונחלו לעלם / וינחם	יהוה	על- הרעה אשר דבר לעשות לעמו	121		3
ט322607	ויעמד משה בשער המחנה ויאמר מי	ליהוה	אלי ויאספו אליו כל- בני לוי	121	6	3
ט322705	בני לוי / ויאמר להם כה- אמר	יהוה	אלהי ישראל שימו איש- חרבו על-	121		3
ט322906	איש / ויאמר משה מלאו ידכם היום	ליהוה	כי איש בבנו ובאחיו ולתת עליכם	121	6	3

אזכור		מלה		צורן	ג	#	כ	קס	ה
ט323014	חטאתם חטאה גדלה ועתה אעלה אל-	יהוה	אולי אכפרה בעד חטאתכם / וישב משה	121					3
ט323104	אכפרה בעד חטאתכם / וישב משה אל-	יהוה	ויאמר אנא חטא העם הזה חטאה	121					3
ט323302	מחני נא מספרך אשר כתבת / ויאמר	יהוה	אל- משה מי אשר חטא- לי	121					3
ט323502	וביום פקדי ופקדתי עלהם חטאתם / ויגף	יהוה	את- העם על אשר עשו את-	121					3
ט330102	את- העגל אשר עשה אהרן // וידבר	יהוה	אל- משה לך עלה מזה אתה	121					3
ט330502	ולא- שתו איש עדיו עליו / ויאמר	יהוה	אל- משה אמר אל- בני- ישראל	121					3
ט330719	לו אהל מועד והיה כל- מבקש	יהוה	יצא אל- אהל מועד אשר מחוץ	121					3
ט331102	העם והשתחוו איש פתח אהלו / ודבר	יהוה	אל- משה פנים אל- פנים כאשר	121					3
ט331204	ימיש מתוך האהל / ויאמר משה אל-	יהוה	ראה אתה אמר אלי העל את-	121					3
ט331702	העם אשר על- פני האדמה / ויאמר	יהוה	אל- משה גם את- הדבר הזה	121					3
ט331910	כל- טובי על- פניך וקראתי בשם	יהוה	לפניך וחנתי את- אשר אחן ורחמתי	121					3
ט332102	כי לא- יראני האדם וחי / ויאמר	יהוה	הנה מקום אתי ונצבת על- הצור	121					3
ט340102	את- אחרי ופני לא יראו // ויאמר	יהוה	אל- משה פסל- לך שני- לחת	121					3
ט340415	ויעל אל- הר סיני כאשר צוה	יהוה	אתו ויקח בידו שני לחת אבנים	121					3
ט340502	ויקח בידו שני לחת אבנים / וירד	יהוה	בענן ויתיצב עמו שם ויקרא בשם	121					3
ט340509	בענן ויתיצב עמו שם ויקרא בשם	יהוה	/ ויעבר יהוה על- פניו ויקרא יהוה	121					3
ט340602	עמו שם ויקרא בשם יהוה / ויעבר	יהוה	על- פניו ויקרא יהוה יהוה אל	121					3
ט340606	יהוה / ויעבר יהוה על- פניו ויקרא	יהוה	יהוה אל רחום וחנון ארך אפים	121					3
ט340607	ויעבר יהוה על- פניו ויקרא יהוה	יהוה	אל רחום וחנון ארך אפים ורב-	121					3
ט341026	העם אשר- אתה בקרבו את- מעשה	יהוה	כי- נורא הוא אשר אני עשה	121					3
ט341407	כי לא תשתחוה לאל אחר כי	יהוה	קנא שמו אל קנא הוא / פן-	121					3
ט342310	יראה כל- זכורך את- פני האדן	יהוה	אלהי ישראל / כי- אוריש גוים מפניך	121					3
ט342417	את- ארצך בעלתך לראות את- פני	יהוה	אלהיך שלש פעמים בשנה / לא- תשחט	121					3
ט342606	הפסח / ראשית בכורי אדמתך תביא בית	יהוה	אלהיך לא- תבשל גדי בחלב אמו	121					3
ט342702	לא- תבשל גדי בחלב אמו / ויאמר	יהוה	אל- משה כתב- לך את- הדברים	121					3
ט342804	ברית ואת- ישראל / ויהי- שם עם-	יהוה	ארבעים יום וארבעים לילה לחם לא	121					3
ט343212	ישראל ויצום את כל- אשר דבר	יהוה	אתו בהר סיני / ויכל משה מדבר	121					3
ט343404	על- פניו מסוה / ובבא משה לפני	יהוה	לדבר אתו יסיר את- המסוה עד-	121					3
ט350114	ויאמר אלהם אלה הדברים אשר- צוה	יהוה	לעשת אתם / ששת ימים תעשה מלאכה	121					3
ט350212	השביעי יהיה לכם קדש שבת שבתון	ליהוה	כל- העשה בו מלאכה יומת / לא-	121				6	3
ט350413	ישראל לאמר זה הדבר אשר- צוה	יהוה	לאמר / קחו מאתכם תרומה ליהוה כל	121					3
ט350504	צוה יהוה לאמר / קחו מאתכם תרומה	ליהוה	כל נדיב לבו יביאה את תרומת	121				6	3
ט350511	כל נדיב לבו יביאה את תרומת	יהוה	זהב וכסף ונחשת / ותכלת וארגמן ותולעת	121					3
ט351011	יבאו ויעשו את כל- אשר צוה	יהוה	/ את- המשכן את- אהלו ואת- מכסהו	121					3
ט352115	נדבה רוחו אתו הביאו את- תרומת	יהוה	למלאכת אהל מועד ולכל- עבדתו ולבגדי	121					3
ט352222	וכל- איש אשר הניף תנופת זהב	ליהוה	/ וכל- איש אשר- נמצא אתו תכלת	121				6	3
ט352409	תרומת כסף ונחשת הביאו את תרומת	יהוה	וכל אשר נמצא אתו עצי שטים	121					3
ט352913	אתם להביא לכל- המלאכה אשר צוה	יהוה	לעשות ביד- משה הביאו בני- ישראל	121					3
ט352921	ביד- משה הביאו בני- ישראל נדבה	ליהוה	/ ויאמר משה אל- בני ישראל ראו	121				6	3
ט353008	משה אל- בני ישראל ראו קרא	יהוה	בשם בצלאל בן- אורי בן- חור	121					3
ט360110	וכל איש חכם- לב אשר נתן	יהוה	חכמה ותבונה בהמה לדעת לעשת את-	121					3
ט360124	מלאכת עבדת הקדש לכל אשר- צוה	יהוה	/ ויקרא משה אל- בצלאל ואל- אהליאב	121					3
ט360214	כל- איש חכם- לב אשר נתן	יהוה	חכמה בלבו כל אשר נשאו לבו	121					3
ט360513	להביא מדי העבדה למלאכה אשר- צוה	יהוה	לעשת אתה / ויצו משה ויעבירו קול	121					3
ט382213	יהודה עשה את כל- אשר- צוה	יהוה	את- משה / ואתו אהליאב בן- אחיסמך	121					3
ט390119	בגדי הקדש אשר לאהרן כאשר צוה	יהוה	את- משה / ויעש את- האפד זהב	121					3
ט390517	ותולעת שני ושש משזר כאשר צוה	יהוה	את- משה / ויעשו את- אבני השהם	121					3
ט390712	אבני זכרון לבני ישראל כאשר צוה	יהוה	את- משה / ויעש את- החשן מעשה	121					3
ט392121	יזח החשן מעל האפד כאשר צוה	יהוה	את- משה / ויעש את- מעיל האפד	121					3
ט392612	שולי המעיל סביב לשרת כאשר צוה	יהוה	את- משה / ויעשו את- הכתנת שש	121					3
ט392913	ותולעת שני מעשה רקם כאשר צוה	יהוה	את- משה / ויעשו את- ציץ נזר-	121					3
ט393014	ויכתבו עליו מכתב פתוחי חותם קדש	ליהוה	/ ויתנו עליו פתיל תכלת לתת על-	121				6	3
ט393111	לתת על- המצנפת מלמעלה כאשר צוה	יהוה	את- משה / ותכל כל- עבדת משכן	121					3
ט393213	ויעשו בני ישראל ככל אשר צוה	יהוה	את- משה כן עשו / ויביאו את-	121					3

אזכור		מלה		צורן	ג	#	כ	קס	ה
ט394204	בגדי בניו לכהן / ככל אשר- צוה	יהוה	את- משה כן עשו בני ישראל	121					3
ט394311	המלאכה והנה עשו אתה כאשר צוה	יהוה	כן עשו ויברך אתם משה // וידבר	121					3
ט400102	כן עשו ויברך אתם משה // וידבר	יהוה	אל- משה לאמר / ביום- החדש הראשון	121					3
ט401606	לדרתם / ויעש משה ככל אשר צוה	יהוה	אתו כן עשה / ויהי בחדש הראשון	121					3
ט401914	מכסה האהל עליו מלמעלה כאשר צוה	יהוה	את- משה / ויקח ויתן את- העדת	121					3
ט402116	ויסך על ארון העדות כאשר צוה	יהוה	את- משה / ויתן את- השלחן באהל	121					3
ט402306	לפרכת / ויערך עליו ערך לחם לפני	יהוה	כאשר צוה יהוה את- משה / וישם	121					3
ט402309	ערך לחם לפני יהוה כאשר צוה	יהוה	את- משה / וישם את- המנרה באהל	121					3
ט402504	ירך המשכן נגבה / ויעל הנרת לפני	יהוה	כאשר צוה יהוה את- משה / וישם	121					3
ט402507	ויעל הנרת לפני יהוה כאשר צוה	יהוה	את- משה / וישם את- מזבח הזהב	121					3
ט402707	ויקטר עליו קטרת סמים כאשר צוה	יהוה	את- משה / וישם את- מסך הפתח	121					3
ט402917	את- העלה ואת- המנחה כאשר צוה	יהוה	את- משה / וישם את- הכיר בין-	121					3
ט403211	ובקרבתם אל- המזבח ירחצו כאשר צוה	יהוה	את- משה / ויקם את- החצר סביב	121					3
ט403407	ויכס הענן את- אהל מועד וכבוד	יהוה	מלא את- המשכן / ולא- יכל משה	121					3
ט403513	מועד כי- שכן עליו הענן וכבוד	יהוה	מלא את- המשכן / ובהעלות הענן מעל	121					3
ט403803	יסעו עד- יום העלתו / כי ענן	יהוה	על- המשכן יומם ואש תהיה לילה	121					3
	--*-*-*-*-*-*-*-*-*-*-*-*-*-*-*-*-*	יהושע	*-*-*-*-*-*-*-*-*-*-*-*-*-*-*-*-*-*-*						
ט170904	עם- ישראל ברפידם / ויאמר משה אל-	יהושע	בחר- לנו אנשים וצא הלחם בעמלק	122	1				4
ט171002	ראש הגבעה ומטה האלהים בידי / ויעש	יהושע	כאשר אמר- לו משה להלחם בעמלק	122	1				4
ט171302	ידיו אמונה עד- בא השמש / ויחלש	יהושע	את- עמלק ואת- עמו לפי- חרב	122	1				4
ט171411	כתב זאת זכרון בספר ושים באזני	יהושע	כי- מחה אמחה את- זכר עמלק	122	1				4
ט241303	והמצוה אשר כתבתי להורתם / ויקם משה	ויהושע	משרתו ויעל משה אל- הר האלהים	122	1			1	4
ט321702	אלהים הוא חרות על- הלחת / וישמע	יהושע	את- קול העם ברעה ויאמר אל-	122	1				4
ט331117	אל- רעהו ושב אל- המחנה ומשרתו	יהושע	בן- נון נער לא ימיש מתוך	122	1				4
	--*-*-*-*-*-*-*-*-*-*-*-*-*-*-*-*-*	יהלום	*-*-*-*-*-*-*-*-*-*-*-*-*-*-*-*-*-*-*						
ט281805	הטור האחד / והטור השני נפך ספיר	ויהלם	/ והטור השלישי לשם שבו ואחלמה / והטור	1111	1	1		1	4
ט391105	הטור האחד / והטור השני נפך ספיר	ויהלם	/ והטור השלישי לשם שבו ואחלמה / והטור	1111	1	1		1	4
	--*-*-*-*-*-*-*-*-*-*-*-*-*-*-*-*-*	יובל	*-*-*-*-*-*-*-*-*-*-*-*-*-*-*-*-*-*-*						
ט191318	בהמה אם- איש לא יחיה במשך	היבל	המה יעלו בהר / וירד משה מן-	1111	1	1		2	3
	--*-*-*-*-*-*-*-*-*-*-*-*-*-*-*-*-*	יוכבד	*-*-*-*-*-*-*-*-*-*-*-*-*-*-*-*-*-*-*						
ט062004	משפחת הלוי לתלדתם / ויקח עמרם את-	יוכבד	דדתו לו לאשה ותלד לו את-	122	2				3
	--*-*-*-*-*-*-*-*-*-*-*-*-*-*-*-*-*	יום	*-*-*-*-*-*-*-*-*-*-*-*-*-*-*-*-*-*-*						
ט021302	ויך את- המצרי ויטמנהו בחול / ויצא	ביום	השני והנה שני- אנשים עברים נצים	1111	1	1		24	2
ט021809	רעואל אביהן ויאמר מדוע מהרתן בא	היום	/ ויאמרן איש מצרי הצילנו מיד הרעים	1111	1	1		2	2
ט050603	הארץ והשבתם אתם מסבלתם / ויצו פרעה	ביום	ההוא את- הנגשים בעם ואת- שטריו	1111	1	1		24	2
ט051307	והנגשים אצים לאמר כלו מעשיכם דבר-	יום	ביומו כאשר בהיות התבן / ויכו שטרי	1111	1	1			1
ט051421	ללבן כתמול שלשם גם- תמול גם-	היום	/ ויבאו שטרי בני ישראל ויצעקו אל-	1111	1	1		2	2
ט051912	ברע לאמר לא- תגרעו מלבניכם דבר-	יום	ביומו / ויפגעו את- משה ואת- אהרן	1111	1	1			1
ט081802	וגם האדמה אשר- הם עליה / והפליתי	ביום	ההוא את- ארץ גשן אשר עמי	1111	1	1		24	2
ט091814	אשר לא- היה כמהו במצרים למן-	היום	הוסדה ועד- עתה / ועתה שלח העז	1111	1	1		2	2
ט100620	אבתיך מיום היותם על- האדמה עד	היום	הזה ויפן ויצא מעם פרעה / ויאמרו	1111	1	1		2	2
ט101314	ויהוה נהג רוח- קדים בארץ כל-	היום	ההוא וכל- הלילה הבקר היה ורוח	1111	1	1		2	2
ט120606	תקחו / והיה לכם למשמרת עד ארבעה עשר	יום	לחדש הזה ושחטו אתו כל קהל	1111	1	1			1
ט121402	נגף למשחית בהכתי בארץ מצרים / והיה	היום	הזה לכם לזכרון וחגתם אתו חג	1111	1	1		2	3
ט121506	תחגהו / שבעת ימים מצות תאכלו אך	ביום	הראשון תשביתו שאר מבתיכם כי כל-	1111	1	1		24	2
ט121519	אכל חמץ ונכרתה הנפש ההוא מישראל	מיום	הראשן עד- יום השבעי / וביום הראשון	1111	1	1		7	2
ט121522	הנפש ההוא מישראל מיום הראשן עד-	יום	השבעי / וביום הראשון מקרא- קדש וביום	1111	1	1			1
ט121601	מישראל מיום הראשן עד- יום השבעי /	וביום	הראשון מקרא- קדש וביום השביעי מקרא-	1111	1	1		241	3
ט121605	יום השבעי / וביום הראשון מקרא- קדש	וביום	השביעי מקרא- קדש יהיה לכם כל-	1111	1	1		241	3

/ = סוף פסוק   // = סוף פרק   ג = מין   # = מספר   כ = כינוי חבור   קס = קידומות וסיומות   ה = מספר ההברות

אזכור		מלה		צונן	ג	#	כ	קס	ה
ט121706	לכם / ושמרתם את- המצות כי בעצם	היום	הזה הוצאתי את- צבאותיכם מארץ מצרים	1111	1	1		2	2
ט121715	את- צבאותיכם מארץ מצרים ושמרתם את-	היום	הזה לדרתיכם חקת עולם / בראשן בארבעה עשר	1111	1	1		2	2
ט121803	הזה לדרתיכם חקת עולם / בראשן בארבעה עשר	יום	לחדש בערב תאכלו מצת עד יום	1111	1	1			1
ט121809	יום לחדש בערב תאכלו מצת עד	יום	ואחד ועשרים לחדש בערב / שבעת ימים	1111	1	1			1
ט124110	שנה וארבע מאות שנה ויהי בעצם	היום	הזה יצאו כל- צבאות יהוה מארץ	1111	1	1		2	2
ט125103	ואת- אהרן כן עשו / ויהי בעצם	היום	הזה הוציא יהוה את- בני ישראל	1111	1	1		2	2
ט130307	ויאמר משה אל- העם זכור את-	היום	הזה אשר יצאתם ממצרים מבית עבדים	1111	1	1		2	2
ט130401	יהוה אתכם מזה ולא יאכל חמץ /	היום	אתם יצאים בחדש האביב / והיה כי-	1111	1	1		2	2
ט130605	בחדש הזה / שבעת ימים תאכל מצת	וביום	השביעי חג ליהוה / מצות יאכל את	1111	1	1		241	3
ט130803	לך שאר בכל- גבלך / והגדת לבנך	ביום	ההוא לאמר בעבור זה עשה יהוה	1111	1	1		24	2
ט132104	באתם בקצה המדבר / ויהוה הלך לפניהם	יומם	בעמוד ענן לנחתם הדרך ולילה בעמוד	1111	1	1		9	2
ט132115	ולילה בעמוד אש להאיר להם ללכת	יומם	ולילה / לא- ימיש עמוד הענן יומם	1111	1	1		9	2
ט132205	יומם ולילה / לא- ימיש עמוד הענן	יומם	ועמוד האש לילה לפני העם // וידבר	1111	1	1		9	2
ט141315	את- ישועת יהוה אשר- יעשה לכם	היום	כי אשר ראיתם את מצרים היום	1111	1	1		2	2
ט141321	היום כי אשר ראיתם את מצרים	היום	לא תספו לראתם עוד עד- עולם	1111	1	1		2	2
ט143003	להם חמה מימינם ומשמאלם / ויושע יהוה	ביום	ההוא את- ישראל מיד מצרים וירא	1111	1	1		24	2
ט160117	אשר בין- אילם ובין סיני בחמשה עשר	יום	לחדש השני לצאתם מארץ מצרים / וילונו	1111	1	1			1
ט160415	מן- השמים ויצא העם ולקטו דבר-	יום	ביומו למען אנסנו הילך בתורתי אם-	1111	1	1			1
ט160502	אנסנו הילך בתורתי אם- לא / והיה	ביום	הששי והכינו את אשר- יביאו והיה	1111	1	1		24	2
ט160513	יביאו והיה משנה על אשר- ילקטו	יום	יום / ויאמר משה ואהרן אל- כל-	1111	1	1			1
ט160514	והיה משנה על אשר- ילקטו יום	יום	/ ויאמר משה ואהרן אל- כל- בני	1111	1	1			1
ט162202	כפי אכלו וחם השמש ונמס / ויהי	ביום	הששי לקטו לחם משנה שני העמר	1111	1	1		24	2
ט162504	לא- היתה בו / ויאמר משה אכלהו	היום	כי- שבת היום ליהוה היום לא	1111	1	1		2	2
ט162507	ויאמר משה אכלהו היום כי- שבת	היום	ליהוה היום לא תמצאהו בשדה / ששת	1111	1	1		2	2
ט162509	אכלהו היום כי- שבת היום ליהוה	היום	לא תמצאהו בשדה / ששת ימים תלקטהו	1111	1	1		2	2
ט162604	לא תמצאהו בשדה / ששת ימים תלקטהו	וביום	השביעי שבת לא יהיה- בו / ויהי	1111	1	1		241	3
ט162702	השביעי שבת לא יהיה- בו / ויהי	ביום	השביעי יצאו מן- העם ללקט ולא	1111	1	1		24	2
ט162912	השבת על- כן הוא נתן לכם	ביום	הששי לחם יומים שבו איש תחתיו	1111	1	1		24	2
ט162923	איש תחתיו אל- יצא איש ממקמו	ביום	השביעי / וישבתו העם ביום השביעי / ויקראו	1111	1	1		24	2
ט163003	איש ממקמו ביום השביעי / וישבתו העם	ביום	השביעי / ויקראו בית- ישראל את- שמו	1111	1	1		24	2
ט190108	השלישי לצאת בני- ישראל מארץ מצרים	ביום	הזה באו מדבר סיני / ויסעו מרפידים	1111	1	1		24	2
ט191009	אל- משה לך אל- העם וקדשתם	היום	ומחר וכבסו שמלתם / והיו נכנים ליום	1111	1	1		2	2
ט191103	היום ומחר וכבסו שמלתם / והיו נכנים	ליום	השלישי כי ביום השלישי ירד יהוה	1111	1	1		26	2
ט191106	שמלתם / והיו נכנים ליום השלישי כי	ביום	השלישי ירד יהוה לעיני כל- העם	1111	1	1		24	2
ט191602	ימים אל- תגשו אל- אשה / ויהי	ביום	השלישי בהית הבקר ויהי קלת וברקים	1111	1	1		24	2
ט201001	ששת ימים תעבד ועשית כל- מלאכתך /	ויום	השביעי שבת ליהוה אלהיך לא- תעשה	1111	1	1		1	2
ט201117	הים ואת- כל- אשר- בם וינח	ביום	השביעי על- כן ברך יהוה את-	1111	1	1		24	2
ט212103	תחת ידו נקם ינקם / אך אם-	יום	או יומים יעמד לא יקם כי	1111	1	1			1
ט222910	לצאנך שבעת ימים יהיה עם- אמו	ביום	השמיני תתנו- לי / ואנשי קדש תהיון	1111	1	1		24	2
ט231205	לכרמך לזיתך / ששת ימים תעשה מעשיך	וביום	השביעי תשבת למען ינוח שורך וחמרך	1111	1	1		241	3
ט241614	הענן ששת ימים ויקרא אל- משה	ביום	השביעי מתוך הענן / ומראה כבוד יהוה	1111	1	1		24	2
ט241812	אל- ההר ויהי משה בהר ארבעים	יום	וארבעים לילה // וידבר יהוה אל- משה	1111	1	1			1
ט293604	ימים תמלא ידם / ופר חטאת תעשה	ליום	על- הכפרים וחטאת על- המזבח בכפרך	1111	1	1		24	2
ט293810	על- המזבח כבשים בני- שנה שנים	ליום	תמיד / את- הכבש האחד תעשה בבקר	1111	1	1		26	2
ט311505	מקרב עמיה / ששת ימים יעשה מלאכה	וביום	השביעי שבת שבתון קדש ליהוה כל-	1111	1	1		241	3
ט311717	עשה יהוה את- השמים ואת- הארץ	וביום	השביעי שבת וינפש / ויתן אל- משה	1111	1	1		241	3
ט322809	לוי כדבר משה ויפל מן- העם	ביום	ההוא כשלשת אלפי איש / ויאמר משה	1111	1	1		24	2
ט322905	אלפי איש / ויאמר משה מלאו ידכם	היום	ליהוה כי איש בבנו ובאחיו ולתת	1111	1	1		2	2
ט322913	כי איש בבנו ובאחיו ולתת עליכם	היום	ברכה / ויהי ממחרת ויאמר משה אל-	1111	1	1		2	2
ט341107	שמר- לך את אשר אנכי מצוך	היום	הנני גרש מפניך את- האמרי והכנעני	1111	1	1		2	2
ט342104	יראו פני ריקם / ששת ימים תעבד	וביום	השביעי תשבת בחריש ובקציר תשבת / וחג	1111	1	1		241	3
ט342806	ישראל / ויהי- שם עם- יהוה ארבעים	יום	וארבעים לילה לחם לא אכל ומים	1111	1	1			1
ט350205	לעשת אתם / ששת ימים תעשה מלאכה	וביום	השביעי יהיה לכם קדש שבת שבתון	1111	1	1		241	3
ט403806	העלתו / כי ענן יהוה על- המשכן	יומם	ואש תהיה לילה בו לעיני כל-	1111	1	1		9	2

/ = סוף פסוק   // = סוף פרק   ג = מין   # = מספר   כ = כינוי גוף   קס = קידומות וסיומות   ה = מספר ההברות

אזכור		מלה		צורן	ג	#	כ	קס	ה
ט062802	ישראל ממצרים הוא משה ואהרן / ויהי	ביום	דבר יהוה אל- משה בארץ מצרים	1112	1	1		4	2
ט100615	אשר לא- ראו אבתיך ואבות אבתיך	מיום	היותם על- האדמה עד היום הזה	1112	1	1		7	2
ט102813	לך אל תסף ראות פני כי	ביום	ראתך פני תמות / ויאמר משה כן	1112	1	1		4	2
ט200803	ישא את- שמו לשוא / זכור את	יום	השבת לקדשו / ששת ימים תעבד ועשית	1112	1	1			1
ט201124	השביעי על- כן ברך יהוה את-	יום	השבת ויקדשהו / כבד את- אביך ואת-	1112	1	1			1
ט311514	שבתון קדש ליהוה כל- העשה מלאכה	ביום	השבת מות יומת / ושמרו בני- ישראל	1112	1	1		4	2
ט323414	דברתי לך הנה מלאכי ילך לפניך	וביום	פקדי ופקדתי עלהם חטאתם / ויגף יהוה	1112	1	1		41	3
ט350306	יומת / לא- תבערו אש בכל משבתיכם	ביום	השבת / ויאמר משה אל- כל- עדת	1112	1	1		4	2
ט400201	משה // וידבר יהוה אל- משה לאמר /	ביום-	החדש הראשון באחד לחדש תקים את-	1112	1	1		4	2
ט403708	לא יעלה הענן ולא יסעו עד-	יום	העלתו / כי ענן יהוה על- המשכן	1112	1	1			1
ט051308	אצים לאמר כלו מעשיכם דבר- יום	ביומו	כאשר בהיות התבן / ויכו שטרי בני	1113	1	1	4	4	3
ט051913	לאמר לא- תגרעו מלבניכם דבר- יום	ביומו	/ ויפגעו את- משה ואת- אהרן נצבים	1113	1	1	4	4	3
ט160416	השמים ויצא העם ולקטו דבר- יום	ביומו	למען אנסנו הילך בתורתי אם- לא	1113	1	1	4	4	3
ט021102	ותאמר כי מן- המים משיתהו / ויהי	בימים	ההם ויגדל משה ויצא אל אחיו	1115	1	3		24	3
ט022302	אמר גר הייתי בארץ נכריה / ויהי	בימים	הרבים ההם וימת מלך מצרים ויאנחו	1115	1	3		24	3
ט031822	עלינו ועתה נלכה- נא דרך שלשת	ימים	במדבר ונזבחה ליהוה אלהינו / ואני ידעתי	1115	1	3			2
ט050310	נקרא עלינו נלכה נא דרך שלשת	ימים	במדבר ונזבחה ליהוה אלהינו פן- יפגענו	1115	1	3			2
ט072503	יכלו לשתת ממימי היאר / וימלא שבעת	ימים	אחרי הכות- יהוה את- היאר / ויאמר	1115	1	3			2
ט082303	מצרים לעיניהם ולא יסקלנו / דרך שלשת	ימים	נלך במדבר וזבחנו ליהוה אלהינו כאשר	1115	1	3			2
ט102214	חשך- אפלה בכל- ארץ מצרים שלשת	ימים	/ לא- ראו איש את- אחיו ולא-	1115	1	3			2
ט102311	אחיו ולא- קמו איש מתחתיו שלשת	ימים	ולכל בני ישראל היה אור במושבתם	1115	1	3			2
ט121502	ליהוה לדרתיכם חקת עולם תחגהו / שבעת	ימים	מצות תאכלו אך ביום הראשון תשביתו	1115	1	3			2
ט121902	יום האחד ועשרים לחדש בערב / שבעת	ימים	שאר לא ימצא בבתיכם כי כל	1115	2	3			2
ט130602	את- העבדה הזאת בחדש הזה / שבעת	ימים	תאכל מצת וביום השביעי חג ליהוה	1115	1	3			2
ט130705	חג ליהוה / מצות יאכל את שבעת	הימים	ולא- יראה לך חמץ ולא- יראה	1115	1	3		2	3
ט131006	ממצרים / ושמרת את החקה הזאת למועדה	מימים	ימימה / והיה כי- יבאך יהוה אל-	1115	1	3		7	3
ט131007	ושמרת את החקה הזאת למועדה מימים	ימימה	/ והיה כי- יבאך יהוה אל- ארץ	1115	1	3		9	3
ט152213	ויצאו אל- מדבר- שור וילכו שלשת-	ימים	במדבר ולא- מצאו מים / ויבאו מרתה	1115	1	3			2
ט162602	ליהוה היום לא תמצאהו בשדה / ששת	ימים	תלקטהו וביום השביעי שבת לא יהיה-	1115	1	3			2
ט162915	הוא נתן לכם ביום הששי לחם	יומים	שבו איש תחתיו אל- יצא איש	1115	1	2			3
ט191507	ויאמר אל- העם היו נכנים לשלשת	ימים	אל- תגשו אל- אשה / ויהי ביום	1115	1	3			2
ט200902	זכור את יום השבת לקדשו / ששת	ימים	תעבד ועשית כל- מלאכתך / ויום השביעי	1115	1	3			2
ט201103	ובהמתך וגרך אשר בשעריך / כי ששת-	ימים	עשה יהוה את- השמים ואת- הארץ	1115	1	3			2
ט212105	נקם ינקם / אך אם- יום או	יומים	יעמד לא יקם כי כספו הוא	1115	1	2			3
ט222906	לי / כן- תעשה לשרך לצאנך שבעת	ימים	יהיה עם- אמו ביום השמיני תתנו-	1115	1	3			2
ט231202	השדה כן- תעשה לכרמך לזיתך / ששת	ימים	תעשה מעשיך וביום השביעי תשבת למען	1115	1	3			2
ט231506	בשנה / את חג המצות תשמר שבעת	ימים	תאכל מצות כאשר צויתך למועד חדש	1115	1	3			2
ט241610	על- הר סיני ויכסהו הענן ששת	ימים	ויקרא אל- משה ביום השביעי מתוך	1115	1	3			2
ט293002	בהם ולמלא- בם את- ידם / שבעת	ימים	ילבשם הכהן תחתיו מבניו אשר יבא	1115	1	3			2
ט293510	ככה ככל אשר- צויתי אתכה שבעת	ימים	תמלא ידם / ופר חטאת תעשה ליום	1115	1	3			2
ט293702	בכפרך עליו ומשחת אתו לקדשו / שבעת	ימים	תכפר על- המזבח וקדשת אתו והיה	1115	1	3			2
ט311502	ונכרתה הנפש ההוא מקרב עמיה / ששת	ימים	יעשה מלאכה וביום השביעי שבת שבתון	1115	1	3			2
ט311710	ישראל אות הוא לעלם כי- ששת	ימים	עשה יהוה את- השמים ואת- הארץ	1115	1	3			2
ט341806	לך / את- חג המצות תשמר שבעת	ימים	תאכל מצות אשר צויתך למועד חדש	1115	1	3			2
ט342102	תפדה ולא- יראו פני ריקם / ששת	ימים	תעבד וביום השביעי תשבת בחריש ובקציר	1115	1	3			2
ט350202	אשר- צוה יהוה לעשת אתם / ששת	ימים	תעשה מלאכה וביום השביעי יהיה לכם	1115	1	3			2
ט201208	את- אביך ואת- אמך למען יארכון	ימיך	על האדמה אשר- יהוה אלהיך נתן	1117	1	3	2		3
ט232608	תהיה משכלה ועקרה בארצך את- מספר	ימיך	אמלא / את- אימתי אשלח לפניך והמתי	1117	1	3	2		3
	--*-*-*-*-*-*-*-*-*-*-*-*-*-*-*-*-*-*	יוסף	*-*-*-*-*-*-*-*-*-*-*-*-*-*-*-*-*-*-*-*						
ט010509	נפש יצאי ירך- יעקב שבעים נפש	ויוסף	היה במצרים / וימת יוסף וכל אחיו	122	1			1	3
ט010602	שבעים נפש ויוסף היה במצרים / וימת	יוסף	וכל אחיו וכל הדור ההוא / ובני	122	1				2
ט010810	על מצרים אשר לא- ידע את-	יוסף	/ ויאמר אל עמו הנה עם בני	122	1				2
ט131905	מארץ מצרים / ויקח משה את- עצמות	יוסף	עמו כי השבע השביע את- בני-	122	1				2

/ = סוף פסוק   // = סוף פרק   ג = מין   # = מספר   כ = כינוי חבור   קס = קידומות וסיומות   ה = מספר ההברות

ה	קס	כ	#	ג	צופן		מלה		אזכור
						-	יותרת	*-*	
4	2		1	2	1121	על- הכבד ואת שתי הכלית ואת-	היתרת	כל- החלב המכסה את- הקרב ואת	ט291309
3			1	2	1122	הכבד ואת שתי הכלית ואת- החלב	יתרת	ואת- החלב המכסה את- הקרב ואת	ט292212
						-	יחדו	*-*	
2					22	ויאמרו כל אשר- דבר יהוה נעשה	יחדו	אשר צוהו יהוה / ויענו כל- העם	ט190804
3	1				22	יהיו תמים על- ראשו אל- הטבעת	ויחדו	למקצעת המשכן בירכתים / ויהיו תאמם מלמטה	ט262404
3	1				22	יהיו תמים אל- ראשו אל- הטבעת	ויחדו	למקצעת המשכן בירכתים / והיו תואמם מלמטה	ט362904
						-	יין	*-*	
2			1	1	1111	לכבש האחד / ואת הכבש השני תעשה	יין	כתית רבע ההין ונסך רביעית ההין	ט294011
						-	יכין	*-*	
3	1			1	122	וצחר ושאול בן- הכנענית אלה משפחת	ויכין	ראובן / ובני שמעון ימואל וימין ואהד	ט061506
						-	יכל	*-*	
3			3	1	3111	נצרים לשתות מים מן- היאר ויהי	יכלו	אשר- ביאר מתה ויבאש היאר ולא-	ט072108
3			3	1	3111	לשתת ממימי היאר / וימלא שבעת ימים	יכלו	סביבת היאר מים לשתות כי לא	ט072410
3			3	1	3111	ותהי הכנם באדם ובבהמה / ויאמרו החרטמם	יכלו	החרטמים בלטיהם להוציא את- הכנים ולא	ט081409
3			3	1	3111	החרטמים לעמד לפני משה מפני השחין	יכלו	שחין אבעבעת פרח באדם ובבהמה / ולא-	ט091102
3			3	1	3111	להתמהמה וגם- צדה לא- עשו להם	יכלו	לא חמץ כי- גרשו ממצרים ולא	ט123916
3			3	1	3111	לשתת מים ממרה כי מרים הם	יכלו	ולא- מצאו מים / ויבאו מרתה ולא	ט152304
4	1		1	1	3111	עמד וגם כל- העם הזה על-	ויכלת	את- הדבר הזה תעשה וצוך אלהים	ט182308
2			1	1	3111	משה לבוא אל- אהל מועד כי-	יכל	וכבוד יהוה מלא את- המשכן / ולא-	ט403502
3			1	2	3112	עוד הצפינו ותקח- לו תבת גמא	יכלה	טוב הוא ותצפנהו שלשה ירחים / ולא-	ט020302
2			1	1	3121	לראת את- הארץ ואכל את- יתר	יוכל	בגבלך / וכסה את- עין הארץ ולא	ט100506
2			1	1	3121	עשהו לבדך / עתה שמע בקלי איעצך	תוכל	עמך כי- כבד ממך הדבר לא-	ט181815
2			1	1	3121	העם לעלת אל- הר סיני כי-	יוכל	יהוה / ויאמר משה אל יהוה לא-	ט192306
2			1	1	3121	לראת את- פני כי לא- יראני	תוכל	ורחמתי את- אשר ארחם / ויאמר לא	ט332003
						-	ילד	*-*	
3	2		1	1	1111	ותשם בסוף על- שפת היאר / ותתצב	הילד	ותחמרה בחמר ובזפת ותשם בה את-	ט020315
3	2		1	1	1111	והנה- נער בכה ותחמל עליו ותאמר	הילד	את- אמתה ותקחה / ותפתח ותראהו את-	ט020604
2	2		1	1	1111	/ ותאמר- לה בת- פרעה לכי ותלך	הילד	מינקת מן העברים ותינק לך את-	ט020716
3	2		1	1	1111	/ ותאמר לה בת- פרעה הליכי את-	הילד	לכי ותלך העלמה ותקרא את- אם	ט020811
3	2		1	1	1111	הזה והינקהו לי ואני אתן את-	הילד	ותאמר לה בת- פרעה היליכי את-	ט020907
3	2		1	1	1111	ותניקהו / ויגדל הילד ותבאהו לבת- פרעה	הילד	ואני אתן את- שכרך ותקח האשה	ט020917
3	2		1	1	1111	ותבאהו לבת- פרעה ויהי- לה לבן	הילד	שכרך ותקח האשה הילד ותניקהו / ויגדל	ט021002
4	2		3	1	1115	/ ויקרא מלך- מצרים למילדת ויאמר לון	הילדים	דבר אליהן מלך מצרים ותחיין את-	ט011714
4	2		3	1	1115	/ ותאמרן המילדת אל- פרעה כי לא	הילדים	מדוע עשיתן הדבר הזה ותחיין את-	ט011813
4	7		3	1	1116	העברים זה / ותאמר אחתו אל בת-	מילדי	והנה- נער בכה ותחמל עליו ותאמר	ט020611
4	1	5	1	1	1118	תהיה לאדניה והוא יצא בגפו / ואם-	וילדיה	וילדה- לו בנים או בנות האשה	ט210412
4		5	3	1	1118	ולא יהיה אסון ענוש יענש כאשר	ילדיה	ינצו אנשים ונגפו אשה הרה ויצאו	ט212208
						-	ילד	*-*	
4	1		3	2	3112	/ וייטב אלהים למילדת וירב העם ויעצמו	וילדו	חיות הנה בטרם תבוא אלהן המילדת	ט011917
4	1		1	2	3112	לו בנים או בנות האשה וילדיה	וילדה-	עמו / אם- אדניו יתן- לו אשה	ט210406
3	*		1	2	3122	בן ותרא אתו כי- טוב הוא	ותלד	ויקח את בת- לוי / ותהר האשה	ט020203
3	*		1	2	3122	בן ויקרא את- שמו גרשם כי	ותלד	האיש ויתן את- צפרה בתו למשה /	ט022201
3	*		1	2	3122	לו את- אהרן ואת- משה ושני	ותלד	עמרם את- יוכבד דדתו לו לאשה	ט062008
3	*		1	2	3122	לו את- נדב ואת- אביהוא את-	ותלד	בת- עמינדב אחות נחשון לו לאשה	ט062311
3	*		1	2	3122	לו את- פינחס אלה ראשי אבות	ותלד	לקח- לו מבנות פוטיאל לו לאשה	ט062418

אזכור		מלה		צופן	ג	#	כ	קס	ה
	--*-*-*-*-*-*-*-*-*-*-*-*-*-*-*-*-*-*	ילד	*-*-*-*-*-*-*-*-*-*-*-*-*-*-*-*-*-*-*-*						
ט011504	עבדו בהם בפרך / ויאמר מלך מצרים	למילדת	העברית אשר שם האחת שפרה ושם	3332	2	3		26	5
ט011702	אתו ואם בת הוא וחיה / ותראן	המילדת	את- האלהים ולא עשו כאשר דבר	3332	2	3		2	5
ט011804	ותחיין את- הילדים / ויקרא מלך- מצרים	למילדת	ויאמר להן מדוע עשיתן הדבר הזה	3332	2	3		26	5
ט011902	הדבר הזה ותחיין את- הילדים / ותאמרן	המילדת	אל- פרעה כי לא כנשים המצרית	3332	2	3		2	5
ט011916	כי- חיות הנה בטרם תבוא אלהן	המילדת	וילדו / וייטב אלהים למילדת וירב העם	3332	2	1		2	5
ט012003	תבוא אלהן המילדת וילדו / וייטב אלהים	למילדת	וירב העם ויעצמו מאד / ויהי כי-	3332	2	3		26	5
ט012104	העם ויעצמו מאד / ויהי כי- יראו	המילדת	את האלהים ויעש להם בתים / ויצו	3332	2	3		2	5
ט011602	האחת שפרה ושם השנית פועה / ויאמר	בילדכן	את- העברית וראיתן על- האבנים אם-	3353			8	4	5
	--*-*-*-*-*-*-*-*-*-*-*-*-*-*-*-*-*-*	ילוד	*-*-*-*-*-*-*-*-*-*-*-*-*-*-*-*-*-*-*-*						
ט012208	פרעה לכל- עמו לאמר כל- הבן	הילוד	היארה תשליכהו וכל- הבת תחיון // וילך	1111	1	1		2	3
	--*-*-*-*-*-*-*-*-*-*-*-*-*-*-*-*-*-*	ים	*-*-*-*-*-*-*-*-*-*-*-*-*-*-*-*-*-*-*-*						
ט101904	ויעתר אל- יהוה / ויהפך יהוה רוח-	ים	חזק מאד וישא את- הארבה ויתקעהו	1111	1	1			1
ט140212	ויחנו לפני פיהחירת בין מגדל ובין	הים	לפני בעלצפן נכחו תחנו על- הים	1111	1	1		2	2
ט140218	הים לפני בעלצפן נכחו תחנו על-	הים	/ ואמר פרעה לבני ישראל נבכים הם	1111	1	1		2	2
ט140908	מצרים אחריהם וישיגו אותם חנים על-	הים	כל- סוס רכב פרעה ופרשיו והילו	1111	1	1		2	2
ט141609	את- מטך ונטה את- ידך על-	הים	ובקעהו ויבאו בני- ישראל בתוך הים	1111	1	1		2	2
ט141615	הים ובקעהו ויבאו בני- ישראל בתוך	הים	ביבשה / ואני הנני מחזק את- לב	1111	1	1		2	2
ט142106	הלילה / ויט משה את- ידו על-	הים	ויולך יהוה את- הים ברוח קדים	1111	1	1		2	2
ט142110	ידו על- הים ויולך יהוה את-	הים	ברוח קדים עזה כל- הלילה וישם	1111	1	1		2	2
ט142118	קדים עזה כל- הלילה וישם את-	הים	לחרבה ויבקעו המים / ויבאו בני- ישראל	1111	1	1		2	2
ט142205	ויבקעו המים / ויבאו בני- ישראל בתוך	הים	ביבשה והמים להם חומה מימינם ומשמאלם	1111	1	1		2	2
ט142312	סוס פרעה רכבו ופרשיו אל- תוך	הים	/ ויהי באשמרת הבקר וישקף יהוה אל-	1111	1	1		2	2
ט142609	אל- משה נטה את- ידך על-	הים	וישבו המים על- מצרים על- רכבו	1111	1	1		2	2
ט142706	פרשיו / ויט משה את- ידו על-	הים	וישב הים לפנות בקר לאיתנו ומצרים	1111	1	1		2	2
ט142708	משה את- ידו על- הים וישב	הים	לפנות בקר לאיתנו ומצרים נסים לקראתו	1111	1	1		2	2
ט142720	לקראתו וינער יהוה את- מצרים בתוך	הים	/ וישבו המים ויכסו את- הרכב ואת-	1111	1	1		2	2
ט142813	הפרשים לכל חיל פרעה הבאים אחריהם	בים	לא- נשאר בהם עד- אחד / ובני	1111	1	1		24	2
ט142906	אחד / ובני ישראל הלכו ביבשה בתוך	הים	והמים להם חמה מימינם ומשמאלם / ויושע	1111	1	1		2	2
ט143016	ישראל את- מצרים מת על- שפת	הים	/ וירא ישראל את- היד הגדלה אשר	1111	1	1		2	2
ט150120	כי גאה גאה סוס ורכבו רמה	בים	/ עזי וזמרת יה ויהי- לי לישועה	1111	1	1		24	2
ט150405	יהוה שמו / מרכבת פרעה וחילו ירה	בים	ומבחר שלשיו טבעו בים- סוף / תהמת	1111	1	1		24	2
ט150812	כמו- נד נזלים קפאו תהמת בלב-	ים	/ אמר אויב ארדף אשיג אחלק שלל	1111	1	1			1
ט151004	חרבי תורישמו ידי / נשפת ברוחך כסמו	ים	צללו כעופרת במים אדירים / מי- כמכה	1111	1	1			1
ט151907	כי בא סוס פרעה ברכבו ובפרשיו	בים	וישב יהוה עלהם את- מי הים	1111	1	1		24	2
ט151913	בים וישב יהוה עלהם את- מי	הים	ובני ישראל הלכו ביבשה בתוך הים	1111	1	1		2	2
ט151919	הים ובני ישראל הלכו ביבשה בתוך	הים	/ ותקח מרים הנביאה אחות אהרן את-	1111	1	1		2	2
ט152112	כי- גאה גאה סוס ורכבו רמה	בים	/ ויסע משה את- ישראל מים- סוף	1111	1	1		24	2
ט201111	יהוה את- השמים ואת- הארץ את-	הים	ואת- כל- אשר- בם וינח ביום	1111	1	1		2	2
ט262203	אדנים תחת הקרש האחד / ולירכתי המשכן	ימה	תעשה ששה קרשים / ושני קרשים תעשה	1111	1	1		9	2
ט262713	וחמשה בריחם לקרשי צלע המשכן לירכתים	ימה	/ והבריח התיכן בתוך הקרשים מברח מן-	1111	1	1		9	2
ט271204	העמדים וחשקיהם כסף / ורחב החצר לפאת-	ים	קלעים חמשים אמה עמדיהם עשרה ואדניהם	1111	1	1			1
ט362703	אדנים תחת הקרש האחד / ולירכתי המשכן	ימה	עשה ששה קרשים / ושני קרשים עשה	1111	1	1		9	2
ט363212	השנית וחמשה בריחם לקרשי המשכן לירכתים	ימה	/ ויעש את- הבריח התיכן לברח בתוך	1111	1	1		9	2
ט381202	נחשת ווי העמודים וחשקיהם כסף / ולפאת-	ים	קלעים חמשים באמה עמודיהם עשרה ואדניהם	1111	1	1			1
ט101911	חזק מאד וישא את- הארבה ויתקעהו	ימה	סוף לא נשאר ארבה אחד בכל	1112	1	1		9	2
ט131807	ויסב אלהים את- העם דרך המדבר	ים-	סוף וחמשים עלו בני ישראל מארץ	1112	1	1			1
ט150409	וחילו ירה בים ומבחר שלשיו טבעו	בים-	סוף / תהמת יכסימו ירדו במצולת כמו-	1112	1	1		4	2
ט152205	רמה בים / ויסע משה את- ישראל	מים-	סוף ויצאו אל- מדבר- שור וילכו	1112	1	1		7	2
ט233104	ונחלת את- הארץ / ושתי את- גבלך	מים-	סוף ועד- ים פלשתים וממדבר עד-	1112	1	1		7	2
ט233107	ושתי את- גבלך מים- סוף ועד-	ים	פלשתים וממדבר עד- הנהר כי אתן	1112	1	1			1

אזכור		מלה		צופן	ג	#	כ	קס	ה
	--*-*-*-*-*-*-*-*-*-*-*-*-*-*-*-*-*-*	ימואל	*-*-*-*-*-*-*-*-*-*-*-*-*-*-*-*-*-*-*-*						
ס061503	וכרמי אלה משפחת ראובן / ובני שמעון	ימואל	וימין ואהד ויכין וצחר ושאול בן-	122	1				3
	--*-*-*-*-*-*-*-*-*-*-*-*-*-*-*-*-*-*	ימין	*-*-*-*-*-*-*-*-*-*-*-*-*-*-*-*-*-*-*-*						
ס292223	ואת- החלב אשר עליהן ואת שוק	הימין	כי איל מלאים הוא / וככר לחם	1121	2	1		2	3
ס142210	בתוך הים ביבשה והמים להם חומה	מימינם	ובשמאלם / וירדפו מצרים ויבאו אחריהם כל	1123	2	1	9	7	3
ס142910	ביבשה בתוך הים והמים להם חמה	מימינם	ומשמאלם / ויושע יהוה ביום ההוא את-	1123	2	1	9	7	3
ס150601	תהמת יכסימו ירדו במצולת כמו- אבן /	ימינך	יהוה נאדרי בכח ימינך יהוה תרעץ	1123	2	1	2		4
ס150605	כמו- אבן / ימינך יהוה נאדרי בכח	ימינך	יהוה תרעץ אויב / וברב גאונך תהרס	1123	2	1	2		4
ס151202	בקדש נורא תהלת עשה- פלא / נטית	ימינך	תבלעמו ארץ / נחית בחסדך עם- זו	1123	2	1	2		4
	--*-*-*-*-*-*-*-*-*-*-*-*-*-*-*-*-*-*	ימין	*-*-*-*-*-*-*-*-*-*-*-*-*-*-*-*-*-*-*-*						
ס061504	אלה משפחת ראובן / ובני שמעון ימואל	וימין	ואהד ויכין וצחר ושאול בן- הכנענית	122	1			1	3
	--*-*-*-*-*-*-*-*-*-*-*-*-*-*-*-*-*-*	ימני	*-*-*-*-*-*-*-*-*-*-*-*-*-*-*-*-*-*-*-*						
ס292015	אזן אהרן ועל תנוך אזן בניו	הימנית	ועל- בהן ידם הימנית ועל- בהן	1121	2	1		2	4
ס292019	אזן בניו הימנית ועל- בהן ידם	הימנית	ועל- בהן רגלם הימנית וזרקת את-	1121	2	1		2	4
ס292023	בהן ידם הימנית ועל- בהן רגלם	הימנית	וזרקת את- הדם על- המזבח סביב	1121	2	1		2	4
	--*-*-*-*-*-*-*-*-*-*-*-*-*-*-*-*-*-*	יסוד	*-*-*-*-*-*-*-*-*-*-*-*-*-*-*-*-*-*-*-*						
ס291214	באצבעך ואת- כל- הדם תשפך אל-	יסוד	המזבח / ולקחת את- כל- החלב המכסה	1112	1	1			2
	--*-*-*-*-*-*-*-*-*-*-*-*-*-*-*-*-*-*	יסך	*-*-*-*-*-*-*-*-*-*-*-*-*-*-*-*-*-*-*-*						
ס303205	לי לדורתיכם / על- בשר אדם לא	ייסך	ובמתכנתו לא תעשו כמהו קדש הוא	3121	1	1			2
	--*-*-*-*-*-*-*-*-*-*-*-*-*-*-*-*-*-*	יעד	*-*-*-*-*-*-*-*-*-*-*-*-*-*-*-*-*-*-*-*						
ס210807	אם- רעה בעיני אדניו אשר- לא	יעדה	והפדה לעם נכרי לא- ימשל למכרה	3111	1	1	5		3
ס210903	ימשל למכרה בבגדו- בה / ואם- לבנו	ייעדנה	כמשפט הבנות יעשה- לה / אם- אחרת	3121	1	1	5		4
	--*-*-*-*-*-*-*-*-*-*-*-*-*-*-*-*-*-*	יעה	*-*-*-*-*-*-*-*-*-*-*-*-*-*-*-*-*-*-*-*						
ס380309	כל- כלי המזבח את- הסירת ואת-	היעים	ואת- המזרקת את- המזלגת ואת- המחתת	1115	1	3		2	3
ס270304	וצפית אתו נחשת / ועשית סירתיו לדשנו	ויעיו	ומזרקתיו ומזלגתיו ומחתתיו לכל- כליו תעשה	1117	1	3	4	1	3
	--*-*-*-*-*-*-*-*-*-*-*-*-*-*-*-*-*-*	יעץ	*-*-*-*-*-*-*-*-*-*-*-*-*-*-*-*-*-*-*-*						
ס181904	תוכל עשהו לבדך / עתה שמע בקלי	איעצך	ויהי אלהים עמך היה אתה לעם	3121	1	1	2		4
	--*-*-*-*-*-*-*-*-*-*-*-*-*-*-*-*-*-*	יעקב	*-*-*-*-*-*-*-*-*-*-*-*-*-*-*-*-*-*-*-*						
ס010108	שמות בני ישראל הבאים מצרימה את	יעקב	איש וביתו באו / ראובן שמעון לוי	122	1				3
ס010506	ואשר / ויהי כל- נפש יצאי ירך-	יעקב	שבעים נפש ויוסף היה במצרים / וימת	122	1				3
ס022414	בריתו את- אברהם את- יצחק ואת-	יעקב	/ וירא אלהים את- בני ישראל וידע	122	1				3
ס030610	אביך אלהי אברהם אלהי יצחק ואלהי	יעקב	ויסתר משה פניו כי ירא מהביט	122	1				3
ס031519	אבתיכם אלהי אברהם אלהי יצחק אלהי	יעקב	שלחני אליכם זה- שמי לעלם וזה	122	1				3
ס031616	אבתיכם נראה אלי אלהי אברהם יצחק	ויעקב	לאמר פקד פקדתי אתכם ואת- העשוי	122	1			1	4
ס040514	אבתם אלהי אברהם אלהי יצחק ואלהי	יעקב	/ ויאמר יהוה לו עוד הבא- נא	122	1				3
ס060307	וארא אל- אברהם אל- יצחק ואל-	יעקב	באל שדי ושמי יהוה לא נודעתי	122	1				3
ס060813	את- ידי לתת אתה לאברהם ליצחק	וליעקב	ונתתי אתה לכם מורשה אני יהוה	122	1			61	5
ס190314	מן- ההר לאמר כה תאמר לבית	יעקב	ותגיד לבני ישראל / אתם ראיתם אשר	122	1				3
ס330120	אל- הארץ אשר נשבעתי לאברהם ליצחק	וליעקב	לאמר לזרעך אתננה / ושלחתי לפניך מלאך	122	1			61	5
	--*-*-*-*-*-*-*-*-*-*-*-*-*-*-*-*-*-*	יצא	*-*-*-*-*-*-*-*-*-*-*-*-*-*-*-*-*-*-*-*						
ס124112	מאות שנה ויהי בעצם היום הזה	יצאו	כל- צבאות יהוה מארץ מצרים / ליל	3111	1	3			3
ס130310	העם זכור את- היום הזה אשר	יצאתם	ממצרים מבית עבדים כי בחזק יד	3111	1	3			3
ס160411	הנני ממטיר לכם לחם מן- השמים	ויצא	העם ולקטו דבר- יום ביומו למען	3111	1	1		1	3
ס162704	לא יהיה- בו / ויהי ביום השביעי	יצאו	מן- העם ללקט ולא מצאו / ויאמר	3111	1	3			3

/ = סוף פסוק // = סוף פרק ג = מין # = מספר כ = כינוי וגוף קס = קידומות וסיומות ו = מספר ההברות

אזכור		מלה		צופן	ג	#	כ	קס	ה
ט170610	שם על- הצור בחרב והכית בצור	ויצאו	ממנו מים ושתה העם ויעש כן	3111	1	3		1	4
ט212207	וכי- ינצו אנשים ונגפו אשה הרה	ויצאו	ילדיה ולא יהיה אסון ענוש יענש	3111	1	3		1	4
ט231516	צויתך למועד חדש האביב כי- בו	יצאת	ממצרים ולא- יראו פני ריקם / וחג	3111	1	1			3
ט341817	למועד חדש האביב כי בחדש האביב	יצאת	ממצרים / כל- פטר רחם לי וכל-	3111	1	1			3
ט343412	אתו יסיר את- המסוה עד- צאתו	ויצא	ודבר אל- בני ישראל את אשר	3111	1	1		1	3
ט210310	בגפו יצא אם- בעל אשה הוא	ויצאה	אשתו עמו / אם- אדניו יתן- לו	3112	2	1		1	4
ט211107	ואם- שלש- אלה לא יעשה לה	ויצאה	חנם אין כסף / מכה איש ומת	3112	2	1		1	4
ט021106	משיתהו / ויהי בימים ההם ויגדל משה	ויצא	אל אחיו וירא בסבלתם וירא איש	3121	1	1		*	3
ט021301	איש ויך את- המצרי ויטמנהו בחול /	ויצא	ביום השני והנה שני- אנשים עברים	3121	1	1		*	3
ט051001	ויעשו- בה ואל- ישעו בדברי- שקר /	ויצאו	נגשי העם ושטריו ויאמרו אל- העם	3121	1	3		*	4
ט080801	ומבתיך ומעבדיך ומעמך רק ביאר תשארנה /	ויצא	משה ואהרן מעם פרעה ויצעק משה	3121	1	1		*	3
ט082601	לבלתי שלח את- העם לזבח ליהוה /	ויצא	משה מעם פרעה ויעתר אל- יהוה	3121	1	1		*	3
ט093301	והכסמת לא נכו כי אפילת הנה /	ויצא	משה מעם פרעה את- העיר ויפרש	3121	1	1		*	3
ט100623	על- האדמה עד היום הזה ויפן	ויצא	מעם פרעה / ויאמרו עבדי פרעה אליו	3121	1	1		*	3
ט101801	ויסר מעלי רק את- המות הזה /	ויצא	מעם פרעה ויעתר אל- יהוה / ויהפך	3121	1	1		*	3
ט110817	וכל העם אשר- ברגליך ואחרי- כן	אצא	ויצא מעם- פרעה בחרי- אף / ויאמר	3121	1	1			2
ט110818	העם אשר- ברגליך ואחרי- כן אצא	ויצא	מעם- פרעה בחרי- אף / ויאמר יהוה	3121	1	1		*	3
ט122220	מן- הדם אשר בסף ואתם לא	תצאו	איש מפתח- ביתו עד- בקר / ועבר	3121	1	3			3
ט152207	ויסע משה את- ישראל מים- סוף	ויצאו	אל- מדבר- שור וילכו שלשת- ימים	3121	1	3		*	4
ט162920	לחם יומים שבו איש תחתיו אל-	יצא	איש ממקמו ביום השביעי / וישבתו העם	3121	1	1			2
ט180701	בא אליך ואשתך ושני בניה עמה /	ויצא	משה לקראת חתנו וישתחו וישק- לו	3121	1	1		*	3
ט210209	עבד עברי שש שנים יעבד ובשבעה	יצא	לחפשי חנם / אם- בגפו יבא בגפו	3121	1	1			2
ט210305	לחפשי חנם / אם- בגפו יבא בגפו	יצא	אם- בעל אשה הוא ויצאה אשתו	3121	1	1			2
ט210416	בנות האשה וילדיה תהיה לאדניה והוא	יצא	בגפו / ואם- אמר יאמר העבד אהבתי	3121	1	1			2
ט210513	אדני את- אשתי ואת- בני לא	אצא	חפשי / והגישו אדניו אל- האלהים והגישו	3121	1	1			2
ט322410	זהב התפרקו ויתנו- לי ואשלכהו באש	ויצא	העגל הזה / וירא משה את- העם	3121	1	1		*	3
ט330720	אהל מועד והיה כל- מבקש יהוה	יצא	אל- אהל מועד אשר מחוץ למחנה	3121	1	1			2
ט352001	לאהרן הכהן ואת- בגדי בניו לכהן /	ויצאו	כל- עדת בני- ישראל מלפני משה	3121	1	3		*	4
ט152009	הנביאה אחות אהרן את- התף בידה	ותצאן	כל- הנשים אחריה בתפים ובמחלת / ותען	3122	2	3		*	3
ט210708	ימכר איש את- בתו לאמה לא	תצא	כצאת העבדים / אם- רעה בעיני אדניה	3122	2	1			2
ט220502	מיטב שדהו ומיטב כרמו ישלם / כי-	תצא	אש ומצאה קצים ונאכל גדיש או	3122	2	1			2
ט041418	דבר ידבר הוא וגם הנה- הוא	יצא	לקראתך וראך ושמח בלבו / ודברת אליו	3131	1	1			2
ט071506	העם / לך אל- פרעה בבקר הנה	יצא	המימה ונצבת לקראתו על- שפת היאר	3131	1	1			2
ט081611	השכם בבקר והתיצב לפני פרעה הנה	יוצא	המימה ואמרת אליו כה אמר יהוה	3131	1	1			2
ט082505	העתירו בעדי / ויאמר משה הנה אנכי	יוצא	מעמך והעתרתי אל- יהוה וסר הערב	3131	1	1			2
ט110409	כה אמר יהוה כחצת הלילה אני	יוצא	בתוך מצרים / ומת כל- בכור בארץ	3131	1	1			2
ט130403	מזה ולא יאכל חמץ / היום אתם	יצאים	בחדש האביב / והיה כי- יביאך יהוה	3131	1	3			3
ט140814	וירדף אחרי בני ישראל ובני ישראל	יצאים	ביד רמה / וירדפו מצרים אחריהם וישיגו	3131	1	3			3
ט253203	כפתריה ופרחיה ממנה יהיו / וששה קנים	יצאים	מצדיה שלשה קני מנרה מצדה האחד	3131	1	3			3
ט253318	האחד כפתר ופרח כן לששת הקנים	היצאים	מן- המנרה / ובמנרה ארבעה גבעים משקדים	3131	1	3		2	4
ט253518	תחת- שני הקנים ממנה לששת הקנים	היצאים	מן- המנרה / כפתריהם וקנתם ממנה יהיו	3131	1	3		2	4
ט371803	כפתריה ופרחיה ממנה היו / וששה קנים	יצאים	מצדיה שלשה קני מנרה מצדה האחד	3131	1	3			3
ט371918	אחד כפתר ופרח כן לששת הקנים	היצאים	מן- המנרה / ובמנרה ארבעה גבעים משקדים	3131	1	3		2	4
ט372118	תחת- שני הקנים ממנה לששת הקנים	היצאים	ממנה / כפתריהם וקנתם ממנה היו כלה	3131	1	3		2	4
ט010504	ונפתלי גד ואשר / ויהי כל- נפש	יצאי	ירך- יעקב שבעים נפש ויוסף היה	3133	1	3			3
ט110809	עבדיך אלה אלי והשתחוו- לי לאמר	צא	אתה וכל העם אשר- ברגליך ואחרי-	314	1	1			1
ט123107	ויקרא למשה ולאהרן לילה ויאמר קומו	צאו	מתוך עמי גם- אתם גם- בני	314	1	3			2
ט170908	משה אל- יהושע בחר- לנו אנשים	וצא	הלחם בעמלק מחר אנכי נצב על-	314	1	1		1	2
ט190103	וילך לו אל- ארצו // בחדש השלישי	לצאת	בני- ישראל מארץ מצרים ביום הזה	3152				6	2
ט210709	איש את- בתו לאמה לא תצא	כצאת	העבדים / אם- רעה בעיני אדניה אשר-	3152				5	2
ט231610	מעשיך אשר תזרע בשדה וחג האסף	בצאת	השנה באספך את- מעשיך מן- השדה	3152				4	2
ט330802	אהל מועד אשר מחוץ למחנה / והיה	כצאת	משה אל- האהל יקומו כל- העם	3152				5	2
ט052008	את- משה ואת- אהרן נצבים לקראתם	בצאתם	מאת פרעה / ויאמרו אלהם ירא יהוה	3153			9	4	3
ט092904	ולא תספון לעמד / ויאמר אליו משה	כצאתי	את- העיר אפרש את כפי אל-	3153			1	5	3

/ = סוף פסוק   // = סוף פרק   ג = מין   # = מספר   כ = כינוי הגוף   קס = קידומות וסיומות   ה = מספר ההברות

אזכור		מלה		צורן	ג	#	כ	קס	ה
ט130811	לאמר בעבור זה עשה יהוה לי	בצאתי	ממצרים / והיה לך לאות על- ידך	3153			1	4	3
ט160120	ובין סיני בחמשה עשר יום לחדש השני	לצאתם	מארץ מצרים / וילונו כל- עדת בני-	3153			9	6	3
ט283512	קולו בבאו אל- הקדש לפני יהוה	ובצאתו	ולא ימות / ועשית ציץ זהב טהור	3153			4	41	4
ט343411	לדבר אתו יסיר את- המסוה עד-	צאתו	ויצא ודבר אל- בני ישראל את	3153			4		2
	--*-*-*-*-*-*-*-*-*-*-*-*-*-*-*	יצהר	*-*-*-*-*-*-*-*-*-*-*-*-*-*-*-*-*						
ט061804	לבני ושמעי למשפחתם / ובני קהת עמרם	ויצהר	וחברון ועזיאל ושני חיי קהת שלש	122	1			1	3
ט062102	עמרם שבע ושלשים ומאת שנה / ובני	יצהר	קרח ונפג וזכרי / ובני עזיאל מישאל	122	1				2
	--*-*-*-*-*-*-*-*-*-*-*-*-*-*-*	יצחק	*-*-*-*-*-*-*-*-*-*-*-*-*-*-*-*-*						
ט022412	אלהים את- בריתו את- אברהם את-	יצחק	ואת- יעקב / וירא אלהים את- בני	122	1				2
ט030608	אנכי אלהי אביך אלהי אברהם אלהי	יצחק	ואלהי יעקב ויסתר משה פניו כי	122	1				2
ט031517	יהוה אלהי אבתיכם אלהי אברהם אלהי	יצחק	ואלהי יעקב שלחני אליכם זה- שמי	122	1				2
ט031615	אלהי אבתיכם נראה אלי אלהי אברהם	יצחק	ויעקב לאמר פקד פקדתי אתכם ואת-	122	1				2
ט040512	יהוה אלהי אבתם אלהי אברהם אלהי	יצחק	ואלהי יעקב / ויאמר יהוה לו עוד	122	1				2
ט060305	אני יהוה / וארא אל- אברהם אל-	יצחק	ואל- יעקב באל שדי ושמי יהוה	122	1				2
ט060812	נשאתי את- ידי לתת אתה לאברהם	ליצחק	וליעקב ונתתי אתה לכם מורשה אני	122	1			6	3
ט321303	והנחם על- הרעה לעמך / זכר לאברהם	ליצחק	ולישראל עבדיך אשר נשבעת להם בך	122	1			6	3
ט330119	מצרים אל- הארץ אשר נשבעתי לאברהם	ליצחק	וליעקב לאמר לזרעך אתננה / ושלחתי לפניך	122	1			6	3
	--*-*-*-*-*-*-*-*-*-*-*-*-*-*-*	יצק	*-*-*-*-*-*-*-*-*-*-*-*-*-*-*-*-*						
ט251201	תצפנו ועשית עליו זר זהב סביב /	ויצקת	לו ארבע טבעת זהב ונתתה על	3111	1	1		1	4
ט263711	שטים וצפית אתם זהב וויהם זהב	ויצקת	להם חמשה אדני נחשת // ועשית את-	3111	1	1		1	4
ט290705	על- המצנפת / ולקחת את- שמן המשחה	ויצקת	על- ראשו ומשחת אתו / ואת- בניו	3111	1	1		1	4
ט363610	עמודי שטים ויצפם זהב וויהם זהב	ויצק	להם ארבעה אדני- כסף / ויעש מסך	3121	1	1		*	3
ט370301	ומחוץ ויעש לו זר זהב סביב /	ויצק	לו ארבע טבעת זהב על ארבע	3121	1	1		*	3
ט371301	סביב ויעש זר- זהב למסגרתו סביב /	ויצק	לו ארבע טבעת זהב ויתן את-	3121	1	1		*	3
ט380501	נחשת תחת כרכבו מלמטה עד- חציו /	ויצק	ארבע טבעת בארבע הקצות למכבר הנחשת	3121	1	1		*	3
ט382705	מאות והמשים / ויהי מאת ככר הכסף	לצקת	את אדני הקדש ואת אדני הפרכת	3154				6	3
	--*-*-*-*-*-*-*-*-*-*-*-*-*-*-*	ירא	*-*-*-*-*-*-*-*-*-*-*-*-*-*-*-*-*						
ט030615	ואלהי יעקב ויסתר משה פניו כי	ירא	מהביט אל- האלהים / ויאמר יהוה ראה	3111	1	1			2
ט012103	וירב העם ויעצמו מאד / ויהי כי-	יראו	המילדת את האלהים ויעש להם בתים	3112	2	3			3
ט021415	אתה אמר כאשר הרגת את- המצרי	ויירא	משה ויאמר אכן נודע הדבר / וישמע	3121	1	1		*	3
ט093006	הארץ / ואתה ועבדיך ידעתי כי טרם	תיראון	מפני יהוה אלהים / והפשתה והשערה נכתה	3121	1	3		0	3
ט141012	את- עיניהם והנה מצרים נסע אחריהם	וייראו	מאד ויצעקו בני- ישראל אל- יהוה	3121	1	3		*	4
ט141306	במדבר / ויאמר משה אל- העם אל-	תיראו	התיצבו וראו את- ישועת יהוה אשר-	3121	1	3			3
ט143110	היד הגדלה אשר עשה יהוה במצרים	וייראו	העם את יהוה ויאמינו ביהוה ובמשה	3121	1	3		*	4
ט202006	נמות / ויאמר משה אל- העם אל-	תיראו	כי לבעבור נסות אתכם בא האלהים	3121	1	3			3
ט343012	את- משה והנה קרן עור פניו	וייראו	מגשת אליו / ויקרא אלהם משה וישבו	3121	1	3		*	4
ט011701	והמתן אתו ואם בת הוא וחיה /	ותיראן	המילדת את- האלהים ולא עשו כאשר	3122	2	3		*	4
ט092001	יאסף הביתה וירד עלהם הברד ומתו /	הירא	את- דבר יהוה מעבדי פרעה הניס	3131	1	1		2	3
ט182107	ואתה תחזה מכל- העם אנשי- חיל	יראי	אלהים אנשי אמת שנאי בצע ושמת	3133	1	3			3
	--*-*-*-*-*-*-*-*-*-*-*-*-*-*-*	יראה	*-*-*-*-*-*-*-*-*-*-*-*-*-*-*-*-*						
ט202015	נסות אתכם בא האלהים ובעבור תהיה	יראתו	על- פניכם לבלתי תחטאו / ויעמד העם	1123	2	1	4		3
	--*-*-*-*-*-*-*-*-*-*-*-*-*-*-*	ירד	*-*-*-*-*-*-*-*-*-*-*-*-*-*-*-*-*						
ט110801	יפלה יהוה בין מצרים ובין ישראל /	וירדו	כל- עבדיך אלה אלי והשתחוו- לי	3111	1	3		1	4
ט150503	שלשיו טבעו בים- סוף / תהמת יכסימו	ירדו	במצולת כמו- אבן / ימינך יהוה נאדרי	3111	1	3			3
ט191807	והר סיני עשן כלו מפני אשר	ירד	עליו יהוה באש ויעל עשנו כעשן	3111	1	1			2
ט030801	מפני נגשיו כי ידעתי את- מכאביו /	וארד	להצילו מיד מצרים ולהעלתו מן- הארץ	3121	1	1		*	3
ט091920	אשר- ימצא בשדה ולא יאסף הביתה	וירד	עלהם הברד ומתו / הירא את- דבר	3121	1	1		1	3
ט191108	נכנים ליום השלישי כי ביום השלישי	ירד	יהוה לעיני כל- העם על- הר	3121	1	1			2

/ = סוף פסוק   // = סוף פרק   ג = מין   # = מספר   כ = כינוי חבור   קס = קידומות וסיומות   ה = מספר ההברות

אזכור		מלה		צופן	ג	#	כ	קס	ה
ט191401	יחיה במשך היבל המה יעלו בהר /	וירד	משה מן- ההר אל- העם ויקדש	3121	1	1		*	3
ט192001	מאד משה ידבר והאלהים יעננו בקול /	וירד	יהוה על- הר סיני אל- ראש	3121	1	1		*	3
ט192501	לעלת אל- יהוה פן- ינרץ- בם /	וירד	משה אל- העם ויאמר אלהם // וידבר	3121	1	1		*	3
ט321502	הרעה אשר דבר לעשות לענו / ויפן	וירד	משה מן- ההר ושני לחת העדת	3121	1	1		*	3
ט330905	באו האהלה / והיה כבא משה האהלה	ירד	עמוד הענן ועמד פתח האהל ודבר	3121	1	1			2
ט340501	אתו ויקח בידו שני לחת אבנים /	וירד	יהוה בענן ויתיצב עמו שם ויקרא	3121	1	1		*	3
ט020501	אחתו מרחק לדעה מה- יעשה לו /	ותרד	בת- פרעה לרחץ על- היאר ונערתיה	3122	2	1		*	3
ט192105	ויעל משה / ויאמר יהוה אל- משה	רד	העד בעם פן- יהרסו אל- יהוה	314	1	1			1
ט192405	ההר וקדשתו / ויאמר אליו יהוה לך-	רד	ועלית אתה ואהרן עמך והכהנים והעם	314	1	1			1
ט320706	לצחק / וידבר יהוה אל- משה לך-	רד	כי שחת עמך אשר העלית מארץ	314	1	1			1
ט342902	את דברי הברית עשרת הדברים / ויהי	ברדת	משה מהר סיני ושני לחת העדת	3152				4	3
ט342911	סיני ושני לחת העדת ביד- משה	ברדתו	מן- ההר ומשה לא- ידע כי	3153			4	4	3
ט320106	אלהים // וירא העם כי- בשש משה	לרדת	מן- ההר ויקהל העם על- אהרן	3154				6	3
	-	ירה	*-*						
ט150404	מלחמה יהוה שמו / מרכבת פרעה וחילו	ירה	בים ומבחר שלשיו טבעו בים- סוף	3111	1	1			2
ט191309	בו יד כי- סקול יסקל או-	ירה	יירה אם- בהמה אם- איש לא	3151					2
	-	ירח	*-*						
ט020212	אתו כי- טוב הוא ותצפנהו שלשה	ירחים	/ ולא- יכלה עוד הצפינו ותקח- לו	1115	1	3			3
	-	יריעה	*-*						
ט260202	כרבים מעשה חשב תעשה אתם / ארך	היריעה	האחת שמנה ועשרים באמה ורחב ארבע	1121	2	1		2	4
ט260210	שמנה ועשרים באמה ורחב ארבע באמה	היריעה	האחת מדה אחת לכל היריעת / חמש	1121	2	1		2	4
ט260406	אתהם / ועשית ללאת תכלת על שפת	היריעה	האחת מקצה בחברת וכן תעשה בשפת	1121	2	1		2	4
ט260413	האחת מקצה בחברת וכן תעשה בשפת	היריעה	הקיצונה במחברת השנית / חמשים ללאת תעשה	1121	2	1		2	4
ט260504	הקיצונה במחברת השנית / חמשים ללאת תעשה	ביריעה	האחת וחמשים ללאת תעשה בקצה היריעה	1121	2	1		24	4
ט260510	ביריעה האחת וחמשים ללאת תעשה בקצה	היריעה	אשר במחברת השנית מקבילת הללאת אשה	1121	2	1		2	4
ט260802	המשכן עשתי-עשרה יריעת תעשה אתם / ארך	היריעה	האחת שלשים באמה ורחב ארבע באמה	1121	2	1		2	4
ט260809	האחת שלשים באמה ורחב ארבע באמה	היריעה	האחת מדה אחת לעשתי עשרה יריעת / וחברת	1121	2	1		2	4
ט260912	ואת שש היריעת לבד וכפלת את-	היריעה	הששית אל- מול פני האהל / ועשית	1121	2	1		2	4
ט261006	האהל / ועשית חמשים ללאת על שפת	היריעה	האחת הקיצנה בחברת וחמשים ללאת על	1121	2	1		2	4
ט261014	הקיצנה בחברת וחמשים ללאת על שפת	היריעה	החברת השנית / ועשית קרסי נחשת חמשים	1121	2	1		2	4
ט261206	אחד / וסרח העדף ביריעת האהל חצי	היריעה	העדפת תסרח על אחרי המשכן / והאמה	1121	2	1		2	4
ט360902	כרבים מעשה חשב עשה אתם / ארך	היריעה	האחת שמנה ועשרים באמה ורחב ארבע	1121	2	1		2	4
ט360910	שמנה ועשרים באמה ורחב ארבע באמה	היריעה	האחת מדה אחת לכל- היריעת / ויחבר	1121	2	1		2	4
ט361106	אחת / ויעש ללאת תכלת על שפת	היריעה	האחת מקצה במחברת כן עשה בשפת	1121	2	1		2	4
ט361113	האחת מקצה במחברת כן עשה בשפת	היריעה	הקיצונה במחברת השנית / חמשים ללאת עשה	1121	2	1		2	4
ט361204	הקיצונה במחברת השנית / חמשים ללאת עשה	ביריעה	האחת וחמשים ללאת עשה בקצה היריעה	1121	2	1		24	4
ט361210	ביריעה האחת וחמשים ללאת עשה בקצה	היריעה	אשר במחברת השנית מקבילת הללאת אחת	1121	2	1		2	4
ט361502	המשכן עשתי-עשרה יריעת עשה אתם / ארך	היריעה	האחת שלשים באמה וארבע אמות רחב	1121	2	1		2	4
ט361509	האחת שלשים באמה וארבע אמות רחב	היריעה	האחת מדה אחת לעשתי עשרה יריעת / ויחבר	1121	2	1		2	4
ט361706	לבד / ויעש ללאת חמשים על שפת	היריעה	הקיצנה במחברת וחמשים ללאת עשה על-	1121	2	1		2	4
ט361714	במחברת וחמשים ללאת עשה על- שפת	היריעה	החברת השנית / ויעש קרסי נחשת חמשים	1121	2	1		2	4
ט260215	באמה היריעה האחת מדה אחת לכל	היריעת	/ חמש היריעת תהיין חברת אשה אל-	1125	2	3		2	4
ט260302	האחת מדה אחת לכל היריעת / חמש	היריעת	תהיין חברת אשה אל- אחתה וחמש	1125	2	3		2	4
ט260309	תהיין חברת אשה אל- אחתה וחמש	יריעת	חברת אשה אל- אחתה / ועשית ללאת	1125	2	3			3
ט260607	ועשית חמשים קרסי זהב וחברת את-	היריעת	אשה אל- אחתה בקרסים והיה המשכן	1125	2	3		2	4
ט260708	יריעת עזים לאהל על- המשכן עשתי-עשרה	יריעת	תעשה אתם / ארך היריעה האחת שלשים	1125	2	3			3
ט260814	באמה היריעה האחת מדה אחת לעשתי עשרה	יריעת	/ וחברת את- חמש היריעת לבד ואת	1125	2	3			3
ט260904	אחת לעשתי עשרה יריעת / וחברת את- חמש	היריעת	לבד ואת שש היריעת לבד וכפלת	1125	2	3		2	4
ט260908	את- חמש היריעת לבד ואת שש	היריעת	לבד וכפלת את- היריעה הששית אל-	1125	2	3		2	4
ט360915	באמה היריעה האחת מדה אחת לכל-	היריעת	/ ויחבר את- חמש היריעת אחת אל-	1125	2	3		2	4
ט361004	אחת לכל- היריעת / ויחבר את- חמש	היריעה	אחת אל- אחת וחמש יריעת חבר	1125	2	3		2	4

אזכור		מלה		צופן	ג	#	כ	קס	ה
ט361009	חמש היריעת אחת אל- אחת וחמש	ירִיעת	גבר אחת אל- אחת / ויעש ללאת	1125	2	3			3
ט361307	ויעש חמשים קרסי זהב ויחבר את-	היריעת	אחת אל- אחת בקרסים ויהי המשכן	1125	2	3		2	4
ט361408	יריעת עזים לאהל על- המשכן עשתי-עשרה	יריעת	עשה אתם / ארך היריעה האחת שלשים	1125	2	3			3
ט361514	רחב היריעה האחת מדה אחת לעשתי עשרה	יריעת	/ ויחבר את- חמש היריעת לבד ואת-	1125	2	3			3
ט361604	אחת לעשתי עשרה יריעת / ויחבר את- חמש	היריעת	לבד ואת- שש היריעת לבד / ויעש	1125	2	3		2	4
ט361608	את- חמש היריעת לבד ואת- שש	היריעת	לבד / ויעש ללאת חמשים על שפת	1125	2	3		2	4
ט260105	מראה בהר // ואת- המשכן תעשה עשר	יריעת	שש משזר ותכלת וארגמן ותלעת שני	1126	2	3			3
ט260702	אחזה בקרסים והיה המשכן אחד / ועשית	יריעת	עזים לאהל על- המשכן עשתי-עשרה יריעת	1126	2	3			3
ט261203	את- האהל והיה אחד / וסרח העדף	ביריעת	האהל חצי היריעה העדפת תסרח על	1126	2	3		4	3
ט261307	והאמה מזה והאמה מזה בעדף בארך	יריעת	האהל יהיה סרוח על- צדי המשכן	1126	2	3			3
ט360810	לב בעשי המלאכה את- המשכן עשר	יריעת	שש משזר ותכלת וארגמן ותולעת שני	1126	2	3			3
ט361402	אחת בקרסים ויהי המשכן אחד / ויעש	יריעת	עזים לאהל על- המשכן עשתי-עשרה יריעת	1126	2	3			3
	-	ירך	*-*						
ט010505	גד ואשר / ויהי כל- נפש יצאי	ירך-	יעקב שבעים נפש ויוסף היה במצרים	1122	2	1			2
ט402207	ויתן את- השלחן באהל מועד על	ירך	המשכן צפנה מחוץ לפרכת / ויערך עליו	1122	2	1			2
ט402409	המנרה באהל מועד נכח השלחן על	ירך	המשכן נגבה / ויעל הנרת לפני יהוה	1122	2	1			2
ט322712	אלהי ישראל שימו איש- חרבו על-	ירכו	עברו ושובו משער לשער במחנה והרגו	1123	2	1	4		3
ט253108	מנרת זהב טהור מקשה תיעשה המנורה	ירכה	וקנה גביעיה כפתריה ופרחיה ממנה יהיו	1124	2	1	5		3
ט371710	זהב טהור מקשה עשה את- המנרה	ירכה	וקנה גביעיה כפתריה ופרחיה ממנה היו	1124	2	1	5		3
ט284210	בד לכסות בשר ערוה ממתנים ועד-	ירכים	יהיו / והיו על- אהרן ועל- בניו	1125	2	2			4
	-	ירכה	*-*						
ט262306	קרשים / ושני קרשים תעשה למקצעת המשכן	בירכתים	/ ויהיו תאמם מלמטה ויחדו יהיו תמים	1125	2	2		24	5
ט262712	השנית וחמשה בריחם לקרשי צלע המשכן	לירכתים	ימה / והבריח התיכן בתוך הקרשים מברח	1125	2	2		26	5
ט362806	קרשים / ושני קרשים עשה למקצעת המשכן	בירכתים	/ והיו תואמם מלמטה ויחדו יהיו תמים	1125	2	2		24	5
ט363211	המשכן השנית וחמשה בריחם לקרשי המשכן	לירכתים	ימה / ויעש את- הבריח התיכן לברח	1125	2	2		26	5
ט262201	האחד ושני אדנים תחת הקרש האחד /	ולירכתי	המשכן ימה תעשה ששה קרשים / ושני	1126	2	2		61	5
ט362701	האחד ושני אדנים תחת הקרש האחד /	ולירכתי	המשכן ימה עשה ששה קרשים / ושני	1126	2	2		61	5
	-	ירק	*-*						
ט101523	אשר הותיר הברד ולא- נותר כל-	ירק	בעץ ובעשב השדה בכל- ארץ מצרים	1111	1	1			2
	-	יש	*-*						
ט170714	ישראל ועל נסתם את- יהוה לאמר	היש	יהוה בקרבנו אם- אין / ויבא עמלק	87				3	2
	-	ישב	*-*						
ט124005	עשו להם / ומושב בני ישראל אשר	ישבו	במצרים שלשים שנה וארבע מאות שנה	3111	1	3			3
ט021514	אז- משה ויברח משה מפני פרעה	וישב	בארץ- מדין וישב על- הבאר / ולכהן	3121	1	1		*	3
ט021517	משה מפני פרעה וישב בארץ- מדין	וישב	על- הבאר / ולכהן מדין שבע בנות	3121	1	1		*	3
ט171208	משה כבדים ויקחו- אבן וישימו תחתיו	וישב	עליה ואהרן וחור תמכו בידיו מזה	3121	1	1		*	3
ט181303	חתן משה לפני האלהים / ויהי ממחרת	וישב	משה לשפט את- העם ויעמד העם	3121	1	1		*	3
ט233302	לא- תכרת להם ולאלהיהם ברית / לא	ישבו	בארצך פן- יחטיאו אתך לי כי	3121	1	3			3
ט320607	וישכימו ממחרת ויעלו עלת ויגשו שלמים	וישב	העם לאכל ושתו ויקמו לצחק / וידבר	3121	1	1		*	3
ט110508	כל- בכור בארץ מצרים מבכור פרעה	הישב	על- כסאו עד בכור השפחה אשר	3131	1	1		2	3
ט122912	כל- בכור בארץ מצרים מבכר פרעה	הישב	על- כסאו עד בכור השבי אשר	3131	1	1		2	3
ט181420	אשר אתה עשה לעם מדוע אתה	יושב	לבדך וכל- העם נצב עליך מן-	3131	1	1			2
ט151406	קדשך / שמעו עמים ירגזון חיל אחז	ישבי	פלשת / אז נבהלו אלופי אדום אילי	3133	1	3			3
ט151511	אילי מואב יאחזמו רעד נמגו כל	ישבי	כנען / תפל עליהם אימתה ופחד בגדל	3133	1	3			3
ט233116	עד- הנהר כי אתן בידכם את	ישבי	הארץ וגרשתמו מפניך / לא- תכרת להם	3133	1	3			3
ט341206	והיבוסי / השמר לך פן- תכרת ברית	ליושב	הארץ אשר אתה בא עליה פן-	3133	1	1		6	3
ט341504	אל קנא הוא / פן- תכרת ברית	ליושב	הארץ וזנו אחרי אלהיהם וזבחו לאלהיהם	3133	1	1		6	3
ט162916	נתן לכם ביום הששי לחם יומים	שבו	איש תחתיו אל- יצא איש ממקמו	314	1	3			2
ט241404	אל- הר האלהים / ואל- הזקנים אמר	שבו-	לנו בזה עד אשר- נשוב אליכם	314	1	3			2

אזכור		מלה		צונן	ג	#	כ	קס	ה
ט151706	קניה / תבאמו ותטעמו בהר נחלתך מכון	לשבתך	פעלת יהוה מקדש אדני כוננו ידיך	3153			2	6	4
ט160312	יתן מותנו ביד- יהוה בארץ מצרים	בשבתנו	על- סיר הבשר באכלנו לחם לשבע	3153			6	4	4
ט211910	בחוץ על- משענתו ונקה המכה רק	שבתו	יתן ורפא ירפא / וכי- יכה איש	3153			4		2
ט022103	קראן לו ויאכל לחם / ויואל משה	לשבת	את- האיש ויתן את- צפרה בתו	3154				6	3
	-	ישועה	*-*						
ט150206	בים / עזי וזמרת יה ויהי- לי	לישועה	זו אלי ואנוהו אלהי אבי וארממנהו	1121	2	1		6	3
ט141310	העם אל- תיראו התיצבו וראו את-	ישועת	יהוה אשר- יעשה לכם היום כי	1122	2	1			3
	-	ישפה	*-*						
ט282005	שבו ואחלמה / והטור הרביעי תרשיש ושהם	וישפה	משבצים זהב יהיו במלואתם / והאבנים תהיין	1111	1	1		1	4
ט391305	שבו ואחלמה / והטור הרביעי תרשיש שהם	וישפה	מוסבת משבצת זהב במלאתם / והאבנים על-	1111	1	1		1	4
	-	ישר	*-*						
ט152608	אם- שמוע תשמע לקול יהוה אלהיך	והישר	בעיניו תעשה והאזנת למצותיו ושמרת כל-	1111	1	1		21	4
	-	ישראל	*-*						
ט010104	ואלה שמות בני	ישראל	הבאים מצרימה את יעקב איש וביתו	122	1				3
ט010702	וכל אחיו וכל הדור ההוא / ובני	ישראל	פרו וישרצו וירבו ויעצמו במאד מאד	122	1				3
ט010907	ויאמר אל עמו הנה עם בני	ישראל	רב ועצום ממנו / הבה נתחכמה לו	122	1				3
ט011211	ירבה וכן יפרץ ויקצו מפני בני	ישראל	/ ויעבדו מצרים את- בני ישראל בפרך	122	1				3
ט011305	בני ישראל / ויעבדו מצרים את- בני	ישראל	בפרך / וימררו את- חייהם בעבדה קשה	122	1				3
ט022310	ההם וימת מלך מצרים ויאנחו בני-	ישראל	מן- העבדה ויזעקו ותעל שועתם אל-	122	1				3
ט022505	ואת- יעקב / וירא אלהים את- בני	ישראל	וידע אלהים // ומשה היה רעה את-	122	1				3
ט030905	והחוי והיבוסי / ועתה הנה צעקת בני-	ישראל	באה אלי וגם- ראיתי את- הלחץ	122	1				3
ט031010	אל- פרעה והוצא את- עמי בני-	ישראל	ממצרים / ויאמר משה אל- האלהים מי	122	1				3
ט031115	אל- פרעה וכי אוציא את- בני	ישראל	ממצרים / ויאמר כי- אהיה עמך וזה-	122	1				3
ט031310	האלהים הנה אנכי בא אל- בני	ישראל	ואמרתי להם אלהי אבותיכם שלחני אליכם	122	1				3
ט031412	אשר אהיה ויאמר כה תאמר לבני	ישראל	אהיה שלחני אליכם / ויאמר עוד אלהים	122	1				3
ט031510	אל- משה כה תאמר אל- בני	ישראל	יהוה אלהי אבתיכם אלהי אברהם אלהי	122	1				3
ט031605	לדר דר / לך ואספת את- זקני	ישראל	ואמרת אלהם יהוה אלהי אבתיכם נראה	122	1				3
ט031806	ודבש / ושמעו לקלך ובאת אתה וזקני	ישראל	אל- מלך מצרים ואמרתם אליו יהוה	122	1				3
ט042209	פרעה כה אמר יהוה בני בכרי	ישראל	/ ואמר אליך שלח את- בני ויעבדני	122	1				3
ט042909	ואהרן ויאספו את- כל- זקני בני	ישראל	/ וידבר אהרן את כל- הדברים אשר-	122	1				3
ט043109	וישמעו כי- פקד יהוה את- בני	ישראל	וכי ראה את- ענים ויקדו וישתחוו	122	1				3
ט050112	אל- פרעה כה- אמר יהוה אלהי	ישראל	שלח את- עמי ויחגו לי במדבר	122	1				3
ט050210	יהוה אשר אשמע בקלו לשלח את-	ישראל	לא ידעתי את- יהוה וגם את-	122	1				3
ט050217	לא ידעתי את- יהוה וגם את-	ישראל	לא אשלח / ויאמרו אלהי העברים נקרא	122	1				3
ט051404	כאשר בהיות התבן / ויכו שטרי בני	ישראל	אשר- שמו עלהם נגשי פרעה לאמר	122	1				3
ט051504	תמול גם- היום / ויבאו שטרי בני	ישראל	ויצעקו אל- פרעה לאמר למה תעשה	122	1				3
ט051904	ותכן לבנים תתנו / ויראו שטרי בני-	ישראל	אתם ברע לאמר לא- תגרעו מלבניכם	122	1				3
ט060507	וגם אני שמעתי את- נאקת בני	ישראל	אשר מצרים מעבדים אתם ואזכר את-	122	1				3
ט060604	ואזכר את- בריתי / לכן אמר לבני-	ישראל	אני יהוה והוצאתי אתכם מתחת סבלת	122	1				3
ט060906	יהוה / וידבר משה כן אל- בני	ישראל	ולא שמעו אל- משה מקצר רוח	122	1				3
ט061110	פרעה מלך מצרים וישלח את- בני-	ישראל	מארצו / וידבר משה לפני יהוה לאמר	122	1				3
ט061208	משה לפני יהוה לאמר הן בני	ישראל	לא- שמעו אלי ואיך ישמעני פרעה	122	1				3
ט061310	משה ואל- אהרן ויצום אל- בני	ישראל	ואל- פרעה מלך מצרים להוציא את-	122	1				3
ט061318	פרעה מלך מצרים להוציא את- בני-	ישראל	מארץ מצרים / אלה ראשי בית- אבתם	122	1				3
ט061408	ראשי בית- אבתם בני ראובן בכר	ישראל	חנוך ופלוא חצרן וכרמי אלה משפחת	122	1				3
ט062611	אמר יהוה להם הוציאו את- בני	ישראל	מארץ מצרים על- צבאתם / הם המדברים	122	1				3
ט062710	פרעה מלך- מצרים להוציא את- בני-	ישראל	ממצרים הוא משה ואהרן / ויהי ביום	122	1				3
ט070215	ידבר אל- פרעה ושלח את- בני-	ישראל	מארצו / ואני אקשה את- לב פרעה	122	1				3
ט070415	והוצאתי את- צבאתי את- עמי בני-	ישראל	מארץ מצרים בשפטים גדלים / וידעו מצרים	122	1				3
ט070514	ידי על- מצרים והוצאתי את- בני-	ישראל	מתוכם / ויעש משה ואהרן כאשר צוה	122	1				3

אזכור		מלה		צובן	ג	#	כ	קס	ו
ט090405	כבד מאד / והפלה יהוה בין מקנה	ישראל	ובין מקנה מצרים ולא ימות מכל-	122	1				3
ט090413	מקנה מצרים ולא ימות מכל- לבני	ישראל	דבר / וישם יהוה מועד לאמר מחר	122	1				3
ט090613	וימת כל מקנה מצרים וממקנה בני-	ישראל	לא- מת אחד / וישלח פרעה והנה	122	1				3
ט090707	וישלח פרעה והנה לא- מת ממקנה	ישראל	עד- אחד ויכבד לב פרעה ולא	122	1				3
ט092607	רק בארץ גשן אשר- שם בני	ישראל	לא היה ברד / וישלח פרעה ויקרא	122	1				3
ט093508	לב פרעה ולא שלח את- בני	ישראל	כאשר דבר יהוה ביד- משה // ויאמר	122	1				3
ט102010	לב פרעה ולא שלח את- בני	ישראל	/ ויאמר יהוה אל- משה נטה ידך	122	1				3
ט102314	איש מתחתיו שלשת ימים ולכל בני	ישראל	היה אור במושבתם / ויקרא פרעה אל-	122	1				3
ט110703	נהיתה וכמהו לא תסף / ולכל בני	ישראל	לא יחרץ- כלב לשנו למאיש ועד-	122	1				3
ט110719	אשר יפלה יהוה בין מצרים ובין	ישראל	/ וירדו כל- עבדיך אלה אלי והשתחוו-	122	1				3
ט111019	לב פרעה ולא- שלח את- בני-	ישראל	מארצו // ויאמר יהוה אל- משה ואל-	122	1				3
ט120305	לחדשי השנה / דברו אל- כל- עדת	ישראל	לאמר בעשר לחדש הזה ויקחו להם	122	1				3
ט120614	הזה ושחטו אתו כל קהל עדת-	ישראל	בין הערבים / ולקחו מן- הדם ונתנו	122	1				3
ט121518	כל- אכל חמץ ונכרתה הנפש ההוא	מישראל	מיום הראשן עד- יום השבעי / וביום	122	1			7	4
ט121915	אכל מחמצת ונכרתה הנפש ההוא מעדת	ישראל	בגר ובאזרח הארץ / כל- מחמצת לא	122	1				3
ט122105	תאכלו מצות / ויקרא משה לכל- זקני	ישראל	ויאמר אלהם משכו וקחו לכם צאן	122	1				3
ט122711	ליהוה אשר פסח על- בתי בני-	ישראל	במצרים בנגפו את- מצרים ואת- בתינו	122	1				3
ט122804	ויקד העם וישתחוו / וילכו ויעשו בני	ישראל	כאשר צוה יהוה את- משה ואהרן	122	1				3
ט123114	מתוך עמי גם- אתם גם- בני	ישראל	ולכו עבדו את- יהוה כדברכם / גם-	122	1				3
ט123502	משארתם צררת בשמלתם על- שכמם / ובני-	ישראל	עשו כדבר משה וישאלו ממצרים כלי-	122	1				3
ט123703	וישאלום וינצלו את- מצרים / ויסעו בני-	ישראל	מרעמסס סכתה כשש- מאות אלף רגלי	122	1				3
ט124003	צדה לא- עשו להם / ומושב בני	ישראל	אשר ישבו במצרים שלשים שנה וארבע	122	1				3
ט124215	הלילה הזה ליהוה שמרים לכל- בני	ישראל	לדרתם / ויאמר יהוה אל- משה ואהרן	122	1				3
ט124703	ועצם לא- תשברו- בו / כל- עדת	ישראל	יעשו אתו / וכי- יגור אתך גר	122	1				3
ט125004	ולגר הגר בתוככם / ויעשו כל- בני	ישראל	כאשר צוה יהוה את- משה ואת-	122	1				3
ט125109	היום הזה הוציא יהוה את- בני	ישראל	מארץ מצרים על- צבאתם // וידבר יהוה	122	1				3
ט130209	כל- בכור פטר כל- רחם בבני	ישראל	באדם ובבהמה לי הוא / ויאמר משה	122	1				3
ט131812	המדבר ים- סוף וחמשים עלו בני	ישראל	מארץ מצרים / ויקח משה את- עצמות	122	1				3
ט131912	עמו כי השבע השביע את- בני-	ישראל	לאמר פקד יפקד אלהים אתכם והעליתם	122	1				3
ט140204	אל- משה לאמר / דבר אל- בני	ישראל	וישבו ויחנו לפני פיהחירת בין מגדל	122	1				3
ט140304	תחנו על- הים / ואמר פרעה לבני	ישראל	נבכים הם בארץ סגר עליהם המדבר	122	1				3
ט140520	מה- זאת עשינו כי- שלחנו את-	ישראל	מעבדנו / ויאסר את- רכבו ואת- עמו	122	1				3
ט140811	פרעה מלך מצרים וירדף אחרי בני	ישראל	ובני ישראל יצאים ביד רמה / וירדפו	122	1				3
ט140813	מצרים וירדף אחרי בני ישראל ובני	ישראל	יצאים ביד רמה / וירדפו מצרים אחריהם	122	1				3
ט141005	לפני בעלצפן / ופרעה הקריב וישאו בני-	ישראל	את- עיניהם והנה מצרים נסע אחריהם	122	1				3
ט141016	נסע אחריהם וייראו מאד ויצעקו בני-	ישראל	אל- יהוה / ויאמרו אל- משה המבלי	122	1				3
ט141511	מה- תצעק אלי דבר אל- בני-	ישראל	ויסעו / ואתה הרם את- מטך ונטה	122	1				3
ט141613	ידך על- הים ובקעהו ויבאו בני-	ישראל	בתוך הים ביבשה / ואני הנני מחזק	122	1				3
ט141907	ויסע מלאך האלהים ההלך לפני מחנה	ישראל	וילך מאחריהם ויסע עמוד הענן מפניהם	122	1				3
ט142007	ויבא בין מחנה מצרים ובין מחנה	ישראל	ויהי הענן והחשך ויאר את- הלילה	122	1				3
ט142203	הים לחרבה ויבקעו המים / ויבאו בני-	ישראל	בתוך הים ביבשה והמים להם חומה	122	1				3
ט142511	וינהגהו בכבדת ויאמר מצרים אנוסה מפני	ישראל	כי יהוה נלחם להם במצרים / ויאמר	122	1				3
ט142902	לא- נשאר בהם עד- אחד / ובני	ישראל	הלכו ביבשה בתוך הים והמים להם	122	1				3
ט143006	ומשמאלם / ויושע יהוה ביום ההוא את-	ישראל	מיד מצרים וירא ישראל את- מצרים	122	1				3
ט143010	ההוא את- ישראל מיד מצרים וירא	ישראל	את- מצרים מת על- שפת הים	122	1				3
ט143102	מצרים מת על- שפת הים / וירא	ישראל	את- היד הגדלה אשר עשה יהוה	122	1				3
ט150105	ובמשה עבדו // אז ישיר- משה ובני	ישראל	את- השירה הזאת ליהוה ויאמרו לאמר	122	1				3
ט151915	יהוה עלהם את- מי הים ובני	ישראל	הלכו ביבשה בתוך הים / ותקח מרים	122	1				3
ט152204	ורכבו רמה בים / ויסע משה את-	ישראל	מים- סוף ויצאו אל- מדבר- שור	122	1				3
ט160107	ויסעו מאילם ויבאו כל- עדת בני-	ישראל	אל- מדבר- סין אשר בין- אילם	122	1				3
ט160205	מארץ מצרים / וילונו כל- עדת בני-	ישראל	על- משה ועל- אהרן במדבר / ויאמרו	122	1				3
ט160304	ועל- אהרן במדבר / ויאמרו אלהם בני	ישראל	מי- יתן מותנו ביד- יהוה בארץ	122	1				3
ט160607	ויאמר משה ואהרן אל- כל- בני	ישראל	ערב וידעתם כי יהוה הוציא אתכם	122	1				3
ט160910	אהרן אמר אל- כל- עדת בני	ישראל	קרבו לפני יהוה כי שמע את	122	1				3

/ = סוף פסוק // = סוף פרק ג = מין # = מספר כ = כינוי וגוף קס = קידומות וסיומות ו = מספר ההברות

אזכור		מלה		ה	קס	כ	#	ג	צורן
ט161008	כדבר אהרן אל- כל- עדת בני-	ישראל	ויפנו אל- המדבר והנה כבוד יהוה	3				1	122
ט161205	משה לאמר / שמעתי את- תלונת בני	ישראל	דבר אלהם לאמר בין הערבים תאכלו	3				1	122
ט161503	דק ככפר על- הארץ / ויראו בני-	ישראל	ויאמרו איש אל- אחיו מן הוא	3				1	122
ט161704	לאשר באהלו תקחו / ויעשו- כן בני	ישראל	וילקטו המרבה והממעיט / וימדו בעמר ולא	3				1	122
ט163103	וישבתו העם ביום השבעי / ויקראו בית-	ישראל	את- שמו מן והוא כזרע גד	3				1	122
ט163502	ויניחהו אהרן לפני העדת למשמרת / ובני	ישראל	אכלו את- המן ארבעים שנה עד-	3				1	122
ט170105	האפה הוא // ויסעו כל- עדת בני-	ישראל	ממדבר- סין למסעיהם על- פי יהוה	3				1	122
ט170511	עבר לפני העם וקח אתך מזקני	ישראל	ומטך אשר הכית בו את- היאר	3				1	122
ט170620	העם ויעש כן משה לעיני זקני	ישראל	/ ויקרא שם המקום מסה ומריבה על- ריב	3				1	122
ט170708	שם המקום מסה ומריבה על- ריב בני	ישראל	ועל נסתם את- יהוה לאמר היש	3				1	122
ט170805	אם- אין / ויבא עמלק וילחם עם-	ישראל	ברפידם / ויאמר משה אל- יהושע בחר-	3				1	122
ט171107	והיה כאשר ירים משה ידו וגבר	ישראל	וכאשר יניח ידו וגבר עמלק / וידי	3				1	122
ט180113	את כל- אשר עשה אלהים למשה	ולישראל	עמו כי- הוציא יהוה את- ישראל	5	61			1	122
ט180119	ולישראל עמו כי- הוציא יהוה את-	ישראל	ממצרים / ויקח יתרו חתן משה את-	3				1	122
ט180813	עשה יהוה לפרעה ולמצרים על אודת	ישראל	את כל- התלאה אשר מצאתם בדרך	3				1	122
ט180909	על כל- הטובה אשר- עשה יהוה	לישראל	אשר הצילו מיד מצרים / ויאמר יתרו	4	6			1	122
ט181212	וזבחים לאלהים ויבא אהרן וכל זקני	ישראל	לאכל- לחם עם- חתן משה לפני	3				1	122
ט182506	אמר / ויבחר משה אנשי- חיל מכל-	ישראל	ויתן אתם ראשים על- העם שרי	3				1	122
ט190105	אל- ארצו // בחדש השלישי לצאת בני-	ישראל	מארץ מצרים ביום הזה באו מדבר	3				1	122
ט190210	מדבר סיני ויחנו במדבר ויחן- שם	ישראל	נגד ההר / ומשה עלה אל- האלהים	3				1	122
ט190317	כה תאמר לבית יעקב ותגיד לבני	ישראל	/ אתם ראיתם אשר עשיתי למצרים ואשא	3				1	122
ט190614	אלה הדברים אשר תדבר אל- בני	ישראל	/ ויבא משה ויקרא לזקני העם וישם	3				1	122
ט202209	אל- משה כה תאמר אל- בני	ישראל	אתם ראיתם כי מן- השמים דברתי	3				1	122
ט240113	אתה ואהרן נדב ואביהוא ושבעים מזקני	ישראל	והשתחויתם מרחק / ונגש משה לבדו אל-	3				1	122
ט240417	תחת ההר ושתים עשרה מצבה לשנים עשר שבטי	ישראל	/ וישלח את- נערי בני ישראל ויעלו	3				1	122
ט240505	שבטי ישראל / וישלח את- נערי בני	ישראל	ויעלו עלת ויזבחו זבחים שלמים ליהוה	3				1	122
ט240908	משה ואהרן נדב ואביהוא ושבעים מזקני	ישראל	/ ויראו את אלהי ישראל ותחת רגליו	3				1	122
ט241004	ושבעים מזקני ישראל / ויראו את אלהי	ישראל	ותחת רגליו כמעשה לבנת הספיר וכעצם	3				1	122
ט241104	וכעצם השמים לטהר / ואל- אצילי בני	ישראל	לא שלח ידו ויחזו את- האלהים	3				1	122
ט241710	כאש אכלת בראש ההר לעיני בני	ישראל	/ ויבא משה בתוך הענן ויעל אל-	3				1	122
ט250204	אל- משה לאמר / דבר אל- בני	ישראל	ויקחו לי תרומה מאת כל- איש	3				1	122
ט252222	כל- אשר אצוה אותך אל- בני	ישראל	/ ועשית שלחן עצי שטים אמתים ארכו	3				1	122
ט272005	החצר נחשת / ואתה תצוה את- בני	ישראל	ויקחו אליך שמן זית זך כתית	3				1	122
ט272122	יהוה חקת עולם לדרתם מאת בני	ישראל	// ואתה הקרב אליך את- אהרן אחיך	3				1	122
ט280112	אחיך ואת- בניו אתו מתוך בני	ישראל	לכהנו- לי אהרן נדב ואביהוא אלעזר	3				1	122
ט280910	אבני- שהם ופתחת עליהם שמות בני	ישראל	/ ששה משמתם על האבן האחת ואת-	3				1	122
ט281113	את- שתי האבנים על- שמת בני	ישראל	מסבת משבצות זהב תעשה אתם / ושמת	3				1	122
ט281211	על כתפת האפד אבני זכרן לבני	ישראל	ונשא אהרן את- שמותם לפני יהוה	3				1	122
ט282106	במלואתם / והאבנים תהיין על- שמת בני-	ישראל	שתים עשרה על- שמתם פתוחי חותם איש	3				1	122
ט282906	האפוד / ונשא אהרן את- שמות בני-	ישראל	בחשן המשפט על- לבו בבאו אל-	3				1	122
ט283021	יהוה ונשא אהרן את- משפט בני-	ישראל	על- לבו לפני יהוה תמיד / ועשית	3				1	122
ט283813	את- עון הקדשים אשר יקדישו בני	ישראל	לכל- מתנת קדשיהם והיה על- מצחו	3				1	122
ט292808	לאהרן ולבניו לחק- עולם מאת בני	ישראל	כי תרומה הוא ותרומה יהיה מאת	3				1	122
ט292816	תרומה הוא ותרומה יהיה מאת בני-	ישראל	מזבחי שלמיהם תרומתם ליהוה / ובגדי הקדש	3				1	122
ט294304	לדבר אליך שם / ונעדתי שמה לבני-	ישראל	ונקדש בכבדי / וקדשתי את- אהל מועד	3				1	122
ט294504	אקדש לכהן לי / ושכנתי בתוך בני	ישראל	והייתי להם לאלהים / וידעו כי אני	3				1	122
ט301206	לאמר / כי תשא את- ראש בני-	ישראל	לפקדיהם ונתנו איש כפר נפשו ליהוה	3				1	122
ט301607	ולקחת את- כסף הכפרים מאת בני	ישראל	ונתת אתו על עבדת אהל מועד	3				1	122
ט301616	על עבדת אהל מועד והיה לבני	ישראל	לזכרון לפני יהוה לכפר על- נפשתיכם	3				1	122
ט303103	וקדשת אתם לכהן לי / ואל- בני	ישראל	תדבר לאמר שמן משחת- קדש יהיה	3				1	122
ט311305	משה לאמר / ואתה דבר אל- בני	ישראל	לאמר אך את- שבתתי תשמרו כי	3				1	122
ט311603	ביום השבת מות יומת / ושמרו בני-	ישראל	את השבת לעשות את- השבת לדרתם	3				1	122
ט311704	לדרתם ברית עולם / ביני ובין בני	ישראל	אות הוא לעלם כי- ששת ימים	3				1	122
ט320412	ויעשהו עגל מסכה ויאמרו אלה אלהיך	ישראל	אשר העלוך מארץ מצרים / וירא אהרן	3				1	122

אזכור		מלה		צורן	ג	#	כ	קס	ה
ט320818	לו ויזבחו- לו ויאמרו אלה אלהיך	ישראל	אשר העלוך מארץ מצרים / ויאמר יהוה	122	1				3
ט321304	על- הרעה לעמך / זכר לאברהם ליצחק	ולישראל	עבדיך אשר נשבעת להם בך ותדבר	122	1			61	5
ט322019	על- פני המים וישק את- בני	ישראל	/ ויאמר משה אל- אהרן מה- עשה	122	1				3
ט322707	ויאמר להם כה- אמר יהוה אלהי	ישראל	שימו איש- חרבו על- ירכו עברו	122	1				3
ט330508	יהוה אל- משה אמר אל- בני-	ישראל	אתם עם- קשה- ערף רגע אחד	122	1				3
ט330603	ואדעה מה אעשה- לך / ויתנצלו בני-	ישראל	את- עדים מהר חורב / ומשה יקח	122	1				3
ט342312	זכורך את- פני האדן יהוה אלהי	ישראל	/ כי- אוריש גוים מפניך והרחבתי את-	122	1				3
ט342719	הדברים האלה כרתי אתך ברית ואת-	ישראל	/ ויהי- שם עם- יהוה ארבעים יום	122	1				3
ט343005	בדברו אתו / וירא אהרן וכל- בני	ישראל	את- משה והנה קרן עור פניו	122	1				3
ט343206	אלהם / ואחרי- כן נגשו כל- בני	ישראל	ויצום את כל- אשר דבר יהוה	122	1				3
ט343416	עד- צאתו ויצא ודבר אל- בני	ישראל	את אשר יצוה / וראו בני- ישראל	122	1				3
ט343503	ישראל את אשר יצוה / וראו בני-	ישראל	את- פני משה כי קרן עור	122	1				3
ט350107	ויקהל משה את- כל- עדת בני	ישראל	ויאמר אלהם אלה הדברים אשר- צוה	122	1				3
ט350407	ויאמר משה אל- כל- עדת בני-	ישראל	לאמר זה הדבר אשר- צוה יהוה	122	1				3
ט352005	בניו לכהן / ויצאו כל- עדת בני-	ישראל	מלפני משה / ויבאו כל- איש אשר-	122	1				3
ט352919	יהוה לעשות ביד- משה הביאו בני-	ישראל	נדבה ליהוה / ויאמר משה אל- בני	122	1				3
ט353005	נדבה ליהוה / ויאמר משה אל- בני	ישראל	ראו קרא יהוה בשם בצלאל בן-	122	1				3
ט360310	את כל- התרומה אשר הביאו בני	ישראל	למלאכת עבדת הקדש לעשת אתה והם	122	1				3
ט390614	מפתחת פתוחי חותם על- שמות בני	ישראל	/ וישם אתם על כתפת האפד אבני	122	1				3
ט390709	על כתפת האפד אבני זכרון לבני	ישראל	כאשר צוה יהוה את- משה / ויעש	122	1				3
ט391405	זהב במלאתם / והאבנים על- שמת בני-	ישראל	הנה שתים עשרה על- שמתם פתוחי חתם	122	1				3
ט393209	עבדת משכן אהל מועד ויעשו בני	ישראל	ככל אשר צוה יהוה את- משה	122	1				3
ט394210	יהוה את- משה כן עשו בני	ישראל	את כל- העבדה / וירא משה את-	122	1				3
ט403607	ובהעלות הענן מעל המשכן יסעו בני	ישראל	בכל מסעיהם / ואם- לא יעלה הענן	122	1				3
ט403814	תהיה לילה בו לעיני כל- בית	ישראל	בכל- מסעיהם //	122	1				3
	--*-*-*-*-*-*-*-*-*-*-*	יששכר	*-*-*-*-*-*-*-*-*-*-*-*-*						
ט010301	וביתו באו / ראובן שמעון לוי ויהודה /	יששכר	זבולן ובנימן / דן ונפתלי גד ואשר	122	1				3
	--*-*-*-*-*-*-*-*-*-*-*	יתד	*-*-*-*-*-*-*-*-*-*-*-*-*						
ט382002	כסף וצפוי ראשיהם וחשקיהם כסף / וכל-	היתדת	למשכן ולחצר סביב נחשת / אלה פקודי	1125	2	3		2	4
ט271905	המשכן בכל עבדתו וכל- יתדתיו וכל-	יתדת	והחצר נחשת / ואתה תצוה את- בני	1126	2	3			3
ט351802	אדניה ואת מסך שער החצר / את-	יתדת	המשכן ואת- יתדת החצר ואת- מיתריהם	1126	2	3			3
ט351805	שער החצר / את- יתדת המשכן ואת-	יתדת	החצר ואת- מיתריהם / את- בגדי השרד	1126	2	3			3
ט383111	ואת- אדני שער החצר ואת כל-	יתדת	המשכן ואת- כל- יתדת החצר סביב	1126	2	3			3
ט383115	ואת כל- יתדת המשכן ואת- כל-	יתדת	החצר סביב // ומן- התכלת והארגמן ותולעת	1126	2	3			3
ט271907	לכל כלי המשכן בכל עבדתו וכל-	יתדתיו	וכל- יתדת החצר נחשת / ואתה תצוה	1127	2	3	4		4
ט394014	ואת- המסך לשער החצר את- מיתריו	ויתדתיה	ואת כל- כלי עבדת המשכן לאהל	1128	2	3	5	1	5
	--*-*-*-*-*-*-*-*-*-*-*	יתום	*-*-*-*-*-*-*-*-*-*-*-*-*						
ט222103	גרים הייתם בארץ מצרים / כל- אלמנה	ויתום	לא תענון / אם- ענה תענה אתו	1111	1	1		1	3
ט222310	אתכם בחרב והיו נשיכם אלמנות ובניכם	יתמים	/ אם- כסף תלוה את- עמי את-	1115	1	3			3
	--*-*-*-*-*-*-*-*-*-*-*	יתר	*-*-*-*-*-*-*-*-*-*-*-*-*						
ט100512	יוכל לראת את- הארץ ואכל את-	יתר	הפלטה הנשארת לכם מן- הברד ואכל	1112	1	1			2
ט231107	והשביעת תשמטנה ונטשתה ואכלו אביני עמך	ויתרם	תאכל חית השדה כן- תעשה לכרמך	1113	1	1	9	1	3
	--*-*-*-*-*-*-*-*-*-*-*	יתר	*-*-*-*-*-*-*-*-*-*-*-*-*						
ט041805	את- האחת / וילך משה וישב אל-	יתר	חתנו ויאמר לו אלכה נא ואשובה	122					2
	--*-*-*-*-*-*-*-*-*-*-*	יתרו	*-*-*-*-*-*-*-*-*-*-*-*-*						
ט030106	אלהים // ומשה היה רעה את- צאן	יתרו	חתנו כהן מדין וינהג את- הצאן	122	1				2
ט041820	אשר- במצרים ויראה העודם חיים ויאמר	יתרו	למשה לך לשלום / ויאמר יהוה אל-	122	1				2
ט180102	מלחמה ליהוה בעמלק מדר דר // וישמע	יתרו	כהן מדין חתן משה את כל-	122	1				2

/ = סוף פסוק   // = סוף פרק   ג = מין   # = מספר   כ = כינוי חבור   קס = קידומות וסיומות   ה = מספר ההברות

אזכור		מלה		צורן	ג	#	כ	קס	ה
ט180202	הוציא יהוה את- ישראל ממצרים / ויקח	יתרו	חתן משה את- צפרה אשת משה	122	1				2
ט180502	אבי בעזרי ויצלני מחרב פרעה / ויבא	יתרו	חתן משה ובניו ואשתו אל- משה	122	1				2
ט180606	האלהים / ויאמר אל- משה אני חתנך	יתרו	בא אליך ואשתך ושני בניה עמה	122	1				2
ט180902	אשר מצאתם בדרך ויצלם יהוה / ויחד	יתרו	על כל- הטובה אשר- עשה יהוה	122	1				2
ט181002	לישראל אשר הצילו מיד מצרים / ויאמר	יתרו	ברוך יהוה אשר הציל אתכם מיד	122	1				2
ט181202	כי בדבר אשר זדו עליהם / ויקח	יתרו	חתן משה עלה וזבחים לאלהים ויבא	122	1				2
	--*-*-*-*-*-*-*-*-*-*-*-*-*-*	כבד	*-*-*-*-*-*-*-*-*-*-*-*-*-*-*-*						
ט071405	דבר יהוה / ויאמר יהוה אל- משה	כבד	לב פרעה מאן לשלח העם / לך	1111	1	1			2
ט082006	הזה / ויעש יהוה כן ויבא ערב	כבד	ויתה פרעה וביה עבדיו ובכל- ארץ	1111	1	1			2
ט090314	בסוסים בחמרים בגמלים בבקר ובצאן דבר	כבד	מאד / והפלה יהוה בין מקנה ישראל	1111	1	1			2
ט091806	שלחם / הנני ממטיר כעת מחר ברד	כבד	מאד אשר לא- היה כמהו במצרים	1111	1	1			2
ט092407	ויהי ברד ואש מתלקחת בתוך הברד	כבד	מאד אשר לא- היה כמהו בכל-	1111	1	1			2
ט101411	ארץ מצרים וינח בכל גבול מצרים	כבד	מאד לפניו לא- היה כן ארבה	1111	1	1			2
ט123809	רב עלה אתם וצאן ובקר מקנה	כבד	מאד / ויאפו את- הבצק אשר הוציאו	1111	1	1			2
ט181811	גם- העם הזה אשר עמך כי-	כבד	ממך הדבר לא- תוכל עשהו לבדך	1111	1	1			2
ט191610	בהית הבקר ויהי קלת וברקים וענן	כבד	על- ההר וקל שפר חזק מאד	1111	1	1			2
ט041021	גם מאז דברך אל- עבדך כי	כבד-	פה וכבד לשון אנכי / ויאמר יהוה	1112	1	1			2
ט041023	דורך אל- עבדך כי כבד- פה	וכבד	לשון אנכי / ויאמר יהוה אליו מי	1112	1	1		1	3
ט171203	ינית ידו וגבר עמלק / וידי משה	כבדים	ויקחו- אבן וישימו תחתיו וישב עליה	1115	1	3			3
	--*-*-*-*-*-*-*-*-*-*-*-*-*-*	כבד	*-*-*-*-*-*-*-*-*-*-*-*-*-*-*-*						
ט090710	לא- מת ממקנה ישראל עד- אחד	ויכבד	לב פרעה ולא שלח את- העם	3121	1	1		*	3
ט050901	הם צעקים לאמר נלכה נזבחה לאלהינו /	תכבד	העבדה על- האנשים ויעשו- בה ואל-	3122	2	1			2
	--*-*-*-*-*-*-*-*-*-*-*-*-*-*	כבד	*-*-*-*-*-*-*-*-*-*-*-*-*-*-*-*						
ט201201	ברך יהוה את- יום השבת ויקדשהו /	כבד	את- אביך ואת- אמך למען יארכון	334	1	1			2
	--*-*-*-*-*-*-*-*-*-*-*-*-*-*	כבד	*-*-*-*-*-*-*-*-*-*-*-*-*-*-*-*						
ט291311	המכסה את- הקרב ואת היתרת על-	הכבד	ואת שתי הכליח ואת- החלב אשר	1111	1	1		2	3
ט292213	החלב המכסה את- הקרב ואת יתרת	הכבד	ואת שתי הכליח ואת- החלב אשר	1111	1	1		2	3
	--*-*-*-*-*-*-*-*-*-*-*-*-*-*	כבדות	*-*-*-*-*-*-*-*-*-*-*-*-*-*-*-*						
ט142506	מצרים / ויסר את אפן מרכבתיו וינהגהו	בכבדת	ויאמר מצרים אנוסה מפני ישראל כי	1121	2	1		4	4
	--*-*-*-*-*-*-*-*-*-*-*-*-*-*	כבוד	*-*-*-*-*-*-*-*-*-*-*-*-*-*-*-*						
ט280206	אהרן / ועשית בגדי קדש לאהרן אחיך	לכבוד	ולתפארת / ואתה תדבר אל- כל- חכמי-	1111	1	1		6	3
ט284011	ועשית להם אבנטים ומגבעות תעשה להם	לכבוד	ולתפארת / והלבשת אתם את- אהרן אחיך	1111	1	1		6	3
ט160704	אזכם מארץ מצרים / ובקר וראיתם את-	כבוד	יהוה בשמעו את- תלנתיכם על- יהוה	1112	1	1			2
ט161013	בני- ישראל ויפנו אל- המדבר והנה	כבוד	יהוה נראה בענן / וידבר יהוה אל-	1112	1	1			2
ט241602	ההר ויכס הענן את- ההר / וישכן	כבוד-	יהוה על- הר סיני ויכסהו הענן	1112	1	1			2
ט241702	משה ביום השביעי מתוך הענן / ומראה	כבוד	יהוה כאש אכלת בראש ההר לעיני	1112	1	1			2
ט403406	המלאכה / ויכס הענן את- אהל מועד	וכבוד	יהוה מלא את- המשכן / ולא- יכל	1112	1	1		1	3
ט403512	אהל מועד כי- שכן עליו הענן	וכבוד	יהוה מלא את- המשכן / ובהעלות הענן	1112	1	1		1	3
ט294306	שם / ונעדתי שמה לבני- ישראל ונקדש	בכבדי	/ וקדשתי את- אהל מועד ואת- המזבח	1113	1	1	1	4	4
ט331805	וארעך בשם / ויאמר הראני נא את-	כבדך	/ ויאמר אני אעביר כל- טובי על-	1113	1	1	2		4
ט332203	אתי ונצבת על- הצור / והיה בעבר	כבדי	ושמתיך בנקרת הצור ושכתי כפי עליך	1113	1	1	1		3
	--*-*-*-*-*-*-*-*-*-*-*-*-*-*	כבס	*-*-*-*-*-*-*-*-*-*-*-*-*-*-*-*						
ט191011	לך אל- העם וקדשתם היום ומחר	וכבסו	שמלתם / והיו נכנים ליום השלישי כי	3311	1	3		1	4
ט191410	ההר אל- העם ויקדש את- העם	ויכבסו	שמלתם / ויאמר אל- העם היו נכנים	3321	1	3		*	5

/ = סוף פסוק   // = סוף פרק   ג = מין   # = מספר   כ = כינוי חבור   קס = קידומות וסיומות   ה = מספר ההברות

אזכור		מלה		צופן	ג	#	כ	קס	ה
	-	כבש	*-*						
ט293902	בני- שנה שנים ליום תמיד / את-	הכבש	האחד תעשה בבקר ואת הכבש השני	1111	1	1		2	3
ט293907	את- הכבש האחד תעשה בבקר ואת	הכבש	השני תעשה בין הערבים / ועשרן סלת	1111	1	1		2	3
ט294012	רבע ההין ונסך רביעית ההין יין	לכבש	האחד / ואת הכבש השני תעשה בין	1111	1	1		26	3
ט294102	רביעית ההין יין לכבש האחד / ואת	הכבש	השני תעשה בין הערבים כמנחת הבקר	1111	1	1		2	3
ט120509	זכר בן- שנה יהיה לכם מן-	הכבשים	ומן- העזים תקחו / והיה לכם למשמרת	1115	1	3		2	4
ט293806	יקדש / וזה אשר תעשה על- המזבח	כבשים	בני- שנה שנים ליום תמיד / את-	1115	1	3			3
	-	כבשן	*-*						
ט090812	אהרן קחו לכם מלא חפניכם פיח	כבשן	וזרקו משה השמימה לעיני פרעה / והיה	1111	1	1			2
ט091004	בכל- ארץ מצרים / ויקחו את פיח	הכבשן	ויעמדו לפני פרעה ויזרק אתו משה	1111	1	1		2	3
ט191814	עליו יהוה באש ויעל עשנו כעשן	הכבשן	ויחרד כל- ההר מאד / ויהי קול	1111	1	1		2	3
	-	כה	*-*						
ט021202	מצרי מכה איש- עברי מאחיו / ויפן	כה	וכה וירא כי- אין איש ויך	22					1
ט021203	מכה איש- עברי מאחיו / ויפן כה	וכה	וירא כי- אין איש ויך את-	22				1	2
ט031409	אל- משה אהיה אשר אהיה ויאמר	כה	תאמר לבני ישראל אהיה שלחני אליכם	22					1
ט031506	אליכם / ויאמר עוד אלהים אל- משה	כה	תאמר אל- בני ישראל יהוה אלהי	22					1
ט042204	ישלח את- העם / ואמרת אל- פרעה	כה	אמר יהוה בני בכרי ישראל / ואמר	22					1
ט050108	באו משה ואהרן ויאמרו אל- פרעה	כה-	אמר יהוה אלהי ישראל שלח את-	22					1
ט051009	העם ושטריו ויאמרו אל- העם לאמר	כה	אמר פרעה אינני נתן לכם תבן	22					1
ט051511	ויצעקו אל- פרעה לאמר למה תעשה	כה	לעבדיך / ותבן אין נתן לעבדיך ולבנים	22					1
ט071618	ויעבדני במדבר והנה לא- שמעת עד-	כה	/ כה אמר יהוה בזאת תדע כי	22					1
ט071701	במדבר והנה לא- שמעת עד- כה /	כה	אמר יהוה בזאת תדע כי אני	22					1
ט072610	משה בא אל- פרעה ואמרת אליו	כה	אמר יהוה שלח את- עמי ויעבדני	22					1
ט081615	פרעה הנה יוצא המימה ואמרת אליו	כה	אמר יהוה שלח עמי ויעבדני / כי	22					1
ט090110	משה בא אל- פרעה ודברת אליו	כה-	אמר יהוה אלהי העברים שלח את-	22					1
ט091312	בבקר והתיצב לפני פרעה ואמרת אליו	כה-	אמר יהוה אלהי העברים שלח את-	22					1
ט100308	משה ואהרן אל- פרעה ויאמרו אליו	כה-	אמר יהוה אלהי העברים עד- מתי	22					1
ט110403	עבדי- פרעה ובעיני העם / ויאמר משה	כה	אמר יהוה כחצת הלילה אני יוצא	22					1
ט190311	ויקרא אליו יהוה מן- ההר לאמר	כה	תאמר לבית יעקב ותגיד לבני ישראל	22					1
ט202205	שם האלהים / ויאמר יהוה אל- משה	כה	תאמר אל- בני ישראל אתם ראיתם	22					1
ט322703	אליו כל- בני לוי / ויאמר להם	כה-	אמר יהוה אלהי ישראל שימו איש-	22					1
	-	כהן	*-*						
ט021601	וישב בארץ- מדין וישב על- הבאר /	ולכהן	מדין שבע בנות ותבאנה ותדלנה ותמלאנה	1111	1	1		61	4
ט293005	בם את- ידם / שבעת ימים ילבשם	הכהן	תחתיו מבניו אשר יבא אל- אהל	1111	1	1		2	3
ט311008	בגדי השרד ואת- בגדי הקדש לאהרן	הכהן	ואת- בגדי בניו לכהן / ואת שמן	1111	1	1		2	3
ט351910	לשרת בקדש את- בגדי הקדש לאהרן	הכהן	ואת- בגדי בניו לכהן / ויצאו כל-	1111	1	1		2	3
ט382117	עבדת הלוים ביד איתמר בן- אהרן	הכהן	/ ובצלאל בן- אורי בן- חור למטה	1111	1	1		2	3
ט394110	לשרת בקדש את- בגדי הקדש לאהרן	הכהן	ואת- בגדי בניו לכהן / ככל אשר-	1111	1	1		2	3
ט030108	היה רעה את- צאן יתרו חתנו	כהן	מדין וינהג את- הצאן אחר המדבר	1112	1	1			2
ט180103	ליהוה בעמלק מדר דר // וישמע יתרו	כהן	מדין חתן משה את כל- אשר	1112	1	1			2
ט190605	כל- הארץ / ואתם תהיו- לי ממלכת	כהנים	וגוי קדוש אלה הדברים אשר תדבר	1115	1	3			3
ט192202	יהוה לראות ונפל ממנו רב / וגם	הכהנים	הנגשים אל- יהוה יתקדשו פן- יפרץ	1115	1	3		2	4
ט192410	לך- רד ועלית אתה ואהרן עמך	והכהנים	והעם אל- יהרסו לעלת אל- יהוה	1115	1	3		21	5
	-	כהן	*-*						
ט284116	אתם ומלאת את- ידם וקדשת אתם	וכהנו-	לי / ועשה להם מכנסי- בד לכסות	3311	1	3		1	4
ט401311	בגדי הקדש ומשחת אתו וקדשת אתו	וכהן	לי / ואת- בניו תקריב והלבשת אתם	3311	1	1		1	3
ט401507	ומשחת אתם כאשר משחת את- אביהם	וכהנו	לי והיתה להית להם משחתם לכהנת	3311	1	3		1	4
ט280113	ואת- בניו אתו מתוך בני ישראל	לכהנו-	לי אהרן נדב ואביהוא אלעזר ואיתמר	3354			4	6	4
ט280316	חכמה ועשו את- בגדי אהרן לקדשו	לכהנו-	לי / ואלה הבגדים אשר יעשו חשן	3354			4	6	4
ט280418	ועשו בגדי- קדש לאהרן אחיך ולבניו	לכהנו-	לי / והם יקחו את- הזהב ואת-	3354			4	6	4

אזכור		מלה		צורן	ג	#	כ	קס	ה
ט290108	הדבר אשר תעשה להם לקדש אתם	לכהן	לי לקח פר אחד בן- בקר	3354				6	3
ט294412	המזבח ואת- אהרן ואת- בניו אקדש	לכהן	לי / ושכנתי בתוך בני ישראל והייתי	3354				6	3
ט303008	אהרן ואת- בניו תמשח וקדשת אתם	לכהן	לי / ואל- בני ישראל תדבר לאמר	3354				6	3
ט311012	הקדש לאהרן הכהן ואת- בגדי בניו	לכהן	/ ואת שמן המשחה ואת- קטרת הסמים	3354				6	3
ט351914	הקדש לאהרן הכהן ואת- בגדי בניו	לכהן	/ ויצאו כל- עדת בני- ישראל מלפני	3354				6	3
ט394114	הקדש לאהרן הכהן ואת- בגדי בניו	לכהן	/ ככל אשר- צוה יהוה את- משה	3354				6	3
	--*-*-*-*-*-*-*-*-*-*-*-*-*-*-*-*-*	כהנה	*-*-*-*-*-*-*-*-*-*-*-*-*-*-*-*-*-*-*						
ט290911	ובניו וחבשת להם מגבעת והיתה להם	כהנה	לחקת עולם ומלאת יד- אהרן ויד-	1121	2	1			3
ט401513	וכהנו לי והיתה להית להם משחתם	לכהנת	עולם לדרתם / ויעש משה ככל אשר	1122	2	1		6	4
	--*-*-*-*-*-*-*-*-*-*-*-*-*-*-*-*-*	כויה	*-*-*-*-*-*-*-*-*-*-*-*-*-*-*-*-*-*-*						
ט212501	יד תחת יד רגל תחת רגל /	כויה	תחת כויה פצע תחת פצע חבורה	1121	2	1			3
ט212503	יד רגל תחת רגל / כויה תחת	כויה	פצע תחת פצע חבורה תחת חבורה	1121	2	1			3
	--*-*-*-*-*-*-*-*-*-*-*-*-*-*-*-*-*	כוכב	*-*-*-*-*-*-*-*-*-*-*-*-*-*-*-*-*-*-*						
ט321315	בך ותדבר אלהם ארבה את- זרעכם	ככוכבי	השמים וכל- הארץ הזאת אשר אמרתי	1116	1	3		5	4
	--*-*-*-*-*-*-*-*-*-*-*-*-*-*-*-*-*	כומז	*-*-*-*-*-*-*-*-*-*-*-*-*-*-*-*-*-*-*						
ט352212	נדיב לב הביאו חח ונזם וטבעת	וכומז	כל- כלי זהב וכל- איש אשר	1111	1	1		1	3
	--*-*-*-*-*-*-*-*-*-*-*-*-*-*-*-*-*	כונן	*-*-*-*-*-*-*-*-*-*-*-*-*-*-*-*-*-*-*						
ט151711	מכון לשבתך פעלת יהוה מקדש אדני	כוננו	ידיך / יהוה ימלך לעלם ועד / כי	3311	2	3			3
	--*-*-*-*-*-*-*-*-*-*-*-*-*-*-*-*-*	כופר	*-*-*-*-*-*-*-*-*-*-*-*-*-*-*-*-*-*-*						
ט213002	השור יסקל וגם- בעליו יומת / אם-	כפר	יושת עליו ונתן פדין נפשו ככל	1111	1	1			2
	--*-*-*-*-*-*-*-*-*-*-*-*-*-*-*-*-*	כופר	*-*-*-*-*-*-*-*-*-*-*-*-*-*-*-*-*-*-*						
ט301210	ראש בני- ישראל לפקדיהם ונתנו איש	כפר	נפשו ליהוה בפקד אתם ולא- יהיה	1112	1	1			2
	--*-*-*-*-*-*-*-*-*-*-*-*-*-*-*-*-*	כח	*-*-*-*-*-*-*-*-*-*-*-*-*-*-*-*-*-*-*						
ט150604	במצולת כמו- אבן / ימינך יהוה נאדרי	בכח	ימינך יהוה תרעץ אויב / וברב גאונך	1111	1	1		24	3
ט321117	אפך בעמך אשר הוצאת מארץ מצרים	בכח	גדול וביד חזקה / למה יאמרו מצרים	1111	1	1		4	3
ט091608	בעבור זאת העמדתיך בעבור הראתך את-	כחי	ולמען ספר שמי בכל- הארץ / עודך	1113	1	1	1		2
	--*-*-*-*-*-*-*-*-*-*-*-*-*-*-*-*-*	כי	*-*-*-*-*-*-*-*-*-*-*-*-*-*-*-*-*-*-*						
ט011007	הבה נתחכמה לו פן ירבה והיה	כי-	תקראנה מלחמה ונוסף גם- הוא על-	53					1
ט011905	את- הילדים / ותאמרן המילדת אל- פרעה	כי	לא כנשים המצרית העברית כי- חיות	53					1
ט011910	פרעה כי לא כנשים המצרית העברית	כי-	חיות הנה בטרם תבוא אלהן המילדת	53					1
ט012102	למילדת וירב העם ויעצמו מאד / ויהי	כי-	יראו המילדת את האלהים ויעש להם	53					1
ט020207	ותהר האשה ותלד בן ותרא אתו	כי-	טוב הוא ותצפנהו שלשה ירחים / ולא-	53					1
ט021013	לה לבן ותקרא שמו משה ותאמר	כי	מן- המים משיתהו / ויהי בימים ההם	53					1
ט021205	עברי מאחיו / ויפן כה וכה וירא	כי-	אין איש ויך את- המצרי ויטמנהו	53					1
ט022207	ותלד בן ויקרא את- שמו גרשם	כי	אמר גר הייתי בארץ נכריה / ויהי	53					1
ט030403	מדוע לא- יבער הסנה / וירא יהוה	כי	סר לראות ויקרא אליו אלהים מתוך	53					1
ט030509	תקרב הלם של- נעליך מעל רגליך	כי	המקום אשר אתה עומד עליו אדמת-	53					1
ט030614	יצחק ואלהי יעקב ויסתר משה פניו	כי	ירא מהביט אל- האלהים / ויאמר יהוה	53					1
ט030715	במצרים ואת- צעקתם שמעתי מפני נגשיו	כי	ידעתי את- מכאביו / וארד להצילו מיד	53					1
ט031107	ויאמר משה אל- האלהים מי אנכי	כי	אלך אל- פרעה וכי אוציא את-	53					1
ט031111	מי אנכי כי אלך אל- פרעה	וכי	אוציא את- בני ישראל ממצרים / ויאמר	53				1	2
ט031202	אוציא את- בני ישראל ממצרים / ויאמר	כי-	אהיה עמך וזה- לך האות כי	53					1
ט031208	כי- אהיה עמך וזה- לך האות	כי	אנכי שלחתיך בהוציאך את- העם ממצרים	53					1
ט031903	במדבר ונזבחה ליהוה אלהינו / ואני ידעתי	כי	לא- יתן אתכם מלך מצרים להלך	53					1
ט032109	חן העם- הזה בעיני מצרים והיה	כי	תלכון לא תלכו ריקם / ושאלה אשה	53					1

/ = סוף פסוק   // = סוף פרק   ג = מין   # = מספר   כ = כינוי חבור   קס = קידומות וסיומות   ה = מספר ההברות

אזכור		מלה		צורן	ג	#	כ	קס	ה
ט040111	לא- יאמינו לי ולא ישמעו בקלי	כי	יאמרו לא- נראה אליך יהוה / ויאמר	53					1
ט040503	בו ויהי למטה בכפו / למען יאמינו	כי-	נראה אליך יהוה אלהי אבתם אלהי	53					1
ט041020	משלשם גם מאז דברך אל- עבדך	כי	כבד- פה וכבד לשון אנכי / ויאמר	53					1
ט041411	ויאמר הלא אהרן אחיך הלוי ידעתי	כי-	דבר ידבר הוא וגם הנה- הוא	53					1
ט041909	אל- משה במדין לך שב מצרים	כי-	מתו כל- האנשים המבקשים את- נפשך	53					1
ט042511	את- ערלת בנה ותגע לרגליו ותאמר	כי	חתן- דמים אתה לי / וירף ממנו	53					1
ט043104	האמת לעיני העם / ויאמן העם וישמעו	כי-	פקד יהוה את- בני ישראל וכי	53					1
ט043110	כי- פקד יהוה את- בני ישראל	וכי	ראה את- ענים ויקדו וישתחוו // ואחר	53				1	2
ט050814	שלשם תשימו עליהם לא תגרעו ממנו	כי-	נרפים הם על- כן הם צעקים	53					1
ט051108	לכו קחו לכם תבן מאשר תמצאו	כי	אין נגרע מעבדתכם דבר / ויפץ העם	53					1
ט060110	משה עתה תראה אשר אעשה לפרעה	כי	ביד חזקה ישלחם וביד חזקה יגרשם	53					1
ט060709	לי לעם והייתי לכם לאלהים וידעתם	כי	אני יהוה אלהיכם המוציא אתכם מתחת	53					1
ט070503	מארץ מצרים בשפטים גדלים / וידעו מצרים	כי-	אני יהוה בנטתי את- ידי על-	53					1
ט070901	יהוה אל- משה ואל- אהרן לאמר /	כי	ידבר אלכם פרעה לאמר תנו לכם	53					1
ט071706	כה / כה אמר יהוה בזאת תדע	כי	אני יהוה הנה אנכי מכה במטה	53					1
ט072408	כל- מצרים סביבת היאר מים לשתות	כי	לא יכלו לשתת ממימי היאר / וימלא	53					1
ט080607	ויאמר למחר ויאמר כדברך למען תדע	כי-	אין כיהוה אלהינו / וסרו הצפרדעים ממך	53					1
ט081103	חמרם חמרם ותבאש הארץ / וירא פרעה	כי	היתה הרוחה והכבד את- לבו ולא	53					1
ט081701	כה אמר יהוה שלח עמי ויעבדני /	כי	אם- אינך משלח את- עמי הנני	53					1
ט081817	לבלתי היות- שם ערב למען תדע	כי	אני יהוה בקרב הארץ / ושמתי פדת	53					1
ט082207	ויאמר משה לא נכון לעשות כן	כי	תועבת מצרים נזבח ליהוה אלהינו הן	53					1
ט090201	אלהי העברים שלח את- עמי ויעבדני /	כי	אם- מאן אתה לשלח ועודך מחזיק	53					1
ט091109	החרטמים לעמד לפני משה מפני השחין	כי-	היה השחין בחרטמים ובכל- מצרים / ויחזק	53					1
ט091401	אלהי העברים שלח את- עמי ויעבדני /	כי	בפעם הזאת אני שלח את- כל-	53					1
ט091415	אל- לבך ובעבדיך ובעמך בעבור תדע	כי	אין כמני בכל- הארץ / כי עתה	53					1
ט091501	תדע כי אין כמני בכל- הארץ /	כי	עתה שלחתי את- ידי ואך אותך	53					1
ט092920	והברד לא יהיה- עוד למען תדע	כי	ליהוה הארץ / ואתה ועבדיך ידעתי כי	53					1
ט093004	כי ליהוה הארץ / ואתה ועבדיך ידעתי	כי	טרם תיראון מפני יהוה אלהים / והפשתה	53					1
ט093104	מפני יהוה אלהים / והפשתה והשערה נכתה	כי	השערה אביב והפשתה גבעל / והחטה והכסמת	53					1
ט093205	והפשתה גבעל / והחטה והכסמת לא נכו	כי	אפילת הנה / ויצא משה מעם פרעה	53					1
ט093403	ומטר לא- נתך ארצה / וירא פרעה	כי	חדל המטר והברד והקלת ויסף לחטא	53					1
ט100108	יהוה אל- משה בא אל- פרעה	כי-	אני הכבדתי את- לבו ואת- לב	53					1
ט100217	ואת- אתתי אשר- שמתי בם וידעתם	כי-	אני יהוה / ויבא משה ואהרן אל-	53					1
ט100401	מאנת לענת מפני שלח עמי ויעבדני /	כי	אם- מאן אתה לשלח את- עמי	53					1
ט100720	ויעבדו את- יהוה אלהיהם הטרם תדע	כי	אבדה מצרים / ויושב את- משה ואת-	53					1
ט100911	נלך בנינו ובבנותנו בצאננו ובבקרנו נלך	כי	חג- יהוה לנו / ויאמר אלהם יהי	53					1
ט101013	כאשר אשלח אתכם ואת טפכם ראו	כי	רעה נגד פניכם / לא כן לכו	53					1
ט101109	לכו נא הגברים ועבדו את- יהוה	כי	אתה אתם מבקשים ויגרש אתם מאת	53					1
ט102608	מקננו ילך עמנו לא תשאר פרסה	כי	ממנו נקח לעבד את- יהוה אלהינו	53					1
ט102812	השמר לך אל תסף ראות פני	כי	ביום ראתך פני תמות / ויאמר משה	53					1
ט120908	תאכלו ממנו נא ובשל מבשל במים	כי	אם- צלי- אש ראשו על- כרעיו	53					1
ט121511	אך ביום הראשון תשביתו שאר מבתיכם	כי	כל- אכל חמץ ונכרתה הנפש ההוא	53					1
ט121704	לבדו יעשה לכם / ושמרתם את- המצות	כי	בעצם היום הזה הוצאתי את- צבאותיכם	53					1
ט121907	שבעת ימים שאר לא ימצא בבתיכם	כי	כל אכל מחמצת ונכרתה הנפש ההוא	53					1
ט122502	לחק- לך ולבניך עד- עולם / והיה	כי-	תבאו אל- הארץ אשר יתן יהוה	53					1
ט122602	דבר ושמרתם את- העבדה הזאת / והיה	כי	יאמרו אליכם בניכם מה העבדה הזאת	53					1
ט123013	וכל- מצרים ותהי צעקה גדלה במצרים	כי-	אין בית אשר אין- שם מת	53					1
ט123309	על- העם למהר לשלחם מן- הארץ	כי	אמרו כלנו מתים / וישא העם את-	53					1
ט123909	הבצק אשר הוציאו ממצרים עגת מצות	כי	לא חמץ כי- גרשו ממצרים ולא	53					1
ט123912	ממצרים עגת מצת כי לא חמץ	כי-	גרשו ממצרים ולא יכלו להתמהמה וגם-	53					1
ט124801	בו / כל- עדת ישראל יעשו אתו /	וכי-	יגור אתך גר ועשה פסח ליהוה	53				1	2
ט130314	הזה אשר יצאתם ממצרים מבית עבדים	כי	בחזק יד הוציא יהוה אתכם מזה	53					1
ט130502	היום אתם יצאים בחדש האביב / והיה	כי-	יביאך יהוה אל- ארץ הכנעני והחתי	53					1
ט130914	עיניך למען תהיה תורת יהוה בפיך	כי	ביד חזקה הוצאך יהוה ממצרים / ושמרת	53					1

אזכור		מלה		צורן	ג	#	כ	קס	ה
ט131102	החקה הזאת למועדה מימים ימימה / והיה	כי-	יבאך יהוה אל- ארץ הכנעני כאשר	53					1
ט131402	וכל בכור אדם בבניך תפדה / והיה	כי-	ישאלך בנך מחר לאמר מה- זאת	53					1
ט131502	הוציאנו יהוה ממצרים מבית עבדים / ויהי	כי-	הקשה פרעה לשלחנו ויהרג יהוה כל-	53					1
ט131608	לאות על- ידכה ולטוטפת בין עיניך	כי	בחזק יד הוציאנו יהוה ממצרים / ויהי	53					1
ט131712	ולא- נחם אלהים דרך ארץ פלשתים	כי	קרוב הוא כי אמר אלהים פן-	53					1
ט131715	דרך ארץ פלשתים כי קרוב הוא	כי	אמר אלהים פן- ינחם העם בראתם	53					1
ט131907	ויקח משה את- עצמות יוסף עמו	כי	השבע השביע את- בני- ישראל לאמר	53					1
ט140413	ואכבדה בפרעה ובכל- חילו וידעו מצרים	כי-	אני יהוה ויעשו כן / ויגד למלך	53					1
ט140504	יהוה ויעשו כן / ויגד למלך מצרים	כי	ברח העם ויהפך לבב פרעה ועבדיו	53					1
ט140517	אל- העם ויאמרו מה- זאת עשינו	כי-	שלחנו את- ישראל מעבדנו / ויאסר את-	53					1
ט141214	לאמר חדל ממנו ונעבדה את- מצרים	כי	טוב לנו עבד את- מצרים ממתנו	53					1
ט141316	ישועת יהוה אשר- יעשה לכם היום	כי	אשר ראיתם את מצרים היום לא	53					1
ט141803	ובכל- חילו ברכבו ובפרשיו / וידעו מצרים	כי-	אני יהוה בהכבדי בפרעה ברכבו ובפרשיו	53					1
ט142512	בכבדת ויאמר מצרים אנוסה מפני ישראל	כי	יהוה נלחם להם במצרים / ויאמר יהוה	53					1
ט150114	הזאת ליהוה ויאמרו לאמר אשירה ליהוה	כי	גאה גאה סוס ורכבו רמה בים	53					1
ט151901	כוננו ידיך / יהוה ימלך לעלם ועד /	כי	בא סוס פרעה ברכבו ובפרשיו בים	53					1
ט152106	ובמחלת / ותען להם מרים שירו ליהוה	כי-	גאה גאה סוס ורכבו רמה בים	53					1
ט152308	מרתה ולא יכלו לשתת מים ממרה	כי	מרים הם על- כן קרא- שמה	53					1
ט152624	אשר- שמתי במצרים לא- אשים עליך	כי	אני יהוה רפאך / ויבאו אילמה ושם	53					1
ט160319	על- סיר הבשר באכלנו לחם לשבע	כי-	הוצאתם אתנו אל- המדבר הזה להמית	53					1
ט160610	אל- כל- בני ישראל ערב וידעתם	כי	יהוה הוציא אתכם מארץ מצרים / ובקר	53					1
ט160713	את- תלנתיכם על- יהוה ונחנו מה	כי	תלינו עלינו / ויאמר משה בתת יהוה	53					1
ט160825	עליו ונחנו מה לא- עלינו תלנתיכם	כי	על- יהוה / ויאמר משה אל- אהרן	53					1
ט160914	עדת בני ישראל קרבו לפני יהוה	כי	שמע את תלנתיכם / ויהי כדבר אהרן	53					1
ט161217	תאכלו בשר ובבקר תשבעו- לחם וידעתם	כי	אני יהוה אלהיכם / ויהי בערב ותעל	53					1
ט161510	ויאמרו איש אל- אחיו מן הוא	כי	לא ידעו מה- הוא ויאמר משה	53					1
ט162505	היתה בו / ויאמר משה אכלהו היום	כי-	שבת היום ליהוה היום לא תמצאהו	53					1
ט162902	אנה מאנתם לשמר מצותי ותורתי / ראו	כי-	יהוה נתן לכם השבת על- כן	53					1
ט171412	זאת זכרון בספר ושים באזני יהושע	כי-	מחה אמחה את- זכר עמלק מתחת	53					1
ט171602	מזבח ויקרא שמו יהוה נסי / ויאמר	כי	יד על כס יה מלחמה ליהוה	53					1
ט180115	אשר עשה אלהים למשה ולישראל עמו	כי-	הוציא יהוה את- ישראל ממצרים / ויקח	53					1
ט180308	שני בניה אשר שם האחד גרשם	כי	אמר גר הייתי בארץ נכריה / ושם	53					1
ט180404	הייתי בארץ נכריה / ושם האחד אליעזר	כי-	אלהי אבי בעזרי ויצלני מחרב פרעה	53					1
ט181103	העם מתחת יד- מצרים / עתה ידעתי	כי-	גדול יהוה מכל- האלהים כי בדבר	53					1
ט181108	ידעתי כי- גדול יהוה מכל- האלהים	כי	בדבר אשר זדו עליהם / ויקח יתרו	53					1
ט181504	בקר עד- ערב / ויאמר משה לחתנו	כי-	יבא אלי העם לדרש אלהים / כי-	53					1
ט181601	כי- יבא אלי העם לדרש אלהים /	כי-	יהיה להם דבר בא אלי ושפטתי	53					1
ט181810	אתה גם- העם הזה אשר עמך	כי-	כבד ממך הדבר לא- תוכל עשהו	53					1
ט190514	בריתי והייתם לי סגלה מכל- העמים	כי-	לי כל- הארץ / ואתם תהיו- לי	53					1
ט191105	וכבסו שמלתם / והיו נכנים ליום השלישי	כי	ביום השלישי ירד יהוה לעיני כל-	53					1
ט191305	מות יומת / לא- תגע בו יד	כי-	סקול יסקל או- ירה יירה אם-	53					1
ט192312	יוכל העם לעלת אל- הר סיני	כי-	אתה העדתה בנו לאמר הגבל את-	53					1
ט200506	לארץ / לא- תשתחוה להם ולא תעבדם	כי	אנכי יהוה אלהיך אל קנא פקד	53					1
ט200708	תשא את- שם- יהוה אלהיך לשוא	כי	לא ינקה יהוה את אשר- ישא	53					1
ט201101	עבדך ואמתך ובהמתך וגרך אשר בשעריך /	כי	ששת- ימים עשה יהוה את- השמים	53					1
ט202007	ויאמר משה אל- העם אל- תיראו	כי	לבעבור נסות אתכם בא האלהים ובעבור	53					1
ט202212	תאמר אל- בני ישראל אתם ראיתם	כי	מן- השמים דברתי עמכם / לא תעשון	53					1
ט202510	תעשה- לי לא תבנה אתהן גזית	כי	חרבך הנפת עליה ותחללה / ולא- תעלה	53					1
ט210201	עליו // ואלה המשפטים אשר תשים לפניהם /	כי	תקנה עבד עברי שש שנים יעבד	53					1
ט210701	אדניו את- אזנו במרצע ועבדו לעלם /	וכי-	ימכר איש את- בתו לאמה לא	53				1	2
ט211401	ושמתי לך מקום אשר ינוס שמה /	וכי-	יזד איש על- רעהו להרגו בערמה	53				1	2
ט211801	יומת / ומקלל אביו ואמו מות יומת /	וכי-	יריבן אנשים והכה- איש את- רעהו	53				1	2
ט212001	המבה רק שבתו יתן ורפא ירפא /	וכי-	יכה איש את- עבדו או את-	53				1	2
ט212109	יום או יומים יעמד לא יקם	כי	כספו הוא / וכי- ינצו אנשים ונגפו	53					1

אזכור		מלה		צורן	ג	#	כ	קס	ה
ט212201	יעמד לא יקם כי כספו הוא /	וכי-	ינצו אנשים ונגפו אשה הרה ויצאו	53				1	2
ט212601	פצע תחת פצע חבורה תחת חבורה /	וכי-	יכה איש את- עין עבדו או-	53				1	2
ט212801	אמתו יפיל לחפשי ישלחנו תחת שנו /	וכי-	יגח שור את- איש או את-	53				1	2
ט213301	שלשים שקלים יתן לאדניו והשור יסקל /	וכי-	יפתח איש בור או כי- יכרה	53				1	2
ט213306	יסקל / וכי- יפתח איש בור או	כי-	יכרה איש בר ולא יכסנו ונפל-	53					1
ט213501	כסף ישיב לבעליו והמת יהיה- לו /	וכי-	יגף שור- איש את- שור רעהו	53				1	2
ט213603	וגם את- המת יחצון / או נודע	כי	שור נגח הוא מתמול שלשם ולא	53					1
ט213701	שור תחת השור והמת יהיה- לו /	כי	יגנב- איש שור או- שה וטבחו	53					1
ט220401	חמור עד- שה חיים שנים ישלם /	כי	יבער- איש שדה או- כרם ושלח	53					1
ט220501	אחר מיטב שדהו ומיטב כרמו ישלם /	כי-	תצא אש ומצאה קצים ונאכל גדיש	53					1
ט220601	השדה שלם ישלם המבער את- הבערה /	כי-	יתן איש אל- רעהו כסף או-	53					1
ט220818	שלמה על- כל- אבדה אשר יאמר	כי-	הוא זה עד האלהים יבא דבר-	53					1
ט220901	אשר ירשיען אלהים ישלם שנים לרעהו /	כי-	יתן איש אל- רעהו חמור או-	53					1
ט221301	יטרף יבאהו עד הטרפה לא ישלם /	וכי-	ישאל איש מעם רעהו ונשבר או-	53				1	2
ט221501	ישלם אם- שכיר הוא בא בשכרו /	וכי-	יפתה איש בתולה אשר לא ארשה	53				1	2
ט222006	לבדו / וגר לא- תונה ולא תלחצנו	כי-	גרים הייתם בארץ מצרים / כל- אלמנה	53					1
ט222205	לא תענון / אם- ענה תענה אתו	כי	אם- צעק יצעק אלי שמע אשמע	53					1
ט222601	רעך עד- בא השמש תשיבנו לו /	כי	הוא כסותה לבדה הוא שמלתו לערו	53					1
ט222611	הוא שמלתו לערו במה ישכב והיה	כי-	יצעק אלי ושמעתי כי- חנון אני	53					1
ט222615	ישכב והיה כי- יצעק אלי ושמעתי	כי-	חנון אני / אלהים לא תקלל ונשיא	53					1
ט230401	רבים להטת / ודל לא תהדר בריבו /	כי	תפגע שור איבך או חמרו תעה	53					1
ט230501	או חמרו תעה השב תשיבנו לו /	כי-	תראה חמור שנאך רבץ תחת משאו	53					1
ט230708	שקר תרחק ונקי וצדיק אל- תהרג	כי	לא- אצדיק רשע / ושחד לא תקח	53					1
ט230804	לא- אצדיק רשע / ושחד לא תקח	כי	השחד יעור פקחים ויסלף דברי צדיקים	53					1
ט230909	תלחץ ואתם ידעתם את- נפש הגר	כי-	גרים הייתם בארץ מצרים / ושש שנים	53					1
ט231514	מצות כאשר צויתך למועד חדש האביב	כי-	בו יצאת ממצרים ולא- יראו פני	53					1
ט232108	מפניו ושמע בקלו אל- תמר בו	כי	לא ישא לפשעכם כי שמי בקרבו	53					1
ט232112	תמר בו כי לא ישא לפשעכם	כי	שמי בקרבו / כי אם- שמע תשמע	53					1
ט232201	לא ישא לפשעכם כי שמי בקרבו /	כי	אם- שמוע תשמע בקלו ועשית כל	53					1
ט232301	ואיבתי את- איבך וצרתי את- צרריך /	כי-	ילך מלאכי לפניך והביאך אל- האמרי	53					1
ט232409	לאלהיהם ולא תעבדם ולא תעשה כמעשיהם	כי	הרס תהרסם ושבר תשבר מצבתיהם / ועבדתם	53					1
ט233112	ועד- ים פלשתים וממדבר עד- הנהר	כי	אתן בידכם את ישבי הארץ וגרשתמו	53					1
ט233308	ישבו בארצך פן- יחטיאו אתך לי	כי	תעבד את- אלהיהם כי- יהיה לך	53					1
ט233312	אתך לי כי תעבד את- אלהיהם	כי-	יהיה לך למוקש // ואל משה אמר	53					1
ט292224	החלב אשר עליהן ואת שוק הימין	כי	איל מלאים הוא / וככר לחם אחת	53					1
ט292809	ולבניו לחק- עולם מאת בני ישראל	כי	תרומה הוא ותרומה יהיה מאת בני-	53					1
ט293314	ידם לקדש אתם וזר לא- יאכל	כי-	קדש הם / ואם- יותר מבשר המלאים	53					1
ט293415	ושרפת את- הנותר באש לא יאכל	כי-	קדש הוא / ועשית לאהרן ולבניו ככה	53					1
ט294602	בני ישראל והייתי להם לאלהים / וידעו	כי	אני יהוה אלהיהם אשר הוצאתי אתם	53					1
ט301201	ליהוה / וידבר יהוה אל- משה לאמר /	כי	תשא את- ראש בני- ישראל לפקדיהם	53					1
ט311311	ישראל לאמר אך את- שבתתי תשמרו	כי	אות הוא ביני וביניכם לדרתיכם לדעת	53					1
ט311318	אות הוא ביני וביניכם לדרתיכם לדעת	כי	אני יהוה מקדשכם / ושמרתם את- השבת	53					1
ט311404	אני יהוה מקדשכם / ושמרתם את- השבת	כי	קדש הוא לכם מחלליה מות יומת	53					1
ט311411	קדש הוא לכם מחלליה מות יומת	כי	כל- העשה בה מלאכה ונכרתה הנפש	53					1
ט311708	ובין בני ישראל אות הוא לעלם	כי-	ששת ימים עשה יהוה את- השמים	53					1
ט320103	אבן כתבים באצבע אלהים // וירא העם	כי-	בשש משה לרדת מן- ההר ויקהל	53					1
ט320122	עשה- לנו אלהים אשר ילכו לפנינו	כי-	זה משה האיש אשר העלנו מארץ	53					1
ט320707	וידבר יהוה אל- משה לך- רד	כי	שחת עמך אשר העלית מארץ מצרים	53					1
ט322110	אהרן מה- עשה לך העם הזה	כי-	הבאת עליו חטאה גדלה / ויאמר אהרן	53					1
ט322211	אף אדני אתה ידעת את- העם	כי	ברע הוא / ויאמרו לי עשה- לנו	53					1
ט322309	עשה- לנו אלהים אשר ילכו לפנינו	כי-	זה משה האיש אשר העלנו מארץ	53					1
ט322505	העגל הזה / וירא משה את- העם	כי	פרע הוא כי- פרעה אהרן לשמצה	53					1
ט322508	משה את- העם כי פרע הוא	כי-	פרעה אהרן לשמצה בקמיהם / ויעמד משה	53					1
ט322907	ויאמר משה מלאו ידכם היום ליהוה	כי	איש בבנו ובאחיו ולתת עליכם היום	53					1

/ = סוף פסוק // = סוף פרק ג = מין # = מספר כ = כינוי חבור קס = קידומות וסיומות ו = נסבר ההברות

ה	קס	כ	#	ג	צורן		מלה		אזכור
1					53	לא אעלה בקרבך כי עם- קשה-	כי	והיבוסי / אל- ארץ זבת חלב ודבש	ט330306
1					53	עם- קשה- ערף אתה פן אכלך	כי	חלב ודבש כי לא אעלה בקרבך	ט330310
1					53	עמך הגוי הזה / ויאמר פני ילכו	כי	ואדעך למען אמצא- חן בעיניך וראה	ט331317
1					53	מצאתי חן בעיניך אני ועמך הלוא	כי-	אל- תעלנו מזה / ובמה יודע אפוא	ט331604
1					53	מצאת חן בעיני ואדעך בשם / ויאמר	כי-	את- הדבר הזה אשר דברת אעשה	ט331712
1					53	לא- יראני האדם וחי / ויאמר יהוה	כי	ויאמר לא תוכל לראת את- פני	ט332007
1					53	עם- קשה- ערף הוא וסלחת לעוננו	כי	בעיניך אדני ילך- נא אדני בקרבנו	ט340912
1					53	נורא הוא אשר אני עשה עמך	כי-	אשר- אתה בקרבו את- מעשה יהוה	ט341027
1					53	את- מזבחתם תתצון ואת- מצבתם תשברון	כי	בא עליה פן- יהיה למוקש בקרבך /	ט341301
1					53	לא תשתחוה לאל אחר כי יהוה	כי	ואת- מצבתם תשברון ואת- אשריו תכרתון /	ט341401
1					53	יהוה קנא שמו אל קנא הוא	כי	תכרתון / כי לא תשתחוה לאל אחר	ט341406
1					53	בחדש האביב יצאת ממצרים / כל- פטר	כי	מצות אשר צויתך למועד חדש האביב	ט341814
1					53	אוריש גוים מפניך והרחבתי את- גבלך	כי-	את- פני האדן יהוה אלהי ישראל /	ט342401
1					53	על- פי הדברים האלה כרתי אתך	כי	משה כתב- לך את- הדברים האלה	ט342710
1					53	קרן עור פניו בדברו אתו / וירא	כי	ברדתו מן- ההר ומשה לא- ידע	ט342917
1					53	קרן עור פני משה והשיב משה	כי	וראו בני- ישראל את- פני משה	ט343507
1					53	שכן עליו הענן וכבוד יהוה מלא	כי-	יכל משה לבוא אל- אהל מועד	ט403508
1					53	ענן יהוה על- המשכן יומם ואש	כי	הענן ולא יסעו עד- יום העלתו /	ט403801
						--*-*-*-*-*-*-*-*-*-*-*-*-*-*-*-*-*-*	כיור	*-*-*-*-*-*-*-*-*-*-*-*-*-*-*-*-*-*-*-*	
3	2		1	1	1111	ואת- כנו / וקדשת אתם והיו קדש	הכיר	מזבח העלה ואת- כל- כליו ואת-	ט302808
3	2		1	1	1111	ואת- כנו / ואת בגדי השרד ואת-	הכיור	מזבח העלה ואת- כל- כליו ואת	ט310908
3	2		1	1	1111	ואת- כנו / את קלעי החצר את-	הכיר	את- בדיו ואת- כל- כליו את-	ט351615
3	2		1	1	1111	נחשת ואת כנו נחשת במראת הצבאת	הכיור	נבוב לחת עשה אתו / ויעש את	ט380803
3	2		1	1	1111	ואת- כנו / את קלעי החצר את-	הכיר	את- בדיו ואת- כל- כליו את-	ט393915
3	2		1	1	1111	בין- אהל מועד ובין המזבח ונתת	הכיר	פתח משכן אהל- מועד / ונתת את-	ט400703
3	2		1	1	1111	ואת- כנו וקדשת אתו / והקרבת את-	הכיר	והיה המזבח קדש קדשים / ומשחת את-	ט401103
3	2		1	1	1111	בין- אהל מועד ובין המזבח ויתן	הכיר	צוה יהוה את- משה / וישם את-	ט403003
2			1	1	1112	נחשת וכנו נחשת לרחצה ונתת אתו	כיור	וידבר יהוה אל- משה לאמר / ועשית	ט301802
						--*-*-*-*-*-*-*-*-*-*-*-*-*-*-*-*-*-*	כה	*-*-*-*-*-*-*-*-*-*-*-*-*-*-*-*-*-*-*-*	
3	91				22	תאכלו אתו מתניכם חגרים נעליכם ברגליכם	וככה	והנתר ממנו עד- בקר באש תשרפו /	ט121101
2	9				22	ככל אשר- צויתי אתכה שבעת ימים	ככה	כי- קדש הוא / ועשית לאהרן ולבניו	ט293504
						--*-*-*-*-*-*-*-*-*-*-*-*-*-*-*-*-*-*	ככר	*-*-*-*-*-*-*-*-*-*-*-*-*-*-*-*-*-*-*-*	
2			1	2	1121	ושבע מאות ושלשים שקל בשקל הקדש	ככר	הקדש ויהי זהב התנופה תשע ועשרים	ט382413
2			1	2	1121	ואלף ושבע מאות וחמשה ושבעים שקל	ככר	בשקל הקדש / וכסף פקודי העדה מאת	ט382505
3	2		1	2	1121	ככר לאדן / ואת- האלף ושבע המאות	הככר	ואת אדני הפרכת מאת אדנים למאת	ט382715
2			1	2	1121	לאדן / ואת- האלף ושבע המאות וחמשה	ככר	אדני הפרכת מאת אדנים למאת הככר	ט382716
2			1	2	1121	ואלפים וארבע- מאות שקל / ויעש בה	ככר	ראשיהם וחשק אתם / ונחשת התנופה שבעים	ט382904
2			1	2	1122	זהב טהור יעשה אתה את כל-	ככר	עבר פניה / ומלקחיה ומחתתיה זהב טהור /	ט253901
3	1		1	2	1122	לחם אחת וחלת לחם שמן אחת	וככר	שוק הימין כי איל מלאים הוא /	ט292301
2			1	2	1122	זהב טהור עשה אתה ואת כל-	ככר	נרתיה שבעה ומלקחיה ומחתתיה זהב טהור /	ט372401
2			1	2	1122	הכסף לצקת את אדני הקדש ואת	ככר	אלפים וחמש מאות וחמשים / ויהי מאת	ט382703
						--*-*-*-*-*-*-*-*-*-*-*-*-*-*-*-*-*-*	כל	*-*-*-*-*-*-*-*-*-*-*-*-*-*-*-*-*-*-*-*	
2	2		1	1	1111	על כפי אהרן ועל כפי בניו	הכל	מסל המצות אשר לפני יהוה / ושמת	ט292402
3		6	3	1	1113	מתים / וישא העם את- בצקו טרם	כלנו	לזהר לשלחם מן- הארץ כי אמרו	ט123311
2		4	1	1	1113	/ ויחזק יהוה את- לב פרעה מלך	כלו	בחור וכל רכב מצרים ושלשם על-	ט140711
2		4	1	1	1113	מפני אשר ירד עליו יהוה באש	כלו	ויתיצבו בתחתית ההר / והר סיני עשן	ט191804
2		5	1	1	1114	מקשה אחת זהב טהור / ועשית את-	כלה	מן- המנרה / כפתריהם וקנתם ממנה יהיו	ט253605
2		5	1	1	1114	מקשה אחת זהב טהור / ויעש את-	כלה	היצאים ממנה / כפתריהם וקנתם ממנה היו	ט372205

ה = מספר ההברות   קס = קידומות וסיומות   כ = כינויי הבור   # = מספר   ג = מין   // = סוף פרק   / = סוף פסוק

אזכור		מלה		צופן	ג	#	כ	קס	ה
	--*-*-*-*-*-*-*-*-*-*-*-*-*-*-*-*	כל	*-*-*-*-*-*-*-*-*-*-*-*-*-*-*-*-*-*						
ט010502	ובנימן / דן ונפתלי גד ואשר / ויהי	כל-	נפש יצאי ירך- יעקב שבעים נפש	311					1
ט010603	נפש ויוסף היה במצרים / וימת יוסף	וכל	אחיו וכל הדור ההוא / ובני ישראל	311				1	2
ט010605	היה במצרים / וימת יוסף וכל אחיו	וכל	הדור ההוא / ובני ישראל פרו וישרצו	311				1	2
ט011408	את- חייהם בעבדה קשה בחמר ובלבנים	ובכל-	עבדה בשדה את כל- עבדתם אשר-	311				41	3
ט011412	בחמר ובלבנים ובכל- עבדה בשדה את	כל-	עבדתם אשר- עבדו בהם בפרך / ויאמר	311					1
ט012203	האלהים ויעש להם בתים / ויצו פרעה	לכל-	עמו לאמר כל- הבן הילוד היארה	311				6	2
ט012206	בתים / ויצו פרעה לכל- עמו לאמר	כל-	הבן הילוד היארה תשליכהו וכל- הבת	311					1
ט012211	לאמר כל- הבן הילוד היארה תשליכהו	וכל-	הבת תחיון // וילך איש מבית לוי	311				1	2
ט032007	ושלחתי את- ידי והכיתי את- מצרים	בכל	נפלאתי אשר אעשה בקרבו ואחרי- כן	311				4	2
ט041911	במדין לך שב מצרים כי- מתו	כל-	האנשים המבקשים את- נפשך / ויקח משה	311					1
ט042109	אל- משה בלכתך לשוב מצרימה ראה	כל-	המפתים אשר- שמתי בידך ועשיתם לפני	311					1
ט042805	וישק- לו / ויגד משה לאהרן את	כל-	דברי יהוה אשר שלחו ואת כל-	311					1
ט042811	כל- דברי יהוה אשר שלחו ואת	כל-	האתת אשר צוהו / וילך משה ואהרן	311					1
ט042906	צוהו / וילך משה ואהרן ויאספו את-	כל-	זקני בני ישראל / וידבר אהרן את	311					1
ט043004	זקני בני ישראל / וידבר אהרן את	כל-	הדברים אשר- דבר יהוה אל- משה	311					1
ט051203	אין נגרע מעבדתכם דבר / ויפץ העם	בכל-	ארץ מצרים לקשש קש לתבן / והנגשים	311				4	2
ט062914	דבר אל- פרעה מלך מצרים את	כל-	אשר אני דבר אליך / ויאמר משה	311					1
ט070204	אחיך יהיה נביאך / אתה תדבר את	כל-	אשר אצוך ואהרן אחיך ידבר אל-	311					1
ט071922	נהרתם על- יאריהם ועל- אגמיהם ועל	כל-	מקוה מימיהם ויהיו- דם והיה דם	311					1
ט071929	מקוה מימיהם ויהיו- דם והיה דם	בכל-	ארץ מצרים ובעצים ובאבנים / ויעשו- כן	311				4	2
ט072020	ביאר לעיני פרעה ולעיני עבדיו ויהפכו	כל-	המים אשר- ביאר לדם / והדגה אשר-	311					1
ט072116	לשתות מים מן- היאר ויהי הדם	בכל-	ארץ מצרים / ויעשו- כן חרטמי מצרים	311				4	2
ט072402	ולא- שת לבו גם- לזאת / ויחפרו	כל-	מצרים סביבת היאר מים לשתות כי	311					1
ט072709	אתה לשלח הנה אנכי נגף את-	כל-	גבולך בצפרדעים / ושרץ היאר צפרדעים ועלו	311					1
ט072903	דיך ובעמך ובתנוריך ובמשארותיך / ובכה ובעמך	ובכל-	עבדיך יעלו הצפרדעים // ויאמר יהוה אל-	311				41	3
ט081217	והך את- עפר הארץ והיה לכנם	בכל-	ארץ מצרים / ויעשו- כן ויט אהרן	311				4	2
ט081316	עפר הארץ ותהי הכנם באדם ובבהמה	כל-	עפר הארץ היה כנם בכל- ארץ	311					1
ט081321	ובבהמה כל- עפר הארץ היה כנם	בכל-	ארץ מצרים / ויעשו- כן החרטמים בלטיהם	311				4	2
ט082011	ערב כבד ביתה פרעה ובית עבדיו	ובכל-	ארץ מצרים תשחת הארץ מפני הערב	311				41	3
ט090411	ישראל ובין מקנה מצרים ולא ימות	מכל-	לבני ישראל דבר / וישם יהוה מועד	311				7	2
ט090608	יהוה את- הדבר הזה ממחרת וימת	כל	מקנה מצרים וממקנה בני- ישראל לא-	311					1
ט090904	השמימה לעיני פרעה / והיה לאבק על	כל-	ארץ מצרים והיה על- האדם ועל-	311					1
ט090915	האדם ועל- הבהמה לשחין פרח אבעבעת	בכל-	ארץ מצרים / ויקחו את- פיח הכבשן	311				4	2
ט091113	מפני השחין כי- היה השחין בחרטמים	ובכל-	מצרים / ויחזק יהוה את- לב פרעה	311				41	3
ט091407	כי בפעם הזאת אני שלח את-	כל-	מגפתי אל- לבך ובעבדיך ובעמך בעבור	311					1
ט091418	ובעמך בעבור תדע כי אין כמני	בכל-	הארץ / כי עתה שלחתי את- ידי	311				4	2
ט091612	הראתך את- כחי ולמען ספר שמי	בכל-	הארץ / עודך מסתולל בעמי לבלתי שלחם	311				4	2
ט091907	ועתה שלח העז את- מקנך ואת	כל-	אשר לך בשדה כל- האדם והבהמה	311					1
ט091911	מקנך ואת כל- אשר לך בשדה	כל-	האדם והבהמה אשר- ימצא בשדה ולא	311					1
ט092212	את- ידך על- השמים ויהי ברד	בכל-	ארץ מצרים על- האדם ועל- הבהמה	311				4	2
ט092220	מצרים על- האדם ועל- הבהמה ועל	כל-	עשב השדה בארץ מצרים / ויט משה	311					1
ט092413	כבד מאד אשר לא- היה כמהו	בכל-	ארץ מצרים מאז היתה לגוי / ויך	311				4	2
ט092503	מצרים מאז היתה לגוי / ויך הברד	בכל-	ארץ מצרים את כל- אשר בשדה	311				4	2
ט092507	ויך הברד בכל- ארץ מצרים את	כל-	אשר בשדה מאדם ועד- בהמה ואת	311					1
ט092514	אשר בשדה מאדם ועד- בהמה ואת	כל-	עשב השדה הכה הברד ואת- כל-	311					1
ט092520	כל- עשב השדה הכה הברד ואת-	כל-	עץ השדה שבר / רק בארץ גשן	311					1
ט100520	הנשארת לכם מן- הברד ואכל את-	כל-	העץ הצמח לכם מן- השדה / ומלאו	311					1
ט100604	לכם מן- השדה / ומלאו בתיך ובתי	כל-	עבדיך ובתי כל- מצרים אשר לא-	311					1
ט100607	ומלאו בתיך ובתי כל- עבדיך ובתי	כל-	מצרים אשר לא- ראו אבתיך ואבות	311					1
ט101217	ויעל על- ארץ מצרים ויאכל את-	כל-	עשב הארץ את כל אשר השאיר	311					1
ט101221	ויאכל את- כל- עשב הארץ את	כל	אשר השאיר הברד / ויט משה את-	311					1
ט101313	מצרים ויהוה נהג רוח- קדים בארץ	כל-	היום ההוא וכל- הלילה הבקר היה	311					1
ט101316	רוח- קדים בארץ כל- היום ההוא	וכל-	הלילה הבקר היה ורוח הקדים נשא	311				1	2

אזכור		מלה		צונן	ג	#	כ	קס	ה
ט101404	נשא את- הארבה / ויעל הארבה על	כל-	ארץ מצרים וינח בכל גבול מצרים	811					1
ט101408	הארבה על כל- ארץ מצרים וינח	בכל	גבול מצרים כבד מאד לפניו לא-	811				4	2
ט101504	לא יהיה- כן / ויכס את- עין	כל-	הארץ ותחשך הארץ ויאכל את- כל-	811					1
ט101510	כל- הארץ ותחשך הארץ ויאכל את-	כל-	עשב הארץ ואת כל- פרי העץ	311					1
ט101514	ויאכל את- כל- עשב הארץ ואת	כל-	פרי העץ אשר הותיר הברד ולא-	811					1
ט101522	העץ אשר הותיר הברד ולא- נותר	כל-	ירק בעץ ובעשב השדה בכל- ארץ	811					1
ט101527	נותר כל- ירק בעץ ובעשב השדה	בכל-	ארץ מצרים / וימהר פרעה לקרא למשה	811				4	2
ט101917	ימה סוף לא נשאר ארבה אחד	בכל	גבול מצרים / ויחזק יהוה את- לב	811				4	2
ט102210	ידו על- השמים ויהי חשך- אפלה	בכל-	ארץ מצרים שלשת ימים / לא- ראו	811				4	2
ט102312	ולא- קמו איש מתחתיו שלשת ימים	ולכל	בני ישראל היה אור במושבתם / ויקרא	311				61	3
ט110502	הלילה אני יוצא בתוך מצרים / ומת	כל-	בכור בארץ מצרים מבכור פרעה הישב	811					1
ט110517	עד בכור השפחה אשר אחר הרחים	וכל	בכור בהמה / והיתה צעקה גדלה בכל-	811				1	2
ט110604	וכל בכור בהמה / והיתה צעקה גדלה	בכל-	ארץ מצרים אשר כמהו לא נהיתה	811				4	2
ט110701	כמהו לא נהיתה וכמהו לא תסף /	ולכל	בני ישראל לא יחרץ- כלב לשנו	811				61	3
ט110802	יהוה בין מצרים ובין ישראל / וירדו	כל-	עבדיך אלה אלי והשתחוו- לי לאמר	311					1
ט110811	אלי והשתחוו- לי לאמר צא אתה	וכל	העם אשר- ברגליך ואחרי- כן אצא	811				1	2
ט111005	בארץ מצרים / ומשה ואהרן עשו את-	כל-	המפתים האלה לפני פרעה ויחזק יהוה	811					1
ט120303	הוא לכם לחדשי השנה / דברו אל-	כל-	עדת ישראל לאמר בעשר לחדש הזה	811					1
ט120611	ארבעה עשר יום לחדש הזה ושחטו אתו	כל	קהל עדת- ישראל בין הערבים / ולקחו	811					1
ט121207	ועברתי בארץ- מצרים בלילה הזה והכיתי	כל-	בכור בארץ מצרים מאדם ועד- בהמה	811					1
ט121214	בכור בארץ מצרים מאדם ועד- בהמה	ובכל-	אלהי מצרים אעשה שפטים אני יהוה	811				41	3
ט121512	ביום הראשון תשביתו שאר מבתיכם כי	כל-	אכל חמץ ונכרתה הנפש ההוא מישראל	311					1
ט121611	וביום השביעי מקרא- קדש יהיה לכם	כל-	מלאכה לא- יעשה בהם אך אשר	811					1
ט121619	לא- יעשה בהם אך אשר יאכל	לכל-	נפש הוא לבדו יעשה לכם / ושמרתם	311				6	2
ט121908	ימים שאר לא ימצא בבתיכם כי	כל	אכל מחמצת ונכרתה הנפש ההוא מעדת	311					1
ט122001	ההוא מעדת ישראל בגר ובאזרח הארץ /	כל-	מחמצת לא תאכלו בכל מושבתיכם תאכלו	811					1
ט122005	ובאזרח הארץ / כל- מחמצת לא תאכלו	בכל	מושבתיכם תאכלו מצות / ויקרא משה לכל-	311				4	2
ט122103	בכל מושבתיכם תאכלו מצות / ויקרא משה	לכל-	זקני ישראל ויאמר אלהם משכו וקחו	811				6	2
ט122906	עשו / ויהי בחצי הלילה ויהוה הכה	כל-	בכור בארץ מצרים מבכר פרעה הישב	811					1
ט122921	עד בכור השבי אשר בבית הבור	וכל	בכור בהמה / ויקם פרעה לילה הוא	811				1	2
ט123005	בכור בהמה / ויקם פרעה לילה הוא	וכל-	עבדיו וכל- מצרים ותהי צעקה גדלה	811				1	2
ט123007	ויקם פרעה לילה הוא וכל- עבדיו	וכל-	מצרים ותהי צעקה גדלה במצרים כי-	311				1	2
ט124113	שנה ויהי בעצם היום הזה יצאו	כל-	צבאות יהוה מארץ מצרים / ליל שמרים	311					1
ט124213	מצרים הוא- הלילה הזה ליהוה שמרים	לכל-	בני ישראל לדרתם / ויאמר יהוה אל-	811				6	2
ט124309	אל- משה ואהרן זאת חקת הפסח	כל-	בן- נכר לא- יאכל בו / וכל-	811					1
ט124401	כל- בן- נכר לא- יאכל בו /	וכל-	עבד איש מקנת- כסף ומלתה אתו	311				1	2
ט124701	הבשר חוצה ועצם לא- תשברו- בו /	כל-	עדת ישראל יעשו אתו / וכי- יגור	311					1
ט124810	גר ועשה פסח ליהוה המול לו	כל-	זכר ואז יקרב לעשתו והיה כאזרח	811					1
ט124818	ואז יקרב לעשתו והיה כאזרח הארץ	וכל-	ערל לא- יאכל בו / תורה אחת	311				1	2
ט125002	יהיה לאזרח ולגר הגר בתוככם / ויעשו	כל-	בני ישראל כאשר צוה יהוה את-	311					1
ט130203	יהוה אל- משה לאמר / קדש- לי	כל	בכור פטר כל- רחם בבני ישראל	311					1
ט130206	לאמר / קדש- לי כל- בכור פטר	כל-	רחם בבני ישראל באדם ובבהמה לי	811					1
ט130714	לך חמץ ולא- יראה לך שאר	בכל-	גבלך / והגדת לבנך ביום ההוא לאמר	811				4	2
ט131202	נשבע לך ולאבתיך ונתנה לך / והעברת	כל-	פטר- רחם ליהוה וכל- פטר שגר	311					1
ט131206	לך / והעברת כל- פטר- רחם ליהוה	וכל-	פטר שגר בהמה אשר יהיה לך	311				1	2
ט131301	בהמה אשר יהיה לך הזכרים ליהוה /	וכל-	פטר חמר תפדה בשה ואם- לא	311				1	2
ט131310	תפדה בשה ואם- לא תפדה וערפתו	וכל	בכור אדם בבניך תפדה / והיה כי-	311				1	2
ט131508	כי- הקשה פרעה לשלחנו ויהרג יהוה	כל-	בכור בארץ מצרים מבכר אדם ועד-	811					1
ט131522	בהמה על- כן אני זבח ליהוה	כל-	פטר רחם הזכרים וכל- בכור בני	811					1
ט131526	זבח ליהוה כל- פטר רחם הזכרים	וכל-	בכור בני אפדה / והיה לאות על-	311				1	2
ט140409	לב- פרעה ורדף אחריהם ואכבדה בפרעה	ובכל-	חילו וידעו מצרים כי- אני יהוה	311				41	3
ט140706	עמו / ויקח שש- מאות רכב בחור	וכל	רכב מצרים ושלשם על- כלו / ויחזק	311				1	2
ט140909	אחריהם וישיגו אותם חנים על- הים	כל-	סוס רכב פרעה ופרשיו וחילו על-	811					1
ט141711	לב מצרים ויבאו אחריהם ואכבדה בפרעה	ובכל-	חילו ברכבו ובפרשיו / וידעו מצרים כי-	811				41	3

/ = סוף פסוק   // = סוף פרק   ג = מין   # = מספר   כ = כינוי וגוף   קס = קידומות וסיומות   ה = מספר ההברות

אזכור		מלה		צופן ג # כ	קס	ה
ט142019	הלילה ולא- קרב זה אל- זה	כל-	הלילה / ויט משה את- ידו על-	811		1
ט142114	יהוה את- הים ברוח קדים עזה	כל-	הלילה וישם את- הים לחרבה ויבקעו	811		1
ט142305	מימינם ומשמאלם / וירדפו מצרים ויבאו אחריהם	כל	סוס פרעה רכבו ופרשיו אל- תוך	811		1
ט142808	המים ויכסו את- הרכב ואת- הפרשים	לכל	חיל פרעה הבאים אחריהם בים לא-	811	6	2
ט151510	אדום אילי מואב יאחזמו רעד נמגו	כל	ישבי כנען / תפל עליהם אימתה ופחד	811		1
ט152010	אחות אהרן את- התף בידה ותצאן	כל-	הנשים אחריה בתפים ובמחלת / ותען להם	811		1
ט152614	והישר בעיניו תעשה והאזנת למצותיו ושמרת	כל-	חקיו כל- המחלה אשר- שמתי במצרים	811		1
ט152616	תעשה והאזנת למצותיו ושמרת כל- חקיו	כל-	המחלה אשר- שמתי במצרים לא- אשים	811		1
ט160104	שם על- המים // ויסעו מאילם ויבאו	כל-	עדת בני- ישראל אל- מדבר- סין	811		1
ט160202	לחדש השני לצאתם מארץ מצרים / וילונו	כל-	עדת בני- ישראל על- משה ועל-	811		1
ט160327	אתנו אל- המדבר הזה להמית את-	כל-	הקהל הזה ברעב / ויאמר יהוה אל-	811		1
ט160605	יום יום / ויאמר משה ואהרן אל-	כל-	בני ישראל ערב וידעתם כי יהוה	811		1
ט160907	ויאמר משה אל- אהרן אמר אל-	כל-	עדת בני ישראל קרבו לפני יהוה	811		1
ט161005	את תלנתיכם / ויהי כדבר אהרן אל-	כל-	עדת בני- ישראל ויפנו אל- המדבר	811		1
ט162211	לחם משנה שני העמר לאחד ויבאו	כל-	נשיאי העדה ויגידו למשה / ויאמר אלהם	811		1
ט162321	אפו ואת אשר- תבשלו בשלו ואת	כל-	העדף הניחו לכם למשמרת עד- הבקר	811		1
ט170102	כנען / והעמר עשרית האפה הוא // ויסעו	כל-	עדת בני- ישראל ממדבר- סין למסעיהם	811		1
ט180108	יתרו כהן מדין חתן משה את	כל-	אשר עשה אלהים למשה ולישראל עמו	811		1
ט180805	ויבאו האהלה / ויספר משה לחתנו את	כל-	אשר עשה יהוה לפרעה ולמצרים על	811		1
ט180815	לפרעה ולמצרים על אודת ישראל את	כל-	התלאה אשר מצאתם בדרך ויצלם יהוה	811		1
ט180904	בדרך ויצלם יהוה / ויחד יתרו על	כל-	הטובה אשר- עשה יהוה לישראל אשר	811		1
ט181106	מצרים / עתה ידעתי כי- גדול יהוה	מכל-	האלהים כי בדבר אשר זדו עליהם	811	7	2
ט181210	משה עלה וזבחים לאלהים ויבא אהרן	וכל	זקני ישראל לאכל- לחם עם- חתן	811	1	2
ט181405	עד- הערב / וירא חתן משה את	כל-	אשר- הוא עשה לעם ויאמר מה-	811		1
ט181422	עשה לעם מדוע אתה יושב לבדך	וכל-	העם נצב עליך מן- בקר עד-	811	1	2
ט182103	ואת המעשה אשר יעשון / ואתה תחזה	מכל-	העם אנשי- חיל יראי אלהים אנשי	811	7	2
ט182204	חמשים ושרי עשרת / ושפטו את- העם	בכל-	עת והיה כל- הדבר הגדל יביאו	811	4	2
ט182207	ושפטו את- העם בכל- עת והיה	כל-	הדבר הגדל יביאו אליך וכל- הדבר	811		1
ט182212	והיה כל- הדבר הגדל יביאו אליך	וכל-	הדבר הקטן ישפטו- הם והקל מעליך	811	1	2
ט182311	תעשה וצוך אלהים ויכלת עמד וגם	כל-	העם הזה על- מקמו יבא בשלום	811		1
ט182406	בשלום / וישמע משה לקול חתנו ויעש	כל	אשר אמר / ויבחר משה אנשי- חיל	811		1
ט182505	אשר אמר / ויבחר משה אנשי- חיל	מכל-	ישראל ויתן אתם ראשים על- העם	811	7	2
ט182604	חמשים ושרי עשרת / ושפטו את- העם	בכל-	עת את- הדבר הקשה יביאון אל-	811	4	2
ט182612	את- הדבר הקשה יביאון אל- משה	וכל-	הדבר הקטן ישפוטו הם / וישלח משה	811	1	2
ט190512	ושמרתם את- בריתי והייתם לי סגלה	מכל-	העמים כי- לי כל- הארץ / ואתם	811	7	2
ט190516	לי סגלה מכל- העמים כי- לי	כל-	הארץ / ואתם תהיו- לי ממלכת כהנים	811		1
ט190709	ויקרא לזקני העם וישם לפניהם את	כל-	הדברים האלה אשר צוהו יהוה / ויענו	811		1
ט190802	הדברים האלה אשר צוהו יהוה / ויענו	כל-	העם יחדו ויאמרו כל אשר- דבר	811		1
ט190806	יהוה / ויענו כל- העם יחדו ויאמרו	כל	אשר- דבר יהוה נעשה וישב משה	811		1
ט191111	כי ביום השלישי ירד יהוה לעיני	כל-	העם על- הר סיני / והגבלת את-	811		1
ט191212	השמרו לכם עלות בהר ונגע בקצהו	כל-	הנגע בהר מות יומת / לא- תגע	811		1
ט191618	ההר וקל שפר חזק מאד ויחרד	כל-	העם אשר במחנה / ויוצא משה את-	811		1
ט191816	באש ויעל עשנו כעשן הכבשן ויחרד	כל-	ההר מאד / ויהי קול השפר הולך	811		1
ט200104	העם ויאמר אלהם // וידבר אלהים את	כל-	הדברים האלה לאמר / אנכי יהוה אלהיך	811		1
ט200405	על- פני / לא- תעשה לך פסל	וכל-	תמונה אשר בשמים ממעל ואשר בארץ	811	1	2
ט200905	השבת לקדשו / ששת ימים תעבד ועשית	כל-	מלאכתך / ויום השביעי שבת ליהוה אלהיך	811		1
ט201008	השביעי שבת ליהוה אלהיך לא- תעשה	כל-	מלאכה אתה ובנך- ובתך עבדך ואמתך	811		1
ט201113	השמים ואת- הארץ את- הים ואת-	כל-	אשר- בם וינח ביום השביעי על-	811		1
ט201713	אשת רעך ועבדו ואמתו ושורו וחמרו	וכל	אשר לרעך / וכל- העם ראים את-	811	1	2
ט201801	ואמתו ושורו וחמרו וכל אשר לרעך /	וכל-	העם ראים את- הקולת ואת הלפידים	811	1	2
ט202415	ואת- שלמיך את- צאנך ואת- בקרך	בכל-	המקום אשר אזכיר את- שמי אבוא	811	4	2
ט213008	כפר יושת עליו ונתן פדין נפשו	ככל	אשר- יושת עליו / או- בן יגח	811	5	2
ט220802	לא שלח ידו במלאכת רעהו / על-	כל-	דבר- פשע על- שור על- חמור	811		1
ט220814	חמור על- שה על- שלמה על-	כל-	אבדה אשר יאמר כי- הוא זה	811		1

/ = סוף פסוק // = סוף פרק ג = מין # = מספר כ = כינוי רבור קס = קידומות וסיומות ו = מסבר ההברות

אזכור		מלה		צורן	ג	#	כ	קס	ה
ט220911	רעהו חמור או- שור או- שה	וכל-	בהמה לשמר ומת או- נשבר או-	311				1	2
ט221801	ישקל כמהר הבתולת / מכשפה לא תחיה /	כל-	שכב עם- בהמה מות יומת / זבח	311					1
ט222101	תלחצנו כי- גרים הייתם בארץ מצרים /	כל-	אלמנה ויתום לא תענון / אם- ענה	311					1
ט231301	שורך וחמרך וינפש בן- אמתך והגר /	ובכל	אשר- אמרתי אליכם תשמרו ושם אלהים	311				41	3
ט231705	מן- השדה / שלש פעמים בשנה יראה	כל-	זכורך אל- פני האדן יהוה / לא-	311					1
ט232207	כי אם- שמוע תשמע בקלו ועשית	כל	אשר אדבר ואיבתי את- איבך וצרתי	311					1
ט232707	את- אימתי אשלח לפניך והמתי את-	כל-	העם אשר תבא בהם ונתתי את-	311					1
ט232714	העם אשר תבא בהם ונתתי את-	כל-	איביך אליך ערף / ושלחתי את- הצרעה	311					1
ט240306	עמו / ויבא משה ויספר לעם את	כל-	דברי יהוה ואת כל- המשפטים ויען	311					1
ט240310	לעם את כל- דברי יהוה ואת	כל-	המשפטים ויען כל- העם קול אחד	311					1
ט240313	דברי יהוה ואת כל- המשפטים ויען	כל-	העם קול אחד ויאמרו כל- הדברים	311					1
ט240318	ויען כל- העם קול אחד ויאמרו	כל-	הדברים אשר- דבר יהוה נעשה / ויכתב	311					1
ט240404	דבר יהוה נעשה / ויכתב משה את	כל-	דברי יהוה וישכם בבקר ויבן מזבח	311					1
ט240709	ספר הברית ויקרא באזני העם ויאמרו	כל	אשר- דבר יהוה נעשה ונשמע / ויקח	311					1
ט240817	הברית אשר כרת יהוה עמכם על	כל-	הדברים האלה / ויעל משה ואהרן נדב	311					1
ט250209	בני ישראל ויקחו לי תרומה מאת	כל-	איש אשר ידבנו לבו תקחו את-	311					1
ט250901	ולחשן / ועשו לי מקדש ושכנתי בתוכם /	ככל	אשר אני מראה אותך את תבנית	311				5	2
ט250911	אותך את תבנית המשכן ואת תבנית	כל-	כליו וכן תעשו / ועשו ארון עצי	311					1
ט252216	הכרבים אשר על- ארון העדת את	כל-	אשר אצוה אותך אל- בני ישראל	311					1
ט253907	ככר זהב טהור יעשה אתה את	כל-	הכלים האלה / וראה ועשה בתבניתם אשר-	311					1
ט260214	ארבע באמה היריעה האחת מדה אחת	לכל	היריעת / חמש היריעת תהיין חברת אשה	311				6	2
ט261711	משלבת אשה אל- אחתה כן תעשה	לכל	קרשי המשכן / ועשית את- הקרשים למשכן	311				6	2
ט270308	רחתיו לדשנו ויעיו ומזרקתיו ומזלגתיו ומחתתיו	לכל-	כליו תעשה נחשת / ועשית לו מכבר	311				6	2
ט271701	מעשה רקם עמדיהם ארבעה ואדניהם ארבעה /	כל-	עמודי החצר סביב מחשקים כסף וויהם	311					1
ט271901	חמש אמות שש משזר ואדניהם נחשת /	לכל	כלי המשכן בכל עבדתו וכל- יתדתיו	311				6	2
ט271904	משזר ואדניהם נחשת / לכל כלי המשכן	בכל	עבדתו וכל- יתדתיו וכל- יתדת החצר	311				4	2
ט271906	נחשת / לכל כלי המשכן בכל עבדתו	וכל-	יתדתיו וכל- יתדת החצר נחשת / ואתה	311				1	2
ט271908	כלי המשכן בכל עבדתו וכל- יתדתיו	וכל-	יתדת החצר נחשת / ואתה תצוה את-	311				1	2
ט280304	אחיך לכבוד ולתפארת / ואתה תדבר אל-	כל-	חכמי- לב אשר מלאתיו רוח חכמה	311					1
ט283814	עון הקדשים אשר יקדישו בני ישראל	לכל-	מתנת קדשיהם והיה על- מצחו תמיד	311				6	2
ט291210	ונתתה על- קרנת המזבח באצבעך ואת-	כל-	הדם תשפך אל- יסוד המזבח / ולקחת	311					1
ט291303	תשפך אל- יסוד המזבח / ולקחת את-	כל-	החלב המכסה את- הקרב ואת היתרת	311					1
ט291803	על- נתחיו ועל- ראשו / והקטרת את-	כל-	האיל המזבחה עלה הוא ליהוה ריח	311					1
ט293505	קדש הוא / ועשית לאהרן ולבניו ככה	ככל	אשר- צויתי אתכה שבעת ימים תמלא	311				5	2
ט293712	וקדשת אתו והיה המזבח קדש קדשים	כל-	הנגע במזבח יקדש / וזה אשר תעשה	311					1
ט301303	בהם נגף בפקד אתם / זה יתנו	כל-	העבר על- הפקדים מחצית השקל בשקל	311					1
ט301401	גרה השקל מחצית השקל תרומה ליהוה /	כל	העבר על הפקדים מבן עשרים שנה	311					1
ט302704	ואת ארון העדת / ואת- השלחן ואת-	כל-	כליו ואת המנרה ואת- כליה ואת	311					1
ט302805	מזבח הקטרת / ואת- מזבח העלה ואת-	כל-	כליו ואת- הכיר ואת- כנו / וקדשת	311					1
ט302906	כנו / וקדשת אתם והיו קדש קדשים	כל-	הנגע בהם יקדש / ואת- אהרן ואת-	311					1
ט310308	אתו רוח אלהים בחכמה ובתבונה ובדעת	ובכל	מלאכה / לחשב מחשבת לעשות בזהב ובכסף	311				41	3
ט310507	ובחרשת אבן למלאת ובחרשת עץ לעשות	בכל-	מלאכה / ואני הנה נתתי אתו את	311				4	2
ט310612	אהליאב בן- אחיסמך למטה- דן ובלב	כל-	חכם- לב נתתי חכמה ועשו את	311					1
ט310619	חכם- לב נתתי חכמה ועשו את	כל-	אשר צויתך / את אהל מועד ואת-	311					1
ט310712	לעדת ואת- הכפרת אשר עליו ואת	כל-	כלי האהל / ואת- השלחן ואת- כליו	311					1
ט310809	ואת- כליו ואת- המנרה הטהרה ואת-	כל-	כליה ואת מזבח הקטרת / ואת- מזבח	311					1
ט310905	מזבח הקטרת / ואת- מזבח העלה ואת-	כל-	כליו ואת הכיור ואת- כנו / ואת	311					1
ט311108	שמן המשחה ואת- קטרת הסמים לקדש	ככל	אשר- צויתך יעשו / ויאמר יהוה אל-	311				5	2
ט311412	הוא לכם מחלליה מות יומת כי	כל-	העשה בה מלאכה ונכרתה הנפש ההוא	311					1
ט311511	וביום השביעי שבת שבתון קדש ליהוה	כל-	העשה מלאכה ביום השבת מות יומת	311					1
ט320302	נשיכם בניכם ובנתיכם והביאו אלי / ויתפרקו	כל-	העם את- נזמי הזהב אשר באזניהם	311					1
ט321317	אלהם ארבה את- זרעכם ככוכבי השמים	וכל-	הארץ הזאת אשר אמרתי אתן לזרעכם	311				1	2
ט322611	ויאמר מי ליהוה אלי ויאספו אליו	כל-	בני לוי / ויאמר להם כה- אמר	311					1
ט330717	המחנה וקרא לו אהל מועד והיה	כל-	מבקש יהוה יצא אל- אהל מועד	311					1

/ = סוף פסוק   // = סוף פרק   ג = מין   # = מספר   כ = כינוי ובור   קס = קידומות וסיומות   ה = מספר ההברות

אזכור		מלה		צונן ג # כ	קס	ה
ט330807	והיה כצאת משה אל- האהל יקומו	כל-	העם ונצבו איש פתח אהלו והביטו	811		1
ט331002	פתח האהל ודבר עם- משה / וראה	כל-	העם את- עמוד הענן עמד פתח	811		1
ט331011	עמוד הענן עמד פתח האהל וקם	כל-	העם והשתחוו איש פתח אהלו / ודבר	811		1
ט331616	הלוא בלכתך עמנו ונפלינו אני ועמך	מכל-	העם אשר על- פני האדמה / ויאמר	811	7	2
ט331904	נא את- כבדך / ויאמר אני אעביר	כל-	טובי על- פניך וקראתי בשם יהוה	811		1
ט340309	יעלה עמך וגם- איש אל- ירא	בכל-	ההר גם- הצאן והבקר אל- ירעו	811	4	2
ט341007	ויאמר הנה אנכי כרת ברית נגד	כל-	עמך אעשה נפלאת אשר לא- נבראו	811		1
ט341014	עמך אעשה נפלאת אשר לא- נבראו	בכל-	הארץ ובכל- הגוים וראה כל- העם	811	4	2
ט341016	נפלאת אשר לא- נבראו בכל- הארץ	ובכל-	הגוים וראה כל- העם אשר- אתה	811	41	3
ט341019	נבראו בכל- הארץ ובכל- הגוים וראה	כל-	העם אשר- אתה בקרבו את- מעשה	811		1
ט341901	האביב כי בחדש האביב יצאת ממצרים /	כל-	פטר רחם לי וכל- מקנך תזכר	811		1
ט341905	יצאת ממצרים / כל- פטר רחם לי	וכל-	מקנך תזכר פטר שור ושה / ופטר	811	1	2
ט342009	תפדה בשה ואם- לא תפדה וערפתו	כל	בכור בניך תפדה ולא- יראו פני	311		1
ט342305	תקופת השנה / שלש פעמים בשנה יראה	כל-	זכורך את- פני האדן יהוה אלהי	811		1
ט343003	עור פניו בדברו אתו / וירא אהרן	וכל-	בני ישראל את- משה והנה קרן	311	1	2
ט343107	ויקרא אלהם משה וישבו אליו אהרן	וכל-	הנשאים בעדה וידבר משה אלהם / ואחרי-	811	1	2
ט343204	וידבר משה אלהם / ואחרי- כן נגשו	כל-	בני ישראל ויצום את כל- אשר	811		1
ט343209	נגשו כל- בני ישראל ויצום את	כל-	אשר דבר יהוה אתו בהר סיני	811		1
ט350104	באו לדבר אתו // ויקהל משה את-	כל-	עדת בני ישראל ויאמר אלהם אלה	811		1
ט350213	יהיה לכם קדש שבת שבתון ליהוה	כל-	העשה בו מלאכה יומת / לא- תבערו	311		1
ט350304	בו מלאכה יומת / לא- תבערו אש	בכל	מושבתיכם ביום השבת / ויאמר משה אל-	811	4	2
ט350404	מושבתיכם ביום השבת / ויאמר משה אל-	כל-	עדת בני- ישראל לאמר זה הדבר	811		1
ט350505	יהוה לאמר / קחו מאתכם תרומה ליהוה	כל	נדיב לבו יביאה את תרומת יהוה	311		1
ט351001	ואבני- שהם ואבני מלאים לאפוד ולחשן /	וכל-	חכם- לב בכם יבאו ויעשו את	811	1	2
ט351008	חכם- לב בכם יבאו ויעשו את	כל-	אשר צוה יהוה / את- המשכן את-	311		1
ט351306	המסך / את- השלחן ואת- בדיו ואת-	כל-	כליו ואת לחם הפנים / ואת- מנרת	811		1
ט351612	הנחשת אשר- לו את- בדיו ואת-	כל-	כליו את- הכיר ואת- כנו / את	311		1
ט352002	הכהן ואת- בגדי בניו לכהן / ויצאו	כל-	עדת בני- ישראל מלפני משה / ויבאו	811		1
ט352102	עדת בני- ישראל מלפני משה / ויבאו	כל-	איש אשר- נשאו לבו וכל אשר	811		1
ט352107	ויבאו כל- איש אשר- נשאו לבו	וכל	אשר נדבה רוחו אתו הביאו את-	311	1	2
ט352119	את- תרומת יהוה למלאכת אהל מועד	ולכל-	עבדתו ולבגדי הקדש / ויבאו האנשים על-	811	61	3
ט352205	ולבגדי הקדש / ויבאו האנשים על- הנשים	כל	נדיב לב הביאו חח ונזם וטבעת	311		1
ט352213	לב הביאו חח ונזם וטבעת וכומז	כל-	כלי זהב וכל- איש אשר הניף	811		1
ט352216	ונזם וטבעת וכומז כל- כלי זהב	וכל-	איש אשר הניף תנופת זהב ליהוה	311	1	2
ט352301	איש אשר הניף תנופת זהב ליהוה /	וכל-	איש אשר- נמצא אתו תכלת וארגמן	311	1	2
ט352401	וערת אילם מאדמים וערת תחשים הביאו /	כל-	מרים תרומת כסף ונחשת הביאו את	311		1
ט352410	כסף ונחשת הביאו את תרומת יהוה	וכל	אשר נמצא אתו עצי שטים לכל-	311	1	2
ט352416	וכל אשר נמצא אתו עצי שטים	לכל-	מלאכת העבדה הביאו / וכל- אשה חכמת	811	6	2
ט352501	עצי שטים לכל- מלאכת העבדה הביאו /	וכל-	אשה חכמת לב בידיה טוו ויביאו	311	1	2
ט352601	הארגמן את- תולעת השני ואת- השש /	וכל-	הנשים אשר נשא לבן אתנה בחכמה	311	1	2
ט352901	השמן למאור ולשמן המשחה ולקטרת הסמים /	כל-	איש ואשה אשר נדב לבם אתם	311		1
ט352909	ואשה אשר נדב לבם אתם להביא	לכל-	המלאכה אשר צוה יהוה לעשות ביד-	811	6	2
ט353108	אתו רוח אלהים בחכמה בתבונה ובדעת	ובכל-	מלאכה / ולחשב מחשבת לעשת בזהב ובכסף	811	41	3
ט353307	ובחרשת אבן למלאת ובחרשת עץ לעשות	בכל-	מלאכת מחשבת / ולהורת נתן בלבו הוא	311	4	2
ט353506	דן / מלא אתם חכמה- לב לעשות	כל-	מלאכת חרש וחשב ורקם בתכלת ובארגמן	311		1
ט353518	ובארגמן בתולעת השני ובשש וארג עשי	כל-	מלאכה וחשבי מחשבת // ועשה בצלאל ואהליאב	311		1
ט360104	מלאכה וחשבי מחשבת // ועשה בצלאל ואהליאב	וכל	איש חכם- לב אשר נתן יהוה	311	1	2
ט360117	חכמה ותבונה בהמה לדעת לעשת את-	כל-	מלאכת עבדת הקדש לכל אשר- צוה	811		1
ט360121	לעשת את- כל- מלאכת עבדת הקדש	לכל	אשר- צוה יהוה / ויקרא משה אל-	811	6	2
ט360208	משה אל- בצלאל ואל- אהליאב ואל	כל-	איש חכם- לב אשר נתן יהוה	811		1
ט360217	לב אשר נתן יהוה חכמה בלבו	כל	אשר נשאו לבו לקרבה אל- המלאכה	311		1
ט360305	לעשת אתה / ויקחו מלפני משה את	כל-	התרומה אשר הביאו בני ישראל למלאכת	311		1
ט360402	אליו עוד נדבה בבקר בבקר / ויבאו	כל-	החכמים העשים את כל- מלאכת הקדש	311		1
ט360406	בבקר / ויבאו כל- החכמים העשים את	כל-	מלאכת הקדש איש- איש ממלאכתו אשר-	311		1

/ = סוף פסוק // = סוף פרק ג = מין # = מספר כ = כינוי ובור קס = קידומות וסיומות ה = נכנר ההברות

אזכור		מלה		צופן	כ # ג	קס	ה
ט360704	ויכלא העם מהביא / והמלאכה היתה דים	לכל-	המלאכה לעשות אתה והותר / ויעשו כל-	311		6	2
ט360802	לכל- המלאכה לעשות אתה והותר / ויעשו	כל-	חכם- לב בעשי המלאכה את- המשכן	311			1
ט360914	ארבע באמה היריעה האחת מדה אחת	לכל-	היריעת / ויחבר את- חמש היריעת לבד	311		6	2
ט362211	משלבת אחת אל- אחת כן עשה	לכל	קרשי המשכן / ויעש את- הקרשים למשכן	311		6	2
ט372407	ככר זהב טהור עשה אתה ואת	כל-	כליה / ויעש את- מזבח הקטרת עצי	311			1
ט380303	קרנתיו ויצף אתו נחשת / ויעש את-	כל-	כלי המזבח את- הסירת ואת- היעים	311			1
ט380316	ואת- המזרקת את- המזלגת ואת- המחתת	כל-	כליו עשה נחשת / ויעש למזבח מכבר	311			1
ט381601	חמש עשרה אמה עמדיהם שלשה ואדניהם שלשה /	כל-	קלעי החצר סביב שש משזר / והאדנים	311			1
ט381714	וצפוי ראשיהם כסף והם מחשקים כסף	כל	עמדי החצר / ומסך שער החצר מעשה	311			1
ט382001	וויהם כסף וצפוי ראשיהם וחשקיהם כסף /	וכל-	היתדת למשכן ולחצר סביב נחשת / אלה	311		1	2
ט382210	בן- חור למטה יהודה עשה את	כל-	אשר- צוה יהוה את- משה / ואתו	311			1
ט382401	ורקם בתכלת ובארגמן ובתולעת השני ובשש /	כל-	הזהב העשוי למלאכה בכל מלאכת הקדש	311			1
ט382405	השני ובשש / כל- הזהב העשוי למלאכה	בכל	מלאכת הקדש ויהי זהב התנופה תשע	311		4	2
ט382607	בקע לגלגלת מחצית השקל בשקל הקדש	לכל	העבר על- הפקדים מבן עשרים שנה	311		6	2
ט383017	ואת- מכבר הנחשת אשר- לו ואת	כל-	כלי המזבח / ואת- אדני החצר סביב	311			1
ט383110	סביב ואת- אדני שער החצר ואת	כל-	יתדת המשכן ואת- כל- יתדת החצר	311			1
ט383114	החצר ואת כל- יתדת המשכן ואת-	כל-	יתדת החצר סביב // ומן- התכלת והארגמן	311			1
ט393202	כאשר צוה יהוה את- משה / ותכל	כל-	עבדת משכן אהל מועד ויעשו בני	311			1
ט393210	משכן אהל מועד ויעשו בני ישראל	ככל	אשר צוה יהוה את- משה כן	311		5	2
ט393309	המשכן אל- משה את- האהל ואת-	כל-	כליו קרסיו קרשיו בריחו ועמדיו ואדניו	311			1
ט393604	בדיו ואת הכפרת / את- השלחן את-	כל-	כליו ואת לחם הפנים / את- המנרה	311			1
ט393709	הטהרה את- נרתיה נרת המערכה ואת-	כל-	כליה ואת שמן המאור / ואת מזבח	311			1
ט393912	הנחשת אשר- לו את- בדיו ואת-	כל-	כליו את- הכיר ואת- כנו / את	311			1
ט394016	לשער החצר את- מיתריו ויתדתיה ואת	כל-	כלי עבדת המשכן לאהל מועד / את-	311			1
ט394201	לאהרן הכהן ואת- בגדי בניו לכהן /	ככל	אשר- צוה יהוה את- משה כן	311		5	2
ט394212	משה כן עשו בני ישראל את	כל-	העבדה / וירא משה את- כל- המלאכה	311			1
ט394304	את כל- העבדה / וירא משה את-	כל-	המלאכה והנה עשו אתה כאשר צוה	311			1
ט400909	שמן המשחה ומשחת את- המשכן ואת-	כל-	אשר- בו וקדשת אתו ואת- כל-	311			1
ט400915	כל- אשר- בו וקדשת אתו ואת-	כל-	כליו והיה קדש / ומשחת את- מזבח	311			1
ט401006	קדש / ומשחת את- מזבח העלה ואת-	כל-	כליו וקדשת את- המזבח והיה המזבח	311			1
ט401603	משחתם לכהנת עולם לדרתם / ויעש משה	ככל	אשר צוה יהוה אתו כן עשה	311		5	2
ט403608	הענן מעל המשכן יסעו בני ישראל	בכל	מסעיהם / ואם- לא יעלה הענן ולא	311		4	2
ט403812	יומם ואש תהיה לילה בו לעיני	כל-	בית ישראל בכל- מסעיהם //	311			1
ט403815	לילה בו לעיני כל- בית ישראל	בכל-	מסעיהם //	311		4	2
	--*-*-*-*-*-*-*-*-*-*-*-*-*-*	כלב	*-*-*-*-*-*-*-*-*-*-*-*-*-*-*-*				
ט110706	חסף / ולכל בני ישראל לא יחרץ-	כלב	לשנו למאיש ועד- בהמה למען תדעון	1111	1 1		2
ט223010	לי ובשר בשדה טרפה לא תאכלו	לכלב	תשלכון אתו // לא תשא שמע שוא	1111	1 1	26	3
	--*-*-*-*-*-*-*-*-*-*-*-*-*-*	כלה	*-*-*-*-*-*-*-*-*-*-*-*-*-*-*-*				
ט110119	אחרי- כן ישלח אתכם מזה כשלחו	כלה	גרש יגרש אתכם מזה / דבר- נא	1121	1 2		2
	--*-*-*-*-*-*-*-*-*-*-*-*-*-*	כלה	*-*-*-*-*-*-*-*-*-*-*-*-*-*-*-*				
ט393201	מלמעלה כאשר צוה יהוה את- משה /	ותכל	כל- עבדת משכן אהל מועד ויעשו	3122	1 2	*	3
	--*-*-*-*-*-*-*-*-*-*-*-*-*-*	כלה	*-*-*-*-*-*-*-*-*-*-*-*-*-*-*-*				
ט051413	עלהם נגשי פרעה לאמר מדוע לא	כליתם	חקכם ללבן כתמול שלשם גם- תמול	3311	3 1		3
ט330517	קשה- ערף רגע אחד אעלה בקרבך	וכליתיך	ועתה הורד עדיך מעליך ואדעה מה	3311	2 1 1	1	5
ט321007	ועתה הניחה לי ויחר- אפי בהם	ואכלם	ואעשה אותך לגוי גדול / ויחל משה	3321	1 1	1	4
ט330316	כי עם- קשה- ערף אתה פן	אכלך	בדרך / וישמע העם את- הדבר הרע	3321	2 1 1		4
ט343301	אשר דבר יהוה אתו בהר סיני /	ויכל	משה מדבר אתם ויתן על- פניו	3321	1 1	*	3
ט403312	ולמזבח ויתן את- מסך שער החצר	ויכל	משה את- המלאכה / ויכס הענן את-	3321	1 1	*	3
ט051304	לקשש קש לתבן / והנגשים אצים לאמר	כלו	מעשיכם דבר- יום ביומו כאשר בהיות	334	3 1		2
ט311804	השביעי שבת וינפש / ויתן אל- משה	ככלתו	לדבר אתו בהר סיני שני לחת	3353	4	5	4

/ = סוף פסוק   // = סוף פרק   ג = מין   # = מספר   כ = כינוי חבור   קס = קידומות וסיומות   ה = מספר ההברות

אזכור		מלה		צופן ג # כ קס ה
ט321210	לאמר ברעה הוציאם להרג אתם בהרים	ולכלתם	מעל פני האדמה שוב מחרון אפך	5 61 9 3354
	--*-*-*-*-*-*-*-*-*-*-*-*-*-*-*-*-*-*	כלי	*-*-*-*-*-*-*-*-*-*-*-*-*-*-*-*-*-*-*-*	
ט352214	הביאו חח ונזם וטבעת וכומז כל-	כלי	זהב וכל- איש אשר הניף תנופת	2 1 1 1112
ט220608	יתן איש אל- רעהו כסף או-	כלים	לשמר וגנב מבית האיש אם- ימצא	2 3 1 1115
ט253908	זהב טהור יעשה אתה את כל-	הכלים	האלה / וראה ועשה בתבניתם אשר- אתה	3 2 3 1 1115
ט371603	זהב לשאת את- השלחן / ויעש את-	הכלים	אשר על- השלחן את- קערתיו ואת-	3 2 3 1 1115
ט032206	ריקם / ושאלה אשה משכנתה ומגרת ביתה	כלי-	כסף וכלי זהב ושמלת ושמתם על-	2 3 1 1116
ט032208	אשה משכנתה ומגרת ביתה כלי- כסף	וכלי	זהב ושמלת ושמתם על- בניכם ועל-	3 1 3 1 1116
ט110212	איש מאת רעהו ואשה מאת רעותה	כלי-	כסף וכלי זהב / ויתן יהוה את-	2 3 1 1116
ט110214	רעהו ואשה מאת רעותה כלי- כסף	וכלי	זהב / ויתן יהוה את- חן העם	3 1 3 1 1116
ט123508	ישראל עשו כדבר משה וישאלו ממצרים	כלי-	כסף וכלי- זהב ושמלת / ויהוה נתן	2 3 1 1116
ט123510	כדבר משה וישאלו ממצרים כלי- כסף	וכלי-	זהב ושמלת / ויהוה נתן את- חן	3 1 3 1 1116
ט271902	אמות שש משזר ואדניהם נחשת / לכל	כלי	המשכן בכל עבדתו וכל- יתדתיו וכל-	2 3 1 1116
ט310713	ואת- הכפרת אשר עליו ואת כל-	כלי	האהל / ואת- השלחן ואת- כליו ואת-	2 3 1 1116
ט380304	ויצף אתו נחשת / ויעש את- כל-	כלי	המזבח את- הסירת ואת- היעים ואת-	2 3 1 1116
ט383018	מכבר הנחשת אשר- לו ואת כל-	כלי	המזבח / ואת- אדני החצר סביב ואת-	2 3 1 1116
ט394017	החצר את- מיתריו ויתדתיה ואת כל-	כלי	עבדת המשכן לאהל מועד / את- בגדי	2 3 1 1116
ט250912	את תבנית המשכן ואת תבנית כל-	כליו	וכן תעשו / ועשו ארון עצי שטים	3 4 3 1 1117
ט270309	לדשנו ויעיו ומזרקתיו ומזלגתיו ומחתתיו לכל-	כליו	תעשה נחשת / ועשית לו מכבר מעשה	2 4 3 1 1117
ט302705	ארון העדת / ואת- השלחן ואת- כל-	כליו	ואת המנרה ואת- כליה ואת מזבח	2 4 3 1 1117
ט302806	הקטרת / ואת- מזבח העלה ואת- כל-	כליו	ואת- הכיר ואת- כנו / וקדשת אתם	2 4 3 1 1117
ט310804	כל- כלי האהל / ואת- השלחן ואת-	כליו	ואת- המנרה הטהרה ואת- כל- כליה	2 4 3 1 1117
ט310906	הקטרת / ואת- מזבח העלה ואת- כל-	כליו	ואת הכיור ואת- כנו / ואת בגדי	2 4 3 1 1117
ט351307	את- השלחן ואת- בדיו ואת- כל-	כליו	ואת לחם הפנים / ואת- מנרת המאור	2 4 1 1 1117
ט351613	אשר- לו את- בדיו ואת- כל-	כליו	את- הכיר ואת- כנו / את קלעי	2 4 3 1 1117
ט380317	המזרקת את- המזלגת ואת- המחתת כל-	כליו	עשה נחשת / ויעש למזבח מכבר מעשה	2 4 3 1 1117
ט393310	אל- משה את- האהל ואת- כל-	כליו	קרסיו קרשיו בריחו ועמדיו ואדניו / ואת-	2 4 3 1 1117
ט393605	ואת הכפרת / את- השלחן את- כל-	כליו	ואת לחם הפנים / את- המנרה הטהרה	2 4 3 1 1117
ט393913	אשר- לו את- בדיו ואת- כל-	כליו	את- הכיר ואת- כנו / את קלעי	2 4 3 1 1117
ט400916	אשר- בו וקדשת אתו ואת- כל-	כליו	והיה קדש / ומשחת את- מזבח העלה	2 4 3 1 1117
ט401007	ומשחת את- מזבח העלה ואת- כל-	כליו	וקדשת את- המזבח והיה המזבח קדש	2 4 3 1 1117
ט302709	ואת- כל- כליו ואת המנרה ואת-	כליה	ואת מזבח הקטרת / ואת- מזבח העלה	3 5 3 1 1118
ט310810	כליו ואת- המנרה הטהרה ואת- כל-	כליה	ואת מזבח הקטרת / ואת- מזבח העלה	3 5 3 1 1118
ט351414	לחם הפנים / ואת- מנרת המאור ואת-	כליה	ואת- נרתיה ואת שמן המאור / ואת-	3 5 3 1 1118
ט372408	זהב טהור עשה אתה ואת כל-	כליה	/ ויעש את- מזבח הקטרת עצי שטים	3 5 3 1 1118
ט393710	את- נרתיה נרת המערכה ואת- כל-	כליה	ואת שמן המאור / ואת מזבח הזהב	3 5 3 1 1118
	--*-*-*-*-*-*-*-*-*-*-*-*-*-*-*-*-*-*	כליה	*-*-*-*-*-*-*-*-*-*-*-*-*-*-*-*-*-*-*-*	
ט291314	ואת היתרת על- הכבד ואת שתי	הכלית	ואת- החלב אשר עליהן והקטרת המזבחה	4 2 3 2 1125
ט292216	הקרב ואת יתרת הכבד ואת שתי	הכלית	ואת- החלב אשר עליהן ואת שוק	4 2 3 2 1125
	--*-*-*-*-*-*-*-*-*-*-*-*-*-*-*-*-*-*	כליל	*-*-*-*-*-*-*-*-*-*-*-*-*-*-*-*-*-*-*-*	
ט283105	יהוה תמיד / ועשית את- מעיל האפוד	כליל	תכלת / והיה פי- ראשו בתוכו שפה	2 1 1 1112
ט392207	ויעש את- מעיל האפד מעשה ארג	כליל	תכלת / ופי- המעיל בתוכו כפי תחרא	2 1 1 1112
	--*-*-*-*-*-*-*-*-*-*-*-*-*-*-*-*-*-*	כמו	*-*-*-*-*-*-*-*-*-*-*-*-*-*-*-*-*-*-*-*	
ט150505	בים- סוף / תהמת יכסימו ירדו במצולת	כמו-	אבן / ימינך יהוה נאדרי בכח ימינך	2 4
ט150806	בקש / וברוח אפיך נערמו- מים נצבו	כמו-	נד נזלים קפאו תהמת בלב- ים	2 4
ט091417	ובעבדיך ובעמך בעבור תדע כי אין	כמני	בכל- הארץ / כי עתה שלחתי את-	3 1 41
ט091811	ברד כבד מאד אשר לא- היה	כמהו	במצרים למן- היום הוסדה ועד- עתה	3 4 41
ט092412	הברד כבד מאד אשר לא- היה	כמהו	בכל- ארץ מצרים מאז היתה לגוי	3 4 41
ט101418	מאד לפניו לא- היה כן ארבה	כמהו	ואחריו לא יהיה- כן / ויכס את-	3 4 41
ט110608	צעקה גדלה בכל- ארץ מצרים אשר	כמהו	לא נהיתה וכמהו לא תסף / ולכל	3 4 41

/ = סוף פסוק   // = סוף פרק   ג = מין   # = מספר   כ = כינוי רבור   קס = קידומות וסיומות   ה = מספר ההברות   עמ׳

אזכור		מלה		צונ]	ג	#	כ	קס	ה
ט110611	ארץ מצרים אשר כמהו לא נהיתה	וכמהו	לא תסף / ולכל בני ישראל לא	41			4	1	4
ט151102	ים צללו כעופרת במים אדירים / מי-	כמכה	באלם יהוה מי כמכה נאדר בקדש	41			2	9	3
ט151106	אדירים / מי- כמכה באלם יהוה מי	כמכה	נאדר בקדש נורא תהלת עשה- פלא	41			2	9	3
ט303209	אדם לא ייסך ובמתכנתו לא תעשו	כמהו	קדש הוא קדש יהיה לכם / איש	41			4		3
ט303304	קדש יהיה לכם / איש אשר ירקח	כמהו	ואשר יתן ממנו על- זר ונכרת	41			4		3
ט303804	תהיה לך ליהוה / איש אשר- יעשה	כמוה	להריח בה ונכרת מעמיו // וידבר יהוה	42			5		3
	--*-*-*-*-*-*-*-*-*-*-*-*-*-*-*-*-*-*	כן	*-*-*-*-*-*-*-*-*-*-*-*-*-*-*-*-*-*-*-*						
ט011204	פתם ואת- רעמסס / וכאשר יענו אתו	כן	ירבה וכן יפרץ ויקצו מפני בני	22					1
ט011206	רעמסס / וכאשר יענו אתו כן ירבה	וכן	יפרץ ויקצו מפני בני ישראל / ויעבדו	22				1	2
ט032013	בכל נפלאתי אשר אעשה בקרבו ואחרי-	כן	ישלח אתכם / ונתתי את- חן העם-	22					1
ט050818	תגרעו ממנו כי- נרפים הם על-	כן	הם צעקים לאמר נלכה נזבחה לאלהינו	22					1
ט051706	עמך / ויאמר נרפים אתם נרפים על-	כן	אתם אמרים נלכה נזבחה ליהוה / ועתה	22					1
ט060903	לכם מורשה אני יהוה / וידבר משה	כן	אל- בני ישראל ולא שמעו אל-	22					1
ט070608	משה ואהרן כאשר צוה יהוה אתם	כן	עשו / ומשה בן- שמנים שנה ואהרן	22					1
ט071007	ויבא משה ואהרן אל- פרעה ויעשו	כן	כאשר צוה יהוה וישלך אהרן את-	22					1
ט071112	ויעשו גם- הם חרטמי מצרים בלהטיהם	כן	/ וישליכו איש מטהו ויהיו לתנינם ויבלע	22					1
ט072002	בכל- ארץ מצרים ובעצים ובאבנים / ויעשו-	כן	משה ואהרן כאשר צוה יהוה וירם	22					1
ט072202	ויהי הדם בכל- ארץ מצרים / ויעשו-	כן	חרטמי מצרים בלטיהם ויחזק לב- פרעה	22					1
ט080302	הצפרדע ותכס את- ארץ מצרים / ויעשו-	כן	החרטמים בלטיהם ויעלו את- הצפרדעים על-	22					1
ט081302	והיה לכנם בכל- ארץ מצרים / ויעשו-	כן	ויט אהרן את- ידו במטהו ויך	22					1
ט081402	היה כנם בכל- ארץ מצרים / ויעשו-	כן	החרטמים בלטיהם להוציא את- הכנים ולא	22					1
ט082003	למחר יהיה האת הזה / ויעש יהוה	כן	ויבא ערב כבד ביתה פרעה ובית	22					1
ט082206	בארץ / ויאמר משה לא נכון לעשות	כן	כי תועבת מצרים נזבח ליהוה אלהינו	22					1
ט101004	הג- יהוה לנו / ויאמר אלהם יהי	כן	יהוה עמכם כאשר אשלח אתכם ואת	22					1
ט101102	ראו כי רעה נגד פניכם / לא	כן	לכו נא הגברים ועבדו את- יהוה	22					1
ט101416	מצרים כבד מאד לפניו לא- היה	כן	ארבה כמהו ואחריו לא יהיה- כן	22					1
ט101422	כן ארבה כמהו ואחריו לא יהיה-	כן	/ ויכס את- עין כל- הארץ ותחשך	22					1
ט102903	ביום ראתך פני תמות / ויאמר משה	כן	דברת לא- אסף עוד ראות פניך	22					1
ט110114	אביא על- פרעה ועל- מצרים אחרי-	כן	ישלח אתכם מזה כשלחו כלה גרש	22					1
ט110816	אתה וכל העם אשר- ברגליך ואחרי-	כן	אצא ויצא מעם- פרעה בחרי- אף	22					1
ט122811	כאשר צוה יהוה את- משה ואהרן	כן	עשו / ויהי בחצי הלילה ויהוה הכה	22					1
ט125012	צוה יהוה את- משה ואת- אהרן	כן	עשו / ויהי בעצם היום הזה הוציא	22					1
ט131518	מבכר אדם ועד- בכור בהמה על-	כן	אני זבח ליהוה כל- פטר רחם	22					1
ט140417	וידעו מצרים כי- אני יהוה ויעשו	כן	/ ויגד למלך מצרים כי ברח העם	22					1
ט152312	מים ממרה כי מרים הם על-	כן	קרא- שמה מרה / וילנו העם על-	22					1
ט161702	נפשתיכם איש לאשר באהלו תקחו / ויעשו-	כן	בני ישראל וילקטו המרבה והממעיט / וימדו	22					1
ט162908	כי- יהוה נתן לכם השבת על-	כן	הוא נתן לכם ביום הששי לחם	22					1
ט170616	ויצאו ממנו מים ושתה העם ויעש	כן	משה לעיני זקני ישראל / ויקרא שם	22					1
ט201120	אשר- בם וינח ביום השביעי על-	כן	ברך יהוה את- יום השבת ויקדשהו	22					1
ט222901	לא תאחר בכור בניך תתן- לי /	כן-	תעשה לשרך לצאנך שבעת ימים יהיה	22					1
ט231111	אביני עמך ויתרם תאכל חית השדה	כן-	תעשה לכרמך לזיתך / ששת ימים תעשה	22					1
ט250913	תבנית המשכן ואת תבנית כל- כליו	וכן	תעשו / ועשו ארון עצי שטים אמתים	22				1	2
ט253315	גבעים משקדים בקנה האחד כפתר ופרח	כן	לששת הקנים היצאים מן- המנרה / ובמנרה	22					1
ט260410	על שפת היריעה האחת מקצה בחברת	וכן	תעשה בשפת היריעה הקיצונה במחברת השנית	22				1	2
ט261709	לקרש האחד משלבת אשה אל- אחתה	כן	תעשה לכל קרשי המשכן / ועשית את-	22					1
ט262412	תמים על- ראשו אל- הטבעת האחת	כן	יהיה לשניהם לשני המקצעת יהיו / והיו	22					1
ט270809	תעשה אתו כאשר הראה אתך בהר	כן	יעשו / ועשית את חצר המשכן לפאת	22					1
ט271101	עשרים נחשת ווי העמדים וחשקיהם כסף /	וכן	לפאת צפון בארך קלעים מאה ארך	22				1	2
ט343202	הנשאים בעדה וידבר משה אלהם / ואחרי-	כן	נגשו כל- בני ישראל ויצום את	22					1
ט361110	על שפת היריעה האחת מקצה במחברת	כן	עשה בשפת היריעה הקיצונה במחברת השנית	22					1
ט362209	לקרש האחד משלבת אחת אל- אחת	כן	עשה לכל קרשי המשכן / ויעש את-	22					1
ט362912	תמים אל- ראשו אל- הטבעת האחת	כן	עשה לשניהם לשני המקצעת / והיו שמנה	22					1
ט371915	גבעים משקדים בקנה אחד כפתר ופרח	כן	לששת הקנים היצאים מן- המנרה / ובמנרה	22					1

/ = סוף פסוק   // = סוף פרק   ג = מין   # = מספר   כ = כינוי הבור   קס = קידומות וסיומות   ו = נספר ההברות

אזכור		מלה		צופן ג # כ קס ה
ט393216	בכל אשר צוה יהוה את- משה	כן	עשו / ויביאו את- המשכן אל- משה	1 22
ט394207	ככל אשר- צוה יהוה את- משה	כן	עשו בני ישראל את כל- העבדה	1 22
ט394312	והנה עשו אתה כאשר צוה יהוה	כן	עשו ויברך אתם משה // וידבר יהוה	1 22
ט401608	משה ככל אשר צוה יהוה אתו	כן	עשה / ויהי בחדש הראשון בשנה השנית	1 22
	-	כן	*-*	
ט301804	אל- משה לאמר / ועשית כיור נחשת	וכנו	נחשת לרחצה ונתת אתו בין- אהל	3 1 4 1 1 1113
ט302810	ואת- כל- כליו ואת- הכיר ואת-	כנו	/ וקדשת אתם והיו קדש קדשים כל-	2 4 1 1 1113
ט310910	ואת- כל- כליו ואת הכיור ואת-	כנו	/ ואת בגדי השרד ואת- בגדי הקדש	2 4 1 1 1113
ט351617	ואת- כל- כליו את- הכיר ואת-	כנו	/ את קלעי החצר את- עמדיו ואת-	2 4 1 1 1113
ט380806	אתו / ויעש את הכיור נחשת ואת	כנו	נחשת במראת הצבאת אשר צבאו פתח	2 4 1 1 1113
ט393917	ואת- כל- כליו את- הכיר ואת-	כנו	/ את קלעי החצר את- עמדיה ואת-	2 4 1 1 1113
ט401105	קדש קדשים / ומשחת את- הכיר ואת-	כנו	וקדשת אתו / והקרבת את- אהרן ואת-	2 4 1 1 1113
	-	כן	*-*	
ט081216	מטך והך את- עפר הארץ והיה	לכנם	בכל- ארץ מצרים / ויעשו- כן ויט	3 6 3 1 1115
ט081320	באדם ובבהמה כל- עפר הארץ היה	כנם	בכל- ארץ מצרים / ויעשו- כן החרטמים	2 3 1 1115
ט081407	ויעשו- כן החרטמים בלטיהם להוציא את-	הכנים	ולא יכלו ותהי הכנם באדם ובבהמה	3 2 3 1 1115
	-	כנם	*-*	
ט081313	במטהו ויך את- עפר הארץ ותהי	הכנם	באדם ובבהמה כל- עפר הארץ היה	3 2 1 2 1121
ט081411	להוציא את- הכנים ולא יכלו ותהי	הכנם	באדם ובבהמה / ויאמרו החרטמם אל- פרעה	3 2 1 2 1121
	-	כנען	*-*	
ט060410	בריתי אתם לתת להם את- ארץ	כנען	את ארץ מגריהם אשר- גרו בה	3 2 122
ט151512	מואב יאחזמו רעד נמגו כל ישבי	כנען	/ תפל עליהם אימתה ופחד בגדל זרועך	3 2 122
ט163521	אכלו עד- באם אל- קצה ארץ	כנען	/ והעמר עשרית האפה הוא // ויסעו כל-	3 2 122
	-	כנעני	*-*	
ט030820	ארץ זבת חלב ודבש אל- מקום	הכנעני	והחתי והאמרי והפרזי והחוי והיבוסי / ועתה	5 2 1 1 124
ט031708	אעלה אתכם מעני מצרים אל- ארץ	הכנעני	והחתי והאמרי והפרזי והחוי והיבוסי אל-	5 2 1 1 124
ט061510	וימין ואהד ויכין וצחר ושאול בן-	הכנענית	אלה משפחת שמעון / ואלה שמות בני-	5 2 1 2 124
ט130507	והיה כי- יביאך יהוה אל- ארץ	הכנעני	והחתי והאמרי והחוי והיבוסי אשר נשבע	5 2 1 1 124
ט131107	והיה כי- יבאך יהוה אל- ארץ	הכנעני	כאשר נשבע לך ולאבתיך ונתנה לך	5 2 1 1 124
ט232310	לפניך והביאך אל- האמרי והחתי והפרזי	והכנעני	החוי והיבוסי והכחדתיו / לא- תשתחוה לאלהיהם	6 21 1 1 124
ט232809	הצרעה לפניך וגרשה את- החוי את-	הכנעני	ואת החתי מלפניך / לא אגרשנו מפניך	5 2 1 1 124
ט330206	אתננה / ושלחתי לפניך מלאך וגרשתי את-	הכנעני	האמרי והחתי והפרזי החוי והיבוסי / אל-	5 2 1 1 124
ט341113	היום הנני גרש מפניך את- האמרי	והכנעני	והחתי והפרזי והחוי והיבוסי / השמר לך	6 21 1 1 124
	-	כנף	*-*	
ט252004	על- שני קצותיו / והיו הכרבים פרשי	כנפים	למעלה סככים בכנפיהם על- הכפרת ופניהם	4 2 2 1125
ט370904	הכרבים משני קצותיו / ויהיו הכרבים פרשי	כנפים	למעלה סככים בכנפיהם על- הכפרת ופניהם	4 2 2 1125
ט190409	אשר עשיתי למצרים ואשא אתכם על-	כנפי	נשרים ואבא אתכם אלי / ועתה אם-	3 2 2 1126
ט252007	והיו הכרבים פרשי כנפים למעלה סככים	בכנפיהם	על- הכפרת ופניהם איש אל- אחיו	5 4 9 2 2 1127
ט370907	ויהיו הכרבים פרשי כנפים למעלה סככים	בכנפיהם	על- הכפרת ופניהם איש אל- אחיו	5 4 9 2 2 1127
	-	כס	*-*	
ט171605	יהוה נסי / ויאמר כי יד על	כס	יה מלחמה ליהוה בעמלק מדר דר	1 1 1 1112
	-	כסא	*-*	
ט110510	בארץ מצרים מבכור פרעה הישב על-	כסאו	עד בכור השפחה אשר אחר הרחים	3 4 1 1 1113
ט122914	בארץ מצרים מבכר פרעה הישב על-	כסאו	עד בכור השבי אשר בבית הבור	2 4 1 1 1113

/ = סוף פסוק   // = סוף פרק   ג = מין   # = מספר   כ = כינוי ובור   קס = קידומות וסיומות   ה = מספר ההגדרה

אזכור		מלה		צונן	ג	#	כ	קס	ה
	--*-*-*-*-*-*-*-*-*-*-*-*-*-*-*	כסה	*-*-*-*-*-*-*-*-*-*-*-*-*-*-*-*-*						
ט100501	עמי הנני מביא מחר ארבה בגבלך /	וכסה	את- עין הארץ ולא יוכל לראת	3311	1	1		1	3
ט151003	אריק חרבי תורישמו ידי / נשפת ברוחך	כסמו	ים צללו כעופרת במים אדירים / מי-	3311	1	1	9	0	3
ט101501	ארבה כמהו ואחריו לא יהיה- כן /	ויכס	את- עין כל- הארץ ותחשך הארץ	3321	1	1		*	3
ט142803	את- מצרים בתוך הים / וישבו המים	ויכסו	את- הרכב ואת- הפרשים לכל חיל	3321	1	3		*	4
ט150502	ומבחר שלשיו טבעו בים- סוף / תהמת	יכסימו	ירדו במצולת כמו- אבן / ימינך יהוה	3321	1	3	9	0	5
ט213311	או כי- יכרה איש בר ולא	יכסנו	ונפל- שמה שור או חמור / בעל	3321	1	1	4		4
ט241505	יגש אלהם / ויעל משה אל- ההר	ויכס	הענן את- ההר / וישכן כבוד- יהוה	3321	1	1		*	3
ט241607	וישכן כבוד- יהוה על- הר סיני	ויכסהו	הענן ששת ימים ויקרא אל- משה	3321	1	1	4	*	5
ט403401	שער החצר ויכל משה את- המלאכה /	ויכס	הענן את- אהל מועד וכבוד יהוה	3321	1	1		*	3
ט080210	ידו על מימי מצרים ותעל הצפרדע	ותכס	את- ארץ מצרים / ויעשו- כן החרטמים	3322	2	1		*	3
ט161305	יהוה אלהיכם / ויהי בערב ותעל השלו	ותכס	את- המחנה ובבקר היתה שכבת הטל	3322	2	1		*	3
ט291305	יסוד המזבח / ולקחת את- כל- החלב	המכסה	את- הקרב ואת היתרת על- הכבד	3331	1	1		2	4
ט292208	מן- האיל החלב והאליה ואת- החלב	המכסה	את- הקרב ואת יתרת הכבד ואת	3331	1	1		2	4
ט261316	סרוח על- צדי המשכן מזה ומזה	לכסתו	/ ועשית מכסה לאהל ערת אילם מאדמים	3354			4	6	4
ט284205	וכהנו- לי / ועשה להם מכנסי- בד	לכסות	בשר ערוה ממתנים ועד- ירכים יהיו	3354				6	3
	--*-*-*-*-*-*-*-*-*-*-*-*-*-*-*	כסות	*-*-*-*-*-*-*-*-*-*-*-*-*-*-*-*-*						
ט222603	בא השמש תשיבנו לו / כי הוא	כסותה	לבדה הוא שמלתו לעורו במה ישכב	1123	2	1	4		3
ט211006	לה / אם- אחרת יקח- לו שארה	כסותה	וענתה לא יגרע / ואם- שלש- אלה	1124	2	1	5		3
	--*-*-*-*-*-*-*-*-*-*-*-*-*-*-*	כסמת	*-*-*-*-*-*-*-*-*-*-*-*-*-*-*-*-*						
ט093202	כי השערה אביב והפשתה גבעל / והחטה	והכסמת	לא נכו כי אפילת הנה / ויצא	1121	2	1		21	5
	--*-*-*-*-*-*-*-*-*-*-*-*-*-*-*	כסס	*-*-*-*-*-*-*-*-*-*-*-*-*-*-*-*-*						
ט120417	בית במכסת נפשת איש לפי אכלו	תכסו	על- השה / שה תמים זכר בן-	3121	1	3			3
	--*-*-*-*-*-*-*-*-*-*-*-*-*-*-*	כסף	*-*-*-*-*-*-*-*-*-*-*-*-*-*-*-*-*						
ט032207	ושאלה אשה משכנתה ומגרת ביתה כלי-	כסף	וכלי זהב ושמלת ושמתם על- בניכם	1111	1	1			2
ט110213	מאת רעהו ואשה מאת רעותה כלי-	כסף	וכלי זהב / ויתן יהוה את- חן	1111	1	1			2
ט123509	עשו כדבר משה וישאלו ממצרים כלי-	כסף	וכלי- זהב ושמלת / ויהוה נתן את-	1111	1	1			2
ט124405	יאכל בו / וכל- עבד איש מקנת-	כסף	ומלתה אתו אז יאכל בו / תושב	1111	1	1			2
ט202305	דברתי עמכם / לא תעשון אתי אלהי	כסף	ואלהי זהב לא תעשו לכם / מזבח	1111	1	1			2
ט211110	לא יעשה לה ויצאה חנם אין	כסף	/ מכה איש ומת מות יומת / ואשר	1111	1	1			2
ט213207	אם- עבד יגח השור או אמה	כסף	שלשים שקלים יתן לאדניו והשור יסקל	1111	1	1			2
ט213404	שור או חמור / בעל הבור ישלם	כסף	ישיב לבעליו והמת יהיה- לו / וכי-	1111	1	1			2
ט220606	הבערה / כי- יתן איש אל- רעהו	כסף	או- כלים לשמר וגנב מבית האיש	1111	1	1			2
ט221607	אם- מאן ימאן אביה לתתה לו	כסף	ישקל כמהר הבתולת / מכשפה לא תחיה	1111	1	1			2
ט222402	והיו נשיכם אלמנות ובניכם יתמים / אם-	כסף	תלוה את- עמי את- העני עמך	1111	1	1			2
ט250307	וזאת התרומה אשר תקחו מאתם זהב	וכסף	ונחשת / ותכלת וארגמן ותולעת שני ושש	1111	1	1		1	3
ט261903	קרש לפאת נגבה תימנה / וארבעים אדני-	כסף	תעשה תחת עשרים הקרש שני אדנים	1111	1	1			2
ט262103	לפאת צפון עשרים קרש / וארבעים אדניהם	כסף	שני אדנים תחת הקרש האחד ושני	1111	1	1			2
ט262505	המקצעת יהיו / והיו שמנה קרשים ואדניהם	כסף	ששה עשר אדנים שני אדנים תחת הקרש	1111	1	1			2
ט263214	זהב וויהם זהב על- ארבעה אדני-	כסף	/ ונתתה את- הפרכת תחת הקרסים והבאת	1111	1	1			2
ט271009	ואדניהם עשרים נחשת ווי העמדים וחשקיהם	כסף	/ וכן לפאת צפון בארך קלעים מאה	1111	1	1			2
ט271116	ואדניהם עשרים נחשת ווי העמדים וחשקיהם	כסף	/ ורחב החצר לפאת- ים קלעים חמשים	1111	1	1			2
ט271706	ארבעה / כל- עמודי החצר סביב מחשקים	כסף	וויהם כסף ואדניהם נחשת / ארך החצר	1111	1	1			2
ט271708	עמודי החצר סביב מחשקים כסף וויהם	כסף	ואדניהם נחשת / ארך החצר מאה באמה	1111	1	1			2
ט310405	ובכל מלאכה / לחשב מחשבת לעשות בזהב	ובכסף	ובנחשת / ובחרשת אבן למלאת ובחרשת עץ	1111	1	1		241	4
ט350513	לבו יביאה את תרומת יהוה זהב	וכסף	ונחשת / ותכלת וארגמן ותולעת שני ושש	1111	1	1		1	3
ט352404	וערת תחשים הביאו / כל- מרים תרומת	כסף	ונחשת הביאו את תרומת יהוה וכל	1111	1	1			2
ט353205	ובכל- מלאכה / ולחשב מחשבת לעשת בזהב	ובכסף	ובנחשת / ובחרשת אבן למלאת ובחרשת עץ	1111	1	1		241	4
ט362403	קרשים לפאת נגב תימנה / וארבעים אדני-	כסף	עשה תחת עשרים הקרשים שני אדנים	1111	1	1			2
ט362603	צפון עשה עשרים קרשים / וארבעים אדניהם	כסף	שני אדנים תחת הקרש האחד ושני	1111	1	1			2

אזכור		מלה		צופן	ג	#	כ	קס	ה
ט363005	לשני המקצעת / והיו שמנה קרשים ואדניהם	כסף	ששה עשר אדנים שני אדנים שני אדנים	1111	1	1			2
ט363614	ויהם זהב ויצק להם ארבעה אדני-	כסף	/ ויעש מסך לפתח האהל תכלת וארגמן	1111	1	1			2
ט381009	ואדניהם עשרים נחשת ווי העמודים וחשקיהם	כסף	/ ולפאת צפון מאה באמה עמודיהם עשרים	1111	1	1			2
ט381113	ואדניהם עשרים נחשת ווי העמודים וחשקיהם	כסף	/ ולפאת- ים קלעים חמשים באמה עמודיהם	1111	1	1			2
ט381213	עשרה ואדניהם עשרה ווי העמדים וחשוקיהם	כסף	/ ולפאת קדמה מזרחה חמשים אמה / קלעים	1111	1	1			2
ט381707	והאדנים לעמדים נחשת ווי העמודים וחשוקיהם	כסף	וצפוי ראשיהם כסף והם מחשקים כסף	1111	1	1			2
ט381710	ווי העמודים וחשוקיהם כסף וצפוי ראשיהם	כסף	והם מחשקים כסף כל עמדי החצר	1111	1	1			2
ט381713	כסף וצפוי ראשיהם כסף והם מחשקים	כסף	כל עמדי החצר / ומסך שער החצר	1111	1	1			2
ט381907	ועמדיהם ארבעה ואדניהם ארבעה נחשת וויהם	כסף	וצפוי ראשיהם וחשקיהם כסף / וכל- היתדת	1111	1	1			2
ט381911	נחשת וויהם כסף וצפוי ראשיהם וחשקיהם	כסף	/ וכל- היתדת למשכן ולחצר סביב נחשת	1111	1	1			2
ט382704	וחמש מאות וחמשים / ויהי מאת ככר	הכסף	לצקת את אדני הקדש ואת אדני	1111	1	1		2	3
ט301603	יהוה לכפר על- נפשתיכם / ולקחת את-	כסף	הכפרים מאת בני ישראל ונתת אתו	1112	1	1			2
ט382501	ושבע מאות ושלשים שקל בשקל הקדש /	וכסף	פקודי העדה מאת ככר ואלף ושבע	1112	1	1		1	3
ט212110	או יומים יעמד לא יקם כי	כספו	הוא / וכי- ינצו אנשים ונגפו אשה	1113	1	1	4		2
ט213515	ומכרו את- השור החי וחצו את-	כספו	וגם את- המת יחצון / או נודע	1113	1	1	4		2
	--*-*-*-*-*-*-*-*-*-*-*-*-*-*	כף	*-*-*-*-*-*-*-*-*-*-*-*-*-*-*-*						
ט040415	וישלח ידו ויחזק בו ויהי למטה	בכפו	/ למען יאמינו כי- נראה אליך יהוה	1123	2	1	4	4	3
ט092909	משה כצאתי את- העיר אפרש את	כפי	אל- יהוה הקלות יחדלון והברד לא	1123	2	1	1		2
ט332208	בעבר כבדי ושמתיך בנקרת הצור ושכתי	כפי	עליך עד- עברי / והסרתי את- כפי	1123	2	1	1		2
ט332303	כפי עליך עד- עברי / והסרתי את-	כפי	וראית את- אחרי ופני לא יראו	1123	2	1	1		2
ט292404	אשר לפני יהוה / ושמת הכל על	כפי	אהרן ועל כפי בניו והנפת אתם	1126	2	3			2
ט292407	ושמת הכל על כפי אהרן ועל	כפי	בניו והנפת אתם תנופה לפני יהוה	1126	2	3			2
ט093308	משה מעם פרעה את- העיר ויפרש	כפיו	אל- יהוה ויחדלו הקלות והברד ומטר	1127	2	3	4		2
ט252903	ונשא בם את- השלחן / ועשית קערתיו	וכפתיו	וקשותיו ומנקיתיו אשר יסך בהן זהב	1127	2	3	4	1	4
ט371610	אשר על- השלחן את- קערתיו ואת-	כפתיו	ואת מנקיתיו ואת- הקשות אשר יסך	1127	2	3	4		3
	--*-*-*-*-*-*-*-*-*-*-*-*-*-*	כפור	*-*-*-*-*-*-*-*-*-*-*-*-*-*-*-*						
ט161411	על- פני המדבר דק מחספס דק	ככפר	על- הארץ / ויראו בני- ישראל ויאמרו	1111	1	1		25	3
	--*-*-*-*-*-*-*-*-*-*-*-*-*-*	כפורים	*-*-*-*-*-*-*-*-*-*-*-*-*-*-*-*						
ט293606	ידם / ופר חטאת תעשה ליום על-	הכפרים	וחטאת על- המזבח בכפרך עליו ומשחת	1115	1	3		2	4
ט301009	על- קרנתיו אחת בשנה מדם חטאת	הכפרים	אחת בשנה יכפר עליו לדרתיכם קדש	1115	1	3		2	4
ט301604	לכפר על- נפשתיכם / ולקחת את- כסף	הכפרים	מאת בני ישראל ונתת אתו על	1115	1	3		2	4
	--*-*-*-*-*-*-*-*-*-*-*-*-*-*	כפל	*-*-*-*-*-*-*-*-*-*-*-*-*-*-*-*						
ט260910	היריעת לבד ואת שש היריעת לבד	וכפלת	את- היריעה הששית אל- מול פני	3111	1	1		1	4
ט281603	ושש משזר תעשה אתו / רבוע יהיה	כפול	זרת ארכו וזרת רחבו / ומלאת בו	3161	1	1			2
ט390903	ותולעת שני ושש משזר / רבוע היה	כפול	עשו את- החשן זרת ארכו וזרת	3161	1	1			2
ט390911	את- החשן זרת ארכו וזרת רחבו	כפול	/ וימלאו- בו ארבעה טורי אבן טור	3161	1	1			2
	--*-*-*-*-*-*-*-*-*-*-*-*-*-*	כפר	*-*-*-*-*-*-*-*-*-*-*-*-*-*-*-*						
ט301001	ועלה ומנחה ונסך לא תסכו עליו /	וכפר	אהרן על- קרנתיו אחת בשנה מדם	3311	1	1		1	3
ט293703	עליו ומשחת אתו לקדשו / שבעת ימים	תכפר	על- המזבח וקדשת אתו והיה המזבח	3321	1	1			3
ט301012	בשנה מדם חטאת הכפרים אחת בשנה	יכפר	עליו לדרתיכם קדש קדשים הוא ליהוה	3321	1	1			3
ט323016	גדלה ועתה אעלה אל- יהוה אולי	אכפרה	בעד חטאתכם / וישב משה אל- יהוה	3321	1	1		9	4
ט293610	ליום על- הכפרים וחטאת על- המזבח	בכפרך	עליו ומשחת אתו לקדשו / שבעת ימים	3353			2	4	5
ט301513	ממחצית השקל לתת את- תרומת יהוה	לכפר	על- נפשתיכם / ולקחת את- כסף הכפרים	3354				6	3
ט301620	והיה לבני ישראל לזכרון לפני יהוה	לכפר	על- נפשתיכם / וידבר יהוה אל- משה	3354				6	3
	--*-*-*-*-*-*-*-*-*-*-*-*-*-*	כפר	*-*-*-*-*-*-*-*-*-*-*-*-*-*-*-*						
ט293304	פתח אהל מועד / ואכלו אתם אשר	כפר	בהם למלא את- ידם לקדש אתם	3411	1	1			2

/ = סוף פסוק   // = סוף פרק   ג = מין   # = מספר   כ = כינוי חבור   קס = קידומות וסיומות   ה = מספר החבורה

אזכור		מלה		צופן	ג	#	כ	קס	ה
	--*-*-*-*-*-*-*-*-*-*-*-*-*-*-*-*-*-*	כפרת	*-*-*-*-*-*-*-*-*-*-*-*-*-*-*-*-*-*-*-*						
ט251810	זהב מקשה תעשה אתם משני קצות	הכפרת	/ ועשה כרוב אחד מקצה מזה וכרוב-	1121	2	1		2	4
ט251911	מזה וכרוב- אחד מקצה מזה מן-	הכפרת	תעשו את- הכרבים על- שני קצותיו	1121	2	1		2	4
ט252009	פרשי כנפים למעלה סככים בכנפיהם על-	הכפרת	ופניהם איש אל- אחיו אל- הכפרת	1121	2	1		2	4
ט252015	הכפרת ופניהם איש אל- אחיו אל-	הכפרת	יהיו פני הכרבים / ונתת את- הכפרת	1121	2	1		2	4
ט252103	הכפרת יהיו פני הכרבים / ונתת את-	הכפרת	על- הארן מלמעלה ואל- הארן תתן	1121	2	1		2	4
ט252207	ונועדתי לך שם ודברתי אתך מעל	הכפרת	מבין שני הכרבים אשר על- ארון	1121	2	1		2	4
ט263403	הקדש ובין קדש הקדשים / ונתת את-	הכפרת	על ארון העדת בקדש הקדשים / ושמת	1121	2	1		2	4
ט300610	הפרכת אשר על- ארן העדת לפני	הכפרת	אשר על- העדת אשר אועד לך	1121	2	1		2	4
ט310708	אהל מועד ואת- הארן לעדת ואת-	הכפרת	אשר עליו ואת כל- כלי האהל	1121	2	1		2	4
ט351206	אדניו / את- הארן ואת- בדיו את-	הכפרת	ואת פרכת המסך / את- השלחן ואת-	1121	2	1		2	4
ט370710	זהב מקשה עשה אתם משני קצות	הכפרת	/ כרוב אחד מקצה מזה וכרוב- אחד	1121	2	1		2	4
ט370810	מזה וכרוב- אחד מקצה מזה מן-	הכפרת	עשה את- הכרבים משני קצותיו / ויהיו	1121	2	1		2	4
ט370909	פרשי כנפים למעלה סככים בכנפיהם על-	הכפרת	ופניהם איש אל- אחיו אל- הכפרת	1121	2	1		2	4
ט370915	הכפרת ופניהם איש אל- אחיו אל-	הכפרת	היו פני הכרבים / ויעש את- השלחן	1121	2	1		2	4
ט393507	את- ארון העדת ואת- בדיו ואת	הכפרת	/ את- השלחן את- כל- כליו ואת	1121	2	1		2	4
ט402014	את- הבדים על- הארן ויתן את-	הכפרת	על- הארן מלמעלה / ויבא את- הארן	1121	2	1		2	4
ט251702	את העדת אשר אתן אליך / ועשית	כפרת	זהב טהור אמתים וחצי ארכה ואמה	1122	2	1			3
ט370602	צלעת הארן לשאת את- הארן / ויעש	כפרת	זהב טהור אמתים וחצי ארכה ואמה	1122	2	1			3
	--*-*-*-*-*-*-*-*-*-*-*-*-*-*-*-*-*-*	כפתור	*-*-*-*-*-*-*-*-*-*-*-*-*-*-*-*-*-*-*-*						
ט253306	השני / שלשה גבעים משקדים בקנה האחד	כפתר	ופרח ושלשה גבעים משקדים בקנה האחד	1111	1	1			2
ט253313	ופרח ושלשה גבעים משקדים בקנה האחד	כפתר	ופרח כן לששת הקנים היצאים מן-	1111	1	1			2
ט253501	ובמנרה ארבעה גבעים משקדים כפתריה ופרחיה /	וכפתר	תחת שני הקנים ממנה וכפתר תחת	1111	1	1		1	3
ט253506	ופרחיה / וכפתר תחת שני הקנים ממנה	וכפתר	תחת שני הקנים ממנה וכפתר תחת-	1111	1	1		1	3
ט253511	ממנה וכפתר תחת שני הקנים ממנה	וכפתר	תחת- שני הקנים ממנה לששת הקנים	1111	1	1		1	3
ט371906	השני / שלשה גבעים משקדים בקנה האחד	כפתר	ופרח ושלשה גבעים משקדים בקנה אחד	1111	1	1			2
ט371913	ופרח ושלשה גבעים משקדים בקנה אחד	כפתר	ופרח כן לששת הקנים היצאים מן-	1111	1	1			2
ט372101	ובמנרה ארבעה גבעים משקדים כפתריה ופרחיה /	וכפתר	תחת שני הקנים ממנה וכפתר תחת	1111	1	1		1	3
ט372106	ופרחיה / וכפתר תחת שני הקנים ממנה	וכפתר	תחת שני הקנים ממנה וכפתר תחת-	1111	1	1		1	3
ט372111	ממנה וכפתר תחת שני הקנים ממנה	וכפתר	תחת- שני הקנים ממנה לששת הקנים	1111	1	1		1	3
ט253601	ממנה לששת הקנים היצאים מן- המנרה /	כפתריהם	וקנתם ממנה יהיו כלה מקשה אחת	1117	1	3	9		4
ט372201	הקנים ממנה לששת הקנים היצאים ממנה /	כפתריהם	וקנתם ממנה היו כלה מקשה אחת	1117	1	3	9		4
ט253111	מקשה תיעשה המנורה ירכה וקנה גביעיה	כפתריה	ופרחיה ממנה יהיו / וששה קנים יצאים	1113	1	3	5		4
ט253405	מן- המנרה / ובמנרה ארבעה גבעים משקדים	כפתריה	ופרחיה / וכפתר תחת שני הקנים ממנה	1113	1	3	5		4
ט371713	עשה את- המנרה ירכה וקנה גביעיה	כפתריה	ופרחיה ממנה היו / וששה קנים יצאים	1118	1	3	5		4
ט372005	מן- המנרה / ובמנרה ארבעה גבעים משקדים	כפתריה	ופרחיה / וכפתר תחת שני הקנים ממנה	1118	1	3	5		4
	--*-*-*-*-*-*-*-*-*-*-*-*-*-*-*-*-*-*	כרה	*-*-*-*-*-*-*-*-*-*-*-*-*-*-*-*-*-*-*-*						
ט213307	וכי- יפתח איש בור או כי-	יכרה	איש בר ולא יכסנו ונפל- שמה	3121	1	1			2
	--*-*-*-*-*-*-*-*-*-*-*-*-*-*-*-*-*-*	כרוב	*-*-*-*-*-*-*-*-*-*-*-*-*-*-*-*-*-*-*-*						
ט251902	תעשה אתם משני קצות הכפרת / ועשה	כרוב	אחד מקצה מזה וכרוב- אחד מקצה	1111	1	1			2
ט251906	הכפרת / ועשה כרוב אחד מקצה מזה	וכרוב-	אחד מקצה מזה מן- הכפרת תעשו	1111	1	1		1	3
ט370801	מקשה עשה אתם משני קצות הכפרת /	כרוב	אחד מקצה מזה וכרוב- אחד מקצה	1111	1	1			2
ט370805	קצות הכפרת / כרוב אחד מקצה מזה	וכרוב-	אחד מקצה מזה מן- הכפרת עשה	1111	1	1		1	3
ט251803	ארכה ואמה וחצי רחבה / ועשית שנים	כרבים	זהב מקשה תעשה אתם משני קצות	1115	1	3			3
ט251914	מקצה מזה מן- הכפרת תעשו את-	הכרבים	על- שני קצותיו / והיו הכרבים פרשי	1115	1	3		2	4
ט252002	את- הכרבים על- שני קצותיו / והיו	הכרבים	פרשי כנפים למעלה סככים בכנפיהם על-	1115	1	3		2	4
ט252018	אל- אחיו אל- הכפרת יהיו פני	הכרבים	/ ונתת את- הכפרת על- הארן מלמעלה	1115	1	3		2	4
ט252210	ודברתי אתך מעל הכפרת מבין שני	הכרבים	אשר על- ארון העדת את כל-	1115	1	3		2	4
ט260112	שש משזר ותכלת וארגמן ותלעת שני	כרבים	מעשה חשב תעשה אתם / ארך היריעה	1115	1	3			3
ט263113	ושש משזר מעשה חשב יעשה אתה	כרבים	/ ונתתה אתה על- ארבעה עמודי שטים	1115	1	3			3
ט360817	שש משזר ותכלת וארגמן ותולעת שני	כרובים	מעשה חשב עשה אתם / ארך היריעה	1115	1	3			3

/ = סוף פסוק   // = סוף פרק   ג = מין   # = מספר   כ = כינוי חבור   קס = קידומות וסיומות   ה = מספר ההברות

אזכור		מלה		צורן	ג	#	כ	קס	ה
ט363514	ושש משזר מעשה חשב עשה אתה	כרבים	/ ויעש לה ארבעה עמודי שטים ויצפם	1115	1	3			3
ט370703	ארכה ואמה וחצי רחבה / ויעש שני	כרבים	זהב מקשה עשה אתם משני קצות	1115	1	3			3
ט370813	מקצה מזה ומן- הכפרת עשה את-	הכרבים	משני קצותיו / ויהיו הכרבים פרשי כנפים	1115	1	3		2	4
ט370902	עשה את- הכרבים משני קצותיו / ויהיו	הכרבים	פרשי כנפים למעלה סככים בכנפיהם על-	1115	1	3		2	4
ט370918	אל- אחיו אל- הכפרת היו פני	הכרבים	/ ויעש את- השלחן עצי שטים אמתים	1115	1	3		2	4
	--*-*-*-*-*-*-*-*-*-*-*-*-*-*-*-*-*-*	כרכב	*-*-*-*-*-*-*-*-*-*-*-*-*-*-*-*-*-*-*-*						
ט270504	על ארבע קצותיו / ונתת אתה תחת	כרכב	המזבח מלמטה והיתה הרשת עד חצי	1112	1	1			2
ט380408	למזבח מכבר מעשה רשת נחשת תחת	כרכבו	מלמטה עד- חציו / ויצק ארבע טבעת	1113	1	1	4		3
	--*-*-*-*-*-*-*-*-*-*-*-*-*-*-*-*-*-*	כרם	*-*-*-*-*-*-*-*-*-*-*-*-*-*-*-*-*-*-*-*						
ט220406	ישלם / כי יבער- איש שדה או-	כרם	ושלח את- בעירה ובער בשדה אחר	1111	1	1			2
ט220416	ובער בשדה אחר מיטב שדהו ומיטב	כרמו	ישלם / כי- תצא אש ומצאה קצים	1113	1	1	4		2
ט231113	ויתרם תאכל חית השדה כן- תעשה	לכרמך	לזיתך / ששת ימים תעשה מעשיך וביום	1113	1	1	2	6	4
	--*-*-*-*-*-*-*-*-*-*-*-*-*-*-*-*-*-*	כרמי	*-*-*-*-*-*-*-*-*-*-*-*-*-*-*-*-*-*-*-*						
ט061412	ראובן בכר ישראל חנוך ופלוא חצרן	וכרמי	אלה משפחת ראובן / ובני שמעון ימואל	122	1			1	3
	--*-*-*-*-*-*-*-*-*-*-*-*-*-*-*-*-*-*	כרע	*-*-*-*-*-*-*-*-*-*-*-*-*-*-*-*-*-*-*-*						
ט120914	כי אם- צלי- אש ראשו על-	כרעיו	ועל- קרבו / ולא- תותירו ממנו עד-	1127	2	3	4		3
ט291707	ואת- האיל תנתח לנתחיו ורחצת קרבו	וכרעיו	ונתת על- נתחיו ועל- ראשו / והקטרת	1127	2	3	4	1	4
	--*-*-*-*-*-*-*-*-*-*-*-*-*-*-*-*-*-*	כרת	*-*-*-*-*-*-*-*-*-*-*-*-*-*-*-*-*-*-*-*						
ט240813	העם ויאמר הנה דם- הברית אשר	כרת	יהוה עמכם על כל- הדברים האלה	3111	1	1			2
ט342715	האלה כי על- פי הדברים האלה	כרתי	אתך ברית ואת- ישראל / ויהי- שם	3111	1	1			3
ט233202	את ישבי הארץ וגרשתמו מפניך / לא-	תכרת	להם ולאלהיהם ברית / לא ישבו בארצך	3121	1	1			2
ט341204	והפרזי והחוי והיבוסי / השמר לך פן-	תכרת	ברית ליושב הארץ אשר אתה בא	3121	1	1			2
ט341310	תתצון ואת- מצבתם תשברון ואת- אשריו	תכרתון	/ כי לא תשתחוה לאל אחר כי	3121	1	3		0	3
ט341502	קנא שמו אל קנא הוא / פן-	תכרת	ברית ליושב הארץ וזנו אחרי אלהיהם	3121	1	1			2
ט042504	יהוה ויבקש המיתו / ותקח צפרה צר	ותכרת	את- ערלת בנה ותגע לרגליו ותאמר	3122	2	1		*	3
ט341004	לעוננו ולחטאתנו ונחלתנו / ויאמר הנה אנכי	כרת	ברית נגד כל- עמך אעשה נפלאת	3131	1	1			2
	--*-*-*-*-*-*-*-*-*-*-*-*-*-*-*-*-*-*	כתב	*-*-*-*-*-*-*-*-*-*-*-*-*-*-*-*-*-*-*-*						
ט241218	את- לחת האבן והתורה והמצוה אשר	כתבתי	להורתם / ויקם משה ויהושע משרתו ויעל	3111	1	1			3
ט323211	ואם- אין מחני נא מספרך אשר	כתבת	/ ויאמר יהוה אל- משה מי אשר	3111	1	1			3
ט340111	פסל- לך שני- לחת אבנים כראשנים	וכתבתי	על- הלחת את- הדברים אשר היו	3111	1	1		1	4
ט240401	כל- הדברים אשר- דבר יהוה נעשה /	ויכתב	משה את כל- דברי יהוה וישכם	3121	1	1		*	3
ט342815	לחם לא אכל ומים לא שתה	ויכתב	על- הלחת את דברי הברית עשרת	3121	1	1		*	3
ט393008	את- ציץ נזר- הקדש זהב טהור	ויכתבו	עליו מכתב פתוחי חותם קדש ליהוה	3121	1	3		*	4
ט171405	לפי- חרב / ויאמר יהוה אל- משה	כתב	זאת זכרון בספר ושים באזני יהושע	314	1	1			2
ט342705	בחלב אמו / ויאמר יהוה אל- משה	כתב-	לך את- הדברים האלה כי על-	314	1	1			2
ט311814	סיני שני לחת העדת לחת אבן	כתבים	באצבע אלהים // וירא העם כי- בשש	3161	1	3			3
ט321511	ההר ושני לחת העדת בידו לחת	כתבים	משני עבריהם מזה ומזה הם כתבים	3161	1	3			3
ט321517	כתבים משני עבריהם מזה ומזה הם	כתבים	/ והלחת מעשה אלהים המה והמכתב מכתב	3161	1	3			3
	--*-*-*-*-*-*-*-*-*-*-*-*-*-*-*-*-*-*	כתנת	*-*-*-*-*-*-*-*-*-*-*-*-*-*-*-*-*-*-*-*						
ט283902	תמיד לרצון להם לפני יהוה / ושבצת	הכתנת	שש ועשית מצנפת שש ואבנט תעשה	1121	2	1		2	4
ט290508	את- הבגדים והלבשת את- אהרן את-	הכתנת	ואת מעיל האפד ואת- האפד ואת-	1121	2	1		2	4
ט280408	הבגדים אשר יעשו חשן ואפוד ומעיל	וכתנת	תשבץ מצנפת ואבנט ועשו בגדי- קדש	1122	2	1		1	4
ט284004	תעשה מעשה רקם / ולבני אהרן תעשה	כתנת	ועשית להם אבנטים ומגבעות תעשה להם	1125	2	3			3
ט290805	ומשחת אתו / ואת- בניו תקריב והלבשתם	כתנת	/ וחגרת אתם אבנט אהרן ובניו וחבשת	1125	2	3			3
ט392703	צוה יהוה את- משה / ויעשו את-	הכתנת	שש מעשה ארג לאהרן ולבניו / ואת	1125	2	3		2	4
ט401406	לי / ואת- בניו תקריב והלבשת אתם	כתנת	/ ומשחת אתם כאשר משחת את- אביהם	1125	2	3			3

/ = סוף פסוק   // = סוף פרק   ג = מין   # = מספר   כ = כינוי וגור   קס = קידומות וסיומות   ה = מספר ההברות

אזכור		מלה		צורן	ג	#	כ	קס	ה
	-	כתית	*-*						
ט272011	ישראל ויקחו אליך שמן זית זך	כתית	לנאור להעלת נר תמיד / באהל מועד	1111	1	1			2
ט294005	בין הערבים / ועשרן סלת בלול בשמן	כתית	רבע ההין ונסך רביעת ההין יין	1111	1	1			2
	-	כתף	*-*						
ט271404	מזרחה חמשים אמה / וחמש עשרה אמה קלעים	לכתף	עמדיהם שלשה ואדניהם שלשה / ולכתף השנית	1121	2	1		26	3
ט271501	קלעים לכתף עמדיהם שלשה ואדניהם שלשה /	ולכתף	השנית חמש עשרה קלעים עמדיהם שלשה ואדניהם	1121	2	1		261	4
ט381405	חמשים אמה / קלעים חמש-עשרה אמה אל-	הכתף	עמודיהם שלשה ואדניהם שלשה / ולכתף השנית	1121	2	1		2	3
ט381501	אל- הכתף עמודיהם שלשה ואדניהם שלשה /	ולכתף	השנית מזה ומזה לשער החצר קלעים	1121	2	1		261	4
ט280702	שני ושש משזר מעשה חשב / שתי	כתפת	חברת יהיה- לו אל שני קצותיו	1125	2	3			3
ט390401	תולעת השני ובתוך השש מעשה חשב /	כתפת	עשו- לו חברת על- שני קצותיו	1125	2	3			3
ט281206	אתם / ושמת את- שתי האבנים על	כתפת	האפד אבני זכרן לבני ישראל ונשא	1126	2	3			3
ט282512	תתן על- שתי המשבצות ונתתה על-	כתפות	האפד אל- מול פניו / ועשית שתי	1126	2	3			3
ט282709	טבעות זהב ונתת אתם על- שתי	כתפות	האפוד מלמטה ממול פניו לעמת מחברתו	1126	2	3			3
ט390704	שמות בני ישראל / וישם אתם על	כתפת	האפד אבני זכרון לבני ישראל כאשר	1126	2	3			3
ט391812	נתנו על- שתי המשבצת ויתנם על-	כתפת	האפד אל- מול פניו / ויעשו שתי	1126	2	3			3
ט392008	שתי טבעת זהב ויתנם על- שתי	כתפת	האפד מלמטה ממול פניו לעמת מחברתו	1126	2	3			3
ט281220	את- שמותם לפני יהוה על- שתי	כתפיו	לזכרן / ועשית משבצת זהב / ושתי שרשרת	1127	2	2	4		3
	-	לא	*-*						
ט010807	ויקם מלך- חדש על מצרים אשר	לא-	ידע את- יוסף / ויאמר אל עמו	22					1
ט011705	הוא וחיה / ותראן המילדת את- האלהים	ולא	עשו כאשר דבר אליהן מלך מצרים	22				1	2
ט011906	הילדים / ותאמרן המילדת אל- פרעה כי	לא	כנשים המצרית העברית כי- חיות הנה	22					1
ט020301	כי- טוב הוא ותצפנהו שלשה ירחים /	ולא-	יכלה עוד הצפינו ותקח- לו תבת	22				1	2
ט030311	ואראה את- המראה הגדל הזה מדוע	לא-	יבער הסנה / וירא יהוה כי סר	22					1
ט031904	ונזבחה ליהוה אלהינו / ואני ידעתי כי	לא-	יתן אתכם מלך מצרים להלך ולא	22					1
ט031910	לא- יתן אתכם מלך מצרים להלך	ולא	ביד חזקה / ושלחתי את- ידי והכיתי	22				1	2
ט032111	הזה בעיני מצרים והיה כי תלכון	לא	תלכו ריקם / ושאלה אשה משכנתה ומגרת	22					1
ט040105	את- מצרים // ויען משה ויאמר והן	לא-	יאמינו לי ולא ישמעו בקלי כי	22					1
ט040108	משה ויאמר והן לא- יאמינו לי	ולא	ישמעו בקלי כי יאמרו לא- נראה	22				1	2
ט040113	לי ולא ישמעו בקלי כי יאמרו	לא-	נראה אליך יהוה / ויאמר אליו יהוה	22					1
ט040803	מחיקו והנה- שבה כבשרו / והיה אם-	לא	יאמינו לך ולא ישמעו לקל האת	22					1
ט040806	כבשרו / והיה אם- לא יאמינו לך	ולא	ישמעו לקל האת הראשון והאמינו לקל	22				1	2
ט040903	והאמינו לקל האת האחרון / והיה אם-	לא	יאמינו גם לשני האתות האלה ולא	22					1
ט040909	לא יאמינו גם לשני האתות האלה	ולא	ישמעון לקלך ולקחת ממימי היאר ושפכת	22				1	2
ט041007	ויאמר משה אל- יהוה בי אדני	לא	איש דברים אנכי גם מתמול גם	22					1
ט041118	או חרש או פקח או עור	הלא-	אנכי יהוה / ועתה לך ואנכי אהיה	22				3	2
ט041406	תשלח / ויחר- אף יהוה במשה ויאמר	הלא	אהרן אחיך הלוי ידעתי כי- דבר	22				3	2
ט042121	לפני פרעה ואני אחזק את- לבו	ולא	ישלח את- העם / ואמרת אל- פרעה	22				1	2
ט050211	אשר אשמע בקלו לשלח את- ישראל	לא	ידעתי את- יהוה וגם את- ישראל	22					1
ט050218	ידעתי את- יהוה וגם את- ישראל	לא	אשלח / ויאמרו אלהי העברים נקרא עלינו	22					1
ט050701	את- הנגשים בעם ואת- שטריו לאמר /	לא	תאספון לתת תבן לעם ללבן הלבנים	22					1
ט050811	הם עשים תמול שלשם תשימו עליהם	לא	תגרעו ממנו כי- נרפים הם על-	22					1
ט051412	שמו עלהם נגשי פרעה לאמר מדוע	לא	כליתם חקכם ללבן כתמול שלשם גם-	22					1
ט051805	נזבחה ליהוה / ועתה לכו עבדו ותבן	לא-	ינתן לכם ותכן לבנים תתנו / ויראו	22					1
ט051908	שטרי בני- ישראל אתם ברע לאמר	לא-	תגרעו מלבניכם דבר- יום ביומו / ויפגעו	22					1
ט052311	לדבר בשמך הרע לעם הזה והצל	לא-	הצלת את- עמך // ויאמר יהוה אל-	22					1
ט060312	ואל- יעקב באל שדי ושמי יהוה	לא	נודעתי להם / וגם הקמתי את- בריתי	22					1
ט060907	וידבר משה כן אל- בני ישראל	ולא	שמעו אל- משה מקצר רוח ומעבדה	22				1	2
ט061209	לפני יהוה לאמר הן בני ישראל	לא-	שמעו אלי ואיך ישמעני פרעה ואני	22					1
ט070401	את- אתתי ואת- מופתי בארץ מצרים /	ולא-	ישמע אלכם פרעה ונתתי את- ידי	22				1	2
ט071304	אהרן את- מטהם / ויחזק לב פרעה	ולא	שמע אלהם כאשר דבר יהוה / ויאמר	22				1	2
ט071615	שלח את- עמי ויעבדני במדבר והנה	לא-	שמעת עד- כה / כה אמר יהוה	22					1
ט072107	והדגה אשר- ביאר מתה ויבאש היאר	ולא-	יכלו מצרים לשתות מים מן- היאר	22				1	2

אזכור		מלה		צופן	ג	#	כ	קס	ה
ט072209	חרטמי מצרים בלטיהם ויחזק לב- פרעה	ולא-	שמע אלהם כאשר דבר יהוה / ויפן	22				1	2
ט072306	יהוה / ויפן פרעה ויבא אל- ביתו	ולא-	שת לבו גם- לזאת / ויחפרו כל-	22				1	2
ט072409	מצרים סביבת היאר מים לשתות כי	לא	יכלו לשתת ממימי היאר / וימלא שבעת	22					1
ט081109	כי היתה הרוחה והכבד את- לבו	ולא	שמע אלהם כאשר דבר יהוה / ויאמר	22				1	2
ט081408	כן החרטמים בלטיהם להוציא את- הכנים	ולא	יכלו ותהי הכנם באדם ובבהמה / ויאמרו	22				1	2
ט081511	אצבע אלהים הוא ויחזק לב- פרעה	ולא-	שמע אלהם כאשר דבר יהוה / ויאמר	22				1	2
ט082203	לכו זבחו לאלהיכם בארץ / ויאמר משה	לא	נכון לעשות כן כי תועבת מצרים	22					1
ט082219	הן נזבח את- תועבת מצרים לעיניהם	ולא	יסקלנו / דרך שלשת ימים נלך במדבר	22				1	2
ט082412	וזבחתם ליהוה אלהיכם במדבר רק הרחק	לא-	תרחיקו ללכת העתירו בעדי / ויאמר משה	22					1
ט082710	משה ויסר הערב מפרעה מעבדיו ומעמו	לא	נשאר אחד / ויכבד פרעה את- לבו	22					1
ט082808	פרעה את- לבו גם בפעם- הזאת	ולא	שלח את- העם // ויאמר יהוה אל-	22				1	2
ט090409	בין מקנה ישראל ובין מקנה מצרים	ולא	ימות מכל- לבני ישראל דבר / וישם	22				1	2
ט090614	כל מקנה מצרים וממקנה בני- ישראל	לא-	מת אחד / וישלח פרעה והנה לא-	22					1
ט090704	לא- מת אחד / וישלח פרעה והנה	לא-	מת ממקנה ישראל עד- אחד ויכבד	22					1
ט090713	ישראל עד- אחד ויכבד לב פרעה	ולא	שלח את- העם / ויאמר יהוה אל-	22				1	2
ט091101	ויהי שחין אבעבעת פרח באדם ובבהמה /	ולא-	יכלו החרטמים לעמד לפני משה מפני	22				1	2
ט091206	מצרים / ויחזק יהוה את- לב פרעה	ולא	שמע אלהם כאשר דבר יהוה אל-	22				1	2
ט091809	כעת מחר ברד כבד מאד אשר	לא-	היה כמהו במצרים למן- היום הוסדה	22					1
ט091917	כל- האדם והבהמה אשר- ימצא בשדה	ולא	יאסף הביתה וירד עלהם הברד ומתו	22				1	2
ט092102	עבדיו ואת- מקנהו אל- הבתים / ואשר	לא-	שם לבו אל- דבר יהוה ויעזב	22					1
ט092410	מתלקחת בתוך הברד כבד מאד אשר	לא-	היה כמהו בכל- ארץ מצרים מאז	22					1
ט092608	בארץ גשן אשר- שם בני ישראל	לא	היה ברד / וישלח פרעה ויקרא למשה	22					1
ט092811	מהית קלת אלהים וברד ואשלחה אתכם	ולא	תספון לעמד / ויאמר אליו משה כצאתי	22				1	2
ט092915	כפי אל- יהוה הקלות יחדלון והברד	לא	יהיה- עוד למען תדע כי ליהוה	22					1
ט093203	השערה אביב והפשתה גבעל / והחטה והכסמת	לא	נכו כי אפילת הנה / ויצא משה	22					1
ט093315	אל- יהוה ויחדלו הקלות והברד ומטר	לא-	נתך ארצה / וירא פרעה כי חדל	22					1
ט093504	לבו הוא ועבדיו / ויחזק לב פרעה	ולא	שלח את- בני ישראל כאשר דבר	22				1	2
ט100505	ארבה בגבלך / וכסה את- עין הארץ	ולא	יוכל לראת את- הארץ ואכל את-	22				1	2
ט100610	כל- עבדיך ובתי כל- מצרים אשר	לא-	ראו אבתיך ואבות אבתיך מיום היותם	22					1
ט101101	טפכם ראו כי רעה נגד פניכם /	לא	כן לכו נא הגברים ועבדו את-	22					1
ט101414	בכל גבול מצרים כבד מאד לפניו	לא-	היה כן ארבה כמהו ואחריו לא	22					1
ט101420	לא- היה כן ארבה כמהו ואחריו	לא	יהיה- כן / ויכס את- עין כל-	22					1
ט101520	כל- פרי העץ אשר הותיר הברד	ולא-	נותר כל- ירק בעץ ובעשב השדה	22				1	2
ט101913	וישא את- הארבה ויתקעהו ימה סוף	לא	נשאר ארבה אחד בכל גבול מצרים	22					1
ט102006	מצרים / ויחזק יהוה את- לב פרעה	ולא	שלח את- בני ישראל / ויאמר יהוה	22				1	2
ט102301	אפלה בכל- ארץ מצרים שלשת ימים /	לא-	ראו איש את- אחיו ולא- קמו	22					1
ט102306	ימים / לא- ראו איש את- אחיו	ולא-	קמו איש מתחתיו שלשת ימים ולכל	22				1	2
ט102605	ליהוה אלהינו / וגם- מקננו ילך עמנו	לא	תשאר פרסה כי ממנו נקח לעבד	22					1
ט102616	נקח לעבד את- יהוה אלהינו ואנחנו	לא-	נדע מה- נעבד את- יהוה עד-	22					1
ט102706	שמה / ויחזק יהוה את- לב פרעה	ולא	אבה לשלחם / ויאמר- לו פרעה לך	22				1	2
ט102905	פני תמות / ויאמר משה כן דברת	לא-	אסף עוד ראות פניך // ויאמר יהוה	22					1
ט110609	גדלה בכל- ארץ מצרים אשר כמהו	לא	נהיתה וכמהו לא תסף / ולכל בני	22					1
ט110612	מצרים אשר כמהו לא נהיתה וכמהו	לא	תסף / ולכל בני ישראל לא יחרץ-	22					1
ט110704	וכמהו לא תסף / ולכל בני ישראל	לא	יחרץ- כלב לשנו למאיש ועד- בהמה	22					1
ט110905	בחרי- אף / ויאמר יהוה אל- משה	לא-	ישמע אליכם פרעה למען רבות מופתי	22					1
ט111015	פרעה ויחזק יהוה את- לב פרעה	ולא-	שלח את- בני- ישראל מארצו // ויאמר	22				1	2
ט121001	אש ראשו על- כרעיו ועל- קרבו /	ולא-	תותירו ממנו עד- בקר והנתר ממנו	22				1	2
ט121315	שם וראיתי את- הדם ופסחתי עלכם	ולא-	יהיה בכם נגף למשחית בהכתי בארץ	22				1	2
ט121613	מקרא- קדש יהיה לכם כל- מלאכה	לא-	יעשה בהם אך אשר יאכל לכל-	22					1
ט121904	ועשרים לחדש בערב / שבעת ימים שאר	לא	ימצא בבתיכם כי כל אכל מחמצת	22					1
ט122003	ישראל בגר ובאזרח הארץ / כל- מחמצת	לא	תאכלו בכל מושבתיכם תאכלו מצות / ויקרא	22					1
ט122219	המזוזת מן- הדם אשר בסף ואתם	לא	תצאו איש מפתח- ביתו עד- בקר	22					1
ט122318	שתי המזוזת ופסח יהוה על- הפתח	ולא	יתן המשחית לבא אל- בתיכם לנגף	22				1	2
ט123910	אשר הוציאו ממצרים עגת מצת כי	לא	חמץ כי- גרשו ממצרים ולא יכלו	22					1

/ = סוף פסוק // = סוף פרק ג = מין # = מספר כ = כינוי הגוף קס = קידומות וסיומות ה = מספר ההברות

אזכור		מלה		צונן ג # כ	קס	ה
ט123915	כי לא חמץ כי- גרשו ממצרים	ולא	יכלו להתמהמה וגם- צדה לא- עשו	22	1	2
ט123920	ממצרים ולא יכלו להתמהמה וגם- צדה	לא-	עשו להם / ומושב בני ישראל אשר	22		1
ט124312	זאת חקת הפסח כל- בן- נכר	לא-	יאכל בו / וכל- עבד איש מקנת-	22		1
ט124503	אתו אז יאכל בו / תושב ושכיר	לא-	יאכל בו / בבית אחד יאכל לא-	22		1
ט124604	לא- יאכל בו / בבית אחד יאכל	לא-	תוציא מן- הבית מן- הבשר חוצה	22		1
ט124612	מן- הבית מן- הבשר חוצה ועצם	לא-	תשברו- בו / כל- עדת ישראל יעשו	22		1
ט124820	לעשתו והיה כאזרח הארץ וכל- ערל	לא-	יאכל בו / תורה אחת יהיה לאזרח	22		1
ט130321	בחזק יד הוציא יהוה אתכם מזה	ולא	יאכל חמץ / היום אתם יצאים בחדש	22	1	2
ט130706	ליהוה / מצות יאכל את שבעת הימים	ולא-	יראה לך חמץ ולא- יראה לך	22	1	2
ט130710	שבעת הימים ולא- יראה לך חמץ	ולא-	יראה לך שאר בכל- גבלך / והגדת	22	1	2
ט131307	וכל- פטר חמר תפדה בשה ואם-	לא	תפדה וערפתו וכל בכור אדם בבניך	22		1
ט131706	ממצרים / ויהי בשלח פרעה את- העם	ולא-	נחם אלהים דרך ארץ פלשתים כי	22	1	2
ט132201	אש להאיר להם ללכת יומם ולילה /	לא-	ימיש עמוד הענן יומם ועמוד האש	22		1
ט141201	מה זאת עשית לנו להוציאנו ממצרים /	הלא-	זה הדבר אשר דברנו אליך במצרים	22	3	2
ט141322	כי אשר ראיתם את מצרים היום	לא	תספו לראתם עוד עד- עולם / יהוה	22		1
ט142014	ויהי הענן והחשך ויאר את- הלילה	ולא-	קרב זה אל- זה כל- הלילה	22	1	2
ט142814	לכל חיל פרעה הבאים אחריהם בים	לא-	נשאר בהם עד- אחד / ובני ישראל	22		1
ט152215	מדבר- שור וילכו שלשת- ימים במדבר	ולא-	מצאו מים / ויבאו מרתה ולא יכלו	22	1	2
ט152303	במדבר ולא- מצאו מים / ויבאו מרתה	ולא	יכלו לשתת מים ממרה כי מרים	22	1	2
ט152621	חקיו כל- המחלה אשר- שמתי במצרים	לא-	אשים עליך כי אני יהוה רפאך	22		1
ט160422	בינמו למען אנסנו הילך בתורתי אם-	לא	/ והיה ביום הששי והכינו את אשר-	22		1
ט160822	אשר- אתם מלינם עליו ונחנו מה	לא-	עלינו תלנתיכם כי על- יהוה / ויאמר	22		1
ט161511	איש אל- אחיו מן הוא כי	לא	ידעו מה- הוא ויאמר משה אלהם	22		1
ט161803	ישראל וילקטו המרבה והממעיט / וימדו בעמר	ולא	העדיף המרבה והממעיט לא החסיר איש	22	1	2
ט161807	וימדו בעמר ולא העדיף המרבה והממעיט	לא	החסירו איש לפי- אכלו לקטו / ויאמר	22		1
ט162001	איש אל- יותר ממנו עד- בקר /	ולא-	שמעו אל- משה ויותרו אנשים ממנו	22	1	2
ט162408	אתו עד- הבקר כאשר צוה משה	ולא	הבאיש ורמה לא- היתה בו / ויאמר	22	1	2
ט162411	כאשר צוה משה ולא הבאיש ורמה	לא-	היתה בו / ויאמר משה אכלהו היום	22		1
ט162510	היום כי- שבת היום ליהוה היום	לא	תמצאהו בשדה / ששת ימים תלקטהו וביום	22		1
ט162607	ששת ימים תלקטהו וביום השביעי שבת	לא	יהיה- בו / ויהי ביום השביעי יצאו	22		1
ט162708	ביום השביעי יצאו מן- העם ללקט	ולא	מצאו / ויאמר יהוה אל- משה עד-	22	1	2
ט181705	ואת- תורתיו / ויאמר חתן משה אליו	לא-	טוב הדבר אשר אתה עשה / נבל	22		1
ט181814	אשר עמך כי- כבד ממך הדבר	לא-	תוכל עשהו לבדך / עתה שמע בקלי	22		1
ט191301	בקצהו כל- הנגע בהר מות יומת /	לא-	תגע בו יד כי- סקול יסקל	22		1
ט191315	ירה יירה אם- בהמה אם- איש	לא	יחיה במשך היבל המה יעלו בהר	22		1
ט192305	בהם יהוה / ויאמר משה אל יהוה	לא-	יוכל העם לעלת אל- הר סיני	22		1
ט200301	אשר הוצאתיך מארץ מצרים מבית עבדים /	לא-	יהיה לך אלהים אחרים על- פני	22		1
ט200401	יהיה לך אלהים אחרים על- פני /	לא-	תעשה לך פסל וכל- תמונה אשר	22		1
ט200501	בארץ מתחת ואשר במים מתחת לארץ /	לא-	תשתחוה להם ולא תעבדם כי אנכי	22		1
ט200504	במים מתחת לארץ / לא- תשתחוה להם	ולא	תעבדם כי אנכי יהוה אלהיך אל	22	1	2
ט200701	ועשה חסד לאלפים לאהבי ולשמרי מצותי /	לא	תשא את- שם- יהוה אלהיך לשוא	22		1
ט200709	את- שם- יהוה אלהיך לשוא כי	לא	ינקה יהוה את אשר- ישא את-	22		1
ט201006	מלאכתך / ויום השביעי שבת ליהוה אלהיך	לא-	תעשה כל- מלאכה אתה ובנך- ובתך	22		1
ט201301	האדמה אשר- יהוה אלהיך נתן לך /	לא	תרצח / לא תנאף / לא תגנב / לא-	22		1
ט201401	יהוה אלהיך נתן לך / לא תרצח /	לא	תנאף / לא תגנב / לא- תענה ברעך	22		1
ט201501	נתן לך / לא תרצח / לא תנאף /	לא	תגנב / לא- תענה ברעך עד שקר	22		1
ט201601	לא תרצח / לא תנאף / לא תגנב /	לא-	תענה ברעך עד שקר / לא תחמד	22		1
ט201701	תגנב / לא- תענה ברעך עד שקר /	לא	תחמד בית רעך לא תחמד אשת	22		1
ט201705	עד שקר / לא תחמד בית רעך	לא	תחמד אשת רעך ועבדו ואמתו ושורו	22		1
ט202301	ראיתם כי מן- השמים דברתי עמכם /	לא	תעשון אתי אלהי כסף ואלהי זהב	22		1
ט202308	תעשון אתי אלהי כסף ואלהי זהב	לא	תעשו לכם / מזבח אדמה תעשה לי	22		1
ט202506	וברכתיך / ואם- מזבח אבנים תעשה- לי	לא	תבנה אתהן גזית כי חרבך הנפת	22		1
ט202601	גזית כי חרבך הנפת עליה ותחללה /	ולא-	תעלה במעלת על- מזבחי אשר לא-	22	1	2
ט202607	ולא- תעלה במעלת על- מזבחי אשר	לא-	תגלה ערותך עליו // ואלה המשפטים אשר	22		1

ה	קס	כ	#	ג	צורן		מלה		אזכור
1					22	אצא חפשי / והגישו אדניו אל- האלהים	לא	אח- אדני את- אשתי ואת- בני	ט210512
1					22	תצא כצאת העבדים / אם- רעה בעיני	לא	וכי- ימכר איש את- בתו לאמה	ט210707
1					22	ימשל למכרה בבגדו- בה / ואם- לבנו	לא-	אשר- לא יעדה והפדה לעם נכרי	ט210811
1					22	יגרע / ואם- שלש- אלה לא יעשה	לא	אחרת יקח- לו שארה כסותה וענתה	ט211008
1					22	יעשה לה ויצאה חנם אין כסף	לא	וענתה לא יגרע / ואם- שלש- אלה	ט211104
1					22	צדה והאלהים אנה לידו ושמתי לך	לא	מכה איש ומת מות יומת / ואשר	ט211302
2	1				22	ימות ונפל למשכב / אם- יקום והתהלך	ולא	איש את- רעהו באבן או באגרף	ט211811
1					22	יקם כי כספו הוא / וכי- ינצו	לא	אך אם- יום או יומים יעמד	ט212107
2	1				22	יהיה אסון ענוש יענש כאשר ישית	ולא	אנשים ונגפו אשה הרה ויצאו ילדיה	ט212209
2	1				22	יאכל את- בשרו ובעל השור נקי	ולא	את- אשה ומת סקול יסקל השור	ט212813
2	1				22	ישמרנו והמית איש או אשה השור	ולא	נגח הוא מתמל שלשם והועד בבעליו	ט212909
2	1				22	יכסנו ונפל- שמה שור או חמור	ולא	בור או כי- יכרה איש בר	ט213310
2	1				22	ישמרנו בעליו שלם ישלם שור תחת	ולא	כי שור נגח הוא מתמול שלשם	ט213609
1					22	ימצא הגנב ונקרב בעל- הבית אל-	לא	אם- ימצא הגנב ישלם שנים / אם-	ט220702
1					22	שלח ידו במלאכת רעהו / על- כל-	לא	ונקרב בעל- הבית אל- האלהים אם-	ט220711
1					22	שלח ידו במלאכת רעהו ולקח בעליו	לא	שבעת יהוה תהיה בין שניהם אם-	ט221007
2	1				22	ישלם / ואם- גנב יגנב מעמו ישלם	ולא	שלח ידו במלאכת רעהו ולקח בעליו	ט221014
1					22	ישלם / וכי- ישאל איש מעם רעהו	לא	אם- טרף יטרף יבאהו עד הטרפה	ט221207
1					22	ישלם אם- שכיר הוא בא בשכרו	לא	עמו שלם ישלם / אם- בעליו עמו	ט221404
1					22	ארשה ושכב עמה מהר ימהרנה לו	לא	בשכרו / וכי- יפתה איש בתולה אשר	ט221506
1					22	תחיה / כל- שכב עם- בהמה מות	לא	לו כסף ישקל כמהר הבתולת / מכשפה	ט221702
1					22	תונה ולא תלחצנו כי- גרים הייתם	לא-	לאלהים יחרם בלתי ליהוה לבדו / וגר	ט222002
2	1				22	תלחצנו כי- גרים הייתם בארץ מצרים	ולא	בלתי ליהוה לבדו / וגר לא- תונה	ט222004
1					22	תענון / אם- ענה תענה אתו כי	לא	הייתם בארץ מצרים / כל- אלמנה ויתום	ט222104
1					22	תהיה לו כנשה לא- תשימון עליו	לא-	תלוה את- עמי את- העני עמך	ט222409
1					22	תשימון עליו נשך / אם- חבל תחבל	לא-	העני עמך לא- תהיה לו כנשה	ט222413
1					22	תקלל ונשיא בעמך לא תאר / מלאתך	לא	אלי ושמעתי כי- חנון אני / אלהים	ט222702
1					22	תאר / מלאתך ודמעך לא תאחר בכור	לא	אני / אלהים לא תקלל ונשיא בעמך	ט222706
1					22	תאחר בכור בניך תתן- לי / כן-	לא	ונשיא בעמך לא תאר / מלאתך ודמעך	ט222803
1					22	תאכלו לכלב תשלכון אתו // לא תשא	לא	קדש תהיון לי ובשר בשדה טרפה	ט223008
1					22	תשא שמע שוא אל- תשת ידך	לא	טרפה לא תאכלו לכלב תשלכון אתו //	ט230101
1					22	תהיה אחרי- רבים לרעת ולא- תענה	לא-	ידך עם- רשע להית עד חמס /	ט230201
2	1				22	תענה על- רב לנטת אחרי רבים	ולא-	חמס / לא- תהיה אחרי- רבים לרעת	ט230206
1					22	תהדר בריבו / כי תפגע שור איבך	לא	רב לנטת אחרי רבים להטת / ודל	ט230302
1					22	תטה משפט אבינך בריבו / מדבר- שקר	לא	וחדלת מעזב לו עזב תעזב עמו /	ט230601
1					22	אצדיק רשע / ושחד לא תקח כי	לא-	תרחק ונקי וצדיק אל- תהרג כי	ט230709
1					22	תקח כי השחד יעור פקחים ויסלף	לא	תהרג כי לא- אצדיק רשע / ושחד	ט230802
1					22	תלחץ ואתם ידעתם את- נפש הגר	לא	יעור פקחים ויסלף דברי צדיקים / וגר	ט230902
1					22	תזכירו לא ישמע על- פיך / שלש	לא	אמרתי אליכם תשמרו ושם אלהים אחרים	ט231309
1					22	ישמע על- פיך / שלש רגלים תחג	לא	תשמרו ושם אלהים אחרים לא תזכירו	ט231311
2	1				22	יראו פני ריקם / וחג הקציר בכורי	ולא-	חדש האביב כי- בו יצאת ממצרים	ט231518
1					22	תזבח על- חמץ דם- זבחי ולא-	לא-	כל- זכורך אל- פני האדן יהוה /	ט231801
2	1				22	ילין חלב- חגי עד- בקר / ראשית	ולא-	לא- תזבח על- חמץ דם- זבחי	ט231807
1					22	תבשל גדי בחלב אמו / הנה אנכי	לא-	בכורי אדמתך תביא בית יהוה אלהיך	ט231908
1					22	ישא לפשעכם כי שמי בקרבו / כי	לא	ושמע בקלו אל- תמר בו כי	ט232109
1					22	תשתחוה לאלהיהם ולא תעבדם ולא תעשה	לא-	החתי והפרזי והכנעני החוי והיבוסי והכחדתיו /	ט232401
2	1				22	תעבדם ולא תעשה כמעשיהם כי הרס	ולא	החוי והיבוסי והכחדתיו / לא- תשתחוה לאלהיהם	ט232404
2	1				22	תעשה כמעשיהם כי הרס תהרסם ושבר	ולא	והכחדתיו / לא- תשתחוה לאלהיהם ולא תעבדם	ט232406
1					22	תהיה משכלה ועקרה בארצך את- מספר	לא	לחמך ואת- מימיך והסרתי מחלה מקרבך /	ט232601
1					22	אגרשנו מפניך בשנה אחת פן- תהיה	לא	החוי את- הכנעני ואת החתי מלפניך /	ט232901
1					22	תכרת להם ולאלהיהם ברית / לא ישבו	לא-	בידכם את ישבי הארץ וגרשתמו מפניך /	ט233201
1					22	ישבו בארצך פן- יחטיאו אתך לי	לא	מפניך / לא- תכרת להם ולאלהיהם ברית /	ט233301
1					22	יגשו והעם לא יעלו עמו / ויבא	לא	ונגש משה לבדו אל- יהוה והם	ט240207
1					22	יעלו עמו / ויבא משה ויספר לעם	לא	אל- יהוה והם לא יגשו והעם	ט240210

/ = סוף פסוק   // = סוף פרק   ג = מין   # = מספר   כ = כינוי חבור   קס = קידומות וסיומות   ה = מספר ההברות

אזכור		מלה		צונן	ג	#	כ	קס	ה
ט241105	השמים לטהר / ואל- אצילי בני ישראל	לא	שלח ידו ויחזו את- האלהים ויאכלו	22					1
ט251505	הארן בהם / בטבעת הארן יהיו הבדים	לא	יסרו ממנו / ונתת אל- הארן את	22					1
ט282814	בפתיל תכלת להיות על- חשב האפוד	ולא-	יזח החשן מעל האפוד / ונשא אהרן	22				1	2
ט283215	מעשה ארג כפי תחרא יהיה- לו	לא	יקרע / ועשית על- שוליו רמני תכלת	22					1
ט283513	בבאו אל- הקדש לפני יהוה ובצאתו	ולא	ימות / ועשית ציץ זהב טהור ופתחת	22				1	2
ט284316	או בגשתם אל- המזבח לשרת בקדש	ולא-	ישאו עון ומתו חקת עולם לו	22				1	2
ט293312	למלא את- ידם לקדש אתם וזר	לא-	יאכל כי- קדש הם / ואם- יותר	22					1
ט293413	עד- הבקר ושרפת את- הנותר באש	לא	יאכל כי- קדש הוא / ועשית לאהרן	22					1
ט300901	יקטירנה קטרת תמיד לפני יהוה לדרתיכם /	לא-	תעלו עליו קטרת זרה ועלה ומנחה	22					1
ט300909	עליו קטרת זרה ועלה ומנחה ונסך	לא	תסכו עליו / וכפר אהרן על- קרנתיו	22					1
ט301215	איש כפר נפשו ליהוה בפקד אתם	ולא-	יהיה בהם נגף בפקד אתם / זה	22				1	2
ט301502	שנה ומעלה יתן תרומת יהוה / העשיר	לא-	ירבה והדל לא ימעיט ממחצית השקל	22					1
ט301505	תרומת יהוה / העשיר לא- ירבה והדל	לא	ימעיט ממחצית השקל לתת את- תרומת	22					1
ט302007	בבאם אל- אהל מועד ירחצו- מים	ולא	ימתו או בגשתם אל- המזבח לשרת	22				1	2
ט302104	להקטיר אשה ליהוה / ורחצו ידיהם ורגליהם	ולא	ימתו והיתה להם חק- עולם לו	22				1	2
ט303204	זה לי לדרתיכם / על- בשר אדם	לא	ייסך ובמתכנתו לא תעשו כמהו קדש	22					1
ט303207	על- בשר אדם לא ייסך ובמתכנתו	לא	תעשו כמהו קדש הוא קדש יהיה	22					1
ט303705	תהיה לכם / והקטרת אשר תעשה במתכנתה	לא	תעשו לכם קדש תהיה לך ליהוה	22					1
ט320130	משה האיש אשר העלנו מארץ מצרים	לא	ידענו מה- היה לו / ויאמר אלהם	22					1
ט322317	משה האיש אשר העלנו מארץ מצרים	לא	ידענו מה- היה לו / ואמר להם	22					1
ט330307	אל- ארץ זבת חלב ודבש כי	לא	אעלה בקרבך כי עם- קשה- ערף	22					1
ט330408	העם את- הדבר הרע הזה ויתאבלו	ולא-	שתו איש עדיו עליו / ויאמר יהוה	22				1	2
ט331121	המחנה ומשרתו יהושע בן- נון נער	לא	ימיש מתוך האהל / ויאמר משה אל-	22					1
ט331214	אלי העל את- העם הזה ואתה	לא	הודעתני את אשר- תשלח עמי ואתה	22					1
ט331610	כי- מצאתי חן בעיניך אני ועמך	הלוא	בלכתך עמנו ונפלינו אני ועמך מכל-	22				3	2
ט332002	אחן ורחמתי את- אשר ארחם / ויאמר	לא	תוכל לראת את- פני כי לא-	22					1
ט332008	לא תוכל לראת את- פני כי	לא-	יראני האדם וחי / ויאמר יהוה הנה	22					1
ט332308	את- כפי וראית את- אחרי ופני	לא	יראו // ויאמר יהוה אל- משה פסל-	22					1
ט340302	לי שם על- ראש ההר / ואיש	לא-	יעלה עמך וגם- איש אל- ירא	22					1
ט340709	לאלפים נשא עון ופשע וחטאה ונקה	לא	ינקה פקד עון אבות על- בנים	22					1
ט341012	נגד כל- עמך אעשה נפלאת אשר	לא-	נבראו בכל- הארץ ובכל- הגוים וראה	22					1
ט341402	מצבתם תשברון ואת- אשריו תכרתון / כי	לא	תשתחוה לאל אחר כי יהוה קנא	22					1
ט341703	את- בניך אחרי אלהיהן / אלהי מסכה	לא	תעשה- לך / את- חג המצות תשמר	22					1
ט342006	ושה / ופטר חמור תפדה בשה ואם-	לא	תפדה וערפתו כל בכור בניך תפדה	22					1
ט342013	תפדה וערפתו כל בכור בניך תפדה	ולא-	יראו פני ריקם / ששת ימים תעבד	22				1	2
ט342408	אוריש גוים מפניך והרחבתי את- גבלך	ולא-	יחמד איש את- ארצך בעלתך לראות	22				1	2
ט342501	פני יהוה אלהיך שלש פעמים בשנה /	לא-	תשחט על- חמץ דם- זבחי ולא-	22					1
ט342507	לא- תשחט על- חמץ דם- זבחי	ולא-	ילין לבקר זבח חג הפסח / ראשית	22				1	2
ט342608	בכורי אדמתך תביא בית יהוה אלהיך	לא-	תבשל גדי בחלב אמו / ויאמר יהוה	22					1
ט342810	יהוה ארבעים יום וארבעים לילה לחם	לא	אכל ומים לא שתה ויכתב על-	22					1
ט342813	וארבעים לילה לחם לא אכל ומים	לא	שתה ויכתב על- הלחת את דברי	22					1
ט342915	ביד- משה ברדתו מן- ההר ומשה	לא-	ידע כי קרן עור פניו בדברו	22					1
ט350301	ליהוה כל- העשה בו מלאכה יומת /	לא-	תבערו אש בכל משבתיכם ביום השבת	22					1
ט392114	בפתיל תכלת להית על- חשב האפד	ולא-	יזח החשן מעל האפד כאשר צוה	22				1	2
ט392309	בתוכו כפי תחרא שפה לפיו סביב	לא	יקרע / ויעשו על- שולי המעיל רמוני	22					1
ט403501	מועד וכבוד יהוה מלא את- המשכן /	ולא-	יכל משה לבוא אל- אהל מועד	22				1	2
ט403702	יסעו בני ישראל בכל מסעיהם / ואם-	לא	יעלה הענן ולא יסעו עד- יום	22					1
ט403705	בכל מסעיהם / ואם- לא יעלה הענן	ולא	יסעו עד- יום העלתו / כי ענן	22				1	2
	-	לב	*-*						
ט280306	ולתפארת / ואתה תדבר אל- כל- חכמי-	לב	אשר מלאתיו רוח חכמה ועשו את-	1111	1	1			1
ט310614	אתיסמך למטה- דן ובלב כל- חכם-	לב	נתתי חכמה ועשו את כל- אשר	1111	1	1			1
ט351003	ואבני מלאים לאפוד ולחשן / וכל- חכם-	לב	בכם יבאו ויעשו את כל- אשר	1111	1	1			1
ט352207	ויבאו האנשים על- הנשים כל נדיב	לב	הביאו חח ונזם וטבעת וכומז כל-	1111	1	1			1

אזכור		מלה		צונן	ג	#	כ	קס	ה
ט352504	מלאכת העבדה הביאו / וכל- אשה חכמת	לב	בידיה טוו ויביאו מטוה את- התכלת	1111	1	1			1
ט353504	אחיסמך למטה- דן / מלא אתם חכמת-	לב	לעשות כל- מלאכת חרש וחשב ורקם	1111	1	1			1
ט360107	ועשה בצלאל ואהליאב וכל איש חכם-	לב	אשר נתן יהוה חכמה ותבונה בהמה	1111	1	1			1
ט360211	ואל- אהליאב ואל כל- איש חכם-	לב	אשר נתן יהוה חכמה בלבו כל	1111	1	1			1
ט360804	לעשות אתה והתר / ויעשו כל- חכם-	לב	בעשי המלאכה את- המשכן עשר יריעת	1111	1	1			1
ט070304	בני- ישראל מארצו / ואני אקשה את-	לב	פרעה והרביתי את- אתתי ואת- מופתי	1112	1	1			1
ט071302	ויבלע מטה- אהרן את- מטתם / ויחזק	לב	פרעה ולא שמע אלהם כאשר דבר	1112	1	1			1
ט071406	יהוה / ויאמר יהוה אל- משה כבד	לב	פרעה מאן לשלח העם / לך אל-	1112	1	1			1
ט072207	ויעשו- כן חרטמי מצרים בלטיהם ויחזק	לב-	פרעה ולא- שמע אלהם כאשר דבר	1112	1	1			1
ט081509	אל- פרעה אצבע אלהים הוא ויחזק	לב-	פרעה ולא- שמע אלהם כאשר דבר	1112	1	1			1
ט090711	מת ממקנה ישראל עד- אחד ויכבד	לב	פרעה ולא שלח את- העם / ויאמר	1112	1	1			1
ט091204	בחרטמים ובכל- מצרים / ויחזק יהוה את-	לב	פרעה ולא שמע אלהם כאשר דבר	1112	1	1			1
ט093502	לחטא ויכבד לבו הוא ועבדיו / ויחזק	לב	פרעה ולא שלח את- בני ישראל	1112	1	1			1
ט100114	כי- אני הכבדתי את- לבו ואת-	לב	עבדיו למען שתי אתתי אלה בקרבו	1112	1	1			1
ט102004	בכל גבול מצרים / ויחזק יהוה את-	לב	פרעה ולא שלח את- בני ישראל	1112	1	1			1
ט102704	עד- באנו שמה / ויחזק יהוה את-	לב	פרעה ולא אבה לשלחם / ויאמר- לו	1112	1	1			1
ט111013	האלה לפני פרעה ויחזק יהוה את-	לב	פרעה ולא- שלח את- בני- ישראל	1112	1	1			1
ט140403	בארץ סגר עליהם המדבר / וחזקתי את-	לב-	פרעה ורדף אחריהם ואכבדה בפרעה ובכל-	1112	1	1			1
ט140804	ושלשם על- כלו / ויחזק יהוה את-	לב	פרעה מלך מצרים וירדף אחרי בני	1112	1	1			1
ט141705	הים ביבשה / ואני הנני מחזק את-	לב	מצרים ויבאו אחריהם ואכבדה בפרעה ובכל-	1112	1	1			1
ט150811	נצבו כמו- נד נזלים קפאו תהמת	בלב-	ים / אמר אויב ארדף אשיג אחלק	1112	1	1		4	2
ט283011	את- האורים ואת- התמים והיו על-	לב	אהרן בבאו לפני יהוה ונשא אהרן	1112	1	1			1
ט310611	את אהליאב בן- אחיסמך למטה- דן	ובלב	כל- חכם- לב נתתי חכמה ועשו	1112	1	1		41	3
ט041422	הנה- הוא יצא לקראתך וראך ושמח	בלבו	/ ודברת אליו ושמת את- הדברים בפיו	1113	1	1	4	4	3
ט042120	ועשיתם לפני פרעה ואני אחזק את-	לבו	ולא ישלח את- העם / ואמרת אל-	1113	1	1	4		2
ט072308	פרעה ויבא אל- ביתו ולא- שת	לבו	גם- לזאת / ויחפרו כל- מצרים סביבת	1113	1	1	4		2
ט081108	פרעה כי היתה הרוחה והכבד את-	לבו	ולא שמע אלהם כאשר דבר יהוה	1113	1	1	4		2
ט082804	לא נשאר אחד / ויכבד פרעה את-	לבו	גם בפעם- הזאת ולא שלח את-	1113	1	1	4		2
ט091410	אני שלח את- כל- מגפתי אל-	לבך	ובעבדיך ובעמך בעבור תדע כי אין	1113	1	1	2		3
ט092104	מקנהו אל- הבתים / ואשר לא- שם	לבו	אל- דבר יהוה ויעזב את- עבדיו	1113	1	1	4		2
ט093411	המטר והברד והקלת ויסף לחטא ויכבד	לבו	הוא ועבדיו / ויחזק לב פרעה ולא	1113	1	1	4		2
ט100112	אל- פרעה כי- אני הכבדתי את-	לבו	ואת- לב עבדיו למען שתי אתתי	1113	1	1	4		2
ט250213	תרומה מאת כל- איש אשר ידבנו	לבו	תקחו את- תרומתי / וזאת התרומה אשר	1113	1	1	4		2
ט282910	שמות בני- ישראל בחשן המשפט על-	לבו	בבאו אל- הקדש לזכרן לפני- יהוה	1113	1	1	4		2
ט283023	אהרן את- משפט בני- ישראל על-	לבו	לפני יהוה תמיד / ועשית את- מעיל	1113	1	1	4		2
ט350507	קחו מאתכם תרומה ליהוה כל נדיב	לבו	יביאה את תרומת יהוה זהב וכסף	1113	1	1	4		2
ט352106	משה / ויבאו כל- איש אשר- נשאו	לבו	וכל אשר נדבה רוחו אתו הביאו	1113	1	1	4		2
ט352906	הסמים / כל- איש ואשה אשר נדב	לבם	אתם להביא לכל- המלאכה אשר צוה	1113	1	1	9		2
ט353403	לעשות בכל- מלאכת מחשבת / ולהורת נתן	בלבו	הוא ואהליאב בן- אחיסמך למטה- דן	1113	1	1	4	4	3
ט360216	חכם- לב אשר נתן יהוה חכמה	בלבו	כל אשר נשאו לבו לקרבה אל-	1113	1	1	4	4	3
ט360220	יהוה חכמה בלבו כל אשר נשאו	לבו	לקרבה אל- המלאכה לעשת אתה / ויקחו	1113	1	1	4		2
ט352605	ואת- השש / וכל- הנשים אשר נשא	לבן	אתנה בחכמה טוו את- העזים / והנשאם	1114	1	1	0		2
	-	לבב	*-*						
ט140508	למלך מצרים כי ברח העם ויהפך	לבב	פרעה ועבדיו אל- העם ויאמרו מה-	1112	1	1			2
	-	לבד	*-*						
ט121622	אך אשר יאכל לכל- נפש הוא	לבדו	יעשה לכם / ושמרתם את- המצות כי	36			4		3
ט123711	סכתה כשש- מאות אלף רגלי הגברים	לבד	מטף / וגם- ערב רב עלה אתם	36					2
ט181421	אתה עשה לעם מדוע אתה יושב	לבדך	וכל- העם נצב עליך מן- בקר	36			2		4
ט181817	כבד ממך הדבר לא- תוכל עשהו	לבדך	/ עתה שמע בקלי איעצך ויהי אלהים	36			2		4
ט221906	יומת / זבח לאלהים יחרם בלתי ליהוה	לבדו	/ וגר לא- תונה ולא תלחצנו כי-	36			4		3
ט222604	השמש תשיבנו לו / כי הוא כסותה	לבדה	הוא שמלתו לערו במה ישכב והיה	36			5		3
ט240203	מזקני ישראל והשתחוו מרחק / ונגש משה	לבדו	אל- יהוה והם לא יגשו והעם	36			4		3

אזכור		מלה		צופן	ג	#	כ	קס	ה
ט260905	לעשתי עשרה יריעת / וחברת את- חמש היריעת	לבד	ואת שש היריעת לבד וכפלת את-	36					2
ט260909	חמש היריעת לבד ואת שש היריעת	לבד	וכפלת את- היריעה הששית אל- מול	36					2
ט361605	לעשתי עשרה יריעת / ויחבר את- חמש היריעת	לבד	ואת- שש היריעת לבד / ויעש ללאת	36					2
ט361609	חמש היריעת לבד ואת- שש היריעת	לבד	/ ויעש ללאת חמשים על שפת היריעה	36					2
	-	לבה	*-*						
ט030205	האלהים חרבה / וירא מלאך יהוה אליו	בלבת-	אש מתוך הסנה וירא והנה הסנה	1122	2	1		4	3
	-	לבונה	*-*						
ט303412	לך סמים נטף ושחלת וחלבנה סמים	ולבנה	זכה בד בבד יהיה / ועשית אתה	1121	2	1		1	4
	-	לבן	*-*						
ט163110	את- שמו מן והוא כזרע גד	לבן	וטעמו כצפיחת בדבש / ויאמר משה זה	1111	1	1			2
	-	לבן	*-*						
ט050706	לאמר / לא תאספון לתת תבן לעם	ללבן	הלבנים כתמול שלשם הם ילכו וקששו	3154				6	3
ט051415	פרעה לאמר מדוע לא כליתם חקכם	ללבן	כתמול שלשם גם- תמול גם- היום	3154				6	3
	-	לבנה	*-*						
ט241008	את אלהי ישראל ותחת רגליו כמעשה	לבנת	הספיר וכעצם השמים לטהר / ואל- אצילי	1122	2	1			2
ט011407	וימררו את- חייהם בעבדה קשה בחמר	ובלבנים	ובכל- עבדה בשדה את כל- עבדתם	1125	2	3		41	5
ט050707	לא תאספון לתת תבן לעם ללבן	הלבנים	כתמול שלשם הם ילכו וקששו להם	1125	2	3		2	4
ט050803	ילכו וקששו להם תבן / ואת- מתכנת	הלבנים	אשר הם עשים תמול שלשם תשימו	1125	2	3		2	4
ט051605	בה לעבדיך / תבן אין נתן לעבדיך	ולבנים	אמרים לנו עשו והנה עבדיך מכים	1125	2	3		1	4
ט051809	עבדו ותבן לא- ינתן לכם ותכן	לבנים	תתנו / ויראו שטרי בני- ישראל אתם	1125	2	3			3
ט051910	ישראל אתם ברע לאמר לא- תגרעו	מלבניכם	דבר- יום ביומו / ויפגעו את- משה	1127	2	3	7	7	5
	-	לבני	*-*						
ט061703	שבע ושלשים ומאת שנה / בני גרשון	לבני	ושמעי למשפחתם / ובני קהת עמרם ויצהר	122	1				2
	-	לבש	*-*						
ט293004	ולמלא- בם את- ידם / שבעת ימים	ילבשם	הכהן תחתיו מבניו אשר יבא אל-	3121	1	1	9		3
	-	להט	*-*						
ט071111	ולמכשפים ויעשו גם- הם חרטמי מצרים	בלהטיהם	כן / וישליכו איש מטהו ויהיו לתנינם	1117	1	3	9	4	5
	-	לו	*-*						
ט011003	ישראל רב ועצום ממנו / הבה נתחכמה	לו	פן ירבה והיה כי- תקראנה מלחמה	41				4	1
ט012108	כי- יראו המילדת את האלהים ויעש	להם	בתים / ויצו פרעה לכל- עמו לאמר	41				9	2
ט020306	ירחים / ולא- יכלה עוד הצפינו ותקח-	לו	תבת גמא ותחמרה בחמר ובזפת ותשם	41				4	1
ט020407	ותתצב אחתו מרחק לדעה מה- יעשה	לו	/ ותרד בת- פרעה לרחץ על- היאר	41				4	1
ט022011	למה זה עזבתן את- האיש קראן	לו	ויאכל לחם / ויואל משה לשבת את-	41				4	1
ט031206	ממצרים / ויאמר כי- אהיה עמך וזה-	לך	האות כי אנכי שלחתיך בהוציאך את-	41				2	2
ט031312	אנכי בא אל- בני ישראל ואמרתי	להם	אלהי אבותיכם שלחני אליכם ואמרו- לי	41				9	2
ט031318	להם אלהי אבותיכם שלחני אליכם ואמרו-	לי	מה- שמו מה אמר אלהם / ויאמר	41				1	1
ט031623	לאמר פקד פקדתי אתכם ואת- העשוי	לכם	במצרים / ואמר אעלה אתכם מעני מצרים	41				7	2
ט040107	ויען משה ויאמר והן לא- יאמינו	לי	ולא ישמעו בקלי כי יאמרו לא-	41				1	1
ט040603	אלהי יצחק ואלהי יעקב / ויאמר יהוה	לו	עוד הבא- נא ידך בחיקך ויבא	41				4	1
ט040805	שבה כבשרו / והיה אם- לא יאמינו	לך	ולא ישמעו לקל האת הראשון והאמינו	41				2	2
ט041603	אתכם את אשר תעשון / ודבר- הוא	לך	אל- העם והיה הוא יהיה- לך	41				2	1
ט041609	לך אל- העם והיה הוא יהיה-	לך	לפה ואתה תהיה- לו לאלהים / ואת-	41				2	2
ט041613	הוא יהיה- לך לפה ואתה תהיה-	לו	לאלהים / ואת- המטה הזה תקח בידך	41				4	1
ט041808	משה וישב אל- יתר חתנו ויאמר	לו	אלכה נא ואשובה אל- אחי אשר-	41				4	1
ט042515	לרגליו ותאמר כי חתן- דמים אתה	לי	/ וירף ממנו אז אמרה חתן דמים	41				1	1

/ = סוף פסוק   // = סוף פרק   ג = מין   # = מספר   כ = כינוי חבור   קס = קידומות וסיומות   ה = מספר ההברות

אזכור		מלה		צורן	ג	#	כ	קס	ה
ט042714	המדברה וילך ויפגשהו בהר האלהים וישק-	לו	/ ויגד משה לאהרן את כל- דברי	41			4		1
ט050117	אלהי ישראל שלח את- עמי ויחגו	לי	במדבר / ויאמר פרעה מי יהוה אשר	41			1		1
ט050713	הלבנים כתמול שלשם הם ילכו וקששו	להם	תבן / ואת- מתכנת הלבנים אשר הם	41			9		2
ט051014	לאמר כה אמר פרעה אינני נתן	לכם	תבן / אתם לכו קחו לכם תבן	41			7		2
ט051104	נתן לכם תבן / אתם לכו קחו	לכם	תבן מאשר תמצאו כי אין נגרע	41			7		2
ט051607	תבן אין נתן לעבדיך ולבנים אמרים	לנו	עשו והנה עבדיך מכים וחטאת עמך	41			6		2
ט051807	ועתה לכו עבדו ותבן לא- ינתן	לכם	ותכן לבנים תתנו / ויראו שטרי בני-	41			7		2
ט060314	באל שדי ושמי יהוה לא נודעתי	להם	/ וגם הקמתי את- בריתי אתם לתת	41			9		2
ט060407	וגם הקמתי את- בריתי אתם לתת	להם	את- ארץ כנען את ארץ מגריהם	41			9		2
ט060703	בזרוע נטויה ובשפטים גדלים / ולקחתי אתכם	לי	לעם והייתי לכם לאלהים וידעתם כי	41			1		1
ט060706	גדלים / ולקחתי אתכם לי לעם והייתי	לכם	לאלהים וידעתם כי אני יהוה אלהיכם	41			7		2
ט060816	אתה לאברהם ליצחק וליעקב ונתתי אתה	לכם	מורשה אני יהוה / וידבר משה כן	41			7		2
ט062006	לתלדתם / ויקח עמרם את- יוכבד דדתו	לו	לאשה ותלד לו את- אהרן ואת-	41			4		1
ט062009	את- יוכבד דדתו לו לאשה ותלד	לו	את- אהרן ואת- משה ושני חיי	41			4		1
ט062309	את- אלישבע בת- עמינדב אחות נחשון	לו	לאשה ותלד לו את- נדב ואת-	41			4		1
ט062312	עמינדב אחות נחשון לו לאשה ותלד	לו	את- נדב ואת- אביהוא את- אלעזר	41			4		1
ט062413	משפחת הקרחי ואלעזר בן- אהרן לקח-	לו	מבנות פוטיאל לו לאשה ותלד לו	41			4		1
ט062416	בן- אהרן לקח- לו מבנות פוטיאל	לו	לאשה ותלד לו את- פינחס אלה	41			4		1
ט062419	לו מבנות פוטיאל לו לאשה ותלד	לו	את- פינחס אלה ראשי אבות הלוים	41			4		1
ט062607	הוא אהרן ומשה אשר אמר יהוה	להם	הוציאו את- בני ישראל מארץ מצרים	41			9		2
ט070907	כי ידבר אלכם פרעה לאמר תנו	לכם	מופת ואמרת אל- אהרן קח את-	41			7		2
ט080508	משה לפרעה התפאר עלי למתי אעתיר	לך	ולעבדיך ולעמך להכרית הצפרדעים ממך ומבתיך	41			2		2
ט090808	יהוה אל- משה ואל- אהרן קחו	לכם	מלא חפניכם פיח כבשן וזרקו משה	41			7		2
ט091909	העז את- מקנך ואת כל- אשר	לך	בשדה כל- האדם והבהמה אשר- ימצא	41			2		2
ט100515	הארץ ואכל את- יתר הפלטה הנשארת	לכם	מן- הברד ואכל את- כל- העץ	41			7		2
ט100523	הברד ואכל את- כל- העץ הצמח	לכם	מן- השדה / ומלאו בתיך ובתי כל-	41			7		2
ט100709	פרעה אליו עד- מתי יהיה זה	לנו	למוקש שלח את- האנשים ויעבדו את-	41			6		2
ט100914	בצאננו ובבקרנו נלך כי חג- יהוה	לנו	/ ויאמר אלהם יהי כן יהוה עמכם	41			6		2
ט101610	למשה ולאהרן ויאמר חטאתי ליהוה אלהיכם	ולכם	/ ועתה שא נא חטאתי אך הפעם	41			6	1	3
ט102802	לב פרעה ולא אבה לשלחם / ויאמר-	לו	פרעה לך מעלי השמר לך אל	41			4		1
ט102807	ויאמר- לו פרעה לך מעלי השמר	לך	אל תסף ראות פני כי ביום	41			2		1
ט110807	וירדו כל- עבדיך אלה אלי והשתחוו-	לי	לאמר צא אתה וכל העם אשר-	41			1		1
ט120203	אהרן בארץ מצרים לאמר / החדש הזה	לכם	ראש חדשים ראשון הוא לכם לחדשי	41			7		2
ט120208	הזה לכם ראש חדשים ראשון הוא	לכם	לחדשי השנה / דברו אל- כל- עדת	41			7		2
ט120311	ישראל לאמר בעשר לחדש הזה ויקחו	להם	איש שה לבית אבת שה לבית	41			9		2
ט120507	שה תמים זכר בן- שנה יהיה	לכם	מן- הכבשים ומן- העזים תקחו / והיה	41			7		2
ט120602	מן- הכבשים ומן- העזים תקחו / והיה	לכם	למשמרת עד ארבעה עשר יום לחדש הזה	41			7		2
ט121303	אעשה שפטים אני יהוה / והיה הדם	לכם	לאת על הבתים אשר אתם שם	41			7		2
ט121404	בהכתי בארץ מצרים / והיה היום הזה	לכם	לזכרון וחגתם אתו חג ליהוה לדרתיכם	41			7		2
ט121610	קדש וביום השביעי מקרא- קדש יהיה	לכם	כל- מלאכה לא- יעשה בהם אך	41			7		2
ט121624	יאכל לכל- נפש הוא לבדו יעשה	לכם	/ ושמרתם את- המצות כי בעצם היום	41			7		2
ט122110	זקני ישראל ויאמר אלהם משכו וקחו	לכם	צאן למשפחתיכם ושחטו הפסח / ולקחתם אגדת	41			7		2
ט122406	לנגף / ושמרתם את- הדבר הזה לחק-	לך	ולבניך עד- עולם / והיה כי- תבאו	41			2		2
ט122509	תבאו אל- הארץ אשר יתן יהוה	לכם	כאשר דבר ושמרתם את- העבדה הזאת	41			7		2
ט122609	יאמרו אליכם בניכם מה העבדה הזאת	לכם	/ ואמרתם זבח- פסח הוא ליהוה אשר	41			7		2
ט123922	יכלו להתמהמה וגם- צדה לא- עשו	להם	/ ומושב בני ישראל אשר ישבו במצרים	41			7		2
ט124809	אתך גר ועשה פסח ליהוה המול	לו	כל- זכר ואז יקרב לעשתו והיה	41			4		1
ט130202	וידבר יהוה אל- משה לאמר / קדש-	לי	כל- בכור פטר כל- רחם בבני	41			1		1
ט130212	כל- רחם בבני ישראל באדם ובבהמה	לי	הוא / ויאמר משה אל- העם זכור	41			1		1
ט130516	והחוי והיבוסי אשר נשבע לאבתיך לתת	לך	ארץ זבת חלב ודבש ועבדת את-	41			2		2
ט130708	יאכל את שבעת הימים ולא- יראה	לך	חמץ ולא- יראה לך שאר בכל-	41			2		2
ט130712	ולא- יראה לך חמץ ולא- יראה	לך	שאר בכל- גבלך / והגדת לבנך ביום	41			2		2
ט130810	ההוא לאמר בעבור זה עשה יהוה	לי	בצאתי ממצרים / והיה לך לאות על-	41			1		1
ט130902	עשה יהוה לי בצאתי ממצרים / והיה	לך	לאות על- ידך ולזכרון בין עיניך	41			2		2

/ = סוף פסוק // = סוף פרק ג = מין # = מספר כ = כינוי חבור קס = קידומות וסיומות ה = מספר ההברות

אזכור		מלה		צופן ג #	כ	קס	ה
ט131110	יהוה אל- ארץ הכנעני כאשר נשבע	לך	ולאבתיך ונתנה לך / והעברת כל- פטר-	41	2		2
ט131113	הכנעני כאשר נשבע לך ולאבתיך ונתנה	לך	/ והעברת כל- פטר- רחם ליהוה וכל-	41	2		2
ט131212	וכל- פטר שגר בהמה אשר יהיה	לך	הזכרים ליהוה / וכל- פטר חמר תפדה	41	2		2
ט132113	לנחתם הדרך ולילה בעמוד אש להאיר	להם	ללכת יומם ולילה / לא- ימיש עמוד	41	9		2
ט141114	לקחתנו למות במדבר מה זאת עשית	לנו	להוציאנו ממצרים / הלא- זה הדבר אשר	41	6		2
ט141216	ממנו ונעבדה את- מצרים כי טוב	לנו	עבד את- מצרים ממתנו במדבר / ויאמר	41	6		2
ט141314	וראו את- ישועת יהוה אשר- יעשה	לכם	היום כי אשר ראיתם את- מצרים	41	7		2
ט141403	לראתם עוד עד- עולם / יהוה ילחם	לכם	ואתם תחרשון / ויאמר יהוה אל- משה	41	7		2
ט142208	בני- ישראל בתוך הים ביבשה והמים	להם	חומה מימינם ומשמאלם / וירדפו מצרים ויבאו	41	9		2
ט142515	אנוסה מפני ישראל כי יהוה נלחם	להם	במצרים / ויאמר יהוה אל- משה נטה	41	9		2
ט142908	ישראל הלכו ביבשה בתוך הים והמים	להם	חמה מימינם ומשמאלם / ויושע יהוה ביום	41	9		2
ט150205	רמה בים / עזי וזמרת יה ויהי-	לי	לישועה זה אלי ואנוהו אלהי אבי	41	1		1
ט152102	כל- הנשים אחריה בתפים ובמחלת / ותען	להם	מרים שירו ליהוה כי- גאה גאה	41	9		2
ט152514	אל המים וימתקו המים שם שם	לו	חק ומשפט ושם נסהו / ויאמר אם-	41	4		1
ט160407	ויאמר יהוה אל- משה הנני ממטיר	לכם	לחם מן- השמים ויצא העם ולקטו	41	7		2
ט160805	תלינו עלינו / ויאמר משה בתת יהוה	לכם	בערב בשר לאכל ולחם בבקר לשבע	41	7		2
ט161523	אלהם הוא הלחם אשר נתן יהוה	לכם	לאכלה / זה הדבר אשר צוה יהוה	41	7		2
ט162324	תבשלו בשלו ואת כל- העדף הניחו	לכם	למשמרת עד- הבקר / ויניחו אתו עד-	41	7		2
ט162905	מצותי ותורתי / ראו כי- יהוה נתן	לכם	השבת על- כן הוא נתן לכם	41	7		2
ט162911	לכם השבת על- כן הוא נתן	לכם	ביום הששי לחם יומים שבו איש	41	7		2
ט170207	וירב העם עם- משה ויאמרו תנו-	לנו	מים ונשתה ויאמר להם משה מה	41	6		2
ט170211	ויאמרו תנו- לנו מים ונשתה ויאמר	להם	משה מה תריבון עמדי מה- תנסון	41	9		2
ט170906	ברפידם / ויאמר משה אל- יהושע בחר-	לנו	אנשים וצא הלחם בעמלק מחר אנכי	41	6		2
ט171005	האלהים בידי / ויעש יהושע כאשר אמר-	לו	משה להלחם בעמלק ומשה אהרן וחור	41	4		1
ט180707	ויצא משה לקראת חתנו וישתחו וישק-	לו	וישאלו איש- לרעהו לשלום ויבאו האהלה	41	4		1
ט181603	אלי העם לדרש אלהים / כי- יהיה	להם	דבר בא אלי ושפטתי בין איש	41	9		2
ט182008	אתהם את- החקים ואת- התורת והודעת	להם	את- הדרך ילכו בה ואת- המעשה	41	9		2
ט182706	הם / וישלח משה את- חתנו וילך	לו	אל- ארצו // בחדש השלישי לצאת בני-	41	4		1
ט190510	תשמעו בקלי ושמרתם את- בריתי והייתם	לי	סגלה מכל- העמים כי- לי כל-	41	1		1
ט190515	והייתם לי סגלה מכל- העמים כי-	לי	כל- הארץ / ואתם תהיו- לי ממלכת	41	1		1
ט190603	כי- לי כל- הארץ / ואתם תהיו-	לי	ממלכת כהנים וגוי קדוש אלה הדברים	41	1		1
ט191207	והגבלת את- העם סביב לאמר השמרו	לכם	עלות בהר ונגע בקצהו כל- הנגע	41	7		2
ט200303	מארץ מצרים מבית עבדים / לא- יהיה	לך	אלהים אחרים על- פני / לא- תעשה	41	2		2
ט200403	אלהים אחרים על- פני / לא- תעשה	לך	פסל וכל- תמונה אשר בשמים ממעל	41	2		2
ט200503	ואשר במים מתחת לארץ / לא- תשתחוה	להם	ולא תעבדם כי אנכי יהוה אלהיך	41	9		2
ט201215	על האדמה אשר- יהוה אלהיך נתן	לך	/ לא תרצח / לא תנאף / לא תגנב	41	2		2
ט202310	אלהי כסף ואלהי זהב לא תעשו	לכם	/ מזבח אדמה תעשה לי וזבחת עליו	41	7		2
ט202404	לא תעשו לכם / מזבח אדמה תעשה	לי	וזבחת עליו את- עלתיך ואת- שלמיך	41	1		1
ט202505	אליך וברכתיך / ואם- מזבח אבנים תעשה-	לי	לא תבנה אתהן גזית כי חרבך	41	1		1
ט210404	ויצאה אשתו עמו / אם- אדניו יתן-	לו	אשה וילדה- לו בנים או בנות	41	4		1
ט210407	אם- אדניו יתן- לו אשה וילדה-	לו	בנים או בנות האשה וילדיה תהיה	41	4		1
ט210806	העבדים / אם- רעה בעיני אדניה אשר-	לא	יעדה והפדה לעם נכרי לא- ימשל	41	4		1
ט211004	הבנות יעשה- לה / אם- אחרת יקח-	לו	שארה כסותה וענתה לא יגרע / ואם-	41	4		1
ט211308	לא צדה והאלהים אנה לידו ושמתי	לך	מקום אשר ינוס שמה / וכי- יזד	41	2		2
ט213110	או- בת יגח כמשפט הזה יעשה	לו	/ אם- עבד יגח השור או אמה	41	4		1
ט213409	ישלם כסף ישיב לבעליו והמת יהיה-	לו	/ וכי- יגף שור- איש את- שור	41	4		1
ט213619	ישלם שור תחת השור והמת יהיה-	לו	/ כי יגנב- איש שור או- שה	41	4		1
ט220108	במחתרת ימצא הגנב והכה ומת אין	לו	דמים / אם- זרחה השמש עליו דמים	41	4		1
ט220206	דמים / אם- זרחה השמש עליו דמים	לו	שלם ישלם אם- אין לו ונמכר	41	4		1
ט220211	דמים לו שלם ישלם אם- אין	לו	ונמכר בגנבתו / אם- המצא תמצא בידו	41	4		1
ט221512	לא ארשה ושכב עמה מהר ימהרנה	לו	לאשה / אם- מאן ימאן אביה לתתה	41	4		1
ט221606	לאשה / אם- מאן ימאן אביה לתתה	לו	כסף ישקל כמהר הבתולת / מכשפה לא	41	4		1
ט222411	עמי את- העני עמך לא- תהיה	לו	כנשה לא- תשימון עליו נשך / אם-	41	4		1
ט222510	שלמת רעך עד- בא השמש תשיבנו	לו	/ כי הוא כסותה לבדה הוא שמלתו	41	4		1

אזכור		מלה		צופן	ג	#	כ	קס	ה
ט222808	ודמעך לא תאחר בכור בניך תתן-	לי	/ כן- תעשה לשרך לצאנך שבעת ימים	41			1		1
ט222913	יהיה עם- אמו ביום השמיני תתנו-	לי	/ ואנשי קדש תהיון לי ובשר בשדה	41			1		1
ט223004	השמיני תתנו- לי / ואנשי קדש תהיון	לי	ובשר בשדה טרפה לא תאכלו לכלב	41			1		1
ט230410	איבך או חמרו תעה השב תשיבנו	לו	/ כי- תראה חמור שנאך רבץ תחת	41			4		1
ט230510	שנאך רבץ תחת משאו וחדלת מעזב	לו	עזב תעזב עמו / לא תטה משפט	41			4		1
ט231404	ישמע על- פיך / שלש רגלים תחג	לי	בשנה / את חג המצות תשמר שבעת	41			1		1
ט233203	ישבי הארץ וגרשתמו מפניך / לא- תכרת	להם	ולאלהיהם ברית / לא ישבו בארצך פן-	41			9		2
ט233307	לא ישבו בארצך פן- יחטיאו אתך	לי	כי תעבד את- אלהיהם כי- יהיה	41			1		1
ט233314	כי תעבד את- אלהיהם כי- יהיה	לך	למוקש // ואל משה אמר עלה אל-	41			2		2
ט241211	עלה אלי ההרה והיה- שם ואתנה	לך	את- לחת האבן והתורה והמצוה אשר	41			2		2
ט241405	הר האלהים / ואל- הזקנים אמר שבו-	לנו	בזה עד אשר- נשוב אליכם והנה	41			6		2
ט250206	לאמר / דבר אל- בני ישראל ויקחו	לי	תרומה מאת כל- איש אשר ידבנו	41			1		1
ט250802	שהם ואבני מלאים לאפד ולחשן / ועשו	לי	מקדש ושכנתי בתוכם / ככל אשר אני	41			1		1
ט251202	ועשית עליו זר זהב סביב / ויצקת	לו	ארבע טבעת זהב ונתתה על ארבע	41			4		1
ט252202	את- העדת אשר אתן אליך / ונועדתי	לך	שם ודברתי אתך מעל הכפרת מבין	41			2		2
ט252406	קמתו / וצפית אתו זהב טהור ועשית	לו	זר זהב סביב / ועשית לו מסגרת	41			4		1
ט252502	ועשית לו זר זהב סביב / ועשית	לו	מסגרת טפח סביב ועשית זר- זהב	41			4		1
ט252602	ועשית זר- זהב למסגרתו סביב / ועשית	לו	ארבע טבעת זהב ונתת את- הטבעת	41			4		1
ט263315	לפרכת את ארון העדות והבדילה הפרכת	לכם	בין הקדש ובין קדש הקדשים / ונתת	41			7		2
ט263712	וצפית אתם זהב וויהם זהב ויצקת	להם	חמשה אדני נחשת // ועשית את- המזבח	41			9		2
ט270402	ומחתתיו לכל- כליו תעשה נחשת / ועשית	לו	מכבר מעשה רשת נחשת ועשית על-	41			4		1
ט280114	בניו אתו מתוך בני ישראל לכהנו-	לי	אהרן נדב ואביהוא אלעזר ואיתמר בני	41			1		1
ט280317	ועשו את- בגדי אהרן לקדשו לכהנו-	לי	/ ואלה הבגדים אשר יעשו חשן ואפוד	41			1		1
ט280419	בגדי- קדש לאהרן אחיך ולבניו לכהנו-	לי	/ והם יקחו את- הזהב ואת- התכלת	41			1		1
ט280705	מעשה חשב / שתי כתפת חברת יהיה-	לו	אל שני קצותיו וחבר / וחשב אפדתו	41			4		1
ט283214	סביב מעשה ארג כפי תחרא יהיה-	לו	לא יקרע / ועשית על- שוליו רמני	41			4		1
ט283822	קדשיהם והיה על- מצחו תמיד לרצון	להם	לפני יהוה / ושבצת הכתנת שש ועשית	41			9		2
ט284006	רקם / ולבני אהרן תעשה כתנת ועשית	להם	אבנטים ומגבעות תעשה להם לכבוד ולתפארה	41			9		2
ט284010	כתנת ועשית להם אבנטים ומגבעות תעשה	להם	לכבוד ולתפארה / והלבשת אתם את- אהרן	41			9		2
ט284117	ומלאת את- ידם וקדשת אתם וכהנו-	לי	/ ועשה להם מכנסי- בד לכסות בשר	41			1		1
ט284202	ידם וקדשת אתם וכהנו- לי / ועשה	להם	מכנסי- בד לכסות בשר ערוה ממתנים	41			9		2
ט284322	ולא- ישאו עון ומתו חקת עולם	לו	ולזרעו אחריו // וזה הדבר אשר תעשה	41			4		1
ט290105	ולזרעו אחריו // וזה הדבר אשר תעשה	להם	לקדש אתם לכהן לי לקח פר	41			9		2
ט290109	אשר תעשה להם לקדש אתם לכהן	לי	לקח פר אחד בן- בקר ואילם	41			1		1
ט290517	האפד ואת- האפד ואת- החשן ואפדת	לו	בחשב האפד / ושמת המצנפת על- ראשו	41			4		1
ט290907	וחגרת אתם אבנט אהרן ובניו וחבשת	להם	מגבעת והיתה להם כהנה לחקת עולם	41			9		2
ט290910	אהרן ובניו וחבשת להם מגבעת והיתה	להם	כהנה לחקת עולם ומלאת יד- אהרן	41			9		2
ט292614	והנפת אתו תנופה לפני יהוה והיה	לך	למנה / וקדשת את חזה התנופה ואת	41			2		2
ט294211	אהל- מועד לפני יהוה אשר אועד	לכם	שמה לדבר אליך שם / ונעדתי שמה	41			7		2
ט294413	ואת- אהרן ואת- בניו אקדש לכהן	לי	/ ושכנתי בתוך בני ישראל והייתי להם	41			1		1
ט294506	לי / ושכנתי בתוך בני ישראל והייתי	להם	לאלהים / וידעו כי אני יהוה אלהיהם	41			9		2
ט300313	ואת- קירתיו סביב ואת- קרנתיו ועשית	לו	זר זהב סביב / ושתי טבעת זהב	41			4		1
ט300405	זהב סביב / ושתי טבעת זהב תעשה-	לו	מתחת לזרו על שתי צלעתיו תעשה	41			4		1
ט300616	הכפרת אשר על- העדת אשר אועד	לך	שמה / והקטיר עליו אהרן קטרת סמים	41			2		2
ט302107	ורחצו ידיהם ורגליהם ולא ימתו והיתה	להם	חק- עולם לו ולזרעו לדרתם / וידבר	41			9		2
ט302110	ולא ימתו והיתה להם חק- עולם	לו	ולזרעו לדרתם / וידבר יהוה אל- משה	41			4		1
ט302303	יהוה אל- משה לאמר / ואתה קח-	לך	בשמים ראש מר- דרור חמש מאות	41			2		2
ט303009	ואת- בניו תמשח וקדשת אתם לכהן	לי	/ ואל- בני ישראל תדבר לאמר שמן	41			1		1
ט303111	לאמר שמן משחת- קדש יהיה זה	לי	לדרתיכם / על- בשר אדם לא ייסך	41			1		1
ט303214	תעשו כמהו קדש הוא קדש יהיה	לכם	/ איש אשר ירקח כמהו ואשר יתן	41			7		2
ט303406	מעמיו / ויאמר יהוה אל- משה קח-	לך	סמים נטף ושחלת וחלבנה סמים ולבנה	41			2		2
ט303612	לפני העדת באהל מועד אשר אועד	לך	שמה קדש קדשים תהיה לכם / והקטרת	41			2		2
ט303617	אועד לך שמה קדש קדשים תהיה	לכם	/ והקטרת אשר תעשה במתכנתה לא תעשו	41			7		2
ט303707	והקטרת אשר תעשה במתכנתה לא תעשו	לכם	קדש תהיה לך ליהוה / איש אשר-	41			7		2

/ = סוף פסוק // = סוף פרק ג = מין # = מספר כ = כינוי ובור קס = קידומות וסיומות ה = מספר ההברות

אזכור		מלה		צורן	ג	#	כ	קס	ה
ט303710	במתכנתה לא תעשו לכם קדש תהיה	לך	ליהוה / איש אשר- יעשה כמוה להריח	41			2		2
ט311407	ושמרתם את- השבת כי קדש הוא	לכם	מחלליה מות יומת כי כל- העשה	41			7		2
ט320117	על- אהרן ויאמרו אליו קום עשה-	לנו	אלהים אשר ילכו לפנינו כי- זה	41			6		2
ט320134	מארץ מצרים לא ידענו מה- היה	לו	/ ויאמר אלהם אהרן פרקו נזמי הזהב	41			4		1
ט320808	מהר מן- הדרך אשר צויתם עשו	להם	עגל מסכה וישתחוו- לו ויזבחו- לו	41			9		2
ט320812	צויתם עשו להם עגל מסכה וישתחוו-	לו	ויזבחו- לו ויאמרו אלה אלהיך ישראל	41			4		1
ט320814	להם עגל מסכה וישתחוו- לו ויזבחו-	לו	ויאמרו אלה אלהיך ישראל אשר העלוך	41			4		1
ט321003	עם- קשה- ערף הוא / ועתה הניחה	לי	ויחר- אפי בהם ואכלם ואעשה אותך	41			1		1
ט321308	לאברהם ליצחק ולישראל עבדיך אשר נשבעת	להם	בך ותדבר אלהם ארבה את- זרעכם	41			9		2
ט322107	ויאמר משה אל- אהרן מה- עשה	לך	העם הזה כי- הבאת עליו חטאה	41			2		2
ט322302	את- העם כי ברע הוא / ויאמרו	לי	עשה- לנו אלהים אשר ילכו לפנינו	41			1		1
ט322304	כי ברע הוא / ויאמרו לי עשה-	לנו	אלהים אשר ילכו לפנינו כי- זה	41			6		2
ט322321	מארץ מצרים לא ידענו מה- היה	לו	/ ואמר להם למי זהב התפרקו ויתנו-	41			4		1
ט322402	לא ידענו מה- היה לו / ואמר	להם	למי זהב התפרקו ויתנו- לי ואשלכהו	41			9		2
ט322407	ואמר להם למי זהב התפרקו ויתנו-	לי	ואשלכהו באש ויצא העגל הזה / וירא	41			1		1
ט322702	ויאספו אליו כל- בני לוי / ויאמר	להם	כה- אמר יהוה אלהי ישראל שימו	41			9		2
ט323113	חטא העם הזה חטאה גדלה ויעשו	להם	אלהי זהב / ועתה אם- תשא חטאתם	41			9		2
ט323308	יהוה אל- משה מי אשר חטא-	לי	אמחנו מספרי / ועתה לך נחה את-	41			1		1
ט323409	נחה את- העם אל אשר- דברתי	לך	הנה מלאכי ילך לפניך וביום פקדי	41			2		1
ט330525	הורד עדיך מעליך ואדעה מה אעשה-	לך	/ ויתנצלו בני- ישראל את- עדים מהר	41			2		1
ט330706	חורב / ומשה יקח את- האהל ונטה-	לו	מחוץ למחנה הרחק מן- המחנה וקרא	41			4		1
ט330713	מחוץ למחנה הרחק מן- המחנה וקרא	לו	אהל מועד והיה כל- מבקש יהוה	41			4		1
ט331405	הגוי הזה / ויאמר פני ילכו והנחתי	לך	/ ויאמר אליו אם- אין פניך הלכים	41			2		1
ט340106	יראו // ויאמר יהוה אל- משה פסל-	לך	שני- לחת אבנים כראשנים וכתבתי על-	41			2		2
ט340210	ועלית בבקר אל- הר סיני ונצבת	לי	שם על- ראש ההר / ואיש לא-	41			1		1
ט341102	הוא אשר אני עשה עמך / שמר-	לך	את אשר אנכי מצוך היום הנני	41			2		2
ט341202	והכנעני והחתי והפרזי והחוי והיבוסי / השמר	לך	פן- תכרת ברית ליושב הארץ אשר	41			2		2
ט341512	וזנו אחרי אלהיהם וזבחו לאלהיהם וקרא	לך	ואכלת מזבחו / ולקחת מבנתיו לבניך וזנו	41			2		2
ט341705	אחרי אלהיהן / אלהי מסכה לא תעשה-	לך	/ את- חג המצות תשמר שבעת ימים	41			2		1
ט341904	האביב יצאת ממצרים / כל- פטר רחם	לי	וכל- מקנך תזכר פטר שור ושה	41			1		1
ט342204	בחריש ובקציר תשבת / וחג שבעת תעשה	לך	בכורי קציר חטים וחג האסיף תקופת	41			2		2
ט342706	אמו / ויאמר יהוה אל- משה כתב-	לך	את- הדברים האלה כי על- פי	41			2		2
ט350208	ימים תעשה מלאכה וביום השביעי יהיה	לכם	קדש שבת שבתון ליהוה כל- העשה	41			7		2
ט351608	מזבח העלה ואת- מכבר הנחשת אשר-	לו	את- בדיו ואת- כל- כליו את-	41			4		1
ט363611	שטים ויצפם זהב ווויהם זהב ויצק	להם	ארבעה אדני- כסף / ויעש מסך לפתח	41			9		2
ט370207	ויצפהו זהב טהור מבית ומחוץ ויעש	לו	זר זהב סביב / ויצק לו ארבע	41			4		1
ט370302	ויעש לו זר זהב סביב / ויצק	לו	ארבע טבעת זהב על ארבע פעמתיו	41			4		1
ט371106	קמתו / ויצף אתו זהב טהור ויעש	לו	זר זהב סביב / ויעש לו מסגרת	41			4		1
ט371202	ויעש לו זר זהב סביב / ויעש	לו	מסגרת טפח סביב ויעש זר- זהב	41			4		1
ט371302	ויעש זר- זהב למסגרתו סביב / ויצק	לו	ארבע טבעת זהב ויתן את- הטבעת	41			4		1
ט372613	ואת- קירתיו סביב ואת- קרנתיו ויעש	לו	זר זהב סביב / ושתי טבעת זהב	41			4		1
ט372705	זהב סביב / ושתי טבעת זהב עשה-	לו	מתחת לזרו על שתי צלעתיו על	41			4		1
ט383015	מזבח הנחשת ואת- מכבר הנחשת אשר-	לו	ואת כל- כלי המזבח / ואת- אדני	41			4		1
ט390403	ובתוך השש מעשה חשב / כתפת עשו-	לו	חברת על- שני קצותיו חבר / וחשב	41			4		1
ט393908	מזבח הנחשת ואת- מכבר הנחשת אשר-	לו	את- בדיו ואת- כל- כליו את-	41			4		1
ט401312	הקדש ומשחת אתו וקדשת אתו וכהן	לי	/ ואת- בניו תקריב והלבשת אתם כתנת	41			1		1
ט401508	אתם כאשר משחת את- אביהם וכהנו	לי	והיתה להית להם משחתם לכהנת עולם	41			1		1
ט401511	את- אביהם וכהנו לי והיתה להית	להם	משחתם לכהנת עולם לדרתם / ויעש משה	41			9		2
ט011806	הילדים / ויקרא מלך- מצרים למילדת ויאמר	להן	מדוע עשיתן הדבר הזה ותחיין את-	42			0		2
ט020708	אחתו אל בת- פרעה האלך וקראתי	לך	אשה מינקת מן העברית ותינק לך	42			3		1
ט020714	לך אשה מינקת מן העברית ותינק	לך	את- הילד / ותאמר- לה בת- פרעה	42			3		1
ט020802	העברית ותינק לך את- הילד / ותאמר-	לה	בת- פרעה לכי ותלך העלמה ותקרא	42			5		1
ט020902	העלמה ותקרא את- אם הילד / ותאמר	לה	בת- פרעה היליכי את- הילד הזה	42			5		1
ט020910	פרעה היליכי את- הילד הזה והינקהו	לי	ואני אתן את- שכרך ותקח האשה	42			1		1

אזכור		מלה		צופן	ג	#	כ	קס	ה
ט021007	ויגדל הילד ותבאהו לבת- פרעה ויהי-	לה	לבן ותקרא שמו משה ותאמר כי	42			5		1
ט021910	הצילנו מיד הרעים וגם דלה דלה	לנו	וישק את- הצאן / ויאמר אל- בנתיו	42			6		2
ט210907	ואם- לבנו ייעדנה כמשפט הבנות יעשה-	לה	/ אם- אחרת יקח- לו שארה כסותה	42			5		1
ט211106	יגרע / ואם- שלש- אלה לא יעשה	לה	ויצאה חנם אין כסף / מכה איש	42			5		1
ט294111	בין הערבים כמנחת הבקר וכנסכה תעשה-	לה	לריח ניחח אשה ליהוה / עלת תמיד	42			5		1
ט363602	מעשה חשב עשה אתה כרבים / ויעש	לה	ארבעה עמודי שטים ויצפם זהב וויהם	42			5		1
	--*-*-*-*-*-*-*-*-*-*-*-*-*-*-*-*-*-*	לוח	*-*-*-*-*-*-*-*-*-*-*-*-*-*-*-*-*-*-*-*						
ט270802	שתי צלעת המזבח בשאת ארו / נבוב	לחת	תעשה אתו כאשר הראה אתך בהר	1115	1	3			2
ט321510	מן- ההר ושני לחת העדת בידו	לחת	כתבים משני עבריהם מזה ומזה הם	1115	1	3			2
ט321601	משני עבריהם מזה ומזה הם כתבים /	והלחת	מעשה אלהים המה והמכתב מכתב אלהים	1115	1	3		21	4
ט321611	והמכתב מכתב אלהים הוא חרות על-	הלחת	/ וישמע יהושע את- קול העם ברעה	1115	1	3		2	3
ט321916	ויחר- אף משה וישלך מידו את-	הלחת	וישבר אתם תחת ההר / ויקח את-	1115	1	3		2	3
ט340113	שני- לחת אבנים כראשנים וכתבתי על-	הלחת	את- הדברים אשר היו על- הלחת	1115	1	3		2	3
ט340119	הלחת את- הדברים אשר היו על-	הלחת	הראשנים אשר שברת / והיה נכון לבקר	1115	1	3		2	3
ט342817	אכל ומים לא שתה ויכתב על-	הלחת	את דברי הברית עשרת הדברים / ויהי	1115	1	3		2	3
ט380712	צלעת המזבח לשאת אתו בהם נבוב	לחת	עשה אתו / ויעש את הכיור נחשת	1115	1	3			2
ט241213	ההרה והיה- שם ואתנה לך את-	לחת	האבן והתורה והמצוה אשר כתבתי להורתם	1116	1	3			2
ט311810	ככלתו לדבר אתו בהר סיני שני	לחת	העדת לחת אבן כתבים באצבע אלהים	1116	1	3			2
ט311812	אתו בהר סיני שני לחת העדת	לחת	אבן כתבים באצבע אלהים // וירא העם	1116	1	3			2
ט321507	ויפן וירד משה מן- ההר ושני	לחת	העדת בידו לחת כתבים משני עבריהם	1116	1	3			2
ט340108	יהוה אל- משה פסל- לך שני-	לחת	אבנים כראשנים וכתבתי על- הלחת את-	1116	1	3			2
ט340403	אל- מול ההר ההוא / ויפסל שני	לחת	אבנים כראשנים וישכם משה בבקר ויעל	1116	1	3			2
ט340420	צוה יהוה אתו ויקח בידו שני	לחת	אבנים / וירד יהוה בענן ויתיצב עמו	1116	1	3			2
ט342907	ויהי ברדת משה מהר סיני ושני	לחת	העדת ביד- משה ברדתו מן- ההר	1116	1	3			2
	--*-*-*-*-*-*-*-*-*-*-*-*-*-*-*-*-*-*	לוי	*-*-*-*-*-*-*-*-*-*-*-*-*-*-*-*-*-*-*-*						
ט010203	יעקב איש וביתו באו / ראובן שמעון	לוי	ויהודה / יששכר זבולן ובנימן / דן ונפתלי	122	1				2
ט020104	וכל- הבת תחיון // וילך איש מבית	לוי	ויקח את בת- לוי / ותהר האשה	122	1				2
ט020108	איש מבית לוי ויקח את בת-	לוי	/ ותהר האשה ותלד בן ותרא אתו	122	1				2
ט061604	אלה משפחת שמעון / ואלה שמות בני-	לוי	לתלדתם גרשון וקהת ומררי ושני חיי	122	1				2
ט061611	לתלדתם גרשון וקהת ומררי ושני חיי	לוי	שבע ושלשים ומאת שנה / בני גרשון	122	1				2
ט322613	ליהוה אלי ויאספו אליו כל- בני	לוי	/ ויאמר להם כה- אמר יהוה אלהי	122	1				2
ט322803	רעהו ואיש את- קרבו / ויעשו בני-	לוי	כדבר משה ויפל מן- העם ביום	122	1				2
	--*-*-*-*-*-*-*-*-*-*-*-*-*-*-*-*-*-*	לוי	*-*-*-*-*-*-*-*-*-*-*-*-*-*-*-*-*-*-*-*						
ט041409	יהוה במשה ויאמר הלא אהרן אחיך	הלוי	ידעתי כי- דבר ידבר הוא וגם	124	1	1		2	3
ט061907	ובני מררי מחלי ומושי אלה משפחת	הלוי	לתלדתם / ויקח עמרם את- יוכבד דדתו	124	1			2	3
ט062425	לו את- פינחס אלה ראשי אבות	הלוים	למשפחתם / הוא אהרן ומשה אשר אמר	124	1	3		2	4
ט382112	אשר פקד על- פי משה עבדת	הלוים	ביד איתמר בן- אהרן הכהן / ובצלאל	124	1	3		2	4
	--*-*-*-*-*-*-*-*-*-*-*-*-*-*-*-*-*-*	לולאה	*-*-*-*-*-*-*-*-*-*-*-*-*-*-*-*-*-*-*-*						
ט260502	בשפת היריעה הקיצונה במחברת השנית / חמשים	ללאת	תעשה ביריעה האחת וחמשים ללאת תעשה	1125	2	3			3
ט260507	חמשים ללאת תעשה ביריעה האחת וחמשים	ללאת	תעשה בקצה היריעה אשר במחברת השנית	1125	2	3			3
ט260515	בקצה היריעה אשר במחברת השנית מקבילת	הללאת	אשה אל- אחתה / ועשית חמשים קרסי	1125	2	3		2	4
ט261003	אל- מול פני האהל / ועשית חמשים	ללאת	על שפת היריעה האחת הקיצנה בחברת	1125	2	3			3
ט261011	שפת היריעה האחת הקיצנה בחברת וחמשים	ללאת	על שפת היריעה החברת השנית / ועשית	1125	2	3			3
ט261108	קרסי נחשת חמשים והבאת את- הקרסים	בללאת	וחברת את- האהל והיה אחד / וסרח	1125	2	3		24	4
ט361202	בשפת היריעה הקיצונה במחברת השניה / חמשים	ללאת	עשה ביריעה האחת וחמשים ללאת עשה	1125	2	3			3
ט361207	חמשים ללאת עשה ביריעה האחת וחמשים	ללאת	עשה בקצה היריעה אשר במחברת השנית	1125	2	3			3
ט361215	בקצה היריעה אשר במחברת השנית מקבילת	הללאת	אחת אל- אחת / ויעש חמשים קרסי	1125	2	3		2	4
ט361702	לבד ואת- שש היריעת לבד / ויעש	ללאת	חמשים על שפת היריעה הקיצנה במחברת	1125	2	3			3
ט361710	על שפת היריעה הקיצנה במחברת וחמשים	ללאת	עשה על- שפת היריעה החברת השנית	1125	2	3			3
ט260402	יריעת חברת אשה אל- אחתה / ועשית	ללאת	תכלת על שפת היריעה האחת מקצה	1126	2	3			3

אזכור		מלה		צורן	ג	#	כ	קס	ה
ט361102	ירעת חבר אחת אל- אחת / ויעש	ללאת	תכלת על שפת היריעה האחת מקצה	1126	2	3			3
	--*-*-*-*-*-*-*-*-*-*-*-*-*-*-*-*	לחם	*-*-*-*-*-*-*-*-*-*-*-*-*-*-*-*-*-*						
ט022013	עזבתן את- האיש קראן לו ויאכל	לחם	/ ויואל משה לשבת את- האיש ויתן	1111	1	1			2
ט160317	מצרים בשבתנו על- סיר הבשר באכלנו	לחם	לשבע כי- הוצאתם אתנו אל- המדבר	1111	1	1			2
ט160408	יהוה אל- משה הנני ממטיר לכם	לחם	מן- השמים ויצא העם ולקטו דבר-	1111	1	1			2
ט160809	בתת יהוה לכם בערב בשר לאכל	ולחם	בבקר לשבע בשמע יהוה את- תלנתיכם	1111	1	1		1	3
ט161215	בין הערבים תאכלו בשר ובבקר תשבעו-	לחם	וידעתם כי אני יהוה אלהיכם / ויהי	1111	1	1			2
ט161519	מה- הוא ויאמר משה אלהם הוא	הלחם	אשר נתן יהוה לכם לאכלה / זה	1111	1	1		2	3
ט162205	השמש ונמס / ויהי ביום הששי לקטו	לחם	משנה שני העמר לאחד ויבאו כל-	1111	1	1			2
ט162914	כן הוא נתן לכם ביום הששי	לחם	יומים שבו איש תחתיו אל- יצא	1111	1	1			2
ט163216	ממנו למשמרת לדרתיכם למען יראו את-	הלחם	אשר האכלתי אתכם במדבר בהוציאי אתכם	1111	1	1		2	3
ט181214	ויבא אהרן וכל זקני ישראל לאכל-	לחם	עם- חתן משה לפני האלהים / ויהי	1111	1	1			2
ט292302	הימין כי איל מלאים הוא / וככר	לחם	אחת וחלת לחם שמן אחת ורקיק	1111	1	1			2
ט293208	אהרן ובניו את- בשר האיל ואת-	הלחם	אשר בסל פתח אהל מועד / ואכלו	1111	1	1		2	3
ט293406	הם / ואם- יותר מבשר המלאים ומן-	הלחם	עד- הבקר ושרפת את- הנותר באש	1111	1	1		2	3
ט342809	עם- יהוה ארבעים יום וארבעים לילה	לחם	לא אכל ומים לא שתה ויכתב	1111	1	1			2
ט402304	צפנה מחוץ לפרכת / ויערך עליו ערך	לחם	לפני יהוה כאשר צוה יהוה את-	1111	1	1			2
ט253004	טהור תעשה אתם / ונתת על- השלחן	לחם	פנים לפני תמיד / ועשית מנרת זהב	1112	1	1			2
ט290201	אחד בן- בקר ואילם שנים תמימם /	ולחם	מצות וחלת מצת בלולת בשמן ורקיקי	1112	1	1		1	3
ט292305	מלאים הוא / וככר לחם אחת וחלת	לחם	שמן אחת ורקיק אחד מסל המצות	1112	1	1			2
ט351309	ואת- בדיו ואת- כל- כליו ואת	לחם	הפנים / ואת- מנרת המאור ואת- כליה	1112	1	1			2
ט393607	את- השלחן את- כל- כליו ואת	לחם	הפנים / את- המנרה הטהרה את- נרתיה	1112	1	1			2
ט232507	ועבדתם את יהוה אלהיכם וברך את-	לחמך	ואת- מימיך והסרתי מחלה מקרבך / לא	1113	1	1	2		3
	--*-*-*-*-*-*-*-*-*-*-*-*-*-*-*-*	לחץ	*-*-*-*-*-*-*-*-*-*-*-*-*-*-*-*-*-*						
ט030911	ישראל באה אלי וגם- ראיתי את-	הלחץ	אשר מצרים לחצים אתם / ועתה לכה	1111	1	1		2	3
	--*-*-*-*-*-*-*-*-*-*-*-*-*-*-*-*	לחץ	*-*-*-*-*-*-*-*-*-*-*-*-*-*-*-*-*-*						
ט222005	ליהוה לבדו / וגר לא- תונה ולא	תלחצנו	כי- גרים הייתם בארץ מצרים / כל-	3121	1	1	4		4
ט230903	פקחים ויסלף דברי צדיקים / וגר לא	תלחץ	ואתם ידעתם את- נפש הגר כי-	3121	1	1			2
ט030914	וגם- ראיתי את- הלחץ אשר מצרים	לחצים	אתם / ועתה לכה ואשלחך אל- פרעה	3131	1	3			3
	--*-*-*-*-*-*-*-*-*-*-*-*-*-*-*-*	לט	*-*-*-*-*-*-*-*-*-*-*-*-*-*-*-*-*-*						
ט072205	ארץ מצרים / ויעשו- כן חרטמי מצרים	בלטיהם	ויחזק לב- פרעה ולא- שמע אלהם	1117	1	3	9	4	4
ט080304	את- ארץ מצרים / ויעשו- כן החרטמים	בלטיהם	ויעלו את- הצפרדעים על- ארץ מצרים	1117	1	3	9	4	4
ט081404	בכל- ארץ מצרים / ויעשו- כן החרטמים	בלטיהם	להוציא את- הכנים ולא יכלו ותהי	1117	1	3	9	4	4
	--*-*-*-*-*-*-*-*-*-*-*-*-*-*-*-*	ליל	*-*-*-*-*-*-*-*-*-*-*-*-*-*-*-*-*-*						
ט101317	קדים בארץ כל- היום ההוא וכל-	הלילה	הבקר היה ורוח הקדים נשא את-	1111	1	1		2	3
ט110407	ויאמר משה כה אמר יהוה כחצת	הלילה	אני יוצא בתוך מצרים / ומת כל-	1111	1	1		92	3
ט120804	יאכלו אתו בהם / ואכלו את- הבשר	בלילה	הזה צלי- אש ומצות על- מררים	1111	1	1		924	3
ט121204	פסח הוא ליהוה / ועברתי בארץ- מצרים	בלילה	הזה והכיתי כל- בכור בארץ מצרים	1111	1	1		924	3
ט122903	משה ואהרן כן עשו / ויהי בחצי	הלילה	ויהוה הכה כל- בכור בארץ מצרים	1111	1	1		92	3
ט123003	הבור וכל בכור בהמה / ויקם פרעה	לילה	הוא וכל- עבדיו וכל- מצרים ותהי	1111	1	1		9	2
ט123104	אין- שם מת / ויקרא למשה ולאהרן	לילה	ויאמר קומו צאו מתוך עמי גם-	1111	1	1		9	2
ט124209	הוא ליהוה להוציאם מארץ מצרים הוא-	הלילה	הזה ליהוה שמרים לכל- בני ישראל	1111	1	1		92	3
ט132109	לפניהם יומם בעמוד ענן לנחתם הדרך	ולילה	בעמוד אש להאיר להם ללכת יומם	1111	1	1		91	3
ט132116	בעמוד אש להאיר להם ללכת יומם	ולילה	/ לא- ימיש עמוד הענן יומם ועמוד	1111	1	1		91	3
ט132208	ימיש עמוד הענן יומם ועמוד האש	לילה	לפני העם // וידבר יהוה אל- משה	1111	1	1			2
ט142013	ישראל ויהי הענן והחשך ויאר את-	הלילה	ולא- קרב זה אל- זה כל-	1111	1	1		92	3
ט142020	ולא- קרב זה אל- זה כל-	הלילה	/ ויט משה את- ידו על- הים	1111	1	1		92	3
ט142115	את- הים ברוח קדים עזה כל-	הלילה	וישם את- הים לחרבה ויבקעו המים	1111	1	1		92	3
ט241814	ויהי משה בהר ארבעים יום וארבעים	לילה	// וידבר יהוה אל- משה לאמר / דבר	1111	1	1		9	2

אזכור		מלה		צופן	ג	#	כ	קס	ה
ט342808	שם עם- יהוה ארבעים יום וארבעים	לילה	לחם לא אכל ומים לא שתה	1111	1	1		9	2
ט403809	יהוה על- המשכן יומם ואש תהיה	לילה	בו לעיני כל- בית ישראל בכל-	1111	1	1		9	2
ט124201	יצאו כל- צבאות יהוה מארץ מצרים /	ליל	שמרים הוא ליהוה להוציאם מארץ מצרים	1112	1	1			1
	--*-*-*-*-*-*-*-*-*-*-*-*-*-*-*-*	לכן	*-*-*-*-*-*-*-*-*-*-*-*-*-*-*-*-*-*						
ט060601	מצרים מעבדים אתם ואזכר את- בריתי /	לכן	אמר לבני- ישראל אני יהוה והוצאתי	22					2
	--*-*-*-*-*-*-*-*-*-*-*-*-*-*-*-*	למה	*-*-*-*-*-*-*-*-*-*-*-*-*-*-*-*-*-*						
ט021311	שני- אנשים עברים נצים ויאמר לרשע	למה	תכה רעך / ויאמר מי שמך לאיש	51					2
ט022005	את- הצאן / ויאמר אל- בנתיו ואיו	למה	זה עזבתן את- האיש קראן לו	51					2
ט050405	או בחרב / ויאמר אלהם מלך מצרים	למה	משה ואהרן תפריעו את- העם ממעשיו	51					2
ט051509	בני ישראל ויצעקו אל- פרעה לאמר	למה	תעשה כה לעבדיך / תבן אין נתן	51					2
ט052211	ויאמר אדני למה הרעתה לעם הזה	למה	זה שלחתני / ומאז באתי אל- פרעה	51					2
ט321201	מארץ מצרים בכח גדול וביד חזקה /	למה	יאמרו מצרים לאמר ברעה הוציאם להרג	51					2
	--*-*-*-*-*-*-*-*-*-*-*-*-*-*-*-*	למען	*-*-*-*-*-*-*-*-*-*-*-*-*-*-*-*-*-*						
ט011105	מן- הארץ / וישימו עליו שרי מסים	למען	ענתו בסבלתם ויבן ערי מסכנות לפרעה	4				6	3
ט040501	ידו ויחזק בו ויהי למטה בכפו /	למען	יאמינו כי- נראה אליך יהוה אלהי	4				6	3
ט080605	ביאר תשארנה / ויאמר למחר ויאמר כדברך	למען	תדע כי- אין כיהוה אלהינו / וסרו	4				6	3
ט081815	עמד עליה לבלתי היות- שם ערב	למען	תדע כי אני יהוה בקרב הארץ	4				6	3
ט091609	זאת העמדתיך בעבור הראתך את- כחי	ולמען	ספר שמי בכל- הארץ / עודך מסתולל	4				61	4
ט092918	הקלות יחדלון והברד לא יהיה- עוד	למען	תדע כי ליהוה הארץ / ואתה ועבדיך	4				6	3
ט100116	הכבדתי את- לבו ואת- לב עבדיו	למען	שתי אתתי אלה בקרבו / ולמען תספר	4				6	3
ט100201	עבדיו למען שתי אתתי אלה בקרבו /	ולמען	תספר באזני בנך ובן- בנך את	4				61	4
ט110711	יחרץ- כלב לשנו למאיש ועד- בהמה	למען	תדעון אשר יפלה יהוה בין מצרים	4				6	3
ט110909	אל- משה לא- ישמע אליכם פרעה	למען	רבות מופתי בארץ מצרים / ומשה ואהרן	4				6	3
ט130909	לאות על- ידך ולזכרון בין עיניך	למען	תהיה תורת יהוה בפיך כי ביד	4				6	3
ט160417	ויצא העם ולקטו דבר- יום ביומו	למען	אנסנו הילך בתורתי אם- לא / והיה	4				6	3
ט163213	יהוה מלא העמר ממנו למשמרת לדרתיכם	למען	יראו את- הלחם אשר האכלתי אתכם	4				6	3
ט201206	ויקדשהו / כבד את- אביך ואת- אמך	למען	יארכון ימיך על האדמה אשר- יהוה	4				6	3
ט231208	ימים תעשה מעשיך וביום השביעי תשבת	למען	ינוח שורך וחמרך וינפש בן- אמתך	4				6	3
ט331312	בעיניך הודעני נא את- דרכך ואדעך	למען	אמצא- חן בעיניך וראה כי עמך	4				6	3
	--*-*-*-*-*-*-*-*-*-*-*-*-*-*-*-*	לן	*-*-*-*-*-*-*-*-*-*-*-*-*-*-*-*-*-*						
ט231808	תזבח על- חמץ דם- זבחי ולא-	ילין	חלב- חגי עד- בקר / ראשית בכורי	3121	1	1			2
ט342508	תשחט על- חמץ דם- זבחי ולא-	ילין	לבקר זבח חג הפסח / ראשית בכורי	3121	1	1			2
	--*-*-*-*-*-*-*-*-*-*-*-*-*-*-*-*	לעמת	*-*-*-*-*-*-*-*-*-*-*-*-*-*-*-*-*-*						
ט252701	על ארבע הפאת אשר לארבע רגליו /	לעמת	המסגרת תהיין הטבעת לבתים לבדים לשאת	4				6	3
ט282714	שתי כתפות האפוד מלמטה ממול פניו	לעמת	מחברתו ממעל לחשב האפוד / וירכסו את-	4				6	3
ט371401	על ארבע הפאת אשר לארבע רגליו /	לעמת	המסגרת היו הטבעת בתים לבדים לשאת	4				6	3
ט381819	אמה ארך וקומה ברחב חמש אמות	לעמת	קלעי החצר / ועמדיהם ארבעה ואדניהם ארבעה	4				6	3
ט392013	שתי כתפת האפד מלמטה ממול פניו	לעמת	מחברתו ממעל לחשב האפד / וירכסו את-	4				6	3
	--*-*-*-*-*-*-*-*-*-*-*-*-*-*-*-*	לפיד	*-*-*-*-*-*-*-*-*-*-*-*-*-*-*-*-*-*						
ט201807	וכל- העם ראים את- הקולת ואת	הלפידים	ואת קול השפר ואת- ההר עשן	1115	1	3		2	4
	--*-*-*-*-*-*-*-*-*-*-*-*-*-*-*-*	לפני	*-*-*-*-*-*-*-*-*-*-*-*-*-*-*-*-*-*						
ט042115	כל- המפתים אשר- שמתי בידך ועשיתם	לפני	פרעה ואני אחזק את- לבו ולא	4				6	3
ט061203	את- בני- ישראל מארצו / וידבר משה	לפני	יהוה לאמר הן בני ישראל לא-	4				6	3
ט063003	אשר אני דבר אליך / ויאמר משה	לפני	יהוה הן אני ערל שפתים ואיך	4				6	3
ט070916	אל- אהרן קח את- מטך והשלך	לפני-	פרעה יהי לתנין / ויבא משה ואהרן	4				6	3
ט071015	צוה יהוה וישלך אהרן את- מטהו	לפני	פרעה ולפני עבדיו ויהי לתנין / ויקרא	4				6	3
ט071017	וישלך אהרן את- מטהו לפני פרעה	ולפני	עבדיו ויהי לתנין / ויקרא גם- פרעה	4				61	4

אזכור		מלה		צורן	ג	#	כ	קס	ה
ט081608	יהוה אל- משה השכם בבקר והתיצב	לפני	פרעה הנה יוצא המימה ואמרת אליו	4				6	3
ט091006	מצרים / ויקחו את פיח הכבשן ויעמדו	לפני	פרעה ויזרק אתו משה השמימה ויהי	4				6	3
ט091105	באדם ובבהמה / ולא- יכלו החרטמים לעמד	לפני	משה מפני השחין כי- היה השחין	4				6	3
ט091308	יהוה אל משה השכם בבקר והתיצב	לפני	פרעה ואמרת אליו כה- אמר יהוה	4				6	3
ט111008	ואהרן עשו את- כל- המפתים האלה	לפני	פרעה ויחזק יהוה את- לב פרעה	4				6	3
ט132209	עמוד הענן יומם ועמוד האש לילה	לפני	העם // וידבר יהוה אל- משה לאמר	4				6	3
ט140207	דבר אל- בני ישראל וישבו ויחנו	לפני	פיהחירת בין מגדל ובין הים לפני	4				6	2
ט140213	לפני פיהחירת בין מגדל ובין הים	לפני	בעלצפן נכחו תחנו על- הים / ואמר	4				6	3
ט140917	רכב פרעה ופרשיו וחילו על- פיהחירת	לפני	בעלצפן / ופרעה הקריב וישאו בני- ישראל	4				6	3
ט141905	ברכבו ובפרשיו / ויסע מלאך האלהים ההלך	לפני	מחנה ישראל וילך מאחריהם ויסע עמוד	4				6	3
ט160912	אל- כל- עדת בני ישראל קרבו	לפני	יהוה כי שמע את תלנתיכם / ויהי	4				6	3
ט163315	שמה מלא- העמר מן והנח אתו	לפני	יהוה למשמרת לדרתיכם / כאשר צוה יהוה	4				6	3
ט163408	צוה יהוה אל משה ויניחהו אהרן	לפני	העדת למשמרת / ובני ישראל אכלו את-	4				6	3
ט170506	וסקלני / ויאמר יהוה אל- משה עבר	לפני	העם וקח אתך מזקני ישראל ומטך	4				6	3
ט181218	ישראל לאכל- לחם עם- חתן משה	לפני	האלהים / ויהי ממחרת וישב משה לשפט	4				6	3
ט253006	אתם / ונתת על- השלחן לחם פנים	לפני	תמיד / ועשית מנרת זהב טהור מקשה	4				6	3
ט272115	אתו אהרן ובניו מערב עד- בקר	לפני	יהוה חקת עולם לדרתם מאת בני	4				6	3
ט281216	לבני ישראל ונשא אהרן את- שמותם	לפני	יהוה על- שתי כתפיו לזכרן / ועשית	4				6	3
ט282915	על- לבו בבאו אל- הקדש לזכרן	לפני-	יהוה תמיד / ונתת אל- חשן המשפט	4				6	3
ט283014	התמים והיו על- לב אהרן בבאו	לפני	יהוה ונשא אהרן את- משפט בני-	4				6	3
ט283024	את- משפט בני- ישראל על- לבו	לפני	יהוה תמיד / ועשית את- מעיל האפוד	4				6	3
ט283510	לשרת ונשמע קולו בבאו אל- הקדש	לפני	יהוה ובצאתו ולא ימות / ועשית ציץ	4				6	3
ט283823	והיה על- מצחו תמיד לרצון להם	לפני	יהוה / ושבצת הכתנת שש ועשית מצנפת	4				6	3
ט291004	אהרן ויד- בניו / והקרבת את- הפר	לפני	אהל מועד וסמך אהרן ובניו את-	4				6	3
ט291104	על- ראש הפר / ושחטת את- הפר	לפני	יהוה פתח אהל מועד / ולקחת מדם	4				6	3
ט292313	אחת ורקיק אחד מסל המצות אשר	לפני	יהוה / ושמת הכל על כפי אהרן	4				6	3
ט292412	ועל כפי בניו והנפת אתם תנופה	לפני	יהוה / ולקחת אתם מידם והקטרת המזבחה	4				6	3
ט292510	והקטרת המזבחה על- העלה לריח ניחוח	לפני	יהוה אשה הוא ליהוה / ולקחת את-	4				6	3
ט292611	המלאים אשר לאהרן והנפת אתו תנופה	לפני	יהוה והיה לך למנה / וקדשת את	4				6	3
ט294207	עלת תמיד לדרתיכם פתח אהל- מועד	לפני	יהוה אשר אועד לכם שמה לדבר	4				6	3
ט300603	שטים וצפית אתם זהב / ונתתה אתו	לפני	הפרכת אשר על- ארן העדת לפני	4				6	3
ט300609	לפני הפרכת אשר על- ארן העדת	לפני	הכפרת אשר על- העדת אשר אועד	4				6	3
ט300810	הנרת בין- הערבים יקטירנה קטרת תמיד	לפני	יהוה לדרתיכם / לא- תעלו עליו קטרת	4				6	3
ט301618	אהל מועד והיה לבני ישראל לזכרון	לפני	יהוה לכפר על- נפשתיכם / וידבר יהוה	4				6	3
ט303606	קדש / ושחקת ממנה הדק ונתתה ממנה	לפני	העדת באהל מועד אשר אועד לך	4				6	3
ט343403	ויתן על- פניו מסוה / ובבא משה	לפני	יהוה לדבר אתו יסיר את- המסוה	4				6	3
ט352006	לכהן / ויצאו כל- עדת בני- ישראל	מלפני	משה / ויבאו כל- איש אשר- נשאו	4				67	4
ט360302	לקרבה אל- המלאכה לעשת אתה / ויקחו	מלפני	משה את כל- התרומה אשר הביאו	4				67	4
ט400506	נרתיה / ונתתה את- מזבח הזהב לקטרת	לפני	ארון העדת ושמת את- מסך הפתח	4				6	3
ט400605	הפתח למשכן / ונתתה את מזבח העלה	לפני	פתח משכן אהל- מועד / ונתת את-	4				6	3
ט402305	מחוץ לפרכת / ויערך עליו ערך לחם	לפני	יהוה כאשר צוה יהוה את- משה	4				6	3
ט402503	על ירך המשכן נגבה / ויעל הנרת	לפני	יהוה כאשר צוה יהוה את- משה	4				6	3
ט402607	וישם את- מזבח הזהב באהל מועד	לפני	הפרכת / ויקטר עליו קטרת סמים כאשר	4				6	3
ט101413	וינח בכל גבול מצרים כבד מאד	לפניו	לא- היה כן ארבה כמהו ואחריו	41			4	6	3
ט132103	ויחנו באתם בקצה המדבר / ויהוה הלך	לפניהם	יומם בעמוד ענן לנחתם הדרך ולילה	41			9	6	4
ט170603	היאר קח בידך והלכת / הנני עמד	לפניך	שם על- הצור בחרב והכית בצור	41			2	6	4
ט190707	ויבא משה ויקרא לזקני העם וישם	לפניהם	את כל- הדברים האלה אשר צוהו	41			9	6	4
ט210105	ערותך עליו // ואלה המשפטים אשר תשים	לפניהם	/ כי תקנה עבד עברי שש שנים	41			9	6	4
ט232005	בחלב אמו / הנה אנכי שלח מלאך	לפניך	לשמרך בדרך ולהביאך אל- המקום אשר	41			2	6	4
ט232304	וצרתי את- צרריך / כי- ילך מלאכי	לפניך	והביאך אל- האמרי והחתי והפרזי והכנעני	41			2	6	4
ט232704	מספר ימיך אמלא / את- אימתי אשלח	לפניך	והמתי את- כל- העם אשר תבא	41			2	6	4
ט232804	איביך אליך ערף / ושלחתי את- הצרעה	לפניך	וגרשה את- החוי את- הכנעני ואת	41			2	6	4
ט232812	את- החוי את- הכנעני ואת החתי	מלפניך	/ לא אגרשנו מפניך בשנה אחת פן-	41			2	67	5
ט320121	קום עשה- לנו אלהים אשר ילכו	לפנינו	כי- זה משה האיש אשר העלנו	41			6	6	4

/ = סוף פסוק   // = סוף פרק   ג = מין   # = מספר   כ = כינוי וגוף   קס = קידומות וסיומות   ה = מספר ההברות

אזכור		מלה		צורן	ג	#	כ	קס	ה
ט320505	מארץ מצרים / וירא אהרן ויבן מזבח	לפניו	ויקרא אהרן ויאמר חג ליהוה מחר	41			4	6	3
ט322308	לי עשה- לנו אלהים אשר ילכו	לפנינו	כי- זה משה האיש אשר העלנו	41			6	6	4
ט323413	אשר- דברתי לך הנה מלאכי ילך	לפניך	וביום פקדי ופקדתי עלהם חטאתם / ויגף	41			2	6	4
ט330202	ליצחק וליעקב לאמר לזרעך אתננה / ושלחתי	לפניך	מלאך וגרשתי את- הכנעני האמרי והחתי	41			2	6	4
ט331911	טובי על- פניך וקראתי בשם יהוה	לפניך	וחנתי את- אשר אחן ורחמתי את-	41			2	6	4
	-	לקח	*-*						
ט040912	לשני האתות האלה ולא ישמעון לקלך	ולקחת	ממימי היאר ושפכת היבשה והיו המים	3111	1	1		1	4
ט060701	וגאלתי אתכם בזרוע נטויה ובשפטים גדלים /	ולקחתי	אתכם לי לעם והייתי לכם לאלהים	3111	1	1		1	4
ט062412	אלה משפחת הקרחי ואלעזר בן- אהרן	לקח-	לו מבנות פוטיאל לו לאשה ותלד	3111	1	1			2
ט120406	לבית / ואם- ימעט הבית מהיות משה	ולקח	הוא ושכנו הקרב אל- ביתו במכסת	3111	1	1		1	3
ט120701	כל קהל עדת- ישראל בין הערבים /	ולקחו	מן- הדם ונתנו על- שתי המזוזת	3111	1	3		1	4
ט122201	וקחו לכם צאן למשפחתיכם ושחטו הפסח /	ולקחתם	אגדת אזוב וטבלתם בדם אשר- בסף	3111	1	3		1	4
ט140606	מעבדנו / ויאסר את- רכבו ואת- עמו	לקח	עמו / ויקח שש- מאות רכב בחור	3111	1	1			2
ט141108	אל- משה המבלי אין- קברים במצרים	לקחתנו	למות במדבר מה זאת עשית לנו	3111	1	1	6		4
ט221012	אם- לא שלח ידו במלאכת רעהו	ולקח	בעליו ולא ישלם / ואם- גנב יגנב	3111	1	1		1	3
ט280901	תכלת וארגמן ותולעת שני ושש משזר /	ולקחת	את- שתי אבני- שהם ופתחת עליהם	3111	1	1		1	4
ט290501	פתח אהל מועד ורחצת אתם במים /	ולקחת	את- הבגדים והלבשת את- אהרן את-	3111	1	1		1	4
ט290701	ונתת את- נזר הקדש על- המצנפת /	ולקחת	את- שמן המשחה ויצקת על- ראשו	3111	1	1		1	4
ט291201	הפר לפני יהוה פתח אהל מועד /	ולקחת	מדם הפר ונתתה על- קרנת המזבח	3111	1	1		1	4
ט291301	כל- הדם תשפך אל- יסוד המזבח /	ולקחת	את- כל- החלב המכסה את- הקרב	3111	1	1		1	4
ט291604	על- ראש האיל / ושחטת את- האיל	ולקחת	את- דמו וזרקת על- המזבח סביב	3111	1	1		1	4
ט291901	ליהוה ריח ניחוח אשה ליהוה הוא /	ולקחת	את האיל השני וסמך אהרן ובניו	3111	1	1		1	4
ט292004	על- ראש האיל / ושחטת את- האיל	ולקחת	מדמו ונתתה על- תנוך אזן אהרן	3111	1	1		1	4
ט292101	וזרקת את- הדם על- המזבח סביב /	ולקחת	מן- הדם אשר על- המזבח ומשמן	3111	1	1		1	4
ט292201	הוא ובגדיו ובניו ובגדי בניו אתו /	ולקחת	מן- האיל החלב והאליה ואת- החלב	3111	1	1		1	4
ט292501	בניו והנפת אתם תנופה לפני יהוה /	ולקחת	אתם מידם והקטרת המזבחה על- העלה	3111	1	1		1	4
ט292601	ניחוח לפני יהוה אשה הוא ליהוה /	ולקחת	את- החזה מאיל המלאים אשר לאהרן	3111	1	1		1	4
ט301601	את- תרומת יהוה לכפר על- נפשתיכם /	ולקחת	את- כסף הכפרים מאת בני ישראל	3111	1	1		1	4
ט341601	וזבחו לאלהיהם וקרא לך ואכלת מזבחו /	ולקחת	מבנתיו לבניך וזנו בנתיו אחרי אלהיהן	3111	1	1		1	4
ט400901	סביב ונתת את- מסך שער החצר /	ולקחת	את- שמן המשחה ומשחת את- המשכן	3111	1	1		1	4
ט020105	הבת תחיון // וילך איש מבית לוי	ויקח	את בת- לוי / ותהר האשה ותלד	3121	1	1		*	3
ט040920	היאר ושפכת היבשה והיו המים אשר	תקח	מן- היאר והיו לדם ביבשת / ויאמר	3121	1	1			2
ט041704	תהיה- לו לאלהים / ואת- המטה הזה	תקח	בידך אשר תעשה- בו את- האתת	3121	1	1			2
ט042001	מתו כל- האנשים המבקשים את- נפשך /	ויקח	משה את- אשתו ואת- בניו וירכבם	3121	1	1		*	3
ט042013	וירכבם על- החמר וישב ארצה מצרים	ויקח	משה את- מטה האלהים בידו / ויאמר	3121	1	1		*	3
ט062001	מחלי ומושי אלה משפחת הלוי לתלדתם /	ויקח	עמרם את- יוכבד דדתו לו לאשה	3121	1	1		*	3
ט062301	וזכרי / ובני עזיאל מישאל ואלצפן וסתרי /	ויקח	אהרן את- אלישבע בת- עמינדב אחות	3121	1	1		*	3
ט071517	שפת היאר והמטה אשר- נהפך לנחש	תקח	בידך / ואמרת אליו יהוה אלהי העברים	3121	1	1			2
ט091001	לשחין פרח אבעבעת בכל- ארץ מצרים /	ויקחו	את- פיח הכבשן ויעמדו לפני פרעה	3121	1	3		*	3
ט102610	עמנו לא תשאר פרסה כי ממנו	נקח	לעבד את- יהוה אלהינו ואנחנו לא-	3121	1	3			2
ט120310	עדת ישראל לאמר בעשר לחדש הזה	ויקחו	להם איש שה לבית אבת שה	3121	1	3		1	4
ט120512	יהיה לכם מן- הכבשים ומן- העזים	תקחו	/ והיה לכם למשמרת עד ארבעה עשר יום	3121	1	3			3
ט131901	וחמשים עלו בני ישראל מארץ מצרים /	ויקח	משה את- עצמות יוסף עמו כי	3121	1	1		*	3
ט140701	את- רכבו ואת- עמו לקח עמו /	ויקח	שש- מאות רכב בחור וכל רכב	3121	1	1		*	3
ט161618	לגלגלת מספר נפשתיכם איש לאשר באהלו	תקחו	/ ויעשו- כן בני ישראל וילקטו המרבה	3121	1	3			3
ט171204	ידי וגבר עמלק / וידי משה כבדים	ויקחו-	אבן וישימו תחתיו וישב עליה ואהרן	3121	1	3		*	4
ט180201	כי- הוציא יהוה את- ישראל ממצרים /	ויקח	יתרו חתן משה את- צפרה אשת	3121	1	1		*	3
ט181201	האלהים כי בדבר אשר זדו עליהם /	ויקח	יתרו חתן משה עלה וזבחים לאלהים	3121	1	1		*	3
ט211003	כמשפט הבנות יעשה- לה / אם- אחרת	יקח-	לו שארה כסותה וענתה לא יגרע	3121	1	1			2
ט211410	על- רעהו להרגו בערמה מעם מזבחי	תקחנו	למות / ומכה אביו ואמו מות יומת	3121	1	1	4		4
ט230803	כי לא- אצדיק רשע / ושחד לא	תקח	כי השחד יעור פקחים ויסלף דברי	3121	1	1			2
ט240601	עלה ויזבחו זבחים שלמים ליהוה פרים /	ויקח	משה חצי הדם וישם באגנת וחצי	3121	1	1		*	3
ט240702	באגנת וחצי הדם זרק על- / המזבח	ויקח	ספר הברית ויקרא באזני העם ויאמרו	3121	1	1		*	3

אזכור		מלה		צורן	ג	#	כ	קס	ה
ט240801	כל אשר- דבר יהוה נעשה ונשמע /	ויקח	משה את- הדם ויזרק על- העם	3121	1	1		*	3
ט250205	משה לאמר / דבר אל- בני ישראל	ויקחו	לי תרומה מאת כל- איש אשר	3121	1	3		1	4
ט250214	מאת כל- איש אשר ידבנו לבו	תקחו	את- תרומתי / וזאת התרומה אשר תקחו	3121	1	3			3
ט250304	תקחו את- תרומתי / וזאת התרומה אשר	תקחו	מאתם זהב וכסף ונחשת / ותכלת וארגמן	3121	1	3			3
ט272006	נחשת / ואתה תצוה את- בני ישראל	ויקחו	אליך שמן זית זך כתית למאור	3121	1	3		1	4
ט280502	לאהרן אחיך ולבניו לכהנו- לי / והם	יקחו	את- הזהב ואת- התכלת ואת- הארגמן	3121	1	3			3
ט291504	למחנה חטאת הוא / ואת- האיל האחד	תקח	וסמכו אהרן ובניו את- ידיהם על-	3121	1	1			2
ט293104	מועד לשרת בקדש / ואת איל המלאים	תקח	ובשלת את- בשרו במקם קדש / ואכל	3121	1	1			2
ט320401	הזהב אשר באזניהם ויביאו אל- אהרן /	ויקח	מידם ויצר אתו בחרט ויעשהו עגל	3121	1	1		*	3
ט322001	את- הלחת וישבר אתם תחת ההר /	ויקח	את- העגל אשר עשו וישרף באש	3121	1	1		*	3
ט330702	ישראל את- עדים מהר חורב / ומשה	יקח	את- האהל ונטה לו מחוץ למחנה	3121	1	1			2
ט340417	הר סיני כאשר צוה יהוה אתו	ויקח	בידו שני לחת אבנים / וירד יהוה	3121	1	1		*	3
ט360301	לבו לקרבה אל- המלאכה לעשת אתה /	ויקחו	מלפני משה את כל- התרומה אשר	3121	1	3		*	3
ט402001	מלמעלה כאשר צוה יהוה את- משה /	ויקח	ויתן את- העדת אל- הארן וישם	3121	1	1		*	3
ט020305	שלשה ירחים / ולא- יכלה עוד הצפינו	ותקח-	לו תבת גמא ותחמרה בחמר ובזפת	3122	2	1		*	3
ט020520	התבה בתוך הסוף ותשלח את- אמתה	ותקחה	/ ותפתח ותראהו את- הילד והנה- נער	3122	2	1	5	*	5
ט020915	והינקהו לי ואני אתן את- שכרך	ותקח	האשה הילד ותניקהו / ויגדל הילד ותבאהו	3122	2	1		*	3
ט042501	בדרך במלון ויפגשהו יהוה ויבקש המיתו /	ותקח	צפרה צר ותכרת את- ערלת בנה	3122	2	1		*	3
ט152001	ובני ישראל הלכו ביבשה בתוך הים /	ותקח	מרים הנביאה אחות אהרן את- התף	3122	2	1		*	3
ט051103	אינני נתן לכם תבן / אתם לכו	קחו	לכם תבן מאשר תמצאו כי אין	314	1	3			2
ט070912	תנו לכם מופת ואמרת אל- אהרן	קח	את- מטך והשלך לפני- פרעה יהי	314	1	1			1
ט071908	יהוה אל- משה אמר אל- אהרן	קח	מטך ונטה- ידך על- מימי מצרים	314	1	1			1
ט090807	ויאמר יהוה אל- משה ואל- אהרן	קחו	לכם מלא חפניכם פיח כבשן וזרקו	314	1	3			2
ט122109	לכל- זקני ישראל ויאמר אלהם משכו	וקחו	לכם צאן למשפחתיכם ושחטו הפסח / ולקחתם	314	1	3		1	3
ט123205	יהוה כדברכם / גם- צאנכם גם- בקרכם	קחו	כאשר דברתם ולכו וברכתם גם- אתי	314	1	3			2
ט163305	מארץ מצרים / ויאמר משה אל- אהרן	קח	צנצנת אחת ותן- שמה מלא- העמר	314	1	1			1
ט170508	יהוה אל- משה עבר לפני העם	וקח	אתך מזקני ישראל ומטך אשר הכית	314	1	1		1	2
ט170518	ומטך אשר הכית בו את- היאר	קח	בידך והלכת / הנני עמד לפניך שם	314	1	1			1
ט290110	תעשה להם לקדש אתם לכהן לי	לקח	פר אחד בן- בקר ואילם שנים	314	1	1			2
ט302302	וידבר יהוה אל- משה לאמר / ואתה	קח-	לך בשמים ראש מר- דרור חמש	314	1	1			1
ט303405	ונכרת מעמיו / ויאמר יהוה אל- משה	קח-	לך סמים נטף ושחלת וחלבנה סמים	314	1	1			1
ט350501	זה הדבר אשר- צוה יהוה לאמר /	קחו	מאתכם תרומה ליהוה כל נדיב לבו	314	1	3			2
	-	לקט	*-*						
ט160413	לכם לחם מן- השמים ויצא העם	ולקטו	דבר- יום ביומו למען אנסנו הילך	3111	1	3		1	4
ט161812	והממעיט לא החסיר איש לפי- אכלו	לקטו	/ ויאמר משה אלהם איש אל- יותר	3111	1	3			3
ט162204	וחם השמש ונמס / ויהי ביום הששי	לקטו	לחם משנה שני העמר לאחד ויבאו	3111	1	3			3
ט160512	אשר- יביאו והיה משנה על אשר-	ילקטו	יום יום / ויאמר משה ואהרן אל-	3121	1	3			3
ט161705	באהלו יקחו / ויעשו- כן בני ישראל	וילקטו	המרבה והממעיט / וימדו בעמר ולא העדיף	3121	1	3		*	4
ט162101	וירם תולעים ויבאש ויקצף עלהם משה /	וילקטו	אתו בבקר בבקר איש כפי אכלו	3121	1	3		*	4
ט162603	היום לא תמצאהו בשדה / ששת ימים	תלקטהו	וביום השביעי שבת לא יהיה- בו	3121	1	3	4		4
ט161606	לאכלה / זה הדבר אשר צוה יהוה	לקטו	ממנו איש לפי אכלו עמר לגלגלת	314	1	3			3
ט162707	ויהי ביום השביעי יצאו מן- העם	ללקט	ולא מצאו / ויאמר יהוה אל- משה	3154				6	3
	-	לקראת	*-*						
ט041419	ידבר הוא וגם הנה- הוא יצא	לקראתך	וראך ושמח בלבו / ודברת אליו ושמת	4			2	6	4
ט042706	למולת / ויאמר יהוה אל- אהרן לך	לקראת	משה המדברה וילך ויפגשהו בהר האלהים	4				6	2
ט180703	ואשתך ושני בניה עמה / ויצא משה	לקראת	חתנו וישתחו וישק- לו וישאלו איש-	4				6	3
ט191705	אשר במחנה / ויוצא משה את- העם	לקראת	האלהים מן- המחנה ויתיצבו בתחתית ההר	4				6	3
ט052007	ויפגעו את- משה ואת- אהרן נצבים	לקראתם	בצאתם מאת פרעה / ויאמרו אלהם ירא	41			9	6	3
ט071509	פרעה בבקר הנה יצא המימה ונצבת	לקראתו	על- שפת היאר והמטה אשר- נהפך	41			4	6	3
ט142714	הים לפנות בקר לאיתנו ומצרים נסים	לקראתו	וינער יהוה את- מצרים בתוך הים	41			4	6	4

/ = סוף פסוק   // = סוף פרק   ג = מין   # = מספר   כ = כינוי ובור   קס = קידומות וסיומות   ה = מספר ההברות

אזכור	הקשר	מלה	הקשר	צופן	ג	#	כ	קס	ה
	--*-*-*-*-*-*-*-*-*-*-*-*-*-*-*-*-*-*	לשון	*-*-*-*-*-*-*-*-*-*-*-*-*-*-*-*-*-*-*-*						
ט041024	אל- עבדך כי כבד- פה וכבד	לשון	אנכי / ויאמר יהוה אליו מי שם	1121	2	1			2
ט110707	ולכל בני ישראל לא יחרץ- כלב	לשנו	לנאיש ועד- בהמה למען תדעון אשר	1123	2	1		4	3
	--*-*-*-*-*-*-*-*-*-*-*-*-*-*-*-*-*-*	לשם	*-*-*-*-*-*-*-*-*-*-*-*-*-*-*-*-*-*-*-*						
ט281903	השני נפך ספיר ויהלם / והטור השלישי	לשם	שבו ואחלמה / והטור הרביעי תרשיש ושהם	1111	1	1			2
ט391203	השני נפך ספיר ויהלם / והטור השלישי	לשם	שבו ואחלמה / והטור הרביעי תרשיש שהם	1111	1	1			2
	--*-*-*-*-*-*-*-*-*-*-*-*-*-*-*-*-*-*	מאד	*-*-*-*-*-*-*-*-*-*-*-*-*-*-*-*-*-*-*-*						
ט010707	ובני ישראל פרו וישרצו וירבו ויעצמו	במאד	מאד ותמלא הארץ אתם / ויקם מלך-	22				4	3
ט010708	ישראל פרו וישרצו וירבו ויעצמו במאד	מאד	ותמלא הארץ אתם / ויקם מלך- חדש	22					2
ט012007	וייטב אלהים למילדת וירב העם ויעצמו	מאד	/ ויהי כי- יראו המילדת את האלהים	22					2
ט090315	בחמרים בגמלים בבקר ובצאן דבר כבד	מאד	/ והפלה יהוה בין מקנה ישראל ובין	22					2
ט091807	הנני ממטיר כעת מחר ברד כבד	מאד	אשר לא- היה כמהו במצרים למן-	22					2
ט092408	ברד ואש מתלקחת בתוך הברד כבד	מאד	אשר לא- היה כמהו בכל- ארץ	22					2
ט101412	מצרים וינח בכל גבול מצרים כבד	מאד	לפניו לא- היה כן ארבה כמהו	22					2
ט101906	יהוה / ויהפך יהוה רוח- ים חזק	מאד	וישא את- הארבה ויתקעהו ימה סוף	22					2
ט110312	בעיני מצרים גם האיש משה גדול	מאד	בארץ מצרים בעיני עבדי- פרעה ובעיני	22					2
ט123810	עלה אתם וצאן ובקר מקנה כבד	מאד	/ ויאפו את- הבצק אשר הוציאו ממצרים	22					2
ט141013	עיניהם והנה מצרים נסע אחריהם וייראו	מאד	ויצעקו בני- ישראל אל- יהוה / ויאמרו	22					2
ט191616	כבד על- ההר וקל שפר חזק	מאד	ויחרד כל- העם אשר במחנה / ויוצא	22					2
ט191818	עשנו כעשן הכבשן ויחרד כל- ההר	מאד	/ ויהי קול השפר הולך וחזק מאד	22					2
ט191906	מאד / ויהי קול השפר הולך וחזק	מאד	משה ידבר והאלהים יעננו בקול / וירד	22					2
	--*-*-*-*-*-*-*-*-*-*-*-*-*-*-*-*-*-*	מאה	*-*-*-*-*-*-*-*-*-*-*-*-*-*-*-*-*-*-*-*						
ט061614	ומררי ושני חיי לוי שבע ושלשים	ומאת	שנה / בני גרשון לבני ושמעי למשפחתם	71	2	1		1	3
ט061812	ועזיאל ושני חיי קהת שלש ושלשים	ומאת	שנה / ובני מררי מחלי ומושי אלה	71	2	1		1	3
ט062019	משה ושני חיי עמרם שבע ושלשים	ומאת	שנה / ובני יצהר קרח ונפג וזכרי	71	2	1		1	3
ט123707	ויסעו בני- ישראל מרעמסס סכתה כשש-	מאות	אלף רגלי הגברים לבד מטף / וגם-	71	2	3			2
ט124010	אשר ישבו במצרים שלשים שנה וארבע	מאות	שנה / ויהי מקץ שלשים שנה וארבע	71	2	3			2
ט124106	שנה / ויהי מקץ שלשים שנה וארבע	מאות	שנה ויהי בעצם היום הזה יצאו	71	2	3			2
ט140703	ואת- עמו לקח עמו / ויקח שש-	מאות	רכב בחור וכל רכב מצרים ושלשם	71	2	3			2
ט182118	בצע ושמת עלהם שרי אלפים שרי	מאות	שרי חמשים ושרי עשרת / ושפטו את-	71	2	3			2
ט182515	ראשים על- העם שרי אלפים שרי	מאות	שרי חמשים ושרי עשרת / ושפטו את-	71	2	3			2
ט270912	נגב- תימנה קלעים לחצר שש משזר	מאה	באמה ארך לפאה האחת / ועמדיו עשרים	71	2	1			2
ט271106	כסף / וכן לפאת צפון בארך קלעים	מאה	ארך ועמדו עשרים ואדניהם עשרים נחשת	71	2	1			2
ט271803	וויהם כסף ואדניהם נחשת / ארך החצר	מאה	באמה ורחב חמשים בחמשים וקמה חמש	71	2	1			2
ט302309	לך בשמים ראש מר- דרור חמש	מאות	וקנמן- בשם מחציתו חמשים ומאתים וקנה-	71	2	3			2
ט302314	חמש מאות וקנמן- בשם מחציתו חמשים	ומאתים	וקנה- בשם חמשים ומאתים / וקדה חמש	71	2	2		1	4
ט302318	מחציתו חמשים ומאתים וקנה- בשם חמשים	ומאתים	/ וקדה חמש מאות בשקל הקדש ושמן	71	2	2		1	4
ט302403	וקנה- בשם חמשים ומאתים / וקדה חמש	מאות	בשקל הקדש ושמן זית הין / ועשית	71	2	3			2
ט380911	נגב תימנה קלעי החצר שש משזר	מאה	באמה / עמודיהם עשרים ואדניהם עשרים נחשת	71	2	1			2
ט381103	ולפאת צפון	מאה	באמה עמודיהם עשרים ואדניהם עשרים נחשת	71	2	1			2
ט382415	זהב התנופה תשע ועשרים ככר ושבע	מאות	ושלשים שקל בשקל הקדש / וכסף פקודי	71	2	3			2
ט382504	שקל בשקל הקדש / וכסף פקודי העדה	מאת	ככר ואלף ושבע מאות וחמשה ושבעים	71	2	1			2
ט382508	פקודי העדה מאת ככר ואלף ושבע	מאות	וחמשה ושבעים שקל בשקל הקדש / בקע	71	2	3			3
ט382616	הפקדים מבן עשרים שנה ומעלה לשש-	מאות	אלף ושלשת אלפים וחמש מאות וחמשים	71	2	3			2
ט382621	לשש- מאות אלף ושלשת אלפים וחמש	מאות	וחמשים / ויהי מאת ככר הכסף לצקת	71	2	3			2
ט382702	ושלשת אלפים וחמש מאות וחמשים / ויהי	מאת	ככר הכסף לצקת את אדני הקדש	71	2	1			2
ט382712	את אדני הקדש ואת אדני הפרכת	מאת	אדנים למאת הככר ככר לאדן / ואת-	71	2	1			2
ט382714	הקדש ואת אדני הפרכת מאת אדנים	למאת	הככר ככר לאדן / ואת- האלף ושבע	71	2	1		6	3
ט382804	הככר ככר לאדן / ואת- האלף ושבע	המאות	וחמשה ושבעים עשה ווים לעמודים וצפה	71	2	3		2	3
ט382907	ונחשת התנופה שבעים ככר ואלפים וארבע-	מאות	שקל / ויעש בה את- אדני פתח	71	2	3			2

אזכור	הקשר	מלה	הקשר	צורן	ג	#	כ	קס	ה
	-	מאור	*-*						
ט250602	מאדמים וערת תחשים ועצי שטים / שמן	למאר	ושמים לשמן המשחה ולקטרת הסמים / אבני-	1111	1	1		26	3
ט272012	ויקחו אליך שמן זית זך כתית	למאור	להעלת נר תמיד / באהל מועד מחוץ	1111	1	1		26	3
ט350802	מאדמים וערת תחשים ועצי שטים / ושמן	למאור	ובשמים לשמן המשחה ולקטרת הסמים / ואבני-	1111	1	1		26	3
ט351412	כליו ואת לחם הפנים / ואת- מנרת	המאור	ואת- כליה ואת- נרתיה ואת שמן	1111	1	1		2	3
ט351419	ואת- כליה ואת- נרתיה ואת שמן	המאור	/ ואת- מזבח הקטרת ואת- בדיו ואת	1111	1	1		2	3
ט352805	לאפוד ולחשן / ואת- הבשם ואת- השמן	למאור	ולשמן המשחה ולקטרת הסמים / כל- איש	1111	1	1		6	3
ט393713	המערכה ואת- כל- כליה ואת שמן	המאור	/ ואת מזבח הזהב ואת שמן המשחה	1111	1	1		2	3
	-	מאן	*-*						
ט072702	יהוה שלח את- עמי ויעבדני / ואם-	מאן	אתה לשלח הנה אנכי נגף את-	1111	1	1			2
ט090203	שלח את- עמי ויעבדני / כי אם-	מאן	אתה לשלח ועודך מחזיק בם / הנה	1111	1	1			2
ט100403	מפני שלח עמי ויעבדני / כי אם-	מאן	אתה לשלח את- עמי הנני מביא	1111	1	1			2
	-	מאן	*-*						
ט071408	יהוה אל- משה כבד לב פרעה	מאן	לשלח העם / לך אל- פרעה בבקר	3311	1	1			2
ט100315	אמר יהוה אלהי העברים עד- מתי	מאנת	לענת מפני שלח עמי ויעבדני / כי	3311	1	1			3
ט162807	ויאמר יהוה אל- משה עד- אנה	מאנתם	לשמר מצותי ותורתי / ראו כי- יהוה	3311	1	3			3
ט042307	ואמר אליך שלח את- בני ויעבדני	ותמאן	לשלחו הנה אנכי הרג את- בנך	3321	1	1		*	4
ט221603	מהר ימהרנה לו לאשה / אם- מאן	ימאן	אביה לתתה לו כסף ישקל כמהר	3321	1	1			3
ט221602	עמה מהר ימהרנה לו לאשה / אם-	מאן	ימאן אביה לתתה לו כסף ישקל	3351					2
	-	מבחר	*-*						
ט150406	שמו / מרכבת פרעה וחילו ירה בים	ומבחר	שלשיו טבעו בים- סוף / תהמת יכסימו	1112	1	1		1	3
	-	מגבלה	*-*						
ט281405	משבצת זהב / ושתי שרשרת זהב טהור	מגבלת	תעשה אתם מעשה עבת ונתתה את-	1125	2	3			3
	-	מגבעה	*-*						
ט284008	אהרן תעשה כתנת ועשית להם אבנטים	ומגבעות	תעשה להם לכבוד ולתפארת / והלבשת אתם	1125	2	3		1	4
ט290908	אתם אבנט אהרן ובניו וחבשת להם	מגבעת	והיתה להם כהנה לחקת עולם ומלאת	1125	2	3			3
ט392806	ולבניו / ואת המצנפת שש ואת- פארי	המגבעת	שש ואת- מכנסי הבד שש משזר	1125	2	3		2	4
	-	מגדל	*-*						
ט140210	ישראל וישבו ויחנו לפני פיהחירת בין	מגדל	ובין הים לפני בעל צפן נכחו תחנו	123	1				2
	-	מגורים	*-*						
ט060413	להם את- ארץ כנען את ארץ	מגריהם	אשר- גרו בה / וגם אני שמעתי	1117	1	3	9		4
	-	מגפה	*-*						
ט091408	בפעם הזאת אני שלח את- כל-	מגפתי	אל- לבך ובעבדיך ובעמך בעבור תדע	1127	2	3	1		4
	-	מדבר	*-*						
ט030114	כהן מדין וינהג את- הצאן אחר	המדבר	ויבא אל- הר האלהים חרבה / וירא	1111	1	1		2	3
ט031823	ועתה נלכה- נא דרך שלשת ימים	במדבר	ונזבחה ליהוה אלהינו / ואני ידעתי כי	1111	1	1		4	3
ט042708	יהוה אל- אהרן לך לקראת משה	המדברה	וילך ויפגשהו בהר האלהים וישק- לו	1111	1	1		92	4
ט050118	ישראל שלח את- עמי ויחגו לי	במדבר	/ ויאמר פרעה מי יהוה אשר אשמע	1111	1	1		24	3
ט050311	עלינו נלכה נא דרך שלשת ימים	במדבר	ונזבחה ליהוה אלהינו פן- יפגענו בדבר	1111	1	1		24	3
ט071613	אליך לאמר שלח את- עמי ויעבדני	במדבר	והנה לא- שמעת עד- כה / כה	1111	1	1		24	3
ט082305	ולא יסקלנו / דרך שלשת ימים נלך	במדבר	וזבחנו ליהוה אלהינו כאשר יאמר אלינו	1111	1	1		24	3
ט082409	אנכי אשלח אתכם וזבחתם ליהוה אלהיכם	במדבר	רק הרחק לא- תרחיקו ללכת העתירו	1111	1	1		24	3
ט131806	מצרימה / ויסב אלהים את- העם דרך	המדבר	ים- סוף וחמשים עלו בני ישראל	1111	1	1		2	3
ט132006	אתכם / ויסעו מסכת ויחנו באתם בקצה	המדבר	/ ויהוה הלך לפניהם יומם בעמוד ענן	1111	1	1		2	3
ט140310	ישראל נבכים הם בארץ סגר עליהם	המדבר	/ וחזקתי את- לב- פרעה ורדף אחריהם	1111	1	1		2	3

אזכור		מלה		צורן	ג	#	קס	ה
ט141110	המבלי אין- קברים במצרים לקחתנו למות	במדבר	נו זאת עשית לנו להוציאנו ממצרים	1111	1	1	24	3
ט141221	טוב לנו עבד את- מצרים ממתנו	במדבר	/ ויאמר משה אל- העם אל- תיראו	1111	1	1	24	3
ט152214	אל- מדבר- שור וילכו שלשת- ימים	במדבר	ולא- מצאו מים / ויבאו מרתה ולא	1111	1	1	24	3
ט160210	בני- ישראל על- משה ועל- אהרן	במדבר	/ ויאמרו אלהם בני ישראל מי- יתן	1111	1	1	24	3
ט160323	לחם לשבע כי- הוצאתם אתנו אל-	המדבר	הזה להמית את- כל- הקהל הזה	1111	1	1	2	3
ט161011	כל- עדת בני- ישראל ויפנו אל-	המדבר	והנה כבוד יהוה נראה בענן / וידבר	1111	1	1	2	3
ט161407	ותעל שכבת הטל והנה על- פני	המדבר	דק מחספס דק ככפר על- הארץ	1111	1	1	2	3
ט163220	יראו את- הלחם אשר האכלתי אתכם	במדבר	בהוציאי אתכם מארץ מצרים / ויאמר משה	1111	1	1	24	3
ט180510	משה ובניו ואשתו אל- משה אל	המדבר	אשר- הוא חנה שם הר האלהים	1111	1	1	2	3
ט190207	ויסעו מרפידים ויבאו מדבר סיני ויחנו	במדבר	ויחן- שם ישראל נגד ההר / ומשה	1111	1	1	24	3
ט233109	גבלך מים- סוף ועד- ים פלשתים	וממדבר	עד- הנהר כי אתן בידכם את	1111	1	1	71	4
ט152209	את- ישראל מים- סוף ויצאו אל-	מדבר-	שור וילכו שלשת- ימים במדבר ולא-	1112	1	1		2
ט160109	ויבאו כל- עדת בני- ישראל אל-	מדבר-	סין אשר בין- אילם ובין סיני	1112	1	1		2
ט170106	הוא // ויסעו כל- עדת בני- ישראל	ממדבר-	סין למסעיהם על- פי יהוה ויחנו	1112	1	1	7	3
ט190111	ישראל מארץ מצרים ביום הזה באו	מדבר	סיני / ויסעו מרפידים ויבאו מדבר סיני	1112	1	1		2
ט190204	באו מדבר סיני / ויסעו מרפידים ויבאו	מדבר	סיני ויחנו במדבר ויחן- שם ישראל	1112	1	1		2
	-	מדד	*-*					
ט161801	כן בני ישראל וילקטו המרבה והממעיט /	וימדו	בעמר ולא העדיף המרבה והממעיט לא	3121	1	3	*	4
	-	מדה	*-*					
ט260212	באמה ורחב ארבע באמה היריעה האחת	מדה	אחת לכל היריעת / חמש היריעת תהיין	1121	2	1		2
ט260811	באמה ורחב ארבע באמה היריעה האחת	מדה	אחת לעשתי עשרה יריעת / וחברת את- חמש	1121	2	1		2
ט360912	באמה ורחב ארבע באמה היריעה האחת	מדה	אחת לכל- היריעת / ויחבר את- חמש	1121	2	1		2
ט361511	באמה וארבע אמות רחב היריעה האחת	מדה	אחת לעשתי עשרה יריעת / ויחבר את- חמש	1121	2	1		2
	-	מדוע	*-*					
ט011807	ויקרא מלך- מצרים למילדת ויאמר להן	מדוע	עשיתן הדבר הזה ותחיין את- הילדים	51				3
ט021806	צאנם / ותבאנה אל- רעואל אביהן ויאמר	מדוע	מהרתן בא היום / ותאמרן איש מצרי	51				3
ט030310	נא ואראה את- המראה הגדל הזה	מדוע	לא- יבער הסנה / וירא יהוה כי	51				3
ט051411	אשר- שמו עלהם נגשי פרעה לאמר	מדוע	לא כליתם חקכם ללבן כתמול שלשם	51				3
ט181418	הדבר הזה אשר אתה עשה לעם	מדוע	אתה יושב לבדך וכל- העם נצב	51				3
	-	מדין	*-*					
ט021516	ויברח משה מפני פרעה וישב בארץ-	מדין	וישב על- הבאר / ולכהן מדין שבע	123	2			2
ט021602	בארץ- מדין וישב על- הבאר / ולכהן	מדין	שבע בנות ותבאנה ותדלנה ותמלאנה את-	123	2			2
ט030109	רעה את- צאן יתרו חתנו כהן	מדין	וינהג את- הצאן אחר המדבר ויבא	123	2			2
ט041905	לך לשלום / ויאמר יהוה אל- משה	במדין	לך שב מצרים כי- מתו כל-	123	2		4	3
ט180104	בעמלק מזר דר // וישמע יתרו כהן	מדין	חתן משה את כל- אשר עשה	123	2			2
	-	מה	*-*					
ט020405	שפת היאור / ותתצב אחתו מרחק לדעה	מה-	יעשה לו / ותרד בת- פרעה לרחץ	51				1
ט031319	אלהי אבותיכם שלחני אליכם ואמרו- לי	מה-	שמו מה אמר אלהם / ויאמר אלהים	51				1
ט031321	שלחני אליכם ואמרו- לי מה- שמו	מה	אמר אלהם / ויאמר אלהים אל- משה	51				1
ט040204	נראה אליך יהוה / ויאמר אליו יהוה	מה	זה בידך ויאמר מטה / ויאמר השליכהו	51				1
ט052207	וישב משה אל- יהוה ויאמר אדני	למה	הרעתה לעם הזה למה זה שלחתני	51			6	2
ט102618	את- יהוה אלהינו ואנחנו לא- נדע	מה-	נעבד את- יהוה עד- באנו שמה	51				1
ט122606	הזאת / והיה כי יאמרו אליכם בניכם	מה	העבדה הזאת לכם / ואמרתם זבח- פסח	51				1
ט131407	והיה כי- ישאלך בנך מחר לאמר	מה-	זאת ואמרת אליו בחזק יד הוציאנו	51				1
ט140514	לבב פרעה ועבדיו אל- העם ויאמרו	מה-	זאת עשינו כי- שלחנו את- ישראל	51				1
ט141111	אין- קברים במצרים לקחתנו למות במדבר	מה	זאת עשית לנו להוציאנו ממצרים / הלא-	51				1
ט141505	ואתם תחרשון / ויאמר יהוה אל- משה	מה-	תצעק אלי דבר אל- בני- ישראל	51				1
ט152406	מרה / וילנו העם על- משה לאמר	מה	נשתה / ויצעק אל- יהוה ויורהו יהוה	51				1
ט160712	בשמעו את- תלנתיכם על- יהוה ונחנו	מה	כי תלינו עלינו / ויאמר משה בתת	51				1

/ = סוף פסוק // = סוף פרק ג = מין # = מספר כ = כינוי חבור קס = קידומות וסיומות ה = מספר ההגדרה

אזכור		מלה		צורן	ג	#	כ	קס	ה
ט160821	תלנתיכם אשר- אתם מלינם עליו ונחנו	מה	לא- עלינו תלנתיכם כי על- יהוה	51					1
ט161513	אחיו מן הוא כי לא ידעו	מה-	הוא ויאמר משה אלהם הוא הלחם	51					1
ט170213	לנו מים ונשתה ויאמר להם משה	מה	תריבון עמדי מה- תנסון את- יהוה	51					1
ט170216	ויאמר להם משה מה תריבון עמדי	מה-	תנסון את- יהוה / ויצמא שם העם	51					1
ט170310	למים וילן העם על- משה ויאמר	למה	זה העליתנו ממצרים להמית אתי ואת-	51				6	2
ט170406	בצמא / ויצעק משה אל יהוה לאמר	מה	אעשה לעם הזה עוד מעט וסקלני	51					1
ט181411	כל- אשר- הוא עשה לעם ויאמר	מה-	הדבר הזה אשר אתה עשה לעם	51					1
ט222608	הוא כסותה לבדה הוא שמלתו לערו	במה	ישכב והיה כי- יצעק אלי ושמעתי	51				24	2
ט320132	אשר העלנו מארץ מצרים לא ידענו	מה-	היה לו / ויאמר אלהם אהרן פרקו	51					1
ט321108	משה את- פני יהוה אלהיו ויאמר	למה	יהוה יחרה אפך בעמך אשר הוצאת	51				6	2
ט322105	בני ישראל / ויאמר משה אל- אהרן	מה-	עשה לך העם הזה כי- הבאת	51					1
ט322319	אשר העלנו מארץ מצרים לא ידענו	מה-	היה לו / ואמר להם למי זהב	51					1
ט330523	וכליתיך ועתה הורד עדיך מעליך ואדעה	מה	אעשה- לך / ויתנצלו בני- ישראל את-	51					1
ט331601	אין פניך הלכים אל- תעלנו מזה /	ובמה	יודע אפוא כי- מצאתי חן בעיניך	51				241	3
	-	מהר	*-*						
ט320802	עמך אשר העלית מארץ מצרים / סרו	מהר	מן- הדרך אשר צויתם עשו להם	22					2
	-	מהר	*-*						
ט221511	אשר לא ארשה ושכב עמה מהר	ימהרנה	לו לאשה / אם- מאן ימאן אביה	3121	1	1	5		4
ט221510	בתולה אשר לא ארשה ושכב עמה	מהר	ימהרנה לו לאשה / אם- מאן ימאן	3151					2
	-	מהר	*-*						
ט021807	ותבאנה אל- רעואל אביהן ויאמר מדוע	מהרתן	בא היום / ותאמרן איש מצרי הצילנו	3312	2	3			3
ט101601	בעץ ובעשב השדה בכל- ארץ מצרים /	וימהר	פרעה לקרא למשה ולאהרן ויאמר חטאתי	3321	1	1		*	4
ט340801	בני בנים על- שלשים ועל- רבעים /	וימהר	משה ויקד ארצה וישתחו / ויאמר אם-	3321	1	1		*	4
ט123305	גם- אתי / ותחזק מצרים על- העם	למהר	לשלחם מן- הארץ כי אמרו כלנו	3354				6	3
	-	מואב	*-*						
ט151506	פלשת / אז נבהלו אלופי אדום אילי	מואב	יאחזמו רעד נמגו כל ישבי כנען	123	2				2
	-	מוהר	*-*						
ט221609	ימאן אביה לתתה לו כסף ישקל	כמהר	הבתולת / מכשפה לא תחיה / כל- שכב	1112	1	1		5	3
	-	מול	*-*						
ט181911	ויהי אלהים עמך היה אתה לעם	מול	האלהים והבאת אתה את- הדברים אל-	4					1
ט260915	לבד וכפלת את- היריעה הששית אל-	מול	פני האהל / ועשית חמשים ללאת על	4					1
ט282515	המשבצות ונתתה על- כתפות האפד אל-	מול	פניו / ועשית שתי טבעות זהב ושמת	4					1
ט282712	אתם על- שתי כתפות האפוד מלמטה	ממול	פניו לעמת מחברתו ממעל לחשב האפוד	4				7	2
ט283710	פתיל תכלת והיה על- המצנפת אל-	מול	פני- המצנפת יהיה / והיה על- מצח	4					1
ט340317	גם- הצאן והבקר אל- ירעו אל-	מול	ההר ההוא / ויפסל שני לחת אבנים	4					1
ט391815	המשבצת ויתנם על- כתפת האפד אל-	מול	פניו / ויעשו שתי טבעת זהב וישימו	4					1
ט392011	ויתנם על- שתי כתפת האפד מלמטה	ממול	פניו לעמת מחברתו ממעל לחשב האפד	4				7	2
	-	מולות	*-*						
ט042607	וירף ממנו אז אמרה חתן דמים	למולת	/ ויאמר יהוה אל- אהרן לך לקראת	1125	2	3		6	3
	-	מועד	*-*						
ט090503	מכל- לבני ישראל דבר / וישם יהוה	מועד	לאמר מחר יעשה יהוה הדבר הזה	1111	1	1			2
ט272102	כתית למאור להעלת נר תמיד / באהל	מועד	מחוץ לפרכת אשר על- העדת יערך	1111	1	1			2
ט284309	אהרן ועל- בניו בבאם אל- אהל	מועד	או בגשתם אל- המזבח לשרת בקדש	1111	1	1			2
ט290409	ואת בניו תקריב אל- פתח אהל	מועד	ורחצת אתם במים / ולקחת את- הבגדים	1111	1	1			2
ט291006	בניו / והקרבת את- הפר לפני אהל	מועד	וסמך אהרן ובניו את- ידיהם על-	1111	1	1			2
ט291108	את- הפר לפני יהוה פתח אהל	מועד	/ ולקחת מדם הפר ונתתה על- קרנת	1111	1	1			2

/ = סוף פסוק   // = סוף פרק   ג = מין   # = מספר   כ = כינוי הגוף   קס = קידומות וסיומות   ה = מספר ההברות

אזכור		מלה		צורן	ג	#	כ	קס	ה
ט293012	תחתיו מבניו אשר יבא אל- אהל	מועד	לשרת בקדש / ואת איל המלאים תקח	1111	1	1			2
ט293213	ואת- הלחם אשר בסל פתח אהל	מועד	/ ואכלו אתם אשר כפר בהם למלא	1111	1	1			2
ט294206	ליהוה / עלת תמיד לדרתיכם פתח אהל-	מועד	לפני יהוה אשר אועד לכם שמה	1111	1	1			2
ט294404	ישראל ונקדש בכבדי / וקדשתי את- אהל	מועד	ואת- המזבח ואת- אהרן ואת- בניו	1111	1	1			2
ט301613	ישראל ונתת אתו על עבדת אהל	מועד	והיה לבני ישראל לזכרון לפני יהוה	1111	1	1			2
ט301811	נחשת לרחצה ונתת אתו בין- אהל	מועד	ובין המזבח ונתת שמה מים / ורחצו	1111	1	1			2
ט302004	ידיהם ואת- רגליהם / בבאם אל- אהל	מועד	ירחצו- מים ולא ימתו או בגשתם	1111	1	1			2
ט302605	קדש יהיה / ומשחת בו את- אהל	מועד	ואת ארון העדת / ואת- השלחן ואת-	1111	1	1			2
ט303609	הדק ונתתה ממנה לפני העדת באהל	מועד	אשר אועד לך שמה קדש קדשים	1111	1	1			2
ט310703	את כל- אשר צויתך / את אהל	מועד	ואת- הארן לעדת ואת- הכפרת אשר	1111	1	1			2
ט330715	הרחק מן- המחנה וקרא לו אהל	מועד	והיה כל- מבקש יהוה יצא אל-	1111	1	1			2
ט330723	כל- מבקש יהוה יצא אל- אהל	מועד	אשר מחוץ למחנה / והיה כצאת משה	1111	1	1			2
ט352118	הביאו את- תרומת יהוה למלאכת אהל	מועד	ולכל- עבדתו ולבגדי הקדש / ויבאו האנשים	1111	1	1			2
ט380814	במראת הצבאת אשר צבאו פתח אהל	מועד	/ ויעש את- החצר לפאת נגב תימנה	1111	1	1			2
ט383007	ויעש בה את- אדני פתח אהל	מועד	ואת מזבח הנחשת ואת- מכבר הנחשת	1111	1	1			2
ט393206	משה / ותכל כל- עבדת משכן אהל	מועד	ויעשו בני ישראל ככל אשר צוה	1111	1	1			2
ט394021	ואת כל- כלי עבדת המשכן לאהל	מועד	/ את- בגדי השרד לשרת בקדש את-	1111	1	1			2
ט400210	באחד לחדש תקים את- משכן אהל	מועד	/ ושמת שם את ארון העדות וסכת	1111	1	1			2
ט400609	מזבח העלה לפני פתח משכן אהל-	מועד	/ ונתת את- הכיר בין- אהל מועד	1111	1	1			2
ט400706	מועד / ונתת את- הכיר בין- אהל	מועד	ובין המזבח ונתת שם מים / ושמת	1111	1	1			2
ט401209	אהרן ואת- בניו אל- פתח אהל	מועד	ורחצת אתם במים / והלבשת את- אהרן	1111	1	1			2
ט402205	את- משה / ויתן את- השלחן באהל	מועד	על ירך המשכן צפנה מחוץ לפרכת	1111	1	1			2
ט402405	את- משה / וישם את- המנרה באהל	מועד	נכח השלחן על ירך המשכן נגבה	1111	1	1			2
ט402606	משה / וישם את- מזבח הזהב באהל	מועד	לפני הפרכת / ויקטר עליו קטרת סמים	1111	1	1			2
ט402908	מזבח העלה שם פתח משכן אהל-	מועד	ויעל עליו את- העלה ואת- המנחה	1111	1	1			2
ט403006	משה / וישם את- הכיר בין- אהל	מועד	ובין המזבח ויתן שמה מים לרחצה	1111	1	1			2
ט403204	ידיהם ואת- רגליהם / בבאם אל- אהל	מועד	ובקרבתם אל- המזבח ירחצו כאשר צוה	1111	1	1			2
ט403405	את- המלאכה / ויכס הענן את- אהל	מועד	וכבוד יהוה מלא את- המשכן / ולא-	1111	1	1			2
ט403507	ולא- יכל משה לבוא אל- אהל	מועד	כי- שכן עליו הענן וכבוד יהוה	1111	1	1			2
ט231511	שבעת ימים תאכל מצות כאשר צויתך	למועד	חדש האביב כי- בו יצאת ממצרים	1112	1	1		6	3
ט341811	שבעת ימים תאכל מצות אשר צויתך	למועד	חדש האביב כי בחדש האביב יצאת	1112	1	1		6	3
ט131005	יהוה ממצרים / ושמרת את החקה הזאת	למועדה	מימים ימימה / והיה כי- יבאך יהוה	1114	1	1	5	6	4
	--*-*-*-*-*-*-*-*-*-*-*-*-*-*-*	מופת	*-*-*-*-*-*-*-*-*-*-*-*-*-*-*-*-*						
ט070908	ידבר אלכם פרעה לאמר תנו לכם	מופת	ואמרת אל- אהרן קח את- מטך	1111	1	1			2
ט042110	משה בלכתך לשוב מצרימה ראה כל-	המפתים	אשר- שמתי בידך ועשיתם לפני פרעה	1115	1	3		2	3
ט111006	מצרים / ומשה ואהרן עשו את- כל-	המפתים	האלה לפני פרעה ויחזק יהוה את-	1115	1	3		2	4
ט070310	לב פרעה והרביתי את- אתתי ואת-	מופתי	בארץ מצרים / ולא- ישמע אלכם פרעה	1117	1	3	1		3
ט110911	לא- ישמע אליכם פרעה למען רבות	מופתי	בארץ מצרים / ומשה ואהרן עשו את-	1117	1	3	1		3
	--*-*-*-*-*-*-*-*-*-*-*-*-*-*-*	מוקש	*-*-*-*-*-*-*-*-*-*-*-*-*-*-*-*-*						
ט100710	אליו עד- מתי יהיה זה לנו	למוקש	שלח את- האנשים ויעבדו את- יהוה	1111	1	1		6	3
ט233315	תעבד את- אלהיהם כי- יהיה לך	למוקש	// ואל משה אמר עלה אל- יהוה	1111	1	1		6	3
ט341214	אשר אתה בא עליה פן- יהיה	למוקש	בקרבך / כי את- מזבחתם תתצון ואת-	1111	1	1		6	3
	--*-*-*-*-*-*-*-*-*-*-*-*-*-*-*	מור	*-*-*-*-*-*-*-*-*-*-*-*-*-*-*-*-*						
ט302306	לאמר / ואתה קח- לך בשמים ראש	מר-	דרור חמש מאות וקנמן- בשם מחציתו	1112	1	1			1
	--*-*-*-*-*-*-*-*-*-*-*-*-*-*-*	מורשה	*-*-*-*-*-*-*-*-*-*-*-*-*-*-*-*-*						
ט060817	לאברהם ליצחק וליעקב ונתתי אתה לכם	מורשה	אני יהוה / וידבר משה כן אל-	1121	2	1			3
	--*-*-*-*-*-*-*-*-*-*-*-*-*-*-*	מושב	*-*-*-*-*-*-*-*-*-*-*-*-*-*-*-*-*						
ט124001	להתמהמה וגם- צדה לא- עשו להם /	ומושב	בני ישראל אשר ישבו במצרים שלשים	1112	1	1		1	3
ט102317	ימים ולכל בני ישראל היה אור	במושבתם	/ ויקרא פרעה אל- משה ויאמר לכו	1117	1	3	9	4	5

אזכור		מלה		צונן	ג	#	כ	קס	ה
ט122006	הארץ / כל- מחמצת לא תאכלו בכל	מושבתיכם	ואכלו מצות / ויקרא משה לכל- זקני	1117	1	3	7		5
ט350305	מלאכה יומת / לא- תבערו אש בכל	מושבתיכם	ביום השבת / ויאמר משה אל- כל-	1117	1	3	7		5
	--*-*-*-*-*-*-*-*-*-*-*-*-*-*-*-*-*	מושי	*-*-*-*-*-*-*-*-*-*-*-*-*-*-*-*-*-*-*						
ט061904	ושלשים ומאת שנה / ובני מררי מחלי	ומושי	אלה משפחת הלוי לתלדתם / ויקח עמרם	122	1			1	3
	--*-*-*-*-*-*-*-*-*-*-*-*-*-*-*-*-*	מות	*-*-*-*-*-*-*-*-*-*-*-*-*-*-*-*-*-*-*						
ט101714	ליהוה אלהיכם ויסר מעלי רק את-	המות	הזה / ויצא מעם פרעה ויעתר אל-	1111	1	1		2	3
	--*-*-*-*-*-*-*-*-*-*-*-*-*-*-*-*-*	מותן	*-*-*-*-*-*-*-*-*-*-*-*-*-*-*-*-*-*-*						
ט284208	להם מכנסי- בד לכסות בשר ערוה	ממתנים	ועד- ירכים יהיו / והיו על- אהרן	1115	1	2		7	4
ט121104	בקר באש תשרפו / וככה תאכלו אתו	מתניכם	הגרים נעליכם ברגליכם ומקלכם בידכם ואכלתם	1117	1	2	7		4
	--*-*-*-*-*-*-*-*-*-*-*-*-*-*-*-*-*	מזבח	*-*-*-*-*-*-*-*-*-*-*-*-*-*-*-*-*-*-*						
ט171503	זכר עמלק מתחת השמים / ויבן משה	מזבח	ויקרא שמו יהוה נסי / ויאמר כי	1111	1	1			3
ט240410	כל- דברי יהוה וישכם בבקר ויבן	מזבח	תחת ההר ושתים עשרה מצבה לשנים עשר שבטי	1111	1	1			3
ט240701	וישם באגנת וחצי הדם זרק על- /	המזבח	ויקח ספר הברית ויקרא באזני העם	1111	1	1		2	4
ט270103	להם חמשה אדני נחשת // ועשית את-	המזבח	עצי שטים חמש אמות ארך וחמש	1111	1	1		2	4
ט270114	ארך וחמש אמות רחב רבוע יהיה	המזבח	ושלש אמות קמתו / ועשית קרנתיו על	1111	1	1		2	4
ט270505	ארבע קצותיו / ונתתה אתה תחת כרכב	המזבח	מלמטה והיתה הרשת עד חצי המזבח	1111	1	1		2	4
ט270511	המזבח מלמטה והיתה הרשת עד חצי	המזבח	/ ועשית בדים למזבח בדי עצי שטים	1111	1	1		2	4
ט270603	הרשת עד חצי המזבח / ועשית בדים	למזבח	בדי עצי שטים וצפית אתם נחשת	1111	1	1		26	4
ט270710	בטבעת והיו הבדים על- שתי צלעת	המזבח	בשאת אתו / נבוב לחת תעשה אתו	1111	1	1		2	4
ט284313	אל- אהל מועד או בגשתם אל-	המזבח	לשרת בקדש ולא- ישאו עון ומתו	1111	1	1		2	4
ט291207	ולקחת מדם הפר ונתתה על- קרנת	המזבח	באצבעך ואת- כל- הדם תשפך אל-	1111	1	1		2	4
ט291215	ואת- כל- הדם תשפך אל- יסוד	המזבח	/ ולקחת את- כל- החלב המכסה את-	1111	1	1		2	4
ט291320	הכלית ואת- החלב אשר עליהן והקטרת	המזבחה	/ ואת- בשר הפר ואת- ערו ואת-	1111	1	1		92	4
ט291609	האיל ולקחת את- דמו וזרקת על-	המזבח	סביב / ואת- האיל תנתח לנתחיו ורחצת	1111	1	1		2	4
ט291805	ועל- ראשו / והקטרת את- כל- האיל	המזבחה	עלה הוא ליהוה ריח ניחוח אשה	1111	1	1		92	4
ט292028	רגלם הימנית וזרקת את- הדם על-	המזבח	סביב / ולקחת מן- הדם אשר על-	1111	1	1		2	4
ט292106	סביב / ולקחת מן- הדם אשר על-	המזבח	ומשמן המשחה והזית על- אהרן ועל-	1111	1	1		2	4
ט292505	לפני יהוה / ולקחת אתם מידם והקטרת	המזבחה	על- העלה לריח ניחוח לפני יהוה	1111	1	1		92	4
ט293609	תעשה ליום על- הכפרים וחטאת על-	המזבח	בכפרך עליו ומשחת אתו לקדשו / שבעת	1111	1	1		2	4
ט293705	אתו לקדשו / שבעת ימים תכפר על-	המזבח	וקדשת אתו והיה המזבח קדש קדשים	1111	1	1		2	4
ט293709	תכפר על- המזבח וקדשת אתו והיה	המזבח	קדש קדשים כל- הנגע במזבח יקדש	1111	1	1		2	4
ט293714	והיה המזבח קדש קדשים כל- הנגע	במזבח	יקדש / וזה אשר תעשה על- המזבח	1111	1	1		24	4
ט293805	במזבח יקדש / וזה אשר תעשה על-	המזבח	כבשים בני- שנה שנים ליום תמיד	1111	1	1		2	4
ט294406	בכבדי / וקדשתי את- אהל מועד ואת-	המזבח	ואת- אהרן ואת- בניו אקדש לכהן	1111	1	1		2	4
ט300102	לשכני בתכם אני יהוה אלהיהם // ועשית	מזבח	מקטר קטרת עצי שטים תעשה אתו	1111	1	1			3
ט301813	ונתת אתו בין- אהל מועד ובין	המזבח	ונתת שמה מים / ורחצו אהרן ובניו	1111	1	1		2	4
ט302012	מים ולא ימתו או בגשתם אל-	המזבח	לשרת להקטיר אשה ליהוה / ורחצו ידיהם	1111	1	1		2	4
ט320504	העלון מארץ מצרים / וירא אהרן ויבן	מזבח	לפניו ויקרא אהרן ויאמר חג ליהוה	1111	1	1			3
ט380305	אתו נחשת / ויעש את- כל- כלי	המזבח	את- הסירת ואת- היעים ואת- המזרקת	1111	1	1		2	4
ט380402	המחתת כל- כליו עשה נחשת / ויעש	למזבח	מכבר מעשה רשת נחשת תחת כרכבו	1111	1	1		26	4
ט380707	ויבא את- הבדים בטבעת על צלעת	המזבח	לשאת אתו בהם נבוב לחת עשה	1111	1	1		2	4
ט383019	הנחשת אשר- לו ואת כל- כלי	המזבח	/ ואת- אדני החצר סביב ואת- אדני	1111	1	1		2	4
ט400708	את- הכיר בין- אהל מועד ובין	המזבח	ונתת שם מים / ושמת את- החצר	1111	1	1		2	4
ט401010	העלה ואת- כל- כליו וקדשת את-	המזבח	והיה המזבח קדש קדשים / ומשחת את-	1111	1	1		2	4
ט401012	כל- כליו וקדשת את- המזבח והיה	המזבח	קדש קדשים / ומשחת את- הכיר ואת-	1111	1	1		2	4
ט403008	את- הכיר בין- אהל מועד ובין	המזבח	ויתן שמה מים לרחצה / ורחצו ממנו	1111	1	1		2	4
ט403207	בבאם אל- אהל מועד ובקרבתם אל-	המזבח	ירחצו כאשר צוה יהוה את- משה	1111	1	1		2	4
ט403306	משה / ויקם את- החצר סביב למשכן	ולמזבח	ויתן את- מסך שער החצר ויכל	1111	1	1		261	5
ט202401	כסף ואלהי זהב לא תעשו לכם /	מזבח	אדמה תעשה- לי וזבחת עליו את-	1112	1	1			2
ט202502	את- שמי אבוא אליך וברכתיך / ואם-	מזבח	אבנים תעשה- לי לא תבנה אתהן	1112	1	1			2

אזכור		מלה		צופן ג # כ קס	ה
ט302711	כליו ואת המנרה ואת- כליה ואת	מזבח	הקטרת / ואת- מזבח העלה ואת- כל-	1 1 1112	2
ט302802	ואת- כליה ואת מזבח הקטרת / ואת-	מזבח	העלה ואת- כל- כליו ואת- הכיר	1 1 1112	2
ט310812	המנרה הטהרה ואת- כל- כליה ואת	מזבח	הקטרת / ואת- מזבח העלה ואת- כל-	1 1 1112	2
ט310902	כל- כליה ואת מזבח הקטרת / ואת-	מזבח	העלה ואת- כל- כליו ואת הכיור	1 1 1112	2
ט351502	ואת- נרתיה ואת שמן המאור / ואת-	מזבח	הקטרת ואת- בדיו ואת שמן המשחה	1 1 1112	2
ט351602	ואת- מסך הפתח לפתח המשכן / את	מזבח	העלה ואת- מכבר הנחשת אשר- לו	1 1 1112	2
ט372503	אתה ואת כל- כליה / ויעש את-	מזבח	הקטרת עצי שטים אמה ארכו ואמה	1 1 1112	2
ט380103	הסמים טהור מעשה רקח // ויעש את-	מזבח	העלה עצי שטים חמש אמות ארכו	1 1 1112	2
ט383009	את- אדני פתח אהל מועד ואת	מזבח	הנחשת ואת- מכבר הנחשת אשר- לו	1 1 1112	2
ט393802	כל- כליה ואת שמן המאור / ואת	מזבח	הזהב ואת שמן המשחה ואת קטרת	1 1 1112	2
ט393902	הסמים ואת מסך פתח האהל / את	מזבח	הנחשת ואת- מכבר הנחשת אשר- לו	1 1 1112	2
ט400503	המנרה והעלית את- נרתיה / ונתתה את-	מזבח	הזהב לקטרת לפני ארון העדת ושמת	1 1 1112	2
ט400603	את- מסך הפתח למשכן / ונתתה את	מזבח	העלה לפני פתח משכן אהל- מועד	1 1 1112	2
ט401003	כל- כליו והיה קדש / ומשחת את-	מזבח	העלה ואת- כל- כליו וקדשת את-	1 1 1112	2
ט402603	צוה יהוה את- משה / וישם את-	מזבח	הזהב באהל מועד לפני הפרכת / ויקטר	1 1 1112	2
ט402902	וישם את- מסך הפתח למשכן / ואת	מזבח	העלה שם פתח משכן אהל- מועד	1 1 1112	2
ט202605	עליה ותחללה / ולא- תעלה במעלת על-	מזבחי	אשר לא- תגלה ערותך עליו // ואלה	1 1 1 1113	3
ט211409	איש על- רעהו להרגו בערמה מעם	מזבחי	תקחנו למות / ומכה אביו ואמו מות	1 1 1 1113	3
ט341303	פן- יהיה למוקש בקרבך / כי את-	מזבחתם	תתצון ואת- מצבתם תשברון ואת- אשריו	9 3 1 1117	4
	--*-*-*-*-*-*-*-*-*-*-*-*-*-*-*-*-*-*	מזוזה	*-*-*-*-*-*-*-*-*-*-*-*-*-*-*-*-*-*-*-*		
ט210610	האלהים והגישו אל- הדלת או אל-	המזוזה	ורצע אדניו את- אזנו במרצע ועבדו	2 1 2 1121	4
ט120707	ולקחו מן- הדם ונתנו על- שתי	המזוזת	ועל- המשקוף על הבתים אשר- יאכלו	2 3 2 1125	4
ט122213	בסף והגעתם אל- המשקוף ואל- שתי	המזוזת	מן- הדם אשר בסף ואתם לא	2 3 2 1125	4
ט122313	את- הדם על- המשקוף ועל שתי	המזוזת	ופסח יהוה על- הפתח ולא יתן	2 3 2 1125	4
	--*-*-*-*-*-*-*-*-*-*-*-*-*-*-*-*-*-*	מזלג	*-*-*-*-*-*-*-*-*-*-*-*-*-*-*-*-*-*-*-*		
ט380313	הסירת ואת- היעים ואת- המזרקת את-	המזלגת	ואת- המחתת כל- כליו עשה נחשת	2 3 1 1115	4
ט270306	נחשת / ועשית סירתיו לדשנו ויעיו ומזרקתיו	ומזלגתיו	ומחתתיו לכל- כליו תעשה נחשת / ועשית	1 4 3 1 1117	5
	--*-*-*-*-*-*-*-*-*-*-*-*-*-*-*-*-*-*	מזרח	*-*-*-*-*-*-*-*-*-*-*-*-*-*-*-*-*-*-*-*		
ט271305	ואדניהם עשרה / ורחב החצר לפאת קדמה	מזרחה	חמשים אמה / וחמש עשרה אמה קלעים לכתף	9 1 1 1111	3
ט381303	ווי העמדים וחשוקיהם כסף / ולפאת קדמה	מזרחה	חמשים אמה / קלעים חמש- עשרה אמה אל-	9 1 1 1111	3
	--*-*-*-*-*-*-*-*-*-*-*-*-*-*-*-*-*-*	מזרק	*-*-*-*-*-*-*-*-*-*-*-*-*-*-*-*-*-*-*-*		
ט380311	המזבח את- הסירת ואת- היעים ואת-	המזרקת	את- המזלגת ואת- המחתת כל- כליו	2 3 1 1115	4
ט270305	אתו נחשת / ועשית סירתיו לדשנו ויעיו	ומזרקתיו	ומזלגתיו ומחתתיו לכל- כליו תעשה נחשת	1 4 3 1 1117	5
	--*-*-*-*-*-*-*-*-*-*-*-*-*-*-*-*-*-*	מחברה	*-*-*-*-*-*-*-*-*-*-*-*-*-*-*-*-*-*-*-*		
ט260415	בחברת וכן תעשה בשפת היריעה הקיצונה	במחברת	השנית / חמשים ללאת תעשה ביריעה האחת	24 1 2 1121	4
ט260512	וחמשים ללאת תעשה בקצה היריעה אשר	במחברת	השנית מקבילת הללאת אשה אל- אחתה	24 1 2 1121	4
ט361109	תכלת על שפת היריעה האחת מקצה	במחברת	כן עשה בשפת היריעה הקיצונה במחברת	24 1 2 1121	4
ט361115	במחברת כן עשה בשפת היריעה הקיצונה	במחברת	השנית / חמשים ללאת עשה ביריעה האחת	24 1 2 1121	4
ט361212	וחמשים ללאת עשה בקצה היריעה אשר	במחברת	השנית מקבילת הללאת אחת אל- אחת	24 1 2 1121	4
ט361708	ללאת חמשים על שפת היריעה הקיצנה	במחברת	וחמשים ללאת עשה על- שפת היריעה	24 1 2 1121	4
ט282715	בתפות האפוד מלמטה ממול פניו לעמת	מחברתו	ממעל לחשב האפוד / וירכסו את- החשן	4 1 2 1123	3
ט392014	כתפת האפד מלמטה ממול פניו לעמת	מחברתו	ממעל לחשב האפד / וירכסו את- החשן	4 1 2 1123	3
	--*-*-*-*-*-*-*-*-*-*-*-*-*-*-*-*-*-*	מחה	*-*-*-*-*-*-*-*-*-*-*-*-*-*-*-*-*-*-*-*		
ט171414	בספר ושים באזני יהושע כי- מחה	אמחה	את- זכר עמלק מתחת השמים / ויבן	1 1 3121	2
ט323309	אל- משה מי אשר חטא- לי	אמחנו	מספרי / ועתה לך נחה את- העם	4 1 1 3121	3
ט323207	ועתה אם- תשא חטאתם ואם- אין	מחני	נא מספרך אשר כתבת / ויאמר יהוה	1 1 1 314	3
ט171413	זכרון בספר ושים באזני יהושע כי-	מחה	אמחה את- זכר עמלק מתחת השמים	3151	2

אזכור	הקשר	מלה	הקשר	צורן ג # כ	קס	ה
		מחול				
ט152014	בידה ותצאן כל- הנשים אחריה בתפים	ובמחלת	/ ותען להם מרים שירו ליהוה כי-	3 1 1115	41	5
ט321909	קרב אל- המחנה וירא את- העגל	ומחלת	ויחר- אף משה וישלך מידו את-	3 1 1115		4
		מחלה				
ט152617	והאזנת למצותיו ושמרת כל- חקיו כל-	המחלה	אשר- שמתי במצרים לא- אשים עליך	1 2 1121	2	4
ט232511	וברך את- לחמך ואת- מימיך והסרתי	מחלה	מקרבך / לא תהיה משכלה ועקרה בארצך	1 2 1121		3
		מחלי				
ט061903	שלש ושלשים ומאת שנה / ובני מררי	מחלי	ומשי אלה משפחת הלוי לתלדתם / ויקח	1 122		2
		מחמצת				
ט121910	לא ימצא בבתיכם כי כל אכל	מחמצת	ונכרתה הנפש ההוא מעדת ישראל בגר	1 2 1121		3
ט122002	מעדת ישראל בגר ובאזרח הארץ / כל-	מחמצת	לא תאכלו בכל מושבתיכם תאכלו מצות	1 2 1121		3
		מחנה				
ט161307	ויהי בערב ותעל השלו ותכס את-	המחנה	ובבקר היתה שכבת הטל סביב למחנה	1 1 1111	2	4
ט161313	המחנה ובבקר היתה שכבת הטל סביב	למחנה	/ ותעל שכבת הטל והנה על- פני	1 1 1111	26	4
ט191621	חזק מאד ויחרד כל- העם אשר	במחנה	/ ויוצא משה את- העם לקראת האלהים	1 1 1111	24	4
ט191708	משה את- העם לקראת האלהים מן-	המחנה	ויתיצבו בתחתית ההר / והר סיני עשן	1 1 1111	2	4
ט291411	ערו ואת- פרשו תשרף באש מחוץ	למחנה	חטאת הוא / ואת- האיל האחד תקח	1 1 1111	26	4
ט321712	ברעה ויאמר אל- משה קול מלחמה	במחנה	/ ויאמר אין קול ענות גבורה ואין	1 1 1111	24	4
ט321905	אנכי שמע / ויהי כאשר קרב אל-	המחנה	וירא את- העגל ומחלת ויחר- אף	1 1 1111	2	4
ט322604	אהרן לשמצה בקמיהם / ויעמד משה בשער	המחנה	ויאמר מי ליהוה אלי ויאספו אליו	1 1 1111	2	4
ט322717	על- ירכו עברו ושובו משער לשער	במחנה	והרגו איש- את- אחיו ואיש את-	1 1 1111	24	4
ט330708	יקח את- האהל ונטה לו מחוץ	למחנה	הרחק מן- המחנה וקרא לו אהל	1 1 1111	26	4
ט330711	ונטה לו מחוץ למחנה הרחק מן-	המחנה	וקרא לו אהל מועד והיה כל-	1 1 1111	2	4
ט330726	יצא אל- אהל מועד אשר מחוץ	למחנה	/ והיה כצאת משה אל- האהל יקומו	1 1 1111	26	4
ט331115	ידבר איש אל- רעהו ושב אל-	המחנה	ומשרתו יהושע בן- נון נער לא	1 1 1111	2	4
ט360605	לעשת אתה / ויצו משה ויעבירו קול	במחנה	לאמר איש ואשה אל- יעשו- עוד	1 1 1111	24	4
ט141906	ובפרשיו / ויסע מלאך האלהים ההלך לפני	מחנה	ישראל וילך מאחריהם ויסע עמוד הענן	1 1 1112		3
ט142003	הענן מפניהם ויעמד מאחריהם / ויבא בין	מחנה	מצרים ובין מחנה ישראל ויהי הענן	1 1 1112		3
ט142006	מאחריהם / ויבא בין מחנה מצרים ובין	מחנה	ישראל ויהי הענן והחשך ויאר את-	1 1 1112		3
ט142408	ויהי באשמרת הבקר וישקף יהוה אל-	מחנה	מצרים בעמוד אש וענן ויהם את	1 1 1112		3
ט142415	מצרים בעמוד אש וענן ויהם את	מחנה	מצרים / ויסר את אפן מרכבתיו וינהגהו	1 1 1112		3
		מחצית				
ט301307	זה יתנו כל- העבר על- הפקדים	מחצית	השקל בשקל הקדש עשרים גרה השקל	1 2 1122		3
ט301314	השקל בשקל הקדש עשרים גרה השקל	מחצית	השקל תרומה ליהוה / כל העבר על	1 2 1122		3
ט301507	העשיר לא- ירבה והדל לא ימעיט	ממחצית	השקל לתת את- תרומת יהוה לכפר	1 2 1122	7	4
ט382603	ושבעים שקל בשקל הקדש / בקע לגלגלת	מחצית	השקל בשקל הקדש לכל העבר על-	1 2 1122		3
ט302312	מר- דרור חמש מאות וקנמן- בשם	מחציתו	חמשים ומאתים וקנה- בשם חמשים ומאתים	4 1 2 1123		4
		מחר				
ט080602	ממך ומבתיך רק ביאר תשארנה / ויאמר	למחר	ויאמר כדברך למען תדע כי- אין	22	6	3
ט081907	ושמתי פדת בין עמי ובין עמך	למחר	יהיה האת הזה / ויעש יהוה כן	22	6	3
ט082515	יהוה וסר הערב מפרעה מעבדיו ומעמו	מחר	רק אל- יסף פרעה התל לבלתי	22		2
ט090505	ישראל דבר / וישם יהוה מועד לאמר	מחר	יעשה יהוה הדבר הזה בארץ / ויעש	22		2
ט091804	בעמי לבלתי שלחם / הנני ממטיר כעת	מחר	ברד כבד מאד אשר לא- היה	22		2
ט100410	אתה לשלח את- עמי הנני מביא	מחר	ארבה בגבלך / וכסה את- עין הארץ	22		2
ט131405	בבניך תפדה / והיה כי- ישאלך בנך	מחר	לאמר מה- זאת ואמרת אליו בחזק	22		2
ט162311	דבר יהוה שבתון שבת- קדש ליהוה	מחר	את אשר- תאפו אפו ואת אשר-	22		2
ט170911	בחר- לנו אנשים וצא הלחם בעמלק	מחר	אנכי נצב על- ראש הגבעה ומטה	22		2
ט191010	משה לך אל- העם וקדשתם היום	ומחר	ונכבסו שמלתם / והיו נכנים ליום השלישי	22	1	3

/ = סוף פסוק   // = סוף פרק   ג = מין   # = מספר   כ = כינוי וגוף   קס = קידומות וסיומות   ה = מספר ההברות

אזכור		מלה		צופן	ג	#	כ	קס	ה
ט320511	לפניו ויקרא אהרן ויאמר חג ליהוה	מחר	/ וישכימו ממחרת ויעלו עלת ויגשו שלמים	22					2
	--*-*-*-*-*-*-*-*-*-*-*-*-*-*-*	מחרת	*-*-*-*-*-*-*-*-*-*-*-*-*-*-*-*-*						
ט090606	בארץ / ויעש יהוה את- הדבר הזה	ממחרת	וימת כל מקנה מצרים וממקנה בני-	22				7	4
ט181302	עם- חתן משה לפני האלהים / ויהי	ממחרת	וישב משה לשפט את- העם ויעמד	22				7	4
ט320602	אהרן ויאמר חג ליהוה מחר / וישכימו	ממחרת	ויעלו עלת ויגשו שלמים וישב העם	22				7	4
ט323002	ובאחיו ולתת עליכם היום ברכה / ויהי	ממחרת	ויאמר משה אל- העם אתם חטאתם	22				7	4
	--*-*-*-*-*-*-*-*-*-*-*-*-*-*-*	מחשבה	*-*-*-*-*-*-*-*-*-*-*-*-*-*-*-*-*						
ט310402	בחכמה ובתבונה ובדעת ובכל מלאכה / לחשב	מחשבת	לעשות בזהב ובכסף ובנחשת / ובחרשת אבן	1125	2	3			3
ט353202	בחכמה בתבונה ובדעת ובכל- מלאכה / ולחשב	מחשבת	לעשת בזהב ובכסף ובנחשת / ובחרשת אבן	1125	2	3			4
ט353521	ובשש וארג עשי כל- מלאכה וחשבי	מחשבת	// ועשה בצלאל ואהליאב וכל איש חכם-	1125	2	3			4
	--*-*-*-*-*-*-*-*-*-*-*-*-*-*-*	מחשבת	*-*-*-*-*-*-*-*-*-*-*-*-*-*-*-*-*						
ט353309	למלאת ובחרשת עץ לעשות בכל- מלאכת	מחשבת	/ ולהורת נתן בלבו הוא ואהליאב בן-	1121	2	1			4
	--*-*-*-*-*-*-*-*-*-*-*-*-*-*-*	מחתה	*-*-*-*-*-*-*-*-*-*-*-*-*-*-*-*-*						
ט380315	היעים ואת- המזרקת את- המזלגת ואת-	המחתת	כל- כליו עשה נחשת / ויעש למזבח	1125	2	3		2	3
ט270307	ועשית סירתיו לדשנו ויעיו ומזרקתיו ומזלגתיו	ומחתתיו	לכל- כליו תעשה נחשת / ועשית לו	1127	2	3	4	1	4
ט253802	נרתיה והאיר על- עבר פניה / ומלקחיה	ומחתתיה	זהב טהור / ככר זהב טהור יעשה	1128	2	3	5	1	5
ט372306	טהור / ויעש את- נרתיה שבעה ומלקחיה	ומחתתיה	זהב טהור / ככר זהב טהור עשה	1123	2	3	5	1	5
	--*-*-*-*-*-*-*-*-*-*-*-*-*-*-*	מחתרת	*-*-*-*-*-*-*-*-*-*-*-*-*-*-*-*-*						
ט220102	השור וארבע- צאן תחת השה // אם-	במחתרת	ימצא הגנב והכה ומת אין לו	1121	2	1		24	4
	--*-*-*-*-*-*-*-*-*-*-*-*-*-*-*	מטה	*-*-*-*-*-*-*-*-*-*-*-*-*-*-*-*-*						
ט040208	אליו יהוה מה זה בידך ויאמר	מטה	/ ויאמר השליכהו ארצה וישלכהו ארצה ויהי	1111	1	1			2
ט040414	בזנבו וישלח ידו ויחזק בו ויהי	למטה	בכפו / למען יאמינו כי- נראה אליך	1111	1	1		6	3
ט041702	לפה ואתה תהיה- לו לאלהים / ואת-	המטה	הזה תקח בידך אשר תעשה- בו	1111	1	1		2	3
ט071513	המימה ונצבת לקראתו על- שפת היאר	והמטה	אשר- נהפך לנחש תקח בידך / ואמרת	1111	1	1		21	4
ט071712	כי אני יהוה הנה אנכי מכה	במטה	אשר- בידי על- המים אשר ביאר	1111	1	1		24	3
ט072009	משה ואהרן כאשר צוה יהוה וירם	במטה	ויך את- המים אשר- ביאר לעיני	1111	1	1		24	3
ט042016	וישב ארצה מצרים ויקח משה את-	מטה	האלהים בידו / ויאמר יהוה אל- משה	1112	1	1			2
ט071207	וישליכו איש מטהו ויהיו לתנינם ויבלע	מטה-	אהרן את- מטתם / ויחזק לב פרעה	1112	1	1			2
ט170917	מחר אנכי נצב על- ראש הגבעה	ומטה	האלהים בידי / ויעש יהושע כאשר אמר-	1112	1	1		1	3
ט310209	בשם בצלאל בן- אורי בן- חור	למטה	יהודה / ואמלא אתו רוח אלהים בחכמה	1112	1	1		6	3
ט310609	נתתי אתו את אהליאב בן- אחיסמך	למטה-	דן ובלב כל- חכם- לב נתתי	1112	1	1		6	3
ט353015	בשם בצלאל בן- אורי בן- חור	למטה	יהודה / וימלא אתו רוח אלהים בחכמה	1112	1	1		6	3
ט353408	נתן בלבו הוא ואהליאב בן- אחיסמך	למטה-	דן / מלא אתם חכמת- לב לעשות	1112	1	1		6	3
ט382206	הכהן / ובצלאל בן- אורי בן- חור	למטה	יהודה עשה את כל- אשר- צוה	1112	1	1		6	3
ט382305	את- משה / ואתו אהליאב בן- אחיסמך	למטה-	דן חרש וחשב ורקם בתכלת ובארגמן	1112	1	1		6	3
ט070914	מופת ואמרת אל- אהרן קח את-	מטך	והשלך לפני- פרעה יהי לתנין / ויבא	1113	1	1	1		3
ט071014	כאשר צוה יהוה וישלך אהרן את-	מטהו	לפני פרעה ולפני עבדיו ויהי לתנין	1113	1	1	4		3
ט071203	חרטמי מצרים בלהטיהם כן / וישליכו איש	מטהו	ויהיו לתנינם ויבלע מטה- אהרן את-	1113	1	1	4		3
ט071909	אל- משה אמר אל- אהרן קח	מטך	ונטה- ידך על- מימי מצרים על-	1113	1	1	2		3
ט080111	אמר אל- אהרן נטה את- ידך	במטך	על- הנהרת על- היארים ועל- האגמים	1113	1	1	2	4	4
ט081210	משה אמר אל- אהרן נטה את-	מטך	והך את- עפר הארץ והיה לכנם	1113	1	1	2		3
ט081307	ויעשו- כן ויט אהרן את- ידו	במטהו	ויך את- עפר הארץ ותהי הכנם	1113	1	1	2	4	4
ט092304	השדה בארץ מצרים / ויט משה את-	מטהו	על- השמים ויהוה נתן קלת וברד	1113	1	1	4		3
ט101304	אשר השאיר הברד / ויט משה את-	מטהו	על- ארץ מצרים ויהוה נהג רוח-	1113	1	1	4		3
ט141604	בני- ישראל ויסעו / ואתה הרם את-	מטך	ונטה את- ידך על- הים ובקעהו	1113	1	1	2		3
ט170512	לפני העם וקח אתך מזקני ישראל	ומטך	אשר הכית בו את- היאר קח	1113	1	1	2	1	4
ט071210	ויהיו לתנינם ויבלע מטה- אהרן את-	מטתם	/ ויחזק לב פרעה ולא שמע אלהם	1117	1	3	9		3

/ = סוף פסוק   // = סוף פרק   ג = מין   # = מספר   כ = כינוי וגוף   קס = קידומות וסיומות   ה = מספר ההברות

אזכור		מלה		צונן ג # כ	קס	ה
		מטה				
ט262403	תעשה למקצעת המשכן בירכתים / ויהיו תאמם	מלמטה	ויחדו יהיו תמים על- ראשו אל-	1 1 1111	67	4
ט270506	קצותיו / ונתת אתה תחת כרכב המזבח	מלמטה	והיתה הרשת עד חצי המזבח / ועשית	1 1 1111	67	4
ט282711	ונתת אתם על- שתי כתפות האפוד	מלמטה	ממול פניו לעמת מחברתו ממעל לחשב	1 1 1111	67	4
ט362903	עשה למקצעת המשכן בירכתים / והיו תואמם	מלמטה	ויחדו יהיו תמים אל- ראשו אל-	1 1 1111	67	4
ט380409	מכבר מעשה רשת נחשת תחת כרכבו	מלמטה	עד- חציו / ויצק ארבע טבעת בארבע	1 1 1111	67	4
ט392010	זהב ויתנם על- שתי כתפת האפד	מלמטה	ממול פניו לעמת מחברתו ממעל לחשב	1 1 1111	67	4
		מטה				
ט072810	ועלו ובאו בביתך ובחדר משכבך ועל-	מטתך	ובבית עבדיך ובעמך ובתנוריך ובמשארותיך / וב	2 1 2 1123		4
		מטוה				
ט352508	אשה חכמת לב בידיה טוו ויביאו	מטוה	את- התכלת ואת- הארגמן את- תולעת	1 1 1111		2
		מטר				
ט093314	כפיו אל- יהוה ויחדלו הקלות והברד	ומטר	לא- נתך ארצה / וירא פרעה כי	1 1 1111	1	3
ט093405	נתך ארצה / וירא פרעה כי חדל	המטר	והברד והקלת ויסף לחטא ויכבד לבו	1 1 1111	2	3
		מי				
ט021402	ויאמר לרשע למה תכה רעך / ויאמר	מי	שמך לאיש שר ושפט עלינו הלהרגני	51		1
ט031105	ישראל ממצרים / ויאמר משה אל- האלהים	מי	אנכי כי אלך אל- פרעה וכי	51		1
ט041104	וכבד לשון אנכי / ויאמר יהוה אליו	מי	שם פה לאדם או מי- ישום	51		1
ט041109	אליו מי שם פה לאדם או	מי-	ישום אלם או חרש או פקח	51		1
ט050203	עמי ויחגו לי במדבר / ויאמר פרעה	מי	יהוה אשר אשמע בקלו לשלח את-	51		1
ט100815	אלהם לכו עבדו את- יהוה אלהיכם	מי	ומי ההלכים / ויאמר משה בנערינו ובזקנינו	51		1
ט100816	לכו עבדו את- יהוה אלהיכם מי	ומי	ההלכים / ויאמר משה בנערינו ובזקנינו נלך	51	1	2
ט151101	כסמו ים צללו כעופרת במים אדירים /	מי-	כמכה באלם יהוה מי כמכה נאדר	51		1
ט151105	במים אדירים / מי- כמכה באלם יהוה	מי	כמכה נאדר בקדש נורא תהלת עשה-	51		1
ט160305	אהרן במדבר / ויאמרו אלהם בני ישראל	מי-	יתן מותנו ביד- יהוה בארץ מצרים	51		1
ט241415	נשוב אליכם והנה אהרן וחור עמכם	מי-	בעל דברים יגש אלהם / ויעל משה	51		1
ט322403	ידענו מה- היה לו / ואמר להם	למי	זהב התפרקו ויתנו- לי ואשלכהו באש	51	6	2
ט322606	בקמיהם / ויעמד משה בשער המחנה ויאמר	מי	ליהוה אלי ויאספו אליו כל- בני	51		1
ט323305	אשר כזבת / ויאמר יהוה אל- משה	מי	אשר חטא- לי אמחנו מספרי / ועתה	51		1
		מיטב				
ט220413	ושלח את- בעירה ובער בשדה אחר	מיטב	שדהו ומיטב כרמו ישלם / כי- תצא	1 1 1112		2
ט220415	בעירה ובער בשדה אחר מיטב שדהו	ומיטב	כרמו ישלם / כי- תצא אש ומצאה	1 1 1112	1	3
		מים				
ט021015	ותקרא שמו משה ותאמר כי מן-	המים	משיתהו / ויהי בימים ההם ויגדל משה	2 1 1115	2	3
ט040918	ולקחת ממימי היאר ושפכת היבשה והיו	המים	אשר תקח מן- היאר והיו לדם	2 1 1115	2	3
ט071507	לך אל- פרעה בבקר הנה יצא	המימה	ונצבת לקראתו על- שפת היאר והמטה	2 1 1115	92	3
ט071716	אנכי מכה במטה אשר- בידי על-	המים	אשר ביאר ונהפכו לדם / והדגה אשר-	2 1 1115	2	3
ט071810	תמות ובאש היאר ונלאו מצרים לשתות	מים	מן- היאר / ויאמר יהוה אל- משה	2 1 1115		2
ט072012	צוה יהוה וירם במטה ויך את-	המים	אשר- ביאר לעיני פרעה ולעיני עבדיו	2 1 1115	2	3
ט072021	לעיני פרעה ולעיני עבדיו ויהפכו כל-	המים	אשר- ביאר לדם / והדגה אשר- ביאר	2 1 1115	2	3
ט072111	ויבאש היאר ולא- יכלו מצרים לשתות	מים	מן- היאר ויהי הדם בכל- ארץ	2 1 1115		2
ט072406	לזאת / ויחפרו כל- מצרים סביבת היאר	מים	לשתות כי לא יכלו לשתת ממימי	2 1 1115		2
ט081612	בבקר והתיצב לפני פרעה הנה יוצא	המימה	ואמרת אליו כה אמר יהוה שלח	2 1 1115	92	3
ט120907	אל- תאכלו ממנו נא ובשל מבשל	במים	כי אם- צלי- אש ראשו על-	2 1 1115	24	3
ט142121	הלילה וישם את- הים לחרבה ויבקעו	המים	/ ויבאו בני- ישראל בתוך הים ביבשה	2 1 1115	2	3
ט142207	ויבאו בני- ישראל בתוך הים ביבשה	והמים	להם חומה מימינם ומשמאלם / וירדפו מצרים	2 1 1115	21	4
ט142611	נטה את- ידך על- הים וישבו	המים	על- מצרים על- רכבו ועל- פרשיו	2 1 1115	2	3
ט142802	יהוה את- מצרים בתוך הים / וישבו	המים	ויכסו את- הרכב ואת- הפרשים לכל	2 1 1115	2	3

אזכור		מלה		צונן	ג	#	כ	קס	ה
ט142907	ובני ישראל הלכו ביבשה בתוך הים	והמים	להם חמה מימינם ומשמאלם / ויושע יהוה	1115	1	2		21	4
ט150804	חרנך יאכלמו כקש / וברוח אפיך נערמו-	מים	נצבו כמו- נד נזלים קפאו תהמת	1115	1	2			2
ט151007	נשפת ברוחך כסמו ים צללו כעופרת	במים	אדירים / מי- כמכה באלם יהוה מי	1115	1	2		4	3
ט152217	וילכו שלשת- ימים במדבר ולא- מצאו	מים	/ ויבאו מרתה ולא יכלו לשתת מים	1115	1	2			2
ט152306	מים / ויבאו מרתה ולא יכלו לשתת	מים	ממרה כי מרים הם על- כן	1115	1	2			2
ט152509	יהוה ויורהו יהוה עץ וישלך אל	המים	וימתקו המים שם שם לו חק	1115	1	2		2	3
ט152511	יהוה עץ וישלך אל המים וימתקו	המים	שם שם לו חק ומשפט ושם	1115	1	2		2	3
ט152706	רפאך / ויבאו אילמה ושם שתים עשרה עינת	מים	ושבעים תמרים ויחנו- שם על- המים	1115	1	2			2
ט152712	מים ושבעים תמרים ויחנו- שם על-	המים	// ויסעו מאילם ויבאו כל- עדת בני-	1115	1	2		2	3
ט170115	על- פי יהוה ויחנו ברפידים ואין	מים	לשתת העם / וירב העם עם- משה	1115	1	2			2
ט170208	העם עם- משה ויאמרו תנו- לנו	מים	ונשתה ויאמר להם משה מה תריבון	1115	1	2			2
ט170304	תנסון את- יהוה / ויצמא שם העם	למים	וילן העם על- משה ויאמר למה	1115	1	2		26	3
ט170612	הצור בחרב והכית בצור ויצאו ממנו	מים	ושתה העם ויעש כן משה לעיני	1115	1	2			2
ט200414	בשמים ממעל ואשר בארץ מתחת ואשר	במים	מתחת לארץ / לא- תשתחוה להם ולא	1115	1	2		24	3
ט290412	אל- פתח אהל מועד ורחצת אתם	במים	/ ולקחת את- הבגדים והלבשת את- אהרן	1115	1	2		24	3
ט301816	אהל מועד ובין המזבח ונתת שמה	מים	/ ורחצו אהרן ובניו ממנו את- ידיהם	1115	1	2			2
ט302006	רגליהם / בבאם אל- אהל מועד ירחצו-	מים	ולא ימתו או בגשתם אל- המזבח	1115	1	2			2
ט322015	עד אשר- דק ויזר על- פני	המים	וישק את- בני ישראל / ויאמר משה	1115	1	2		2	3
ט342812	יום וארבעים לילה להם לא אכל	ומים	לא שתה ויכתב על- הלחת את	1115	1	2		1	3
ט400711	אהל מועד ובין המזבח ונתת שם	מים	/ ושמת את- החצר סביב ונתת את-	1115	1	2			2
ט401212	אל- פתח אהל מועד ורחצת אתם	במים	/ והלבשת את- אהרן את בגדי הקדש	1115	1	2		24	3
ט403011	אהל מועד ובין המזבח ויתן שמה	מים	לרחצה / ורחצו ממנו משה ואהרן ובניו	1115	1	2			2
ט040913	האתות האלה ולא ישמעון לקלך ולקחת	ממימי	היאר ושפכת היבשה והיו המים אשר	1116	1	2		7	3
ט071913	אהרן קח מטך ונטה- ידך על-	מימי	מצרים על- נהרתם על- יאריהם ועל-	1116	1	2			2
ט072412	מים לשתות כי לא יכלו לשתת	ממימי	היאר / וימלא שבעת ימים אחרי הכות-	1116	1	2		7	3
ט080206	מצרים / ויט אהרן את- ידו על	מימי	מצרים ותעל הצפרדע ותכס את- ארץ	1116	1	2			2
ט151912	ובפרשיו בים וישב יהוה עלהם את-	מי	הים ובני ישראל הלכו ביבשה בתוך	1116	1	2			1
ט071924	יאריהם ועל- אגמיהם ועל כל- מקוה	מימיהם	ויהיו- דם והיה דם בכל- ארץ	1117	1	2	9		3
ט232509	יהוה אלהיכם וברך את- לחמך ואת-	מימיך	והסרתי מחלה מקרבך / לא תהיה משכלה	1117	1	2	2		3
	-	מישאל	*-*						
ט062203	יצהר קרח ונפג וזכרי / ובני עזיאל	מישאל	ואלצפן וסתרי / ויקח אהרן את- אלישבע	122	1				3
	-	מיתר	*-*						
ט351808	יתדת המשכן ואת- יתדת החצר ואת-	מיתריהם	/ את- בגדי השרד לשרת בקדש את-	1117	1	3	9		4
ט394013	אדניה ואת- המסך לשער החצר את-	מיתריו	ויתדתיה ואת כל- כלי עבדת המשכן	1117	1	3	4		3
	-	מכאוב	*-*						
ט030718	שמעתי מפני נגשיו כי ידעתי את-	מכאביו	/ וארד להצילו מיד מצרים ולהעלתו מן-	1117	1	3	4		3
	-	מכבר	*-*						
ט270403	לכל- כליו תעשה נחשת / ועשית לו	מכבר	מעשה רשת נחשת ועשית על- הרשת	1111	1	1			2
ט380403	כל- כליו עשה נחשת / ויעש למזבח	מכבר	מעשה רשת נחשת תחת כרכבו מלמטה	1111	1	1			2
ט351605	לפתח המשכן / את מזבח העלה ואת-	מכבר	הנחשת אשר- לו את- בדיו ואת-	1112	1	1			2
ט380506	חציו / ויצק ארבע טבעת בארבע הקצות	למכבר	הנחשת בתים לבדים / ויעש את- הבדים	1112	1	1		6	3
ט383012	אהל מועד ואת מזבח הנחשת ואת-	מכבר	הנחשת אשר- לו ואת כל- כלי	1112	1	1			2
ט393905	פתח האהל / את מזבח הנחשת ואת-	מכבר	הנחשת אשר- לו את- בדיו ואת-	1112	1	1			2
	-	מכון	*-*						
ט151705	זו קנית / תבאמו ותטעמו בהר נחלתך	מכון	לשבתך פעלת יהוה מקדש אדני כוננו	1111	1	1			2
	-	מכנסים	*-*						
ט284203	וקדשת אתם וכהנו- לי / ועשה להם	מכנסי-	בד לכסות בשר ערוה ממתנים ועד-	1116	1	2			3
ט392809	שש ואת- פארי המגבעת שש ואת-	מכנסי	הבד שש משזר / ואת- האבנט שש	1116	1	2			3

אזכור		מלה		צופן	ג	#	כ	קס	ו
		מכסה							
ט120412	ולקח הוא ושכנו הקרב אל- ביתו	במכסת	נפשת איש לפי אכלו תכסו על-	1122	2	1		4	3
		מכסה							
ט261402	צדי המשכן מזה ומזה לכסתו / ועשית	מכסה	לאהל ערת אילם מאדמים ומכסה ערת	1111	1	1			2
ט361902	לחבר את- האהל להית אחד / ויעש	מכסה	לאהל ערת אילם מאדמים ומכסה ערת	1111	1	1			2
ט261407	ועשית מכסה לאהל ערת אילם מאדמים	ומכסה	ערת תחשים מלמעלה / ועשית את- הקרשים	1112	1	1		1	3
ט361907	ויעש מכסה לאהל ערת אילם מאדמים	ומכסה	ערת תחשים מלמעלה / ויעש את- הקרשים	1112	1	1		1	3
ט393402	קרסיו קרשיו בריחו ועמדיו ואדניו / ואת-	מכסה	ערת האילם המאדמים ואת- מכסה ערת	1112	1	1			2
ט393407	ואת- מכסה ערת האילם המאדמים ואת-	מכסה	ערת התחשים ואת פרכת המסך / את-	1112	1	1			2
ט401908	את- האהל על- המשכן וישם את-	מכסה	האהל עליו מלמעלה כאשר צוה יהוה	1112	1	1			2
ט351106	יהוה / את- המשכן את- אהלו ואת-	מכסהו	את- קרסיו ואת- קרשיו את- בריחו	1113	1	1	4		3
		מכר							
ט211603	אביו ואמו מות יומת / וגנב איש	ומכרו	ונמצא בידו מות יומת / ומקלל אביו	3111	1	1	4	1	4
ט213509	שור- איש את- שור רעהו ומת	ומכרו	את- השור החי וחצו את- כספו	3111	1	3		1	4
ט213709	איש שור או- שה וטבחו או	מכרו	וחמשה בקר ישלם תחת השור וארבע-	3111	1	1	4		3
ט210702	את- אזנו במרצע ועבדו לעלם / וכי-	ימכר	איש את- בתו לאמה לא תצא	3121	1	1			2
ט210813	יעדה והפדה לעם נכרי לא- ימשל	למכרה	בבגדו- בה / ואם- לבנו ייעדנה כמשפט	3153			5	6	4
		מכשף							
ט071105	ויהי לזנין / ויקרא גם- פרעה לחכמים	ולמכשפים	ויעשו גם- הם חרטמי מצרים בלהטיהם	1115	1	3		261	6
ט221701	למחר לו כסף ישקל כמהר הבתולת /	מכשפה	לא תחיה / כל- שכב עם- בהמה	1121	2	1			4
		מכתב							
ט321605	הם כתבים / והלחת מעשה אלהים המה	והמכתב	מכתב אלהים הוא חרות על- הלחת	1111	1	1		21	4
ט321606	כתבים / והלחת מעשה אלהים הנה והמכתב	מכתב	אלהים הוא חרות על- הלחת / וישמע	1112	1	1			2
ט393010	נזר- הקדש זהב טהור ויכתבו עליו	מכתב	פתוחי חותם קדש ליהוה / ויתנו עליו	1112	1	1			2
		מל							
ט124406	בו / וכל- עבד איש מקנת- כסף	ומלתה	אתו אז יאכל בו / תושב ושכיר	3111	1	1		91	3
		מלא							
ט081715	בך ובעבדיך ובעמך ובבתיך את- הערב	ומלאו	בתי מצרים את- הערב וגם האדמה	3111	1	3		1	4
ט100601	כל- העץ הצמח לכם מן- השדה /	ומלאו	בתיך ובתי כל- עבדיך ובתי כל-	3111	1	3		1	4
ט403408	הענן את- אהל מועד וכבוד יהוה	מלא	את- המשכן / ולא- יכל משה לבוא	3111	1	1			2
ט150907	אמר אויב ארדף אשיג אחלק שלל	תמלאמו	נפשי אריק חרבי תורישמו ידי / נשפת	3122	2	1	9	0	4
ט403514	כי- שכן עליו הענן וכבוד יהוה	מלא	את- המשכן / ובהעלות הענן מעל המשכן	3131	1	1			2
ט322903	ההוא כשלשת אלפי איש / ויאמר משה	מלאו	ידכם היום ליהוה כי איש בבנו	314	1	3			3
		מלא							
ט280308	תדבר אל- כל- חכמי- לב אשר	מלאתיו	רוח חכמה ועשו את- בגדי אהרן	3311	1	1	4		3
ט281701	יהיה כפול זרת ארכו וזרת רחבו /	ומלאת	בו מלאת אבן ארבעה טורים אבן	3311	1	1		1	4
ט284111	אחיך ואת- בניו אתו ומשחת אתם	ומלאת	את- ידם וקדשת אתם וכהנו- לי	3311	1	1		1	4
ט290914	מגבעת והיתה להם כהנה לחקת עולם	ומלאת	יד- אהרן ויד- בניו / והקרבת את-	3311	1	1		1	4
ט353501	הוא ואהליאב בן- אחיסמך למטה- דן /	מלא	אתם חכמה- לב לעשות כל- מלאכת	3311	1	1			2
ט232609	משכלה ועקרה בארצך את- מספר ימיך	אמלא	/ את- אימתי אשלח לפניך והמתי את-	3321	1	1			3
ט293511	ככל אשר- צויתי אתכה שבעת ימים	תמלא	ידם / ופר חטאת תעשה ליום על-	3321	1	1			3
ט310301	בן- אורי בן- חור למטה יהודה /	ואמלא	אתו רוח אלהים בחכמה ובתבונה ובדעת	3321	1	1		*	4
ט353101	בן- אורי בן- חור למטה יהודה /	וימלא	אתו רוח אלהים בחכמה בתבונה ובדעת	3321	1	1		*	4
ט391001	החשן זרת ארכו וזרת רחבו כפול /	וימלאו-	בו ארבעה טורי אבן טור אדם	3321	1	3		*	5
ט021607	ולכהן מדין שבע בנות ותבאנה ותדלנה	ותמלאנה	את- הרהטים להשקות צאן אביהן / ויבאו	3322	2	3		*	4
ט292910	לאהרן יהיו לבניו אחריו למשחה בהם	ולמלא-	בם את- ידם / שבעת ימים ילבשם	3354				61	4
ט293306	מועד / ואכלו אתם אשר כפר בהם	למלא	את- ידם לקדש אתם וזר לא-	3354				6	3

/ = סוף פסוק // = סוף פרק ג = מין # = מספר כ = כינוי וגוף קס = קידומות וסיומות ו = מספר ההברות

אזכור		מלה		צונן	ג	#	כ	קס	ה
ט310503	לעשות בזהב ובכסף ובנחשת / ובחרשת אבן	למלאת	ובחרשת עץ לעשות בכל- מלאכה / ואני	3354				6	3
ט353303	לעשת בזהב ובכסף ובנחשת / ובחרשת אבן	למלאת	ובחרשת עץ לעשות בכל- מלאכה מחשבת	3354				6	3
	-	מלאה	*-*						
ט222801	לא תקלל ונשיא בעמך לא תאר /	מלאתך	ודמעך לא תאחר בכור בניך תתן-	1123	2	1	2		5
	-	מלאך	*-*						
ט232004	גדי בחלב אמו / הנה אנכי שלח	מלאך	לפניך לשמרך בדרך ולהביאך אל- המקום	1111	1	1			2
ט330203	וליעקב לאמר לזרעך אתננה / ושלחתי לפניך	מלאך	וגרשתי את- הכנעני האמרי והחתי והפרזי	1111	1	1			2
ט030202	ויבא אל- הר האלהים חרבה / וירא	מלאך	יהוה אליו בלבת- אש מתוך הסנה	1112	1	1			2
ט141902	יהוה בהכבדי בפרעה ברכבו ובפרשיו / ויסע	מלאך	האלהים ההלך לפני מחנה ישראל וילך	1112	1	1			2
ט232303	איבך וצרתי את- צרריך / כי- ילך	מלאכי	לפניך והביאך אל- האמרי והחתי והפרזי	1113	1	1	1		3
ט323411	העם אל אשר- דברתי לך הנה	מלאכי	ילך לפניך וביום פקדי ופקדתי עלהם	1113	1	1	1		3
	-	מלאכה	*-*						
ט121612	השביעי מקרא- קדש יהיה לכם כל-	מלאכה	לא- יעשה בהם אך אשר יאכל	1121	2	1			3
ט201009	שבת ליהוה אלהיך לא- תעשה כל-	מלאכה	אתה ובנך- ובתך עבדך ואמתך ובהמתך	1121	2	1			3
ט310309	רוח אלהים בחכמה ובתבונה ובדעת ובכל	מלאכה	/ לחשב מחשבת לעשות בזהב ובכסף ובנחשת	1121	2	1			3
ט310508	אבן למלאת ובחרשת עץ לעשות בכל-	מלאכה	/ ואני הנה נתתי אתו את אהליאב	1121	2	1			3
ט311415	מות יומת כי כל- העשה בה	מלאכה	ונכרתה הנפש ההוא מקרב עמיה / ששת	1121	2	1			3
ט311504	ההוא מקרב עמיה / ששת ימים יעשה	מלאכה	וביום השביעי שבת שבתון קדש ליהוה	1121	2	1			3
ט311513	שבת שבתון קדש ליהוה כל- העשה	מלאכה	ביום השבת מות יומת / ושמרו בני-	1121	2	1			3
ט350204	יהוה לעשת אתם / ששת ימים תעשה	מלאכה	וביום השביעי יהיה לכם קדש שבת	1121	2	1			3
ט350216	שבת שבתון ליהוה כל- העשה בו	מלאכה	יומת / לא- תבערו אש בכל מושבתיכם	1121	2	1			3
ט352910	אשר נדב לבם אתם להביא לכל-	המלאכה	אשר צוה יהוה לעשות ביד- משה	1121	2	1		2	4
ט353109	רוח אלהים בחכמה בתבונה ובדעת ובכל-	מלאכה	/ ולחשב מחשבת לעשת בזהב ובכסף ובנחשת	1121	2	1			3
ט353519	בתולעת השני ובשש וארג עשי כל-	מלאכה	וחשבי מחשבת // ועשה בצלאל ואהליאב וכל	1121	2	1			3
ט360223	כל אשר נשאו לבו לקרבה אל-	המלאכה	לעשת אתה / ויקחו מלפני משה את	1121	2	1		2	4
ט360510	לאמר מרבים העם להביא מדי העבדה	למלאכה	אשר- צוה יהוה לעשת אתה / ויצו	1121	2	1		26	4
ט360612	לאמר איש ואשה אל- יעשו- עוד	מלאכה	לתרומת הקדש ויכלא העם מהביא / והמלאכה	1121	2	1			3
ט360701	מלאכה לתרומת הקדש ויכלא העם מהביא /	והמלאכה	היתה דים לכל- המלאכה לעשות אתה	1121	2	1		21	5
ט360705	העם מהביא / והמלאכה היתה דים לכל-	המלאכה	לעשות אתה והותר / ויעשו כל- חכם-	1121	2	1		2	4
ט360806	והותר / ויעשו כל- חכם- לב בעשי	המלאכה	את- המשכן עשר יריעת שש משזר	1121	2	1		2	4
ט382404	ובתולעת השני ובשש / כל- הזהב העשוי	למלאכה	בכל מלאכת הקדש ויהי זהב התנופה	1121	2	1		26	4
ט394305	כל- העבדה / וירא משה את- כל-	המלאכה	והנה עשו אתה כאשר צוה יהוה	1121	2	1		2	4
ט403315	מסך שער החצר ויכל משה את-	המלאכה	/ ויכס הענן את- אהל מועד וכבוד	1121	2	1		2	4
ט220714	אל- האלהים אם- לא שלח ידו	במלאכת	רעהו / על- כל- דבר- פשע על-	1122	2	1		4	4
ט221010	בין שניהם אם- לא שלח ידו	במלאכת	רעהו ולקח בעליו ולא ישלם / ואם-	1122	2	1		4	4
ט352116	רוחו אתו הביאו את- תרומת יהוה	למלאכת	אהל מועד ולכל- עבדתו ולבגדי הקדש	1122	2	1		6	4
ט352417	אשר נמצא אתו עצי שטים לכל-	מלאכת	העבדה הביאו / וכל- אשה חכמת לב	1122	2	1			3
ט353308	אבן למלאת ובחרשת עץ לעשות בכל-	מלאכת	מחשבת / ולהורת נתן בלבו הוא ואהליאב	1122	2	1			3
ט353507	מלא אתם חכמת- לב לעשות כל-	מלאכת	חרש וחשב ורקם בתכלת ובארגמן בתולעת	1122	2	1			3
ט360118	ותבונה בהמה לדעת לעשת את- כל-	מלאכת	עבדת הקדש לכל אשר- צוה יהוה	1122	2	1			3
ט360311	כל- התרומה אשר הביאו בני ישראל	למלאכת	עבדת הקדש לעשת אתה והם הביאו	1122	2	1		6	4
ט360407	ויבאו כל- החכמים העשים את כל-	מלאכת	הקדש איש- איש ממלאכתו אשר- המה	1122	2	1			3
ט382406	ובשש / כל- הזהב העשוי למלאכה בכל	מלאכת	הקדש ויהי זהב התנופה תשע ועשרים	1122	2	1			3
ט200906	לקדשו / ששת ימים תעבד ועשית כל-	מלאכתך	/ ויום השביעי שבת ליהוה אלהיך לא-	1123	2	1	2		5
ט360411	את כל- מלאכת הקדש איש- איש	ממלאכתו	אשר- המה עשים / ויאמרו אל- משה	1123	2	1	4	7	5
	-	מלוא	*-*						
ט090809	אל- משה ואל- אהרן קחו לכם	מלא	חפניכם פיח כבשן וזרקו משה השמימה	1112	1	1			2
ט163208	משה זה הדבר אשר צוה יהוה	מלא	העמר ממנו למשמרת לדרתיכם למען יראו	1112	1	1			2
ט163310	אהרן קח צנצנת אחת ותן- שמה	מלא-	העמר מן והנח אתו לפני יהוה	1112	1	1			2

/ = סוף פסוק   // = סוף פרק   ג = מין   # = מספר   כ = כינוי וגוף   קס = קידומות וסיומות   ו = נספר ההגבורה

אזכור		מלה		צורן	ג	#	כ	קס	ה
	--*-*-*-*-*-*-*-*-*-*-*-*-*-*-*-*	מלואה	*-*-*-*-*-*-*-*-*-*-*-*-*-*-*-*-*-*						
ט281703	זרת ארכו וזרת רחבו / ומלאת בו	מלאת	אבן ארבעה טורים אבן טור אדם	1122	2	1			3
ט282009	תרשיש ושהם וישפה משבצים זהב יהיו	במלואתם	/ והאבנים תהיין על- שמת בני- ישראל	1127	2	3	9	4	5
ט391309	תרשיש שהם וישפה מוסבת משבצת זהב	במלאתם	/ והאבנים על- שמת בני- ישראל הנה	1127	2	3	9	4	5
	--*-*-*-*-*-*-*-*-*-*-*-*-*-*-*-*	מלואים	*-*-*-*-*-*-*-*-*-*-*-*-*-*-*-*-*-*						
ט250704	המשחה ולקטרת הסמים / אבני- שהם ואבני	מלאים	לאפד ולחשן / ועשו לי מקדש ושכנתי	1115	1	3			3
ט292226	עליהן ואת שוק הימין כי איל	מלאים	הוא / וככר לחם אחת וחלת לחם	1115	1	3			3
ט292605	הוא ליהוה / ולקחת את- החזה מאיל	המלאים	אשר לאהרן והנפת אתו תנופה לפני	1115	1	3		2	4
ט292713	התרומה אשר הונף ואשר הורם מאיל	המלאים	מאשר לאהרן ומאשר לבניו / והיה לאהרן	1115	1	3		2	4
ט293103	אהל מועד לשרת בקדש / ואת איל	המלאים	תקח ובשלת את- בשרו במקם קדש	1115	1	3		2	4
ט293404	כי- קדש הם / ואם- יותר מבשר	המלאים	ומן- הלחם עד- הבקר ושרפת את-	1115	1	3		2	4
ט350904	המשחה ולקטרת הסמים / ואבני- שהם ואבני	מלאים	לאפוד ולחשן / וכל- חכם- לב בכם	1115	1	3			3
ט352708	הביאו את אבני השהם ואת אבני	המלאים	לאפוד ולחשן / ואת- הבשם ואת- השמן	1115	1	3		2	4
	--*-*-*-*-*-*-*-*-*-*-*-*-*-*-*-*	מלון	*-*-*-*-*-*-*-*-*-*-*-*-*-*-*-*-*-*						
ט042403	הרג את- בנך בכרך / ויהי בדרך	במלון	ויפגשהו יהוה ויבקש המיתו / ותקח צפרה	1111	1	1		24	3
	--*-*-*-*-*-*-*-*-*-*-*-*-*-*-*-*	מלח	*-*-*-*-*-*-*-*-*-*-*-*-*-*-*-*-*-*						
ט303507	ועשית אתה קטרת רקח מעשה רוקח	ממלח	טהור קדש / ושחקת ממנה הדק ונתתה	3431	1	1			3
	--*-*-*-*-*-*-*-*-*-*-*-*-*-*-*-*	מלחמה	*-*-*-*-*-*-*-*-*-*-*-*-*-*-*-*-*-*						
ט011009	לו פן ירבה והיה כי- תקראנה	מלחמה	ונוסף גם- הוא על- שנאינו ונלחם-	1121	2	1			3
ט131722	אמר אלהים פן- ינחם העם בראתם	מלחמה	ושבו מצרימה / ויסב אלהים את- העם	1121	2	1			3
ט150303	ואנוהו אלהי אבי וארממנהו / יהוה איש	מלחמה	יהוה שמו / מרכבת פרעה וחילו ירה	1121	2	1			3
ט171607	ויאמר כי- יד על כס יה	מלחמה	ליהוה בעמלק מדר דר // וישמע יתרו	1121	2	1			3
ט321711	העם ברעה ויאמר אל- משה קול	מלחמה	במחנה / ויאמר אין קול ענות גבורה	1121	2	1			3
	--*-*-*-*-*-*-*-*-*-*-*-*-*-*-*-*	מלך	*-*-*-*-*-*-*-*-*-*-*-*-*-*-*-*-*-*						
ט010802	במאד מאד ותמלא הארץ אתם / ויקם	מלך-	חדש על- מצרים אשר לא- ידע	1111	1	1			2
ט011502	עבדתם אשר- עבדו בהם בפרך / ויאמר	מלך	מצרים למילדת העברית אשר שם האחת	1112	1	1			2
ט011710	האלהים ולא עשו כאשר דבר אליהן	מלך	מצרים ותחיין את- הילדים / ויקרא מלך-	1112	1	1			2
ט011802	מלך מצרים ותחיין את- הילדים / ויקרא	מלך-	מצרים למילדת ויאמר להן מדוע עשיתן	1112	1	1			2
ט022306	נכריה / ויהי בימים הרבים ההם וימת	מלך	מצרים ויאנחו בני- ישראל מן- העבדה	1112	1	1			2
ט031808	לקלך ובאת אתה וזקני ישראל אל-	מלך	מצרים ואמרתם אליו יהוה אלהי העבריים	1112	1	1			2
ט031907	ואני ידעתי כי לא- יתן אתכם	מלך	מצרים להלך ולא ביד חזקה / ושלחתי	1112	1	1			2
ט050403	יפגענו בדבר או בחרב / ויאמר אלהם	מלך	מצרים למה משה ואהרן תפריעו את-	1112	1	1			2
ט061105	משה לאמר / בא דבר אל- פרעה	מלך	מצרים וישלח את- בני- ישראל מארצו	1112	1	1			2
ט061313	ויצום אל- בני ישראל ואל- פרעה	מלך	מצרים להוציא את- בני- ישראל מארץ	1112	1	1			2
ט062705	על- צבאתם / הם המדברים אל- פרעה	מלך-	מצרים להוציא את- בני- ישראל ממצרים	1112	1	1			2
ט062911	לאמר אני יהוה דבר אל- פרעה	מלך	מצרים את כל- אשר אני דבר	1112	1	1			2
ט140502	כי- אני יהוה ויעשו כן / ויגד	למלך	מצרים כי ברח העם ויהפך לבב	1112	1	1		6	3
ט140806	כלו / ויחזק יהוה את- לב פרעה	מלך	מצרים וירדף אחרי בני ישראל ובני	1112	1	1			2
	--*-*-*-*-*-*-*-*-*-*-*-*-*-*-*-*	מלך	*-*-*-*-*-*-*-*-*-*-*-*-*-*-*-*-*-*						
ט151802	יהוה מקדש אדני כוננו ידיך / יהוה	ימלך	לעלם ועד / כי בא סוס פרעה	3121	1	1			2
	--*-*-*-*-*-*-*-*-*-*-*-*-*-*-*-*	מלקח	*-*-*-*-*-*-*-*-*-*-*-*-*-*-*-*-*-*						
ט253801	את- נרתיה והאיר על- עבר פניה /	ומלקחיה	ומחתתיה זהב טהור / ככר זהב טהור	1118	1	2	5	1	5
ט372305	זהב טהור / ויעש את- נרתיה שבעה	ומלקחיה	ומחתתיה זהב טהור / ככר זהב טהור	1118	1	2	5	1	5
	--*-*-*-*-*-*-*-*-*-*-*-*-*-*-*-*	ממלכה	*-*-*-*-*-*-*-*-*-*-*-*-*-*-*-*-*-*						
ט190604	לי כל- הארץ / ואתם תהיו- לי	ממלכת	כהנים וגוי קדוש אלה הדברים אשר	1122	2	1			3

/ = סוף פסוק   // = סוף פרק   ג = מין   # = מספר   כ = כינוי חבור   קס = קידומות וסיומות   ה = מספר ההברות

אזכור		מלה		צורן	ג	#	כ	קס	ה
	--*-*-*-*-*-*-*-*-*-*-*-*-*-*-*-*-*-*	מן	*-*-*-*-*-*-*-*-*-*-*-*-*-*-*-*-*-*-*-*						
ט163106	השביעי / ויקראו בית- ישראל את- שמו	מן	ווא כזרע גד לבן וטעמו כצפיחת	1111	1	1			1
ט163312	צנצנת אחת ותן- שמה מלא- העמר	מן	ווגח אתו לפני יהוה למשמרת לדרתיכם	1111	1	1			1
ט163505	העדת למשמרת / ובני ישראל אכלו את-	המן	ארבעים שנה עד- באם אל- ארץ	1111	1	1		2	2
ט163514	עד- באם אל- ארץ נושבת את-	המן	אכלו עד- באם אל- קצה ארץ	1111	1	1		2	2
	--*-*-*-*-*-*-*-*-*-*-*-*-*-*-*-*-*-*	מן	*-*-*-*-*-*-*-*-*-*-*-*-*-*-*-*-*-*-*-*						
ט01101י	הוא על- שנאינו ונלחם- בנו ועלה	מן-	הארץ / וישימו עליו שרי מסים למען		4				1
ט020711	פרעה האלך וקראתי לך אשה מינקת	מן	העברים ותינק לך את- הילד / ותאמר-		4				1
ט021014	לבן ותקרא שמו משה ותאמר כי	מן-	המים משיתהו / ויהי בימים ההם ויגדל		4				1
ט022311	וימת מלך מצרים ויאנחו בני- ישראל	מן-	העבדה ויזעקו ותעל שועתם אל- האלהים		4				1
ט022318	העבדה ויזעקו ותעל שועתם אל- האלהים	מן-	העבדה / וישמע אלהים את- נאקתם ויזכר		4				1
ט030806	מכאביו / וארד להצילו מיד מצרים ולהעלתו	מן-	הארץ ההוא אל- ארץ טובה ורחבה		4				1
ט040921	ושפכת היבשה והיו המים אשר תקח	מן-	היאר והיו לדם ביבשת / ויאמר משה		4				1
ט071811	ובאש היאר ונלאו מצרים לשתות מים	מן-	היאר / ויאמר יהוה אל- משה אמר		4				1
ט072112	היאר ולא- יכלו מצרים לשתות מים	מן-	היאר ויהי הדם בכל- ארץ מצרים		4				1
ט080907	ויעש יהוה כדבר משה וימתו הצפרדעים	מן-	הבתים מן- החצרת ומן- השדת / ויצברו		4				1
ט080909	כדבר משה וימתו הצפרדעים מן- הבתים	מן-	החצרת ומן- השדת / ויצברו אתם חמרם		4				1
ט080911	וימתו הצפרדעים מן- הבתים מן- החצרת	ומן-	השדת / ויצברו אתם חמרם חמרם ותבאש		4			1	2
ט091512	ואך אותך ואת- עמך בדבר ותכחד	מן-	הארץ / ואולם בעבור זאת העמדתיך בעבור		4				1
ט091813	מאד אשר לא- היה כמהו במצרים	למן-	היום הוסדה ועד- עתה / ועתה שלח		4			6	2
ט100516	ואכל את- יתר הפלטה הנשארת לכם	מן-	הברד ואכל את- כל- העץ הצמח		4				1
ט100524	ואכל את- כל- העץ הצמח לכם	מן-	השדה / ומלאו בתיך ובתי כל- עבדיך		4				1
ט120508	תמים זכר בן- שנה יהיה לכם	מן-	הכבשים ומן- העזים תקחו / והיה לכם		4				1
ט120510	בן- שנה יהיה לכם מן- הכבשים	ומן-	העזים תקחו / והיה לכם למשמרת עד		4			1	2
ט120702	קהל עדת- ישראל בין הערבים / ולקחו	מן-	הדם ונתנו על- שתי המזוזת ועל-		4				1
ט122214	והגעתם אל- המשקוף ואל- שתי המזוזת	מן-	הדם אשר בסף ואתם לא תצאו		4				1
ט123307	ותחזק מצרים על- העם למהר לשלחם	מן-	הארץ כי אמרו כלנו מתים / וישא		4				1
ט124606	בו / בבית אחד יאכל לא- תוציא	מן-	הבית מן- הבשר חוצה ועצם לא-		4				1
ט124608	אחד יאכל לא- תוציא מן- הבית	מן-	הבשר חוצה ועצם לא- תשברו- בו		4				1
ט160409	אל- משה הנני ממטיר לכם לחם	מן-	השמים ויצא העם ולקטו דבר- יום		4				1
ט162705	יהיה- בו / ויהי ביום השביעי יצאו	מן-	העם ללקט ולא מצאו / ויאמר יהוה		4				1
ט181312	את- העם ויעמד העם על- משה	מן-	הבקר עד- הערב / וירא חתן משה		4				1
ט181426	יושב לבדך וכל- העם נצב עליך	מן-	בקר עד- ערב / ויאמר משה לחתנו		4				1
ט190308	עלה אל- האלהים ויקרא אליו יהוה	מן-	ההר לאמר כה תאמר לבית יעקב		4				1
ט191403	היבל המה יעלו בהר / וירד משה	מן-	ההר אל- העם ויקדש את- העם		4				1
ט191707	ויוצא משה את- העם לקראת האלהים	מן-	המחנה ויתיצבו בתחתית ההר / והר סיני		4				1
ט202213	אל- בני ישראל אתם ראיתם כי	מן-	השמים דברתי עמכם / לא תעשון אתי		4				1
ט231615	האסף בצאת השנה באספך את- מעשיך	מן-	השדה / שלש פעמים בשנה יראה כל-		4				1
ט251910	מקצה מזה וכרוב- אחד מקצה מזה	מן-	הכפרת תעשו את- הכרבים על- שני		4				1
ט253319	כפתר ופרח כן לששת הקנים היצאים	מן-	המנרה / ובמנרה ארבעה גבעים משקדים כפתריה		4				1
ט253519	שני הקנים ממנה לששת הקנים היצאים	מן-	המנרה / כפתריהם וקנתם ממנה יהיו כלה		4				1
ט262806	ימה / והבריח התיכן בתוך הקרשים מברח	מן-	הקצה אל- הקצה / ואת- הקרשים תצפה		4				1
ט292102	את- הדם על- המזבח סביב / ולקחת	מן-	הדם אשר על- המזבח ומשמן המשחה		4				1
ט292202	ובגדיו ובניו ובגדי בניו אתו / ולקחת	מן-	האיל החלב והאליה ואת- החלב המכסה		4				1
ט293405	קדש הם / ואם- יותר מבשר המלאים	ומן-	הלחם עד- הבקר ושרפת את- הנותר		4			1	2
ט320107	וירא העם כי- בשש משה לרדת	מן-	ההר ויקהל העם על- אהרן ויאמרו		4				1
ט320803	אשר העלית מארץ מצרים / סרו מהר	מן-	הדרך אשר צויתם עשו להם עגל		4				1
ט321504	דבר לעשות לעמו / ויפן וירד משה	מן-	ההר ושני לחת העדת בידו לחת		4				1
ט322807	ויעשו בני- לוי כדבר משה ויפל	מן-	העם ביום ההוא כשלשת אלפי איש		4				1
ט330710	האהל ונטה לו מחוץ למחנה הרחק	מן-	המחנה וקרא לו אהל מועד והיה		4				1
ט342912	ושני לחת העדת ביד- משה ברדתו	מן-	ההר ומשה לא- ידע כי קרן		4				1
ט363308	את- הבריח התיכן לברח בתוך הקרשים	מן-	הקצה אל- הקצה / ואת- הקרשים צפה		4				1
ט370809	מקצה מזה וכרוב- אחד מקצה מזה	מן-	הכפרת עשה את- הכרבים משני קצותיו		4				1

אזכור		מלה		ה קס כ # ג צורן
ט371919	כפתר ופרח כן לששת הקנים היצאים	מן-	הגנרה / ובמנורה ארבעה גבעים משקדים כפתריה	1 4
ט390101	המשכן ואת- כל- יתדת החצר סביב //	ומן-	התכלת והארגמן ותולעת השני עשו בגדי-	2 1 4
ט010910	הנה עם בני ישראל רב ועצום	ממנו	/ הבה נתחכמה לו פן ירבה והיה	3 6 41
ט042602	כי חתן- דמים אתה לי / וירף	ממנו	אז אמרה חתן דמים למולת / ויאמר	3 4 41
ט050813	תמול שלשם תשימו עליהם לא תגרעו	ממנו	כי- נרפים הם על- כן הם	3 4 41
ט080411	ויאמר העתירו אל- יהוה ויסר הצפרדעים	ממני	ומעמי ואשלחה את- העם ויזבחו ליהוה	3 1 41
ט080513	אעתיר לך ולעבדיך ולעמך להכרית הצפרדעים	ממך	ומבתיך רק ביאר תשארנה / ויאמר למחר	3 2 41
ט080703	כי- אין כיהוה אלהינו / וסרו הצפרדעים	ממך	ומבתיך ומעבדיך ומעמך רק ביאר תשארנה	3 2 41
ט102609	ילך עמנו לא תשאר פרסה כי	ממנו	נקח לעבד את- יהוה אלהינו ואנחנו	3 4 41
ט120903	ומצות על- מררים יאכלהו / אל- תאכלו	ממנו	נא ובשל מבשל במים כי אם-	3 4 41
ט121003	על- כרעיו ועל- קרבו / ולא- תותירו	ממנו	עד- בקר והנתר ממנו עד- בקר	3 4 41
ט121007	ולא- תותירו ממנו עד- בקר והנתר	ממנו	עד- בקר באש תשרפו / וככה תאכלו	3 4 41
ט141210	אשר דברנו אליך במצרים לאמר חדל	ממנו	ונעבדה את- מצרים כי טוב לנו	3 6 41
ט161607	זה הדבר אשר צוה יהוה לקטו	ממנו	איש לפי אכלו עמר לגלגלת מספר	3 4 41
ט161907	ויאמר משה אלהם איש אל- יותר	ממנו	עד- בקר / ולא- שמעו אל- משה	3 4 41
ט162007	ולא- שמעו אל- משה ויותרו אנשים	ממנו	עד- בקר וירם תולעים ויבאש ויקצף	3 4 41
ט163210	הדבר אשר צוה יהוה מלא העמר	ממנו	למשמרת לדרתיכם למען יראו את- הלחם	3 4 41
ט170611	על- הצור בחרב והכית בצור ויצאו	ממנו	מים ושתה העם ויעש כן משה	3 4 41
ט181812	העם הזה אשר עמך כי- כבד	ממך	הדבר לא- תוכל עשהו לבדך / עתה	3 2 41
ט192114	פן- יהרסו אל- יהוה לראות ונפל	ממנו	רב / וגם הכהנים הנגשים אל- יהוה	3 4 41
ט251507	בטבעת הארן יהיו הבדים לא יסרו	ממנו	/ ונתת אל- הארן את העדת אשר	3 4 41
ט270206	קמתו / ועשית קרנתיו על ארבע פנתיו	ממנו	תהיין קרנתיו וצפית אתו נחשת / ועשית	3 4 41
ט280806	וחבר / וחשב אפדתו אשר עליו כמעשהו	ממנו	יהיה זהב תכלת וארגמן ותולעת שני	3 4 41
ט300209	ואמה רחבו רבוע יהיה ואמתים קמתו	ממנו	קרנתיו / וצפית אתו זהב טהור את-	3 4 41
ט301904	ונתת שמה מים / ורחצו אהרן ובניו	ממנו	את- ידיהם ואת- רגליהם / בבאם אל-	3 4 41
ט303307	איש אשר ירקח כמהו ואשר יתן	ממנו	על- זר ונכרת מעמיו / ויאמר יהוה	3 4 41
ט372514	ארכו ואמה רחבו רבוע ואמתים קמתו	ממנו	היו קרנתיו / ויצף אתו זהב טהור	3 4 41
ט380206	קמתו / ויעש קרנתיו על ארבע פנתיו	ממנו	היו קרנתיו ויצף אתו נחשת / ויעש	3 4 41
ט390505	קצותיו חבר / וחשב אפדתו אשר עליו	ממנו	הוא כמעשהו זהב תכלת וארגמן ותולעת	3 4 41
ט403102	המזבח ויתן שמה מים לרחצה / ורחצו	ממנו	משה ואהרן ובניו את- ידיהם ואת-	3 4 41
ט253113	המנורה ירכה וקנה גביעיה כפתריה ופרחיה	ממנה	יהיו / וששה קנים יצאים מצדיה שלשה	3 5 42
ט253505	כפתריה ופרחיה / וכפתר תחת שני הקנים	ממנה	וכפתר תחת שני הקנים ממנה וכפתר	3 5 42
ט253510	הקנים ממנה וכפתר תחת שני הקנים	ממנה	וכפתר תחת- שני הקנים ממנה לששת	3 5 42
ט253515	הקנים ממנה וכפתר תחת- שני הקנים	ממנה	לששת הקנים היצאים מן- המנרה / כפתריהם	3 5 42
ט253603	הקנים היצאים מן- המנרה / כפתריהם וקנתם	ממנה	יהיו כלה מקשה אחת זהב טהור	3 5 42
ט303602	מעשה רוקח ממלח טהור קדש / ושחקת	ממנה	הדק ונתתה ממנה לפני העדת באהל	3 5 42
ט303605	טהור קדש / ושחקת ממנה הדק ונתתה	ממנה	לפני העדת באהל מועד אשר אועד	3 5 42
ט371715	המנרה ירכה וקנה גביעיה כפתריה ופרחיה	ממנה	היו / וששה קנים יצאים מצדיה שלשה	3 5 42
ט372105	כפתריה ופרחיה / וכפתר תחת שני הקנים	ממנה	וכפתר תחת שני הקנים ממנה וכפתר	3 5 42
ט372110	הקנים ממנה וכפתר תחת שני הקנים	ממנה	וכפתר תחת- שני הקנים ממנה לששת	3 5 42
ט372115	הקנים ממנה וכפתר תחת- שני הקנים	ממנה	לששת הקנים היצאים ממנה / כפתריהם וקנתם	3 5 42
ט372119	שני הקנים ממנה לששת הקנים היצאים	ממנה	/ כפתריהם וקנתם ממנה היו כלה מקשה	3 5 42
ט372203	לששת הקנים היצאים ממנה / כפתריהם וקנתם	ממנה	היו כלה מקשה אחת זהב טהור	3 5 42
	--*-*-*-*-*-*-*-*-*-*-*-*-*-*-*-*	מן	*-*-*-*-*-*-*-*-*-*-*-*-*-*-*-*-*-*	
ט161508	בני- ישראל ויאמרו איש אל- אחיו	מן	הוא כי לא ידעו מה- הוא	1 51
	--*-*-*-*-*-*-*-*-*-*-*-*-*-*-*-*	מנה	*-*-*-*-*-*-*-*-*-*-*-*-*-*-*-*-*-*	
ט292615	אתו תנופה לפני יהוה והיה לך	למנה	/ וקדשת את חזה התנופה ואת שוק	3 6 1 2 1121
	--*-*-*-*-*-*-*-*-*-*-*-*-*-*-*-*	מנורה	*-*-*-*-*-*-*-*-*-*-*-*-*-*-*-*-*-*	
ט253107	ועשית מנרת זהב טהור מקשה תיעשה	המנורה	ירכה וקנה גביעיה כפתריה ופרחיה ממנה	4 2 1 2 1121
ט253207	וששה קנים יצאים מצדיה שלשה קני	מנרה	מצדה האחד ושלשה קני מנרה מצדה	3 1 2 1121
ט253212	קני מנרה מצדה האחד ושלשה קני	מנרה	מצדה השני / שלשה גבעים משקדים בקנה	3 1 2 1121

/ = סוף פסוק // = סוף פרק ג = מין # = מספר כ = כינוי חבור קס = קידומות וסיומות ה = מספר ההברות

אזכור		מלה		צופן	ג	#	כ	קס	ה
ט253320	ופרח כן לששת הקנים היצאים מן-	המנרה	/ ובמנרה ארבעה גבעים משקדים כפתריו ופרחיה	1121	2	1		2	4
ט253401	כן לששת הקנים היצאים מן- המנרה /	ובמנרה	ארבעה גבעים משקדים כפתריה ופרחיה / וכפתר	1121	2	1		241	5
ט253520	הקנים ממנה לששת הקנים היצאים מן-	המנרה	/ כפתריהם וקנתם ממנה יהיו כלה מקשה	1121	2	1		2	4
ט263507	ושמת את- השלחן מחוץ לפרכת ואת-	המנרה	נכח השלחן על צלע המשכן תימנה	1121	2	1		2	4
ט302707	ואת- השלחן ואת- כל- כליו ואת	המנרה	ואת- כליה ואת מזבח הקטרת / ואת-	1121	2	1		2	4
ט310806	האהל / ואת- השלחן ואת- כליו ואת-	המנרה	הטהרה ואת- כל- כליה ואת מזבח	1121	2	1		2	4
ט371703	יסך בהן זהב טהור / ויעש את-	המנרה	זהב טהור מקשה עשה את- המנרה	1121	2	1		2	4
ט371709	המנרה זהב טהור מקשה עשה את-	המנרה	ירכה וקנה גביעיה כפתריה ופרחיה ממנה	1121	2	1		2	4
ט371807	וששה קנים יצאים מצדיה שלשה קני	מנרה	מצדה האחד ושלשה קני מנרה מצדה	1121	2	1			3
ט371812	קני מנרה מצדה האחד ושלשה קני	מנרה	מצדה השני / שלשה גבעים משקדים בקנה	1121	2	1			3
ט371920	ופרח כן לששת הקנים היצאים מן-	המנרה	/ ובמנרה ארבעה גבעים משקדים כפתריה ופרחיה	1121	2	1		2	4
ט372001	כן לששת הקנים היצאים מן- המנרה /	ובמנרה	ארבעה גבעים משקדים כפתריה ופרחיה / וכפתר	1121	2	1		241	5
ט393702	כל- כליו ואת לחם הפנים / את-	המנרה	הטהרה את- נרתיה נרת המערכה ואת-	1121	2	1		2	4
ט400419	השלחן וערכת את- ערכו והבאת את-	המנרה	והעלית את- נרתיה / ונתתה את- מזבח	1121	2	1		2	4
ט402403	צוה יהוה את- משה / וישם את-	המנרה	באהל מועד נכח השלחן על ירך	1121	2	1		2	4
ט253102	השלחן לחם פנים לפני תמיד / ועשית	מנרת	זהב טהור מקשה תיעשה המנורה ירכה	1122	2	1			3
ט351411	כל- כליו ואת לחם הפנים / ואת-	מנרת	המאור ואת- כליה ואת- נרתיה ואת	1122	2	1			3
	--*-*-*-*-*-*-*-*-*-*-*-*-*-*-*-*-*-*	מנחה	*-*-*-*-*-*-*-*-*-*-*-*-*-*-*-*-*-*-*-*						
ט300907	לא- תעלו עליו קטרת זרה ועלה	ומנחה	ונסך לא תסכו עליו / וכפר אהרן	1121	2	1		1	3
ט402914	מועד ויעל עליו את- העלה ואת-	המנחה	כאשר צוה יהוה את- משה / וישב	1121	2	1		2	3
ט294107	ואת הכבש השני תעשה בין הערבים	כמנחת	הבקר וכנסכה תעשה- לה לריח ניחח	1122	2	1		5	3
	--*-*-*-*-*-*-*-*-*-*-*-*-*-*-*-*-*-*	מנקיה	*-*-*-*-*-*-*-*-*-*-*-*-*-*-*-*-*-*-*-*						
ט252905	את- השלחן / ועשית קערתיו וכפתיו וקשותיו	ומנקיתיו	אשר יסך בהן זהב טהור תעשה	1127	2	3	4	1	6
ט371612	השלחן את- קערתיו ואת- כפתיו ואת	מנקיתיו	ואת- הקשות אשר יסך בהן זהב	1127	2	3	4		5
	--*-*-*-*-*-*-*-*-*-*-*-*-*-*-*-*-*-*	מס	*-*-*-*-*-*-*-*-*-*-*-*-*-*-*-*-*-*-*-*						
ט011104	ועלה מן- הארץ / וישימו עליו שרי	מסים	למען ענתו בסבלתם ויבן ערי מסכנות	1115	1	3			2
	--*-*-*-*-*-*-*-*-*-*-*-*-*-*-*-*-*-*	מסגרה	*-*-*-*-*-*-*-*-*-*-*-*-*-*-*-*-*-*-*-*						
ט252702	ארבע הפאת אשר לארבע רגליו / לעמת	המסגרת	תהיין הטבעת לבתים לבדים לשאת את-	1121	2	1		2	4
ט371402	ארבע הפאת אשר לארבע רגליו / לעמת	המסגרת	היו הטבעת בתים לבדים לשאת את-	1121	2	1		2	4
ט252503	לו זר זהב סביב / ועשית לו	מסגרת	טפח סביב ועשית זר- זהב למסגרתו	1122	2	1			3
ט371203	לו זר זהב סביב / ויעש לו	מסגרת	טפח סביב ויעש זר- זהב למסגרתו	1122	2	1			3
ט252509	מסגרת טפח סביב ועשית זר- זהב	למסגרתו	סביב / ועשית לו ארבע טבעת זהב	1123	2	1	4	6	4
ט371209	מסגרת טפח סביב ויעש זר- זהב	למסגרתו	סביב / ויצק לו ארבע טבעת זהב	1123	2	1	4	6	4
	--*-*-*-*-*-*-*-*-*-*-*-*-*-*-*-*-*-*	מסהומריבה	*-*-*-*-*-*-*-*-*-*-*-*-*-*-*-*-*-*-*-*						
ט170704	לעיני זקני ישראל / ויקרא שם המקום	מסהומריבה	על- ריב בני ישראל ועל נסתם	123	2				6
	--*-*-*-*-*-*-*-*-*-*-*-*-*-*-*-*-*-*	מסוה	*-*-*-*-*-*-*-*-*-*-*-*-*-*-*-*-*-*-*-*						
ט343308	משה מדבר אתם ויתן על- פניו	מסוה	/ ובבא משה לפני יהוה לדבר אתו	1111	1	1			2
ט343409	לפני יהוה לדבר אתו יסיר את-	המסוה	עד- צאתו ויצא ודבר אל- בני	1111	1	1		2	3
ט343515	עור פני משה והשיב משה את-	המסוה	על- פניו עד- באו לדבר אתו	1111	1	1		2	3
	--*-*-*-*-*-*-*-*-*-*-*-*-*-*-*-*-*-*	מסך	*-*-*-*-*-*-*-*-*-*-*-*-*-*-*-*-*-*-*-*						
ט263602	והשלחן תתן על- צלע צפון / ועשית	מסך	לפתח האהל תכלת וארגמן ותולעת שני	1111	1	1			2
ט263702	שני ושש משזר מעשה רקם / ועשית	למסך	ונשה עמודי שטים וצפית אתם זהב	1111	1	1		26	3
ט271603	עמדיהם שלשה ואדניהם שלשה / ולשער החצר	מסך	עשרים אמה תכלת וארגמן ותולעת שני	1111	1	1			2
ט351209	ואת- בדיו את- הכפרת ואת פרכת	המסך	/ את- השלחן ואת- בדיו ואת- כל-	1111	1	1		2	3
ט363702	ויצק להם ארבעה אדני- כסף / ויעש	מסך	לפתח האהל תכלת וארגמן ותולעת שני	1111	1	1			2
ט393412	ואת- מכסה ערת התחשים ואת פרכת	המסך	/ את- ארון העדת ואת- בדיו ואת	1111	1	1		2	3
ט394009	החצר את- עמדיה ואת- אדניה ואת-	המסך	לשער החצר את- מיתריו ויתדתיה ואת	1111	1	1		2	3

/ = סוף פסוק   // = סוף פרק   ג = מין   # = מספר   כ = כינוי ובור   קס = קידומות וסיומות   ה = מספר ההברות

אזכור		מלה		צופן	ג	#	כ	קס	ה
ט402109	הארן אל- המשכן וישם את פרכת	המסך	ויסך על ארון העדות כאשר צוה	1111	1	1		2	3
ט351513	שמן המשחה ואת קטרת הסמים ואת-	מסך	הפתח לפתח המשכן / את מזבח העלה	1112	1	1			2
ט351709	החצר את- עמדיו ואת- אדניה ואת	מסך	שער החצר / את- יתדת המשכן ואת-	1112	1	1			2
ט381801	והם מחשקים כסף כל עמדי החצר /	ומסך	שער החצר מעשה רקם תכלת וארגמן	1112	1	1		1	3
ט393811	שמן המשחה ואת קטרת הסמים ואת	מסך	פתח האהל / את מזבח הנחשת ואת-	1112	1	1			2
ט400511	לקטרת לפני ארון העדת ושמת את-	מסך	הפתח למשכן / ונתתה את מזבח העלה	1112	1	1			2
ט400807	ושמת את- החצר סביב ונתת את-	מסך	שער החצר / ולקחת את- שמן המשחה	1112	1	1			2
ט402803	צוה יהוה את- משה / וישם את-	מסך	הפתח למשכן / ואת מזבח העלה שם	1112	1	1			2
ט403309	החצר סביב למשכן ולמזבח ויתן את-	מסך	שער החצר ויכל משה את- המלאכה	1112	1	1			2
	-	מסכה	*-*						
ט320408	מידם ויצר אתו בחרט ויעשהו עגל	מסכה	ויאמרו אלה אלהיך ישראל אשר העלון	1121	2	1			3
ט320810	הדרך אשר צויתם עשו להם עגל	מסכה	וישתחוו- לו ויזבחו- לו ויאמרו אלה	1121	2	1			3
ט341702	והזנו את- בניך אחרי אלהיהן / אלהי	מסכה	לא תעשה- לך / את- חג המצות	1121	2	1			3
	-	מסכנות	*-*						
ט011110	מסים למען ענתו בסבלתם ויבן ערי	מסכנות	לפרעה את פתם ואת- רעמסס / וכאשר	1125	2	3			3
	-	מסע	*-*						
ט170108	כל- עדת בני- ישראל ממדבר- סין	למסעיהם	על- פי יהוה ויחנו ברפידים ואין	1117	1	3	9	6	5
ט403609	מעל המשכן יסעו בני ישראל בכל	מסעיהם	/ ואם- לא יעלה הענן ולא יסעו	1117	1	3	9		4
ט403816	בו לעיני כל- בית ישראל בכל-	מסעיהם	//	1117	1	3	9		4
	-	מספר	*-*						
ט161613	ממנו איש לפי אכלו עמר לגלגלת	מספר	נפשתיכם איש לאשר באהלו תקחו / ויעשו-	1112	1	1			2
ט232607	לא תהיה משכלה ועקרה בארצך את-	מספר	ימיך אמלא / את- אימתי אשלח לפניך	1112	1	1			2
	-	מעט	*-*						
ט170411	לאמר מה אעשה לעם הזה עוד	מעט	וסקלני / ויאמר יהוה אל- משה עבר	1111	1	1			2
ט233001	הארץ שממה ורבה עליך חית השדה /	מעט	מעט אגרשנו מפניך עד אשר תפרה	1111	1	1			2
ט233002	שממה ורבה עליך חית השדה / מעט	מעט	אגרשנו מפניך עד אשר תפרה ונחלת	1111	1	1			2
	-	מעט	*-*						
ט120402	שה לבית אבת שה לבית / ואם-	ימעט	הבית מהיות משה ולקח הוא ושכנו	3121	1	1			2
	-	מעיל	*-*						
ט280407	ואלה הבגדים אשר יעשו חשן ואפוד	ומעיל	וכתנת תשבץ מצנפת ואבנט ועשו בגדי-	1111	1	1		1	3
ט283409	ורמון פעמן זהב ורמון על- שולי	המעיל	סביב / והיה על- אהרן לשרת ונשמע	1111	1	1		2	3
ט392302	האפד מעשה ארג כליל תכלת / ופי-	המעיל	בתוכו כפי תחרא שפה לפיו סביב	1111	1	1		2	3
ט392404	סביב לא יקרע / ויעשו על- שולי	המעיל	רמוני תכלת וארגמן ותולעת שני משזר	1111	1	1		2	3
ט392512	את- הפעמנים בתוך הרמנים על- שולי	המעיל	סביב בתוך הרמנים / פעמן ורמן פעמן	1111	1	1		2	3
ט392607	פעמן ורמן פעמן ורמן על- שולי	המעיל	סביב לשרת כאשר צוה יהוה את-	1111	1	1		2	3
ט283103	לבו לפני יהוה תמיד / ועשית את-	מעיל	האפוד כליל תכלת / והיה פי- ראשו	1112	1	1			2
ט290510	והלבשת את- אהרן את- הכתנת ואת	מעיל	האפד ואת- האפד ואת- החשן ואפדת	1112	1	1			2
ט392203	צוה יהוה את- משה / ויעש את-	מעיל	האפד מעשה ארג כליל תכלת / ופי-	1112	1	1			2
	-	מעל	*-*						
ט200409	לך פסל וכל- תמונה אשר בשמים	ממעל	ואשר בארץ מתחת ואשר במים מתחת	1111	1	1		7	3
ט252005	שני קצותיו / והיו הכרבים פרשי כנפים	למעלה	סככים בכנפיהם על- הכפרת ופניהם איש	1111	1	1		96	3
ט252106	הכרבים / ונתת את- הכפרת על- הארן	מלמעלה	ואל- הארן תתן את- העדת אשר	1111	1	1		967	4
ט261410	ערת אילם מאדמים ומכסה ערת תחשים	מלמעלה	/ ועשית את- הקרשים למשכן עצי שטים	1111	1	1		967	4
ט301408	העבר על הפקדים מבן עשרים שנה	ומעלה	יתן תרומת יהוה / העשיר לא- ירבה	1111	1	1		91	3
ט361910	ערת אילם מאדמים ומכסה ערת התחשים	מלמעלה	/ ויעש את- הקרשים למשכן עצי שטים	1111	1	1		967	4
ט370905	משני קצותיו / ויהיו הכרבים פרשי כנפים	למעלה	סככים בכנפיהם על- הכפרת ופניהם איש	1111	1	1		96	3

/ = סוף פסוק   // = סוף פרק   ג = מין   # = מספר   כ = כינוי הגוף   קס = קידומות וסיומות   ה = מספר ההברות

אזכור		מלה		צופן	ג	#	כ	קס	ה
ט382614	העבר על- הפקדים מבן עשרים שנה	ומעלה	לשש- מאות אלף ושלשת אלפים וחמש	1111	1	1		91	3
ט393108	עליו פתיל תכלת לתת על- המצנפת	מלמעלה	כאשר צוה יהוה את- משה / ותכל	1111	1	1		967	4
ט401911	המשכן וישם את- מכסה האהל עליו	מלמעלה	כאשר צוה יהוה את- משה / ויקח	1111	1	1		967	4
ט402017	הארן ויתן את- הכפרת על- הארן	מלמעלה	/ ויבא את- הארן אל- המשכן וישם	1111	1	1		967	4
ט282716	האפוד מלמטה ממול פניו לעמת מחברתו	ממעל	לחשב האפוד / וירכסו את- החשן מטבעתו	1112	1	1		7	3
ט392015	האפד מלמטה ממול פניו לעמת מחברתו	ממעל	לחשב האפד / וירכסו את- החשן מטבעתיו	1112	1	1		7	3
	--*-*-*-*-*-*-*-*	מעלה	*-*-*-*-*-*-*-*-*-*						
ט202603	חרבך הנפת עליה ותחללה / ולא- תעלה	במעלת	על- מזבחי אשר לא- תגלה ערותך	1125	2	3		4	4
	--*-*-*-*-*-*-*-*	מערכה	*-*-*-*-*-*-*-*-*-*						
ט393707	את- המנרה הטהרה את- נרתיה נרת	המערכה	ואת- כל- כליה ואת שמן המאור	1121	2	1		2	5
	--*-*-*-*-*-*-*-*	מעשה	*-*-*-*-*-*-*-*-*-*						
ט182014	להם את- הדרך ילכו בה ואת	המעשה	אשר יעשון / ואתה תחזה מכל- העם	1111	1	1		2	4
ט241007	ויראו את אלהי ישראל ותחת רגליו	כמעשה	לבנת הספיר וכעצם השמים לטהר / ואל-	1112	1	1		5	4
ט260113	משזר ותכלת וארגמן ותלעת שני כרבים	מעשה	חשב תעשה אתם / ארך היריעה האחת	1112	1	1			3
ט263109	תכלת וארגמן ותולעת שני ושש משזר	מעשה	חשב יעשה אתה כרבים / ונתתה אתה	1112	1	1			3
ט263611	תכלת וארגמן ותולעת שני ושש משזר	מעשה	רקם / ועשית למסך חמשה עמודי שטים	1112	1	1			3
ט270404	כליו תעשה נחשת / ועשית לו מכבר	מעשה	רשת נחשת ועשית על- הרשת ארבע	1112	1	1			3
ט271612	תכלת וארגמן ותולעת שני ושש משזר	מעשה	רקם עמדיהם ארבעה ואדניהם ארבעה / כל-	1112	1	1			3
ט280611	תכלת וארגמן תולעת שני ושש משזר	מעשה	חשב / שתי כתפת חברת יהיה- לו	1112	1	1			3
ט281101	הששה הנותרים על- האבן השנית כתולדתם /	מעשה	חרש אבן פתוחי חתם תפתח את-	1112	1	1			3
ט281408	שרשרת זהב טהור מגבלת תעשה אתם	מעשה	עבת ונתתה את- שרשרת העבתת על-	1112	1	1			3
ט281504	העבתת על- המשבצת / ועשית חשן משפט	מעשה	חשב כמעשה אפד תעשנו זהב תכלת	1112	1	1			3
ט281506	המשבצת / ועשית חשן משפט מעשה חשב	כמעשה	אפד תעשנו זהב תכלת וארגמן ותולעת	1112	1	1		5	4
ט282206	שבץ / ועשית על- החשן שרשת גבלת	מעשה	עבת זהב טהור / ועשית על- החשן	1112	1	1			3
ט283209	ראשו בתוכו שפה יהיה לפיו סביב	מעשה	ארג כפי תחרא יהיה- לו לא	1112	1	1			3
ט283909	שש ועשית מצנפת שש ואבנט תעשה	מעשה	רקם / ולבני אהרן תעשה כתנת ועשית	1112	1	1			3
ט302508	אתו שמן משחת- קדש רקח מרקחת	מעשה	רקח שמן משחת- קדש יהיה / ומשחת	1112	1	1			3
ט303505	בבד יהיה / ועשית אתה קטרת רקח	מעשה	רוקח ממלח טהור קדש / ושחקת ממנה	1112	1	1			3
ט321602	עבריהם מזה ומזה הם כתבים / והלחת	מעשה	אלהים המה והמכתב מכתב אלהים הוא	1112	1	1			3
ט341025	כל- העם אשר- אתה בקרבו את-	מעשה	יהוה כי- נורא הוא אשר אני	1112	1	1			3
ט360818	משזר ותכלת וארגמן ותולעת שני כרבים	מעשה	חשב עשה אתם / ארך היריעה האחת	1112	1	1			3
ט363510	תכלת וארגמן ותולעת שני ושש משזר	מעשה	חשב עשה אתה כרבים / ויעש לה	1112	1	1			3
ט363711	תכלת וארגמן ותולעת שני ושש משזר	מעשה	רקם / ואת- עמודיו חמשה ואת- וויהם	1112	1	1			3
ט372910	המשחה קדש ואת- קטרת הסמים טהור	מעשה	רקח // ויעש את- מזבח העלה עצי	1112	1	1			3
ט380404	כליו עשה נחשת / ויעש למזבח מכבר	מעשה	רשת נחשת תחת כרכבו מלמטה עד-	1112	1	1			3
ט381804	כל עמדי החצר / ומסך שער החצר	מעשה	רקם תכלת וארגמן ותולעת שני ושש	1112	1	1			3
ט390317	הארגמן ובתוך תולעת השני ובתוך השש	מעשה	חשב / כתפת עשו- לו חברת על-	1112	1	1			3
ט390804	יהוה את- משה / ויעש את- החשן	מעשה	חשב כמעשה אפד זהב תכלת וארגמן	1112	1	1			3
ט390806	משה / ויעש את- החשן מעשה חשב	כמעשה	אפד זהב תכלת וארגמן ותולעת שני	1112	1	1		5	4
ט391506	שבץ / ויעשו על- החשן שרשת גבלת	מעשה	עבת זהב טהור / ויעשו שתי משבצת	1112	1	1			3
ט392205	את- משה / ויעש את- מעיל האפד	מעשה	ארג כליל תכלת / ופי- המעיל בתוכו	1112	1	1			3
ט392705	את- משה / ויעשו את- הכתנת שש	מעשה	ארג לאהרן ולבניו / ואת המצנפת שש	1112	1	1			3
ט392909	שש משזר ותכלת וארגמן ותולעת שני	מעשה	רקם כאשר צוה יהוה את- משה	1112	1	1			3
ט280805	קצותיו וחבר / וחשב אפדתו אשר עליו	כמעשהו	ממנו יהיה זהב תכלת וארגמן ותולעת	1113	1	1	4	5	5
ט390507	וחשב אפדתו אשר עליו ממנו הוא	כמעשהו	זהב תכלת וארגמן ותולעת שני ושש	1113	1	1	4	5	5
ט050411	למה משה ואהרן תפריעו את- העם	ממעשיו	לכו לסבלתיכם / ויאמר פרעה הן- רבים	1117	1	3	4	7	4
ט051305	קש לתבן / והנגשים אצים לאמר כלו	מעשיכם	דבר- יום ביומו כאשר בהיות התבן	1117	1	3	7		4
ט231204	תעשה לכרמך לזיתך / ששת ימים תעשה	מעשיך	וביום השביעי תשבת למען ינוח שורך	1117	1	3	2		4
ט231604	יראו פני ריקם / וחג הקציר בכורי	מעשיך	אשר תזרע בשדה וחג האסף בצאת	1117	1	3	2		4
ט231614	וחג האסף בצאת השנה באספך את-	מעשיך	מן- השדה / שלש פעמים בשנה יראה	1117	1	3	2		4
ט232408	תשתחוה לאלהיהם ולא תעבדם ולא תעשה	כמעשיהם	כי הרס תהרסם ושבר תשבר מצבתיהם	1117	1	3	9	5	5

אזכור		מלה		צונן	ג	#	כ	קס	ה
	-	מפני	*-*						
ט011209	אתו כן ירבה וכן יפרץ ויקצו	מפני	בני ישראל / ויעבדו מצרים את- בני	4				7	3
ט021512	ויבקש להרג את- משה ויברח משה	מפני	פרעה וישב בארץ- מדין וישב על-	4				7	3
ט030713	עמי אשר במצרים ואת- צעקתם שמעתי	מפני	נגשיו כי ידעתי את- מכאביו / וארד	4				7	3
ט082016	עבדיו ובכל- ארץ מצרים תשחת הארץ	מפני	הערב / ויקרא פרעה אל- משה ולאהרן	4				7	3
ט091107	ולא- יכלו החרטמים לעמד לפני משה	מפני	השחין כי- היה השחין בחרטמים ובכל-	4				7	3
ט093007	ואתה ועבדיך ידעתי כי טרם תיראון	מפני	יהוה אלהים / והפשתה והשערה נכתה כי	4				7	3
ט142510	מרכבתיו וינהגהו בכבדת ויאמר מצרים אנוסה	מפני	ישראל כי יהוה נלחם להם במצרים	4				7	3
ט191805	בתחתית ההר / והר סיני עשן כלו	מפני	אשר ירד עליו יהוה באש ויעל	4				7	3
ט040310	וישלכהו ארצה ויהי לנחש וינס משה	מפניו	/ ויאמר יהוה אל- משה שלח ידך	41			4	7	3
ט100317	אלהי העברים עד- מתי מאנת לענת	מפני	שלח עמי ויעבדני / כי אם- מאן	41			1	7	3
ט141913	ישראל וילך מאחריהם ויסע עמוד הענן	מפניהם	ויעמד מאחריהם / ויבא בין מחנה מצרים	41			9	7	4
ט232102	ולהביאך אל- המקום אשר הכנתי / השמר	מפניו	ושמע בקלו אל- תמר בו כי	41			4	7	3
ט232903	הכנעני ואת החתי מלפניך / לא אגרשנו	מפניך	בשנה אחת פן- תהיה הארץ שממה	41			2	7	4
ט233004	עליך חית השדה / מעט מעט אגרשנו	מפניך	עד אשר תפרה ונחלת את- הארץ	41			2	7	4
ט233119	אתן בידכם את ישבי הארץ וגרשתמו	מפניך	/ לא- תכרת להם ולאלהיהם ברית / לא	41			2	7	4
ט341110	אשר אנכי מצוך היום הנני גרש	מפניך	את- האמרי והכנעני והחתי והפרזי והחוי	41			2	7	4
ט342404	יהוה אלהי ישראל / כי- אוריש גוים	מפניך	והרחבתי את- גבלך ולא- יחמד איש	41			2	7	4
	-	מצא	*-*						
ט152216	שור וילכו שלשת- ימים במדבר ולא-	מצאו	מים / ויבאו מרתה ולא יכלו לשתת	3111	1	3			3
ט162709	השביעי יצאו מן- העם ללקט ולא	מצאו	/ ויאמר יהוה אל- משה עד- אנה	3111	1	3			3
ט180818	אודת ישראל את כל- התלאה אשר	מצאתם	בדרך ויצלם יהוה / ויחד יתרו על	3111	1	3	9		4
ט331225	עמי ואתה אמרת ידעתיך בשם וגם-	מצאת	חן בעיני / ועתה אם- נא מצאתי	3111	1	1			3
ט331304	מצאת חן בעיני / ועתה אם- נא	מצאתי	חן בעיניך הודעני נא את- דרכך	3111	1	1			3
ט331605	תעלנו מזה / ובמה יודע אפוא כי-	מצאתי	חן בעיניך אני ועמך הלוא בלכתך	3111	1	1			3
ט331713	הדבר הזה אשר דברת אעשה כי-	מצאת	חן בעיני ואדעך בשם / ויאמר הראני	3111	1	1			3
ט340904	ויקד ארצה וישתחו / ויאמר אם- נא	מצאתי	חן בעיניך אדני ילך- נא אדני	3111	1	1			3
ט220504	ומיטב כרמו ישלם / כי- תצא אש	ומצאה	קצים ונאכל גדיש או הקמה או	3112	2	1		1	4
ט051107	אתם לכו קחו לכם תבן מאשר	תמצאו	כי אין נגרע מעבדתכם דבר / ויפץ	3121	1	3			3
ט162511	כי- שבת היום ליהוה היום לא	תמצאהו	בשדה / ששת ימים תלקטהו וביום השביעי	3121	1	3	4		4
ט331313	הודעני נא את- דרכך ואדעך למען	אמצא-	חן בעיניך וראה כי עמך הגוי	3121	1	1			2
	-	מצבה	*-*						
ט240414	בבקר ויבן מזבח תחת ההר ושתים עשרה	מצבה	לשנים עשר שבטי ישראל / וישלח את- נערי	1121	2	1			3
ט232414	כמעשיהם כי הרס תהרסם ושבר תשבר	מצבתיהם	/ ועבדתם את יהוה אלהיכם וברך את-	1127	2	3	9		5
ט341306	בקרבך / כי את- מזבחתם תתצון ואת-	מצבתם	תשברון ואת- אשריו תכרתון / כי לא	1127	2	3	9		4
	-	מצה	*-*						
ט120808	את- הבשר בלילה הזה צלי- אש	ומצות	על- מררים יאכלהו / אל- תאכלו ממנו	1125	2	3		1	3
ט121503	לדרתיכם חקת עולם תחגהו / שבעת ימים	מצות	תאכלו אך ביום הראשון תשביתו שאר	1125	2	3			2
ט121703	הוא לבדו יעשה לכם / ושמרתם את-	המצות	כי בעצם היום הזה הוצאתי את-	1125	2	3		2	3
ט121807	בראשן בארבעה עשר יום לחדש בערב תאכלו	מצת	עד יום האחד ועשרים לחדש בערב	1125	2	3			2
ט122008	מחמצת לא תאכלו בכל מושבתיכם תאכלו	מצות	/ ויקרא משה לכל- זקני ישראל ויאמר	1125	2	3			2
ט123908	את- הבצק אשר הוציאו ממצרים עגת	מצת	כי לא חמץ כי- גרשו ממצרים	1125	2	3			2
ט130604	הזאת בחדש הזה / שבעת ימים תאכל	מצת	וביום השביעי חג ליהוה / מצות יאכל	1125	2	3			2
ט130701	תאכל מצת וביום השביעי חג ליהוה /	מצות	יאכל את שבעת הימים ולא- יראה	1125	2	3			2
ט231503	רגלים תחג לי בשנה / את חג	המצות	תשמר שבעת ימים תאכל מצות כאשר	1125	2	3		2	3
ט231508	חג המצות תשמר שבעת ימים תאכל	מצות	כאשר צויתך למועד חדש האביב כי-	1125	2	3			2
ט290202	בן- בקר ואילם שנים תמימם / ולחם	מצות	וחלת מצת בלולת בשמן ורקיקי מצות	1125	2	3			2
ט290204	ואילם שנים תמימם / ולחם מצות וחלת	מצת	בלולת בשמן ורקיקי מצות משחים בשמן	1125	2	3			2
ט290208	מצות וחלת מצת בלולת בשמן ורקיקי	מצות	משחים בשמן סלת חטים תעשה אתם	1125	2	3			2
ט292311	לחם שמן אחת ורקיק אחד מסל	המצות	אשר לפני יהוה / ושמת הכל על	1125	2	3		2	3
ט341803	מסכה לא תעשה- לך / את- חג	המצות	תשמר שבעת ימים תאכל מצות אשר	1125	2	3		2	3

/ = סוף פסוק   // = סוף פרק   ג = מין   # = מספר   כ = כינוי חבור   קס = קידומות וסיומות   ה = מספר ההברות

אזכור		מלה		צופן	ג	#	כ	קס	ה
ט341808	חג המצות תשמר שבעת ימים תאכל	מצות	אשר צויתך למועד חדש האביב כי	1125	2	3			2
	--*-*-*-*-*-*-*-*-*-*-*-*-*-*-*-*	מצוה	*-*-*-*-*-*-*-*-*-*-*-*-*-*-*-*-*-*						
ט241216	ואתנה לך את- לחת האבן והתורה	והמצוה	אשר כתבתי להורתם / ויקם משה ויהושע	1121	2	1		21	4
ט152612	יהוה אלהיך והישר בעיניו תעשה והאזנת	למצותיו	ושמרת כל- חקיו כל- המחלה אשר-	1127	2	3	4	6	4
ט162809	אל- משה עד- אנה מאנתם לשמר	מצותי	ותורתי / ראו כי- יהוה נתן לכם	1127	2	3	1		3
ט200606	לשנאי / ועשה חסד לאלפים לאהבי ולשמרי	מצותי	/ לא תשא את- שם- יהוה אלהיך	1127	2	3	1		3
	--*-*-*-*-*-*-*-*-*-*-*-*-*-*-*-*	מצולה	*-*-*-*-*-*-*-*-*-*-*-*-*-*-*-*-*-*						
ט150504	טבעו בים- סוף / תהמת יכסימו ירדו	במצולת	כמו- אבן / ימינך יהוה נאדרי בכח	1125	2	3		4	4
	--*-*-*-*-*-*-*-*-*-*-*-*-*-*-*-*	מצח	*-*-*-*-*-*-*-*-*-*-*-*-*-*-*-*-*-*						
ט283803	מול פני- המצנפת יהיה / והיה על-	מצח	אהרן ונשא אהרן את- עון הקדשים	1112	1	1			2
ט283819	ישראל לכל- מתנת קדשיהם והיה על-	מצחו	תמיד לרצון להם לפני יהוה / ושבצת	1113	1	1	4		2
	--*-*-*-*-*-*-*-*-*-*-*-*-*-*-*-*	מצנפה	*-*-*-*-*-*-*-*-*-*-*-*-*-*-*-*-*-*						
ט280410	יעשו חשן ואפוד ומעיל וכתנת תשבץ	מצנפת	ואבנט ועשו בגדי- קדש לאהרן אחיך	1121	2	1			3
ט283708	אתו על- פתיל תכלת והיה על-	המצנפת	אל- מול פני- המצנפת יהיה / והיה	1121	2	1		2	4
ט283712	והיה על- המצנפת אל- מול פני-	המצנפת	יהיה / והיה על- מצח אהרן ונשא	1121	2	1		2	4
ט290602	החשן ואפדת לו בחשב האפד / ושמת	המצנפת	על- ראשו ונתת את- נזר הקדש	1121	2	1		2	4
ט290610	ראשו ונתת את- נזר הקדש על-	המצנפת	/ ולקחת את- שמן המשחה ויצקת על-	1121	2	1		2	4
ט392802	שש מעשה ארג לאהרן ולבניו / ואת	המצנפת	שש ואת- פארי המגבעת שש ואת-	1121	2	1		2	4
ט393107	ויתנו עליו פתיל תכלת לתת על-	המצנפת	מלמעלה כאשר צוה יהוה את- משה	1121	2	1		2	4
ט283905	לפני יהוה / ושבצת הכתנת שש ועשית	מצנפת	שש ואבנט תעשה מעשה רקם / ולבני	1122	2	1			3
	--*-*-*-*-*-*-*-*-*-*-*-*-*-*-*-*	מצרי	*-*-*-*-*-*-*-*-*-*-*-*-*-*-*-*-*-*						
ט011908	המילדת אל- פרעה כי לא כנשים	המצרית	העברית כי- חיות הנה בטרם תבוא	124	2	3		2	4
ט021113	אל אחיו וירא בסבלתם וירא איש	מצרי	מכה איש- עברי מאחיו / ויפן כה	124	1	1			2
ט021210	וירא כי- אין איש ויך את-	המצרי	ויטמנהו בחול / ויצא ביום השני והנה	124	1	1		2	3
ט021414	הלהרגני אתה אמר כאשר הרגת את-	המצרי	ויירא משה ויאמר אכן נודע הדבר	124	1	1		2	3
ט021903	מדוע מהרתן בא היום / ותאמרן איש	מצרי	הצילנו מיד הרעים וגם דלה דלה	124	1	1			2
	--*-*-*-*-*-*-*-*-*-*-*-*-*-*-*-*	מצרים	*-*-*-*-*-*-*-*-*-*-*-*-*-*-*-*-*-*						
ט010106	ואלה שמות בני ישראל הבאים	מצרימה	את יעקב איש וביתו באו / ראובן	123	2			9	3
ט010511	ירך- יעקב שבעים נפש ויוסף היה	במצרים	/ וימת יוסף וכל אחיו וכל הדור	123	2			4	4
ט010805	הארץ אתם / ויקם מלך- חדש על	מצרים	אשר לא- ידע את- יוסף / ויאמר	123	2				3
ט011302	יפרץ ויקצו מפני בני ישראל / ויעבדו	מצרים	את- בני ישראל בפרך / וימררו את-	123	2				3
ט011503	אשר- עבדו בהם בפרך / ויאמר מלך	מצרים	למילדת העברית אשר שם האחת שפרה	123	2				3
ט011711	ולא עשו כאשר דבר אליהן מלך	מצרים	ותחיין את- הילדים / ויקרא מלך- מצרים	123	2				3
ט011803	מצרים ותחיין את- הילדים / ויקרא מלך-	מצרים	למילדת ויאמר להן מדוע עשיתן הדבר	123	2				3
ט022307	ויהי בימים הרבים ההם וימת מלך	מצרים	ויאנחו בני- ישראל מן- העבדה ויזעקו	123	2				3
ט030709	ראה ראיתי את- עני עמי אשר	במצרים	ואת- צעקתם שמעתי מפני נגשיו כי	123	2			4	4
ט030804	ידעתי את- מכאביו / וארד להצילו מיד	מצרים	ולהעלתו מן- הארץ ההוא אל- ארץ	123	2				3
ט030913	אלי וגם- ראיתי את- הלחץ אשר	מצרים	לחצים אתם / ועתה לכה ואשלחך אל-	123	2				3
ט031011	פרעה והוצא את- עמי בני- ישראל	ממצרים	/ ויאמר משה אל- האלהים מי אנכי	123	2			7	4
ט031116	פרעה וכי אוציא את- בני ישראל	ממצרים	/ ויאמר כי- אהיה עמך וזה- לך	123	2			7	4
ט031214	כי אנכי שלחתיך בהוציאך את- העם	ממצרים	תעבדון את- האלהים על ההר הזה	123	2			7	4
ט031624	פקד פקדתי אתכם ואת- העשוי לכם	במצרים	/ ואמר אעלה אתכם מעני מצרים אל-	123	2			4	4
ט031705	לכם במצרים / ואמר אעלה אתכם מעני	מצרים	אל- ארץ הכנעני והחתי והאמרי והפרזי	123	2				3
ט031809	ובאת אתה וזקני ישראל אל- מלך	מצרים	ואמרתם אליו יהוה אלהי העבריים נקרה	123	2				3
ט031908	ידעתי כי לא- יתן אתכם מלך	מצרים	להלך ולא ביד חזקה / ושלחתי את-	123	2				3
ט032006	חזקה / ושלחתי את- ידי והכיתי את-	מצרים	בכל נפלאתי אשר אעשה בקרבו ואחרי-	123	2				3
ט032107	ונתתי את- חן העם- הזה בעיני	מצרים	והיה כי תלכון לא תלכו ריקם	123	2				3
ט032218	על- בניכם ועל- בנתיכם ונצלתם את-	מצרים	// ויען משה ויאמר והן לא- יאמינו	123	2				3

אזכור		מלה		צורן	ג	#	כ	קס	ה
ט041815	אלכה נא ואשובה אל- אחי אשר-	במצרים	ואראה העודם חיים ויאמר יתרו למשה	123	2			4	4
ט041908	יהוה אל- משה במדין לך שב	מצרים	כי- מתו כל- האנשים המבקשים את-	123	2				3
ט042012	בניו וירכבם על- החמר וישב ארצה	מצרים	ויקח משה את- מטה האלהים בידו	123	2				3
ט042107	ויאמר יהוה אל- משה בלכתך לשוב	מצרימה	ראה כל- המפתים אשר- שמתי בידך	123	2			9	3
ט050404	בדבר או בחרב / ויאמר אלהם מלך	מצרים	למה משה ואהרן תפריעו את- העם	123	2				3
ט051205	מעבדתכם דבר / ויפץ העם בכל- ארץ	מצרים	לקשש קש לתבן / והנגשים אצים לאמר	123	2				3
ט060509	שמעתי את- נאקת בני ישראל אשר	מצרים	מעבדים אתם ואזכר את- בריתי / לכן	123	2				3
ט060611	אני יהוה והוצאתי אתכם מתחת סבלת	מצרים	והצלתי אתכם מעבדתם וגאלתי אתכם בזרוע	123	2				3
ט060717	יהוה אלהיכם המוציא אתכם מתחת סבלות	מצרים	/ והבאתי אתכם אל- הארץ אשר נשאתי	123	2				3
ט061106	לאמר / בא דבר אל- פרעה מלך	מצרים	וישלח את- בני- ישראל מארצו / וידבר	123	2				3
ט061314	אל- בני ישראל ואל- פרעה מלך	מצרים	להוציא את- בני- ישראל מארץ מצרים	123	2				3
ט061320	מצרים להוציא את- בני- ישראל מארץ	מצרים	/ אלה ראשי בית- אבתם בני ראובן	123	2				3
ט062613	להם הוציאו את- בני ישראל מארץ	מצרים	על- צבאתם / הם המדברים אל- פרעה	123	2				3
ט062706	צבאתם / הם המדברים אל- פרעה מלך-	מצרים	להוציא את- בני- ישראל ממצרים הוא	123	2				3
ט062711	מלך- מצרים להוציא את- בני- ישראל	ממצרים	הוא משה ואהרן / ויהי ביום דבר	123	2			7	4
ט062808	ביום דבר יהוה אל- משה בארץ	מצרים	/ וידבר יהוה אל- משה לאמר אני	123	2				3
ט062912	אני יהוה דבר אל- פרעה מלך	מצרים	את כל- אשר אני דבר אליך	123	2				3
ט070312	והרביתי את- אתתי ואת- מופתי בארץ	מצרים	/ ולא- ישמע אלכם פרעה ונתתי את-	123	2				3
ט070408	ישמע אלכם פרעה ונתתי את- ידי	במצרים	והוצאתי את- צבאתי את- עמי בני-	123	2			4	4
ט070417	צבאתי את- עמי בני- ישראל מארץ	מצרים	בשפטים גדלים / וידעו מצרים כי- אני	123	2				3
ט070502	ישראל מארץ מצרים בשפטים גדלים / וידעו	מצרים	כי- אני יהוה בנטתי את- ידי	123	2				3
ט070510	אני יהוה בנטתי את- ידי על-	מצרים	והוצאתי את- בני- ישראל מתוכם / ויעש	123	2				3
ט071110	לחכמים ולמכשפים ויעשו גם- הם חרטמי	מצרים	בלהטיהם כן / וישליכו איש מטהו ויהיו	123	2				3
ט071808	אשר- ביאר תמות ובאש היאר ונלאו	מצרים	לשתות מים מן- היאר / ויאמר יהוה	123	2				3
ט071914	קח מטך ונטה- ידך על- מימי	מצרים	על- נהרתם על- יאריהם ועל- אגמיהם	123	2				3
ט071931	ויהיו- דם והיה דם בכל- ארץ	מצרים	ובעצים ובאבנים / ויעשו- כן משה ואהרן	123	2				3
ט072109	ביאר מתה ויבאש היאר ולא- יכלו	מצרים	לשתות מים מן- היאר ויהי הדם	123	2				3
ט072118	מן- היאר ויהי הדם בכל- ארץ	מצרים	/ ויעשו- כן חרטמי מצרים בלטיהם ויחזק	123	2				3
ט072204	בכל- ארץ מצרים / ויעשו- כן חרטמי	מצרים	בלטיהם ויחזק לב- פרעה ולא- שמע	123	2				3
ט072403	שת לבו גם- לזאת / ויחפרו כל-	מצרים	סביבת היאר מים לשתות כי לא	123	2				3
ט080123	האגמים והעל את- הצפרדעים על- ארץ	מצרים	/ ויט אהרן את- ידו על מימי	123	2				3
ט080207	ויט אהרן את- ידו על מימי	מצרים	ותעל הצפרדע ותכס את- ארץ מצרים	123	2				3
ט080213	מצרים ותעל הצפרדע ותכס את- ארץ	מצרים	/ ויעשו- כן החרטמים בלטיהם ויעלו את-	123	2				3
ט080310	בלטיהם ויעלו את- הצפרדעים על- ארץ	מצרים	/ ויקרא פרעה למשה ולאהרן ויאמר העתירו	123	2				3
ט081219	עפר הארץ והיה לכנם בכל- ארץ	מצרים	/ ויעשו- כן ויט אהרן את- ידו	123	2				3
ט081323	עפר הארץ היה כנים בכל- ארץ	מצרים	/ ויעשו- כן החרטמים בלטיהם להוציא את-	123	2				3
ט081717	ובעמך ובבתיך את- הערב ומלאו בתי	מצרים	את- הערב וגם האדמה אשר- הם	123	2				3
ט082013	ביתה פרעה ובית עבדיו ובכל- ארץ	מצרים	תשחת הארץ מפני הערב / ויקרא פרעה	123	2				3
ט082209	לא נכון לעשות כן כי תועבת	מצרים	נזבח ליהוה אלהינו הן נזבח את-	123	2				3
ט082217	ליהוה אלהינו הן נזבח את- תועבת	מצרים	לעיניהם ולא יסקלנו / דרך שלשת ימים	123	2				3
ט090408	יהוה בין מקנה ישראל ובין מקנה	מצרים	ולא ימות מכל- לבני ישראל דבר	123	2				3
ט090610	הדבר הזה ממחרת וימת כל מקנה	מצרים	וממקנה בני- ישראל לא- מת אחד	123	2				3
ט090906	פרעה / והיה לאבק על כל- ארץ	מצרים	והיה על- האדם ועל- הבהמה לשחין	123	2				3
ט090917	הבהמה לשחין פרח אבעבעת בכל- ארץ	מצרים	/ ויקחו את- פיח הכבשן ויעמדו לפני	123	2				3
ט091114	השחין כי- היה השחין בחרטמים ובכל-	מצרים	/ ויחזק יהוה את- לב פרעה ולא	123	2				3
ט091812	כבד מאד אשר לא- היה כמהו	במצרים	למן- היום הוסדה ועד- עתה / ועתה	123	2			4	4
ט092214	על- השמים ויהי ברד בכל- ארץ	מצרים	על- האדם ועל- הבהמה ועל כל-	123	2				3
ט092224	הבהמה ועל כל- עשב השדה בארץ	מצרים	/ ויט משה את- מטהו על- השמים	123	2				3
ט092319	ארצה וימטר יהוה ברד על- ארץ	מצרים	/ ויהי ברד ואש מתלקחת בתוך הברד	123	2				3
ט092415	אשר לא- היה כמהו בכל- ארץ	מצרים	מאז היתה לגוי / ויך הברד בכל-	123	2				3
ט092505	היתה לגוי / ויך הברד בכל- ארץ	מצרים	את כל- אשר בשדה מאדם ועד-	123	2				3
ט100210	בנך ובן- בנך את אשר התעללתי	במצרים	ואת- אתתי אשר- שמתי בם וידעתם	123	2			4	4
ט100608	בתיך ובתי כל- עבדיך ובתי כל-	מצרים	אשר לא- ראו אבתיך ואבות אבתיך	123	2				3
ט100722	יהוה אלהיהם הטרם תדע כי אבדה	מצרים	/ ויושב את- משה ואת- אהרן אל-	123	2				3

אזכור		מלה		צופן	ג	#	כ	קס	ה
ט101209	אל- משה נטה ידך על- ארץ	מצרים	בארבה ויעל על- ארץ מצרים ויאכל	123	2				3
ט101214	ארץ מצרים וארבה ויעל על- ארץ	מצרים	ויאכל את- כל- עשב הארץ את	123	2				3
ט101307	ויט משה את- מטהו על- ארץ	מצרים	ויהוה נהג רוח- קדים בארץ כל-	123	2				3
ט101406	הארבה / ויעל הארבה על כל- ארץ	מצרים	וינח בכל גבול מצרים כבד מאד	123	2				3
ט101410	כל- ארץ מצרים וינח בכל גבול	מצרים	כבד מאד לפניו לא- היה כן	123	2				3
ט101529	ירק בעץ ובעשב השדה בכל- ארץ	מצרים	/ וימהר פרעה לקרא למשה ולאהרן ויאמר	123	2				3
ט101919	לא נשאר ארבה אחד בכל גבול	מצרים	/ ויחזק יהוה את- לב פרעה ולא	123	2				3
ט102113	על- השמים ויהי חשך על- ארץ	מצרים	וימש חשך / ויט משה את- ידו	123	2				3
ט102212	השמים ויהי חשך- אפלה בכל- ארץ	מצרים	שלשת ימים / לא- ראו איש את-	123	2				3
ט110112	נגע אחד אביא על- פרעה ועל-	מצרים	אחרי- כן ישלח אתכם מזה כשלחו	123	2				3
ט110307	ויתן יהוה את- חן העם בעיני	מצרים	גם האיש משה גדול מאד בארץ	123	2				3
ט110314	גם האיש משה גדול מאד בארץ	מצרים	בעיני עבדי- פרעה ובעיני העם / ויאמר	123	2				3
ט110411	יהוה כחצת הלילה אני יוצא בתוך	מצרים	/ ומת כל- בכור בארץ מצרים מבכור	123	2				3
ט110505	בתוך מצרים / ומת כל- בכור בארץ	מצרים	מבכור פרעה הישב על- כסאו עד	123	2				3
ט110606	בהמה / והיתה צעקה גדלה בכל- ארץ	מצרים	אשר כמהו לא נהיתה וכמהו לא	123	2				3
ט110717	למען תדעון אשר יפלה יהוה בין	מצרים	ובין ישראל / וירדו כל- עבדיך אלה	123	2				3
ט110913	אליכם פרעה למען רבות מופתי בארץ	מצרים	/ ומשה ואהרן עשו את- כל- המפתים	123	2				3
ט120108	יהוה אל- משה ואל- אהרן בארץ	מצרים	לאמר / החדש הזה לכם ראש חדשים	123	2				3
ט121203	בחפזון פסח הוא ליהוה / ועברתי בארץ-	מצרים	בלילה הזה והכיתי כל- בכור בארץ	123	2				3
ט121210	בלילה הזה והכיתי כל- בכור בארץ	מצרים	מאדם ועד- בהמה ובכל- אלהי מצרים	123	2				3
ט121216	מצרים מאדם ועד- בהמה ובכל- אלהי	מצרים	אעשה שפטים אני יהוה / והיה הדם	123	2				3
ט121322	יהיה בכם נגף למשחית בהכתי בארץ	מצרים	/ והיה היום הזה לכם לזכרון וחגתם	123	2				3
ט121712	היום הזה הוצאתי את- צבאותיכם מארץ	מצרים	ושמרתם את- היום הזה לדרתיכם חקת	123	2				3
ט122305	עד- בקר / ועבר יהוה לנגף את-	מצרים	וראה את- הדם על- המשקוף ועל	123	2				3
ט122712	אשר פסח על- בתי בני- ישראל	במצרים	בנגפו את- מצרים ואת- בתינו הציל	123	2			4	4
ט122715	בתי בני- ישראל במצרים בנגפו את-	מצרים	ואת- בתינו הציל ויקד העם וישתחוו	123	2				3
ט122909	הלילה ויהוה הכה כל- בכור בארץ	מצרים	מבכר פרעה הישב על- כסאו עד	123	2				3
ט123008	פרעה לילה הוא וכל- עבדיו וכל-	מצרים	ותהי צעקה גדלה במצרים כי- אין	123	2				3
ט123012	עבדיו וכל- מצרים ותהי צעקה גדלה	במצרים	כי- אין בית אשר אין- שם	123	2			4	4
ט123302	דברתם ולכו וברכתם גם- אתי / ותחזק	מצרים	על- העם למהר לשלחם מן- הארץ	123	2				3
ט123507	ובני- ישראל עשו כדבר משה וישאלו	ממצרים	כלי- כסף וכלי- זהב ושמלת / ויהוה	123	2			7	4
ט123607	ויהוה נתן את- חן העם בעיני	מצרים	וישאלום וינצלו את- מצרים / ויסעו בני-	123	2				3
ט123611	העם בעיני מצרים וישאלום וינצלו את-	מצרים	/ ויסעו בני- ישראל מרעמסס סכתה כשש-	123	2				3
ט123906	מאד / ויאפו את- הבצק אשר הוציאו	ממצרים	עגת מצות כי לא חמץ כי-	123	2			7	4
ט123914	מצת כי לא חמץ כי- גרשו	ממצרים	ולא יכלו להתמהמה וגם- צדה לא-	123	2			7	4
ט124006	להם / ומושב בני ישראל אשר ישבו	במצרים	שלשים שנה וארבע מאות שנה / ויהי	123	2			4	4
ט124117	הזה יצאו כל- צבאות יהוה מארץ	מצרים	/ ליל שמרים הוא ליהוה להוציאם מארץ	123	2				3
ט124207	ליל שמרים הוא ליהוה להוציאם מארץ	מצרים	הוא- הלילה הזה ליהוה שמרים לכל-	123	2				3
ט125111	הוציא יהוה את- בני ישראל מארץ	מצרים	על- צבאתם // וידבר יהוה אל- משה	123	2				3
ט130311	זכור את- היום הזה אשר יצאתם	ממצרים	מבית עבדים כי בחזק יד הוציא	123	2			7	4
ט130812	בעבור זה עשה יהוה לי בצאתי	ממצרים	/ והיה לך לאות על- ידך ולזכרון	123	2			7	4
ט130919	בפיך כי ביד חזקה הוצאך יהוה	ממצרים	/ ושמרת את- החקה הזאת למועדה מימים	123	2			7	4
ט131415	ואמרת אליו בחזק יד הוציאנו יהוה	ממצרים	מבית עבדים / ויהי כי- הקשה פרעה	123	2			7	4
ט131511	לשלחנו ויהרג יהוה כל- בכור בארץ	מצרים	מבכר אדם ועד- בכור בהמה על-	123	2				3
ט131613	עיניך כי בחזק יד הוציאנו יהוה	ממצרים	/ ויהי בשלח פרעה את- העם ולא-	123	2			6	4
ט131724	פן- ינחם העם בראתם מלחמה ושבו	מצרימה	/ ויסב אלהים את- העם דרך המדבר	123	2			9	3
ט131814	סוף וחמשים עלו בני ישראל מארץ	מצרים	/ ויקח משה את- עצמות יוסף עמו	123	2				3
ט140412	אחריהם ואכבדה בפרעה ובכל- חילו וידעו	מצרים	כי- אני יהוה ויעשו כן / ויגד	123	2				3
ט140503	אני יהוה ויעשו כן / ויגד למלך	מצרים	כי ברח העם ויהפך לבב פרעה	123	2				3
ט140708	שש- מאות רכב בחור וכל רכב	מצרים	ושלשם על- כלו / ויחזק יהוה את-	123	2				3
ט140807	ויחזק יהוה את- לב פרעה מלך	מצרים	וירדף אחרי בני ישראל ובני ישראל	123	2				3
ט140902	ובני ישראל יצאים ביד רמה / וירדפו	מצרים	אחריהם וישיגו אותם חנים על- הים	123	2				3
ט141009	וישאו בני- ישראל את- עיניהם והנה	מצרים	נסע אחריהם וייראו מאד ויצעקו בני-	123	2				3
ט141107	ויאמרו אל- משה המבלי אין- קברים	במצרים	לקחתנו למות במדבר מה זאת עשית	123	2			4	4

/ = סוף פסוק   // = סוף פרק   ג = מין   # = מספר   כ = כינוי ובור   קס = קידומות וסיומות   ה = נטבר ההברות

אזכור		מלה		צורן ג # כ	קס	ה
ט141116	במדבר מה זאת עשית לנו להוציאנו	ממצרים	/ הלא- זה הדבר אשר דברנו אליך	2 123	7	4
ט141207	הלא- זה הדבר אשר דברנו אליך	במצרים	לאמר חדל ממנו ונעבדה את- מצרים	2 123	4	4
ט141213	במצרים לאמר חדל ממנו ונעבדה את-	מצרים	כי טוב לנו עבד את- מצרים	2 123		3
ט141219	מצרים כי טוב לנו עבד את-	מצרים	ממתנו במדבר / ויאמר משה אל- העם	2 123		3
ט141320	לכם היום כי אשר ראיתם את	מצרים	היום לא תספו לראתם עוד עד-	2 123		3
ט141706	ביבשה / ואני הנני מחזק את- לב	מצרים	ויבאו אחריהם ואכבדה בפרעה ובכל- חילו	2 123		3
ט141802	בפרעה ובכל- חילו ברכבו ובפרשיו / וידעו	מצרים	כי- אני יהוה בהכבדי בפרעה ברכבו	2 123		3
ט142004	מפניהם ויעמד מאחריהם / ויבא בין מחנה	מצרים	ובין מחנה ישראל ויהי הענן והחשך	2 123		3
ט142302	והמים להם חומה מימינם ומשמאלם / וירדפו	מצרים	ויבאו אחריהם כל סוס פרעה רכבו	2 123		3
ט142409	באשמרת הבקר וישקף יהוה אל- מחנה	מצרים	בעמוד אש וענן ויהם את מחנה	2 123		3
ט142416	בעמוד אש וענן ויהם את מחנה	מצרים	/ ויסר את אפן מרכבתיו וינהגהו בכבדת	2 123		3
ט142508	את אפן מרכבתיו וינהגהו בכבדת ויאמר	מצרים	אנוסה מפני ישראל כי יהוה נלחם	2 123		3
ט142516	מפני ישראל כי יהוה נלחם להם	במצרים	/ ויאמר יהוה אל- משה נטה את-	2 123	4	4
ט142613	ידך על- הים וישבו המים על-	מצרים	על- רכבו ועל- פרשיו / ויט משה	2 123		3
ט142712	הים וישב הים לפנות בקר לאיתנו	ומצרים	נסים לקראתו וינער יהוה את- מצרים	2 123	1	4
ט142718	ומצרים נסים לקראתו וינער יהוה את-	מצרים	בתוך הים / וישבו המים ויכסו את-	2 123		3
ט143008	יהוה ביום ההוא את- ישראל מיד	מצרים	וירא ישראל את- מצרים מת על-	2 123		3
ט143012	ישראל מיד מצרים וירא ישראל את-	מצרים	מת על- שפת הים / וירא ישראל	2 123		3
ט143109	את- היד הגדלה אשר עשה יהוה	במצרים	וייראו העם את יהוה ויאמינו ביהוה	2 123	4	4
ט152620	כל- חקיו כל- המחלה אשר- שמתי	במצרים	לא- אשים עליך כי אני יהוה	2 123	4	4
ט160122	בחמשה עשר יום לחדש השני לצאתם מארץ	מצרים	/ וילונו כל- עדת בני- ישראל על-	2 123		3
ט160311	מי- יתן מותנו ביד- יהוה בארץ	מצרים	בשבתנו על- סיר הבשר באכלנו לחם	2 123		3
ט160615	וידעתם כי יהוה הוציא אתכם מארץ	מצרים	/ ובקר וראיתם את- כבוד יהוה בשמעו	2 123		3
ט163224	האכלתי אתכם במדבר בהוציאי אתכם מארץ	מצרים	/ ויאמר משה אל- אהרן קח צנצנת	2 123		3
ט170313	על- משה ויאמר למה זה העליתנו	ממצרים	להמית אתי ואת- בני ואת- מקני	2 123	7	3
ט180120	עמו כי- הוציא יהוה את- ישראל	ממצרים	/ ויקח יתרו חתן משה את- צפרה	2 123	7	4
ט180810	את כל- אשר עשה יהוה לפרעה	ולמצרים	על אודת ישראל את כל- התלאה	2 123	61	5
ט180913	עשה יהוה לישראל אשר הצילו מיד	מצרים	/ ויאמר יתרו ברוך יהוה אשר הציל	2 123		3
ט181009	ברוך יהוה אשר הציל אתכם מיד	מצרים	ומיד פרעה אשר הציל את- העם	2 123		3
ט181018	אשר הציל את- העם מתחת יד-	מצרים	/ עתה ידעתי כי- גדול יהוה מכל-	2 123		3
ט190107	בחדש השלישי לצאת בני- ישראל מארץ	מצרים	ביום הזה באו מדבר סיני / ויסעו	2 123		3
ט190405	לבני ישראל / אתם ראיתם אשר עשיתי	למצרים	ואשא אתכם על- כנפי נשרים ואבא	2 123	6	4
ט200207	אנכי יהוה אלהיך אשר הוצאתיך מארץ	מצרים	מבית עבדים / לא- יהיה לך אלהים	2 123		3
ט222010	ולא תלחצנו כי- גרים הייתם בארץ	מצרים	/ כל- אלמנה ויתום לא תענון / אם-	2 123		3
ט230913	נפש הגר כי- גרים הייתם בארץ	מצרים	/ ושש שנים תזרע את- ארצך ואספת	2 123		3
ט231517	למועד חדש האביב כי- בו יצאת	ממצרים	ולא- יראו פני ריקם / וחג הקציר	2 123	7	4
ט294610	יהוה אלהיהם אשר הוצאתי אתם מארץ	מצרים	לשכני בתוכם אני יהוה אלהיהם // ועשית	2 123		3
ט320129	זה משה האיש אשר העלנו מארץ	מצרים	לא ידענו מה- היה לו / ויאמר	2 123		3
ט320416	אלה אלהיך ישראל אשר העלוך מארץ	מצרים	/ וירא אהרן ויבן מזבח לפניו ויקרא	2 123		3
ט320713	כי שחת עמך אשר העלית מארץ	מצרים	/ סרו מהר מן- הדרך אשר צויתם	2 123		3
ט320822	אלה אלהיך ישראל אשר העלוך מארץ	מצרים	/ ויאמר יהוה אל- משה ראיתי את-	2 123		3
ט321116	יחרה אפך בעמך אשר הוצאת מארץ	מצרים	בכח גדול וביד חזקה / למה יאמרו	2 123		3
ט321203	בכח גדול וביד חזקה / למה יאמרו	מצרים	לאמר ברעה הוציאם להרג אתם בהרים	2 123		3
ט322316	זה משה האיש אשר העלנו מארץ	מצרים	לא ידענו מה- היה לו / ויאמר	2 123		3
ט330113	מזה אתה והעם אשר העלית מארץ	מצרים	אל- הארץ אשר נשבעתי לאברהם ליצחק	2 123		3
ט341818	חדש האביב כי בחדש האביב יצאת	ממצרים	/ כל- פטר רחם לי וכל- מקנך	2 123	7	4
	-	מקדש	*-*			
ט151709	בהר נחלתך מכון לשבתך פעלת יהוה	מקדש	אדני כוננו ידיך / יהוה ימלך לעלם	1 1 1111		2
ט250803	ואבני מלאים לאפד ולחשן / ועשו לי	מקדש	ושכנתי בתוכם / ככל אשר אני מראה	1 1 1111		2
	-	מקוה	*-*			
ט071923	על- יאריהם ועל- אגמיהם ועל כל-	מקוה	מימיהם ויהיו- דם והיה דם בכל-	1 1 1112		2

/ = סוף פסוק   // = סוף פרק   ג = מין   # = מספר   כ = כינוי וגוף   קס = קידומות וסיומות   ה = מספר ההברות

אזכור		מלה		צופן	ג	#	כ	קס	ו
	--*-*-*-*-*-*-*-*-*-*-*-*-*-*-*-*-*-*	מקום	*-*-*-*-*-*-*-*-*-*-*-*-*-*-*-*-*-*-*-*						
ט030510	הלם של- נעליך מעל רגליך כי	המקום	אשר אתה עומד עליו אדמת- קדש	1111	1	1		2	3
ט170703	משה לעיני זקני ישראל / ויקרא שם	המקום	מסה ומריבה על- ריב בני ישראל ועל	1111	1	1		2	3
ט202416	שלמיך את- צאנך ואת- בקרך בכל-	המקום	אשר אזכיר את- שמי אבוא אליך	1111	1	1		2	3
ט211309	צדה והאלהים אנה לידו ושמתי לך	מקום	אשר ינוס שמה / וכי- יזד איש	1111	1	1			2
ט232010	מלאך לפניך לשמרך בדרך ולהביאך אל-	המקום	אשר הכנתי / השמר מפניו ושמע בקלו	1111	1	1		2	3
ט293108	איל המלאים תקח ובשלת את- בשרו	במקם	קדש / ואכל אהרן ובניו את- בשר	1111	1	1		4	3
ט332104	יראני האדם וחי / ויאמר יהוה הנה	מקום	אתי ונצבת על- הצור / והיה בעבר	1111	1	1			2
ט030819	אל- ארץ זבת חלב ודבש אל-	מקום	הכנעני והחתי והאמרי והפרזי והחוי והיבוסי	1112	1	1			2
ט162922	שבו איש תחתיו אל- יצא איש	ממקמו	ביום השביעי / וישבתו העם ביום השביעי	1113	1	1	4	7	4
ט182315	עמד וגם כל- העם הזה על-	מקמו	יבא בשלום / וישמע משה לקול חתנו	1113	1	1	4		3
	--*-*-*-*-*-*-*-*-*-*-*-*-*-*-*-*-*-*	מקטר	*-*-*-*-*-*-*-*-*-*-*-*-*-*-*-*-*-*-*-*						
ט300103	בתכם אני יהוה אלהיהם // ועשית מזבח	מקטר	קטרת עצי שטים תעשה אתו / אמה	1112	1	1			2
	--*-*-*-*-*-*-*-*-*-*-*-*-*-*-*-*-*-*	מקל	*-*-*-*-*-*-*-*-*-*-*-*-*-*-*-*-*-*-*-*						
ט121108	תאכלו אתו מתניכם חגרים נעליכם ברגליכם	ומקלכם	בידכם ואכלתם אתו בחפזון פסח הוא	1113	1	1	7	1	5
	--*-*-*-*-*-*-*-*-*-*-*-*-*-*-*-*-*-*	מקנה	*-*-*-*-*-*-*-*-*-*-*-*-*-*-*-*-*-*-*-*						
ט123808	ערב רב עלה אתם וצאן ובקר	מקנה	כבד מאד / ויאפו את- הבצק אשר	1111	1	1			2
ט090404	דבר כבד מאד / והפלה יהוה בין	מקנה	ישראל ובין מקנה מצרים ולא ימות	1112	1	1			2
ט090407	והפלה יהוה בין מקנה ישראל ובין	מקנה	מצרים ולא ימות מכל- לבני ישראל	1112	1	1			2
ט090609	את- הדבר הזה ממחרת וימת כל	מקנה	מצרים וממקנה בני- ישראל לא- מת	1112	1	1			2
ט090611	הזה ממחרת וימת כל מקנה מצרים	וממקנה	בני- ישראל לא- מת אחד / וישלח	1112	1	1		71	4
ט090706	אחד / וישלח פרעה והנה לא- מת	ממקנה	ישראל עד- אחד ויכבד לב פרעה	1112	1	1		7	3
ט090305	מחזיק בם / הנה יד- יהוה הויה	במקנך	אשר בשדה בסוסים בחמרים בגמלים בבקר	1113	1	1	2	4	4
ט091905	ועד- עתה / ועתה שלח העז את-	מקנך	ואת כל- אשר לך בשדה כל-	1113	1	1	2		3
ט092011	מעבדי פרעה הניס את- עבדיו ואת-	מקנהו	אל- הבתים / ואשר לא- שם לבו	1113	1	1	4		3
ט092112	דבר יהוה ויעזב את- עבדיו ואת	מקנהו	בשדה / ויאמר יהוה אל- משה נטה	1113	1	1	4		3
ט102602	זבחים ועלת ועשינו ליהוה אלהינו / וגם-	מקננו	ילך עמנו לא תשאר פרסה כי	1113	1	1	6		3
ט341906	ממצרים / כל- פטר רחם לי וכל-	מקנך	תזכר פטר שור ושה / ופטר חמור	1113	1	1	2		3
ט170319	ממצרים להמית אתי ואת- בני ואת-	מקני	בצמא / ויצעק משה אל יהוה לאמר	1117	1	1	1		2
	--*-*-*-*-*-*-*-*-*-*-*-*-*-*-*-*-*-*	מקנה	*-*-*-*-*-*-*-*-*-*-*-*-*-*-*-*-*-*-*-*						
ט124404	לא- יאכל בו / וכל- עבד איש	מקנת-	כסף ומלתה אתו אז יאכל בו	1122	2	1			2
	--*-*-*-*-*-*-*-*-*-*-*-*-*-*-*-*-*-*	מקצוע	*-*-*-*-*-*-*-*-*-*-*-*-*-*-*-*-*-*-*-*						
ט262416	הטבעת האחת כן יהיה לשניהם לשני	המקצעת	יהיו / והיו שמנה קרשים ואדניהם כסף	1115	1	3		2	4
ט362916	הטבעת האחת כן עשה לשניהם לשני	המקצעת	/ והיו שמנה קרשים ואדניהם כסף ששה עשר	1115	1	3		2	4
	--*-*-*-*-*-*-*-*-*-*-*-*-*-*-*-*-*-*	מקרא	*-*-*-*-*-*-*-*-*-*-*-*-*-*-*-*-*-*-*-*						
ט121603	הראשן עד- יום השבעי / וביום הראשון	מקרא-	קדש וביום השביעי מקרא- קדש יהיה	1112	1	1			2
ט121607	וביום הראשון מקרא- קדש וביום השביעי	מקרא-	קדש יהיה לכם כל- מלאכה לא-	1112	1	1			2
	--*-*-*-*-*-*-*-*-*-*-*-*-*-*-*-*-*-*	מקשה	*-*-*-*-*-*-*-*-*-*-*-*-*-*-*-*-*-*-*-*						
ט251805	וחצי רחבה / ועשית שנים כרבים זהב	מקשה	תעשה אתם משני קצות הכפרת / ועשה	1121	2	1			2
ט253105	לפני תמיד / ועשית מנרת זהב טהור	מקשה	תיעשה המנורה ירכה וקנה גביעיה כפתריה	1121	2	1			2
ט253606	המנרה / כפתריהם וקנתם ממנה יהיו כלה	מקשה	אחת זהב טהור / ועשית את- נרתיה	1121	2	1			2
ט370705	וחצי רחבה / ויעש שני כרבים זהב	מקשה	עשה אתם משני קצות הכפרת / כרוב	1121	2	1			2
ט371706	טהור / ויעש את- המנרה זהב טהור	מקשה	עשה את- המנרה ירכה וקנה גביעיה	1121	2	1			2
ט372206	ממנה / כפתריהם וקנתם ממנה היו כלה	מקשה	אחת זהב טהור / ויעש את- נרתיה	1121	2	1			2

אזכור		מלה		ו קס כ # ג צורן
	--*-*-*-*-*-*-*-*-*-*-*-*-* מר			
ט152309	ולא יכלו לשתת מים ממרה כי	מרים	רב על- כן קרא- שמה מרה	2 3 1 1115
	--*-*-*-*-*-*-*-*-*-*-*-*-* מראה			
ט380808	את הכיור נחשת ואת כנו נחשת	במראת	וצבאת אשר צבאו פתח אהל מועד	3 4 3 2 1125
	--*-*-*-*-*-*-*-*-*-*-*-*-* מראה			
ט030307	ויאמר משה אסרה- נא ואראה את-	המראה	הגדל הזה מדוע לא- יבער הסנה	3 2 1 1 1111
ט241701	אל- משה ביום השביעי מתוך הענן /	ומראה	כבוד יהוה כאש אכלת בראש ההר	3 1 1 1 1112
	--*-*-*-*-*-*-*-*-*-*-*-*-* מרה			
ט152302	ימים במדבר ולא- מצאו מים / ויבאו	מרתה	ולא יכלו לשתת מים ממרה כי	3 0 2 123
ט152307	ויבאו מרתה ולא יכלו לשתת מים	ממרה	כי מרים הם על- כן קרא-	3 7 2 123
ט152315	מרים הם על- כן קרא- שמה	מרה	/ וילנו העם על- משה לאמר מה	2 2 123
	--*-*-*-*-*-*-*-*-*-*-*-*-* מרור			
ט120810	בלילה הזה צלי- אש ומצות על-	מררים	יאכלהו / אל- תאכלו ממנו נא ובשל	3 3 1 1115
	--*-*-*-*-*-*-*-*-*-*-*-*-* מרים			
ט152002	ישראל הלכו ביבשה בתוך הים / ותקח	מרים	הנביאה אחות אהרן את- התף בידה	2 2 122
ט152103	הנשים אחריה בתפים ובמחלת / ותען להם	מרים	שירו ליהוה כי- גאה גאה סוס	2 2 122
	--*-*-*-*-*-*-*-*-*-*-*-*-* מרכבה			
ט150401	וארממנהו / יהוה איש מלחמה יהוה שמו /	מרכבת	פרעה וחילו ירה בים ומבחר שלשיו	3 3 2 1126
ט142504	את מחנה מצרים / ויסר את אפן	מרכבתיו	וינהגהו בכבדת ויאמר מצרים אנוסה מפני	4 4 3 2 1127
	--*-*-*-*-*-*-*-*-*-*-*-*-* מרצע			
ט210615	אל- המזוזה ורצע אדניו את- אזנו	במרצע	ועבדו לעלם / וכי- ימכר איש את-	4 24 1 1 1111
	--*-*-*-*-*-*-*-*-*-*-*-*-* מרקחת			
ט302507	ועשית אתו שמן משחת- קדש רקח	מרקחת	מעשה רקח שמן משחת- קדש יהיה	3 1 2 1121
	--*-*-*-*-*-*-*-*-*-*-*-*-* מרר			
ט011401	ויעבדו מצרים את- בני ישראל בפרך /	וימררו	את- חייהם בעבדה קשה בחמר ובלבנים	5 * 3 1 3321
	--*-*-*-*-*-*-*-*-*-*-*-*-* מררי			
ט061608	שמות בני- לוי לתלדתם גרשון וקהת	ומררי	ושני חיי לוי שבע ושלשים ומאת	4 1 1 122
ט061902	קהת שלש ושלשים ומאת שנה / ובני	מררי	מחלי ומושי אלה משפחת הלוי לתלדתם	3 1 122
	--*-*-*-*-*-*-*-*-*-*-*-*-* מש			
ט132202	להאיר להם ללכת יומם ולילה / לא-	ימיש	עמוד הענן יומם ועמוד האש לילה	2 1 1 3121
ט331122	ומשרתו יהושע בן- נון נער לא	ימיש	מתוך האהל / ויאמר משה אל- יהוה	2 1 1 3121
	--*-*-*-*-*-*-*-*-*-*-*-*-* משא			
ט230507	כי- תראה חמור שנאך רבץ תחת	משאו	וחדלת מעזב לו עזב תעזב עמו	3 4 1 1 1113
	--*-*-*-*-*-*-*-*-*-*-*-*-* משארה			
ט072815	ועל- מטתך ובבית עבדיך ובעמך ובתנוריך	ובמשארותיך	/ ובכה ובעמך ובכל- עבדיך יעלו הצפרדעים	7 41 2 3 2 1127
ט123407	וישא העם את- בצקו טרם יחמץ	משארתם	צררת בשמלתם על- שכמם / ובני- ישראל	4 9 3 2 1127
	--*-*-*-*-*-*-*-*-*-*-*-*-* משבצה			
ט281415	עבת ונתתה את- שרשרת העבתת על-	המשבצת	/ ועשית חשן משפט מעשה חשב כמעשה	4 2 3 2 1125
ט282509	קצות שתי העבתת תתן על- שתי	המשבצות	ונתתה על- כתפות האפד אל- מול	4 2 3 2 1125
ט391809	קצות שתי העבתת נתנו על- שתי	המשבצת	ויתנם על- כתפת האפד אל- מול	4 2 3 2 1125

/ = סוף פסוק   // = סוף פרק   ג = מין   # = מספר   כ = כינוי חבור   קס = קידומות וסיומות   ו = מספר ההברות

אזכור		מלה		צונן	ג	#	כ	קס	ה
ט281115	האבנים על- שמת בני ישראל מסבת	משבצות	זהב תעשה אתם / ושמת את- שתי	1126	2	3			3
ט281302	יהוה על- שתי כתפיו לזכרן / ועשית	משבצת	זהב / ושתי שרשרת זהב טהור מגבלת	1126	2	3			3
ט390606	משה / ויעשו את- אבני השהם מסבת	משבצת	זהב מפתחת פתוחי חותם על- שמות	1126	2	3			3
ט391307	והטור הרביעי תרשיש שהם וישפה מוסבת	משבצת	זהב במלאתם / והאבנים על- שמת בני-	1126	2	3			3
ט391603	מעשה עבת זהב טהור / ויעשו שתי	משבצת	זהב ושתי טבעת זהב ויתנו את-	1126	2	3			3
	-	משה	*-*						
ט021011	פרעה ויהי- לה לבן ותקרא שמו	משה	ותאמר כי מן- המים משיתהו / ויהי	122	1				2
ט021105	המים משיתהו / ויהי בימים ההם ויגדל	משה	ויצא אל אחיו וירא בסבלתם וירא	122	1				2
ט021416	אמר כאשר הרגת את- המצרי ויירא	משה	ויאמר אכן נודע הדבר / וישמע פרעה	122	1				2
ט021509	את- הדבר הזה ויבקש להרג את-	משה	ויברח משה מפני פרעה וישב בארץ-	122	1				2
ט021511	הזה ויבקש להרג את- משה ויברח	משה	מפני פרעה וישב בארץ- מדין וישב	122	1				2
ט021705	צאן אביהן / ויבאו הרעים ויגרשום ויקם	משה	ויושען וישק את- צאנם / ותבאנה אל-	122	1				2
ט022102	האיש קראן לו ויאכל לחם / ויואל	משה	לשבת את- האיש ויתן את- צפרה	122	1				2
ט022110	את- האיש ויתן את- צפרה בתו	למשה	/ ותלד בן ויקרא את- שמו גרשם	122	1			6	3
ט030101	אלהים את- בני ישראל וידע אלהים //	ומשה	היה רעה את- צאן יתרו חתנו	122	1			1	3
ט030302	בער באש והסנה איננו אכל / ויאמר	משה	אסרה- נא ואראה את- המראה הגדל	122	1				2
ט030412	ויקרא אליו אלהים מתוך הסנה ויאמר	משה	משה ויאמר הנני / ויאמר אל- תקרב	122	1				2
ט030413	אליו אלהים מתוך הסנה ויאמר משה	משה	ויאמר הנני / ויאמר אל- תקרב הלם	122	1				2
ט030612	אברהם אלהי יצחק ואלהי יעקב ויסתר	משה	פניו כי ירא מהביט אל- האלהים	122	1				2
ט031102	את- עמי בני- ישראל ממצרים / ויאמר	משה	אל- האלהים מי אנכי כי אלך	122	1				2
ט031302	את- האלהים על ההר הזה / ויאמר	משה	אל- האלהים הנה אנכי בא אל-	122	1				2
ט031404	מה אמר אלהם / ויאמר אלהים אל-	משה	אהיה אשר אהיה ויאמר כה תאמר	122	1				2
ט031505	שלחני אליכם / ויאמר עוד אלהים אל-	משה	כה תאמר אל- בני ישראל יהוה	122	1				2
ט040102	ועל- בנתיכם ונצלתם את- מצרים // ויען	משה	ויאמר והן לא- יאמינו לי ולא	122	1				2
ט040309	ארצה וישלכהו ארצה ויהי לנחש וינס	משה	מפניו / ויאמר יהוה אל- משה שלח	122	1				2
ט040404	וינס משה מפניו / ויאמר יהוה אל-	משה	שלח ידך ואחז בזנבו וישלח ידו	122	1				2
ט041002	מן- היאר והיו לדם ביבשת / ויאמר	משה	אל- יהוה בי אדני לא איש	122	1				2
ט041404	נא ביד- תשלח / ויחר- אף יהוה	במשה	ויאמר הלא אהרן אחיך הלוי ידעתי	122	1			4	3
ט041802	אשר תעשה- בו את- האתת / וילך	משה	וישב אל- יתר חתנו ויאמר לו	122	1				2
ט041821	במצרים ואראה העודם חיים ויאמר יתרו	למשה	לך לשלום / ויאמר יהוה אל- משה	122	1			6	3
ט041904	למשה לך לשלום / ויאמר יהוה אל-	משה	במדין לך שב מצרים כי- מתו	122	1				2
ט042002	כל- האנשים המבקשים את- נפשך / ויקח	משה	את- אשתו ואת- בניו וירכבם על-	122	1				2
ט042014	על- החמר וישב ארצה מצרים ויקח	משה	את- מטה האלהים בידו / ויאמר יהוה	122	1				2
ט042104	מטה האלהים בידו / ויאמר יהוה אל-	משה	בלכתך לשוב מצרימה ראה כל- המפתים	122	1				2
ט042707	ויאמר יהוה אל- אהרן לך לקראת	משה	המדברה וילך ויפגשהו בהר האלהים וישק-	122	1				2
ט042802	ויפגשהו בהר האלהים וישק- לו / ויגד	משה	לאהרן את כל- דברי יהוה אשר	122	1				2
ט042902	ואת כל- האתת אשר צוהו / וילך	משה	ואהרן ויאספו את- כל- זקני בני	122	1				2
ט043010	כל- הדברים אשר- דבר יהוה אל-	משה	ויעש האתת לעיני העם / ויאמן העם	122	1				2
ט050103	את- עינים ויקדו וישתחוו // ואחר באו	משה	ואהרן ויאמרו אל- פרעה כה- אמר	122	1				2
ט050406	בחרב / ויאמר אלהם מלך מצרים למה	משה	ואהרן תפריעו את- העם ממעשיו לכו	122	1				2
ט052003	מלבניכם דבר- יום ביומו / ויפגעו את-	משה	ואת- אהרן נצבים לקראתם בצאתם מאת	122	1				2
ט052202	עבדיו לתת- חרב בידם להרגנו / וישב	משה	אל- יהוה ויאמר אדני למה הרעתה	122	1				2
ט060104	הצלת את- עמך // ויאמר יהוה אל-	משה	עתה תראה אשר אעשה לפרעה כי	122	1				2
ט060204	חזקה יגרשם מארצו / וידבר אלהים אל-	משה	ויאמר אליו אני יהוה / וארא אל-	122	1				2
ט060902	אתה לכם מורשה אני יהוה / וידבר	משה	כן אל- בני ישראל ולא שמעו	122	1				2
ט060910	אל- בני ישראל ולא שמעו אל-	משה	מקצר רוח ומעבדה קשה / וידבר יהוה	122	1				2
ט061004	רוח ומעבדה קשה / וידבר יהוה אל-	משה	לאמר / בא דבר אל- פרעה מלך	122	1				2
ט061202	וישלח את- בני- ישראל מארצו / וידבר	משה	לפני יהוה לאמר הן בני ישראל	122	1				2
ט061304	ואני ערל שפתים / וידבר יהוה אל-	משה	ואל- אהרן ויצום אל- בני ישראל	122	1				2
ט062013	לאשה ותלד לו את- אהרן ואת-	משה	ושני חיי עמרם שבע ושלשים ומאת	122	1				2
ט062603	ראשי אבות הלוים למשפחתם / הוא אהרן	ומשה	אשר אמר יהוה להם הוציאו את-	122	1			1	3
ט062713	להוציא את- בני- ישראל ממצרים הוא	משה	ואהרן / ויהי ביום דבר יהוה אל-	122	1				2
ט062806	ואהרן / ויהי ביום דבר יהוה אל-	משה	בארץ מצרים / וידבר יהוה אל- משה	122	1				2

אזכור		מלה		צורן ג # כ	קס	ה
ט062904	משה בארץ מצרים / וידבר יהוה אל-	משה	לאמר אני יהוה דבר אל- פרעה	1 122		2
ט063002	כל- אשר אני דבר אליך / ויאמר	משה	לפני יהוה הן אני ערל שפתים	1 122		2
ט070104	ישמע אלי פרעה // ויאמר יהוה אל-	משה	ראה נתתיך אלהים לפרעה ואהרן אחיך	1 122		2
ט070602	והוצאתי את- בני- ישראל מתוכם / ויעש	משה	ואהרן כאשר צוה יהוה אתם כן	1 122		2
ט070701	כאשר צוה יהוה אתם כן עשו /	ומשה	בן- שמנים שנה ואהרן בן- שלש	1 122	1	3
ט070804	בדברם אל- פרעה / ויאמר יהוה אל-	משה	ואל- אהרן לאמר / כי ידבר אלכם	1 122		2
ט071002	והשלך לפני- פרעה יהי לתנין / ויבא	משה	ואהרן אל- פרעה ויעשו כן כאשר	1 122		2
ט071404	כאשר דבר יהוה / ויאמר יהוה אל-	משה	כבד לב פרעה מאן לשלח העם	1 122		2
ט071904	מים מן- היאר / ויאמר יהוה אל-	משה	אמר אל- אהרן קח מטך ונטה-	1 122		2
ט072003	ארץ מצרים ובעצים ובאבנים / ויעשו- כן	משה	ואהרן כאשר צוה יהוה וירם במטה	1 122		2
ט072604	יהוה את- היאר / ויאמר יהוה אל-	משה	בא אל- פרעה ואמרת אליו כה	1 122		2
ט080104	עבדיך יעלו הצפרדעים // ויאמר יהוה אל-	משה	אמר אל- אהרן נטה את- ידך	1 122		2
ט080403	הצפרדעים על- ארץ מצרים / ויקרא פרעה	למשה	ולאהרן ויאמר העתירו אל- יהוה ויסר	1 122	6	3
ט080502	ואשלחה את- העם ויזבחו ליהוה / ויאמר	משה	לפרעה התפאר עלי למתי אעתיר לך	1 122		2
ט080802	ומעבדיך ומעמך רק ביאר תשארנה / ויצא	משה	ואהרן מעם פרעה ויצעק משה אל-	1 122		2
ט080807	ויצא משה ואהרן מעם פרעה ויצעק	משה	אל- יהוה על- דבר הצפרדעים אשר-	1 122		2
ט080904	אשר- שם לפרעה / ויעש יהוה כדבר	משה	וימתו הצפרדעים מן- הבתים מן- החצרת	1 122		2
ט081204	כאשר דבר יהוה / ויאמר יהוה אל-	משה	אמר אל- אהרן נטה את- מטך	1 122		2
ט081604	כאשר דבר יהוה / ויאמר יהוה אל-	משה	השכם בבקר והתיצב לפני פרעה הנה	1 122		2
ט082104	הארץ מפני הערב / ויקרא פרעה אל-	משה	ולאהרן ויאמר לכו זבחו לאלהיכם בארץ	1 122		2
ט082202	ויאמר לכו זבחו לאלהיכם בארץ / ויאמר	משה	לא נכון לעשות כן כי תועבת	1 122		2
ט082502	לא- תרחיקו ללכת העתירו בעדי / ויאמר	משה	הנה אנכי יוצא מעמך והעתרתי אל-	1 122		2
ט082602	שלח את- העם לזבח ליהוה / ויצא	משה	מעם פרעה ויעתר אל- יהוה / ויעש	1 122		2
ט082704	ויעתר אל- יהוה / ויעש יהוה כדבר	משה	ויסר הערב מפרעה מעבדיו ומעמו לא	1 122		2
ט090104	שלח את- העם // ויאמר יהוה אל-	משה	בא אל- פרעה ודברת אליו כה-	1 122		2
ט090804	שלח את- העם / ויאמר יהוה אל-	משה	ואל- אהרן קחו לכם מלא חפניכם	1 122		2
ט090814	לכם מלא חפניכם פיח כבשן וזרקו	משה	השמימה לעיני פרעה / והיה לאבק על	1 122		2
ט091010	הכבשן ויעמדו לפני פרעה ויזרק אתו	משה	השמימה ויהי שחין אבעבעת פרח באדם	1 122		2
ט091106	ובבהמה / ולא- יכלו החרטמים לעמד לפני	משה	מפני השחין כי- היה השחין בחרטמים	1 122		2
ט091213	שמע אלהם כאשר דבר יהוה אל-	משה	/ ויאמר יהוה אל משה השכם בבקר	1 122		2
ט091304	יהוה אל- משה / ויאמר יהוה אל	משה	השכם בבקר והתיצב לפני פרעה ואמרת	1 122		2
ט092204	ואת מקנהו בשדה / ויאמר יהוה אל-	משה	נטה את- ידך על- השמים ויהי	1 122		2
ט092302	כל- עשב השדה בארץ מצרים / ויט	משה	את- מטהו על- השמים ויהוה נתן	1 122		2
ט092704	לא היה ברד / וישלח פרעה ויקרא	למשה	ולאהרן ויאמר אלהם חטאתי הפעם יהוה	1 122	6	3
ט092903	אתכם ולא תספון לעמד / ויאמר אליו	משה	כצאתי את- העיר אפרש את כפי	1 122		2
ט093302	לא נכו כי אפילת הנה / ויצא	משה	מעם פרעה את- העיר ויפרש כפיו	1 122		2
ט093513	בני ישראל כאשר דבר יהוה ביד-	משה	// ויאמר יהוה אל- משה בא אל-	1 122		2
ט100104	יהוה ביד- משה // ויאמר יהוה אל-	משה	בא אל- פרעה כי- אני הכבדתי	1 122		2
ט100302	בם וידעתם כי- אני יהוה / ויבא	משה	ואהרן אל- פרעה ויאמרו אליו כה-	1 122		2
ט100803	תדע כי אבדה מצרים / ויושב את-	משה	ואת- אהרן אל- פרעה ויאמר אלהם	1 122		2
ט100902	יהוה אלהיכם מי ומי ההלכים / ויאמר	משה	בנערינו ובזקנינו נלך בבנינו ובבנותנו בצאננו	1 122		2
ט101204	מאת פני פרעה / ויאמר יהוה אל-	משה	נטה ידך על- ארץ מצרים בארבה	1 122		2
ט101302	את כל אשר השאיר הברד / ויט	משה	את- מטהו על- ארץ מצרים ויהוה	1 122		2
ט101604	בכל- ארץ מצרים / וימהר פרעה לקרא	למשה	ולאהרן ויאמר חטאתי ליהוה אלהיכם ולכם	1 122	6	3
ט102104	את- בני ישראל / ויאמר יהוה אל-	משה	נטה ידך על- השמים ויהי חשך	1 122		2
ט102202	על- ארץ מצרים וימש חשך / ויט	משה	את- ידו על- השמים ויהי חשך-	1 122		2
ט102404	היה אור במושבתם / ויקרא פרעה אל-	משה	ויאמר לכו עבדו את- יהוה רק	1 122		2
ט102502	יצג גם- טפכם ילך עמכם / ויאמר	משה	גם- אתה תתן בידנו זבחים ועלת	1 122		2
ט102902	כי ביום ראתך פני תמות / ויאמר	משה	כן דברת לא- אסף עוד ראות	1 122		2
ט110104	עוד ראות פניך // ויאמר יהוה אל-	משה	עוד נגע אחד אביא על- פרעה	1 122		2
ט110310	חן העם בעיני מצרים גם האיש	משה	גדול מאד בארץ מצרים בעיני עבדי-	1 122		2
ט110402	בעיני עבדי- פרעה ובעיני העם / ויאמר	משה	כה אמר יהוה כחצת הלילה אני	1 122		2
ט110904	פרעה בחרי- אף / ויאמר יהוה אל-	משה	לא- ישמע אליכם פרעה למען רבות	1 122		2
ט111001	פרעה למען רבות מופתי בארץ מצרים /	ומשה	ואהרן עשו את- כל- המפתים האלה	1 122	1	3

/ = סוף פסוק   // = סוף פרק   ג = מין   # = מספר   כ = כינוי וגוף   קס = קידומות וסיומות   ה = מספר ההברות

אזכור		מלה		צונן	ג	#	כ	קס	ה
ט120104	בני- ישראל מארצו // ויאמר יהוה אל-	משה	ואל- אהרן בארץ מצרים לאמר / החדש	122	1				2
ט122102	תאכלו בכל מושבתיכם תאכלו מצות / ויקרא	משה	לכל- זקני ישראל ויאמר אלהם משכו	122	1				2
ט122809	בני ישראל כאשר צוה יהוה את-	משה	ואהרן כן עשו / ויהי בחצי הלילה	122	1				2
ט123102	בית אשר אין- שם מת / ויקרא	למשה	ולאהרן לילה ויאמר קומו צאו מתוך	122	1			6	3
ט123505	על- שכמם / ובני- ישראל עשו כדבר	משה	וישאלו ממצרים כלי- כסף וכלי- זהב	122	1				2
ט124304	בני ישראל לדרתם / ויאמר יהוה אל-	משה	ואהרן זאת חקת הפסח כל- בן-	122	1				2
ט125009	בני ישראל כאשר צוה יהוה את-	משה	ואת- אהרן כן עשו / ויהי בעצם	122	1				2
ט130104	מצרים על- צבאתם // וידבר יהוה אל-	משה	לאמר / קדש- לי כל- בכור פטר	122	1				2
ט130302	ישראל באדם ובבהמה לי הוא / ויאמר	משה	אל- העם זכור את- היום הזה	122	1				2
ט131902	עלו בני ישראל מארץ מצרים / ויקח	משה	את- עצמות יוסף עמו כי השבע	122	1				2
ט140104	לילה לפני העם // וידבר יהוה אל-	משה	לאמר / דבר אל- בני ישראל וישבו	122	1				2
ט141103	בני- ישראל אל- יהוה / ויאמרו אל-	משה	המבלי אין- קברים במצרים לקחתנו למות	122	1				2
ט141302	עבד את- מצרים ממתנו במדבר / ויאמר	משה	אל- העם אל- תיראו התיצבו וראו	122	1				2
ט141504	לכם ואתם תחרשון / ויאמר יהוה אל-	משה	מה- תצעק אלי דבר אל- בני-	122	1				2
ט142102	זה אל- זה כל- הלילה / ויט	משה	את- ידו על- הים ויולך יהוה	122	1				2
ט142604	נלחם להם במצרים / ויאמר יהוה אל-	משה	נטה את- ידך על- הים וישבו	122	1				2
ט142702	מצרים על- רכבו ועל- פרשיו / ויט	משה	את- ידו על- הים וישב הים	122	1				2
ט143116	וייראו העם את יהוה ויאמינו ביהוה	ובמשה	עבדו // אז ישיר- משה ובני ישראל	122	1			41	4
ט150103	ויאמינו ביהוה ובמשה עבדו // אז ישיר-	משה	ובני ישראל את- השירה הזאת ליהוה	122	1				2
ט152202	גאה סוס ורכבו רמה בים / ויסע	משה	את- ישראל מים- סוף ויצאו אל-	122	1				2
ט152404	קרא- שמה מרה / וילנו העם על-	משה	לאמר מה נשתה / ויצעק אל- יהוה	122	1				2
ט160207	וילונו כל- עדת בני- ישראל על-	משה	ועל- אהרן במדבר / ויאמרו אלהם בני	122	1				2
ט160404	הקהל הזה ברעב / ויאמר יהוה אל-	משה	הנני ממטיר לכם לחם מן- השמים	122	1				2
ט160602	על אשר- ילקטו יום יום / ויאמר	משה	ואהרן אל- כל- בני ישראל ערב	122	1				2
ט160802	ונחנו מה כי תלינו עלינו / ויאמר	משה	בתת יהוה לכם בערב בשר לאכל	122	1				2
ט160902	עלינו תלנתיכם כי על- יהוה / ויאמר	משה	אל- אהרן אמר אל- כל- עדת	122	1				2
ט161104	יהוה נראה בענן / וידבר יהוה אל-	משה	לאמר / שמעתי את- תלונת בני ישראל	122	1				2
ט161516	כי לא ידעו מה- הוא ויאמר	משה	אלהם הוא הלחם אשר נתן יהוה	122	1				2
ט161902	החסיר איש לפי- אכלו לקטו / ויאמר	משה	אלהם איש אל- יותר ממנו עד-	122	1				2
ט162004	ממנו עד- בקר / ולא- שמעו אל-	משה	ויותרו אנשים ממנו עד- בקר וירם	122	1				2
ט162015	בקר וירם תולעים ויבאש ויקצף עלהם	משה	/ וילקטו אתו בבקר בבקר איש כפי	122	1				2
ט162215	לאחד ויבאו כל- נשיאי העדה ויגידו	למשה	/ ויאמר אלהם הוא אשר דבר יהוה	122	1			6	3
ט162407	ויניחו אתו עד- הבקר כאשר צוה	משה	ולא הבאיש ורמה לא- היתה בו	122	1				2
ט162502	הבאיש ורמה לא- היתה בו / ויאמר	משה	אכלהו היום כי- שבת היום ליהוה	122	1				2
ט162804	ללקט ולא מצאו / ויאמר יהוה אל-	משה	עד- אנה מאנתם לשמר מצותי ותורתי	122	1				2
ט163202	גד לבן וטעמו כצפיחת בדבש / ויאמר	משה	זה הדבר אשר צוה יהוה מלא	122	1				2
ט163302	במדבר בהוציאי אתכם מארץ מצרים / ויאמר	משה	אל- אהרן קח צנצנת אחת ותן-	122	1				2
ט163405	למשמרת לדרתיכם / כאשר צוה יהוה אל	משה	ויניחהו אהרן לפני העדת למשמרת / ובני	122	1				2
ט170204	מים לשתת העם / וירב העם עם-	משה	ויאמרו תנו- לנו מים ונשתה ויאמר	122	1				2
ט170212	תנו- לנו מים ונשתה ויאמר להם	משה	מה תריבון עמדי מה- תנסון את-	122	1				2
ט170308	שם העם למים וילן העם על-	משה	ויאמר למה זה העליתנו ממצרים להמית	122	1				2
ט170402	ואת- בני ואת- מקני בצמא / ויצעק	משה	אל יהוה לאמר מה אעשה לעם	122	1				2
ט170504	עוד מעט וסקלני / ויאמר יהוה אל-	משה	עבר לפני העם וקח אתך מזקני	122	1				2
ט170617	ממנו מים ושתה העם ויעש כן	משה	לעיני זקני ישראל / ויקרא שם המקום	122	1				2
ט170902	עמלק וילחם עם- ישראל ברפידם / ויאמר	משה	אל- יהושע בחר- לנו אנשים וצא	122	1				2
ט171006	בידי / ויעש יהושע כאשר אמר- לו	משה	להלחם בעמלק ומשה אהרן וחור עלו	122	1				2
ט171009	כאשר אמר- לו משה להלחם בעמלק	ומשה	אהרן וחור עלו ראש הגבעה / והיה	122	1			1	3
ט171104	עלו ראש הגבעה / והיה כאשר ירים	משה	ידו וגבר ישראל וכאשר יניח ידו	122	1				2
ט171202	וכאשר יניח ידו וגבר עמלק / וידי	משה	כבדים ויקחו- אבן וישימו תחתיו וישב	122	1				2
ט171404	עמו לפי- חרב / ויאמר יהוה אל-	משה	כתב זאת זכרון בספר ושים באזני	122	1				2
ט171502	את- זכר עמלק מתחת השמים / ויבן	משה	מזבח ויקרא שמו יהוה נסי / ויאמר	122	1				2
ט180106	דר // וישמע יתרו כהן מדין חתן	משה	את כל- אשר עשה אלהים למשה	122	1				2
ט180112	משה את כל- אשר עשה אלהים	למשה	ולישראל עמו כי- הוציא יהוה את-	122	1			6	3
ט180204	את- ישראל ממצרים / ויקח יתרו חתן	משה	את- צפרה אשת משה אחר שלוחיה	122	1				2

אזכור	הקשר	מלה	הקשר	צורן	ג	#	כ	קס	ה
ט180208	יתרו חתן משה את- צפרה אשת	משה	אחר שלוחיה / ואת שני בניה אשר	122	1				2
ט180504	ויצלני מחרב פרעה / ויבא יתרו חתן	משה	ובניו ואשתו אל- משה אל המדבר	122	1				2
ט180508	יתרו חתן משה ובניו ואשתו אל-	משה	אל המדבר אשר- הוא חנה שם	122	1				2
ט180603	חנה שם הר האלהים / ויאמר אל-	משה	אני חתנך יתרו בא אליך ואשתך	122	1				2
ט180702	אליך ואשתך ושני בניה עמה / ויצא	משה	לקראת חתנו וישתחו וישק- לו וישאלו	122	1				2
ט180802	איש- לרעהו לשלום ויבאו האהלה / ויספר	משה	לחתנו את כל- אשר עשה יהוה	122	1				2
ט181204	אשר זדו עליהם / ויקח יתרו חתן	משה	עלה וזבחים לאלהים ויבא אהרן וכל	122	1				2
ט181217	זקני ישראל לאכל- לחם עם- חתן	משה	לפני האלהים / ויהי ממחרת וישב משה	122	1				2
ט181304	משה לפני האלהים / ויהי ממחרת וישב	משה	לשפט את- העם ויעמד העם על-	122	1				2
ט181311	לשפט את- העם ויעמד העם על-	משה	מן- הבקר עד- הערב / וירא חתן	122	1				2
ט181403	מן- הבקר עד- הערב / וירא חתן	משה	את כל- אשר- הוא עשה לעם	122	1				2
ט181502	עליך מן- בקר עד- ערב / ויאמר	משה	לחתנו כי- יבא אלי העם לדרש	122	1				2
ט181703	חקי האלהים ואת- תורתיו / ויאמר חתן	משה	אליו לא- טוב הדבר אשר אתה	122	1				2
ט182402	הזה על- מקמו יבא בשלום / וישמע	משה	לקול חתנו ויעש כל אשר אמר	122	1				2
ט182502	חתנו ויעש כל אשר אמר / ויבחר	משה	אנשי- חיל מכל- ישראל ויתן אתם	122	1				2
ט182611	עת את- הדבר הקשה יביאון אל-	משה	וכל- הדבר הקטן ישפוטו הם / וישלח	122	1				2
ט182702	וכל- הדבר הקטן ישפוטו הם / וישלח	משה	את- חתנו וילך לו אל- ארצו	122	1				2
ט190301	במדבר ויחן- שם ישראל נגד ההר /	ומשה	עלה אל- האלהים ויקרא אליו יהוה	122	1		1		3
ט190702	אשר תדבר אל- בני ישראל / ויבא	משה	ויקרא לזקני העם וישם לפניהם את	122	1				2
ט190812	כל אשר- דבר יהוה נעשה וישב	משה	את- דברי העם אל- יהוה / ויאמר	122	1				2
ט190904	העם אל- יהוה / ויאמר יהוה אל-	משה	הנה אנכי בא אליך בעב הענן	122	1				2
ט190921	עמך וגם- בך יאמינו לעולם ויגד	משה	את- דברי העם אל- יהוה / ויאמר	122	1				2
ט191004	העם אל- יהוה / ויאמר יהוה אל-	משה	לך אל- העם וקדשתם היום ומחר	122	1				2
ט191402	במשך היבל המה יעלו בהר / וירד	משה	מן- ההר אל- העם ויקדש את-	122	1				2
ט191702	ויחרד כל- העם אשר במחנה / ויוצא	משה	את- העם לקראת האלהים מן- המחנה	122	1				2
ט191907	ויהי קול השפר הולך וחזק מאד	משה	ידבר והאלהים יעננו בקול / וירד יהוה	122	1				2
ט192011	סיני אל- ראש ההר ויקרא יהוה	למשה	אל- ראש ההר ויעל משה / ויאמר	122	1		6		3
ט192016	יהוה למשה אל- ראש ההר ויעל	משה	/ ויאמר יהוה אל- משה רד העד	122	1				2
ט192104	ההר ויעל משה / ויאמר יהוה אל-	משה	רד העד בעם פן- יהרסו אל-	122	1				2
ט192302	יתקדשו פן- יפרץ בהם יהוה / ויאמר	משה	אל יהוה לא- יוכל העם לעלת	122	1				2
ט192502	אל- יהוה פן- יפרץ- בם / וירד	משה	אל- העם ויאמר אלהם // וידבר אלהים	122	1				2
ט201903	העם וינעו ויעמדו מרחק / ויאמרו אל-	משה	דבר- אתה עמנו ונשמעה ואל- ידבר	122	1				2
ט202002	ידבר עמנו אלהים פן- נמות / ויאמר	משה	אל- העם אל- תיראו כי לבעבור	122	1				2
ט202104	פניכם לבלתי תחטאו / ויעמד העם מרחק	ומשה	נגש אל- הערפל אשר- שם האלהים	122	1		1		3
ט202204	אשר- שם האלהים / ויאמר יהוה אל-	משה	כה תאמר אל- בני ישראל אתם	122	1				2
ט240102	אלהיהם כי- יהיה לך למוקש // ואל	משה	אמר עלה אל- יהוה אתה ואהרן	122	1				2
ט240202	ושבעים מזקני ישראל והשתחויתם מרחק / ונגש	משה	לבדו אל- יהוה והם לא יגשו	122	1				2
ט240302	יגשו והעם לא יעלו עמו / ויבא	משה	ויספר לעם את כל- דברי יהוה	122	1				2
ט240402	הדברים אשר- דבר יהוה נעשה / ויכתב	משה	את כל- דברי יהוה וישכם בבקר	122	1				2
ט240602	ויזבחו זבחים שלמים ליהוה פרים / ויקח	משה	חצי הדם וישם באגנת וחצי הדם	122	1				2
ט240802	אשר- דבר יהוה נעשה ונשמע / ויקח	משה	את- הדם ויזרק על- העם ויאמר	122	1				2
ט240902	עמכם על כל- הדברים האלה / ויעל	משה	ואהרן נדב ואביהוא ושבעים מזקני ישראל	122	1				2
ט241204	האלהים ויאכלו וישתו / ויאמר יהוה אל-	משה	עלה אלי ההרה והיה- שם ואתנה	122	1				2
ט241302	והתורה והמצוה אשר כתבתי להורתם / ויקם	משה	ויהושע משרתו ויעל משה אל- הר	122	1				2
ט241306	להורתם / ויקם משה ויהושע משרתו ויעל	משה	אל- הר האלהים / ואל- הזקנים אמר	122	1				2
ט241502	מי- בעל דברים יגש אלהם / ויעל	משה	אל- ההר ויכס הענן את- ההר	122	1				2
ט241613	ויכסהו הענן ששת ימים ויקרא אל-	משה	ביום השביעי מתוך הענן / ומראה כבוד	122	1				2
ט241802	בראש ההר לעיני בני ישראל / ויבא	משה	בתוך הענן ויעל אל- ההר ויהי	122	1				2
ט241809	בתוך הענן ויעל אל- ההר ויהי	משה	בהר ארבעים יום וארבעים לילה // וידבר	122	1				2
ט250104	יום וארבעים לילה // וידבר יהוה אל-	משה	לאמר / דבר אל- בני ישראל ויקחו	122	1				2
ט301104	קדשים הוא ליהוה / וידבר יהוה אל-	משה	לאמר / כי תשא את- ראש בני-	122	1				2
ט301704	לכפר על- נפשתיכם / וידבר יהוה אל-	משה	לאמר / ועשית כיור נחשת וכנו נחשת	122	1				2
ט302204	לו ולזרעו לדרתם / וידבר יהוה אל-	משה	לאמר / ואתה קח- לך בשמים ראש	122	1				2
ט303404	זר ונכרת מעמיו / ויאמר יהוה אל-	משה	קח- לך סמים נטף ושחלת וחלבנה	122	1				2

אזכור		מלה		צונן	ג	#	כ	קס	ה
ט310104	בה ונכרת מעמיו // וידבר יהוה אל-	משה	לאמר / ראה קראתי בשם בצלאל בן-	122	1				2
ט311204	אשר- צויתך יעשו / ויאמר יהוה אל-	משה	לאמר / ואתה דבר אל- בני ישראל	122	1				2
ט311803	וביום השביעי שבת וינפש / ויתן אל-	משה	ככלתו לדבר אתו בהר סיני שני	122	1				2
ט320105	באצבע אלהים // וירא העם כי- בשש	משה	לרדת מן- ההר ויקהל העם על-	122	1				2
ט320124	אלהים אשר ילכו לפנינו כי- זה	משה	האיש אשר העלנו מארץ מצרים לא	122	1				2
ט320704	ושתו ויקמו לצחק / וידבר יהוה אל-	משה	לך- רד כי שחת עמך אשר	122	1				2
ט320904	העלוך מארץ מצרים / ויאמר יהוה אל-	משה	ראיתי את- העם הזה והנה עם-	122	1				2
ט321102	ואכלם ואעשה אותך לגוי גדול / ויחל	משה	את- פני יהוה אלהיו ויאמר למה	122	1				2
ט321503	אשר דבר לעשות לעמו / ויפן וירד	משה	מן- ההר ושני לחת העדת בידו	122	1				2
ט321709	את- קול העם ברעה ויאמר אל-	משה	קול מלחמה במחנה / ויאמר אין קול	122	1				2
ט321912	וירא את- העגל ומחלת ויחר- אף	משה	וישלך מידו את- הלחת וישבר אתם	122	1				2
ט322102	המים וישק את- בני ישראל / ויאמר	משה	אל- אהרן מה- עשה לך העם	122	1				2
ט322311	אלהים אשר ילכו לפנינו כי- זה	משה	האיש אשר העלנו מארץ מצרים לא	122	1				2
ט322502	ואשלכהו באש ויצא העגל הזה / וירא	משה	את- העם כי פרע הוא כי-	122	1				2
ט322602	כי- פרעה אהרן לשמצה בקמיהם / ויעמד	משה	בשער המחנה ויאמר מי ליהוה אלי	122	1				2
ט322805	את- קרבו / ויעשו בני- לוי כדבר	משה	ויפל מן- העם ביום ההוא כשלשת	122	1				2
ט322902	ביום ההוא כשלשת אלפי איש / ויאמר	משה	מלאו ידכם היום ליהוה כי איש	122	1				2
ט323004	עליכם היום ברכה / ויהי ממחרת ויאמר	משה	אל- העם אתם חטאתם חטאה גדלה	122	1				2
ט323102	יהוה אולי אכפרה בעד חטאתכם / וישב	משה	אל- יהוה ויאמר אנא חטא העם	122	1				2
ט323304	מספרך אשר כתבת / ויאמר יהוה אל-	משה	מי אשר חטא- לי אמחנו מספרי	122	1				2
ט330104	אשר עשה אהרן // וידבר יהוה אל-	משה	לך עלה מזה אתה והעם אשר	122	1				2
ט330504	איש עדיו עליו / ויאמר יהוה אל-	משה	אמר אל- בני- ישראל אתם עם-	122	1				2
ט330701	בני- ישראל את- עדים מהר חורב /	ומשה	יקח את- האהל ונטה לו מחוץ	122	1			1	3
ט330803	מועד אשר מחוץ למחנה / והיה כצאת	משה	אל- האהל יקומו כל- העם ונצבו	122	1				2
ט330815	ונצבו איש פתח אהלו והביטו אחרי	משה	עד- באו האהלה / והיה כבא משה	122	1				2
ט330903	משה עד- באו האהלה / והיה כבא	משה	האהלה ירד עמוד הענן ועמד פתח	122	1				2
ט330913	הענן ועמד פתח האהל ודבר עם-	משה	/ וראה כל- העם את- עמוד הענן	122	1				2
ט331104	איש פתח אהלו / ודבר יהוה אל-	משה	פנים אל- פנים כאשר ידבר איש	122	1				2
ט331202	נער לא ימיש מתוך האהל / ויאמר	משה	אל- יהוה ראה אתה אמר אלי	122	1				2
ט331704	על- פני האדמה / ויאמר יהוה אל-	משה	גם את- הדבר הזה אשר דברת	122	1				2
ט340104	ופני לא יראו // ויאמר יהוה אל-	משה	פסל- לך שני- לחת אבנים כראשנים	122	1				2
ט340407	ויפסל שני לחת אבנים כראשנים וישכם	משה	בבקר ויעל אל- הר סיני כאשר	122	1				2
ט340802	בנים על- שלשים ועל- רבעים / וימהר	משה	ויקד ארצה וישתחו / ויאמר אם- נא	122	1				2
ט342704	גדי בחלב אמו / ויאמר יהוה אל-	משה	כתב- לך את- הדברים האלה כי	122	1				2
ט342903	דברי הברית עשרת הדברים / ויהי ברדת	משה	מהר סיני ושני לחת העדת ביד-	122	1				2
ט342910	מהר סיני ושני לחת העדת ביד-	משה	ברדתו מן- ההר ומשה לא- ידע	122	1				2
ט342914	העדת ביד- משה ברדתו מן- ההר	ומשה	לא- ידע כי קרן עור פניו	122	1			1	3
ט343007	וירא אהרן וכל- בני ישראל את-	משה	והנה קרן עור פניו וייראו מגשת	122	1				2
ט343103	פניו וייראו מגשת אליו / ויקרא אלהם	משה	וישבו אליו אהרן וכל- הנשאים בעדה	122	1				2
ט343111	אליו אהרן וכל- הנשאים בעדה וידבר	משה	אלהם / ואחרי- כן נגשו כל- בני	122	1				2
ט343302	דבר יהוה אתו בהר סיני / ויכל	משה	מדבר אתם ויתן על- פניו מסוה	122	1				2
ט343402	אתם ויתן על- פניו מסוה / ובבא	משה	לפני יהוה לדבר אתו יסיר את-	122	1				2
ט343506	יצוה / וראו בני- ישראל את- פני	משה	כי קרן עור פני משה והשיב	122	1				2
ט343511	פני משה כי קרן עור פני	משה	והשיב משה את- המסוה על- פניו	122	1				2
ט343513	כי קרן עור פני משה והשיב	משה	את- המסוה על- פניו עד- באו	122	1				2
ט350102	פניו עד- באו לדבר אתו // ויקהל	משה	את- כל- עדת בני ישראל ויאמר	122	1				2
ט350402	אש בכל מושבתיכם ביום השבת / ויאמר	משה	אל- כל- עדת בני- ישראל לאמר	122	1				2
ט352007	ויצאו כל- עדת בני- ישראל מלפני	משה	/ ויבאו כל- איש אשר- נשאו לבו	122	1				2
ט352916	המלאכה אשר צוה יהוה לעשות ביד-	משה	הביאו בני- ישראל נדבה ליהוה / ויאמר	122	1				2
ט353002	הביאו בני- ישראל נדבה ליהוה / ויאמר	משה	אל- בני ישראל ראו קרא יהוה	122	1				2
ט360202	הקדש לכל אשר- צוה יהוה / ויקרא	משה	אל- בצלאל ואל- אהליאב ואל כל-	122	1				2
ט360303	אל- המלאכה לעשת אתה / ויקחו מלפני	משה	את כל- התרומה אשר הביאו בני	122	1				2
ט360503	ממלאכתו אשר- המה עשים / ויאמרו אל-	משה	לאמר מרבים העם להביא מדי העבדה	122	1				2
ט360602	אשר- צוה יהוה לעשת אתה / ויצו	משה	ויעבירו קול במחנה לאמר איש ואשה	122	1				2

אזכור		מלה		צורן	ג	#	כ	קס	ה
ט382110	משכן העדת אשר פקד על- פי	משה	עבדת הלוים ביד איתמר בן- אהרן	122	1				2
ט382215	את כל- אשר- צוה יהוה את-	משה	/ ואתו אהליאב בן- אחיסמך למטה- דן	122	1				2
ט390121	אשר לאהרן כאשר צוה יהוה את-	משה	/ ויעש את- האפד זהב תכלת וארגמן	122	1				2
ט390519	ושש משזר כאשר צוה יהוה את-	משה	/ ויעשו את- אבני השהם מסבת משבצת	122	1				2
ט390714	לבני ישראל כאשר צוה יהוה את-	משה	/ ויעש את- החשן מעשה חשב כמעשה	122	1				2
ט392123	מעל האפד כאשר צוה יהוה את-	משה	/ ויעש את- מעיל האפד מעשה ארג	122	1				2
ט392614	סביב לשרת כאשר צוה יהוה את-	משה	/ ויעשו את- הכתנת שש מעשה ארג	122	1				2
ט392915	מעשה רקם כאשר צוה יהוה את-	משה	/ ויעשו את- ציץ נזר- הקדש זהב	122	1				2
ט393113	המצנפת מלמעלה כאשר צוה יהוה את-	משה	/ ותכל כל- עבדת משכן אהל מועד	122	1				2
ט393215	ישראל ככל אשר צוה יהוה את-	משה	כן עשו / ויביאו את- המשכן אל-	122	1				2
ט393305	כן עשו / ויביאו את- המשכן אל-	משה	את- האהל ואת- כל- כליו קרסיו	122	1				2
ט394206	לכהן / ככל אשר- צוה יהוה את-	משה	כן עשו בני ישראל את כל-	122	1				2
ט394302	בני ישראל את כל- העבדה / וירא	משה	את- כל- המלאכה והנה עשו אתה	122	1				2
ט394316	צוה יהוה כן עשו ויברך אתם	משה	// וידבר יהוה אל- משה לאמר / ביום-	122	1				2
ט400104	ויברך אתם משה // וידבר יהוה אל-	משה	לאמר / ביום- החדש הראשון באחד לחדש	122	1				2
ט401602	להם משחתם לכהנת עולם לדרתם / ויעש	משה	ככל אשר צוה יהוה אתו כן	122	1				2
ט401802	השנית באחד לחדש הוקם המשכן / ויקם	משה	את- המשכן ויתן את- אדניו וישם	122	1				2
ט401916	עליו מלמעלה כאשר צוה יהוה את-	משה	/ ויקח ויתן את- העדת אל- הארן	122	1				2
ט402118	ארון העדות כאשר צוה יהוה את-	משה	/ ויתן את- השלחן באהל מועד על	122	1				2
ט402311	לפני יהוה כאשר צוה יהוה את-	משה	/ וישם את- המנרה באהל מועד נכח	122	1				2
ט402509	לפני יהוה כאשר צוה יהוה את-	משה	/ וישם את- מזבח הזהב באהל מועד	122	1				2
ט402709	קטרת סמים כאשר צוה יהוה את-	משה	/ וישם את- מסך הפתח למשכן / ואת	122	1				2
ט402919	ואת- המנחה כאשר צוה יהוה את-	משה	/ וישם את- הכיר בין- אהל מועד	122	1				2
ט403103	ויתן שמה מים לרחצה / ורחצו ממנו	משה	ואהרן ובניו את- ידיהם ואת- רגליהם	122	1				2
ט403213	המזבח ירחצו כאשר צוה יהוה את-	משה	/ ויקם את- החצר סביב למשכן ולמזבח	122	1				2
ט403313	ויתן את- מסך שער החצר ויכל	משה	את- המלאכה / ויכס הענן את- אהל	122	1				2
ט403503	יהוה מלא את- המשכן / ולא- יכל	משה	לבוא אל- אהל מועד כי- שכן	122	1				2
	--*-*-*-*-*-*-*-*-*-*-*-*-*-*	משה	*-*-*-*-*-*-*-*-*-*-*-*-*-*-*-*						
ט021016	שמו משה ותאמר כי מן- המים	משיתהו	/ ויהי בימים ההם ויגדל משה ויצא	3112	2	1	4		4
	--*-*-*-*-*-*-*-*-*-*-*-*-*-*	משח	*-*-*-*-*-*-*-*-*-*-*-*-*-*-*-*						
ט284109	את- אהרן אחיך ואת- בניו אתו	ומשחת	אתם ומלאת את- ידם וקדשת אתם	3111	1	1		1	4
ט290708	את- שמן המשחה ויצקת על- ראשו	ומשחת	אתו / ואת- בניו תקריב והלבשתם כתנת	3111	1	1		1	4
ט293612	הכפרים וחטאת על- המזבח בכפרך עליו	ומשחת	אתו לקדשו / שבעת ימים תכפר על-	3111	1	1		1	4
ט302601	מעשה רקח שמן משחת- קדש יהיה /	ומשחת	בו את- אהל מועד ואת ארון	3111	1	1		1	4
ט400905	מער החצר / ולקחת את- שמן המשחה	ומשחת	את- המשכן ואת- כל- אשר- בו	3111	1	1		1	4
ט401001	אתו ואת- כל- כליו והיה קדש /	ומשחת	את- מזבח העלה ואת- כל- כליו	3111	1	1		1	4
ט401101	את- המזבח והיה המזבח קדש קדשים /	ומשחת	את- הכיר ואת- כנו וקדשת אתו	3111	1	1		1	4
ט401307	והלבשת את- אהרן את בגדי הקדש	ומשחת	אתו וקדשת אתו וכהן לי / ואת-	3111	1	1		1	4
ט401501	ואת- בניו תקריב והלבשת אתם כתנת /	ומשחת	אתם כאשר משחת את- אביהם וכהנו	3111	1	1		1	4
ט401504	והלבשת אתם כתנת / ומשחת אתם כאשר	משחת	את- אביהם וכהנו לי והיתה להית	3111	1	1			3
ט303005	בהם יקדש / ואת- אהרן ואת- בניו	תמשח	וקדשת אתם לכהן לי / ואל- בני	3121	1	1			2
ט292908	הקדש אשר לאהרן יהיו לבניו אחריו	למשחה	בהם ולמלא- בם את- ידם / שבעת	3154				96	4
ט290209	וחלת מצת בלולת בשמן ורקיקי מצות	משחים	בשמן סלת חטים תעשה אתם / ונתת	3161	1	3			3
	--*-*-*-*-*-*-*-*-*-*-*-*-*-*	משחה	*-*-*-*-*-*-*-*-*-*-*-*-*-*-*-*						
ט250605	ועצי שטים / שמן למאר בשמים לשמן	המשחה	ולקטרת הסמים / אבני- שהם ואבני מלאים	1121	2	1		2	3
ט290704	הקדש על- המצנפת / ולקחת את- שמן	המשחה	ויצקת על- ראשו ומשחת אתו / ואת-	1121	2	1		2	3
ט292108	מן- הדם אשר על- המזבח ומשמן	המשחה	והזית על- אהרן ועל- בגדיו ועל-	1121	2	1		2	3
ט311103	ואת- בגדי בניו לכהן / ואת שמן	המשחה	ואת- קטרת הסמים לקדש ככל אשר-	1121	2	1		2	3
ט350805	ועצי שטים / ושמן למאור ובשמים לשמן	המשחה	ולקטרת הסמים / ואבני- שהם ואבני מלאים	1121	2	1		2	3
ט351508	מזבח הקטרת ואת- בדיו ואת שמן	המשחה	ואת קטרת הסמים ואת- מסך הפתח	1121	2	1		2	3
ט352807	ואת- הבשם ואת- השמן למאור ולשמן	המשחה	ולקטרת הסמים / כל- איש ואשה אשר	1121	2	1		2	3

/ = סוף פסוק   // = סוף פרק   ג = מין   # = מספר   כ = כינוי ובור   קס = קידומות וסיומות   ה = מספר ההברות

אזכור		מלה		צופן	ג	#	כ	קס	ה
ט372904	ויצף אתם זהב / ויעש את- שמן	המשחה	קדש ואת- קטרת הסמים טהור מעשה	1121	2	1		2	3
ט393806	המאור / ואת מזבח הזהב ואת שמן	המשחה	ואת קטרת הסמים ואת מסך פתח	1121	2	1		2	3
ט400904	מסך שער החצר / ולקחת את- שמן	המשחה	ומשחת את- המשכן ואת- כל- אשר-	1121	2	1		2	3
ט302504	ושמן זית הין / ועשית אתו שמן	משחת-	קדש רקח מרקחת מעשה רקח שמן	1122	2	1			2
ט302511	קדש רקח מרקחת מעשה רקח שמן	משחת-	קדש יהיה / ומשחת בו את- אהל	1122	2	1			2
ט303107	ואל- בני ישראל תדבר לאמר שמן	משחת-	קדש יהיה זה לי לדרתיכם / על-	1122	2	1			2
ט401512	אביהם וכהנו לי והיתה להית להם	משחתם	לכהנת עולם לדרתם / ויעש משה ככל	1123	2	1	9		3
	-	משך	*-*						
ט122108	משה לכל- זקני ישראל ויאמר אלהם	משכו	וקחו לכם צאן למשפחתיכם ושחטו הפסח	314				1	3
ט191317	אם- בהמה אם- איש לא יחיה	במשך	ויבל המה יעלו בהר / וירד משה	3152				4	3
	-	משכב	*-*						
ט211814	באבן או באגרף ולא ימות ונפל	למשכב	/ אם- יקום והתהלך בחוץ על- משענתו	1111	1	1		6	3
ט072808	היאר צפרדעים ועלו ובאו בביתך ובחדר	משכבך	ועל- מטתך ובבית עבדיך ובעמך ובתנוריך	1113	1	1	2		4
	-	משכן	*-*						
ט250908	אשר אני מראה אותך את תבנית	המשכן	ואת תבנית כל- כליו וכן תעשו	1111	1	1		2	3
ט260102	בתבניתם אשר- אתה מראה בהר // ואת-	המשכן	תעשה עשר יריעת שש משזר ותכלת	1111	1	1		2	3
ט260613	היריעת אשה אל- אחתה בקרסים והיה	המשכן	אחד / ועשית יריעת עזים לאהל על-	1111	1	1		2	3
ט260706	אחד / ועשית יריעת עזים לאהל על-	המשכן	עשתי-עשרה יריעת תעשה אתם / ארך היריעה	1111	1	1		2	3
ט261211	חצי היריעה העדפת תסרח על אחרי	המשכן	/ והאמה מזה והאמה מזה בעדף בארך	1111	1	1		2	3
ט261313	יריעת האהל יהיה סרוח על- צדי	המשכן	מזה ומזה לכסתו / ועשית מכסה לאהל	1111	1	1		2	3
ט261504	ערת תחשים מלמעלה / ועשית את- הקרשים	למשכן	עצי שטים עמדים / עשר אמות ארך	1111	1	1		26	3
ט261713	אל- אחתה כן תעשה לכל קרשי	המשכן	/ ועשית את- הקרשים למשכן עשרים קרש	1111	1	1		2	3
ט261804	לכל קרשי המשכן / ועשית את- הקרשים	למשכן	עשרים קרש לפאת נגבה תימנה / וארבעים	1111	1	1		26	3
ט262002	תחת- הקרש האחד לשתי ידתיו / ולצלע	המשכן	השנית לפאת צפון עשרים קרש / וארבעים	1111	1	1		2	3
ט262202	ושני אדנים תחת הקרש האחד / ולירכתי	המשכן	ימה תעשה ששה קרשים / ושני קרשים	1111	1	1		2	3
ט262305	ששה קרשים / ושני קרשים תעשה למקצעת	המשכן	בירכתים / ויהיו תאמם מלמטה ויחדו יהיו	1111	1	1		2	3
ט262608	בריחם עצי שטים חמשה לקרשי צלע-	המשכן	האחד / וחמשה בריחם לקרשי צלע- המשכן	1111	1	1		2	3
ט262705	המשכן האחד / וחמשה בריחם לקרשי צלע-	המשכן	השנית וחמשה בריחם לקרשי צלע המשכן	1111	1	1		2	3
ט262711	המשכן השנית וחמשה בריחם לקרשי צלע	המשכן	לירכתים ימה / והבריח התיכן בתוך הקרשים	1111	1	1		2	3
ט263003	וצפית את- הבריחם זהב / והקמת את-	המשכן	כמשפטו אשר הראית בהר / ועשית פרכת	1111	1	1		2	3
ט263512	ואת- המנרה נכח השלחן על צלע	המשכן	תימנה והשלחן תתן על- צלע צפון	1111	1	1		2	3
ט270904	בהר כן יעשו / ועשית את חצר	המשכן	לפאת נגב- תימנה קלעים לחצר שש	1111	1	1		2	3
ט271903	שש משזר ואדניהם נחשת / לכל כלי	המשכן	בכל עבדתו וכל- יתדתיו וכל- יתדת	1111	1	1		2	3
ט351102	את כל- אשר צוה יהוה / את-	המשכן	את- אהלו ואת- מכסהו את- קרסיו	1111	1	1		2	3
ט351516	קטרת הסמים ואת- מסך הפתח לפתח	המשכן	/ את מזבח העלה ואת- מכבר הנחשת	1111	1	1		2	3
ט351803	ואת מסך שער החצר / את- יתדת	המשכן	ואת- יתדת החצר ואת- מיתריהם / את-	1111	1	1		2	3
ט360808	כל- חכם- לב בעשי המלאכה את-	המשכן	עשר יריעת שש משזר ותכלת וארגמן	1111	1	1		2	3
ט361313	היריעת אחת אל- אחת בקרסים ויהי	המשכן	אחד / ויעש יריעת עזים לאהל על-	1111	1	1		2	3
ט361406	אחד / ויעש יריעת עזים לאהל על-	המשכן	עשתי-עשרה יריעת עשה אתם / ארך היריעה	1111	1	1		2	3
ט362004	ערת תחשים מלמעלה / ויעש את- הקרשים	למשכן	עצי שטים עמדים / עשר אמת ארך	1111	1	1		26	3
ט362213	אל- אחת כן עשה לכל קרשי	המשכן	/ ויעש את- הקרשים למשכן עשרים קרשים	1111	1	1		2	3
ט362304	לכל קרשי המשכן / ויעש את- הקרשים	למשכן	עשרים קרשים לפאת נגב תימנה / וארבעים	1111	1	1		26	3
ט362502	תחת- הקרש האחד לשתי ידתיו / ולצלע	המשכן	השנית לפאת צפון עשה עשרים קרשים	1111	1	1		2	3
ט362702	ושני אדנים תחת הקרש האחד / ולירכתי	המשכן	ימה עשה ששה קרשים / ושני קרשים	1111	1	1		2	3
ט362805	ששה קרשים / ושני קרשים עשה למקצעת	המשכן	בירכתים / והיו תואמם מלמטה ויחדו יהיו	1111	1	1		2	3
ט363108	בריחי עצי שטים חמשה לקרשי צלע-	המשכן	האחת / וחמשה בריחם לקרשי צלע- המשכן	1111	1	1		2	3
ט363205	המשכן האחת / וחמשה בריחם לקרשי צלע-	המשכן	השנית וחמשה בריחם לקרשי המשכן לירכתים	1111	1	1		2	3
ט363210	צלע- המשכן השנית וחמשה בריחם לקרשי	המשכן	לירכתים ימה / ויעש את- הבריח התיכן	1111	1	1		2	3
ט382003	וצפוי ראשיהם וחשקיהם כסף / וכל- היתדת	למשכן	ולחצר סביב נחשת / אלה פקודי המשכן	1111	1	1		26	3
ט382103	למשכן ולחצר סביב נחשת / אלה פקודי	המשכן	משכן העדת אשר פקד על- פי	1111	1	1		2	3
ט383112	אדני שער החצר ואת כל- יתדת	המשכן	ואת- כל- יתדת החצר סביב // ומן-	1111	1	1		2	3

אזכור		מלה		צופן	ג	#	כ	קס	ה
ט393303	את- משה כן עשו / ויביאו את-	המשכן	אל- משה את- האהל ואת- כל-	1111	1	1		2	3
ט394019	מיתריו ויתדתיה ואת כל- כלי עבדת	המשכן	לאהל מועד / את- בגדי השרד לשרת	1111	1	1		2	3
ט400513	ארון העדת ושמת את- מסך הפתח	למשכן	/ ונתתה את מזבח העלה לפני פתח	1111	1	1		26	3
ט400907	ולקחת את- שמן המשחה ומשחת את-	המשכן	ואת- כל- אשר- בו וקדשת אתו	1111	1	1		2	3
ט401709	הראשון בשנה השנית באחד לחדש הוקם	המשכן	/ ויקם משה את- המשכן ויתן את-	1111	1	1		2	3
ט401804	לחדש הוקם המשכן / ויקם משה את-	המשכן	ויתן את- אדניו וישם את- קרשיו	1111	1	1		2	3
ט401905	את- עמודיו / ויפרש את- האהל על-	המשכן	וישם את- מכסה האהל עליו מלמעלה	1111	1	1		2	3
ט402105	הארן מלמעלה / ויבא את- הארן אל-	המשכן	וישם את פרכת המסך ויסך על	1111	1	1		2	3
ט402208	את- השלחן באהל מועד על ירך	המשכן	צפנה מחוץ לפרכת / ויערך עליו ערך	1111	1	1		2	3
ט402410	באהל מועד נכח השלחן על ירך	המשכן	נגבה / ויעל הנרת לפני יהוה כאשר	1111	1	1		2	3
ט402805	את- משה / וישם את- מסך הפתח	למשכן	/ ואת מזבח העלה שם פתח משכן	1111	1	1		26	3
ט403305	את- משה / ויקם את- החצר סביב	למשכן	ולמזבח ויתן את- מסך שער החצר	1111	1	1		26	3
ט403410	אהל מועד וכבוד יהוה מלא את-	המשכן	/ ולא- יכל משה לבוא אל- אהל	1111	1	1		2	3
ט403516	עליו הענן וכבוד יהוה מלא את-	המשכן	/ ובהעלות הענן מעל המשכן יסעו בני	1111	1	1		2	3
ט403604	מלא את- המשכן / ובהעלות הענן מעל	המשכן	יסעו בני ישראל בכל מסעיהם / ואם-	1111	1	1		2	3
ט403805	יום העלתו / כי ענן יהוה על-	המשכן	יומם ואש תהיה לילה בו לעיני	1111	1	1		2	3
ט382104	ולחצר סביב נחשת / אלה פקודי המשכן	משכן	העדת אשר פקד על- פי משה	1112	1	1			2
ט393204	יהוה את- משה / ותכל כל- עבדת	משכן	אהל מועד ויעשו בני ישראל ככל	1112	1	1			2
ט400208	החדש הראשון באחד לחדש תקים את-	משכן	אהל מועד / ושמת שם את ארון	1112	1	1			2
ט400607	ונתתה את מזבח העלה לפני פתח	משכן	אהל- מועד / ונתת את- הכיר בין-	1112	1	1			2
ט402906	למשכן / ואת מזבח העלה שם פתח	משכן	אהל- מועד ויעל עליו את- העלה	1112	1	1			2
	--*-*-*-*-*-*-*-*-*-*	משל	*-*-*-*-*-*-*-*-*-*-*-*						
ט210812	לא יעדה והפדה לעם נכרי לא-	ימשל	למכרה בבגדו- בה / ואם- לבנו ייעדנה	3121	1	1			2
	--*-*-*-*-*-*-*-*-*-*	משמרת	*-*-*-*-*-*-*-*-*-*-*-*						
ט120603	הכבשים ומן- העזים תקחו / והיה לכם	למשמרת	עד ארבעה עשר יום לחדש הזה ושחטו	1121	2	1		6	4
ט162325	בשלו ואת כל- העדף הניחו לכם	למשמרת	עד- הבקר / ויניחו אתו עד- הבקר	1121	2	1		6	4
ט163211	אשר צוה יהוה מלא העמר ממנו	למשמרת	לדרתיכם למען יראו את- הלחם אשר	1121	2	1		6	4
ט163317	העמר מן והנח אתו לפני יהוה	למשמרת	לדרתיכם / כאשר צוה יהוה אל משה	1121	2	1		6	4
ט163410	אל משה ויניחהו אהרן לפני העדת	למשמרת	/ ובני ישראל אכלו את- המן ארבעים	1121	2	1		6	4
	--*-*-*-*-*-*-*-*-*-*	משנה	*-*-*-*-*-*-*-*-*-*-*-*						
ט160509	הששי והכינו את אשר- יביאו והיה	משנה	על אשר- ילקטו יום יום / ויאמר	1111	1	1			2
ט162206	ונמס / ויהי ביום הששי לקטו לחם	משנה	שני העמר לאחד ויבאו כל- נשיאי	1111	1	1			2
	--*-*-*-*-*-*-*-*-*-*	משענת	*-*-*-*-*-*-*-*-*-*-*-*						
ט211906	למשכב / אם- יקום והתהלך בחוץ על-	משענתו	ונקה המכה רק שבתו יתן ורפא	1123	2	1	4		3
	--*-*-*-*-*-*-*-*-*-*	משפחה	*-*-*-*-*-*-*-*-*-*-*-*						
ט061414	ישראל חנוך ופלוא חצרן וכרמי אלה	משפחת	ראובן / ובני שמעון ימואל וימין ואהד	1126	2	3			3
ט061512	ויכין וצחר ושאול בן- הכנענית אלה	משפחת	שמעון / ואלה שמות בני- לוי לתלדתם	1126	2	3			3
ט061906	פנה / ובני מררי מחלי ומושי אלה	משפחת	הלוי לתלדתם / ויקח עמרם את- יוכבד	1126	2	3			3
ט062407	ובני קרח אסיר ואלקנה ואביאסף אלה	משפחת	הקרחי / ואלעזר בן- אהרן לקח- לו	1126	2	3			3
ט061705	ומאת שנה / בני גרשון לבני ושמעי	למשפחתם	/ ובני קהת עמרם ויצהר וחברון ועזיאל	1127	2	3	9	6	5
ט062426	את- פינחס אלה ראשי אבות הלוים	למשפחתם	/ הוא אהרן ומשה אשר אמר יהוה	1127	2	3	9	6	5
ט122112	ויאמר אלהם משכו וקחו לכם צאן	למשפחתיכם	ושחטו הפסח / ולקחתם אגדת אזוב וטבלתם	1127	2	3	7	6	6
	--*-*-*-*-*-*-*-*-*-*	משפט	*-*-*-*-*-*-*-*-*-*-*-*						
ט152516	וימתקו המים שם שם לו חק	ומשפט	ושם נסהו / ויאמר אם- שמוע תשמע	1111	1	1		1	3
ט213107	או- בן יגח או- בת יגח	כמשפט	הזה יעשה לו / אם- עבד יגח	1111	1	1		25	3
ט281503	שרשרת העבתת על- המשבצת / ועשית חשן	משפט	מעשה חשב כמעשה אפד תעשנו זהב	1111	1	1			2
ט282908	אהרן את- שמות בני- ישראל בחשן	המשפט	על- לבו בבאו אל- הקדש לזכרן	1111	1	1		2	3
ט283004	לפני- יהוה תמיד / ונתת אל- חשן	המשפט	את- האורים ואת- התמים והיו על-	1111	1	1		2	3

אזכור		מלה		צופן	ג	#	כ	קס	ה
ט210904	למכרה בבגדו- בה / ואם- לבנו ייעדנה	כמשפט	הבנות יעשה- לה / אם- אחרת יקח-	1112	1	1		5	3
ט230603	לו עזב תעזב עמו / לא תטה	משפט	אבינך בריבו / מדבר- שקר תרחק ונקי	1112	1	1			2
ט283019	בבאו לפני יהוה ונשא אהרן את-	משפט	בני- ישראל על- לבו לפני יהוה	1112	1	1			2
ט263004	את- הבריחם זהב / והקמת את- המשכן	כמשפטו	אשר הראית בהר / ועשית פרכת תכלת	1113	1	1	4	5	4
ט210102	אשר לא- תגלה ערותך עליו // ואלה	המשפטים	אשר תשים לפניהם / כי תקנה עבד	1115	1	3		2	4
ט240311	את כל- דברי יהוה ואת כל-	המשפטים	ויען כל- העם קול אחד ויאמרו	1115	1	3		2	4
	--*-*-*-*-*-*-*-*-*-*-*-*-*-*-*	משקוף	*-*-*-*-*-*-*-*-*-*-*-*-*-*-*-*-*						
ט120709	הדם ונתנו על- שתי המזוזת ועל-	המשקוף	על הבתים אשר- יאכלו אתו בהם	1111	1	1		2	3
ט122210	וטבלתם בדם אשר- בסף והגעתם אל-	המשקוף	ואל- שתי המזוזת מן- הדם אשר	1111	1	1		2	3
ט122310	את- מצרים וראה את- הדם על-	המשקוף	ועל שתי המזוזת ופסח יהוה על-	1111	1	1		2	3
	--*-*-*-*-*-*-*-*-*-*-*-*-*-*-*	מת	*-*-*-*-*-*-*-*-*-*-*-*-*-*-*-*-*						
ט041910	משה במדין לך שב מצרים כי-	מתו	כל- האנשים המבקשים את- נפשך / ויקח	3111	1	3			2
ט090615	מקנה מצרים וממקנה בני- ישראל לא-	מת	אחד / וישלח פרעה והנה לא- מת	3111	1	1			1
ט090705	מת אחד / וישלח פרעה והנה לא-	מת	ממקנה ישראל עד- אחד ויכבד לב	3111	1	1			1
ט091923	ולא יאסף הביתה וירד עלהם הברד	ומתו	/ הירא את- דבר יהוה מעבדי פרעה	3111	1	3		1	3
ט110501	כחצת הלילה אני יוצא בתוך מצרים /	ומת	כל- בכור בארץ מצרים מבכור פרעה	3111	1	1		1	2
ט211203	ויצאה חנם אין כסף / מכה איש	ומת	מות יומת / ואשר לא צדה והאלהים	3111	1	1		1	2
ט212010	את- עבדו או את- אמתו בשבט	ומת	תחת ידו נקם ינקם / אך אם-	3111	1	1		1	2
ט212809	שור את- איש או את- אשה	ומת	סקול יסקל השור ולא יאכל את-	3111	1	1		1	2
ט213508	יגף שור- איש את- שור רעהו	ומת	ומכרו את- השור החי וחצו את-	3111	1	1		1	2
ט220106	השה // אם- במחתרת ימצא הגנב והכה	ומת	אין לו דמים / אם- זרחה השמש	3111	1	1		1	2
ט220914	שור או- שה וכל- בהמה לשמר	ומת	או- נשבר או- נשבה אין ראה	3111	1	1		1	2
ט221308	ישאל איש מעם רעהו ונשבר או-	מת	בעליו אין- עמו שלם ישלם / אם-	3111	1	1			1
ט284319	המזבח לשרת בקדש ולא- ישאו עון	ומתו	חקת עולם לו ולזרעו אחריו // וזה	3111	1	3		1	3
ט072104	אשר- ביאר לדם / והדגה אשר- ביאר	מתה	ויבאש היאר ולא- יכלו מצרים לשתות	3112	2	1			2
ט010601	יעקב שבעים נפש ויוסף היה במצרים /	וימת	יוסף וכל אחיו וכל הדור ההוא	3121	1	1		*	3
ט022305	בארץ נכריה / ויהי בימים הרבים ההם	וימת	מלך מצרים ויאנחו בני- ישראל מן-	3121	1	1		*	3
ט090410	מקנה ישראל ובין מקנה מצרים ולא	ימות	מכל- לבני ישראל דבר / וישם יהוה	3121	1	1			2
ט090607	ויעש יהוה את- הדבר הזה ממחרת	וימת	כל מקנה מצרים וממקנה בני- ישראל	3121	1	1		*	3
ט102816	ראות פני כי ביום ראתך פני	תמות	/ ויאמר משה כן דברת לא- אסף	3121	1	1			2
ט201913	ונשמעה ואל- ידבר עמנו אלהים פן-	נמות	/ ויאמר משה אל- העם אל- תיראו	3121	1	3			2
ט211812	את- רעהו באבן או באגרף ולא	ימות	ונפל למשכב / אם- יקום והתהלך בחוץ	3121	1	1			2
ט283514	אל- הקדש לפני יהוה ובצאתו ולא	ימות	/ ועשית ציץ זהב טהור ופתחת עליו	3121	1	1			2
ט302008	אל- אהל מועד ירחצו- מים ולא	ימתו	או בגשתם אל- המזבח לשרת להקטיר	3121	1	3			3
ט302105	אשה ליהוה / ורחצו ידיהם ורגליהם ולא	ימתו	והיתה להם חק- עולם לו ולזרעו	3121	1	3			3
ט071804	ביאר ונהפכו לדם / והדגה אשר- ביאר	תמות	ובאש היאר ונלאו מצרים לשתות מים	3122	2	1			2
ט080905	שם לפרעה / ויעש יהוה כדבר משה	וימתו	הצפרדעים מן- הבתים מן- החצרת ומן-	3122	2	3		*	4
ט123019	כי- אין בית אשר אין- שם	מת	/ ויקרא למשה ולאהרן לילה ויאמר קומו	3131	1	1			1
ט123312	לשלחם מן- הארץ כי אמרו כלנו	מתים	/ וישא העם את- בצקו טרם יחמץ	3131	1	3			2
ט143013	מיד מצרים וירא ישראל את- מצרים	מת	על- שפת הים / וירא ישראל את-	3131	1	1			1
ט213407	בעל הבור ישלם כסף ישיב לבעליו	והמת	יהיה- לו / וכי- יגף שור- איש	3131	1	1		21	3
ט213518	החי וחצו את- כספו וגם את-	המת	יחצון / או נודע כי שור נגח	3131	1	1		2	2
ט213617	בעליו שלם ישלם שור תחת השור	והמת	יהיה- לו / כי יגנב- איש שור	3131	1	1		21	3
ט191215	בהר ונגע בקצהו כל- הנגע בהר	מות	יומת / לא- תגע בו יד כי-	3151					1
ט211204	חנם אין כסף / מכה איש ומת	מות	יומת / ואשר לא צדה והאלהים אנה	3151					1
ט211504	מזבחי תקחנו למות / ומכה אביו ואמו	מות	יומת / וגנב איש ומכרו ונמצא בידו	3151					1
ט211606	יומת / וגנב איש ומכרו ונמצא בידו	מות	יומת / ומקלל אביו ואמו מות יומת	3151					1
ט211704	בידו מות יומת / ומקלל אביו ואמו	מות	יומת / וכי- יריבן אנשים והכה- איש	3151					1
ט221805	לא תחיה / כל- שכב עם- בהמה	מות	יומת / זבח לאלהים יחרם בלתי ליהוה	3151					1
ט311409	השבת כי קדש הוא לכם מחלליה	מות	יומת כי כל- העשה בה מלאכה	3151					1
ט311516	ליהוה כל- העשה מלאכה ביום השבת	מות	יומת / ושמרו בני- ישראל את השבת	3151					1
ט141220	כי טוב לנו עבד את- מצרים	ממתנו	במדבר / ויאמר משה אל- העם אל-	3153			6	7	4

אזכור		מלה		צופן ג # כ קס ה
ט160307	ויאמרו אלהם בני ישראל מי- יתן	מותנו	ביד- יהוה בארץ מצרים בשבתנו על-	3 6 3153
ט141109	משה המבלי אין- קברים במצרים לקחתנו	למות	במדבר מה זאת עשית לנו להוציאנו	2 6 3154
ט211411	רעהו להרגו בערמה מעם מזבחי תקחנו	למות	/ ומכה אביו ואמו מות יומת / וגנב	2 6 3154
	--*-*-*-*-*-*-*-*-*-*-*-*-*-*-*-*-*	מתי	*-*-*-*-*-*-*-*-*-*-*-*-*-*-*-*-*-*-*	
ט080506	ליהוה / ויאמר משה לפרעה התפאר עלי	למתי	אעתיר לך ולעבדיך ולעמך להכרית הצפרדעים	3 6 51
ט100314	כה- אמר יהוה אלהי העברים עד-	מתי	מאנת לענת מפני שלח עמי ויעבדני	2 51
ט100706	פרעה / ויאמרו עבדי פרעה אליו עד-	מתי	יהיה זה לנו למוקש שלח את-	2 51
	--*-*-*-*-*-*-*-*-*-*-*-*-*-*-*-*-*	מתכנת	*-*-*-*-*-*-*-*-*-*-*-*-*-*-*-*-*-*-*	
ט050802	הם ילכו וקששו להם תבן / ואת-	מתכנת	הלבנים אשר הם עשים תמול שלשם	3 1 2 1122
ט303206	לדרתיכם / על- בשר אדם לא ייסך	ובמתכנתו	לא תעשו כמהו קדש הוא קדש	5 41 4 1 2 1123
ט303704	קדשים תהיה לכם / והקטרת אשר תעשה	במתכנתה	לא תעשו לכם קדש תהיה לך	4 4 5 1 2 1124
	--*-*-*-*-*-*-*-*-*-*-*-*-*-*-*-*-*	מתנה	*-*-*-*-*-*-*-*-*-*-*-*-*-*-*-*-*-*-*	
ט283815	הקדשים אשר יקדישו בני ישראל לכל-	מתנת	קדשיהם והיה על- מצחו תמיד לרצון	3 3 2 1126
	--*-*-*-*-*-*-*-*-*-*-*-*-*-*-*-*-*	מתק	*-*-*-*-*-*-*-*-*-*-*-*-*-*-*-*-*-*-*	
ט152510	ויורהו יהוה עץ וישלך אל המים	וימתקו	המים שם שם לו חק ומשפט	4 * 3 1 3121
	--*-*-*-*-*-*-*-*-*-*-*-*-*-*-*-*-*	נא	*-*-*-*-*-*-*-*-*-*-*-*-*-*-*-*-*-*-*	
ט120904	על- מררים יאכלהו / אל- תאכלו ממנו	נא	ובשל מבשל במים כי אם- צלי-	1 1 1 1111
	--*-*-*-*-*-*-*-*-*-*-*-*-*-*-*-*-*	נא	*-*-*-*-*-*-*-*-*-*-*-*-*-*-*-*-*-*-*	
ט030304	והסנה איננו אכל / ויאמר משה אסרה-	נא	ואראה את- המראה הגדל הזה מדוע	1 22
ט031819	אלהי העבריים נקרה עלינו ועתה נלכה-	נא	דרך שלשת ימים במדבר ונזבחה ליהוה	1 22
ט040606	יעקב / ויאמר יהוה לו עוד הבא-	נא	ידך בחיקך ויבא ידו בחיקו ויוצאה	1 22
ט041305	אשר תדבר / ויאמר בי אדני שלח-	נא	ביד- תשלח / ויחר- אף יהוה במשה	1 22
ט041810	אל- יתר חתנו ויאמר לו אלכה	נא	ואשובה אל- אחי אשר- במצרים ואראה	1 22
ט050307	ויאמרו אלהי העברים נקרא עלינו נלכה	נא	דרך שלשת ימים במדבר ונזבחה ליהוה	1 22
ט101104	רעה נגד פניכם / לא כן לכו	נא	הגברים ועבדו את- יהוה כי אתה	1 22
ט101703	חטאתי ליהוה אלהיכם ולכם / ועתה שא	נא	חטאתי אך הפעם והעתירו ליהוה אלהיכם	1 22
ט110202	כלה גרש יגרש אתכם מזה / דבר-	נא	באזני העם וישאלו איש מאת רעהו	1 22
ט323208	אם- תשא חטאתם ואם- אין מחני	נא	מספרך אשר כתבת / ויאמר יהוה אל-	1 22
ט331303	וגם- מצאת חן בעיני / ועתה אם-	נא	מצאתי חן בעיניך הודעני נא את-	1 22
ט331308	אם- נא מצאתי חן בעיניך הודעני	נא	את- דרכך ואדעך למען אמצא- חן	1 22
ט331803	חן בעיני ואדעך בשם / ויאמר הראני	נא	את- כבדך / ויאמר אני אעביר כל-	1 22
ט340903	משה ויקד ארצה וישתחו / ויאמר אם-	נא	מצאתי חן בעיניך אדני ילך- נא	1 22
ט340909	נא מצאתי חן בעיניך אדני ילך-	נא	אדני בקרבנו כי עם- קשה- ערף	1 22
	--*-*-*-*-*-*-*-*-*-*-*-*-*-*-*-*-*	נאדר	*-*-*-*-*-*-*-*-*-*-*-*-*-*-*-*-*-*-*	
ט150603	ירדו במצולת כמו- אבן / ימינך יהוה	נאדרי	בכח ימינך יהוה תרעץ אויב / וברב	3 1 1 1 3231
ט151107	מי- כמכה באלם יהוה מי כמכה	נאדר	בקדש נורא תהלת עשה- פלא / נטית	2 1 1 3231
	--*-*-*-*-*-*-*-*-*-*-*-*-*-*-*-*-*	נאכל	*-*-*-*-*-*-*-*-*-*-*-*-*-*-*-*-*-*-*	
ט220506	ישלם / כי- תצא אש ומצאה קצים	ונאכל	גדיש או הקמה או השדה שלם	4 1 1 1 3211
ט121619	מלאכה לא- יעשה בהם אך אשר	יאכל	לכל- נפש הוא לבדו יעשה לכם	3 1 1 3221
ט124603	ושכיר לא- יאכל בו / בבית אחד	יאכל	לא- תוציא מן- הבית מן- הבשר	3 1 1 3221
ט130322	יד הוציא יהוה אתכם מזה ולא	יאכל	חמץ / היום אתם יצאים בחדש האביב	3 1 1 3221
ט130702	מצת וביום השביעי חג ליהוה / מצות	יאכל	את שבעת הימים ולא- יראה לך	3 1 1 3221
ט212814	אשה ומת סקול יסקל השור ולא	יאכל	את- בשרו ובעל השור נקי / ואם	3 1 1 3221
ט293414	הבקר ושרפת את- הנותר באש לא	יאכל	כי- קדש הוא / ועשית לאהרן ולבניו	3 1 1 3221

אזכור		מלה		צונן	ג	#	כ	קס	ה
	-	נאנח	*-*						
ט022308	בימים הרבים ההם וימת מלך מצרים	ויאנחו	בני- ישראל מן- העבודה ויזעקו ותעל	3221	1	3		*	5
	-	נאסף	*-*						
ט091918	האדם והבהמה אשר- ימצא בשדה ולא	יאסף	הביתה וירד עלהם הברד ומתו / הירא	3221	1	1			3
ט322609	בשער המחנה ויאמר מי ליהוה אלי	ויאספו	אליו כל- בני לוי / ויאמר להם	3221	1	3		*	5
	-	נאף	*-*						
ט201402	אלהיך נתן לך / לא תרצח / לא	תנאף	/ לא תגנב / לא- תענה ברעך עד	3121	1	1			2
	-	נאקה	*-*						
ט060505	גרו בה / וגם אני שמעתי את-	נאקת	בני ישראל אשר מצרים מעבדים אתם	1122	2	1			3
ט022404	האלהים מן- העבדה / וישמע אלהים את-	נאקתם	ויזכר אלהים את- בריתו את- אברהם	1123	2	1		9	4
	-	נבב	*-*						
ט270801	על- שתי צלעת המזבח בשאת אתו /	נבוב	לחת תעשה אתו כאשר הראה אתך	3162	1	1			2
ט380711	על צלעת המזבח לשאת אתו בהם	נבוב	לחת עשה אתו / ויעש את הכיור	3162	1	1			2
	-	נבהל	*-*						
ט151502	ירגזון חיל אחז ישבי פלשת / אז	נבהלו	אלופי אדום אילי מואב יאחזמו רעד	3211	1	3			3
	-	נבוך	*-*						
ט140305	על- הים / ואמר פרעה לבני ישראל	נבכים	הם בארץ סגר עליהם המדבר / וחזקתי	3261	1	3			3
	-	נביא	*-*						
ט152003	הלכו ביבשה בתוך הים / ותקח מרים	הנביאה	אחות אהרן את- התף בידה ותצאן	1121	2	1		2	4
ט070112	נתתיך אלהים לפרעה ואהרן אחיך יהיה	נביאך	/ אתה תדבר את כל- אשר אצוך	1123	1	1	2		4
	-	נבל	*-*						
ט181802	טוב הדבר אשר אתה עשה / נבל	תבל	גם- אתה גם- העם הזה אשר	3121	1	1			2
ט181801	לא- טוב הדבר אשר אתה עשה /	נבל	תבל גם- אתה גם- העם הזה	3151					2
	-	נבקע	*-*						
ט142120	כל- הלילה וישם את- הים לחרבה	ויבקעו	המים / ויבאו בני- ישראל בתוך הים	3221	1	3		*	5
	-	נברא	*-*						
ט341013	כל- עמך אעשה נפלאת אשר לא-	נבראו	בכל- הארץ ובכל- הגוים וראה כל-	3211	1	3			3
	-	נגב	*-*						
ט261808	את- הקרשים למשכן עשרים קרש לפאת	נגבה	תימנה / וארבעים אדני- כסף תעשה תחת	1111	1	1		9	2
ט270906	יעשו / ועשית את חצר המשכן לפאת	נגב-	תימנה קלעים לחצר שש משזר מאה	1111	1	1			2
ט362308	את- הקרשים למשכן עשרים קרשים לפאת	נגב	תימנה / וארבעים אדני- כסף עשה תחת	1111	1	1			2
ט380905	אהל מועד / ויעש את- החצר לפאת	נגב	תימנה קלעי החצר שש משזר מאה	1111	1	1			2
ט402411	מועד נכח השלחן על ירך המשכן	נגבה	/ ויעל הנרות לפני יהוה כאשר צוה	1111	1	1		9	2
	-	נגד	*-*						
ט101015	אתכם ואת טפכם ראו כי רעה	נגד	פניכם / לא כן לכו נא הגברים		4				2
ט190211	סיני ויחנו במדבר ויחן- שם ישראל	נגד	ההר / ומשה עלה אל- האלהים ויקרא		4				2
ט341006	ונחלתנו / ויאמר הנה אנכי כרת ברית	נגד	כל- עמך אעשה נפלאת אשר לא-		4				2
	-	נגח	*-*						
ט212903	בשרו ובעל השור נקי / ואם שור	נגח	הוא מתמול שלשם והועד בבעליו ולא	1111	1	1			2
ט213605	המת יחצון / או נודע כי שור	נגח	הוא מתמול שלשם ולא ישמרנו בעליו	1111	1	1			2

/ = סוף פסוק   // = סוף פרק   ג = מין   # = מספר   כ = כינוי ובור   קס = קידומות וסיומות   ו = מספר ההברות

אזכור		מלה		צורן	ג	#	כ	קס	ה
	--*-*-*-*-*-*-*-*-*-*-*-*-*-*-*-*-*-*	נגה	*-*-*-*-*-*-*-*-*-*-*-*-*-*-*-*-*-*-*-*						
ט212802	יפיל לתפשי ישלחנו תחת שנו / וכי-	יגח	שור את- איש או את- אשה	3121	1	1			2
ט213103	בכל אשר- יושת עליו / או- בן	יגח	או- בת יגח כמשפט הזה יעשה	3121	1	1			2
ט213106	עליו / או- בן יגח או- בת	יגח	כמשפט הזה יעשה לו / אם- עבד	3121	1	1			2
ט213203	כמשפט הזה יעשה לו / אם- עבד	יגח	השור או אמה כסף שלשים שקלים	3121	1	1			2
	--*-*-*-*-*-*-*-*-*-*-*-*-*-*-*-*-*-*	נגלה	*-*-*-*-*-*-*-*-*-*-*-*-*-*-*-*-*-*-*-*						
ט202608	תעלה במעלת על- מזבחי אשר לא-	תגלה	ערותך עליו // ואלה המשפטים אשר תשים	3222	2	1			3
	--*-*-*-*-*-*-*-*-*-*-*-*-*-*-*-*-*-*	נגנב	*-*-*-*-*-*-*-*-*-*-*-*-*-*-*-*-*-*-*-*						
ט221103	ולקח בעליו ולא ישלם / ואם- גנב	יגנב	מעמו ישלם לבעליו / אם- טרף יטרף	3221	1	1			3
	--*-*-*-*-*-*-*-*-*-*-*-*-*-*-*-*-*-*	נגע	*-*-*-*-*-*-*-*-*-*-*-*-*-*-*-*-*-*-*-*						
ט110106	פניך // ויאמר יהוה אל- משה עוד	נגע	אחד אביא על- פרעה ועל- מצרים	1111	1	1			2
	--*-*-*-*-*-*-*-*-*-*-*-*-*-*-*-*-*-*	נגע	*-*-*-*-*-*-*-*-*-*-*-*-*-*-*-*-*-*-*-*						
ט191302	כל- הנגע בהר מות יומת / לא-	תגע	בו יד כי- סקול יסקל או-	3121	1	1			2
ט042508	צפרה צר ותכרת את- ערלת בנה	ותגע	לרגליו ותאמר כי חתן- דמים אתה	3122	2	1		*	3
ט191213	לכם עלות בהר ונגע בקצהו כל-	הנגע	בהר מות יומת / לא- תגע בו	3131	1	1		2	4
ט293713	אתו והיה המזבח קדש קדשים כל-	הנגע	במזבח יקדש / וזה אשר תעשה על-	3131	1	1		2	4
ט302907	וקדשת אתם והיו קדש קדשים כל-	הנגע	בהם יקדש / ואת- אהרן ואת- בניו	3131	1	1		2	4
ט191210	סביב לאמר השמרו לכם עלות בהר	ונגע	בקצהו כל- הנגע בהר מות יומת	3151				1	4
	--*-*-*-*-*-*-*-*-*-*-*-*-*-*-*-*-*-*	נגף	*-*-*-*-*-*-*-*-*-*-*-*-*-*-*-*-*-*-*-*						
ט121318	הדם ופסחתי עלכם ולא- יהיה בכם	נגף	למשחית בהכתי בארץ מצרים / והיה היום	1111	1	1			2
ט301218	ליהוה בפקד אתם ולא- יהיה בהם	נגף	בפקד אתם / זה יתנו כל- העבר	1111	1	1			2
	--*-*-*-*-*-*-*-*-*-*-*-*-*-*-*-*-*-*	נגף	*-*-*-*-*-*-*-*-*-*-*-*-*-*-*-*-*-*-*-*						
ט212204	כי בספו הוא / וכי- ינצו אנשים	ונגפו	אשה הרה ויצאו ילדיה ולא יהיה	3111	1	3		1	4
ט213502	ישיב לבעליו והמת יהיה- לו / וכי-	יגף	שור- איש את- שור רעהו ומת	3121	1	1			2
ט323501	לפניך וביום פקדי ופקדתי עלהם חטאתם /	ויגף	יהוה את- העם על אשר עשו	3121	1	1		*	3
ט072707	ואם- מאן אתה לשלח הנה אנכי	נגף	את- כל- גבולך בצפרדעים / ושרץ היאר	3131	1	1			2
ט122713	פסח על- בתי בני- ישראל במצרים	בנגפו	את- מצרים ואת- בתינו הציל ויקד	3153			4	4	4
ט122303	מפתח- ביתו עד- בקר / ועבר יהוה	לנגף	את- מצרים וראה את- הדם על-	3154				6	2
ט122324	ולא יתן המשחית לבא אל- בתיכם	לנגף	/ ושמרתם את- הדבר הזה לחק- לך	3154				6	2
	--*-*-*-*-*-*-*-*-*-*-*-*-*-*-*-*-*-*	נגרע	*-*-*-*-*-*-*-*-*-*-*-*-*-*-*-*-*-*-*-*						
ט051110	לכם תבן מאשר תמצאו כי אין	נגרע	מעבדתכם דבר / ויפץ העם בכל- ארץ	3231	1	1			2
	--*-*-*-*-*-*-*-*-*-*-*-*-*-*-*-*-*-*	נגש	*-*-*-*-*-*-*-*-*-*-*-*-*-*-*-*-*-*-*-*						
ט191509	העם היו נכנים לשלשת ימים אל-	תגשו	אל- אשה / ויהי ביום השלישי בהית	3121	1	3			3
ט240208	משה לבדו אל- יהוה והם לא	יגשו	והעם לא יעלו עמו / ויבא משה	3121	1	3			3
ט241418	אהרן וחור עמכם מי- בעל דברים	יגש	אלהם / ויעל משה אל- ההר ויכס	3121	1	1			2
ט343013	משה והנה קרן עור פניו וייראו	מגשת	אליו / ויקרא אלהם משה וישבו אליו	3151				7	3
ט284311	בניו בבאם אל- אהל מועד או	בגשתם	אל- המזבח לשרת בקדש ולא- ישאו	3153			9	4	3
ט302010	מועד ירחצו- מים ולא ימתו או	בגשתם	אל- המזבח לשרת להקטיר אשה ליהוה	3153			9	4	3
	--*-*-*-*-*-*-*-*-*-*-*-*-*-*-*-*-*-*	נגש	*-*-*-*-*-*-*-*-*-*-*-*-*-*-*-*-*-*-*-*						
ט202105	לבלתי תחטאו / ויעמד העם מרחק ומשה	נגש	אל- הערפל אשר- שם האלהים / ויאמר	3211	1	1			2
ט240201	אביהוא ושבעים מזקני ישראל והשתחויתם מרחק /	ונגש	משה לבדו אל- יהוה והם לא	3211	1	1		1	3
ט343203	בעדה וידבר משה אלהם / ואחרי- כן	נגשו	כל- בני ישראל ויצום את כל-	3211	1	3			3
ט192203	לראות ונפל ממנו רב / וגם הכהנים	הנגשים	אל- יהוה יתקדשו פן- יפרץ בהם	3231	1	3		2	4

ה	קס	כ	#	ג	צופן		מלה		אזכור
						--*-*-*-*-*-*-*-*-*-*-*-*-*-*-*-*	נגש	*-*-*-*-*-*-*-*-*-*-*-*-*-*-*-*-*-*	
3		4	3	1	3131	כי ידעתי את- מכאביו / וארד להצילו	נגשיו	אשר במצרים ואת- צעקתם שמעתי מפני	ט030714
4	2		3	1	3131	בעם ואת- שטריו לאמר / לא תאספון	הנגשים	מסבלתם / ויצו פרעה ביום ההוא את-	ט050606
3			3	1	3131	העם ושטריו ויאמרו אל- העם לאמר	נגשי	בה ואל- ישעו בדברי- שקר / ויצאו	ט051002
5	21		3	1	3131	אצים לאמר כלו מעשיכם דבר- יום	והנגשים	בכל- ארץ מצרים לקשש קש לתבן /	ט051301
3			3	1	3133	פרעה לאמר מדוע לא כליתם חקכם	נגשי	שטרי בני ישראל אשר- שמו עלהם	ט051408
						--*-*-*-*-*-*-*-*-*-*-*-*-*-*-*-*	נד	*-*-*-*-*-*-*-*-*-*-*-*-*-*-*-*-*-*	
1			1	1	1111	נזלים קפאו תהמת בלב- ים / אמר	נד	וברוח אפיך נערמו- מים נצבו כמו-	ט150807
						--*-*-*-*-*-*-*-*-*-*-*-*-*-*-*-*	נדב	*-*-*-*-*-*-*-*-*-*-*-*-*-*-*-*-*-*	
2				1	122	ואת- אביהוא את- אלעזר ואת- איתמר	נדב	נחשון לו לאשה ותלד לו את-	ט062314
2				1	122	ואביהוא ושבעים מזקני ישראל והשתחויתם מרחק	נדב	אמר עלה אל- יהוה אתה ואהרן	ט240109
2				1	122	ואביהוא ושבעים מזקני ישראל / ויראו את	נדב	כל- הדברים האלה / ויעל משה ואהרן	ט240904
2				1	122	ואביהוא אלעזר ואיתמר בני אהרן / ועשית	נדב	מתוך בני ישראל לכהנו- לי אהרן	ט280116
						--*-*-*-*-*-*-*-*-*-*-*-*-*-*-*-*	נדב	*-*-*-*-*-*-*-*-*-*-*-*-*-*-*-*-*-*	
2			1	1	3111	לבם אתם להביא לכל- המלאכה אשר	נדב	ולקטרת הסמים / כל- איש ואשה אשר	ט352905
3			1	2	3112	רוחו אתו הביאו את- תרומת יהוה	נדבה	איש אשר- נשאו לבו וכל אשר	ט352109
4		4	1	1	3121	לבו תקחו את- תרומתי / וזאת התרומה	ידבנו	לי תרומה מאת כל- איש אשר	ט250212
						--*-*-*-*-*-*-*-*-*-*-*-*-*-*-*-*	נדבה	*-*-*-*-*-*-*-*-*-*-*-*-*-*-*-*-*-*	
3			1	2	1121	ליהוה / ויאמר משה אל- בני ישראל	נדבה	לעשות ביד- משה הביאו בני- ישראל	ט35292C
3			1	2	1121	בבקר בבקר / ויבאו כל- החכמים העשים	נדבה	לעשת אתה והם הביאו אליו עוד	ט360320
						--*-*-*-*-*-*-*-*-*-*-*-*-*-*-*-*	נדיב	*-*-*-*-*-*-*-*-*-*-*-*-*-*-*-*-*-*	
2			1	1	1112	לבו יביאה את תרומת יהוה זהב	נדיב	לאמר / קחו מאתכם תרומה ליהוה כל	ט350506
2			1	1	1112	לב הביאו חח ונזם וטבעת וכומז	נדיב	הקדש / ויבאו האנשים על- הנשים כל	ט352206
						--*-*-*-*-*-*-*-*-*-*-*-*-*-*-*-*	נהג	*-*-*-*-*-*-*-*-*-*-*-*-*-*-*-*-*-*	
2			1	1	3311	רוח- קדים בארץ כל- היום ההוא	נהג	את- מטהו על- ארץ מצרים ויהוה	ט101309
6	*	4	1	1	3321	בכבדת ויאמר מצרים אנוסה מפני ישראל	וינהגהו	מחנה מצרים / ויסר את אפן מרכבתיו	ט142505
						--*-*-*-*-*-*-*-*-*-*-*-*-*-*-*-*	נהיה	*-*-*-*-*-*-*-*-*-*-*-*-*-*-*-*-*-*	
3			1	2	3212	וכמהו לא תסף / ולכל בני ישראל	נהיתה	בכל- ארץ מצרים אשר כמהו לא	ט110610
						--*-*-*-*-*-*-*-*-*-*-*-*-*-*-*-*	נהל	*-*-*-*-*-*-*-*-*-*-*-*-*-*-*-*-*-*	
3			1	1	3311	בעזך אל- נוה קדשך / שמעו עמים	נהלת	ארץ / נחית בחסדך עם- זו גאלת	ט151306
						--*-*-*-*-*-*-*-*-*-*-*-*-*-*-*-*	נהפך	*-*-*-*-*-*-*-*-*-*-*-*-*-*-*-*-*-*	
2			1	1	3211	לנחש תקח בידך / ואמרת אליו יהוה	נהפך	לקראתו על- שפת היאר והמטה אשר-	ט071515
5	1		3	1	3211	לדם / ודגה אשר- ביאר תמות ובאש	ונהפכו	אשר- בידך על- המים אשר ביאר	ט071719
5	*		3	1	3221	כל- המים אשר- ביאר לדם / והדגה	ויהפכו	אשר- ביאר לעיני פרעה ולעיני עבדיו	ט072019
4	*		1	1	3221	לבב פרעה ועבדיו אל- העם ויאמרו	ויהפך	ויגד למלך מצרים כי ברח העם	ט140507
						--*-*-*-*-*-*-*-*-*-*-*-*-*-*-*-*	נהר	*-*-*-*-*-*-*-*-*-*-*-*-*-*-*-*-*-*	
3	2		1	1	1111	כי אתן בידכם את ישבי הארץ	הנהר	סוף ועד- ים פלשתים וממדבר עד-	ט233111
4	2		3	1	1115	על- היארים ועל- האגמים והעל את-	הנהרת	אהרן נטה את- ידך במטך על-	ט080113
4		9	3	1	1117	על- יאריהם ועל- אגמיהם ועל כל-	נהרתם	ונטה- ידך על- מימי מצרים על-	ט071916
						--*-*-*-*-*-*-*-*-*-*-*-*-*-*-*-*	נודע	*-*-*-*-*-*-*-*-*-*-*-*-*-*-*-*-*-*	
2			1	1	3211	הדבר / וישמע פרעה את- הדבר הזה	נודע	את- המצרי ויירא משה ויאמר אכן	ט021419
3			1	1	3211	להם / וגם הקמתי את- בריתי אתם	נודעתי	יעקב באל שדי ושמי יהוה לא	ט060313
2			1	1	3211	כי שור נגח הוא מתמול שלשם	נודע	כספו וגם את- המת יחצון / או	ט213602

ו = מספר ההברות קס = קידומות וסיומות כ = כינוי וגוף # = מספר ג = מין // = סוף פרק / = סוף פסוק

אזכור		מלה		צופן	ג	#	כ	קס	ה
ט331602	פניך הלכים אל- תעלנו מזה / ובמה	יודע	אפוא כי- מצאתי חן בעיניך אני	3221	1	1			3
		נוה							
ט151309	עם- זו גאלת נהלת בעזך אל-	נוה	קדשך / שמעו עמים ירגזון חיל אחז	1112	1	1			2
		נון							
ט331119	ושב אל- המחנה ומשרתו יהושע בן-	נון	נער לא ימיש מתוך האהל / ויאמר	122	1				1
		נוסד							
ט091815	לא- היה כמהו במצרים למן- היום	הוסדה	ועד- עתה / ועתה שלח העז את-	3253				5	4
		נוסף							
ט011010	פן ירבה והיה כי- תקראנה מלחמה	ונוסף	גם- הוא על- שנאינו ונלחם- בנו	3211	1	1		1	3
		נועד							
ט252201	תתן את- העדת אשר אתן אליך /	ונועדתי	לך שם ודברתי אתך מעל הכפרת	3211	1	1		1	4
ט294301	אועד לכם שמה לדבר אליך שם /	ונעדתי	שמה לבני- ישראל ונקדש בכבדי / וקדשתי	3211	1	1		1	4
ט294210	פתח אהל- מועד לפני יהוה אשר	אועד	לכם שמה לדבר אליך שם / ונעדתי	3221	1	1			3
ט300615	לפני הכפרת אשר על- העדת אשר	אועד	לך שמה / והקטיר עליו אהרן קטרת	3221	1	1			3
ט303611	ממנה לפני העדת באהל מועד אשר	אועד	לך שמה קדש קדשים תהיה לכם	3221	1	1			3
		נורא							
ט151109	באלם יהוה מי כמכה נאדר בקדש	נורא	תהלת עשה- פלא / נטית ימינך תבלעמו	3231	1	1			2
ט341028	אתה בקרבו את- מעשה יהוה כי-	נורא	הוא אשר אני עשה עמך / שמר-	3231	1	1			2
		נורה							
ט191310	יד כי- סקול יסקל או- ירה	יירה	אם- בהמה אם- איש לא יחיה	3221	1	1			3
		נושב							
ט163512	ארבעים שנה עד- באם אל- ארץ	נושבת	את- המן אכלו עד- באם אל-	3232	2	1			3
		נותר							
ט101521	פרי העץ אשר הותיר הברד ולא-	נותר	כל- ירק בעץ ובעשב השדה בכל-	3211	1	1			2
ט293402	לא- יאכל כי- קדש הם / ואם-	יותר	מבשר המלאים ומן- הלחם עד- הבקר	3221	1	1			3
ט121006	קרבו / ולא- תותירו ממנו עד- בקר	והנתר	ממנו עד- בקר באש תשרפו / וככה	3231	1	1		21	4
ט281009	על האבן האחת ואת- שמות הששה	הנותרים	על- האבן השנית כתולדתם / מעשה חרש	3231	1	3		2	4
ט293411	ומן- הלחם עד- הבקר ושרפת את-	הנותר	באש לא יאכל כי- קדש הוא	3231	1	1		2	3
		נזכר							
ט341907	כל- פטר רחם לי וכל- מקנך	תזכר	פטר שור ושה / ופטר חמור תפדה	3221	1	1			3
		נזל							
ט150808	אפיך נערמו- מים נצבו כמו- נד	נזלים	קפאו תהמת בלב- ים / אמר אויב	3131	1	3			3
		נזם							
ט352210	הנשים כל נדיב לב הביאו חח	ונזם	וטבעת וכומז כל- כלי זהב וכל-	1111	1	1		1	3
ט320205	היה לו / ויאמר אלהם אהרן פרקו	נזמי	הזהב אשר באזני נשיכם בניכם ובנתיכם	1116	1	3			3
ט320305	והביאו אלי / ויתפרקו כל- העם את-	נזמי	הזהב אשר באזניהם ויביאו אל- אהרן	1116	1	3			3
		נזר							
ט290607	ושמת המצנפת על- ראשו ונתת את-	נזר	הקדש על- המצנפת / ולקחת את- שמן	1112	1	1			2
ט393004	יהוה את- משה / ויעשו את- ציץ	נזר-	הקדש זהב טהור ויכתבו עליו מכתב	1112	1	1			2

/ = סוף פסוק   // = סוף פרק   ג = מין   # = מספר   כ = כינוי חבור   קס = קידומות וסיומות   ה = מספר ההברות

אזכור		מלה		צופן ג # כ קס ו
		נח		
ט101407	ויעל הארבה על כל- ארץ מצרים	וינח	בכל גבול מצרים כבד מאד לפניו	3 * 1 1 3121
ט201116	את- הים ואת- כל- אשר- בם	וינח	ביום השביעי על- כן ברך יהוה	3 * 1 1 3121
ט231209	תעשה מעשיך וביום השביעי תשבת למען	ינוח	שורך וחמרך וינפש בן- אמתך והגר	3 1 1 3121
		נחה		
ט131707	ויהי בשלח פרעה את- העם ולא-	נחם	אלהים דרך ארץ פלשתים כי קרוב	2 9 1 1 3111
ט151301	עשה- פלא / נטית ימינך תבלעמו ארץ /	נחית	בחסדך עם- זו גאלת נהלת בעזך	3 1 1 3111
ט323403	חטא- לי אמחנו מספרי / ועתה לך	נחה	את- העם אל אשר- דברתי לך	2 1 1 314
		נחל		
ט233008	מעט אגרשנו מפניך עד אשר תפרה	ונחלת	את- הארץ / ושתי את- גבלך מים-	4 1 1 1 3111
ט321324	הארץ הזאת אשר אמרתי אתן לזרעכם	ונחלו	לעלם / וינחם יהוה על- הרעה אשר	4 1 3 1 3111
ט340920	קשה- ערף הוא וסלחת לעוננו ולחטאתנו	ונחלתנו	/ ויאמר הנה אנכי כרת ברית נגד	5 1 6 1 1 3111
		נחלה		
ט151704	עם- זו קנית / תבאמו ותטעמו בהר	נחלתך	נכון לשבתך פעלת יהוה מקדש אדני	5 2 1 2 1123
		נחם		
ט131719	קרוב הוא כי אמר אלהים פן-	ינחם	העם בראתם מלחמה ושבו מצרימה / ויסב	3 1 1 3221
ט321401	אשר אמרתי אתן לזרעכם ונחלו לעלם /	וינחם	יהוה על- הרעה אשר דבר לעשות	4 * 1 1 3221
ט321217	מעל פני האדמה שוב מחרון אפך	והנחם	על- הרעה לעמך / זכר לאברהם ליצחק	4 1 1 1 324
		נחנו		
ט160711	יהוה בשמעו את- תלנתיכם על- יהוה	ונחנו	מה כי תלינו עלינו / ויאמר משה	3 1 3 1 61
ט160820	את- תלנתיכם אשר- אתם מלינם עליו	ונחנו	מה לא- עלינו תלנתיכם כי על-	3 1 3 1 61
		נחש		
ט040307	ויאמר השליכהו ארצה וישלכהו ארצה ויהי	לנחש	וינס משה מפניו / ויאמר יהוה אל-	3 6 1 1 1111
ט071516	על- שפת היאר והמטה אשר- נהפך	לנחש	תקח בידך / ואמרת אליו יהוה אלהי	3 6 1 1 1111
		נחשון		
ט062308	אהרן את- אלישבע בת- עמינדב אחות	נחשון	לו לאשה ותלד לו את- נדב	2 1 122
		נחשת		
ט383013	מועד ואת מזבח הנחשת ואת- מכבר	הנחשת	אשר- לו ואת כל- כלי המזבח	4 2 1 2 1112
ט250308	התרומה אשר תקחו מאתם זהב וכסף	ונחשת	/ ותכלת וארגמן ותולעת שני ושש ועזים	4 1 1 2 1121
ט261103	שפת היריעה החברת השנית / ועשית קרסי	נחשת	ונשים והבאת את- הקרסים בללאת וחברת	3 1 2 1121
ט263715	ווים זהב ויצקת להם חמשה אדני	נחשת	// ועשית את- המזבח עצי שטים חמש	3 1 2 1121
ט270211	פנתיו ממנו תהיין קרנתיו וצפית אתו	נחשת	/ ועשית סירתיו לדשנו ויעיו ומזרקתיו ומזלגת	3 1 2 1121
ט270311	ומזרקתיו ומזלגתיו ומחתתיו לכל- כליו תעשה	נחשת	/ ועשית לו מכבר מעשה רשת נחשת	3 1 2 1121
ט270406	נחשת / ועשית לו מכבר מעשה רשת	נחשת	ועשית על- הרשת ארבע טבעת נחשת	3 1 2 1121
ט270412	נחשת ועשית על- הרשת ארבע טבעת	נחשת	על ארבע קצותיו / ונתתה אתה תחת	3 1 2 1121
ט270609	למזבח בדי עצי שטים וצפית אתם	נחשת	/ והובא את- בדיו בטבעת והיו הבדים	3 1 2 1121
ט271005	לפאה האחת / ועמדיו עשרים ואדניהם עשרים	נחשת	ווי העמדים וחשקיהם כסף / וכן לפאת	3 1 2 1121
ט271112	מאה ארך ועמדו עשרים ואדניהם עשרים	נחשת	ווי העמדים וחשקיהם כסף / ורחב החצר	3 1 2 1121
ט271710	סביב מחשקים כסף וויהם כסף ואדניהם	נחשת	/ ארך החצר מאה באמה ורחב חמשים	3 1 2 1121
ט271814	וקמה חמש אמות שש משזר ואדניהם	נחשת	/ לכל כלי המשכן בכל עבדתו וכל-	3 1 2 1121
ט271911	עבדתו וכל- יתדתיו וכל- יתדת החצר	נחשת	/ ואתה תצוה את- בני ישראל ויקחו	3 1 2 1121
ט301803	יהוה אל- משה לאמר / ועשית כיור	נחשת	וכנו נחשת לרחצה ונתת אתו בין-	3 1 2 1121
ט301805	משה לאמר / ועשית כיור נחשת וכנו	נחשת	לרחצה ונתת אתו בין- אהל מועד	3 1 2 1121
ט310406	מלאכה / לחשב מחשבת לעשות בזהב ובכסף	ובנחשת	/ ובחרשת אבן למלאת ובחרשת עץ לעשות	5 241 1 2 1121
ט350514	יביאה את תרומת יהוה זהב וכסף	ונחשת	/ ותכלת וארגמן ותולעת שני ושש ועזים	4 1 1 2 1121
ט351606	המשכן / את מזבח העלה ואת- מכבר	הנחשת	אשר- לו את- בדיו ואת- כל-	4 2 1 2 1121

/ = סוף פסוק   // = סוף פרק   ג = מין   # = מספר   כ = כינוי חבור   קס = קידומות וסיומות   ו = נסמך והברות   עמ' 255

אזכור		מלה		צורן	ג	#	כ	קס	ה
ס352405	חחשים הביאו / כל- מרים תרומת כסף	ונחשת	הביאו את תרומת יהוה וכל אשר	1121	2	1		1	4
ס353206	מלאכה / ולחשב מחשבת לעשת בזהב ובכסף	ובנחשת	/ ובחרשת אבן למלאה ובחרשת עץ לעשות	1121	2	1		241	5
ס361803	שפת היריעה החברת השנית / ויעש קרסי	נחשת	חמשים לחבר את- האהל להית אחד	1121	2	1			3
ס363812	וצפה ראשיהם וחשקיהם זהב ואדניהם חמשה	נחשת	// ויעש בצלאל את- הארן עצי שטים	1121	2	1			3
ס380211	פנתיו ממנו היו קרנתיו ויצף אתו	נחשת	/ ויעש את- כל- כלי המזבח את-	1121	2	1			3
ס380319	המזלגת ואת- המחתת כל- כליו עשה	נחשת	/ ויעש למזבח מכבר מעשה רשת נחשת	1121	2	1			3
ס380406	נחשת / ויעש למזבח מכבר מעשה רשת	נחשת	תחת כרכבו מלמטה עד- חציו / ויצק	1121	2	1			3
ס380507	ויצק ארבע טבעת בארבע הקצות למכבר	הנחשת	בתים לבדים / ויעש את- הבדים עצי	1121	2	1		2	4
ס380608	את- הבדים עצי שטים ויצף אתם	נחשת	/ ויבא את- הבדים בטבעת על צלעת	1121	2	1			3
ס380804	לחת עשה אתו / ויעש את הכיור	נחשת	ואת כנו נחשת במראת הצבאת אשר	1121	2	1			3
ס380807	ויעש את הכיור נחשת ואת כנו	נחשת	במראת הצבאת אשר צבאו פתח אהל	1121	2	1			3
ס381005	מאה באמה / עמודיהם עשרים ואדניהם עשרים	נחשת	ווי העמודים וחשקיהם כסף / ולפאת צפון	1121	2	1			3
ס381109	מאה באמה עמודיהם עשרים ואדניהם עשרים	נחשת	ווי העמודים וחשקיהם כסף / ולפאת- ים	1121	2	1			3
ס381703	החצר סביב שש משזר / והאדנים לעמדים	נחשת	ווי העמודים וחשוקיהם כסף וצפוי ראשיהם	1121	2	1			3
ס381905	קלעי החצר / ועמדיהם ארבעה ואדניהם ארבעה	נחשת	וויהם כסף וצפוי ראשיהם וחשקיהם כסף	1121	2	1			3
ס382006	כסף / וכל- היתדת למשכן ולחצר סביב	נחשת	/ אלה פקודי המשכן משכן העדת אשר	1121	2	1			3
ס383010	אדני פתח אהל מועד ואת מזבח	הנחשת	ואת- מכבר הנחשת אשר- לו ואת	1121	2	1		2	4
ס393903	ואת מסך פתח האהל / את מזבח	הנחשת	ואת- מכבר הנחשת אשר- לו את-	1121	2	1		2	4
ס393906	האהל / את מזבח הנחשת ואת- מכבר	הנחשת	אשר- לו את- בדיו ואת- כל-	1121	2	1		2	4
ס382901	ווים לעמודים וצפה ראשיהם וחשק אתם /	ונחשת	התנופה שבעים ככר ואלפים וארבע- מאות	1122	2	1		1	4
	--*-*-*-*-*-*-*-*-*-*-*-*-*-*-*-*-*-*	נטה	*-*-*-*-*-*-*-*-*-*-*-*-*-*-*-*-*-*-*-*						
ס151201	נאדר בקדש נורא תהלת עשה- פלא /	נטית	ימינך תבלעמו ארץ / נחית בחסדך עם-	3111	1	1			3
ס330705	מהר חורב / ומשה יקח את- האהל	ונטה	לו מחוץ למחנה הרחק מן- המחנה	3111	1	1		1	3
ס080201	והעל את- הצפרדעים על- ארץ מצרים /	ויט	אהרן את- ידו על מימי מצרים	3121	1	1		*	2
ס081303	לכנם בכל- ארץ מצרים / ויעשו- כן	ויט	אהרן את- ידו במטהו ויך את-	3121	1	1		*	2
ס092301	ועל כל- עשב השדה בארץ מצרים /	ויט	משה את- מטהו על- השמים ויהוה	3121	1	1		*	2
ס101301	הארץ את כל אשר השאיר הברד /	ויט	משה את- מטהו על- ארץ מצרים	3121	1	1		*	2
ס102201	חשך על- ארץ מצרים וימש חשך /	ויט	משה את- ידו על- השמים ויהי	3121	1	1		*	2
ס142101	קרב זה אל- זה כל- הלילה /	ויט	משה את- ידו על- הים ויולך	3121	1	1		*	2
ס142701	על- מצרים על- רכבו ועל- פרשיו /	ויט	משה את- ידו על- הים וישב	3121	1	1		*	2
ס071910	משה אמר אל- אהרן קח מטך	ונטה-	ידך על- מימי מצרים על- נהרתם	314	1	1		1	3
ס080108	יהוה אל- משה אמר אל- אהרן	נטה	את- ידך במטך על- הנהרת על-	314	1	1			2
ס081208	יהוה אל- משה אמר אל- אהרן	נטה	את- מטך והך את- עפר הארץ	314	1	1			2
ס092205	מקנהו בשדה / ויאמר יהוה אל- משה	נטה	את- ידך על- השמים ויהי ברד	314	1	1			2
ס101205	פני פרעה / ויאמר יהוה אל- משה	נטה	ידך על- ארץ מצרים בארבה ויעל	314	1	1			2
ס102105	בני ישראל / ויאמר יהוה אל- משה	נטה	ידך על- השמים ויהי חשך על-	314	1	1			2
ס141605	ישראל ויסעו / ואתה הרם את- מטך	ונטה	את- ידך על- הים ובקעהו ויבאו	314	1	1		1	3
ס142605	להם במצרים / ויאמר יהוה אל- משה	נטה	את- ידך על- הים וישבו המים	314	1	1			2
ס070506	גדלים / וידעו מצרים כי- אני יהוה	בנטתי	את- ידי על- מצרים והוצאתי את-	3153			1	4	4
ס230210	רבים לרעת ולא- תענה על- רב	לנטת	אחרי רבים להטת / ודל לא תהדר	3154				6	3
ס060618	והצלתי אתכם מעבדתם וגאלתי אתכם בזרוע	נטויה	ובשפטים גדלים / ולקחתי אתכם לי לעם	3164	2	1			3
	--*-*-*-*-*-*-*-*-*-*-*-*-*-*-*-*-*-*	נטע	*-*-*-*-*-*-*-*-*-*-*-*-*-*-*-*-*-*-*-*						
ס151702	עד- יעבר עם- זו קנית / תבאמו	ותטעמו	בהר נחלתך מכון לשבתך פעלת יהוה	3121	1	1	9	01	5
	--*-*-*-*-*-*-*-*-*-*-*-*-*-*-*-*-*-*	נטף	*-*-*-*-*-*-*-*-*-*-*-*-*-*-*-*-*-*-*-*						
ס303408	יהוה אל- משה קח- לך סמים	נטף	ושחלת וחלבנה סמים ולבנה זכה בד	1111	1	1			2
	--*-*-*-*-*-*-*-*-*-*-*-*-*-*-*-*-*-*	נטרף	*-*-*-*-*-*-*-*-*-*-*-*-*-*-*-*-*-*-*-*						
ס221203	יגנב מעמו ישלם לבעליו / אם- טרף	יטרף	יבאהו עד הטרפה לא ישלם / וכי-	3221	1	1			3

/ = סוף פסוק   // = סוף פרק   ג = מין   # = מספר   כ = כינוי וגוף   קס = קידומות וסיומות   ה = מספר ההברות

אזכור		מלה		צורן	ג	#	נ	קס	ה
	-	נטש	*-*						
ט231103	ארצך ואספת את- תבואתה / והשביעת תשמטנה	ונטשתה	ואכלו אביני עמך ויתרם תאכל חית	3111	1	1	5	1	4
	-	ניחוח	*-*						
ט291810	האיל המזבחה עלה הוא ליהוה ריח	ניחוח	אשה ליהוה הוא / ולקחת את האיל	1111	1	1			3
ט292509	מידם והקטרת המזבחה על- העלה לריח	ניחוח	לפני יהוה אשה הוא ליהוה / ולקחת	1111	1	1			3
ט294113	כמנחת הבקר וכנסכה תעשה- לה לריח	ניחח	אשה ליהוה / עלת תמיד לדרתיכם פתח	1111	1	1			3
	-	נכבד	*-*						
ט140407	וחזקתי את- לב- פרעה ורדף אחריהם	ואכבדה	בפרעה ובכל- חילו וידעו מצרים כי-	3221	1	1		91	5
ט141709	מחזק את- לב מצרים ויבאו אחריהם	ואכבדה	בפרעה ובכל- חילו ברכבו ובפרשיו / וידעו	3221	1	1		91	5
ט141806	ובפרשיו / וידעו מצרים כי- אני יהוה	בהכבדי	בפרעה ברכבו ובפרשיו / ויסע מלאך האלהים	3253			1	4	5
	-	נכה	*-*						
ט093103	תיראון מפני יהוה אלהים / והפשתה והשערה	נכתה	כי השערה אביב והפשתה גבעל / והחטה	3412	2	1			3
ט093204	אביב והפשתה גבעל / והחטה והכסמת לא	נכו	כי אפילת הנה / ויצא משה מעם	3412	2	3			2
	-	נכון	*-*						
ט082204	זבחו לאלהיכם בארץ / ויאמר משה לא	נכון	לעשות כן כי תועבת מצרים נזבח	3231	1	1			2
ט191102	וקדשתם היום ומחר וכבסו שמלתם / והיו	נכנים	ליום השלישי כי ביום השלישי ירד	3231	1	3			3
ט191505	ויכבסו שמלתם / ויאמר אל- העם היו	נכנים	לשלשת ימים אל- תגשו אל- אשה	3231	1	3			3
ט340202	על- הלחת הראשנים אשר דברת / והיה	נכון	לבקר ועלית בבקר אל- הר סיני	3231	1	1			2
	-	נכח	*-*						
ט263508	את- השלחן מחוץ לפרכת ואת- המנרה	נכח	השלחן על צלע המשכן תימנה והשלחן	4					2
ט402406	משה / וישם את- המנרה באהל מועד	נכח	השלחן על ירך המשכן נגבה / ויעל	4					2
ט140215	בין מגדל ובין הים לפני בעלצפן	נכחו	תחנו על- הים / ואמר פרעה לבני	41			4		2
	-	נכחד	*-*						
ט091511	ידי ואך אותך ואת- עמך בדבר	ותכחד	מן- הארץ / ואולם בעבור זאת העמדתיך	3221	1	1		*	4
	-	נכלא	*-*						
ט360615	אל- יעשו- עוד מלאכה לתרומת הקדש	ויכלא	העם מהביא / והמלאכה היתה דים לכל-	3221	1	1		*	4
	-	נכר	*-*						
ט124311	ואהרן זאת חקת הפסח כל- בן-	נכר	לא- יאכל בו / וכל- עבד איש	1111	1	1			2
	-	נכרי	*-*						
ט210810	אדניה אשר- לא יעדה והפדה לעם	נכרי	לא- ימשל למכרה בבגדו- בה / ואם-	1111	1	1			2
ט022212	גרשם כי אמר גר הייתי בארץ	נכריה	/ ויהי בימים הרבים ההם וימת מלך	1121	2	1			3
ט180313	גרשם כי אמר גר הייתי בארץ	נכריה	/ ושם האחד אליעזר כי- אלהי אבי	1121	2	1			3
	-	נכרת	*-*						
ט303310	כמהו ואשר יתן ממנו על- זר	ונכרת	נעמיו / ויאמר יהוה אל- משה קח-	3211	1	1		1	3
ט303807	איש אשר- יעשה כמוהו להריח בה	ונכרת	מעמיו // וידבר יהוה אל- משה לאמר	3211	1	1		1	3
ט121515	שאר מבתיכם כי כל- אכל חמץ	ונכרתה	הנפש ההוא מישראל מיום הראשן עד-	3212	2	1		1	4
ט311416	יומת כי כל- העשה בה מלאכה	ונכרתה	הנפש ההוא מקרב עמיה / ששת ימים	3212	2	1		1	4
ט121911	ימצא בבתיכם כי כל אכל מחמצת	ונכרתה	הנפש ההוא מעדת ישראל בגר ובאזרח	3222	2	1		1	4
	-	נלאה	*-*						
ט071807	והדגה אשר- ביאר תמות ובאש היאר	ונלאו	נצרים לשתות מים מן- היאר / ויאמר	3221	1	3		1	3

/ = סוף פסוק // = סוף פרק ג = מין # = מספר נ = נינוי ובור קס = קידומות וניומות ה = נספר ההברות

אזכור		מלה		צורן ג # כ קס ה
	--*-*-*-*-*-*-*-*-*-*-*-*-*-*-*	נלון	*-*-*-*-*-*-*-*-*-*-*-*-*-*-*-*-*	
ט152401	הם על- כן קרא- שמה מרה /	וילנו	העם על- משה לאמר מה נשתה	4 * 3 1 3221
ט160201	יום לחדש השני לצאתם מארץ מצרים /	וילונו	כל- עדת בני- ישראל על- משה	4 * 3 1 3221
	--*-*-*-*-*-*-*-*-*-*-*-*-*-*-*	נלחם	*-*-*-*-*-*-*-*-*-*-*-*-*-*-*-*-*	
ט011015	מלחמה ונוסף גם- הוא על- שנאינו	ונלחם-	בנו ועלה מן- הארץ / וישימו עליו	3 1 1 1 3211
ט142514	מצרים אנוסה מפני ישראל כי יהוה	נלחם	להם במצרים / ויאמר יהוה אל- משה	2 1 1 3211
ט141402	תספו לראתם עוד עד- עולם / יהוה	ילחם	לכם ואתם תחרשון / ויאמר יהוה אל-	3 1 1 3221
ט170803	יהוה בקרבנו אם- אין / ויבא עמלק	וילחם	עם- ישראל ברפידם / ויאמר משה אל-	4 * 1 1 3221
ט170909	אל- יהושע בחר- לנו אנשים וצא	הלחם	בעמלק מחר אנכי נצב על- ראש	3 1 1 324
ט171007	ויעש יהושע כאשר אמר- לו משה	להלחם	בעמלק ומשה אהרן וחור עלו ראש	4 6 3254
	--*-*-*-*-*-*-*-*-*-*-*-*-*-*-*	נמוג	*-*-*-*-*-*-*-*-*-*-*-*-*-*-*-*-*	
ט151509	אלופי אדום אילי מואב יאחזמו רעד	נמגו	כל ישבי כנען / תפל עליהם אימתה	3 3 1 3211
	--*-*-*-*-*-*-*-*-*-*-*-*-*-*-*	נמול	*-*-*-*-*-*-*-*-*-*-*-*-*-*-*-*-*	
ט124808	יגור אתך גר ועשה פסח ליהוה	המול	לו כל- זכר ואז יקרב לעשתו	2 3251
	--*-*-*-*-*-*-*-*-*-*-*-*-*-*-*	נמכר	*-*-*-*-*-*-*-*-*-*-*-*-*-*-*-*-*	
ט220212	לו שלם ישלם אם- אין לו	ונמכר	בגנבתו / אם- המצא תמצא בידו הגנבה	3 1 1 1 3211
	--*-*-*-*-*-*-*-*-*-*-*-*-*-*-*	נמלא	*-*-*-*-*-*-*-*-*-*-*-*-*-*-*-*-*	
ט072501	כי לא יכלו לשתת ממימי היאר /	וימלא	שבעת ימים אחרי הכות- יהוה את-	4 * 1 1 3221
ט010709	פרו וישרצו וירבו ויעצמו במאד מאד	ותמלא	הארץ אתם / ויקם מלך- חדש על	4 * 1 2 3222
	--*-*-*-*-*-*-*-*-*-*-*-*-*-*-*	נמס	*-*-*-*-*-*-*-*-*-*-*-*-*-*-*-*-*	
ט162110	בבקר איש כפי אכלו וחם השמש	ונמס	/ ויהי ביום הששי לקטו לחם משנה	3 1 1 1 3211
	--*-*-*-*-*-*-*-*-*-*-*-*-*-*-*	נמצא	*-*-*-*-*-*-*-*-*-*-*-*-*-*-*-*-*	
ט211604	ואמו מות יומת / וגנב איש ומכרו	ונמצא	בידו מות יומת / ומקלל אביו ואמו	3 1 1 1 3211
ט352304	תנופת זהב ליהוה / וכל- איש אשר-	נמצא	אתו תכלת וארגמן ותולעת שני ושש	2 1 1 3211
ט352412	הביאו את תרומת יהוה וכל אשר	נמצא	אתו עצי שטים לכל- מלאכת העבדה	2 1 1 3211
ט091915	לך בשדה כל- האדם והבהמה אשר-	ימצא	בשדה ולא יאסף הביתה וירד עלהם	3 1 1 3221
ט121905	לחדש בערב / שבעת ימים שאר לא	ימצא	בבתיכם כי כל אכל מחמצת ונכרתה	3 1 1 3221
ט220103	וארבע- צאן תחת השה // אם- במחתרת	ימצא	הגנב והכה ומת אין לו דמים	3 1 1 3221
ט220614	כלים לשמר וגנב מבית האיש אם-	ימצא	הגנב ישלם שנים / אם- לא ימצא	3 1 1 3221
ט220703	ימצא הגנב ישלם שנים / אם- לא	ימצא	הגנב ונקרב בעל- הבית אל- האלהים	3 1 1 3221
ט220303	אין לו ונמכר בגנבתו / אם- המצא	תמצא	בידו הגנבה משור עד- חמור עד-	3 1 2 3222
ט220302	אם- אין לו ונמכר בגנבתו / אם-	המצא	תמצא בידו הגנבה משור עד- חמור	3 3251
	--*-*-*-*-*-*-*-*-*-*-*-*-*-*-*	נס	*-*-*-*-*-*-*-*-*-*-*-*-*-*-*-*-*	
ט171507	ויבן משה מזבח ויקרא שמו יהוה	נסי	/ ויאמר כי יד על כס יה	2 1 1 1 1113
	--*-*-*-*-*-*-*-*-*-*-*-*-*-*-*	נס	*-*-*-*-*-*-*-*-*-*-*-*-*-*-*-*-*	
ט040308	השליכהו ארצה וישלכהו ארצה ויהי לנחש	וינס	משה מפניו / ויאמר יהוה אל- משה	3 * 1 1 3121
ט142509	אפן מרכבתיו וינהגהו בכבדת ויאמר מצרים	אנוסה	מפני ישראל כי יהוה נלחם להם	3 9 1 1 3121
ט211311	אנה לידו ושמתי לך מקום אשר	ינוס	שמה / וכי- יזד איש על- רעהו	2 1 1 3121
ט142713	וישב הים לפנות בקר לאיתנו ומצרים	נסים	לקראתו וינער יהוה את- מצרים בתוך	2 3 1 3131
	--*-*-*-*-*-*-*-*-*-*-*-*-*-*-*	נסה	*-*-*-*-*-*-*-*-*-*-*-*-*-*-*-*-*	
ט152518	שם שם לו חק ומשפט ושם	נסהו	/ ויאמר אם- שמוע תשמע לקול יהוה	3 4 1 1 3311
ט160418	העם ולקטו דבר- יום ביומו למען	אנסנו	הילך בתורתי אם- לא / והיה ביום	4 4 1 1 3321
ט170217	להם משה מה תריבון עמדי מה-	תנסון	את- יהוה / ויצמא שם העם למים	3 0 3 1 3321
ט202009	אל- העם אל- תיראו כי לבעבור	נסות	אתכם בא האלהים ובעבור תהיה יראתו	2 3351

אזכור		מלה		צופן	ג	#	כ	קס	ה
ט170710	מסהומריבה על- ריב בני ישראל ועל	נסתם	את- יהוה לאמר היש יהוה בקרבנו	3353			9		3
	--*-*-*-*-*-*-*-*-*-*-*-*-*-*-*-*	נסך	*-*-*-*-*-*-*-*-*-*-*-*-*-*-*-*-*-*						
ט294008	סלת בלול בשמן כתית רבע ההין	ונסך	רביעית ההין יין לכבש האחד / ואת	1111	1	1		1	3
ט300908	תעלו עליו קטרת זרה ועלה ומנחה	ונסך	לא תסכו עליו / וכפר אהרן על-	1111	1	1		1	3
ט294109	השני תעשה בין הערבים כמנחת הבקר	וכנסכה	תעשה- לה לריח ניחח אשה ליהוה	1114	1	1	5	51	4
	--*-*-*-*-*-*-*-*-*-*-*-*-*-*-*-*	נסך	*-*-*-*-*-*-*-*-*-*-*-*-*-*-*-*-*-*						
ט300910	קטרת זרה ועלה ומנחה ונסך לא	תסכו	עליו / וכפר אהרן על- קרנתיו אחת	3121	1	3			3
	--*-*-*-*-*-*-*-*-*-*-*-*-*-*-*-*	נסע	*-*-*-*-*-*-*-*-*-*-*-*-*-*-*-*-*-*						
ט123701	בעיני מצרים וישאלום וינצלו את- מצרים /	ויסעו	בני- ישראל מרעמסס סכתה כשש- מאות	3121	1	3		*	4
ט132001	אתכם והעליתם את- עצמתי מזה אתכם /	ויסעו	מסכת ויחנו באתם בקצה המדבר / ויהוה	3121	1	3		*	4
ט141512	תצעק אלי דבר אל- בני- ישראל	ויסעו	/ ואתה הרם את- מטך ונטה את-	3121	1	3		1	4
ט141901	אני יהוה בהכבדי בפרעה ברכבו ובפרשיו /	ויסע	מלאך האלהים ההלך לפני מחנה ישראל	3121	1	1		*	3
ט141910	ההלך לפני מחנה ישראל וילך מאחריהם	ויסע	עמוד הענן מפניהם ויעמד מאחריהם / ויבא	3121	1	1		*	3
ט160101	ושבעים תמרים ויחנו- שם על- המים //	ויסעו	מאילם ויבאו כל- עדת בני- ישראל	3121	1	3		*	4
ט170101	ארץ כנען / והעמר עשרית האפה הוא //	ויסעו	כל- עדת בני- ישראל ממדבר- סין	3121	1	3		*	4
ט190201	מצרים ביום הזה באו מדבר סיני /	ויסעו	מרפידים ויבאו מדבר סיני ויחנו במדבר	3121	1	3		*	4
ט403605	את- המשכן / ובהעלות הענן מעל המשכן	יסעו	בני ישראל בכל מסעיהם / ואם- לא	3121	1	3			3
ט403706	מסעיהם / ואם- לא יעלה הענן ולא	יסעו	עד- יום העלתו / כי ענן יהוה	3121	1	3			3
ט141010	בני- ישראל את- עיניהם והנה מצרים	נסע	אחריהם וייראו מאד ויצעקו בני- ישראל	3131	1	1			3
	--*-*-*-*-*-*-*-*-*-*-*-*-*-*-*-*	נסקל	*-*-*-*-*-*-*-*-*-*-*-*-*-*-*-*-*-*						
ט191307	לא- תגע בו יד כי- סקול	יסקל	או- ירה יירה אם- בהמה אם-	3221	1	1			3
ט212811	איש או את- אשה ומת סקול	יסקל	השור ולא יאכל את- בשרו ובעל	3221	1	1			3
ט212916	ישמרנו והמית איש או אשה השור	יסקל	וגם- בעליו יומת / אם- כפר יושת	3221	1	1			3
ט213213	כסף שלשים שקלים יתן לאדניו והשור	יסקל	/ וכי- יפתח איש בור או כי-	3221	1	1			3
	--*-*-*-*-*-*-*-*-*-*-*-*-*-*-*-*	נע	*-*-*-*-*-*-*-*-*-*-*-*-*-*-*-*-*-*						
ט201816	השפר ואת- ההר עשן וירא העם	וינעו	ויעמדו מרחק / ויאמרו אל- משה דבר-	3121	1	3		*	4
	--*-*-*-*-*-*-*-*-*-*-*-*-*-*-*-*	נעל	*-*-*-*-*-*-*-*-*-*-*-*-*-*-*-*-*-*						
ט030506	הנני / ויאמר אל- תקרב הלם של-	נעליך	מעל רגליך כי המקום אשר אתה	1127	2	2	2		4
ט121106	תשרפו / וככה תאכלו אתו מתניכם חגרים	נעליכם	ברגליכם ומקלכם בידכם ואכלתם אתו בחפזון	1127	2	2	7		4
	--*-*-*-*-*-*-*-*-*-*-*-*-*-*-*-*	נעלה	*-*-*-*-*-*-*-*-*-*-*-*-*-*-*-*-*-*						
ט403703	בני ישראל בכל מסעיהם / ואם- לא	יעלה	הענן ולא יסעו עד- יום העלתו	3221	1	1			3
ט403601	הענן וכבוד יהוה מלא את- המשכן /	ובהעלות	הענן מעל המשכן יסעו בני ישראל	3252				41	5
ט403709	יעלה הענן ולא יסעו עד- יום	העלתו	/ כי ענן יהוה על- המשכן יומם	3253			4		4
	--*-*-*-*-*-*-*-*-*-*-*-*-*-*-*-*	נענה	*-*-*-*-*-*-*-*-*-*-*-*-*-*-*-*-*-*						
ט100316	יהוה אלהי העברים עד- מתי מאנת	לענת	מפני שלח עמי ויעבדני / כי אם-	3254				6	3
	--*-*-*-*-*-*-*-*-*-*-*-*-*-*-*-*	נענש	*-*-*-*-*-*-*-*-*-*-*-*-*-*-*-*-*-*						
ט212213	ויצאו ילדיה ולא יהיה אסון ענוש	יענש	כאשר ישית עליו בעל האשה ונתן	3221	1	1			3
	--*-*-*-*-*-*-*-*-*-*-*-*-*-*-*-*	נער	*-*-*-*-*-*-*-*-*-*-*-*-*-*-*-*-*-*						
ט020606	ותקחהו / ותפתח ותראהו את- הילד והנה-	נער	בכה ותחמל עליו ותאמר מילדי העברים	1111	1	1			2
ט331120	אל- המחנה ומשרתו יהושע בן- נון	נער	לא ימיש מתוך האהל / ויאמר משה	1111	1	1			2
ט240503	מצבה לשנים עשר שבטי ישראל / וישלח את-	נערי	בני ישראל ויעלו עלת ויזבחו זבחים	1116	1	3			3
ט100903	אלהיכם מי ומי ההלכים / ויאמר משה	בנערינו	ובזקנינו נלך בבנינו ובבנותנו בצאננו ובבקרנו	1117	1	3	6	4	5

/ = סוף פסוק   // = סוף פרק   ג = מין   # = מספר   כ = כינוי וגוף   קס = קידומות וסיומות   ה = מספר ההברות

אזכור		מלה		צורן	ג	#	כ	קס	ה
	--*-*-*-*-*-*-*-*-*-*-*-*-*-*-*-*-*-*	נער	*-*-*-*-*-*-*-*-*-*-*-*-*-*-*-*-*-*-*-*						
ט142715	לפנות בקר לאיתנו ומצרים נסים לקראתו	וינער	יהוה את- מצרים בתוך הים / וישבו	3321	1	1		*	4
	--*-*-*-*-*-*-*-*-*-*-*-*-*-*-*-*-*-*	נערה	*-*-*-*-*-*-*-*-*-*-*-*-*-*-*-*-*-*-*-*						
ט020507	ותרד בת- פרעה לרחץ על- היאר	ונערתיה	הלכת על- יד היאר ותרא את-	1128	2	3	5	1	6
	--*-*-*-*-*-*-*-*-*-*-*-*-*-*-*-*-*-*	נערם	*-*-*-*-*-*-*-*-*-*-*-*-*-*-*-*-*-*-*-*						
ט150803	תשלח חרנך יאכלמו כקש / וברוח אפיך	נערמו-	מים נצבו כמו- נד נזלים קפאו	3211	1	3			4
	--*-*-*-*-*-*-*-*-*-*-*-*-*-*-*-*-*-*	נעשה	*-*-*-*-*-*-*-*-*-*-*-*-*-*-*-*-*-*-*-*						
ט020406	היאור / ותתצב אחתו מרחק לדעה מה-	יעשה	לו / ותרד בת- פרעה לרחץ על-	3221	1	1			3
ט121614	קדש יהיה לכם כל- מלאכה לא-	יעשה	בהם אך אשר יאכל לכל- נפש	3221	1	1			3
ט121623	אשר יאכל לכל- נפש הוא לבדו	יעשה	לכם / ושמרתם את- המצות כי בעצם	3221	1	1			3
ט213109	יגח או- בת יגח כמשפט הזה	יעשה	לו / אם- עבד יגח השור או	3221	1	1			3
ט311503	הנפש ההוא מקרב עמיה / ששת ימים	יעשה	מלאכה וביום השביעי שבת שבתון קדש	3221	1	1			3
ט350203	צוה יהוה לעשת אתם / ששת ימים	תעשה	מלאכה וביום השביעי יהיה לכם קדש	3221	1	1			3
ט253106	תמיד / ועשית מנרת זהב טהור מקשה	תיעשה	המנורה ירכה וקנה גביעיה כפתריה ופרחיה	3222	2	1			3
	--*-*-*-*-*-*-*-*-*-*-*-*-*-*-*-*-*-*	נפג	*-*-*-*-*-*-*-*-*-*-*-*-*-*-*-*-*-*-*-*						
ט062104	ושלשים ומאת שנה / ובני יצהר קרח	ונפג	וזכרי / ובני עזיאל מישאל ואלצפן וסתרי	122	1			1	3
	--*-*-*-*-*-*-*-*-*-*-*-*-*-*-*-*-*-*	נפך	*-*-*-*-*-*-*-*-*-*-*-*-*-*-*-*-*-*-*-*						
ט281803	פטדה וברקת הטור האחד / והטור השני	נפך	ספיר ויהלם / והטור השלישי לשם שבו	1111	1	1			2
ט391103	פטדה וברקת הטור האחד / והטור השני	נפך	ספיר ויהלם / והטור השלישי לשם שבו	1111	1	1			2
	--*-*-*-*-*-*-*-*-*-*-*-*-*-*-*-*-*-*	נפל	*-*-*-*-*-*-*-*-*-*-*-*-*-*-*-*-*-*-*-*						
ט192113	בעם פן- יהרסו אל- יהוה לראות	ונפל	ממנו רב / וגם הכהנים הנגשים אל-	3111	1	1		1	3
ט211813	רעהו באבן או באגרף ולא ימות	ונפל	למשכב / אם- יקום והתהלך בחוץ על-	3111	1	1		1	3
ט213312	כי- יכרה איש בר ולא יכסנו	ונפל-	שמה שור או חמור / בעל הבור	3111	1	1		1	3
ט322806	קרבו / ויעשו בני- לוי כדבר משה	ויפל	מן- העם ביום ההוא כשלשת אלפי	3121	1	1		*	3
ט151601	יאחזמו רעד נמגו כל ישבי כנען /	תפל	עליהם אימתה ופחד בגדל זרועך ידמו	3122	2	1			2
	--*-*-*-*-*-*-*-*-*-*-*-*-*-*-*-*-*-*	נפלא	*-*-*-*-*-*-*-*-*-*-*-*-*-*-*-*-*-*-*-*						
ט032008	את- ידי והכיתי את- מצרים בכל	נפלאתי	אשר אעשה בקרבו ואחרי- כן ישלח	3232	2	3	1		4
ט341010	כרת ברית נגד כל- עמך אעשה	נפלאת	אשר לא- נבראו בכל- הארץ ובכל-	3232	2	3			3
	--*-*-*-*-*-*-*-*-*-*-*-*-*-*-*-*-*-*	נפלה	*-*-*-*-*-*-*-*-*-*-*-*-*-*-*-*-*-*-*-*						
ט331613	בעיניך אני ועמך הלוא בלכתך עמנו	ונפלינו	אני ועמך מכל- העם אשר על-	3211	1	3		1	4
	--*-*-*-*-*-*-*-*-*-*-*-*-*-*-*-*-*-*	נפש	*-*-*-*-*-*-*-*-*-*-*-*-*-*-*-*-*-*-*-*						
ט010503	דן ונפתלי גד ואשר / ויהי כל-	נפש	יצאי ירך- יעקב שבעים נפש ויוסף	1121	2	1			2
ט010508	כל- נפש יצאי ירך- יעקב שבעים	נפש	ויוסף היה במצרים / וימת יוסף וכל	1121	2	1			2
ט121516	מבתיכם כי כל- אכל חמץ ונכרתה	הנפש	ההוא מישראל מיום הראשן עד- יום	1121	2	1		2	3
ט121620	יעשה בהם אך אשר יאכל לכל-	נפש	הוא לבדו יעשה לכם / ושמרתם את-	1121	2	1			2
ט121912	בבתיכם כי כל אכל מחמצת ונכרתה	הנפש	ההוא מעדת ישראל בגר ובאזרח הארץ	1121	2	1		2	3
ט212305	ונתן בפללים / ואם- אסון יהיה ונתתה	נפש	תחת נפש / עין תחת עין שן	1121	2	1			2
ט212307	ואם- אסון יהיה ונתתה נפש תחת	נפש	/ עין תחת עין שן תחת שן	1121	2	1			2
ט311417	כי כל- העשה בה מלאכה ונכרתה	הנפש	ההוא מקרב עמיה / ששת ימים יעשה	1121	2	1		2	3
ט230907	וגר לא תלחץ ואתם ידעתם את-	נפש	הגר כי- גרים הייתם בארץ מצרים	1122	2	1			2
ט041915	כי- מתו כל- האנשים המבקשים את-	נפשך	/ ויקח משה את- אשתו ואת- בניו	1123	2	1	2		3
ט150908	אויב ארדף אשיג אחלק שלל תמלאמו	נפשי	אריק חרבי תורישמו ידי / נשפת ברוחך	1123	2	1	1		2
ט213007	אם- כפר יושת עליו ונתן פדין	נפשו	ככל אשר- יושת עליו / או- בן	1123	2	1	4		2
ט301211	בני- ישראל לפקדיהם ונתנו איש כפר	נפשו	ליהוה בפקד אתם ולא- יהיה בהם	1123	2	1	4		2
ט120413	הוא ושכנו הקרב אל- ביתו במכסת	נפשת	איש לפי אכלו תכסו על- השה	1125	2	3			3

/ = סוף פסוק   // = סוף פרק   ג = מין   # = מספר   כ = כינוי הבור   קס = קידומות וסיומות   ה = מספר ההברות

אזכור		מלה		צורן	ג	#	כ	קס	ה
ט161614	איש לפי אכלו עמר לגלגלת מספר	נפשתיכם	איש לאשר באהלו תקחו / ויעשו- כן	1127	2	3	7		5
ט301515	לתת את- תרומת יהוה לכפר על-	נפשתיכם	/ ולקחת את- כסף הכפרים מאת בני	1127	2	3	7		5
ט301622	ישראל לזכרון לפני יהוה לכפר על-	נפשתיכם	/ וידבר יהוה אל- משה לאמר / ועשית	1127	2	3	7		5
	--*-*-*-*-*-*-*-*-*-*	נפש	*-*-*-*-*-*-*-*-*-*-*-*						
ט231212	השביעי תשבת למען ינוח שורך וחמרך	וינפש	בן- אמתך והגר / ובכל אשר- אמרתי	3221	1	1		1	4
ט311720	השמים ואת- הארץ וביום השביעי שבת	וינפש	/ ויתן אל- משה ככלתו לדבר אתו	3221	1	1		*	4
	--*-*-*-*-*-*-*-*-*-*	נפתלי	*-*-*-*-*-*-*-*-*-*-*-*						
ט010402	לוי ויהודה / יששכר זבולן ובנימן / דן	ונפתלי	גד ואשר / ויהי כל- נפש יצאי	122	1			1	4
	--*-*-*-*-*-*-*-*-*-*	נצב	*-*-*-*-*-*-*-*-*-*-*-*						
ט071508	אל- פרעה בבקר הנה יצא המימה	ונצבת	לקראתו על- שפת היאר והמטה אשר-	3211	1	1		1	4
ט150805	יאכלמו כקש / וברוח אפיך נערמו- מים	נצבו	כמו- נד נזלים קפאו תהמת בלב-	3211	1	3			3
ט330809	משה אל- האהל יקומו כל- העם	ונצבו	איש פתח אהלו והביטו אחרי משה	3211	1	3		1	4
ט332106	ותי / ויאמר יהוה הנה מקום אתי	ונצבת	על- הצור / והיה בעבר כבדי ושמתיך	3211	1	1		1	4
ט340209	לבקר ועלית בבקר אל- הר סיני	ונצבת	לי שם על- ראש ההר / ואיש	3211	1	1		1	4
ט052006	ביומו / ויפגעו את- משה ואת- אהרן	נצבים	לקראתם בצאתם מאת פרעה / ויאמרו אלהם	3231	1	3			3
ט170913	אנשים וצא הלחם בעמלק מחר אנכי	נצב	על- ראש הגבעה ומטה האלהים בידי	3231	1	1			2
ט181424	מדוע אתה יושב לבדך וכל- העם	נצב	עליך מן- בקר עד- ערב / ויאמר	3231	1	1			2
	--*-*-*-*-*-*-*-*-*-*	נצה	*-*-*-*-*-*-*-*-*-*-*-*						
ט212202	לא יקם כי כספו הוא / וכי-	ינצו	אנשים ונגפו אשה הרה ויצאו ילדיה	3221	1	3			3
ט021308	ביום השני והנה שני- אנשים עברים	נצים	ויאמר לרשע למה תכה רעך / ויאמר	3231	1	3			2
	--*-*-*-*-*-*-*-*-*-*	נצל	*-*-*-*-*-*-*-*-*-*-*-*						
ט032216	ושמלת ושמתם על- בניכם ועל- בנתיכם	ונצלתם	את- מצרים // ויען משה ויאמר והן	3311	1	3		1	5
ט123609	את- חן העם בעיני מצרים וישאלום	וינצלו	את- מצרים / ויסעו בני- ישראל מרעמסס	3321	1	3		*	5
	--*-*-*-*-*-*-*-*-*-*	נצר	*-*-*-*-*-*-*-*-*-*-*-*						
ט340701	וחנון ארך אפים ורב- חסד ואמת /	נצר	חסד לאלפים נשא עון ופשע וחטאה	3131	1	1			2
	--*-*-*-*-*-*-*-*-*-*	נקדש	*-*-*-*-*-*-*-*-*-*-*-*						
ט294305	אליך שם / ונעדתי שמה לבני- ישראל	ונקדש	בכבדי / וקדשתי את- אהל מועד ואת-	3211	1	1		1	3
	--*-*-*-*-*-*-*-*-*-*	נקה	*-*-*-*-*-*-*-*-*-*-*-*						
ט211907	אם- יקום והתהלך בחוץ על- משענתו	ונקה	המכה רק שבתו יתן ורפא ירפא	3211	1	1		1	3
	--*-*-*-*-*-*-*-*-*-*	נקה	*-*-*-*-*-*-*-*-*-*-*-*						
ט200710	שם- יהוה אלהיך לשוא כי לא	ינקה	יהוה את אשר- ישא את- שמו	3321	1	1			3
ט340710	נשא עון ופשע וחטאה ונקה לא	ינקה	פקד עון אבות על- בנים ועל-	3321	1	1			3
ט340708	חסד לאלפים נשא עון ופשע וחטאה	ונקה	לא ינקה פקד עון אבות על-	3351				1	3
	--*-*-*-*-*-*-*-*-*-*	נקהל	*-*-*-*-*-*-*-*-*-*-*-*						
ט320109	כי- בשש משה לרדת מן- ההר	ויקהל	העם על- אהרן ויאמרו אליו קום	3221	1	1		*	4
	--*-*-*-*-*-*-*-*-*-*	נקי	*-*-*-*-*-*-*-*-*-*-*-*						
ט212819	ולא יאכל את- בשרו ובעל השור	נקי	/ ואם שור נגח הוא מתמל שלשם	1111	1	1			2
ט230704	משפט אבינך בריבו / מדבר- שקר תרחק	ונקי	וצדיק אל- תהרג כי לא- אצדיק	1111	1	1		1	3
	--*-*-*-*-*-*-*-*-*-*	נקם	*-*-*-*-*-*-*-*-*-*-*-*						
ט212013	את- אמתו בשבט ומת תחת ידו	נקם	ינקם / אך אם- יום או יומים	3151					2

/ = סוף פסוק   // = סוף פרק   ג = מין   # = מספר   כ = בינוי ובור   קס = קידומות וסיומות   ו = מספר ההבנה

אזכור		מלה		צורן	ג	#	כ	קס	ה
	-	נקם	*-*						
ט212014	אמתו בשבט ומת תחת ידו נקם	ינקם	/ אך אם- יום או יומים יעמד	3221	1	1			3
	-	נקרב	*-*						
ט220705	ישלם שנים / אם- לא ימצא הגנב	ונקרב	בעל- הבית אל- האלהים אם- לא	3211	1	1		1	3
	-	נקרה	*-*						
ט332205	על- הצור / והיה בעבר כבדי ושמתיך	בנקרת	הצור ושכתי כפי עליך עד- עברי	1122	2	1		4	3
	-	נקרה	*-*						
ט031815	מצרים ואמרתם אליו יהוה אלהי העבריים	נקרה	עלינו ועתה נלכה- נא דרך שלשת	3211	1	1			2
ט050304	ישראל לא אשלח / ויאמרו אלהי העברים	נקרא	עלינו נלכה נא דרך שלשת ימים	3211	1	1			2
	-	נקרע	*-*						
ט283216	ארג כפי תחרא יהיה- לו לא	יקרע	/ ועשית על- שוליו רמני תכלת וארגמן	3221	1	1			4
ט392310	כפי תחרא שפה לפיו סביב לא	יקרע	/ ויעשו על- שולי המעיל רמוני תכלת	3221	1	1			4
	-	נר	*-*						
ט272014	שמן זית זך כתית למאור להעלת	נר	תמיד / באהל מועד מחוץ לפרכת אשר	1112	1	1			1
ט300710	קטרת סמים בבקר בבקר בהיטיבו את-	הנרת	יקטירנה / ובהעלת אהרן את- הנרת בין-	1115	1	3		2	3
ט300804	את- הנרת יקטירנה / ובהעלת אהרן את-	הנרת	בין- הערבים יקטירנה קטרת תמיד לפני	1115	1	3		2	3
ט402502	השלחן על ירך המשכן נגבה / ויעל	הנרת	לפני יהוה כאשר צוה יהוה את-	1115	1	3		2	3
ט393706	הפנים / את- המנרה הטהרה את- נרתיה	נרת	המערכה ואת- כל- כליה ואת שמן	1116	1	3			2
ט253703	מקשה אחת זהב טהור / ועשית את-	נרתיה	שבעה והעלה את- נרתיה והאיר על-	1118	1	3	5		4
ט253707	ועשית את- נרתיה שבעה והעלה את-	נרתיה	והאיר על- עבר פניה / ומלקחיה ומחתתיה	1118	1	3	5		4
ט351416	ואת- מנרת המאור ואת- כליה ואת-	נרתיה	ואת שמן המאור / ואת- מזבח הקטרת	1118	1	3	4		4
ט372303	מקשה אחת זהב טהור / ויעש את-	נרתיה	שבעה ומלקחיה ומחתתיה זהב טהור / ככר	1118	1	3	5		4
ט393705	לחם הפנים / את- המנרה הטהרה את-	נרתיה	נרת המערכה ואת- כל- כליה ואת	1118	1	3	5		4
ט400422	ערכו והבאת את- המנרה והעלית את-	נרתיה	/ ונתתה את- מזבח הזהב לקטרת לפני	1118	1	3	5		4
	-	נראה	*-*						
ט031611	ישראל ואמרת אלהם יהוה אלהי אבתיכם	נראה	אלי אלהי אברהם יצחק ויעקב לאמר	3211	1	1			2
ט040114	ולא ישמעו בקלי כי יאמרו לא-	נראה	אליך יהוה / ויאמר אליו יהוה מה	3211	1	1			2
ט040504	ויהי למטה בכפו / למען יאמינו כי-	נראה	אליך יהוה אלהי אבתם אלהי אברהם	3211	1	1			2
ט161015	ויפנו אל- המדבר והנה כבוד יהוה	נראה	בענן / וידבר יהוה אל- משה לאמר	3211	1	1			2
ט030201	המדבר ויבא אל- הר האלהים חרבה /	וירא	מלאך יהוה אליו בלבת- אש מתוך	3221	1	1		*	3
ט060301	אל- משה ויאמר אליו אני יהוה /	וארא	אל- אברהם אל- יצחק ואל- יעקב	3221	1	1		*	3
ט130707	מצות יאכל את שבעת הימים ולא-	יראה	לך חמץ ולא- יראה לך שאר	3221	1	1			3
ט130711	הימים ולא- יראה לך חמץ ולא-	יראה	לך שאר בכל- גבלך / והגדת לבנך	3221	1	1			3
ט231519	האביב כי- בו יצאת ממצרים ולא-	יראו	פני ריקם / וחג הקציר בכורי מעשיך	3221	1	3			3
ט231704	מעשיך מן- השדה / שלש פעמים בשנה	יראה	כל- זכורך אל- פני האדן יהוה	3221	1	1			3
ט332309	כפי וראית את- אחרי ופני לא	יראו	// ויאמר יהוה אל- משה פסל- לך	3221	1	3			3
ט340308	לא- יעלה עמך וגם- איש אל-	ירא	בכל- ההר גם- הצאן והבקר אל-	3221	1	1			2
ט342014	וערפתו כל בכור בניך תפדה ולא-	יראו	פני ריקם / ששת ימים תעבד וביום	3221	1	3			3
ט342304	האסיף תקופת השנה / שלש פעמים בשנה	יראה	כל- זכורך את- פני האדן יהוה	3221	1	1			3
ט342414	ולא- יחמד איש את- ארצך בעלתך	לראות	את- פני יהוה אלהיך שלש פעמים	3254					3
	-	נרפה	*-*						
ט050815	תשימו עליהם לא תגרעו ממנו כי-	נרפים	הם על- כן הם צעקים לאמר	3231	1	3			2
ט051702	והנה עבדיך מכים וחטאת עמך / ויאמר	נרפים	אתם נרפים על- כן אתם אמרים	3231	1	3			2
ט051704	מכים וחטאת עמך / ויאמר נרפים אתם	נרפים	על- כן אתם אמרים נלכה נזבחה	3231	1	3			2

/ = סוף פסוק // = סוף פרק ג = מין # = מספר כ = כינוי וגוף קס = קידומות וסיומות ה = מספר ההברות

אזכור		מלה		צורן	ג	#	כ	קס	ה
	--*-*-*-*-*-*-*-*-*-*-*-*-*-*-*-*-*	נשא	*-*-*-*-*-*-*-*-*-*-*-*-*-*-*-*-*-*-*						
ט060806	מצרים / והבאתי אתכם אל- הארץ אשר	נשאתי	או- ידי לתת אתה לאברהם ליצחק	3111	1	1			3
ט101322	וכל- הלילה הבקר היה ורוח הקדים	נשא	את- הארבה / ויעל הארבה על כל-	3111	1	1			2
ט182219	הדבר הקטן ישפטו- הם והקל מעליך	ונשאו	אתך / אם את- הדבר הזה תעשה	3111	1	3		1	4
ט281212	כתפת האפד אבני זכרן לבני ישראל	ונשא	אהרן את- שמותם לפני יהוה על-	3111	1	1		1	3
ט282901	האפוד ולא- יזח החשן מעל האפוד /	ונשא	אהרן את- שמות בני- ישראל בחשן	3111	1	1		1	3
ט283016	על- לב אהרן בבאו לפני יהוה	ונשא	אהרן את- משפט בני- ישראל על-	3111	1	1		1	3
ט283805	המצנפת יהיה / והיה על- מצח אהרן	ונשא	אהרן את- עון הקדשים אשר יקדישו	3111	1	1		1	3
ט352105	מלפני משה / ויבאו כל- איש אשר-	נשאו	לבו וכל אשר נדבה רוחו אתו	3111	1	1	4		3
ט352604	השני ואת- השש / וכל- הנשים אשר	נשא	לבן אתנה בחכמה טוו את- העזים	3111	1	1			2
ט360219	נתן יהוה חכמה בלבו כל אשר	נשאו	לבו לקרבה אל- המלאכה לעשת אתה	3111	1	1	4		3
ט101907	ויהפך יהוה רוח- ים חזק מאד	וישא	את- הארבה ויתקעהו ימה סוף לא	3121	1	1		*	3
ט123401	מן- הארץ כי אמרו כלנו מתים /	וישא	העם את- בצקו טרם יחמץ משארתם	3121	1	1		*	3
ט141003	על- פיהחירת לפני בעלצפן / ופרעה הקריב	וישאו	בני- ישראל את- עיניהם והנה מצרים	3121	1	3		*	4
ט190406	ישראל / אתם ראיתם אשר עשיתי למצרים	ואשא	אתכם על- כנפי נשרים ואבא אתכם	3121	1	1		*	3
ט200702	חסד לאלפים לאהבי ולשמרי מצותי / לא	תשא	את- שם- יהוה אלהיך לשוא כי	3121	1	1			2
ט200714	כי לא ינקה יהוה את אשר-	ישא	את- שמו לשוא / זכור את- יום	3121	1	1			2
ט230102	לא תאכלו לכלב תשלכון אתו // לא	תשא	שמע שוא אל- תשת ידך עם-	3121	1	1			2
ט232110	בקלו אל- תמר בו כי לא	ישא	לפשעכם כי שמי בקרבו / כי אם-	3121	1	1			2
ט284317	בגשתם אל- המזבח לשרת בקדש ולא-	ישאו	עון ומתו חקת עולם לו ולזרעו	3121	1	3			3
ט301202	וידבר יהוה אל- משה לאמר / כי	תשא	את- ראש בני- ישראל לפקדיהם ונתנו	3121	1	1			2
ט323203	ויעשו להם אלהי זהב / ועתה אם-	תשא	חטאתם ואם- אין מחני נא מספרך	3121	1	1			2
ט340704	ורב- חסד ואמת / נצר חסד לאלפים	נשא	עון ופשע וחטאה ונקה לא ינקה	3131	1	1			2
ט101702	ויאמר חטאתי ליהוה אלהיכם ולכם / ועתה	שא	נא חטאתי אך הפעם והעתירו ליהוה	314	1	1			1
ט270711	והיו הבדים על- שתי צלעת המזבח	בשאת	אתו / נבוב לחת תעשה אתו כאשר	3152				4	3
ט251408	את- הבדים בטבעת על צלעת הארן	לשאת	את- הארן בהם / בטבעת הארן יהיו	3154				6	2
ט252707	לעמת המסגרת תהיין הטבעת לבתים לבדים	לשאת	את- השלחן / ועשית את- הבדים עצי	3154				6	2
ט300418	על- שני צדיו והיה לבתים לבדים	לשאת	אתו בהמה / ועשית את- הבדים עצי	3154				6	2
ט370508	את- הבדים בטבעת על צלעת הארן	לשאת	את- הארן / ויעש כפרת זהב טהור	3154				6	2
ט371407	לעמת המסגרת היו הטבעת בתים לבדים	לשאת	את- השלחן / ויעש את- הבדים עצי	3154				6	2
ט371509	הבדים עצי שטים ויצף אתם זהב	לשאת	את- השלחן / ויעש את- הכלים אשר	3154				6	2
ט372716	צלעתיו על שני צדיו לבתים לבדים	לשאת	אתו בהם / ויעש את- הבדים עצי	3154				6	2
ט380708	את- הבדים בטבעת על צלעת המזבח	לשאת	אתו בהם נבוב לחת עשה אתו	3154				6	2
	--*-*-*-*-*-*-*-*-*-*-*-*-*-*-*-*-*	נשא	*-*-*-*-*-*-*-*-*-*-*-*-*-*-*-*-*-*-*						
ט252809	הבדים עצי שטים וצפית אתם זהב	ונשא	בם את- השלחן / ועשית קערתיו וכפתיו	3211	1	1		1	3
	--*-*-*-*-*-*-*-*-*-*-*-*-*-*-*-*-*	נשאר	*-*-*-*-*-*-*-*-*-*-*-*-*-*-*-*-*-*-*						
ט082711	ויסר הערב מפרעה מעבדיו ומעמו לא	נשאר	אחד / ויכבד פרעה את- לבו גם	3211	1	1			2
ט101914	את- הארבה ויתקעהו ימה סוף לא	נשאר	ארבה אחד בכל גבול מצרים / ויחזק	3211	1	1			2
ט142815	חיל פרעה הבאים אחריהם בים לא-	נשאר	בהם עד- אחד / ובני ישראל הלכו	3211	1	1			2
ט080517	להכרית הצפרדעים ממך ומבתיך רק ביאר	תשארנה	/ ויאמר למחר ויאמר כדברך למען תדע	3222	2	3			4
ט080709	ממך ומבתיך ומעבדיך ומעמך רק ביאר	תשארנה	/ ויצא משה ואהרן מעם פרעה ויצעק	3222	2	3			4
ט102606	אלהינו / וגם- מקננו ילך עמנו לא	תשאר	פרסה כי ממנו נקח לעבד את-	3222	2	1			3
ט100514	את- הארץ ואכל את- יתר הפלטה	הנשארת	לכם מן- הברד ואכל את- כל-	3252	2	1		2	4
	--*-*-*-*-*-*-*-*-*-*-*-*-*-*-*-*-*	נשבה	*-*-*-*-*-*-*-*-*-*-*-*-*-*-*-*-*-*-*						
ט220918	בהמה לשמר ומת או- נשבר או-	נשבה	אין ראה / שבעת יהוה תהיה בין	3211	1	1			2
	--*-*-*-*-*-*-*-*-*-*-*-*-*-*-*-*-*	נשבע	*-*-*-*-*-*-*-*-*-*-*-*-*-*-*-*-*-*-*						
ט130513	הכנעני והחתי והאמרי והחוי והיבוסי אשר	נשבע	לאבתיך לתת לך ארץ זבת חלב	3211	1	1			2
ט131109	יבאך יהוה אל- ארץ הכנעני כאשר	נשבע	לך ולאבתיך ונתנה לך / והעברת כל-	3211	1	1			2
ט321307	זכר לאברהם ליצחק ולישראל עבדיך אשר	נשבעת	להם בך ותדבר אלהם ארבה את-	3211	1	1			3
ט330117	העלית מארץ מצרים אל- הארץ אשר	נשבעתי	לאברהם ליצחק וליעקב לאמר לזרעך אתננה	3211	1	1			3

/ = סוף פסוק   // = סוף פרק   ג = מין   # = מספר   כ = כינוי חבור   קס = קידומות וסיומות   ה = מספר ההברות

אזכור		מלה		ה קס כ # ג צורן
	--*-*-*-*-*-*-*-*-*-*-*-*-*-*-*-*-*-*	נשבר	*-*-*-*-*-*-*-*-*-*-*-*-*-*-*-*-*-*-*-*	
ט220916	שה וכל- בהמה לשמר ומת או-	נשבר	או- נשבה אין ראה / שבעת יהוה	2 1 1 3211
ט221306	ישלם / וכי- ישאל איש מעם רעהו	ונשבר	או- מת בעליו אין- עמו ישלם	3 1 1 1 3211
	--*-*-*-*-*-*-*-*-*-*-*-*-*-*-*-*-*-*	נשה	*-*-*-*-*-*-*-*-*-*-*-*-*-*-*-*-*-*-*-*	
ט222412	את- העני עמך לא- תהיה לו	כנשה	לא- תשימון עליו נשך / אם- חבל	3 5 1 1 3131
	--*-*-*-*-*-*-*-*-*-*-*-*-*-*-*-*-*-*	נשחת	*-*-*-*-*-*-*-*-*-*-*-*-*-*-*-*-*-*-*-*	
ט082014	פרעה ובית עבדיו ובכל- ארץ מצרים	תשחת	הארץ מפני הערב / ויקרא פרעה אל-	3 1 2 3222
	--*-*-*-*-*-*-*-*-*-*-*-*-*-*-*-*-*-*	נשיא	*-*-*-*-*-*-*-*-*-*-*-*-*-*-*-*-*-*-*-*	
ט222704	כי- חנון אני / אלהים לא תקלל	ונשיא	בעמך לא תאר / מלאתך ודמעך לא	3 1 1 1 1111
ט343108	אלהם משה וישבו אליו אהרן וכל-	הנשאים	בעדה וידבר משה אלהם / ואחרי- כן	4 2 3 1 1115
ט352701	לבן אתנה בחכמה טוו את- העזים /	והנשאם	הביאו את אבני השהם ואת אבני	5 21 3 1 1115
ט162212	משנה שני העמר לאחד ויבאו כל-	נשיאי	העדה ויגידו למשה / ויאמר אלהם הוא	3 3 1 1116
	--*-*-*-*-*-*-*-*-*-*-*-*-*-*-*-*-*-*	נשך	*-*-*-*-*-*-*-*-*-*-*-*-*-*-*-*-*-*-*-*	
ט222416	תהיה לו כנשה לא- תשימון עליו	נשך	/ אם- חבל תחבל שלמת רעך עד-	2 1 1 1111
	--*-*-*-*-*-*-*-*-*-*-*-*-*-*-*-*-*-*	נשל	*-*-*-*-*-*-*-*-*-*-*-*-*-*-*-*-*-*-*-*	
ט030505	ויאמר הנני / ויאמר אל- תקרב הלם	של-	נעליך מעל רגליך כי המקום אשר	1 1 1 314+
	--*-*-*-*-*-*-*-*-*-*-*-*-*-*-*-*-*-*	נשמע	*-*-*-*-*-*-*-*-*-*-*-*-*-*-*-*-*-*-*-*	
ט283505	המעיל סביב / והיה על- אהרן לשרת	ונשמע	קולו בבאו אל- הקדש לפני יהוה	3 1 1 1 3211
ט231312	ושם אלהים אחרים לא תזכירו לא	ישמע	על- פיך / שלש רגלים תחג לי	3 1 1 3221
	--*-*-*-*-*-*-*-*-*-*-*-*-*-*-*-*-*-*	נשמר	*-*-*-*-*-*-*-*-*-*-*-*-*-*-*-*-*-*-*-*	
ט102806	לשלחם / ויאמר- לו פרעה לך מעלי	השמר	לך אל תסף ראות פני כי	3 1 1 324
ט191206	סיני / והגבלת את- העם סביב לאמר	השמרו	לכם עלות בהר ונגע בקצהו כל-	4 3 1 324
ט232101	בדרך ולהביאך אל- המקום אשר הכנתי /	השמר	מפניו ושמע בקלו אל- תמר בו	3 1 1 324
ט341201	האמרי והכנעני והחתי והפרזי והחוי והיבוסי /	השמר	לך פן- תכרת ברית ליושב הארץ	3 1 1 324
	--*-*-*-*-*-*-*-*-*-*-*-*-*-*-*-*-*-*	נשף	*-*-*-*-*-*-*-*-*-*-*-*-*-*-*-*-*-*-*-*	
ט151001	תמלאמו נפשי אריק חרבי תורישמו ידי /	נשפת	ברוחך כסמו ים צללו כעופרת במים	3 1 1 3111
	--*-*-*-*-*-*-*-*-*-*-*-*-*-*-*-*-*-*	נשק	*-*-*-*-*-*-*-*-*-*-*-*-*-*-*-*-*-*-*-*	
ט042713	משה המדברה וילך ויפגשהו בהר האלהים	וישק-	לו / ויגד משה לאהרן את כל-	3 * 1 1 3121
ט180706	עמה / ויצא משה לקראת חתנו וישתחו	וישק-	לו וישאלו איש- לרעהו לשלום ויבאו	3 * 1 1 3121
	--*-*-*-*-*-*-*-*-*-*-*-*-*-*-*-*-*-*	נשר	*-*-*-*-*-*-*-*-*-*-*-*-*-*-*-*-*-*-*-*	
ט190410	עשיתי למצרים ואשא אתכם על- כנפי	נשרים	ואבא אתכם אלי / ועתה אם- שמוע	3 3 1 1115
	--*-*-*-*-*-*-*-*-*-*-*-*-*-*-*-*-*-*	נתח	*-*-*-*-*-*-*-*-*-*-*-*-*-*-*-*-*-*-*-*	
ט291704	על- המזבח סביב / ואת- האיל תנתח	לנתחיו	ורחצת קרבו וכרעיו ונתת על- נתחיו	4 6 4 3 1 1117
ט291710	לנתחיו ורחצת קרבו וכרעיו ונתת על-	נתחיו	ועל- ראשו / והקטרת את- כל- האיל	3 4 3 1 1117
	--*-*-*-*-*-*-*-*-*-*-*-*-*-*-*-*-*-*	נתח	*-*-*-*-*-*-*-*-*-*-*-*-*-*-*-*-*-*-*-*	
ט291703	וזרקת על- המזבח סביב / ואת- האיל	תנתח	לנתחיו ורחצת קרבו וכרעיו ונתת על-	4 1 1 3321
	--*-*-*-*-*-*-*-*-*-*-*-*-*-*-*-*-*-*	נתך	*-*-*-*-*-*-*-*-*-*-*-*-*-*-*-*-*-*-*-*	
ט093316	יהוה ויחדלו הקלות והברד ומטר לא-	נתך	ארצה / וירא פרעה כי חדל המטר	2 1 1 3211

אזכור		מלה		צופן	ג	#	כ	קס	ה
	--*-*-*-*-*-*-*-*-*-*-*-*-*-*-*	נתן	*-*-*-*-*-*-*-*-*-*-*-*-*-*-*-*-*						
ט032101	אעשה בקרבו ואחרי- כן ישלח אתכם /	ונתתי	את- חן העם- הזה בעיני מצרים	3111	1	1		1	4
ט060814	ידי לתת אתה לאברהם ליצחק וליעקב	ונתתי	אתה לכם מורשה אני יהוה / וידבר	3111	1	1		1	4
ט070106	פרעה // ויאמר יהוה אל- משה ראה	נתתיך	אלהים לפרעה ואהרן אחיך יהיה נביאך	3111	1	1	2		4
ט070405	בארץ מצרים / ולא- ישמע אלכם פרעה	ונתתי	את- ידי במצרים והוצאתי את- צבאתי	3111	1	1		1	4
ט092308	משה את- מטהו על- השמים ויהוה	נתן	קלת וברד ותהלך- אש ארצה וימטר	3111	1	1			2
ט120704	ישראל בין הערבים / ולקחו מן- הדם	ונתנו	על- שתי המזוזת ועל- המשקוף על	3111	1	3		1	4
ט123602	כלי- כסף וכלי- זהב ושמלת / ויהוה	נתן	את- חן העם בעיני מצרים וישאלום	3111	1	1			2
ט131112	ארץ הכנעני כאשר נשבע לך ולאבתיך	ונתנה	לך / והעברת כל- פטר- רחם ליהוה	3111	1	1	5	1	4
ט161521	ויאמר משה אלהם הוא הלחם אשר	נתן	יהוה לכם לאכלה / זה הדבר אשר	3111	1	1			2
ט162904	לשמר מצותי ותורתי / ראו כי- יהוה	נתן	לכם השבת על- כן הוא נתן	3111	1	1			2
ט212219	יענש כאשר ישית עליו בעל האשה	ונתן	בפללים / ואם- אסון יהיה ונתתה נפש	3111	1	1		1	3
ט212304	האשה ונתן בפללים / ואם- אסון יהיה	ונתתה	נפש תחת נפש / עין תחת עין	3111	1	1		91	4
ט213005	בעליו יומת / אם- כפר יושת עליו	ונתן	פדין נפשו ככל אשר- יושת עליו	3111	1	1		1	3
ט232712	את- כל- העם אשר תבא בהם	ונתתי	את- כל- איביך אליך ערף / ושלחתי	3111	1	1		1	4
ט251206	סביב / ויצקת לו ארבע טבעת זהב	ונתתה	על ארבע פעמתיו ושתי טבעת על-	3111	1	1		91	4
ט251601	הארן יהיו הבדים לא יסרו ממנו /	ונתת	אל- הארן את העדת אשר אתן	3111	1	1		1	4
ט252101	אתיו אל- הכפרת יהיו פני הכרבים /	ונתת	את- הכפרת על- הארן מלמעלה ואל-	3111	1	1		1	4
ט252606	סביב / ועשית לו ארבע טבעת זהב	ונתת	את- הטבעת על ארבע הפאת אשר	3111	1	1		1	4
ט253001	יסך בהן זהב טהור תעשה אתם /	ונתת	על- השלחן לחם פנים לפני תמיד	3111	1	1		1	4
ט263201	משזר מעשה חשב יעשה אתו כרבים /	ונתתה	אתה על- ארבעה עמודי שטים מצפים	3111	1	1		91	4
ט263301	וויהם זהב על- ארבעה אדני- כסף /	ונתתה	את- הפרכת תחת הקרסים והבאת שמה	3111	1	1		91	4
ט263401	לכם בין הקדש ובין קדש הקדשים /	ונתת	את- הכפרת על ארון העדת בקדש	3111	1	1		1	4
ט270501	ארבע טבעת נחשת על ארבע קצותיו /	ונתת	אתה תחת כרכב המזבח מלמטה והיתה	3111	1	1		1	4
ט281410	טהור מגבלת תעשה אתם מעשה עבת	ונתתה	את- שרשרת העבתת על- המשבצת / ועשית	3111	1	1		91	4
ט282307	ועשית על- החשן שתי טבעות זהב	ונתת	את- שתי הטבעות על- שני קצות	3111	1	1		1	4
ט282401	שתי הטבעות על- שני קצות החשן /	ונתתה	את- שתי עבתת הזהב על- שתי	3111	1	1		91	4
ט28251C	שתי העבתת תתן על- שתי המשבצות	ונתתה	על- כתפות האפד אל- מול פניו	3111	1	1		91	4
ט282705	האפוד ביתה / ועשית שתי טבעות זהב	ונתת	אתם על- שתי כתפות האפוד מלמטה	3111	1	1		1	4
ט283001	אל- הקדש לזכרן לפני- יהוה תמיד /	ונתת	אל- חשן המשפט את- האורים ואת-	3111	1	1		1	4
ט290301	מתחים בשמן סלת חטים תעשה אתם /	ונתת	אותם על- סל אחד והקרבת אתם	3111	1	1		1	4
ט290605	בחשב האפד / ושמת המצנפת על- ראשו	ונתת	את- נזר הקדש על- המצנפת / ולקחת	3111	1	1		1	4
ט291204	פתח אהל מועד / ולקחת מדם הפר	ונתתה	על- קרנת המזבח באצבעך ואת- כל-	3111	1	1		91	4
ט291708	האיל תנתח לנתחיו ורחצת קרבו וכרעיו	ונתת	על- נתחיו ועל- ראשו / והקטרת את-	3111	1	1		1	4
ט292006	האיל / ושחטת את- האיל ולקחת מדמו	ונתתה	על- תנוך אזן אהרן ועל תנוך	3111	1	1		91	4
ט300601	הבדים עצי שטים וצפית אתם זהב /	ונתתה	אתו לפני הפרכת אשר על- ארן	3111	1	1		91	4
ט301208	תשא את- ראש בני- ישראל לפקדיהם	ונתנו	איש כפר נפשו ליהוה בפקד אתם	3111	1	3		1	4
ט301608	את- כסף הכפרים מאת בני ישראל	ונתת	אתו על עבדת אהל מועד והיה	3111	1	1		1	4
ט301807	ועשית כיור נחשת וכנו נחשת לרחצה	ונתת	אתו בין- אהל מועד ובין המזבח	3111	1	1		1	4
ט301814	אתו בין- אהל מועד ובין המזבח	ונתת	שמה מים / ורחצו אהרן ובניו ממנו	3111	1	1		1	4
ט310603	עץ לעשות בכל- מלאכה / ואני הנה	נתתי	אתו את אהליאב בן- אחיסמך למטה-	3111	1	1			3
ט310615	למטה- דן ובלב כל- חכם- לב	נתתי	חכמה ועשו את כל- אשר צויתך	3111	1	1			3
ט353402	עץ לעשות בכל- מלאכת מחשבת / ולהורת	נתן	בלבו הוא ואהליאב בן- אחיסמך למטה-	3111	1	1			2
ט360109	ואהליאב וכל איש חכם- לב אשר	נתן	יהוה חכמה ותבונה בהמה לדעת לעשת	3111	1	1			2
ט360213	ואל כל- איש חכם- לב אשר	נתן	יהוה חכמה בלבו כל אשר נשאו	3111	1	1			2
ט391806	החשן / ואת שתי קצות שתי העבתת	נתנו	על- שתי המשבצת ויתנם על- כתפת	3111	1	3			3
ט391810	שתי העבתת נתנו על- שתי המשבצת	ויתנם	על- כתפת האפד אל- מול פניו	3111	1	3	9	*	4
ט400501	והבאת את- המנרה והעלית את- נרתיה /	ונתתה	את- מזבח הזהב לקטרת לפני ארון	3111	1	1		91	4
ט400601	העדת ושמת את- מסך הפתח למשכן /	ונתתה	את מזבח העלה לפני פתח משכן	3111	1	1		91	4
ט400701	העלה לפני פתח משכן אהל- מועד /	ונתת	את- הכיר בין- אהל מועד ובין	3111	1	1		1	4
ט400709	הכיר בין- אהל מועד ובין המזבח	ונתת	שם מים / ושמת את- החצר סביב	3111	1	1		1	4
ט400805	שם מים / ושמת את- החצר סביב	ונתת	את- מסך שער החצר / ולקחת את-	3111	1	1		1	4
ט020912	את- הילד הזה והינקהו לי ואני	אתן	את- שכרך ותקח האשה הילד ותניקהו	3121	1	1			2
ט022106	לחם / ויואל משה לשבת את- האיש	ויתן	את- צפרה בתו למשה / ותלד בן	3121	1	1		*	3

/ = סוף פסוק   // = סוף פרק   ג = מין   # = מספר   כ = כינוי חבור   קס = קידומות וסיומות   ה = מספר ההברות

אזכור		מלה		צונן	ג	#	כ	קס	ה
ט031905	ליהוה אלהינו / ואני ידעתי כי לא-	יתן	אתכם מלך מצרים להלך ולא ביד	3121	1	1			2
ט051810	ותבן לא- ינתן לכם ותכן לבנים	תתנו	/ ויראו שטרי בני- ישראל אתם ברע	3121	1	3			3
ט102505	ילך עמכם / ויאמר משה גם- אתה	תתן	בידנו זבחים ועלת ועשינו ליהוה אלהינו	3121	1	1			2
ט110301	מאת רעותה כלי- כסף וכלי זהב /	ויתן	יהוה את- חן העם בעיני מצרים	3121	1	1		*	3
ט122319	המזוזת ופסח יהוה על- הפתח ולא	יתן	המשחית לבא אל- בתיכם לנגף / ושמרתם	3121	1	1			2
ט122507	והיה כי- תבאו אל- הארץ אשר	יתן	יהוה לכם כאשר דבר ושמרתם את-	3121	1	1			2
ט160306	במדבר / ויאמרו אלהם בני ישראל מי-	יתן	מותנו ביד- יהוה בארץ מצרים בשבתנו	3121	1	1			2
ט182507	ויבחר משה אנשי- חיל מכל- ישראל	ויתן	אתם ראשים על- העם שרי אלפים	3121	1	1		*	3
ט210403	הוא ויצאה אשתו עמו / אם- אדניו	יתן-	לו אשה וילדה- לו בנים או	3121	1	1			2
ט211911	על- משענתו ונקה המכה רק שבתו	יתן	ורפא ירפא / וכי- יכה איש את-	3121	1	1			2
ט213210	השור או אמה כסף שלשים שקלים	יתן	לאדניו והשור יסקל / וכי- יפתח איש	3121	1	1			2
ט220602	שלם ישלם המבער את- הבערה / כי-	יתן	איש אל- רעהו כסף או- כלים	3121	1	1			2
ט220902	ירשיען אלהים ישלם שנים לרעהו / כי-	יתן	איש אל- רעהו חמור או- שור	3121	1	1			2
ט222807	מלאתך ודמעך לא תאחר בכור בניך	תתן-	לי / כן- תעשה לשרך לצאנך שבעת	3121	1	1			2
ט222912	ימים יהיה עם- אמו ביום השמיני	תתנו-	לי / ואנשי קדש תהיון לי ובשר	3121	1	1	4		3
ט233113	ים פלשתים וממדבר עד- הנהר כי	אתן	בידכם את ישבי הארץ וגרשתמו מפניך	3121	1	1			2
ט241210	משה עלה אלי ההרה והיה- שם	ואתנה	לך את- לחת האבן והתורה והמצוה	3121	1	1		91	4
ט251607	ונתת אל- הארן את העדת אשר	אתן	אליך / ועשית כפרת זהב טהור אמתים	3121	1	1			2
ט252109	הכפרת על- הארן מלמעלה ואל- הארן	תתן	את- העדת אשר אתן אליך / ונועדתי	3121	1	1			2
ט252113	ואל- הארן תתן את- העדת אשר	אתן	אליך / ונועדתי לך שם ודברתי אתך	3121	1	1			2
ט263515	השלחן על צלע המשכן תימנה והשלחן	תתן	על- צלע צפון / ועשית מסך לפתח	3121	1	1			2
ט282506	החשן / ואת שתי קצות שתי העבתת	תתן	על- שתי המשבצות ונתתה על- כתפות	3121	1	1			2
ט301302	יהיה בהם נגף בפקד אתם / זה	יתנו	כל- העבר על- הפקדים מחצית השקל	3121	1	3			3
ט301409	על הפקדים מבן עשרים שנה ומעלה	יתן	תרומת יהוה / העשיר לא- ירבה והדל	3121	1	1			2
ט303306	לכם / איש אשר ירקח כמהו ואשר	יתן	ממנו על- זר ונכרת מעמיו / ויאמר	3121	1	1			2
ט311801	ואת- הארץ וביום השביעי שבת וינפש /	ויתן	אל- משה ככלתו לדבר אתו בהר	3121	1	1		*	3
ט321322	השמים וכל- הארץ הזאת אשר אמרתי	אתן	לזרעכם ונחלו לעלם / וינחם יהוה על-	3121	1	1			2
ט322406	לו / ואמר להם למי זהב התפרקו	ויתנו-	לי ואשלכהו באש ויצא העגל הזה	3121	1	3		*	4
ט330123	נשבעתי לאברהם ליצחק וליעקב לאמר לזרעך	אתננה	/ ושלחתי לפניך מלאך וגרשתי את- הכנעני	3121	1	1	5		4
ט343305	בהר סיני / ויכל משה מדבר אתם	ויתן	על- פניו מסוה / ובבא משה לפני	3121	1	1		*	3
ט371306	סביב / ויצק לו ארבע טבעת זהב	ויתן	את- הטבעת על ארבע הפאת אשר	3121	1	1		*	3
ט391608	שתי משבצת זהב ושתי טבעת זהב	ויתנו	את- שתי הטבעת על- שני קצות	3121	1	3		*	4
ט391701	שתי הטבעת על- שני קצות החשן /	ויתנו	שתי העבתת הזהב על- שתי הטבעת	3121	1	3		*	4
ט392005	האפד ביתה / ויעשו שתי טבעת זהב	ויתנם	על- שתי כתפת האפד מלמטה ממול	3121	1	3	9	*	4
ט392505	שני משזר / ויעשו פעמני זהב טהור	ויתנו	את- הפעמנים בתוך הרמנים על- שולי	3121	1	3		*	4
ט393101	עליו מכתב פתוחי חותם קדש ליהוה /	ויתנו	עליו פתיל תכלת לתת על- המצנפת	3121	1	3		*	4
ט401805	הוקם המשכן / ויקם משה את- המשכן	ויתן	את- אדניו וישם את- קרשיו ויתן	3121	1	1		*	3
ט401811	ויתן את- אדניו וישם את- קרשיו	ויתן	את- בריחיו ויקם את- עמודיו / ויפרש	3121	1	1		*	3
ט402002	כאשר צוה יהוה את- משה / ויקח	ויתן	את- העדת אל- הארן וישם את-	3121	1	1		*	3
ט402012	הארן וישם את- הבדים על- הארן	ויתן	את- הכפרת על- הארן מלמעלה / ויבא	3121	1	1		*	3
ט402201	העדות כאשר צוה יהוה את- משה /	ויתן	את- השלחן באהל מועד על ירך	3121	1	1		*	3
ט403009	הכיר בין- אהל מועד ובין המזבח	ויתן	שמה מים לרחצה / ורחצו ממנו משה	3121	1	1		*	3
ט403307	ויקם את- החצר סביב למשכן ולמזבח	ויתן	את- מסך שער החצר ויכל משה	3121	1	1		*	3
ט051013	העם לאמר כה אמר פרעה אינני	נתן	לכם תבן / אתם לכו קחו לכם	3131	1	1			2
ט162910	נתן לכם השבת על- כן הוא	נתן	לכם ביום הששי לחם יומים שבו	3131	1	1			2
ט201214	ימיך על האדמה אשר- יהוה אלהיך	נתן	לך / לא תרצח / לא תנאף / לא	3131	1	1			2
ט070906	לאמר / כי ידבר אלכם פרעה לאמר	תנו	לכם מופת ואמרת אל- אהרן קח	314	1	3			2
ט163308	משה אל- אהרן קח צנצנת אחת	ותן-	שמה מלא- העמר מן והנח אתו	314	1	1		1	2
ט170206	העם / וירב העם עם- משה ויאמרו	תנו-	לנו מים ונשתה ויאמר להם משה	314	1	3			2
ט303604	ממלח טהור קדש / ושחקת ממנה הדק	ונתתה	ממנה לפני העדת באהל מועד אשר	3151	1	1		91	4
ט160803	מה כי תלינו עלינו / ויאמר משה	בתת	יהוה לכם בערב בשר לאכל ולחם	3152				4	2
ט221605	לו לאשה / אם- מאן ימאן אביה	לתתה	לו כסף ישקל כמהר הבתולת / מכשפה	3153			5	6	3
ט050703	בעם ואת- שטריו לאמר / לא תאספון	לתת	תבן לעם ללבן הלבנים כתמול שלשם	3154				6	2
ט052115	את- ריחנו בעיני פרעה ובעיני עבדיו	לתת-	חרב בידם להרגנו / וישב משה אל-	3154				6	2

אזכור		מלה		צורן	ג	#	כ	קס	ה
ט060406	להם / וגם הקמתי את- בריתי אתם	לתת	להם את- ארץ כנען את ארץ	3154				6	2
ט060809	אל- הארץ אשר נשאתי את- ידי	לתת	אתה לאברהם ליצחק וליעקב ונתתי אתה	3154				6	2
ט130515	והאמרי והחוי והיבוסי אשר נשבע לאבתיך	לתת	לך ארץ זבת חלב ודבש ועבדת	3154				6	2
ט301509	ירבה והדל לא ימעיט ממחצית השקל	לתת	את- תרומת יהוה לכפר על- נפשתיכם	3154				6	2
ט322911	היום ליהוה כי איש בבנו ובאחיו	ולתת	עליכם היום ברכה / ויהי ממחרת ויאמר	3154				61	3
ט393105	קדש ליהוה / ויתנו עליו פתיל תכלת	לתת	על- המצנפת מלמעלה כאשר צוה יהוה	3154				6	2
	-	נתן	*-*						
ט051806	ליהוה / ועתה לכו עבדו ותבן לא-	ינתן	לכם ותכן לבנים תתנו / ויראו שטרי	3221	1	1			3
ט051603	למה תעשה כה לעבדיך / תבן אין	נתן	לעבדיך ולבנים אמרים לנו עשו והנה	3231	1	1			2
	-	נתץ	*-*						
ט341304	יהיה למוקש בקרבך / כי את- מזבחתם	תתצון	ואת- מצבתם תשברון ואת- אשריו תכרתון	3121	1	3		0	3
	-	סביב	*-*						
ט072404	לבו גם- לזאת / ויחפרו כל- מצרים	סביבת	היאר מים לשתות כי לא יכלו	1116	1	3			3
	-	סביב	*-*						
ט161312	את- המחנה ובבקר היתה שכבת הטל	סביב	למחנה / ותעל שכבת הטל והנה על-	22					2
ט191204	על- הר סיני / והגבלת את- העם	סביב	לאמר השמרו לכם עלות בהר ונגע	22					2
ט251112	ומחוץ תצפנו ועשית עליו זר זהב	סביב	/ ויצקת לו ארבע טבעת זהב ונתתה	22					2
ט252409	זהב טהור ועשית לו זר זהב	סביב	/ ועשית לו מסגרת טפח סביב ועשית	22					2
ט252505	זהב סביב / ועשית לו מסגרת טפח	סביב	ועשית זר- זהב למסגרתו סביב / ועשית	22					2
ט252510	טפח סביב ועשית זר- זהב למסגרתו	סביב	/ ועשית לו ארבע טבעת זהב ונתת	22					2
ט271704	ארבעה ואדניהם ארבעה / כל- עמודי החצר	סביב	מחשקים כסף וויהם כסף ואדניהם נחשת	22					2
ט283208	פי- ראשו בתוכו שפה יהיה לפיו	סביב	מעשה ארג כפי תחרא יהיה- לו	22					2
ט283311	תכלת וארגמן ותולעת שני על- שוליו	סביב	ופעמני זהב בתוכם סביב / פעמן זהב	22					2
ט283315	על- שוליו סביב ופעמני זהב בתוכם	סביב	/ פעמן זהב ורמון פעמן זהב ורמון	22					2
ט283410	פעמן זהב ורמון על- שולי המעיל	סביב	/ והיה על- אהרן לשרת ונשמע קולו	22					2
ט291610	ולקחת את- דמו וזרקת על- המזבח	סביב	/ ואת- האיל תנתח לנתחיו ורחצת קרבו	22					2
ט292029	הימנית וזרקת את- הדם על- המזבח	סביב	/ ולקחת מן- הדם אשר על- המזבח	22					2
ט300309	זהב טהור את- גגו ואת- קירתיו	סביב	ואת- קרנתיו ועשית לו זר זהב	22					2
ט300316	ואת- קרנתיו ועשית לו זר זהב	סביב	/ ושתי טבעת זהב תעשה- לו מתחת	22					2
ט370210	מבית ומחוץ ויעש לו זר זהב	סביב	/ ויצק לו ארבע טבעת זהב על	22					2
ט371109	זהב טהור ויעש לו זר זהב	סביב	/ ויעש לו מסגרת טפח סביב ויעש	22					2
ט371205	זהב סביב / ויעש לו מסגרת טפח	סביב	ויעש זר- זהב למסגרתו סביב / ויצק	22					2
ט371210	טפח סביב ויעש זר- זהב למסגרתו	סביב	/ ויצק לו ארבע טבעת זהב ויתן	22					2
ט372609	זהב טהור את- גגו ואת- קירתיו	סביב	ואת- קרנתיו ויעש לו זר זהב	22					2
ט372616	ואת- קרנתיו ויעש לו זר זהב	סביב	/ ושתי טבעת זהב עשה- לו מתחת	22					2
ט381604	שלשה ואדניהם שלשה / כל- קלעי החצר	סביב	שש משזר / והאדנים לעמדים נחשת ווי	22					2
ט382005	וחשקיהם כסף / וכל- היתדת למשכן ולחצר	סביב	נחשת / אלה פקודי המשכן משכן העדת	22					2
ט383104	כל- כלי המזבח / ואת- אדני החצר	סביב	ואת- אדני שער החצר ואת כל-	22					2
ט383117	יתדת המשכן ואת- כל- יתדת החצר	סביב	// ומן- התכלת והארגמן ותולעת השני עשו	22					2
ט392308	המעיל בתוכו כפי תחרא שפה לפיו	סביב	לא יקרע / ויעשו על- שולי המעיל	22					2
ט392513	הפעמנים בתוך הרמנים על- שולי המעיל	סביב	בתוך הרמנים / פעמן ורמן פעמן ורמן	22					2
ט392608	ורמן פעמן ורמן על- שולי המעיל	סביב	לשרת כאשר צוה יהוה את- משה	22					2
ט400804	ונתת שם מים / ושמת את- החצר	סביב	ונתת את- מסך שער החצר / ולקחת	22					2
ט403304	יהוה את- משה / ויקם את- החצר	סביב	למשכן ולמזבח ויתן את- מסך שער	22					2
	-	סבל	*-*						
ט060610	ישראל אני יהוה והוצאתי אתכם מתחת	סבלת	מצרים והצלתי אתכם מעבדתם וגאלתי אתכם	1116	1	3			3
ט060716	אני יהוה אלהיכם המוציא אתכם מתחת	סבלות	מצרים / והבאתי אתכם אל- הארץ אשר	1116	1	3			3
ט011107	וישימו עליו שרי מסים למען ענתו	בסבלתם	ויבן ערי מסכנות לפרעה את- פתם	1117	1	3	9	4	4
ט021110	ויגדל משה ויצא אל אחיו וירא	בסבלתם	וירא איש מצרי מכה איש- עברי	1117	1	3	9	4	5

אזכור		מלה		ה קס כ # ג צורן	ה
ט050413	ואהרן תפריעו את- העם ממעשיו לכו	לסבלתיכם	/ ויאמר פרעה הן- רבים עתה עם	6 7 3 1 1117	6
ט050510	רבים עתה עם הארץ והשבתם אתם	מסבלתם	/ ויצו פרעה ביום ההוא את- הנגשים	7 9 3 1 1117	5
	--*-*-*-*-*-*-*-*-*-*-*-*-*-*	סגלה	*-*-*-*-*-*-*-*-*-*-*-*-*-*-*-*		
ט190511	בקלי ושמרתם את- בריתי והייתם לי	סגלה	כל- העמים כי- לי כל- הארץ	1 2 1121	3
	--*-*-*-*-*-*-*-*-*-*-*-*-*-*	סגר	*-*-*-*-*-*-*-*-*-*-*-*-*-*-*-*		
ט140308	פרעה לבני ישראל נבכים הם בארץ	סגר	עליהם המדבר / וחזקתי את- לב- פרעה	1 1 3111	2
	--*-*-*-*-*-*-*-*-*-*-*-*-*-*	סוס	*-*-*-*-*-*-*-*-*-*-*-*-*-*-*-*		
ט140910	וישיגו אותם חנים על- הים כל-	סוס	רכב פרעה ופרשיו וחילו על- פיהחירת	1 1 1111	1
ט150117	לאמר אשירה ליהוה כי גאה גאה	סוס	ורכבו רמה בים / עזי וזמרת יה	1 1 1111	1
ט152109	מרים שירו ליהוה כי- גאה גאה	סוס	ורכבו רמה בים / ויסע משה את-	1 1 1111	1
ט142306	ומשמאלם / וירדפו מצרים ויבאו אחריהם כל	סוס	פרעה רכבו ופרשיו אל- תוך הים	1 1 1112	1
ט151903	יהוה ימלך לעלם ועד / כי בא	סוס	פרעה ברכבו ובפרשיו בים וישב יהוה	1 1 1112	1
ט090308	יד- יהוה הויה במקנך אשר בשדה	בסוסים	בחמרים בגמלים בבקר ובצאן דבר כבד	24 3 1 1115	3
	--*-*-*-*-*-*-*-*-*-*-*-*-*-*	סוף	*-*-*-*-*-*-*-*-*-*-*-*-*-*-*-*		
ט020317	ובזפת ותשם בה את- הילד ותשם	בסוף	על- שפת היאר / ותתצב אחתו מרחק	24 1 1 1111	2
ט020516	יד היאר ותרא את- התבה בתוך	הסוף	ותשלח את- אמתה ותקחה / ותפתח ותראהו	2 1 1 1111	2
ט101912	מאד וישא את- הארבה ויתקעהו ימה	סוף	לא נשאר ארבה אחד בכל גבול	1 1 1111	1
ט131808	אלהים את- העם דרך המדבר ים-	סוף	וחמשים עלו בני ישראל מארץ מצרים	1 1 1111	1
ט150410	ירה בים ומבחר שלשיו טבעו בים-	סוף	/ תהמת יכסימו ירדו במצולת כמו- אבן	1 1 1111	1
ט152206	בים / ויסע משה את- ישראל מים-	סוף	ויצאו אל- מדבר- שור וילכו שלשת-	1 1 1111	1
ט233105	את- הארץ / ושתי את- גבלך מים-	סוף	ועד- ים פלשתים וממדבר עד- הנהר	1 1 1111	1
	--*-*-*-*-*-*-*-*-*-*-*-*-*-*	סין	*-*-*-*-*-*-*-*-*-*-*-*-*-*-*-*		
ט160110	כל- עדת בני- ישראל אל- מדבר-	סין	אשר בין- אילם ובין סיני בחמשה עשר	1 123	1
ט170107	ויסעו כל- עדת בני- ישראל ממדבר-	סין	למסעיהם על- פי יהוה ויחנו ברפידים	1 123	1
	--*-*-*-*-*-*-*-*-*-*-*-*-*-*	סיני	*-*-*-*-*-*-*-*-*-*-*-*-*-*-*-*		
ט160115	מדבר- סין אשר בין- אילם ובין	סיני	בחמשה עשר יום לחדש השני לצאתם מארץ	1 123	2
ט190112	מארץ מצרים ביום הזה באו מדבר	סיני	/ ויסעו מרפידים ויבאו מדבר סיני ויחנו	1 123	2
ט190205	מדבר סיני / ויסעו מרפידים ויבאו מדבר	סיני	ויחנו במדבר ויחן- שם ישראל נגד	1 123	2
ט191115	יהוה לעיני כל- העם על- הר	סיני	/ והגבלת את- העם סביב לאמר השמרו	1 123	2
ט191802	מן- המחנה ויתיצבו בתחתית ההר / והר	סיני	עשן כלו מפני אשר ירד עליו	1 123	2
ט192005	יעננו בקול / וירד יהוה על- הר	סיני	אל- ראש ההר ויקרא יהוה למשה	1 123	2
ט192311	לא- יוכל העם לעלת אל- הר	סיני	כי- אתה העדתה בנו לאמר הגבל	1 123	2
ט241606	ההר / וישכן כבוד- יהוה על- הר	סיני	ויכסהו הענן ששת ימים ויקרא אל-	1 123	2
ט311808	אל- משה ככלתו לדבר אתו בהר	סיני	שני לחת העדת לחת אבן כתבים	1 123	2
ט340208	נכון לבקר ועלית בבקר אל- הר	סיני	ונצבת לי שם על- ראש ההר	1 123	2
ט340412	וישכם משה בבקר ויעל אל- הר	סיני	כאשר צוה יהוה אתו ויקח בידו	1 123	2
ט342905	עשרת הדברים / ויהי ברדת משה מהר	סיני	ושני לחת העדת ביד- משה ברדתו	1 123	2
ט343215	כל- אשר דבר יהוה אתו בהר	סיני	/ ויכל משה מדבר אתם ויתן על-	1 123	2
	--*-*-*-*-*-*-*-*-*-*-*-*-*-*	סיר	*-*-*-*-*-*-*-*-*-*-*-*-*-*-*-*		
ט160314	ביד- יהוה בארץ מצרים בשבתנו על-	סיר	הבשר באכלנו לחם לשבע כי- הוצאתם	1 1 1112	1
ט380307	ויעש את- כל- כלי המזבח את-	הסירת	ואת- היעים ואת- המזרקת את- המזלגת	2 3 1 1115	3
ט270302	תהיין קרנתיו וצפית אתו נחשת / ועשית	סירתיו	לדשנו ויעיו ומזרקתיו ומזלגתיו ומחתתיו לכל-	4 3 1 1117	3
	--*-*-*-*-*-*-*-*-*-*-*-*-*-*	סכות	*-*-*-*-*-*-*-*-*-*-*-*-*-*-*-*		
ט123705	את- מצרים / ויסעו בני- ישראל מרעמסס	סכתה	כשש- מאות אלף רגלי הגברים לבד	9 2 123	3
ט132002	והעליתם את- עצמתי מזה אתכם / ויסעו	מסכת	ויחנו באתם בקצה המדבר / ויהוה הלך	7 2 123	3

/ = סוף פסוק   // = סוף פרק   ג = מין   # = מספר   כ = כינוי חבור   קס = קידומות וסיומות   ה = מספר ההברות

אזכור		מלה		צופן	ג	#	כ	קס	ה
		סכך							
ט400306	מועד / ושמת שם את ארון העדות	וסכת	על- הארץ את- הפרכת / והבאת את-	3111	1	1		1	4
ט402110	אל- המשכן וישם את פרכת המסך	ויסך	על ארון העדות כאשר צוה יהוה	3121	1	1		*	3
ט252006	קצותיו / והיו הכרבים פרשי כנפים למעלה	סככים	בכנפיהם על- הכפרת ופניהם איש אל-	3131	1	3			3
ט370906	קצותיו / ויהיו הכרבים פרשי כנפים למעלה	סככים	בכנפיהם על- הכפרת ופניהם איש אל-	3131	1	3			3
		סל							
ט290304	חטים תעשה אתם / ונתת אותם על-	סל	אחד והקרבת אתם בסל ואת- הפר	1111	1	1			1
ט290308	אותם על- סל אחד והקרבת אתם	בסל	ואת- הפר ואת שני האילם / ואת-	1111	1	1		24	2
ט293210	את- בשר האיל ואת- הלחם אשר	בסל	פתח אהל מועד / ואכלו אתם אשר	1111	1	1		24	2
ט292310	וחלת לחם שמן אחת ורקיק אחד	מסל	המצות אשר לפני יהוה / ושמת הכל	1112	1	1		7	2
		סלח							
ט340917	בקרבנו כי עם- קשה- ערף הוא	וסלחת	לעוננו ולחטאתנו ונחלתנו / ויאמר הנה אנכי	3111	1	1		1	4
		סלף							
ט230808	לא תקח כי השחד יעור פקחים	ויסלף	דברי צדיקים / וגר לא תלחץ ואתם	3321	1	1		1	3
		סלת							
ט294002	הכבש השני תעשה בין הערבים / ועשרן	סלת	בלול בשמן כתית רבע ההין ונסך	1121	2	1			2
ט290211	בלולת בשמן ורקיקי מצות משחים בשמן	סלת	תעשה אתם / ונתת אותם על-	1122	2	1			2
		סם							
ט250607	שמן למאר בשמים לשמן המשחה ולקטרת	הסמים	/ אבני- שהם ואבני מלאים לאפד ולחשן	1115	1	3		2	3
ט300705	לך שמה / והקטיר עליו אהרן קטרת	סמים	בבקר בבקר בהיטיבו את- הנרת יקטירנה	1115	1	3			2
ט303407	ויאמר יהוה אל- משה קח- לך	סמים	נטף ושחלת וחלבנה סמים ולבנה זכה	1115	1	3			2
ט303411	קח- לך סמים נטף ושחלת וחלבנה	סמים	ולבנה זכה בד בבד יהיה / ועשית	1115	1	3			2
ט311106	לכהן / ואת שמן המשחה ואת- קטרת	הסמים	לקדש ככל אשר- צויתך יעשו / ויאמר	1115	1	3		2	3
ט350807	ושמן למאור ובשמים לשמן המשחה ולקטרת	הסמים	/ ואבני- שהם ואבני מלאים לאפוד ולחשן	1115	1	3		2	3
ט351511	בדיו ואת שמן המשחה ואת קטרת	הסמים	ואת- מסך הפתח לפתח המשכן / את	1115	1	3		2	3
ט352809	ואת- השמן למאור ולשמן המשחה ולקטרת	הסמים	/ כל- איש ואשה אשר נדב לבם	1115	1	3		2	3
ט372908	את- שמן המשחה קדש ואת- קטרת	הסמים	טהור מעשה רקח // ויעש את- מזבח	1115	1	3		2	3
ט393809	הזהב ואת שמן המשחה ואת קטרת	הסמים	ואת מסך פתח האהל / את מזבח	1115	1	3		2	3
ט402704	מועד לפני הפרכת / ויקטר עליו קטרת	סמים	כאשר צוה יהוה את- משה / וישם	1115	1	3			2
		סמך							
ט291007	והקרבת את- הפר לפני אהל מועד	וסמך	אהרן ובניו את- ידיהם על- ראש	3111	1	1		1	3
ט291505	חטאת הוא / ואת- האיל האחד תקח	וסמכו	אהרן ובניו את- ידיהם על- ראש	3111	1	3		1	4
ט291905	ליהוה הוא / ולקחת את האיל השני	וסמך	אהרן ובניו את- ידיהם על- ראש	3111	1	1		1	3
		סנה							
ט030208	מלאך יהוה אליו בלבת- אש מתוך	הסנה	וירא והנה הסנה בער באש והסנה	1111	1	1		2	3
ט030211	בלבת- אש מתוך הסנה וירא והנה	הסנה	בער באש והסנה איננו אכל / ויאמר	1111	1	1		2	3
ט030214	הסנה וירא והנה הסנה בער באש	והסנה	איננו אכל / ויאמר משה אסרה- נא	1111	1	1		21	4
ט030313	המראה הגדל הזה מדוע לא- יבער	הסנה	/ וירא יהוה כי סר לראות ויקרא	1111	1	1		2	3
ט030410	סר לראות ויקרא אליו אלהים מתוך	הסנה	ויאמר משה משה ויאמר הנני / ויאמר	1111	1	1		2	3
		סף							
ט122207	ולקחתם אגדת אזוב וטבלתם בדם אשר-	בסף	והגעתם אל- המשקוף ואל- שתי המזוזת	1111	1	1		24	2
ט122217	ואל- שתי המזוזת מן- הדם אשר	בסף	ואתם לא תצאו איש מפתח- ביתו	1111	1	1		24	2
		ספיר							
ט241009	אלהי ישראל ותחת רגליו כמעשה לבנת	הספיר	וכעצם השמים לטהר / ואל- אצילי בני	1111	1	1		2	3
ט281804	וברקת הטור האחד / והטור השני נפך	ספיר	ויהלם / והטור השלישי לשם שבו ואחלמה	1111	1	1			2

/ = סוף פסוק   // = סוף פרק   ג = מין   # = מספר   כ = כינוי וגוף   קס = קידומות וסיומות   ה = מספר ההברות

אזכור		מלה		צופן	ג	#	כ	קס	ה
ט391104	וברקת הטור האחד / והטור השני נפך	ספיר	ויהלם / והטור השלישי לשם שבו ואחלמה	1111	1	1			2
	--*-*-*-*-*-*-*-*-*-*-*-*-*-*-*-*-*-*	ספר	*-*-*-*-*-*-*-*-*-*-*-*-*-*-*-*-*-*-*-*						
ט171408	יהוה אל- משה כתב זאת זכרון	בספר	ושים באזני יהושע כי- מחה אמחה	1111	1	1		24	3
ט240703	וחצי הדם זרק על- / המזבח ויקח	ספר	הברית ויקרא באזני העם ויאמרו כל	1112	1	1			2
ט323209	תשא חטאתם ואם- אין מחני נא	מספרך	אשר כתבת / ויאמר יהוה אל- משה	1113	1	1	2	7	4
ט323310	משה מי אשר חטא- לי אמחנו	מספרי	/ ועתה לך נחה את- העם אל	1113	1	1	1	7	3
	--*-*-*-*-*-*-*-*-*-*-*-*-*-*-*-*-*-*	ספר	*-*-*-*-*-*-*-*-*-*-*-*-*-*-*-*-*-*-*-*						
ט100202	למען שתי אתתי אלה בקרבו / ולמען	תספר	באזני בנך ובן- בנך את אשר	3321	1	1			3
ט180801	וישאלו איש- לרעהו לשלום ויבאו האהלה /	ויספר	משה לחתנו את כל- אשר עשה	3321	1	1		*	4
ט240303	והעם לא יעלו עמו / ויבא משה	ויספר	לעם את כל- דברי יהוה ואת	3321	1	1		*	4
ט091610	העמדתיך בעבור הראתך את- כחי ולמען	ספר	שמי בכל- הארץ / עודך מסתולל בעמי	3351					2
	--*-*-*-*-*-*-*-*-*-*-*-*-*-*-*-*-*-*	סקל	*-*-*-*-*-*-*-*-*-*-*-*-*-*-*-*-*-*-*-*						
ט170412	מה אעשה לעם הזה עוד מעט	וסקלני	/ ויאמר יהוה אל- משה עבר לפני	3111	1	3	1	1	5
ט082220	נזבח את- תועבת מצרים לעיניהם ולא	יסקלנו	/ דרך שלשת ימים נלך במדבר וזבחנו	3121	1	3	6		4
ט191306	יומת / לא- תגע בו יד כי-	סקול	יסקל או- ירה יירה אם- בהמה	3151					2
ט212810	את- איש או את- אשה ומת	סקול	יסקל השור ולא יאכל את- בשרו	3151					2
	--*-*-*-*-*-*-*-*-*-*-*-*-*-*-*-*-*-*	סר	*-*-*-*-*-*-*-*-*-*-*-*-*-*-*-*-*-*-*-*						
ט030404	לא- יבער הסנה / וירא יהוה כי	סר	לראות ויקרא אליו אלהים מתוך הסנה	3111	1	1			1
ט082510	אנכי יוצא מעמך והעתרתי אל- יהוה	וסר	הערב מפרעה מעבדיו ומעמו מחר רק	3111	1	1		1	2
ט320801	שחת עמך אשר העלית מארץ מצרים /	סרו	מהר מן- הדרך אשר צויתם עשו	3111	1	3			2
ט080701	למען תדע כי- אין כיהוה אלהינו /	וסרו	הצפרדעים ממך ומבתיך ומעבדיך ומעמך רק	3112	2	3		1	3
ט030303	באש והסנה איננו אכל / ויאמר משה	אסרה-	נא ואראה את- המראה הגדל הזה	3121	1	1			3
ט082705	אל- יהוה / ויעש יהוה כדבר משה	ויסר	הערב מפרעה מעבדיו ומעמו לא נשאר	3121	1	1		*	3
ט251506	בהם / בטבעת הארן יהיו הבדים לא	יסרו	ממנו / ונתת אל- הארן את העדת	3121	1	3			3
	--*-*-*-*-*-*-*-*-*-*-*-*-*-*-*-*-*-*	סרח	*-*-*-*-*-*-*-*-*-*-*-*-*-*-*-*-*-*-*-*						
ט261201	ללאת וחברת את- האהל והיה אחד /	וסרח	העדף ביריעת האהל חצי היריעה העדפת	1112	1	1		1	3
	--*-*-*-*-*-*-*-*-*-*-*-*-*-*-*-*-*-*	סרח	*-*-*-*-*-*-*-*-*-*-*-*-*-*-*-*-*-*-*-*						
ט261208	העדף ביריעת האהל חצי היריעה העדפת	תסרח	על אחרי המשכן / והאמה מזה והאמה	3121	1	1			2
ט261310	מזה בעדף בארך יריעת האהל יהיה	סרוח	על- צדי המשכן מזה ומזה לכסתו	3161	1	1			3
	--*-*-*-*-*-*-*-*-*-*-*-*-*-*-*-*-*-*	סתרי	*-*-*-*-*-*-*-*-*-*-*-*-*-*-*-*-*-*-*-*						
ט062205	ונפג וזכרי / ובני עזיאל מישאל ואלצפן	וסתרי	/ ויקח אהרן את- אלישבע בת- עמינדב	122	1			1	3
	--*-*-*-*-*-*-*-*-*-*-*-*-*-*-*-*-*-*	עב	*-*-*-*-*-*-*-*-*-*-*-*-*-*-*-*-*-*-*-*						
ט190909	אל- משה הנה אנכי בא אליך	בעב	הענן בעבור ישמע העם בדברי עמך	1112	1	1		4	2
	--*-*-*-*-*-*-*-*-*-*-*-*-*-*-*-*-*-*	עבד	*-*-*-*-*-*-*-*-*-*-*-*-*-*-*-*-*-*-*-*						
ט210203	המשפטים אשר תשים לפניהם / כי תקנה	עבד	עברי שש שנים יעבד ובשבעת יצא	1111	1	1			2
ט210504	והוא יצא בגפו / ואם- אמר יאמר	העבד	אהבתי את- אדני את- אשתי ואת-	1111	1	1		2	3
ט213202	יגח במשפט הזה יעשה לו / אם-	עבד	יגח השור או אמה כסף שלשים	1111	1	1			2
ט124402	בן- נכר לא- יאכל בו / וכל-	עבד	איש מקנת- כסף ומלתה אתו אז	1112	1	1			2
ט041019	גם משלשם גם מאז דברך אל-	עבדך	כי כבד- פה וכבד לשון אנכי	1113	1	1	2		3
ט143117	העם את יהוה ויאמינו ביהוה ובמשה	עבדו	// אז ישיר- משה ובני ישראל את-	1113	1	1	4		2
ט201013	תעשה כל- מלאכה אתה ובנך- ובתך	עבדך	ואמתך ובהמתך וגרך אשר בשעריך / כי	1113	1	1	2		3
ט201709	בית רעך לא תחמד אשת רעך	ועבדו	ואמתו ושורו וחמרו וכל אשר לרעך	1113	1	1	4	1	3
ט212005	ורפא ירפא / וכי- יכה איש את-	עבדו	או את- אמתו בשבט ומת תחת	1113	1	1	4		2
ט212606	חבורה / וכי- יכה איש את- עין	עבדו	או- את- עין אמתו ושחתה לחפשי	1113	1	1	4		2
ט212703	לחפשי ישלחנו תחת עינו / ואם- שן	עבדו	או- שן אמתו יפיל לחפשי ישלחנו	1113	1	1	4		2

אזכור		מלה		צונן	ג	#	כ	קס	ה
ט130313	היום הזה אשר יצאתם ממצרים מבית	עבדים	כי בחזק יד הוציא יהוה אתכם	1115	1	3			3
ט131417	בחזק יד הוציאנו יהוה ממצרים מבית	עבדים	/ ויהי כי- הקשה פרעה לשלחנו ויהרג	1115	1	3			3
ט200209	אלהיך אשר הוצאתיך מארץ מצרים מבית	עבדים	/ לא- יהיה לך אלהים אחרים על-	1115	1	3			3
ט210710	את- בתו לאמה לא תצא כצאת	העבדים	/ אם- רעה בעיני אדניה אשר- לא	1115	1	3		2	4
ט092005	הברד ומתו / הירא את- דבר יהוה	מעבדי	פרעה הניס את- עבדיו ואת- מקנהו	1116	1	3		7	4
ט100702	הזה ויפן ויצא מעם פרעה / ויאמרו	עבדי	פרעה אליו עד- מתי יהיה זה	1116	1	3			3
ט110316	משה גדול מאד בארץ מצרים בעיני	עבדי-	פרעה ובעיני העם / ויאמר משה כה	1116	1	3			3
ט051512	אל- פרעה לאמר למה תעשה כה	לעבדיך	/ תבן אין נתן לעבדיך ולבנים אמרים	1117	1	3	2	6	5
ט051604	תעשה כה לעבדיך / תבן אין נתן	לעבדיך	ולבנים אמרים לנו עשו והנה עבדיך	1117	1	3	2	6	5
ט051610	לעבדיך ולבנים אמרים לנו עשו והנה	עבדיך	מכים וחטאת עמך / ויאמר נרפים אתם	1117	1	3	2		4
ט052114	הבאשתם את- ריחנו בעיני פרעה ובעיני	עבדיו	לתת- חרב בידם להרגנו / וישב משה	1117	1	3	4		3
ט071018	אהרן את- מטהו לפני פרעה ולפני	עבדיו	ויהי לתנין / ויקרא גם- פרעה לחכמים	1117	1	3	4		3
ט072018	המים אשר- ביאר לעיני פרעה ולעיני	עבדיו	ויהפכו כל- המים אשר- ביאר לדם	1117	1	3	4		3
ט072812	בביתך ובחדר משכבך ועל- מטתך ובבית	עבדיך	ובעמך ובתנוריך ובמשארותיך / ובכה ובעמך ובכ	1117	1	3	2		4
ט072904	עמך ובתנוריך ובמשארותיך / ובכה ובעמך ובכל-	עבדיך	יעלו הצפרדעים // ויאמר יהוה אל- משה	1117	1	3	2		4
ט080509	לפרעה התפאר עלי למתי אעתיר לך	ולעבדיך	ולעמך להכרית הצפרדעים ממך ומבתיך רק	1117	1	3	2	61	6
ט080705	כיהוה אלהינו / וסרו הצפרדעים ממך ומבתיך	ומעבדיך	ומעמך רק ביאר תשארנה / ויצא משה	1117	1	3	2	71	6
ט081710	משלח את- עמי הנני משליח בך	ובעבדיך	ובעמך ובבתיך את- הערב ומלאו בתי	1117	1	3	2	41	6
ט082010	ויבא ערב כבד ביתה פרעה ובית	עבדיו	ובכל- ארץ מצרים תשחת הארץ מפני	1117	1	3	4		3
ט082513	והעתרתי אל- יהוה וסר הערב מפרעה	מעבדיו	ומעמו מחר רק אל- יסף פרעה	1117	1	3	4	7	4
ט082708	יהוה כדבר משה ויסר הערב מפרעה	מעבדיו	ומעמו לא נשאר אחד / ויכבד פרעה	1117	1	3		7	4
ט091411	שלח את- כל- מגפתי אל- לבך	ובעבדיך	ובעמך בעבור תדע כי אין כמני	1117	1	3	2	41	6
ט092009	דבר יהוה מעבדי פרעה הניס את-	עבדיו	ואת- מקנהו אל- הבתים / ואשר לא-	1117	1	3	4		3
ט092110	לבו אל- דבר יהוה ויעזב את-	עבדיו	ואת מקנהו בשדה / ויאמר יהוה אל-	1117	1	3	4		3
ט093002	למען תדע כי ליהוה הארץ / ואתה	ועבדיך	ידעתי כי טרם תיראון מפני יהוה	1117	1	3	2	1	5
ט093413	והקלת ויסף לחטא ויכבד לבו הוא	ועבדיו	/ ויחזק לב פרעה ולא שלח את-	1117	1	3	4	1	4
ט100115	אני הכבדתי את- לבו ואת- לב	עבדיו	למען שתי אתתי אלה בקרבו / ולמען	1117	1	3	4		3
ט100605	מן- השדה / ומלאו בתיך ובתי כל-	עבדיך	ובתי כל- מצרים אשר לא- ראו	1117	1	3	2		4
ט110803	בין מצרים ובין ישראל / וירדו כל-	עבדיך	אלה אלי והשתחוו- לי לאמר צא	1117	1	3	2		4
ט123006	בהמה / ויקם פרעה לילה הוא וכל-	עבדיו	וכל- מצרים ותהי צעקה גדלה במצרים	1117	1	3	4		3
ט140510	כי ברח העם ויהפך לבב פרעה	ועבדיו	אל- העם ויאמרו מה- זאת עשינו	1117	1	3	4	1	4
ט321305	הרעה לעמך / זכר לאברהם ליצחק ולישראל	עבדיך	אשר נשבעת להם בך ותדבר אלהם	1117	1	3	2		4
	-	עבד	*-*						
ט011415	עבדה בשדה את כל- עבדתם אשר-	עבדו	בהם בפרך / ויאמר מלך מצרים למילדת	3111	1	3			3
ט130521	לתת לך ארץ זבת חלב ודבש	ועבדת	את- העבדה הזאת בחדש הזה / שבעת	3111	1	1		1	4
ט210616	המזוזה ורצע אדניו את- אזנו במרצע	ועבדו	לעלם / וכי- ימכר איש את- בתו	3111	1	1	4	1	4
ט232501	כי הרס תהרסם ושבר תשבר מצבתיהם /	ועבדתם	את יהוה אלהיכם וברך את- לחמך	3111	1	3		1	4
ט031215	אנכי שלחתיך בהוציאך את- העם ממצרים	תעבדון	את- האלהים על ההר הזה / ויאמר	3121	1	3		0	4
ט042306	ישראל / ואמר אליך שלח את- בני	ויעבדני	ותמאן לשלחו הנה אנכי הרג את-	3121	1	1	1	1	5
ט071612	שלחני אליך לאמר שלח את- עמי	ויעבדני	במדבר והנה לא- שמעת עד- כה	3121	1	3	1	1	6
ט072616	כה אמר יהוה שלח את- עמי	ויעבדני	/ ואם- מאן אתה לשלח הנה אנכי	3121	1	3	1	1	6
ט081620	אליו כה אמר יהוה שלח עמי	ויעבדני	/ כי אם- אינך משלח את- עמי	3121	1	3	1	1	6
ט090118	יהוה אלהי העברים שלח את- עמי	ויעבדני	/ כי אם- מאן אתה לשלח ועודך	3121	1	3	1	1	5
ט091320	יהוה אלהי העברים שלח את- עמי	ויעבדני	/ כי בפעם הזאת אני שלח את-	3121	1	3	1	1	6
ט100320	מתי מאנת לענת מפני שלח עמי	ויעבדני	/ כי אם- מאן אתה לשלח את-	3121	1	3	1	1	6
ט100714	זה לנו למוקש שלח את- האנשים	ויעבדו	את- יהוה אלהיהם הטרם תדע כי	3121	1	3		1	5
ט102619	יהוה אלהינו ואנחנו לא- נדע מה-	נעבד	את- יהוה עד- באנו שמה / ויחזק	3121	1	3			3
ט141211	דברנו אליך במצרים לאמר חדל ממנו	ונעבדה	את- מצרים כי טוב לנו עבד	3121	1	3		91	5
ט200505	מתחת לארץ / לא- תשתחוה להם ולא	תעבדם	כי אנכי יהוה אלהיך אל קנא	3121	1	1	9		4
ט200903	את יום השבת לקדשו / ששת ימים	תעבד	ועשית כל- מלאכתך / ויום השביעי שבת	3121	1	1			3
ט210207	כי תקנה עבד עברי שש שנים	יעבד	ובשבעת יצא לחפשי חנם / אם- בגפו	3121	1	1			3
ט232405	והיבוסי והכחדתיו / לא- תשתחוה לאלהיהם ולא	תעבדם	ולא תעשה כמעשיהם כי הרס תהרסם	3121	1	1	9		4
ט233309	בארצך פן- יחטיאו אתך לי כי	תעבד	את- אלהיהם כי- יהיה לך למוקש	3121	1	1			3

/ = סוף פסוק // = סוף פרק ג = מין # = מספר כ = כינוי וגוף קס = קידומות וסיומות ה = מספר ההברות

אזכור		מלה		צונן	ג	#	כ	קס	ה
ט342103	ולא- יראו פני ריקם / ששת ימים	תעבד	וביום השביעי תשבת בחריש ובקציר תשבת	3121	1	1			3
ט051803	אמרים נלכה נזבחה ליהוה / ועתה לכו	עבדו	ותבן לא- ינתן לכם ותכן לבנים	314	1	3			3
ט100811	אהרן אל- פרעה ויאמר אלהם לכו	עבדו	את- יהוה אלהיכם מי ומי ההלכים	314	1	3			3
ט101106	פניכם / לא כן לכו נא הגברים	ועבדו	את- יהוה כי אתה אתם מבקשים	314	1	3		1	4
ט102407	ויקרא פרעה אל- משה ויאמר לכו	עבדו	את- יהוה רק צאנכם ובקרכם יצג	314	1	3			3
ט123116	גם- אתם גם- בני ישראל ולכו	עבדו	את- יהוה כדברכם / גם- צאנכם גם-	314	1	3			3
ט141217	ונעבדה את- מצרים כי טוב לנו	עבד	את- מצרים ממתנו במדבר / ויאמר משה	3151					2
ט140521	זאת עשינו כי- שלחנו את- ישראל	מעבדנו	/ ויאסר את- רכבו ואת- עמו לקח	3153			6	7	5
ט102611	לא תשאר פרסה כי ממנו נקח	לעבד	את- יהוה אלהינו ואנחנו לא- נדע	3154				6	3
	-	עבודה	*-*						
ט011404	בני ישראל בפרך / וימררו את- חייהם	בעבדה	קשה בחמר ובלבנים ובכל- עבדה בשדה	1121	2	1		4	4
ט011409	חייהם בעבדה קשה בחמר ובלבנים ובכל-	עבדה	בשדה את כל- עבדתם אשר- עבדו	1121	2	1			3
ט022312	מלך מצרים ויאנחו בני- ישראל מן-	העבדה	ויזעקו ותעל שועתם אל- האלהים מן-	1121	2	1		2	4
ט022319	ויזעקו ותעל שועתם אל- האלהים מן-	העבדה	/ וישמע אלהים את- נאקתם ויזכר אלהים	1121	2	1		2	4
ט050902	צעקים לאמר נלכה נזבחה לאלהינו / תכבד	העבדה	על- האנשים ויעשו- בה ואל- ישעו	1121	2	1		2	4
ט060913	ולא שמעו אל- משה מקצר רוח	ומעבדה	קשה / וידבר יהוה אל- משה לאמר	1121	2	1		71	5
ט122514	יהוה לכם כאשר דבר ושמרתם את-	העבדה	הזאת / והיה כי יאמרו אליכם בניכם	1121	2	1		2	4
ט122607	והיה כי יאמרו אליכם בניכם מה	העבדה	הזאת לכם / ואמרתם זבח- פסח הוא	1121	2	1		2	4
ט130523	ארץ זבת חלב ודבש ועבדת את-	העבדה	הזאת בחדש הזה / שבעת ימים תאכל	1121	2	1		2	4
ט352418	נמצא אתו עצי שטים לכל- מלאכת	העבדה	הביאו / וכל- אשה חכמת לב בידיה	1121	2	1		2	4
ט360509	משה לאמר מרבים העם להביא מדי	העבדה	למלאכה אשר- צוה יהוה לעשת אתה	1121	2	1		2	4
ט394213	כן עשו בני ישראל את כל-	העבדה	/ וירא משה את- כל- המלאכה והנה	1121	2	1		2	4
ט301611	מאת בני ישראל ונתת אתו על	עבדת	אהל מועד והיה לבני ישראל לזכרון	1122	2	1			3
ט360119	בהמה לדעת לעשת את- כל- מלאכת	עבדת	הקדש לכל אשר- צוה יהוה / ויקרא	1122	2	1			3
ט360312	התרומה אשר הביאו בני ישראל למלאכת	עבדת	הקדש לעשת אתה והם הביאו אליו	1122	2	1			3
ט382111	העדת אשר פקד על- פי משה	עבדת	הלוים ביד איתמר בן- אהרן הכהן	1122	2	1			3
ט393203	צוה יהוה את- משה / ותכל כל-	עבדת	משכן אהל מועד ויעשו בני ישראל	1122	2	1			3
ט394018	את- מיתריו ויתדתיה ואת כל- כלי	עבדת	המשכן לאהל מועד / את- בגדי השרד	1122	2	1			3
ט011413	ובלבנים ובכל- עבדה בשדה את כל-	עבדתם	אשר- עבדו בהם בפרך / ויאמר מלך	1123	2	1	9		4
ט051111	תבן מאשר תמצאו כי אין נגרע	מעבדתכם	דבר / ויפץ העם בכל- ארץ מצרים	1123	2	1	7	7	5
ט060614	אתכם מתחת סבלת מצרים והצלתי אתכם	מעבדתם	וגאלתי אתכם בזרוע נטויה ובשפטים גדלים	1123	2	1	9	7	5
ט271905	ואדניהם נחשת / לכל כלי המשכן בכל	עבדתו	וכל- יתדתיו וכל- יתדת החצר נחשת	1123	2	1	4		4
ט352120	תרומת יהוה למלאכת אהל מועד ולכל-	עבדתו	ולבגדי הקדש / ויבאו האנשים על- הנשים	1123	2	1	4		4
	-	עבור	*-*						
ט091413	כל- מגפתי אל- לבך ובעבדיך ובעמך	בעבור	תדע כי אין כמני בכל- הארץ		4			4	3
ט091602	עמך בדבר ותכחד מן- הארץ / ואולם	בעבור	זאת העמדתיך בעבור הראתך את- כחי		4			4	3
ט091605	מן- הארץ / ואולם בעבור זאת העמדתיך	בעבור	הראתך את- כחי ולמען ספר שמי		4			4	3
ט130806	גבלך / והגדת לבנך ביום ההוא לאמר	בעבור	זה עשה יהוה לי בצאתי ממצרים		4			4	3
ט190911	הנה אנכי בא אליך בעב הענן	בעבור	ישמע העם בדברי עמך וגם- בך		4			4	3
ט202008	משה אל- העם אל- תיראו כי	לבעבור	נסות אתכם בא האלהים ובעבור תהיה		4			46	4
ט202013	כי לבעבור נסות אתכם בא האלהים	ובעבור	תהיה יראתו על- פניכם לבלתי תחטאו		4			41	4
	-	עבות	*-*						
ט281409	זהב טהור מגבלת תעשה אתם מעשה	עבת	ונתתה את- שרשרת העבתת על- המשבצת	1111	1	1			2
ט282207	ועשית על- החשן שרשת גבלת מעשה	עבת	זהב טהור / ועשית על- החשן שתי	1111	1	1			2
ט391507	ויעשו על- החשן שרשרת גבלת מעשה	עבת	זהב טהור / ויעשו שתי משבצת זהב	1111	1	1			2
ט281413	אתם מעשה עבת ונתתה את- שרשרת	העבתת	על- המשבצת / ועשית חשן משפט מעשה	1115	1	3		2	4
ט282505	קצות החשן / ואת שתי קצות שתי	העבתת	תתן על- שתי המשבצות ונתתה על-	1115	1	3		2	4
ט391703	על- שני קצות החשן / ויתנו שתי	העבתת	הזהב על- שתי הטבעת על- קצות	1115	1	3		2	4
ט391805	קצות החשן / ואת שתי קצות שתי	העבתת	נתנו על- שתי המשבצת ויתנם על-	1115	1	3		2	4
ט282404	שני קצות החשן / ונתתה את- שתי	עבתת	הזהב על- שתי הטבעת אל- קצות	1116	1	1			3

אזכור		מלה		צורן	ג	#	כ	קס	ה
	--*-*-*-*-*-*-*-*-*-*-*-*-*-*-*	עבר	*-*-*-*-*-*-*-*-*-*-*-*-*-*-*-*-*						
ט253710	שבעה והעלה את- נרתיה והאיר על-	עבר	פניה / ומלקחיה ומחתתיה זהב טהור / ככר	1112	1	1			2
ט282615	קצות החשן על- שפתו אשר אל-	עבר	האפוד ביתה / ועשית שתי טבעות זהב	1112	1	1			2
ט391914	קצות החשן על- שפתו אשר אל-	עבר	האפד ביתה / ויעשו שתי טבעת זהב	1112	1	1			2
ט321513	לחת העדת בידו לחת כתבים משני	עבריהם	מזה ומזה הם כתבים / והלחת מעשה	1117	1	3	9		4
	--*-*-*-*-*-*-*-*-*-*-*-*-*-*-*	עבר	*-*-*-*-*-*-*-*-*-*-*-*-*-*-*-*-*						
ט121201	ואכלתם אתו בחפזון פסח הוא ליהוה /	ועברתי	בארץ- מצרים בלילה הזה והכיתי כל-	3111	1	1		1	4
ט122301	תצאו איש מפתח- ביתו עד- בקר /	ועבר	יהוה לנגף את- מצרים וראה את-	3111	1	1		1	3
ט151610	ופחד בגדל זרועך ידמו כאבן עד-	יעבר	עמך יהוה עד- יעבר עם- זו	3121	1	1			3
ט151614	כאבן עד- יעבר עמך יהוה עד-	יעבר	עם- זו קנית / תבאמו ותטעמו בהר	3121	1	1			3
ט340601	ויתיצב עמו שם ויקרא בשם יהוה /	ויעבר	יהוה על- פניו ויקרא יהוה יהוה	3121	1	1		*	4
ט301304	נגף בפקד אתם / זה יתנו כל-	העבר	על- הפקדים מחצית השקל בשקל הקדש	3131	1	1		2	3
ט301402	השקל מחצית השקל תרומה ליהוה / כל	העבר	על הפקדים מבן עשרים שנה ומעלה	3131	1	1		2	3
ט382608	לגלגלת מחצית השקל בשקל הקדש לכל	העבר	על- הפקדים מבן עשרים שנה ומעלה	3131	1	1		2	3
ט170505	מעט וסקלני / ויאמר יהוה אל- משה	עבר	לפני העם וקח אתך מזקני ישראל	314	1	1			2
ט322713	ישראל שימו איש- חרבו על- ירכו	עברו	ושובו משער לשער במחנה והרגו איש-	314	1	3			3
ט332202	מקום אתי ונצבת על- הצור / והיה	בעבר	כבדי ושמתיך בנקרת הצור ושכתי כפי	3151				4	3
ט332211	ונקרת הצור ושכתי כפי עליך עד-	עברי	/ והסרתי את- כפי וראית את- אחרי	3153			1		3
	--*-*-*-*-*-*-*-*-*-*-*-*-*-*-*	עברי	*-*-*-*-*-*-*-*-*-*-*-*-*-*-*-*-*						
ט011505	בהם בפרך / ויאמר מלך מצרים למילדת	העברית	אשר שם האחת שפרה ושם השנית	124	2	3		2	4
ט011604	ושם השנית פועה / ויאמר בילדכן את-	העבריות	וראיתן על- האבנים אם- בן הוא	124	2	3		2	4
ט011909	אל- פרעה כי לא כנשים המצרית	העברית	כי- חיות הנה בטרם תבוא אלהן	124	2	3		2	4
ט020612	נער בכה ותחמל עליו ותאמר מילדי	העברים	זה / ותאמר אחתו אל בת- פרעה	124	1	3		2	3
ט020712	האלך וקראתי לך אשה מינקת מן	העברית	ותינק לך את- הילד / ותאמר- לה	124	1	3		2	3
ט021116	בסבלתם וירא איש מצרי מכה איש-	עברי	מאחיו / ויפן כה וכה וירא כי-	124	1	1			2
ט021307	ויצא ביום השני והנה שני- אנשים	עברים	נצים ויאמר לרשע למה תכה רעך	124	1	3			2
ט031814	מלך מצרים ואמרתם אליו יהוה אלהי	העבריים	נקרה עלינו ועתה נלכה- נא דרך	124	1	3		2	4
ט050303	את- ישראל לא אשלח / ויאמרו אלהי	העברים	נקרא עלינו נלכה נא דרך שלשת	124	1	3		2	3
ט071605	תקח בידך / ואמרת אליו יהוה אלהי	העברים	שלחני אליך לאמר שלח את- עמי	124	1	3		2	3
ט090114	ודברת אליו כה- אמר יהוה אלהי	העברים	שלח את- עמי ויעבדני / כי אם-	124	1	3		2	3
ט091316	ואמרת אליו כה- אמר יהוה אלהי	העברים	שלח את- עמי ויעבדני / כי בפעם	124	1	3		2	3
ט100312	ויאמרו אליו כה- אמר יהוה אלהי	העברים	עד- מתי מאנת לענת מפני שלח	124	1	3		2	3
ט210204	אשר תשים לפניהם / כי תקנה עבד	עברי	שש שנים יעבד ובשבעת יצא לחפשי	124	1	1			2
	--*-*-*-*-*-*-*-*-*-*-*-*-*-*-*	עגה	*-*-*-*-*-*-*-*-*-*-*-*-*-*-*-*-*						
ט123907	ויאפו את- הבצק אשר הוציאו ממצרים	עגת	מצות כי לא חמץ כי- גרשו	1126	2	3			2
	--*-*-*-*-*-*-*-*-*-*-*-*-*-*-*	עגל	*-*-*-*-*-*-*-*-*-*-*-*-*-*-*-*-*						
ט321908	כאשר קרב אל- המחנה וירא את-	העגל	ומחלת ויחר- אף משה וישלך מידו	1111	1	1		2	3
ט322003	וישבר אתם תחת ההר / ויקח את-	העגל	אשר עשו וישרף באש ויטחן עד	1111	1	1		2	3
ט322411	התפרקו ויתנו- לי ואשלכהו באש ויצא	העגל	הזה / וירא משה את- העם כי	1111	1	1		2	3
ט323509	את- העם על אשר עשו את-	העגל	אשר עשה אהרן // וידבר יהוה אל-	1111	1	1		2	3
ט320407	ויקח מידם ויצר אתו בחרט ויעשהו	עגל	מסכה ויאמרו אלה אלהיך ישראל אשר	1112	1	1			2
ט320809	מן- הדרך אשר צויתם עשו להם	עגל	מסכה וישתחוו- לו ויזבחו- לו ויאמרו	1112	1	1			2
	--*-*-*-*-*-*-*-*-*-*-*-*-*-*-*	עד	*-*-*-*-*-*-*-*-*-*-*-*-*-*-*-*-*						
ט221205	ישלם לבעליו / אם- טרף יטרף יבאהו	עד	הטרפה לא ישלם / וכי- ישאל איש	1111	1	1			1
ט201604	תנאף / לא תגנב / לא- תענה ברעך	עד	שקר / לא תחמד בית רעך לא	1112	1	1			1
ט230111	אל- תשת ידך עם- רשע להית	עד	חמס / לא- תהיה אחרי- רבים לרעת	1112	1	1			1

/ = סוף פסוק   // = סוף פרק   ג = מין   # = מספר   כ = כינוי גבור   קס = קידומת וסיומת   ה = מספר ההברות

אזכור		מלה		צורן	ג	#	כ	קס	ה
	עד *-*-*-*-*-*-*-*-*-*-*-*-*-*-*-*-*-*-*-*		*-*-*-*-*-*-*-*-*-*-*-*-*-*-*-*-*-*-*-*						
ט071617	עמי ויעבדני במדבר והנה לא- שמעת	עד-	כה / כה אמר יהוה בזאת תדע	4					1
ט090708	פרעה והנה לא- מת ממקנה ישראל	עד-	אחד ויכבד לב פרעה ולא שלח	4					1
ט091816	היה כמהו במצרים למן- היום הוסדה	ועד-	עתה / ועתה שלח העז את- מקנך	4				1	2
ט092511	מצרים את כל- אשר בשדה מאדם	ועד-	בהמה ואת כל- עשב השדה הכה	4				1	2
ט100313	אליו כה- אמר יהוה אלהי העברים	עד-	מתי מאנת לענת מפני שלח עמי	4					1
ט100619	ואבות אבתיך מיום היותם על- האדמה	עד	היום הזה ויפן ויצא מעם פרעה	4					1
ט100705	מעם פרעה / ויאמרו עבדי פרעה אליו	עד-	מתי יהיה זה לנו למוקש שלח	4					1
ט102622	לא- נדע מה- נעבד את- יהוה	עד-	באנו שמה / ויחזק יהוה את- לב	4					1
ט110511	מצרים מבכור פרעה הישב על- כסאו	עד	בכור השפחה אשר אחר הרחים וכל	4					1
ט110709	ישראל לא יחרץ- כלב לשנו למאיש	ועד-	בהמה למען תדעון אשר יפלה יהוה	4				1	2
ט120604	ומן- העזים תקחו / והיה לכם למשמרת	עד	ארבעה עשר יום לחדש הזה ושחטו אתו	4					1
ט121004	כרעיו ועל- קרבו / ולא- תותירו ממנו	עד-	בקר והנתר ממנו עד- בקר באש	4					1
ט121008	תותירו ממנו עד- בקר והנתר ממנו	עד-	בקר באש תשרפו / וככה תאכלו אתו	4					1
ט121212	והכיתי כל- בכור בארץ מצרים מאדם	ועד-	בהמה ובכל- אלהי מצרים אעשה שפטים	4				1	2
ט121521	ונכרתה הנפש ההוא מישראל מיום הראשן	עד-	יום השבעי / וביום הראשון מקרא- קדש	4					1
ט121808	בארבעה עשר יום לחדש בערב תאכלו מצת	עד	יום האחד ועשרים לחדש בערב / שבעת	4					1
ט122224	ואתם לא תצאו איש מפתח- ביתו	עד-	בקר / ועבר יהוה לנגף את- מצרים	4					1
ט122408	את- הדבר הזה לחק- לך ולבניך	עד-	עולם / והיה כי- תבאו אל- הארץ	4					1
ט122915	מצרים מבכר פרעה הישב על- כסאו	עד	בכור השבי אשר בבית הבור וכל	4					1
ט131514	כל- בכור בארץ מצרים מבכר אדם	ועד-	בכור בהמה על- כן אני זבח	4				1	2
ט141326	מצרים היום לא תספו לראתם עוד	עד-	עולם / יהוה ילחם לכם ואתם תחרשון	4					1
ט142817	הבאים אחריהם בים לא- נשאר בהם	עד-	אחד / ובני ישראל הלכו ביבשה בתוך	4					1
ט151609	אימתה ופחד בגדל זרועך ידמו כאבן	עד-	יעבר עמך יהוה עד- יעבר עם-	4					1
ט151613	ידמו כאבן עד- יעבר עמך יהוה	עד-	יעבר עם- זו קנית / תבאמו ותטעמו	4					1
ט161908	משה אלהם איש אל- יותר ממנו	עד-	בקר / ולא- שמעו אל- משה ויותרו	4					1
ט162008	שמעו אל- משה ויותרו אנשים ממנו	עד-	בקר וירם תולעים ויבאש ויקצף עלהם	4					1
ט162326	ואת כל- העדף הניחו לכם למשמרת	עד-	הבקר / ויניחו אתו עד- הבקר כאשר	4					1
ט162403	לכם למשמרת עד- הבקר / ויניחו אתו	עד-	הבקר כאשר צוה משה ולא הבאיש	4					1
ט162805	ולא מצאו / ויאמר יהוה אל- משה	עד-	אנה מאנתם לשמר מצותי ותורתי / ראו	4					1
ט163508	ישראל אכלו את- המן ארבעים שנה	עד-	באם אל- ארץ נושבת את- המן	4					1
ט163516	אל- ארץ נושבת את- המן אכלו	עד-	באם אל- קצה ארץ כנען / והעמר	4					1
ט171221	אחד ומזה אחד ויהי ידיו אמונה	עד-	בא השמש / ויחלש יהושע את- עמלק	4					1
ט181314	ויעמד העם על- משה מן- הבקר	עד-	הערב / וירא חתן משה את כל-	4					1
ט181428	וכל- העם נצב עליך מן- בקר	עד-	ערב / ויאמר משה לחתנו כי- יבא	4					1
ט220307	אם- המצא תמצא בידו הגנבה משור	עד-	חמור עד- שה חיים שנים ישלם	4					1
ט220309	תמצא בידו הגנבה משור עד- חמור	עד-	שה חיים שנים ישלם / כי יבער-	4					1
ט220821	אבדה אשר יאמר כי- הוא זה	עד	האלהים יבא דבר- שניהם אשר ירשיען	4					1
ט222506	נשך / אם- חבל תחבל שלמת רעך	עד-	בא השמש תשיבנו לו / כי הוא	4					1
ט231811	דם- זבחי ולא- ילין חלב- חגי	עד-	בקר / ראשית בכורי אדמתך תביא בית	4					1
ט233005	חית השדה / מעט מעט אגרשנו מפניך	עד	אשר תפרה ונחלת את- הארץ / ושתי	4					1
ט233106	הארץ / ושתי את- גבלך מים- סוף	ועד-	ים פלשתים וממדבר עד- הנהר כי	4				1	2
ט233110	מים- סוף ועד- ים פלשתים וממדבר	עד-	הנהר כי אתן בידכם את ישבי	4					1
ט241407	ואל- הזקנים אמר שבו- לנו בזה	עד	אשר- נשוב אליכם והנה אהרן וחור	4					1
ט270509	תחת כרכב המזבח מלמטה והיתה הרשת	עד	חצי המזבח / ועשית בדים למזבח בדי	4					1
ט272113	העדת יערך אתו אהרן ובניו מערב	עד-	בקר לפני יהוה חקת עולם לדרתם	4					1
ט284209	מכנסי- בד לכסות בשר ערוה ממתנים	ועד-	ירכים יהיו / והיו על- אהרן ועל-	4				1	2
ט293407	ואם- יותר מבשר המלאים ומן- הלחם	עד-	הבקר ושרפת את- הנותר באש לא	4					1
ט322009	העגל אשר עשו וישרף באש ויטחן	עד	אשר- דק ויזר על- פני המים	4					1
ט330816	איש פתח אהלו והביטו אחרי משה	עד-	באו האהלה / והיה כבא משה האהלה	4					1
ט332210	ושמתיך בנקרת הצור ושכתי כפי עליך	עד-	עברי / והסרתי את- כפי וראית את-	4					1
ט343410	יהוה לדבר אתו יסיר את- המסוה	עד-	צאתו ויצא ודבר אל- בני ישראל	4					1
ט343518	והשיב משה את- המסוה על- פניו	עד-	באו לדבר אתו // ויקהל משה את-	4					1
ט380410	מעשה רשת נחשת תחת כרכבו מלמטה	עד-	חציו / ויצק ארבע טבעת בארבע הקצות	4					1

/ = סוף פסוק // = סוף פרק ג = מין # = מספר כ = כינוי וגוף קס = קידומות וסיומות ה = מספר ההברות

אזכור		מלה		ה קס כ # ג צונן
ט403707	ואם- לא יעלה הענן ולא יסעו	עד-	יום העלתו / כי ענן יהוה על-	1 4
	--*-*-*-*-*-*-*-*-*-*-*-*-*-*-*-*-*	עד	*-*-*-*-*-*-*-*-*-*-*-*-*-*-*-*-*-*-*	
ט151804	אדני כוננו ידיך / יהוה ימלך לעלם	ועד	/ כי בא סוס פרעה ברכבו ובפרשיו	2 1 1 1 1111
	--*-*-*-*-*-*-*-*-*-*-*-*-*-*-*-*-*	עדה	*-*-*-*-*-*-*-*-*-*-*-*-*-*-*-*-*-*-*	
ט162213	שני העמר לאחד ויבאו כל- נשיאי	העדה	ויגידו למשה / ויאמר אלהם הוא אשר	3 2 1 2 1121
ט343109	משה וישבו אליו אהרן וכל- הנשאים	בעדה	וידבר משה אלהם / ואחרי- כן נגשו	3 24 1 2 1121
ט382503	ושלשים שקל בשקל הקדש / וכסף פקודי	העדה	מאת ככר ואלף ושבע מאות וחמשה	3 2 1 2 1121
ט120304	לכם לחדשי השנה / דברו אל- כל-	עדת	ישראל לאמר בעשר לחדש הזה ויקחו	2 1 2 1122
ט120613	לחדש הזה ושחטו אתו כל קהל	עדת-	ישראל בין הערבים / ולקחו מן- הדם	2 1 2 1122
ט121914	כל אכל מחמצת ונכרתה הנפש ההוא	מעדת	ישראל בגר ובאזרח הארץ / כל- מחמצת	3 7 1 2 1122
ט124702	חוצה ועצם לא- תשברו- בו / כל-	עדת	ישראל יעשו אתו / וכי- יגור אתך	2 1 2 1122
ט160105	על- המים // ויסעו מאילם ויבאו כל-	עדת	בני- ישראל אל- מדבר- סין אשר	2 1 2 1122
ט160203	השני לצאתם מארץ מצרים / וילונו כל-	עדת	בני- ישראל על- משה ועל- אהרן	2 1 2 1122
ט160908	משה אל- אהרן אמר אל- כל-	עדת	בני ישראל קרבו לפני יהוה כי	2 1 2 1122
ט161006	תלנתיכם / ויהי כדבר אהרן אל- כל-	עדת	בני- ישראל ויפנו אל- המדבר והנה	2 1 2 1122
ט170103	והעמר עשרית האפה הוא // ויסעו כל-	עדת	בני- ישראל ממדבר- סין למסעיהם על-	2 1 2 1122
ט350105	לדבר אתו // ויקהל משה את- כל-	עדת	בני ישראל ויאמר אלהם אלה הדברים	2 1 2 1122
ט350405	ביום השבת / ויאמר משה אל- כל-	עדת	בני- ישראל לאמר זה הדבר אשר-	2 1 2 1122
ט352003	ואת- בגדי בניו לכהן / ויצאו כל-	עדת	בני- ישראל מלפני משה / ויבאו כל-	2 1 2 1122
	--*-*-*-*-*-*-*-*-*-*-*-*-*-*-*-*-*	עדות	*-*-*-*-*-*-*-*-*-*-*-*-*-*-*-*-*-*-*	
ט163409	יהוה אל משה ויניחהו אהרן לפני	העדת	למשמרת / ובני ישראל אכלו את- המן	3 2 1 2 1121
ט251605	יסרו ממנו / ונתת אל- הארן את	העדת	אשר אתן אליך / ועשית כפרת זהב	3 2 1 2 1121
ט252111	הארן מלמעלה ואל- הארן תתן את-	העדת	אשר אתן אליך / ונועדתי לך שם	3 2 1 2 1121
ט252214	מבין שני הכרבים אשר על- ארון	העדת	את כל- אשר אצוה אותך אל-	3 2 1 2 1121
ט263312	והבאת שמה מבית לפרכת את ארון	העדות	והבדילה הפרכת לכם בין הקדש ובין	3 2 1 2 1121
ט263406	הקדשים / ונתת את- הכפרת על ארון	העדת	בקדש הקדשים / ושמת את- השלחן מחוץ	3 2 1 2 1121
ט272107	באהל מועד מחוץ לפרכת אשר על-	העדת	יערך אתו אהרן ובניו מערב עד-	3 2 1 2 1121
ט300608	אתו לפני הפרכת אשר על- ארן	העדת	לפני הכפרת אשר על- העדת אשר	3 2 1 2 1121
ט300613	ארן העדת לפני הכפרת אשר על-	העדת	אשר אועד לך שמה / והקטיר עליו	3 2 1 2 1121
ט302608	בו את- אהל מועד ואת ארון	העדת	/ ואת- השלחן ואת- כל- כליו ואת	3 2 1 2 1121
ט303607	ושחקת ממנה הדק ונתתה ממנה לפני	העדת	באהל מועד אשר אועד לך שמה	3 2 1 2 1121
ט310706	צויתך / את אהל מועד ואת- הארן	לעדת	ואת- הכפרת אשר עליו ואת כל-	3 26 1 2 1121
ט311811	לדבר אתו בהר סיני שני לחת	העדת	לחת אבן כתבים באצבע אלהים // וירא	3 2 1 2 1121
ט321508	וירד משה מן- ההר ושני לחת	העדת	בידו לחת כתבים משני עבריהם מזה	3 2 1 2 1121
ט342908	ברדת משה מהר סיני ושני לחת	העדת	ביד- משה ברדתו מן- ההר ומשה	3 2 1 2 1121
ט382105	סביב נחשת / אלה פקודי המשכן משכן	העדת	אשר פקד על- פי משה עבדת	3 2 1 2 1121
ט393503	התחשים ואת פרכת המסך / את- ארון	העדת	ואת- בדיו ואת הכפרת / את- השלחן	3 2 1 2 1121
ט400305	אהל מועד / ושמת שם את ארון	העדות	וסכת על- הארן את- הפרכת / והבאת	3 2 1 2 1121
ט400508	את- מזבח הזהב לקטרת לפני ארון	העדת	ושמת את- מסך הפתח למשכן / ונתתה	3 2 1 2 1121
ט402004	יהוה את- משה / ויקח ויתן את-	העדת	אל- הארן וישם את- הבדים על-	3 2 1 2 1121
ט402113	את פרכת המסך ויסך על ארון	העדות	כאשר צוה יהוה את- משה / ויתן	3 2 1 2 1121
	--*-*-*-*-*-*-*-*-*-*-*-*-*-*-*-*-*	עדי	*-*-*-*-*-*-*-*-*-*-*-*-*-*-*-*-*-*-*	
ט330411	הרע הזה ויתאבלו ולא- שתו איש	עדיו	עליו / ויאמר יהוה אל- משה אמר	2 4 1 1 1113
ט330520	אחד אעלה בקרבך וכליתיך ועתה הורד	עדיך	מעליך ואדעה מה אעשה- לך / ויתנצלו	3 2 1 1 1113
ט330605	אעשה- לך / ויתנצלו בני- ישראל את-	עדים	מהר חורב / ומשה יקח את- האהל	2 9 1 1 1113
	--*-*-*-*-*-*-*-*-*-*-*-*-*-*-*-*-*	עדף	*-*-*-*-*-*-*-*-*-*-*-*-*-*-*-*-*-*-*	
ט162322	ואת אשר- תבשלו בשלו ואת כל-	העדף	הניחו לכם למשמרת עד- הבקר / ויניחו	3 2 1 1 3131
ט261202	וחברת את- האהל והיה אחד / וסרח	העדף	ביריעת האהל חצי היריעה העדפת תסרח	3 2 1 1 3131
ט261305	אחרי המשכן / והאמה מזה והאמה מזה	בעדף	בארך יריעת האהל יהיה סרוח על-	3 24 1 1 3131

אזכור		מלה		ה קס כ # ג צונך
ט261207	וסרח העדף ביריעת האהל תצי היריעה	העדפת	הכרח על אהרי המשכן / והאמה מזה	4 2 1 2 3132
	--*-*-*-*-*-*-*-*-*-*-*-*-*-*-*-*-*	עוד	*-*-*-*-*-*-*-*-*-*-*-*-*-*-*-*-*-*	
ט020303	הוא ותצפנהו שלשה ירחים / ולא- יכלה	עוד	וצפינו ותקח- לו תבת גמא ותחמרה	1 36
ט031502	לבני ישראל אהיה שלחני אליכם / ויאמר	עוד	אלהים אל- משה כה תאמר אל-	1 36
ט040604	יצחק ואלהי יעקב / ויאמר יהוה לו	עוד	הוא- נא ידך בחיקך ויבא ידו	1 36
ט041817	ואשובה אל- אחי אשר- במצרים ואראה	העודם	חיים ויאמר יתרו למשה לך לשלום	3 3 9 36
ט090206	ויעבדני / כי אם- מאן אתה לשלח	ועודך	מחזיק בם / הנה יד- יהוה הויה	4 1 2 36
ט091701	כחי ולמען ספר שמי בכל- הארץ /	עודך	מסתולל בעמי לבלתי שלחם / הנני ממטיר	3 2 36
ט092917	יהוה הקלות יחדלון והברד לא יהיה-	עוד	לנען תדע כי ליהוה הארץ / ואתה	1 36
ט102907	ויאמר משה כן דברת לא- אסף	עוד	ראות פניך // ויאמר יהוה אל- משה	1 36
ט110105	ראות פניך // ויאמר יהוה אל- משה	עוד	נגע אחד אביא על- פרעה ועל-	1 36
ט141325	אז מצרים היום לא תספו לראתם	עוד	עד- עולם / יהוה ילחם לכם ואתם	1 36
ט170410	יהוה לאמר מה אעשה לעם הזה	עוד	מעט וסקלני / ויאמר יהוה אל- משה	1 36
ט360319	הקדש לעשת אתה והם הביאו אליו	עוד	נדבה בבקר בבקר / ויבאו כל- החכמים	1 36
ט360611	במחנה לאמר איש ואשה אל- יעשו-	עוד	מלאכה לתרומת הקדש ויכלא העם מהביא	1 36
	--*-*-*-*-*-*-*-*-*-*-*-*-*-*-*-*-*	עון	*-*-*-*-*-*-*-*-*-*-*-*-*-*-*-*-*-*	
ט284318	אל- המזבח לשרת בקדש ולא- ישאו	עון	ומתו חקת עולם לו ולזרעו אחריו	2 1 1 1111
ט340705	חסד ואמת / נצר חסד לאלפים נשא	עון	ופשע וחטאה ונקה לא ינקה פקד	2 1 1 1111
ט200513	אנכי יהוה אלהיך אל קנא פקד	עון	אבת על- בנים על- שלשים ועל-	2 1 1 1112
ט283808	על- מצח אהרן ונשא אהרן את-	עון	הקדשים אשר יקדישו בני ישראל לכל-	2 1 1 1112
ט340712	ופשע וחטאה ונקה לא ינקה פקד	עון	אבות על- בנים ועל- בני בנים	2 1 1 1112
ט340918	כי עם- קשה- ערף הוא וסלחת	לעוננו	ולחטאתנו ונחלתנו / ויאמר הנה אנכי כרת	5 6 6 1 1 1113
	--*-*-*-*-*-*-*-*-*-*-*-*-*-*-*-*-*	עור	*-*-*-*-*-*-*-*-*-*-*-*-*-*-*-*-*-*	
ט041117	אלם או חרש או פקח או	עור	הלא- אנכי יהוה / ועתה לך ואנכי	2 1 1 1111
	--*-*-*-*-*-*-*-*-*-*-*-*-*-*-*-*-*	עז	*-*-*-*-*-*-*-*-*-*-*-*-*-*-*-*-*-*	
ט150201	גאה גאה סוס ורכבו רמה בים /	עזי	וזמרת יה ויהי- לי לישועה זה	2 1 1 1 1113
ט151307	נחית בחסדך עם- זו גאלת נהלת	בעזך	אל- נוה קדשך / שמעו עמים ירגזון	4 4 2 1 1 1113
	--*-*-*-*-*-*-*-*-*-*-*-*-*-*-*-*-*	עולה	*-*-*-*-*-*-*-*-*-*-*-*-*-*-*-*-*-*	
ט181205	זדו עליהם / ויקח יתרו חתן משה	עלה	וזבחים לאלהים ויבא אהרן וכל זקני	2 1 2 1121
ט291806	ראשו / והקטרת את- כל- האיל המזבחה	עלה	הוא ליהוה ריח ניחוח אשה ליהוה	2 1 2 1121
ט292507	ולקחת אתם מידם והקטרת המזבחה על-	העלה	לריח ניחוח לפני יהוה אשה הוא	3 2 1 2 1121
ט300906	לדרתיכם / לא- תעלו עליו קטרת זרה	ועלה	ומנחה ונסך לא תסכו עליו / וכפר	3 1 1 2 1121
ט302803	כליה ואת מזבח הקטרת / ואת- מזבח	העלה	ואת- כל- כליו ואת- הכיר ואת-	3 2 1 2 1121
ט310903	כליה ואת מזבח הקטרת / ואת- מזבח	העלה	ואת- כל- כליו ואת הכיור ואת-	3 2 1 2 1121
ט351603	מסך הפתח לפתח המשכן / את מזבח	העלה	ואת- מכבר הנחשת אשר- לו את-	3 2 1 2 1121
ט380104	טהור מעשה רקח // ויעש את- מזבח	העלה	עצי שטים חמש אמות ארכו וחמש	3 2 1 2 1121
ט400604	מסך הפתח למשכן / ונתתה את מזבח	העלה	לפני פתח משכן אהל- מועד / ונתת	3 2 1 2 1121
ט401004	כליו והיה קדש / ומשחת את- מזבח	העלה	ואת- כל- כליו וקדשת את- המזבח	3 2 1 2 1121
ט402903	את- מסך הפתח למשכן / ואת מזבח	העלה	שם פתח משכן אהל- מועד ויעל	3 2 1 2 1121
ט402912	משכן אהל- מועד ויעל עליו את-	העלה	ואת- המנחה כאשר צוה יהוה את-	3 2 1 2 1121
ט294201	תעשה- לה לריח ניחח אשה ליהוה /	עלת	תמיד לדרתיכם פתח אהל- מועד לפני	2 1 2 1122
ט102508	משה גם- אתה תתן בידנו זבחים	ועלת	ועשינו ליהוה אלהינו / וגם- מקננו ילך	3 1 3 2 1125
ט240507	וישלח את- נערי בני ישראל ויעלו	עלת	ויזבחו זבחים שלמים ליהוה פרים / ויקח	2 3 2 1125
ט320604	חג ליהוה מחר / וישכימו ממחרת ויעלו	עלת	ויגשו שלמים וישב העם לאכל ושתו	2 3 2 1125
ט202408	אדמה תעשה לי וזבחת עליו את-	עלתיך	ואת- שלמיך את- צאנך ואת- בקרך	4 2 3 2 1127
	--*-*-*-*-*-*-*-*-*-*-*-*-*-*-*-*-*	עולם	*-*-*-*-*-*-*-*-*-*-*-*-*-*-*-*-*-*	
ט031524	אלהי יעקב שלחני אליכם זה- שמי	לעלם	וזה זכרי לדר דר / לך ואספת	3 6 1 1 1111
ט121412	וחגתם אתו חג ליהוה לדרתיכם חקת	עולם	וחגתו / שבעת ימים מצות תאכלו אך	2 1 1 1111

/ = סוף פסוק   // = סוף פרק   ג = מין   # = מספר   כ = ניגודי הבור   קס = קידומות וסיומות   ה = מספר ההברות

אזכור		מלה		צורן	ג	#	כ	קס	ה
ט121719	ושמרתם את- היום הזה לדרתיכם חקת	עולם	/ בראשן בארבעה עשר יום לחדש בערב תאכלו	1111	1	1			2
ט122409	הדבר הזה לחק- לך ולבניך עד-	עולם	/ והיה כי- תבאו אל- הארץ אשר	1111	1	1			2
ט141327	היום לא תספו לראתם עוד עד-	עולם	/ יהוה ילחם לכם ואתם תחרשון / ויאמר	1111	1	1			2
ט151803	מקדש אדני כוננו ידיך / יהוה ימלך	לעלם	ועד / כי בא סוס פרעה ברכבו	1111	1	1		6	3
ט190919	העם בדברי עמך וגם- בך יאמינו	לעולם	ויגד משה את- דברי העם אל-	1111	1	1		6	3
ט210617	ורצע אדניו את- אזנו במרצע ועבדו	לעלם	/ וכי- ימכר איש את- בתו לאמה	1111	1	1		6	3
ט272118	מערב עד- בקר לפני יהוה חקת	עולם	לדרתם מאת בני ישראל // ואתה הקרב	1111	1	1			2
ט284321	בקדש ולא- ישאו עון ונתו חקת	עולם	לו ולזרעו אחריו // וזה הדבר אשר	1111	1	1			2
ט290913	להם מגבעת והיתה להם כהנה לחקת	עולם	ומלאת יד- אהרן ויד- בניו / והקרבת	1111	1	1			2
ט292805	ומאשר לבניו / והיה לאהרן ולבניו לחק-	עולם	מאת בני ישראל כי תרומה הוא	1111	1	1			2
ט302109	ורגליהם ולא ימתו והיתה להם חק-	עולם	לו ולזרעו לדרתם / וידבר יהוה אל-	1111	1	1			2
ט311611	השבת לעשות את- השבת לדרתם ברית	עולם	/ ביני ובין בני ישראל אות הוא	1111	1	1			2
ט311707	ביני ובין בני ישראל אות הוא	לעלם	כי- ששת ימים עשה יהוה את-	1111	1	1		6	3
ט321325	הזאת אשר אמרתי אתן לזרעכם ונחלו	לעלם	/ וינחם יהוה על- הרעה אשר דבר	1111	1	1		6	3
ט401514	לי והיתה להית להם משחתם לכהנת	עולם	לדרתם / ויעש משה ככל אשר צוה	1111	1	1			2
	-	עונה	*-*						
ט211007	אם- אחרת יקח- לו שארה כסותה	ועתנה	לא יגרע / ואם- שלש- אלה לא	1124	2	1	5	1	4
	-	עוני	*-*						
ט030706	האלהים / ויאמר יהוה ראה ראיתי את-	עני	עמי אשר במצרים ואת- צעקתם שמעתי	1112	1	1			2
ט031704	העשוי לכם במצרים / ואמר אעלה אתכם	מעני	מצרים אל- ארץ הכנעני והחתי והאמרי	1112	1	1		7	3
ט043113	את- בני ישראל וכי ראה את-	ענים	ויקדו וישתחוו // ואחר באו משה ואהרן	1117	1	1	9		2
	-	עופרת	*-*						
ט151006	ידי / נשפת ברוחך כסמו ים צללו	כעופרת	במים אדירים / מי- כמכה באלם יהוה	1121	2	1		25	4
	-	עור	*-*						
ט342919	ההר ומשה לא- ידע כי קרן	עור	פניו בדברו אתו / וירא אהרן וכל-	1112	1	1			1
ט343010	בני ישראל את- משה והנה קרן	עור	פניו וייראו מגשת אליו / ויקרא אלהם	1112	1	1			1
ט343509	ישראל את- פני משה כי קרן	עור	פני משה והשיב משה את- המסוה	1112	1	1			1
ט222607	כי הוא כסותה לבדה הוא שמלתו	לערו	במה ישכב והיה כי- יצעק אלי	1113	1	1	4	6	3
ט291405	והקטרת המזבחה / ואת- בשר הפר ואת-	ערו	ואת- פרשו תשרף באש מחוץ למחנה	1113	1	1	4		2
ט250501	ותכלת וארגמן ותולעת שני ושש ועזים /	וערת	אילם מאדמים וערת תחשים ועצי שטים	1116	1	3		1	3
ט250504	שני ושש ועזים / וערת אילם מאדמים	וערת	תחשים ועצי שטים / שמן למאר בשמים	1116	1	3		1	3
ט261404	מזה ומזה לכסתו / ועשית מכסה לאהל	ערת	אילם מאדמים ומכסה ערת תחשים מלמעלה	1116	1	3			2
ט261408	מכסה לאהל ערת אילם מאדמים ומכסה	ערת	תחשים מלמעלה / ועשית את- הקרשים למשכן	1116	1	3			2
ט350701	ותכלת וארגמן ותולעת שני ושש ועזים /	וערת	אילם מאדמים וערת תחשים ועצי שטים	1116	1	3		1	3
ט350704	שני ושש ועזים / וערת אילם מאדמים	וערת	תחשים ועצי שטים / ושמן למאור ובשמים	1116	1	3		1	3
ט352312	תכלת וארגמן ותולעת שני ושש ועזים	וערת	אילם מאדמים וערת תחשים הביאו / כל-	1116	1	3		1	3
ט352315	שני ושש ועזים וערת אילם מאדמים	וערת	תחשים הביאו / כל- מרים תרומת כסף	1116	1	3		1	3
ט361904	האהל להית אחד / ויעש מכסה לאהל	ערת	אילם מאדמים ומכסה ערת תחשים מלמעלה	1116	1	3			2
ט361908	מכסה לאהל ערת אילם מאדמים ומכסה	ערת	תחשים מלמעלה / ויעש את- הקרשים למשכן	1116	1	3			2
ט393403	קרשיו בריחו ועמדיו ואדניו / ואת- מכסה	ערת	האילם המאדמים ואת- מכסה ערת התחשים	1116	1	3			2
ט393408	מכסה ערת האילם המאדמים ואת- מכסה	ערת	התחשים ואת פרכת המסך / את- ארון	1116	1	3			2
	-	עור	*-*						
ט230806	רשע / ושחד לא תקח כי השחד	יעור	פקחים ויסלף דברי צדיקים / וגר לא	3321	1	1			3
	-	עז	*-*						
ט142113	ויולך יהוה את- הים ברוח קדים	עזה	כל- הלילה וישם את- הים לחרבה	1121	2	1			2

/ = סוף פסוק   // = סוף פרק   ג = מין   # = מספר   כ = כינוי חבור   קס = קידומות וסיומות   ג = מספר ההברות

אזכור		מלה		ה קס כ # ג צורן
	--*-*-*-*-*-*-*-*-*-*-*-*-*-*	עץ	*-*-*-*-*-*-*-*-*-*-*-*-*-*-*-*	
ט120511	שנה יהיה לכם מן- הכבשים ומן-	העזים	ויקחו / והיה לכם למשמרת עד ארבעה עשר	3 2 3 2 1125
ט250406	ונחשת / ותכלת וארגמן ותולעת שני ושש	ועזים	/ וערת אילם מאדמים וערת התחשים ועצי	2 1 3 2 1125
ט260703	בקרסים והיה המשכן אחד / ועשית יריעת	עזים	לאהל על- המשכן עשתי-עשרה יריעת תעשה	2 3 2 1125
ט350606	ונחשת / ותכלת וארגמן ותולעת שני ושש	ועזים	/ וערת אילם מאדמים וערת תחשים ועצי	3 1 3 2 1125
ט352311	אתו תכלת וארגמן ותולעת שני ושש	ועזים	וערת אילם מאדמים וערת תחשים הביאו	3 1 3 2 1125
ט352610	נשא לבן אתנה בחכמה טוו את-	העזים	/ והנשאם הביאו את אבני השהם ואת	3 2 3 2 1125
ט361403	בקרסים ויהי המשכן אחד / ויעש יריעת	עזים	לאהל על- המשכן עשתי-עשרה יריעת עשה	2 3 2 1125
	--*-*-*-*-*-*-*-*-*-*-*-*-*-*	עזב	*-*-*-*-*-*-*-*-*-*-*-*-*-*-*-*	
ט022007	ויאמר אל- בנתיו ואיו למה זה	עזבתן	את- האיש קראן לו ויאכל לחם	3 3 2 3112
ט092108	לא- שם לבו אל- דבר יהוה	ויעזב	את- עבדיו ואת מקנהו בשדה / ויאמר	4 * 1 1 3121
	--*-*-*-*-*-*-*-*-*-*-*-*-*-*	עזב	*-*-*-*-*-*-*-*-*-*-*-*-*-*-*-*	
ט230512	תחת משאו וחדלת מעזב לו עזב	תעזב	עמו / לא תטה משפט אבינך בריבו	3 1 1 3121
ט230509	חמור שנאך רבץ תחת משאו וחדלת	מעזב	לו עזב תעזב עמו / לא תטה	3 7 3151
ט230511	רבץ תחת משאו וחדלת מעזב לו	עזב	תעזב עמו / לא תטה משפט אבינך	2 3151
	--*-*-*-*-*-*-*-*-*-*-*-*-*-*	עזיאל	*-*-*-*-*-*-*-*-*-*-*-*-*-*-*-*	
ט061806	למשפחתם / ובני קהת עמרם ויצהר וחברון	ועזיאל	ושני חיי קהת שלש ושלשים ומאת	4 1 1 122
ט062202	ובני יצהר קרח ונפג וזכרי / ובני	עזיאל	מישאל ואלצפן וסתרי / ויקח אהרן את-	3 1 122
	--*-*-*-*-*-*-*-*-*-*-*-*-*-*	עזר	*-*-*-*-*-*-*-*-*-*-*-*-*-*-*-*	
ט180407	ושם האחד אליעזר כי- אלהי אבי	בעזרי	ויצלני מחרב פרעה / ויבא יתרו חתן	3 4 1 1 1 1113
	--*-*-*-*-*-*-*-*-*-*-*-*-*-*	עין	*-*-*-*-*-*-*-*-*-*-*-*-*-*-*-*	
ט212401	אסון יהיה ונתתה נפש תחת נפש /	עין	תחת עין שן תחת שן יד	2 1 2 1121
ט212403	ונתתה נפש תחת נפש / עין תחת	עין	שן תחת שן יד תחת יד	2 1 2 1121
ט100503	מביא מחר ארבה בגבלך / וכסה את-	עין	הארץ ולא יוכל לראת את- הארץ	1 1 2 1122
ט101503	ואחריו לא יהיה- כן / ויכס את-	עין	כל- הארץ ותחשך הארץ ויאכל את-	1 1 2 1122
ט212605	תחת חבורה / וכי- יכה איש את-	עין	עבדו או- את- עין אמתו ושחתה	1 1 2 1122
ט212609	איש את- עין עבדו או- את-	עין	אמתו ושחתה לחפשי ישלחנו תחת עינו	1 1 2 1122
ט212615	עין אמתו ושחתה לחפשי ישלחנו תחת	עינו	/ ואם- שן עבדו או- שן אמתו	2 4 1 2 1123
ט032106	אתכם / ונתתי את- חן העם- הזה	בעיני	מצרים והיה כי תלכון לא תלכו	3 4 2 2 1126
ט043013	דבר יהוה אל- משה ויעש האתת	לעיני	העם / ויאמן העם וישמעו כי- פקד	3 6 2 2 1126
ט052111	עליכם וישפט אשר הבאשתם את- ריחנו	בעיני	פרעה ובעיני עבדיו לתת- חרב בידם	3 4 2 2 1126
ט052113	אשר הבאשתם את- ריחנו בעיני פרעה	ובעיני	עבדיו לתת- חרב בידם להרגנו / וישב	4 41 2 2 1126
ט072015	במטה ויך את- המים אשר- ביאר	לעיני	פרעה ולעיני עבדיו ויהפכו כל- המים	3 6 2 2 1126
ט072017	את- המים אשר- ביאר לעיני פרעה	ולעיני	עבדיו ויהפכו כל- המים אשר- ביאר	4 61 2 2 1126
ט090816	חפניכם פיח כבשן וזרקו משה השמימה	לעיני	פרעה / והיה לאבק על כל- ארץ	3 6 2 2 1126
ט110306	זהב / ויתן יהוה את- חן העם	בעיני	מצרים גם האיש משה גדול מאד	3 4 2 2 1126
ט110315	האיש משה גדול מאד בארץ מצרים	בעיני	עבדי- פרעה ובעיני העם / ויאמר משה	3 4 2 2 1126
ט110318	מאד בארץ מצרים בעיני עבדי- פרעה	ובעיני	העם / ויאמר משה כה אמר יהוה	4 41 2 2 1126
ט123606	ושמלת / ויהוה נתן את- חן העם	בעיני	מצרים וישאלום וינצלו את- מצרים / ויסעו	3 4 2 2 1126
ט170618	מים ושתה העם ויעש כן משה	לעיני	זקני ישראל / ויקרא שם המקום מסה ומריבה	3 6 2 2 1126
ט191110	השלישי כי ביום השלישי ירד יהוה	לעיני	כל- העם על- הר סיני / והגבלת	3 6 2 2 1126
ט210803	לא תצא כצאת העבדים / אם- רעה	בעיני	אדניה אשר- לא יעדה והפדה לעם	3 4 2 2 1126
ט241708	כבוד יהוה כאש אכלת בראש ההר	לעיני	בני ישראל / ויבא משה בתוך הענן	3 6 2 2 1126
ט403811	המשכן יומם ואש תהיה לילה בו	לעיני	כל- בית ישראל בכל- מסעיהם //	3 6 2 2 1126
ט082218	אלהינו הן נזבח את- תועבת מצרים	לעיניהם	ולא יסקלנו / דרך שלשת ימים נלך	4 6 9 2 2 1127
ט130908	לך לאות על- ידך ולזכרון בין	עיניך	למען תהיה תורת יהוה בפיך כי	3 2 2 2 1127
ט131607	והיה לאות על- ידכה ולטוטפת בין	עיניך	כי בחזק יד הוציאנו יהוה ממצרים	3 2 2 2 1127
ט141007	ופרעה הקריב וישאו בני- ישראל את-	עיניהם	והנה מצרים נסע אחריהם וייראו מאד	3 9 2 2 1127
ט152609	שמוע תשמע לקול יהוה אלהיך והישר	בעיניו	תעשה והאזנת למצותיו ושמרת כל- חקיו	3 4 4 2 2 1127

אזכור		מלה		צורן	ג	#	כ	קס	ה
ט331227	אמרת ידעתיך בשם וגם- מצאת חן	בעיני	/ ועתה אם- נא מצאתי חן בעיניך	1127	2	2	1	4	3
ט331306	בעיני / ועתה אם- נא מצאתי חן	בעיניך	הודעני נא את- דרכך ואדעך למען	1127	2	2	2	4	4
ט331315	את- דרכך ואדעך למען אמצא- חן	בעיניך	וראה כי עמך הגוי הזה / ויאמר	1127	2	2	2	4	4
ט331607	ובמה יודע אפוא כי- מצאתי חן	בעיניך	אני ועמך הלוא בלכתך עמנו ונפלינו	1127	2	2	2	4	4
ט331715	אשר דברת אעשה כי- מצאת חן	בעיני	ואדעך בשם / ויאמר הראני נא את-	1127	2	2	1	4	3
ט340906	וישתחו / ויאמר אם- נא מצאתי חן	בעיניך	אדני ילך- נא אדני בקרבנו כי	1127	2	2	2	4	4
	-	עין	*-*						
ט152705	יהוה רפאך / ויבאו אילמה ושם שתים עשרה	עינת	מים ושבעים תמרים ויחנו- שם על-	1126	2	3			2
	-	עיר	*-*						
ט092906	לעמד / ויאמר אליו משה כצאתי את-	העיר	אפרש את כפי אל- יהוה הקלות	1121	2	1		2	2
ט093306	הנה / ויצא משה מעם פרעה את-	העיר	ויפרש כפיו אל- יהוה ויחדלו הקלות	1121	2	1		2	2
ט011109	שרי מסים למען ענתו בסבלתם ויבן	ערי	מסכנות לפרעה את פתם ואת- רעמסס	1126	2	3			2
	-	על	*-*						
ט010804	ותמלא הארץ אתם / ויקם מלך- חדש	על	מצרים אשר לא- ידע את- יוסף	4					1
ט011013	כי- תקראנה מלחמה ונוסף גם- הוא	על-	שנאינו ונלחם- בנו ועלה מן- הארץ	4					1
ט011606	פועה / ויאמר בילדכן את- העבריות וראיתן	על-	האבנים אם- בן הוא והמתן אתו	4					1
ט020318	ותשם בה את- הילד ותשם בסוף	על-	שפת היאור / ותתצב אחתו מרחק לדעה	4					1
ט020505	יעשה לו / ותרד בת- פרעה לרחץ	על-	היאר ונערתיה הלכת על- יד היאר	4					1
ט020509	פרעה לרחץ על- היאר ונערתיה הלכת	על-	יד היאר ותרא את- התבה בתוך	4					1
ט021518	מפני פרעה וישב בארץ- מדין וישב	על-	הבאר / ולכהן מדין שבע בנות ותבאנה	4					1
ט030507	ויאמר אל- תקרב הלם של- נעליך	מעל	רגליך כי המקום אשר אתה עומד	4				7	2
ט031218	את- העם ממצרים תעבדון את- האלהים	על	ההר הזה / ויאמר משה אל- האלהים	4					1
ט032212	כלי- כסף וכלי זהב ושמלת ושמתם	על-	בניכם ועל- בנתיכם ונצלתם את- מצרים	4					1
ט032214	וכלי זהב ושמלת ושמתם על- בניכם	ועל-	בנתיכם ונצלתם את- מצרים // ויען משה	4				1	2
ט042008	משה את- אשתו ואת- בניו וירכבם	על-	החמר וישב ארצה מצרים ויקח משה	4					1
ט050817	לא תגרעו ממנו כי- נרפים הם	על-	כן הם צעקים לאמר נלכה נזבחה	4					1
ט050903	לאמר נלכה נזבחה לאלהינו / תכבד העבדה	על-	האנשים ויעשו- בה ואל- ישעו בדברי-	4					1
ט051705	וחטאת עמך / ויאמר נרפים אתם נרפים	על-	כן אתם אמרים נלכה נזבחה ליהוה	4					1
ט062614	הוציאו את- בני ישראל מארץ מצרים	על-	צבאתם / הם המדברים אל- פרעה מלך-	4					1
ט070509	כי- אני יהוה בנטתי את- ידי	על-	מצרים והוצאתי את- בני- ישראל מתוכם	4					1
ט071510	בבקר הנה יצא המימה ונצבת לקראתו	על-	שפת היאר והמטה אשר- נהפך לנחש	4					1
ט071715	הנה אנכי מכה במטה אשר- בידי	על-	המים אשר ביאר ונהפכו לדם / והדגה	4					1
ט071912	אל- אהרן קח מטך ונטה- ידך	על-	מימי מצרים על- נהרתם על- יאריהם	4					1
ט071915	מטך ונטה- ידך על- מימי מצרים	על-	נהרתם על- יאריהם ועל- אגמיהם ועל	4					1
ט071917	ידך על- מימי מצרים על- נהרתם	על-	יאריהם ועל- אגמיהם ועל כל- מקוה	4					1
ט071919	מימי מצרים על- נהרתם על- יאריהם	ועל-	אגמיהם ועל כל- מקוה מימיהם ויהיו-	4				1	2
ט071921	על- נהרתם על- יאריהם ועל- אגמיהם	ועל	כל- מקוה מימיהם ויהיו- דם והיה	4				1	2
ט072809	צפרדעים ועלו ובאו בביתך ובחדר משכבך	ועל-	משכבך ובבית עבדיך ובעמך ובתנוריך ובמשארותיך	4				1	2
ט080112	אל- אהרן נטה את- ידך במטך	על-	הנהרת על- היארים ועל- האגמים והעל	4					1
ט080114	נטה את- ידך במטך על- הנהרת	על-	היארים ועל- האגמים והעל את- הצפרדעים	4					2
ט080116	ידך במטך על- הנהרת על- היארים	ועל-	האגמים והעל את- הצפרדעים על- ארץ	4				1	2
ט080121	היארים ועל- האגמים והעל את- הצפרדעים	על-	ארץ מצרים / ויט אהרן את- ידו	4					1
ט080205	ארץ מצרים / ויט אהרן את- ידו	על	מימי מצרים ותעל הצפרדע ותכס את-	4					1
ט080308	כן החרטמים בלטיהם ויעלו את- הצפרדעים	על-	ארץ מצרים / ויקרא פרעה למשה ולאהרן	4					1
ט080810	מעם פרעה ויצעק משה אל- יהוה	על-	דבר הצפרדעים אשר- שם לפרעה / ויעש	4					1
ט090903	משה השמימה לעיני פרעה / והיה לאבק	על	כל- ארץ מצרים והיה על- האדם	4					1
ט090908	לאבק על כל- ארץ מצרים והיה	על-	האדם ועל- הבהמה לשחין פרח אבעבעת	4					1
ט090910	כל- ארץ מצרים והיה על- האדם	ועל-	הבהמה לשחין פרח אבעבעת בכל- ארץ	4				1	2
ט092208	יהוה אל- משה נטה את- ידך	על-	השמים ויהי ברד בכל- ארץ מצרים	4					1
ט092215	השמים ויהי ברד בכל- ארץ מצרים	על-	האדם ועל- הבהמה ועל כל- עשב	4					1
ט092217	ברד בכל- ארץ מצרים על- האדם	ועל-	הבהמה ועל כל- עשב השדה בארץ	4				1	2

אזכור		מלה		צורן	ג	#	כ	קס	ה
ט092219	ארץ מצרים על- האדם ועל- הבהמה	ועל	כל- עשב השדה בארץ מצרים / ויט		4			1	2
ט092305	בארץ מצרים / ויט משה את- מטהו	על-	השמים ויהוה נתן קלת וברד ותהלך-		4				1
ט092317	ותהלך- אש ארצה וימטר יהוה ברד	על-	ארץ מצרים / ויהי ברד ואש מתלקחת		4				1
ט100617	ראו אבתיך ואבות אבתיך מיום היותם	על-	האדמה עד היום הזה ויפן ויצא		4				1
ט101207	ויאמר יהוה אל- משה נטה ידך	על-	ארץ מצרים בארבה ויעל על- ארץ		4				1
ט101212	ידך על- ארץ מצרים בארבה ויעל	על-	ארץ מצרים ויאכל את- כל- עשב		4				1
ט101305	השאיר הברד / ויט משה את- מטהו	על-	ארץ מצרים ויהוה נהג רוח- קדים		4				1
ט101403	הקדים נשא את- הארבה / ויעל הארבה	על	כל- ארץ מצרים וינח בכל גבול		4				1
ט102107	ויאמר יהוה אל- משה נטה ידך	על-	השמים ויהי חשך על- ארץ מצרים		4				1
ט102111	נטה ידך על- השמים ויהי חשך	על-	ארץ מצרים וימש חשך / ויט משה		4				1
ט102205	וימש חשך / ויט משה את- ידו	על-	השמים ויהי חשך- אפלה בכל- ארץ		4				1
ט110109	אל- משה עוד נגע אחד אביא	על-	פרעה ועל- מצרים אחרי- כן ישלח		4				1
ט110111	עוד נגע אחד אביא על- פרעה	ועל-	מצרים אחרי- כן ישלח אתכם מזה		4			1	2
ט110509	בכור בארץ מצרים מבכור פרעה הישב	על-	כסאו עד בכור השפחה אשר אחר		4				1
ט120418	במכסת נפשת איש לפי אכלו תכסו	על-	השה / שה תמים זכר בן- שנה		4				1
ט120705	בין הערבים / ולקחו מן- הדם ונתנו	על-	שתי המזוזת ועל- המשקוף על הבתים		4				1
ט120708	מן- הדם ונתנו על- שתי המזוזת	ועל-	המשקוף על הבתים אשר- יאכלו אתו		4			1	2
ט120710	ונתנו על- שתי המזוזת ועל- המשקוף	על	הבתים אשר- יאכלו אתו בהם / ואכלו		4				1
ט120809	הבשר בלילה הזה צלי- אש ומצות	על-	מררים יאכלהו / אל- תאכלו ממנו נא		4				1
ט120913	במים כי אם- צלי- אש ראשו	על-	כרעיו ועל- קרבו / ולא- תותירו ממנו		4				1
ט120915	אם- צלי- אש ראשו על- כרעיו	ועל-	קרבו / ולא- תותירו ממנו עד- בקר		4			1	2
ט121305	אני יהוה / והיה הדם לכם לאת	על	הבתים אשר אתם שם וראיתי את-		4				1
ט122305	לנגף את- מצרים וראה את- הדם	על-	המשקוף ועל שתי המזוזת ופסח יהוה		4				1
ט122311	מצרים וראה את- הדם על- המשקוף	ועל	שתי המזוזת ופסח יהוה על- הפתח		4			1	2
ט122316	המשקוף ועל שתי המזוזת ופסח יהוה	על-	הפתח ולא יתן המשחית לבא אל-		4				1
ט122708	זבח- פסח הוא ליהוה אשר פסח	על-	בתי בני- ישראל במצרים בנגפו את-		4				1
ט122913	בכור בארץ מצרים מבכר פרעה הישב	על-	כסאו עד בכור השבי אשר בבית		4				1
ט123303	ולכו וברכתם גם- אתי / ותחזק מצרים	על-	העם למהר לשלחם מן- הארץ כי		4				1
ט123410	נצקו טרם יחמץ משארתם צררת בשמלתם	על-	שכמם / ובני- ישראל עשו כדבר משה		4				1
ט125112	יהוה את- בני ישראל מארץ מצרים	על-	צבאתם // וידבר יהוה אל- משה לאמר		4				1
ט130904	לי בצאתי ממצרים / והיה לך לאות	על-	ידך ולזכרון בין עיניך למען תהיה		4				1
ט131517	מצרים מבכר אדם ועד- בכור בהמה	על-	כן אני זבח ליהוה כל- פטר		4				1
ט131603	וכל- בכור בני אפדה / והיה לאות	על-	ידכה ולטוטפת בין עיניך כי בחזק		4				1
ט140217	ובין הים לפני בעל צפן נכחו תחנו	על-	הים / ואמר פרעה לבני ישראל נבכים		4				1
ט140710	רכב בחור וכל רכב מצרים ושלשם	על-	כלו / ויחזק יהוה את- לב פרעה		4				1
ט140907	וירדפו מצרים אחריהם וישיגו אותם חנים	על-	הים כל- סוס רכב פרעה ופרשיו		4				1
ט140915	כל- סוס רכב פרעה ופרשיו וחילו	על-	פיהחירת לפני בעל צפן / ופרעה הקריב וישאו		4				1
ט141608	הרם את- מטך ונטה את- ידך	על-	הים ובקעהו ויבאו בני- ישראל בתוך		4				1
ט142105	כל- הלילה / ויט משה את- ידו	על-	הים ויולך יהוה את- הים ברוח		4				1
ט142608	יהוה אל- משה נטה את- ידך	על-	הים וישבו המים על- מצרים על-		4				1
ט142612	את- ידך על- הים וישבו המים	על-	מצרים על- רכבו ועל- פרשיו / ויט		4				1
ט142614	על- הים וישבו המים על- מצרים	על-	רכבו ועל- פרשיו / ויט משה את-		4				1
ט142616	וישבו המים על- מצרים על- רכבו	ועל-	פרשיו / ויט משה את- ידו על-		4			1	2
ט142705	ועל- פרשיו / ויט משה את- ידו	על-	הים וישב הים לפנות בקר לאיתנו		4				1
ט143014	מצרים וירא ישראל את- מצרים מת	על-	שפת הים / וירא ישראל את- היד		4				1
ט152311	לשתת מים ממרה כי מרים הם	על-	כן קרא- שמה מרה / וילנו העם		4				1
ט152403	כן קרא- שמה מרה / וילנו העם	על-	משה לאמר מה נשתה / ויצעק אל-		4				1
ט152711	עינת מים ושבעים תמרים ויחנו- שם	על-	המים // ויסעו מאילם ויבאו כל- עדת		4				1
ט160206	מצרים / וילונו כל- עדת בני- ישראל	על-	משה ועל- אהרן במדבר / ויאמרו אלהם		4				1
ט160208	כל- עדת בני- ישראל על- משה	ועל-	אהרן במדבר / ויאמרו אלהם בני ישראל		4			1	2
ט160313	מותנו ביד- יהוה בארץ מצרים בשבתנו	על-	סיר הבשר באכלנו לחם לשבע כי-		4				1
ט160510	והכינו את אשר- יביאו והיה משנה	על	אשר- ילקטו יום יום / ויאמר משה		4				1
ט160709	את- כבוד יהוה בשמעו את- תלנתיכם	על-	יהוה ונחנו מה כי תלינו עלינו		4				1
ט160826	ונחנו מה לא- עלינו תלנתיכם כי	על-	יהוה / ויאמר משה אל- אהרן אמר		4				1

אזכור		מלה		צורן	ג	#	כ	קס	ה
ט161405	סביב למחנה / ותעל שכבת הטל והנה	על-	פני המדבר דק מחספס דק ככפר	4					1
ט161412	פני המדבר דק מחספס דק ככפר	על-	הארץ / ויראו בני- ישראל ויאמרו איש	4					1
ט162907	ראו כי- יהוה נתן לכם השבת	על-	כן הוא נתן לכם ביום הששי	4					1
ט170109	עדת בני- ישראל ממדבר- סין למסעיהם	על-	פי יהוה ויחנו ברפידים ואין מים	4					1
ט170307	ויצמא שם העם למים וילן העם	על-	משה ויאמר למה זה העליתנו ממצרים	4					1
ט170605	בידך והלכת / הנני עמד לפניך שם	על-	הצור בחרב והכית בצור ויצאו ממנו	4					1
ט170705	זקני ישראל / ויקרא שם המקום מסהומריבה	על-	ריב בני ישראל ועל נסתם את-	4					1
ט170709	המקום מסהומריבה על- ריב בני ישראל	ועל	נסתם את- יהוה לאמר היש יהוה	4			1		2
ט170914	וצא הלחם בעמלק מחר אנכי נצב	על-	ראש הגבעה ומטה האלהים בידי / ויעש	4					1
ט171604	שמו יהוה נסי / ויאמר כי יד	על	כס יה מלחמה ליהוה בעמלק מדר	4					1
ט180811	כל- אשר עשה יהוה לפרעה ולמצרים	על	אודת ישראל את כל- התלאה אשר	4					1
ט180903	מצאתם בדרך ויצלם יהוה / ויחד יתרו	על	כל- הטובה אשר- עשה יהוה לישראל	4					1
ט181310	משה לשפט את- העם ויעמד העם	על-	משה מן- הבקר עד- הערב / וירא	4					1
ט182314	ויכלת עמד וגם כל- העם הזה	על-	מקמו יבא בשלום / וישמע משה לקול	4					1
ט182510	חיל מכל- ישראל ויתן אתם ראשים	על-	העם שרי אלפים שרי מאות שרי	4					1
ט190408	ראיתם אשר עשיתי למצרים ואשא אתכם	על-	כנפי נשרים ואבא אתכם אלי / ועתה	4					1
ט191113	השלישי ירד יהוה לעיני כל- העם	על-	הר סיני / והגבלת את- העם סביב	4					1
ט191611	הבקר ויהי קלת וברקים וענן כבד	על-	ההר וקל שפר חזק מאד ויחרד	4					1
ט192003	ידבר והאלהים יעננו בקול / וירד יהוה	על-	הר סיני אל- ראש ההר ויקרא	4					1
ט200306	עבדים / לא- יהיה לך אלהים אחרים	על-	פני / לא- תעשה לך פסל וכל-	4					1
ט200515	אלהיך אל קנא פקד עון אבת	על-	בנים על- שלשים ועל- רבעים לשנאי	4					1
ט200517	קנא פקד עון אבת על- בנים	על-	שלשים ועל- רבעים לשנאי / ועשה חסד	4					1
ט200519	עון אבת על- בנים על- שלשים	ועל-	רבעים לשנאי / ועשה חסד לאלפים לאהבי	4			1		2
ט201119	כל- אשר- בם וינח ביום השביעי	על-	כן ברך יהוה את- יום השבת	4					1
ט201209	אביך ואת- אמך למען יארכון ימיך	על	האדמה אשר- יהוה אלהיך נתן לך	4					1
ט202016	אתכם בא האלהים ובעבור תהיה יראתו	על-	פניכם לבלתי תחטאו / ויעמד העם מרחק	4					1
ט202604	הנפת עליה ותחללה / ולא- תעלה במעלת	על-	מזבחי אשר לא- תגלה ערותך עליו	4					1
ט211404	אשר ינוס שמה / וכי- יזד איש	על-	רעהו להרגו בערמה מעם מזבחי תקחנו	4					1
ט211905	ונפל למשכב / אם- יקום והתהלך בחוץ	על-	משענתו ונקה המכה רק שבתו יתן	4					1
ט220801	אם- לא שלח ידו במלאכת רעהו /	על-	כל- דבר- פשע על- שור על-	4					1
ט220805	במלאכת רעהו / על- כל- דבר- פשע	על-	שור על- חמור על- שה על-	4					1
ט220807	על- כל- דבר- פשע על- שור	על-	חמור על- שה על- שלמה על-	4					1
ט220809	דבר- פשע על- שור על- חמור	על-	שה על- שלמה על- כל- אבדה	4					1
ט220811	על- שור על- חמור על- שה	על-	שלמה על- כל- אבדה אשר יאמר	4					1
ט220813	על- חמור על- שה על- שלמה	על-	כל- אבדה אשר יאמר כי- הוא	4					1
ט230208	תהיה אחרי- רבים לרעת ולא- תענה	על-	רב לנטת אחרי רבים להטת / ודל	4					1
ט231313	אלהים אחרים לא תזכירו לא ישמע	על-	פיך / שלש רגלים תחג לי בשנה	4					1
ט231803	אל- פני האדן יהוה / לא- תזבח	על-	חמץ דם- זבחי ולא- ילין חלב-	4					1
ט240610	הדם וישם באגנת וחצי הדם זרק	על-	המזבח / ויקח ספר הברית ויקרא באזני	4					1
ט240806	ונשמע / ויקח משה את- הדם ויזרק	על-	העם ויאמר הנה דם- הברית אשר	4					1
ט240816	דם- הברית אשר כרת יהוה עמכם	על	כל- הדברים האלה / ויעל משה ואהרן	4					1
ט241604	הענן את- ההר / וישכן כבוד- יהוה	על-	הר סיני ויכסהו הענן ששת ימים	4					1
ט251207	ויצקת לו ארבע טבעת זהב ונתתה	על	ארבע פעמתיו ושתי טבעת על- צלעו	4					1
ט251212	ונתתה על ארבע פעמתיו ושתי טבעת	על-	צלעו האחת ושתי טבעת על- צלעו	4					1
ט251217	טבעת על- צלעו האחת ושתי טבעת	על-	צלעו השנית / ועשית בדי עצי שטים	4					1
ט251405	אתם זהב / והבאת את- הבדים בטבעת	על	צלעת הארן לשאת את- הארן בהם	4					1
ט251915	מזה מן- הכפרת תעשו את- הכרבים	על-	שני קצותיו / והיו הכרבים פרשי כנפים	4					1
ט252008	הכרבים פרשי כנפים למעלה סככים בכנפיהם	על-	הכפרת ופניהם איש אל- אחיו אל-	4					1
ט252104	יהיו פני הכרבים / ונתת את- הכפרת	על-	הארן מלמעלה ואל- הארן תתן את-	4					1
ט252206	אליך / ונועדתי לך שם ודברתי אתך	מעל	הכפרת מבין שני הכרבים אשר על-	4			7		2
ט252212	מעל הכפרת מבין שני הכרבים אשר	על-	ארון העדת את כל- אשר אצוה	4					1
ט252609	ארבע טבעת זהב ונתת את- הטבעת	על	ארבע הפאת אשר לארבע רגליו / לעמת	4					1
ט253002	בהן זהב טהור תעשה אתם / ונתת	על-	השלחן לחם פנים לפני תמיד / ועשית	4					1
ט253709	נרתיה שבעה והעלה את- נרתיה והאיר	על-	עבר פניה / ומלקחיה ומחתתיה זהב טהור	4					1

אזכור		מלה		צורן	ג	#	כ	קס	ה
ט260404	אשה אל- אחתה / ועשית ללאת תכלת	על	שפת היריעה האחת מקצה בחברת וכן	4					1
ט260705	המשכן אחד / ועשית יריעת עזים לאהל	על-	המשכן עשתי-עשרה יריעת תעשה אתם / ארך	4					1
ט261004	מול פני האהל / ועשית חמשים ללאת	על	שפת היריעה האחת הקיצנה בחברת וחמשים	4					1
ט261012	היריעה האחת הקיצנה בחברת וחמשים ללאת	על	שפת היריעה החברת השנית / ועשית קרסי	4					1
ט261209	בירעת האהל חצי היריעה העדפת תסרח	על	אחרי המשכן / והאמה מזה והאמה מזה	4					1
ט261311	בעדף בארך יריעת האהל יהיה סרוח	על-	צדי המשכן מזה ומזה לכסתו / ועשית	4					1
ט262407	ויהיו תאמם מלמטה ויחדו יהיו תמים	על-	ראשו אל- הטבעת האחת כן יהיה	4					1
ט263203	חשב יעשה אתה כרבים / ונתתה אתה	על-	ארבעה עמודי שטים מצפים זהב וויהם	4					1
ט263211	עמודי שטים מצפים זהב וויהם זהב	על-	ארבעה אדני- כסף / ונתתה את- הפרכת	4					1
ט263404	ובין קדש הקדשים / ונתת את- הכפרת	על	ארון העדת בקדש הקדשים / ושמת את-	4					1
ט263510	מחוץ לפרכת ואת- המנרה נכח השלחן	על	צלע המשכן תימנה והשלחן תתן על-	4					1
ט263516	על צלע המשכן תימנה והשלחן תתן	על-	צלע צפון / ועשית מסך לפתח האהל	4					1
ט270203	המזבח ושלש אמות קמתו / ועשית קרנתיו	על	ארבע פנתיו ממנו תהיין קרנתיו וצפית	4					1
ט270408	לו מכבר מעשה רשת נחשת ועשית	על-	הרשת ארבע טבעת נחשת על ארבע	4					1
ט270413	ועשית על- הרשת ארבע טבעת נחשת	על	ארבע קצותיו / ונתתה אתה תחת כרכב	4					1
ט270707	והובא את- בדיו בטבעת והיו הבדים	על-	שתי צלעת המזבח בשאת אתו / נבוב	4					1
ט272106	תמיד / באהל מועד מחוץ לפרכת אשר	על-	העדת יערך אתו אהרן ובניו מערב	4					1
ט281003	עליהם שמות בני ישראל / ששה משמתם	על	האבן האחת ואת- שמות הששה הנותרים	4					1
ט281010	האבן האחת ואת- שמות הששה הנותרים	על-	האבן השנית כתולדתם / מעשה חרש אבן	4					1
ט281110	פתוחי חתם תפתח את- שתי האבנים	על-	שמת בני ישראל מסבת משבצות זהב	4					1
ט281205	תעשה אתם / ושמת את- שתי האבנים	על	כתפת האפד אבני זכרן לבני ישראל	4					1
ט281218	ונשא אהרן את- שמותם לפני יהוה	על-	שתי כתפיו לזכרן / ועשית משבצת זהב	4					1
ט281414	מעשה עבת ונתתה את- שרשרת העבתת	על-	המשבצת / ועשית חשן משפט מעשה חשב	4					1
ט282103	משבצים זהב יהיו במלואתם / והאבנים תהיין	על-	שמת בני- ישראל שתים עשרה על- שמתם	4					1
ט282108	תהיין על- שמת בני- ישראל שתים עשרה	על-	שמתם פתוחי חותם איש על- שמו	4					1
ט282113	שתים עשרה על- שמתם פתוחי חותם איש	על-	שמו תהיין לשני עשר שבט / ועשית על-	4					1
ט282202	על- שמו תהיין לשני עשר שבט / ועשית	על-	החשן שרשת גבלת מעשה עבת זהב	4					1
ט282302	גבלת מעשה עבת זהב טהור / ועשית	על-	החשן שתי טבעות זהב ונתת את-	4					1
ט282311	טבעת זהב ונתת את- שתי הטבעות	על-	שני קצות החשן / ונתתה את- שתי	4					1
ט282406	החשן / ונתתה את- שתי עבתת הזהב	על-	שתי הטבעת אל- קצות החשן / ואת	4					1
ט282507	ואת שתי קצות שתי העבתת תתן	על-	שתי המשבצות ונתתה על- כתפות האפד	4					1
ט282511	העבתת תתן על- שתי המשבצות ונתתה	על-	כתפות האפד אל- מול פניו / ועשית	4					1
ט282607	ועשית שתי טבעות זהב ושמת אתם	על-	שני קצות החשן על- שפתו אשר	4					1
ט282611	ושמת אתם על- שני קצות החשן	על-	שפתו אשר אל- עבר האפוד ביתה	4					1
ט282707	ועשית שתי טבעות זהב ונתת אתם	על-	שתי כתפות האפוד מלמטה ממול פניו	4					1
ט282811	אל- טבעת האפוד בפתיל תכלת להיות	על-	חשב האפוד ולא- יזח החשן מעל	4					1
ט282817	על- חשב האפוד ולא- יזח החשן	מעל	האפוד / ונשא אהרן את- שמות בני-	4			7		2
ט282909	את- שמות בני- ישראל בחשן המשפט	על-	לבו בבאו אל- הקדש לזכרן לפני-	4					1
ט283010	המשפט את- האורים ואת- התמים והיו	על-	לב אהרן בבאו לפני יהוה ונשא	4					1
ט283022	ונשא אהרן את- משפט בני- ישראל	על-	לבו לפני יהוה תמיד / ועשית את-	4					1
ט283302	תחרא יהיה- לו לא יקרע / ועשית	על-	שוליו רמני תכלת וארגמן ותולעת שני	4					1
ט283309	שוליו רמני תכלת וארגמן ותולעת שני	על-	שוליו סביב ופעמני זהב בתוכם סביב	4					1
ט283407	פעמן זהב ורמון פעמן זהב ורמון	על-	שולי המעיל סביב / והיה על- אהרן	4					1
ט283502	ורמון על- שולי המעיל סביב / והיה	על-	אהרן לשרת ונשמע קולו בבאו אל-	4					1
ט283703	פתוחי חתם קדש ליהוה / ושמת אתו	על-	פתיל תכלת והיה על- המצנפת אל-	4					1
ט283707	ושמת אתו על- פתיל תכלת והיה	על-	המצנפת אל- מול פני- המצנפת יהיה	4					1
ט283802	אל- מול פני- המצנפת יהיה / והיה	על-	מצח אהרן ונשא אהרן את- עון	4					1
ט283818	בני ישראל לכל- מתנת קדשיהם והיה	על-	מצחו תמיד לרצון להם לפני יהוה	4					1
ט284302	ערוה ממתנים ועד- ירכים יהיו / והיו	על-	אהרן ועל- בניו בבאם אל- אהל	4					1
ט284304	ועד- ירכים יהיו / והיו על- אהרן	ועל-	בניו בבאם אל- אהל מועד או	4			1		2
ט290303	סלת חטים תעשה אתם / ונתת אותם	על-	סל אחד והקרבת אתם בסל ואת-	4					1
ט290603	ואפדת לו בחשב האפד / ושמת המצנפת	על-	ראשו ונתת את- נזר הקדש על-	4					1
ט290609	על- ראשו ונתת את- נזר הקדש	על-	המצנפת / ולקחת את- שמן המשחה ויצקת	4					1
ט290706	המצנפת / ולקחת את- שמן המשחה ויצקת	על-	ראשו ומשחת אתו / ואת- בניו תקריב	4					1

אזכור		מלה		צורן	ג	#	כ	קס	ה
ט291012	מועד וסמך אהרן ובניו את- ידיהם	על-	ראש הפר / ושחטת את- הפר לפני		4				1
ט291205	אהל מועד / ולקחת מדם הפר ונתתה	על-	קרנת המזבח באצבעך ואת- כל- הדם		4				1
ט291310	החלב המכסה את- הקרב ואת היתרת	על-	הכבד ואת שתי הכלית ואת- החלב		4				1
ט291510	תקח וסמכו אהרן ובניו את- ידיהם	על-	ראש האיל / ושחטת את- האיל ולקחת		4				1
ט291608	את- האיל ולקחת את- דמו וזרקת	על-	המזבח סביב / ואת- האיל תנתח לנתחיו		4				1
ט291709	תנתח לנתחיו ורחצת קרבו וכרעיו ונתת	על-	נתחיו ועל- ראשו / והקטרת את- כל-		4				1
ט291711	ורחצת קרבו וכרעיו ונתת על- נתחיו	ועל-	ראשו / והקטרת את- כל- האיל המזבחה		4			1	2
ט291910	השני וסמך אהרן ובניו את- ידיהם	על-	ראש האיל / ושחטת את- האיל ולקחת		4				1
ט292007	ושחטת את- האיל ולקחת מדמו ונתתה	על-	תנוך אזן אהרן ועל תנוך אזן		4				1
ט292011	מדמו ונתתה על- תנוך אזן אהרן	ועל	תנוך אזן בניו הימנית ועל- בהן		4			1	2
ט292016	אהרן ועל תנוך אזן בניו הימנית	ועל-	בהן ידם הימנית ועל- בהן רגלם		4			1	2
ט292020	בניו הימנית ועל- בהן ידם הימנית	ועל-	בהן רגלם הימנית וזרקת את- הדם		4			1	2
ט292027	בהן רגלם הימנית וזרקת את- הדם	על-	המזבח סביב / ולקחת מן- הדם אשר		4				1
ט292105	המזבח סביב / ולקחת מן- הדם אשר	על-	המזבח ומשמן המשחה והזית על- אהרן		4				1
ט292110	אשר על- המזבח ומשמן המשחה והזית	על-	אהרן ועל- בגדיו ועל- בניו ועל-		4				1
ט292112	המזבח ומשמן המשחה והזית על- אהרן	ועל-	בגדיו ועל- בניו ועל- בגדי בניו		4			1	2
ט292114	המשחה והזית על- אהרן ועל- בגדיו	ועל-	בניו ועל- בגדי בניו אתו וקדש		4			1	2
ט292116	על- אהרן ועל- בגדיו ועל- בניו	ועל-	בגדי בניו אתו וקדש הוא ובגדיו		4			1	2
ט292403	המצות אשר לפני יהוה / ושמת הכל	על	כפי אהרן ועל כפי בניו והנפת		4				1
ט292406	יהוה / ושמת הכל על כפי אהרן	ועל	כפי בניו והנפת אתם תנופה לפני		4			1	2
ט292506	יהוה / ולקחת אתם מידם והקטרת המזבחה	על-	העלה לריח ניחוח לפני יהוה אשה		4				1
ט293605	תמלא ידם / ופר חטאת תעשה ליום	על-	הכפרים וחטאת על- המזבח בכפרך עליו		4				1
ט293608	חטאת תעשה ליום על- הכפרים וחטאת	על-	המזבח בכפרך עליו ומשחת אתו לקדשו		4				1
ט293704	ומשחת אתו לקדשו / שבעת ימים תכפר	על-	המזבח וקדשת אתו והיה המזבח קדש		4				1
ט293804	הנגע במזבח יקדש / וזה אשר תעשה	על-	המזבח כבשים בני- שנה שנים ליום		4				1
ט300408	טבעת זהב תעשה- לו מתחת לזרו	על	שתי צלעתיו תעשה על- שני צדיו		4				1
ט300412	מתחת לזרו על שתי צלעתיו תעשה	על-	שני צדיו והיה לבתים לבדים לשאת		4				1
ט300606	זהב / ונתתה אתו לפני הפרכת אשר	על-	ארן העדת לפני הכפרת אשר על-		4				1
ט300612	על- ארן העדת לפני הכפרת אשר	על-	העדת אשר אועד לך שמה / והקטיר		4				1
ט301003	ונסך לא תסכו עליו / וכפר אהרן	על-	קרנתיו אחת בשנה מדם חטאת הכפרים		4				1
ט301305	בפקד אתם / זה יתנו כל- העבר	על-	הפקדים מחצית השקל בשקל הקדש עשרים		4				1
ט301403	מחצית השקל תרומה ליהוה / כל העבר	על	הפקדים מבן עשרים שנה ומעלה יתן		4				1
ט301514	השקל לתת את- תרומת יהוה לכפר	על-	נפשתיכם / ולקחת את- כסף הכפרים מאת		4				1
ט301610	הכפרים מאת בני ישראל ונתת אתו	על	עבדת אהל מועד והיה לבני ישראל		4				1
ט301621	לבני ישראל לזכרון לפני יהוה לכפר	על-	נפשתיכם / וידבר יהוה אל- משה לאמר		4				1
ט303201	משחת- קדש יהיה זה לי לדרתיכם /	על-	בשר אדם לא ייסך ובמתכנתו לא		4				1
ט303308	אשר ירקח כמהו ואשר יתן ממנו	על-	זר ונכרת מעמיו / ויאמר יהוה אל-		4				1
ט320111	משה לרדת מן- ההר ויקהל העם	על-	אהרן ויאמרו אליו קום עשה- לנו		4				1
ט321211	ברעה הוציאם להרג אתם בהרים ולכלתם	מעל	פני האדמה שוב מחרון אפך והנחם		4			7	2
ט321218	פני האדמה שוב מחרון אפך והנחם	על-	הרעה לעמך / זכר לאברהם ליצחק ולישראל		4				1
ט321403	אתן לזרעכם ונחלו לעלם / וינחם יהוה	על-	הרעה אשר דבר לעשות לעמו / ויפן		4				1
ט321610	המה והמכתב מכתב אלהים הוא חרות	על-	הלחת / וישמע יהושע את- קול העם		4				1
ט322013	באש ויטחן עד אשר- דק ויזר	על-	פני המים וישק את- בני ישראל		4				1
ט322711	יהוה אלהי ישראל שימו איש- חרבו	על-	ירכו עברו ושובו משער לשער במחנה		4				1
ט323505	עלהם חטאתם / ויגף יהוה את- העם	על	אשר עשו את- העגל אשר עשה		4				1
ט331619	ונפלינו אני ועמך מכל- העם אשר	על-	פני האדמה / ויאמר יהוה אל- משה		4				1
ט331906	כבדך / ויאמר אני אעביר כל- טובי	על-	פניך וקראתי בשם יהוה לפניך וחנתי		4				1
ט332107	ויאמר יהוה הנה מקום אתי ונצבת	על-	הצור / והיה בעבר כבדי ושמתיך בנקרת		4				1
ט340112	לך שני- לחת אבנים כראשנים וכתבתי	על-	הלחת את- הדברים אשר היו על-		4				1
ט340118	על- הלחת את- הדברים אשר היו	על-	הלחת הראשנים אשר שברת / והיה נכון		4				1
ט340212	אל- הר סיני ונצבת לי שם	על-	ראש ההר / ואיש לא- יעלה עמך		4				1
ט340603	שם ויקרא בשם יהוה / ויעבר יהוה	על-	פניו ויקרא יהוה יהוה אל רחום		4				1
ט340714	ונקה לא ינקה פקד עון אבות	על-	בנים ועל- בני בנים על- שלשים		4				1
ט340716	ינקה פקד עון אבות על- בנים	ועל-	בני בנים על- שלשים ועל- רבעים		4			1	2

אזכור		מלה		צורן	ג	#	כ	קס	ה
ט340719	אבות על- בנים ועל- בני בנים	על-	שלשים ועל- רבעים / וימהר משה ויקד	4					1
ט340721	בנים ועל- בני בנים על- שלשים	ועל-	רבעים / וימהר משה ויקד ארצה וישתחו	4				1	2
ט342503	אלהיך שלש פעמים בשנה / לא- תשחט	על-	חמץ דם- זבחי ולא- ילין לבקר	4					1
ט342711	כתב- לך את- הדברים האלה כי	על-	פי הדברים האלה כרתי אתך ברית	4					1
ט342816	לא אכל ומים לא שתה ויכתב	על-	הלחת את דברי הברית עשרת הדברים	4					1
ט343306	סיני / ויכל משה מדבר אתם ויתן	על-	פניו מסוה / ובבא משה לפני יהוה	4					1
ט343516	פני משה והשיב משה את- המסוה	על-	פניו עד- באו לדבר אתו // ויקהל	4					1
ט352203	ולכל- עבדתו ולבגדי הקדש / ויבאו האנשים	על-	הנשים כל נדיב לב הביאו חח	4					1
ט361104	אחת אל- אחת / ויעש ללאת תכלת	על	שפת היריעה האחת מקצה בחברת כן	4					1
ט361405	המשכן אחד / ויעש יריעת עזים לאהל	על-	המשכן עשתי-עשרה יריעת עשה אתם / ארך	4					1
ט361704	שש היריעת לבד / ויעש ללאת חמשים	על	שפת היריעה הקיצנה בחברת וחמשים ללאת	4					1
ט361712	היריעה הקיצנה במחברת וחמשים ללאת עשה	על-	שפת היריעה החברת השנית / ויעש קרסי	4					1
ט370306	סביב / ויצק לו ארבע טבעת זהב	על	ארבע פעמתיו ושתי טבעת על- צלעו	4					1
ט370311	זהב על ארבע פעמתיו ושתי טבעת	על-	צלעו האחת ושתי טבעת על- צלעו	4					1
ט370316	טבעת על- צלעו האחת ושתי טבעת	על-	צלעו השנית / ויעש בדי עצי שטים	4					1
ט370505	אתם זהב / ויבא את- הבדים בטבעת	על	צלעת הארן לשאת את- הארן / ויעש	4					1
ט370908	הכרבים פרשי כנפים למעלה סככים בכנפיהם	על-	הכפרת ופניהם איש אל- אחיו אל-	4					1
ט371309	ארבע טבעת זהב ויתן את- הטבעת	על	ארבע הפאת אשר לארבע רגליו / לעמת	4					1
ט371605	את- השלחן / ויעש את- הכלים אשר	על-	השלחן את- קערתיו ואת- כפתיו ואת	4					1
ט372708	טבעת זהב עשה- לו מתחת לזרו	על	שתי צלעתיו על שני צדיו לבתים	4					1
ט372711	לו מתחת לזרו על שתי צלעתיו	על	שני צדיו לבתים לבדים לשאת אתו	4					1
ט380203	רבוע ושלש אמות קמתו / ויעש קרנתיו	על	ארבע פנתיו ממנו היו קרנתיו ויצף	4					1
ט380705	אתם נחשת / ויבא את- הבדים בטבעת	על	צלעת המזבח לשאת אתו בהם נבוב	4					1
ט382108	פקודי המשכן משכן העדה אשר פקד	על-	פי משה עבדת הלוים ביד איתמר	4					1
ט382609	מחצית השקל בשקל הקדש לכל העבר	על-	הפקדים מבן עשרים שנה ומעלה לשש-	4					1
ט390405	מעשה חשב / כתפת עשו- לו חברת	על-	שני קצותיו חבר / וחשב אפדתו אשר	4					1
ט390611	מסבת משבצת זהב מפתחת פתוחי חותם	על-	שמות בני ישראל / וישם אתם על	4					1
ט390703	על- שמות בני ישראל / וישם אתם	על	כתפת האפד אבני זכרון לבני ישראל	4					1
ט391402	וישפה מוסבת משבצת זהב במלאתם / והאבנים	על-	שמת בני- ישראל הנה שתים עשרה על-	4					1
ט391408	על- שמת בני- ישראל הנה שתים עשרה	על-	שמתם פתוחי חתם איש על- שמו	4					1
ט391413	שתים עשרה על- שמתם פתוחי חתם איש	על-	שמו לשנים עשר שבט / ויעשו על- החשן	4					1
ט391502	איש על- שמו לשנים עשר שבט / ויעשו	על-	החשן שרשרת גבלת מעשה עבת זהב	4					1
ט391612	טבעת זהב ויתנו את- שתי הטבעת	על-	שני קצות החשן / ויתנו שתי העבתת	4					1
ט391705	קצות החשן / ויתנו שתי העבתת הזהב	על-	שתי הטבעת על- קצות החשן / ואת	4					1
ט391708	שתי העבתת הזהב על- שתי הטבעת	על-	קצות החשן / ואת שתי קצות שתי	4					1
ט391807	ואת שתי קצות שתי העבתת נתנו	על-	שתי המשבצת ויתנם על- כתפת האפד	4					1
ט391811	העבתת נתנו על- שתי המשבצת ויתנם	על-	כתפת האפד אל- מול פניו / ויעשו	4					1
ט391906	פניו / ויעשו שתי טבעת זהב וישימו	על-	שני קצות החשן על- שפתו אשר	4					1
ט391910	זהב וישימו על- שני קצות החשן	על-	שפתו אשר אל- עבר האפד ביתה	4					1
ט392006	ביתה / ויעשו שתי טבעת זהב ויתנם	על-	שתי כתפת האפד מלמטה ממול פניו	4					1
ט392111	אל- טבעת האפד בפתיל תכלת להית	על-	חשב האפד ולא- יזח החשן מעל	4					1
ט392117	על- חשב האפד ולא- יזח החשן	מעל	האפד כאשר צוה יהוה את- משה	4				7	2
ט392402	שפה לפיו סביב לא יקרע / ויעשו	על-	שולי המעיל רמוני תכלת וארגמן ותולעת	4					1
ט392510	טהור ויתנו את- הפעמנים בתוך הרמנים	על-	שולי המעיל סביב בתוך הרמנים / פעמן	4					1
ט392605	בתוך הרמנים / פעמן ורמן פעמן ורמן	על-	שולי המעיל סביב לשרת כאשר צוה	4					1
ט393106	ליהוה / ויתנו עליו פתיל תכלת לתת	על-	המצנפת מלמעלה כאשר צוה יהוה את-	4					1
ט400307	ושמת שם את ארון העדות וסכת	על-	הארן את- הפרכת / והבאת את- השלחן	4					1
ט401904	ויקם את- עמודיו / ויפרש את- האהל	על-	המשכן וישם את- מכסה האהל עליו	4					1
ט402010	העדת אל- הארן וישם את- הבדים	על-	הארן ויתן את- הכפרת על- הארן	4					1
ט402015	הבדים על- הארן ויתן את- הכפרת	על-	הארן מלמעלה / ויבא את- הארן אל-	4					1
ט402111	המשכן וישם את פרכת המסך ויסך	על	ארון העדות כאשר צוה יהוה את-	4					1
ט402206	משה / ויתן את- השלחן באהל מועד	על	ירך המשכן צפנה מחוץ לפרכת / ויערך	4					1
ט402408	את- המנרה באהל מועד נכח השלחן	על	ירך המשכן נגבה / ויעל הנרת לפני	4					1
ט403603	יהוה מלא את- המשכן / ובהעלות הענן	מעל	המשכן יסעו בני ישראל בכל מסעיהם	4				7	2

אזכור		מלה		צונן	ג	#	כ	קס	ה
ט403804	עד- יום העלתו / כי ענן יהוה	על-	המשכן יומם ואש תהיה לילה בו	4					1
ט011102	ונלחם- בנו ועלה מן- הארץ / וישימו	עליו	שרי מסים למען ענתו בסבלתם ויבן	41			4		2
ט020609	את- הילד והנה- נער בכה ותחמל	עליו	ותאמר מילדי העברים זה / ותאמר אחתו	41			4		2
ט021407	ויאמר מי שמך לאיש שר ושפט	עלינו	הלהרגני אתה אמר כאשר הרגת את-	41			6		3
ט030514	רגליך כי המקום אשר אתה עומד	עליו	אדמת- קדש הוא / ויאמר אנכי אלהי	41			4		2
ט031816	ואמרתם אליו יהוה אלהי העבריים נקרה	עלינו	ועתה נלכה- נא דרך שלשת ימים	41			6		3
ט050305	לא אשלח / ויאמרו אלהי העברים נקרא	עלינו	נלכה נא דרך שלשת ימים במדבר	41			6		3
ט050810	אשר הם עשים תמול שלשם תשימו	עליהם	לא תגרעו ממנו כי- נרפים הם	41			9		3
ט051407	ויכו שטרי בני ישראל אשר- שמו	עלהם	נגשי פרעה לאמר מדוע לא כליתם	41			9		3
ט052105	מאת פרעה / ויאמרו אלהם ירא יהוה	עליכם	וישפט אשר הבאשתם את- ריחנו בעיני	41			7		3
ט080505	ויזנחו לפרעה / ויאמר משה לפרעה התפאר	עלי	למתי אעתיר לך ולעבדיך ולעמך להכרית	41			1		2
ט091921	ימצא בשדה ולא יאסף הביתה וירד	עלהם	הברד ומתו / הירא את- דבר יהוה	41			9		3
ט101711	אך הפעם והעתירו ליהוה אלהיכם ויסר	מעלי	רק את- המות הזה / ויצא מעם	41			1	7	3
ט102805	אבה לשלחם / ויאמר- לו פרעה לך	מעלי	השמר לך אל תסף ראות פני	41			1	7	3
ט121314	אתם שם וראיתי את- הדם ופסחתי	עלכם	ולא- יהיה בכם נגף למשחית בהכתי	41			7		3
ט140309	לבני ישראל נבכים הם בארץ סגר	עליהם	המדבר / וחזקתי את- לב- פרעה ורדף	41			9		3
ט151602	רעד נמגו כל ישבי כנען / תפל	עליהם	אימתה ופחד בגדל זרועך ידמו כאבן	41			9		3
ט151910	פרעה ברכבו ובפרשיו בים וישב יהוה	עלהם	את- מי הים ובני ישראל הלכו	41			9		3
ט152623	המחלה אשר- שמתי במצרים לא- אשים	עליך	כי אני יהוה רפאך / ויבאו אילמה	41			2		3
ט160715	על- יהוה ונחנו מה כי תלינו	עלינו	/ ויאמר משה בתת יהוה לכם בערב	41			6		3
ט160819	יהוה את- תלנתיכם אשר- אתם מלינם	עליו	ונחנו מה לא- עלינו תלנתיכם כי	41			4		2
ט160823	אתם מלינם עליו ונחנו מה לא-	עלינו	תלנתיכם כי על- יהוה / ויאמר משה	41			6		3
ט162014	עד- בקר וירם תולעים ויבאש ויקצף	עלהם	משה / וילקטו אתו בבקר בבקר איש	41			9		3
ט181112	מכל- האלהים כי בדבר אשר זדו	עליהם	/ ויקח יתרו חתן משה עלה וזבחים	41			9		3
ט181425	אתה יושב לבדך וכל- העם נצב	עליך	מן- בקר עד- ערב / ויאמר משה	41			2		3
ט182114	אלהים אנשי אמת שנאי בצע ושמת	עלהם	שרי אלפים שרי מאות שרי חמשים	41			9		3
ט182218	וכל- הדבר הקטן ישפטו- הם והקל	מעליך	ונשאו אתך / אם את- הדבר הזה	41			2	7	4
ט191808	סיני עשן כלו מפני אשר ירד	עליו	יהוה באש ויעל עשנו כעשן הכבשן	41			4		2
ט202406	לכם / מזבח אדמה תעשה לי וזבחת	עליו	את- עלתיך ואת- שלמיך את- צאנך	41			4		2
ט202610	על- מזבחי אשר לא- תגלה ערותך	עליו	// ואלה המשפטים אשר תשים לפניהם / כי	41			4		2
ט212216	יהיה אסון ענוש יענש כאשר ישית	עליו	בעל האשה ונתן בפללים / ואם- אסון	41			4		2
ט213004	וגם- בעליו יומת / אם- כפר יושת	עליו	ונתן פדין נפשו ככל אשר- יושת	41			4		2
ט213011	ונתן פדין נפשו ככל אשר- יושת	עליו	/ או- בן יגח או- בת יגח	41			4		2
ט220204	אין לו דמים / אם- זרחה השמש	עליו	דמים לו שלם ישלם אם- אין	41			4		2
ט222415	לא- תהיה לו כנשה לא- תשימון	עליו	נשך / אם- חבל תחבל שלמת רעך	41			4		2
ט232911	אחת פן- תהיה הארץ שממה ורבה	עליך	חית השדה / מעט מעט אגרשנו מפניך	41			2		3
ט251109	זהב טהור מבית ומחוץ תצפנו ועשית	עליו	זר זהב סביב / ויצקת לו ארבע	41			4		2
ט280804	שני קצותיו וחבר / וחשב אפדתו אשר	עליו	כמעשהו ממנו יהיה זהב תכלת וארגמן	41			4		2
ט280907	ולקחת את- שתי אבני- שהם ופתחת	עליהם	שמות בני ישראל / ששה משמתם על	41			9		3
ט283606	ימות / ועשית ציץ זהב טהור ופתחת	עליו	פתוחי חתם קדש ליהוה / ושמת אתו	41			4		2
ט293611	על- הכפרים וחטאת על- המזבח בכפרך	עליו	ומשחת אתו לקדשו / שבעת ימים תכפר	41			4		2
ט300702	העדת אשר אועד לך שמה / והקטיר	עליו	אהרן קטרת סמים בבקר בבקר בהיטיבו	41			4		1
ט300903	תמיד לפני יהוה לדרתיכם / לא- תעלו	עליו	קטרת זרה ועלה ומנחה ונסך לא	41			4		2
ט300911	זרה ועלה ומנחה ונסך לא תסכו	עליו	/ וכפר אהרן על- קרנתיו אחת בשנה	41			4		2
ט301013	מדם חטאת הכפרים אחת בשנה יכפר	עליו	לדרתיכם קדש קדשים הוא ליהוה / וידבר	41			4		2
ט310710	ואת- הארן לעדת ואת- הכפרת אשר	עליו	ואת כל- כלי האהל / ואת- השלחן	41			4		2
ט322112	עשה לך העם הזה כי- הבאת	עליו	חטאה גדלה / ויאמר אהרן אל- יחר	41			4		2
ט322912	ליהוה כי איש בבנו ובאחיו ולתת	עליכם	היום ברכה / ויהי ממחרת ויאמר משה	41			7		3
ט323417	מלאכי ילך לפניך וביום פקדי ופקדתי	עלהם	חטאתם / ויגף יהוה את- העם על	41			9		3
ט330412	הזה ויתאבלו ולא- שתו איש עדיו	עליו	/ ויאמר יהוה אל- משה אמר אל-	41			4		2
ט330521	אעלה בקרבך וכליתיך ועתה הורד עדיך	מעליך	ואדעה מה אעשה- לך / ויתנצלו בני-	41			2	7	4
ט332209	כבדי ושמתיך בנקרת הצור ושכתי כפי	עליך	עד- עברי / והסרתי את- כפי וראית	41			2		3
ט390504	שני קצותיו חבר / וחשב אפדתו אשר	עליו	ממנו הוא כמעשהו זהב תכלת וארגמן	41			4		2
ט393009	ציץ נזר- הקדש זהב טהור ויכתבו	עליו	מכתב פתוחי חותם קדש ליהוה / ויתנו	41			4		2

/ = סוף פסוק // = סוף פרק ג = מין # = מספר כ = כינוי הבור קס = קידומות וסיומות ה = מספר ההברות

אזכור		מלה		צורן	ג	#	כ	קס	ה
ט393102	מכתב פתוחי חותם קדש ליהוה / ויתנו	עליו	פתיל תכלת לתת על- המצנפת מלמעלה	41			4		2
ט401910	על- המשכן וישם את- מכסה האהל	עליו	מלמעלה כאשר צוה יהוה את- משה	41			4		2
ט402302	ירך המשכן צפנה מחוץ לפרכת / ויערך	עליו	ערך לחם לפני יהוה כאשר צוה	41			4		2
ט402702	הזהב באהל מועד לפני הפרכת / ויקטר	עליו	קטרת סמים כאשר צוה יהוה את-	41			4		2
ט402910	שם פתח משכן אהל- מועד ויעל	עליו	את- העלה ואת- המנחה כאשר צוה	41			4		2
ט403510	לבוא אל- אהל מועד כי- שכן	עליו	וענן וכבוד יהוה מלא את- המשכן	41			4		2
ט081724	את- הערב וגם האדמה אשר- הם	עליה	/ והפליתי ביום ההוא את- ארץ גשן	42			5		3
ט081810	את- ארץ גשן אשר עמי עמד	עליה	לבלתי היות- שם ערב למען תדע	42			5		3
ט171209	כבדים ויקחו- אבן וישימו תחתיו וישב	עליה	ואהרן וחור תמכו בידיו מזה אחד	42			5		3
ט202513	תבנה אתהן גזית כי חרבך הנפת	עליה	ותחללה / ולא- תעלה במעלת על- מזבחי	42			5		3
ט291318	ואת שתי הכלית ואת- החלב אשר	עליהן	והקטרת המזבחה / ואת- בשר הפר ואת-	42			0		3
ט292220	ואת שתי הכלית ואת- החלב אשר	עליהן	ואת שוק הימין כי איל מלאים	42			0		3
ט341211	ברית ליושב הארץ אשר אתה בא	עליה	פן- יהיה למוקש בקרבך / כי את-	42			5		3
	--*-*-*-*-*-*-*-*-*-*-*-*-*-*-*-*-*-*	עלה	*-*						
ט011017	גם- הוא על- שנאינו ונלחם- בנו	ועלה	מן- הארץ / וישימו עליו שרי מסים	3111	1	1		1	3
ט072804	כל- גבולך בצפרדעים / ושרץ היאר צפרדעים	ועלו	ובאו בביתך ובחדר משכבך ועל- מטתך	3111	1	3		1	3
ט123804	הגברים לבד מטף / וגם- ערב רב	עלה	אתם וצאן ובקר מקנה כבד מאד	3111	1	1			2
ט131810	העם דרך המדבר ים- סוף וחמשים	עלו	בני ישראל מארץ מצרים / ויקח משה	3111	1	3			2
ט171012	משה להלחם בעמלק ומשה אהרן וחור	עלו	ראש הגבעה / והיה כאשר ירים משה	3111	1	3			2
ט190302	ויחן- שם ישראל נגד ההר / ומשה	עלה	אל- האלהים ויקרא אליו יהוה מן-	3111	1	1			2
ט192406	וקדשתו / ויאמר אליו יהוה לך- רד	ועלית	אתה ואהרן עמך והכהנים והעם אל-	3111	1	1		1	4
ט340204	הראשנים אשר דברת / והיה נכון לבקר	ועלית	בבקר אל- הר סיני ונצבת לי	3111	1	1		1	4
ט072905	תנוריך ובמשארותיך / ובכה ובעמך ובכל- עבדיך	יעלו	הצפרדעים // ויאמר יהוה אל- משה אמר	3121	2	3			3
ט101211	נטה ידך על- ארץ מצרים בארבה	ויעל	על- ארץ מצרים ויאכל את- כל-	3121	1	1		1	3
ט101401	היה ורוח הקדים נשא את- הארבה /	ויעל	הארבה על כל- ארץ מצרים וינח	3121	1	1		*	3
ט191320	איש לא יחיה במשך היבל המה	יעלו	ההר / וירד משה מן- ההר אל-	3121	1	3			3
ט191811	מפני אשר ירד עליו יהוה באש	ויעל	עשנו כעשן הכבשן ויחרד כל- ההר	3121	1	1		*	3
ט192015	ויקרא יהוה למשה אל- ראש ההר	ויעל	משה / ויאמר יהוה אל- משה רד	3121	1	1		*	3
ט202602	כי חרבך הנפת עליה ותחללה / ולא-	תעלה	במעלת על- מזבחי אשר לא- תגלה	3121	1	1			3
ט240211	יהוה והם לא יגשו והעם לא	יעלו	עמו / ויבא משה ויספר לעם את	3121	1	3			3
ט240901	יהוה עמכם על כל- הדברים האלה /	ויעל	משה ואהרן נדב ואביהוא ושבעים מזקני	3121	1	1		*	3
ט241305	כתבתי להורתם / ויקם משה ויהושע משרתו	ויעל	משה אל- הר האלהים / ואל- הזקנים	3121	1	1		*	3
ט241501	עמכם מי- בעל דברים יגש אלהם /	ויעל	משה אל- ההר ויכס הענן את-	3121	1	1		*	3
ט241805	בני ישראל / ויבא משה בתוך הענן	ויעל	אל- ההר ויהי משה בהר ארבעים	3121	1	1		*	3
ט323012	העם אתם חטאתם חטאה גדלה ועתה	אעלה	אל- יהוה אולי אכפרה בעד חטאתכם	3121	1	1			3
ט330308	ארץ זבת חלב ודבש כי לא	אעלה	בקרבך כי עם- קשה- ערף אתה	3121	1	1			3
ט330515	אתם עם- קשה- ערף רגע אחד	אעלה	בקרבך וכליתיך ועתה הורד עדיך מעליך	3121	1	1			3
ט340303	שם על- ראש ההר / ואיש לא-	יעלה	עמך וגם- איש אל- ירא בכל-	3121	1	1			3
ט340409	לחת אבנים כראשנים וישכם משה בבקר	ויעל	אל- הר סיני כאשר צוה יהוה	3121	1	1		*	3
ט022314	ויאנחו בני- ישראל מן- העבדה ויזעקו	ותעל	שועתם אל- האלהים מן- העבדה / וישמע	3122	2	1		*	3
ט080208	אהרן את- ידו על מימי מצרים	ותעל	הצפרדע ותכס את- ארץ מצרים / ויעשו-	3122	2	1		*	3
ט161303	כי אני יהוה אלהיכם / ויהי בערב	ותעל	השלו ותכס את- המחנה ובבקר היתה	3122	2	1		*	3
ט161401	ובבקר היתה שכבת הטל סביב למחנה /	ותעל	שכבת הטל והנה על- פני המדבר	3122	2	1		*	3
ט240104	יהיה לך למוקש // ואל משה אמר	עלה	אל- יהוה אתה ואהרן נדב ואביהוא	314	1	1			2
ט241205	ויאכלו וישתו / ויאמר יהוה אל- משה	עלה	אלי ההרה והיה- שם ואתנה לך	314	1	1			2
ט330106	אהרן // וידבר יהוה אל- משה לך	עלה	מזה אתה והעם אשר העלית מארץ	314	1	1			2
ט191208	את- העם סביב לאמר השמרו לכם	עלות	בהר ונגע בקצהו כל- הנגע בהר	3151					2
ט342413	גבלך ולא- יחמד איש את- ארצך	בעלתך	לראות את- פני יהוה אלהיך שלש	3153			2	4	5
ט192308	משה אל יהוה לא- יוכל העם	לעלת	אל- הר סיני כי- אתה העדתה	3154				6	3
ט192414	ואהרן עמך והכהנים והעם אל- יהרסו	לעלת	אל- יהוה פן- יפרץ- בם / וירד	3154				6	3

/ = סוף פסוק   // = סוף פרק   ג = מין   # = מספר   כ = ניגוי הבור   קס = קידומות וסיומות   ה = נסגר ההברות

אזכור		מלה		צונן	ג	#	כ	קס	ה
	-	עלמה	*-*						
ט020807	ותאמר- לה בת- פרעה לכי ותלך	העלמה	ותקרא את- אם הילד / ותאמר לה	1121	2	1		2	3
	-	עם	*-*						
ט012005	המילדת וילדו / וייטב אלהים למילדת וירב	העם	ויעצמו מאד / ויהי כי- יראו המילדת	1111	1	1		2	2
ט031213	האות כי אנכי שלחתיך בהוציאך את-	העם	ממצרים תעבדון את- האלהים על ההר	1111	1	1		2	2
ט032104	כן ישלח אתכם / ונתתי את- חן	העם-	הזה בעיני מצרים והיה כי תלכון	1111	1	1		2	2
ט041605	אשר תעשון / ודבר- הוא לך אל-	העם	והיה הוא יהיה- לך לפה ואתה	1111	1	1		2	2
ט042124	אחזק את- לבו ולא ישלח את-	העם	/ ואמרת אל- פרעה כה אמר יהוה	1111	1	1		2	2
ט043014	יהוה אל- משה ויעש האתת לעיני	העם	/ ויאמן העם וישמעו כי- פקד יהוה	1111	1	1		2	2
ט043102	משה ויעש האתת לעיני העם / ויאמן	העם	וישמעו כי- פקד יהוה את- בני	1111	1	1		2	2
ט050410	מצרים למה משה ואהרן תפריעו את-	העם	ממעשיו לכו לסבלתיכם / ויאמר פרעה הן-	1111	1	1		2	2
ט050607	ויצו פרעה ביום ההוא את- הנגשים	בעם	ואת- שטריו לאמר / לא תאספון לתת	1111	1	1		24	2
ט050705	שטריו לאמר / לא תאספון לתת תבן	לעם	ללבן הלבנים כתמול שלשם הם ילכו	1111	1	1		26	2
ט051003	ואל- ישעו בדברי- שקר / ויצאו נגשי	העם	ושטריו ויאמרו אל- העם לאמר כה	1111	1	1		1	2
ט051007	ויצאו נגשי העם ושטריו ויאמרו אל-	העם	לאמר כה אמר פרעה אינני נתן	1111	1	1		2	2
ט051202	כי אין נגרע מעבדתכם דבר / ויפץ	העם	בכל- ארץ מצרים לקשש קש לתבן	1111	1	1		2	2
ט052209	אל- יהוה ויאמר אדני למה הרעתה	לעם	הזה למה זה שלחתני / ומאז באתי	1111	1	1		26	2
ט052308	באתי אל- פרעה לדבר בשמך הרע	לעם	הזה והצל לא- הצלת את- עמך	1111	1	1		26	2
ט060704	נטויה ובשפטים גדלים / ולקחתי אתכם לי	לעם	והייתי לכם לאלהים וידעתם כי אני	1111	1	1		6	2
ט071410	משה כבד לב פרעה מאן לשלח	העם	/ לך אל- פרעה בבקר הנה יצא	1111	1	1		2	2
ט080415	ויסר הצפרדעים ממני ומעמי ואשלחה את-	העם	ויזבחו ליהוה / ויאמר משה לפרעה התפאר	1111	1	1		2	2
ט082524	יסף פרעה התל לבלתי שלח את-	העם	לזבח ליהוה / ויצא משה מעם פרעה	1111	1	1		2	2
ט082811	גם בפעם- הזאת ולא שלח את-	העם	// ויאמר יהוה אל- משה בא אל-	1111	1	1		2	2
ט090716	ויכבד לב פרעה ולא שלח את-	העם	/ ויאמר יהוה אל- משה ואל- אהרן	1111	1	1		2	2
ט110204	יגרש אתכם מזה / דבר- נא באזני	העם	וישאלו איש מאת רעהו ואשה מאת	1111	1	1		2	2
ט110305	וכלי זהב / ויתן יהוה את- חן	העם	בעיני מצרים גם האיש משה גדול	1111	1	1		2	2
ט110319	בארץ מצרים בעיני עבדי- פרעה ובעיני	העם	/ ויאמר משה כה אמר יהוה כחצת	1111	1	1		2	2
ט110812	והשתחוו- לי לאמר צא אתה וכל	העם	אשר- ברגליך ואחרי- כן אצא ויצא	1111	1	1		2	2
ט122720	את- מצרים ואת- בתינו הציל ויקד	העם	וישתחוו / וילכו ויעשו בני ישראל כאשר	1111	1	1		2	2
ט123304	וברכתם גם- אתי / ותחזק מצרים על-	העם	למהר לשלחם מן- הארץ כי אמרו	1111	1	1		2	2
ט123402	הארץ כי אמרו כלנו מתים / וישא	העם	את- בצקו טרם יחמץ משארתם צררת	1111	1	1		2	2
ט123605	זהב ושמלת / ויהוה נתן את- חן	העם	בעיני מצרים וישאלום וינצלו את- מצרים	1111	1	1		2	2
ט130304	ובבהמה לי הוא / ויאמר משה אל-	העם	זכור את- היום הזה אשר יצאתם	1111	1	1		2	2
ט131705	יהוה ממצרים / ויהי בשלח פרעה את-	העם	ולא- נחם אלהים דרך ארץ פלשתים	1111	1	1		2	2
ט131720	הוא כי אמר אלהים פן- ינחם	העם	בראתם מלחמה ושבו מצרימה / ויסב אלהים	1111	1	1		2	2
ט131804	מלחמה ושבו מצרימה / ויסב אלהים את-	העם	דרך המדבר ים- סוף וחמשים עלו	1111	1	1		2	2
ט132210	הענן יומם ועמוד האש לילה לפני	העם	// וידבר יהוה אל- משה לאמר / דבר	1111	1	1		2	2
ט140506	כן / ויגד למלך מצרים כי ברח	העם	ויהפך לבב פרעה ועבדיו אל- העם	1111	1	1		2	2
ט140512	העם ויהפך לבב פרעה ועבדיו אל-	העם	ויאמרו מה- זאת עשינו כי- שלחנו	1111	1	1		2	2
ט141304	מצרים ממתנו במדבר / ויאמר משה אל-	העם	אל- תיראו התיצבו וראו את- ישועת	1111	1	1		2	2
ט143111	הגדלה אשר עשה יהוה במצרים וייראו	העם	את יהוה ויאמינו ביהוה ובמשה עבדו	1111	1	1		2	2
ט151303	נטית ימינך תבלעמו ארץ / נחית בחסדך	עם-	זו גאלת נהלת בעזך אל- נוה	1111	1	1			1
ט151615	עד- יעבר עמך יהוה עד- יעבר	עם-	זו קנית / תבאמו ותטעמו בהר נחלתך	1111	1	1			1
ט152402	על- כן קרא- שמה מרה / וילנו	העם	על- משה לאמר מה נשתה / ויצעק	1111	1	1		2	2
ט160412	ממטיר לכם לחם מן- השמים ויצא	העם	ולקטו דבר- יום ביומו למען אנסנו	1111	1	1		2	2
ט162706	בו / ויהי ביום השביעי יצאו מן-	העם	ללקט ולא מצאו / ויאמר יהוה אל-	1111	1	1		2	2
ט163002	יצא איש ממקמו ביום השביעי / וישבתו	העם	ביום השבעי / ויקראו בית- ישראל את-	1111	1	1		2	2
ט170117	יהוה ויחנו ברפידים ואין מים לשתת	העם	/ וירב העם עם- משה ויאמרו תנו-	1111	1	1		2	2
ט170202	ברפידים ואין מים לשתת העם / וירב	העם	עם- משה ויאמרו תנו- לנו מים	1111	1	1		2	2
ט170303	מה- תנסון את- יהוה / ויצמא שם	העם	למים וילן העם על- משה ויאמר	1111	1	1		2	2
ט170306	יהוה / ויצמא שם העם למים וילן	העם	על- משה ויאמר למה זה העליתנו	1111	1	1		2	2
ט170408	משה אל יהוה לאמר מה אעשה	לעם	הזה עוד מעט וסקלני / ויאמר יהוה	1111	1	1		26	2
ט170507	ויאמר יהוה אל- משה עבר לפני	העם	וקח אתך מזקני ישראל ומטך אשר	1111	1	1		2	2

/ = סוף פסוק // = סוף פרק ג = מין # = מספר כ = כינוי גבור קס = קידומות וסיומות ו = נספר ההגרות עמ' 287

אזכור		מלה		צופן	ג	#	כ	קס	ה
ט170614	והכית בצור ויצאו ממנו מים ושתה	העם	ויעש כן משה לעיני זקני ישראל	1111	1	1		2	2
ט181015	מצרים ומיד פרעה אשר הציל את-	העם	מתחת יד- מצרים / עתה ידעתי כי-	1111	1	1		2	2
ט181307	ויהי ממחרת וישב משה לשפט את-	העם	ויעמד העם על- משה מן- הבקר	1111	1	1		2	2
ט181309	וישב משה לשפט את- העם ויעמד	העם	על- משה מן- הבקר עד- הערב	1111	1	1		2	2
ט181409	משה את כל- אשר- הוא עשה	לעם	ויאמר מה- הדבר הזה אשר אתה	1111	1	1		26	2
ט181417	מה- הדבר הזה אשר אתה עשה	לעם	מדוע אתה יושב לבדך וכל- העם	1111	1	1		26	2
ט181423	לעם מדוע אתה יושב לבדך וכל-	העם	נצב עליך מן- בקר עד- ערב	1111	1	1		2	2
ט181507	ויאמר משה לחתנו כי- יבא אלי	העם	לדרש אלהים / כי- יהיה להם דבר	1111	1	1		2	2
ט181806	עשה / נבל תבל גם- אתה גם-	העם	הזה אשר עמך כי- כבד ממך	1111	1	1		2	2
ט181910	איעצך ויהי אלהים עמך היה אתה	לעם	מול האלהים והבאת אתה את- הדברים	1111	1	1		26	2
ט182104	המעשה אשר יעשון / ואתה תחזה מכל-	העם	אנשי- חיל יראי אלהים אנשי אמת	1111	1	1		2	2
ט182203	שרי חמשים ושרי עשרת / ושפטו את-	העם	בכל- עת והיה כל- הדבר הגדל	1111	1	1		2	2
ט182312	וצוך אלהים ויכלת עמד וגם כל-	העם	הזה על- מקמו יבא בשלום / וישמע	1111	1	1		2	2
ט182511	מכל- ישראל ויתן אתם ראשים על-	העם	שרי אלפים שרי מאות שרי חמשים	1111	1	1		2	2
ט182603	שרי חמשים ושרי עשרת / ושפטו את-	העם	בכל- עת את- הדבר הקשה יביאון	1111	1	1		2	2
ט190705	בני ישראל / ויבא משה ויקרא לזקני	העם	וישם לפניהם את כל- הדברים האלה	1111	1	1		2	2
ט190803	האלה אשר צוהו יהוה / ויענו כל-	העם	יחדו ויאמרו כל אשר- דבר יהוה	1111	1	1		2	2
ט190815	יהוה נעשה וישב משה את- דברי	העם	אל- יהוה / ויאמר יהוה אל- משה	1111	1	1		2	2
ט190913	בא אליך בעב הענן בעבור ישמע	העם	בדברי עמך וגם- בך יאמינו לעולם	1111	1	1		2	2
ט190924	יאמינו לעולם ויגד משה את- דברי	העם	אל- יהוה / ויאמר יהוה אל- משה	1111	1	1		2	2
ט191007	ויאמר יהוה אל- משה לך אל-	העם	וקדשתם היום ומחר וכבסו שמלתם / והיו	1111	1	1		2	2
ט191112	ביום השלישי ירד יהוה לעיני כל-	העם	על- הר סיני / והגבלת את- העם	1111	1	1		2	2
ט191203	העם על- הר סיני / והגבלת את-	העם	סביב לאמר השמרו לכם עלות בהר	1111	1	1		2	2
ט191406	בהר / וירד משה מן- ההר אל-	העם	ויקדש את- העם ויכבסו שמלתם / ויאמר	1111	1	1		2	2
ט191409	מן- ההר אל- העם ויקדש את-	העם	ויכבסו שמלתם / ויאמר אל- העם היו	1111	1	1		2	2
ט191503	את- העם ויכבסו שמלתם / ויאמר אל-	העם	היו נכנים לשלשת ימים אל- תגשו	1111	1	1		2	2
ט191619	וקל שפר חזק מאד ויחרד כל-	העם	אשר במחנה / ויוצא משה את- העם	1111	1	1		2	2
ט191704	העם אשר במחנה / ויוצא משה את-	העם	לקראת האלהים מן- המחנה ויתיצבו בתחתית	1111	1	1		2	2
ט192107	ויאמר יהוה אל- משה רד העד	בעם	פן- יהרסו אל- יהוה לראות ונפל	1111	1	1		24	2
ט192307	ויאמר משה אל יהוה לא- יוכל	העם	לעלת אל- הר סיני כי- אתה	1111	1	1		2	2
ט192411	רד ועלית אתה ואהרן עמך והכהנים	והעם	אל- יהרסו לעלת אל- יהוה פן-	1111	1	1		21	3
ט192504	פן- יפרץ- בם / וירד משה אל-	העם	ויאמר אלהם // וידבר אלהים את כל-	1111	1	1		2	2
ט201802	ושורו וחמרו וכל אשר לרעך / וכל-	העם	ראים את- הקולת ואת הלפידם ואת	1111	1	1		2	2
ט201815	קול השפר ואת- ההר עשן וירא	העם	וינעו ויעמדו מרחק / ויאמרו אל- משה	1111	1	1		2	2
ט202004	אלהים פן- נמות / ויאמר משה אל-	העם	אל- תיראו כי לבעבור נסות אתכם	1111	1	1		2	2
ט202102	יראתו על- פניכם לבלתי תחטאו / ויעמד	העם	מרחק ומשה נגש אל- הערפל אשר-	1111	1	1		2	2
ט210809	בעיני אדניה אשר- לא יעדה והפדה	לעם	נכרי לא- ימשל למכרה בבגדו- בה	1111	1	1		6	2
ט232708	אימתי אשלח לפניך והמתי את- כל-	העם	אשר תבא בהם ונתתי את- כל-	1111	1	1		2	2
ט240209	לבדו אל- יהוה והם לא יגשו	והעם	לא יעלו עמו / ויבא משה ויספר	1111	1	1		21	3
ט240304	לא יעלו עמו / ויבא משה ויספר	לעם	את כל- דברי יהוה ואת כל-	1111	1	1		26	2
ט240314	יהוה ואת כל- המשפטים ויען כל-	העם	קול אחד ויאמרו כל- הדברים אשר-	1111	1	1		2	2
ט240707	המזבח ויקח ספר הברית ויקרא באזני	העם	ויאמרו כל אשר- דבר יהוה נעשה	1111	1	1		2	2
ט240807	ויקח משה את- הדם ויזרק על-	העם	ויאמר הנה דם- הברית אשר כרת	1111	1	1		2	2
ט320102	לחת אבן כתבים באצבע אלהים // וירא	העם	כי- בשש משה לרדת מן- ההר	1111	1	1		2	2
ט320110	בשש משה לרדת מן- ההר ויקהל	העם	על- אהרן ויאמרו אליו קום עשה-	1111	1	1		2	2
ט320303	בניכם ובנתיכם והביאו אלי / ויתפרקו כל-	העם	את- נזמי הזהב אשר באזניהם ויביאו	1111	1	1		2	2
ט320608	ממחרת ויעלו עלת ויגשו שלמים וישב	העם	לאכל ושתו ויקמו לצחק / וידבר יהוה	1111	1	1		2	2
ט320907	ויאמר יהוה אל- משה ראיתי את-	העם	הזה והנה עם- קשה- ערף הוא	1111	1	1		2	2
ט320910	משה ראיתי את- העם הזה והנה	עם-	קשה- ערף הוא / ועתה הניחה לי	1111	1	1			1
ט321705	על- הלחת / וישמע יהושע את- קול	העם	ברעה ויאמר אל- משה קול מלחמה	1111	1	1		2	2
ט322108	משה אל- אהרן מה- עשה לך	העם	הזה כי- הבאת עליו חטאה גדלה	1111	1	1		2	2
ט322210	יחר אף אדני אתה ידעת את-	העם	כי ברע הוא / ויאמרו לי עשה-	1111	1	1		2	2
ט322504	ויצא העגל הזה / וירא משה את-	העם	כי פרע הוא כי- פרעה אהרן	1111	1	1		2	2
ט322808	בני- לוי כדבר משה ויפל מן-	העם	ביום ההוא כשלשת אלפי איש / ויאמר	1111	1	1		2	2

/ = סוף פסוק   // = סוף פרק   ג = מין   # = מספר   כ = כינוי ובור   קס = קידומות וסיומות   ה = מספר ההברות

אזכור		מלה		צורן	ג	#	כ	קס	ה
ט323006	ברכה / ויהי ממחרת ויאמר משה אל-	העם	אתם חטאתם חטאה גדלה ועתה אעלה	1111	1	1		2	2
ט323108	משה אל- יהוה ויאמר אנא חטא	העם	הזה חטאה גדלה ויעשו להם אלהי	1111	1	1		2	2
ט323405	אמחנו מספרי / ועתה לך נחה את-	העם	אל אשר- דברתי לך הנה מלאכי	1111	1	1		2	2
ט323504	ופקדתי עלהם חטאתם / ויגף יהוה את-	העם	על אשר עשו את- העגל אשר	1111	1	1		2	2
ט330105	אל- משה לך עלה מזה אתה	והעם	אשר העלית מארץ מצרים אל- הארץ	1111	1	1		21	3
ט330311	ודבש כי לא אעלה בקרבך כי	עם-	קשה- ערף אתה פן אכלך בדרך	1111	1	1			1
ט330402	ערף אתה פן אכלך בדרך / וישמע	העם	את- הדבר הרע הזה ויתאבלו ולא-	1111	1	1		2	2
ט330510	משה אמר אל- בני- ישראל אתם	עם-	קשה- ערף רגע אחד אעלה בקרבך	1111	1	1			1
ט330808	כצאת משה אל- האהל יקומו כל-	העם	ונצבו איש פתח אהלו והביטו אחרי	1111	1	1		2	2
ט331003	האהל ודבר עם- משה / וראה כל-	העם	את- עמוד הענן עמד פתח האהל	1111	1	1		2	2
ט331012	הענן עמד פתח האהל וקם כל-	העם	והשתחוו איש פתח אהלו / ודבר יהוה	1111	1	1		2	2
ט331211	ראה אתה אמר אלי העל את-	העם	הזה ואתה לא הודעתני את אשר-	1111	1	1		2	2
ט331617	בלכתך עמנו ונפלינו אני ועמך מכל-	העם	אשר על- פני האדמה / ויאמר יהוה	1111	1	1		2	2
ט340913	אדני ילך- נא אדני בקרבנו כי	עם-	קשה- ערף הוא וסלחת לעוננו ולחטאתנו	1111	1	1			1
ט341020	בכל- הארץ ובכל- הגוים וראה כל-	העם	אשר- אתה בקרבו את- מעשה יהוה	1111	1	1		2	2
ט360506	עשים / ויאמרו אל- משה לאמר מרבים	העם	להביא מדי העבדה למלאכה אשר- צוה	1111	1	1		2	2
ט360616	יעשו- עוד מלאכה לתרומת הקדש ויכלא	העם	מהביא / והמלאכה היתה דים לכל- המלאכה	1111	1	1		2	2
ט010905	את- יוסף / ויאמר אל עמו הנה	עם	בני ישראל רב ועצום ממנו / הבה	1112	1	1			1
ט050506	לסבלתיכם / ויאמר פרעה הן- רבים עתה	עם	הארץ והשבתם אתם מסבלתם / ויצו פרעה	1112	1	1			1
ט010903	לא- ידע את- יוסף / ויאמר אל	עמו	הנה עם בני ישראל רב ועצום	1113	1	1	4		2
ט012204	ויעש להם בתים / ויצו פרעה לכל-	עמו	לאמר כל- הבן הילוד היארה תשליכהו	1113	1	1	4		2
ט030707	ויאמר יהוה ראה ראיתי את- עני	עמי	אשר במצרים ואת- צעקתם שמעתי מפני	1113	1	1	1		2
ט031008	לכה ואשלחך אל- פרעה והוצא את-	עמי	בני- ישראל ממצרים / ויאמר משה אל-	1113	1	1	1		2
ט050115	אמר יהוה אלהי ישראל שלח את-	עמי	ויחגו לי במדבר / ויאמר פרעה מי	1113	1	1	1		2
ט051613	לנו עשו והנה עבדיך מכים וחטאת	עמך	/ ויאמר נרפים אתם נרפים על- כן	1113	1	1	4		3
ט052314	לעם הזה והצל לא- הצלת את-	עמך	// ויאמר יהוה אל- משה עתה תראה	1113	1	1	4		3
ט070413	ידי במצרים והוצאתי את- צבאתי את-	עמי	בני- ישראל מארץ מצרים בשפטים גדלים	1113	1	1	1		2
ט071611	העברים שלחני אליך לאמר שלח את-	עמי	ויעבדני במדבר והנה לא- שמעת עד-	1113	1	1	1		2
ט072615	אליו כה אמר יהוה שלח את-	עמי	ויעבדני / ואם- מאן אתה לשלח הנה	1113	1	1	1		2
ט072813	ובחדר משכבך ועל- מטתך ובבית עבדיך	ובעמך	ובתנוריך ובמשארותיך / ובכה ובעמך ובכל- עבד	1113	1	1	2	41	5
ט072902	בית עבדיך ובעמך ובתנוריך ובמשארותיך / ובכה	ובעמך	ובכל- עבדיך יעלו הצפרדעים // ויאמר יהוה	1113	1	1	2	41	5
ט080412	העתירו אל- יהוה ויסר הצפרדעים ממני	ומעמי	ואשלחה את- העם ויזבחו ליהוה / ויאמר	1113	1	1	1	71	4
ט080510	התפאר עלי למתי אעתיר לך ולעבדיך	ולעמך	להכרית הצפרדעים ממך ומבתיך רק ביאר	1113	1	1	2	61	5
ט080706	אלהינו / וסרו הצפרדעים ממך ומבתיך ומעבדיך	ומעמך	רק ביאר תשארנה / ויצא משה ואהרן	1113	1	1	2	71	5
ט081619	ואמרת אליו כה אמר יהוה שלח	עמי	ויעבדני / כי אם- אינך משלח את-	1113	1	1	1		2
ט081706	ויעבדני / כי אם- אינך משלח את-	עמי	הנני משליח בך ובעבדיך ובעמך ובבתיך	1113	1	1	1		2
ט081711	את- עמי הנני משליח בך ובעבדיך	ובעמך	ובבתיך את- הערב ומלאו בתי מצרים	1113	1	1	2	41	5
ט081808	ביום ההוא את- ארץ גשן אשר	עמי	עמד עליה לבלתי היות- שם ערב	1113	1	1	1		2
ט081904	יהוה בקרב הארץ / ושמתי פדת בין	עמי	ובין עמך למחר יהיה האת הזה	1113	1	1	1		2
ט081906	הארץ / ושמתי פדת בין עמי ובין	עמך	למחר יהיה האת הזה / ויעש יהוה	1113	1	1	2		3
ט082514	אל- יהוה וסר הערב מפרעה מעבדיו	ומעמו	מחר רק אל- יסף פרעה התל	1113	1	1	4	71	4
ט082709	כדבר משה ויסר הערב מפרעה מעבדיו	ומעמו	לא נשאר אחד / ויכבד פרעה את-	1113	1	1	4	71	4
ט090117	אמר יהוה אלהי העברים שלח את-	עמי	ויעבדני / כי אם- מאן אתה לשלח	1113	1	1	1		2
ט091319	אמר יהוה אלהי העברים שלח את-	עמי	ויעבדני / כי בפעם הזאת אני שלח	1113	1	1	1		2
ט091412	את- כל- מגפתי אל- לבך ובעבדיך	ובעמך	בעבור תדע כי אין כמני בכל-	1113	1	1	2	41	5
ט091509	שלחתי את- ידי ואך אותך ואת-	עמך	בדבר ותכחד מן- הארץ / ואולם בעבור	1113	1	1	2		3
ט091703	ספר שמי בכל- הארץ / עודך מסתולל	בעמי	לבלתי שלחם / הנני ממטיר כעת מחר	1113	1	1	1	4	3
ט092713	אלהם חטאתי הפעם יהוה הצדיק ואני	ועמי	הרשעים / העתירו אל- יהוה ורב מהית	1113	1	1	1	1	3
ט100319	עד- מתי מאנת לענת מפני שלח	עמי	ויעבדני / כי אם- מאן אתה לשלח	1113	1	1	1		2
ט100407	כי אם- מאן אתה לשלח את-	עמי	הנני מביא מחר ארבה בגבלך / וכסה	1113	1	1	1		2
ט123109	ולאהרן לילה ויאמר קומו צאו מתוך	עמי	גם- אתם גם- בני ישראל ולכו	1113	1	1	1		2
ט140605	ישראל מעבדנו / ויאסר את- רכבו ואת-	עמו	לקח עמו / ויקח שש- מאות רכב	1113	1	1	4		2
ט151611	בגדל זרועך ידמו כאבן עד- יעבר	עמך	יהוה עד- יעבר עם- זו קנית	1113	1	1	2		3
ט171306	השמש / ויחלש יהושע את- עמלק ואת-	עמו	לפי- חרב / ויאמר יהוה אל- משה	1113	1	1	4		2

/ = סוף פסוק   // = סוף פרק   ג = מין   # = מספר   כ = כינוי וגוף   קס = קידומות וסיומות   ה = מספר ההברות

אזכור		מלה		צופן	ג	#	כ	קס	ה
ט180114	כל- אשר עשה אלהים למשה ולישראל	עמו	כי- הוציא יהוה את- ישראל ממצרים	1113	1	1	4		2
ט222405	ובניכם יתמים / אם- כסף תלוה את-	עמי	את- העני עמך לא- תהיה לו	1113	1	1	1		2
ט222705	חנון אני / אלהים לא תקלל ונשיא	בעמך	לא תאר / מלאתך ודמעך לא תאחר	1113	1	1	2	4	4
ט231106	תבואתה / והשביעת תשמטנה ונטשתה ואכלו אביני	עמך	ויתרם תאכל חית השדה כן- תעשה	1113	1	1	2		3
ט320705	אל- משה לך- רד כי שחת	עמך	אשר העלית מארץ מצרים / סרו מהר	1113	1	1	2		3
ט321112	אלהיו ויאמר למה יהוה יחרה אפך	בעמך	אשר הוצאת מארץ מצרים בכח גדול	1113	1	1	2	4	4
ט321220	שוב מחרון אפך והנחם על- הרעה	לעמך	/ זכר לאברהם ליצחק ולישראל עבדיך אשר	1113	1	1	2	6	4
ט321408	יהוה על- הרעה אשר דבר לעשות	לעמו	/ ויפן וירד משה מן- ההר ושני	1113	1	1	4	6	3
ט331318	למען אמצא- חן בעיניך וראה כי	עמך	הגוי הזה / ויאמר פני ילכו והנחתי	1113	1	1	2		3
ט331609	אפוא כי- מצאתי חן בעיניך אני	ועמך	הלוא בלכתך עמנו ונפלינו אני ועמך	1113	1	1	2	1	4
ט331615	ועמך הלוא בלכתך עמנו ונפלינו אני	ועמך	מכל- העם אשר על- פני האדמה	1113	1	1	2	1	4
ט341008	הנה אנכי כרת ברית נגד כל-	עמך	אעשה נפלאת אשר לא- נבראו בכל-	1113	1	1	2		3
ט151402	נהלת בעזך אל- נוה קדשך / שמעו	עמים	ירגזון חיל אחז ישבי פלשת / אז	1115	1	3			2
ט190513	אז- בריתי והייתם לי סגלה מכל-	העמים	כי- לי כל- הארץ / ואתם תהיו-	1115	1	3		2	3
ט303311	ואשר יתן ממנו על- זר ונכרת	מעמיו	/ ויאמר יהוה אל- משה קח- לך	1117	1	3	4	7	3
ט303808	אשר- יעשה כמוה להריח בה ונכרת	מעמיו	// וידבר יהוה אל- משה לאמר / ראה	1117	1	3	4	7	3
ט311420	בה מלאכה ונכרתה הנפש ההוא מקרב	עמיה	/ ששת ימים יעשה מלאכה וביום השביעי	1118	1	3	5		3

- עם *-*

אזכור		מלה		צופן	ג	#	כ	קס	ה
ט041205	אנכי יהוה / ועתה לך ואנכי אהיה	עם-	פיך והוריתיך אשר תדבר / ויאמר בי	4					1
ט041509	ושמת את- הדברים בפיו ואנכי אהיה	עם-	פיך ועם- פיהו והוריתי אתכם את	4					1
ט041511	הדברים בפיו ואנכי אהיה עם- פיך	ועם-	פיהו והוריתי אתכם את אשר תעשון	4				1	2
ט080804	רק ביאר תשארנה / ויצא משה ואהרן	מעם	פרעה ויצעק משה אל- יהוה על-	4				7	2
ט082603	אז- העם לזבח ליהוה / ויצא משה	מעם	פרעה ויעתר אל- יהוה / ויעש יהוה	4				7	2
ט093303	נכו כי אפילת הנה / ויצא משה	מעם	פרעה את- העיר ויפרש כפיו אל-	4				7	2
ט100624	האדמה עד היום הזה ויפן ויצא	מעם	פרעה / ויאמרו עבדי פרעה אליו עד-	4				7	2
ט101802	מעלי רק את- המות הזה / ויצא	מעם	פרעה ויעתר אל- יהוה / ויהפך יהוה	4				7	2
ט110819	אשר- ברגליך ואחרי- כן אצא ויצא	מעם-	פרעה בחרי- אף / ויאמר יהוה אל-	4				7	2
ט170203	ואין מים לשתת העם / וירב העם	עם-	משה ויאמרו תנו- לנו מים ונשתה	4					1
ט170804	בקרבנו אם- אין / ויבא עמלק וילחם	עם-	ישראל ברפידם / ויאמר משה אל- יהושע	4					1
ט181215	אהרן וכל זקני ישראל לאכל- לחם	עם-	חתן משה לפני האלהים / ויהי ממחרת	4					1
ט211408	יזד איש על- רעהו להרגו בערמה	מעם	מזבחי תקחנו למות / ומכה אביו ואמו	4				7	2
ט221104	בעליו ולא ישלם / ואם- גנב יגנב	מעמו	ישלם לבעליו / אם- טרף יטרף יבאהו	4			4	7	3
ט221304	הטרפה לא ישלם / וכי- ישאל איש	מעם	רעהו ונשבר או- מת בעליו אין-	4				7	2
ט221803	הבתולת / מכשפה לא תחיה / כל- שכב	עם-	בהמה מות יומת / זבח לאלהים יחרם	4					1
ט222908	תעשה לשרך לצאנך שבעת ימים יהיה	עם-	אמו ביום השמיני תתנו- לי / ואנשי	4					1
ט230108	תשא שמע שוא אל- תשת ידך	עם-	רשע להית עד חמס / לא- תהיה	4					1
ט330912	עמוד הענן ועמד פתח האהל ודבר	עם-	משה / וראה כל- העם את- עמוד	4					1
ט342803	אתך ברית ואת- ישראל / ויהי- שם	עם-	יהוה ארבעים יום וארבעים לילה להם	4					1
ט031204	בני ישראל ממצרים / ויאמר כי- אהיה	עמך	וזה- לך האות כי אנכי שלחתיך	41			2		2
ט082506	בעדי / ויאמר משה הנה אנכי יוצא	מעמך	והעתרתי אל- יהוה וסר הערב מפרעה	41			2		3
ט101006	לנו / ויאמר אלהם יהי כן יהוה	עמכם	כאשר אשלח אתכם ואת טפכם ראו	41			7		3
ט102417	צאנכם ובקרכם יצג גם- טפכם ילך	עמכם	/ ויאמר משה גם- אתה תתן בידנו	41			7		3
ט102604	ועפינו ליהוה אלהינו / וגם- מקננו ילך	עמנו	לא תשאר פרסה כי ממנו נקח	41			6		3
ט131906	מצרים / ויקח משה את- עצמות יוסף	עמו	כי השבע השביע את- בני- ישראל	41			4		2
ט140607	ויאסר את- רכבו ואת- עמו לקח	עמו	/ ויקח שש- מאות רכב בחור וכל	41			4		2
ט170215	ונשזה ויאמר להם משה מה תריבון	עמדי	מה- תנסון את- יהוה / ויצמא שם	41			1		3
ט181809	גם- אתה גם- העם הזה אשר	עמך	כי- כבד ממך הדבר לא- תוכל	41			2		3
ט181907	עזה שמע בקלי איעצך ויהי אלהים	עמך	היה אתה לעם מול האלהים והבאת	41			2		3
ט190915	בעב הענן בעבור ישמע העם בדברי	עמך	וגם- בך יאמינו לעולם ויגד משה	41			2		2
ט192409	יהוה לך- רד ועלית אתה ואהרן	עמך	והכהנים והעם אל- יהרסו לעלת אל-	41			2		2
ט201906	מרחק / ויאמרו אל- משה דבר- אתה	עמנו	ונשמעה ואל- ידבר עמנו אלהים פן-	41			6		3
ט201910	דבר- אתה עמנו ונשמעה ואל- ידבר	עמנו	אלהים פן- נמות / ויאמר משה אל-	41			6		3
ט202216	אתם ראיתם כי מן- השמים דברתי	עמכם	/ לא תעשון אתי אלהי כסף ואלהי	41			7		3

אזכור		מלה		צונן	ג	#	כ	קס	ה
ט210312	אם- בעל אשה הוא ויצאה אשתו	עמו	/ אם- אדניו יתן- לו אשה וילדה-	41			4		2
ט221311	רעהו ונשבר או- מת בעליו אין-	עמו	שלם ישלם / אם- בעליו עמו לא	41			7		2
ט221403	אין- עמו שלם ישלם / אם- בעליו	עמו	לא ישלם אם- שכיר הוא בא	41			4		2
ט222408	כסף תלוה את- עמי את- העני	עמך	לא- תהיה לו כנשה לא- תשימון	41			2		2
ט230513	משאו וחדלת מעזב לו עזב תעזב	עמו	/ לא תטה משפט אבינך בריבו / מדבר-	41			4		2
ט240212	והם לא יגשו והעם לא יעלו	עמו	/ ויבא משה ויספר לעם את כל-	41			4		2
ט240815	הנה דם- הברית אשר כרת יהוה	עמכם	על כל- הדברים האלה / ויעל משה	41			7		3
ט241414	אשר- נשוב אליכם והנה אהרן וחור	עמכם	כי- בעל דברים יגש אלהם / ויעל	41			7		3
ט331219	ואתה לא הודעתני את אשר- תשלח	עמי	ואתה אמרת ידעתיך בשם וגם- מצאת	41			1		2
ט331612	חן בעיניך אני ועמך הלוא בלכתך	עמנו	ונפלינו אני ועמך מכל- העם אשר	41			6		3
ט340304	על- ראש ההר / ואיש לא- יעלה	עמך	וגם- איש אל- ירא בכל- ההר	41			2		2
ט340505	לחת אבנים / וירד יהוה בענן ויתיצב	עמו	שם ויקרא בשם יהוה / ויעבר יהוה	41			4		2
ט341033	כי- נורא הוא אשר אני עשה	עמך	/ שמר- לך את אשר אנכי מצוך	41			2		2
ט180612	יתרו בא אליך ואשתך ושני בניה	עמה	/ ויצא משה לקראת חתנו וישתחו וישק-	42			5		2
ט221509	איש בתולה אשר לא ארשה ושכב	עמה	מהר ימהרנה לו לאשה / אם- מאן	42			5		2
	--*-*-*-*-*-*-*-*-*-*-*-*-*-*-*-*-*	עמד	*-*-*-*-*-*-*-*-*-*-*-*-*-*-*-*-*-*-*						
ט330908	כבא משה האהלה ירד עמוד הענן	ועמד	פתח האהל ודבר עם- משה / וראה	3111	1	1		1	3
ט091005	ארץ מצרים / ויקחו את פיח הכבשן	ויעמדו	לפני פרעה ויזרק אתו משה השמימה	3121	1	3		*	5
ט141914	וילך מאחריהם ויסע עמוד הענן מפניהם	ויעמד	מאחריהם / ויבא בין מחנה מצרים ובין	3121	1	1		*	4
ט181308	ממחרת וישב משה לשפט את- העם	ויעמד	העם על- משה מן- הבקר עד-	3121	1	1		*	4
ט201817	ואת- ההר עשן וירא העם וינעו	ויעמדו	מרחק / ויאמרו אל- משה דבר- אתה	3121	1	3		*	5
ט202101	תהיה יראתו על- פניכם לבלתי תחטאו /	ויעמד	העם מרחק ומשה נגש אל- הערפל	3121	1	1		*	4
ט212106	ינקם / אך אם- יום או יומים	יעמד	לא יקם כי כספו הוא / וכי-	3121	1	1			3
ט322601	הוא כי- פרעה אהרן לשמצה בקמיהם /	ויעמד	משה בשער המחנה ויאמר מי ליהוה	3121	1	1		*	4
ט030513	מעל רגליך כי המקום אשר אתה	עומד	עליו אדמת- קדש הוא / ויאמר אנכי	3131	1	1			2
ט081809	ההוא את- ארץ גשן אשר עמי	עמד	עליה לבלתי היות- שם ערב למען	3131	1	1			2
ט170602	את- היאר קח בידך והלכת / הנני	עמד	לפניך שם על- הצור בחרב והכית	3131	1	1			2
ט261507	ועשית את- הקרשים למשכן עצי שטים	עמדים	/ עשר אמות ארך הקרש ואמה וחצי	3131	1	3			3
ט331007	וראה כל- העם את- עמוד הענן	עמד	פתח האהל וקם כל- העם והשתחוו	3131	1	1			2
ט362007	ויעש את- הקרשים למשכן עצי שטים	עמדים	/ עשר אמת ארך הקרש ואמה וחצי	3131	1	3			3
ט182309	הדבר הזה תעשה וצוך אלהים ויכלת	עמד	וגם כל- העם הזה על- מקמו	3151					2
ט091104	פרח באדם ובבהמה / ולא- יכלו החרטמים	לעמד	לפני משה מפני השחין כי- היה	3154				6	3
ט092813	אלהים וברד ואשלחה אתכם ולא תספון	לעמד	/ ויאמר אליו משה כצאתי את- העיר	3154				6	3
	--*-*-*-*-*-*-*-*-*-*-*-*-*-*-*-*-*	עמוד	*-*-*-*-*-*-*-*-*-*-*-*-*-*-*-*-*-*-*						
ט132105	בקצה המדבר / ויהוה הלך לפניהם יומם	בעמוד	ענן לנחתם הדרך ולילה בעמוד אש	1112	1	1		4	3
ט132110	יומם בעמוד ענן לנחתם הדרך ולילה	בעמוד	אש להאיר להם ללכת יומם ולילה	1112	1	1		4	3
ט132203	להם ללכת יומם ולילה / לא- ימיש	עמוד	הענן יומם ועמוד האש לילה לפני	1112	1	1			2
ט132206	ולילה / לא- ימיש עמוד הענן יומם	ועמוד	האש לילה לפני העם // וידבר יהוה	1112	1	1		1	3
ט141911	לפני מחנה ישראל וילך מאחריהם ויסע	עמוד	הענן מפניהם ויעמד מאחריהם / ויבא בין	1112	1	1			2
ט142410	הבקר וישקף יהוה אל- מחנה מצרים	בעמוד	אש וענן ויהם את מחנה מצרים	1112	1	1		4	3
ט330906	האהלה / והיה כבא משה האהלה ירד	עמוד	הענן ועמד פתח האהל ודבר עם-	1112	1	1			2
ט331005	עם- משה / וראה כל- העם את-	עמוד	הענן עמד פתח האהל וקם כל-	1112	1	1			2
ט271007	ועמדיו עשרים ואדניהם עשרים נחשת ווי	העמדים	וחשקיהם כסף / וכן לפאת צפון בארך	1115	1	3		2	4
ט271114	ועמדו עשרים ואדניהם עשרים נחשת ווי	העמדים	וחשקיהם כסף / ורחב החצר לפאת- ים	1115	1	3		2	4
ט381007	עמודיהם עשרים ואדניהם עשרים נחשת ווי	העמודים	וחשקיהם כסף / ולפאת צפון מאה באמה	1115	1	3		2	4
ט381111	עמודיהם עשרים ואדניהם עשרים נחשת ווי	העמודים	וחשקיהם כסף / ולפאת- ים קלעים חמשים	1115	1	3		2	4
ט381211	באמה עמודיהם עשרה ואדניהם עשרה ווי	העמדים	וחשוקיהם כסף / ולפאת קדמה מזרחה חמשים	1115	1	3		2	4
ט381702	קלעי החצר סביב שש משזר / והאדנים	לעמדים	נחשת ווי העמודים וחשוקיהם כסף וצפוי	1115	1	3		26	4
ט381705	שש משזר / והאדנים לעמדים נחשת ווי	העמודים	וחשוקיהם כסף וצפוי ראשיהם כסף והם	1115	1	3		2	4
ט382809	ושבע המאות וחמשה ושבעים עשה ווים	לעמודים	וצפה ראשיהם וחשק אתם / ונחשת התנופה	1115	1	3		26	4
ט263205	אתה כרבים / ונתתה אתה על- ארבעה	עמודי	שטים מצפים זהב וויהם זהב על-	1116	1	3			3
ט263704	משזר מעשה רקם / ועשית למסך חמשה	עמודי	שטים וצפית אתם זהב וויהם זהב	1116	1	3			3

אזכור		מלה		צורן	ג	#	כ	קס	ה
ט271702	רקם עמדיהם ארבעה ואדניהם ארבעה / כל-	עמודי	וחצר סביב מחשקים כסף וויהם כסף	1116	1	3			3
ט363604	עשה אזה כרבים / ויעש לה ארבעה	עמודי	שטים ויצפם זהב וויהם זהב ויצק	1116	1	3			3
ט381715	ראשיהם כסף והם מחשקים כסף כל	עמדי	החצר / ומסך שער החצר מעשה רקם	1116	1	3			3
ט271001	משזר מאה באמה ארך לפאה האחת /	ועמדיו	עשרים ואדניהם עשרים נחשת ווי העמדים	1117	1	3	4	1	4
ט271108	לפאת צפון בארך קלעים מאה ארך	ועמדו	עשרים ואדניהם עשרים נחשת ווי העמדים	1117	1	3	4	1	4
ט271208	החצר לפאת- ים קלעים חמשים אמה	עמדיהם	עשרה ואדניהם עשרה / ורחב החצר לפאת	1117	1	3	9		4
ט271405	חמשים אמה / וחמש עשרה אמה קלעים לכתף	עמדיהם	שלשה ואדניהם שלשה / ולכתף השנית חמש עשרה	1117	1	3	9		4
ט271505	ואדניהם שלשה / ולכתף השנית חמש עשרה קלעים	עמדיהם	שלשה ואדניהם שלשה / ולשער החצר מסך	1117	1	3	9		4
ט271614	ותולעת שני ושש משזר מעשה רקם	עמדיהם	ארבעה ואדניהם ארבעה / כל- עמודי החצר	1117	1	3	9		4
ט351114	קרסיו ואת- קרשיו את- בריחו את-	עמדיו	ואת- אדניו / את- הארן ואת- בדיו	1117	1	3	4		3
ט351705	ואת- כנו / את קלעי החצר את-	עמדיו	ואת- אדניה ואת מסך שער החצר	1117	1	3	4		3
ט363802	שני ושש משזר מעשה רקם / ואת-	עמודיו	חמשה ואת- וויהם וצפה ראשיהם וחשקיהם	1117	1	3	4		3
ט381001	קלעי החצר שש משזר מאה באמה /	עמודיהם	עשרים ואדניהם עשרים נחשת ווי העמודים	1117	1	3	9		4
ט381105	וחשקיהם כסף / ולפאת צפון מאה באמה	עמודיהם	עשרים ואדניהם עשרים נחשת ווי העמודים	1117	1	3	9		4
ט381206	כסף / ולפאת- ים קלעים חמשים באמה	עמודיהם	עשרה ואדניהם עשרה ווי העמדים וחשוקיהם	1117	1	3	9		4
ט381406	אמה / קלעים חמש-עשרה אמה אל- הכתף	עמודיהם	שלשה ואדניהם שלשה / ולכתף השנית מזה	1117	1	3	9		4
ט381510	ומזה לשער החצר קלעים חמש עשרה אמה	עמדיהם	שלשה ואדניהם שלשה / כל- קלעי החצר	1117	1	3	9		4
ט381901	ברחב חמש אמות לעמת קלעי החצר /	ועמדיהם	ארבעה ואדניהם ארבעה נחשת וויהם כסף	1117	1	3	9	1	5
ט393314	ואת- כל- כליו קרסיו קרשיו בריחו	ועמדיו	ואדניו / ואת- מכסה ערת האילם המאדמים	1117	1	3	4	1	4
ט401816	קרשיו ויתן את- בריחיו ויקם את-	עמודיו	/ ויפרש את- האהל על- המשכן וישם	1117	1	3	4		3
ט394005	ואת- כנו / את קלעי החצר את-	עמדיה	ואת- אדניה ואת- המסך לשער החצר	1118	1	3	5		4
	--*-*-*-*-*-*-*-*-*-*-*-*-*	עמינדב	*-*-*-*-*-*-*-*-*-*-*-*-*-*-*						
ט062306	ותחרי / ויקח אהרן את- אלישבע בת-	עמינדב	אחות נחשון לו לאשה ותלד לו	122	1				4
	--*-*-*-*-*-*-*-*-*-*-*-*-*	עמלק	*-*-*-*-*-*-*-*-*-*-*-*-*-*-*						
ט170802	היש יהוה בקרבנו אם- אין / ויבא	עמלק	וילחם עם- ישראל ברפידם / ויאמר משה	124	1				3
ט170910	יהושע בחר- לנו אנשים וצא הלחם	בעמלק	מחר אנכי נצב על- ראש הגבעה	124	1			4	4
ט171008	יהושע כאשר אמר- לו משה להלחם	בעמלק	ומשה אהרן וחור עלו ראש הגבעה	124	1			4	4
ט171112	וגבר ישראל וכאשר יניח ידו וגבר	עמלק	/ וידי משה כבדים ויקחו- אבן וישימו	124	1				3
ט171304	עד- בא השמש / ויחלש יהושע את-	עמלק	ואת- עמו לפי- חרב / ויאמר יהוה	124	1				3
ט171417	יהושע כי- מחה אמחה את- זכר	עמלק	מתחת השמים / ויבן משה מזבח ויקרא	124	1				3
ט171609	יד על כס יה מלחמה ליהוה	בעמלק	מדר דר // וישמע יתרו כהן מדין	124	1			4	4
	--*-*-*-*-*-*-*-*-*-*-*-*-*	עמר	*-*-*-*-*-*-*-*-*-*-*-*-*-*-*						
ט161611	יהוה לקטו ממנו איש לפי אכלו	עמר	לגלגלת מספר נפשתיכם איש לאשר באהלו	1111	1	1			2
ט161802	בני ישראל וילקטו המרבה והממעיט / וימדו	בעמר	ולא העדיף המרבה והממעיט לא החסיר	1111	1	1		24	3
ט162208	ביום הששי לקטו לחם משנה שני	העמר	לאחד ויבאו כל- נשיאי העדה ויגידו	1111	1	1		2	3
ט163209	זה הדבר אשר צוה יהוה מלא	העמר	ממנו למשמרת לדרתיכם למען יראו את-	1111	1	1		2	3
ט163311	קח צנצנת אחת ותן- שמה מלא-	העמר	מן והנח אתו לפני יהוה למשמרת	1111	1	1		2	3
ט163601	עד- באם אל- קצה ארץ כנען /	והעמר	עשרית האפה הוא // ויסעו כל- עדת	1111	1	1		21	4
	--*-*-*-*-*-*-*-*-*-*-*-*-*	עמרם	*-*-*-*-*-*-*-*-*-*-*-*-*-*-*						
ט061803	גרשון לבני ושמעי למשפחתם / ובני קהת	עמרם	ויצהר וחברון ועזיאל ושני חיי קהת	122	1				2
ט062002	ומושי אלה משפחת הלוי לתלדתם / ויקח	עמרם	את- יוכבד דדתו לו לאשה ותלד	122	1				2
ט062016	את- אהרן ואת- משה ושני חיי	עמרם	שבע ושלשים ומאת שנה / ובני יצהר	122	1				2
	--*-*-*-*-*-*-*-*-*-*-*-*-*	ענה	*-*-*-*-*-*-*-*-*-*-*-*-*-*-*						
ט040101	בניכם ועל- בנתיכם ונצלתם את- מצרים //	ויען	משה ויאמר והן לא- יאמינו לי	3121	1	1		*	3
ט190801	כל- הדברים האלה אשר צוהו יהוה /	ויענו	כל- העם יחדו ויאמרו כל אשר-	3121	1	3		*	4
ט191910	הולך וחזק מאד משה ידבר והאלהים	יעננו	בקול / וירד יהוה על- הר סיני	3121	1	1	4		4
ט201602	תרצח / לא תנאף / לא תגנב / לא-	תענה	ברעך עד שקר / לא תחמד בית	3121	1	1			3
ט230207	לא- תהיה אחרי- רבים לרעת ולא-	תענה	על- רב לנטת אחרי רבים להטת	3121	1	1			3
ט240312	כל- דברי יהוה ואת כל- המשפטים	ויען	כל- העם קול אחד ויאמרו כל-	3121	1	1		*	3

אזכור		מלה		צורן	ג	#	כ	קס	ה
ט152101	ותצאן כל- הנשים אחריה בתפים ובמחלת /	ותען	להם מרים שירו ליהוה כי- גאה	3122	2	1		*	3
ט321804	קול מלחמה במחנה / ויאמר אין קול	ענות	גבורה ואין קול ענות חלושה קול	3152					2
ט321808	אין קול ענות גבורה ואין קול	ענות	חלושה קול ענות אנכי שמע / ויהי	3152					2
	--*-*-*-*-*-*-*-*-*-*-*-*-*-*-*-*-*-*	ענה	*-*-*-*-*-*-*-*-*-*-*-*-*-*-*-*-*-*-*-*						
ט011202	לפרעה את פתם ואת- רעמסס / וכאשר	יענו	אתו כן ירבה וכן יפרץ ויקצו	3321	1	3			3
ט222105	בארץ מצרים / כל- אלמנה ויתום לא	תענון	/ אם- ענה תענה אתו כי אם-	3321	1	3		0	3
ט222203	אלמנה ויתום לא תענון / אם- ענה	תענה	אתו כי אם- צעק יצעק אלי	3321	1	1			3
ט222202	כל- אלמנה ויתום לא תענון / אם-	ענה	תענה אתו כי אם- צעק יצעק	3351					2
ט321811	גבורה ואין קול ענות חלושה קול	ענות	אנכי שמע / ויהי כאשר קרב אל-	3351					2
ט011106	הארץ / וישימו עליו שרי מסים למען	ענתו	בסבלתם ויבן ערי מסכנות לפרעה את	3353			4		3
	--*-*-*-*-*-*-*-*-*-*-*-*-*-*-*-*-*-*	עני	*-*-*-*-*-*-*-*-*-*-*-*-*-*-*-*-*-*-*-*						
ט222407	אם- כסף תלוה את- עמי את-	העני	עמך לא- תהיה לו כנשה לא-	1111	1	1		2	3
	--*-*-*-*-*-*-*-*-*-*-*-*-*-*-*-*-*-*	ענן	*-*-*-*-*-*-*-*-*-*-*-*-*-*-*-*-*-*-*-*						
ט132106	המדבר / ויהוה הלך לפניהם יומם בעמוד	ענן	לנחתם הדרך ולילה בעמוד אש להאיר	1111	1	1			2
ט132204	ללכת יומם ולילה / לא- ימיש עמוד	הענן	יומם ועמוד האש לילה לפני העם	1111	1	1		2	3
ט141912	מחנה ישראל וילך מאחריהם ויסע עמוד	הענן	מפניהם ויעמד מאחריהם / ויבא בין מחנה	1111	1	1		2	3
ט142009	מחנה מצרים ובין מחנה ישראל ויהי	הענן	והחשך ויאר את- הלילה ולא- קרב	1111	1	1		2	3
ט142412	יהוה אל- מחנה מצרים בעמוד אש	וענן	וינם את מחנה מצרים / ויסר את	1111	1	1		1	3
ט161016	אל- המדבר והנה כבוד יהוה נראה	בענן	/ וידבר יהוה אל- משה לאמר / שמעתי	1111	1	1		24	3
ט190910	משה הנה אנכי בא אליך בעב	הענן	בעבור ישמע העם בדברי עמך וגם-	1111	1	1		2	3
ט191609	השלישי בהית הבקר ויהי קלת וברקים	וענן	כבד על- ההר וקל שפר חזק	1111	1	1		1	3
ט241506	אלהים / ויעל משה אל- ההר ויכס	הענן	את- ההר / וישכן כבוד- יהוה על-	1111	1	1		2	3
ט241608	כבוד- יהוה על- הר סיני ויכסהו	הענן	ששת ימים ויקרא אל- משה ביום	1111	1	1		2	3
ט241617	ויקרא אל- משה ביום השביעי מתוך	הענן	/ ומראה כבוד יהוה כאש אכלת בראש	1111	1	1		2	3
ט241804	לעיני בני ישראל / ויבא משה בתוך	הענן	ויעל אל- ההר ויהי משה בהר	1111	1	1		2	3
ט330907	והיה כבא משה האהלה ירד עמוד	הענן	ועמד פתח האהל ודבר עם- משה	1111	1	1		2	3
ט331006	משה / וראה כל- העם את- עמוד	הענן	עמד פתח האהל וקם כל- העם	1111	1	1		2	3
ט340503	בידו שני לחת אבנים / וירד יהוה	בענן	ויתיצב עמו שם ויקרא בשם יהוה	1111	1	1		24	3
ט403402	החצר ויכל משה את- המלאכה / ויכס	הענן	את- אהל מועד וכבוד יהוה מלא	1111	1	1		2	3
ט403511	אל- אהל מועד כי- שכן עליו	הענן	וכבוד יהוה מלא את- המשכן / ובהעלות	1111	1	1		2	3
ט403602	וכבוד יהוה מלא את- המשכן / ובהעלות	הענן	מעל המשכן יסעו בני ישראל בכל	1111	1	1		2	3
ט403704	ישראל בכל מסעיהם / ואם- לא יעלה	הענן	ולא יסעו עד- יום העלתו / כי	1111	1	1		2	3
ט403802	ולא יסעו עד- יום העלתו / כי	ענן	יהוה על- המשכן יומם ואש תהיה	1112	1	1			2
	--*-*-*-*-*-*-*-*-*-*-*-*-*-*-*-*-*-*	ענש	*-*-*-*-*-*-*-*-*-*-*-*-*-*-*-*-*-*-*-*						
ט212212	הרה ויצאו ילדיה ולא יהיה אסון	ענוש	יענש כאשר ישית עליו בעל האשה	3151					2
	--*-*-*-*-*-*-*-*-*-*-*-*-*-*-*-*-*-*	עפר	*-*-*-*-*-*-*-*-*-*-*-*-*-*-*-*-*-*-*-*						
ט081213	אהרן נטה את- מטך והך את-	עפר	הארץ והיה לכנם בכל- ארץ מצרים	1112	1	1			2
ט081310	אהרן את- ידו במטהו ויך את-	עפר	הארץ ותהי הכנם באדם ובבהמה כל-	1112	1	1			2
ט081317	הארץ ותהי הכנם באדם ובבהמה כל-	עפר	הארץ היה כנם בכל- ארץ מצרים	1112	1	1			2
	--*-*-*-*-*-*-*-*-*-*-*-*-*-*-*-*-*-*	עץ	*-*-*-*-*-*-*-*-*-*-*-*-*-*-*-*-*-*-*-*						
ט100521	לכם מן- הברד ואכל את- כל-	העץ	הצמח לכם מן- השדה / ומלאו בתיך	1111	1	1		2	2
ט101516	כל- עשב הארץ ואת כל- פרי	העץ	אשר הותיר הברד ולא- נותר כל-	1111	1	1		2	2
ט101524	הותיר הברד ולא- נותר כל- ירק	בעץ	ובעשב השדה בכל- ארץ מצרים / וימהר	1111	1	1		24	2
ט152506	נשחה / ויצעק אל- יהוה ויורהו יהוה	עץ	וישלך אל המים וימתקו המים שם	1111	1	1			1
ט310505	ובכסף ובנחשת / ובחרשת אבן למלאת ובחרשת	עץ	לעשות בכל- מלאכה / ואני הנה נתתי	1111	1	1			1
ט353305	ובכסף ובנחשת / ובחרשת אבן למלאת ובחרשת	עץ	לעשות בכל- מלאכת מחשבת / ולהורת נתן	1111	1	1			1
ט092521	עשב השדה הכה הברד ואת- כל-	עץ	השדה שבר / רק בארץ גשן אשר-	1112	1	1			1
ט071932	דם והיה דם בכל- ארץ מצרים	ובעצים	ובאבנים / ויעשו- כן משה ואהרן כאשר	1115	1	3		241	4

אזכור		מלה		צורן	ג	#	כ	קס	ה
ט250506	ועזים / וערת אילם מאדמים וערת תחשים	ועצי	שטים / שמן למאר בשמים לשמן המשחה	1116	1	3		1	3
ט251003	כל- כליו וכן תעשו / ועשו ארון	עצי	שטים אמרים וחצי ארכו ואמה וחצי	1116	1	3			2
ט251303	טבעת על- צלעו השנית / ועשית בדי	עצי	שטים וצפית אתם זהב / והבאת את-	1116	1	3			2
ט252303	אותך אל- בני ישראל / ועשית שלחן	עצי	שטים אמתים ארכו ואמה רחבו ואמה	1116	1	3			2
ט252804	לשאת את- השלחן / ועשית את- הבדים	עצי	שטים וצפית אתם זהב ונשא בם	1116	1	3			2
ט261505	תחשים מלמעלה / ועשית את- הקרשים למשכן	עצי	שטים עמדים / עשר אמות ארך הקרש	1116	1	3			2
ט262603	אדנים תחת הקרש האחד / ועשית בריחם	עצי	שטים חמשה לקרשי צלע- המשכן האחד	1116	1	3			2
ט270104	חמשה אדני נחשת // ועשית את- המזבח	עצי	שטים חמש אמות ארך וחמש אמות	1116	1	3			2
ט270605	חצי המזבח / ועשית בדים למזבח בדי	עצי	שטים וצפית אתם נחשת / והובא את-	1116	1	3			2
ט300105	יהוה אלהיהם // ועשית מזבח מקטר קטרת	עצי	שטים תעשה אתו / אמה ארכו ואמה	1116	1	3			2
ט300504	לשאת אתו בהמה / ועשית את- הבדים	עצי	שטים וצפית אתם זהב / ונתתה אתו	1116	1	3			2
ט350706	ועזים / וערת אילם מאדמים וערת תחשים	ועצי	שטים / ושמן למאור ובשמים לשמן המשחה	1116	1	3		1	3
ט352414	תרומת יהוה וכל אשר נמצא אתו	עצי	שטים לכל- מלאכת העבדה הביאו / וכל-	1116	1	3			2
ט362005	תחשים מלמעלה / ויעש את- הקרשים למשכן	עצי	שטים עמדים / עשר אמת ארך הקרש	1116	1	3			2
ט363103	אדנים תחת הקרש האחד / ויעש בריחי	עצי	שטים חמשה לקרשי צלע- המשכן האחת	1116	1	3			2
ט370105	חמשה נחשת // ויעש בצלאל את- הארן	עצי	שטים אמתים וחצי ארכו ואמה וחצי	1116	1	3			2
ט370403	טבעת על- צלעו השנית / ויעש בדי	עצי	שטים ויצף אתם זהב / ויבא את-	1116	1	3			2
ט371004	היו פני הכרבים / ויעש את- השלחן	עצי	שטים אמתים ארכו ואמה רחבו ואמה	1116	1	3			2
ט371504	לשאת את- השלחן / ויעש את- הבדים	עצי	שטים ויצף אתם זהב לשאת את-	1116	1	3			2
ט372505	כל- כליה / ויעש את- מזבח הקטרת	עצי	שטים אמה ארכו ואמה רחבו רבוע	1116	1	3			2
ט372804	לשאת אתו בהם / ויעש את- הבדים	עצי	שטים ויצף אתם זהב / ויעש את-	1116	1	3			2
ט380105	מעשה רקח // ויעש את- מזבח העלה	עצי	שטים חמש אמות ארכו וחמש אמות	1116	1	3			2
ט380604	הנחשת בתים לבדים / ויעש את- הבדים	עצי	שטים ויצף אתם נחשת / ויבא את-	1116	1	3			2
	-	עצום	*-*						
ט010909	עמו הנה עם בני ישראל רב	ועצום	ממנו / הבה נתחכמה לו פן ירבה	1111	1	1		1	3
	-	עצם	*-*						
ט124611	תוציא מן- הבית מן- הבשר חוצה	ועצם	לא- תשברו- בו / כל- עדת ישראל	1121	2	1		1	3
ט131904	ישראל מארץ מצרים / ויקח משה את-	עצמות	יוסף עמו כי השבע השביע את-	1126	2	3			3
ט131920	פקד יפקד אלהים אתכם והעליתם את-	עצמתי	מזה אתכם / ויסעו מסכת ויחנו באתם	1127	2	3	2		4
	-	עצם	*-*						
ט010706	ההוא / ובני ישראל פרו וישרצו וירבו	ויעצמו	במאד מאד ותמלא הארץ אתם / ויקם	3121	1	3		*	4
ט012006	וילדו / וייטב אלהים למילדת וירב העם	ויעצמו	מאד / ויהי כי- יראו המילדת את	3121	1	3		*	4
	-	עצם	*-*						
ט121705	יעשה לכם / ושמרתם את- המצות כי	בעצם	היום הזה הוצאתי את- צבאותיכם מארץ	1112	1	1		4	3
ט124109	שלשים שנה וארבע מאות שנה ויהי	בעצם	היום הזה יצאו כל- צבאות יהוה	1112	1	1		4	3
ט125102	משה ואת- אהרן כן עשו / ויהי	בעצם	היום הזה הוציא יהוה את- בני	1112	1	1		4	3
ט241010	ישראל ותחת רגליו כמעשה לבנת הספיר	וכעצם	השמים לטהר / ואל- אצילי בני ישראל	1112	1	1		51	4
	-	עקר	*-*						
ט232604	והסרתי מחלה מקרבך / לא תהיה משכלה	ועקרה	בארצך את- מספר ימיך אמלא / את-	1121	1	1		1	4
	-	ערב	*-*						
ט121805	חקת עולם / בראשן בארבעה עשר יום לחדש	בערב	תאכלו מצת עד יום האחד ועשרים	1111	1	1		24	3
ט121813	מצת עד יום האחד ועשרים לחדש	בערב	/ שבעת ימים שאר לא ימצא בבתיכם	1111	1	1		24	3
ט123802	אלף רגלי הגברים לבד מטף / וגם-	ערב	רב עלה אתם וצאן ובקר מקנה	1111	1	1			2
ט160608	משה ואהרן אל- כל- בני ישראל	ערב	וידעתם כי יהוה הוציא אתכם מארץ	1111	1	1			2
ט160806	עלינו / ויאמר משה בתת יהוה לכם	בערב	בשר לאכל ולחם בבקר לשבע בשמע	1111	1	1		24	3
ט161302	וידעתם כי אני יהוה אלהיכם / ויהי	בערב	ותעל השלו ותכס את- המחנה ובבקר	1111	1	1		24	3
ט181315	העם על- משה מן- הבקר עד-	הערב	/ וירא חתן משה את כל- אשר-	1111	1	1		2	3
ט181429	העם נצב עליך מן- בקר עד-	ערב	/ ויאמר משה לחתנו כי- יבא אלי	1111	1	1			2

אזכור		מלה		צונן	ג	#	כ	קס	ה
ט272112	על- העדה יערך אתו אהרן ובניו	מערב	עד- בקר לפני יהוה חקת עולם	1111	1	1		7	3
ט120616	אתו כל קהל עדת- ישראל בין	הערבים	/ ולקחו מן- הדם ונתנו על- שתי	1115	1	2		2	4
ט161210	בני ישראל דבר אלהם לאמר בין	הערבים	תאכלו בשר ובבקר תשבעו- לחם וידעתם	1115	1	2		2	4
ט293911	בבקר ואת הכבש השני תעשה בין	הערבים	/ ועשרן סלת בלול בשמן כתית רבע	1115	1	2		2	4
ט294106	האחד / ואת הכבש השני תעשה בין	הערבים	כמנחת הבקר וכנסכה תעשה- לה לריח	1115	1	2		2	4
ט300806	יקטירנה / ובהעלת אהרן את- הנרת בין-	הערבים	יקטירנה קטרת תמיד לפני יהוה לדרתיכם	1115	1	2		2	4
	--*-*-*-*-*-*-*-*-*-*-*-*-*-*-*-*-*	ערוב	*-*-*-*-*-*-*-*-*-*-*-*-*-*-*-*-*-*-*						
ט081714	משליח בך ובעבדיך ובעמך ובבתיך את-	הערב	ונלאו בתי מצרים את- הערב וגם	1111	1	1		2	3
ט081719	את- הערב ומלאו בתי מצרים את-	הערב	וגם האדמה אשר- הם עליה / והפליתי	1111	1	1		2	3
ט081814	עמי עמד עליה לבלתי היות- שם	ערב	למען תדע כי אני יהוה בקרב	1111	1	1			2
ט082005	האת הזה / ויעש יהוה כן ויבא	ערב	כבד ביתה פרעה ובית עבדיו ובכל-	1111	1	1			2
ט082017	ובכל- ארץ מצרים תשחת הארץ מפני	הערב	/ ויקרא פרעה אל- משה ולאהרן ויאמר	1111	1	1		2	3
ט082511	יוצא מעמך והעתרתי אל- יהוה וסר	הערב	מפרעה מעבדיו ומעמו מחר רק אל-	1111	1	1		2	3
ט082706	יהוה / ויעש יהוה כדבר משה ויסר	הערב	מפרעה מעבדיו ומעמו לא נשאר אחד	1111	1	1		2	3
	--*-*-*-*-*-*-*-*-*-*-*-*-*-*-*-*-*	ערוה	*-*-*-*-*-*-*-*-*-*-*-*-*-*-*-*-*-*-*						
ט284207	ועשה להם מכנסי- בד לכסות בשר	ערוה	ממתנים ועד- ירכים יהיו / והיו על-	1121	2	1			2
ט202609	במעלת על- מזבחי אשר לא- תגלה	ערותך	עליו // ואלה המשפטים אשר תשים לפניהם	1123	2	1	2		4
	--*-*-*-*-*-*-*-*-*-*-*-*-*-*-*-*-*	ערך	*-*-*-*-*-*-*-*-*-*-*-*-*-*-*-*-*-*-*						
ט402303	המשכן צפנה מחוץ לפרכת / ויערך עליו	ערך	לחם לפני יהוה כאשר צוה יהוה	1112	1	1			2
ט400416	הפרכת / והבאת את- השלחן וערכת את-	ערכו	והבאת את- המנרה והעלית את- נרתיה	1113	1	1	4		2
	--*-*-*-*-*-*-*-*-*-*-*-*-*-*-*-*-*	ערך	*-*-*-*-*-*-*-*-*-*-*-*-*-*-*-*-*-*-*						
ט400414	הארן את- הפרכת / והבאת את- השלחן	וערכת	את- ערכו והבאת את- המנרה והעלית	3111	1	1		1	4
ט272108	מועד מחוץ לפרכת אשר על- העדת	יערך	אתו אהרן ובניו מערב עד- בקר	3121	1	1			3
ט402301	על ירך המשכן צפנה מחוץ לפרכת /	ויערך	עליו ערך לחם לפני יהוה כאשר	3121	1	1		*	4
	--*-*-*-*-*-*-*-*-*-*-*-*-*-*-*-*-*	ערל	*-*-*-*-*-*-*-*-*-*-*-*-*-*-*-*-*-*-*						
ט124819	יקרב לעשתו והיה כאזרח הארץ וכל-	ערל	לא- יאכל בו / תורה אחת יהיה	1111	1	1			2
ט061216	שמעו אלי ואיך ישמעני פרעה ואני	ערל	שפתים / וידבר יהוה אל- משה ואל-	1112	1	1			2
ט063007	ויאמר משה לפני יהוה הן אני	ערל	שפתים ואיך ישמע אלי פרעה // ויאמר	1112	1	1			2
	--*-*-*-*-*-*-*-*-*-*-*-*-*-*-*-*-*	ערלה	*-*-*-*-*-*-*-*-*-*-*-*-*-*-*-*-*-*-*						
ט042506	המיתו / ותקח צפרה צר ותכרת את-	ערלת	בנה ותגע לרגליו ותאמר כי חתן-	1122	2	1			2
	--*-*-*-*-*-*-*-*-*-*-*-*-*-*-*-*-*	ערמה	*-*-*-*-*-*-*-*-*-*-*-*-*-*-*-*-*-*-*						
ט211407	וכי- יזד איש על- רעהו להרגו	בערמה	מעם מזבחי תקחנו למות / ומכה אביו	1121	2	1		4	3
	--*-*-*-*-*-*-*-*-*-*-*-*-*-*-*-*-*	ערף	*-*-*-*-*-*-*-*-*-*-*-*-*-*-*-*-*-*-*						
ט232717	בהם ונתתי את- כל- איביך אליך	ערף	/ ושלחתי את- הצרעה לפניך וגרשה את-	1111	1	1			2
ט320912	את- העם הזה והנה עם- קשה-	ערף	הוא / ועתה הניחה לי ויחר- אפי	1111	1	1			2
ט330313	לא אעלה בקרבך כי עם- קשה-	ערף	אתה פן אכלך בדרך / וישמע העם	1111	1	1			2
ט330512	אל- בני- ישראל אתם עם- קשה-	ערף	רגע אחד אעלה בקרבך וכליתיך ועתה	1111	1	1			2
ט340915	נא אדני בקרבנו כי עם- קשה-	ערף	הוא וסלחת לעוננו ולחטאתנו ונחלתנו / ויאמר	1111	1	1			2
	--*-*-*-*-*-*-*-*-*-*-*-*-*-*-*-*-*	ערף	*-*-*-*-*-*-*-*-*-*-*-*-*-*-*-*-*-*-*						
ט131309	חמר תפדה בשה ואם- לא תפדה	וערפתו	וכל בכור אדם בבניך תפדה / והיה	3111	1	1	4	1	4
ט342008	חמור תפדה בשה ואם- לא תפדה	וערפתו	כל בכור בניך תפדה ולא- יראו	3111	1	1	4	1	4
	--*-*-*-*-*-*-*-*-*-*-*-*-*-*-*-*-*	ערפל	*-*-*-*-*-*-*-*-*-*-*-*-*-*-*-*-*-*-*						
ט202107	ויעמד העם מרחק ומשה נגש אל-	הערפל	אשר- שם האלהים / ויאמר יהוה אל-	1111	1	1		2	4

אזכור		מלה		צורן	ג	#	כ	קס	ה
	-	עשב	*-*						
ט092221	על- האדם ועל- הבהמה ועל כל-	עשב	השדה בארץ מצרים / ויט משה את-	1112	1	1			2
ט092515	בשדה מאדם ועד- בהמה ואת כל-	עשב	השדה הכה הברד ואת- כל- עץ	1112	1	1			2
ט101218	על- ארץ מצרים ויאכל את- כל-	עשב	הארץ את כל אשר השאיר הברד	1112	1	1			2
ט101511	הארץ ותחשך הארץ ויאכל את- כל-	עשב	הארץ ואת כל- פרי העץ אשר	1112	1	1			2
ט101525	הברד ולא- נותר כל- ירק בעץ	ובעשב	השדה בכל- ארץ מצרים / וימהר פרעה	1112	1	1		41	4
	-	עשה	*-*						
ט011706	וחיה / ותראן המילדת את- האלהים ולא	עשו	כאשר דבר אליהן מלך מצרים ותחיין	3111	1	3			2
ט042114	ראה כל- המפתים אשר- שמתי בידך	ועשיתם	לפני פרעה ואני אחזק את- לבו	3111	1	1	9	1	4
ט070609	ואהרן כאשר צוה יהוה אתם כן	עשו	/ ומשה בן- שמנים שנה ואהרן בן-	3111	1	3			2
ט102509	גם- אתה תתן בידנו זבחים ועלת	ועשינו	ליהוה אלהינו / וגם- מקננו ילך עמנו	3111	1	3		1	4
ט111003	רבות מופתי בארץ מצרים / ומשה ואהרן	עשו	את- כל- המפתים האלה לפני פרעה	3111	1	3			2
ט122812	צוה יהוה את- משה ואהרן כן	עשו	/ ויהי בחצי הלילה ויהוה הכה כל-	3111	1	3			2
ט123503	צררת בשמלתם על- שכמם / ובני- ישראל	עשו	כדבר משה וישאלו ממצרים כלי- כסף	3111	1	3			2
ט123921	ולא יכלו להתמהמה וגם- צדה לא-	עשו	להם / ומושב בני ישראל אשר ישבו	3111	1	3			2
ט124805	יעשו אתו / וכי- יגור אתך גר	ועשה	פסח ליהוה המול לו כל- זכר	3111	1	1		1	3
ט125013	יהוה את- משה ואת- אהרן כן	עשו	/ ויהי בעצם היום הזה הוציא יהוה	3111	1	3			2
ט130808	לבנך ביום ההוא לאמר בעבור זה	עשה	יהוה לי בצאתי ממצרים / והיה לך	3111	1	1			2
ט140516	ועבדיו אל- העם ויאמרו מה- זאת	עשינו	כי- שלחנו את- ישראל מעבדנו / ויאסר	3111	1	3			3
ט141113	במצרים לקחתנו למות במדבר מה זאת	עשית	לנו להוציאנו ממצרים / הלא- זה הדבר	3111	1	1			3
ט143107	וירא ישראל את- היד הגדלה אשר	עשה	יהוה במצרים וייראו העם את יהוה	3111	1	1			2
ט180110	מדין חתן משה את כל- אשר	עשה	אלהים למשה ולישראל עמו כי- הוציא	3111	1	1			2
ט180807	ויספר משה לחתנו את כל- אשר	עשה	יהוה לפרעה ולמצרים על אודת ישראל	3111	1	1			2
ט180907	ויחד יתרו על כל- הטובה אשר-	עשה	יהוה לישראל אשר הצילו מיד מצרים	3111	1	1			2
ט190404	ותגיד לבני ישראל / אתם ראיתם אשר	עשיתי	למצרים ואשא אתכם על- כנפי נשרים	3111	1	1			3
ט200904	יום השבת לקדשו / ששת ימים תעבד	ועשית	כל- מלאכתך / ויום השביעי שבת ליהוה	3111	1	1		1	4
ט201104	וגרך אשר בשעריך / כי ששת- ימים	עשה	יהוה את- השמים ואת- הארץ את-	3111	1	1			2
ט232206	בקרבו / כי אם- שמוע תשמע בקלו	ועשית	כל אשר אדבר ואיבתי את- איביך	3111	1	1		1	4
ט250801	אבני- שהם ואבני מלאים לאפד ולחשן /	ועשו	לי מקדש ושכנתי בתוכם / ככל אשר	3111	1	3		1	3
ט251001	ואת תבנית כל- כליו וכן תעשו /	ועשו	ארון עצי שטים אמתים וחצי ארכו	3111	1	3		1	3
ט251108	אתו זהב טהור מבית ומחוץ תצפנו	ועשית	עליו זר זהב סביב / ויצקת לו	3111	1	1		1	4
ט251301	האחת ושתי טבעת על- צלעו השנית /	ועשית	בדי עצי שטים וצפית אתם זהב	3111	1	1		1	4
ט251701	הארן את העדת אשר אתן אליך /	ועשית	כפרת זהב טהור אמתים וחצי ארכה	3111	1	1		1	4
ט251801	אמתים וחצי ארכה ואמה וחצי רחבה /	ועשית	שנים כרבים זהב מקשה תעשה אתם	3111	1	1		1	4
ט252301	אשר אצוה אותך אל- בני ישראל /	ועשית	שלחן עצי שטים אמתים ארכו ואמה	3111	1	1		1	4
ט252405	וחצי קמתו / וצפית אתו זהב טהור	ועשית	לו זר זהב סביב / ועשית לו	3111	1	1		1	4
ט252501	טהור ועשית לו זר זהב סביב /	ועשית	לו מסגרת טפח סביב ועשית זר-	3111	1	1		1	4
ט252506	סביב / ועשית לו מסגרת טפח סביב	ועשית	זר- זהב למסגרתו סביב / ועשית לו	3111	1	1		1	4
ט252601	סביב ועשית זר- זהב למסגרתו סביב /	ועשית	לו ארבע טבעת זהב ונתת את-	3111	1	1		1	4
ט252801	הטבעת לבתים לבדים לשאת את- השלחן /	ועשית	את- הבדים עצי שטים וצפית אתם	3111	1	1		1	4
ט252901	אתם זהב ונשא בם את- השלחן /	ועשית	קערתיו וכפתיו וקשותיו ומנקיתיו אשר יסך	3111	1	1		1	4
ט253101	על- השלחן לחם פנים לפני תמיד /	ועשית	מנרת זהב טהור מקשה תיעשה המנורה	3111	1	1		1	4
ט253701	יהיו כלה מקשה אחת זהב טהור /	ועשית	את- נרתיה שבעה והעלה את- נרתיה	3111	1	1		1	4
ט260401	וחמש יריעת חברת אשה אל- אחתה /	ועשית	ללאת תכלת על שפת היריעה האחת	3111	1	1		1	4
ט260601	השנית מקבילת הללאת אשה אל- אחתה /	ועשית	חמשים קרסי זהב וחברת את- היריעת	3111	1	1		1	4
ט260701	אל- אחתה בקרסים והיה המשכן אחד /	ועשית	יריעת עזים לאהל על- המשכן עשתי-עשרה	3111	1	1		1	4
ט261001	היריעה השנית אל- מול פני האהל /	ועשית	חמשים ללאת על שפת היריעה האחת	3111	1	1		1	4
ט261101	ללאת על שפת היריעה החברת השנית /	ועשית	קרסי נחשת חמשים והבאת את- הקרסים	3111	1	1		1	4
ט261401	על- צדי המשכן מזה ומזה לכסתו /	ועשית	מכסה לאהל ערת אילם מאדמים ומכסה	3111	1	1		1	4
ט261501	אילם מאדמים ומכסה ערת תחשים מלמעלה /	ועשית	את- הקרשים למשכן עצי שטים עמדים	3111	1	1		1	4
ט261801	אחתה כן תעשה לכל קרשי המשכן /	ועשית	את- הקרשים למשכן עשרים קרש לפאת	3111	1	1		1	4
ט262601	האחד ושני אדנים תחת הקרש האחד /	ועשית	בריחם עצי שטים חמשה לקרשי צלע-	3111	1	1		1	4
ט263101	את- המשכן כמשפטו אשר הראית בהר /	ועשית	פרכת תכלת וארגמן ותולעת שני ושש	3111	1	1		1	4

אזכור		מלה		צופן	ג	#	כ	קס	ה
ט263601	תימנה והשלחן תתן על- צלע צפון /	ועשית	מסך לפתח האהל תכלת וארגמן ותולעת	3111	1	1		1	4
ט263701	ותולעת שני ושש משזר מעשה רקם /	ועשית	למסך חמשה עמודי שטים וצפית אתם	3111	1	1		1	4
ט270101	זהב ויצקת להם חמשה אדני נחשת //	ועשית	את- המזבח עצי שטים חמש אמות	3111	1	1		1	4
ט270201	רבוע יהיה המזבח ושלש אמות קמתו /	ועשית	קרנתיו על ארבע פנתיו ממנו תהיין	3111	1	1		1	4
ט270301	ממנו תהיין קרנתיו וצפית אתו נחשת /	ועשית	סירתיו לדשנו ויעיו ומזרקתיו ומזלגתיו ומחתת	3111	1	1		1	4
ט270401	ומזלגתיו ומחתתיו לכל- כליו תעשה נחשת /	ועשית	לו מכבר מעשה רשת נחשת ועשית	3111	1	1		1	4
ט270407	ועשית לו מכבר מעשה רשת נחשת	ועשית	על- הרשת ארבע טבעת נחשת על	3111	1	1		1	4
ט270601	מלמטה והיתה הרשת עד חצי המזבח /	ועשית	בדים למזבח בדי עצי שטים וצפית	3111	1	1		1	4
ט270901	כאשר הראה אתך בהר כן יעשו /	ועשית	את חצר המשכן לפאת נגב- תימנה	3111	1	1		1	4
ט280201	נדב ואביהוא אלעזר ואיתמר בני אהרן /	ועשית	בגדי קדש לאהרן אחיך לכבוד ולתפארת	3111	1	1		1	4
ט280311	חכמי- לב אשר מלאתיו רוח חכמה	ועשו	את- בגדי אהרן לקדשו לכהנו- לי	3111	1	3		1	3
ט280412	ואפוד ומעיל וכתנת תשבץ מצנפת ואבנט	ועשו	בגדי- קדש לאהרן אחיך ולבניו לכהנו-	3111	1	3		1	3
ט280601	הארגמן ואת- תולעת השני ואת- השש /	ועשו	את- האפד זהב תכלת וארגמן תולעת	3111	1	3		1	3
ט281301	לפני יהוה על- שתי כתפיו לזכרן /	ועשית	משבצת זהב / ושתי שרשרת זהב טהור	3111	1	1		1	4
ט281501	ונתתה את- שרשרת העבתת על- המשבצת /	ועשית	חשן משפט מעשה חשב כמעשה אפד	3111	1	1		1	4
ט282201	איש על- שמו תהיין לשני עשר שבט /	ועשית	על- החשן שרשת גבלת מעשה עבת	3111	1	1		1	4
ט282301	שרשת גבלת מעשה עבת זהב טהור /	ועשית	על- החשן שתי טבעת זהב ונתת	3111	1	1		1	4
ט282601	על- כתפות האפד אל- מול פניו /	ועשית	שתי טבעות זהב ושמת אתם על-	3111	1	1		1	4
ט282701	שפתו אשר אל- עבר האפוד ביתה /	ועשית	שתי טבעות זהב ונתתה אתם על-	3111	1	1		1	4
ט283101	ישראל על- לבו לפני יהוה תמיד /	ועשית	את- מעיל האפוד כליל תכלת / והיה	3111	1	1		1	4
ט283301	כפי תחרא יהיה- לו לא יקרע /	ועשית	על- שוליו רמני תכלת וארגמן ותולעת	3111	1	1		1	4
ט233601	הקדש לפני יהוה ובצאתו ולא ימות /	ועשית	ציץ זהב טהור ופתחת עליו פתוחי	3111	1	1		1	4
ט283904	להם לפני יהוה / ושבצת הכתנת שש	ועשית	מצנפת שש ואבנט תעשה מעשה רקם	3111	1	1		1	4
ט284005	מעשה רקם / ולבני אהרן תעשה כתנת	ועשית	להם אבנטים ומגבעות תעשה להם לכבוד	3111	1	1		1	4
ט293501	באש לא יאכל כי- קדש הוא /	ועשית	לאהרן ולבניו ככה ככל אשר- צויתי	3111	1	1		1	4
ט300101	מצרים לשכני בתוכם אני יהוה אלהיהם //	ועשית	מזבח מקטר קטרת עצי שטים תעשה	3111	1	1		1	4
ט300312	גגו ואת- קירתיו סביב ואת- קרנתיו	ועשית	לו זר זהב סביב / ושתי טבעת	3111	1	1		1	4
ט300501	והיה לבתים לבדים לשאת אתו בהמה /	ועשית	את- הבדים עצי שטים וצפית אתם	3111	1	1		1	4
ט301801	נפשתיכם / וידבר יהוה אל- משה לאמר /	ועשית	כיור נחשת וכנו נחשת לרחצה ונתת	3111	1	1		1	4
ט302501	מאות בשקל הקדש ושמן זית הין /	ועשית	אתו שמן משחת- קדש רקח מרקחת	3111	1	1		1	4
ט303501	סמים ולבנה זכה בד בבד יהיה /	ועשית	אתה קטרת רקח מעשה רוקח ממלח	3111	1	1		1	4
ט310617	ובלב כל- חכם- לב נתתי חכמה	ועשו	את כל- אשר צויתך / את אהל	3111	1	3		1	3
ט311711	אות הוא לעלם כי- ששת ימים	עשה	יהוה את- השמים ואת- הארץ וביום	3111	1	1			2
ט320807	סרו מהר מן- הדרך אשר צויתם	עשו	להם עגל מסכה וישתחוו- לו ויזבחו-	3111	1	3			2
ט322005	תחת ההר / ויקח את- העגל אשר	עשו	וישרף באש ויטחן עד אשר- דק	3111	1	3			2
ט322106	ישראל / ויאמר משה אל- אהרן מה-	עשה	לך העם הזה כי- הבאת עליו	3111	1	1			2
ט323507	ויגף יהוה את- העם על אשר	עשו	את- העגל אשר עשה אהרן // וידבר	3111	1	3			2
ט323511	על אשר עשו את- העגל אשר	עשה	אהרן // וידבר יהוה אל- משה לך	3111	1	1			2
ט360101	וארג עשי כל- מלאכה וחשבי מחשבת //	ועשה	בצלאל ואהליאב וכל איש חכם- לב	3111	1	1		1	3
ט360820	וארגמן ותולעת שני כרבים מעשה חשב	עשה	אתם / ארך היריעה האחת שמנה ועשרים	3111	1	1			2
ט361111	שפת היריעה האחת מקצה במחברת כן	עשה	בשפת היריעה הקיצונה במחברת השנית / חמשים	3111	1	1			2
ט361203	היריעה הקיצונה במחברת השנית / חמשים ללאת	עשה	ביריעה האחת וחמשים ללאת עשה בקצה	3111	1	1			2
ט361208	ללאת עשה ביריעה האחת וחמשים ללאת	עשה	בקצה היריעה אשר במחברת השנית מקבילת	3111	1	1			2
ט361409	עזים לאהל על- המשכן עשתי-עשרה יריעת	עשה	אתם / ארך היריעה האחת שלשים באמה	3111	1	1			2
ט361711	שפת היריעה הקיצנה במחברת וחמשים ללאת	עשה	על- שפת היריעה החברת השנית / ויעש	3111	1	1			2
ט362210	האחד משלבת אחת אל- אחת כן	עשה	לכל קרשי המשכן / ויעש את- הקרשים	3111	1	1			2
ט362404	לפאת נגב תימנה / וארבעים אדני- כסף	עשה	תחת עשרים הקרשים שני אדנים תחת-	3111	1	1			2
ט362506	ירכתיו / ולצלע המשכן השנית לפאת צפון	עשה	עשרים קרשים / וארבעים אדניהם כסף שני	3111	1	1			2
ט362704	תחת הקרש האחד / ולירכתי המשכן ימה	עשה	ששה קרשים / ושני קרשים עשה למקצעת	3111	1	1			2
ט362803	ימה עשה ששה קרשים / ושני קרשים	עשה	למקצעת המשכן בירכתים / והיו תואמם מלמטה	3111	1	1			2
ט362913	אל- ראשו אל- הטבעת האחת כן	עשה	לשניהם לשני המקצעת / והיו שמנה קרשים	3111	1	1			2
ט363407	ואת- הקרשים צפה זהב ואת- טבעתם	עשה	זהב בתים לבריחם ויצף את- הבריחם	3111	1	1			2
ט363512	ותולעת שני ושש משזר מעשה חשב	עשה	אתה כרבים / ויעש לה ארבעה עמודי	3111	1	1			2
ט370706	רחבה / ויעש שני כרבים זהב מקשה	עשה	אתם משני קצות הכפרת / כרוב אחד	3111	1	1			2

/ = סוף פסוק // = סוף פרק ג = מין # = מספר כ = כינוי חבור קס = קידומות וסיומות ה = מספר ההברות

אזכור		מלה		צורן	ג	#	כ	קס	ה
ט370811	וכרוב- אחד מקצה מזה מן- הכפרת	עשה	את- הכרבים משני קצותיו / ויהיו הכרבים	3111	1	1			2
ט371707	ויעש את- המנרה זהב טהור מקשה	עשה	את- המנורה ירכה וקנה גביעיה כפתריה	3111	1	1			2
ט372404	ומחתתיה זהב טהור / ככר זהב טהור	עשה	אתה ואת כל- כליה / ויעש את-	3111	1	1			2
ט372704	זר זהב סביב / ושתי טבעת זהב	עשה-	לו מתחת לזרו על שתי צלעתיו	3111	1	1			2
ט380318	את- המזלגת ואת- המחתת כל- כליו	עשה	נחשת / ויעש למזבח מכבר מעשה רשת	3111	1	1			2
ט380713	המזבח לשאת אתו בהם נבוב לחת	עשה	אתו / ויעש את הכיור נחשת ואת	3111	1	1			2
ט382208	בן- אורי בן- חור למטה יהודה	עשה	את כל- אשר- צוה יהוה את-	3111	1	1			2
ט382807	ואת- האלף ושבע המאות וחמשה ושבעים	עשה	ווים לעמודים וצפה ראשיהם וחשק אתם	3111	1	1			2
ט390106	סביב // ומן- התכלת והארגמן ותולעת השני	עשו	בגדי- שרד לשרת בקדש ויעשו את-	3111	1	3			2
ט390402	השני ובתוך השש מעשה חשב / כתפת	עשו-	לו חברת על- שני קצותיו חבר	3111	1	3			2
ט390904	שני ושש משזר / רבוע היה כפול	עשו	את- החשן זרת ארכו וזרת רחבו	3111	1	3			2
ט393217	אשר צוה יהוה את- משה כן	עשו	/ ויביאו את- המשכן אל- משה את-	3111	1	3			2
ט394208	אשר- צוה יהוה את- משה כן	עשו	בני ישראל את כל- העבדה / וירא	3111	1	3			2
ט394307	וירא משה את- כל- המלאכה והנה	עשו	אתה כאשר צוה יהוה כן עשו	3111	1	3			2
ט394313	עשו אתה כאשר צוה יהוה כן	עשו	ויברך אתם משה // וידבר יהוה אל-	3111	1	3			2
ט401609	ככל אשר צוה יהוה אתו כן	עשה	/ ויהי בחדש הראשון בשנה השנית באחד	3111	1	1			2
ט011808	מלך- מצרים למילדת ויאמר להן מדוע	עשיתן	הדבר הזה ותחיין את- הילדים / ותאמרן	3112	2	3			3
ט012107	ויהי כי- יראו המילדת את האלהים	ויעש	להם בתים / ויצו פרעה לכל- עמו	3121	1	1		*	3
ט032010	והכיתי את- מצרים בכל נפלאתי אשר	אעשה	בקרבו ואחרי- כן ישלח אתכם / ונתתי	3121	1	1			3
ט041517	ועם- פיהו והוריתי אתכם את אשר	תעשון	/ ודבר- הוא לך אל- העם והיה	3121	1	3		0	3
ט041707	ואת- המטה הזה תקח בידך אשר	תעשה-	בו את- האתת / וילך משה וישב	3121	1	1			3
ט043011	הדברים אשר- דבר יהוה אל- משה	ויעש	האתת לעיני העם / ויאמן העם וישמעו	3121	1	1		*	3
ט050905	ונזבחה לאלהינו / תכבד העבדה על- האנשים	ויעשו-	בה ואל- ישעו בדברי- שקר / ויצאו	3121	1	3		1	4
ט051510	ישראל ויצעקו אל- פרעה לאמר למה	תעשה	כה לעבדיך / תבן אין נתן לעבדיך	3121	1	1			3
ט060108	יהוה אל- משה עתה תראה אשר	אעשה	לפרעה כי ביד חזקה ישלחם וביד	3121	1	1			3
ט070601	מצרים והוצאתי את- בני- ישראל מתוכם /	ויעש	משה ואהרן כאשר צוה יהוה אתם	3121	1	1		*	3
ט071006	לתנין / ויבא משה ואהרן אל- פרעה	ויעשו	כן כאשר צוה יהוה וישלך אהרן	3121	1	3		*	4
ט071106	לתנין / ויקרא גם- פרעה לחכמים ולמכשפים	ויעשו	גם- הם חרטמי מצרים בלהטיהם כן	3121	1	3		*	4
ט072001	דם בכל- ארץ מצרים ובעצים ובאבנים /	ויעשו-	כן משה ואהרן כאשר צוה יהוה	3121	1	3		*	4
ט072201	היאר ויהי הדם בכל- ארץ מצרים /	ויעשו-	כן חרטמי מצרים בלטיהם ויחזק לב-	3121	1	3		*	4
ט080301	ותעל הצפרדע ותכס את- ארץ מצרים /	ויעשו-	כן החרטמים בלטיהם ויעלו את- הצפרדעים	3121	1	3		*	4
ט080901	על- דבר הצפרדעים אשר- שם לפרעה /	ויעש	יהוה כדבר משה וימתו הצפרדעים מן-	3121	1	1		*	3
ט081301	הארץ והיה לכנם בכל- ארץ מצרים /	ויעשו-	כן ויט אהרן את- ידו במטהו	3121	1	3		*	4
ט081401	הארץ היה כנם בכל- ארץ מצרים /	ויעשו-	כן החרטמים בלטיהם להוציא את- הכנים	3121	1	3		*	4
ט082001	ובין עמך למחר יהיה האת הזה /	ויעש	יהוה כן ויבא ערב כבד ביתה	3121	1	1		*	3
ט082701	משה מעם פרעה ויעתר אל- יהוה /	ויעש	יהוה כדבר משה ויסר הערב מפרעה	3121	1	1		*	3
ט090506	דבר / וישם יהוה מועד לאמר מחר	יעשה	יהוה הדבר הזה בארץ / ויעש יהוה	3121	1	1			3
ט090601	מחר יעשה יהוה הדבר הזה בארץ /	ויעש	יהוה את- הדבר הזה ממחרת וימת	3121	1	1		*	3
ט121217	מאדם ועד- בהמה ובכל- אלהי מצרים	אעשה	שפטים אני יהוה / והיה הדם לכם	3121	1	1			3
ט122802	בתינו הציל ויקד העם וישתחוו / וילכו	ויעשו	בני ישראל כאשר צוה יהוה את-	3121	1	3		*	4
ט124704	לא- תשברו- בו / כל- עדת ישראל	יעשו	אתו / וכי- יגור אתך גר ועשה	3121	1	3			3
ט125001	אחת יהיה לאזרח ולגר הגר בתוככם /	ויעשו	כל- בני ישראל כאשר צוה יהוה	3121	1	3		*	4
ט140416	חילו וידעו מצרים כי- אני יהוה	ויעשו	כן / ויגד למלך מצרים כי ברח	3121	1	3		*	4
ט141313	התיצבו וראו את- ישועת יהוה אשר-	יעשה	לכם היום כי אשר ראיתם את	3121	1	1			3
ט152610	השמע לקול יהוה אלהיך והישר בעיניו	תעשה	והאזנת למצותיו ושמרת כל- חקיו כל-	3121	1	1			3
ט161701	מספר נפשתיכם איש לאשר באהלו תקחו /	ויעשו-	כן בני ישראל וילקטו המרבה והממעיט	3121	1	3		*	4
ט170407	ויצעק משה אל יהוה לאמר מה	אעשה	לעם הזה עוד מעט וסקלני / ויאמר	3121	1	1			3
ט170615	בצור ויצאו ממנו מים ושתה העם	ויעש	כן משה לעיני זקני ישראל / ויקרא	3121	1	1		*	3
ט171001	על- ראש הגבעה ומטה האלהים בידי /	ויעש	יהושע כאשר אמר- לו משה להלחם	3121	1	1		*	3
ט182016	הדרך ילכו בה ואת המעשה אשר	יעשון	/ ואתה תחזה מכל- העם אנשי- חיל	3121	1	3		0	3
ט182305	ונשאו אתך / אם את- הדבר הזה	תעשה	וצוך אלהים ויכלת עמד וגם כל-	3121	1	1			3
ט182405	יבא בשלום / וישמע משה לקול חתנו	ויעש	כל אשר אמר / ויבחר משה אנשי-	3121	1	1		*	3
ט190810	יחדו ויאמרו כל אשר- דבר יהוה	נעשה	וישב משה את- דברי העם אל-	3121	1	3			3
ט200402	לך אלהים אחרים על- פני / לא-	תעשה	לך פסל וכל- תמונה אשר בשמים	3121	1	1			3

/ = סוף פסוק   // = סוף פרק   ג = מין   # = מספר   כ = כינוי חבור   קס = קידומות וסיומות   ה = מספר ההברות

אזכור		מלה		צורן	ג	#	כ	קס	ה
ט201007	ויום השביעי שבת ליהוה אלהיך לא-	תעשה	כל- מלאכה אתה ובנך- ובתך עבדך	3121	1	1			3
ט202302	כי מן- השמים דברתי עמכם / לא	תעשון	אתי אלהי כסף ואלהי זהב לא	3121	1	3		0	3
ט202309	אתי אלהי כסף ואלהי זהב לא	תעשו	לכם / מזבח אדמה תעשה לי וזבחת	3121	1	3			3
ט202403	זהב לא תעשו לכם / מזבח אדמה	תעשה	לי וזבחת עליו את- עלתיך ואת-	3121	1	1			3
ט202504	אבוא אליך וברכתיך / ואם- מזבח אבנים	תעשה-	לי לא תבנה אתהן גזית כי	3121	1	1			3
ט210906	בה / ואם- לבנו ייעדנה כמשפט הבנות	יעשה-	לה / אם- אחרת יקח- לו שארה	3121	1	1			3
ט211105	לא יגרע / ואם- שלש- אלה לא	יעשה	לה ויצאה חנם אין כסף / מכה	3121	1	1			3
ט222902	תאחר בכור בניך תתן- לי / כן-	תעשה	לשרך לצאנך שבעת ימים יהיה עם-	3121	1	1			3
ט231112	עמך ויתרם תאכל חית השדה כן-	תעשה	לכרמך לזיתך / ששת ימים תעשה מעשיך	3121	1	1			3
ט231203	כן- תעשה לכרמך לזיתך / ששת ימים	תעשה	מעשיך וביום השביעי תשבת למען ינוח	3121	1	1			3
ט232407	לא- תשתחוה לאלהיהם ולא תעבדם ולא	תעשה	כמעשיהם כי הרס תהרסם ושבר תשבר	3121	1	1			3
ט240323	ויאמרו כל- הדברים אשר- דבר יהוה	נעשה	/ ויכתב משה את כל- דברי יהוה	3121	1	3			3
ט240713	העם ויאמרו כל אשר- דבר יהוה	נעשה	ונשמע / ויקח משה את- הדם ויזרק	3121	1	3			3
ט250914	המשכן ואת תבנית כל- כליו וכן	תעשו	/ ועשו ארון עצי שטים אמתים וחצי	3121	1	3			3
ט251806	רחבה / ועשית שנים כרבים זהב מקשה	תעשה	אתם משני קצות הכפרת / ועשה כרוב	3121	1	1			3
ט251912	וכרוב- אחד מקצה מזה מן- הכפרת	תעשו	את- הכרבים על- שני קצותיו / והיו	3121	1	3			3
ט252911	ומנקיתיו אשר יסך בהן זהב טהור	תעשה	אתם / ונתת על- השלחן לחם פנים	3121	1	1			3
ט253904	וממחתתיה זהב טהור / ככר זהב טהור	יעשה	אתה את כל- הכלים האלה / וראה	3121	1	1			3
ט260103	אשר- אתה מראה בהר // ואת- המשכן	תעשה	עשר יריעת שש משזר ותכלת וארגמן	3121	1	1			3
ט260115	וארגמן ותלעת שני כרבים מעשה חשב	תעשה	אתם / ארך היריעה האחת שמנה ועשרים	3121	1	1			3
ט260411	שפת היריעה האחת מקצה בחברת וכן	תעשה	בשפת היריעה הקיצונה במחברת השנית / חמשים	3121	1	1			3
ט260503	היריעה הקיצונה במחברת השנית / חמשים ללאת	תעשה	ביריעה האחת וחמשים ללאת תעשה בקצה	3121	1	1			3
ט260508	ללאת תעשה ביריעה האחת וחמשים ללאת	תעשה	בקצה היריעה אשר במחברת השנית מקבילת	3121	1	1			3
ט260709	עזים לאהל על- המשכן עשתי- עשרה יריעת	תעשה	אתם / ארך היריעה האחת שלשים באמה	3121	1	1			3
ט261710	האחד משלבת אשה אל- אחתה כן	תעשה	לכל קרשי המשכן / ועשית את- הקרשים	3121	1	1			3
ט261904	לפאת נגבה תימנה / וארבעים אדני- כסף	תעשה	תחת עשרים הקרש שני אדנים תחת-	3121	1	1			3
ט262204	תחת הקרש האחד / ולירכתי המשכן ימה	תעשה	ששה קרשים / ושני קרשים תעשה למקצעת	3121	1	1			3
ט262303	ימה תעשה ששה קרשים / ושני קרשים	תעשה	למקצעת המשכן בירכתים / ויהיו תאמם מלמטה	3121	1	1			3
ט262907	ואת- הקרשים תצפה זהב ואת- טבעתיהם	תעשה	זהב בתים לבריחם וצפית את- הבריחם	3121	1	1			3
ט263111	ותולעת שני ושש משזר מעשה חשב	יעשה	אתה כרבים / ונתתה אתה על- ארבעה	3121	1	1			3
ט270310	ויעיו ומזרקתיו ומזלגתיו ומחתתיו לכל- כליו	תעשה	נחשת / ועשית לו מכבר מעשה רשת	3121	1	1			3
ט270803	צלעת המזבח בשאת אתו / נבוב לחת	תעשה	אתו כאשר הראה אתך בהר כן	3121	1	1			3
ט270810	אתו כאשר הראה אתך בהר כן	יעשו	/ ועשית את חצר המשכן לפאת נגב-	3121	1	3			3
ט280404	לקדשו לכהנו- לי / ואלה הבגדים אשר	יעשו	חשן ואפוד ומעיל וכתנת תשבץ מצנפת	3121	1	3			3
ט281117	שמת בני ישראל מסבת משבצות זהב	תעשה	אתם / ושמת את- שתי האבנים על	3121	1	1			3
ט281406	זהב / ושתי שרשרת זהב טהור מגבלת	תעשה	אתם מעשה עבת ונתתה את- שרשרת	3121	1	1			3
ט281508	חשן משפט מעשה חשב כמעשה אפד	תעשנו	זהב תכלת וארגמן ותולעת שני ושש	3121	1	1	4		4
ט281516	תכלת וארגמן ותולעת שני ושש משזר	תעשה	אתו / רבוע יהיה כפול זרת ארכו	3121	1	1			3
ט283908	הכתנת שש ועשית מצנפת שש ואבנט	תעשה	מעשה רקם / ולבני אהרן תעשה כתנת	3121	1	1			3
ט284003	ואבנט תעשה מעשה רקם / ולבני אהרן	תעשה	כתנת ועשית להם אבנטים ומגבעות תעשה	3121	1	1			3
ט284009	תעשה כתנת ועשית להם אבנטים ומגבעות	תעשה	להם לכבוד ולתפארת / והלבשת אתם את-	3121	1	1			3
ט290104	לו ולזרעו אחריו // וזה הדבר אשר	תעשה	להם לקדש אתם לכהן לי לקח	3121	1	1			3
ט290213	ורקיקי מצות משחים בשמן סלת חטים	תעשה	אתם / ונתת אותם על- סל אחד	3121	1	1			3
ט293603	שבעת ימים תמלא ידם / ופר חטאת	תעשה	ליום על- הכפרים וחטאת על- המזבח	3121	1	1			3
ט293803	כל- הנגע במזבח יקדש / וזה אשר	תעשה	על- המזבח כבשים בני- שנה שנים	3121	1	1			3
ט293904	שנים ליום תמיד / את- הכבש האחד	תעשה	בבקר ואת הכבש השני תעשה בין	3121	1	1			3
ט293909	האחד תעשה בבקר ואת הכבש השני	תעשה	בין הערבים / ועשרן סלת בלול בשמן	3121	1	1			3
ט294104	יין לכבש האחד / ואת הכבש השני	תעשה	בין הערבים כמנחת הבקר וכנסכה תעשה-	3121	1	1			3
ט294110	תעשה בין הערבים כמנחת הבקר וכנסכה	תעשה-	לה לריח ניחח אשה ליהוה / עלת	3121	1	1			3
ט300107	ועשית מזבח מקטר קטרת עצי שטים	תעשה	אתו / אמה ארכו ואמה רחבו רבוע	3121	1	1			3
ט300404	זר זהב סביב / ושתי טבעת זהב	תעשה-	לו מתחת לזרו על שתי צלעתיו	3121	1	1			3
ט300411	לו מתחת לזרו על שתי צלעתיו	תעשה	על- שני צדיו והיה לבתים לבדים	3121	1	1			3
ט303208	בשר אדם לא ייסך ובמתכנתו לא	תעשו	כמהו קדש הוא קדש יהיה לכם	3121	1	3			3
ט303703	קדש קדשים תהיה לכם / והקטרת אשר	תעשה	במתכנתה לא תעשו לכם קדש תהיה	3121	1	1			3

/ = סוף פסוק   // = סוף פרק   ג = מין   # = מספר   כ = כינוי ובור   קס = קידומות וסיומות   ו = נכפר ההגוה

ה	קס	כ	#	ג	צורן		מלה		אזכור
3			3	1	3121	לכם קדש תהיה לך ליהוה / איש	תעשו	לכם / והקטרת אשר תעשה במתכנתה לא	ט303706
3			1	1	3121	כמוה להריח בה ונכרת מעמיו // וידבר	יעשה	קדש תהיה לך ליהוה / איש אשר-	ט303803
3			3	1	3121	/ ויאמר יהוה אל- משה לאמר / ואתה	יעשו	קטרת הסמים לקדש ככל אשר- צויתך	ט311111
5	*	4	1	1	3121	עגל מסכה ויאמרו אלה אלהיך ישראל	ויעשהו	אהרן / ויקח מידם ויצר אתו בחרט	ט320406
4	1		1	1	3121	אותך לגוי גדול / ויחל משה את-	ואעשה	הניחה לי ויחר- אפי בהם ואכלם	ט321008
4	*		3	1	3121	בני- לוי כדבר משה ויפל מן-	ויעשו	ואיש את- רעהו ואיש את- קרבו /	ט322801
4	*		3	1	3121	להם אלהי זהב / ועתה אם- תשא	ויעשו	אנא חטא העם הזה חטאה גדלה	ט323112
3			1	1	3121	לך / ויתנצלו בני- ישראל את- עדים	אעשה-	ועתה הורד עדיך מעליך ואדעה מה	ט330524
3			1	1	3121	כי- מצאת חן בעיני ואדעך בשם	אעשה	גם את- הדבר הזה אשר דברת	ט331711
3			1	1	3121	נפלאת אשר לא- נבראו בכל- הארץ	אעשה	אנכי כרת ברית נגד כל- עמך	ט341009
3			1	1	3121	לך / את- חג המצות תשמר שבעת	תעשה-	בניך אחרי אלהיהן / אלהי מסכה לא	ט341704
3			1	1	3121	לך בכורי קציר חטים וחג האסיף	תעשה	תשבת בחריש ובקציר תשבת / וחג שבעת	ט342203
4	1		3	1	3121	את כל- אשר צוה יהוה / את-	ויעשו	ולחשן / וכל- חכם- לב בכם יבאו	ט351006
3			3	1	3121	עוד מלאכה לתרומת הקדש ויכלא העם	יעשו-	קול במחנה לאמר איש ואשה אל-	ט360610
4	*		3	1	3121	כל- חכם- לב בעשי המלאכה את-	ויעשו	דים לכל- המלאכה לעשות אתה והותר /	ט360801
3	*		1	1	3121	ללאת תכלת על שפת היריעה האחת	ויעש	וחמש יריעת חבר אחת אל- אחת /	ט361101
3	*		1	1	3121	חמשים קרסי זהב ויחבר את- היריעת	ויעש	השנית מקבילת הללאת אחת אל- אחת /	ט361301
3	*		1	1	3121	יריעת עזים לאהל על- המשכן עשתי-עשרה	ויעש	אל- אחת בקרסים ויהי המשכן אחד /	ט361401
3	*		1	1	3121	ללאת חמשים על שפת היריעה הקיצנה	ויעש	היריעת לבד ואת- שש היריעת לבד /	ט361701
3	*		1	1	3121	קרסי נחשת חמשים לחבר את- האהל	ויעש	עשה על- שפת היריעה החברת השנית /	ט361801
3	*		1	1	3121	מכסה לאהל ערת אילם מאדמים ומכסה	ויעש	חמשים לחבר את- האהל להית אחד /	ט361901
3	*		1	1	3121	את- הקרשים למשכן עצי שטים עמדים	ויעש	אילם מאדמים ומכסה ערת תחשים מלמעלה /	ט362001
3	*		1	1	3121	את- הקרשים למשכן עשרים קרשים לפאת	ויעש	אחת כן עשה לכל קרשי המשכן /	ט362301
3	*		1	1	3121	בריחי עצי שטים חמשה לקרשי צלע-	ויעש	אדנים שני אדנים תחת הקרש האחד /	ט363101
3	*		1	1	3121	את- הבריח התיכן לברח בתוך הקרשים	ויעש	וחמשה בריחם לקרשי המשכן לירכתים ימה /	ט363301
3	*		1	1	3121	את- הפרכת תכלת וארגמן ותולעת שני	ויעש	בתים לבריחם ויצף את- הבריחם זהב /	ט363501
3	*		1	1	3121	לה ארבעה עמודי שטים ויצפם זהב	ויעש	משזר מעשה חשב עשה אתה כרבים /	ט363601
3	*		1	1	3121	מסך לפתח האהל תכלת וארגמן ותולעת	ויעש	זהב ויצק להם ארבעה אדני- כסף /	ט363701
3	*		1	1	3121	בצלאל את- הארן עצי שטים אמתים	ויעש	ראשיהם וחשקיהם זהב ואדניהם חמשה נחשת //	ט370101
3	*		1	1	3121	לו זר זהב סביב / ויצק לו	ויעש	קמתו / ויצפהו זהב טהור מבית ומחוץ	ט370206
3	*		1	1	3121	בדי עצי שטים ויצף אתם זהב	ויעש	האחת ושתי טבעת על- צלעו השנית /	ט370401
3	*		1	1	3121	כפרת זהב טהור אמתים וחצי ארכה	ויעש	על צלעת הארן לשאת את- הארן /	ט370601
3	*		1	1	3121	שני כרבים זהב מקשה עשה אתם	ויעש	אמתים וחצי ארכה ואמה וחצי רחבה /	ט370701
3	*		1	1	3121	את- השלחן עצי שטים אמתים ארכו	ויעש	אחיו אל- הכפרת היו פני הכרבים /	ט371001
3	*		1	1	3121	לו זר זהב סביב / ויעש לו	ויעש	וחצי קמתו / ויצף אתו זהב טהור	ט371105
3	*		1	1	3121	לו מסגרת טפח סביב ויעש זר-	ויעש	טהור ויעש לו זר זהב סביב /	ט371201
3	*		1	1	3121	זר- זהב למסגרתו סביב / ויצק לו	ויעש	סביב / ויעש לו מסגרת טפח סביב	ט371206
3	*		1	1	3121	את- הבדים עצי שטים ויצף אתם	ויעש	הטבעת בתים לבדים לשאת את- השלחן /	ט371501
3	*		1	1	3121	את- הכלים אשר על- השלחן את-	ויעש	ויצף אתם זהב לשאת את- השלחן /	ט371601
3	*		1	1	3121	את- המנרה זהב טהור מקשה עשה	ויעש	הקשות אשר יסך בהן זהב טהור /	ט371701
3	*		1	1	3121	את- נרתיה שבעה ומלקחיה ומחתתיה זהב	ויעש	היו כלה מקשה אחת זהב טהור /	ט372301
3	*		1	1	3121	את- מזבח הקטרת עצי שטים אמה	ויעש	טהור עשה אתה ואת כל- כליה /	ט372501
3	*		1	1	3121	לו זר זהב סביב / ושתי טבעת	ויעש	גגו ואת- קירתיו סביב ואת- קרנתיו	ט372612
3	*		1	1	3121	את- הבדים עצי שטים ויצף אתם	ויעש	צדיו לבתים לבדים לשאת אתו בהם /	ט372801
3	*		1	1	3121	את- שמן המשחה קדש ואת- קטרת	ויעש	הבדים עצי שטים ויצף אתם זהב /	ט372901
3	*		1	1	3121	את- מזבח העלה עצי שטים חמש	ויעש	ואת- קטרת הסמים טהור מעשה רקח //	ט380101
3	*		1	1	3121	קרנתיו על ארבע פנתיו ממנו היו	ויעש	אמות רחבו רבוע ושלש אמות קמתו /	ט380201
3	*		1	1	3121	את- כל- כלי המזבח את- הסירת	ויעש	ממנו היו קרנתיו ויצף אתו נחשת /	ט380301
3	*		1	1	3121	למזבח מכבר מעשה רשת נחשת תחת	ויעש	ואת- המחתת כל- כליו עשה נחשת /	ט380401
3	*		1	1	3121	את- הבדים עצי שטים ויצף אתם	ויעש	בארבע הקצות למכבר הנחשת בתים לבדים /	ט380601
3	*		1	1	3121	את הכיור נחשת ואת כנו נחשת	ויעש	אתו בהם נבוב לחת עשה אתו /	ט380801
3	*		1	1	3121	את- החצר לפאת נגב תימנה קלעי	ויעש	הצבאת אשר צבאו פתח אהל מועד /	ט380901
3	*		1	1	3121	בה את- אדני פתח אהל מועד	ויעש	שבעים ככר ואלפים וארבע- מאות שקל /	ט383001
4	*		3	1	3121	את- בגדי הקדש אשר לאהרן כאשר	ויעשו	השני עשו בגדי- שרד לשרת בקדש	ט390111

/ = סוף פסוק   // = סוף פרק   ג = מין   # = מספר   כ = כינוי חבור   קס = קידומות וסיומות   ה = מספר ההברות

אזכור		מלה		צורן	ג	#	כ	קס	ה
ט390201	לאהרן כאשר צוה יהוה את- משה /	ויעש	את- האפד זהב תכלת וארגמן ותולעת	3121	1	1		*	3
ט390601	משזר כאשר צוה יהוה את- משה /	ויעשו	את- אבני השהם מסבת משבצת זהב	3121	1	3		*	4
ט390801	ישראל כאשר צוה יהוה את- משה /	ויעש	את- החשן מעשה חשב כמעשה אפד	3121	1	1		*	3
ט391501	חתם איש על- שמו לשנים עשר שבט /	ויעשו	על- החשן שרשרת גבלת מעשה עבת	3121	1	3		*	4
ט391601	שרשרת גבלת מעשה עבת זהב טהור /	ויעשו	שתי משבצת זהב ושתי טבעת זהב	3121	1	3		*	4
ט391901	על- כתפת האפד אל- מול פניו /	ויעשו	שתי טבעת זהב וישימו על- שני	3121	1	3		*	4
ט392001	שפתו אשר אל- עבר האפד ביתה /	ויעשו	שתי טבעת זהב ויתנם על- שתי	3121	1	3		*	4
ט392201	האפד כאשר צוה יהוה את- משה /	ויעש	את- מעיל האפד מעשה ארג כליל	3121	1	1		*	3
ט392401	תחרא שפה לפיו סביב לא יקרע /	ויעשו	על- שולי המעיל רמוני תכלת וארגמן	3121	1	3		*	4
ט392501	רמוני תכלת וארגמן ותולעת שני משזר /	ויעשו	פעמני זהב טהור ויתנו את- הפעמנים	3121	1	3		*	4
ט392701	לשרת כאשר צוה יהוה את- משה /	ויעשו	את- הכתנת שש מעשה ארג לאהרן	3121	1	3		*	4
ט393001	רקם כאשר צוה יהוה את- משה /	ויעשו	את- ציץ נזר- הקדש זהב טהור	3121	1	3		*	4
ט393207	ותכל כל- עבדת משכן אהל מועד	ויעשו	בני ישראל ככל אשר צוה יהוה	3121	1	3		*	4
ט401601	להית להם משחתם לכהנת עולם לדרתם /	ויעש	משה ככל אשר צוה יהוה אתו	3121	1	1		*	3
ט050806	תבן / ואת- מתכנת הלבנים אשר הם	עשים	תמול שלשם תשימו עליהם לא תגרעו	3131	1	3			2
ט181408	חתן משה את כל- אשר הוא	עשה	לעם ויאמר מה- הדבר הזה אשר	3131	1	1			2
ט181416	ויאמר מה- הדבר הזה אשר אתה	עשה	לעם מדוע אתה יושב לבדך וכל-	3131	1	1			2
ט181710	אליו לא- טוב הדבר אשר אתה	עשה	/ נבל תבל גם- אתה גם- העם	3131	1	1			2
ט200601	בנים על- שלשים ועל- רבעים לשנאי /	ועשה	חסד לאלפים לאהבי ולשמרי מצותי / לא	3131	1	1		1	3
ט311413	לכם מחלליה מות יומת כי כל-	העשה	בה מלאכה ונכרתה הנפש ההוא מקרב	3131	1	1		2	3
ט311512	השביעי שבת שבתון קדש ליהוה כל-	העשה	מלאכה ביום השבת מות יומת / ושמרו	3131	1	1		2	3
ט341032	יהוה כי- נורא הוא אשר אני	עשה	עמך / שמר- לך את אשר אנכי	3131	1	1			2
ט350214	לכם קדש שבת שבתון ליהוה כל-	העשה	בו מלאכה יומת / לא- תבערו אש	3131	1	1		2	3
ט360404	נדבה בבקר בבקר / ויבאו כל- החכמים	העשים	את כל- מלאכת הקדש איש- איש	3131	1	3		2	3
ט360414	הקדש איש- איש ממלאכתו אשר- המה	עשים	/ ויאמרו אל- משה לאמר מרבים העם	3131	1	3			2
ט151111	מי כמכה נאדר בקדש נורא תהלת	עשה-	פלא / נטית ימינך תבלעמו ארץ / נחית	3133	1	1			2
ט353517	בתכלת ובארגמן בתולעת השני ובשש וארג	עשי	כל- מלאכה וחשבי מחשבת // ועשה בצלאל	3133	1	3			2
ט360805	אתה והותר / ויעשו כל- חכם- לב	בעשי	המלאכה את- המשכן עשר יריעת שש	3133	1	3		4	3
ט051608	אין נתן לעבדיך ולבנים אמרים לנו	עשו	והנה עבדיך מכים וחטאת עמך / ויאמר	314	1	3			2
ט251901	מקשה תעשה אתם משני קצות הכפרת /	ועשה	כרוב אחד מקצה מזה וכרוב- אחד	314	1	1		1	3
ט254002	אתה את כל- הכלים האלה / וראה	ועשה	בתבניתם אשר- אתה מראה בהר // ואת-	314	1	1		1	3
ט284201	את- ידם וקדשת אתם וכהנו- לי /	ועשה	להם מכנסי- בד לכסות בשר ערוה	314	1	1		1	3
ט320116	העם על- אהרן ויאמרו אליו קום	עשה-	לנו אלהים אשר ילכו לפנינו כי-	314	1	1			2
ט322303	העם כי ברע הוא / ויאמרו לי	עשה-	לנו אלהים אשר ילכו לפנינו כי-	314	1	1			2
ט124814	המול לו כל- זכר ואז יקרב	לעשתו	והיה כאזרח הארץ וכל- ערל לא-	3153			4	6	4
ט181816	כי- כבד ממך הדבר לא- תוכל	עשהו	לבדך / עתה שמע בקלי איעצך ויהי	3153			4		3
ט082205	לאלהיכם בארץ / ויאמר משה לא נכון	לעשות	כן כי תועבת מצרים נזבח ליהוה	3154				6	3
ט310403	ובתבונה ובדעת ובכל מלאכה / לחשב מחשבת	לעשות	בזהב ובכסף ובנחשת / ובחרשת אבן למלאת	3154				6	3
ט310506	ובנחשת / ובחרשת אבן למלאת ובחרשת עץ	לעשות	בכל- מלאכה / ואני הנה נתתי אתו	3154				6	3
ט311606	יומת / ושמרו בני- ישראל את השבת	לעשות	את- השבת לדרתם ברית עולם / ביני	3154				6	3
ט321407	וינחם יהוה על- הרעה אשר דבר	לעשות	לעמו / ויפן וירד משה מן- ההר	3154				6	3
ט350115	אלהם אלה הדברים אשר- צוה יהוה	לעשת	אתם / ששת ימים תעשה מלאכה וביום	3154				6	3
ט352914	להביא לכל- המלאכה אשר צוה יהוה	לעשות	ביד- משה הביאו בני- ישראל נדבה	3154				6	3
ט353203	בתבונה ובדעת ובכל- מלאכה / ולחשב מחשבת	לעשת	בזהב ובכסף ובנחשת / ובחרשת אבן למלאת	3154				6	3
ט353306	ובנחשת / ובחרשת אבן למלאת ובחרשת עץ	לעשות	בכל- מלאכת מחשבת / ולהורת נתן בלבו	3154				6	3
ט353505	למטה- דן / מלא אתם חכמת- לב	לעשות	כל- מלאכת חרש וחשב ורקם בתכלת	3154				6	3
ט360115	נתן יהוה חכמה ותבונה בהמה לדעת	לעשת	את- כל- מלאכת עבדת הקדש לכל	3154				6	3
ט360224	אשר נשאו לבו לקרבה אל- המלאכה	לעשת	אתה / ויקחו מלפני משה את כל-	3154				6	3
ט360314	הביאו בני ישראל למלאכת עבדת הקדש	לעשת	אתה והם הביאו אליו עוד נדבה	3154				6	3
ט360514	מדי העבדה למלאכה אשר- צוה יהוה	לעשת	אתה / ויצו משה ויעבירו קול במחנה	3154				6	3
ט360706	והביא / והמלאכה היתה דים לכל- המלאכה	לעשות	אתה והותר / ויעשו כל- חכם- לב	3154				6	3
ט390307	וירקעו את- פחי הזהב וקצץ פתילם	לעשות	בתוך התכלת ובתוך הארגמן ובתוך התולעת	3154				6	3
ט031622	ויעקב לאמר פקד פקדתי אתכם ואת-	העשוי	לכם במצרים / ואמר אעלה אתכם מעני	3161	1	1		2	3
ט382403	ובארגמן ובתולעת השני ובשש / כל- הזהב	העשוי	למלאכה בכל מלאכת הקדש ויהי זהב	3161	1	1		2	3

/ = סוף פסוק   // = סוף פרק   ג = מין   # = מספר   כ = כינויי חבור   קס = קידומות וסיומות   ה = מספר ההברות

אזכור		מלה		ה קס כ # ג צונן
	--*-*-*-*-*-*-*-*-*-*-*-*-*-*-*-*	עשור	*-*-*-*-*-*-*-*-*-*-*-*-*-*-*-*-*-*	
ט120307	דברו אל- כל- עדת ישראל לאמר	בעשר	לחדש הזה ויקחו להם איש שה	3 24 73
	--*-*-*-*-*-*-*-*-*-*-*-*-*-*-*-*	עשיר	*-*-*-*-*-*-*-*-*-*-*-*-*-*-*-*-*-*	
ט301501	עשרים שנה ומעלה יתן תרומת יהוה /	העשיר	לא- ירבה והדל לא ימעיט ממחצית	3 2 1 1 1111
	--*-*-*-*-*-*-*-*-*-*-*-*-*-*-*-*	עשירית	*-*-*-*-*-*-*-*-*-*-*-*-*-*-*-*-*-*	
ט163602	באם אל- קצה ארץ כנען / והעמר	עשרית	האפה הוא // ויסעו כל- עדת בני-	3 2 73
	--*-*-*-*-*-*-*-*-*-*-*-*-*-*-*-*	עשן	*-*-*-*-*-*-*-*-*-*-*-*-*-*-*-*-*-*	
ט191813	ירד עליו יהוה באש ויעל עשנו	כעשן	הכבשן ויחרד כל- ההר מאד / ויהי	3 5 1 1 1112
ט191812	אשר ירד עליו יהוה באש ויעל	עשנו	כעשן הכבשן ויחרד כל- ההר מאד	3 4 1 1 1113
	--*-*-*-*-*-*-*-*-*-*-*-*-*-*-*-*	עשן	*-*-*-*-*-*-*-*-*-*-*-*-*-*-*-*-*-*	
ט191803	המחנה ויתיצבו בתחתית ההר / והר סיני	עשן	כלו מפני אשר ירד עליו יהוה	2 1 1 3111
ט201813	הלפידים ואת קול השפר ואת- ההר	עשן	וירא העם וינעו ויעמדו מרחק / ויאמרו	2 1 1 3131
	--*-*-*-*-*-*-*-*-*-*-*-*-*-*-*-*	עשר	*-*-*-*-*-*-*-*-*-*-*-*-*-*-*-*-*-*	
ט260104	אתה מראה בהר // ואת- המשכן תעשה	עשר	יריעת שש משזר ותכלת וארגמן ותלעת	2 2 71
ט261601	את- הקרשים למשכן עצי שטים עמדים /	עשר	אמות ארך הקרש ואמה וחצי האמה	2 2 71
ט360809	חכם- לב בעשי המלאכה את- המשכן	עשר	יריעת שש משזר ותכלת וארגמן ותולעת	2 2 71
ט362101	את- הקרשים למשכן עצי שטים עמדים /	עשר	אמת ארך הקרש ואמה וחצי האמה	2 2 71
	--*-*-*-*-*-*-*-*-*-*-*-*-*-*-*-*	עשרה	*-*-*-*-*-*-*-*-*-*-*-*-*-*-*-*-*-*	
ט271209	לפאת- ים קלעים חמשים אמה עמדיהם	עשרה	ואדניהם עשרה / ורחב החצר לפאת קדמה	3 1 71
ט271211	קלעים חמשים אמה עמדיהם עשרה ואדניהם	עשרה	/ ורחב החצר לפאת קדמה מזרחה חמשים	3 1 71
ט342821	ויכתב על- הלחת את דברי הברית	עשרת	הדברים / ויהי ברדת משה מהר סיני	3 1 71
ט381207	ולפאת- ים קלעים חמשים באמה עמודיהם	עשרה	ואדניהם עשרה ווי העמדים וחשוקיהם כסף	3 1 71
ט381209	קלעים חמשים באמה עמודיהם עשרה ואדניהם	עשרה	ווי העמדים וחשוקיהם כסף / ולפאת קדמה	3 1 71
	--*-*-*-*-*-*-*-*-*-*-*-*-*-*-*-*	עשרון	*-*-*-*-*-*-*-*-*-*-*-*-*-*-*-*-*-*	
ט294001	ואת הכבש השני תעשה בין הערבים /	ועשרן	סלת בלול בשמן כתית רבע ההין	4 1 1 1 1111
	--*-*-*-*-*-*-*-*-*-*-*-*-*-*-*-*	עשרים	*-*-*-*-*-*-*-*-*-*-*-*-*-*-*-*-*-*	
ט121811	בערב תאכלו מצת עד יום האחד	ועשרים	לחדש בערב / שבעת ימים שאר לא	3 1 1 71
ט260205	תעשה אתם / ארך היריעה האחת שמנה	ועשרים	באמה ורחב ארבע באמה היריעה האחת	3 1 71
ט261805	קרשי המשכן / ועשית את- הקרשים למשכן	עשרים	קרש לפאת נגבה תימנה / וארבעים אדני-	2 71
ט261906	תימנה / וארבעים אדני- כסף תעשה תחת	עשרים	הקרש שני אדנים תחת- הקרש האחד	2 71
ט262006	ירכתיו / ולצלע המשכן השנית לפאת צפון	עשרים	קרש / וארבעים אדניהם כסף שני אדנים	2 71
ט271002	מאה באמה ארך לפאה האחת / ועמדיו	עשרים	ואדניהם עשרים נחשת ווי העמדים וחשקיהם	2 71
ט271004	ארך לפאה האחת / ועמדיו עשרים ואדניהם	עשרים	נחשת ווי העמדים וחשקיהם כסף / וכן	2 71
ט271109	צפון בארך קלעים מאה ארך ועמדו	עשרים	ואדניהם עשרים נחשת ווי העמדים וחשקיהם	2 71
ט271111	קלעים מאה ארך ועמדו עשרים ואדניהם	עשרים	נחשת ווי העמדים וחשקיהם כסף / ורחב	2 71
ט271604	שלשה ואדניהם שלשה / ולשער החצר מסך	עשרים	אמה תכלת וארגמן ותולעת שני ושש	2 71
ט301311	על- הפקדים מחצית השקל בשקל הקדש	עשרים	גרה השקל מחצית השקל תרומה ליהוה	2 71
ט301406	ליהוה / כל העבר על הפקדים מבן	עשרים	שנה ומעלה יתן תרומת יהוה / העשיר	2 71
ט360905	עשה אתם / ארך היריעה האחת שמנה	ועשרים	באמה ורחב ארבע באמה היריעה האחת	3 1 71
ט362305	קרשי המשכן / ויעש את- הקרשים למשכן	עשרים	קרשים לפאת נגב תימנה / וארבעים אדני-	2 71
ט362406	תימנה / וארבעים אדני- כסף עשה תחת	עשרים	הקרשים שני אדנים תחת- הקרש האחד	2 71
ט362507	ולצלע המשכן השנית לפאת צפון עשה	עשרים	קרשים / וארבעים אדניהם כסף שני אדנים	2 71
ט381002	החצר שש משזר מאה באמה / עמודיהם	עשרים	ואדניהם עשרים נחשת ווי העמודים וחשקיהם	2 71
ט381004	משזר מאה באמה / עמודיהם עשרים ואדניהם	עשרים	נחשת ווי העמודים וחשקיהם כסף / ולפאת	2 71
ט381106	כסף / ולפאת צפון מאה באמה עמודיהם	עשרים	ואדניהם עשרים נחשת ווי העמודים וחשקיהם	2 71
ט381108	צפון מאה באמה עמודיהם עשרים ואדניהם	עשרים	נחשת ווי העמודים וחשקיהם כסף / ולפאת-	2 71

/ = סוף פסוק   // = סוף פרק   ג = מין   # = מספר   כ = כינוי רבור   קס = קידומות וסיומות   ו = מספר ההברות

אזכור		מלה		צופן ג # כ	קס	ה
ט381812	תכלת וארגמן ותולעת שני ושש משזר	ועשרים	אנה ארך וקומה ברחב חמש אמות	71	1	3
ט382412	מלאכת הקדש ויהי זהב התנופה תשע	ועשרים	ככר ושבע מאות ושלשים שקל בשקל	71	1	3
ט382612	הקדש לכל העבר על- הפקדים מבן	עשרים	שנה ומעלה לשש- מאות אלף ושלשת	71		2
	-	עשרת	*-*			
ט182122	אלפים שרי מאות שרי חמשים ושרי	עשרת	/ ושפטו את- העם בכל- עת והיה	3 2 71		3
ט182519	אלפים שרי מאות שרי חמשים ושרי	עשרת	/ ושפטו את- העם בכל- עת את-	3 2 71		3
	-	עשתי־עשרה	*-*			
ט260707	ועשית יריעת עזים לאהל על- המשכן	עשתי-עשרה	יריעת תעשה אתם / ארך היריעה האחת	2 71		5
ט260813	ארבע באמה היריעה האחת מדה אחת	לעשתי עשרה	יריעת / וחברת את- חמש היריעת לבד	2 71	6	6
ט361407	ויעש יריעת עזים לאהל על- המשכן	עשתי-עשרה	יריעת עשה אתם / ארך היריעה האחת	2 71		5
ט361513	אמות רחב היריעה האחת מדה אחת	לעשתי עשרה	יריעת / ויחבר את- חמש היריעת לבד	2 71	6	6
	-	עת	*-*			
ט091803	מסתולל בעמי לבלתי שלחם / הנני ממטיר	כעת	מחר ברד כבד מאד אשר לא-	1 2 1121	25	2
ט182205	ושרי עשרת / ושפטו את- העם בכל-	עת	והיה כל- הדבר הגדל יביאו אליך	1 2 1121		1
ט182605	ושרי עשרת / ושפטו את- העם בכל-	עת	את- הדבר הקשה יביאון אל- משה	1 2 1121		1
	-	עתה	*-*			
ט030901	הכנעני והחתי והאמרי והפרזי והחוי והיבוסי /	ועתה	הנה צעקת בני- ישראל באה אלי	22	91	3
ט031001	את- הלחץ אשר מצרים לחצים אתם /	ועתה	לכה ואשלחך אל- פרעה והוצא את-	22	91	3
ט031817	אליו יהוה אלהי העבריים נקרה עלינו	ועתה	נלכה- נא דרך שלשת ימים במדבר	22	91	3
ט041201	פקח או עור הלא- אנכי יהוה /	ועתה	לך ואנכי אהיה עם- פיך והוריתיך	22	91	3
ט050505	לכו לסבלתיכם / ויאמר פרעה הן- רבים	עתה	עם הארץ והשבתם אתם מסבלתם / ויצו	22	9	2
ט051801	כן אתם אמרים נלכה נזבחה ליהוה /	ועתה	לכו עבדו ותבן לא- ינתן לכם	22	91	2
ט060105	את- עמך // ויאמר יהוה אל- משה	עתה	תראה אשר אעשה לפרעה כי ביד	22	9	2
ט091502	כי אין כמני בכל- הארץ / כי	עתה	שלחתי את- ידי ואך אותך ואת-	22	9	2
ט091817	כמהו במצרים למן- היום הוסדה ועד-	עתה	/ ועתה שלח העז את- מקנך ואת	22	9	2
ט091901	במצרים למן- היום הוסדה ועד- עתה /	ועתה	שלח העז את- מקנך ואת כל-	22	91	3
ט101701	ולאהרן ויאמר חטאתי ליהוה אלהיכם ולכם /	ועתה	שא נא חטאתי אך הפעם והעתירו	22	91	3
ט181101	הציל את- העם מתחת יד- מצרים /	עתה	ידעתי כי- גדול יהוה מכל- האלהים	22	9	2
ט181901	ממך הדבר לא- תוכל עשהו לבדך /	עתה	שמע בקלי איעצך ויהי אלהים עמך	22	9	2
ט190501	על- כנפי נשרים ואבא אתכם אלי /	ועתה	אם- שמוע תשמעו בקלי ושמרתם את-	22	91	3
ט321001	הזה והנה עם- קשה- ערף הוא /	ועתה	הניחה לי ויחר- אפי בהם ואכלם	22	91	3
ט323011	אל- העם אתם חטאתם חטאה גדלה	ועתה	אעלה אל- יהוה אולי אכפרה בעד	22	91	3
ט323201	חטאה גדלה ויעשו להם אלהי זהב /	ועתה	אם- תשא חטאתם ואם- אין מחני	22	91	3
ט323401	מי אשר חטא- לי אמחנו מספרי /	ועתה	לך נחה את- העם אל אשר-	22	91	3
ט330518	ערף רגע אחד אעלה בקרבך וכליתיך	ועתה	הורד עדיך מעליך ואדעה מה אעשה-	22	91	3
ט331301	ידעתיך בשם וגם- מצאת חן בעיני /	ועתה	אם- נא מצאתי חן בעיניך הודעני	22	91	3
	-	עתר	*-*			
ט082605	לזבח ליהוה / ויצא משה מעם פרעה	ויעתר	אל- יהוה / ויעש יהוה כדבר משה	1 1 3121	*	3
ט101804	את- המות הזה / ויצא מעם פרעה	ויעתר	אל- יהוה / ויהפך יהוה רוח- ים	1 1 3121	*	3
	-	פאה	*-*			
ט270915	לחצר שש משזר מאה באמה ארך	לפאה	האחת / ועמדיו עשרים ואדניהם עשרים נחשת	1 2 1121	26	3
ט261807	ועשית את- הקרשים למשכן עשרים קרש	לפאת	נגבה תימנה / וארבעים אדני- כסף תעשה	1 2 1122	6	3
ט262004	האחד לשתי ידתיו / ולצלע המשכן השנית	לפאת	צפון עשרים קרש / וארבעים אדניהם כסף	1 2 1122	6	3
ט270905	כן יעשו / ועשית את חצר המשכן	לפאת	נגב- תימנה קלעים לחצר שש משזר	1 2 1122	6	3
ט271102	נחשת ווי העמדים וחשקיהם כסף / וכן	לפאת	צפון בארך קלעים מאה ארך ועמדו	1 2 1122	6	3
ט271203	ווי העמדים וחשקיהם כסף / ורחב החצר	לפאת-	ים קלעים חמשים אמה עמדיהם עשרה	1 2 1122	6	3
ט271303	עמדיהם עשרה ואדניהם עשרה / ורחב החצר	לפאת	קדמה מזרחה חמשים אמה / וחמש עשרה אמה	1 2 1122	6	3
ט362307	ויעש את- הקרשים למשכן עשרים קרשים	לפאת	נגב תימנה / וארבעים אדני- כסף עשה	1 2 1122	6	3

/ = סוף פסוק   // = סוף פרק   ג = מין   # = מספר   כ = כינוי ובור   קס = קידומות וסיומות   ו = נספר והברוה   עמ' 303

אזכור		מלה		צופן	ג	#	כ	קס	ה
ט362504	האחד לשתי ידתיו / ולצלע המשכן השנית	לפאת	צפון עשה עשרים קרשים / וארבעים אדניהם	1122	2	1		6	3
ט380904	פתח אהל מועד / ויעש את- החצר	לפאת	נגב תימנה קלעי החצר שש משזר	1122	2	1		6	3
ט381101	עשרים נחשת ווי העמודים וחשקיהם כסף /	ולפאת	צפון מאה באמה עמודיהם עשרים ואדניהם	1122	2	1		61	4
ט381201	עשרים נחשת ווי העמודים וחשקיהם כסף /	ולפאת-	ים קלעים חמשים באמה עמודיהם עשרה	1122	2	1		61	4
ט381301	ואדניהם עשרה ווי העמדים וחשוקיהם כסף /	ולפאת	קדמה מזרחה חמשים אמה / קלעים חמש-עשרה	1122	2	1		61	4
ט252611	זהב ונתת את- הטבעת על ארבע	הפאת	אשר לארבע רגליו / לעמת המסגרת תהיין	1125	2	3		2	3
ט371311	זהב ויתן את- הטבעת על ארבע	הפאת	אשר לארבע רגליו / לעמת המסגרת היו	1125	2	3		2	3
	--*-*-*-*-*-*-*-*-*-*-*-*-*-*-*-*-*-*	פאר	*-*-*-*-*-*-*-*-*-*-*-*-*-*-*-*-*-*-*-*						
ט392805	לאהרן ולבניו / ואת המצנפת שש ואת-	פארי	ומגבעת שש ואת- מכנסי הבד שש	1116	1	3			3
	--*-*-*-*-*-*-*-*-*-*-*-*-*-*-*-*-*-*	פגע	*-*-*-*-*-*-*-*-*-*-*-*-*-*-*-*-*-*-*-*						
ט050316	ימים במדבר ונזבחה ליהוה אלהינו פן-	יפגענו	בדבר או בחרב / ויאמר אלהם מלך	3121	1	1	6		4
ט052001	לא- תגרעו מלבניכם דבר- יום ביומו /	ויפגעו	את- משה ואת- אהרן נצבים לקראתם	3121	1	3		*	4
ט230402	להשב / ודל לא תהדר בריבו / כי	תפגע	שור איבך או חמרו תעה השב	3121	1	1			2
	--*-*-*-*-*-*-*-*-*-*-*-*-*-*-*-*-*-*	פגש	*-*-*-*-*-*-*-*-*-*-*-*-*-*-*-*-*-*-*-*						
ט042404	את- בנך בכרך / ויהי בדרך במלון	ויפגשהו	יהוה ויבקש המיתו / ותקח צפרה צר	3121	1	1	4	*	5
ט042710	אהרן לך לקראת משה המדברה וילך	ויפגשהו	בהר האלהים וישק- לו / ויגד משה	3121	1	1	4	*	5
	--*-*-*-*-*-*-*-*-*-*-*-*-*-*-*-*-*-*	פדה	*-*-*-*-*-*-*-*-*-*-*-*-*-*-*-*-*-*-*-*						
ט131304	לך הזכרים ליהוה / וכל- פטר חמר	תפדה	בשה ואם- לא תפדה וערפתו וכל	3121	1	1			2
ט131308	פטר חמר תפדה בשה ואם- לא	תפדה	וערפתו וכל בכור אדם בבניך תפדה	3121	1	1			2
ט131314	תפדה וערפתו וכל בכור אדם בבניך	תפדה	/ והיה כי- ישאלך בנך מחר לאמר	3121	1	1			2
ט131525	פטר רחם הזכרים וכל- בכור בני	אפדה	/ והיה לאות על- ידכה ולטוטפת בין	3121	1	1			2
ט342003	תזכר פטר שור ושה / ופטר חמור	תפדה	בשה ואם- לא תפדה וערפתו כל	3121	1	1			2
ט342007	ופטר חמור תפדה בשה ואם- לא	תפדה	וערפתו כל בכור בניך תפדה ולא-	3121	1	1			2
ט342012	לא תפדה וערפתו כל בכור בניך	תפדה	ולא- יראו פני ריקם / ששת ימים	3121	1	1			2
	--*-*-*-*-*-*-*-*-*-*-*-*-*-*-*-*-*-*	פדות	*-*-*-*-*-*-*-*-*-*-*-*-*-*-*-*-*-*-*-*						
ט081902	כי אני יהוה בקרב הארץ / ושמתי	פדת	בין עמי ובין עמך למחר יהיה	1121	2	1			2
	--*-*-*-*-*-*-*-*-*-*-*-*-*-*-*-*-*-*	פדיון	*-*-*-*-*-*-*-*-*-*-*-*-*-*-*-*-*-*-*-*						
ט213006	יומת / אם- כפר יושת עליו ונתן	פדין	נפשו ככל אשר- יושת עליו / או-	1112	1	1			2
	--*-*-*-*-*-*-*-*-*-*-*-*-*-*-*-*-*-*	פה	*-*-*-*-*-*-*-*-*-*-*-*-*-*-*-*-*-*-*-*						
ט041022	מאז דברך אל- עבדך כי כבד-	פה	וכבד לשון אנכי / ויאמר יהוה אליו	1111	1	1			1
ט041106	אנכי / ויאמר יהוה אליו מי שם	פה	לאדם או מי- ישום אלם או	1111	1	1			1
ט041610	אל- העם והיה הוא יהיה- לך	לפה	ואתה תהיה- לו לאלהים / ואת- המטה	1111	1	1		6	2
ט120415	הקרב אל- ביתו במכסת נפשת איש	לפי	אכלו תכסו על- השה / שה תמים	1112	1	1		6	2
ט161609	אשר צוה יהוה לקטו ממנו איש	לפי	אכלו עמר לגלגלת מספר נפשתיכם איש	1112	1	1		6	2
ט161810	העדיף המרבה והממעיט לא החסיר איש	לפי-	אכלו לקטו / ויאמר משה אלהם איש	1112	1	1		6	2
ט162106	משה / וילקטו אתו בבקר בבקר איש	כפי	אכלו וחם השמש ונמס / ויהי ביום	1112	1	1		5	2
ט170110	בני- ישראל ממדבר- סין למסעיהם על-	פי	יהוה ויחנו ברפידים ואין מים לשתת	1112	1	1			1
ט171307	ויחלש יהושע את- עמלק ואת- עמו	לפי-	חרב / ויאמר יהוה אל- משה כתב	1112	1	1		6	2
ט283202	את- מעיל האפוד כליל תכלת / והיה	פי-	ראשו בתוכו שפה יהיה לפיו סביב	1112	1	1			1
ט283211	שפה יהיה לפיו סביב מעשה ארג	כפי	תחרא יהיה- לו לא יקרע / ועשית	1112	1	1		5	2
ט342712	לך את- הדברים האלה כי על-	פי	הדברים האלה כרתי אתך ברית ואת-	1112	1	1			1
ט382109	המשכן משכן העדת אשר פקד על-	פי	משה עבדת הלוים ביד איתמר בן-	1112	1	1			1
ט392301	מעיל האפד מעשה ארג כליל תכלת /	ופי-	המעיל בתוכו כפי תחרא שפה לפיו	1112	1	1		1	2
ט392304	ארג כליל תכלת / ופי- המעיל בתוכו	כפי	תחרא שפה לפיו סביב לא יקרע	1112	1	1		5	2
ט041206	יהוה / ועתה לך ואנכי אהיה עם-	פיך	והוריתיך אשר תדבר / ויאמר בי אדני	1113	1	1	2		2
ט041506	בלבו / ודברת אליו ושמת את- הדברים	בפיו	ואנכי אהיה עם- פיך ועם- פיהו	1113	1	1	4	4	2
ט041510	את- הדברים בפיו ואנכי אהיה עם-	פיך	ועם- פיהו והוריתי אתכם את אשר	1113	1	1	2		2

/ = סוף פסוק // = סוף פרק ג = מין # = מספר כ = כינוי ובור קס = קידומות וסיומות ה = מספר ההברות

אזכור		מלה		צונן	ג	#	כ	קס	ה
ט041512	בפיו ואנכי אהיה עם- פיך ועם-	פיהו	ווריתי אתכם את אשר תעשון / ודבר-	1113	1	1	4		2
ט130913	בין עיניך למען תהיה תורת יהוה	בפיך	כי ביד חזקה הוצאך יהוה ממצרים	1113	1	1	2	4	3
ט231314	אחרים לא תזכירו לא ישמע על-	פיך	/ שלש רגלים תחג לי בשנה / את	1113	1	1	2		2
ט283207	והיה פי- ראשו בתוכו שפה יהיה	לפיו	סביב מעשה ארג כפי תחרא יהיה-	1113	1	1	4	6	2
ט392307	ופי- המעיל בתוכו כפי תחרא שפה	לפיו	סביב לא יקרע / ויעשו על- שולי	1113	1	1	4	6	2
	-	פוטיאל	*-*						
ט062415	ואלעזר בן- אהרן לקח- לו מבנות	פוטיאל	לו לאשה ותלד לו את- פינחס	122	1				3
	-	פועה	*-*						
ט011512	אשר שם האחת שפרה ושם השנית	פועה	/ ויאמר בילדכן את- העבריות וראיתן על-	122	2				2
	-	פח	*-*						
ט390303	ותולעת שני ושש משזר / וירקעו את-	פחי	הזהב וקצץ פתילם לעשות בתוך התכלת	1116	1	3			2
	-	פחד	*-*						
ט151604	כל ישבי כנען / תפל עליהם אימתה	ופחד	בגדל זרועך ידמו כאבן עד- יעבר	1111	1	1		1	3
	-	פטדה	*-*						
ט281710	אבן ארבעה טורים אבן טור אדם	פטדה	וברקת הטור האחד / והטור השני נפך	1121	2	1			3
ט391008	בו ארבעה טורי אבן טור אדם	פטדה	וברקת הטור האחד / והטור השני נפך	1121	2	1			3
	-	פטר	*-*						
ט130205	משה לאמר / קדש- לי כל- בכור	פטר	כל- רחם בבני ישראל באדם ובבהמה	1112	1	1			2
ט131203	לך ולאבתיך ונתנה לך / והעברת כל-	פטר-	רחם ליהוה וכל- פטר שגר בהמה	1112	1	1			2
ט131207	והעברת כל- פטר- רחם ליהוה וכל-	פטר	שגר בהמה אשר יהיה לך הזכרים	1112	1	1			2
ט131302	אשר יהיה לך הזכרים ליהוה / וכל-	פטר	חמר תפדה בשה ואם- לא תפדה	1112	1	1			2
ט131523	על- כן אני זבח ליהוה כל-	פטר	רחם הזכרים וכל- בכור בני אפדה	1112	1	1			2
ט341902	כי בחדש האביב יצאת ממצרים / כל-	פטר	רחם לי וכל- מקנך תזכר פטר	1112	1	1			2
ט341908	פטר רחם לי וכל- מקנך תזכר	פטר	שור ושה / ופטר חמור תפדה בשה	1112	1	1			2
ט342001	וכל- מקנך תזכר פטר שור ושה /	ופטר	חמור תפדה בשה ואם- לא תפדה	1112	1	1		1	3
	-	פיהחירת	*-*						
ט140208	אל- בני ישראל וישבו ויחנו לפני	פיהחירת	בין מגדל ובין הים לפני בעלצפן	123	1				4
ט140916	סוס רכב פרעה ופרשיו וחילו על-	פיהחירת	לפני בעלצפן / ופרעה הקריב וישאו בני-	123	1				4
	-	פיח	*-*						
ט090811	ואל- אהרן קחו לכם מלא חפניכם	פיח	כבשן וזרקו משה השמימה לעיני פרעה	1112	1	1			2
ט091003	אבעבעת בכל- ארץ מצרים / ויקחו את	פיח	הכבשן ויעמדו לפני פרעה ויזרק אתו	1112	1	1			2
	-	פינחס	*-*						
ט062421	פוטיאל לו לאשה ותלד לו את-	פינחס	אלה ראשי אבות הלוים למשפחתם / הוא	122	1				3
	-	פלא	*-*						
ט151112	כמכה נאדר בקדש נורא תהלת עשה-	פלא	/ נטית ימינך תבלעמו ארץ / נחית בחסדך	1111	1	1			2
	-	פלוא	*-*						
ט061410	אבתם בני ראובן בכר ישראל חנוך	ופלוא	חצרן וכרמי אלה משפחת ראובן / ובני	122	1			1	3
	-	פלטה	*-*						
ט100513	לראת את- הארץ ואכל את- יתר	הפלטה	הנשארת לכם מן- הברד ואכל את-	1121	2	1		2	4

אזכור		מלה		ה קס כ # ג צורן
	--*-*-*	פלילים	*-*-*-*-*	
ט212220	כאשר ישית עליו בעל האשה ונתן	בפללים	/ ואם- אסון יהיה ונתתה נפש תחת	4 4 3 1 1115
	--*-*-*	פלשת	*-*-*-*-*	
ט151407	שמעו עמים ירגזון חיל אחז ישבי	פלשת	/ אז נבהלו אלופי אדום אילי מואב	3 2 123
	--*-*-*	פלשתי	*-*-*-*-*	
ט131711	העם ולא- נחם אלהים דרך ארץ	פלשתים	כי קרוב הוא כי אמר אלהים	3 3 1 124
ט233108	את- גבלך מים- סוף ועד- ים	פלשתים	ומדבר עד- הנהר כי אתן בידכם	3 3 1 124
	--*-*-*	פן	*-*-*-*-*	
ט011004	רב ועצום ממנו / הבה נתחכמה לו	פן	ירבה והיה כי- תקראנה מלחמה ונוסף	1 53
ט050315	שלשת ימים במדבר ונזבחה ליהוה אלהינו	פן-	יפגענו בדבר או בחרב / ויאמר אלהם	1 53
ט131718	כי קרוב הוא כי אמר אלהים	פן-	ינחם העם בראתם מלחמה ושבו מצרימה	1 53
ט192108	יהוה אל- משה רד העד בעם	פן-	יהרסו אל- יהוה לראות ונפל ממנו	1 53
ט192207	וגם הכהנים הנגשים אל- יהוה יתקדשו	פן-	יפרץ בהם יהוה / ויאמר משה אל	1 53
ט192417	והעם אל- יהרסו לעלת אל- יהוה	פן-	יפרץ- בם / וירד משה אל- העם	1 53
ט201912	עמנו ונשמעה ואל- ידבר עמנו אלהים	פן-	נמות / ויאמר משה אל- העם אל-	1 53
ט232906	מלפניך / לא אגרשנו מפניך בשנה אחת	פן-	תהיה הארץ שממה ורבה עליך חית	1 53
ט233304	להם ולאלהיהם ברית / לא ישבו בארצך	פן-	יחטיאו אתך לי כי תעבד את-	1 53
ט330315	בקרבך כי עם- קשה- ערף אתה	פן-	אכלך בדרך / וישמע העם את- הדבר	1 53
ט341203	והחתי והפרזי והחוי והיבוסי / השמר לך	פן-	תכרת ברית ליושב הארץ אשר אתה	1 53
ט341212	ליושב הארץ אשר אתה בא עליה	פן-	יהיה למוקש בקרבך / כי את- מזבחתם	1 53
ט341501	יהוה קנא שמו אל קנא הוא /	פן-	תכרת ברית ליושב הארץ וזנו אחרי	1 53
	--*-*-*	פנה	*-*-*-*-*	
ט270205	אמות קמתו / ועשית קרנתיו על ארבע	פנתיו	ממנו תהיין קרנתיו וצפית אתו נחשת	3 4 3 2 1127
ט380205	אמות קמתו / ויעש קרנתיו על ארבע	פנתיו	ממנו היו קרנתיו ויצף אתו נחשת	3 4 3 2 1127
	--*-*-*	פנה	*-*-*-*-*	
ט021201	איש מצרי מכה איש- עברי מאחיו /	ויפן	כה וכה וירא כי- אין איש	3 * 1 1 3121
ט072301	ולא- שמע אלהם כאשר דבר יהוה /	ויפן	פרעה ויבא אל- ביתו ולא- שת	3 * 1 1 3121
ט100622	היותם על- האדמה עד היום הזה	ויפן	ויצא מעם פרעה / ויאמרו עבדי פרעה	3 * 1 1 3121
ט161009	אהרן אל- כל- עדת בני- ישראל	ויפנו	אל- המדבר והנה כבוד יהוה נראה	3 * 3 1 3121
ט321501	על- הרעה אשר דבר לעשות לעמו /	ויפן	וירד משה מן- ההר ושני לחת	3 * 1 1 3121
ט142709	את- ידו על- הים וישב הים	לפנות	בקר לאיתנו ומצרים נסים לקראתו וינער	3 6 3154
	--*-*-*	פנים	*-*-*-*-*	
ט253711	והעלה את- נרתיה והאיר על- עבר	פניה	/ ומלקחיה ומחתתיה זהב טהור / ככר זהב	3 5 3 1 1114
ט253005	תעשה אתם / ונתת על- השלחן לחם	פנים	לפני תמיד / ועשית מנרת זהב טהור	2 3 1 1115
ט331105	פתח אהלו / ודבר יהוה אל- משה	פנים	אל- פנים כאשר ידבר איש אל-	2 3 1 1115
ט331107	ודבר יהוה אל- משה פנים אל-	פנים	כאשר ידבר איש אל- רעהו ושב	2 3 1 1115
ט351310	בדיו ואת- כל- כליו ואת לחם	הפנים	/ ואת- מנרת המאור ואת- כליה ואת-	3 2 3 1 1115
ט393608	השלחן את- כל- כליו ואת לחם	הפנים	/ את- המנרה הטהרה את- נרתיה נרת	3 2 3 1 1115
ט101116	אתה אתם מבקשים ויגרש אתם מאת	פני	פרעה / ויאמר יהוה אל- משה נטה	2 3 1 1116
ט161406	למחנה / ותעל שכבת הטל והנה על-	פני	המדבר דק מחספס דק ככפר על-	2 3 1 1116
ט200307	לא- יהיה לך אלהים אחרים על-	פני	/ לא- תעשה לך פסל וכל- תמונה	2 1 3 1 1116
ט231708	פעמים בשנה יראה כל- זכורך אל-	פני	האדן יהוה / לא- תזבח על- חמץ	2 3 1 1116
ט252017	איש אל- אחיו אל- הכפרת יהיו	פני	הכרבים / ונתת את- הכפרת על- הארן	2 3 1 1116
ט260916	וכפלת את- היריעה הששית אל- מול	פני	האהל / ועשית חמשים ללאת על שפת	2 3 1 1116
ט283711	תכלת והיה על- המצנפת אל- מול	פני-	המצנפת יהיה / והיה על- מצח אהרן	2 3 1 1116
ט321104	אותך לגוי גדול / ויחל משה את-	פני	יהוה אלהיו ויאמר למה יהוה יחרה	2 3 1 1116
ט321212	הוציאם להרג אתם בהרים ולכלתם מעל	פני	האדמה שוב מחרון אפך והנחם על-	2 3 1 1116
ט322014	ויטחן עד אשר- דק ויזר על-	פני	המים וישק את- בני ישראל / ויאמר	2 3 1 1116

אזכור		מלה		צרוף	ג	#	כ	קס	ה
ט331620	אני ועמך מכל- העם אשר על-	פני	האדמה / ויאמר יהוה אל- משה גם	1116	1	3			2
ט342308	פעמים בשנה יראה כל- זכורך את-	פני	האדן יהוה אלהי ישראל / כי- אוריש	1116	1	3			2
ט342416	איש את- ארצך בעלתך לראות את-	פני	יהוה אלהיך שלש פעמים בשנה / לא-	1116	1	3			2
ט343505	אשר יצוה / וראו בני- ישראל את-	פני	משה כי קרן עור פני משה	1116	1	3			2
ט343510	את- פני משה כי קרן עור	פני	משה והשיב משה את- המסוה על-	1116	1	3			2
ט370917	איש אל- אחיו אל- הכפרת היו	פני	הכרבים / ויעש את- השלחן עצי שטים	1116	1	3			2
ט391816	ויתנם על- כתפת האפד אל- מול	פניו	/ ויעשו שתי טבעת זהב וישימו על-	1116	1	3	4		2
ט030613	אלהי יצחק ואלהי יעקב ויסתר משה	פניו	כי ירא מהביט אל- האלהים / ויאמר	1117	1	3	4		2
ט101016	ואת טפכם ראו כי רעה נגד	פניכם	/ לא כן לכו נא הגברים ועבדו	1117	1	3	7		3
ט102811	מעלי השמר לך אל תסף ראות	פני	כי ביום ראתך פני תמות / ויאמר	1117	1	3	1		2
ט102815	תסף ראות פני כי ביום ראתך	פני	תמות / ויאמר משה כן דברת לא-	1117	1	3	1		2
ט102909	כן דברת לא- אסף עוד ראות	פניך	// ויאמר יהוה אל- משה עוד נגע	1117	1	3	2		3
ט202017	בא האלהים ובעבור תהיה יראתו על-	פניכם	לבלתי תחטאו / ויעמד העם מרחק ומשה	1117	1	3	7		3
ט231520	כי- בו יצאת ממצרים ולא- יראו	פני	ריקם / וחג הקציר בכורי מעשיך אשר	1117	1	3	1		2
ט252010	כנפים למעלה סככים בכנפיהם על- הכפרת	ופניהם	איש אל- אחיו אל- הכפרת יהיו	1117	1	3	9	1	4
ט282516	ונתתה על- כתפות האפד אל- מול	פניו	/ ועשית שתי טבעות זהב ושמת אתם	1117	1	3	4		2
ט282713	על- שתי כתפות האפוד מלמטה ממול	פניו	לעמת מחברתו ממעל לחשב האפוד / וירכסו	1117	1	3	4		2
ט331402	וראה כי עמך הגוי הזה / ויאמר	פני	ילכו והנחתי לך / ויאמר אליו אם-	1117	1	3	1		2
ט331505	והנחתי לך / ויאמר אליו אם- אין	פניך	הלכים אל- תעלנו מזה / ובמה יודע	1117	1	3	2		3
ט331907	ויאמר אני אעביר כל- טובי על-	פניך	וקראתי בשם יהוה לפניך וחנתי את-	1117	1	3	2		3
ט332006	ארחם / ויאמר לא תוכל לראת את-	פני	כי לא- יראני האדם וחי / ויאמר	1117	1	3	1		2
ט332307	והסרתי את- כפי וראית את- אחרי	ופני	לא יראו // ויאמר יהוה אל- משה	1117	1	3	1	1	3
ט340604	ויקרא בשם יהוה / ויעבר יהוה על-	פניו	ויקרא יהוה יהוה אל רחום וחנון	1117	1	3	4		2
ט342015	כל בכור בניך תפדה ולא- יראו	פני	ריקם / ששת ימים תעבד וביום השביעי	1117	1	3	1		2
ט342920	ומשה לא- ידע כי קרן עור	פניו	בדברו אתו / וירא אהרן וכל- בני	1117	1	3	4		2
ט343011	ישראל את- משה והנה קרן עור	פניו	וייראו מגשת אליו / ויקרא אלהם משה	1117	1	3	4		2
ט343307	ויכל משה מדבר אתם ויתן על-	פניו	מסוה / ובבא משה לפני יהוה לדבר	1117	1	3	4		2
ט343517	משה והשיב משה את- המסוה על-	פניו	עד- באו לדבר אתו // ויקהל משה	1117	1	3	4		2
ט370910	כנפים למעלה סככים בכנפיהם על- הכפרת	ופניהם	איש אל- אחיו אל- הכפרת היו	1117	1	3	9	1	4
ט392012	על- שתי כתפת האפד מלמטה ממול	פניו	לעמת מחברתו ממעל לחשב האפד / וירכסו	1117	1	3	4		2
	--*-*-*-*-*-*-*-*-*-*-*-*-*-*-*-*-*-*	פסח	*-*-*-*-*-*-*-*-*-*-*-*-*-*-*-*-*-*-*-*						
ט121113	ברגליכם ומקלכם בידכם ואכלתם אתו בחפזון	פסח	הוא ליהוה / ועברתי בארץ- מצרים בלילה	1111	1	1			2
ט122114	משכו וקחו לכם צאן למשפחתיכם ושחטו	הפסח	/ ולקחתם אגדת אזוב וטבלתם בדם אשר-	1111	1	1		2	3
ט122703	מה העבדה הזאת לכם / ואמרתם זבח-	פסח	הוא ליהוה אשר פסח על- בתי	1111	1	1			2
ט124308	יהוה אל- משה ואהרן זאת חקת	הפסח	כל- בן- נכר לא- יאכל בו	1111	1	1		2	3
ט124806	אתך / וכי- יגור אתך גר ועשה	פסח	ליהוה המול לו כל- זכר ואז	1111	1	1			2
ט342512	זבחי ולא- ילין לבקר זבח חג	הפסח	/ ראשית בכורי אדמתך תביא בית יהוה	1111	1	1		2	3
	--*-*-*-*-*-*-*-*-*-*-*-*-*-*-*-*-*-*	פסח	*-*-*-*-*-*-*-*-*-*-*-*-*-*-*-*-*-*-*-*						
ט121313	אשר אתם שם וראיתי את- הדם	ופסחתי	עלכם ולא- יהיה בכם נגף למשחית	3111	1	1		1	4
ט122314	הדם על- המשקוף ועל שתי המזוזת	ופסח	יהוה על- הפתח ולא יתן המשחית	3111	1	1		1	3
ט122707	ואמרתם זבח- פסח הוא ליהוה אשר	פסח	על- בתי בני- ישראל במצרים בנגפו	3111	1	1			2
	--*-*-*-*-*-*-*-*-*-*-*-*-*-*-*-*-*-*	פסל	*-*-*-*-*-*-*-*-*-*-*-*-*-*-*-*-*-*-*-*						
ט200404	אחרים על- פני / לא- תעשה לך	פסל	וכל- תמונה אשר בשמים ממעל ואשר	1111	1	1			2
	--*-*-*-*-*-*-*-*-*-*-*-*-*-*-*-*-*-*	פסל	*-*-*-*-*-*-*-*-*-*-*-*-*-*-*-*-*-*-*-*						
ט340401	אל- ירעו אל- מול ההר ההוא /	ויפסל	שני לחת אבנים כראשנים וישכם משה	3121	1	1		*	3
ט340105	לא יראו // ויאמר יהוה אל- משה	פסל-	לך שני- לחת אבנים כראשנים וכתבתי	314	1	1			2
	--*-*-*-*-*-*-*-*-*-*-*-*-*-*-*-*-*-*	פעל	*-*-*-*-*-*-*-*-*-*-*-*-*-*-*-*-*-*-*-*						
ט151707	תבאמו ותטעמו בהר נחלתך מכון לשבתך	פעלת	יהוה מקדש אדני כוננו ידיך / יהוה	3111	1	1			3

אזכור		מלה		צורן	ג	#	נ	קס	ה
	--*-*-*-*-*-*-*-*-*-*-*-*-*-*-*-*-*-*	פעם	*-*-*-*-*-*-*-*-*-*-*-*-*-*-*-*-*-*-*-*						
ט082806	אחד / ויכבד פרעה את- לבו גם	בפעם-	הזאת ולא שלח את- העם // ויאמר	1121	2	1		24	3
ט091402	העברים שלח את- עמי ויעבדני / כי	בפעם	הזאת אני שלח את- כל- מגפתי	1121	2	1		24	3
ט092709	ויקרא למשה ולאהרן ויאמר אלהם חטאתי	הפעם	יהוה הצדיק ואני ועמי הרשעים / העתירו	1121	2	1		2	3
ט101706	ולכם / ועתה שא נא חטאתי אך	הפעם	והעתירו ליהוה אלהיכם ויסר מעלי רק	1121	2	1		2	3
ט231702	באספך את- מעשיך מן- השדה / שלש	פעמים	בשנה יראה כל- זכורך אל- פני	1125	2	3			3
ט342302	חטים וחג האסיף תקופת השנה / שלש	פעמים	בשנה יראה כל- זכורך את- פני	1125	2	3			3
ט342420	לראות את- פני יהוה אלהיך שלש	פעמים	בשנה / לא- תשחט על- חמץ דם-	1125	2	3			3
ט251209	ארבע טבעת זהב ונתתה על ארבע	פעמתיו	ושתי טבעת על- צלעו האחת ושתי	1127	2	3	4		4
ט370308	לו ארבע טבעת זהב על ארבע	פעמתיו	ושתי טבעת על- צלעו האחת ושתי	1127	2	3	4		4
	--*-*-*-*-*-*-*-*-*-*-*-*-*-*-*-*-*-*	פעמון	*-*-*-*-*-*-*-*-*-*-*-*-*-*-*-*-*-*-*-*						
ט392601	על- שולי המעיל סביב בתוך הרמנים /	פעמן	ורמן פעמן ורמן על- שולי המעיל	1111	1	1			3
ט392603	המעיל סביב בתוך הרמנים / פעמן ורמן	פעמן	ורמן על- שולי המעיל סביב לשרת	1111	1	1			3
ט283401	שוליו סביב ופעמני זהב בתוכם סביב /	פעמן	זהב ורמון פעמן זהב ורמון על-	1112	1	1			3
ט283404	זהב בתוכם סביב / פעמן זהב ורמון	פעמן	זהב ורמון על- שולי המעיל סביב	1112	1	1			3
ט392507	ויעשו פעמני זהב טהור ויתנו את-	הפעמנים	בתוך הרמנים על- שולי המעיל סביב	1115	1	3		2	5
ט283312	וארגמן ותולעת שני על- שוליו סביב	ופעמני	זהב בתוכם סביב / פעמן זהב ורמון	1116	1	3		1	5
ט392502	תכלת וארגמן ותולעת שני משזר / ויעשו	פעמני	זהב טהור ויתנו את- הפעמנים בתוך	1116	1	3			4
	--*-*-*-*-*-*-*-*-*-*-*-*-*-*-*-*-*-*	פוץ	*-*-*-*-*-*-*-*-*-*-*-*-*-*-*-*-*-*-*-*						
ט051201	תמצאו כי אין נגרע מעבדתכם דבר /	ויפץ	העם בכל- ארץ מצרים לקשש קש	3121	1	1		*	3
	--*-*-*-*-*-*-*-*-*-*-*-*-*-*-*-*-*-*	פצע	*-*-*-*-*-*-*-*-*-*-*-*-*-*-*-*-*-*-*-*						
ט212504	רגל תחת רגל / כויה תחת כויה	פצע	תחת פצע חבורה תחת חבורה / וכי-	1111	1	1			2
ט212506	רגל / כויה תחת כויה פצע תחת	פצע	חבורה תחת חבורה / וכי- יכה איש	1111	1	1			2
	--*-*-*-*-*-*-*-*-*-*-*-*-*-*-*-*-*-*	פקד	*-*-*-*-*-*-*-*-*-*-*-*-*-*-*-*-*-*-*-*						
ט031619	אלהי אברהם יצחק ויעקב לאמר פקד	פקדתי	אתכם ואת- העשוי לכם במצרים / ואמר	3111	1	1			3
ט043105	לעיני העם / ויאמן העם וישמעו כי-	פקד	יהוה את- בני ישראל וכי ראה	3111	1	1			2
ט323416	הנה מלאכי ילך לפניך וביום פקדי	ופקדתי	עלהם חטאתם / ויגף יהוה את- העם	3111	1	1		1	4
ט131915	השביע את- בני- ישראל לאמר פקד	יפקד	אלהים אתכם והעליתם את- עצמתי מזה	3121	1	1			2
ט200512	כי אנכי יהוה אלהיך אל קנא	פקד	עון אבת על- בנים על- שלשים	3131	1	1			2
ט340711	עון ופשע וחטאה ונקה לא ינקה	פקד	עון אבות על- בנים ועל- בני	3131	1	1			2
ט031618	אלי אלהי אברהם יצחק ויעקב לאמר	פקד	פקדתי אתכם ואת- העשוי לכם במצרים	3151					2
ט131914	השבע השביע את- בני- ישראל לאמר	פקד	יפקד אלהים אתכם והעליתם את- עצמתי	3151					2
ט301219	בפקד אתם ולא- יהיה בהם נגף	בפקד	אתם / זה יתנו כל- העבר על-	3151				4	3
ט301213	לפקדיהם ונתנו איש כפר נפשו ליהוה	בפקד	אתם ולא- יהיה בהם נגף בפקד	3152				4	3
ט323415	לך הנה מלאכי ילך לפניך וביום	פקדי	ופקדתי עלהם חטאתם / ויגף יהוה את-	3153			1		3
ט301306	אתם / זה יתנו כל- העבר על-	הפקדים	מחצית השקל בשקל הקדש עשרים גרה	3161	1	3		2	4
ט301404	השקל תרומה ליהוה / כל העבר על	הפקדים	מבן עשרים שנה ומעלה יתן תרומת	3161	1	3		2	4
ט382610	השקל בשקל הקדש לכל העבר על-	הפקדים	מבן עשרים שנה ומעלה לשש- מאות	3161	1	3		2	4
ט382102	היתדת למשכן ולחצר סביב נחשת / אלה	פקודי	המשכן משכן העדת אשר פקד על-	3162	1	3			3
ט382502	מאות ושלשים שקל בשקל הקדש / וכסף	פקודי	העדה מאת ככר ואלף ושבע מאות	3162	1	3			3
ט301207	כי תשא את- ראש בני- ישראל	לפקדיהם	ונתנו איש כפר נפשו ליהוה בפקד	3163	1	3	9	6	5
	--*-*-*-*-*-*-*-*-*-*-*-*-*-*-*-*-*-*	פקד	*-*-*-*-*-*-*-*-*-*-*-*-*-*-*-*-*-*-*-*						
ט382107	אלה פקודי המשכן משכן העדת אשר	פקד	על- פי משה עבדת הלוים ביד	3411	1	1			2
	--*-*-*-*-*-*-*-*-*-*-*-*-*-*-*-*-*-*	פקח	*-*-*-*-*-*-*-*-*-*-*-*-*-*-*-*-*-*-*-*						
ט041115	מי- ישום אלם או חרש או	פקח	או עור הלא- אנכי יהוה / ועתה	1111	1	1			3
ט230807	ושחד לא תקח כי השחד יעור	פקחים	ויסלף דברי צדיקים / וגר לא תלחץ	1115	1	3			3

/ = סוף פסוק   // = סוף פרק   ג = מין   # = מספר   נ = ניגוד ובור   קס = קידומות וסיומות   ה = מספר ההברות

אזכור		מלה		צופן ג # כ קס ה
	פר *-*-*-*-*-*-*-*-*-*-*-*-*-*-*-*-*-*-*-*		*-*	
ט290111	להם לקדש אתם לכהן לי לקח	פר	אחד בן- בקר ואילם שנים תמימם	1 1 1 1111
ט290310	סל אחד והקרבת אתם בסל ואת-	הפר	ואת שני האילם / ואת- אהרן ואת	2 2 1 1 1111
ט291003	יד- אהרן ויד- בניו / והקרבת את-	הפר	לפני אהל מועד וסמך אהרן ובניו	2 2 1 1 1111
ט291014	אהרן ובניו את- ידיהם על- ראש	הפר	/ ושחטת את- הפר לפני יהוה פתח	2 2 1 1 1111
ט291103	ידיהם על- ראש הפר / ושחטת את-	הפר	לפני יהוה פתח אהל מועד / ולקחת	2 2 1 1 1111
ט291203	יהוה פתח אהל מועד / ולקחת מדם	הפר	ונתתה על- קרנת המזבח באצבעך ואת-	2 2 1 1 1111
ט291403	אשר עליהן והקטרת המזבחה / ואת- בשר	הפר	ואת- ערו ואת- פרשו תשרף באש	2 2 1 1 1111
ט293601	צויתי אתכה שבעת ימים תמלא ידם /	ופר	חטאת תעשה ליום על- הכפרים וחטאת	2 1 1 1 1112
ט240512	ויעלו עלת ויזבחו זבחים שלמים ליהוה	פרים	/ ויקח משה חצי הדם וישם באגנת	2 3 1 1115
	פרה *-*-*-*-*-*-*-*-*-*-*-*-*-*-*-*-*-*-*		*-*	
ט010703	אחיו וכל הדור ההוא / ובני ישראל	פרו	וישרצו וירבו ויעצמו במאד מאד ותמלא	2 3 1 3111
ט233007	מעט מעט אגרשנו מפניך עד אשר	תפרה	ונחלת את- הארץ / ושתי את- גבלך	2 1 1 3121
	פרזי *-*-*-*-*-*-*-*-*-*-*-*-*-*-*-*-*-*-*		*-*	
ט030823	ודבש אל- מקום הכנעני והחתי והאמרי	והפרזי	והחוי והיבוסי / ועתה הנה צעקת בני-	5 21 1 1 124
ט031711	מצרים אל- ארץ הכנעני והחתי והאמרי	והפרזי	והחוי והיבוסי אל- ארץ זבת חלב	5 21 1 1 124
ט232309	מלאכי לפניך והביאך אל- האמרי והחתי	והפרזי	והכנעני החוי והיבוסי והכחדתיו / לא- תשתחוה	5 21 1 1 124
ט330209	מלאך וגרשתי את- הכנעני האמרי והחתי	והפרזי	החוי והיבוסי / אל- ארץ זבת חלב	5 21 1 1 124
ט341115	גרש מפניך את- האמרי והכנעני והחתי	והפרזי	והחוי והיבוסי / השמר לך פן- תכרת	5 21 1 1 124
	פרח *-*-*-*-*-*-*-*-*-*-*-*-*-*-*-*-*-*-*		*-*	
ט253307	שלשה גבעים משקדים בקנה האחד כפתר	ופרח	ושלשה גבעים משקדים בקנה האחד כפתר	3 1 1 1 1111
ט253314	ושלשה גבעים משקדים בקנה האחד כפתר	ופרח	כן לששת הקנים היצאים מן- המנרה	3 1 1 1 1111
ט371907	שלשה גבעים משקדים בקנה האחד כפתר	ופרח	ושלשה גבעים משקדים בקנה אחד כפתר	3 1 1 1 1111
ט371914	ושלשה גבעים משקדים בקנה אחד כפתר	ופרח	כן לששת הקנים היצאים מן- המנרה	3 1 1 1 1111
ט253112	תיעשה המנורה ירכה וקנה גביעיה כפתריה	ופרחיה	ממנה יהיו / וששה קנים יצאים מצדיה	5 1 5 3 1 1118
ט253406	המנרה / ובמנרה ארבעה גבעים משקדים כפתריה	ופרחיה	/ וכפתר תחת שני הקנים ממנה וכפתר	5 1 5 3 1 1118
ט371714	את- המנרה ירכה וקנה גביעיה כפתריה	ופרחיה	ממנה היו / וששה קנים יצאים מצדיה	5 1 5 3 1 1118
ט372006	המנרה / ובמנרה ארבעה גבעים משקדים כפתריה	ופרחיה	/ וכפתר תחת שני הקנים ממנה וכפתר	5 1 5 3 1 1118
	פרה *-*-*-*-*-*-*-*-*-*-*-*-*-*-*-*-*-*-*		*-*	
ט090913	והיה על- האדם ועל- הבהמה לשחין	פרח	אבעבעת בכל- ארץ מצרים / ויקחו את-	3 1 1 3131
ט091015	אתו משה השמימה ויהי שחין אבעבעת	פרח	באדם ובבהמה / ולא- יכלו החרטמים לעמד	3 1 1 3131
	פרי *-*-*-*-*-*-*-*-*-*-*-*-*-*-*-*-*-*-*		*-*	
ט101515	את- כל- עשב הארץ ואת כל-	פרי	העץ אשר הותיר הברד ולא- נותר	2 1 1 1112
	פרך *-*-*-*-*-*-*-*-*-*-*-*-*-*-*-*-*-*-*		*-*	
ט011306	ישראל / ויעבדו מצרים את- בני ישראל	בפרך	/ וימררו את- חייהם בעבדה קשה בחמר	3 4 1 1 1111
ט011417	את כל- עבדתם אשר- עבדו בהם	בפרך	/ ויאמר מלך מצרים למילדת העברית אשר	3 4 1 1 1111
	פרכת *-*-*-*-*-*-*-*-*-*-*-*-*-*-*-*-*-*-*		*-*	
ט263102	המשכן כמשפטו אשר הראית בהר / ועשית	פרכת	תכלת וארגמן ותולעת שני ושש משזר	3 1 2 1121
ט263303	על- ארבעה אדני- כסף / ונתתה את-	הפרכת	תחת הקרסים והבאת שמה מבית לפרכת	4 2 1 2 1121
ט263309	הפרכת תחת הקרסים והבאת שמה מבית	לפרכת	את ארון העדות והבדילה הפרכת לכם	4 26 1 2 1121
ט263314	מבית לפרכת את ארון העדות והבדילה	הפרכת	לכם בין הקדש ובין קדש הקדשים	4 2 1 2 1121
ט263505	בקדש הקדשים / ושמת את- השלחן מחוץ	לפרכת	ואת- המנרה נכח השלחן על צלע	4 26 1 2 1121
ט272104	להעלת נר תמיד / באהל מועד מחוץ	לפרכת	אשר על- העדת יערך אתו אהרן	4 26 1 2 1121
ט300604	וצפית אתם זהב / ונתתה אתו לפני	הפרכת	אשר על- ארן העדת לפני הכפרת	4 2 1 2 1121
ט363503	ויצף את- הבריחם זהב / ויעש את-	הפרכת	תכלת וארגמן ותולעת שני ושש משזר	4 2 1 2 1121
ט382711	לצקת את אדני הקדש ואת אדני	הפרכת	מאת אדנים למאת הככר ככר לאדן	4 2 1 2 1121
ט400310	ארון העדות וסכת על- הארן את-	הפרכת	/ והבאת את- השלחן וערכת את- ערכו	4 2 1 2 1121

/ = סוף פסוק // = סוף פרק ג = מין # = מספר כ = כינוי וגוף קס = קידומות וסיומות ה = מספר והגבורה

אזכור		מלה		צופן	ג	#	כ	קס	ה
ט402211	מועד על ירך המשכן צפנה מחוץ	לפרכת	/ ויערך עליו ערך לחם לפני יהוה	1121	2	1		26	4
ט402608	את- מזבח הזהב באהל מועד לפני	הפרכת	/ ויקטר עליו קטרת סמים כאשר צוה	1121	2	1		2	4
ט351208	הארן ואת- בדיו את- הכפרת ואת	פרכת	המסך / את- השלחן ואת- בדיו ואת-	1122	2	1			3
ט393411	המאדמים ואת- מכסה ערת התחשים ואת	פרכת	המסך / את- ארון העדת ואת- בדיו	1122	2	1			3
ט402108	את- הארן אל- המשכן וישם את	פרכת	המסך ויסך על ארון העדות כאשר	1122	2	1			3
	-	פרסה	*-*						
ט102607	וגם- מקננו ילך עמנו לא תשאר	פרסה	כי ממנו נקח לעבד את- יהוה	1121	2	1			2
	-	פרע	*-*						
ט322509	את- העם כי פרע הוא כי-	פרעה	אהרן לשמצה בקמיהם / ויעמד משה בשער	3111	1	1	4		3
ט322506	הזה / וירא משה את- העם כי	פרע	הוא כי- פרעה אהרן לשמצה בקמיהם	3161	1	1			3
	-	פרעה	*-*						
ט011111	למען ענתו בסבלתם ויבן ערי מסכנות	לפרעה	את פתם ואת- רעמסס / וכאשר יענו	1111	1	1		6	3
ט011904	ותחיין את- הילדים / ותאמרן המילדת אל-	פרעה	כי לא כנשים המצרית העברית כי-	1111	1	1			2
ט012202	את האלהים ויעש להם בתים / ויצו	פרעה	לכל- עמו לאמר כל- הבן הילוד	1111	1	1			2
ט020503	לדעה מה- יעשה לו / ותרד בת-	פרעה	לרחץ על- היאר ונערתיה הלכת על-	1111	1	1			2
ט020705	העברים זה / ותאמר אחתו אל בת-	פרעה	האלך וקראתי לך אשה מינקת מן	1111	1	1			2
ט020804	לך את- הילד / ותאמר- לה בת-	פרעה	לכי ותלך העלמה ותקרא את- אם	1111	1	1			2
ט020904	את- אם הילד / ותאמר לה בת-	פרעה	היליכי את- הילד הזה והינקהו לי	1111	1	1			2
ט021005	הילד ותניקהו / ויגדל הילד ותבאהו לבת-	פרעה	ויהי- לה לבן ותקרא שמו משה	1111	1	1			2
ט021502	משה ויאמר אכן נודע הדבר / וישמע	פרעה	את- הדבר הזה ויבקש להרג את-	1111	1	1			2
ט021513	להרג את- משה ויברח משה מפני	פרעה	וישב בארץ- מדין וישב על- הבאר	1111	1	1			2
ט031005	לחצים אתם / ועתה לכה ואשלחך אל-	פרעה	והוצא את- עמי בני- ישראל ממצרים	1111	1	1			2
ט031110	האלהים מי אנכי כי אלך אל-	פרעה	וכי אוציא את- בני ישראל ממצרים	1111	1	1			2
ט042116	המפתים אשר- שמתי בידך ועשיתם לפני	פרעה	ואני אחזק את- לבו ולא ישלח	1111	1	1			2
ט042203	ולא ישלח את- העם / ואמרת אל-	פרעה	כה אמר יהוה בני בכרי ישראל	1111	1	1			2
ט050107	ואחר באו משה ואהרן ויאמרו אל-	פרעה	כה- אמר יהוה אלהי ישראל שלח	1111	1	1			2
ט050202	את- עמי ויחגו לי במדבר / ויאמר	פרעה	מי יהוה אשר אשמע בקלו לשלח	1111	1	1			2
ט050502	את- העם ממעשיו לכו לסבלתיכם / ויאמר	פרעה	הן- רבים עתה עם הארץ והשבתם	1111	1	1			2
ט050602	עם הארץ והשבתם אתם מסבלתם / ויצו	פרעה	ביום ההוא את- הנגשים בעם ואת-	1111	1	1			2
ט051011	ויאמרו אל- העם לאמר כה אמר	פרעה	אינני נתן לכם תבן / אתם לכו	1111	1	1			2
ט051409	בני ישראל אשר- שמו עלהם נגשי	פרעה	לאמר מדוע לא כליתם חקכם ללבן	1111	1	1			2
ט051507	ויבאו שטרי בני ישראל ויצעקו אל-	פרעה	לאמר למה תעשה כה לעבדיך / תבן	1111	1	1			2
ט052010	ואת- אהרן נצבים לקראתם בצאתם מאת	פרעה	/ ויאמרו אלהם ירא יהוה עליכם וישפט	1111	1	1			2
ט052112	וישפט אשר הבאשתם את- ריחנו בעיני	פרעה	ובעיני עבדיו לתת- חרב בידם להרגנו	1111	1	1			2
ט052304	למה זה שלחתני / ומאז באתי אל-	פרעה	לדבר בשמך הרע לעם הזה והצל	1111	1	1			2
ט060109	אל- משה עתה תראה אשר אעשה	לפרעה	כי ביד חזקה ישלחם וביד חזקה	1111	1	1		6	3
ט061104	אל- משה לאמר / בא דבר אל-	פרעה	מלך מצרים וישלח את- בני- ישראל	1111	1	1			2
ט061214	ישראל לא- שמעו אלי ואיך ישמעני	פרעה	ואני ערל שפתים / וידבר יהוה אל-	1111	1	1			2
ט061312	אהרן ויצום אל- בני ישראל ואל-	פרעה	מלך מצרים להוציא את- בני- ישראל	1111	1	1			2
ט062704	מצרים על- צבאתם / הם המדברים אל-	פרעה	מלך- מצרים להוציא את- בני- ישראל	1111	1	1			2
ט062910	משה לאמר אני יהוה דבר אל-	פרעה	מלך מצרים את כל- אשר אני	1111	1	1			2
ט063012	אני ערל שפתים ואיך ישמע אלי	פרעה	// ויאמר יהוה אל- משה ראה נתתיך	1111	1	1			2
ט070108	יהוה אל- משה ראה נתתיך אלהים	לפרעה	ואהרן אחיך יהיה נביאך / אתה תדבר	1111	1	1		6	3
ט070211	אשר אצוך ואהרן אחיך ידבר אל-	פרעה	ושלח את- בני- ישראל מארצו / ואני	1111	1	1			2
ט070305	ישראל מארצו / ואני אקשה את- לב	פרעה	והרביתי את- אתתי ואת- מופתי בארץ	1111	1	1			2
ט070404	מופתי בארץ מצרים / ולא- ישמע אלכם	פרעה	ונתתי את- ידי במצרים והוצאתי את-	1111	1	1			2
ט070712	בן- שלש ושמנים שנה בדברם אל-	פרעה	/ ויאמר יהוה אל- משה ואל- אהרן	1111	1	1			2
ט070904	ואל- אהרן לאמר / כי ידבר אלכם	פרעה	לאמר תנו לכם מופת ואמרת אל-	1111	1	1			2
ט070917	אהרן קח את- מטך והשלך לפני-	פרעה	יהי לתנין / ויבא משה ואהרן אל-	1111	1	1			2
ט071005	יהי לתנין / ויבא משה ואהרן אל-	פרעה	ויעשו כן כאשר צוה יהוה וישלך	1111	1	1			2
ט071016	יהוה וישלך אהרן את- מטהו לפני	פרעה	ולפני עבדיו ויהי לתנין / ויקרא גם-	1111	1	1			2

/ = סוף פסוק   // = סוף פרק   ג = מין   # = מספר   כ = כינוי הגוף   קס = קידומות וסיומות   ה = מספר ההברות

אזכור		מלה		צונן	ג	#	כ	קס	ה
ט071103	ולפני עבדיו ויהי לתנין / ויקרא גם-	פרעה	להכמים ולמכשפים ויעשו גם- הם חרטמי	1111	1	1			2
ט071303	משה- אהרן את- מטתם / ויחזק לב	פרעה	ולא שמע אלהם כאשר דבר יהוה	1111	1	1			2
ט071407	ויאמר יהוה אל- משה כבד לב	פרעה	מאן לשלח העם / לך אל- פרעה	1111	1	1			2
ט071503	פרעה מאן לשלח העם / לך אל-	פרעה	בבקר הנה יצא המימה ונצבת לקראתו	1111	1	1			2
ט072016	ויך את- המים אשר- ביאר לעיני	פרעה	ולעיני עבדיו ויהפכו כל- המים אשר-	1111	1	1			2
ט072208	כן חרטמי מצרים בלטיהם ויחזק לב-	פרעה	ולא- שמע אלהם כאשר דבר יהוה	1111	1	1			2
ט072302	שמע אלהם כאשר דבר יהוה / ויפן	פרעה	ויבא אל- ביתו ולא- שת לבו	1111	1	1			2
ט072607	ויאמר יהוה אל- משה בא אל-	פרעה	ואמרת אליו כה אמר יהוה שלח	1111	1	1			2
ט080402	את- הצפרדעים על- ארץ מצרים / ויקרא	פרעה	למשה ולאהרן ויאמר העתירו אל- יהוה	1111	1	1			2
ט080503	את- העם ויזבחו ליהוה / ויאמר משה	לפרעה	התפאר עלי למתי אעתיר לך ולעבדיך	1111	1	1		6	3
ט080805	ביאר תשארנה / ויצא משה ואהרן מעם	פרעה	ויצעק משה אל- יהוה על- דבר	1111	1	1			2
ט080815	יהוה על- דבר הצפרדעים אשר- שם	לפרעה	/ ויעש יהוה כדבר משה וימתו הצפרדעים	1111	1	1		6	3
ט081102	אתם חמרם חמרם ותבאש הארץ / וירא	פרעה	כי היתה הרוחה והכבד את- לבו	1111	1	1			2
ט081504	הכנם באדם ובבהמה / ויאמרו החרטמם אל-	פרעה	אצבע אלהים הוא ויחזק לב- פרעה	1111	1	1			2
ט081510	פרעה אצבע אלהים הוא ויחזק לב-	פרעה	ולא- שמע אלהם כאשר דבר יהוה	1111	1	1			2
ט081609	אל- משה השכם בבקר והתיצב לפני	פרעה	הנה יוצא המימה ואמרת אליו כה	1111	1	1			2
ט082008	יהוה כן ויבא ערב כבד ביתה	פרעה	ובית עבדיו ובכל- ארץ מצרים תשחת	1111	1	1			2
ט082102	מצרים תשחת הארץ מפני הערב / ויקרא	פרעה	אל- משה ולאהרן ויאמר לכו זבחו	1111	1	1			2
ט082402	ליהוה אלהינו כאשר יאמר אלינו / ויאמר	פרעה	אנכי אשלח אתכם וזבחתם ליהוה אלהיכם	1111	1	1			2
ט082512	מעמך והעתרתי אל- יהוה וסר הערב	מפרעה	מעבדיו ומעמו מחר רק אל- יסף	1111	1	1		7	3
ט082519	מעבדיו ומעמו מחר רק אל- יסף	פרעה	התל לבלתי שלח את- העם לזבח	1111	1	1			2
ט082604	העם לזבח ליהוה / ויצא משה מעם	פרעה	ויעתר אל- יהוה / ויעש יהוה כדבר	1111	1	1			2
ט082707	ויעש יהוה כדבר משה ויסר הערב	מפרעה	מעבדיו ומעמו לא נשאר אחד / ויכבד	1111	1	1		7	3
ט082802	מעבדיו ומעמו לא נשאר אחד / ויכבד	פרעה	את- לבו גם בפעם- הזאת ולא	1111	1	1			2
ט090107	ויאמר יהוה אל- משה בא אל-	פרעה	ודברת אליו כה- אמר יהוה אלהי	1111	1	1			2
ט090702	בני- ישראל לא- מת אחד / וישלח	פרעה	והנה לא- מת ממקנה ישראל עד-	1111	1	1			2
ט090712	ממקנה ישראל עד- אחד ויכבד לב	פרעה	ולא שלח את- העם / ויאמר יהוה	1111	1	1			2
ט090817	פיח כבשן וזרקו משה השמימה לעיני	פרעה	/ והיה לאבק על כל- ארץ מצרים	1111	1	1			2
ט091007	ויקחו את פיח הכבשן ויעמדו לפני	פרעה	ויזרק אתו משה השמימה ויהי שחין	1111	1	1			2
ט091205	ובכל- מצרים / ויחזק יהוה את- לב	פרעה	ולא שמע אלהם כאשר דבר יהוה	1111	1	1			2
ט091309	אל משה השכם בבקר והתיצב לפני	פרעה	ואמרת אליו כה- אמר יהוה אלהי	1111	1	1			2
ט092006	ומתו / הירא את- דבר יהוה מעבדי	פרעה	הניס את- עבדיו ואת- מקנהו אל-	1111	1	1			2
ט092702	בני ישראל לא היה ברד / וישלח	פרעה	ויקרא למשה ולאהרן ויאמר אלהם חטאתי	1111	1	1			2
ט093304	כי אפילת הנה / ויצא משה מעם	פרעה	את- העיר ויפרש כפיו אל- יהוה	1111	1	1			2
ט093402	והברד ומטר לא- נתך ארצה / וירא	פרעה	כי חדל המטר והברד והקלת ויסף	1111	1	1			2
ט093503	ויכבד לבו הוא ועבדיו / ויחזק לב	פרעה	ולא שלח את- בני ישראל כאשר	1111	1	1			2
ט100107	ויאמר יהוה אל- משה בא אל-	פרעה	כי- אני הכבדתי את- לבו ואת-	1111	1	1			2
ט100305	אני יהוה / ויבא משה ואהרן אל-	פרעה	ויאמרו אליו כה- אמר יהוה אלהי	1111	1	1			2
ט100625	עד היום הזה ויפן ויצא מעם	פרעה	/ ויאמרו עבדי פרעה אליו עד- מתי	1111	1	1			2
ט100703	ויפן ויצא מעם פרעה / ויאמרו עבדי	פרעה	אליו עד- מתי יהיה זה לנו	1111	1	1			2
ט100807	ויושב את- משה ואת- אהרן אל-	פרעה	ויאמר אלהם לכו עבדו את- יהוה	1111	1	1			2
ט101117	אתם מבקשים ויגרש אתם מאת פני	פרעה	/ ויאמר יהוה אל- משה נטה ידך	1111	1	1			2
ט101602	ונעשב השדה בכל- ארץ מצרים / וימהר	פרעה	לקרא למשה ולאהרן ויאמר חטאתי ליהוה	1111	1	1			2
ט101803	רק את- המות הזה / ויצא מעם	פרעה	ויעתר אל- יהוה / ויהפך יהוה רוח-	1111	1	1			2
ט102005	גבול מצרים / ויחזק יהוה את- לב	פרעה	ולא שלח את- בני ישראל / ויאמר	1111	1	1			2
ט102402	בני ישראל היה אור במושבתם / ויקרא	פרעה	אל- משה ויאמר לכו עבדו את-	1111	1	1			2
ט102705	באנו שמה / ויחזק יהוה את- לב	פרעה	ולא אבה לשלחם / ויאמר- לו פרעה	1111	1	1			2
ט102803	פרעה ולא אבה לשלחם / ויאמר- לו	פרעה	לך מעלי השמר לך אל תסף	1111	1	1			2
ט110110	משה עוד נגע אחד אביא על-	פרעה	ועל- מצרים אחרי- כן ישלח אתכם	1111	1	1			2
ט110317	גדול מאד בארץ מצרים בעיני עבדי-	פרעה	ובעיני העם / ויאמר משה כה אמר	1111	1	1			2
ט110507	ומת כל- בכור בארץ מצרים מבכור	פרעה	הישב על- כסאו עד בכור השפחה	1111	1	1			2
ט110820	ברגליך ואחרי- כן אצא ויצא מעם-	פרעה	בחרי- אף / ויאמר יהוה אל- משה	1111	1	1			2
ט110908	יהוה אל- משה לא- ישמע אליכם	פרעה	למען רבות מופתי בארץ מצרים / ומשה	1111	1	1			2
ט111009	עשו את- כל- המפתים האלה לפני	פרעה	ויחזק יהוה את- לב פרעה ולא-	1111	1	1			2

/ = סוף פסוק // = סוף פרק ג = מין # = מספר כ = כינוי ובור קס = קידומות וסיומות ה = מספר ההברות

אזכור		מלה		צורן	ג	#	כ	קס	ה
ט111014	לפני פרעה ויחזק יהוה את- לב	פרעה	ולא- שלח את- בני- ישראל מארצו	1111	1	1			2
ט122911	הכה כל- בכור בארץ מצרים מבכר	פרעה	הישב על- כסאו עד בכור השבי	1111	1	1			2
ט123002	בבית הבור וכל בכור בהמה / ויקם	פרעה	לילה הוא וכל- עבדיו וכל- מצרים	1111	1	1			2
ט131504	ממצרים מבית עבדים / ויהי כי- הקשה	פרעה	לשלחנו ויהרג יהוה כל- בכור בארץ	1111	1	1			2
ט131703	יד הוציאנו יהוה ממצרים / ויהי בשלח	פרעה	את- העם ולא- נחם אלהים דרך	1111	1	1			2
ט140302	בעלצפן נכחו תחנו על- הים / ואמר	פרעה	לבני ישראל נבכים הם בארץ סגר	1111	1	1			2
ט140404	סגר עליהם המדבר / וחזקתי את- לב-	פרעה	ורדף אחריהם ואכבדה בפרעה ובכל- חילו	1111	1	1			2
ט140408	את- לב- פרעה ורדף אחריהם ואכבדה	בפרעה	ובכל- חילו וידעו מצרים כי- אני	1111	1	1		4	3
ט140509	מצרים כי ברח העם ויהפך לבב	פרעה	ועבדיו אל- העם ויאמרו מה- זאת	1111	1	1			2
ט140805	על- כלו / ויחזק יהוה את- לב	פרעה	מלך מצרים וירדף אחרי בני ישראל	1111	1	1			2
ט140912	חנים על- הים כל- סוס רכב	פרעה	ופרשיו וחילו על- פיהחירת לפני בעלצפן	1111	1	1			2
ט141001	ופרשיו וחילו על- פיהחירת לפני בעלצפן /	ופרעה	הקריב וישאו בני- ישראל את- עיניהם	1111	1	1		1	3
ט141710	את- לב מצרים ויבאו אחריכם ואכבדה	בפרעה	ובכל- חילו ברכבו ובפרשיו / וידעו מצרים	1111	1	1		4	3
ט141807	וידעו מצרים כי- אני יהוה בהכבדי	בפרעה	ברכבו ובפרשיו / ויסע מלאך האלהים ההלך	1111	1	1		4	3
ט142307	וירדפו מצרים ויבאו אחריהם כל סוס	פרעה	רכבו ופרשיו אל- תוך הים / ויהי	1111	1	1			2
ט142810	את- הרכב ואת- הפרשים לכל חיל	פרעה	הבאים אחריהם בים לא- נשאר בהם	1111	1	1			2
ט150402	יהוה איש מלחמה יהוה שמו / מרכבת	פרעה	וחילו ירה בים ומבחר שלשיו טבעו	1111	1	1			2
ט151904	ימלך לעלם ועד / כי בא סוס	פרעה	ברכבו ובפרשיו בים וישב יהוה עלהם	1111	1	1			2
ט180410	כי- אלהי אבי בעזרי ויצלני מחרב	פרעה	/ ויבא יתרו חתן משה ובניו ואשתו	1111	1	1			2
ט180809	לחתנו את כל- אשר עשה יהוה	לפרעה	ולמצרים על אודת ישראל את כל-	1111	1	1		6	3
ט181011	אשר הציל אתכם מיד מצרים ומיד	פרעה	אשר הציל את- העם מתחת יד-	1111	1	1			2
	-	פרץ	*-*						
ט011207	וכאשר יענו אתו כן ירבה וכן	יפרץ	ויקצו מפני בני ישראל / ויעבדו מצרים	3121	1	1			2
ט192208	הכהנים הנגשים אל- יהוה יתקדשו פן-	יפרץ	בם יהוה / ויאמר משה אל יהוה	3121	1	1			2
ט192418	אל- יהרסו לעלת אל- יהוה פן-	יפרץ-	בם / וירד משה אל- העם ויאמר	3121	1	1			2
	-	פרק	*-*						
ט320204	מה- היה לו / ויאמר אלהם אהרן	פרקו	נזמי הזהב אשר באזני נשיכם בניכם	334	1	3			3
	-	פרש	*-*						
ט142807	וישבו המים ויכסו את- הרכב ואת-	הפרשים	לכל חיל פרעה הבאים אחריהם בים	1115	1	3		2	4
ט140913	על- הים כל- סוס רכב פרעה	ופרשיו	וחילו על- פיהחירת לפני בעלצפן / ופרעה	1117	1	3	4	1	4
ט141714	אחריכם ואכבדה בפרעה ובכל- חילו ברכבו	ובפרשיו	/ וידעו מצרים כי- אני יהוה בהכבדי	1117	1	3	4	41	5
ט141809	כי- אני יהוה בהכבדי בפרעה ברכבו	ובפרשיו	/ ויסע מלאך האלהים ההלך לפני מחנה	1117	1	3	4	41	5
ט142309	ויבאו אחריהם כל סוס פרעה רכבו	ופרשיו	אל- תוך הים / ויהי באשמרת הבקר	1117	1	3	9	1	4
ט142617	המים על- מצרים על- רכבו ועל-	פרשיו	/ ויט משה את- ידו על- הים	1117	1	3	4		3
ט151906	ועד / כי בא סוס פרעה ברכבו	ובפרשיו	בים וישב יהוה עלהם את- מי	1117	1	3	4	41	5
	-	פרש	*-*						
ט092907	ויאמר אליו משה כצאתי את- העיר	אפרש	את כפי אל- יהוה הקלות יחדלון	3121	1	1			2
ט093307	ויצא משה מעם פרעה את- העיר	ויפרש	כפיו אל- יהוה ויחדלו הקלות והברד	3121	1	1		*	3
ט401901	ויתן את- בריחיו ויקם את- עמודיו /	ויפרש	את- האהל על- המשכן וישם את-	3121	1	1		*	3
ט252003	הכרבים על- שני קצותיו / והיו הכרבים	פרשי	כנפים למעלה סככים בכנפיהם על- הכפרת	3133	1	3			3
ט370903	אז- הכרבים משני קצותיו / ויהיו הכרבים	פרשי	כנפים למעלה סככים בכנפיהם על- הכפרת	3133	1	3			3
	-	פרש	*-*						
ט291407	ואת- בשר הפר ואת- עורו ואת-	פרשו	תשרף באש מחוץ למחנה חטאת הוא	1113	1	1	4		2
	-	פשע	*-*						
ט220804	ידו במלאכת רעהו / על- כל- דבר-	פשע	על- שור על- חמור על- שה	1111	1	1			2
ט340706	ואמת / נצר חסד לאלפים נשא עון	ופשע	וחטאה ונקה לא ינקה פקד עון	1111	1	1		1	3
ט232111	אל- תמר בו כי לא ישא	לפשעכם	כי שמי בקרבו / כי אם- שמוע	1113	1	1	7	6	4

ה = מספר ההברות   קס = קידומות וסיומות   כ = כינוי חבור   # = מספר   ג = מין   // = סוף פרק   / = סוף פסוק

אזכור		מלה		צופן ג # כ	קס	ה
	--*-*-*-*-*-*-*-*-*-*-*-*-*-*-*-*-*	פשתה	*-*-*-*-*-*-*-*-*-*-*-*-*-*-*-*-*-*-*			
ט093101	כי טרם תיראון מפני יהוה אלהים /	והפשתה	והשערה נכתה כי השערה אביב והפשתה	1 2 1121	21	4
ט093107	והפשתה והשערה נכתה כי השערה אביב	והפשתה	גבעל / והחטה והכסמת לא נכו כי	1 2 1121	21	4
	--*-*-*-*-*-*-*-*-*-*-*-*-*-*-*-*-*	פתה	*-*-*-*-*-*-*-*-*-*-*-*-*-*-*-*-*-*-*			
ט221502	אם- שכיר הוא בא בשכרו / וכי-	יפתה	איש בתולה אשר לא ארשה ושכב	1 1 3321		3
	--*-*-*-*-*-*-*-*-*-*-*-*-*-*-*-*-*	פתוח	*-*-*-*-*-*-*-*-*-*-*-*-*-*-*-*-*-*-*			
ט281104	האבן משבצת מסבת / מעשה חרש אבן	פתוחי	חותם תפתח את- שתי האבנים על-	3 1 1116		3
ט282110	שמת בני- ישראל שתים עשרה על- שמתם	פתוחי	חותם איש על- שמו תהיין לשני עשר	3 1 1116		3
ט283607	ועשית ציץ זהב טהור ופתחת עליו	פתוחי	חתם קדש ליהוה / ושמת אתו על-	3 1 1116		3
ט390609	אבני השהם מסבת משבצת זהב מפתחת	פתוחי	חותם על- שמות בני ישראל / וישם	3 1 1116		3
ט391410	בני- ישראל הנה שתים עשרה על- שמתם	פתוחי	חותם איש על- שמו לשנים עשר שבט	3 1 1116		3
ט393011	הקדש זהב טהור ויכתבו עליו מכתב	פתוחי	חותם קדש ליהוה / ויתנו עליו פתיל	3 1 1116		3
	--*-*-*-*-*-*-*-*-*-*-*-*-*-*-*-*-*	פתח	*-*-*-*-*-*-*-*-*-*-*-*-*-*-*-*-*-*-*			
ט122317	ועל שתי המזוזת ופסח יהוה על-	הפתח	ולא יתן המשחית לבא אל- בתיכם	1 1 1111	2	3
ט351514	המשחה ואת קטרת הסמים ואת- מסך	הפתח	לפתח המשכן / את מזבח העלה ואת-	1 1 1111	2	3
ט400512	לפני ארון העדת ושמת את- מסך	הפתח	למשכן / ונתתה את מזבח העלה לפני	1 1 1111	2	3
ט402804	יהוה את- משה / וישם את- מסך	הפתח	למשכן / ואת מזבח העלה שם פתח	1 1 1111	2	3
ט122222	אשר בסף ואתם לא תצאו איש	מפתח-	ביתו עד- בקר / ועבר יהוה לנגף	1 1 1112	7	3
ט263603	תתן על- צלע צפון / ועשית מסך	לפתח	האהל תכלת וארגמן ותולעת שני ושש	1 1 1112	6	3
ט290407	ואת- אהרן ואת בניו תקריב אל-	פתח	אהל מועד ורחצת אתם במים / ולקחת	1 1 1112		2
ט291106	הפר / ושחטת את- הפר לפני יהוה	פתח	אהל מועד / ולקחת מדם הפר ונתתה	1 1 1112		2
ט293211	בשר האיל ואת- הלחם אשר בסל	פתח	אהל מועד / ואכלו אתם אשר כפר	1 1 1112		2
ט294204	ניחח אשה ליהוה / עלת תמיד לדרתיכם	פתח	אהל- מועד לפני יהוה אשר אועד	1 1 1112		2
ט330811	האהל יקומו כל- העם ונצבו איש	פתח	אהלו והביטו אחרי משה עד- באו	1 1 1112		2
ט330909	משה האהלה ירד עמוד הענן ועמד	פתח	האהל ודבר עם- משה / וראה כל-	1 1 1112		2
ט331008	כל- העם את- עמוד הענן עמד	פתח	האהל וקם כל- העם והשתחוו איש	1 1 1112		2
ט331015	האהל וקם כל- העם והשתחוו איש	פתח	אהלו / ודבר יהוה אל- משה פנים	1 1 1112		2
ט351515	ואת קטרת הסמים ואת- מסך הפתח	לפתח	המשכן / את מזבח העלה ואת- מכבר	1 1 1112	6	3
ט363703	להם ארבעה אדני- כסף / ויעש מסך	לפתח	האהל תכלת וארגמן ותולעת שני ושש	1 1 1112	6	3
ט380812	כנו נחשת במראת הצבאת אשר צבאו	פתח	אהל מועד / ויעש את- החצר לפאת	1 1 1112		2
ט383005	מאות שקל / ויעש בה את- אדני	פתח	אהל מועד ואת מזבח הנחשת ואת-	1 1 1112		2
ט393812	המשחה ואת קטרת הסמים ואת מסך	פתח	האהל / את מזבח הנחשת ואת- מכבר	1 1 1112		2
ט400606	למשכן / ונתתה את מזבח העלה לפני	פתח	משכן אהל- מועד / ונתת את- הכיר	1 1 1112		2
ט401207	והקרבת את- אהרן ואת- בניו אל-	פתח	אהל מועד ורחצת אתם במים / והלבשת	1 1 1112		2
ט402905	הפתח למשכן / ואת מזבח העלה שם	פתח	משכן אהל- מועד ויעל עליו את-	1 1 1112		2
	--*-*-*-*-*-*-*-*-*-*-*-*-*-*-*-*-*	פתח	*-*-*-*-*-*-*-*-*-*-*-*-*-*-*-*-*-*-*			
ט213302	שקלים יתן לאדניו והשור יסקל / וכי-	יפתח	איש בור או כי- יכרה איש	1 1 3121		2
ט020601	בתוך הסוף ותשלח את- אמתה ותקחה /	ותפתח	ותראהו את- הילד והנה- נער בכה	1 2 3122	*	3
	--*-*-*-*-*-*-*-*-*-*-*-*-*-*-*-*-*	פתח	*-*-*-*-*-*-*-*-*-*-*-*-*-*-*-*-*-*-*			
ט280906	משזר / ולקחת את- שתי אבני- שהם	ופתחת	עליהם שמות בני ישראל / ששה משמתם	1 1 3311	1	4
ט283605	ולא ימות / ועשית ציץ זהב טהור	ופתחת	עליו פתוחי חתם קדש ליהוה / ושמת	1 1 3311	1	4
ט281106	כתולדתם / מעשה חרש אבן פתוחי חתם	תפתח	את- שתי האבנים על- שמת בני	1 1 3321		3
	--*-*-*-*-*-*-*-*-*-*-*-*-*-*-*-*-*	פתח	*-*-*-*-*-*-*-*-*-*-*-*-*-*-*-*-*-*-*			
ט390608	את- אבני השהם מסבת משבצת זהב	מפתחת	פתוחי חותם על- שמות בני ישראל	3 2 3432		4
	--*-*-*-*-*-*-*-*-*-*-*-*-*-*-*-*-*	פתיל	*-*-*-*-*-*-*-*-*-*-*-*-*-*-*-*-*-*-*			
ט282808	את- החשן מטבעתו אל- טבעת האפוד	בפתיל	תכלת להיות על- חשב האפוד ולא-	1 1 1112	4	3
ט283704	חתם קדש ליהוה / ושמת אתו על-	פתיל	תכלת והיה על- המצנפת אל- מול	1 1 1112		2

/ = סוף פסוק   // = סוף פרק   ג = מין   # = מספר   כ = כינוי ובור   קס = קידומות וסיומות   ו = מספר ההברות   עמ' 313

אזכור		מלה		צורן	ג	#	כ	קס	ה
ט392108	את- החשן מטבעתיו אל- טבעת האפד	בפתיל	תכלת להית על- חשב האפד ולא-	1112	1	1		4	3
ט393103	פתוחי חותם קדש ליהוה / ויתנו עליו	פתיל	תכלת לתת על- המצנפת מלמעלה כאשר	1112	1	1			2
ט390306	משזר / וירקעו את- פחי הזהב וקצץ	פתילם	לעשות בתוך התכלת ובתוך הארגמן ובתוך	1115	1	3			3
	--*-*-*-*-*-*-*-*-*-*-*-*-*-*-*-*-*-*	פתם	*-*-*-*-*-*-*-*-*-*-*-*-*-*-*-*-*-*-*-*						
ט011113	בסבלתם ויבן ערי מסכנות לפרעה את	פתם	ואת- רעמסס / וכאשר יענו אתו כן	123	2				2
	--*-*-*-*-*-*-*-*-*-*-*-*-*-*-*-*-*-*	צאן	*-*-*-*-*-*-*-*-*-*-*-*-*-*-*-*-*-*-*-*						
ט021913	וגם דלה דלה לנו וישק את-	הצאן	/ ויאמר אל- בנתיו ואיו לנה זה	1111	1	1		2	2
ט030112	יתרו חתנו כהן מדין וינהג את-	הצאן	אחר המדבר ויבא אל- הר האלהים	1111	1	1		2	2
ט090312	אשר בשדה בסוסים בחמרים בגמלים בבקר	ובצאן	דבר כבד מאד / והפלה יהוה בין	1111	1	1		241	3
ט122111	ישראל ויאמר אלהם משכו וקחו לכם	צאן	למשפחתיכם ושחטו הפסח / ולקחתם אגדת אזוב	1111	1	1			1
ט123806	מטף / וגם- ערב רב עלה אתם	וצאן	ובקר מקנה כבד מאד / ויאפו את-	1111	1	1		1	2
ט213716	חמשה בקר ישלם תחת השור וארבע-	צאן	תחת השה // אם- במחתרת ימצא הגנב	1111	1	1			1
ט340312	איש אל- ירא בכל- ההר גם-	הצאן	והבקר אל- ירעו אל- מול ההר	1111	1	1		2	2
ט021611	ותבאנה ותדלנה ותמלאנה את- הרהטים להשקות	צאן	אביהן / ויבאו הרעים ויגרשום ויקם משה	1112	1	1			1
ט030105	וידע אלהים // ומשה היה רעה את-	צאן	יתרו חתנו כהן מדין וינהג את-	1112	1	1			1
ט021709	ויגרשום ויקם משה ויושען וישק את-	צאנם	/ ותבאנה אל- רעואל אביהן ויאמר מדוע	1113	1	1	9		2
ט100908	משה בנערינו ובזקנינו נלך בבנינו ובבנותנו	בצאננו	ובבקרנו נלך כי חג- יהוה לנו	1113	1	1	6	4	4
ט102411	ויאמר לכו עבדו את- יהוה רק	צאנכם	ובקרכם יצג גם- טפכם ילך עמכם	1113	1	1	7		3
ט123202	ולכו עבדו את- יהוה כדברכם / גם-	צאנכם	גם- בקרכם קחו כאשר דברתם ולכו	1113	1	1	7		3
ט202412	עליו את- עלתיך ואת- שלמיך את-	צאנך	ואת- בקרך בכל- המקום אשר אזכיר	1113	1	1	2		3
ט222904	בניך תתן- לי / כן- תעשה לשרך	לצאנך	שבעת ימים יהיה עם- אמו ביום	1113	1	1	2	6	4
	--*-*-*-*-*-*-*-*-*-*-*-*-*-*-*-*-*-*	צבא	*-*-*-*-*-*-*-*-*-*-*-*-*-*-*-*-*-*-*-*						
ט124114	ויהי בעצם היום הזה יצאו כל-	צבאות	יהוה מארץ מצרים / ליל שמרים הוא	1116	1	3			3
ט062615	את- בני ישראל מארץ מצרים על-	צבאתם	/ הם המדברים אל- פרעה מלך- מצרים	1117	1	3	9		4
ט070411	ונתתי את- ידי במצרים והוצאתי את-	צבאתי	את- עמי בני- ישראל מארץ מצרים	1117	1	3	1		4
ט121710	כי בעצם היום הזה הוצאתי את-	צבאותיכם	מארץ מצרים ושמרתם את- היום הזה	1117	1	3	7		5
ט125113	את- בני ישראל מארץ מצרים על-	צבאתם	// וידבר יהוה אל- משה לאמר / קדש-	1117	1	3	9		4
	--*-*-*-*-*-*-*-*-*-*-*-*-*-*-*-*-*-*	צבא	*-*-*-*-*-*-*-*-*-*-*-*-*-*-*-*-*-*-*-*						
ט380811	ואת כנו נחשת במראת וצבאת אשר	צבאו	פתח אהל מועד / ויעש את- החצר	3111	1	3			3
ט380809	הכיור נחשת ואת כנו נחשת במראת	הצבאת	אשר צבאו פתח אהל מועד / ויעש	3132	2	3		2	4
	--*-*-*-*-*-*-*-*-*-*-*-*-*-*-*-*-*-*	צבר	*-*-*-*-*-*-*-*-*-*-*-*-*-*-*-*-*-*-*-*						
ט081001	מן- הבתים מן- החצרת ומן- השדות /	ויצברו	אתם חמרם חמרם ותבאש הארץ / וירא	3121	1	3		*	4
	--*-*-*-*-*-*-*-*-*-*-*-*-*-*-*-*-*-*	צד	*-*-*-*-*-*-*-*-*-*-*-*-*-*-*-*-*-*-*-*						
ט253204	ופרחיה ממנה יהיו / וששה קנים יצאים	מצדיה	שלשה קני מנרה מצדה האחד ושלשה	1114	1	3	5	7	4
ט253208	קנים יצאים מצדיה שלשה קני מנרה	מצדה	האחד ושלשה קני מנרה מצדה השני	1114	1	1	5	7	3
ט253213	מנרה מצדה האחד ושלשה קני מנרה	מצדה	השני / שלשה גבעים משקדים בקנה האחד	1114	1	1	5	7	3
ט371808	קנים יצאים מצדיה שלשה קני מנרה	מצדה	האחד ושלשה קני מנרה מצדה השני	1114	1	1	5	7	3
ט371813	מנרה מצדה האחד ושלשה קני מנרה	מצדה	השני / שלשה גבעים משקדים בקנה האחד	1114	1	1	5	7	3
ט261312	בארך יריעת האהל יהיה סרוח על-	צדי	המשכן מזה ומזה לכסתו / ועשית מכסה	1116	1	3			2
ט300414	על שתי צלעתיו תעשה על- שני	צדיו	והיה לבתים לבדים לשאת אתו בהמה	1117	1	3	4		2
ט372713	לזרו על שתי צלעתיו על שני	צדיו	לבתים לבדים לשאת אתו בהם / ויעש	1117	1	3	4		2
ט371804	ופרחיה ממנה היו / וששה קנים יצאים	מצדיה	שלשה קני מנרה מצדה האחד ושלשה	1118	1	3	5	7	4
	--*-*-*-*-*-*-*-*-*-*-*-*-*-*-*-*-*-*	צדה	*-*-*-*-*-*-*-*-*-*-*-*-*-*-*-*-*-*-*-*						
ט211303	איש ומת מות יומת / ואשר לא	צדה	והאלהים אנה לידו ושמתי לך מקום	3111	1	1			2

/ = סוף פסוק   // = סוף פרק   ג = מין   # = מספר   כ = כינוי גוף   קס = קידומות וסיומות   ה = מספר ההברות

אזכור		מלה		צופן ג # כ קס	ה
	--*-*-*-*-*-*-*-*-*-*-*-*-*-*-*-*-*	צדיק	*-*-*-*-*-*-*-*-*-*-*-*-*-*-*-*-*-*-*		
ט092711	ולאהרן ויאמר אלהם חטאתי הפעם יהוה	הצדיק	ואני ועמי הרשעים / העתירו אל- יהוה	2 1 1 1111	3
ט230705	אבינך נריבנו / מדבר- שקר תרחק ונקי	וצדיק	אל- תהרג כי לא- אצדיק רשע	1 1 1 1111	3
ט230810	כי השחד יעור פקחים ויסלף דברי	צדיקים	/ וגר לא תלחץ ואתם ידעתם את-	3 1 1115	3
	--*-*-*-*-*-*-*-*-*-*-*-*-*-*-*-*-*	צוה	*-*-*-*-*-*-*-*-*-*-*-*-*-*-*-*-*-*-*		
ט042814	אשר שלחו ואת כל- האתת אשר	צוהו	/ וילך משה ואהרן ויאספו את- כל-	4 1 1 3311	3
ט070605	ישראל מתוכם / ויעש משה ואהרן כאשר	צוה	יהוה אתם כן עשו / ומשה בן-	1 1 3311	2
ט071009	ואהרן אל- פרעה ויעשו כן כאשר	צוה	יהוה וישלך אהרן את- מטהו לפני	1 1 3311	2
ט072006	ובאבנים / ויעשו- כן משה ואהרן כאשר	צוה	יהוה וירם במטה ויך את- המים	1 1 3311	2
ט122806	וישתחוו / וילכו ויעשו בני ישראל כאשר	צוה	יהוה את- משה ואהרן כן עשו	1 1 3311	2
ט125006	בתוככם / ויעשו כל- בני ישראל כאשר	צוה	יהוה את- משה ואת- אהרן כן	1 1 3311	2
ט161604	יהוה לכם לאכלה / זה הדבר אשר	צוה	יהוה לקטו ממנו איש לפי אכלו	1 1 3311	2
ט162406	הבקר / ויניחו אתו עד- הבקר כאשר	צוה	משה ולא הבאיש ורמה לא- היתה	1 1 3311	2
ט163206	בדבש / ויאמר משה זה הדבר אשר	צוה	יהוה מלא העמר ממנו למשמרת לדרתיכם	1 1 3311	2
ט163402	אתו לפני יהוה למשמרת לדרתיכם / כאשר	צוה	יהוה אל משה ויניחהו אהרן לפני	1 1 3311	2
ט182306	אתך / אם את- הדבר הזה תעשה	וצוך	אלהים ויכלת עמד וגם כל- העם	1 1 1 3311	4
ט190713	לפניהם את כל- הדברים האלה אשר	צוהו	יהוה / ויענו כל- העם יחדו ויאמרו	4 1 1 3311	3
ט231510	תשמר שבעת ימים תאכל מצות כאשר	צויתך	למועד חדש האביב כי- בו יצאת	2 1 1 3311	4
ט293507	ועשית לאהרן ולבניו ככה ככל אשר-	צויתי	אתכה שבעת ימים תמלא ידם / ופר	1 1 3311	3
ט310621	נתתי חכמה ועשו את כל- אשר	צויתך	/ את אהל מועד ואת- הארן לעדת	2 1 1 3311	4
ט311110	ואת- קטרת הסמים לקדש ככל אשר-	צויתך	יעשו / ויאמר יהוה אל- משה לאמר	2 1 1 3311	4
ט320806	מצרים / סרו מהר מן- הדרך אשר	צויתם	עשו להם עגל מסכה וישתחוו- לו	9 1 1 3311	3
ט340414	בבקר ויעל אל- הר סיני כאשר	צוה	יהוה אתו ויקח בידו שני לחת	1 1 3311	2
ט341810	תשמר שבעת ימים תאכל מצות אשר	צויתך	למועד חדש האביב כי בחדש האביב	2 1 1 3311	4
ט350113	ישראל ויאמר אלהם אלה הדברים אשר-	צוה	יהוה לעשת אתם / ששת ימים תעשה	1 1 3311	2
ט350412	בני- ישראל לאמר זה הדבר אשר-	צוה	יהוה לאמר / קחו מאתכם תרומה ליהוה	1 1 3311	2
ט351010	בכם יבאו ויעשו את כל- אשר	צוה	יהוה / את- המשכן את- אהלו ואת-	1 1 3311	2
ט352912	לבם אתם להביא לכל- המלאכה אשר	צוה	יהוה לעשות ביד- משה הביאו בני-	1 1 3311	2
ט360123	כל- מלאכת עבדת הקדש לכל אשר-	צוה	יהוה / ויקרא משה אל- בצלאל ואל-	1 1 3311	2
ט360512	העם להביא מדי העבדה למלאכה אשר-	צוה	יהוה לעשת אתה / ויצו משה ויעבירו	1 1 3311	2
ט382212	למטה יהודה עשה את כל- אשר-	צוה	יהוה את- משה / ואתו אהליאב בן-	1 1 3311	2
ט390118	את- בגדי הקדש אשר לאהרן כאשר	צוה	יהוה את- משה / ויעש את- האפד	1 1 3311	2
ט390516	וארגמן ותולעת שני ושש משזר כאשר	צוה	יהוה את- משה / ויעשו את- אבני	1 1 3311	2
ט390711	האפד אבני זכרון לבני ישראל כאשר	צוה	יהוה את- משה / ויעש את- החשן	1 1 3311	2
ט392120	ולא- יזח החשן מעל האפד כאשר	צוה	יהוה את- משה / ויעש את- מעיל	1 1 3311	2
ט392611	על- שולי המעיל סביב לשרת כאשר	צוה	יהוה את- משה / ויעשו את- הכתנת	1 1 3311	2
ט392912	וארגמן ותולעת שני מעשה רקם כאשר	צוה	יהוה את- משה / ויעשו את- ציץ	1 1 3311	2
ט393110	תכלת לתת על- המצנפת מלמעלה כאשר	צוה	יהוה את- משה / ותכל כל- עבדת	1 1 3311	2
ט393212	מועד ויעשו בני ישראל ככל אשר	צוה	יהוה את- משה כן עשו / ויביאו	1 1 3311	2
ט394203	ואת- בגדי בניו לכהן / ככל אשר-	צוה	יהוה את- משה כן עשו בני	1 1 3311	2
ט394310	כל- המלאכה והנה עשו אתה כאשר	צוה	יהוה כן עשו ויברך אתם משה	1 1 3311	2
ט401605	עולם לדרתם / ויעש משה ככל אשר	צוה	יהוה אתו כן עשה / ויהי בחדש	1 1 3311	2
ט401913	את- מכסה האהל עליו מלמעלה כאשר	צוה	יהוה את- משה / ויקח ויתן את-	1 1 3311	2
ט402115	המסך ויסך על ארון העדות כאשר	צוה	יהוה את- משה / ויתן את- השלחן	1 1 3311	2
ט402308	עליו ערך לחם לפני יהוה כאשר	צוה	יהוה את- משה / וישם את- המנרה	1 1 3311	2
ט402506	נגבה / ויעל הנרת לפני יהוה כאשר	צוה	יהוה את- משה / וישם את- מזבח	1 1 3311	2
ט402706	הפרכת / ויקטר עליו קטרת סמים כאשר	צוה	יהוה את- משה / וישם את- מסך	1 1 3311	2
ט402916	עליו את- העלה ואת- המנחה כאשר	צוה	יהוה את- משה / וישם את- הכיר	1 1 3311	2
ט403210	מועד ובקרבתם אל- המזבח ירחצו כאשר	צוה	יהוה את- משה / ויקם את- החצר	1 1 3311	2
ט012201	המילדת את האלהים ויעש להם בתים /	ויצו	פרעה לכל- עמו לאמר כל- הבן	* 1 1 3321	3
ט050601	עתה עם הארץ והשבתם אתם מסבלתם /	ויצו	פרעה ביום ההוא את- הנגשים בעם	* 1 1 3321	3
ט061307	וידבר יהוה אל- משה ואל- אהרן	ויצום	אל- בני ישראל ואל- פרעה מלך	* 9 1 1 3321	4
ט070206	נביאך / אתה תדבר את כל- אשר	אצוך	ואהרן אחיך ידבר אל- פרעה ושלח	2 1 1 3321	4

אזכור		מלה		צורן	ג	#	כ	קס	ה
ט252218	על- ארון העדת את כל- אשר	אצוה	אותך אל- בני ישראל / ועשית שלחן	3321	1	1			3
ט272002	יתדתיו וכל- יתדת החצר נחשת / ואתה	תצוה	את- בני ישראל ויקחו אליך שמן	3321	1	1			3
ט343207	ואחרי- כן נגשו כל- בני ישראל	ויצום	את כל- אשר דבר יהוה אתו	3321	1	1	9	*	4
ט343419	ודבר אל- בני ישראל את אשר	יצוה	/ וראו בני- ישראל את- פני משה	3321	1	1			3
ט360601	למלאכה אשר- צוה יהוה לעשה אתה /	ויצו	משה ויעבירו קול במחנה לאמר איש	3321	1	1		*	3
ט341106	עמך / שמר- לך את אשר אנכי	מצוך	היום הנני גרש מפניך את- האמרי	3331	1	1	2		4
	צור *-*		*-*						
ט170606	והלכת / הנני עמד לפניך שם על-	הצור	בחרב והכית בצור ויצאו ממנו מים	1111	1	1		2	2
ט170609	לפניך שם על- הצור בחרב והכית	בצור	ויצאו ממנו מים ושתה העם ויעש	1111	1	1		24	2
ט332108	יהוה הנה מקום אתי ונצבת על-	הצור	/ והיה בעבר כבדי ושמתיך בנקרת הצור	1111	1	1		2	2
ט332206	הצור / והיה בעבר כבדי ושמתיך בנקרת	הצור	ושכתי כפי עליך עד- עברי / והסרתי	1111	1	1		2	2
	צור *-*		*-*						
ט042503	ויפגשהו יהוה ויבקש המיתו / ותקח צפרה	צר	ותכרת את- ערלת בנה ותגע לרגליו	1111	1	1			1
	צורר *-*		*-*						
ט232215	אדבר ואיבתי את- איביך וצרתי את-	צרריך	/ כי- ילך מלאכי לפניך והביאך אל-	1117	1	3	2		4
	צחק *-*		*-*						
ט320612	שלמים וישב העם לאכל ושתו ויקמו	לצחק	/ וידבר יהוה אל- משה לך- רד	3354				6	3
	צחר *-*		*-*						
ט061507	ובני שמעון ימואל וימין ואהד ויכין	וצחר	ושאול בן- הכנענית אלה משפחת שמעון	122	1			1	3
	צידה *-*		*-*						
ט123919	גרשו ממצרים ולא יכלו להתמהמה וגם-	צדה	לא- עשו להם / ומושב בני ישראל	1121	2	1			2
	ציץ *-*		*-*						
ט283602	לפני יהוה ובצאתו ולא ימות / ועשית	ציץ	זהב טהור ופתחת עליו פתוחי חתם	1112	1	1			1
ט393003	צוה יהוה את- משה / ויעשו את-	ציץ	נזר- הקדש זהב טהור ויכתבו עליו	1112	1	1			1
	צלי *-*		*-*						
ט120806	בהם / ואכלו את- הבשר בלילה הזה	צלי-	אש ומצות על- מררים יאכלהו / אל-	1112	1	1			2
ט120910	נא ובשל מבשל במים כי אם-	צלי-	אש ראשו על- כרעיו ועל- קרבו	1112	1	1			2
	צלל *-*		*-*						
ט151005	תורישמו ידי / נשפת ברוחך כסמו ים	צללו	כעופרת במים אדירים / מי- כמכה באלם	3111	1	3			3
	צלע *-*		*-*						
ט262001	אדנים תחת- הקרש האחד לשתי ידתיו /	ולצלע	המשכן השנית לפאת צפון עשרים קרש	1122	2	1		61	4
ט262607	ועשית בריחם עצי שטים חמשה לקרשי	צלע-	המשכן האחד / וחמשה בריחם לקרשי צלע-	1122	2	1			2
ט262704	צלע- המשכן האחד / וחמשה בריחם לקרשי	צלע-	המשכן השנית וחמשה בריחם לקרשי צלע	1122	2	1			2
ט262710	צלע- המשכן השנית וחמשה בריחם לקרשי	צלע	המשכן לירכתים ימה / והבריח התיכן בתוך	1122	2	1			2
ט263511	לפרכת ואת- המנרה נכח השלחן על	צלע	המשכן תימנה והשלחן תתן על- צלע	1122	2	1			2
ט263517	צלע המשכן תימנה והשלחן תתן על-	צלע	צפון / ועשית מסך לפתח האהל תכלת	1122	2	1			2
ט362501	אדנים תחת- הקרש האחד לשתי ידתיו /	ולצלע	המשכן השנית לפאת צפון עשה עשרים	1122	2	1		61	4
ט363107	ויעש בריחי עצי שטים חמשה לקרשי	צלע-	המשכן האחת / וחמשה בריחם לקרשי צלע-	1122	2	1			2
ט363204	צלע- המשכן האחת / וחמשה בריחם לקרשי	צלע-	המשכן השנית וחמשה בריחם לקרשי המשכן	1122	2	1			2
ט251213	על ארבע פעמתיו ושתי טבעת על-	צלעו	האחת ושתי טבעת על- צלעו השנית	1123	2	1	4		2
ט251218	על- צלעו האחת ושתי טבעת על-	צלעו	השנית / ועשית בדי עצי שטים וצפית	1123	2	1	4		2
ט370312	על ארבע פעמתיו ושתי טבעת על-	צלעו	האחת ושתי טבעת על- צלעו השנית	1123	2	1	4		2
ט370317	על- צלעו האחת ושתי טבעת על-	צלעו	השנית / ויעש בדי עצי שטים ויצף	1123	2	1	4		2
ט251406	זהב / והבאת את- הבדים בטבעת על	צלעת	הארן לשאת את- הארן בהם / בטבעת	1126	2	3			3

/ = סוף פסוק   // = סוף פרק   ג = מין   # = מספר   כ = כינוי חבור   קס = קידומות וסיומות   ה = מספר ההברות

אזכור		מלה		צורן	ג	#	כ	קס	ה
-----		---		----	-	-	-	--	-
ט270709	בדיו בטבעת והיו הבדים על- שתי	צלעת	המזבח בשאת אתו / נבוב לחת תעשה	1126	2	3			3
ט370506	זהב / ויבא את- הבדים בטבעת על	צלעת	הארן לשאת את- הארן / ויעש כפרת	1126	2	3			3
ט380706	נחשת / ויבא את- הבדים בטבעת על	צלעת	המזבח לשאת אתו בהם נבוב לחת	1126	2	3			3
ט300410	תעשה- לו מתחת לזרו על שתי	צלעתיו	תעשה על- שני צדיו והיה לבתים	1127	2	3	4		4
ט372710	עשה- לו מתחת לזרו על שתי	צלעתיו	על שני צדיו לבתים לבדים לשאת	1127	2	3	4		4
		צמא							
ט170320	להמית אתי ואת- בני ואת- מקני	בצמא	/ ויצעק משה אל יהוה לאמר מה	1111	1	1		24	3
		צמא							
ט170301	תריבון עמדי מה- תנסון את- יהוה /	ויצמא	שם העם למים וילן העם על-	3121	1	1		*	3
		צמח							
ט100522	מן- הברד ואכל את- כל- העץ	הצמח	לכם מן- השדה / ומלאו בתיך ובתי	3131	1	1		2	4
		צנצנת							
ט163306	מצרים / ויאמר משה אל- אהרן קח	צנצנת	אחת ותן- שמה מלא- העמר מן	1121	2	1			3
		צעק							
ט051505	גם- היום / ויבאו שטרי בני ישראל	ויצעקו	אל- פרעה לאמר למה תעשה כה	3121	1	3		*	4
ט080806	תשארנה / ויצא משה ואהרן מעם פרעה	ויצעק	משה אל- יהוה על- דבר הצפרדעים	3121	1	1		*	3
ט141014	והנה מצרים נסע אחריהם וייראו מאד	ויצעקו	בני- ישראל אל- יהוה / ויאמרו אל-	3121	1	3		*	4
ט141506	תחרשון / ויאמר יהוה אל- משה מה-	תצעק	אלי דבר אל- בני- ישראל ויסעו	3121	1	1			2
ט152501	העם על- משה לאמר מה נשתה /	ויצעק	אל- יהוה ויורהו יהוה עץ וישלך	3121	1	1		*	3
ט170401	אתי ואת- בני ואת- מקני בצמא /	ויצעק	משה אל יהוה לאמר מה אעשה	3121	1	1		*	3
ט222208	ענה תענה אתו כי אם- צעק	יצעק	אלי שמע אשמע צעקתו / וחרה אפי	3121	1	1			2
ט222612	שמלתו לערו במה ישכב והיה כי-	יצעק	אלי ושמעתי כי- חנון אני / אלהים	3121	1	1			2
ט050820	כי- נרפים הם על- כן הם	צעקים	לאמר נלכה נזבחה לאלהינו / תכבד העבדה	3131	1	3			3
ט222207	אם- ענה תענה אתו כי אם-	צעק	יצעק אלי שמע אשמע צעקתו / וחרה	3151					2
		צעקה							
ט110602	אחר הרחים וכל בכור בהמה / והיתה	צעקה	גדלה בכל- ארץ מצרים אשר כמהו	1121	2	1			3
ט123010	הוא וכל- עבדיו וכל- מצרים ותהי	צעקה	גדלה במצרים כי- אין בית אשר	1121	2	1			3
ט030903	והאמרי והפרזי והחוי והיבוסי / ועתה הנה	צעקת	בני- ישראל באה אלי וגם- ראיתי	1122	2	1			3
ט030711	אז- עני עמי אשר במצרים ואת-	צעקתם	שמעתי מפני נגשיו כי ידעתי את-	1123	2	1	9		4
ט222212	אם- צעק יצעק אלי שמע אשמע	צעקתו	/ וחרה אפי והרגתי אתכם בחרב והיו	1123	2	1	4		4
		צפה							
ט251101	ואמה וחצי רחבו ואמה וחצי קמתו /	וצפית	אתו זהב טהור מבית ומחוץ תצפנו	3311	1	1		1	4
ט251305	צלעו השנית / ועשית בדי עצי שטים	וצפית	אתם זהב / והבאת את- הבדים בטבעת	3311	1	1		1	4
ט252401	ארכו ואמה רחבו ואמה וחצי קמתו /	וצפית	אתו זהב טהור ועשית לו זר	3311	1	1		1	4
ט252806	השלחן / ועשית את- הבדים עצי שטים	וצפית	אתם זהב ונשא בם את- השלחן	3311	1	1		1	4
ט262911	ואת- טבעתיהם תעשה זהב בתים לבריחם	וצפית	את- הבריחם זהב / והקמת את- המשכן	3311	1	1		1	4
ט263706	רקם / ועשית למסך חמשה עמודי שטים	וצפית	אתם זהב וויהם זהב ויצקת להם	3311	1	1		1	4
ט270209	על ארבע פנתיו ממנו תהיין קרנתיו	וצפית	אתו נחשת / ועשית סירתיו לדשנו ויעיו	3311	1	1		1	4
ט270607	ועשית בדים למזבח בדי עצי שטים	וצפית	אתם נחשת / והובא את- בדיו בטבעת	3311	1	1		1	4
ט300301	רבוע יהיה ואמתים קמתו ממנו קרנתיו /	וצפית	אתו זהב טהור את- גגו ואת-	3311	1	1		1	4
ט300506	בהמה / ועשית את- הבדים עצי שטים	וצפית	אתם זהב / ונתתה אתו לפני הפרכת	3311	1	1		1	4
ט363403	מן- הקצה אל- הקצה / ואת- הקרשים	צפה	זהב ואת- טבעתם עשה זהב בתים	3311	1	1			2
ט363806	רקם / ואת- עמודיו חמשה ואת- וויהם	וצפה	ראשיהם וחשקיהם זהב ואדניהם חמשה נחשת	3311	1	1		1	3
ט382810	המאות וחמשה ושבעים עשה ווים לעמודים	וצפה	ראשיהם וחשק אתם / ונחשת התנופה שבעים	3311	1	1		1	3
ט251107	וצפית אתו זהב טהור מבית ומחוץ	תצפנו	ועשית עליו זר זהב סביב / ויצקת	3321	1	1	4		4
ט262903	מן- הקצה אל- הקצה / ואת- הקרשים	תצפה	זהב ואת- טבעתיהם תעשה זהב בתים	3321	1	1			3
ט363411	ואת- טבעתם עשה זהב בתים לבריחם	ויצף	את- הבריחם זהב / ויעש את- הפרכת	3321	1	1		*	3

/ = סוף פסוק   // = סוף פרק   ג = מין   # = מספר   כ = כינויי הגוף   קס = קידומות וסיומות   ה = מספר ההברות

אזכור		מלה		ה קס כ # ג צורן
ט363606	כרבים / ויעש לה ארבעה עמודי שטים	ויצפם	זהב וויהם זהב ויצק להם ארבעה	4 * 9 1 1 3321
ט370201	ואמה וחצי רחבו ואמה וחצי קמתו /	ויצפהו	זהב טהור מבית ומחוץ ויעש לו	5 * 4 1 1 3321
ט370405	צלעו השנית / ויעש בדי עצי שטים	ויצף	אתם זהב / ויבא את- הבדים בטבעת	3 * 1 1 3321
ט371101	ארכו ואמה רחבו ואמה וחצי קמתו /	ויצף	אתו זהב טהור ויעש לו זר	3 * 1 1 3321
ט371506	השלחן / ויעש את- הבדים עצי שטים	ויצף	אתם זהב לשאת את- השלחן / ויעש	3 * 1 1 3321
ט372601	רבוע ואמתים קמתו ממנו היו קרנתיו /	ויצף	אתו זהב טהור את- גגו ואת-	3 * 1 1 3321
ט372806	בהם / ויעש את- הבדים עצי שטים	ויצף	אתם זהב / ויעש את- שמן המשחה	3 * 1 1 3321
ט380209	על ארבע פנתיו ממנו היו קרנתיו	ויצף	אתו נחשת / ויעש את- כל- כלי	3 * 1 1 3321
ט380606	לבדים / ויעש את- הבדים עצי שטים	ויצף	אתם נחשת / ויבא את- הבדים בטבעת	3 * 1 1 3321
	-	צפה	*-*	
ט263207	ונתתה אתה על- ארבעה עמודי שטים	מצפים	זהב וויהם זהב על- ארבעה אדני-	3 3 1 3431
	-	צפוי	*-*	
ט381708	לעמדים נחשת ווי העמודים וחשוקיהם כסף	וצפוי	ראשיהם כסף והם מחשקים כסף כל	3 1 1 1 1112
ט381908	ארבעה ואדניהם ארבעה נחשת וויהם כסף	וצפוי	ראשיהם וחשקיהם כסף / וכל- היתדת למשכן	3 1 1 1 1112
	-	צפון	*-*	
ט262005	לשתי ידתיו / ולצלע המשכן השנית לפאת	צפון	עשרים קרש / וארבעים אדניהם כסף שני	2 1 1 1111
ט263518	המשכן תימנה והשלחן תתן על- צלע	צפון	/ ועשית מסך לפתח האהל תכלת וארגמן	2 1 1 1111
ט271103	ווי העמדים וחשקיהם כסף / וכן לפאת	צפון	בארך קלעים מאה ארך ועמדו עשרים	2 1 1 1111
ט362505	לשתי ידתיו / ולצלע המשכן השנית לפאת	צפון	עשה עשרים קרשים / וארבעים אדניהם כסף	2 1 1 1111
ט381102	נחשת ווי העמודים וחשקיהם כסף / ולפאת	צפון	מאה באמה עמודיהם עשרים ואדניהם עשרים	2 1 1 1111
ט402209	השלחן באהל מועד על ירך המשכן	צפנה	מחוץ לפרכת / ויערך עליו ערך לחם	3 9 1 1 1111
	-	צפיחת	*-*	
ט163112	מן והוא כזרע גד לבן וטעמו	כצפיחת	בדבש / ויאמר משה זה הדבר אשר	4 5 1 2 1121
	-	צפן	*-*	
ט020210	בן ותרא אתו כי- טוב הוא	ותצפנהו	שלשה ירחים / ולא- יכלה עוד הצפינו	5 * 4 1 2 3122
	-	צפרדע	*-*	
ט080209	את- ידו על מימי מצרים ותעל	הצפרדע	ותכס את- ארץ מצרים / ויעשו- כן	5 2 1 2 1121
ט072711	הנה אנכי נגף את- כל- גבולך	בצפרדעים	/ ושרץ היאר צפרדעים ועלו ובאו בביתך	5 4 3 2 1125
ט072803	את- כל- גבולך בצפרדעים / ושרץ היאר	צפרדעים	ועלו ובאו בביתך ובחדר משכבך ועל-	4 3 2 1125
ט072906	ובמשארותיך / ובכה ובעמך ובכל- עבדיך יעלו	הצפרדעים	// ויאמר יהוה אל- משה אמר אל-	5 2 3 2 1125
ט080120	על- היארים ועל- האגמים והעל את-	הצפרדעים	על- ארץ מצרים / ויט אהרן את-	5 2 3 2 1125
ט080307	ויעשו- כן החרטמים בלטיהם ויעלו את-	הצפרדעים	על- ארץ מצרים / ויקרא פרעה למשה	5 2 3 2 1125
ט080410	ולאהרן ויאמר העתירו אל- יהוה ויסר	הצפרדעים	ממני ומעמי ואשלחה את- העם ויזבחו	5 2 3 2 1125
ט080512	למתי אעתיר לך ולעבדיך ולעמך להכרית	הצפרדעים	ממך ומבתיך רק ביאר תשארנה / ויאמר	5 2 3 2 1125
ט080702	תדע כי- אין כיהוה אלהינו / וסרו	הצפרדעים	ממך ומבתיך ומעבדיך ומעמך רק ביאר	5 2 3 2 1125
ט080812	ויצעק משה אל- יהוה על- דבר	הצפרדעים	אשר- שם לפרעה / ויעש יהוה כדבר	5 2 3 2 1125
ט080906	לפרעה / ויעש יהוה כדבר משה וימתו	הצפרדעים	מן- הבתים מן- החצרת ומן- השדות	5 2 3 2 1125
	-	צפרה	*-*	
ט022108	משה לשבת את- האיש ויתן את-	צפרה	בתו למשה / ותלד בן ויקרא את-	3 2 122
ט042502	במלון ויפגשהו יהוה ויבקש המיתו / ותקח	צפרה	צר ותכרת את- ערלת בנה ותגע	3 2 122
ט180206	ממצרים / ויקח יתרו חתן משה את-	צפרה	אשת משה אחר שלוחיה / ואת שני	3 2 122
	-	צר	*-*	
ט232213	כל אשר אדבר ואיבתי את- איבך	וצרתי	את- צרריך / כי- ילך מלאכי לפניך	3 1 1 1 3111

אזכור		מלה		צורן	ג	#	כ	קס	ה
	-	צרע	*-*						
ט040615	ויבא ידו בחיקו ויוצאה והנה ידו	מצרעת	כשלג / ויאמר השב ידך אל- חיקך	3431	2	1			4
	-	צרעה	*-*						
ט232803	כל- איביך אליך ערף / ושלחתי את-	הצרעה	לפניך וגרשה את- החוי את- הכנעני	1121	2	1		2	3
	-	צרר	*-*						
ט123408	העם את- בצקו טרם יחמץ משארתם	צררת	בשמלתם על- שכמם / ובני- ישראל עשו	3164	2	3			3
	-	קבר	*-*						
ט141106	יהוה / ויאמרו אל- משה המבלי אין-	קברים	במצרים לקחתנו למות במדבר מה זאת	1115	1	3			3
	-	קד	*-*						
ט043114	בני ישראל וכי ראה את- ענים	ויקדו	וישתחוו // ואחר באו משה ואהרן ויאמרו	3121	1	3	*		4
ט122719	בנגפו את- מצרים ואת- בתינו הציל	ויקד	העם וישתחוו / וילכו ויעשו בני ישראל	3121	1	1	*		3
ט340803	על- שלשים ועל- רבעים / וימהר משה	ויקד	ארצה וישתחו / ויאמר אם- נא מצאתי	3121	1	1	*		3
	-	קדה	*-*						
ט302401	חמשים ומאתים וקנה- בשם חמשים ומאתים /	וקדה	חמש מאות בשקל הקדש ושמן זית	1121	2	1		1	3
	-	קדוש	*-*						
ט190607	ואתם תהיו- לי ממלכת כהנים וגוי	קדוש	אלה הדברים אשר תדבר אל- בני	1111	1	1			2
ט293109	המלאים תקח ובשלת את- בשרו במקם	קדש	/ ואכל אהרן ובניו את- בשר האיל	1111	1	1			2
	-	קדים	*-*						
ט101311	על- ארץ מצרים ויהוה נהג רוח-	קדים	בארץ כל- היום ההוא וכל- הלילה	1111	1	1			2
ט101321	ההוא וכל- הלילה הבקר היה ורוח	הקדים	נשא את- הארבה / ויעל הארבה על	1111	1	1		2	3
ט142112	הים ויולך יהוה את- הים ברוח	קדים	עזה כל- הלילה וישם את- הים	1111	1	1			2
	-	קדם	*-*						
ט271304	עשרה ואדניהם עשרה / ורחב החצר לפאת	קדמה	מזרחה חמשים אמה / וחמש עשרה אמה קלעים	1111	1	1		9	2
ט381302	עשרה ווי העמדים וחשוקיהם כסף / ולפאת	קדמה	מזרחה חמשים אמה / קלעים חמש-עשרה אמה	1111	1	1		9	2
	-	קדש	*-*						
ט030516	המקום אשר אתה עומד עליו אדמת-	קדש	הוא / ויאמר אנכי אלהי אביך אלהי	1111	1	1			2
ט121604	עד- יום השבעי / וביום הראשון מקרא-	קדש	וביום השביעי מקרא- קדש יהיה לכם	1111	1	1			2
ט121608	הראשון מקרא- קדש וביום השביעי מקרא-	קדש	יהיה לכם כל- מלאכה לא- יעשה	1111	1	1			2
ט151108	כמכה באלם יהוה מי כמכה נאדר	בקדש	נורא תהלת עשה- פלא / נטית ימינך	1111	1	1		24	3
ט162309	הוא אשר דבר יהוה שבתון שבת-	קדש	ליהוה מחר את אשר- תאפו אפו	1111	1	1			2
ט223002	אמו ביום השמיני תתנו- לי / ואנשי-	קדש	תהיון לי ובשר בשדה טרפה לא	1111	1	1			2
ט263317	ארון העדות והבדילה הפרכת לכם בין	הקדש	ובין קדש הקדשים / ונתת את- הכפרת	1111	1	1		2	3
ט280203	אלעזר ואיתמר בני אהרן / ועשית בגדי-	קדש	לאהרן אחיך לכבוד ולתפארת / ואתה תדבר	1111	1	1			2
ט280414	וכתנת תשבץ מצנפת ואבנט ועשו בגדי-	קדש	לאהרן אחיך ולבניו לכהנו- לי / והם	1111	1	1			2
ט282913	בחשן המשפט על- לבו בבאו אל-	הקדש	לזכרן לפני- יהוה תמיד / ונתת אל-	1111	1	1		2	3
ט283509	אהרן לשרת ונשמע קולו בבאו אל-	הקדש	לפני יהוה ובצאתו ולא ימות / ועשית	1111	1	1		2	3
ט283609	זהב טהור ופתחת עליו פתוחי חתם	קדש	ליהוה / ושמת אתו על- פתיל תכלת	1111	1	1			2
ט284315	מועד או בגשתם אל- המזבח לשרת	בקדש	ולא- ישאו עון ומתו חקת עולם	1111	1	1		24	3
ט290608	המצנפת על- ראשו ונתת את- נזר	הקדש	על- המצנפת / ולקחת את- שמן המשחה	1111	1	1		2	3
ט292902	ישראל מזבחי שלמיהם תרומתם ליהוה / ובגדי	הקדש	אשר לאהרן יהיו לבניו אחריו למשחה	1111	1	1		2	3
ט293014	אשר יבא אל- אהל מועד לשרת	בקדש	/ ואת איל המלאים תקח ובשלת את-	1111	1	1		24	3
ט293315	לקדש אתם וזר לא- יאכל כי-	קדש	הם / ואם- יותר מבשר המלאים ומן-	1111	1	1			2
ט293416	את- הנותר באש לא יאכל כי-	קדש	הוא / ועשית לאהרן ולבניו ככה ככל	1111	1	1			2
ט301310	העבר על- הפקדים מחצית ושקל בשקל	הקדש	עשרים גרה השקל מחצית השקל תרומה	1111	1	1		2	3
ט302405	חמשים ומאתים / וקדה חמש מאות בשקל	הקדש	ושמן זית הין / ועשית אתו שמן	1111	1	1		2	3

אזכור		מלה		צורן	ג	#	כ	קס	ה
ט302505	זית הין / ועשית אתו שמן משחת-	קדש	רקח מרקחת מעשה רקח שמן משחת-	1111	1	1			2
ט302512	רקח מרקחת מעשה רקח שמן משחת-	קדש	יהיה / ומשחת בו את- אהל מועד	1111	1	1			2
ט303108	בני ישראל תדבר לאמר שמן משחת-	קדש	יהיה זה לי לדרתיכם / על- בשר	1111	1	1			2
ט303210	לא ייסך ובמתכנתו לא תעשו כמהו	קדש	הוא קדש יהיה לכם / איש אשר	1111	1	1			2
ט303212	ובמתכנתו לא תעשו כמהו קדש הוא	קדש	יהיה לכם / איש אשר ירקח כמהו	1111	1	1			2
ט303509	קטרת רקח מעשה רוקח ממלח טהור	קדש	/ ושחקת ממנה הדק ונתתה ממנה לפני	1111	1	1			2
ט303708	אשר תעשה במתכנתה לא תעשו לכם	קדש	תהיה לך ליהוה / איש אשר- יעשה	1111	1	1			2
ט311006	כנו / ואת בגדי השרד ואת- בגדי	הקדש	לאהרן הכהן ואת- בגדי בניו לכהן	1111	1	1		2	3
ט311107	ואת שמן המשחה ואת- קטרת הסמים	לקדש	ככל אשר- צויתך יעשו / ויאמר יהוה	1111	1	1		26	3
ט311405	יהוה מקדשכם / ושמרתם את- השבת כי	קדש	הוא לכם מחלליה מות יומת כי	1111	1	1			2
ט311509	יעשה מלאכה וביום השביעי שבת שבתון	קדש	ליהוה כל- העשה מלאכה ביום השבת	1111	1	1			2
ט350209	תעשה מלאכה וביום השביעי יהיה לכם	קדש	שבת שבתון ליהוה כל- העשה בו	1111	1	1			2
ט351905	ואת- מיתריהם / את- בגדי השרד לשרת	בקדש	את- בגדי הקדש לאהרן הכהן ואת-	1111	1	1		24	3
ט351908	בגדי השרד לשרת בקדש את- בגדי	הקדש	לאהרן הכהן ואת- בגדי בניו לכהן	1111	1	1		2	3
ט352122	למלאכת אהל מועד ולכל- עבדתו ולבגדי	הקדש	/ ויבאו האנשים על- הנשים כל נדיב	1111	1	1		2	3
ט360120	לדעת לעשת את- כל- מלאכת עבדת	הקדש	לכל אשר- צוה יהוה / ויקרא משה	1111	1	1		2	3
ט360313	אשר הביאו בני ישראל למלאכת עבדת	הקדש	לעשת אתה והם הביאו אליו עוד	1111	1	1		2	3
ט360408	כל- החכמים העשים את כל- מלאכת	הקדש	איש- איש ממלאכתו אשר- המה עשים	1111	1	1		2	3
ט360614	ואשה אל- יעשו- עוד מלאכה לתרומת	הקדש	ויכלא העם מהביא / והמלאכה היתה דים	1111	1	1		2	3
ט372905	אתם זהב / ויעש את- שמן המשחה	קדש	ואת- קטרת הסמים טהור מעשה רקח	1111	1	1			2
ט382407	כל- הזהב העשוי למלאכה בכל מלאכת	הקדש	ויהי זהב התנופה תשע ועשרים ככר	1111	1	1		2	3
ט382419	ככר ושבע מאות ושלשים שקל בשקל	הקדש	/ וכסף פקודי העדה מאת ככר ואלף	1111	1	1		2	3
ט382513	ושבע מאות וחמשה ושבעים שקל בשקל	הקדש	/ בקע לגלגלת מחצית השקל בשקל הקדש	1111	1	1		2	3
ט382606	הקדש / בקע לגלגלת מחצית השקל בשקל	הקדש	לכל העבר על- הפקדים מבן עשרים	1111	1	1		2	3
ט382708	מאת ככר הכסף לצקת את אדני	הקדש	ואת אדני הפרכת מאת אדנים למאת	1111	1	1		2	3
ט390110	ותולעת השני עשו בגדי- שרד לשרת	בקדש	ויעשו את- בגדי הקדש אשר לאהרן	1111	1	1		24	3
ט390114	שרד לשרת בקדש ויעשו את- בגדי	הקדש	אשר לאהרן כאשר צוה יהוה את-	1111	1	1		2	3
ט393005	את- משה / ויעשו את- ציץ נזר-	הקדש	זהב טהור ויכתבו עליו מכתב פתוחי	1111	1	1		2	3
ט393013	טהור ויכתבו עליו מכתב פתוחי חותם	קדש	ליהוה / ויתנו עליו פתיל תכלת לתת	1111	1	1			2
ט394105	לאהל מועד / את- בגדי השרד לשרת	בקדש	את- בגדי הקדש לאהרן הכהן ואת-	1111	1	1		24	3
ט394108	בגדי השרד לשרת בקדש את- בגדי	הקדש	לאהרן הכהן ואת- בגדי בניו לכהן	1111	1	1		2	3
ט400918	וקדשת אתו ואת- כל- כליו והיה	קדש	/ ומשחת את- מזבח העלה ואת- כל-	1111	1	1			2
ט401306	במים / והלבשת את- אהרן את בגדי	הקדש	ומשחת אתו וקדשת אתו וכהן לי	1111	1	1		2	3
ט263319	והבדילה הפרכת לכם בין הקדש ובין	קדש	הקדשים / ונתת את- הכפרת על ארון	1112	1	1			2
ט263407	ונתת את- הכפרת על ארון העדת	בקדש	הקדשים / ושמת את- השלחן מחוץ לפרכת	1112	1	1		4	3
ט293710	על- המזבח וקדשת אתו והיה המזבח	קדש	קדשים כל- הנגע במזבח יקדש / וזה	1112	1	1			2
ט301015	הכפרים אחת בשנה יכפר עליו לדרתיכם	קדש	קדשים הוא ליהוה / וידבר יהוה אל-	1112	1	1			2
ט302904	הכיר ואת- כנו / וקדשת אתם והיו	קדש	קדשים כל- הנגע בהם יקדש / ואת-	1112	1	1			2
ט303614	באהל מועד אשר אועד לך שמה	קדש	קדשים תהיה לכם / והקטרת אשר תעשה	1112	1	1			2
ט401013	כליו וקדשת את- המזבח והיה המזבח	קדש	קדשים / ומשחת את- הכיר ואת- כנו	1112	1	1			2
ט151310	זו גאלת נהלת בעזך אל- נוה	קדשך	/ שמעו עמים ירגזון חיל אחז ישבי	1113	1	1	2		3
ט263320	הפרכת לכם בין הקדש ובין קדש	הקדשים	/ ונתת את- הכפרת על ארון העדת	1115	1	3		2	4
ט263408	את- הכפרת על ארון העדת בקדש	הקדשים	/ ושמת את- השלחן מחוץ לפרכת ואת-	1115	1	3		2	4
ט283809	מצח אהרן ונשא אהרן את- עון	הקדשים	אשר יקדישו בני ישראל לכל- מתנת	1115	1	3		2	4
ט293711	המזבח וקדשת אתו והיה המזבח קדש	קדשים	כל- הנגע במזבח יקדש / וזה אשר	1115	1	3			3
ט301016	אחת בשנה יכפר עליו לדרתיכם קדש	קדשים	הוא ליהוה / וידבר יהוה אל- משה	1115	1	3			3
ט302905	ואת- כנו / וקדשת אתם והיו קדש	קדשים	כל- הנגע בהם יקדש / ואת- אהרן	1115	1	3			3
ט303615	מועד אשר אועד לך שמה קדש	קדשים	תהיה לכם / והקטרת אשר תעשה במתכנתה	1115	1	3			3
ט401014	וקדשת את- המזבח והיה המזבח קדש	קדשים	/ ומשחת את- הכיר ואת- כנו וקדשת	1115	1	3			3
ט283816	אשר יקדישו בני ישראל לכל- מתנת	קדשיהם	והיה על- מצחו תמיד לרצון להם	1117	1	3	9		4
	--*-*-*-*-*-*-*-*-*-*-*-*-*-*-*-*-*	קדש	*-*-*-*-*-*-*-*-*-*-*-*-*-*-*-*-*-*-*						
ט292120	ועל- בניו ועל- בגדי בניו אתו	וקדש	הוא ובגדיו ובניו ובגדי בניו אתו	3111	1	1		1	3
ט293715	המזבח קדש קדשים כל- הנגע במזבח	יקדש	/ וזה אשר תעשה על- המזבח כבשים	3121	1	1			2

/ = סוף פסוק   // = סוף פרק   ג = מין   # = מספר   כ = כינויי חבור   קס = קידומות וסיומות   ה = מספר ההברות

אזכור		מלה		צנגן ג # כ קס ה
ט302909	והיו קדש קדשים כל- הנגע בהם	יקדש	/ ואת- אהרן ואת- בניו תמשח וקדשת	2 1 1 3121
	-	קדש	*-*	
ט191008	יהוה אל- משה לך אל- העם	וקדשתם	ויום ומחר וכבסו שמלתם / והיו נכנים	4 1 9 1 1 3311
ט192320	העדתה בנו לאמר הגבל את- ההר	וקדשתו	/ ויאמר אליו יהוה לך- רד ועלית	4 1 4 1 1 3311
ט284114	אתו ומשחת אתם ומלאת את- ידם	וקדשת	אתם וכהנו- לי / ועשה להם מכנסי-	4 1 1 1 3311
ט292701	תנופה לפני יהוה והיה לך למנה /	וקדשת	את חזה התנופה ואת שוק התרומה	4 1 1 1 3311
ט293706	לקדשו / שבעת ימים תכפר על- המזבח	וקדשת	אתו והיה המזבח קדש קדשים כל-	4 1 1 1 3311
ט294401	ונעדתי שמה לבני- ישראל ונקדש בכבדי /	וקדשתי	את- אהל מועד ואת- המזבח ואת-	4 1 1 1 3311
ט302901	כל- כליו ואת- הכיר ואת- כנו /	וקדשת	אתם והיו קדש קדשים כל- הנגע	4 1 1 1 3311
ט303006	יקדש / ואת- אהרן ואת- בניו תמשח	וקדשת	אתם לכהן לי / ואל- בני ישראל	4 1 1 1 3311
ט400912	את- המשכן ואת- כל- אשר- בו	וקדשת	אתו ואת- כל- כליו והיה קדש	4 1 1 1 3311
ט401008	את- מזבח העלה ואת- כל- כליו	וקדשת	את- המזבח והיה המזבח קדש קדשים	4 1 1 1 3311
ט401106	קדשים / ומשחת את- הכיר ואת- כנו	וקדשת	אתו / והקרבת את- אהרן ואת- בניו	4 1 1 1 3311
ט401309	אהרן את בגדי הקדש ומשחת אתו	וקדשת	אתו וכהן לי / ואת- בניו תקריב	4 1 1 1 3311
ט191407	וירד משה מן- ההר אל- העם	ויקדש	את- העם ויכבסו שמלתם / ויאמר אל-	4 * 1 1 3321
ט201126	כן ברך יהוה את- יום השבת	ויקדשהו	/ כבד את- אביך ואת- אמך למען	6 * 4 1 1 3321
ט294411	ואת- המזבח ואת- אהרן ואת- בניו	אקדש	לכהן לי / ושכנתי בתוך בני ישראל	3 1 1 3321
ט311321	וביניכם לדרתיכם לדעת כי אני יהוה	מקדשכם	/ ושמרתם את- השבת כי קדש הוא	5 7 1 1 3331
ט130201	צבאתם // וידבר יהוה אל- משה לאמר /	קדש-	לי כל- בכור פטר כל- רחם	2 1 1 334
ט200805	שמו לשוא / זכור את יום השבת	לקדשו	/ ששת ימים תעבד ועשית כל- מלאכתך	4 6 4 3353
ט280315	רוח חכמה ועשו את- בגדי אהרן	לקדשו	לכהנו- לי / ואלה הבגדים אשר יעשו	4 6 4 3354
ט290106	אחריו // וזה הדבר אשר תעשה להם	לקדש	אתם לכהן לי לקח פר אחד	3 6 3354
ט293309	אשר כפר בהם למלא את- ידם	לקדש	אתם וזר לא- יאכל כי- קדש	3 6 3354
ט293614	על- המזבח בכפרך עליו ומשחת אתו	לקדשו	/ שבעת ימים תכפר על- המזבח וקדשת	4 6 4 3354
	-	קהל	*-*	
ט160328	אל- המדבר הזה להמית את- כל-	הקהל	הזה ברעב / ויאמר יהוה אל- משה	3 2 1 1 1111
ט120612	יום לחדש הזה ושחטו אתו כל	קהל	עדת- ישראל בין הערבים / ולקחו מן-	2 1 1 1112
	-	קהת	*-*	
ט061607	ואלה שמות בני- לוי לתלדתם גרשון	וקהת	ומררי ושני חיי לוי שבע ושלשים	3 1 1 122
ט061802	בני גרשון לבני ושמעי למשפחתם / ובני	קהת	עמרם ויצהר וחברון ועזיאל ושני חיי	2 1 122
ט061809	עמרם ויצהר וחברון ועזיאל ושני חיי	קהת	שלש ושלשים ומאת שנה / ובני מררי	2 1 122
	-	קול	*-*	
ט191911	וחזק מאד משה ידבר והאלהים יעננו	בקול	/ וירד יהוה על- הר סיני אל-	2 4 1 1 1111
ט240315	ואת כל- המשפטים ויען כל- העם	קול	אחד ויאמרו כל- הדברים אשר- דבר	1 1 1 1111
ט360604	יהוה לעשת אתה / ויצו משה ויעבירו	קול	במחנה לאמר איש ואשה אל- יעשו-	1 1 1 1111
ט040808	אם- לא יאמינו לך ולא ישמעו	לקל	האת הראשון והאמינו לקל האת האחרון	2 6 1 1 1112
ט040812	ולא ישמעו לקל האת הראשון והאמינו	לקל	האת האחרון / והיה אם- לא יאמינו	2 6 1 1 1112
ט152605	ושם נסהו / ויאמר אם- שמוע תשמע	לקול	יהוה אלהיך והישר בעיניו תעשה והאזנת	2 6 1 1 1112
ט182403	על- מקמו יבא בשלום / וישמע משה	לקול	חתנו ויעש כל אשר אמר / ויבחר	2 6 1 1 1112
ט191613	קלת וברקים וענן כבד על- ההר	וקל	שפר חזק מאד ויחרד כל- העם	2 1 1 1 1112
ט191902	הכבשן ויחרד כל- ההר מאד / ויהי	קול	השפר הולך וחזק מאד משה ידבר	1 1 1 1112
ט201809	ראים את- הקולת ואת הלפידים ואת	קול	השפר ואת- ההר עשן וירא העם	1 1 1 1112
ט321704	חרות על- הלחת / וישמע יהושע את-	קול	העם ברעה ויאמר אל- משה קול	1 1 1 1112
ט321710	קול העם ברעה ויאמר אל- משה	קול	מלחמה במחנה / ויאמר אין קול ענות	1 1 1 1112
ט321803	משה קול מלחמה במחנה / ויאמר אין	קול	ענות גבורה ואין קול ענות חלושה	1 1 1 1112
ט321807	ויאמר אין קול ענות גבורה ואין	קול	ענות חלושה קול ענות אנכי שמע	1 1 1 1112
ט321810	ענות גבורה ואין קול ענות חלושה	קול	ענות אנכי שמע / ויהי כאשר קרב	1 1 1 1112
ט031802	אל- ארץ זבת חלב ודבש / ושמעו	לקלך	ובאת אתה וזקני ישראל אל- מלך	4 6 2 1 1 1113
ט040110	והן לא- יאמינו לי ולא ישמעו	בקלי	כי יאמרו לא- נראה אליך יהוה	3 4 1 1 1 1113
ט040911	גם לשני האתות האלה ולא ישמעון	לקלך	ולקחת ממימי היאר ושפכת היבשה והיו	4 6 2 1 1 1113

אזכור		מלה		צורן	ג	#	כ	קס	ה
ט050207	ויאמר פרעה מי יהוה אשר אשמע	בקלו	לשלח את- ישראל לא ידעתי את-	1113	1	1	4	4	3
ט181903	לא- תוכל עשהו לבדך / עתה שמע	בקלי	איעצך ויהי אלהים עמך היה אתה	1113	1	1	1	4	3
ט190505	אתכם אלי / ועתה אם- שמוע תשמעו	בקלי	ושמרתם את- בריתי והייתם לי סגלה	1113	1	1	1	4	3
ט232104	המקום אשר הכנתי / השמר מפניו ושמע	בקלו	אל- תמר בו כי לא ישא	1113	1	1	4	4	3
ט232205	שמי בקרבו / כי אם- שמוע תשמע	בקלו	ועשית כל אשר אדבר ואיבתי את-	1113	1	1	4	4	3
ט283506	סביב / והיה על- אהרן לשרת ונשמע	קולו	בבאו אל- הקדש לפני יהוה ובצאתו	1113	1	1	4		2
ט092309	את- מטהו על- השמים ויהוה נתן	קלת	וברד ותהלך- אש ארצה וימטר יהוה	1115	1	3			2
ט092806	הרשעים / העתירו אל- יהוה ורב מהית	קלת	אלהים וברד ואשלחה אתכם ולא תספון	1115	1	3			2
ט092912	העיר אפרש את כפי אל- יהוה	הקלות	יחדלון והברד לא יהיה- עוד למען	1115	1	3		2	3
ט093312	העיר ויפרש כפיו אל- יהוה ויחדלו	הקלות	והברד ומטר לא- נתך ארצה / וירא	1115	1	3		2	3
ט093407	וירא פרעה כי חדל המטר והברד	והקלת	ויסף לחטא ויכבד לבו הוא ועבדיו	1115	1	3		21	4
ט191607	ויהי ביום השלישי בהית הבקר ויהי	קלת	וברקים וענן כבד על- ההר וקל	1115	1	3			2
ט201805	אשר לרעך / וכל- העם ראים את-	הקולת	ואת הלפידים ואת קול השפר ואת-	1115	1	3		2	3
	--*-*-*-*-*-*-*-*-*-*-*-*-*	קומה	*-*-*-*-*-*-*-*-*-*-*-*-*-*-*						
ט271808	החצר מאה באמה ורחב חמשים בחמשים	וקמה	חמש אמות שש משזר ואדניהם נחשת	1121	2	1		1	3
ט381815	שני ושש משזר ועשרים אמה ארך	וקומה	ברחב חמש אמות לעמת קלעי החצר	1121	2	1		1	3
ט251013	ארכו ואמה וחצי רחבו ואמה וחצי	קמתו	/ וצפית אתו זהב טהור מבית ומחוץ	1123	2	1	4		3
ט252311	אמתים ארכו ואמה רחבו ואמה וחצי	קמתו	/ וצפית אתו זהב טהור ועשית לו	1123	2	1	4		3
ט270117	רחב רבוע יהיה המזבח ושלש אמות	קמתו	/ ועשית קרנתיו על ארבע פנתיו ממנו	1123	2	1	4		3
ט300208	ארכו ואמה רחבו רבוע יהיה ואמתים	קמתו	ממנו קרנתיו / וצפית אתו זהב טהור	1123	2	1	4		3
ט370115	ארכו ואמה וחצי רחבו ואמה וחצי	קמתו	/ ויצפהו זהב טהור מבית ומחוץ ויעש	1123	2	1	4		3
ט371012	אמתים ארכו ואמה רחבו ואמה וחצי	קמתו	/ ויצף אתו זהב טהור ויעש לו	1123	2	1	4		3
ט372513	אמה ארכו ואמה רחבו רבוע ואמתים	קמתו	ממנו היו קרנתיו / ויצף אתו זהב	1123	2	1	4		3
ט380116	וחמש אמות רחבו רבוע ושלש אמות	קמתו	/ ויעש קרנתיו על ארבע פנתיו ממנו	1123	2	1	4		3
	--*-*-*-*-*-*-*-*-*-*-*-*-*	קוץ	*-*-*-*-*-*-*-*-*-*-*-*-*-*-*						
ט220505	כרמו ישלם / כי- תצא אש ומצאה	קצים	ונאכל גדיש או הקמה או השדה	1115	1	3			2
	--*-*-*-*-*-*-*-*-*-*-*-*-*	קושש	*-*-*-*-*-*-*-*-*-*-*-*-*-*-*						
ט050712	ללבן הלבנים כתמול שלשם הם ילכו	וקששו	להם תבן / ואת- מתכנת הלבנים אשר	3321	1	3		1	4
ט051206	דבר / ויפץ העם בכל- ארץ מצרים	לקשש	קש לתבן / והנגשים אצים לאמר כלו	3354				6	3
	--*-*-*-*-*-*-*-*-*-*-*-*-*	קטן	*-*-*-*-*-*-*-*-*-*-*-*-*-*-*						
ט182214	הדבר הגדל יביאו אליך וכל- הדבר	הקטן	ישפטו- הם והקל מעליך ונשאו אתך	1111	1	1		2	3
ט182614	הקשה יביאון אל- משה וכל- הדבר	הקטן	ישפוטו הם / וישלח משה את- חתנו	1111	1	1		2	3
	--*-*-*-*-*-*-*-*-*-*-*-*-*	קטרת	*-*-*-*-*-*-*-*-*-*-*-*-*-*-*						
ט300104	אני יהוה אלהיהם // ועשית מזבח מקטר	קטרת	עצי שטים תעשה אתו / אמה ארכו	1121	2	1			3
ט300904	לפני יהוה לדרתיכם / לא- תעלו עליו	קטרת	זרה ועלה ומנחה ונסך לא תסכו	1121	2	1			3
ט302712	ואת המנרה ואת- כליה ואת מזבח	הקטרת	/ ואת- מזבח העלה ואת- כל- כליו	1121	2	1		2	4
ט310813	הטהרה ואת- כל- כליה ואת מזבח	הקטרת	/ ואת- מזבח העלה ואת- כל- כליו	1121	2	1		2	4
ט351503	נרתיה ואת שמן המאור / ואת- מזבח	הקטרת	ואת- בדיו ואת שמן המשחה ואת	1121	2	1		2	4
ט372504	ואת כל- כליה / ויעש את- מזבח	הקטרת	עצי שטים אמה ארכו ואמה רחבו	1121	2	1		2	4
ט400505	את- נרתיה / ונתתה את- מזבח הזהב	לקטרת	לפני ארון העדת ושמת את- מסך	1121	2	1		6	4
ט250606	שטים / שמן למאר בשמים לשמן המשחה	ולקטרת	הסמים / אבני- שהם ואבני מלאים לאפד	1122	2	1		61	5
ט300704	אועד לך שמה / והקטיר עליו אהרן	קטרת	סמים בבקר בבקר בהיטיבו את- הנרת	1122	2	1			3
ט300808	אהרן את- הנרת בין- הערבים יקטירנה	קטרת	תמיד לפני יהוה לדרתיכם / לא- תעלו	1122	2	1			3
ט303503	זבח בד בבד יהיה / ועשית אתה	קטרת	רקח מעשה רוקח ממלח טהור קדש	1122	2	1			3
ט311105	בניו לכהן / ואת שמן המשחה ואת-	קטרת	הסמים לקדש ככל אשר- צויתך יעשו	1122	2	1			3
ט350806	שטים / ושמן למאור ובשמים לשמן המשחה	ולקטרת	הסמים / ואבני- שהם ואבני מלאים לאפוד	1122	2	1		61	5
ט351510	ואת- בדיו ואת שמן המשחה ואת	קטרת	הסמים ואת- מסך הפתח לפתח המשכן	1122	2	1			3
ט352808	הבשם ואת- השמן למאור ולשמן המשחה	ולקטרת	הסמים / כל- איש ואשה אשר נדב	1122	2	1		61	5
ט372907	ויעש את- שמן המשחה קדש ואת-	קטרת	הסמים טהור מעשה רקח // ויעש את-	1122	2	1			3

/ = סוף פסוק   // = סוף פרק   ג = מין   # = מספר   כ = כינוי וגוף   קס = קידומות וסיומות   ה = מספר ההברות

אזכור		מלה		צופן	ג	#	כ	קס	ה
ט393808	מזבח הזהב ואת שמן המשחה ואת	קטרת	הסמים ואת מסך פתח האהל / את	1122	2	1			3
ט402703	באהל מועד לפני הפרכת / ויקטר עליו	קטרת	סמים כאשר צוה יהוה את- משה	1122	2	1			3
	--*-*-*-*-*-*-*-*-*-*-*-*-*-*-*-*	קיצון	*-*-*-*-*-*-*-*-*-*-*-*-*-*-*-*-*-*						
ט260414	מקצה בחברת וכן תעשה בשפת היריעה	הקיצונה	בחברת השנית / חמשים ללאת תעשה ביריעה	1121	2	1		2	4
ט261008	חמשים ללאת על שפת היריעה האחת	הקיצנה	בחברת וחמשים ללאת על שפת היריעה	1121	2	1		2	4
ט361114	מקצה במחברת כן עשה בשפת היריעה	הקיצונה	במחברת השנית / חמשים ללאת עשה ביריעה	1121	2	1		2	4
ט361707	ויעש ללאת חמשים על שפת היריעה	הקיצנה	במחברת וחמשים ללאת עשה על- שפת	1121	2	1		2	4
	--*-*-*-*-*-*-*-*-*-*-*-*-*-*-*-*	קיר	*-*-*-*-*-*-*-*-*-*-*-*-*-*-*-*-*-*						
ט300308	אתו זהב טהור את- גגו ואת-	קירתיו	סביב ואת- קרנתיו ועשית לו זר	1117	1	3	4		3
ט372608	אתו זהב טהור את- גגו ואת-	קירתיו	סביב ואת- קרנתיו ויעש לו זר	1117	1	3	4		3
	--*-*-*-*-*-*-*-*-*-*-*-*-*-*-*-*	קלל	*-*-*-*-*-*-*-*-*-*-*-*-*-*-*-*-*-*						
ט222703	ושמעתי כי- חנון אני / אלהים לא	תקלל	ונשיא בעמך לא תאר / מלאתך ודמעך	3321	1	1			3
ט211701	איש ומכרו ונמצא בידו מות יומת /	ומקלל	אביו ואמו מות יומת / וכי- יריבן	3333	1	1		1	4
	--*-*-*-*-*-*-*-*-*-*-*-*-*-*-*-*	קלע	*-*-*-*-*-*-*-*-*-*-*-*-*-*-*-*-*-*						
ט270908	את חצר המשכן לפאת נגב- תימנה	קלעים	לחצר שש משזר מאה באמה ארך	1115	1	3			3
ט271105	וחשקיהם כסף / וכן לפאת צפון בארך	קלעים	מאה ארך ועמדו עשרים ואדניהם עשרים	1115	1	3			3
ט271205	וחשקיהם כסף / ורחב החצר לפאת- ים	קלעים	חמשים אמה עמדיהם עשרה ואדניהם עשרה	1115	1	3			3
ט271403	קדמה מזרחה חמשים אמה / וחמש עשרה אמה	קלעים	לכתף עמדיהם שלשה ואדניהם שלשה / ולכתף	1115	1	3			3
ט271504	שלשה ואדניהם שלשה / ולכתף השנית חמש עשרה	קלעים	עמדיהם שלשה ואדניהם שלשה / ולשער החצר	1115	1	3			3
ט381203	ווי העמודים וחשקיהם כסף / ולפאת- ים	קלעים	חמשים באמה עמודיהם עשרה ואדניהם עשרה	1115	1	3			3
ט381401	כסף / ולפאת קדמה מזרחה חמשים אמה /	קלעים	חמש-עשרה אמה אל- הכתף עמודיהם שלשה	1115	1	3			3
ט381507	ולכתף השנית מזה ומזה לשער החצר	קלעים	חמש עשרה אמה עמדיהם שלשה ואדניהם שלשה	1115	1	3			3
ט351702	כליו את- הכיר ואת- כנו / את	קלעי	החצר את- עמדיו ואת- אדניה ואת	1116	1	3			3
ט380907	ויעש את- החצר לפאת נגב תימנה	קלעי	החצר שש משזר מאה באמה / עמודיהם	1116	1	3			3
ט381602	אמה עמדיהם שלשה ואדניהם שלשה / כל-	קלעי	החצר סביב שש משזר / והאדנים לעמדים	1116	1	3			3
ט381820	ארך וקומה ברחב חמש אמות לעמת	קלעי	החצר / ועמדיהם ארבעה ואדניהם ארבעה נחשת	1116	1	3			3
ט394002	כליו את- הכיר ואת- כנו / את	קלעי	החצר את- עמדיה ואת- אדניה ואת-	1116	1	3			3
	--*-*-*-*-*-*-*-*-*-*-*-*-*-*-*-*	קם	*-*-*-*-*-*-*-*-*-*-*-*-*-*-*-*-*-*						
ט102307	לא- ראו איש את- אחיו ולא-	קמו	איש מתחתיו שלשת ימים ולכל בני	3111	1	3			2
ט331010	את- עמוד הענן עמד פתח האהל	וקם	כל- העם והשתחוו איש פתח אהלו	3111	1	1		1	2
ט010801	ויעצמו במאד מאד ותמלא הארץ אתם /	ויקם	מלך- חדש על מצרים אשר לא-	3121	1	1		*	3
ט021704	להשקות צאן אביהן / ויבאו הרעים ויגרשום	ויקם	משה ויושען וישק את- צאנם / ותבאנה	3121	1	1		*	3
ט123001	אשר בבית הבור וכל בכור בהמה /	ויקם	פרעה לילה הוא וכל- עבדיו וכל-	3121	1	1		*	3
ט211902	באגרף ולא ימות ונפל למשכב / אם-	יקום	והתהלך בחוץ על- משענתו ונקה המכה	3121	1	1			2
ט241301	האבן והתורה והמצוה אשר כתבתי להורתם /	ויקם	משה ויהושע משרתו ויעל משה אל-	3121	1	1		*	3
ט320611	ויגשו שלמים וישב העם לאכל ושתו	ויקמו	לצחק / וידבר יהוה אל- משה לך-	3121	1	3		*	4
ט330806	למחנה / והיה כצאת משה אל- האהל	יקומו	כל- העם ונצבו איש פתח אהלו	3121	1	3			3
ט150704	יהוה תרעץ אויב / וברב גאונך תהרס	קמיך	תשלח חרנך יאכלמו כקש / וברוח אפיך	3131	1	3	2		3
ט123106	מת / ויקרא למשה ולאהרן לילה ויאמר	קומו	צאו מתוך עמי גם- אתם גם-	314	1	3			2
ט320115	ויקהל העם על- אהרן ויאמרו אליו	קום	עשה- לנו אלהים אשר ילכו לפנינו	314	1	1			1
ט322512	פרע הוא כי- פרעה אהרן לשמצה	בקמיהם	/ ויעמד משה בשער המחנה ויאמר מי	3163	1	3	9	4	4
	--*-*-*-*-*-*-*-*-*-*-*-*-*-*-*-*	קמה	*-*-*-*-*-*-*-*-*-*-*-*-*-*-*-*-*-*						
ט220509	אש ומצאה קצים ונאכל גדיש או	הקמה	או השדה שלם ישלם המבער את-	1121	2	1		2	3
	--*-*-*-*-*-*-*-*-*-*-*-*-*-*-*-*	קנא	*-*-*-*-*-*-*-*-*-*-*-*-*-*-*-*-*-*						
ט200511	תעבדם כי אנכי יהוה אלהיך אל	קנא	פקד עון אבת על- בנים על-	1111	1	1			2
ט341409	לא תשתחוה לאל אחר כי יהוה	קנא	שמו אל קנא הוא / פן- תכרת	1111	1	1			2
ט341411	אחר כי יהוה קנא שמו אל	קנא	הוא / פן- תכרת ברית ליושב הארץ	1111	1	1			2

אזכור		מלה		צורן	ג	#	כ	קס	ו
	-	קנה	*-*						
ט253304	מנרה מצדה השני / שלשה גבעים משקדים	בקנה	ואחד כפתר ופרח ושלשה גבעים משקדים	1111	1	1		24	3
ט253311	האחד כפתר ופרח ושלשה גבעים משקדים	בקנה	ואחד כפתר ופרח כן לששת הקנים	1111	1	1		24	3
ט371904	מנרה מצדה השני / שלשה גבעים משקדים	בקנה	האחד כפתר ופרח ושלשה גבעים משקדים	1111	1	1		24	3
ט371911	האחד כפתר ופרח ושלשה גבעים משקדים	בקנה	אחד כפתר ופרח כן לששת הקנים	1111	1	1		4	3
ט302315	מאות וקנמן- בשם מחציתו חמשים ומאתים	וקנה-	בשם חמשים ומאתים / וקדה חמש מאות	1112	1	1		1	3
ט253109	זהב טהור מקשה תיעשה המנורה ירכה	וקנה	גביעיה כפתריה ופרחיה ממנה יהיו / וששה	1114	1	1	5	1	3
ט371711	טהור מקשה עשה את- המנרה ירכה	וקנה	גביעיה כפתריה ופרחיה ממנה היו / וששה	1114	1	1	5	1	3
ט253202	גביעיה כפתריה ופרחיה ממנה יהיו / וששה	קנים	יצאים מצדיה שלשה קני מנרה מצדה	1115	1	3			2
ט253317	בקנה האחד כפתר ופרח כן לששת	הקנים	ויצאים מן- המנרה / ובמנרה ארבעה גבעים	1115	1	3		2	3
ט253504	משקדים כפתריה ופרחיה / וכפתר תחת שני	הקנים	ממנה וכפתר תחת שני הקנים ממנה	1115	1	3		2	3
ט253509	שני הקנים ממנה וכפתר תחת שני	הקנים	ממנה וכפתר תחת- שני הקנים ממנה	1115	1	3		2	3
ט253514	שני הקנים ממנה וכפתר תחת- שני	הקנים	ממנה לששת הקנים היצאים מן- המנרה	1115	1	3		2	3
ט253517	וכפתר תחת- שני הקנים ממנה לששת	הקנים	היצאים מן- המנרה / כפתריהם וקנתם ממנה	1115	1	3		2	3
ט371802	גביעיה כפתריה ופרחיה ממנה היו / וששה	קנים	יצאים מצדיה שלשה קני מנרה מצדה	1115	1	3			2
ט371917	בקנה אחד כפתר ופרח כן לששת	הקנים	ויצאים מן- המנרה / ובמנרה ארבעה גבעים	1115	1	3		2	3
ט372104	משקדים כפתריה ופרחיה / וכפתר תחת שני	הקנים	ממנה וכפתר תחת שני הקנים ממנה	1115	1	3		2	3
ט372109	שני הקנים ממנה וכפתר תחת שני	הקנים	ממנה וכפתר תחת- שני הקנים ממנה	1115	1	3		2	3
ט372114	שני הקנים ממנה וכפתר תחת- שני	הקנים	ממנה לששת הקנים היצאים ממנה / כפתריהם	1115	1	3		2	3
ט372117	וכפתר תחת- שני הקנים ממנה לששת	הקנים	היצאים ממנה / כפתריהם וקנתם ממנו היו	1115	1	3		2	3
ט253206	יהיו / וששה קנים יצאים מצדיה שלשה	קני	מנרה מצדה האחד ושלשה קני מנרה	1116	1	3			2
ט253211	שלשה קני מנרה מצדה האחד ושלשה	קני	מנרה מצדה השני / שלשה גבעים משקדים	1116	1	3			2
ט371806	היו / וששה קנים יצאים מצדיה שלשה	קני	מנרה מצדה האחד ושלשה קני מנרה	1116	1	3			2
ט371811	שלשה קני מנרה מצדה האחד ושלשה	קני	מנרה מצדה השני / שלשה גבעים משקדים	1116	1	3			2
ט253602	לששת הקנים היצאים מן- המנרה / כפתריהם	וקנתם	ממנה יהיו כלה מקשה אחת זהב	1117	1	3	9	1	4
ט372202	ממנה לששת הקנים היצאים ממנה / כפתריהם	וקנתם	ממנה היו כלה מקשה אחת זהב	1117	1	3	9	1	4
	-	קנה	*-*						
ט151617	עמך יהוה עד- יעבר עם- זו	קנית	/ תבאמו ותטעמו בהר נחלתך מכון לשבתך	3111	1	1			3
ט210202	ואלה המשפטים אשר תשים לפניהם / כי	תקנה	עבד עברי שש שנים יעבד ובשבעת	3121	1	1			2
	-	קנמון	*-*						
ט302310	בשמים ראש מר- דרור חמש מאות	וקנמן-	בשם מחציתו חמשים ומאתים וקנה- בשם	1112	1	1		1	4
	-	קערה	*-*						
ט252902	זהב ונשא בם את- השלחן / ועשית	קערתיו	וכפתיו וקשותיו ומנקיתיו אשר יסך בהן	1127	2	3	4		4
ט371608	את- הכלים אשר על- השלחן את-	קערתיו	ואת- כפתיו ואת מנקיתיו ואת- הקשות	1127	2	3	4		4
	-	קפא	*-*						
ט150809	נערמו- מים נצבו כמו- נד נזלים	קפאו	תהמת בלב- ים / אמר אויב ארדף	3111	1	3			3
	-	קץ	*-*						
ט124102	שלשים שנה וארבע מאות שנה / ויהי	מקץ	שלשים שנה וארבע מאות שנה ויהי	1112	1	1		7	2
	-	קץ	*-*						
ט011208	יענו אתו כן ירבה וכן יפרץ	ויקצו	מפני בני ישראל / ויעבדו מצרים את-	3121	1	3		*	4
	-	קצה	*-*						
ט262807	והבריח התיכן בתוך הקרשים מברח מן-	הקצה	אל- הקצה / ואת- הקרשים תצפה זהב	1111	1	1		2	3
ט262809	בתוך הקרשים מברח מן- הקצה אל-	הקצה	/ ואת- הקרשים תצפה זהב ואת- טבעתיהם	1111	1	1		2	3
ט363309	הבריח התיכן לברח בתוך הקרשים מן-	הקצה	אל- הקצה / ואת- הקרשים צפה זהב	1111	1	1		2	3
ט363311	לברח בתוך הקרשים מן- הקצה אל-	הקצה	/ ואת- הקרשים צפה זהב ואת- טבעתם	1111	1	1		2	3
ט132005	מזה אתכם / ויסעו מסכת ויחנו באתם	בקצה	המדבר / ויהוה הלך לפניהם יומם בעמוד	1112	1	1		4	3
ט163519	את- המן אכלו עד- באם אל-	קצה	ארץ כנען / והעמר עשרית האפה הוא	1112	1	1			2

/ = סוף פסוק   // = סוף פרק   ג = מין   # = מספר   כ = כינוי ובור   קס = קידומות וסיומות   ו = מספר ההברות

אזכור		מלה		צופן ג # כ קס ה
ט260509	תעשה ביריעה האחת וחמשים ללאת תעשה	בקצה	היריעה אשר במחברת השנית מקבילת הללאת	3 4 1 1 1112
ט361209	עשה ביריעה האחת וחמשים ללאת עשה	בקצה	היריעה אשר במחברת השנית מקבילת הללאת	3 4 1 1 1112
ט191211	לאזר השמרו לכם עלות בהר ונגע	בקצהו	כל- הנגע בהר מות יומת / לא-	4 4 4 1 1 1113
ט251809	כרבים זהב מקשה תעשה אתם משני	קצות	הכפרת / ועשה כרוב אחד מקצה מזה	2 3 1 1116
ט282313	ונתת את- שתי הטבעות על- שני	קצות	החשן / ונתתה את- שתי עבתת הזהב	2 3 1 1116
ט282410	עבתת הזהב על- שתי הטבעת אל-	קצות	החשן / ואת שתי קצות שתי העבתת	2 3 1 1116
ט282609	טבעות זהב ושמת אתם על- שני	קצות	החשן על- שפתו אשר אל- עבר	2 3 1 1116
ט370709	כרבים זהב מקשה עשה אתם משני	קצות	הכפרת / כרוב אחד מקצה מזה וכרוב-	2 3 1 1116
ט370815	מן- הכפרת עשה את- הכרבים משני	קצותיו	/ ויהיו הכרבים פרשי כנפים למעלה סככים	3 4 3 1 1116
ט391614	ויתנו את- שתי הטבעת על- שני	קצות	החשן / ויתנו שתי העבתת הזהב על-	2 3 1 1116
ט391709	העבתת הזהב על- שתי הטבעת על-	קצות	החשן / ואת שתי קצות שתי העבתת	2 3 1 1116
ט391908	שתי טבעת זהב וישימו על- שני	קצות	החשן על- שפתו אשר אל- עבר	2 3 1 1116
ט251917	הכפרת תעשו את- הכרבים על- שני	קצותיו	/ והיו הכרבים פרשי כנפים למעלה סככים	3 4 3 1 1117
ט280708	כתפת חברת יהיה- לו אל שני	קצותיו	וחבר / וחשב אפדתו אשר עליו כמעשהו	3 4 3 1 1117
ט390407	כתפת עשו- לו חברת על- שני	קצותיו	חבר / וחשב אפדתו אשר עליו ממנו	3 4 3 1 1117
	--*-*-*-*-*-*-*-*-*-*-*-*	קצה	*-*-*-*-*-*-*-*-*-*-*-*-*-*	
ט251904	משני קצות הכפרת / ועשה כרוב אחד	מקצה	מזה וכרוב- אחד מקצה מזה מן-	3 7 1 2 1121
ט251908	כרוב אחד מקצה מזה וכרוב- אחד	מקצה	מזה מן- הכפרת תעשו את- הכרבים	3 7 1 2 1121
ט260408	ללאת תכלת על שפת היריעה האחת	מקצה	בחברת וכן תעשה בשפת היריעה הקיצונה	3 7 1 2 1121
ט361108	ללאת תכלת על שפת היריעה האחת	מקצה	בחברת כן עשה בשפת היריעה הקיצונה	3 7 1 2 1121
ט370803	אתם משני קצות הכפרת / כרוב אחד	מקצה	מזה וכרוב- אחד מקצה מזה מן-	3 7 1 2 1121
ט370807	כרוב אחד מקצה מזה וכרוב- אחד	מקצה	מזה מן- הכפרת עשה את- הכרבים	3 7 1 2 1121
ט380505	עד- חציו / ויצק ארבע טבעת בארבע	הקצות	למכבר הנחשת בתים לבדים / ויעש את-	4 2 3 2 1125
ט282503	הטבעת אל- קצות החשן / ואת שתי	קצות	שתי העבתת תתן על- שתי המשבצות	2 3 2 1126
ט391803	הטבעת על- קצות החשן / ואת שתי	קצות	שתי העבתת נתנו על- שתי המשבצת	2 3 2 1126
ט270415	הרשת ארבע טבעת נחשת על ארבע	קצותיו	/ ונתת אתה תחת כרכב המזבח מלמטה	3 4 3 2 1127
	--*-*-*-*-*-*-*-*-*-*-*-*	קציר	*-*-*-*-*-*-*-*-*-*-*-*-*-*	
ט231602	ממצרים ולא- יראו פני ריקם / וחג	הקציר	בכורי מעשיך אשר תזרע בשדה וחג	3 2 1 1 1111
ט342108	ימים תעבד וביום השביעי תשבת בחריש	ובקציר	תשבת / וחג שבעת תעשה לך בכורי	4 241 1 1 1111
ט342206	תשבת / וחג שבעת תעשה לך בכורי	קציר	חטים וחג האסיף תקופת השנה / שלש	2 1 1 1112
	--*-*-*-*-*-*-*-*-*-*-*-*	קצע	*-*-*-*-*-*-*-*-*-*-*-*-*-*	
ט262304	תעשה ששה קרשים / ושני קרשים תעשה	למקצעת	המשכן בירכתים / ויהיו תאמם מלמטה ויחדו	4 6 3 2 3432
ט362804	עשה ששה קרשים / ושני קרשים עשה	למקצעת	המשכן בירכתים / והיו תואמם מלמטה ויחדו	4 6 3 2 3+32
	--*-*-*-*-*-*-*-*-*-*-*-*	קצף	*-*-*-*-*-*-*-*-*-*-*-*-*-*	
ט162013	ממנו עד- בקר וירם תולעים ויבאש	ויקצף	עלהם משה / וילקטו אתו בבקר בבקר	3 * 1 1 3121
	--*-*-*-*-*-*-*-*-*-*-*-*	קצץ	*-*-*-*-*-*-*-*-*-*-*-*-*-*	
ט390305	ושש משזר / וירקעו את- פחי הזהב	וקצץ	פתילם לעשות בתוך התכלת ובתוך הארגמן	3 1 1 1 3311
	--*-*-*-*-*-*-*-*-*-*-*-*	קצר	*-*-*-*-*-*-*-*-*-*-*-*-*-*	
ט060911	בני ישראל ולא שמעו אל- משה	מקצר	רוח ומעבדה קשה / וידבר יהוה אל-	3 7 1 1 1112
	--*-*-*-*-*-*-*-*-*-*-*-*	קרא	*-*-*-*-*-*-*-*-*-*-*-*-*-*	
ט020707	ותאמר אחתו אל בת- פרעה האלך	וקראתי	לך אשה מינקת מן העברית ותינק	4 1 1 1 3111
ט152313	ממרה כי מרים הם על- כן	קרא-	שמה מרה / וילנו העם על- משה	2 1 1 3111
ט310202	וידבר יהוה אל- משה לאמר / ראה	קראתי	בשם בצלאל בן- אורי בן- חור	3 1 1 3111
ט330712	לו מחוץ למחנה הרחק מן- המחנה	וקרא	לו אהל מועד והיה כל- מבקש	3 1 1 1 3111
ט331908	אני אעביר כל- טובי על- פניך	וקראתי	בשם יהוה לפניך וחנתי את- אשר	4 1 1 1 3111
ט341511	הארץ וזנו אחרי אלהיהם וזבחו לאלהיהם	וקרא	לך ואכלת מזבחו / ולקחת מבנתיו לבניך	3 1 1 1 3111
ט353007	ויאמר משה אל- בני ישראל ראו	קרא	יהוה בשם בצלאל בן- אורי בן-	2 1 1 3111

/ = סוף פסוק // = סוף פרק ג = מין # = מספר כ = ניווי ובור קס = קידומות וסיומות ו = בסגר ההברות

אזכור		מלה		צורן	ג	#	כ	קס	ה
ט011801	אליהן מלך מצרים ותחיין את- הילדים /	ויקרא	מלך- מצרים למילדת ויאמר להן מדוע	3121	1	1		*	3
ט022203	את- צפרה בתו למשה / ותלד בן	ויקרא	את- שמו גרשם כי אמר גר	3121	1	1		*	3
ט030406	הסנה / וירא יהוה כי סר לראות	ויקרא	אליו אלהים מתוך הסנה ויאמר משה	3121	1	1		*	3
ט071101	לפני פרעה ולפני עבדיו ויהי לתנין /	ויקרא	גם- פרעה לחכמים ולמכשפים ויעשו גם-	3121	1	1		*	3
ט080401	ויעלו את- הצפרדעים על- ארץ מצרים /	ויקרא	פרעה למשה ולאהרן ויאמר העתירו אל-	3121	1	1		*	3
ט082101	ארץ מצרים תשחת הארץ מפני הערב /	ויקרא	פרעה אל- משה ולאהרן ויאמר לכו	3121	1	1		*	3
ט092703	ישראל לא היה ברד / וישלח פרעה	ויקרא	למשה ולאהרן ויאמר אלהם חטאתי הפעם	3121	1	1		*	3
ט102401	ולכל בני ישראל היה אור במושבתם /	ויקרא	פרעה אל- משה ויאמר לכו עבדו	3121	1	1		*	3
ט122101	לא תאכלו בכל מושבתיכם תאכלו מצות /	ויקרא	משה לכל- זקני ישראל ויאמר אלהם	3121	1	1		*	3
ט123101	אין בית אשר אין- שם מת /	ויקרא	למשה ולאהרן לילה ויאמר קומו צאו	3121	1	1		*	3
ט163101	ביום השביעי / וישבתו העם ביום השבעי /	ויקראו	בית- ישראל את- שמו מן והוא	3121	1	3		*	4
ט170701	ויעש כן משה לעיני זקני ישראל /	ויקרא	שם המקום מסה ומריבה על- ריב בני	3121	1	1		*	3
ט171504	עמלק מתחת השמים / ויבן משה מזבח	ויקרא	שמו יהוה נסי / ויאמר כי יד	3121	1	1		*	3
ט190305	נגד ההר / ומשה עלה אל- האלהים	ויקרא	אליו יהוה מן- ההר לאמר כה	3121	1	1		*	3
ט190703	תדבר אל- בני ישראל / ויבא משה	ויקרא	לזקני העם וישם לפניהם את כל-	3121	1	1		*	3
ט192009	על- הר סיני אל- ראש ההר	ויקרא	יהוה למשה אל- ראש ההר ויעל	3121	1	1		*	3
ט240705	זרק על- / המזבח ויקח ספר הברית	ויקרא	באזני העם ויאמרו כל אשר- דבר	3121	1	1		*	3
ט241611	הר סיני ויכסהו הענן ששת ימים	ויקרא	אל- משה ביום השביעי מתוך הענן	3121	1	1		*	3
ט320506	מצרים / וירא אהרן ויבן מזבח לפניו	ויקרא	אהרן ויאמר חג ליהוה מחר / וישכימו	3121	1	1		*	3
ט340507	וירד יהוה בענן ויתיצב עמו שם	ויקרא	בשם יהוה / ויעבר יהוה על- פניו	3121	1	1		*	3
ט340605	בשם יהוה / ויעבר יהוה על- פניו	ויקרא	יהוה יהוה אל רחום וחנון ארך	3121	1	1		*	3
ט343101	קרן עור פניו וייראו מגשת אליו /	ויקרא	אלהם משה וישבו אליו אהרן וכל-	3121	1	1		*	3
ט360201	עבדת הקדש לכל אשר- צוה יהוה /	ויקרא	משה אל- בצלאל ואל- אהליאב ואל	3121	1	1		*	3
ט020808	לה בת- פרעה לכי ותלך העלמה	ותקרא	את- אם הילד / ותאמר לה בת-	3122	2	1		*	3
ט021009	ותבאהו לבת- פרעה ויהי- לה לבן	ותקרא	שמו משה ותאמר כי מן- המים	3122	2	1		*	3
ט022010	ואיו למה זה עזבתן את- האיש	קראן	לו ויאכל לחם / ויואל משה לשבת	314	2	3			4
ט101603	השדה בכל- ארץ מצרים / וימהר פרעה	לקרא	למשה ולאהרן ויאמר חטאתי ליהוה אלהיכם	3154				6	3
	--*-*-*-*-*-*-*-*-*-*-*-*-*-*-*-*-*	קרב	*-*-*-*-*-*-*-*-*-*-*-*-*-*-*-*-*-*-*						
ט291307	ולקחת את- כל- החלב המכסה את-	הקרב	ואת היתרת על- הכבד ואת שתי	1111	1	1		2	3
ט292210	החלב והאליה ואת- החלב המכסה את-	הקרב	ואת יתרת הכבד ואת שתי הכלית	1111	1	1		2	3
ט081820	ערב למען תדע כי אני יהוה	בקרב	הארץ / ושמתי פדת בין עמי ובין	1112	1	1		4	3
ט311419	העשה בה מלאכה ונכרתה הנפש ההוא	מקרב	עמיה / ששת ימים יעשה מלאכה וביום	1112	1	1		7	3
ט032011	את- מצרים בכל נפלאתי אשר אעשה	בקרבו	ואחרי- כן ישלח אתכם / ונתתי את-	1113	1	1	4	4	3
ט100120	לב עבדיו למען שתי אתתי אלה	בקרבו	/ ולמען תספר באזני בנך ובן- בנך	1113	1	1	4	4	3
ט120916	צלי- אש ראשו על- כרעיו ועל-	קרבו	/ ולא- תותירו ממנו עד- בקר והנתר	1113	1	1	4		2
ט170716	נסתם את- יהוה לאמר היש יהוה	בקרבנו	אם- אין / ויבא עמלק וילחם עם-	1113	1	1	6	4	4
ט232114	כי לא ישא לפשעכם כי שמי	בקרבו	/ כי אם- שמוע תשמע בקלו ועשית	1113	1	1	4	4	3
ט232512	את- לחמך ואת- מימיך והסרתי מחלה	מקרבך	/ לא תהיה משכלה ועקרה בארצך את-	1113	1	1	2	7	4
ט291706	סביב / ואת- האיל תנתח לנתחיו ורחצת	קרבו	וכרעיו ונתת על- נתחיו ועל- ראשו	1113	1	1	4		2
ט330309	זבת חלב ודבש כי לא אעלה	בקרבך	כי עם- קשה- ערף אתה פן-	1113	1	1	2	4	4
ט330516	עם- קשה- ערף רגע אחד אעלה	בקרבך	וכליתיך ועתה הורד עדיך מעליך ואדעה	1113	1	1	2	4	4
ט340911	חן בעיניך אדני ילך- נא אדני	בקרבנו	כי עם- קשה- ערף הוא וסלחת	1113	1	1	6	4	4
ט341023	הגוים וראה כל- העם אשר- אתה	בקרבו	את- מעשה יהוה כי- נורא הוא	1113	1	1	4	4	3
ט341215	אתה בא עליה פן- יהיה למוקש	בקרבך	/ כי את- מזבחתם תתצון ואת- מצבתם	1113	1	1	2	4	4
	--*-*-*-*-*-*-*-*-*-*-*-*-*-*-*-*-*	קרב	*-*-*-*-*-*-*-*-*-*-*-*-*-*-*-*-*-*-*						
ט142015	הענן והחשך ויאר את- הלילה ולא-	קרב	זה אל- זה כל- הלילה / ויט	3111	1	1			2
ט321903	קול ענות אנכי שמע / ויהי כאשר	קרב	אל- המחנה וירא את- העגל ומחלת	3111	1	1			2
ט030503	משה משה ויאמר הנני / ויאמר אל-	תקרב	הלם של- נעליך מעל רגליך כי	3121	1	1			2
ט124813	ליהוה המול לו כל- זכר ואז	יקרב	לעשתו והיה כאזרח הארץ וכל- ערל	3121	1	1			2
ט160911	אמר אל- כל- עדת בני ישראל	קרבו	לפני יהוה כי שמע את תלנתיכם	314	1	3			3
ט403205	ואת- רגליהם / בבאם אל- אהל מועד	ובקרבתם	אל- המזבח ירחצו כאשר צוה יהוה	3153			9	41	6
ט360221	חכמה בלבו כל אשר נשאו לבו	לקרבה	אל- המלאכה לעשת אתה / ויקחו מלפני	3154				96	4

אזכור		מלה		ה קס כ # ג צונן
	--*-*-*-*-*-*-* קרה		*-*-*-*-*-*-*-*-*	
ט011008	נתחכמה לו פן ירבה והיה כי-	תקראנה	נלחמה ונוסף גם- הוא על- שנאינו	3 3 2 3122
	--*-*-*-*-*-*-* קרוב		*-*-*-*-*-*-*-*-*	
ט120409	הבית מהיות משה ולקח הוא ושכנו	הקרב	אל- ביתו במכסת נפשת איש לפי	3 2 1 1 1111
ט131713	נחם אלהים דרך ארץ פלשתים כי	קרוב	הוא כי אמר אלהים פן- ינחם	2 1 1 1111
ט322727	אחיו ואיש את- רעהו ואיש את-	קרבו	/ ויעשו בני- לוי כדבר משה ויפל	3 4 1 1 1113
	--*-*-*-*-*-*-* קרח		*-*-*-*-*-*-*-*-*	
ט062103	שבע ושלשים ומאת שנה / ובני יצהר	קרח	ונפג וזכרי / ובני עזיאל מישאל ואלצפן	2 1 122
ט062402	אביהוא את- אלעזר ואת- איתמר / ובני	קרח	אסיר ואלקנה אביאסף אלה משפחת הקרחי	2 1 122
	--*-*-*-*-*-*-* קרחי		*-*-*-*-*-*-*-*-*	
ט062408	קרח אסיר ואלקנה אביאסף אלה משפחת	הקרחי	ואלעזר בן- אהרן לקח- לו מבנות	3 2 1 1 124
	--*-*-*-*-*-*-* קרן		*-*-*-*-*-*-*-*-*	
ט291206	מועד / ולקחת מדם הפר ונתתה על-	קרנת	המזבח באצבעך ואת- כל- הדם תשפך	3 3 2 1126
ט270202	יהיה המזבח ושלש אמות קמתו / ועשית	קרנתיו	על ארבע פנתיו ממנו תהיין קרנתיו	4 4 3 2 1127
ט270208	קרנתיו על ארבע פנתיו ממנו תהיין	קרנתיו	וצפית אתו נחשת / ועשית סירתיו לדשנו	4 4 3 2 1127
ט300210	רחבו רבוע יהיה ואמתים קמתו ממנו	קרנתיו	/ וצפית אתו זהב טהור את- גגו	4 4 3 2 1127
ט300311	את- גגו ואת- קירתיו סביב ואת-	קרנתיו	ועשית לו זר זהב סביב / ושתי	4 4 3 2 1127
ט301004	לא תסכו עליו / וכפר אהרן על-	קרנתיו	אחת בשנה מדם חטאת הכפרים אחת	4 4 3 2 1127
ט372516	רחבו רבוע ואמתים קמתו ממנו היו	קרנתיו	/ ויצף אתו זהב טהור את- גגו	4 4 3 2 1127
ט372611	את- גגו ואת- קירתיו סביב ואת-	קרנתיו	ויעש לו זר זהב סביב / ושתי	4 4 3 2 1127
ט380202	רחבו רבוע ושלש אמות קמתו / ויעש	קרנתיו	על ארבע פנתיו ממנו היו קרנתיו	4 4 3 2 1127
ט380208	קרנתיו על ארבע פנתיו ממנו היו	קרנתיו	ויצף אתו נחשת / ויעש את- כל-	4 4 3 2 1127
	--*-*-*-*-*-*-* קרן		*-*-*-*-*-*-*-*-*	
ט342918	מן- ההר ומשה לא- ידע כי	קרן	עור פניו בדברו אתו / וירא אהרן	2 1 1 3111
ט343009	וכל- בני ישראל את- משה והנה	קרן	עור פניו וייראו מגשת אליו / ויקרא	2 1 1 3111
ט343508	בני- ישראל את- פני משה כי	קרן	עור פני משה והשיב משה את-	2 1 1 3111
	--*-*-*-*-*-*-* קרס		*-*-*-*-*-*-*-*-*	
ט260611	וחברת את- היריעת אשה אל- אחתה	בקרסים	והיה המשכן אחד / ועשית יריעת עזים	4 24 3 1 1115
ט261107	ועשית קרסי נחשת חמשים והבאת את-	הקרסים	בללאת וחברת את- האהל והיה אחד	4 2 3 1 1115
ט263305	אדני- כסף / ונתתה את- הפרכת תחת	הקרסים	והבאת שמה מבית לפרכת את ארון	4 2 3 1 1115
ט361311	ויחבר את- היריעת אחת אל- אחת	בקרסים	ויהי המשכן אחד / ויעש יריעת עזים	4 24 3 1 1115
ט260603	הללאת אשה אל- אחתה / ועשית חמשים	קרסי	זהב וחברת את- היריעת אשה אל-	3 3 1 1116
ט261102	על שפת היריעה החברת השנית / ועשית	קרסי	נחשת חמשים והבאת את- הקרסים בללאת	3 3 1 1116
ט361303	הללאת אחת אל- אחת / ויעש חמשים	קרסי	זהב ויחבר את- היריעת אחת אל-	3 3 1 1116
ט361802	על- שפת היריעה החברת השנית / ויעש	קרסי	נחשת חמשים לחבר את- האהל להית	3 3 1 1116
ט351108	המשכן את- אהלו ואת- מכסהו את-	קרסיו	ואת- קרשיו את- בריחו את- עמדיו	3 4 3 1 1117
ט393311	משה את- האהל ואת- כל- כליו	קרסיו	קרשיו בריחו ועמדיו ואדניו / ואת- מכסה	3 4 3 1 1117
	--*-*-*-*-*-*-* קרש		*-*-*-*-*-*-*-*-*	
ט261604	עצי שטים עמדים / עשר אמות ארך	הקרש	ואמה וחצי האמה רחב הקרש האחד	3 2 1 1 1111
ט261609	ארך הקרש ואמה וחצי האמה רחב	הקרש	האחד / שתי ידות לקרש האחד משלבת	3 2 1 1 1111
ט261703	האמה רחב הקרש האחד / שתי ידות	לקרש	האחד משלבת אשה אל- אחתה כן	3 26 1 1 1111
ט261806	המשכן / ועשית את- הקרשים למשכן עשרים	קרש	לפאת נגבה תימנה / וארבעים אדני- כסף	2 1 1 1111
ט261907	וארבעים אדני- כסף תעשה תחת עשרים	הקרש	שני אדנים תחת- הקרש האחד לשתי	3 2 1 1 1111
ט261911	תחת עשרים הקרש שני אדנים תחת-	הקרש	האחד לשתי ידתיו ושני אדנים תחת-	3 2 1 1 1111
ט261918	האחד לשתי ידתיו ושני אדנים תחת-	הקרש	האחד לשתי ידתיו / ולצלע המשכן השנית	3 2 1 1 1111
ט262007	ולצלע המשכן השנית לפאת צפון עשרים	קרש	/ וארבעים אדניהם כסף שני אדנים תחת	2 1 1 1111
ט262107	וארבעים אדניהם כסף שני אדנים תחת	הקרש	האחד ושני אדנים תחת הקרש האחד	3 2 1 1 1111

/ = סוף פסוק   // = סוף פרק   ג = מין   # = מספר   כ = כינוי וגוף   קס = קידומות וסיומות   ה = מספר ההברות

אזכור		מלה		צופן	ג	#	כ	קס	ה
ט262112	תחת הקרש האחד ושני אדנים תחת	הקרש	האחד / ולירכתי המשכן ימה תעשה ששה	1111	1	1		2	3
ט262511	כסף ששה עשר אדנים שני אדנים תחת	הקרש	האחד ושני אדנים תחת הקרש האחד	1111	1	1		2	3
ט262516	זחת הקרש האחד ושני אדנים תחת	הקרש	האחד / ועשית בריחם עצי שטים חמשה	1111	1	1		2	3
ט362104	עצי שטים עמדים / עשר אמת ארך	הקרש	ואמה וחצי האמה רחב הקרש האחד	1111	1	1		2	3
ט362109	ארך הקרש ואמה וחצי האמה רחב	הקרש	האחד / שתי ידת לקרש האחד משלבת	1111	1	1		2	3
ט362203	האמה רחב הקרש האחד / שתי ידת	לקרש	האחד משלבת אחת אל- אחת כן	1111	1	1		26	3
ט362411	תחת עשרים הקרשים שני אדנים תחת-	הקרש	האחד לשתי ידתיו ושני אדנים תחת-	1111	1	1		2	3
ט362418	האחד לשתי ידתיו ושני אדנים תחת-	הקרש	האחד לשתי ידתיו / ולצלע המשכן השנית	1111	1	1		2	3
ט362607	וארבעים אדניהם כסף שני אדנים תחת	הקרש	האחד ושני אדנים תחת הקרש האחד	1111	1	1		2	3
ט362612	תחת הקרש האחד ושני אדנים תחת	הקרש	האחד / ולירכתי המשכן ימה עשה ששה	1111	1	1		2	3
ט363013	אדנים שני אדנים שני אדנים תחת	הקרש	האחד / ויעש בריחי עצי שטים חמשה	1111	1	1		2	3
ט261503	ומכסה ערת תחשים מלמעלה / ועשית את-	הקרשים	למשכן עצי שטים עמדים / עשר אמות	1115	1	3		2	4
ט261803	תעשה לכל קרשי המשכן / ועשית את-	הקרשים	למשכן עשרים קרש לפאת נגבה תימנה	1115	1	3		2	4
ט262206	האחד / ולירכתי המשכן ימה תעשה ששה	קרשים	/ ושני קרשים תעשה למקצעת המשכן בירכתים	1115	1	3			3
ט262302	המשכן ימה תעשה ששה קרשים / ושני	קרשים	תעשה למקצעת המשכן בירכתים / ויהיו תאמם	1115	1	3			3
ט262503	לשניהם לשני המקצעת יהיו / והיו שמנה	קרשים	ואדניהם כסף ששה עשר אדנים שני אדנים	1115	1	3			3
ט262804	המשכן לירכתים ימה / והבריח התיכן בתוך	הקרשים	מברח מן- הקצה אל- הקצה / ואת-	1115	1	3		2	4
ט262902	מברח מן- הקצה אל- הקצה / ואת-	הקרשים	תצפה זהב ואת- טבעתיהם תעשה זהב	1115	1	3		2	4
ט362003	ומכסה ערת תחשים מלמעלה / ויעש את-	הקרשים	למשכן עצי שטים עמדים / עשר אמת	1115	1	3		2	4
ט362303	עשה לכל קרשי המשכן / ויעש את-	הקרשים	למשכן עשרים קרשים לפאת נגב תימנה	1115	1	3		2	4
ט362306	המשכן / ויעש את- הקרשים למשכן עשרים	קרשים	לפאת נגב תימנה / וארבעים אדני- כסף	1115	1	3			3
ט362407	וארבעים אדני- כסף עשה תחת עשרים	הקרשים	שני אדנים תחת- הקרש האחד לשתי	1115	1	3		2	4
ט362508	המשכן השנית לפאת צפון עשה עשרים	קרשים	/ וארבעים אדניהם כסף שני אדנים תחת	1115	1	3			3
ט362706	האחד / ולירכתי המשכן ימה עשה ששה	קרשים	/ ושני קרשים עשה למקצעת המשכן בירכתים	1115	1	3			3
ט362802	המשכן ימה עשה ששה קרשים / ושני	קרשים	עשה למקצעת המשכן בירכתים / והיו תואמם	1115	1	3			3
ט363003	עשה לשניהם לשני המקצעת / והיו שמנה	קרשים	ואדניהם כסף ששה עשר אדנים שני אדנים	1115	1	3			3
ט363307	ויעש את- הבריח התיכן לברח בתוך	הקרשים	מן- הקצה אל- הקצה / ואת- הקרשים	1115	1	3		2	4
ט363402	הקרשים מן- הקצה אל- הקצה / ואת-	הקרשים	צפה זהב ואת- טבעתם עשה זהב	1115	1	3		2	4
ט261712	אשה אל- אחתה כן תעשה לכל	קרשי	המשכן / ועשית את- הקרשים למשכן עשרים	1116	1	3			3
ט262606	האחד / ועשית בריחם עצי שטים חמשה	לקרשי	צלע- המשכן האחד / וחמשה בריחם לקרשי	1116	1	3		6	4
ט262703	לקרשי צלע- המשכן האחד / וחמשה בריחם	לקרשי	צלע- המשכן השנית וחמשה בריחם לקרשי	1116	1	3		6	4
ט262709	לקרשי צלע- המשכן השנית וחמשה בריחם	לקרשי	צלע המשכן לירכתים ימה / והבריח התיכן	1116	1	3		6	4
ט362212	אחת אל- אחת כן עשה לכל	קרשי	המשכן / ויעש את- הקרשים למשכן עשרים	1116	1	3			3
ט363106	האחד / ויעש בריחי עצי שטים חמשה	לקרשי	צלע- המשכן האחת / וחמשה בריחם לקרשי	1116	1	3		6	4
ט363203	לקרשי צלע- המשכן האחת / וחמשה בריחם	לקרשי	צלע- המשכן השנית וחמשה בריחם לקרשי	1116	1	3		6	4
ט363209	לקרשי צלע- המשכן השנית וחמשה בריחם	לקרשי	המשכן לירכתים ימה / ויעש את- הבריח	1116	1	3		6	4
ט351110	אהלו ואת- מכסהו את- קרסיו ואת-	קרשיו	את- בריחו את- עמדיו ואת- אדניו	1117	1	3	4		3
ט393312	את- האהל ואת- כל- כליו קרסיו	קרשיו	בריחו ועמדיו ואדניו / ואת- מכסה עות	1117	1	3	4		3
ט401810	המשכן ויתן את- אדניו וישם את-	קרשיו	ויתן את- בריחיו ויקם את- עמודיו	1117	1	3	4		3
	-	קש	*-*						
ט051207	ויפץ העם בכל- ארץ מצרים לקשש	קש	לתבן / והנגשים אצים לאמר כלו מעשיכם	1111	1	1			1
ט150708	גאונך תהרס קמיך תשלח חרנך יאכלמו	כקש	/ וברוח אפיך נערמו- מים נצבו כמו-	1111	1	1		25	2
	-	קשה	*-*						
ט182608	את- העם בכל- עת את- הדבר	הקשה	יביאון אל- משה וכל- הדבר הקטן	1111	1	1		2	3
ט320911	ראיתי את- העם הזה והנה עם-	קשה-	ערף הוא / ועתה הניחה לי ויחר-	1112	1	1			2
ט330312	כי לא אעלה בקרבך כי עם-	קשה-	ערף אתה פן אכלך בדרך / וישמע	1112	1	1			2
ט330511	אמר אל- בני- ישראל אתם עם-	קשה-	ערף רגע אחד אעלה בקרבך וכליתיך	1112	1	1			2
ט340914	ילך- נא אדני בקרבנו כי עם-	קשה-	ערף הוא וסלחת לעוננו ולחטאתנו ונחלתנו	1112	1	1			2
ט011405	ישראל בפרך / וימררו את- חייהם בעבדה	קשה	בחמר ובלבנים ובכל- עבדה בשדה את	1121	2	1			2
ט060914	שמעו אל- משה מקצר רוח ומעבדה	קשה	/ וידבר יהוה אל- משה לאמר / בא	1121	2	1			2

אזכור		מלה		צונן	ג	#	כ	קס	ה
	--*-*-*-*-*-*-*-*-*-*-*-*-*-*-*-*	קשה	*-*-*-*-*-*-*-*-*-*-*-*-*-*-*-*-*-*						
ט371614	קערתיו ואת- כפתיו ואת מנקיתיו ואת-	הקשות	אשר יסך נהן זהב טהור / ויעש	1125	2	3		2	4
ט252904	בם את- השלחן / ועשית קערתיו וכפתיו	וקשותיו	ומנקיתיו אשר יסך בהן זהב טהור	1127	2	3	4	1	4
	--*-*-*-*-*-*-*-*-*-*-*-*-*-*-*-*	ראה	*-*-*-*-*-*-*-*-*-*-*-*-*-*-*-*-*-*						
ט030704	מהביט אל- האלהים / ויאמר יהוה ראה	ראיתי	את- עני עמי אשר במצרים ואת-	3111	1	1			3
ט030909	צעקת בני- ישראל באה אלי וגם-	ראיתי	את- הלחץ אשר מצרים לחצים אתם	3111	1	1			3
ט041420	הוא וגם הנה- הוא יצא לקראתך	וראך	ושמח בלבו / ודברת אליו ושמת את-	3111	1	1	2	1	4
ט043111	פקד יהוה את- בני ישראל וכי	ראה	את- ענים ויקדו וישתחוו // ואחר באו	3111	1	1			2
ט100611	עבדיך ובתי כל- מצרים אשר לא-	ראו	אבתיך ואבות אבתיך מיום היותם על-	3111	1	3			2
ט102302	בכל- ארץ מצרים שלשת ימים / לא-	ראו	איש את- אחיו ולא- קמו איש	3111	1	3			2
ט121310	לאת על הבתים אשר אתם שם	וראיתי	את- הדם ופסחתי עלכם ולא- יהיה	3111	1	1		1	4
ט122306	בקר / ועבר יהוה לנגף את- מצרים	וראה	את- הדם על- המשקוף ועל שתי	3111	1	1		1	3
ט141318	אשר- יעשה לכם היום כי אשר	ראיתם	את מצרים היום לא תספו לראתם	3111	1	3			3
ט160702	יהוה הוציא אתכם מארץ מצרים / ובקר	וראיתם	את- כבוד יהוה בשמעו את- תלנתיכם	3111	1	3		1	4
ט190402	לבית יעקב ותגיד לבני ישראל / אתם	ראיתם	אשר עשיתי למצרים ואשא אתכם על-	3111	1	3			3
ט202211	כה תאמר אל- בני ישראל אתם	ראיתם	כי מן- השמים דברתי עמכם / לא	3111	1	3			3
ט320905	מארץ מצרים / ויאמר יהוה אל- משה	ראיתי	את- העם הזה והנה עם- קשה-	3111	1	1			3
ט331001	ועמד פתח האהל ודבר עם- משה /	וראה	כל- העם את- עמוד הענן עמד	3111	1	1		1	3
ט332304	עליך עד- עברי / והסרתי את- כפי	וראית	את- אחרי ופני לא יראו // ויאמר	3111	1	1		1	4
ט341018	לא- נבראו בכל- הארץ ובכל- הגוים	וראה	כל- העם אשר- אתה בקרבו את-	3111	1	1		1	3
ט343501	אל- בני ישראל את אשר יצוה /	וראו	בני- ישראל את- פני משה כי	3111	1	3		1	3
ט011605	השנית פועה / ויאמר בילדכן את- העבריות	וראיתן	על- האבנים אם- בן הוא והמתן	3112	2	3		1	4
ט021109	ההם ויגדל משה ויצא אל אחיו	וירא	בסבלתם וירא איש מצרי מכה איש-	3121	1	1		*	2
ט021111	משה ויצא אל אחיו וירא בסבלתם	וירא	איש מצרי מכה איש- עברי מאחיו	3121	1	1		*	2
ט021204	איש- עברי מאחיו / ויפן כה וכה	וירא	כי- אין איש ויך את- המצרי	3121	1	1		*	2
ט022501	את- אברהם את- יצחק ואת- יעקב /	וירא	אלהים את- בני ישראל וידע אלהים	3121	1	1		*	2
ט030209	יהוה אליו בלבת- אש מתוך הסנה	וירא	והנה הסנה בער באש והסנה איננו	3121	1	1		*	2
ט030305	איננו אכל / ויאמר משה אסרה- נא	ואראה	את- המראה הגדל הזה מדוע לא-	3121	1	1		1	3
ט030401	הגדל הזה מדוע לא- יבער הסנה /	וירא	יהוה כי סר לראות ויקרא אליו	3121	1	1		*	2
ט041816	נא ואשובה אל- אחי אשר- במצרים	ואראה	העודם חיים ויאמר יתרו למשה לך	3121	1	1		1	3
ט051901	לא- ינתן לכם ותכן לבנים תתנו /	ויראו	שטרי בני- ישראל אתם ברע לאמר	3121	1	3		*	3
ט052103	לקראתם בצאתם מאת פרעה / ויאמרו אלהם	ירא	יהוה עליכם וישפט אשר הבאשתם את-	3121	1	1			2
ט060106	עמך // ויאמר יהוה אל- משה עתה	תראה	אשר אעשה לפרעה כי ביד חזקה	3121	1	1			2
ט081101	ויצברו אתם חמרם חמרם ותבאש הארץ /	וירא	פרעה כי היתה הרוחה והכבד את-	3121	1	1		*	2
ט093401	הקלות והברד ומטר לא- נתך ארצה /	וירא	פרעה כי- חדל המטר והברד והקלת	3121	1	1		*	2
ט143009	ביום ההוא את- ישראל מיד מצרים	וירא	ישראל את- מצרים מת על- שפת	3121	1	1		*	2
ט143101	את- מצרים מת על- שפת הים /	וירא	ישראל את- היד הגדלה אשר עשה	3121	1	1		*	2
ט161501	דק מחספס דק ככפר על- הארץ /	ויראו	בני- ישראל ויאמרו איש אל- אחיו	3121	1	3		*	3
ט163214	מלא העמר ממנו למשמרת לדרתיכם למען	יראו	את- הלחם אשר האכלתי אתכם במדבר	3121	1	3			2
ט181401	על- משה מן- הבקר עד- הערב /	וירא	חתן משה את כל- אשר- הוא	3121	1	1		*	2
ט201814	ואת קול השפר ואת- ההר עשן	וירא	העם וינעו ויעמדו מרחק / ויאמרו אל-	3121	1	1		*	2
ט230502	חמרו תעה השב תשיבנו לו / כי-	תראה	חמור שנאך רבץ תחת משאו וחדלת	3121	1	1			2
ט241001	ואהרן נדב ואביהוא ושבעים מזקני ישראל /	ויראו	את אלהי ישראל ותחת רגליו כמעשה	3121	1	3		*	3
ט320101	העדת לחת אבן כתבים באצבע אלהים //	וירא	העם כי- בשש משה לרדת מן-	3121	1	1		*	2
ט320501	אלהיך ישראל אשר העלוך מארץ מצרים /	וירא	אהרן ויבן מזבח לפניו ויקרא אהרן	3121	1	1		*	2
ט321906	שמע / ויהי כאשר קרב אל- המחנה	וירא	את- העגל ומחלת ויחר- אף משה	3121	1	1		*	2
ט322501	לי ואשלכהו באש ויצא העגל הזה /	וירא	משה את- העם כי פרע הוא	3121	1	1		*	2
ט332009	תוכל לראת את- פני כי לא-	יראני	האדם וחי / ויאמר יהוה הנה מקום	3121	1	1	1		3
ט343001	כי קרן עור פניו בדברו אתו /	וירא	אהרן וכל- בני ישראל את- משה	3121	1	1		*	2
ט394301	עשו בני ישראל את כל- העבדה /	וירא	משה את- כל- המלאכה והנה עשו	3121	1	1		*	2
ט020205	בת- לוי / ותהר האשה ותלד בן	ותרא	אתו כי- טוב הוא ותצפנהו שלשה	3122	2	1		*	3
ט020512	היאר ונערתיה הלכת על- יד היאר	ותרא	את- התבה בתוך הסוף ותשלח את-	3122	2	1		*	3
ט020602	הסוף ותשלח את- אמתה ותקחה / ותפתח	ותראהו	את- הילד והנה- נער בכה ותחמל	3122	2	1	4	*	4

אזכור		מלה		צורן	ג	#	כ	קס	ה
ט201803	וחמרו וכל אשר לרעך / וכל- העם	ראים	את- הקולת ואת הלפידם ואת קול	3131	1	3			2
ט220920	ומת או- נשבר או- נשבה אין	ראה	/ שבעת יהוה תהיה בין שניהם אם-	3131	1	1			2
ט042108	יהוה אל- משה בלכתך לשוב מצרימה	ראה	כל- המפתים אשר- שמתי בידך ועשיתם	314	1	1			2
ט070105	אלי פרעה // ויאמר יהוה אל- משה	ראה	נתתיך אלהים לפרעה ואהרן אחיך יהיה	314	1	1			2
ט101012	עמכם כאשר אשלח אתכם ואת טפכם	ראו	כי רעה נגד פניכם / לא כן	314	1	3			2
ט141308	משה אל- העם אל- תיראו התיצבו	וראו	את- ישועת יהוה אשר- יעשה לכם	314	1	3		1	3
ט162901	עד- אנה מאנתם לשמר מצותי ותורתי /	ראו	כי- יהוה נתן לכם השבת על-	314	1	3			2
ט254001	יעשה אתה את כל- הכלים האלה /	וראה	ועשה בתבניתם אשר- אתה מראה בהר	314	1	1		1	3
ט310201	מעמיו // וידבר יהוה אל- משה לאמר /	ראה	קראתי בשם בצלאל בן- אורי בן-	314	1	1			2
ט331205	מתוך האהל / ויאמר משה אל- יהוה	ראה	אתה אמר אלי העל את- העם	314	1	1			2
ט331316	דרכך ואדעך למען אמצא- חן בעיניך	וראה	כי עמך הגוי הזה / ויאמר פני	314	1	1		1	3
ט353006	ליהוה / ויאמר משה אל- בני ישראל	ראו	קרא יהוה בשם בצלאל בן- אורי	314	1	3			2
ט030703	ירא מהביט אל- האלהים / ויאמר יהוה	ראה	ראיתי את- עני עמי אשר במצרים	3151					2
ט102810	לך מעלי השמר לך אל תסף	ראות	פני כי ביום ראתך פני תמות	3152					2
ט102908	משה כן דברת לא- אסף עוד	ראות	פניך // ויאמר יהוה אל- משה עוד	3152					2
ט102814	אל תסף ראות פני כי ביום	ראתך	פני תמות / ויאמר משה כן דברת	3153			2		4
ט131721	כי אמר אלהים פן- ינחם העם	בראתם	מלחמה ושבו מצרימה / ויסב אלהים את-	3153			9	4	4
ט141324	ראיתם את מצרים היום לא תספו	לראתם	עוד עד- עולם / יהוה ילחם לכם	3153			9	6	4
ט030405	יבער הסנה / וירא יהוה כי סר	לראות	ויקרא אליו אלהים מתוך הסנה ויאמר	3154				6	3
ט100507	וכסה את- עין הארץ ולא יוכל	לראת	את- הארץ ואכל את- יתר הפלטה	3154				6	3
ט192112	העד בעם פן- יהרסו אל- יהוה	לראות	ונפל ממנו רב / וגם הכהנים הנגשים	3154				6	3
ט332004	את- אשר ארחם / ויאמר לא תוכל	לראת	את- פני כי לא- יראני האדם	3154				6	3
	-	ראובן	*-*						
ט010201	מצרימה את יעקב איש וביתו באו /	ראובן	שמעון לוי ויהודה / יששכר זבולן ובנימן	122	1				3
ט061406	מצרים / אלה ראשי בית- אבתם בני	ראובן	בכר ישראל חנוך ופלוא חצרן וכרמי	122	1				3
ט061415	חנוך ופלוא חצרן וכרמי אלה משפחת	ראובן	/ ובני שמעון ימואל וימין ואהד ויכין	122	1				3
	-	ראש	*-*						
ט120204	הארץ מצרים לאמר / החדש הזה לכם	ראש	חדשים ראשון הוא לכם לחדשי השנה	1112	1	1			1
ט170915	הלחם בעמלק מחר אנכי נצב על-	ראש	הגבעה ומטה האלהים בידי / ויעש יהושע	1112	1	1			1
ט171013	להלחם בעמלק ומשה אהרן וחור עלו	ראש	הגבעה / והיה כאשר ירים משה ידו	1112	1	1			1
ט192007	וירד יהוה על- הר סיני אל-	ראש	ההר ויקרא יהוה למשה אל- ראש	1112	1	1			1
ט192013	ראש ההר ויקרא יהוה למשה אל-	ראש	ההר ויעל משה / ויאמר יהוה אל-	1112	1	1			1
ט241706	הענן / ומראה כבוד יהוה כאש אכלת	בראש	ההר לעיני בני ישראל / ויבא משה	1112	1	1		4	2
ט291013	וסמך אהרן ובניו את- ידיהם על-	ראש	הפר / ושחטת את- הפר לפני יהוה	1112	1	1			1
ט291511	וסמכו אהרן ובניו את- ידיהם על-	ראש	האיל / ושחטת את- האיל ולקחת את-	1112	1	1			1
ט291911	וסמך אהרן ובניו את- ידיהם על-	ראש	האיל / ושחטת את- האיל ולקחת מדמו	1112	1	1			1
ט301204	אל- משה לאמר / כי תשא את-	ראש	בני- ישראל לפקדיהם ונתנו איש כפר	1112	1	1			1
ט302305	משה לאמר / ואתה קח- לך בשמים	ראש	מר- דרור חמש מאות וקנמן- בשם	1112	1	1			1
ט340213	הר סיני ונצבת לי שם על-	ראש	ההר / ואיש לא- יעלה עמך וגם-	1112	1	1			1
ט120912	מבשל במים כי אם- צלי- אש	ראשו	על- כרעיו ועל- קרבו / ולא- תותירו	1113	1	1	4		2
ט262408	תאמם מלמטה ויחדו יהיו תמים על-	ראשו	אל- הטבעת האחת כן יהיה לשניהם	1113	1	1	4		2
ט283203	מעיל האפוד כליל תכלת / והיה פי-	ראשו	בתוכו שפה יהיה לפיו סביב מעשה	1113	1	1	4		2
ט290604	לו בחשב האפד / ושמת המצנפת על-	ראשו	ונתת את- נזר הקדש על- המצנפת	1113	1	1	4		2
ט290707	ולקחת את- שמן המשחה ויצקת על-	ראשו	ומשחת אתו / ואת- בניו תקריב והלבשתם	1113	1	1	4		2
ט291712	קרבו וכרעיו ונתת על- נתחיו ועל-	ראשו	/ והקטרת את- כל- האיל המזבחה עלה	1113	1	1	4		2
ט362908	תואמם מלמטה ויחדו יהיו תמים אל-	ראשו	אל- הטבעת האחת כן עשה לשניהם	1113	1	1	4		2
ט182509	אנשי- חיל מכל- ישראל ויתן אתם	ראשים	על- העם שרי אלפים שרי מאות	1115	1	3			2
ט061402	את- בני- ישראל מארץ מצרים / אלה	ראשי	בית- אבתם בני ראובן בכר ישראל	1116	1	3			2
ט062423	לאשה ותלד לו את- פינחס אלה	ראשי	אבות הלוים למשפחתם / הוא אהרן ומשה	1116	1	3			2
ט363807	ואת- עמודיו חמשה ואת- וויהם וצפה	ראשיהם	וחשקיהם זהב ואדניהם חמשה נחשת // ויעש	1117	1	3	9		3
ט381709	נחשת ווי העמודים וחשוקיהם כסף וצפוי	ראשיהם	כסף והם מחשקים כסף כל עמדי	1117	1	3	9		3
ט381909	ואדניהם ארבעה נחשת וויהם כסף וצפוי	ראשיהם	וחשקיהם כסף / וכל- היתדת למשכן ולחצר	1117	1	3	9		3

/ = סוף פסוק   // = סוף פרק   ג = מין   # = מספר   כ = כינוי חבור   קס = קידומות וסיומות   ה = מספר ההברות

אזכור		מלה		ה קס כ # ג צופן
ט382811	וחמשה ושבעים עשה וויים לעמודים וצפה	ראשיהם	ושק אתם / ונחשת התנופה שבעים ככר	3 9 3 1 1117
		ראשון		
ט040810	יאמינו לך ולא ישמעו לקל האת	הראשון	והאמינו לקל האת האחרון / והיה אם-	3 2 1 1 72
ט120206	לאמר / החדש הזה לכם ראש חדשים	ראשון	הוא לכם לחדשי השנה / דברו אל-	2 1 1 72
ט121507	שבעת ימים מצות תאכלו אך ביום	הראשון	תשביתו שאר מבתיכם כי כל- אכל	3 2 1 1 72
ט121520	חמץ ונכרתה הנפש ההוא מישראל מיום	הראשן	עד- יום השבעי / וביום הראשון מקרא-	3 2 1 1 72
ט121602	מיום הראשן עד- יום השבעי / וביום	הראשון	מקרא- קדש וביום השביעי מקרא- קדש	3 2 1 1 72
ט121801	את- היום הזה לדרתיכם חקת עולם /	בראשן	בארבעה עשר יום לחדש בערב תאכלו מצת	3 24 1 1 72
ט340110	משה פסל- לך שני- לחת אבנים	כראשנים	וכתבתי על- הלחת את- הדברים אשר	4 25 3 1 72
ט340120	את- הדברים אשר היו על- הלחת	הראשנים	אשר שברת / והיה נכון לבקר ועלית	4 2 3 1 72
ט340405	ההר ההוא / ויפסל שני לחת אבנים	כראשנים	וישכם משה בבקר ויעל אל- הר	4 25 3 1 72
ט400203	יהוה אל- משה לאמר / ביום- החדש	הראשון	באחד לחדש תקים את- משכן אהל	3 2 1 1 72
ט401703	יהוה אתו כן עשה / ויהי בחדש	הראשון	בשנה השנית באחד לחדש הוקם המשכן	3 2 1 1 72
		ראשית		
ט231901	ולא- ילין חלב- חגי עד- בקר /	ראשית	בכורי אדמתך תביא בית יהוה אלהיך	2 1 2 1122
ט342601	ולא- ילין לבקר זבח חג הפסח /	ראשית	בכורי אדמתך תביא בית יהוה אלהיך	2 1 2 1122
		רב		
ט010908	אל עמו הנה עם בני ישראל	רב	ועצום ממנו / הבה נתחכמה לו פן	1 1 1 1111
ט092804	ואני ועמי הרשעים / העתירו אל- יהוה	ורב	מהית קלת אלהים וברד ואשלחה אתכם	2 1 1 1 1111
ט123803	רגלי הגברים לבד מטף / וגם- ערב	רב	עלה אתם וצאן ובקר מקנה כבד	1 1 1 1111
ט192115	יהרסו אל- יהוה לראות ונפל ממנו	רב	/ וגם הכהנים הנגשים אל- יהוה יתקדשו	1 1 1 1111
ט230209	אחרי- רבים לרעת ולא- תענה על-	רב	לנטת אחרי רבים להטת / ודל לא	1 1 1 1111
ט340613	יהוה אל רחום וחנון ארך אפים	ורב-	חסד ואמת / נצר חסד לאלפים נשא	2 1 1 1 1112
ט022303	גר הייתי בארץ נכריה / ויהי בימים	הרבים	ההם וימת מלך מצרים ויאנחו בני-	3 24 3 1 1115
ט050504	ממעשיו לכו לסבלתיכם / ויאמר פרעה הן-	רבים	עתה עם הארץ והשבתם אתם מסבלתם	2 3 1 1115
ט230204	להית עד חמס / לא- תהיה אחרי-	רבים	לרעת ולא- תענה על- רב לנטת	2 3 1 1115
ט230212	ולא- תענה על- רב לנטת אחרי	רבים	להטת / ודל לא תהדר בריבו / כי	2 3 1 1115
ט232910	בשנה אחת פן- תהיה הארץ שממה	ורבה	עליך חית השדה / מעט מעט אגרשנו	3 1 1 2 1121
		רב		
ט170201	ויחנו ברפידים ואין מים לשתת העם /	וירב	העם עם- משה ויאמרו תנו- לנו	3 * 1 1 3121
ט170214	מים ונשתה ויאמר להם משה מה	תריבון	עמדי מה- תנסון את- יהוה / ויצמא	3 0 3 1 3121
ט211802	ומקלל אביו ואמו מות יומת / וכי-	יריבן	אנשים והכה- איש את- רעהו באבן	3 0 3 1 3121
		רבה		
ט010705	הדור ההוא / ובני ישראל פרו וישרצו	וירבו	ויעצמו במאד מאד ותמלא הארץ אתם	3 * 3 1 3121
ט011005	ועצום ממנו / הבה נתחכמה לו פן	ירבה	והיה כי- תקראנה מלחמה ונוסף גם-	2 1 1 3121
ט011205	ואת- רעמסס / וכאשר יענו אתו כן	ירבה	וכן יפרץ ויקצו מפני בני ישראל	2 1 1 3121
ט012004	אלהים המילדת וילדו / וייטב אלהים למילדת	וירב	העם ויעצמו מאד / ויהי כי- יראו	3 * 1 1 3121
ט110910	משה לא- ישמע אליכם פרעה למען	רבות	מופתי בארץ מצרים / ומשה ואהרן עשו	2 3152
		רביעי		
ט282002	והטור השלישי לשם שבו ואחלמה / והטור	הרביעי	תרשיש ושהם וישפה משבצים זהב יהיו	4 2 1 72
ט391302	והטור השלישי לשם שבו ואחלמה / והטור	הרביעי	תרשיש שהם וישפה מוסבת משבצת זהב	4 2 1 72
		רביעית		
ט294009	בלול בשמן כתית רבע ההין ונסך	רביעית	ההין יין לכבש האחד / ואת הכבש	3 1 2 1122
		רבע		
ט294006	הערבים / ועשרן סלת בלול בשמן כתית	רבע	וההין ונסך רביעית ההין יין לכבש	2 1 1 1112

/ = סוף פסוק   // = סוף פרק   ג = מין   # = מספר   כ = כינוי וגוף   קס = קידומות וסיומות   ו = מספר ההברות

אזכור		מלה		צורן ג # כ קס	ה
	--*-*-*-*-*-*-*-*-*-*-*-*	רבע	*-*-*-*-*-*-*-*-*-*-*-*-*-*		
ט270112	חמש אמות ארך וחמש אמות רחב	רבוע	יהיה המזבח ושלש אמות קמתו / ועשית	1 1 3161	3
ט281601	ותולעת שני ושש משזר תעשה אתו /	רבוע	יהיה כפול זרת ארכו וזרת רחבו	1 1 3161	3
ט300205	תעשה אתו / אמה ארכו ואמה רחבו	רבוע	יהיה ואמתים קמתו ממנו קרנתיו / וצפית	1 1 3161	3
ט372511	עצי שטים אמה ארכו ואמה רחבו	רבוע	ואמתים קמתו ממנו היו קרנתיו / ויצף	1 1 3161	3
ט380113	חמש אמות ארכו וחמש אמות רחבו	רבוע	ושלש אמות קמתו / ויעש קרנתיו על	1 1 3161	3
ט390901	תכלת וארגמן ותולעת שני ושש משזר /	רבוע	היה כפול עשו את- החשן זרת	1 1 3161	3
	--*-*-*-*-*-*-*-*-*-*-*-*	רבץ	*-*-*-*-*-*-*-*-*-*-*-*-*-*		
ט230505	תשיבנו לו / כי- תראה חמור שנאך	רבץ	תחת משאו וחדלת מעזב לו עזב	1 1 3131	2
	--*-*-*-*-*-*-*-*-*-*-*-*	רגז	*-*-*-*-*-*-*-*-*-*-*-*-*-*		
ט151403	בעזך אל- נוה קדשך / שמעו עמים	ירגזון	חיל אחז ישבי פלשת / אז נבהלו	0 3 1 3121	3
	--*-*-*-*-*-*-*-*-*-*-*-*	רגל	*-*-*-*-*-*-*-*-*-*-*-*-*-*		
ט212410	שן תחת שן יד תחת יד	רגל	תחת רגל / כויה תחת כויה פצע	1 2 1121	2
ט212412	שן יד תחת יד רגל תחת	רגל	/ כויה תחת כויה פצע תחת פצע	1 2 1121	2
ט241006	ישראל / ויראו את אלהי ישראל ותחת	רגליו	כמעשה לבנת הספיר וכעצם השמים לטהר	4 2 2 1123	3
ט292022	ועל- בהן ידם הימנית ועל- בהן	רגלם	הימנית וזרקת את- הדם על- המזבח	9 1 2 1123	2
ט231402	תזכירו לא ישמע על- פיך / שלש	רגלים	תחג לי בשנה / את חג המצות	3 2 1125	3
ט030508	אל- תקרב הלם של- נעליך מעל	רגליך	כי המקום אשר אתה עומד עליו	2 2 2 1127	4
ט042509	צר ותכרת את- ערלת בנה ותגע	לרגליו	ותאמר כי חתן- דמים אתה לי	6 4 2 2 1127	4
ט110814	לאמר צא אתה וכל העם אשר-	ברגליך	ואחרי- כן אצא ויצא מעם- פרעה	4 2 2 1127	5
ט121107	וככה תאכלו אתו מתניכם חגרים נעליכם	ברגליכם	ומקלכם בידכם ואכלתם אתו בחפזון פסח	4 7 2 2 1127	5
ט252614	הטבעת על ארבע הפאת אשר לארבע	רגליו	/ לעמת המסגרת תהיין הטבעת לבתים לבדים	4 2 2 1127	3
ט301908	אהרן ובניו ממנו את- ידיהם ואת-	רגליהם	/ בבאם אל- אהל מועד ירחצו- מים	9 2 2 1127	4
ט302103	לשרת להקטיר אשה ליהוה / ורחצו ידיהם	ורגליהם	ולא ימתו והיתה להם חק- עולם	1 9 2 2 1127	5
ט371314	הטבעת על ארבע הפאת אשר לארבע	רגליו	/ לעמת המסגרת היו הטבעת בתים לבדים	4 2 2 1127	3
ט403109	משה ואהרן ובניו את- ידיהם ואת-	רגליהם	/ בבאם אל- אהל מועד ובקרבתם אל-	9 2 2 1127	4
	--*-*-*-*-*-*-*-*-*-*-*-*	רגלי	*-*-*-*-*-*-*-*-*-*-*-*-*-*		
ט123709	ישראל מרעמסס סכתה כשש- מאות אלף	רגלי	הגברים לבד מטף / וגם- ערב רב	1 1 1111	2
	--*-*-*-*-*-*-*-*-*-*-*-*	רגע	*-*-*-*-*-*-*-*-*-*-*-*-*-*		
ט330513	בני- ישראל אתם עם- קשה- ערף	רגע	אחד אעלה בקרבך וכליתיך ועתה הורד	1 1 1111	2
	--*-*-*-*-*-*-*-*-*-*-*-*	רדף	*-*-*-*-*-*-*-*-*-*-*-*-*-*		
ט140405	עליהם המדבר / וחזקתי את- לב- פרעה	ורדף	אחריהם ואכבדה בפרעה ובכל- חילו וידעו	1 1 1 3111	3
ט140808	יהוה את- לב פרעה מלך מצרים	וירדף	אחרי בני ישראל ובני ישראל יצאים	* 1 1 3121	3
ט140901	ישראל ובני ישראל יצאים ביד רמה /	וירדפו	מצרים אחריהם וישיגו אותם חנים על-	* 3 1 3121	4
ט142301	ביבשה והמים להם חומה מימינם ומשמאלם /	וירדפו	מצרים ויבאו אחריהם כל סוס פרעה	* 3 1 3121	4
ט150903	קפאו תהמת בלב- ים / אמר אויב	ארדף	אשיג אחלק שלל תמלאמו נפשי אריק	1 1 3121	2
	--*-*-*-*-*-*-*-*-*-*-*-*	רהט	*-*-*-*-*-*-*-*-*-*-*-*-*-*		
ט021609	שבע בנות ותבאנה ותדלנה ותמלאנה את-	הרהטים	להשקות צאן אביהן / ויבאו הרעים ויגרשום	2 3 1 1115	4
	--*-*-*-*-*-*-*-*-*-*-*-*	רוב	*-*-*-*-*-*-*-*-*-*-*-*-*-*		
ט150701	תאזרי בכח ימינך יהוה תרעץ אויב /	וברב	גאונך תהרס קמיך תשלח חרנך יאכלמו	41 1 1 1112	3
	--*-*-*-*-*-*-*-*-*-*-*-*	רוח	*-*-*-*-*-*-*-*-*-*-*-*-*-*		
ט101310	מטהו על- ארץ מצרים ויהוה נהג	רוח-	קדים בארץ כל- היום ההוא וכל-	1 1 1112	2
ט101320	היום ההוא וכל- הלילה הבקר היה	ורוח	הקדים נשא את- הארבה / ויעל הארבה	1 1 1 1112	3
ט101903	פרעה ויעתר אל- יהוה / ויהפך יהוה	רוח-	ים חזק מאד וישא את- הארבה	1 1 1112	2
ט060912	ישראל ולא שמעו אל- משה מקצר	רוח	ומעבדה קשה / וידבר יהוה אל- משה	1 2 1121	2

/ = סוף פסוק   // = סוף פרק   ג = מין   # = מספר   כ = כינוי חבור   קס = קידומות וסיומות   ה = מספר ההברות

אזכור		מלה		צופן	ג	#	כ	קס	ה
ט142111	על- הים ויולך יהוה את- הים	ברוח	קדים עזה כל- הלילה וישם את-	1122	2	1		4	3
ט150801	תהרס קמיך תשלח חרנך יאכלמו כקש /	וברוח	אפיך נערמו- מים נצבו כמו- נד	1122	2	1		41	4
ט280309	אל- כל- חכמי- לב אשר מלאתיו	רוח	חכמה ועשו את- בגדי אהרן לקדשו	1122	2	1			2
ט310303	בן- חור למטה יהודה / ואמלא אתו	רוח	אלהים בחכמה ובתבונה ובדעת ובכל מלאכה	1122	2	1			2
ט353103	בן- חור למטה יהודה / וימלא אתו	רוח	אלהים בחכמה בתבונה ובדעת ובכל- מלאכה	1122	2	1			2
ט151002	נפשי אריק חרבי תורישמו ידי / נשפת	ברוחך	כסמו ים צללו כעופרת במים אדירים	1123	2	1	2	4	4
ט352110	אשר- נשאו לבו וכל אשר נדבה	רוחו	אתו הביאו את- תרומת יהוה למלאכת	1123	2	1	4		2
	--*-*-*-*-*-*-*-*-*-*-*-*-*-*-*	רוחה	*-*-*-*-*-*-*-*-*-*-*-*-*-*-*-*-*						
ט081105	ותבאש הארץ / וירא פרעה כי היתה	הרוחה	והכבד את- לבו ולא שמע אלהם	1121	2	1		2	4
	--*-*-*-*-*-*-*-*-*-*-*-*-*-*-*	רומם	*-*-*-*-*-*-*-*-*-*-*-*-*-*-*-*-*						
ט150212	לישועה זה אלי ואנוהו אלהי אבי	וארממנהו	/ יהוה איש מלחמה יהוה שמו / מרכבת	3321	1	1	4	1	6
	--*-*-*-*-*-*-*-*-*-*-*-*-*-*-*	רחב	*-*-*-*-*-*-*-*-*-*-*-*-*-*-*-*-*						
ט030812	מן- הארץ ההוא אל- ארץ טובה	ורחבה	אל- ארץ זבת חלב ודבש אל-	1121	2	1		1	4
	--*-*-*-*-*-*-*-*-*-*-*-*-*-*-*	רחב	*-*-*-*-*-*-*-*-*-*-*-*-*-*-*-*-*						
ט260207	ארך היריעה האחת שמנה ועשרים באמה	ורחב	ארבע באמה היריעה האחת מדה אחת	1111	1	1		1	3
ט260806	אתם / ארך היריעה האחת שלשים באמה	ורחב	ארבע באמה היריעה האחת מדה אחת	1111	1	1		1	3
ט270111	שטים חמש אמות ארך וחמש אמות	רחב	רבוע יהיה המזבח ושלש אמות קמתו	1111	1	1			2
ט271805	ואדניהם נחשת / ארך החצר מאה באמה	ורחב	חמשים בחמשים וקמה חמש אמות שש	1111	1	1		1	3
ט360907	ארך היריעה האחת שמנה ועשרים באמה	ורחב	ארבע באמה היריעה האחת מדה אחת	1111	1	1		1	3
ט381816	ושש משזר ועשרים אמה ארך וקומה	ברחב	חמש אמות לעמת קלעי החצר / ועמדיהם	1111	1	1		4	3
ט261608	אמות ארך הקרש ואמה וחצי האמה	רחב	הקרש האחד / שתי ידות לקרש האחד	1112	1	1			2
ט271201	עשרים נחשת ווי העמדים וחשקיהם כסף /	ורחב	החצר לפאת- ים קלעים חמשים אמה	1112	1	1		1	3
ט271301	חמשים אמה עמדיהם עשרה ואדניהם עשרה /	ורחב	החצר לפאת קדמה מזרחה חמשים אמה	1112	1	1		1	3
ט361508	היריעה האחת שלשים באמה וארבע אמות	רחב	היריעה האחת מדה אחת לעשתי עשרה יריעת	1112	1	1			2
ט362108	אמת ארך הקרש ואמה וחצי האמה	רחב	הקרש האחד / שתי ידת לקרש האחד	1112	1	1			2
ט251010	שטים אמתים וחצי ארכו ואמה וחצי	רחבו	ואמה וחצי קמתו / וצפית אתו זהב	1113	1	1	4		2
ט252308	שלחן עצי שטים אמתים ארכו ואמה	רחבו	ואמה וחצי קמתו / וצפית אתו זהב	1113	1	1	4		2
ט281607	רבוע יהיה כפול זרת ארכו וזרת	רחבו	/ ומלאת בו מלאת אבן ארבעה טורים	1113	1	1	4		2
ט300204	שטים תעשה אתו / אמה ארכו ואמה	רחבו	רבוע יהיה ואמתים קמתו ממנו קרנתיו	1113	1	1	4		2
ט370112	שטים אמתים וחצי ארכו ואמה וחצי	רחבו	ואמה וחצי קמתו / ויצפהו זהב טהור	1113	1	1	4		2
ט371009	השלחן עצי שטים אמתים ארכו ואמה	רחבו	ואמה וחצי קמתו / ויצף אתו זהב	1113	1	1	4		2
ט372510	הקטרת עצי שטים אמה ארכו ואמה	רחבו	רבוע ואמתים קמתו ממנו היו קרנתיו	1113	1	1	4		2
ט380112	שטים חמש אמות ארכו וחמש אמות	רחבו	רבוע ושלש אמות קמתו / ויעש קרנתיו	1113	1	1	4		2
ט390910	עשו את- החשן זרת ארכו וזרת	רחבו	כפול / וימלאו- בו ארבעה טורי אבן	1113	1	1	4		2
ט251710	טהור אמתים וחצי ארכה ואמה וחצי	רחבה	/ ועשית שנים כרבים זהב מקשה תעשה	1114	1	1	5		2
ט370610	טהור אמתים וחצי ארכה ואמה וחצי	רחבה	/ ויעש שני כרבים זהב מקשה עשה	1114	1	1	5		2
	--*-*-*-*-*-*-*-*-*-*-*-*-*-*-*	רחום	*-*-*-*-*-*-*-*-*-*-*-*-*-*-*-*-*						
ט340609	על- פניו ויקרא יהוה יהוה אל	רחום	וחנון ארך אפים ורב- חסד ואמת	1111	1	1			2
	--*-*-*-*-*-*-*-*-*-*-*-*-*-*-*	רחוק	*-*-*-*-*-*-*-*-*-*-*-*-*-*-*-*-*						
ט020403	בסוף על- שפת היאור / ותתצב אחתו	מרחק	לדעה מה- יעשה לו / ותרד בת-	1111	1	1		7	3
ט201818	ההר עשן וירא העם וינעו ויעמדו	מרחק	/ ויאמרו אל- משה דבר- אתה עמנו	1111	1	1		7	3
ט202103	על- פניכם לבלתי תחטאו / ויעמד העם	מרחק	ונגש משה אל- הערפל אשר- שם	1111	1	1		7	3
ט240115	נדב ואביהוא ושבעים מזקני ישראל והשתחויתם	מרחק	/ ונגש משה לבדו אל- יהוה והם	1111	1	1		7	3
	--*-*-*-*-*-*-*-*-*-*-*-*-*-*-*	רחים	*-*-*-*-*-*-*-*-*-*-*-*-*-*-*-*-*						
ט110516	כשאו עד בכור השפחה אשר אחר	הרחים	וכל בכור בהמה / והיתה צעקה גדלה	1115	1	2		2	4

/ = סוף פסוק   // = סוף פרק   ג = מין   # = מספר   כ = כינוי חבור   קס = קידומות וסיומות   ה = נספר ההברות

אזכור	הקשר	מלה	הקשר	צופן	ג	#	כ	קס	ו
	--*-*-*-*-*-*-*-*-*-*-*-*-*-*-*-*-*-*	רחם	*-*-*-*-*-*-*-*-*-*-*-*-*-*-*-*-*-*-*-*						
ט130207	קדש- לי כל- בכור פטר כל-	רחם	בבני ישראל באדם ובבהמה לי הוא	1111	1	1			2
ט131204	ולאבתיך ונתנה לך / והעברת כל- פטר-	רחם	ליהוה וכל- פטר שגר בהמה אשר	1111	1	1			2
ט131524	כן אני זבח ליהוה כל- פטר	רחם	הזכרים וכל- בכור בני אפדה / והיה	1111	1	1			2
ט341903	בחדש האביב יצאת ממצרים / כל- פטר	רחם	לי וכל- מקנך תזכר פטר שור	1111	1	1			2
	--*-*-*-*-*-*-*-*-*-*-*-*-*-*-*-*-*-*	רחם	*-*-*-*-*-*-*-*-*-*-*-*-*-*-*-*-*-*-*-*						
ט331916	יהוה לפניך וחנתי את- אשר אחן	ורחמתי	את- אשר ארחם / ויאמר לא תוכל	3311	1	1		1	4
ט331919	את- אשר אחן ורחמתי את- אשר	ארחם	/ ויאמר לא תוכל לראת את- פני	3321	1	1			3
	--*-*-*-*-*-*-*-*-*-*-*-*-*-*-*-*-*-*	רחץ	*-*-*-*-*-*-*-*-*-*-*-*-*-*-*-*-*-*-*-*						
ט290410	בניו תקריב אל- פתח אהל מועד	ורחצת	אתם במים / ולקחת את- הבגדים והלבשת	3111	1	1		1	4
ט291705	המזבח סביב / ואת- האיל תנתח לנתחיו	ורחצת	קרבו וכרעיו ונתת על- נתחיו ועל-	3111	1	1		1	4
ט301901	מועד ובין המזבח ונתת שמה מים /	ורחצו	אהרן ובניו ממנו את- ידיהם ואת-	3111	1	3		1	4
ט302101	אל- המזבח לשרת להקטיר אשה ליהוה /	ורחצו	ידיהם ורגליהם ולא ימתו והיתה להם	3111	1	3		1	4
ט401210	ואת- בניו אל- פתח אהל מועד	ורחצת	אתם במים / והלבשת את- אהרן את	3111	1	1		1	4
ט403101	ובין המזבח ויתן שמה מים לרחצה /	ורחצו	ממנו משה ואהרן ובניו את- ידיהם	3111	1	3		1	4
ט302005	ואת- רגליהם / בבאם אל- אהל מועד	ירחצו-	מים ולא ימתו או בגשתם אל-	3121	1	3			3
ט403208	אל- אהל מועד ובקרבתם אל- המזבח	ירחצו	כאשר צוה יהוה את- משה / ויקם	3121	1	3			3
ט020504	מה- יעשה לו / ותרד בת- פרעה	לרחץ	על- היאר ונערתיה הלכת על- יד	3154				6	3
ט301806	לאמר / ועשית כיור נחשת וכנו נחשת	לרחצה	ונתת אתו בין- אהל מועד ובין	3154				96	4
ט403012	מועד ובין המזבח ויתן שמה מים	לרחצה	/ ורחצו ממנו משה ואהרן ובניו את-	3154				96	4
	--*-*-*-*-*-*-*-*-*-*-*-*-*-*-*-*-*-*	רחק	*-*-*-*-*-*-*-*-*-*-*-*-*-*-*-*-*-*-*-*						
ט230703	תטה משפט אבינך בריבו / מדבר- שקר	תרחק	ונקי וצדיק אל- תהרג כי לא-	3121	1	1			2
	--*-*-*-*-*-*-*-*-*-*-*-*-*-*-*-*-*-*	ריב	*-*-*-*-*-*-*-*-*-*-*-*-*-*-*-*-*-*-*-*						
ט170706	ישראל / ויקרא שם המקום מסהומריבה על-	ריב	בני ישראל ועל נסתם את- יהוה	1112	1	1			1
ט230304	אחרי רבים להטת / ודל לא תהדר	בריבו	/ כי תפגע שור איבך או חמרו	1113	1	1	4	4	3
ט230605	עזב עמו / לא תטה משפט אבינך	בריבו	/ מדבר- שקר תרחק ונקי וצדיק אל-	1113	1	1	4	4	3
	--*-*-*-*-*-*-*-*-*-*-*-*-*-*-*-*-*-*	ריבע	*-*-*-*-*-*-*-*-*-*-*-*-*-*-*-*-*-*-*-*						
ט200520	אבת על- בנים על- שלשים ועל-	רבעים	לשנאי / ועשה חסד לאלפים לאהבי ולשמרי	1115	1	3			3
ט340722	ועל- בני בנים על- שלשים ועל-	רבעים	/ וימהר משה ויקד ארצה וישתחו / ויאמר	1115	1	3			3
	--*-*-*-*-*-*-*-*-*-*-*-*-*-*-*-*-*-*	ריח	*-*-*-*-*-*-*-*-*-*-*-*-*-*-*-*-*-*-*-*						
ט291809	כל- האיל המזבחה עלה הוא ליהוה	ריח	ניחוח אשה ליהוה הוא / ולקחת את	1112	1	1			2
ט292508	אתם מידם והקטרת המזבחה על- העלה	לריח	ניחוח לפני יהוה אשה הוא ליהוה	1112	1	1		6	3
ט294112	הערבים כמנחת הבקר וכנסכה תעשה- לה	לריח	ניחח אשה ליהוה / עלת תמיד לדרתיכם	1112	1	1		6	3
ט052110	יהוה עליכם וישפט אשר הבאשתם את-	ריחנו	בעיני פרעה ובעיני עבדיו לתת- חרב	1113	1	1	6		3
	--*-*-*-*-*-*-*-*-*-*-*-*-*-*-*-*-*-*	ריקם	*-*-*-*-*-*-*-*-*-*-*-*-*-*-*-*-*-*-*-*						
ט032113	מצרים והיה כי תלכון לא תלכו	ריקם	/ ושאלה אשה משכנתה ומגרת ביתה כלי-	22				9	2
ט342016	בכור בניך תפדה ולא- יראו פני	ריקם	/ ששת ימים תעבד וביום השביעי תשבת	22				9	2
ט231521	בו יצאת ממצרים ולא- יראו פני	ריקם	/ וחג הקציר בכורי מעשיך אשר תזרע	2211					2
	--*-*-*-*-*-*-*-*-*-*-*-*-*-*-*-*-*-*	רכב	*-*-*-*-*-*-*-*-*-*-*-*-*-*-*-*-*-*-*-*						
ט142805	בתוך הים / וישבו המים ויכסו את-	הרכב	ואת- הפרשים לכל חיל פרעה הבאים	1111	1	1		2	3
ט140704	עמו לקח עמו / ויקח שש- מאות	רכב	בחור וכל רכב מצרים ושלשם על-	1112	1	1			2
ט140707	ויקח שש- מאות רכב בחור וכל	רכב	מצרים ושלשם על- כלו / ויחזק יהוה	1112	1	1			2
ט140911	אותם חנים על- הים כל- סוס	רכב	פרעה ופרשיו וחילו על- פיהחירת לפני	1112	1	1			2
ט140603	שלחנו את- ישראל מעבדנו / ויאסר את-	רכבו	ואת- עמו לקח עמו / ויקח שש-	1113	1	1	4		2
ט141713	ויבאו אחריהם ואכבדה בפרעה ובכל- חילו	ברכבו	ובפרשיו / וידעו מצרים כי- אני יהוה	1113	1	1	4	4	3
ט141808	מצרים כי- אני יהוה בהכבדי בפרעה	ברכבו	ובפרשיו / ויסע מלאך האלהים ההלך לפני	1113	1	1	4	4	3

אזכור		מלה		צורן	ג	#	כ	קס	ו
ט142308	מצרים ויבאו אחריהם כל סוס פרעה	רכבו	ופרשיו אל- תוך הים / ויהי באשמרת	1113	1	1			2
ט142615	הים וישבו המים על- מצרים על-	רכבו	ועל- פרשיו / ויט משה את- ידו	1113	1	1	4		2
ט151905	לעלם ועד / כי בא סוס פרעה	ברכבו	ובפרשיו בים וישב יהוה עלהם את-	1113	1	1	4	4	3
	--*-*-*-*-*-*-*-*-*-*-*-*-*-*-*-*-*-*	רכב	*-*-*-*-*-*-*-*-*-*-*-*-*-*-*-*-*-*-*-*						
ט150118	אשירה ליהוה כי גאה גאה סוס	ורכבו	רמה בים / עזי וזמרת יה ויהי-	3131	1	1	4	1	3
ט152110	שירו ליהוה כי- גאה גאה סוס	ורכבו	רמה בים / ויסע משה את- ישראל	3131	1	1	4	1	3
	--*-*-*-*-*-*-*-*-*-*-*-*-*-*-*-*-*-*	רכס	*-*-*-*-*-*-*-*-*-*-*-*-*-*-*-*-*-*-*-*						
ט282801	פניו לעמת מחברתו ממעל לחשב האפוד /	וירכסו	את- החשן מטבעתו אל- טבעת האפוד	3121	1	3		1	4
ט392101	פניו לעמת מחברתו ממעל לחשב האפד /	וירכסו	את- החשן מטבעתיו אל- טבעת האפד	3121	1	3		*	4
	--*-*-*-*-*-*-*-*-*-*-*-*-*-*-*-*-*-*	רם	*-*-*-*-*-*-*-*-*-*-*-*-*-*-*-*-*-*-*-*						
ט140816	בני ישראל ובני ישראל יצאים ביד	רמה	/ וירדפו מצרים אחריהם וישיגו אותם חנים	1121	1	1			2
	--*-*-*-*-*-*-*-*-*-*-*-*-*-*-*-*-*-*	רמה	*-*-*-*-*-*-*-*-*-*-*-*-*-*-*-*-*-*-*-*						
ט150119	ליהוה כי גאה גאה סוס ורכבו	רמה	בים / עזי וזמרת יה ויהי- לי	3111	1	1			2
ט152111	ליהוה כי- גאה גאה סוס ורכבו	רמה	בים / ויסע משה את- ישראל מים-	3111	1	1			2
	--*-*-*-*-*-*-*-*-*-*-*-*-*-*-*-*-*-*	רמה	*-*-*-*-*-*-*-*-*-*-*-*-*-*-*-*-*-*-*-*						
ט162410	הבקר כאשר צוה משה ולא הבאיש	ורמה	לא- היתה בו / ויאמר משה אכלהו	1121	2	1		1	3
	--*-*-*-*-*-*-*-*-*-*-*-*-*-*-*-*-*-*	רמון	*-*-*-*-*-*-*-*-*-*-*-*-*-*-*-*-*-*-*-*						
ט283403	ופעמני זהב בתוכם סביב / פעמן זהב	ורמון	פעמן זהב ורמון על- שולי המעיל	1111	1	1		1	3
ט283406	סביב / פעמן זהב ורמון פעמן זהב	ורמון	על- שולי המעיל סביב / והיה על-	1111	1	1		1	3
ט392602	שולי המעיל סביב בתוך הרמנים / פעמן	ורמן	פעמן ורמן על- שולי המעיל סביב	1111	1	1		1	3
ט392604	סביב בתוך הרמנים / פעמן ורמן פעמן	ורמן	על- שולי המעיל סביב לשרת כאשר	1111	1	1		1	3
ט392509	זהב טהור ויתנו את- הפעמנים בתוך	הרמנים	על- שולי המעיל סביב בתוך הרמנים	1115	1	3		2	4
ט392515	הרמנים על- שולי המעיל סביב בתוך	הרמנים	/ פעמן ורמן פעמן ורמן על- שולי	1115	1	3		2	4
ט283304	לו לא יקרע / ועשית על- שוליו	רמני	תכלת וארגמן ותולעת שני על- שוליו	1116	1	3			3
ט392405	לא יקרע / ויעשו על- שולי המעיל	רמוני	תכלת וארגמן ותולעת שני משזר / ויעשו	1116	1	3			3
	--*-*-*-*-*-*-*-*-*-*-*-*-*-*-*-*-*-*	רמם	*-*-*-*-*-*-*-*-*-*-*-*-*-*-*-*-*-*-*-*						
ט162010	משה ויותרו אנשים ממנו עד- בקר	וירם	תולעים ויבאש ויקצף עלהם משה / וילקטו	3121	1	1		*	3
	--*-*-*-*-*-*-*-*-*-*-*-*-*-*-*-*-*-*	רע	*-*-*-*-*-*-*-*-*-*-*-*-*-*-*-*-*-*-*-*						
ט051906	תתנו / ויראו שטרי בני- ישראל אתם	ברע	לאמר לא- תגרעו מלבניכם דבר- יום	1111	1	1		4	2
ט322212	אדני אתה ידעת את- העם כי	ברע	הוא / ויאמרו לי עשה- לנו אלהים	1111	1	1		4	2
ט330405	אכלך בדרך / וישמע העם את- הדבר	הרע	הזה ויתאבלו ולא- שתו איש עדיו	1111	1	1		2	2
ט210802	לאמה לא תצא כצאת העבדים / אם-	רעה	בעיני אדניה אשר- לא יעדה והפדה	1121	2	1			2
	--*-*-*-*-*-*-*-*-*-*-*-*-*-*-*-*-*-*	רע	*-*-*-*-*-*-*-*-*-*-*-*-*-*-*-*-*-*-*-*						
ט021313	עברים נצים ויאמר לרשע למה תכה	רעך	/ ויאמר מי שמך לאיש שר ושפט	1113	1	1	2		3
ט110208	נא באזני העם וישאלו איש מאת	רעהו	ואשה מאת רעותה כלי- כסף וכלי	1113	1	1	4		3
ט180710	תתנו וישתחו וישק- לו וישאלו איש-	לרעהו	לשלום ויבאו האהלה / ויספר משה לחתנו	1113	1	1	4	6	4
ט181611	בא אלי ושפטתי בין איש ובין	רעהו	והודעתי את- חקי האלהים ואת- תורתיו	1113	1	1	4		3
ט201603	לא תנאף / לא תגנב / לא- תענה	ברעך	עד שקר / לא תחמד בית רעך	1113	1	1	2	4	4
ט201704	ברעך עד שקר / לא תחמד בית	רעך	לא תחמד אשת רעך ועבדו ואמתו	1113	1	1	2		3
ט201708	תחמד בית רעך לא תחמד אשת	רעך	ועבדו ואמתו ושורו וחמרו וכל אשר	1113	1	1	2		3
ט201715	ועבדו ואמתו ושורו וחמרו וכל אשר	לרעך	/ וכל- העם ראים את- הקולת ואת	1113	1	1	2	6	4
ט211405	ינוס שמה / וכי- יזד איש על-	רעהו	להרגו בערמה מעם מזבחי תקחנו למות	1113	1	1	4		3
ט211807	וכי- יריבן אנשים והכה- איש את-	רעהו	באבן או באגרף ולא ימות ונפל	1113	1	1	4		3
ט213507	וכי- יגף שור- איש את- שור	רעהו	ומת ומכרו את- השור החי וחצו	1113	1	1	4		3
ט220605	את- הבערה / כי- יתן איש אל-	רעהו	כסף או- כלים לשמר וגנב מבית	1113	1	1	4		3

אזכור		מלה		צורן	ג	#	כ	קס	ר
ט220715	האלהים אם- לא שלח ידו במלאכת	רעהו	/ על- כל- דבר- פשע על- שור	1113	1	1	4		3
ט220831	שניהם אשר ירשיען אלהים ישלם שנים	לרעהו	/ כי- יתן איש אל- רעהו חמור	1113	1	1	4	6	4
ט220905	שנים לרעהו / כי- יתן איש אל-	רעהו	חמור או- שור או- שה וכל-	1113	1	1	4		3
ט221011	שניהם אם- לא שלח ידו במלאכת	רעהו	ולקח בעליו ולא ישלם / ואם- גנב	1113	1	1	4		3
ט221305	לא ישלם / וכי- ישאל איש מעם	רעהו	ונשבר או- מת בעליו אין- עמו	1113	1	1	4		3
ט222505	עליו נשך / אם- חבל תחבל שלמת	רעך	עד- בא השמש תשיבנו לו / כי	1113	1	1	2		3
ט322724	והרגו איש- את- אחיו ואיש את-	רעהו	ואיש את- קרבו / ויעשו בני- לוי	1113	1	1	4		3
ט331112	אל- פנים כאשר ידבר איש אל-	רעהו	ושב אל- המחנה ומשרתו יהושע בן-	1113	1	1	4		3
	--*-*-*-*-*-*-*-*-*-*-*-*-*-*-*-*	רע	*-*-*-*-*-*-*-*-*-*-*-*-*-*-*-*-*-*						
ט321706	הלחת / וישמע יהושע את- קול העם	ברעה	ויאמר אל- משה קול מלחמה במחנה	1113	1	1	4	94	3
	--*-*-*-*-*-*-*-*-*-*-*-*-*-*-*-*	רעב	*-*-*-*-*-*-*-*-*-*-*-*-*-*-*-*-*-*						
ט160330	הזה להמית את- כל- הקהל הזה	ברעב	/ ויאמר יהוה אל- משה הנני ממטיר	1111	1	1		24	3
	--*-*-*-*-*-*-*-*-*-*-*-*-*-*-*-*	רעד	*-*-*-*-*-*-*-*-*-*-*-*-*-*-*-*-*-*						
ט151508	נבהלו אלופי אדום אילי מואב יאחזמו	רעד	נמגו כל ישבי כנען / תפל עליהם	1111	1	1			2
	--*-*-*-*-*-*-*-*-*-*-*-*-*-*-*-*	רעה	*-*-*-*-*-*-*-*-*-*-*-*-*-*-*-*-*-*						
ט101014	אשלח אתכם ואת טפכם ראו כי	רעה	נגד פניכם / לא כן לכו נא	1121	2	1			2
ט321205	וביד חזקה / למה יאמרו מצרים לאמר	ברעה	הוציאם להרג אתם בהרים ולכלתם מעל	1121	2	1		4	3
ט321219	האדמה שוב מחרון אפך והנחם על-	הרעה	לעמך / זכר לאברהם ליצחק ולישראל עבדיך	1121	2	1		6	3
ט321404	לזרעכם ונחלו לעלם / וינחם יהוה על-	הרעה	אשר דבר לעשות לעמו / ויפן וירד	1121	2	1		2	3
	--*-*-*-*-*-*-*-*-*-*-*-*-*-*-*-*	רעה	*-*-*-*-*-*-*-*-*-*-*-*-*-*-*-*-*-*						
ט340315	בכל- ההר גם- הצאן והבקר אל-	ירעו	אל- מול ההר ההוא / ויפסל שני	3121	1	3			2
ט021702	את- הרהטים להשקות צאן אביהן / ויבאו	הרעים	ויגרשום ויקם משה ויושען וישק את-	3131	1	3		2	3
ט021906	היום / ותאמרן איש מצרי הצילנו מיד	הרעים	וגם דלה דלה לנו וישק את-	3131	1	3		2	3
ט030103	בני ישראל וידע אלהים // ומשה היה	רעה	את- צאן יתרו חתנו כהן מדין	3131	1	1			2
	--*-*-*-*-*-*-*-*-*-*-*-*-*-*-*-*	רעה	*-*-*-*-*-*-*-*-*-*-*-*-*-*-*-*-*-*						
ט230205	עד חמס / לא- תהיה אחרי- רבים	לרעת	ולא- תענה על- רב לנטת אחרי	3354				6	3
	--*-*-*-*-*-*-*-*-*-*-*-*-*-*-*-*	רעואל	*-*-*-*-*-*-*-*-*-*-*-*-*-*-*-*-*-*						
ט021803	ויושען וישק את- צאנם / ותבאנה אל-	רעואל	אביהן ויאמר מדוע מהרתן בא היום	122	1				3
	--*-*-*-*-*-*-*-*-*-*-*-*-*-*-*-*	רעות	*-*-*-*-*-*-*-*-*-*-*-*-*-*-*-*-*-*						
ט110211	וישאלו איש מאת רעהו ואשה מאת	רעותה	כלי- כסף וכלי זהב / ויתן יהוה	1124	2	1	5		3
	--*-*-*-*-*-*-*-*-*-*-*-*-*-*-*-*	רעמסס	*-*-*-*-*-*-*-*-*-*-*-*-*-*-*-*-*-*						
ט011115	ערי מסכנות לפרעה את פתם ואת-	רעמסס	/ וכאשר יענו אתו כן ירבה וכן	123	2				3
ט123704	וינצלו את- מצרים / ויסעו בני- ישראל	מרעמסס	סכתה כשש- מאות אלף רגלי הגברים	123	2			7	4
	--*-*-*-*-*-*-*-*-*-*-*-*-*-*-*-*	רעץ	*-*-*-*-*-*-*-*-*-*-*-*-*-*-*-*-*-*						
ט150607	ימינך יהוה נאדרי בכח ימינך יהוה	תרעץ	אויב / וברב גאונך תהרס קמיך תשלח	3122	2	1			2
	--*-*-*-*-*-*-*-*-*-*-*-*-*-*-*-*	רפא	*-*-*-*-*-*-*-*-*-*-*-*-*-*-*-*-*-*						
ט152627	לא- אשים עליך כי אני יהוה	רפאך	/ ויבאו אילמה ושם שתים עשרה עינת מים	3131	1	1	2		4
	--*-*-*-*-*-*-*-*-*-*-*-*-*-*-*-*	רפא	*-*-*-*-*-*-*-*-*-*-*-*-*-*-*-*-*-*						
ט211913	ונקה המכה רק שבתו יתן ורפא	ירפא	/ וכי- יכה איש את- עבדו או	3321	1	1			3
ט211912	משענתו ונקה המכה רק שבתו יתן	ורפא	ירפא / וכי- יכה איש את- עבדו	3351				1	3

/ = סוף פסוק // = סוף פרק ג = מין # = מספר כ = כינוי חבור קס = קידומות וסיומות ר = מספר ההברות

אזכור		מלה		ה קס כ # ג צורן
		רפה		
ט042601	ותאמר כי חתן- דמים אתה לי /	וירף	ממנו אז אמרה חתן דמים למולת	3 * 1 1 3121
		רפידים		
ט170113	סין למסעיהם על- פי יהוה ויחנו	ברפידים	ואין מים לשתת העם / וירב העם	4 4 123
ט170806	אין / ויבא עמלק וילחם עם- ישראל	ברפידם	/ ויאמר משה אל- יהושע בחר- לנו	4 4 123
ט190202	ביום הזה באו מדבר סיני / ויסעו	מרפידים	ויבאו מדבר סיני ויחנו במדבר ויחן-	4 7 123
		רצון		
ט283821	מתנת קדשיהם והיה על- מצחו תמיד	לרצון	להם לפני יהוה / ועשבצת הכתנת שש	3 6 1 1 1111
		רצח		
ט201302	אשר- יהוה אלהיך נתן לך / לא	תרצח	/ לא תנאף / לא תגנב / לא- תענה	2 1 1 3121
		רצע		
ט210611	והגישו אל- הדלת או אל- המזוזה	ורצע	אדניו את- אזנו במרצע ועבדו לעלם	3 1 1 1 3111
		רק		
ט080515	ולעבדיך ולעמך להכרית הצפרדעים ממך ומבתיך	רק	ביאר תשארנה / ויאמר למחר ויאמר כדברך	1 22
ט080707	וסרו הצפרדעים ממך ומבתיך ומעבדיך ומעמך	רק	ביאר תשארנה / ויצא משה ואהרן מעם	1 22
ט082410	אשלח אתכם וזבחתם ליהוה אלהיכם במדבר	רק	הרחק לא- תרחיקו ללכת העתירו בעדי	1 22
ט082516	וסר הערב מפרעה מעבדיו ומעמו מחר	רק	אל- יסף פרעה התל לבלתי שלח	1 22
ט092601	הברד ואת- כל- עץ השדה שבר /	רק	בארץ גשן אשר- שם בני ישראל	1 22
ט101712	הפעם והעתירו ליהוה אלהיכם ויסר מעלי	רק	את- המות הזה / ויצא מעם פרעה	1 22
ט102410	משה ויאמר לכו עבדו את- יהוה	רק	צאנכם ובקרכם יצג גם- טפכם ילך	1 22
ט211909	והתהלך בחוץ על- משענתו ונקה המכה	רק	שבתו יתן ורפא ירפא / וכי- יכה	1 22
		רקח		
ט303303	הוא קדש יהיה לכם / איש אשר	ירקח	כמהו ואשר יתן ממנו על- זר	2 1 1 3121
ט302509	שמן משחת- קדש רקח מרקחת מעשה	רקח	שמן משחת- קדש יהיה / ומשחת בו	2 1 1 3131
ט303506	יהיה / ועשית אתה קטרת רקח מעשה	רוקח	ממלח טהור קדש / ושחקת ממנה הדק	3 1 1 3131
ט372911	קדש ואת- קטרת הסמים טהור מעשה	רקח	// ויעש את- מזבח העלה עצי שטים	3 1 1 3131
		רקח		
ט303504	בד בבד יהיה / ועשית אתה קטרת	רקח	מעשה רוקח ממלח טהור קדש / ושחקת	2 1 1 1111
ט302506	הין / ועשית אתו שמן משחת- קדש	רקח	מרקחת מעשה רקח שמן משחת- קדש	2 1 1 1112
		רקיק		
ט292308	לחם אחת וחלת לחם שמן אחת	ורקיק	אחד מסל המצות אשר לפני יהוה	3 1 1 1 1111
ט290207	ולחם מצות וחלת מצת בלולת בשמן	ורקיקי	מצות משחים בשמן סלת חטים תעשה	4 1 3 1 1116
		רקם		
ט263612	וארגמן ותולעת שני ושש משזר מעשה	רקם	/ ועשית למסך חמשה עמודי שטים וצפית	2 1 1 3131
ט271613	וארגמן ותולעת שני ושש משזר מעשה	רקם	עמדיהם ארבעה ואדניהם ארבעה / כל- עמודי	2 1 1 3131
ט283910	ועשית מצנפת שש ואבנט תעשה מעשה	רקם	/ ולבני אהרן תעשה כתנת ועשית להם	2 1 1 3131
ט353510	לב לעשות כל- מלאכת חרש וחשב	ורקם	בתכלת ובארגמן בתולעת השני ובשש וארג	3 1 1 1 3131
ט363712	וארגמן ותולעת שני ושש משזר מעשה	רקם	/ ואת- עמודיו חמשה ואת- וויהם וצפה	2 1 1 3131
ט381805	עמדי החצר / ומסך שער החצר מעשה	רקם	תכלת וארגמן ותולעת שני ושש משזר	2 1 1 3131
ט382309	בן- אחיסמך למטה- דן חרש וחשב	ורקם	בתכלת ובארגמן ובתולעת השני ובשש / כל-	3 1 1 1 3131
ט392910	משזר ותכלת וארגמן ותולעת שני מעשה	רקם	כאשר צוה יהוה את- משה / ויעשו	2 1 1 3131
		רקע		
ט390301	תכלת וארגמן ותולעת שני ושש משזר /	וירקעו	את- פחי הזהב וקצץ פתילם לעשות	5 * 3 1 3321

ו = מספר ההברות   קס = קידומות וסיומות   כ = כינוי וגוף   # = מספר   ג = מין   // = סוף פרק   / = סוף פסוק

אזכור		מלה		צורן	ג	#	כ	קס	ה
	--*-*-*-*-*-*-*-*-*-*-*-*-*-*-*-*	רשע	*-*-*-*-*-*-*-*-*-*-*-*-*-*-*-*-*-*						
ט021310	והנה שני- אנשים עברים נצים ויאמר	לרשע	לנה תכה רעך / ויאמר מי שמך	1111	1	1		26	3
ט230109	שמע שוא אל- תשת ידך עם-	רשע	להית עד חמס / לא- תהיה אחרי-	1111	1	1			2
ט230711	וצדיק אל- תהרג כי לא- אצדיק	רשע	/ ושחד לא תקח כי השחד יעור	1111	1	1			2
ט092714	חטאתי הפעם יהוה הצדיק ואני ועמי	הרשעים	/ העתירו אל- יהוה ורב מהית קלת	1115	1	3		2	4
	--*-*-*-*-*-*-*-*-*-*-*-*-*-*-*-*	רשת	*-*-*-*-*-*-*-*-*-*-*-*-*-*-*-*-*-*						
ט270409	מכבר מעשה רשת נחשת ועשית על-	הרשת	ארבע טבעת נחשת על ארבע קצותיו	1121	2	1		2	3
ט270508	אתה תחת כרכב המזבח מלמטה והיתה	הרשת	עד חצי המזבח / ועשית בדים למזבח	1121	2	1		2	3
ט270405	תעשה נחשת / ועשית לו מכבר מעשה	רשת	נחשת ועשית על- הרשת ארבע טבעת	1122	2	1			2
ט380405	עשה נחשת / ויעש למזבח מכבר מעשה	רשת	נחשת תחת כרכבו מלמטה עד- חציו	1122	2	1			2
	--*-*-*-*-*-*-*-*-*-*-*-*-*-*-*-*	שאול	*-*-*-*-*-*-*-*-*-*-*-*-*-*-*-*-*-*						
ט061508	שמעון ימואל וימין ואהד ויכין וצחר	ושאול	בן- הכנענית אלה משפחת שמעון / ואלו	122	1			1	3
	--*-*-*-*-*-*-*-*-*-*-*-*-*-*-*-*	שאור	*-*-*-*-*-*-*-*-*-*-*-*-*-*-*-*-*-*						
ט121509	מצות תאכלו אך ביום הראשון תשביתו	שאר	מבתיכם כי כל- אכל חמץ ונכרתה	1111	1	1			2
ט121903	האחד ועשרים לחדש בערב / שבעת ימים	שאר	לא ימצא בבתיכם כי כל אכל	1111	1	1			2
ט130713	יראה לך חמץ ולא- יראה לך	שאר	בכל- גבלך / והגדת לבנך ביום ההוא	1111	1	1			2
	--*-*-*-*-*-*-*-*-*-*-*-*-*-*-*-*	שאל	*-*-*-*-*-*-*-*-*-*-*-*-*-*-*-*-*-*						
ט032201	והיה כי תלכון לא תלכו ריקם /	ושאלה	אשה משכנתה ומגרת ביתה כלי- כסף	3112	2	1		1	4
ט110205	אתכם מזה / דבר- נא באזני העם	וישאלו	איש מאת רעהו ואשה מאת רעותה	3121	1	3		1	4
ט123506	שכמם / ובני- ישראל עשו כדבר משה	וישאלו	ממצרים כלי- כסף וכלי- זהב ושמלת	3121	1	3		*	4
ט131403	בכור ארם בבניך תפדה / והיה כי-	ישאלך	בנך מחר לאמר מה- זאת ואמרת	3121	1	1	2		4
ט180708	משה לקראת חתנו וישתחו וישק- לו	וישאלו	איש- לרעהו לשלום ויבאו האהלה / ויספר	3121	1	3		*	4
ט221302	יבאהו עד הטרפה לא ישלם / וכי-	ישאל	איש מעם רעהו ונשבר או- מת	3121	1	1			2
	--*-*-*-*-*-*-*-*-*-*-*-*-*-*-*-*	שאר	*-*-*-*-*-*-*-*-*-*-*-*-*-*-*-*-*-*						
ט211005	יעשה- לה / אם- אחרת יקח- לו	שארה	כסותה ועונתה לא יגרע / ואם- שלש-	1114	1	1	5		3
	--*-*-*-*-*-*-*-*-*-*-*-*-*-*-*-*	שב	*-*-*-*-*-*-*-*-*-*-*-*-*-*-*-*-*-*						
ט131723	אלהים פן- ינחם העם בראתם מלחמה	ושבו	מצרימה / ויסב אלהים את- העם דרך	3111	1	3		1	3
ט331113	פנים באשר ידבר איש אל- רעהו	ושב	אל- המחנה ומשרתו יהושע בן- נון	3111	1	1		1	2
ט041803	תעשה- בו את- האתת / וילך משה	וישב	אל- יתר חתנו ויאמר לו אלכה	3121	1	1		*	3
ט041811	יתר חתנו ויאמר לו אלכה נא	ואשובה	אל- אחי אשר- במצרים ואראה העודם	3121	1	1		91	4
ט042010	אשתו ואת- בניו וירכבם על- החמר	וישב	ארצה מצרים ויקח משה את- מטה	3121	1	1		*	3
ט052201	ובעיני עבדיו לתת- חרב בידם להרגנו /	וישב	משה אל- יהוה ויאמר אדני למה	3121	1	1		*	3
ט140205	משה לאמר / דבר אל- בני ישראל	וישבו	ויחנו לפני פיהחירת בין מגדל ובין	3121	1	3		1	4
ט142610	משה נטה את- ידך על- הים	וישבו	המים על- מצרים על- רכבו ועל-	3121	1	3		1	4
ט142707	ויט משה את- ידו על- הים	וישב	הים לפנות בקר לאיתנו ומצרים נסים	3121	1	1		*	3
ט142801	וינער יהוה את- מצרים בתוך הים /	וישבו	המים ויכסו את- הרכב ואת- הפרשים	3121	1	3		*	4
ט241409	אמר שבו- לנו בזה עד אשר-	נשוב	אליכם והנה אהרן וחור עמכם מי-	3121	1	3			2
ט323101	אל- יהוה אולי אכפרה בעד חטאתכם /	וישב	משה אל- יהוה ויאמר אנא חטא	3121	1	1		*	3
ט343104	ויראו מגשת אליו / ויקרא אלהם משה	וישבו	אליו אהרן וכל- הנשאים בעדה וידבר	3121	1	3		*	4
ט040713	ידו אל- חיקו ויוצאה מחיקו והנה-	שבה	כבשרו / והיה אם- לא יאמינו לך	3122	2	1			2
ט041907	ויאמר יהוה אל- משה במדין לך	שב	מצרים כי- מתו כל- האנשים המבקשים	314	1	1			1
ט321214	אתם בהרים ולכלתם מעל פני האדמה	שוב	מחרון אפך והנחם על- הרעה לעמך	314	1	1			1
ט322714	שימו איש- חרבו על- ירכו עברו	ושובו	משער לשער במחנה והרגו איש- את-	314	1	3		1	3
ט042106	בידו / ויאמר יהוה אל- משה בלכתך	לשוב	מצרימה ראה כל- המפתים אשר- שמתי	3154				6	2
	--*-*-*-*-*-*-*-*-*-*-*-*-*-*-*-*	שבו	*-*-*-*-*-*-*-*-*-*-*-*-*-*-*-*-*-*						
ט281904	נפך ספיר ויהלם / והטור השלישי לשם	שבו	ואחלמה / והטור הרביעי תרשיש ושהם וישפה	1111	1	1			2
ט391204	נפך ספיר ויהלם / והטור השלישי לשם	שבו	ואחלמה / והטור הרביעי תרשיש שהם וישפה	1111	1	1			2

/ = סוף פסוק // = סוף פרק ג = מין # = מספר כ = כינוי חבור קס = קידומות וסיומות ה = מספר ההברות

אזכור		מלה		צונן ג # כ	קס	ה
	הטביעי תשבת בחריש ובקציר תשבת / וחג	שבוע	תעשה לך בכורי קציר חטים וחג	3 1 1115		3
ט342202	הטביעי תשבת בחריש ובקציר תשבת / וחג	שבעת	תעשה לך בכורי קציר חטים וחג	3 1 1115		3
		שבועה				
ט221001	או- נשבר או- נשבה אין ראה /	שבעת	יהוה תהיה בין שניהם אם- לא	1 2 1122		3
		שבט				
ט212009	איש את- עבדו או את- אמתו	בשבט	ומת תחת ידו נקם ינקם / אך	1 1 1111	24	3
ט282118	חותם איש על- שמו תהיין לשני עשר	שבט	/ ועשית על- החשן שרשת גבלת מעשה	1 1 1111		2
ט391416	פתוחי חתם איש על- שמו לשנים עשר	שבט	/ ויעשו על- החשן שרשרת גבלת מעשה	1 1 1111		2
ט240416	מזבח תחת ההר ושתים עשרה מצבה לשנים עשר	שבטי	ישראל / וישלח את- נערי בני ישראל	3 1 1116		3
		שבי				
ט122917	פרעה הישב על- כסאו עד בכור	השבי	אשר בבית הבור וכל בכור בהמה	1 1 1111	2	3
		שביעי				
ט121523	ההוא מישראל מיום הראשן עד- יום	השבעי	/ וביום הראשון מקרא- קדש וביום השביעי	1 1 72	2	4
ט121606	השבעי / וביום הראשון מקרא- קדש וביום	השביעי	מקרא- קדש יהיה לכם כל- מלאכה	1 1 72	2	4
ט130606	הזה / שבעת ימים תאכל מצת וביום	השביעי	חג ליהוה / מצות יאכל את שבעת	1 1 72	2	4
ט162605	תמצאהו בשדה / ששת ימים תלקטהו וביום	השביעי	שבת לא יהיה- בו / ויהי ביום	1 1 72	2	4
ט162703	שבת לא יהיה- בו / ויהי ביום	השביעי	יצאו מן- העם ללקט ולא מצאו	1 1 72	2	4
ט162924	תחתיו אל- יצא איש ממקמו ביום	השביעי	/ וישבתו העם ביום השבעי / ויקראו בית-	1 1 72	2	4
ט163004	ממקמו ביום השבעי / וישבתו העם ביום	השביעי	/ ויקראו בית- ישראל את- שמו מן	1 1 72	2	4
ט201002	ימים תעבד ועשית כל- מלאכתך / ויום	השביעי	שבת ליהוה אלהיך לא- תעשה כל-	1 1 72	2	4
ט201118	ואת- כל- אשר- בם וינח ביום	השביעי	על- כן ברך יהוה את- יום	1 1 72	2	4
ט210208	תקנה עבד עברי שש שנים יעבד	ובשבעת	יצא לחפשי חנם / אם- בגפו יבא	1 2 72	241	5
ט231101	תזרע את- ארצך ואספת את- תבואתה /	והשביעת	תשמטנה ונטשתה ואכלו אבינו עמך ויתרם	1 2 72	21	5
ט231206	לזיתך / ששת ימים תעשה מעשיך וביום	השביעי	תשבת למען ינוח שורך וחמרך וינפש	1 1 72	2	4
ט241615	ששת ימים ויקרא אל- משה ביום	השביעי	מתוך הענן / ומראה כבוד יהוה כאש	1 1 72	2	4
ט311506	עמיה / ששת ימים יעשה מלאכה וביום	השביעי	שבת שבתון קדש ליהוה כל- העשה	1 1 72	2	4
ט311718	יהוה את- השמים ואת- הארץ וביום	השביעי	שבת וינפש / ויתן אל- משה ככלתו	1 1 72	2	4
ט342105	פני ריקם / ששת ימים תעבד וביום	השביעי	תשבת בחריש ובקציר תשבת / וחג שבעת	1 1 72	2	4
ט350206	אתם / ששת ימים תעשה מלאכה וביום	השביעי	יהיה לכם קדש שבת שבתון ליהוה	1 1 72	2	4
		שבע				
ט160318	בשבתנו על- סיר הבשר באכלנו לחם	לשבע	כי- הוצאתם אתנו אל- המדבר הזה	1 1 1111	6	3
		שבע				
ט161214	לאמר בין הערבים תאכלו בשר ובבקר	תשבעו-	לחם וידעתם כי אני יהוה אלהיכם	3 1 3121		3
ט160811	לכם בערב בשר לאכל ולחם בבקר	לשבע	בשמע יהוה את- תלנתיכם אשר- אתם	3154	6	4
		שבע				
ט021603	מדין ויֵשב על- הבאר / ולכהן מדין	שבע	בנות ותבאנה ותדלנה ותמלאנה את- הרהטים	2 71		2
ט061612	גרשון וקהת ומררי ושני חיי לוי	שבע	ושלשים ומאת שנה / בני גרשון לבני	2 71		2
ט062017	אהרן ואת- משה ושני חיי עמרם	שבע	ושלשים ומאת שנה / ובני יצהר קרח	2 71		2
ט382414	ויהי זהב התנופה תשע ועשרים ככר	ושבע	מאות ושלשים שקל בשקל הקדש / וכסף	2 71	1	3
ט382507	וכסף פקודי העדה מאת ככר ואלף	ושבע	מאות וחמש ושבעים שקל בשקל הקדש	2 71	1	3
ט382803	למאת הככר ככר לאדן / ואת- האלף	ושבע	המאות וחמשה ושבעים עשה ווים לעמודים	2 71	1	3
		שבעה				
ט072502	לא יכלו לשתת ממימי היאר / וימלא	שבעת	ימים אחרי הכות- יהוה את- היאר	1 71		2
ט121501	חג ליהוה לדרתיכם חקת עולם תחגהו /	שבעת	ימים מצות תאכלו אך ביום הראשון	1 71		2
ט121901	עד יום האחד ועשרים לחדש בערב /	שבעת	ימים שאר לא ימצא בבתיכם כי	1 71		2
ט130601	ועבדת את- העבדה הזאת בחדש הזה /	שבעת	ימים תאכל מצת וביום השביעי חג	1 71		2

/ = סוף פסוק   // = סוף פרק   ג = מין   # = מספר   כ = כינוי חבור   קס = קידומות וסיומות   ה = מספר ההברות

אזכור		מלה		ה קס כ # ג צורן
ט130704	השביעי חג ליהוה / מצות יאכל את	שבעת	הימים ולא- יראה לך חמץ ולא-	2 1 71
ט222905	תתן- לי / כן- תעשה לשרך לצאנך	שבעת	ימים יהיה עם- אמו ביום השמיני	2 1 71
ט231505	לי בשנה / את חג המצות תשמר	שבעת	ימים תאכל מצות כאשר צויתך למועד	2 1 71
ט253704	אחת זהב טהור / ועשית את- נרתיה	שבעה	והעלה את- נרתיה והאיר על- עבר	2 1 71
ט293001	למשחה בהם ולמלא- בם את- ידם /	שבעת	ימים ילבשם הכהן תחתיו מבניו אשר	2 1 71
ט293509	ולבניו ככה ככל אשר- צויתי אתכה	שבעת	ימים תמלא ידם / ופר חטאת תעשה	2 1 71
ט293701	המזבח בכפרך עליו ומשחת אתו לקדשו /	שבעת	ימים תכפר על- המזבח וקדשת אתו	2 1 71
ט341805	תעשה- לך / את- חג המצות תשמר	שבעת	ימים תאכל מצות אשר צויתך למועד	2 1 71
ט372304	אחת זהב טהור / ויעש את- נרתיה	שבעה	ומלקחיה ומחתתיה זהב טהור / ככר זהב	2 1 71
	--*-*-*-*-*-*-*-*-*-*-*	שבעים	*-*-*-*-*-*-*-*-*-*-*-*-*	
ט010507	ויהי כל- נפש יצאי ירך- יעקב	שבעים	נפש ויוסף היה במצרים / וימת יוסף	2 71
ט152707	ויבאו אילמה ושם שתים עשרה עינת מים	ושבעים	תמרים ויחנו- שם על- המים // ויסעו	3 1 71
ט240111	אל- יהוה אתה ואהרן נדב ואביהוא	ושבעים	מזקני ישראל והשתחויתם מרחק / ונגש משה	3 1 71
ט240906	האלה / ויעל משה ואהרן נדב ואביהוא	ושבעים	מזקני ישראל / ויראו את אלהי ישראל	3 1 71
ט382510	מאת ככר ואלף ושבע מאות וחמשה	ושבעים	שקל בשקל הקדש / בקע לגלגלת מחצית	3 1 71
ט382806	לאדן / ואת- האלף ושבע המאות וחמשה	ושבעים	עשה ווים לעמודים וצפה ראשיהם וחשק	3 1 71
ט382903	וצפה ראשיהם וחשק אתם / ונחשת התנופה	שבעים	ככר ואלפים וארבע- מאות שקל / ויעש	2 71
	--*-*-*-*-*-*-*-*-*-*-*	שבץ	*-*-*-*-*-*-*-*-*-*-*-*-*	
ט283901	מצחו תמיד לרצון להם לפני יהוה /	ושבצת	הכתנת שש ועשית מצנפת שש ואבנט	4 1 1 1 3311
	--*-*-*-*-*-*-*-*-*-*-*	שבץ	*-*-*-*-*-*-*-*-*-*-*-*-*	
ט282006	ואחלמה / והטור הרביעי תרשיש ושהם וישפה	משבצים	זהב יהיו במלואתם / והאבנים תהיין על-	4 3 1 3431
	--*-*-*-*-*-*-*-*-*-*-*	שבר	*-*-*-*-*-*-*-*-*-*-*-*-*	
ט124613	הבית מן- הבשר חוצה ועצם לא-	תשברו-	בו / כל- עדת ישראל יעשו אתו	3 3 1 3121
	--*-*-*-*-*-*-*-*-*-*-*	שבר	*-*-*-*-*-*-*-*-*-*-*-*-*	
ט092523	הכה הברד ואת- כל- עץ השדה	שבר	/ רק בארץ גשן אשר- שם בני	2 1 1 3311
ט232413	תעשה כמעשיהם כי הרס תהרסם ושבר	תשבר	מצבתיהם / ועבדתם את יהוה אלהיכם וברך	3 1 1 3321
ט321917	אף משה וישלך מידו את- הלחת	וישבר	אתם תחת ההר / ויקח את- העגל	3 * 1 1 3321
ט341307	כי את- מזבחתם תתצון ואת- מצבתם	תשברון	ואת- אשריו תכרתון / כי לא תשתחוה	4 0 3 1 3321
ט232412	ולא תעשה כמעשיהם כי הרס תהרסם	ושבר	תשבר מצבתיהם / ועבדתם את יהוה אלהיכם	3 1 3351
	--*-*-*-*-*-*-*-*-*-*-*	שבת	*-*-*-*-*-*-*-*-*-*-*-*-*	
ט162506	בו / ויאמר משה אכלהו היום כי-	שבת	היום ליהוה היום לא תמצאהו בשדה	2 1 2 1121
ט162606	בשדה / ששת ימים תלקטהו וביום השביעי	שבת	לא יהיה- בו / ויהי ביום השביעי	2 1 2 1121
ט162906	ותורתי / ראו כי- יהוה נתן לכם	השבת	על- כן הוא נתן לכם ביום	3 2 1 2 1121
ט200804	את- שמו לשוא / זכור את יום	השבת	לקדשו / ששת ימים תעבד ועשית כל-	3 2 1 2 1121
ט201003	תעבד ועשית כל- מלאכתך / ויום השביעי	שבת	ליהוה אלהיך לא- תעשה כל- מלאכה	2 1 2 1121
ט201125	על- כן ברך יהוה את- יום	השבת	ויקדשהו / כבד את- אביך ואת- אמך	3 2 1 2 1121
ט311403	כי אני יהוה מקדשכם / ושמרתם את-	השבת	כי קדש הוא לכם מחלליה מות	3 2 1 2 1121
ט311515	קדש ליהוה כל- העשה מלאכה ביום	השבת	מות יומת / ושמרו בני- ישראל את	3 2 1 2 1121
ט311605	מות יומת / ושמרו בני- ישראל את	השבת	לעשות את- השבת לדרתם ברית עולם	3 2 1 2 1121
ט311608	בני- ישראל את השבת לעשות את-	השבת	לדרתם ברית עולם / ביני ובין בני	3 2 1 2 1121
ט350307	לא- תבערו אש בכל משבתיכם ביום	השבת	/ ויאמר משה אל- כל- עדת בני-	3 2 1 2 1121
ט162308	אלהם הוא אשר דבר יהוה שבתון	שבת-	קדש ליהוה מחר את אשר- תאפו	2 1 2 1122
ט311507	ששת ימים יעשה מלאכה וביום השביעי	שבת	שבתון קדש ליהוה כל- העשה מלאכה	2 1 2 1122
ט350210	מלאכה וביום השביעי יהיה לכם קדש	שבת	שבתון ליהוה כל- העשה בו מלאכה	2 1 2 1122
ט311309	אל- בני ישראל לאמר אך את-	שבתתי	תשמרו כי אות הוא ביני וביניכם	4 1 3 2 1127

אזכור		מלה		צופן ג #	כ	קס	ה
-----		---		- - ----	-	--	-
	-	שבת	*-*				
ט311719	את- השמים ואת- הארץ וביום השביעי	שבת	וינפש / ויתן אל- משה ככלתו לדבר	1 1 3111			2
ט163001	אל- יצא איש ממקמו ביום השביעי /	וישבתו	העם ביום השבעי / ויקראו בית- ישראל	3 1 3121		*	4
ט231207	ששת ימים תעשה מעשיך וביום השביעי	תשבת	למען ינוח שורך וחמרך וינפש בן-	1 1 3121			2
ט342106	ריקם / ששת ימים תעבד וביום השביעי	תשבת	בחריש ובקציר תשבת / וחג שבעת תעשה	1 1 3121			2
ט342109	תעבד וביום השביעי תשבת בחריש ובקציר	תשבת	/ וחג שבעת תעשה לך בכורי קציר	1 1 3121			2
	-	שבתון	*-*				
ט162307	ויאמר אלהם הוא אשר דבר יהוה	שבתון	שבת- קדש ליהוה מחר את אשר-	1 1 1111			3
ט311508	ימים יעשה מלאכה וביום השביעי שבת	שבתון	קדש ליהוה כל- העשה מלאכה ביום	1 1 1111			3
ט350211	וביום השביעי יהיה לכם קדש שבת	שבתון	ליהוה כל- העשה בו מלאכה יומת	1 1 1111			3
	-	שגר	*-*				
ט131208	כל- פטר- רחם ליהוה וכל- פטר	שגר	בהמה אשר יהיה לך הזכרים ליהוה	1 1 1112			2
	-	שדה	*-*				
ט011410	בעבדה קשה בחמר ובלבנים ובכל- עבדה	בשדה	את כל- עבדתם אשר- עבדו בהם	1 1 1111		24	3
ט090307	הנה יד- יהוה הויה במקנך אשר	בשדה	בסוסים בחמרים בגמלים בבקר ובצאן דבר	1 1 1111		24	3
ט091910	את- מקנך ואת כל- אשר לך	בשדה	כל- האדם והבהמה אשר- ימצא בשדה	1 1 1111		24	3
ט091916	בשדה כל- האדם והבהמה אשר- ימצא	בשדה	ולא יאסף הביתה וירד עלהם הברד	1 1 1111		24	3
ט092113	יהוה ויעזב את- עבדיו ואת מקנהו	בשדה	/ ויאמר יהוה אל- משה נטה את-	1 1 1111		24	3
ט092222	האדם ועל- הבהמה ועל כל- עשב	השדה	בארץ מצרים / ויט משה את- מטהו	1 1 1111		2	3
ט092509	בכל- ארץ מצרים את כל- אשר	בשדה	מאדם ועד- בהמה ואת כל- עשב	1 1 1111		2	3
ט092516	מאדם ועד- בהמה ואת כל- עשב	השדה	הכה הברד ואת- כל- עץ השדה	1 1 1111		2	3
ט092522	השדה הכה הברד ואת- כל- עץ	השדה	שבר / רק בארץ גשן אשר- שם	1 1 1111		2	3
ט100525	את- כל- העץ הצמח לכם מן-	השדה	/ ומלאו בתיך ובתי כל- עבדיך ובתי	1 1 1111		2	3
ט101526	ולא- נותר כל- ירק בעץ ובעשב	השדה	בכל- ארץ מצרים / וימהר פרעה לקרא	1 1 1111		2	3
ט162512	שבת היום ליהוה היום לא תמצאהו	בשדה	/ ששת ימים תלקטהו וביום השביעי שבת	1 1 1111		24	3
ט220404	חיים שנים ישלם / כי יבער- איש	שדה	או- כרם ושלח את- בעירה ובער	1 1 1111			2
ט220511	קצים ונאכל גדיש או הקמה או	השדה	שלם ישלם המבער את- הבערה / כי-	1 1 1111		2	3
ט223006	לי / ואנשי קדש תהיון לי ובשר	בשדה	טרפה לא תאכלו לכלב תשלכון אתו	1 1 1111		24	3
ט231110	ואכלו אביני עמך ויתרם תאכל חית	השדה	כן- תעשה לכרמך לזיתך / ששת ימים	1 1 1111		2	3
ט231607	וחג הקציר בכורי מעשיך אשר תזרע	בשדה	וחג האסף בצאת השנה באספך את-	1 1 1111		24	3
ט231616	בצאת השנה באספך את- מעשיך מן-	השדה	/ שלש פעמים בשנה יראה כל- זכורך	1 1 1111		2	3
ט232913	תהיה הארץ שממה ורבה עליך חית	השדה	/ מעט מעט אגרשנו מפניך עד אשר	1 1 1111		2	3
ט220411	או- כרם ושלח את- בעירה ובער	בשדה	אחר מיטב שדהו ומיטב כרמו ישלם	1 1 1112	4		3
ט220414	את- בעירה ובער בשדה אחר מיטב	שדהו	ומיטב כרמו ישלם / כי- תצא אש	1 1 1113	4		3
ט080912	הצפרדעים מן- הבתים מן- החצרת ומן-	השדות	/ ויצברו אתם חמרם חמרם ותבאש הארץ	3 1 1115		2	3
	-	שדי	*-*				
ט060309	אברהם אל- יצחק ואל- יעקב באל	שדי	ושמי יהוה לא נודעתי להם / וגם	121			2
	-	שה	*-*				
ט120313	בעשר לחדש הזה ויקחו להם איש	שה	לבית אבת שה לבית / ואם- ימעט	1 1 1111			1
ט120316	ויקחו להם איש שה לבית אבת	שה	לבית / ואם- ימעט הבית מהיות משה	1 1 1111			1
ט120405	שה לבית / ואם- ימעט הבית מהיות	משה	ולקח הוא ושכנו הקרב אל- ביתו	1 1 1111		7	2
ט120419	נפשת איש לפי אכלו תכסו על-	השה	/ שה תמים זכר בן- שנה יהיה	1 1 1111		2	2
ט120501	איש לפי אכלו תכסו על- השה /	שה	תמים זכר בן- שנה יהיה לכם	1 1 1111			1
ט131305	הזכרים ליהוה / וכל- פטר חמר תפדה	בשה	ואם- לא תפדה וערפתו וכל בכור	1 1 1111		4	2
ט213706	לו / כי יגנב- איש שור או-	שה	וטבחו או מכרו חמשה בקר ישלם	1 1 1111			1
ט213718	ישלם תחת השור וארבע- צאן תחת	השה	// אם- במחתרת ימצא הגנב והכה ומת	1 1 1111		2	2
ט220310	בידו הגנבה משור עד- חמור עד-	שה	חיים שנים ישלם / כי יבער- איש	1 1 1111			1
ט220810	פשע על- שור על- חמור על-	שה	על- שלמה על- כל- אבדה אשר	1 1 1111			1
ט220910	אל- רעהו חמור או- שור או-	שה	וכל- בהמה לשמר ומת או- נשבר	1 1 1111			1

אזכור		מלה		צופן	ג	#	כ	קס	ה
ט341910	לי וכל- מקנך תזכר פטר שור	ושה	/ ופטר בכור תפדה בשה ואם- לא	1111	1	1		1	2
ט342004	פטר שור ושה / ופטר חמור תפדה	בשה	ואם- לא תפדה וערפתו כל בכור	1111	1	1		4	2
	--*-*-*-*-*-*-*-*-*-*-*-*-*-*-*-*	שהם	*-*-*-*-*-*-*-*-*-*-*-*-*-*-*-*-*-*						
ט250702	בשמים לשמן המשחה ולקטרת הסמים / אבני-	שהם	ואבני מלאים לאפד ולחשן / ועשו לי	1111	1	1			2
ט280905	ושש משזר / ולקחת את- שתי אבני-	שהם	ופתחת עליהם שמות בני ישראל / ששה	1111	1	1			2
ט282004	לשם שבו ואחלמה / והטור הרביעי תרשיש	ושהם	וישפה משבצים זהב יהיו במלואתם / והאבנים	1111	1	1		1	3
ט350902	ובשמים לשמן המשחה ולקטרת הסמים / ואבני-	שהם	ואבני מלאים לאפוד ולחשן / וכל- חכם-	1111	1	1			2
ט352705	את- העצים / והנשאם הביאו את אבני	השהם	ואת אבני המלאים לאפוד ולחשן / ואת-	1111	1	3		2	3
ט390604	יהוה את- משה / ויעשו את- אבני	השהם	מסבת משבצת זהב מפתחת פתוחי חותם	1111	1	1		2	3
ט391304	לשם שבו ואחלמה / והטור הרביעי תרשיש	שהם	וישפה מוסבת משבצת זהב במלאתם / והאבנים	1111	1	1			2
	--*-*-*-*-*-*-*-*-*-*-*-*-*-*-*-*	שוא	*-*-*-*-*-*-*-*-*-*-*-*-*-*-*-*-*-*						
ט200707	לא תשא את- שם- יהוה אלהיך	לשוא	כי לא ינקה יהוה את אשר-	1111	1	1		26	2
ט200717	יהוה את אשר- ישא את- שמו	לשוא	/ זכור את יום השבת לקדשו / ששת	1111	1	1		26	2
ט230104	לכלב תשלכון אתו // לא תשא שמע	שוא	אל- תשת ידך עם- רשע להית	1111	1	1			1
	--*-*-*-*-*-*-*-*-*-*-*-*-*-*-*-*	שוטר	*-*-*-*-*-*-*-*-*-*-*-*-*-*-*-*-*-*						
ט051402	יום ביומו כאשר בהיות התבן / ויכו	שטרי	בני ישראל אשר- שמו עלהם נגשי	1116	1	3			3
ט051502	שלשם גם- תמול גם- היום / ויבאו	שטרי	בני ישראל ויצעקו אל- פרעה לאמר	1116	1	3			3
ט051902	ינתן לכם ותכן לבנים תתנו / ויראו	שטרי	בני- ישראל אתם ברע לאמר לא-	1116	1	3			3
ט050609	ביום ההוא את- הנגשים בעם ואת-	שטריו	לאמר / לא תאספון לתת תבן לעם	1117	1	3	4		3
ט051004	ישעו בדברי- שקר / ויצאו נגשי העם	ושטריו	ויאמרו אל- העם לאמר כה אמר	1117	1	3	4	1	4
	--*-*-*-*-*-*-*-*-*-*-*-*-*-*-*-*	שולים	*-*-*-*-*-*-*-*-*-*-*-*-*-*-*-*-*-*						
ט283408	זהב ורמון פעמן זהב ורמון על-	שולי	המעיל סביב / והיה על- אהרן לשרת	1116	1	2			2
ט392403	לפיו סביב לא יקרע / ויעשו על-	שולי	המעיל רמוני תכלת וארגמן ותולעת שני	1116	1	2			2
ט392511	ויתנו את- הפעמנים בתוך הרמנים על-	שולי	המעיל סביב בתוך הרמנים / פעמן ורמן	1116	1	2			2
ט392606	הרמנים / פעמן ורמן פעמן ורמן על-	שולי	המעיל סביב לשרת כאשר צוה יהוה	1116	1	2			2
ט283303	יהיה- לו לא יקרע / ועשית על-	שוליו	רמני תכלת וארגמן ותולעת שני על-	1117	1	2	4		2
ט283310	רמני תכלת וארגמן ותולעת שני על-	שוליו	סביב ופעמני זהב בתוכם סביב / פעמן	1117	1	2	4		2
	--*-*-*-*-*-*-*-*-*-*-*-*-*-*-*-*	שועה	*-*-*-*-*-*-*-*-*-*-*-*-*-*-*-*-*-*						
ט022315	בני- ישראל מן- העבדה ויזעקו ותעל	שועתם	אל- האלהים מן- העבדה / וישמע אלהים	1123	2	1	9		3
	--*-*-*-*-*-*-*-*-*-*-*-*-*-*-*-*	שופט	*-*-*-*-*-*-*-*-*-*-*-*-*-*-*-*-*-*						
ט021406	רעך / ויאמר מי שמך לאיש שר	ושפט	עלינו הלהרגני אתה אמר כאשר הרגת	1111	1	1		1	3
	--*-*-*-*-*-*-*-*-*-*-*-*-*-*-*-*	שופר	*-*-*-*-*-*-*-*-*-*-*-*-*-*-*-*-*-*						
ט191614	וברקים וענן כבד על- ההר וקל	שפר	חזק מאד ויחרד כל- העם אשר	1111	1	1			2
ט191903	ויחרד כל- ההר מאד / ויהי קול	השפר	הולך וחזק מאד משה ידבר והאלהים	1111	1	1		2	3
ט201810	את- הקולת ואת הלפידים ואת קול	השפר	ואת- ההר עשן וירא העם וינעו	1111	1	1		2	3
	--*-*-*-*-*-*-*-*-*-*-*-*-*-*-*-*	שוק	*-*-*-*-*-*-*-*-*-*-*-*-*-*-*-*-*-*						
ט292222	הכלית ואת- החלב אשר עליהן ואת	שוק	הימין כי איל מלאים הוא / וככר	1122	2	1			1
ט292706	למנה / וקדשת את חזה התנופה ואת	שוק	התרומה אשר הונף ואשר הורם מאיל	1122	2	1			1
	--*-*-*-*-*-*-*-*-*-*-*-*-*-*-*-*	שור	*-*-*-*-*-*-*-*-*-*-*-*-*-*-*-*-*-*						
ט212803	לחפשי ישלחנו תחת שנו / וכי- יגח	שור	את- איש או את- אשה ומת	1111	1	1			1
ט212812	או את- אשה ומת סקול יסקל	השור	ולא יאכל את- בשרו ובעל השור	1111	1	1		2	2
ט212818	השור ולא יאכל את- בשרו ובעל	השור	נקי / ואם שור נגח הוא מתמל	1111	1	1		2	2
ט212902	את- בשרו ובעל השור נקי / ואם	שור	נגח הוא מתמל שלשם והועד בבעליו	1111	1	1			1
ט212915	ולא ישמרנו והמית איש או אשה	השור	יסקל וגם- בעליו יומת / אם- כפר	1111	1	1		2	2
ט213204	הזה יעשה לו / אם- עבד יגח	השור	או אמה כסף שלשים שקלים יתן	1111	1	1		2	2

אזכור		מלה		צופן	ג	#	כ	קס	ה
ט213212	אמה כסף שלשים שקלים יתן לאדניו	והשור	יסקל / וכי- יפתח איש בור או	1111	1	1		21	3
ט213314	איש בר ולא יכסנו ונפל- שמה	שור	או חמור / בעל הבור ישלם כסף	1111	1	1			1
ט213511	את- שור רעהו ומת ומכרו את-	השור	החי וחצו את- כספו וגם את-	1111	1	1		2	2
ט213604	את- המת יחצון / או נודע כי	שור	נגח הוא מתמול שלשם ולא ישמרנו	1111	1	1			1
ט213614	שלשם ולא ישמרנו בעליו שלם ישלם	שור	תחת השור והמת יהיה- לו / כי	1111	1	1			1
ט213616	ישמרנו בעליו שלם ישלם שור תחת	השור	והמת יהיה- לו / כי יגנב- איש	1111	1	1		2	2
ט213704	והמת יהיה- לו / כי יגנב- איש	שור	או- שה וטבחו או מכרו חמשה	1111	1	1			1
ט213714	או מכרו חמשה בקר ישלם תחת	השור	וארבע- צאן תחת השה // אם- במחתרת	1111	1	1		2	2
ט220306	בגנבתו / אם- המצא תמצא בידו הגנבה	משור	עד- חמור עד- שה חיים שנים	1111	1	1		7	2
ט220806	רעהו / על- כל- דבר- פשע על-	שור	על- חמור על- שה על- שלמה	1111	1	1			1
ט220908	יתן איש אל- רעהו חמור או-	שור	או- שה וכל- בהמה לשמר ומת	1111	1	1			1
ט341909	רחם לי וכל- מקנך תזכר פטר	שור	ושה / ופטר חמור תפדה בשה ואם-	1111	1	1			1
ט213503	לבעליו והמת יהיה- לו / וכי- יגף	שור-	איש את- שור רעהו ומת ומכרו	1112	1	1			1
ט213506	לו / וכי- יגף שור- איש את-	שור	רעהו ומת ומכרו את- השור החי	1112	1	1			1
ט230403	ודל לא תהדר בריבו / כי תפגע	שור	איבך או חמרו תעה השב תשיבנו	1112	1	1			1
ט201711	לא תחמד אשת רעך ועבדו ואמתו	ושורו	וחמרו וכל אשר לרעך / וכל- העם	1113	1	1	4	1	3
ט222903	בכור בניך תתן- לי / כן- תעשה	לשרך	לצאנך שבעת ימים יהיה עם- אמו	1113	1	1	2	6	4
ט231210	מעשיך וביום השביעי תשבת למען ינוח	שורך	וחמרך וינפש בן- אמתך והגר / ובכל	1113	1	1	2		3
	--*-*-*-*-*-*-*-*-*-*-*-*-*-*-*-*-*-*	שור	*-*-*-*-*-*-*-*-*-*-*-*-*-*-*-*-*-*-*-*						
ט152210	ישראל מים- סוף ויצאו אל- מדבר-	שור	וילכו שלשת- ימים במדבר ולא- מצאו	123	1				1
	--*-*-*-*-*-*-*-*-*-*-*-*-*-*-*-*-*-*	שחד	*-*-*-*-*-*-*-*-*-*-*-*-*-*-*-*-*-*-*-*						
ט230801	אל- תהרג כי לא- אצדיק רשע /	ושחד	לא תקח כי השחד יעור פקחים	1111	1	1		1	3
ט230805	אצדיק רשע / ושחד לא תקח כי	השחד	יעור פקחים ויסלף דברי צדיקים / וגר	1111	1	1		2	3
	--*-*-*-*-*-*-*-*-*-*-*-*-*-*-*-*-*-*	שחט	*-*-*-*-*-*-*-*-*-*-*-*-*-*-*-*-*-*-*-*						
ט120609	למשמרת עד ארבעה עשר יום להדש הזה	ושחטו	אתו כל קהל עדת- ישראל בין	3111	1	3		1	4
ט291101	ובניו את- ידיהם על- ראש הפר /	ושחטת	את- הפר לפני יהוה פתח אהל	3111	1	1		1	4
ט291601	ובניו את- ידיהם על- ראש האיל /	ושחטת	את- האיל ולקחת את- דמו וזרקת	3111	1	1		1	4
ט292001	ובניו את- ידיהם על- ראש האיל /	ושחטת	את- האיל ולקחת מדמו ונתתה על-	3111	1	1		1	4
ט342502	יהוה אלהיך שלש פעמים בשנה / לא-	תשחט	על- חמץ דם- זבחי ולא- ילין	3121	1	1			2
ט122113	אלהם משכו וקחו לכם צאן למשפחתיכם	ושחטו	הפסח / ולקחתם אגדת אזוב וטבלתם בדם	314	1	3		1	4
	--*-*-*-*-*-*-*-*-*-*-*-*-*-*-*-*-*-*	שחין	*-*-*-*-*-*-*-*-*-*-*-*-*-*-*-*-*-*-*-*						
ט090912	מצרים והיה על- האדם ועל- הבהמה	לשחין	פרח אבעבעת בכל- ארץ מצרים / ויקחו	1111	1	1		6	3
ט091108	יכלו החרטמים לעמד לפני משה מפני	השחין	כי- היה השחין בחרטמים ובכל- מצרים	1111	1	1		2	3
ט091111	לפני משה מפני השחין כי- היה	השחין	בחרטמים ובכל- מצרים / ויחזק יהוה את-	1111	1	1		2	3
ט091013	פרעה ויזרק אתו משה השמימה ויהי	שחין	אבעבעת פרח באדם ובבהמה / ולא- יכלו	1112	1	1			2
	--*-*-*-*-*-*-*-*-*-*-*-*-*-*-*-*-*-*	שחלת	*-*-*-*-*-*-*-*-*-*-*-*-*-*-*-*-*-*-*-*						
ט303409	אל- משה קח- לך סמים נטף	ושחלת	וחלבנה סמים ולבנה זכה בד בבד	1121	2	1		1	4
	--*-*-*-*-*-*-*-*-*-*-*-*-*-*-*-*-*-*	שחק	*-*-*-*-*-*-*-*-*-*-*-*-*-*-*-*-*-*-*-*						
ט303601	רקח מעשה רוקח ממלח טהור קדש /	ושחקת	ממנה הדק ונתתה ממנה לפני העדת	3111	1	1		1	4
	--*-*-*-*-*-*-*-*-*-*-*-*-*-*-*-*-*-*	שחת	*-*-*-*-*-*-*-*-*-*-*-*-*-*-*-*-*-*-*-*						
ט212611	עין עבדו או- את- עין אמתו	ושחתה	לחפשי ישלחנו תחת עינו / ואם- שן	3311	1	1	5	1	4
ט320708	יהוה אל- משה לך- רד כי	שחת	עמך אשר העלית מארץ מצרים / סרו	3311	1	1			2
	--*-*-*-*-*-*-*-*-*-*-*-*-*-*-*-*-*-*	שטה	*-*-*-*-*-*-*-*-*-*-*-*-*-*-*-*-*-*-*-*						
ט250507	וערת אילם מאדמים וערת תחשים ועצי	שטים	/ שמן למאר בשמים לשמן המשחה ולקטרת	1125	2	3			2
ט251004	כליו וכן תעשו / ועשו ארון עצי	שטים	אמתים וחצי ארכו ואמה וחצי רחבו	1125	2	3			2
ט251304	על- צלעו השנית / ועשית בדי עצי	שטים	וצפית אתם זהב / והבאת את- הבדים	1125	2	3			2

אזכור		מלה		צונן	ג	#	כ	קס	ה
ט252304	אל- בני ישראל / ועשית שלחן עצי	שטים	אנתים ארכו ואנה רחבו ואמה וחצי	1125	2	3			2
ט252805	את- השלחן / ועשית את- הבדים עצי	שטים	וצפית אתם זהב ונשא בם את-	1125	2	3			2
ט261506	מלמעלה / ועשית את- הקרשים למשכן עצי	שטים	עמדים / עשר אמות ארך הקרש ואמה	1125	2	3			2
ט262604	תחת הקרש האחד / ועשית בריחם עצי	שטים	חמשה לקרשי צלע- המשכן האחד / וחמשה	1125	2	3			2
ט263206	כרבים / ונתתה אתה על- ארבעה עמודי	שטים	מצפים זהב וויהם זהב על- ארבעה	1125	2	3			2
ט263705	מעשה רקם / ועשית למסך חמשה עמודי	שטים	וצפית אתם זהב וויהם זהב ויצקת	1125	2	3			2
ט270105	אדני נחשת // ועשית את- המזבח עצי	שטים	חמש אמות ארך וחמש אמות רחב	1125	2	3			2
ט270606	המזבח / ועשית בדים למזבח בדי עצי	שטים	וצפית אתם נחשת / והובא את- בדיו	1125	2	3			2
ט300106	אלהיהם // ועשית מזבח מקטר קטרת עצי	שטים	תעשה אתו / אמה ארכו ואמה רחבו	1125	2	3			2
ט300505	אתו בהמה / ועשית את- הבדים עצי	שטים	וצפית אתם זהב / ונתתה אתו לפני	1125	2	3			2
ט350707	וערת אילם מאדמים וערת תחשים ועצי	שטים	/ ושמן למאור ובשמים לשמן המשחה ולקטרת	1125	2	3			2
ט352415	יהוה וכל אשר נמצא אתו עצי	שטים	לכל- מלאכת העבדה הביאו / וכל- אשה	1125	2	3			2
ט362006	מלמעלה / ויעש את- הקרשים למשכן עצי	שטים	עמדים / עשר אמת ארך הקרש ואמה	1125	2	3			2
ט363104	תחת הקרש האחד / ויעש בריחי עצי	שטים	חמשה לקרשי צלע- המשכן האחת / וחמשה	1125	2	3			2
ט363605	אתה כרבים / ויעש לה ארבעה עמודי	שטים	ויצפם זהב וויהם זהב ויצק להם	1125	2	3			2
ט370106	נחשת // ויעש בצלאל את- הארן עצי	שטים	אמתים וחצי ארכו ואמה וחצי רחבו	1125	2	3			2
ט370404	על- צלעו השנית / ויעש בדי עצי	שטים	ויצף אתם זהב / ויבא את- הבדים	1125	2	3			2
ט371005	פני הכרבים / ויעש את- השלחן עצי	שטים	אמתים ארכו ואמה רחבו ואמה וחצי	1125	2	3			2
ט371505	את- השלחן / ויעש את- הבדים עצי	שטים	ויצף אתם זהב לשאת את- השלחן	1125	2	3			2
ט372506	כליה / ויעש את- מזבח הקטרת עצי	שטים	אמה ארכו ואמה רחבו רבוע ואמתים	1125	2	3			2
ט372805	אתו בהם / ויעש את- הבדים עצי	שטים	ויצף אתם זהב / ויעש את- שמן	1125	2	3			2
ט380106	רקח // ויעש את- מזבח העלה עצי	שטים	חמש אמות ארכו וחמש אמות רחבו	1125	2	3			2
ט380605	בתים לבדים / ויעש את- הבדים עצי	שטים	ויצף אתם נחשת / ויבא את- הבדים	1125	2	3			2
	-	שירה	*-*						
ט150107	אז ישיר- משה ובני ישראל את-	השירה	הזאת ליהוה ויאמרו לאמר אשירה ליהוה	1121	2	1		2	3
	-	שכב	*-*						
ט221508	יפתה איש בתולה אשר לא ארשה	ושכב	עמה מהר ימהרנה לו לאשה / אם-	3111	1	1		1	3
ט222609	כסותה לבדה הוא שמלתו לערו במה	ישכב	והיה כי- יצעק אלי ושמעתי כי-	3121	1	1			2
ט221802	כמהר הבתולת / מכשפה לא תחיה / כל-	שכב	עם- בהמה מות יומת / זבח לאלהים	3133	1	1			2
	-	שכבה	*-*						
ט161310	השלו ותכס את- המחנה ובבקר היתה	שכבת	הטל סביב למחנה / ותעל שכבת הטל	1122	2	1			3
ט161402	היתה שכבת הטל סביב למחנה / ותעל	שכבת	הטל והנה על- פני המדבר דק	1122	2	1			3
	-	שכיר	*-*						
ט124502	ומלתה אתו אז יאכל בו / תושב	ושכיר	לא- יאכל בו / בבית אחד יאכל	1111	1	1		1	3
ט221407	אם- בעליו עמו לא ישלם אם-	שכיר	הוא בא בשכרו / וכי- יפתה איש	1111	1	1			2
	-	שכך	*-*						
ט332207	והיה בעבר כבדי ושמתיך בנקרת הצור	ושכתי	כפי עליך עד- עברי / והסרתי את-	3111	1	1		1	4
	-	שכל	*-*						
ט232603	מימיך והסרתי מחלה מקרבך / לא תהיה	משכלה	ועקרה בארצך את- מספר ימיך אמלא	3332	2	1			4
	-	שכם	*-*						
ט123411	טרם יחמץ משארתם צררת בשמלתם על-	שכמם	/ ובני- ישראל עשו כדבר משה וישאלו	1113	1	1	9		2
	-	שכן	*-*						
ט120408	ימעט הבית מהית משה ולקח הוא	ושכנו	הקרב אל- ביתו במכסת נפשת איש	1113	1	1	4	1	4

אזכור		מלה		צופן ג # כ קס ה
		שכן		
ט250804	מלאים לאפד ולחשן / ועשו לי מקדש	ושכנתי	בתוכם / ככל אשר אני מראה אותך	4 1 1 1 3111
ט294501	אהרן ואת- בניו אקדש לכהן לי /	ושכנתי	בתוך בני ישראל והייתי להם לאלהים	4 1 1 1 3111
ט403509	משה לבוא אל- אהל מועד כי-	שכן	עליו הענן וכבוד יהוה מלא את-	2 1 1 3111
ט241601	אל- ההר ויכס הענן את- ההר /	וישכן	כבוד- יהוה על- הר סיני ויכסהו	3 * 1 1 3121
ט294611	אלהיהם אשר הוצאתי אתם מארץ מצרים	לשכני	בתוכם אני יהוה אלהיהם // ועשית מזבח	4 6 1 3154
		שכנה		
ט032203	תלכון לא תלכו ריקם / ושאלה אשה	משכנתה	ומגרת ביתה כלי- כסף וכלי זהב	5 7 5 1 2 1124
		שכר		
ט221410	לא ישלם אם- שכיר הוא בא	בשכרו	/ וכי- יפתה איש בתולה אשר לא	4 4 4 1 1 1113
ט020914	הזה והינקהו לי ואני אתן את-	שכרך	ותקח האשה הילד ותניקהו / ויגדל הילד	3 3 1 1 1114
		שלב		
ט261705	הקרש האחד / שתי ידות לקרש האחד	משלבת	אשה אל- אחתה כן תעשה לכל	4 3 2 3432
ט362205	הקרש האחד / שתי ידת לקרש האחד	משלבת	אחת אל- אחת כן עשה לכל	4 3 2 3432
		שלג		
ט040616	ידו בחיקו ויוצאה והנה ידו מצרעת	כשלג	/ ויאמר השב ידך אל- חיקך וישב	3 25 1 1 1111
		שלו		
ט161304	אני יהוה אלהיכם / ויהי בערב ותעל	השלו	ותכס את- המחנה ובבקר היתה שכבת	3 2 1 2 1121
		שלוחים		
ט180210	משה את- צפרה אשת משה אחר	שלוחיה	/ ואת שני בניה אשר שם האחד	4 5 3 1 1118
		שלום		
ט041823	העודם חיים ויאמר יתרו למשה לך	לשלום	/ ויאמר יהוה אל- משה במדין לך	3 6 1 1 1111
ט180711	וישתחו וישק- לו וישאלו איש- לרעהו	לשלום	ויבאו האהלה / ויספר משה לחתנו את	3 6 1 1 1111
ט182317	כל- העם הזה על- מקמו יבא	בשלום	/ וישמע משה לקול חתנו ויעש כל	3 4 1 1 1111
		שלוש		
ט061810	ויצהר וחברון ועזיאל ושני חיי קהת	שלש	ושלשים ומאת שנה / ובני מררי מחלי	2 2 71
ט070707	ומשה בן- שמנים שנה ואהרן בן-	שלש	ושמנים שנה בדברם אל- פרעה / ויאמר	2 2 71
ט211102	שארה כסותה וענתה לא יגרע / ואם-	שלש-	אלה לא יעשה לה ויצאה חנם	2 2 71
ט231401	לא תזכירו לא ישמע על- פיך /	שלש	רגלים תחג לי בשנה / את חג	2 2 71
ט231701	השנה באספך את- מעשיך מן- השדה /	שלש	פעמים בשנה יראה כל- זכורך אל-	2 2 71
ט270115	וחמש אמות רחב רבוע יהיה המזבח	ושלש	אמות קמתו / ועשית קרנתיו על ארבע	3 1 2 71
ט342301	קציר חטים וחג האסיף תקופת השנה /	שלש	פעמים בשנה יראה כל- זכורך את-	2 2 71
ט342419	בעלתך לראות את- פני יהוה אלהיך	שלש	פעמים בשנה / לא- תשחט על- חמץ	2 2 71
ט380114	אמות ארכו וחמש אמות רחבו רבוע	ושלש	אמות קמתו / ויעש קרנתיו על ארבע	3 1 2 71
		שלושה		
ט020211	ותרא אתו כי- טוב הוא ותצפנהו	שלשה	ירחים / ולא- יכלה עוד הצפינו ותקח-	3 1 71
ט031821	נקרה עלינו ועתה נלכה- נא דרך	שלשת	ימים במדבר ונזבחה ליהוה אלהינו / ואני	3 1 71
ט050309	העברים נקרא עלינו נלכה נא דרך	שלשת	ימים במדבר ונזבחה ליהוה אלהינו פן-	3 1 71
ט082302	תועבת מצרים לעיניהם ולא יסקלנו / דרך	שלשת	ימים נלך במדבר וזבחנו ליהוה אלהינו	3 1 71
ט102213	ויהי חשך- אפלה בכל- ארץ מצרים	שלשת	ימים / לא- ראו איש את- אחיו	3 1 71
ט102310	את- אחיו ולא- קמו איש מתחתיו	שלשת	ימים ולכל בני ישראל היה אור	3 1 71
ט152212	סוף ויצאו אל- מדבר- שור וילכו	שלשת-	ימים במדבר ולא- מצאו מים / ויבאו	3 1 71
ט191506	שמלתם / ויאמר אל- העם היו נכנים	לשלשת	ימים אל- תגשו אל- אשה / ויהי	4 6 1 71
ט253205	ממנה יהיו / וששה קנים יצאים מצדיה	שלשה	קני מנרה מצדה האחד ושלשה קני	3 1 71
ט253210	מצדיה שלשה קני מנרה מצדה האחד	ושלשה	קני מנרה מצדה השני / שלשה גבעים	4 1 1 71

אזכור		מלה		צורן	ג	#	כ	קס	ה
ט253301	האחד ושלשה קני מנרה מצדה השני /	שלשה	גבעים משקדים בקנה האחד כפתר ופרח	71	1				3
ט253308	גבעים משקדים בקנה האחד כפתר ופרח	ושלשה	גבעים משקדים בקנה האחד כפתר ופרח	71	1			1	4
ט271406	אמה / וחמש עשרה אמה קלעים לכתף עמדיהם	שלשה	ואדניהם שלשה / ולכתף השנית חמש עשרה קלעים	71	1				3
ט271408	אמה קלעים לכתף עמדיהם שלשה ואדניהם	שלשה	/ ולכתף השנית חמש עשרה קלעים עמדיהם שלשה	71	1				3
ט271506	שלשה / ולכתף השנית חמש עשרה קלעים עמדיהם	שלשה	ואדניהם שלשה / ולשער החצר מסך עשרים	71	1				3
ט271508	השנית חמש עשרה קלעים עמדיהם שלשה ואדניהם	שלשה	/ ולשער החצר מסך עשרים אמה תכלת	71	1				3
ט322811	משה ויפל מן- העם ביום ההוא	כשלשה	אלפי איש / ויאמר משה מלאו ידכם	71	1			5	4
ט371805	ממנה הין / וששה קנים יצאים מצדיה	שלשה	קני מנרה מצדה האחד ושלשה קני	71	1				3
ט371810	מצדיה שלשה קני מנרה מצדה האחד	ושלשה	קני מנרה מצדה השני / שלשה גבעים	71	1			1	4
ט371901	האחד ושלשה קני מנרה מצדה השני /	שלשה	גבעים משקדים בקנה האחד כפתר ופרח	71	1				3
ט371908	גבעים משקדים בקנה האחד כפתר ופרח	ושלשה	גבעים משקדים בקנה אחד כפתר ופרח	71	1			1	4
ט381407	קלעים חמש-עשרה אמה אל- הכתף עמודיהם	שלשה	ואדניהם שלשה / ולכתף השנית מזה ומזה	71	1				3
ט381409	אמה אל- הכתף עמודיהם שלשה ואדניהם	שלשה	/ ולכתף השנית מזה ומזה לשער החצר	71	1				3
ט381511	לשער החצר קלעים חמש עשרה אמה עמדיהם	שלשה	ואדניהם שלשה / כל- קלעי החצר סביב	71	1				3
ט381513	קלעים חמש עשרה אמה עמדיהם שלשה ואדניהם	שלשה	/ כל- קלעי החצר סביב שש משזר	71	1				3
ט382618	עשרים שנה ומעלה לשש- מאות אלף	ושלשת	אלפים וחמש מאות וחמשים / ויהי מאת	71	1			1	4
	--*-*-*-*-*-*-*-*-*-*-*-*-*	שלושים	*-*-*-*-*-*-*-*-*-*-*-*-*-*-*						
ט061613	וקהת ומררי ושני חיי לוי שבע	ושלשים	ומאת שנה / בני גרשון לבני ושמעי	71				1	4
ט061811	וחברון ועזיאל ושני חיי קהת שלש	ושלשים	ומאת שנה / ובני מררי מחלי ומושי	71				1	4
ט062018	ואת- משה ושני חיי עמרם שבע	ושלשים	ומאת שנה / ובני יצהר קרח ונפג	71				1	4
ט124007	ומושב בני ישראל אשר ישבו במצרים	שלשים	שנה וארבע מאות שנה / ויהי מקץ	71					3
ט124103	שנה וארבע מאות שנה / ויהי מקץ	שלשים	שנה וארבע מאות שנה ויהי בעצם	71					3
ט213208	עבד יגח השור או אמה כסף	שלשים	שקלים יתן לאדניו והשור יסקל / וכי-	71					3
ט260804	יריעת תעשה אתם / ארך היריעה האחת	שלשים	באמה ורחב ארבע באמה היריעה האחת	71					3
ט361504	יריעת עשה אתם / ארך היריעה האחת	שלשים	באמה וארבע אמות רחב היריעה האחת	71					3
ט382416	התנופה תשע ועשרים ככר ושבע מאות	ושלשים	שקל בשקל הקדש / וכסף פקודי העדה	71				1	4
	--*-*-*-*-*-*-*-*-*-*-*-*-*	שלח	*-*-*-*-*-*-*-*-*-*-*-*-*-*-*						
ט031210	עמך וזה- לך האות כי אנכי	שלחתיך	והוציאך את- העם ממצרים תעבדון את-	3111	1	1	2		4
ט031315	בני ישראל ואמרתי להם אלהי אבותיכם	שלחני	אליכם ואמרו- לי מה- שמו מה	3111	1	1	1		4
ט031414	ויאמר כה תאמר לבני ישראל אהיה	שלחני	אליכם / ויאמר עוד אלהים אל- משה	3111	1	1	1		4
ט031520	אלהי אברהם אלהי יצחק אלהי יעקב	שלחני	אליכם זה- שמי לעלם וזה זכרי	3111	1	1	1		4
ט032001	מלך מצרים להלך ולא ביד חזקה /	ושלחתי	את- ידי והכיתי את- מצרים בכל	3111	1	1		1	4
ט042809	לאהרן את כל- דברי יהוה אשר	שלחו	ואת כל- האתת אשר צוהו / וילך	3111	1	1	4		3
ט052213	למה הרעתה לעם הזה למה זה	שלחתני	/ ומאז באתי אל- פרעה לדבר בשמך	3111	1	1	1		4
ט071606	בידך / ואמרת אליו יהוה אלהי העברים	שלחני	אליך לאמר שלח את- עמי ויעבדני	3111	1	1	1		4
ט091503	אין כמני בכל- הארץ / כי עתה	שלחתי	את- ידי ואך אותך ואת- עמך	3111	1	1			3
ט220712	בעל- הבית אל- האלהים אם- לא	שלח	ידו במלאכת רעהו / על- כל- דבר-	3111	1	1			2
ט221008	יהוה תהיה בין שניהם אם- לא	שלח	ידו במלאכת רעהו ולקח בעליו ולא	3111	1	1			2
ט232801	ונתתי את- כל- איביך אליך ערף /	ושלחתי	את- הצרעה לפניך וגרשה את- החוי	3111	1	1		1	4
ט241106	לטהר / ואל- אצילי בני ישראל לא	שלח	ידו ויחזו את- האלהים ויאכלו וישתו	3111	1	1			2
ט330201	לאברהם ליצחק וליעקב לאמר לזרעך אתננה /	ושלחתי	לפניך מלאך וגרשתי את- הכנעני האמרי	3111	1	1		1	4
ט031003	אשר מצרים לחצים אתם / ועתה לכה	ואשלחך	אל- פרעה והוצא את- עמי בני-	3121	1	1	2	1	5
ט040409	אל- משה שלח ידך ואחז בזנבו	וישלח	ידו ויחזק בו ויהי למטה בכפו	3121	1	1		*	3
ט041307	ויאמר בי אדני שלח- נא ביד-	תשלח	/ ויחר- אף יהוה במשה ויאמר הלא	3121	1	1			2
ט050219	אז- יהוה וגם את- ישראל לא	אשלח	/ ויאמרו אלהי העברים נקרא עלינו נלכה	3121	1	1			4
ט061107	בא דבר אל- פרעה מלך מצרים	וישלח	את- בני- ישראל מארצו / וידבר משה	3121	1	1		*	3
ט090701	וממקנה בני- ישראל לא- מת אחד /	וישלח	פרעה והנה לא- מת ממקנה ישראל	3121	1	1		*	3
ט092701	שם בני ישראל לא היה ברד /	וישלח	פרעה ויקרא למשה ולאהרן ויאמר אלהם	3121	1	1		*	3
ט240501	ההר ושתים עשרה מצבה לשנים עשר שבטי ישראל /	וישלח	את- נערי בני ישראל ויעלו עלת	3121	1	1		*	3
ט331218	הזה ואתה לא הודעתני את אשר-	תשלח	עמי ואתה אמרת ידעתיך בשם וגם-	3121	1	1			2
ט020517	היאר ותרא את- התבה בתוך הסוף	ותשלח	את- אמתה ותקחה / ותפתח ותראהו את-	3122	2	1		*	3
ט091405	עמי ויעבדני / כי בפעם הזאת אני	שלח	את- כל- מגפתי אל- לבך ובעבדיך	3131	1	1			3

/ = סוף פסוק   // = סוף פרק   ג = מין   # = מספר   כ = כינוי חבור   קס = קידומות וסיומות   ה = מספר ההברות   עמ' 346

אזכור		מלה		צורן	ג	#	כ	קס	ה
ט232003	תבשל גדי בחלב אמו / הנה אנכי	שלח	מלאך לפניך לשמרך בדרך ולהביאך אל-	3131	1	1			3
ט040405	משה מפניו / ויאמר יהוה אל- משה	שלח	ידך ואחז בזנבו וישלח ידו ויחזק	314	1	1			2
ט041304	והוריתיך אשר תדבר / ויאמר בי אדני	שלח-	נא ביד- תשלח / ויחר- אף יהוה	314	1	1			2
ט091902	למן- היום הוסדה ועד- עתה / ועתה	שלח	העז את- מקנך ואת כל- אשר	314	1	1			2
ט050208	פרעה מי יהוה אשר אשמע בקלו	לשלח	את- ישראל לא ידעתי את- יהוה	3154				6	3
	-	שלח	*-*						
ט070212	אצוך ואהרן אחיך ידבר אל- פרעה	ושלח	את- בני- ישראל מארצו / ואני אקשה	3311	1	1		1	3
ט082809	אז- לבו גם בפעם- הזאת ולא	שלח	את- העם // ויאמר יהוה אל- משה	3311	1	1			2
ט090714	עד- אחד ויכבד לב פרעה ולא	שלח	את- העם / ויאמר יהוה אל- משה	3311	1	1			2
ט093505	הוא ועבדיו / ויחזק לב פרעה ולא	שלח	את- בני ישראל כאשר דבר יהוה	3311	1	1			2
ט102007	ויחזק יהוה את- לב פרעה ולא	שלח	את- בני ישראל / ויאמר יהוה אל-	3311	1	1			2
ט111016	ויחזק יהוה את- לב פרעה ולא-	שלח	את- בני- ישראל מארצו // ויאמר יהוה	3311	1	1			2
ט140518	העם ויאמרו מה- זאת עשינו כי-	שלחנו	את- ישראל מעבדנו / ויאסר את- רכבו	3311	1	3			3
ט220407	כי יבער- איש שדה או- כרם	ושלח	את- בעירה ובער בשדה אחר מיטב	3311	1	1		1	3
ט032014	נפלאתי אשר אעשה בקרבו ואחרי- כן	ישלח	אתכם / ונתתי את- חן העם- הזה	3321	1	1			3
ט042122	פרעה ואני אחזק את- לבו ולא	ישלח	את- העם / ואמרת אל- פרעה כה	3321	1	1			3
ט060113	אשר אעשה לפרעה כי ביד חזקה	ישלחם	וביד חזקה יגרשם מארצו / וידבר אלהים	3321	1	1	9		4
ט080413	אל- יהוה ויסר הצפרדעים ממני ומעמי	ואשלחה	את- העם ויזבחו ליהוה / ויאמר משה	3321	1	1		9*	5
ט082404	כאשר יאמר אלינו / ויאמר פרעה אנכי	אשלח	אתכם וזבחתם ליהוה אלהיכם במדבר רק	3321	1	1			3
ט092809	יהוה ורב מהית קלת אלהים וברד	ואשלחה	אתכם ולא תספון לעמד / ויאמר אליו	3321	1	1		91	5
ט101008	אלהם יהי כן יהוה עמכם כאשר	אשלח	אתכם ואת טפכם ראו כי רעה	3321	1	1			3
ט110115	על- פרעה ועל- מצרים אחרי- כן	ישלח	אתכם מזה כשלחו כלה גרש יגרש	3321	1	1			3
ט150705	תרעץ אויב / וברב גאונך תהרס קמיך	תשלח	חרנך יאכלמו כקש / וברוח אפיך נערמו-	3321	1	1			3
ט182701	משה וכל- הדבר הקטן ישפוטו הם /	וישלח	משה את- חתנו וילך לו אל-	3321	1	1		*	4
ט212613	או- את- עין אמתו ושחתה לחפשי	ישלחנו	תחת עינו / ואם- שן עבדו או-	3321	1	1	5		5
ט212709	עבדו או- שן אמתו יפיל לחפשי	ישלחנו	תחת שנו / וכי- יגח שור את-	3321	1	1	4		5
ט232703	את- מספר ימיך אמלא / את- אימתי	אשלח	לפניך והמתי את- כל- העם אשר	3321	1	1			3
ט081704	שלח עמי ויעבדני / כי אם- אינך	משלח	את- עמי הנני משליח בך ובעבדיך	3331	1	1			4
ט042303	יהוה בני בכרי ישראל / ואמר אליך	שלח	את- בני ויעבדני ותמאן לשלחו הנה	334	1	1			2
ט050113	פרעה כה- אמר יהוה אלהי ישראל	שלח	את- עמי ויחגו לי במדבר / ויאמר	334	1	1			2
ט071609	יהוה אלהי העברים שלחני אליך לאמר	שלח	את- עמי ויעבדני במדבר והנה לא-	334	1	1			2
ט072613	פרעה ואמרת אליו כה אמר יהוה	שלח	את- עמי ויעבדני / ואם- מאן אתה	334	1	1			2
ט081618	המימה ואמרת אליו כה אמר יהוה	שלח	עמי ויעבדני / כי אם- אינך משלח	334	1	1			2
ט090115	אליו כה- אמר יהוה אלהי העברים	שלח	את- עמי ויעבדני / כי אם- מאן	334	1	1			2
ט091317	אליו כה- אמר יהוה אלהי העברים	שלח	את- עמי ויעבדני / כי בפעם הזאת	334	1	1			2
ט100318	העברים עד- מתי מאנת לענת מפני	שלח	עמי ויעבדני / כי אם- מאן אתה	334	1	1			2
ט100711	עד- מתי יהיה זה לנו למוקש	שלח	את- האנשים ויעבדו את- יהוה אלהיהם	334	1	1			2
ט082522	רק אל- יסף פרעה התל לבלתי	שלח	את- העם לזבח ליהוה / ויצא משה	3351					2
ט131702	בחזק יד הוציאנו יהוה ממצרים / ויהי	בשלח	פרעה את- העם ולא- נחם אלהים	3352				4	3
ט042308	אליך שלח את- בני ויעבדני ותמאן	לשלחו	הנה אנכי הרג את- בנך בכרך	3353			4	6	4
ט091705	בכל- הארץ / עודך מסתולל בעמי לבלתי	שלחם	/ הנני ממטיר כעת מחר ברד כבד	3353			9		3
ט110118	מצרים אחרי- כן ישלח אתכם מזה	כשלחו	כלה גרש יגרש אתכם מזה / דבר-	3353			4	5	4
ט123306	אתי / ותחזק מצרים על- העם למהר	לשלחם	מן- הארץ כי אמרו כלנו מתים	3353			9	6	4
ט131505	מבית עבדים / ויהי כי- הקשה פרעה	לשלחנו	ויהרג יהוה כל- בכור בארץ מצרים	3353			6	6	5
ט071409	אל- משה כבד לב פרעה מאן	לשלח	העם / לך אל- פרעה בבקר הנה	3354				6	3
ט072704	את- עמי ויעבדני / ואם- מאן אתה	לשלח	הנה אנכי נגף את- כל- גבולך	3354				6	4
ט090205	עמי ויעבדני / כי אם- מאן אתה	לשלח	ועודך מחזיק בם / הנה יד- יהוה	3354				6	4
ט100405	עמי ויעבדני / כי אם- מאן אתה	לשלח	את- עמי הנני מביא מחר ארבה	3354				6	4
ט102708	יהוה את- לב פרעה ולא אבה	לשלחם	/ ויאמר- לו פרעה לך מעלי השמר	3354			9	6	4
	-	שלחן	*-*						
ט252302	אצוה אותך אל- בני ישראל / ועשית	שלחן	עצי שטים אמתים ארכו ואמה רחבו	1111	1	1			2
ט252709	תהיין הטבעת לבתים לבדים לשאת את-	השלחן	/ ועשית את- הבדים עצי שטים וצפית	1111	1	1		2	3

/ = סוף פסוק   // = סוף פרק   ג = מין   # = מספר   כ = כינוי חבור   קס = קידומות וסיומות   ה = מספר ההברות

אזכור		מלה		צורן	ג	#	כ	קס	ה
ט252812	וצפית אתם זהב ונשא בם את-	השלחן	/ ועשית קערתיו וכפתיו וקשותיו ומנקיתיו אשר	1111	1	1		2	3
ט253003	זהב טהור תעשה אתם / ונתת על-	השלחן	לחם פנים לפני תמיד / ועשית מנרת	1111	1	1		2	3
ט263503	ארון העדת בקדש הקדשים / ושמת את-	השלחן	מחוץ לפרכת ואת- המנרה נכח השלחן	1111	1	1		2	3
ט263509	השלחן מחוץ לפרכת ואת- המנרה נכח	השלחן	על צלע המשכן תימנה והשלחן תתן	1111	1	1		2	3
ט263514	נכח השלחן על צלע המשכן תימנה	והשלחן	תתן על- צלע צפון / ועשית מסך	1111	1	1		21	4
ט302702	אהל מועד ואת ארון העדת / ואת-	השלחן	ואת- כל- כליו ואת המנרה ואת-	1111	1	1		2	3
ט310802	עליו ואת כל- כלי האהל / ואת-	השלחן	ואת- כליו ואת- המנרה הטהרה ואת-	1111	1	1		2	3
ט351302	את- הכפרת ואת פרכת המסך / את-	השלחן	ואת- בדיו ואת- כל- כליו ואת	1111	1	1		2	3
ט371003	הכפרת היו פני הכרבים / ויעש את-	השלחן	עצי שטים אמתים ארכו ואמה רחבו	1111	1	1		2	3
ט371409	היו הטבעת בתים לבדים לשאת את-	השלחן	/ ויעש את- הבדים עצי שטים ויצף	1111	1	1		2	3
ט371511	שטים ויצף אתם זהב לשאת את-	השלחן	/ ויעש את- הכלים אשר על- השלחן	1111	1	1		2	3
ט371606	השלחן / ויעש את- הכלים אשר על-	השלחן	את- קערתיו ואת- כפתיו ואת מנקיתיו	1111	1	1		2	3
ט393602	העדת ואת- בדיו ואת הכפרה / את-	השלחן	את- כל- כליו ואת לחם הפנים	1111	1	1		2	3
ט400413	על- הארן את- הפרכת / והבאת את-	השלחן	וערכת את- ערכו והבאת את- המנרה	1111	1	1		2	3
ט402203	צוה יהוה את- משה / ויתן את-	השלחן	באהל מועד על ירך המשכן צפנה	1111	1	1		2	3
ט402407	וישם את- המנרה באהל מועד נכח	השלחן	על ירך המשכן נגבה / ויעל הנרת	1111	1	1		2	3
	-	שליש	*-*						
ט140709	מאות רכב בחור וכל רכב מצרים	ושלשם	על- כלו / ויחזק יהוה את- לב	1115	1	3		1	4
ט150407	מרכבת פרעה וחילו ירה בים ומבחר	שלשיו	טבעו בים- סוף / תהמת יכסימו ירדו	1117	1	3	4		3
	-	שלישי	*-*						
ט190102	חתנו וילך לו אל- ארצו // בחדש	השלישי	לצאת בני- ישראל מארץ מצרים ביום	72	1	1		2	4
ט191104	ומחר וכבסו שמלתם / והיו נכנים ליום	השלישי	כי ביום השלישי ירד יהוה לעיני	72	1	1		2	4
ט191107	והיו נכנים ליום השלישי כי ביום	השלישי	ירד יהוה לעיני כל- העם על-	72	1	1		2	4
ט191603	אל- תגשו אל- אשה / ויהי ביום	השלישי	בהית הבקר ויהי קלת וברקים וענן	72	1	1		2	4
ט281902	והטור השני נפך ספיר ויהלם / והטור	השלישי	לשם שבו ואחלמה / והטור הרביעי תרשיש	72	1	1		2	4
ט391202	והטור השני נפך ספיר ויהלם / והטור	השלישי	לשם שבו ואחלמה / והטור הרביעי תרשיש	72	1	1		2	4
	-	שלל	*-*						
ט150906	ים / אמר אויב ארדף אשיג אחלק	שלל	תמלאמו נפשי אריק חרבי תורישמו ידי	1111	1	1			2
	-	שלם	*-*						
ט213403	שמה שור או חמור / בעל הבור	ישלם	כסף ישיב לבעליו והמת יהיה- לו	3321	1	1			3
ט213613	מתמול שלשם ולא ישמרנו בעליו שלם	ישלם	שור תחת השור והמת יהיה- לו	3321	1	1			3
ט213712	שה וטבחו או מכרו חמשה בקר	ישלם	תחת השור וארבע- צאן תחת השה	3321	1	1			3
ט220208	זרחה השמש עליו דמים לו שלם	ישלם	אם- אין לו ונמכר בגנבתו / אם-	3321	1	1			3
ט220313	עד- חמור עד- שה חיים שנים	ישלם	/ כי יבער- איש שדה או- כרם	3321	1	1			3
ט220417	בשדה אחר מיטב שדהו ומיטב כרמו	ישלם	/ כי- תצא אש ומצאה קצים ונאכל	3321	1	1			3
ט220513	גדיש או הקמה או השדה שלם	ישלם	המבער את- הבערה / כי- יתן איש	3321	1	1			3
ט220616	וגנב מבית האיש אם- ימצא הגנב	ישלם	שנים / אם- לא ימצא הגנב ונקרב	3321	1	1			3
ט220829	יבא דבר- שניהם אשר ירשיען אלהים	ישלם	שנים לרעהו / כי- יתן איש אל-	3321	1	1			3
ט221015	ידו במלאכת רעהו ולקח בעליו ולא	ישלם	/ ואם- גנב יגנב מעמו ישלם לבעליו	3321	1	1			3
ט221105	ולא ישלם / ואם- גנב יגנב מעמו	ישלם	לבעליו / אם- טרף יטרף יבאהו עד	3321	1	1			3
ט221208	טרף יטרף יבאהו עד הטרפה לא	ישלם	/ וכי- ישאל איש מעם רעהו ונשבר	3321	1	1			3
ט221313	או- מת בעליו אין- עמו שלם	ישלם	/ אם- בעליו עמו לא ישלם אם-	3321	1	1			3
ט221405	שלם ישלם / אם- בעליו עמו לא	ישלם	אם- שכיר הוא בא בשכרו / וכי-	3321	1	1			3
ט213612	הוא מתמול שלשם ולא ישמרנו בעליו	שלם	ישלם שור תחת השור והמת יהיה-	3351					2
ט220207	אם- זרחה השמש עליו דמים לו	שלם	ישלם אם- אין לו ונמכר בגנבתו	3351					2
ט220512	ונאכל גדיש או הקמה או השדה	שלם	ישלם המבער את- הבערה / כי- יתן	3351					2
ט221312	ונשבר או- מת בעליו אין- עמו	שלם	ישלם / אם- בעליו עמו לא ישלם	3351					2

/ = סוף פסוק   // = סוף פרק   ג = מין   # = מספר   כ = כינוי וגוף   קס = קידומות וסיומות   ה = נספר ההברות

אזכור		מלה		צורן	ג	#	כ	קס	ה
	-	שלם	*-*						
ט240510	בני ישראל ויעלו עלת ויזבחו זבחים	שלמים	ליהוה פרים / ויקח משה חצי הדם	1115	1	3			3
ט320606	מחר / וישכימו ממחרת ויעלו עלה ויגשו	שלמים	וישב העם לאכל ושתו ויקמו לצחק	1115	1	3			3
ט202410	לי וזבחת עליו את- עלתיך ואת-	שלמיך	את- צאנך ואת- בקרך בכל- המקום	1117	1	3	2		4
ט292818	ותרומה יהיה מאת בני- ישראל מזבחי	שלמיהם	תרומתם ליהוה / ובגדי הקדש אשר לאהרן	1117	1	3	9		4
	-	שלמה	*-*						
ט220812	שור על- חמור על- שה על-	שלמה	על- כל- אבדה אשר יאמר כי-	1121	2	1			2
ט222504	תשימון עליו נשך / אם- חבל תחבל	שלמת	רעך עד- בא השמש תשיבנו לו	1122	2	1			2
	-	שלש	*-*						
ט200518	פקד עון אבת על- בנים על-	שלשים	ועל- רבעים לשנאי / ועשה חסד לאלפים	1115	1	3			3
ט340720	על- בנים ועל- בני בנים על-	שלשים	ועל- רבעים / וימהר משה ויקד ארצה	1115	1	3			3
	-	שלשום	*-*						
ט041014	איש דברים אנכי גם מתמול גם	משלשם	גם מאז דברך אל- עבדך כי	22				7	3
ט050709	לתת תבן לעם ללבן הלבנים כתמול	שלשם	הם ילכו וקששו להם תבן / ואת-	22					2
ט050808	מתכנת הלבנים אשר הם עשים תמול	שלשם	תשימו עליהם לא תגרעו ממנו כי-	22					2
ט051417	מדוע לא כליתם חקכם ללבן כתמול	שלשם	גם- תמול גם- היום / ויבאו שטרי	22					2
ט212906	נקי / ואם שור נגח הוא מתמל	שלשם	והועד בבעליו ולא ישמרנו והמית איש	22					2
ט213608	נודע כי שור נגח הוא מתמול	שלשם	ולא ישמרנו בעליו שלם ישלם שור	22					2
	-	שם	*-*						
ט331223	אשר- תשלח עמי ואתה אמרת ידעתיך	בשם	וגם- מצאת חן בעיני / ועתה אם-	1111	1	1		4	2
ט331717	אעשה כי- מצאת חן בעיני ואדעך	בשם	/ ויאמר הראני נא את- כבדך / ויאמר	1111	1	1		4	2
ט011507	ויאמר מלך מצרים למילדת העברית אשר	שם	האחת שפרה ושם השנית פועה / ויאמר	1112	1	1			1
ט011510	למילדת העברית אשר שם האחת שפרה	ושם	השנית פועה / ויאמר בילדכן את- העבריות	1112	1	1		1	2
ט170702	כן משה לעיני זקני ישראל / ויקרא	שם	המקום מסה ומריבה על- ריב בני ישראל	1112	1	1			1
ט180305	אחר שלוחיה / ואת שני בניה אשר	שם	האחד גרשם כי אמר גר הייתי	1112	1	1			1
ט180401	כי אמר גר הייתי בארץ נכריה /	ושם	האחד אליעזר כי- אלהי אבי בעזרי	1112	1	1		1	2
ט200704	לאהבי ולשמרי מצותי / לא תשא את-	שם-	יהוה אלהיך לשוא כי לא ינקה	1112	1	1			1
ט231306	והגר / ובכל אשר- אמרתי אליכם תשמרו	ושם	אלהים אחרים לא תזכירו לא ישמע	1112	1	1		1	2
ט310203	יהוה אל- משה לאמר / ראה קראתי	בשם	בצלאל בן- אורי בן- חור למטה	1112	1	1		4	2
ט331909	אעביר כל- טובי על- פניך וקראתי	בשם	יהוה לפניך וחנתי את- אשר אחן	1112	1	1		4	2
ט340508	יהוה בענן ויתיצב עמו שם ויקרא	בשם	יהוה / ויעבר יהוה על- פניו ויקרא	1112	1	1		4	2
ט353009	אל- בני ישראל ראו קרא יהוה	בשם	בצלאל בן- אורי בן- חור למטה	1112	1	1		4	2
ט021010	לבת- פרעה ויהי- לה לבן ותקרא	שמו	משה ותאמר כי מן- המים משיתהו	1113	1	1	4		2
ט022205	בתו למשה / ותלד בן ויקרא את-	שמו	גרשם כי אמר גר הייתי בארץ	1113	1	1	4		2
ט031320	אבותיכם שלחני אליכם ואמרו- לי מה-	שמו	מה אמר אלהם / ויאמר אלהים אל-	1113	1	1	4		2
ט031523	יצחק אלהי יעקב שלחני אליכם זה-	שמי	לעלם וזה זכרי לדר דר / לכן	1113	1	1	1		2
ט052306	שלחתני / ומאז באתי אל- פרעה לדבר	בשמך	הרע לעם הזה והצל לא- הצלת	1113	1	1	2	4	4
ט060310	אל- יצחק ואל- יעקב באל שדי	ושמי	יהוה לא נודעתי להם / וגם הקמתי	1113	1	1	1	1	3
ט091611	בעבור הראתך את- כחי ולמען ספר	שמי	בכל- הארץ / עודך מסתולל בעמי לבלתי	1113	1	1	1		2
ט150305	אבי וארממנהו / יהוה איש מלחמה יהוה	שמו	/ מרכבת פרעה וחילו ירה בים ומבחר	1113	1	1	4		2
ט163105	ביום השביעי / ויקראו בית- ישראל את-	שמו	מן והוא כזרע גד לבן וטעמו	1113	1	1	4		2
ט171505	מחתת השמים / ויבן משה מזבח ויקרא	שמו	יהוה נסי / ויאמר כי- יד על	1113	1	1	4		2
ט200716	ינקה יהוה את אשר- ישא את-	שמו	לשוא / זכור את יום השבת לקדשו	1113	1	1	4		2
ט202420	בקרך בכל- המקום אשר אזכיר את-	שמי	אבוא אליך וברכתיך / ואם- מזבח אבנים	1113	1	1	1		2
ט232113	בו כי לא ישא לפשעכם כי	שמי	בקרבו / כי אם- שמע תשמע בקלו	1113	1	1	1		2
ט282114	על- שמתם פתוחי חותם איש על-	שמו	תהיין לשני עשר שבט / ועשית על- החשן	1113	1	1	4		2
ט341409	תשתחוה לאל אחר כי יהוה קנא	שמו	אל קנא הוא / פן- תכרת ברית	1113	1	1	4		2
ט391414	על- שמתם פתוחי חתם איש על-	שמו	לשנים עשר שבט / ויעשו על- החשן שרשרת	1113	1	1	4		2
ט152314	כי מרים הם על- כן קרא-	שמה	מרה / וילנו העם על- משה לאמר	1114	1	1	5		2
ט010102	ואלה	שמות	בני ישראל הבאים מצרימה את יעקב	1116	1	3			2

אזכור		מלה		צופן	ג	#	כ	קס	ה
ט061602	בן- הכנענית אלה משפחת שמעון / ואלה	שמות	בני- לוי לתלדתם גרשון וקהת ומררי	1116	1	3			2
ט280908	את- שני אבני- שהם ופתחת עליהם	שמות	בני ישראל / ששה משמתם על האבן	1116	1	3			2
ט281007	ששה משמתם על האבן האחת ואת-	שמות	הששה הנותרים על- האבן השנית כתולדתם	1116	1	3			2
ט281111	חתם תפתח את- שתי האבנים על-	שמת	בני ישראל מסבת משבצות זהב תעשה	1116	1	3			2
ט282104	זהב יהיו במלואתם / והאבנים תהיין על-	שמת	בני- ישראל שתים עשרה על- שמתם פתוחי	1116	1	3			2
ט282904	החשן מעל האפוד / ונשא אהרן את-	שמות	בני- ישראל בחשן המשפט על- לבו	1116	1	3			2
ט390612	משבצת זהב מפתחת פתוחי חותם על-	שמות	בני ישראל / וישם אתם על כתפת	1116	1	3			2
ט391403	מוסבת משבצת זהב במלאתם / והאבנים על-	שמת	בני- ישראל הנה שתים עשרה על- שמתם	1116	1	3			2
ט281002	ופתחת עליהם שמות בני ישראל / ששה	משמתם	על האבן האחת ואת- שמות הששה	1117	1	3	9	7	4
ט281215	זכרן לבני ישראל ונשא אהרן את-	שמותם	לבני יהוה על- שתי כתפיו לזכרן	1117	1	3	9		3
ט282109	על- שמת בני- ישראל שתים עשרה על-	שמתם	פתוחי חותם איש על- שמו תהיין	1117	1	3	9		3
ט391409	שמת בני- ישראל הנה שתים עשרה על-	שמתם	פתוחי חתם איש על- שמו לשנים עשר	1117	1	3	9		3
	--*-*-*-*-*-*-*-*-*-*-*-*-*-*-*-*-*-*	שם	*-*-*-*-*-*-*-*-*-*-*-*-*-*-*-*-*-*-*-*						
ט081813	אשר עמי עמד עליה לבלתי היות-	שם	ערב למען תדע כי אני יהוה	22					1
ט092605	השדה שבר / רק בארץ גשן אשר-	שם	בני ישראל לא היה ברד / וישלח	22					1
ט102624	מה- נעבד את- יהוה עד- באנו	שמה	/ ויחזק יהוה את- לב פרעה ולא	22				9	2
ט121309	לכם לאת על הבתים אשר אתם	שם	וראיתי את- הדם ופסחתי עלכם ולא-	22					1
ט123018	במצרים כי- אין בית אשר אין-	שם	מת / ויקרא למשה ולאהרן לילה ויאמר	22					1
ט152512	עץ וישלך אל המים וימתקו המים	שם	שם לו חק ומשפט ושם נסהו	22					1
ט152517	המים שם שם לו חק ומשפט	ושם	נסהו / ויאמר אם- שמוע תשמע לקול	22				1	2
ט152703	כי אני יהוה רפאך / ויבאו אילמה	ושם	שתים עשרה עינת מים ושבעים תמרים ויחנו-	22				1	2
ט152710	שתים עשרה עינת מים ושבעים תמרים ויחנו-	שם	על- המים // ויסעו מאילם ויבאו כל-	22					1
ט163309	אל- אהרן קח צנצנת אחת ותן-	שמה	מלא- העמר מן והנח אתו לפני	22				9	2
ט170302	עמדי מה- תנסון את- יהוה / ויצמא	שם	העם למים וילן העם על- משה	22					1
ט170604	קח בידך והלכת / הנני עמד לפניך	שם	על- הצור בחרב והכית בצור ויצאו	22					1
ט180514	משה אל המדבר אשר- הוא חנה	שם	הר האלהים / ויאמר אל- משה אני	22					1
ט190209	ויבאו מדבר סיני ויחנו במדבר ויחן-	שם	ישראל נגד ההר / ומשה עלה אל-	22					1
ט202109	מרחק ומשה נגש אל- הערפל אשר-	שם	האלהים / ויאמר יהוה אל- משה כה	22					1
ט211312	לידו ושמתי לך מקום אשר ינוס	שמה	/ וכי- יזד איש על- רעהו להרגו	22				9	2
ט213313	יכרה איש בר ולא יכסנו ונפל-	שמה	שור או חמור / בעל הבור ישלם	22				9	2
ט241209	אל- משה עלה אלי ההרה והיה-	שם	ואתנה לך את- לחת האבן והתורה	22					1
ט252203	העדת אשר אתן אליך / ונועדתי לך	שם	ודברתי אתך מעל הכפרת מבין שני	22					1
ט263307	ונתתה את- הפרכת תחת הקרסים והבאת	שמה	מבית לפרכת את ארון העדות והבדילה	22				9	2
ט294212	מועד לפני יהוה אשר אועד לכם	שמה	לדבר אליך שם / ונעדתי שמה לבני-	22				9	2
ט294215	אשר אועד לכם שמה לדבר אליך	שם	/ ונעדתי שמה לבני- ישראל ונקדש בכבדי	22					1
ט294302	לכם שמה לדבר אליך שם / ונעדתי	שמה	לבני- ישראל ונקדש בכבדי / וקדשתי את-	22				9	2
ט300617	אשר על- העדת אשר אועד לך	שמה	/ והקטיר עליו אהרן קטרת סמים בבקר	22				9	2
ט301815	בין- אהל מועד ובין המזבח ונתת	שמה	מים / ורחצו אהרן ובניו ממנו את-	22				9	2
ט303613	העדת באהל מועד אשר אועד לך	שמה	קדש קדשים תהיה לכם / והקטרת אשר	22				9	2
ט340211	בבקר אל- הר סיני ונצבת לי	שם	על- ראש ההר / ואיש לא- יעלה	22					1
ט340506	אבנים / וירד יהוה בענן ויתיצב עמו	שם	ויקרא בשם יהוה / ויעבר יהוה על-	22					1
ט342802	כרתי אתך ברית ואת- ישראל / ויהי-	שם	עם- יהוה ארבעים יום וארבעים לילה	22					1
ט400302	תקים את- משכן אהל מועד / ושמת	שם	את ארון העדות וסכת על- הארן	22					1
ט400710	בין- אהל מועד ובין המזבח ונתת	שם	מים / ושמת את- החצר סביב ונתת	22					1
ט403010	בין- אהל מועד ובין המזבח ויתן	שמה	מים לרחצה / ורחצו ממנו משה ואהרן	22				9	2
	--*-*-*-*-*-*-*-*-*-*-*-*-*-*-*-*-*-*	שם	*-*-*-*-*-*-*-*-*-*-*-*-*-*-*-*-*-*-*-*						
ט021403	לרשע למה תכה רעך / ויאמר מי	שמך	לאיש שר ושפט עלינו הלהרגני אתה	3111	1	1	2		3
ט032211	ביתה כלי- כסף וכלי זהב ושמלת	ושמתם	על- בניכם ועל- בנתיכם ונצלתם את-	3111	1	3		1	3
ט041105	לשון אנכי / ויאמר יהוה אליו מי	שם	פה לאדם או מי- ישום אלם	3111	1	1			1
ט041503	לקראתך וראך ושמח בלבו / ודברת אליו	ושמת	את- הדברים בפיו ואנכי אהיה עם-	3111	1	1		1	3
ט042112	לשוב מצרימה ראה כל- המפתים אשר-	שמתי	בידך ועשיתם לפני פרעה ואני אחזק	3111	1	1			2
ט051406	התבן / ויכו שטרי בני ישראל אשר-	שמו	עלהם נגשי פרעה לאמר מדוע לא	3111	1	3			2

אזכור		מלה		צופן	ג	#	כ	קס	ה
ט080814	אל- יהוה על- דבר הצפרדעים אשר-	שם	לפרעה / ויעש יהוה כדבר משה וימתו	3111	1	1			1
ט081901	תדע כי אני יהוה בקרב הארץ /	ושמתי	פדת בין עמי ובין עמך למחר	3111	1	1		1	3
ט092103	ואת- מקנהו אל- הבתים / ואשר לא-	שם	לבו אל- דבר יהוה ויעזב את-	3111	1	1			1
ט100214	אשר התעללתי במצרים ואת- אתתי אשר-	שמתי	בם וידעתם כי- אני יהוה / ויבא	3111	1	1			2
ט152513	וישלך אל המים וימתקו המים שם	שם	לו חק ומשפט ושם נסהו / ויאמר	3111	1	1			1
ט152619	ושמרת כל- חקיו כל- המחלה אשר-	שמתי	במצרים לא- אשים עליך כי אני	3111	1	1			2
ט182113	יראי אלהים אנשי אמת שנאי בצע	ושמת	עלהם שרי אלפים שרי מאות שרי	3111	1	1		1	3
ט211307	ואשר לא צדה והאלהים אנה לידו	ושמתי	לך מקום אשר ינוס שמה / וכי-	3111	1	1		1	3
ט263501	הכפרת על ארון העדת בקדש הקדשים /	ושמת	את- השלחן מחוץ לפרכת ואת- המנורה	3111	1	1		1	3
ט281201	ישראל מסבת משבצות זהב תעשה אתם /	ושמת	את- שתי האבנים על כתפת האפד	3111	1	1		1	3
ט282605	מול פניו / ועשית שתי טבעות זהב	ושמת	אתם על- שני קצות החשן על-	3111	1	1		1	3
ט283701	ופתחת עליו פתוחי חתם קדש ליהוה /	ושמת	אתו על- פתיל תכלת והיה על-	3111	1	1		1	3
ט290601	ואת- החשן ואפדת לו בחשב האפד /	ושמת	המצנפת על- ראשו ונתת את- נזר	3111	1	1		1	3
ט292401	אחד מסל המצות אשר לפני יהוה /	ושמת	הכל על כפי אהרן ועל כפי	3111	1	1		1	3
ט332204	ונצבת על- הצור / והיה בעבר כבדי	ושמתיך	בנקרת הצור ושכתי כפי עליך עד-	3111	1	1	2	1	4
ט400301	לחדש תקים את- משכן אהל מועד /	ושמת	שם את ארון העדות וסכת על-	3111	1	1		1	3
ט400509	מזבח הזהב לקטרת לפני ארון העדת	ושמת	את- מסך הפתח למשכן / ונתתה את	3111	1	1		1	3
ט400801	מועד ובין המזבח ונתת שם מים /	ושמת	את- החצר סביב ונתת את- מסך	3111	1	1		1	3
ט402904	מסך הפתח למשכן / ואת מזבח העלה	שם	פתח משכן אהל- מועד ויעל עליו	3111	1	1			1
ט011101	שנאינו ונלחם- בנו ועלה מן- הארץ /	וישימו	עליו שרי מסים למען ענתו בסבלתם	3121	1	3		*	4
ט041110	מי שם פה לאדם או מי-	ישום	אלם או חרש או פקח או	3121	1	1			2
ט050809	הלבנים אשר הם עשים תמול שלשם	תשימו	עליהם לא תגרעו ממנו כי- נרפים	3121	1	3			3
ט090501	ולא ימות מכל- לבני ישראל דבר /	וישם	יהוה מועד לאמר מחר יעשה יהוה	3121	1	1		*	3
ט142116	הים ברוח קדים עזה כל- הלילה	וישם	את- הים לחרבה ויבקעו המים / ויבאו	3121	1	1		*	3
ט152622	כל- המחלה אשר- שמתי במצרים לא-	אשים	עליך כי אני יהוה רפאך / ויבאו	3121	1	1			2
ט171206	עמלק / וידי משה כבדים ויקחו- אבן	וישימו	תחתיו וישב עליה ואהרן וחור תמכו	3121	1	3		*	4
ט190706	ישראל / ויבא משה ויקרא לזקני העם	וישם	לפניהם את כל- הדברים האלה אשר	3121	1	1		*	3
ט210104	תגלה ערותך עליו // ואלה המשפטים אשר	תשים	לפניהם / כי תקנה עבד עברי שש	3121	1	1			2
ט222414	עמך לא- תהיה לו כנשה לא-	תשימון	עליו נשך / אם- חבל תחבל שלמת	3121	1	3		0	3
ט240605	ליהוה פרים / ויקח משה חצי הדם	וישם	באגנת וחצי הדם זרק על- המזבח	3121	1	1		*	3
ט390701	פתוחי חתם על- שמות בני ישראל /	וישם	אתם על כתפת האפד אבני זכרון	3121	1	1		*	3
ט391905	מול פניו / ויעשו שתי טבעת זהב	וישימו	על- שני קצות החשן על- שפתו	3121	1	3		*	4
ט401808	משה את- המשכן ויתן את- אדניו	וישם	את- קרשיו ויתן את- בריחיו ויקם	3121	1	1		*	3
ט401906	עמודיו / ויפרש את- האהל על- המשכן	וישם	את- מכסה האהל עליו מלמעלה כאשר	3121	1	1		*	3
ט402007	ויקח ויתן את- העדת אל- הארן	וישם	את- הבדים על- הארן ויתן את-	3121	1	1		*	3
ט402106	מלמעלה / ויבא את- הארן אל- המשכן	וישם	את פרכת המסך ויסך על ארון	3121	1	1		*	3
ט402401	יהוה כאשר צוה יהוה את- משה /	וישם	את- המנרה באהל מועד נכח השלחן	3121	1	1		*	3
ט402601	יהוה כאשר צוה יהוה את- משה /	וישם	את- מזבח הזהב באהל מועד לפני	3121	1	1		*	3
ט402801	סמים כאשר צוה יהוה את- משה /	וישם	את- מסך הפתח למשכן / ואת מזבח	3121	1	1		*	3
ט403001	המנחה כאשר צוה יהוה את- משה /	וישם	את- הכיר בין- אהל מועד ובין	3121	1	1		*	3
ט020312	לו תבת גמא ותחמרה בחמר ובזפת	ותשם	בה את- הילד ותשם בסוף על-	3122	2	1		*	3
ט020316	בחמר ובזפת ותשם בה את- הילד	ותשם	בסוף על- שפת היאור / ותתצב אחתו	3122	2	1		*	3
ט171409	אל- משה כתב זאת זכרון בספר	ושים	באזני יהושע כי- מחה אמחה את-	314	1	1		1	2
ט322708	להם כה- אמר יהוה אלהי ישראל	שימו	איש- חרבו על- ירכו עברו ושובו	314	1	3			2
	--*-*-*-*-*-*-*-*-*-*-*-*-*-*-*-*-*	שמאל	*-*-*-*-*-*-*-*-*-*-*-*-*-*-*-*-*-*-*-*						
ט142211	הים ביבשה והמים להם חומה מימינם	ומשמאלם	/ וירדפו מצרים ויבאו אחריהם כל סוס	1123	2	1	9	71	5
ט142911	בתוך הים והמים להם חמה מימינם	ומשמאלם	/ ויושע יהוה ביום ההוא את- ישראל	1123	2	1	9	71	5
	--*-*-*-*-*-*-*-*-*-*-*-*-*-*-*-*-*	שמונה	*-*-*-*-*-*-*-*-*-*-*-*-*-*-*-*-*-*-*-*						
ט260204	חשב תעשה אתם / ארך היריעה האחת	שמנה	ועשרים באמה ורחב ארבע באמה היריעה	71		2			3
ט360904	חשב עשה אתם / ארך היריעה האחת	שמנה	ועשרים באמה ורחב ארבע באמה היריעה	71		2			3

אזכור	הקשר	מלה	הקשר	צורן ג # כ קס ד
		שמונה		
ט262502	יהיה לשניהם לשני המקצעת יהיו / והיו	שמנה	קרשים ואדניהם כסף ששה עשר אדנים שני	71 1 3
ט363002	כן עשה לשניהם לשני המקצעת / והיו	שמנה	קרשים ואדניהם כסף ששה עשר אדנים שני	71 1 3
		שמונים		
ט070703	יהוה אתם כן עשו / ומשה בן-	שמנים	שנה ואהרן בן- שלש ושמנים שנה	71 3
ט070708	בן- שמנים שנה ואהרן בן- שלש	ושמנים	שנה בדברם אל- פרעה / ויאמר יהוה	71 1 4
		שמורים		
ט124202	כל- צבאות יהוה מארץ מצרים / ליל	שמרים	הוא ליהוה להוציאם מארץ מצרים הוא-	1115 1 3 3
ט124212	מארץ מצרים הוא- הלילה הזה ליהוה	שמרים	לכל- בני ישראל לדרתם / ויאמר יהוה	1115 1 3 3
		שמח		
ט041421	וגם הנה- הוא יצא לקראתך וראך	ושמח	בלבו / ודברת אליו ושמת את- הדברים	3111 1 1 1 3
		שמט		
ט231102	את- ארצך ואספת את- תבואתה / והשביעת	תשמטנה	ונטשתה ואכלו אביני עמך ויתרם תאכל	3121 1 1 5 4
		שמים		
ט090815	מלא חפניכם פיח כבשן וזרקו משה	השמימה	לעיני פרעה / והיה לאבק על כל-	1115 1 2 92 4
ט091011	ויעמדו לפני פרעה ויזרק אתו משה	השמימה	ויהי שחין אבעבעת פרח באדם ובבהמה	1115 1 2 92 4
ט092209	אל- משה נטה את- ידך על-	השמים	ויהי ברד בכל- ארץ מצרים על-	1115 1 2 2 4
ט092306	מצרים / ויט משה את- מטהו על-	השמים	ויהוה נתן קלת וברד ותהלך- אש	1115 1 2 2 4
ט102108	יהוה אל- משה נטה ידך על-	השמים	ויהי חשך על- ארץ מצרים וימש	1115 1 2 2 4
ט102206	חשך / ויט משה את- ידו על-	השמים	ויהי חשך- אפלה בכל- ארץ מצרים	1115 1 2 2 4
ט160410	משה הנני ממטיר לכם לחם מן-	השמים	ויצא העם ולקטו דבר- יום ביומו	1115 1 2 2 4
ט171419	מחה אמחה את- זכר עמלק מתחת	השמים	/ ויבן משה מזבח ויקרא שמו יהוה	1115 1 2 2 4
ט200408	תעשה לך פסל וכל- תמונה אשר	בשמים	ממעל ואשר בארץ מתחת ואשר במים	1115 1 2 24 4
ט201107	כי ששת- ימים עשה יהוה את-	השמים	ואת- הארץ את- הים ואת- כל-	1115 1 2 2 4
ט202214	בני ישראל אתם ראיתם כי מן-	השמים	דברתי עמכם / לא תעשון אתי אלהי	1115 1 2 2 4
ט241011	ותחת רגליו כמעשה לבנת הספיר וכעצם	השמים	לטהר / ואל- אצילי בני ישראל לא	1115 1 2 2 4
ט311714	כי- ששת ימים עשה יהוה את-	השמים	ואת- הארץ וביום השביעי שבת וינפש	1115 1 2 2 4
ט321316	ותדבר אלהם ארבה את- זרעכם ככוכבי	השמים	וכל- הארץ הזאת אשר אמרתי אתן	1115 1 2 2 4
		שמיני		
ט222911	שבעת ימים יהיה עם- אמו ביום	השמיני	תתנו- לי / ואנשי קדש תהיון לי	72 1 1 2 4
		שמלה		
ט032210	ומגרת ביתה כלי- כסף וכלי זהב	ושמלת	ושמתם על- בניכם ועל- בנתיכם ונצלתם	1122 2 3 1 4
ט222606	לו / כי הוא כסותה לבדה הוא	שמלתו	לערו במה ישכב והיה כי- יצעק	1123 2 1 4 3
ט123512	וישאלו ממצרים כלי- כסף וכלי- זהב	ושמלת	/ ויהוה נתן את- חן העם בעיני	1125 2 3 1 4
ט123409	את- בצקו טרם יחמץ משארתם צררת	בשמלתם	על- שכמם / ובני- ישראל עשו כדבר	1127 2 3 9 4 5
ט191012	אל- העם וקדשתם היום ומחר וכבסו	שמלתם	/ והיו נכנים ליום השלישי כי ביום	1127 2 3 9 3
ט191411	אל- העם ויקדש את- העם ויכבסו	שמלתם	/ ויאמר אל- העם היו נכנים לשלשת	1127 2 3 9 3
		שממה		
ט232909	מפניך בשנה אחת פן- תהיה הארץ	שממה	ורבה עליך חית השדה / מעט מעט	1121 1 1 3
		שמן		
ט290206	תמימם / ולחם מצות וחלת מצת בלולת	בשמן	ורקיקי מצות משחים בשמן סלת חטים	1111 1 1 24 3
ט290210	מצת בלולת בשמן ורקיקי מצות משחים	בשמן	סלת חטים תעשה אתם / ונתת אותם	1111 1 1 24 3
ט292306	הוא / וככר לחם אחת וחלת לחם	שמן	אחת ורקיק אחד מסל המצות אשר	1111 1 1 2
ט294004	תעשה בין הערבים / ועשרן סלת בלול	בשמן	כתית רבע ההין ונסך רביעית ההין	1111 1 1 4 3
ט350801	אילם מאדמים וערת תחשים ועצי שטים /	ושמן	למאור ובשמים לשמן המשחה ולקטרת הסמים	1111 1 1 1 3

אזכור		מלה		צורן	ג	#	כ	קס	ה
ט352804	המלאים לאפוד ולחשן / ואת- הבשם ואת-	השמן	לנאור ולשמן המשחה ולקטרת הסמים / כל-	1111	1	1		2	3
ט250604	תחשים ועצי שטים / שמן למאר בשמים	לשמן	המשחה ולקטרת הסמים / אבני- שהם ואבני	1112	1	1		6	3
ט272008	תצוה את- בני ישראל ויקחו אליך	שמן	זית זך כתית למאור להעלת נר	1112	1	1			2
ט290703	נזר הקדש על- המצנפת / ולקחת את-	שמן	המשחה ויצקת על- ראשו ומשחת אתו	1112	1	1			2
ט292107	ולקחת מן- הדם אשר על- המזבח	ומשמן	המשחה והזית על- אהרן ועל- בגדיו	1112	1	1		71	4
ט302406	ומאתים / וקדה חמש מאות בשקל הקדש	ושמן	זית הין / ועשית אתו שמן משחת-	1112	1	1		1	3
ט302503	הקדש ושמן זית הין / ועשית אתו	שמן	משחת- קדש רקח מרקחת מעשה רקח	1112	1	1			2
ט302510	משחת- קדש רקח מרקחת מעשה רקח	שמן	משחת- קדש יהיה / ומשחת בו את-	1112	1	1			2
ט303106	לי / ואל- בני ישראל תדבר לאמר	שמן	משחת- קדש יהיה זה לי לדרתיכם	1112	1	1			2
ט311102	הכהן ואת- בגדי בניו לכהן / ואת	שמן	המשחה ואת- קטרת הסמים לקדש ככל	1112	1	1			2
ט350804	תחשים ועצי שטים / ושמן למאור ובשמים	לשמן	המשחה ולקטרת הסמים / ואבני- שהם ואבני	1112	1	1		6	3
ט351418	המאור ואת- כליה ואת- נרתיה ואת	שמן	המאור / ואת- מזבח הקטרת ואת- בדיו	1112	1	1			2
ט351507	ואת- מזבח הקטרת ואת- בדיו ואת	שמן	המשחה ואת קטרת הסמים ואת- מסך	1112	1	1			2
ט352806	ולחשן / ואת- הבשם ואת- השמן למאור	ולשמן	המשחה ולקטרת הסמים / כל- איש ואשה	1112	1	1		61	4
ט372903	שטים ויצף אתם זהב / ויעש את-	שמן	המשחה קדש ואת- קטרת הסמים טהור	1112	1	1			2
ט393712	נרת המערכה ואת- כל- כליה ואת	שמן	המאור / ואת מזבח הזהב ואת שמן	1112	1	1			2
ט393805	שמן המאור / ואת מזבח הזהב ואת	שמן	המשחה ואת קטרת הסמים ואת מסך	1112	1	1			2
ט400903	את- מסך שער החצר / ולקחת את-	שמן	המשחה ומשחת את- המשכן ואת- כל-	1112	1	1			2
ט250601	אילם מאדמים וערת תחשים ועצי שטים /	שמן	למאר בשמים לשמן המשחה ולקטרת הסמים	1115	1	1			2
	-	שמע	*-*						
ט230103	תאכלו לכלב תשלכון אתו // לא תשא	שמע	שוא אל- תשת ידך עם- רשע	1112	1	1			2
	-	שמע	*-*						
ט030712	עני עמי אשר במצרים ואת- צעקתם	שמעתי	מפני נגשיו כי ידעתי את- מכאביו	3111	1	1			3
ט031801	והיבוסי אל- ארץ זבת חלב ודבש /	ושמעו	לקלך ובאת אתה וזקני ישראל אל-	3111	1	3		1	4
ט060503	מגריהם אשר- גרו בה / וגם אני	שמעתי	את- נאקת בני ישראל אשר מצרים	3111	1	1			3
ט060908	משה כן אל- בני ישראל ולא	שמעו	אל- משה מקצר רוח ומעבדה קשה	3111	1	3			3
ט061210	יהוה לאמר הן בני ישראל לא-	שמעו	אלי ואיך ישמעני פרעה ואני ערל	3111	1	3			3
ט071305	את- מטהם / ויחזק לב פרעה ולא	שמע	אלהם כאשר דבר יהוה / ויאמר יהוה	3111	1	1			2
ט071616	את- עמי ויעבדני במדבר והנה לא-	שמעת	עד- כה / כה אמר יהוה בזאת	3111	1	1			3
ט072210	מצרים בלטיהם ויחזק לב- פרעה ולא-	שמע	אלהם כאשר דבר יהוה / ויפן פרעה	3111	1	1			2
ט081110	היתה הרוחה והכבד את- לבו ולא	שמע	אלהם כאשר דבר יהוה / ויאמר יהוה	3111	1	1			2
ט081512	אלהים הוא ויחזק לב- פרעה ולא-	שמע	אלהם כאשר דבר יהוה / ויאמר יהוה	3111	1	1			2
ט091207	ויחזק יהוה את- לב פרעה ולא	שמע	אלהם כאשר דבר יהוה אל- משה	3111	1	1			2
ט151401	גאלת נהלת בעזך אל- נוה קדשך /	שמעו	עמים ירגזון חיל אחז ישבי פלשת	3111	1	3			3
ט160915	בני ישראל קרבו לפני יהוה כי	שמע	את- תלנתיכם / ויהי כדבר אהרן אל-	3111	1	1			2
ט161201	בעזן / וידבר יהוה אל- משה לאמר /	שמעתי	את- תלונת בני ישראל דבר אלהם	3111	1	1			3
ט162002	אל- יותר ממנו עד- בקר / ולא-	שמעו	אל- משה ויותרו אנשים ממנו עד-	3111	1	3			3
ט222614	במה ישכב והיה כי- יצעק אלי	ושמעתי	כי- חנון אני / אלהים לא תקלל	3111	1	1		1	4
ט021501	ויירא משה ויאמר אכן נודע הדבר /	וישמע	פרעה את- הדבר הזה ויבקש להרג	3121	1	1		*	3
ט022401	ותעל שועתם אל- האלהים מן- העבדה /	וישמע	אלהים את- נאקתם ויזכר אלהים את-	3121	1	1		*	3
ט040109	ויאמר והן לא- יאמינו לי ולא	ישמעו	בקלי כי יאמרו לא- נראה אליך	3121	1	3			3
ט040807	והיה אם- לא יאמינו לך ולא	ישמעו	לקל האת הראשון והאמינו לקל האת	3121	1	1			3
ט040910	יאמינו גם לשני האתות האלה ולא	ישמעון	לקלך ולקחת ממימי היאר ושפכת היבשה	3121	1	3		0	3
ט043103	ויעש האתת לעיני העם / ויאמן העם	וישמעו	כי- פקד יהוה את- בני ישראל	3121	1	3		*	4
ט050206	במדבר / ויאמר פרעה מי יהוה אשר	אשמע	בקלו לשלח את- ישראל לא ידעתי	3121	1	1			2
ט061213	בני ישראל לא- שמעו אלי ואיך	ישמעני	פרעה ואני ערל שפתים / וידבר יהוה	3121	1	1	1		4
ט063010	יהוה הן אני ערל שפתים ואיך	ישמע	אלי פרעה // ויאמר יהוה אל- משה	3121	1	1			2
ט070402	אתתי ואת- מופתי בארץ מצרים / ולא-	ישמע	אלכם פרעה ונתתי את- ידי במצרים	3121	1	1			2
ט110906	אף / ויאמר יהוה אל- משה לא-	ישמע	אליכם פרעה למען רבות מופתי בארץ	3121	1	1			2
ט152604	ומשפט ושם נסהו / ויאמר אם- שמוע	תשמע	לקול יהוה אלהיך והישר בעיניו תעשה	3121	1	1			2
ט180101	יה מלחמה ליהוה בעמלק מדר דר //	וישמע	יתרו כהן מדין חתן משה את	3121	1	1		*	3
ט182401	העם הזה על- מקמו יבא בשלום /	וישמע	משה לקול חתנו ויעש כל אשר	3121	1	1		*	3

ה = מספר ההברות   קס = קידומות וסיומות   כ = כינוי גבור   # = מספר   ג = מין   // = סוף פרק   / = סוף פסוק

אזכור		מלה		צורן	ג	#	כ	קס	ה
ט190504	ואבא אתכם אלי / ועתה אם- שמוע	תשמעו	בקלי ושמרתם את- בריתי והייתם לי	3121	1	3			3
ט190912	אנכי בא אליך בעב הענן בעבור	ישמע	העם בדברי עמך וגם- בך יאמינו	3121	1	1			2
ט201907	ויאמרו אל- משה דבר- אתה עמנו	ונשמעה	ואל- ידבר עמנו אלהים פן- נמות	3121	1	3		91	4
ט222211	כי אם- צעק יצעק אלי שמע	אשמע	צעקתו / וחרה אפי והרגתי אתכם בחרב	3121	1	1			2
ט232204	כי שמי בקרבו / כי אם- שמוע	תשמע	בקלו ועשית כל אשר אדבר ואיבתי	3121	1	1			2
ט240714	ויאמרו כל אשר- דבר יהוה נעשה	ונשמע	/ ויקח משה את- הדם ויזרק על-	3121	1	3		1	3
ט321701	מכתב אלהים הוא חרות על- הלחת /	וישמע	יהושע את- קול העם ברעה ויאמר	3121	1	1		*	3
ט330401	קשה- ערף אתה פן אכלך בדרך /	וישמע	העם את- הדבר הרע הזה ויתאבלו	3121	1	1		*	3
ט321813	קול ענות חלושה קול ענות אנכי	שמע	/ ויהי כאשר קרב אל- המחנה וירא	3131	1	1			3
ט181902	הדבר לא- תוכל עשהו לבדך / עתה	שמע	בקלי איעצך ויהי אלהים עמך היה	314	1	1			2
ט232103	אל- המקום אשר הכנתי / השמר מפניו	ושמע	בקלו אל- תמר בו כי לא	314	1	1		1	3
ט152603	חק ומשפט ושם נסהו / ויאמר אם-	שמוע	תשמע לקול יהוה אלהיך והישר בעיניו	3151					3
ט190503	נשרים ואבא אתכם אלי / ועתה אם-	שמוע	תשמעו בקלי ושמרתם את- בריתי והייתם	3151					3
ט222210	אתו כי אם- צעק יצעק אלי	שמע	אשמע צעקתו / וחרה אפי והרגתי אתכם	3151					3
ט232203	לפשעכם כי שמי בקרבו / כי אם-	שמוע	תשמע בקלו ועשית כל אשר אדבר	3151					3
ט160812	בערב בשר לאכל ולחם בבקר לשבע	בשמע	יהוה את- תלנתיכם אשר- אתם מלינם	3152				4	4
ט160706	מצרים / ובקר וראיתם את- כבוד יהוה	בשמעו	את- תלנתיכם על- יהוה ונחנו מה	3153			4	4	4
	--*-*-*-*-*-*-*-*-*-*-*-*-*	שמעון	*-*-*-*-*-*-*-*-*-*-*-*-*-*-*						
ט010202	את יעקב איש וביתו באו / ראובן	שמעון	לוי ויהודה / יששכר זבולן ובנימן / דן	122	1				2
ט061502	חצרן וכרמי אלה משפחת ראובן / ובני	שמעון	ימואל וימין ואהד ויכין וצחר ושאול	122	1				2
ט061513	וצחר ושאול בן- הכנענית אלה משפחת	שמעון	/ ואלה שמות בני- לוי לתלדתם גרשון	122	1				3
	--*-*-*-*-*-*-*-*-*-*-*-*-*	שמעי	*-*-*-*-*-*-*-*-*-*-*-*-*-*-*						
ט061704	ושלשים ושבע שנה / בני גרשון לבני	ושמעי	למשפחתם / ובני קהת עמרם ויצהר וחברון	122	1			1	3
	--*-*-*-*-*-*-*-*-*-*-*-*-*	שמצה	*-*-*-*-*-*-*-*-*-*-*-*-*-*-*						
ט322511	כי פרע הוא כי- פרעה אהרן	לשמצה	בקמיהם / ויעמד משה בשער המחנה ויאמר	1121	2	1		6	3
	--*-*-*-*-*-*-*-*-*-*-*-*-*	שמר	*-*-*-*-*-*-*-*-*-*-*-*-*-*-*						
ט121701	לכל- נפש הוא לבדו יעשה לכם /	ושמרתם	את- המצות כי בעצם היום הזה	3111	1	3		1	4
ט121713	הזה הוצאתי את- צבאותיכם מארץ מצרים	ושמרתם	את- היום הזה לדרתיכם חקת עולם	3111	1	3		1	4
ט122401	יתן המשחית לבא אל- בתיכם לנגף /	ושמרתם	את- הדבר הזה לחק- לך ולבניך	3111	1	3		1	4
ט122512	אשר יתן יהוה לכם כאשר דבר	ושמרתם	את- העבדה הזאת / והיה כי יאמרו	3111	1	3		1	4
ט131001	כי ביד חזקה הוצאך יהוה ממצרים /	ושמרת	את- החקה הזאת למועדה מימים ימימה	3111	1	1		1	4
ט152613	אלהיך והישר בעיניו תעשה והאזנת למצותיו	ושמרת	כל- חקיו כל- המחלה אשר- שמתי	3111	1	1		1	4
ט190506	אלי / ועתה אם- שמוע תשמעו בקלי	ושמרתם	את- בריתי והייתם לי סגלה מכל-	3111	1	3		1	4
ט311401	לדרתיכם לדעת כי אני יהוה מקדשכם /	ושמרתם	את- השבת כי קדש הוא לכם	3111	1	3		1	4
ט311601	העשה מלאכה ביום השבת מות יומת /	ושמרו	בני- ישראל את השבת לעשות את-	3111	1	3		1	4
ט212910	הוא מתמל שלשם והועד בבעליו ולא	ישמרנו	והמית איש או אשה השור יסקל	3121	1	1	4		4
ט213610	שור נגח הוא מתמול שלשם ולא	ישמרנו	בעליו שלם ישלם שור תחת השור	3121	1	1	4		4
ט231305	אמתך והגר / ובכל אשר- אמרתי אליכם	תשמרו	ושם אלהים אחרים לא תזכירו לא	3121	1	3			3
ט231504	תחג לי בשנה / את חג המצות	תשמר	שבעת ימים תאכל מצות כאשר צויתך	3121	1	1			2
ט311310	בני ישראל לאמר אך את- שבתתי	תשמרו	כי אות הוא ביני וביניכם לדרתיכם	3121	1	3			3
ט341804	לא תעשה- לך / את- חג המצות	תשמר	שבעת ימים תאכל מצות אשר צויתך	3121	1	1			2
ט200605	רבעים לשנאי / ועשה חסד לאלפים לאהבי	ולשמרי	מצותי / לא תשא את- שם- יהוה	3133	1	3		61	5
ט341101	נורא הוא אשר אני עשה עמך /	שמר-	לך את אשר אנכי מצוך היום	314	1	1			2
ט162808	יהוה אל- משה עד- אנה מאנתם	לשמר	מצותי ותורתי / ראו כי- יהוה נתן	3154				6	3
ט220609	איש אל- רעהו כסף או- כלים	לשמר	וגנב מבית האיש אם- ימצא הגנב	3154				6	3
ט220913	או- שור או- שה וכל- בהמה	לשמר	ומת או- נשבר או- נשבה אין	3154				6	3
ט232006	אתו / הנה אנכי שלח מלאך לפניך	לשמרך	בדרך ולהביאך אל- המקום אשר הכנתי	3154			5	6	5

/ = סוף פסוק   // = סוף פרק   ג = מין   # = מספר   כ = כינוי חבור   קס = קידומות וסיומות   ה = מספר ההברות

אזכור		מלה		צופן	ג	#	כ	קס	ה
	-	שמש	*-*						
ט162109	בבקר בבקר איש כפי אכלו וחם	השמש	ונמס / ויהי ביום הששי לקטו לחם	1121	2	1		2	3
ט171223	אחד ויהי ידיו אמונה עד- בא	השמש	/ ויחלש יהושע את- עמלק ואת- עמו	1121	2	1		2	3
ט220203	ומת אין לו דמים / אם- זרחה	השמש	עליו דמים לו שלם ישלם אם-	1121	2	1		2	3
ט222508	חבל תחבל שלמת רעך עד- בא	השמש	תשיבנו לו / כי הוא כסותה לבדה	1121	2	1		2	3
	-	שן	*-*						
ט212404	נפש תחת נפש / עין תחת עין	שן	תחת שן יד תחת יד רגל	1121	2	1			1
ט212406	נפש / עין תחת עין שן תחת	שן	יד תחת יד רגל תחת רגל	1121	2	1			1
ט212702	ושחתה לחפשי ישלחנו תחת עינו / ואם-	שן	עבדו או- שן אמתו יפיל לחפשי	1122	2	1			1
ט212705	תחת עינו / ואם- שן עבדו או-	שן	אמתו יפיל לחפשי ישלחנו תחת שנו	1122	2	1			1
ט212711	שן אמתו יפיל לחפשי ישלחנו תחת	שנו	/ וכי- יגח שור את- איש או	1123	2	1	4		2
	-	שנא	*-*						
ט011014	תקראנה מלחמה ונוסף גם- הוא על-	שנאינו	ונלחם- בנו ועלה מן- הארץ / וישימו	3131	1	3	6		4
ט200521	על- בנים על- שלשים ועל- רבעים	לשנאי	/ ועשה חסד לאלפים לאהבי ולשמרי מצותי	3131	1	3	1	6	4
ט230504	השב תשיבנו לו / כי- תראה חמור	שנאך	רבץ תחת משאו וחדלת מעזב לו	3131	1	1	2		4
ט182111	אנשי- חיל יראי אלהים אנשי אמת	שנאי	בצע ושמת עלהם שרי אלפים שרי	3133	1	3			3
	-	שנה	*-*						
ט061615	ושני חיי לוי שבע ושלשים ומאת	שנה	/ בני גרשון לבני ושמעי למשפחתם / ובני	1121	2	1			2
ט061813	ושני חיי קהת שלש ושלשים ומאת	שנה	/ ובני מררי מחלי ומושי אלה משפחת	1121	2	1			2
ט062020	ושני חיי עמרם שבע ושלשים ומאת	שנה	/ ובני יצהר קרח ונפג וזכרי / ובני	1121	2	1			2
ט070704	אתם כן עשו / ומשה בן- שמנים	שנה	ואהרן בן- שלש ושמנים שנה בדברם	1121	2	1			2
ט070709	שמנים שנה ואהרן בן- שלש ושמנים	שנה	בדברם אל- פרעה / ויאמר יהוה אל-	1121	2	1			2
ט120210	ראש חדשים ראשון הוא לכם לחדשי	השנה	/ דברו אל- כל- עדת ישראל לאמר	1121	2	1		2	3
ט120505	על- השה / שה תמים זכר בן-	שנה	יהיה לכם מן- הכבשים ומן- העזים	1121	2	1			2
ט124008	בני ישראל אשר ישבו במצרים שלשים	שנה	וארבע מאות שנה / ויהי מקץ שלשים	1121	2	1			2
ט124011	ישבו במצרים שלשים שנה וארבע מאות	שנה	/ ויהי מקץ שלשים שנה וארבע מאות	1121	2	1			2
ט124104	וארבע מאות שנה / ויהי מקץ שלשים	שנה	וארבע מאות שנה ויהי בעצם היום	1121	2	1			2
ט124107	ויהי מקץ שלשים שנה וארבע מאות	שנה	ויהי בעצם היום הזה יצאו כל-	1121	2	1			2
ט163507	ובני ישראל אכלו את- המן ארבעים	שנה	עד- באם אל- ארץ נושבת את-	1121	2	1			2
ט231405	על- פיך / שלש רגלים תחג לי	בשנה	/ את חג המצות תשמר שבעת ימים	1121	2	1		24	3
ט231611	אשר תזרע בשדה וחג האסף בצאת	השנה	באספך את- מעשיך מן- השדה / שלש	1121	2	1		2	3
ט231703	את- מעשיך מן- השדה / שלש פעמים	בשנה	יראה כל- זכורך אל- פני האדן	1121	2	1		24	3
ט232904	ואת החתי מלפניך / לא אגרשנו מפניך	בשנה	אחת פן- תהיה הארץ שממה ורבה	1121	2	1		4	3
ט293808	אשר תעשה על- המזבח כבשים בני-	שנה	שנים ליום תמיד / את- הכבש האחד	1121	2	1			2
ט301006	עליו / וכפר אהרן על- קרנתיו אחת	בשנה	מדם חטאת הכפרים אחת בשנה יכפר	1121	2	1		24	3
ט301011	אחת בשנה מדם חטאת הכפרים אחת	בשנה	יכפר עליו לדרתיכם קדש קדשים הוא	1121	2	1		24	3
ט301407	כל העבר על הפקדים מבן עשרים	שנה	ומעלה יתן תרומת יהוה / העשיר לא-	1121	2	1			2
ט342211	בכורי קציר חטים וחג האסיף תקופת	השנה	/ שלש פעמים בשנה יראה כל- זכורך	1121	2	1		2	3
ט342303	וחג האסיף תקופת השנה / שלש פעמים	בשנה	יראה כל- זכורך את- פני האדן	1121	2	1		24	3
ט342421	את- פני יהוה אלהיך שלש פעמים	בשנה	/ לא- תשחט על- חמץ דם- זבחי	1121	2	1		24	3
ט382613	לכל העבר על- הפקדים מבן עשרים	שנה	ומעלה לשש- מאות אלף ושלשת אלפים	1121	2	1			2
ט401704	אתו כן עשה / ויהי בחדש הראשון	בשנה	השנית באחד לחדש הוקם המשכן / ויקם	1121	2	1		24	3
ט210206	לפניהם / כי תקנה עבד עברי שש	שנים	יעבד ובשבעת יצא לחפשי חנם / אם-	1125	2	3			2
ט231002	כי- גרים הייתם בארץ מצרים / ושש	שנים	תזרע את- ארצך ואספת את- תבואתה	1125	2	3			2
ט061609	בני- לוי לתלדתם גרשון וקהת ומררי	ושני	חיי לוי שבע ושלשים ומאת שנה	1126	2	3		1	3
ט061807	ובני קהת עמרם ויצהר וחברון ועזיאל	ושני	חיי קהת שלש ושלשים ומאת שנה	1126	2	3		1	3
ט062014	ותלד לו את- אהרן ואת- משה	ושני	חיי עמרם שבע ושלשים ומאת שנה	1126	2	3		1	3
	-	שני	*-*						
ט250404	זהב וכסף ונחשת / ותכלת וארגמן ותולעת	שני	ושש ועזים / וערת אילם מאדמים וערת	1111	1	1			2
ט260111	יריעת שש משזר ותכלת וארגמן ותלעת	שני	כרבים מעשה חשב תעשה אתם / ארן	1111	1	1			2

/ = סוף פסוק   // = סוף פרק   ג = מין   # = מספר   כ = כינוי חבור   קס = קידומות וסיומות   ה = מספר ההברות

אזכור		מלה		צופן	ג	#	כ	קס	ה
ט263106	בהר / ועשית פרכת תכלת וארגמן ותולעת	שני	ושש משזר מעשה חשב יעשה אתה	1111	1	1			2
ט263608	מסך לפתח האהל תכלת וארגמן ותולעת	שני	ושש משזר מעשה רקם / ועשית למסך	1111	1	1			2
ט271609	מסך עשרים אמה תכלת וארגמן ותולעת	שני	ושש משזר מעשה רקם עמדיהם ארבעה	1111	1	1			2
ט280511	ואת- התכלת ואת- הארגמן ואת- תולעת	השני	ואת- השש / ועשו את- האפד זהב	1111	1	1		2	3
ט280608	את- האפד זהב תכלת וארגמן תולעת	שני	ושש משזר מעשה חשב / שתי כתפת	1111	1	1			2
ט280812	ממנו יהיה זהב תכלת וארגמן ותולעת	שני	ושש משזר / ולקחת את- שתי אבני-	1111	1	1			2
ט281513	אפד תעשנו זהב תכלת וארגמן ותולעת	שני	ושש משזר תעשה אתו / רבוע יהיה	1111	1	1			2
ט283308	על- שוליו רמני תכלת וארגמן ותולעת	שני	על- שוליו סביב ופעמני זהב בתוכם	1111	1	1			2
ט350604	זהב וכסף ונחשת / ותכלת וארגמן ותולעת	שני	ושש ועזים / וערת אילם מאדמים וערת	1111	1	1			2
ט352309	אשר- נמצא אתו תכלת וארגמן ותולעת	שני	ושש ועזים וערת אילם מאדמים וערת	1111	1	1			2
ט352515	את- התכלת ואת- הארגמן את- תולעת	השני	ואת- השש / וכל- הנשים אשר נשא	1111	1	1		2	3
ט353514	חרש וחשב ורקם בתכלת ובארגמן בתולעת	השני	ובשש וארג עשי כל- מלאכה וחשבי	1111	1	1		2	3
ט360816	יריעת שש משזר ותכלת וארגמן ותולעת	שני	כרבים מעשה חשב עשה אתם / ארך	1111	1	1			2
ט363507	ויעש את- הפרכת תכלת וארגמן ותולעת	שני	ושש משזר מעשה חשב עשה אתה	1111	1	1			2
ט363708	מסך לפתח האהל תכלת וארגמן ותולעת	שני	ושש משזר מעשה רקם / ואת- עמודיו	1111	1	1			2
ט381809	החצר מעשה רקם תכלת וארגמן ותולעת	שני	ושש משזר ועשרים אמה ארך וקומה	1111	1	1			2
ט382313	חרש וחשב ורקם בתכלת ובארגמן ובתולעת	השני	ובשש / כל- הזהב העשוי למלאכה בכל	1111	1	1		2	3
ט390105	החצר סביב // ומן- התכלת והארגמן ותולעת	השני	עשו בגדי- שרד לשרת בקדש ויעשו	1111	1	1		2	3
ט390208	את- האפד זהב תכלת וארגמן ותולעת	שני	ושש משזר / וירקעו את- פחי הזהב	1111	1	1			2
ט390314	בתוך התכלת ובתוך הארגמן ובתוך תולעת	השני	ובתוך השש מעשה חשב / כתפת עשו-	1111	1	1		2	3
ט390512	הוא כמעשהו זהב תכלת וארגמן ותולעת	שני	ושש משזר כאשר צוה יהוה את-	1111	1	1			2
ט390812	כמעשה אפד זהב תכלת וארגמן ותולעת	שני	ושש משזר / רבוע היה כפול עשו	1111	1	1			2
ט392409	שולי המעיל רמוני תכלת וארגמן ותולעת	שני	משזר / ויעשו פעמני זהב טהור ויתנו	1111	1	1			2
ט392908	האבנט שש משזר ותכלת וארגמן ותולעת	שני	מעשה רקם כאשר צוה יהוה את-	1111	1	1			2
	-	שני	*-*						
ט011511	העברית אשר שם האחת שפרה ושם	השנית	פועה / ויאמר בילדכן את- העבריות וראיתן	72	2	1		2	3
ט021303	את- המצרי ויטמנהו בחול / ויצא ביום	השני	והנה שני- אנשים עברים נצים ויאמר	72	1	1		2	3
ט160119	אילם ובין סיני בחמשה עשר יום לחדש	השני	לצאתם מארץ מצרים / וילונו כל- עדת	72	1	1		2	3
ט251219	צלעו האחת ושתי טבעת על- צלעו	השנית	/ ועשית בדי עצי שטים וצפית אתם	72	2	1		2	3
ט253214	מצדה האחד ושלשה קני מנרה מצדה	השני	/ שלשה גבעים משקדים בקנה האחד כפתר	72	1	1		2	3
ט260416	וכן תעשה בשפת היריעה הקיצונה במחברת	השנית	/ חמשים ללאת תעשה ביריעה האחת וחמשים	72	2	1		2	3
ט260513	ללאת תעשה בקצה היריעה אשר במחברת	השנית	מקבילת הללאת אשה אל- אחתה / ועשית	72	2	1		2	3
ט261016	וחמשים ללאת על שפת היריעה החברת	השנית	/ ועשית קרסי נחשת חמשים והבאת את-	72	2	1		2	3
ט262003	הקרש האחד לשתי ידתיו / ולצלע המשכן	השנית	לפאת צפון עשרים קרש / וארבעים אדניהם	72	2	1		2	3
ט262706	האחד / וחמשה בריחם לקרשי צלע- המשכן	השנית	וחמשה בריחם לקרשי צלע המשכן לירכתים	72	2	1		2	3
ט271502	לכתף עמדיהם שלשה ואדניהם שלשה / ולכתף	השנית	חמש עשרה קלעים עמדיהם שלשה ואדניהם שלשה	72	2	1		2	3
ט281012	ואת- שמות הששה הנותרים על- האבן	השנית	כתולדתם / מעשה חרש אבן פתוחי חתם	72	2	1		2	3
ט281802	אדם פטדה וברקת הטור האחד / והטור	השני	נפך ספיר ויהלם / והטור השלישי לשם	72	1	1		2	3
ט291904	אשה ליהוה הוא / ולקחת את האיל	השני	וסמך אהרן ובניו את- ידיהם על-	72	1	1		2	3
ט293908	הכבש האחד תעשה בבקר ואת הכבש	השני	תעשה בין הערבים / ועשרן סלת בלול	72	1	1		2	3
ט294103	ההין יין לכבש האחד / ואת הכבש	השני	תעשה בין הערבים כמנחת הבקר וכנסכה	72	1	1		2	3
ט361116	כן עשה בשפת היריעה הקיצונה במחברת	השנית	/ חמשים ללאת עשה ביריעה האחת וחמשים	72	2	1		2	3
ט361213	ללאת עשה בקצה היריעה אשר במחברת	השנית	מקבילת הללאת אחת אל- אחת / ויעש	72	2	1		2	3
ט361716	ללאת עשה על- שפת היריעה החברת	השנית	/ ויעש קרסי נחשת חמשים לחבר את-	72	2	1		2	3
ט362503	הקרש האחד לשתי ידתיו / ולצלע המשכן	השנית	לפאת צפון עשה עשרים קרשים / וארבעים	72	2	1		2	3
ט363206	האחד / וחמשה בריחם לקרשי צלע- המשכן	השנית	וחמשה בריחם לקרשי המשכן לירכתים ימה	72	2	1		2	3
ט370318	צלעו האחת ושתי טבעת על- צלעו	השנית	/ ויעש בדי עצי שטים ויצף אתם	72	2	1		2	3
ט371814	מצדה האחד ושלשה קני מנרה מצדה	השני	/ שלשה גבעים משקדים בקנה האחד כפתר	72	1	1		2	3
ט381502	הכתף עמודיהם שלשה ואדניהם שלשה / ולכתף	השנית	מזה ומזה לשער החצר קלעים חמש עשרה	72	2	1		2	3
ט391102	אדם פטדה וברקת הטור האחד / והטור	השני	נפך ספיר ויהלם / והטור השלישי לשם	72	1	1		2	3
ט401705	כן עשה / ויהי בחדש הראשון בשנה	השנית	באחד לחדש הוקם המשכן / ויקם משה	72	2	1		2	3

אזכור		מלה		צורן	ג	#	כ	קס	ה
	--*-*-*-*-*-*-*-*-*-*-*-*-*-*-*	שנים	*-*-*-*-*-*-*-*-*-*-*-*-*-*-*-*-*						
ט021305	וישמנהו בחול / ויצא ביום השני והנה	שני-	אנשים עברים נצים ויאמר לרשע למה	71	1				2
ט040906	האחרון / והיה אם- לא יאמינו גם	לשני	האתות האלו ולא ישמעון לקלך ולקחת	71	1			6	3
ט162207	ויהי ביום הששי לקטו להם משנה	שני	העמר לאחד ויבאו כל- נשיאי העדה	71	1				2
ט180302	צפרה אשת משה אחר שלוחיה / ואת	שני	בניה אשר שם האחד גרשם כי	71	1				2
ט180610	אני חתנך יתרו בא אליך ואשתך	ושני	בניה עמה / ויצא משה לקראת חתנו	71	1			1	3
ט220312	משור עד- חמור עד- שה חיים	שנים	ישלם / כי יבער- איש שדה או-	71	1				3
ט220617	מבית האיש אם- ימצא הגנב ישלם	שנים	/ אם- לא ימצא הגנב ונקרב בעל-	71	1				3
ט220825	הוא זה עד האלהים יבא דבר-	שניהם	אשר ירשיען אלהים ישלם שנים לרעהו	71	1		9		3
ט220830	דבר- שניהם אשר ירשיען אלהים ישלם	שנים	לרעהו / כי- יתן איש אל- רעהו	71	1				3
ט221005	אין ראה / שבעת יהוה תהיה בין	שניהם	אם- לא שלח ידו במלאכת רעהו	71	1		9		3
ט251802	וחצי ארכה ואמה וחצי רחבה / ועשית	שנים	כרבים זהב מקשה תעשה אתם משני	71	1				3
ט251808	שנים כרבים זהב מקשה תעשה אתם	משני	קצות הכפרת / ועשה כרוב אחד מקצה	71	1			7	3
ט251916	מן- הכפרת תעשו את- הכרבים על-	שני	קצותיו / והיו הכרבים פרשי כנפים למעלה	71	1				2
ט252209	שם ודברתי אתך מעל הכפרת מבין	שני	הכרבים אשר על- ארון העדת את	71	1				2
ט253503	גבעים משקדים כפתריה ופרחיה / וכפתר תחת	שני	הקנים ממנה וכפתר תחת שני הקנים	71	1				2
ט253508	תחת שני הקנים ממנה וכפתר תחת	שני	הקנים ממנה וכפתר תחת- שני הקנים	71	1				2
ט253513	תחת שני הקנים ממנה וכפתר תחת-	שני	הקנים ממנה לששת הקנים היצאים מן-	71	1				2
ט261908	אדני- כסף תעשה תחת עשרים הקרש	שני	אדנים תחת- הקרש האחד לשתי ידתיו	71	1				2
ט261915	אדנים תחת- הקרש האחד לשתי ידתיו	ושני	אדנים תחת- הקרש האחד לשתי ידתיו	71	1			1	3
ט262104	צפון עשרים קרש / וארבעים אדניהם כסף	שני	אדנים תחת הקרש האחד ושני אדנים	71	1				2
ט262109	כסף שני אדנים תחת הקרש האחד	ושני	אדנים תחת הקרש האחד / ולירכתי המשכן	71	1			1	3
ט262301	ולירכתי המשכן ימה תעשה ששה קרשים /	ושני	קרשים תעשה למקצעת המשכן בירכתים / ויהיו	71	1			1	3
ט262414	ראשו אל- הטבעת האחת כן יהיה	לשניהם	לשני המקצעת יהיו / והיו שמנה קרשים	71	1		9	6	4
ט262415	אל- הטבעת האחת כן יהיה לשניהם	לשני	המקצעת יהיו / והיו שמנה קרשים ואדניהם	71	1			6	3
ט262508	שמנה קרשים ואדניהם כסף ששה עשר אדנים	שני	אדנים תחת הקרש האחד ושני אדנים	71	1				2
ט262513	אדנים שני אדנים תחת הקרש האחד	ושני	אדנים תחת הקרש האחד / ועשית בריחם	71	1			1	3
ט280707	שתי כתפת חברת יהיה- לו אל	שני	קצותיו וחבר / וחשב אפדתו אשר עליו	71	1				2
ט282312	זהב ונתת את- שתי הטבעות על-	שני	קצות החשן / ונתתה את- שתי עבתת	71	1				2
ט282608	שתי טבעות זהב ושמת אתם על-	שני	קצות החשן על- שפתו אשר אל-	71	1				2
ט290116	לקח פר אחד בן- בקר ואילם	שנים	תמימם / ולחם מצות וחלת מצת בלולת	71	1				3
ט290312	והקרבת אתם בסל ואת- הפר ואת	שני	האילם / ואת- אהרן ואת בניו תקריב	71	1				2
ט293809	תעשה על- המזבח כבשים בני- שנה	שנים	ליום תמיד / את- הכבש האחד תעשה	71	1				3
ט300413	לזרו על שתי צלעתיו תעשה על-	שני	צדיו והיה לבתים לבדים לשאת אתו	71	1				2
ט311809	משה ככלתו לדבר אתו בהר סיני	שני	לחת העדת לחת אבן כתבים באצבע	71	1				2
ט321506	לעמו / ויפן וירד משה מן- ההר	ושני	לחת העדת בידו לחת כתבים משני	71	1			1	3
ט321512	ושני לחת העדת בידו לחת כתבים	משני	עבריהם מזה ומזה הם כתבים / והלחת	71	1			7	3
ט340107	ויאמר יהוה אל- משה פסל- לך	שני-	לחת אבנים כראשנים וכתבתי על- הלחת	71	1				2
ט340402	ירעו אל- מול ההר ההוא / ויפסל	שני	לחת אבנים כראשנים וישכם משה בבקר	71	1				2
ט340419	כאשר צוה יהוה אתו ויקח בידו	שני	לחת אבנים / וירד יהוה בענן ויתיצב	71	1				2
ט342906	הדברים / ויהי ברדת משה מהר סיני	ושני	לחת העדת ביד- משה ברדתו מן-	71	1			1	3
ט362408	אדני- כסף עשה תחת עשרים הקרשים	שני	אדנים תחת- הקרש האחד לשתי ידתיו	71	1				2
ט362415	אדנים תחת- הקרש האחד לשתי ידתיו	ושני	אדנים תחת- הקרש האחד לשתי ידתיו	71	1			1	3
ט362604	עשה עשרים קרשים / וארבעים אדניהם כסף	שני	אדנים תחת הקרש האחד ושני אדנים	71	1				2
ט362609	כסף שני אדנים תחת הקרש האחד	ושני	אדנים תחת הקרש האחד / ולירכתי המשכן	71	1			1	3
ט362801	ולירכתי המשכן ימה עשה ששה קרשים /	ושני	קרשים עשה למקצעת המשכן בירכתים / והיו	71	1			1	3
ט362914	ראשו אל- הטבעת האחת כן עשה	לשניהם	לשני המקצעת / והיו שמנה קרשים ואדניהם	71	1		9	6	4
ט362915	אל- הטבעת האחת כן עשה לשניהם	לשני	המקצעת / והיו שמנה קרשים ואדניהם כסף	71	1			6	3
ט363008	שמנה קרשים ואדניהם כסף ששה עשר אדנים	שני	אדנים שני אדנים תחת הקרש האחד	71	1				2
ט363010	ואדניהם כסף ששה עשר אדנים שני אדנים	שני	אדנים תחת הקרש האחד / ויעש בריחי	71	1				2
ט370702	וחצי ארכה ואמה וחצי רחבה / ויעש	שני	כרבים זהב מקשה עשה אתם משני	71	1				2
ט370708	שני כרבים זהב מקשה עשה אתם	משני	קצות הכפרת / כרוב אחד מקצה מזה	71	1			7	3
ט370814	מזה מן- הכפרת עשה את- הכרבים	משני	קצותיו / ויהיו הכרבים פרשי כנפים למעלה	71	1			7	3
ט372103	גבעים משקדים כפתריה ופרחיה / וכפתר תחת	שני	הקנים ממנו וכפתר תחת שני הקנים	71	1				2

/ = סוף פסוק   // = סוף פרק   ג = מין   # = מספר   כ = כינוי חבור   קס = קידומות וסיומות   ה = מספר ההברות

אזכור		מלה		צונן ג # כ	קס	ה
ט372108	תחת שני הקנים ממנה וכפתר תחת	שני	הקנים ממנה וכפתר תחת- שני הקנים	1 71		2
ט372113	תחת שני הקנים ממנה וכפתר תחת-	שני	הקנים ממנה לששת הקנים היצאים ממנה	1 71		2
ט372712	מתחת לזרו על שתי צלעתיו על	שני	צדיו לבתים לבדים לשאת אתו בהם	1 71		2
ט390406	חשב / כתפת עשו- לו חברת על-	שני	קצותיו חבר / וחשב אפדתו אשר עליו	1 71		2
ט391613	זהב ויתנו את- שתי הטבעת על-	שני	קצות החשן / ויתנו שתי העבתת הזהב	1 71		2
ט391907	ויעשו שתי טבעת זהב וישימו על-	שני	קצות החשן על- שפתו אשר אל-	1 71		2
	--*-*-*-*-*-*-*-*-*-*-*-*-*-*-*	שנים עשר	*-*-*-*-*-*-*-*-*-*-*-*-*-*-*-*-*			
ט240415	ויבן מזבח תחת ההר ושתים עשרה מצבה	לשנים עשר	שבטי ישראל / וישלח את- נערי בני	1 71	6	5
ט282116	פתוחי חותם איש על- שמו תהיין	לשני עשר	שבט / ועשית על- החשן שרשת גבלת	1 71	6	5
ט391415	שמתם פתוחי חתם איש על- שמו	לשנים עשר	שבט / ויעשו על- החשן שרשרת גבלת	1 71	6	5
	--*-*-*-*-*-*-*-*-*-*-*-*-*-*-*	שעה	*-*-*-*-*-*-*-*-*-*-*-*-*-*-*-*-*			
ט050908	העבדה על- האנשים ויעשו- בה ואל-	ישעו	בדברי- שקר / ויצאו נגשי העם ושטריו	3 1 3121		2
	--*-*-*-*-*-*-*-*-*-*-*-*-*-*-*	שעורה	*-*-*-*-*-*-*-*-*-*-*-*-*-*-*-*-*			
ט093102	טרם תיראון מפני יהוה אלהים / והפשתה	והשערה	נכתה כי השערה אביב והפשתה גבעל	1 2 1121	21	5
ט093105	יהוה אלהים / והפשתה והשערה נכתה כי	השערה	אביב והפשתה גבעל / והחטה והכסמת לא	1 2 1121	2	4
	--*-*-*-*-*-*-*-*-*-*-*-*-*-*-*	שער	*-*-*-*-*-*-*-*-*-*-*-*-*-*-*-*-*			
ט322715	איש- חרבו על- ירכו עברו ושובו	משער	לשער במחנה והרגו איש- את- אחיו	1 1 1111	7	3
ט322716	חרבו על- ירכו עברו ושובו משער	לשער	במחנה והרגו איש- את- אחיו ואיש	1 1 1111	26	3
ט271601	חמש עשרה קלעים עמדיהם שלשה ואדניהם שלשה /	ולשער	החצר מסך עשרים אמה תכלת וארגמן	1 1 1112	61	4
ט322603	פרעה אהרן לשמצה בקמיהם / ויעמד משה	בשער	המחנה ויאמר מי ליהוה אלי ויאספו	1 1 1112	4	3
ט351710	את- עמדיו ואת- אדניה ואת מסך	שער	החצר / את- יתדת המשכן ואת- יתדת	1 1 1112		2
ט381505	ואדניהם שלשה / ולכתף השנית מזה ומזה	לשער	החצר קלעים חמש עשרה אמה עמדיהם שלשה	1 1 1112	6	3
ט381802	מחשקים כסף כל עמדי החצר / ומסך	שער	החצר מעשה רקם תכלת וארגמן ותולעת	1 1 1112		2
ט383107	ואת- אדני החצר סביב ואת- אדני	שער	החצר ואת כל- יתדת המשכן ואת-	1 1 1112		2
ט394010	את- עמדיה ואת- אדניה ואת- המסך	לשער	החצר את- מיתריו ויתדתיה ואת כל-	1 1 1112	6	3
ט400808	את- החצר סביב ונתת את- מסך	שער	החצר / ולקחת את- שמן המשחה ומשחת	1 1 1112		2
ט403310	סביב למשכן ולמזבח ויתן את- מסך	שער	החצר ויכל משה את- המלאכה / ויכס	1 1 1112		2
ט201018	ובתך עבדך ואמתך ובהמתך וגרך אשר	בשעריך	/ כי ששת- ימים עשה יהוה את-	2 3 1 1117	4	5
	--*-*-*-*-*-*-*-*-*-*-*-*-*-*-*	שפה	*-*-*-*-*-*-*-*-*-*-*-*-*-*-*-*-*			
ט283205	כליל תכלת / והיה פי- ראשו בתוכו	שפה	יהיה לפיו סביב מעשה ארג כפי	1 2 1121		2
ט392306	תכלת / ופי- המעיל בתוכו כפי תחרא	שפה	לפיו סביב לא יקרע / ויעשו על-	1 2 1121		2
ט020319	בה את- הילד ותשם בסוף על-	שפת	היאור / ותתצב אחתו מרחק לדעה מה-	1 2 1122		2
ט071511	הנה יצא המימה ונצבת לקראתו על-	שפת	היאר והמטה אשר- נהפך לנחש תקח	1 2 1122		2
ט143015	וירא ישראל את- מצרים מת על-	שפת	הים / וירא ישראל את- היד הגדלה	1 2 1122		2
ט260405	אל- אחתה / ועשית ללאת תכלת על	שפת	היריעה האחת מקצה בחברת וכן תעשה	1 2 1122		2
ט260412	היריעה האחת מקצה בחברת וכן תעשה	בשפת	היריעה הקיצונה במחברת השנית / חמשים ללאת	1 2 1122	4	3
ט261005	פני האהל / ועשית חמשים ללאת על	שפת	היריעה האחת הקיצנה בחברת וחמשים ללאת	1 2 1122		2
ט261013	האחת הקיצנה בחברת וחמשים ללאת על	שפת	היריעה החברת השנית / ועשית קרסי נחשת	1 2 1122		2
ט361105	אל- אחת / ויעש ללאת תכלת על	שפת	היריעה האחת מקצה במחברת כן עשה	1 2 1122		2
ט361112	היריעה האחת מקצה במחברת כן עשה	בשפת	היריעה הקיצונה במחברת השנית / חמשים ללאת	1 2 1122	4	3
ט361705	היריעה לבד / ויעש ללאת חמשים על	שפת	היריעה הקיצנה במחברת וחמשים ללאת עשה	1 2 1122		2
ט361713	הקיצנה במחברת וחמשים ללאת עשה על-	שפת	היריעה החברת השנית / ויעש קרסי נחשת	1 2 1122		2
ט282612	אתם על- שני קצות החשן על-	שפתו	אשר אל- עבר האפוד ביתה / ועשית	4 1 2 1123		3
ט391911	וישימו על- שני קצות החשן על-	שפתו	אשר אל- עבר האפד ביתה / ויעשו	4 1 2 1123		3
ט061217	אלי ואיך ישמעני פרעה ואני ערל	שפתים	/ וידבר יהוה אל- משה ואל- אהרן	2 2 1125		4
ט063008	משה לפני יהוה הן אני ערל	שפתים	ואיך ישמע אלי פרעה // ויאמר יהוה	2 2 1125		4

אזכור		מלה		ה קס כ # ג צופן
		שפחה		
ט110513	פרעה הישב על- כסאו עד בכור	השפחה	אשר אחר הרחים וכל בכור בהמה	3 2 1 2 1121
		שפט		
ט181607	כי- יהיה להם דבר בא אלי	ושפטתי	בין איש ובין רעהו והודעתי את-	4 1 1 1 3111
ט182201	שרי מאות שרי חמשים ושרי עשרת /	ושפטו	את- העם בכל- עת והיה כל-	4 1 3 1 3111
ט182601	שרי מאות שרי חמשים ושרי עשרת /	ושפטו	את- העם בכל- עת את- הדבר	4 1 3 1 3111
ט052106	פרעה / ויאמרו אלהם ירא יהוה עליכם	וישפט	אשר הבאשתם את- ריחנו בעיני פרעה	3 1 1 1 3121
ט182215	הגדל יביאו אליך וכל- הדבר הקטן	ישפטו-	הם והקל מעליך ונשאו אתך / אם	3 3 1 3121
ט182615	יביאון אל- משה וכל- הדבר הקטן	ישפוטו	הם / וישלח משה את- חתנו וילך	3 3 1 3121
ט181305	לפני האלהים / ויהי ממחרת וישב משה	לשפט	את- העם ויעמד העם על- משה	3 6 3154
		שפטים		
ט060619	אתכם מעבדתם וגאלתי אתכם בזרוע נטויה	ובשפטים	גדלים / ולקחתי אתכם לי לעם והייתי	5 41 3 1 1115
ט070418	את- עמי בני- ישראל מארץ מצרים	בשפטים	גדלים / וידעו מצרים כי- אני יהוה	4 4 3 1 1115
ט121218	ועד- בהמה ובכל- אלהי מצרים אעשה	שפטים	אני יהוה / והיה הדם לכם לאת	3 3 1 1115
		שפך		
ט040915	ולא ישמעון לקלך ולקחת ממימי היאר	ושפכת	היבשה והיו המים אשר תקח מן-	4 1 1 1 3111
ט291212	קרנת המזבח באצבעך ואת- כל- הדם	תשפך	אל- יסוד המזבח / ולקחת את- כל-	2 1 1 3121
		שפרה		
ט011509	מצרים למילדת העברית אשר שם האחת	שפרה	ושם השנית פועה / ויאמר בילדכן את-	2 2 122
		שקד		
ט253303	קני מנרה מצדה השני / שלשה גבעים	משקדים	בקנה האחד כפתר ופרח ושלשה גבעים	4 3 1 3431
ט253310	בקנה האחד כפתר ופרח ושלשה גבעים	משקדים	בקנה האחד כפתר ופרח כן לששת	4 3 1 3431
ט253404	היצאים מן- המנרה / ובמנרה ארבעה גבעים	משקדים	כפתריה ופרחיה / וכפתר תחת שני הקנים	4 3 1 3431
ט371903	קני מנרה מצדה השני / שלשה גבעים	משקדים	בקנה האחד כפתר ופרח ושלשה גבעים	4 3 1 3431
ט371910	בקנה האחד כפתר ופרח ושלשה גבעים	משקדים	בקנה אחד כפתר ופרח כן לששת	4 3 1 3431
ט372004	היצאים מן- המנרה / ובמנרה ארבעה גבעים	משקדים	כפתריה ופרחיה / וכפתר תחת שני הקנים	4 3 1 3431
		שקל		
ט301308	יתנו כל- העבר על- הפקדים מחצית	השקל	בשקל הקדש עשרים גרה השקל מחצית	3 2 1 1 1111
ט301313	מחצית השקל בשקל הקדש עשרים גרה	השקל	מחצית השקל תרומה ליהוה / כל העבר	3 2 1 1 1111
ט301315	בשקל הקדש עשרים גרה השקל מחצית	השקל	תרומה ליהוה / כל העבר על הפקדים	3 2 1 1 1111
ט301508	לא- ירבה והדל לא ימעיט ממחצית	השקל	לתת את- תרומת יהוה לכפר על-	3 2 1 1 1111
ט382417	תשע ועשרים ככר ושבע מאות ושלשים	שקל	בשקל הקדש / וכסף פקודי העדה מאת	2 1 1 1111
ט382511	ככר ואלף ושבע מאות וחמשה ושבעים	שקל	בשקל הקדש / בקע לגלגלת מחצית השקל	2 1 1 1111
ט382604	שקל בשקל הקדש / בקע לגלגלת מחצית	השקל	בשקל הקדש לכל העבר על- הפקדים	3 2 1 1 1111
ט382908	התנופה שבעים ככר ואלפים וארבע- מאות	שקל	/ ויעש בה את- אדני פתח אהל	2 1 1 1111
ט301309	כל- העבר על- הפקדים מחצית השקל	בשקל	הקדש עשרים גרה השקל מחצית השקל	3 4 1 1 1112
ט302404	בשם חמשים ומאתים / וקדה חמש מאות	בשקל	הקדש ושמן זית הין / ועשית אתו	3 4 1 1 1112
ט382418	ועשרים ככר ושבע מאות ושלשים שקל	בשקל	הקדש / וכסף פקודי העדה מאת ככר	3 4 1 1 1112
ט382512	ואלף ושבע מאות וחמשה ושבעים שקל	בשקל	הקדש / בקע לגלגלת מחצית השקל בשקל	3 4 1 1 1112
ט382605	בשקל הקדש / בקע לגלגלת מחצית השקל	בשקל	הקדש לכל העבר על- הפקדים מבן	3 4 1 1 1112
ט213209	יגח השור או אמה כסף שלשים	שקלים	יתן לאדניו והשור יסקל / וכי- יפתח	3 3 1 1115
		שקל		
ט221608	מאן ימאן אביה לתתה לו כסף	ישקל	כמהר הבתולת / מכשפה לא תחיה / כל-	2 1 1 3121
		שקר		
ט050910	האנשים ויעשו- בה ואל- ישעו בדברי-	שקר	/ ויצאו נגשי העם ושטריו ויאמרו אל-	2 1 1 1111
ט201605	לא תגנב / לא- תענה ברעך עד	שקר	/ לא תחמד בית רעך לא תחמד	2 1 1 1111

/ = סוף פסוק   // = סוף פרק   ג = מין   # = מספר   כ = כינוי ובור   קס = קידומות וסיומות   ה = מספר ההברות

אזכור		מלה		צופן	ג	#	כ	קס	ה
ט230702	לא תטה משפט אבינך בריבו / מדבר-	שקר	רוחק ונקי וצדיק אל- תהרג כי	1111	1	1			2
	--*-*-*-*-*-*-*-*-*-*-*-*-*-*-*-*-*-*	שר	*-*-*-*-*-*-*-*-*-*-*-*-*-*-*-*-*-*-*-*						
ט021405	תכה רעך / ויאמר מי שמך לאיש	שר	ושפט עלינו הלהרגני אתה אמר כאשר	1111	1	1			1
ט011103	בנו ועלה מן- הארץ / וישימו עליו	שרי	מסים למען ענתו בסבלתם ויבן ערי	1116	1	3			2
ט182115	אנשי אמת שנאי בצע ושמת עלהם	שרי	אלפים שרי מאות שרי חמשים ושרי	1116	1	3			2
ט182117	שנאי בצע ושמת עלהם שרי אלפים	שרי	מאות שרי חמשים ושרי עשרת / ושפטו	1116	1	3			2
ט182119	ושמת עלהם שרי אלפים שרי מאות	שרי	חמשים ושרי עשרת / ושפטו את- העם	1116	1	3			2
ט182121	שרי אלפים שרי מאות שרי חמשים	ושרי	עשרת / ושפטו את- העם בכל- עת	1116	1	3		1	3
ט182512	ישראל ויתן אתם ראשים על- העם	שרי	אלפים שרי מאות שרי חמשים ושרי	1116	1	3			2
ט182514	אתם ראשים על- העם שרי אלפים	שרי	מאות שרי חמשים ושרי עשרת / ושפטו	1116	1	3			2
ט182516	על- העם שרי אלפים שרי מאות	שרי	חמשים ושרי עשרת / ושפטו את- העם	1116	1	3			2
ט182518	שרי אלפים שרי מאות שרי חמשים	ושרי	עשרת / ושפטו את- העם בכל- עת	1116	1	3		1	3
	--*-*-*-*-*-*-*-*-*-*-*-*-*-*-*-*-*-*	שר	*-*-*-*-*-*-*-*-*-*-*-*-*-*-*-*-*-*-*-*						
ט150102	יהוה ויאמינו ביהוה ובמשה עבדו // אז	ישיר-	משה ובני ישראל את- השירה הזאת	3121	1	1			2
ט150112	את- השירה הזאת ליהוה ויאמרו לאמר	אשירה	ליהוה כי- גאה גאה סוס ורכבו	3121	1	1		9	3
ט152104	אחריה בתפים ובמחלת / ותען להם מרים	שירו	ליהוה כי- גאה גאה סוס ורכבו	314	1	3			2
	--*-*-*-*-*-*-*-*-*-*-*-*-*-*-*-*-*-*	שרד	*-*-*-*-*-*-*-*-*-*-*-*-*-*-*-*-*-*-*-*						
ט311003	ואת הכיור ואת- כנו / ואת בגדי	השרד	ואת- בגדי הקדש לאהרן הכהן ואת-	1111	1	1		2	3
ט351903	יתדת החצר ואת- מיתריהם / את- בגדי	השרד	לשרת בקדש את- בגדי הקדש לאהרן	1111	1	1		2	3
ט390108	התכלת והארגמן ותולעת השני עשו בגדי-	שרד	לשרת בקדש ויעשו את- בגדי הקדש	1111	1	1			2
ט394103	עבדת המשכן לאהל מועד / את- בגדי	השרד	לשרת בקדש את- בגדי הקדש לאהרן	1111	1	1		2	3
	--*-*-*-*-*-*-*-*-*-*-*-*-*-*-*-*-*-*	שרף	*-*-*-*-*-*-*-*-*-*-*-*-*-*-*-*-*-*-*-*						
ט293409	מבשר המלאים ומן- הלחם עד- הבקר	ושרפת	את- הנותר באש לא יאכל כי-	3111	1	1		1	4
ט121011	בקר והנתר ממנו עד- בקר באש	תשרפו	/ ככה תאכלו אתו מתניכם חגרים נעליכם	3121	1	3			3
ט291408	בשר הפר ואת- ערו ואת- פרשו	תשרף	באש מחוץ למחנה חטאת הוא / ואת-	3121	1	1			2
ט322006	ההר / ויקח את- העגל אשר עשו	וישרף	באש ויטחן עד אשר- דק ויזר	3121	1	1		*	3
	--*-*-*-*-*-*-*-*-*-*-*-*-*-*-*-*-*-*	שרץ	*-*-*-*-*-*-*-*-*-*-*-*-*-*-*-*-*-*-*-*						
ט072801	אנכי נגף את- כל- גבולך בצפרדעים /	ושרץ	היאר צפרדעים ועלו ובאו בביתך ובחדר	3111	1	1		1	3
ט010704	וכל הדור ההוא / ובני ישראל פרו	וישרצו	וירבו ויעצמו במאד מאד ותמלא הארץ	3121	1	3		*	4
	--*-*-*-*-*-*-*-*-*-*-*-*-*-*-*-*-*-*	שרשה	*-*-*-*-*-*-*-*-*-*-*-*-*-*-*-*-*-*-*-*						
ט282204	תהיין לשני עשר שבט / ועשית על- החשן	שרשת	גבלת מעשה עבת זהב טהור / ועשית	1126	2	3			2
	--*-*-*-*-*-*-*-*-*-*-*-*-*-*-*-*-*-*	שרשרת	*-*-*-*-*-*-*-*-*-*-*-*-*-*-*-*-*-*-*-*						
ט281402	בתפיו לזכרן / ועשית משבצת זהב / ושתי	שרשרת	זהב טהור מגבלת תעשה אתם מעשה	1126	2	3			3
ט281412	תעשה אתם מעשה עבת ונתתה את-	שרשרת	העבתת על- המשבצת / ועשית חשן משפט	1126	2	3			3
ט391504	שמו לשנים עשר שבט / ויעשו על- החשן	שרשרת	גבלת מעשה עבת זהב טהור / ויעשו	1126	2	3			3
	--*-*-*-*-*-*-*-*-*-*-*-*-*-*-*-*-*-*	שרת	*-*-*-*-*-*-*-*-*-*-*-*-*-*-*-*-*-*-*-*						
ט241304	אשר כתבתי להורתם / ויקם משה ויהושע	משרתו	ויעל משה אל- הר האלהים / ואל-	3331	1	1	4		4
ט331116	איש אל- רעהו ושב אל- המחנה	ומשרתו	יהושע בן- נון נער לא ימיש	3331	1	1	4	1	5
ט283504	שולי המעיל סביב / והיה על- אהרן	לשרת	ונשמע קולו בבאו אל- הקדש לפני	3354				6	3
ט284314	אהל מועד או בגשתם אל- המזבח	לשרת	בקדש ולא- ישאו עון ומתו חקת	3354				6	3
ט293013	מבניו אשר יבא אל- אהל מועד	לשרת	בקדש / ואת איל המלאים תקח ובשלת	3354				6	3
ט302013	ולא ימתו או בגשתם אל- המזבח	לשרת	להקטיר אשה ליהוה / ורחצו ידיהם ורגליהם	3354				6	3
ט351904	החצר ואת- מיתריהם / את- בגדי השרד	לשרת	בקדש את- בגדי הקדש לאהרן הכהן	3354				6	3
ט390109	והארגמן ותולעת השני עשו בגדי- שרד	לשרת	בקדש ויעשו את- בגדי הקדש אשר	3354				6	3
ט392609	פעמן ורמן על- שולי המעיל סביב	לשרת	כאשר צוה יהוה את- משה / ויעשו	3354				6	3
ט394104	המשכן לאהל מועד / את- בגדי השרד	לשרת	בקדש את- בגדי הקדש לאהרן הכהן	3354				6	3

/ = סוף פסוק   // = סוף פרק   ג = מין   # = מספר   כ = כינוי חבור   קס = קידומות וסיומות   ה = מספר ההברות

אזכור		מלה		צורן	ג	#	כ	קס	ה
	--*-*-*-*-*-*-*-*-*-*-*-*-*-*-*-*	שש	*-*-*-*-*-*-*-*-*-*-*-*-*-*-*-*-*-*						
ט250405	וכסף ונחשת / ותכלת וארגמן ותולעת שני	ושש	ועזים / וערת אילם מאדמים וערת תחשים	1111	1	1		1	2
ט260106	נהר // ואת- המשכן תעשה עשר יריעת	שש	משזר ותכלת וארגמן ותלעת שני כרבים	1111	1	1			1
ט263107	ועשית פרכת תכלת וארגמן ותולעת שני	ושש	משזר מעשה חשב יעשה אתה כרבים	1111	1	1		1	2
ט263609	לפתח האהל תכלת וארגמן ותולעת שני	ושש	משזר מעשה רקם / ועשית למסך חמשה	1111	1	1		1	2
ט270910	המשכן לפאת נגב- תימנה קלעים לחצר	שש	משזר מאה באמה ארך לפאה האחת	1111	1	1			1
ט271610	עשרים אמה תכלת וארגמן ותולעת שני	ושש	משזר מעשה רקם עמדיהם ארבעה ואדניהם	1111	1	1		1	2
ט271811	ורחב חמשים בחמשים וקמה חמש אמות	שש	משזר ואדניהם נחשת / לכל כלי המשכן	1111	1	1			1
ט280513	ואת- הארגמן ואת- תולעת השני ואת-	השש	/ ועשו את- האפד זהב תכלת וארגמן	1111	1	1		2	2
ט280609	האפד זהב תכלת וארגמן תולעת שני	ושש	משזר מעשה חשב / שתי כתפת חברת	1111	1	1		1	2
ט280813	יהיה זהב תכלת וארגמן ותולעת שני	ושש	משזר / ולקחת את- שתי אבני- שהם	1111	1	1		1	2
ט281514	תעשנו זהב תכלת וארגמן ותולעת שני	ושש	משזר תעשה אתו / רבוע יהיה כפול	1111	1	1		1	2
ט283903	לרצון להם לפני יהוה / ושבצת הכתנת	שש	ועשית מצנפת שש ואבנט תעשה מעשה	1111	1	1			1
ט283906	יהוה / ושבצת הכתנת שש ועשית מצנפת	שש	ואבנט תעשה מעשה רקם / ולבני אהרן	1111	1	1			1
ט352517	ואת- הארגמן את- תולעת השני ואת-	השש	/ וכל- הנשים אשר נשא לבן אתנה	1111	1	1		2	2
ט353515	וחשב ורקם בתכלת ובארגמן בתולעת השני	ובשש	וארג עשי כל- מלאכה וחשבי מחשבת	1111	1	1		241	3
ט360811	בעשי המלאכה את- המשכן עשר יריעת	שש	משזר ותכלת וארגמן ותולעת שני כרבים	1111	1	1			1
ט363508	את- הפרכת תכלת וארגמן ותולעת שני	ושש	משזר מעשה חשב עשה אתה כרבים	1111	1	1		1	2
ט363709	לפתח האהל תכלת וארגמן ותולעת שני	ושש	משזר מעשה רקם / ואת- עמודיו חמשה	1111	1	1		1	2
ט380909	החצר לפאת נגב תימנה קלעי החצר	שש	משזר מאה באמה / עמודיהם עשרים ואדניהם	1111	1	1			1
ט381605	ואדניהם שלשה / כל- קלעי החצר סביב	שש	משזר / והאדנים לעמדים נחשת ווי העמודים	1111	1	1			1
ט381810	מעשה רקם תכלת וארגמן ותולעת שני	ושש	משזר ועשרים אמה ארך וקומה ברחב	1111	1	1		1	2
ט382314	וחשב ורקם בתכלת ובארגמן ובתולעת השני	ובשש	/ כל- הזהב העשוי למלאכה בכל מלאכת	1111	1	1		241	3
ט390209	האפד זהב תכלת וארגמן ותולעת שני	ושש	משזר / וירקעו את- פחי הזהב וקצץ	1111	1	1		1	2
ט390316	ובתוך הארגמן ובתוך תולעת השני ובתוך	השש	מעשה חשב / כתפת עשו- לו חברת	1111	1	1		2	2
ט390513	כמעשהו זהב תכלת וארגמן ותולעת שני	ושש	משזר כאשר צוה יהוה את- משה	1111	1	1		1	2
ט390813	אפד זהב תכלת וארגמן ותולעת שני	ושש	משזר / רבוע היה כפול עשו את-	1111	1	1		1	2
ט392704	יהוה את- משה / ויעשו את- הכתנת	שש	מעשה ארג לאהרן ולבניו / ואת המצנפת	1111	1	1			1
ט392803	מעשה ארג לאהרן ולבניו / ואת המצנפת	שש	ואת- פארי המגבעת שש ואת- מכנסי	1111	1	1			1
ט392807	ואת המצנפת שש ואת- פארי המגבעת	שש	ואת- מכנסי הבד שש משזר / ואת-	1111	1	1			1
ט392811	פארי המגבעת שש ואת- מכנסי הבד	שש	משזר / ואת- האבנט שש משזר ותכלת	1111	1	1			1
ט392903	מכנסי הבד שש משזר / ואת- האבנט	שש	משזר ותכלת וארגמן ותולעת שני מעשה	1111	1	1			1
ט350605	וכסף ונחשת / ותכלת וארגמן ותולעת שני	ושש	ועזים / וערת אילם מאדמים וערת תחשים	1112	1	1		1	2
ט352310	נמצא אתו תכלת וארגמן ותולעת שני	ושש	ועזים וערת אילם מאדמים וערת תחשים	1112	1	1		1	2
	--*-*-*-*-*-*-*-*-*-*-*-*-*-*-*-*	שש	*-*-*-*-*-*-*-*-*-*-*-*-*-*-*-*-*-*						
ט123706	מצרים / ויסעו בני- ישראל מרעמסס סכתה	כשש-	מאות אלף רגלי הגברים לבד מטף	71	2			5	2
ט140702	רכבו ואת- עמו לקח עמו / ויקח	שש-	מאות רכב בחור וכל רכב מצרים	71	2				1
ט210205	תשים לפניהם / כי תקנה עבד עברי	שש	שנים יעבד ובשבעת יצא לחפשי חנם	71	2				1
ט231001	הגר כי- גרים הייתם בארץ מצרים /	ושש	שנים תזרע את- ארצך ואספת את-	71	2			1	2
ט260907	וחברת את- חמש היריעת לבד ואת	שש	היריעת לבד וכפלת את- היריעה הששית	71	2				1
ט361607	ויחבר את- חמש היריעת לבד ואת-	שש	היריעת לבד / ויעש ללאת חמשים על	71	2				1
ט382615	על- הפקדים מבן עשרים שנה ומעלה	לשש-	מאות אלף ושלשת אלפים וחמש מאות	71	2			6	2
	--*-*-*-*-*-*-*-*-*-*-*-*-*-*-*-*	ששה	*-*-*-*-*-*-*-*-*-*-*-*-*-*-*-*-*-*						
ט162601	היום ליהוה היום לא תמצאהו בשדה /	ששת	ימים תלקטהו וביום השביעי שבת לא	71	1				2
ט200901	לשוא / זכור את יום השבת לקדשו /	ששת	ימים תעבד ועשית כל- מלאכתך / ויום	71	1				2
ט201102	ואמתך ובהמתך וגרך אשר בשעריך / כי	ששת-	ימים עשה יהוה את- השמים ואת-	71	1				2
ט231201	חית השדה כן- תעשה לכרמך לזיתך /	ששת	ימים תעשה מעשיך וביום השביעי תשבת	71	1				2
ט241609	יהוה על- הר סיני ויכסהו הענן	ששת	ימים ויקרא אל- משה ביום השביעי	71	1				2
ט253201	וקנה גביעיה כפתריה ופרחיה ממנה יהיו /	וששה	קנים יצאים מצדיה שלשה קני מנרה	71	1			1	3
ט253316	משקדים בקנה האחד כפתר ופרח כן	לששת	הקנים היצאים מן- המנרה / ובמנרה ארבעה	71	1			6	3
ט253516	ממנה וכפתר תחת- שני הקנים ממנה	לששת	הקנים היצאים מן- המנרה / כפתריהם וקנתם	71	1			6	3
ט262205	הקרש האחד / ולירכתי המשכן ימה תעשה	ששה	קרשים / ושני קרשים תעשה למקצעת במשכן	71	1				2

ה	קס	כ	#	ג	צורן		מלה		אזכור
2				1	71	משמתם על האבן האחת ואת- שמות	ששה	שהם ופתחת עליהם שמות בני ישראל /	ט281001
3	2			1	71	הנותרים על- האבן השנית כתולדתם / מעשה	הששה	משמתם על האבן האחת ואת- שמות	ט281008
2				1	71	ימים יעשה מלאכה וביום השביעי שבת	ששת	מלאכה ונכרתה הנפש ההוא מקרב עמיה /	ט311501
2				1	71	ימים עשה יהוה את- השמים ואת-	ששת	בני ישראל אות הוא לעלם כי-	ט311709
2				1	71	ימים תעבד וביום השביעי תשבת בחריש	ששת	בניך תפדה ולא- יראו פני ריקם /	ט342101
2				1	71	ימים תעשה מלאכה וביום השביעי יהיה	ששת	הדברים אשר- צוה יהוה לעשת אתם /	ט350201
2				1	71	קרשים / ושני קרשים עשה למקצעת המשכן	ששה	הקרש האחד / ולירכתי המשכן ימה עשה	ט362705
3	1			1	71	קנים יצאים מצדיה שלשה קני מנרה	וששה	וקנה גביעיה כפתריה ופרחיה ממנה היו /	ט371801
3	6			1	71	הקנים היצאים מן- המנרה / ובמנרה ארבעה	לששת	משקדים בקנה אחד כפתר ופרח כן	ט371916
3	6			1	71	הקנים היצאים ממנה / כפתריהם וקנתם ממנה	לששת	ממנה וכפתר תחת- שני הקנים ממנה	ט372116
						--*-*-*-*-*-*-*-*-*-*-*-*-*-*	ששהעשר	*-*-*-*-*-*-*-*-*-*-*-*-*-*-*-*	
4				1	71	אדנים שני אדנים תחת הקרש האחד	ששה עשר	יהיו / והיו שמנה קרשים ואדניהם כסף	ט262506
4				1	71	אדנים שני אדנים שני אדנים תחת	ששה עשר	המקצעת / והיו שמנה קרשים ואדניהם כסף	ט363006
						--*-*-*-*-*-*-*-*-*-*-*-*-*-*	ששי	*-*-*-*-*-*-*-*-*-*-*-*-*-*-*-*	
3	2		1	1	72	והכינו את אשר- יביאו והיה משנה	הששי	הילך בתורתי אם- לא / והיה ביום	ט160503
3	2		1	1	72	לקטו לחם משנה שני העמר לאחד	הששי	אכלו וחם השמש ונמס / ויהי ביום	ט162203
3	2		1	1	72	לחם יומים שבו איש תחתיו אל-	הששי	על- כן הוא נתן לכם ביום	ט162913
3	2		1	2	72	אל- מול פני האהל / ועשית חמשים	הששית	שש היריעת לבד וכפלת את- היריעה	ט260913
						--*-*-*-*-*-*-*-*-*-*-*-*-*-*	שת	*-*-*-*-*-*-*-*-*-*-*-*-*-*-*-*	
1			1	1	3111	לבו גם- לזאת / ויחפרו כל- מצרים	שת	ויפן פרעה ויבא אל- ביתו ולא-	ט072307
3	1		1	1	3111	את- גבלך מים- סוף ועד- ים	ושתי	עד אשר תפרה ונחלת את- הארץ /	ט233101
2			1	1	3121	עליו בעל האשה ונתן בפללים / ואם-	ישית	ולא יהיה אסון ענוש יענש כאשר	ט212215
2			1	1	3121	ידך עם- רשע להית עד חמס	תשת	אתו // לא תשא שמע שוא אל-	ט230106
2		1			3153	אתתי אלה בקרבו / ולמען תספר באזני	שתי	את- לבו ואת- לב עבדיו למען	ט100117
						--*-*-*-*-*-*-*-*-*-*-*-*-*-*	שתה	*-*-*-*-*-*-*-*-*-*-*-*-*-*-*-*	
3	1		1	1	3111	העם ויעש כן משה לעיני זקני	ושתה	בחרב והכית בצור ויצאו ממנו מים	ט170613
2			3	1	3111	איש עדיו עליו / ויאמר יהוה אל-	שתו	את- הדבר הרע הזה ויתאבלו ולא-	ט330409
2			1	1	3111	ויכתב על- הלחת את דברי הברית	שתה	לילה לחם לא אכל ומים לא	ט342814
2			3	1	3121	/ ויצעק אל- יהוה ויורהו יהוה עץ	נשתה	וילנו העם על- משה לאמר מה	ט152407
3	1		3	1	3121	ויאמר להם משה מה תריבון עמדי	ונשתה	עם- משה ויאמרו תנו- לנו מים	ט170209
3	*		3	1	3121	/ ויאמר יהוה אל- משה עלה אלי	וישתו	שלח ידו ויחזו את- האלהים ויאכלו	ט241112
3	1				3151	ויקמו לצחק / וידבר יהוה אל- משה	ושתו	עלת ויגשו שלמים וישב העם לאכל	ט320610
2	6				3154	מים מן- היאר / ויאמר יהוה אל-	לשתות	ביאר תמות ובאש היאר ונלאו מצרים	ט071809
2	6				3154	מים מן- היאר ויהי הדם בכל-	לשתות	מתה ויבאש היאר ולא- יכלו מצרים	ט072110
2	6				3154	כי לא יכלו לשתת ממימי היאר	לשתות	ויחפרו כל- מצרים סביבת היאר מים	ט072407
2	6				3154	ממימי היאר / וימלא שבעת ימים אחרי	לשתת	היאר מים לשתות כי לא יכלו	ט072411
3	6				3154	מים ממרה כי מרים הם על-	לשתת	מצאו מים / ויבאו מרתה ולא יכלו	ט152305
3	6				3154	העם / וירב העם עם- משה ויאמרו	לשתת	פי יהוה ויחנו ברפידים ואין מים	ט170116
						--*-*-*-*-*-*-*-*-*-*-*-*-*-*	שתים	*-*-*-*-*-*-*-*-*-*-*-*-*-*-*-*	
2				2	71	המזוזת ועל- המשקוף על הבתים אשר-	שתי	הערבים / ולקחו מן- הדם ונתנו על-	ט120706
2				2	71	המזוזת מן- הדם אשר בסף ואתם	שתי	אשר- בסף והגעתם אל- המשקוף ואל-	ט122212
2				2	71	המזוזת ופסח יהוה על- הפתח ולא	שתי	וראה את- הדם על- המשקוף ועל	ט122312
3	1			2	71	טבעת על- צלעו האחת ושתי טבעת	ושתי	טבעת זהב ונתתה על ארבע פעמתיו	ט251210
3	1			2	71	טבעת על- צלעו השנית / ועשית בדי	ושתי	פעמתיו ושתי טבעת על- צלעו האחת	ט251215
2				2	71	ידות לקרש האחד משלבת אשה אל-	שתי	ואמה וחצי האמה רחב הקרש האחד /	ט261701
3	6			2	71	ידתיו ושני אדנים תחת- הקרש האחד	לשתי	הקרש שני אדנים תחת- הקרש האחד	ט261913
3	6			2	71	ידתיו / ולצלע המשכן השנית לפאת צפון	לשתי	ידתיו ושני אדנים תחת- הקרש האחד	ט261920
2				2	71	צלעת המזבח בשאת אתו / נבוב לחת	שתי	את- בדיו בטבעת והיו הבדים על-	ט270708
2				2	71	כתפת חברת יהיה- לו אל שני	שתי	תולעת שני ושש משזר מעשה חשב /	ט280701

אזכור		מלה		צורן	ג	#	כ	קס	ה
ט280903	ותולעת שני ושש משזר / ולקחת את-	שתי	אבני- שהם ופתחת עליהם שמות בני	71	2				2
ט281108	חרש אבן פתוחי חתם תפתח את-	שתי	האבנים על- שמת בני ישראל מסבת	71	2				2
ט281203	משבצות זהב תעשה אתם / ושמת את-	שתי	האבנים על כתפת האפד אבני זכרן	71	2				2
ט281219	אהרן את- שמותם לפני יהוה על-	שתי	כתפיו לזכרן / ועשית משבצת זהב / ושתי	71	2				2
ט281401	שתי כתפיו לזכרן / ועשית משבצת זהב /	ושתי	שרשרת זהב טהור מגבלת תעשה אתם	71	2			1	3
ט282304	עבת זהב טהור / ועשית על- החשן	שתי	טבעות זהב ונתת את- שתי הטבעות	71	2				2
ט282309	החשן שתי טבעת זהב ונתת את-	שתי	הטבעות על- שני קצות החשן / ונתתה	71	2				2
ט282403	על- שני קצות החשן / ונתתה את-	שתי	עבתת הזהב על- שתי הטבעת אל-	71	2				2
ט282407	ונתתה את- שתי עבתת הזהב על-	שתי	הטבעת אל- קצות החשן / ואת שתי	71	2				2
ט282502	שתי הטבעת אל- קצות החשן / ואת	שתי	קצות שתי העבתת תתן על- שתי	71	2				2
ט282504	אל- קצות החשן / ואת שתי קצות	שתי	העבתת תתן על- שתי המשבצות ונתתה	71	2				2
ט282508	שתי קצות שתי העבתת תתן על-	שתי	המשבצות ונתתה על- כתפות האפד אל-	71	2				2
ט282602	כתפות האפד אל- מול פניו / ועשית	שתי	טבעות זהב ושמת אתם על- שני	71	2				2
ט282702	אשר אל- עבר האפוד ביתה / ועשית	שתי	טבעות זהב ונתתה אתם על- שתי	71	2				2
ט282708	שתי טבעות זהב ונתתה אתם על-	שתי	כתפות האפוד מלמטה ממול פניו לעמת	71	2				2
ט291313	הקרב ואת היתרת על- הכבד ואת	שתי	הכלית ואת- החלב אשר עליהן והקטרת	71	2				2
ט292215	את- הקרב ואת יתרת הכבד ואת	שתי	הכלית ואת- החלב אשר עליהן ואת	71	2				2
ט300401	קרנתיו ועשית לו זר זהב סביב /	ושתי	טבעת זהב תעשה- לו מתחת לזרו	71	2			1	3
ט300409	זהב תעשה- לו מתחת לזרו על	שתי	צלעתיו תעשה על- שני צדיו והיה	71	2				2
ט362201	ואמה וחצי האמה רחב הקרש האחד /	שתי	ידת לקרש האחד משלבת אחת אל-	71	2				2
ט362413	הקרשים שני אדנים תחת- הקרש האחד	לשתי	ידתיו ושני אדנים תחת- הקרש האחד	71	2			6	3
ט362420	ידתיו ושני אדנים תחת- הקרש האחד	לשתי	ידתיו / ולצלע המשכן השנית לפאת צפון	71	2			6	3
ט370309	ארבע טבעת זהב על ארבע פעמתיו	ושתי	טבעת על- צלעו האחת ושתי טבעת	71	2			1	3
ט370314	פעמתיו ושתי טבעת על- צלעו האחת	ושתי	טבעת על- צלעו השנית / ויעש בדי	71	2			1	3
ט372701	קרנתיו ויעש לו זר זהב סביב /	ושתי	טבעת זהב עשה- לו מתחת לזרו	71	2			1	3
ט372709	זהב עשה- לו מתחת לזרו על	שתי	צלעתיו על שני צדיו לבתים לבדים	71	2				2
ט391602	גבלת מעשה עבת זהב טהור / ויעשו	שתי	משבצת זהב ושתי טבעת זהב ויתנו	71	2				2
ט391605	זהב טהור / ויעשו שתי משבצת זהב	ושתי	טבעת זהב ויתנו את- שתי הטבעת	71	2			1	3
ט391610	זהב ושתי טבעת זהב ויתנו את-	שתי	הטבעת על- שני קצות החשן / ויתנו	71	2				2
ט391702	הטבעת על- שני קצות החשן / ויתנו	שתי	העבתת הזהב על- שתי הטבעת על-	71	2				2
ט391706	החשן / ויתנו שתי העבתת הזהב על-	שתי	הטבעת על- קצות החשן / ואת שתי	71	2				2
ט391802	שתי הטבעת על- קצות החשן / ואת	שתי	קצות שתי העבתת נתנו על- שתי	71	2	2			2
ט391804	על- קצות החשן / ואת שתי קצות	שתי	העבתת נתנו על- שתי המשבצת ויתנם	71	2				2
ט391808	שתי קצות שתי העבתת נתנו על-	שתי	המשבצת ויתנם על- כתפת האפד אל-	71	2				2
ט391902	כתפת האפד אל- מול פניו / ויעשו	שתי	טבעת זהב וישימו על- שני קצות	71	2				2
ט392002	אשר אל- עבר האפד ביתה / ויעשו	שתי	טבעת זהב ויתנם על- שתי כתפת	71	2				2
ט392007	ויעשו שתי טבעת זהב ויתנם על-	שתי	כתפת האפד מלמטה ממול פניו לעמת	71	2				2
	--*-*-*-*-*-*-*-*-*-*-*-*-*-*-*-*-*-*	שתים עשרה	*-*-*-*-*-*-*-*-*-*-*-*-*-*-*-*-*-*-*-*						
ט152704	אני יהוה רפאך / ויבאו אילמה ושם	שתים עשרה	עינת מים ושבעים תמרים ויחנו- שם	71	2				4
ט240413	וישכם בבקר ויבן מזבח תחת ההר	ושתים עשרה	מצבה לשנים עשר שבטי ישראל / וישלח את-	71	2			1	5
ט282107	והאבנים תהיין על- שמת בני- ישראל	שתים עשרה	על- שמתם פתוחי חותם איש על-	71	2				4
ט391407	והאבנים על- שמת בני- ישראל הנה	שתים עשרה	על- שמתם פתוחי חתם איש על-	71	2				4
	--*-*-*-*-*-*-*-*-*-*-*-*-*-*-*-*-*-*	תאם	*-*-*-*-*-*-*-*-*-*-*-*-*-*-*-*-*-*-*-*						
ט262402	קרשים תעשה למקצעת המשכן בירכתים / ויהיו	תאמם	מלמטה ויחדו יהיו תמים על- ראשו	3131	1	3			3
ט362902	קרשים עשה למקצעת המשכן בירכתים / והיו	תואמם	מלמטה ויחדו יהיו תמים אל- ראשו	3131	1	3			3
	--*-*-*-*-*-*-*-*-*-*-*-*-*-*-*-*-*-*	תבה	*-*-*-*-*-*-*-*-*-*-*-*-*-*-*-*-*-*-*-*						
ט020514	הלכת על- יד היאר ותרא את-	התבה	בתוך הסוף ותשלח את- אמתה ותקחה	1121	2	1		2	3
ט020307	ולא- יכלה עוד הצפינו ותקח- לו	תבת	גמא ותחמרה בחמר ובזפת ותשם בה	1122	2	1			2

אזכור		מלה		ה קס כ # ג צורה
		תבואה		
ט231008	שנים תזרע את- ארצך ואספת את-	תבואתה	/ והשביעת תשמטנה ונטשתה ואכלו אביני עמך	4 5 1 2 1114
		תבונה		
ט310306	יהודה / ואמלא אתו רוח אלהים בחכמה	ובתבונה	ובדעת ובכל מלאכה / לחשב מחשבת לעשות	5 41 1 2 1121
ט353106	יהודה / וימלא אתו רוח אלהים בחכמה	בתבונה	ובדעת ובכל- מלאכה / ולחשב מחשבת לעשת	4 4 1 2 1121
ט360112	חכם- לב אשר נתן יהוה חכמה	ותבונה	בהמה לדעת לעשת את- כל- מלאכת	4 1 1 2 1121
		תבן		
ט050704	ואת- שטריו לאמר / לא תאספון לתת	תבן	לעם ללבן הלבנים כתמול שלשם הם	2 1 1 1111
ט050714	כתמול שלשם הם ילכו וקששו להם	תבן	/ ואת- מתכנת הלבנים אשר הם עשים	2 1 1 1111
ט051015	כה אמר פרעה אינני נתן לכם	תבן	/ אתם לכו קחו לכם תבן מאשר	2 1 1 1111
ט051105	לכם תבן / אתם לכו קחו לכם	תבן	מאשר תמצאו כי אין נגרע מעבדתכם	2 1 1 1111
ט051208	העם בכל- ארץ מצרים לקשש קש	לתבן	/ והנגשים אצים לאמר כלו מעשיכם דבר-	3 6 1 1 1111
ט051311	מעשיכם דבר- יום ביומו כאשר בהיות	התבן	/ ויכו שטרי בני ישראל אשר- שמו	3 2 1 1 1111
ט051601	פרעה לאמר למה תעשה כה לעבדיך /	תבן	אין נתן לעבדיך ולבנים אמרים לנו	2 1 1 1111
ט051804	נלכה נזבחה ליהוה / ועתה לכו עבדו	ותבן	לא- ינתן לכם ותכן לבנים תתנו	3 2 1 1 1111
		תבנית		
ט250907	ככל אשר אני מראה אותך את	תבנית	המשכן ואת תבנית כל- כליו וכן	2 1 2 1122
ט250910	מראה אותך את תבנית המשכן ואת	תבנית	כל- כליו וכן תעשו // ועשו ארון	2 1 2 1122
ט254003	את כל- הכלים האלה / וראה ועשה	בתבניתם	אשר- אתה מראה בהר // ואת- המשכן	4 4 9 1 2 1123
		תהום		
ט150501	בים ומבחר שלשיו טבעו בים- סוף /	תהמת	יכסימו ירדו במצולת כמו- אבן / ימינך	3 3 2 1125
ט150810	מים נצבו כמו- נד נזלים קפאו	תהמת	בלב- ים / אמר אויב ארדף אשיג	3 3 2 1125
		תהלה		
ט151110	יהוה מי כמכה נאדר בקדש נורא	תהלת	עשה- פלא / נטית ימינך תבלעמו ארץ	3 3 2 1125
		תוך		
ט020515	על- יד היאר ותרא את- התבה	בתוך	הסוף ותשלח את- אמתה ותקחה / ותפתח	2 4 1 1 1112
ט030207	וירא מלאך יהוה אליו בלבת- אש	מתוך	הסנה וירא והנה הסנה בער באש	2 7 1 1 1112
ט030409	כי סר לראות ויקרא אליו אלהים	מתוך	הסנה ויאמר משה משה ויאמר הנני	2 7 1 1 1112
ט092405	ארץ מצרים / ויהי ברד ואש מתלקחת	בתוך	הברד כבד מאד אשר לא- היה	2 4 1 1 1112
ט110410	אמר יהוה כחצת הלילה אני יוצא	בתוך	מצרים / ומת כל- בכור בארץ מצרים	2 4 1 1 1112
ט123108	למשה ולאהרן לילה ויאמר קומו צאו	מתוך	עמי גם- אתם גם- בני ישראל	2 7 1 1 1112
ט141614	על- הים ובקעהו ויבאו בני- ישראל	בתוך	הים ביבשה / ואני הנני מחזק את-	2 4 1 1 1112
ט142204	לחרבה ויבקעו המים / ויבאו בני- ישראל	בתוך	הים ביבשה והמים להם חמה מימינם	2 4 1 1 1112
ט142311	כל סוס פרעה רכבו ופרשיו אל-	תוך	הים / ויהי באשמרת הבקר וישקף יהוה	1 1 1 1112
ט142719	נסים לקראתו וינער יהוה את- מצרים	בתוך	הים / וישבו המים ויכסו את- הרכב	2 4 1 1 1112
ט142905	עד- אחד / ובני ישראל הלכו ביבשה	בתוך	הים והמים להם חמה מימינם ומשמאלם	2 4 1 1 1112
ט151918	מי הים ובני ישראל הלכו ביבשה	בתוך	הים / ותקח מרים הנביאה אחות אהרן	2 4 1 1 1112
ט241616	ימים ויקרא אל- משה ביום השביעי	מתוך	הענן / ומראה כבוד יהוה כאש אכלת	2 7 1 1 1112
ט241803	ההר לעיני בני ישראל / ויבא משה	בתוך	הענן ויעל אל- ההר ויהי משה	2 4 1 1 1112
ט262803	צלע המשכן לירכתים ימה / והבריח התיכן	בתוך	הקרשים מברח מן- הקצה אל- הקצה	2 4 1 1 1112
ט280110	את- אהרן אחיך ואת- בניו אתו	מתוך	בני ישראל לכהנו- לי אהרן נדב	2 7 1 1 1112
ט294502	ואת- בניו אקדש לכהן לי / ושכנתי	בתוך	בני ישראל והייתי להם לאלהים / וידעו	2 4 1 1 1112
ט331123	יהושע בן- נון נער לא ימיש	מתוך	האהל / ויאמר משה אל- יהוה ראה	2 7 1 1 1112
ט363306	ימה / ויעש את- הבריח התיכן לברח	בתוך	הקרשים מן- הקצה אל- הקצה / ואת-	2 4 1 1 1112
ט390308	את- פחי הזהב וקצץ פתילם לעשות	בתוך	התכלת ובתוך הארגמן ובתוך תולעת השני	2 4 1 1 1112
ט390310	הזהב וקצץ פתילם לעשות בתוך התכלת	ובתוך	הארגמן ובתוך תולעת השני ובתוך השש	3 41 1 1 1112
ט390312	פתילם לעשות בתוך התכלת ובתוך הארגמן	ובתוך	תולעת השני ובתוך השש מעשה חשב	3 41 1 1 1112
ט390315	התכלת ובתוך הארגמן ובתוך תולעת השני	ובתוך	השש מעשה חשב / כתפת עשו- לו	3 41 1 1 1112

/ = סוף פסוק   // = סוף פרק   ג = מין   # = מספר   כ = כינוי חבור   קס = קידומות וסיומות   ה = נספר ההברות

אזכור		מלה		צורן	ג	#	כ	קס	ה
ט392508	פעמני זהב טהור ויתנו את- הפעמנים	בתוך	הרמנים על- שולי המעיל סביב בתוך	1112	1	1		4	2
ט392514	בתוך הרמנים על- שולי המעיל סביב	בתוך	רמנים / פעמן ורמן פעמן ורמן על-	1112	1	1		4	2
ט070515	על- מצרים והוצאתי את- בני- ישראל	מתוכם	/ ויעש משה ואהרן כאשר צוה יהוה	1113	1	1	9	7	3
ט124907	תורה אחת יהיה לאזרח ולגר הגר	בתוככם	/ ויעשו כל- בני ישראל כאשר צוה	1113	1	1	7	4	4
ט250805	לאפד ולחשן / ועשו לי מקדש ושכנתי	בתוכם	/ ככל אשר אני מראה אותך את	1113	1	1	9	4	3
ט283204	האפוד כליל תכלת / והיה פי- ראשו	בתוכו	שפה יהיה לפיו סביב מעשה ארג	1113	1	1	4	4	3
ט283314	שני על- שוליו סביב ופעמני זהב	בתוכם	סביב / פעמן זהב ורמון פעמן זהב	1113	1	1	9	4	3
ט294612	אשר הוצאתי אתם מארץ מצרים לשכני	בתכם	אני יהוה אלהיהם // ועשית מזבח מקטר	1113	1	1	9	4	3
ט392303	מעשה ארג כליל תכלת / ופי- המעיל	בתוכו	כפי תחרא שפה לפיו סביב לא	1113	1	1	4	4	3
	--*-*-*-*-*-*-*-*-*-*-*-*-*-*-*-*-*	תולדה	*-*-*-*-*-*-*-*-*-*-*-*-*-*-*-*-*-*-*						
ט061605	משפחת שמעון / ואלה שמות בני- לוי	לתלדתם	גרשון וקהת ומררי ושני חיי לוי	1127	2	3	9	6	5
ט061908	מררי מחלי ומושי אלה משפחת הלוי	לתלדתם	/ ויקח עמרם את- יוכבד דדתו לו	1127	2	3	9	6	5
ט281013	שמות הששה הנותרים על- האבן השנית	כתולדתם	/ מעשה חרש אבן פתוחי חתם תפתח	1127	2	3	9	5	5
	--*-*-*-*-*-*-*-*-*-*-*-*-*-*-*-*-*	תולעת	*-*-*-*-*-*-*-*-*-*-*-*-*-*-*-*-*-*-*						
ט250403	מאתם זהב וכסף ונחשת / ותכלת וארגמן	ותולעת	שני ושש ועזים / וערת אילם מאדמים	1122	2	1		1	4
ט260110	עשר יריעת שש משזר ותכלת וארגמן	ותלעת	שני כרבים מעשה חשב תעשה אתם	1122	2	1		1	4
ט263105	הראית בהר / ועשית פרכת תכלת וארגמן	ותולעת	שני ושש משזר מעשה חשב יעשה	1122	2	1		1	4
ט263607	ועשית מסך לפתח האהל תכלת וארגמן	ותולעת	שני ושש משזר מעשה רקם / ועשית	1122	2	1		1	4
ט271608	החצר מסך עשרים אמה תכלת וארגמן	ותולעת	שני ושש משזר מעשה רקם עמדיהם	1122	2	1		1	4
ט280510	הזהב ואת- התכלת ואת- הארגמן ואת-	תולעת	ושני ואת- השש / ועשו את- האפד	1122	2	1			3
ט280607	ועשו את- האפד זהב תכלת וארגמן	תולעת	שני ושש משזר מעשה חשב / שתי	1122	2	1			3
ט280811	במעשהו ממנו יהיה זהב תכלת וארגמן	ותולעת	שני ושש משזר / ולקחת את- שתי	1122	2	1		1	4
ט281512	כמעשה אפד תעשנו זהב תכלת וארגמן	ותולעת	שני ושש משזר תעשה אתו / רבוע	1122	2	1		1	4
ט283307	ועשית על- שוליו רמני תכלת וארגמן	ותולעת	שני על- שוליו סביב ופעמני זהב	1122	2	1		1	4
ט350603	יהוה זהב וכסף ונחשת / ותכלת וארגמן	ותולעת	שני ושש ועזים / וערת אילם מאדמים	1122	2	1		1	4
ט352308	איש אשר- נמצא אתו תכלת וארגמן	ותולעת	שני ושש ועזים וערת אילם מאדמים	1122	2	1		1	4
ט352514	מטוה את- התכלת ואת- הארגמן את-	תולעת	ושני ואת- השש / וכל- הנשים אשר	1122	2	1			3
ט353513	מלאכת חרש וחשב ורקם בתכלת ובארגמן	בתולעת	השני ובשש וארג עשי כל- מלאכה	1122	2	1		4	4
ט360815	עשר יריעת שש משזר ותכלת וארגמן	ותולעת	שני כרבים מעשה חשב עשה אתם	1122	2	1		1	4
ט363506	זהב / ויעש את- הפרכת תכלת וארגמן	ותולעת	שני ושש משזר מעשה חשב עשה	1122	2	1		1	4
ט363707	ויעש מסך לפתח האהל תכלת וארגמן	ותולעת	שני ושש משזר מעשה רקם / ואת-	1122	2	1		1	4
ט381808	שער החצר מעשה רקם תכלת וארגמן	ותולעת	שני ושש משזר ועשרים אמה ארך	1122	2	1		1	4
ט382312	דן חרש וחשב ורקם בתכלת ובארגמן	ובתולעת	השני ובשש / כל- הזהב העשוי למלאכה	1122	2	1		41	5
ט390104	יתדת החצר סביב // ומן- התכלת והארגמן	ותולעת	השני עשו בגדי- שרד לשרת בקדש	1122	2	1		1	4
ט390207	ויעש את- האפד זהב תכלת וארגמן	ותולעת	שני ושש משזר / וירקעו את- פחי	1122	2	1		1	4
ט390313	לעשות בתוך התכלת ובתוך הארגמן ובתוך	תולעת	השני ובתוך השש מעשה חשב / כתפת	1122	2	1			3
ט390511	ממנו הוא כמעשהו זהב תכלת וארגמן	ותולעת	שני ושש משזר כאשר צוה יהוה	1122	2	1		1	4
ט390811	חשב כמעשה אפד זהב תכלת וארגמן	ותולעת	שני ושש משזר / רבוע היה כפול	1122	2	1		1	4
ט392408	על- שולי המעיל רמוני תכלת וארגמן	ותולעת	שני משזר / ויעשו פעמני זהב טהור	1122	2	1		1	4
ט392907	ואת- האבנט שש משזר ותכלת וארגמן	ותולעת	שני מעשה רקם כאשר צוה יהוה	1122	2	1		1	4
ט162011	ויותרו אנשים ממנו עד- בקר וירם	תולעים	ויבאש ויקצף עלהם משה / וילקטו אתו	1125	2	3			3
	--*-*-*-*-*-*-*-*-*-*-*-*-*-*-*-*-*	תומים	*-*-*-*-*-*-*-*-*-*-*-*-*-*-*-*-*-*-*						
ט283008	אל- חשן המשפט את- האורים ואת-	התמים	והיו על- לב אהרן בבאו לפני	1115	1	3		2	3
	--*-*-*-*-*-*-*-*-*-*-*-*-*-*-*-*-*	תועבה	*-*-*-*-*-*-*-*-*-*-*-*-*-*-*-*-*-*-*						
ט082208	משה לא נכון לעשות כן כי	תועבת	מצרים נזבח ליהוה אלהינו הן נזבח	1122	2	1			3
ט082216	נזבח ליהוה אלהינו הן נזבח את-	תועבת	מצרים לעיניהם ולא יסקלנו / דרך שלשת	1122	2	1			3
	--*-*-*-*-*-*-*-*-*-*-*-*-*-*-*-*-*	תורה	*-*-*-*-*-*-*-*-*-*-*-*-*-*-*-*-*-*-*						
ט124901	הארץ וכל- ערל לא- יאכל בו /	תורה	אחת יהיה לאזרח ולגר הגר בתוככם	1121	2	1			2
ט241215	שם ואתנה לך את- לחת האבן	והתורה	והמצוה אשר כתבתי להורתם / ויקם משה	1121	2	1		21	4

/ = סוף פסוק // = סוף פרק ג = מין # = מספר כ = כינוי הגוף קס = קידומות וסיומות ה = מספר ההברות

אזכור		מלה		צופן	ג	#	כ	קס	ה
ט130911	ידך ולזכרון בין עיניך למען תהיה	תורת	יהוה בפיך כי ביד חזקה הוצאך	1122	2	1			2
ט160420	דבר- יום ביומו למען אנסנו הילך	בתורתי	אם- לא / והיה ביום הששי והכינו	1123	2	1	1	4	4
ט162810	משה עד- אנה מאנתם לשמר מצותי	ותורתי	/ ראו כי- יהוה נתן לכם השבת	1123	2	1	1	1	4
ט182006	האלהים / והזהרתה אתהם את- החקים ואת-	התורת	והודעת להם את- הדרך ילכו בה	1125	2	3		2	3
ט181617	רעהו והודעתי את- חקי האלהים ואת-	תורתיו	/ ויאמר חתן משה אליו לא- טוב	1127	2	3	4		3
	--*-*-*-*-*-*-*-*-*-*-*-*-*-*-*-*-*-*	תושב	*-*-*-*-*-*-*-*-*-*-*-*-*-*-*-*-*-*-*-*						
ט124501	כסף ומלתה אתו אז יאכל בו /	תושב	ושכיר לא- יאכל בו / בבית אחד	1111	1	1			2
	--*-*-*-*-*-*-*-*-*-*-*-*-*-*-*-*-*-*	תחרא	*-*-*-*-*-*-*-*-*-*-*-*-*-*-*-*-*-*-*-*						
ט283212	יהיה לפיו סביב מעשה ארג כפי	תחרא	יהיה- לו לא יקרע / ועשית על-	1111	1	1			2
ט392305	כליל תכלת / ופי- המעיל בתוכו כפי	תחרא	שפה לפיו סביב לא יקרע / ויעשו	1111	1	1			2
	--*-*-*-*-*-*-*-*-*-*-*-*-*-*-*-*-*-*	תחש	*-*-*-*-*-*-*-*-*-*-*-*-*-*-*-*-*-*-*-*						
ט250505	ושש ועזים / וערת אילם מאדמים וערת	תחשים	ועצי שטים / שמן למאר בשמים לשמן	1115	1	3			3
ט261409	לאהל ערת אילם מאדמים ומכסה ערת	תחשים	מלמעלה / ועשית את- הקרשים למשכן עצי	1115	1	3			3
ט350705	ושש ועזים / וערת אילם מאדמים וערת	תחשים	ועצי שטים / ושמן למאור ובשמים לשמן	1115	1	3			3
ט352316	ושש ועזים וערת אילם מאדמים וערת	תחשים	הביאו / כל- מרים תרומת כסף ונחשת	1115	1	3			3
ט361909	לאהל ערת אילם מאדמים ומכסה ערת	תחשים	מלמעלה / ויעש את- הקרשים למשכן עצי	1115	1	3			3
ט393409	ערת האילם המאדמים ואת- מכסה ערת	התחשים	ואת פרכת המסך / את- ארון העדת	1115	1	3		2	4
	--*-*-*-*-*-*-*-*-*-*-*-*-*-*-*-*-*-*	תחת	*-*-*-*-*-*-*-*-*-*-*-*-*-*-*-*-*-*-*-*						
ט060609	לבני- ישראל אני יהוה והוצאתי אתכם	מתחת	סבלת מצרים והצלתי אתכם מעבדתם וגאלתי	4				7	3
ט060715	כי אני יהוה אלהיכם המוציא אתכם	מתחת	סבלות מצרים / והבאתי אתכם אל- הארץ	4				7	3
ט171418	כי- מחה אמחה את- זכר עמלק	מתחת	השמים / ויבן משה מזבח ויקרא שמו	4				7	3
ט200412	תמונה אשר בשמים ממעל ואשר בארץ	מתחת	ואשר במים מתחת לארץ / לא- תשתחוה	4				7	3
ט200415	ממעל ואשר בארץ מתחת ואשר במים	מתחת	לארץ / לא- תשתחוה להם ולא תעבדם	4				7	3
ט212011	עבדו או את- אמתו בשבט ומת	תחת	ידו נקם ינקם / אך אם- יום	4					2
ט212306	בפללים / ואם- אסון יהיה ונתתה נפש	תחת	נפש / עין תחת עין שן תחת	4					2
ט212402	יהיה ונתתה נפש תחת נפש / עין	תחת	עין שן תחת שן יד תחת	4					2
ט212405	תחת נפש / עין תחת עין שן	תחת	שן יד תחת יד רגל תחת	4					2
ט212408	תחת עין שן תחת שן יד	תחת	יד רגל תחת רגל / כויה תחת	4					2
ט212411	תחת שן יד תחת יד רגל	תחת	רגל / כויה תחת כויה פצע תחת	4					2
ט212502	תחת יד רגל תחת רגל / כויה	תחת	כויה פצע תחת פצע חבורה תחת	4					2
ט212505	תחת רגל / כויה תחת כויה פצע	תחת	פצע חבורה תחת חבורה / וכי- יכה	4					2
ט212508	תחת כויה פצע תחת פצע חבורה	תחת	חבורה / וכי- יכה איש את- עין	4					2
ט212614	את- עין אמתו ושחתה לחפשי ישלחנו	תחת	עינו / ואם- שן עבדו או- שן	4					2
ט212710	או- שן אמתו יפיל לחפשי ישלחנו	תחת	שנו / וכי- יגח שור את- איש	4					2
ט213615	ולא ישמרנו בעליו שלם ישלם שור	תחת	השור והמת יהיה- לו / כי יגנב-	4					2
ט213713	וטבחו או מכרו חמשה בקר ישלם	תחת	השור וארבע- צאן תחת השה // אם-	4					2
ט213717	בקר ישלם תחת השור וארבע- צאן	תחת	השה // אם- במחתרת ימצא הגנב והכה	4					2
ט230506	לו / כי- תראה חמור שנאך רבץ	תחת	משאו וחדלת מעזב לו עזב תעזב	4					2
ט240411	דברי יהוה וישכם בבקר ויבן מזבח	תחת	ההר ושתים עשרה מצבה לשנים עשר שבטי ישראל	4					2
ט241005	מזקני ישראל / ויראו את אלהי ישראל	ותחת	רגליו כמעשה לבנת הספיר וכעצם השמים	4				1	3
ט253502	ארבעה גבעים משקדים כפתריה ופרחיה / וכפתר	תחת	שני הקנים ממנה וכפתר תחת שני	4					2
ט253507	וכפתר תחת שני הקנים ממנה וכפתר	תחת	שני הקנים ממנה וכפתר תחת- שני	4					2
ט253512	וכפתר תחת שני הקנים ממנה וכפתר	תחת-	שני הקנים ממנה לששת הקנים היצאים	4					2
ט261905	נגבה תימנה / וארבעים אדני- כסף תעשה	תחת	עשרים הקרש שני אדנים תחת- הקרש	4					2
ט261910	תעשה תחת עשרים הקרש שני אדנים	תחת-	הקרש האחד לשתי ידתיו ושני אדנים	4					2
ט261917	הקרש האחד לשתי ידתיו ושני אדנים	תחת-	הקרש האחד לשתי ידתיו / ולצלע המשכן	4					2
ט262106	קרש / וארבעים אדניהם כסף שני אדנים	תחת	הקרש האחד ושני אדנים תחת הקרש	4					2
ט262111	אדנים תחת הקרש האחד ושני אדנים	תחת	הקרש האחד / ולירכתי המשכן ימה תעשה	4					2
ט262510	ואדניהם כסף ששה עשר אדנים שני אדנים	תחת	הקרש האחד ושני אדנים תחת הקרש	4					2
ט262515	אדנים תחת הקרש האחד ושני אדנים	תחת	הקרש האחד / ועשית בריחם עצי שטים	4					2

/ = סוף פסוק // = סוף פרק ג = מין # = מספר כ = כינוי וגוף קס = קידומות וסיומות ה = מספר ההברות

אזכור		מלה		צופן	ג	#	כ	קס	ה
ט263304	ארבעה אדני- כסף / ונתתה את- הפרכת	תחת	הקרסים והבאת שמה מבית לפרכת את	4					2
ט270503	נחשת על ארבע קצותיו / ונתת אתה	תחת	כרכב המזבח מלמטה והיתה הרשת עד	4					2
ט300406	סביב / ושתי טבעת זהב תעשה- לו	מתחת	לזרו על שתי צלעתיו תעשה על-	4				7	3
ט321919	ויטלך מידו את- הלחת וישבר אתם	תחת	ההר / ויקח את- העגל אשר עשו	4					2
ט362405	נגב תימנה / וארבעים אדני- כסף עשה	תחת	עשרים הקרשים שני אדנים תחת- הקרש	4					2
ט362410	עשה תחת עשרים הקרשים שני אדנים	תחת-	הקרש האחד לשתי ידתיו ושני אדנים	4					2
ט362417	הקרש האחד לשתי ידתיו ושני אדנים	תחת-	הקרש האחד לשתי ידתיו / ולצלע המשכן	4					2
ט362606	קרשים / וארבעים אדניהם כסף שני אדנים	תחת	הקרש האחד ושני אדנים תחת הקרש	4					2
ט362611	אדנים תחת הקרש האחד ושני אדנים	תחת	הקרש האחד / ולירכתי המשכן ימה עשה	4					2
ט363012	ששה עשר אדנים שני אדנים שני אדנים	תחת	הקרש האחד / ויעש בריחי עצי שטים	4					2
ט372102	ארבעה גבעים משקדים כפתריה ופרחיה / וכפתר	תחת	שני הקנים ממנה וכפתר תחת שני	4					2
ט372107	וכפתר תחת שני הקנים ממנה וכפתר	תחת	שני הקנים ממנה וכפתר תחת- שני	4					2
ט372112	וכפתר תחת שני הקנים ממנה וכפתר	תחת-	שני הקנים ממנה לששת הקנים היצאים	4					2
ט372706	סביב / ושתי טבעת זהב עשה- לו	מתחת	לזרו על שתי צלעתיו על שני	4				7	3
ט380407	ויעש למזבח מכבר מעשה רשת נחשת	תחת	כרכבו מלמטה עד- חציו / ויצק ארבע	4					2
ט102309	איש את- אחיו ולא- קמו איש	מתחתיו	שלשת ימים ולכל בני ישראל היה	41			4	7	3
ט162918	ביום הששי לחם יומים שבו איש	תחתיו	אל- יצא איש ממקמו ביום השביעי	41			4		2
ט171207	וידי משה כבדים ויקחו- אבן וישימו	תחתיו	וישב עליה ואהרן וחור תמכו בידיו	41			4		2
ט181016	ומיד פרעה אשר הציל את- העם	מתחת	יד- מצרים / עתה ידעתי כי- גדול	41				7	3
ט293006	את- ידם / שבעת ימים ילבשם הכהן	תחתיו	בניו אשר יבא אל- אהל מועד	41			4		2
	--*-*-*-*-*-*-*-*-*-*-*-*	תחתית	*-*-*-*-*-*-*-*-*-*-*-*-*-*						
ט191710	העם לקראת האלהים מן- המחנה ויתיצבו	בתחתית	ההר / וזר סיני עשן כלו מפני	1122	2	1		4	3
	--*-*-*-*-*-*-*-*-*-*-*-*	תיכון	*-*-*-*-*-*-*-*-*-*-*-*-*-*						
ט262802	לקרשי צלע המשכן לירכתים ימה / והבריח	התיכן	בתוך הקרשים מברח מן- הקצה אל-	1111	1	1		2	3
ט363304	המשכן לירכתים ימה / ויעש את- הבריח	התיכן	לברח בתוך הקרשים מן- הקצה אל-	1111	1	1		2	3
	--*-*-*-*-*-*-*-*-*-*-*-*	תימן	*-*-*-*-*-*-*-*-*-*-*-*-*-*						
ט261809	הקרשים למשכן עשרים קרש לפאת נגבה	תימנה	/ וארבעים אדני- כסף תעשה תחת עשרים	123	2			9	3
ט263513	המנרה נכח השלחן על צלע המשכן	תימנה	והשלחן תתן על- צלע צפון / ועשית	123	2			9	3
ט270907	ועשית את חצר המשכן לפאת נגב-	תימנה	קלעים לחצר שש משזר מאה באמה	123	2			9	3
ט362309	הקרשים למשכן עשרים קרשים לפאת נגב	תימנה	/ וארבעים אדני- כסף עשה תחת עשרים	123	2			9	3
ט380906	מועד / ויעש את- החצר לפאת נגב	תימנה	קלעי החצר שש משזר מאה באמה	123	2			9	3
	--*-*-*-*-*-*-*-*-*-*-*-*	תכלת	*-*-*-*-*-*-*-*-*-*-*-*-*-*						
ט250401	אשר תקחו מאתם זהב וכסף ונחשת /	ותכלת	וארגמן ותולעת שני ושש ועזים / וערת	1121	2	1		1	4
ט260108	המשכן תעשה עשר יריעת שש משזר	ותכלת	וארגמן ותלעת שני כרבים מעשה חשב	1121	2	1		1	4
ט260403	חברת אשה אל- אחתה / ועשית ללאת	תכלת	על שפת היריעה האחת מקצה בחברת	1121	2	1			3
ט263103	כמשפטו אשר הראית בהר / ועשית פרכת	תכלת	וארגמן ותולעת שני ושש משזר מעשה	1121	2	1			3
ט263605	צלע צפון / ועשית מסך לפתח האהל	תכלת	וארגמן ותולעת שני ושש משזר מעשה	1121	2	1			3
ט271606	שלשה / ולשער החצר מסך עשרים אמה	תכלת	וארגמן ותולעת שני ושש משזר מעשה	1121	2	1			3
ט280506	לי / והם יקחו את- הזהב ואת-	התכלת	ואת- הארגמן ואת- תולעת השני ואת-	1121	2	1		2	4
ט280605	ואת- השש / ועשו את- האפד זהב	תכלת	וארגמן תולעת שני ושש משזר מעשה	1121	2	1			3
ט280809	אשר עליו כמעשהו ממנו יהיה זהב	תכלת	וארגמן ותולעת שני ושש משזר / ולקחת	1121	2	1			3
ט281510	מעשה חשב כמעשה אפד תעשנו זהב	תכלת	וארגמן ותולעת שני ושש משזר תעשה	1121	2	1			3
ט282809	החשן מטבעתו אל- טבעת האפוד בפתיל	תכלת	להיות על- חשב האפוד ולא- יזח	1121	2	1			3
ט283106	זמיד / ועשית את- מעיל האפוד כליל	תכלת	/ והיה פי- ראשו בתוכו שפה יהיה	1121	2	1			3
ט283305	לא יקרע / ועשית על- שוליו רמני	תכלת	וארגמן ותולעת שני על- שוליו סביב	1121	2	1			3
ט283705	קדש ליהוה / ושמת אתו על- פתיל	תכלת	והיה על- המצנפת אל- מול פני-	1121	2	1			3
ט350601	את תרומת יהוה זהב וכסף ונחשת /	ותכלת	וארגמן ותולעת שני ושש ועזים / וערת	1121	2	1		1	4
ט352306	ליהוה / וכל- איש אשר- נמצא אתו	תכלת	וארגמן ותולעת שני ושש ועזים וערת	1121	2	1			3
ט352510	לב בידיה טוו ויביאו מטוה את-	התכלת	ואת- הארגמן את- תולעת השני ואת-	1121	2	1		2	4
ט353511	לעשות כל- מלאכת חרש וחשב ורקם	בתכלת	ובארגמן בתולעת השני ובשש וארג עשי	1121	2	1		24	4

אזכור		מלה		צופן	ג	#	כ	קס	ה
ט360813	את- המשכן עשר יריעת שש משזר	ותכלת	וארגמן ותולעת שני כרבים מעשה חשב	1121	2	1		1	4
ט361103	חבר אחת אל- אחת / ויעש ללאת	תכלת	על שפת היריעה האחת נקצה במחברת	1121	2	1			3
ט363504	את- הבריחם זהב / ויעש את- הפרכת	תכלת	וארגמן ותולעת שני ושש משזר מעשה	1121	2	1			3
ט363705	אדני- כסף / ויעש מסך לפתח האהל	תכלת	וארגמן ותולעת שני ושש משזר מעשה	1121	2	1			3
ט381806	החצר / ומסך שער החצר מעשה רקם	תכלת	וארגמן ותולעת שני ושש משזר ועשרים	1121	2	1			3
ט382310	אחיסמך למטה- דן חרש וחשב ורקם	בתכלת	ובארגמן ובתולעת השני ובשש / כל- הזהב	1121	2	1		24	4
ט390102	ואת- כל- יתדת החצר סביב // ומן-	התכלת	והארגמן ותולעת השני עשו בגדי- שרד	1121	2	1		2	4
ט390205	את- מטה / ויעש את- האפד זהב	תכלת	וארגמן ותולעת שני ושש משזר / וירקעו	1121	2	1			3
ט390309	פחי הזהב וקצץ פתילם לעשות בתוך	התכלת	ובתוך הארגמן ובתוך תולעת השני ובתוך	1121	2	1		2	4
ט390509	אשר עליו ממנו הוא כמעשהו זהב	תכלת	וארגמן ותולעת שני ושש משזר כאשר	1121	2	1			3
ט390809	החשן מעשה חשב כמעשה אפד זהב	תכלת	וארגמן ותולעת שני ושש משזר / רבוע	1121	2	1			3
ט392109	החשן מטבעתיו אל- טבעת האפד בפתיל	תכלת	להית על- חשב האפד ולא- יזח	1121	2	1			3
ט392208	את- מעיל האפד מעשה ארג כליל	תכלת	/ ופי- המעיל בתוכו כפי תחרא שפה	1121	2	1			3
ט392406	יקרע / ויעשו על- שולי המעיל רמוני	תכלת	וארגמן ותולעת שני משזר / ויעשו פעמני	1121	2	1			3
ט392905	שש משזר / ואת- האבנט שש משזר	ותכלת	וארגמן ותולעת שני מעשה רקם כאשר	1121	2	1		1	4
ט393104	חותם קדש ליהוה / ויתנו עליו פתיל	תכלת	לתת על- המצנפת מלמעלה כאשר צוה	1121	2	1			3
	--*-*-*-*-*-*-*-*-*-*-*-*	תכן	*-*-*-*-*-*-*-*-*-*-*-*-*-*						
ט051808	לכו עבדו ותבן לא- ינתן לכם	ותכן	לבנים תתנו / ויראו שטרי בני- ישראל	1112	1	1			3
	--*-*-*-*-*-*-*-*-*-*-*-*	תלאה	*-*-*-*-*-*-*-*-*-*-*-*-*-*						
ט180816	ולמצרים על אודת ישראל את כל-	התלאה	אשר מצאתם בדרך ויצלם יהוה / ויחד	1121	2	1		2	4
	--*-*-*-*-*-*-*-*-*-*-*-*	תלונה	*-*-*-*-*-*-*-*-*-*-*-*-*-*						
ט161203	יהוה אל- משה לאמר / שמעתי את-	תלונת	בני ישראל דבר אלהם לאמר בין	1126	2	3			3
ט160708	וראיתם את- כבוד יהוה בשמעו את-	תלנתיכם	על- יהוה ונחנו מה כי תלינו	1127	2	3	7		5
ט160815	ולחם בבקר לשבע בשמע יהוה את-	תלנתיכם	אשר- אתם מלינם עליו ונחנו מה	1127	2	3	7		5
ט160824	מלינם עליו ונחנו מה לא- עלינו	תלנתיכם	כי על- יהוה / ויאמר משה אל-	1127	2	3	7		5
ט160917	קרבו לפני יהוה כי שמע את	תלנתיכם	/ ויהי כדבר אהרן אל- כל- עדת	1127	2	3	7		5
	--*-*-*-*-*-*-*-*-*-*-*-*	תם	*-*-*-*-*-*-*-*-*-*-*-*-*-*						
ט262406	בירכתים / ויהיו תאמם מלמטה ויחדו יהיו	תמים	על- ראשו אל- הטבעת האחת כן	1115	1	3			2
ט362906	בירכתים / והיו תואמם מלמטה ויחדו יהיו	תמים	אל- ראשו אל- הטבעת האחת כן	1115	1	3			2
	--*-*-*-*-*-*-*-*-*-*-*-*	תמול	*-*-*-*-*-*-*-*-*-*-*-*-*-*						
ט041012	אדני לא איש דברים אנכי גם	מתמול	גם משלשם גם מאז דברך אל-	22				7	3
ט050708	תאספון לתת תבן לעם ללבן הלבנים	כתמול	שלשם הם ילכו וקששו להם תבן	22				5	3
ט050807	ואת- מתכנת הלבנים אשר הם עשים	תמול	שלשם תשימו עליהם לא תגרעו ממנו	22					2
ט051416	לאמר מדוע לא כליתם חקכם ללבן	כתמול	שלשם גם- תמול גם- היום / ויבאו	22				5	3
ט051419	כליתם חקכם ללבן כתמול שלשם גם-	תמול	גם- היום / ויבאו שטרי בני ישראל	22					2
ט212905	השור נקי / ואם שור נגח הוא	מתמל	שלשם והועד בבעליו ולא ישמרנו והמית	22				7	3
ט213607	או נודע כי שור נגח הוא	מתמול	שלשם ולא ישמרנו בעליו שלם ישלם	22				7	3
	--*-*-*-*-*-*-*-*-*-*-*-*	תמונה	*-*-*-*-*-*-*-*-*-*-*-*-*-*						
ט200406	פני / לא- תעשה לך פסל וכל-	תמונה	אשר בשמים ממעל ואשר בארץ מתחת	1121	2	1			3
	--*-*-*-*-*-*-*-*-*-*-*-*	תמיד	*-*-*-*-*-*-*-*-*-*-*-*-*-*						
ט253007	ונתת על- השלחן לחם פנים לפני	תמיד	/ ועשית מנרת זהב טהור מקשה תיעשה	1111	1	1			2
ט272015	זית זך כתית למאור להעלת נר	תמיד	/ באהל מועד מחוץ לפרכת אשר על-	1111	1	1			2
ט282917	בבאו אל- הקדש לזכרן לפני- יהוה	תמיד	/ ונתת אל- חשן המשפט את- האורים	1111	1	1			2
ט283026	בני- ישראל על- לבו לפני יהוה	תמיד	/ ועשית את- מעיל האפוד כליל תכלת	1111	1	1			2
ט283820	לכל- מתנת קדשיהם והיה על- מצחו	תמיד	לרצון להם לפני יהוה / ושבצת הכתנת	1111	1	1			2
ט293811	המזבח כבשים בני- שנה שנים ליום	תמיד	/ את- הכבש האחד תעשה בבקר ואת	1111	1	1			2
ט294202	לה לריח ניחח אשה ליהוה / עלת	תמיד	לדרתיכם פתח אהל- מועד לפני יהוה	1111	1	1			2

אזכור		מלה		צונן ג # כ קס ה
ט300809	את- הנרת בין- הערבים יקטירנה קטרת	תמיד	לפני יהוה לדרתיכם / לא- תעלו עליו	2 1 1 1111
	-	תמים	*-*	
ט120502	לפי אכלו תכסו על- השה / שה	תמים	זכר בן- שנה יהיה לכם מן-	2 1 1 1111
ט290117	פר אחד בן- בקר ואילם שנים	תמימם	/ ולחם מצות וחלת מצת בלולת בשמן	3 3 1 1115
	-	תמך	*-*	
ט171212	וישימו תחתיו וישב עליה ואהרן וחור	תמכו	בידיו מזה אחד ומזה אחד ויהי	3 3 1 3111
	-	תמר	*-*	
ט152708	אילמה ושם שתים עשרה עינת מים ושבעים	תמרים	ויחנו- שם על- המים // ויסעו מאילם	3 3 1 1115
	-	תנוך	*-*	
ט292008	את- האיל ולקחת מדמו ונתתה על-	תנוך	אזן אהרן ועל תנוך אזן בניו	2 1 1 1112
ט292012	ונתתה על- תנוך אזן אהרן ועל	תנוך	אזן בניו הימנית ועל- בהן ידם	2 1 1 1112
	-	תנופה	*-*	
ט292411	אהרן ועל כפי בניו והנפת אתם	תנופה	לפני יהוה / ולקחת אתם מידם והקטרת	3 1 2 1121
ט292610	מאיל המלאים אשר לאהרן והנפת אתו	תנופה	לפני יהוה והיה לך למנה / וקדשת	3 1 2 1121
ט292704	והיה לך למנה / וקדשת את חזה	התנופה	ואת שוק התרומה אשר הונף ואשר	4 2 1 2 1121
ט382410	למלאכה בכל מלאכת הקדש ויהי זהב	התנופה	תשע ועשרים ככר ושבע מאות ושלשים	4 2 1 2 1121
ט382902	לעמודים וצפה ראשיהם וחשק אתם / ונחשת	התנופה	שבעים ככר ואלפים וארבע- מאות שקל	4 2 1 2 1121
ט352220	כלי זהב וכל- איש אשר הניף	תנופת	זהב ליהוה / וכל- איש אשר- נמצא	3 1 2 1122
	-	תנור	*-*	
ט072814	משכבך ועל- מטתך ובבית עבדיך ובעמך	ובתנוריך	ובמשארותיך / ובכה ובעמך ובכל- עבדיך יעלו	6 41 2 3 1 1117
	-	תנין	*-*	
ט070919	את- מטך והשלך לפני- פרעה יהי	לתנין	/ ויבא משה ואהרן אל- פרעה ויעשו	3 6 1 1 1111
ט071020	מטהו לפני פרעה ולפני עבדיו ויהי	לתנין	/ ויקרא גם- פרעה לחכמים ולמכשפים ויעשו	3 6 1 1 1111
ט071205	בלהטיהם כן / וישליכו איש מטהו ויהיו	לתנינם	ויבלע מטה- אהרן את- מטתם / ויחזק	4 6 3 1 1115
	-	תעה	*-*	
ט230407	כי תפגע שור איבך או חמרו	תעה	השב תשיבנו לו / כי- תראה חמור	2 1 1 3131
	-	תף	*-*	
ט152007	ותקח מרים הנביאה אחות אהרן את-	התף	בידה ותצאן כל- הנשים אחריה בתפים	2 2 1 1 1111
ט152013	התף בידה ותצאן כל- הנשים אחריה	בתפים	ובמחלת / ותען להם מרים שירו ליהוה	3 4 3 1 1115
	-	תפארה	*-*	
ט280207	ועשית בגדי קדש לאהרן אחיך לכבוד	ולתפארת	/ ואתה תדבר אל- כל- חכמי- לב	5 61 1 2 1121
ט284012	להם אבנטים ומגבעות תעשה להם לכבוד	ולתפארת	/ והלבשת אתם את- אהרן אחיך ואת-	5 61 1 2 1121
	-	תקופה	*-*	
ט342210	לך בכורי קציר חטים וחג האסיף	תקופת	השנה / שלש פעמים בשנה יראה כל-	3 1 2 1122
	-	תקע	*-*	
ט101910	ים חזק מאד וישא את- הארבה	ויתקעהו	ימה סוף לא נשאר ארבה אחד	5 * 4 1 1 3121
	-	תרומה	*-*	
ט250207	דבר אל- בני ישראל ויקחו לי	תרומה	מאת כל- איש אשר ידבנו לבו	3 1 2 1121
ט250302	ידבנו לבו תקחו את- תרומתי / וזאת	התרומה	אשר תקחו מאתם זהב וכסף ונחשת	4 2 1 2 1121
ט292707	וקדשת את חזה התנופה ואת שוק	התרומה	אשר הונף ואשר הורם מאיל המלאים	4 2 1 2 1121
ט292810	לחק- עולם מאת בני ישראל כי	תרומה	הוא ותרומה יהיה מאת בני- ישראל	3 1 2 1121

אזכור		מלה		צופן	ג	#	כ	קס	ה
ט292812	מאת בני ישראל כי תרומה הוא	ותרומה	יהיה מאת בני- ישראל מזבחי שלמיהם	1121	2	1		1	4
ט301316	הקדש עשרים גרה השקל מחצית השקל	תרומה	ליהוה / כל העבר על הפקדים מבן	1121	2	1			3
ט350503	אשר- צוה יהוה לאמר / קחו מאתכם	תרומה	ליהוה כל נדיב לבו יביאה את	1121	2	1			3
ט360306	אתה / ויקחו מלפני משה את כל-	התרומה	אשר הביאו בני ישראל למלאכת עבדת	1121	2	1		2	4
ט301410	הפקדים מבן עשרים שנה ומעלה יתן	תרומת	יהוה / העשיר לא- ירבה והדל לא	1122	2	1			3
ט301511	לא ימעיט ממחצית השקל לתת את-	תרומת	יהוה לכפר על- נפשתיכם / ולקחת את-	1122	2	1			3
ט350510	ליהוה כל נדיב לבו יביאה את	תרומת	יהוה זהב וכסף ונחשת / ותכלת וארגמן	1122	2	1			3
ט352114	אשר נדבה רוחו אתו הביאו את-	תרומת	יהוה למלאכת אהל מועד ולכל- עבדתו	1122	2	1			3
ט352403	מאדמים וערת תחשים הביאו / כל- מרים	תרומת	כסף ונחשת הביאו את תרומת יהוה	1122	2	1			3
ט352408	מרים תרומת כסף ונחשת הביאו את	תרומת	יהוה וכל אשר נמצא אתו עצי	1122	2	1			3
ט360613	איש ואשה אל- יעשו- עוד מלאכה	לתרומת	הקדש ויכלא העם מהביא / והמלאכה היתה	1122	2	1		6	4
ט250216	איש אשר ידבנו לבו תקחו את-	תרומתי	/ וזאת התרומה אשר תקחו מאתם זהב	1123	2	1	1		4
ט292819	יהיה מאת בני- ישראל מזבחי שלמיהם	תרומתם	ליהוה / ובגדי הקדש אשר לאהרן יהיו	1123	2	1	9		4
	--*-*-*-*-*-*-*-*-*-*-*-*-*-*-*	תרשיש	*-*-*-*-*-*-*-*-*-*-*-*-*-*-*-*-*						
ט282003	השלישי לשם שבו ואחלמה / והטור הרביעי	תרשיש	ושהם וישפה משבצים זהב יהיו במלואתם	1111	1	1			2
ט391303	השלישי לשם שבו ואחלמה / והטור הרביעי	תרשיש	ושהם וישפה מוסבת משבצת זהב במלאתם	1111	1	1			2
	--*-*-*-*-*-*-*-*-*-*-*-*-*-*-*	תשבץ	*-*-*-*-*-*-*-*-*-*-*-*-*-*-*-*-*						
ט280409	אשר יעשו חשן ואפוד ומעיל וכתנת	תשבץ	מצנפת ואבנט ועשו בגדי- קדש לאהרן	1111	1	1			2
	--*-*-*-*-*-*-*-*-*-*-*-*-*-*-*	תשע	*-*-*-*-*-*-*-*-*-*-*-*-*-*-*-*-*						
ט382411	בכל מלאכת הקדש ויהי זהב התנופה	תשע	ועשרים ככר ושבע מאות ושלשים שקל	71	2				2

/ = סוף פסוק   // = סוף פרק   ג = מין   # = מספר   כ = כינוי גבור   קס = קידומות וסיומות   ה = מספר ההברות

PART TWO
VERB ROOT LIST

מס	אזכור	שורש*	בסיס	מלה	צופן	אזכור	שורש*	בסיס	מלה	צופן	אזכור	שורש*	בסיס	מלה	צופן
	א					ב					ג				
1	ט100721	אבד	אבד	אבדה	3112	ט150707	אכל	אכל	יאכלמו	3121	ט071601	אמר	אמר	ואמרת	3111
2	ט102707	אבה	אבה	אבה	3111	ט161211	אכל	אכל	תאכלו	3121	ט071702	אמר	אמר	אמר	3111
3	ט330407	אבל	התאבל	ויתאבלו	3521	ט223009	אכל	אכל	תאכלו	3121	ט072603	אמר	אמר	ואמרת	3111
4	ט250503	אדם	אדם	מאדמים	3431	ט231108	אכל	אכל	תאכל	3121	ט072611	אמר	אמר	אמר	3111
5	ט261406	אדם	אדם	מאדמים	3431	ט231507	אכל	אכל	תאכל	3121	ט081613	אמר	אמר	ואמרת	3111
6	ט350703	אדם	אדם	מאדמים	3431	ט241111	אכל	אכל	ויאכלו	3121	ט081616	אמר	אמר	אמר	3111
7	ט352314	אדם	אדם	מאדמים	3431	ט293313	אכל	אכל	יאכל	3121	ט090111	אמר	אמר	אמר	3111
8	ט361906	אדם	אדם	מאדמים	3431	ט341807	אכל	אכל	תאכל	3121	ט091310	אמר	אמר	ואמרת	3111
9	ט393405	אדם	אדם	המאדמים	3431	ט241705	אכל	אכל	אכלת	3132	ט091313	אמר	אמר	אמר	3111
10	ט150603	אדר	נאדר	נאדרי	3231	ט121513	אכל	אכל	אכל	3133	ט100309	אמר	אמר	אמר	3111
11	ט151107	אדר	נאדר	נאדר	3231	ט121909	אכל	אכל	אכל	3133	ט110404	אמר	אמר	אמר	3111
12	ט210505	אהב	אהב	אהבתי	3111	ט162503	אכל	אכל	אכלהו	314	ט122701	אמר	אמר	ואמרתם	3111
13	ט200604	אהב	אהב	לאהבי	3131	ט161524	אכל	אכל	לאכלה	3151	ט123310	אמר	אמר	אמרו	3111
14	ט051302	אוץ	אץ	אצים	3131	ט120416	אכל	אכל	אכלו	3153	ט131409	אמר	אמר	ואמרת	3111
15	ט253708	אור	האיר	והאיר	3611	ט160316	אכל	אכל	באכלנו	3153	ט131716	אמר	אמר	אמר	3111
16	ט142011	אור	האיר	ויאר	3621	ט161610	אכל	אכל	אכלו	3153	ט140301	אמר	אמר	ואמר	3111
17	ט132112	אור	האיר	להאיר	3654	ט161811	אכל	אכל	אכלו	3153	ט150901	אמר	אמר	אמר	3111
18	ט152611	אזן	האזין	והאזנת	3611	ט162107	אכל	אכל	אכלו	3153	ט171004	אמר	אמר	אמר-	3111
19	ט151405	אחז	אחז	אחז	3111	ט160808	אכל	אכל	לאכל	3154	ט180309	אמר	אמר	אמר	3111
20	ט151507	אחז	אחז	יאחזמו	3121	ט181213	אכל	אכל	לאכל-	3154	ט182408	אמר	אמר	אמר	3111
21	ט040407	אחז	אחז	ואחז	314	ט320609	אכל	אכל	לאכל	3154	ט231303	אמר	אמר	אמרתי	3111
22	ט222804	אחר	אחר	תאחר	3321	ט220506	אכל	נאכל	ונאכל	3211	ט240103	אמר	אמר	אמר	3111
23	ט232210	איב	איב	ואיבתי	3111	ט121618	אכל	נאכל	יאכל	3221	ט241403	אמר	אמר	אמר	3111
24	ט100510	אכל	אכל	ואכל	3111	ט124603	אכל	נאכל	יאכל	3221	ט321321	אמר	אמר	אמרתי	3111
25	ט100518	אכל	אכל	ואכל	3111	ט130322	אכל	נאכל	יאכל	3221	ט322704	אמר	אמר	אמר	3111
26	ט120801	אכל	אכל	ואכלו	3111	ט130702	אכל	נאכל	יאכל	3221	ט331221	אמר	אמר	אמרה	3111
27	ט121110	אכל	אכל	ואכלתם	3111	ט212814	אכל	נאכל	יאכל	3221	ט042604	אמר	אמר	אמרה	3112
28	ט163503	אכל	אכל	אכלו	3111	ט293414	אכל	נאכל	יאכל	3221	ט010901	אמר	אמר	ויאמר	3121
29	ט163515	אכל	אכל	אכלו	3111	ט030216	אכל	אכל	אכל	3411	ט011501	אמר	אמר	ויאמר	3121
30	ט231104	אכל	אכל	ואכלו	3111	ט163218	אכל	האכיל	האכלתי	3611	ט011601	אמר	אמר	ויאמר	3121
31	ט293201	אכל	אכל	ואכל	3111	ט040811	אמן	האמין	והאמינו	3611	ט011805	אמר	אמר	ויאמר	3121
32	ט293301	אכל	אכל	ואכלו	3111	ט043101	אמן	האמין	ויאמן	3611	ט021309	אמר	אמר	ויאמר	3121
33	ט341513	אכל	אכל	ואכלת	3111	ט040106	אמן	האמין	יאמינו	3621	ט021401	אמר	אמר	ויאמר	3121
34	ט342811	אכל	אכל	אכל	3111	ט040502	אמן	האמין	יאמינו	3621	ט021417	אמר	אמר	ויאמר	3121
35	ט022012	אכל	אכל	ויאכל	3121	ט040804	אמן	האמין	יאמינו	3621	ט021805	אמר	אמר	ויאמר	3121
36	ט101215	אכל	אכל	ויאכל	3121	ט040904	אמן	האמין	יאמינו	3621	ט022001	אמר	אמר	ויאמר	3121
37	ט101508	אכל	אכל	ויאכל	3121	ט143114	אמן	האמין	ויאמינו	3621	ט030301	אמר	אמר	ויאמר	3121
38	ט120713	אכל	אכל	יאכלו	3121	ט190918	אמן	האמין	יאמינו	3621	ט030411	אמר	אמר	ויאמר	3121
39	ט120811	אכל	אכל	יאכלהו	3121	ט022208	אמר	אמר	אמר	3111	ט030414	אמר	אמר	ויאמר	3121
40	ט120902	אכל	אכל	תאכלו	3121	ט031311	אמר	אמר	ואמרתי	3111	ט030501	אמר	אמר	ויאמר	3121
41	ט121102	אכל	אכל	תאכלו	3121	ט031317	אמר	אמר	ואמרו-	3111	ט030601	אמר	אמר	ויאמר	3121
42	ט121504	אכל	אכל	תאכלו	3121	ט031606	אמר	אמר	ואמרת	3111	ט030701	אמר	אמר	ויאמר	3121
43	ט121806	אכל	אכל	תאכלו	3121	ט031810	אמר	אמר	ואמרתם	3111	ט031101	אמר	אמר	ויאמר	3121
44	ט122004	אכל	אכל	תאכלו	3121	ט042201	אמר	אמר	ואמרת	3111	ט031201	אמר	אמר	ויאמר	3121
45	ט122007	אכל	אכל	תאכלו	3121	ט042205	אמר	אמר	אמר	3111	ט031301	אמר	אמר	ויאמר	3121
46	ט124313	אכל	אכל	יאכל	3121	ט042301	אמר	אמר	ואמר	3111	ט031322	אמר	אמר	אמר	3121
47	ט124409	אכל	אכל	יאכל	3121	ט050109	אמר	אמר	אמר	3111	ט031401	אמר	אמר	ויאמר	3121
48	ט124504	אכל	אכל	יאכל	3121	ט051010	אמר	אמר	אמר	3111	ט031403	אמר	אמר	ויאמר	3121
49	ט124821	אכל	אכל	יאכל	3121	ט062605	אמר	אמר	אמר	3111	ט031410	אמר	אמר	תאמר	3121
50	ט130603	אכל	אכל	תאכל	3121	ט070909	אמר	אמר	ואמרת	3111	ט031501	אמר	אמר	ויאמר	3121

* = ש שמאלית

	א					ב					ג				
מס	אזכור	שורש*	בסיס	מלה	צופן	אזכור	שורש*	בסיס	מלה	צופן	אזכור	שורש*	בסיס	מלה	צופן
1	ט031507	אמר	אמר	תאמר	3121	ט090801	אמר	אמר	ויאמר	3121	ט170309	אמר	אמר	ויאמר	3121
2	ט031701	אמר	אמר	ואמר	3121	ט091301	אמר	אמר	ויאמר	3121	ט170501	אמר	אמר	ויאמר	3121
3	ט040103	אמר	אמר	ויאמר	3121	ט092201	אמר	אמר	ויאמר	3121	ט170901	אמר	אמר	ויאמר	3121
4	ט040112	אמר	אמר	יאמרו	3121	ט092706	אמר	אמר	ויאמר	3121	ט171401	אמר	אמר	ויאמר	3121
5	ט040201	אמר	אמר	ויאמר	3121	ט092901	אמר	אמר	ויאמר	3121	ט171601	אמר	אמר	ויאמר	3121
6	ט040207	אמר	אמר	ויאמר	3121	ט100101	אמר	אמר	ויאמר	3121	ט180601	אמר	אמר	ויאמר	3121
7	ט040301	אמר	אמר	ויאמר	3121	ט100306	אמר	אמר	ויאמרו	3121	ט181001	אמר	אמר	ויאמר	3121
8	ט040401	אמר	אמר	ויאמר	3121	ט100701	אמר	אמר	ויאמרו	3121	ט181410	אמר	אמר	ויאמר	3121
9	ט040601	אמר	אמר	ויאמר	3121	ט100808	אמר	אמר	ויאמר	3121	ט181501	אמר	אמר	ויאמר	3121
10	ט040701	אמר	אמר	ויאמר	3121	ט100901	אמר	אמר	ויאמר	3121	ט181701	אמר	אמר	ויאמר	3121
11	ט041001	אמר	אמר	ויאמר	3121	ט101001	אמר	אמר	ויאמר	3121	ט190312	אמר	אמר	תאמר	3121
12	ט041101	אמר	אמר	ויאמר	3121	ט101201	אמר	אמר	ויאמר	3121	ט190805	אמר	אמר	ויאמרו	3121
13	ט041301	אמר	אמר	ויאמר	3121	ט101606	אמר	אמר	ויאמר	3121	ט190901	אמר	אמר	ויאמר	3121
14	ט041405	אמר	אמר	ויאמר	3121	ט102101	אמר	אמר	ויאמר	3121	ט191001	אמר	אמר	ויאמר	3121
15	ט041807	אמר	אמר	ויאמר	3121	ט102405	אמר	אמר	ויאמר	3121	ט191501	אמר	אמר	ויאמר	3121
16	ט041819	אמר	אמר	ויאמר	3121	ט102501	אמר	אמר	ויאמר	3121	ט192101	אמר	אמר	ויאמר	3121
17	ט041901	אמר	אמר	ויאמר	3121	ט102801	אמר	אמר	ויאמר -	3121	ט192301	אמר	אמר	ויאמר	3121
18	ט042101	אמר	אמר	ויאמר	3121	ט102901	אמר	אמר	ויאמר	3121	ט192401	אמר	אמר	ויאמר	3121
19	ט042701	אמר	אמר	ויאמר	3121	ט110101	אמר	אמר	ויאמר	3121	ט192505	אמר	אמר	ויאמר	3121
20	ט050105	אמר	אמר	ויאמרו	3121	ט110401	אמר	אמר	ויאמר	3121	ט201901	אמר	אמר	ויאמרו	3121
21	ט050201	אמר	אמר	ויאמר	3121	ט110901	אמר	אמר	ויאמר	3121	ט202001	אמר	אמר	ויאמר	3121
22	ט050301	אמר	אמר	ויאמרו	3121	ט120101	אמר	אמר	ויאמר	3121	ט202201	אמר	אמר	ויאמר	3121
23	ט050401	אמר	אמר	ויאמר	3121	ט122106	אמר	אמר	ויאמר	3121	ט202206	אמר	אמר	תאמר	3121
24	ט050501	אמר	אמר	ויאמר	3121	ט122603	אמר	אמר	יאמרו	3121	ט210503	אמר	אמר	יאמר	3121
25	ט051005	אמר	אמר	ויאמרו	3121	ט123105	אמר	אמר	ויאמר	3121	ט220317	אמר	אמר	יאמר	3121
26	ט051701	אמר	אמר	ויאמר	3121	ט124301	אמר	אמר	ויאמר	3121	ט240317	אמר	אמר	ויאמרו	3121
27	ט052101	אמר	אמר	ויאמרו	3121	ט130301	אמר	אמר	ויאמר	3121	ט240708	אמר	אמר	ויאמרו	3121
28	ט052205	אמר	אמר	ויאמר	3121	ט140513	אמר	אמר	ויאמרו	3121	ט240808	אמר	אמר	ויאמר	3121
29	ט060101	אמר	אמר	ויאמר	3121	ט141101	אמר	אמר	ויאמרו	3121	ט241201	אמר	אמר	ויאמר	3121
30	ט060205	אמר	אמר	ויאמר	3121	ט141301	אמר	אמר	ויאמר	3121	ט303401	אמר	אמר	ויאמר	3121
31	ט063001	אמר	אמר	ויאמר	3121	ט141501	אמר	אמר	ויאמר	3121	ט311201	אמר	אמר	ויאמר	3121
32	ט070101	אמר	אמר	ויאמר	3121	ט142507	אמר	אמר	ויאמר	3121	ט320113	אמר	אמר	ויאמרו	3121
33	ט070801	אמר	אמר	ויאמר	3121	ט142601	אמר	אמר	ויאמר	3121	ט320201	אמר	אמר	ויאמר	3121
34	ט071401	אמר	אמר	ויאמר	3121	ט150110	אמר	אמר	ויאמרו	3121	ט320409	אמר	אמר	ויאמרו	3121
35	ט071901	אמר	אמר	ויאמר	3121	ט152601	אמר	אמר	ויאמר	3121	ט320508	אמר	אמר	ויאמר	3121
36	ט072601	אמר	אמר	ויאמר	3121	ט160301	אמר	אמר	ויאמרו	3121	ט320815	אמר	אמר	ויאמרו	3121
37	ט080101	אמר	אמר	ויאמר	3121	ט160401	אמר	אמר	ויאמר	3121	ט320901	אמר	אמר	ויאמר	3121
38	ט080405	אמר	אמר	ויאמר	3121	ט160601	אמר	אמר	ויאמר	3121	ט321107	אמר	אמר	ויאמר	3121
39	ט080501	אמר	אמר	ויאמר	3121	ט160801	אמר	אמר	ויאמר	3121	ט321202	אמר	אמר	יאמרו	3121
40	ט080601	אמר	אמר	ויאמר	3121	ט160901	אמר	אמר	ויאמר	3121	ט321707	אמר	אמר	ויאמר	3121
41	ט080603	אמר	אמר	ויאמר	3121	ט161504	אמר	אמר	ויאמרו	3121	ט321801	אמר	אמר	ויאמר	3121
42	ט081201	אמר	אמר	ויאמר	3121	ט161515	אמר	אמר	ויאמר	3121	ט322101	אמר	אמר	ויאמר	3121
43	ט081501	אמר	אמר	ויאמרו	3121	ט161901	אמר	אמר	ויאמר	3121	ט322201	אמר	אמר	ויאמר	3121
44	ט081601	אמר	אמר	ויאמר	3121	ט162301	אמר	אמר	ויאמר	3121	ט322301	אמר	אמר	ויאמרו	3121
45	ט082106	אמר	אמר	ויאמר	3121	ט162501	אמר	אמר	ויאמר	3121	ט322401	אמר	אמר	ואמר	3121
46	ט082201	אמר	אמר	ויאמר	3121	ט162801	אמר	אמר	ויאמר	3121	ט322605	אמר	אמר	ויאמר	3121
47	ט082310	אמר	אמר	יאמר	3121	ט163201	אמר	אמר	ויאמר	3121	ט322701	אמר	אמר	ויאמר	3121
48	ט082401	אמר	אמר	ויאמר	3121	ט163301	אמר	אמר	ויאמר	3121	ט322901	אמר	אמר	ויאמר	3121
49	ט082501	אמר	אמר	ויאמר	3121	ט170205	אמר	אמר	ויאמרו	3121	ט323003	אמר	אמר	ויאמר	3121
50	ט090101	אמר	אמר	ויאמר	3121	ט170210	אמר	אמר	ויאמר	3121	ט323105	אמר	אמר	ויאמר	3121

* = ש שמאלית

מס	א אזכור	שורש*	בסיס	מלה	צופן	ב אזכור	שורש*	בסיס	מלה	צופן	ג אזכור	שורש*	בסיס	מלה	צופן
1	ט323301	אמר	אמר	ויאמר	3121	ט070905	אמר	אמר	לאמר	3154	ט283210	ארג	ארג	ארג	3131
2	ט330501	אמר	אמר	ויאמר	3121	ט071608	אמר	אמר	לאמר	3154	ט353516	ארג	ארג	וארג	3131
3	ט331201	אמר	אמר	ויאמר	3121	ט090504	אמר	אמר	לאמר	3154	ט392206	ארג	ארג	ארג	3131
4	ט331401	אמר	אמר	ויאמר	3121	ט110808	אמר	אמר	לאמר	3154	ט392706	ארג	ארג	ארג	3131
5	ט331501	אמר	אמר	ויאמר	3121	ט120109	אמר	אמר	לאמר	3154	ט201207	ארך	האריך	יאריכן	3621
6	ט331701	אמר	אמר	ויאמר	3121	ט120306	אמר	אמר	לאמר	3154	ט222707	ארר	ארר	תאר	3121
7	ט331801	אמר	אמר	ויאמר	3121	ט130105	אמר	אמר	לאמר	3154	ט221507	ארש *	ארש	ארשה	3412
8	ט331901	אמר	אמר	ויאמר	3121	ט130805	אמר	אמר	לאמר	3154	ט071805	באש	באש	ובאש	3111
9	ט332001	אמר	אמר	ויאמר	3121	ט131406	אמר	אמר	לאמר	3154	ט072105	באש	באש	ויבאש	3121
10	ט332101	אמר	אמר	ויאמר	3121	ט131913	אמר	אמר	לאמר	3154	ט162012	באש	באש	ויבאש	3121
11	ט340101	אמר	אמר	ויאמר	3121	ט140105	אמר	אמר	לאמר	3154	ט081005	באש	באש	ותבאש	3122
12	ט340901	אמר	אמר	ויאמר	3121	ט141208	אמר	אמר	לאמר	3154	ט052108	באש	הבאיש	הבאשתם	3611
13	ט341001	אמר	אמר	ויאמר	3121	ט150111	אמר	אמר	לאמר	3154	ט162409	באש	הבאיש	הבאיש	3611
14	ט342701	אמר	אמר	ויאמר	3121	ט152405	אמר	אמר	לאמר	3154	ט210314	בגד	בגד	בבגדו-	3153
15	ט350108	אמר	אמר	ויאמר	3121	ט161105	אמר	אמר	לאמר	3154	ט263313	בדל	הבדיל	והבדילה	3612
16	ט350401	אמר	אמר	ויאמר	3121	ט161208	אמר	אמר	לאמר	3154	ט151502	בהל	נבהל	נבהלו	3211
17	ט353001	אמר	אמר	ויאמר	3121	ט170405	אמר	אמר	לאמר	3154	ט010111	בוא	בא	באו	3111
18	ט360501	אמר	אמר	ויאמרו	3121	ט170713	אמר	אמר	לאמר	3154	ט031303	בוא	בא	ובאת	3111
19	ט011901	אמר	אמר	ותאמרן	3122	ט190310	אמר	אמר	לאמר	3154	ט050102	בוא	בא	באו	3111
20	ט020610	אמר	אמר	ותאמר	3122	ט191205	אמר	אמר	לאמר	3154	ט052302	בוא	בא	באני	3111
21	ט020701	אמר	אמר	ותאמר	3122	ט192316	אמר	אמר	לאמר	3154	ט072805	בוא	בא	ובאו	3111
22	ט020801	אמר	אמר	ותאמר-	3122	ט200107	אמר	אמר	לאמר	3154	ט151902	בוא	בא	בא	3111
23	ט020901	אמר	אמר	ותאמר	3122	ט250105	אמר	אמר	לאמר	3154	ט190110	בוא	בא	באו	3111
24	ט021012	אמר	אמר	ותאמר	3122	ט301105	אמר	אמר	לאמר	3154	ט202011	בוא	בא	בא	3111
25	ט021901	אמר	אמר	ותאמרן	3122	ט301705	אמר	אמר	לאמר	3154	ט221409	בוא	בא	בא	3111
26	ט042510	אמר	אמר	ותאמר	3122	ט302205	אמר	אמר	לאמר	3154	ט030906	בוא	בא	באה	3112
27	ט021410	אמר	אמר	אמר	3131	ט303105	אמר	אמר	לאמר	3154	ט021701	בוא	בא	ויבאו	3121
28	ט051606	אמר	אמר	אמרים	3131	ט310105	אמר	אמר	לאמר	3154	ט030115	בוא	בא	ויבא	3121
29	ט051708	אמר	אמר	אמרים	3131	ט311205	אמר	אמר	לאמר	3154	ט051501	בוא	בא	ויבאו	3121
30	ט331207	אמר	אמר	אמר	3131	ט311306	אמר	אמר	לאמר	3154	ט071001	בוא	בא	ויבא	3121
31	ט060602	אמר	אמר	אמר	314	ט321204	אמר	אמר	לאמר	3154	ט072303	בוא	בא	ויבא	3121
32	ט071905	אמר	אמר	אמר	314	ט330121	אמר	אמר	לאמר	3154	ט032004	בוא	בא	ויבא	3121
33	ט080105	אמר	אמר	אמר	314	ט350408	אמר	אמר	לאמר	3154	ט100301	בוא	בא	ויבא	3121
34	ט081205	אמר	אמר	אמר	314	ט350414	אמר	אמר	לאמר	3154	ט122503	בוא	בא	תבאו	3121
35	ט160905	אמר	אמר	אמר	314	ט360504	אמר	אמר	לאמר	3154	ט141611	בוא	בא	ויבאו	3121
36	ט330505	אמר	אמר	אמר	314	ט360606	אמר	אמר	לאמר	3154	ט141707	בוא	בא	ויבאו	3121
37	ט210502	אמר	אמר	אמר	3151	ט400105	אמר	אמר	לאמר	3154	ט142001	בוא	בא	ויבא	3121
38	ט012205	אמר	אמר	לאמר	3154	ט211305	אנה	אנו	אנה	3311	ט142201	בוא	בא	ויבאו	3121
39	ט031617	אמר	אמר	לאמר	3154	ט022308	אנה	נאנה	ויאנחו	3221	ט142303	בוא	בא	ויבאו	3121
40	ט050610	אמר	אמר	לאמר	3154	ט031602	אסף	אסף	ואספת	3111	ט152301	בוא	בא	ויבאו	3121
41	ט050821	אמר	אמר	לאמר	3154	ט231006	אסף	אסף	ואספת	3111	ט152701	בוא	בא	ויבאו	3121
42	ט051008	אמר	אמר	לאמר	3154	ט042904	אסף	אסף	ויאספו	3121	ט160103	בוא	בא	ויבאו	3121
43	ט051303	אמר	אמר	לאמר	3154	ט231612	אסף	אסף	באספך	3153	ט162210	בוא	בא	ויבאו	3121
44	ט051410	אמר	אמר	לאמר	3154	ט091918	אסף	נאסף	יאסף	3221	ט170801	בוא	בא	ויבא	3121
45	ט051508	אמר	אמר	לאמר	3154	ט322609	אסף	נאסף	ויאספו	3221	ט180501	בוא	בא	ויבא	3121
46	ט051907	אמר	אמר	לאמר	3154	ט140601	אסר	אסר	ויאסר	3121	ט180712	בוא	בא	ויבאו	3121
47	ט061005	אמר	אמר	לאמר	3154	ט290516	אפד	אפד	ואפדת	3111	ט181208	בוא	בא	ויבא	3121
48	ט061205	אמר	אמר	לאמר	3154	ט123901	אפה	אפו	ויאפו	3121	ט181505	בוא	בא	יבא	3121
49	ט062905	אמר	אמר	לאמר	3154	ט162314	אפה	אפו	תאפו	3121	ט182316	בוא	בא	יבא	3121
50	ט070807	אמר	אמר	לאמר	3154	ט162315	אפה	אפו	אפו	314	ט190203	בוא	בא	ויבאו	3121

* = ש שמאלית

א

מס	אזכור	שורש*	בסיס	מלה	צופן
1	ט190701	בוא	בא	ויבא	3121
2	ט190907	בוא	בא	בא	3121
3	ט210303	בוא	בא	יבא	3121
4	ט220823	בוא	בא	יבא	3121
5	ט232710	בוא	בא	תבא	3121
6	ט240301	בוא	בא	ויבא	3121
7	ט241801	בוא	בא	ויבא	3121
8	ט293009	בוא	בא	יבא	3121
9	ט351005	בוא	בא	יבאו	3121
10	ט352101	בוא	בא	ויבאו	3121
11	ט352201	בוא	בא	ויבאו	3121
12	ט360401	בוא	בא	ויבאו	3121
13	ט011914	בוא	בא	תבוא	3122
14	ט021605	בוא	בא	ותבאנה	3122
15	ט021801	בוא	בא	ותבאנה	3122
16	ט010105	בוא	בא	הבאים	3131
17	ט031307	בוא	בא	בא	3131
18	ט142811	בוא	בא	הבאים	3131
19	ט180607	בוא	בא	בא	3131
20	ט181605	בוא	בא	בא	3131
21	ט202421	בוא	בא	אבוא	3131
22	ט341210	בוא	בא	בא	3131
23	ט061101	בוא	בא	בא	314
24	ט072605	בוא	בא	בא	314
25	ט090105	בוא	בא	בא	314
26	ט100105	בוא	בא	בא	314
27	ט021808	בוא	בא	בא	3151
28	ט330902	בוא	בא	כבא	3151
29	ט171222	בוא	בא	בא	3152
30	ט222507	בוא	בא	בא	3152
31	ט343401	בוא	בא	ובוא	3152
32	ט102623	בוא	בא	באנו	3153
33	ט163509	בוא	בא	באם	3153
34	ט163517	בוא	בא	באם	3153
35	ט282911	בוא	בא	בבאו	3153
36	ט283013	בוא	בא	בבאו	3153
37	ט283507	בוא	בא	בבאו	3153
38	ט284306	בוא	בא	בבאם	3153
39	ט302001	בוא	בא	בבאם	3153
40	ט330817	בוא	בא	באו	3153
41	ט343519	בוא	בא	באו	3153
42	ט403201	בוא	בא	בבאם	3153
43	ט122321	בוא	בא	לבוא	3154
44	ט403504	בוא	בא	לבוא	3154
45	ט060801	בוא	הביא	והבאתי	3611
46	ט181913	בוא	הביא	והבאת	3611
47	ט232305	בוא	הביא	והביאך	3611
48	ט251401	בוא	הביא	והבאת	3611
49	ט261105	בוא	הביא	והבאת	3611
50	ט263306	בוא	הביא	והבאת	3611

ב

אזכור	שורש*	בסיס	מלה	צופן
ט322111	בוא	הביא	הבאת	3611
ט352112	בוא	הביא	הביאו	3611
ט352208	בוא	הביא	הביאו	3611
ט352317	בוא	הביא	הביאו	3611
ט352406	בוא	הביא	הביאו	3611
ט352419	בוא	הביא	הביאו	3611
ט352702	בוא	הביא	הביאו	3611
ט352917	בוא	הביא	הביאו	3611
ט360308	בוא	הביא	הביאו	3611
ט360317	בוא	הביא	הביאו	3611
ט400411	בוא	הביא	והבאת	3611
ט400417	בוא	הביא	והבאת	3611
ט040609	בוא	הביא	ויבא	3621
ט110108	בוא	הביא	אביא	3621
ט130503	בוא	הביא	יביאך	3621
ט131103	בוא	הביא	יבאך	3621
ט151701	בוא	הביא	תבאמו	3621
ט160507	בוא	הביא	יביאו	3621
ט182210	בוא	הביא	יביאו	3621
ט182609	בוא	הביא	יביאון	3621
ט190411	בוא	הביא	ואבא	3621
ט221204	בוא	הביא	יבאהו	3621
ט231904	בוא	הביא	תביא	3621
ט320309	בוא	הביא	ויביאו	3621
ט342604	בוא	הביא	תביא	3621
ט350508	בוא	הביא	יביאה	3621
ט352507	בוא	הביא	ויביאו	3621
ט370501	בוא	הביא	ויבא	3621
ט380701	בוא	הביא	ויבא	3621
ט393301	בוא	הביא	ויביאו	3621
ט402101	בוא	הביא	ויבא	3621
ט021003	בוא	הביא	ותבאהו	3622
ט100409	בוא	הביא	מביא	3631
ט040605	בוא	הביא	הבא-	364
ט320212	בוא	הביא	והביאו	364
ט360617	בוא	הביא	מהביא	3651
ט232008	בוא	הביא	ולהביאך	3654
ט352908	בוא	הביא	להביא	3654
ט360507	בוא	הביא	להביא	3654
ט270701	בוא	הווא	והובא	3711
ט320104	בוש	בושש	בשש	3311
ט182501	בחר	בחר	ויבחר	3121
ט170905	בחר	בחר	בחר-	314
ט140705	בחר	בחר	בחור	3161
ט020607	בכה	בכו	בכה	3131
ט294003	בלל	בלל	בלול	3161
ט290205	בלל	בלל	בלולת	3164
ט071206	בלע	בלע	ויבלע	3121
ט151203	בלע	בלע	תבלעמו	3122
ט011108	בנה	בנו	ויבן	3121

ג

אזכור	שורש*	בסיס	מלה	צופן
ט171501	בנה	בנה	ויבן	3121
ט202507	בנה	בנה	תבנה	3121
ט240409	בנה	בנה	ויבן	3121
ט320503	בנה	בנה	ויבן	3121
ט030312	בער	בער	יבער	3121
ט030212	בער	בער	בער	3131
ט220410	בער	בער	ובער	3311
ט350302	בער	בער	תבערו	3321
ט220402	בער	הבעיר	יבער-	3621
ט220514	בער	הבעיר	המבער	3631
ט141610	בקע	בקע	ובקעהו	314
ט142120	בקע	נבקע	ויבקעו	3221
ט021506	בקש	בקש	ויבקש	3321
ט042406	בקש	בקש	ויבקש	3321
ט041913	בקש	בקש	המבקשים	3331
ט101112	בקש	בקש	מבקשים	3331
ט330713	בקש	בקש	מבקש	3331
ט341013	ברא	נברא	נבראו	3211
ט140505	ברח	ברח	ברח	3111
ט021510	ברח	ברח	ויברח	3121
ט363305	ברח	ברח	לברח	3154
ט262305	ברח	הבריח	מברח	3631
ט131003	ברך	ברך	ברוך	3161
ט123209	ברך	ברך	וברכתם	3311
ט201121	ברך	ברך	ברך	3311
ט202423	ברך	ברך	וברכתיך	3311
ט232505	ברך	ברך	וברך	3311
ט394314	ברך	ברך	ויברך	3321
ט120905	בשל	בשל	ובשל	3131
ט293105	בשל	בשל	ובשלת	3311
ט162313	בשל	בשל	תבשלו	3321
ט231909	בשל	בשל	תבשל	3321
ט342609	בשל	בשל	תבשל	3321
ט162319	בשל	בשל	בשלו	334
ט120906	בשל	בשל	מבשל	3431
ט150116	גאה	גאה	גאו	3111
ט152108	גאה	גאה	גאו	3111
ט150115	גאה	גאה	גאו	3151
ט152107	גאה	גאה	גאו	3151
ט060615	גאל	גאל	וגאלתי	3111
ט151305	גאל	גאל	גאלת	3111
ט191201	גבל	הגביל	והגבלת	3611
ט192317	גבל	הגביל	הגבל	364
ט171106	גבר	גבר	וגבר	3111
ט171111	גבר	גבר	וגבר	3111
ט021001	גדל	גדל	ויגדל	3121
ט021104	גדל	גדל	ויגדל	3121
ט060415	גור	גר	גרו	3111
ט124302	גור	גר	יגור	3121
ט124906	גור	גר	הגר	3131

* = ש שמאלית

	א					ב					ג				
מס	אזכור	שורש*	בסיס	מלה	צופן	אזכור	שורש*	בסיס	מלה	צופן	אזכור	שורש*	בסיס	מלה	צופן
1	ט032204	גור	גר	ומגרת	3134	ט331101	דבר	דבר	ודבר	3311	ט343303	דבר	דבר	מדבר	3351
2	ט202608	גלה	נגלה	תגלה	3222	ט331710	דבר	דבר	דברת	3311	ט161002	דבר	דבר	כדבר	3352
3	ט201502	גנב	גנב	תגנב	3121	ט340122	דבר	דבר	דברת	3311	ט041017	דבר	דבר	דברך	3353
4	ט213702	גנב	גנב	יגנב-	3121	ט343211	דבר	דבר	דבר	3311	ט070710	דבר	דבר	בדברם	3353
5	ט211601	גנב	גנב	וגנב	3133	ט343413	דבר	דבר	ודבר	3311	ט123119	דבר	דבר	כדברכם	3353
6	ט221102	גנב	גנב	גנב	3151	ט041209	דבר	דבר	תדבר	3321	ט190914	דבר	דבר	בדברי	3353
7	ט221103	גנב	נגנב	יגנב	3221	ט041413	דבר	דבר	ידבר	3321	ט342921	דבר	דבר	בדברו	3353
8	ט220610	גנב	גנב	וגנב	3411	ט043001	דבר	דבר	וידבר	3321	ט052305	דבר	דבר	לדבר	3354
9	ט050812	גרע	גרע	תגרעו	3121	ט060201	דבר	דבר	וידבר	3321	ט294213	דבר	דבר	לדבר	3354
10	ט051909	גרע	גרע	תגרעו	3121	ט060901	דבר	דבר	וידבר	3321	ט311805	דבר	דבר	לדבר	3354
11	ט211009	גרע	גרע	יגרע	3121	ט061001	דבר	דבר	וידבר	3321	ט343405	דבר	דבר	לדבר	3354
12	ט051110	גרע	נגרע	נגרע	3231	ט061201	דבר	דבר	וידבר	3321	ט343520	דבר	דבר	לדבר	3354
13	ט341109	גרש	גרש	גרש	3131	ט061301	דבר	דבר	וידבר	3321	ט021909	דלה	דלה	דלה	3111
14	ט233118	גרש	גרש	וגרשתמו	3311	ט062901	דבר	דבר	וידבר	3321	ט021606	דלה	דלה	ותדלנה	3122
15	ט330204	גרש	גרש	וגרשתי	3311	ט070202	דבר	דבר	תדבר	3321	ט021908	דלה	דלה	דלה	3151
16	ט232805	גרש	גרש	וגרשה	3312	ט070209	דבר	דבר	ידבר	3321	ט151607	דמם	דמם	ידמו	3121
17	ט021703	גרש	גרש	ויגרשום	3321	ט070902	דבר	דבר	ידבר	3321	ט322011	דקק	דק	דק	3111
18	ט060116	גרש	גרש	יגרשם	3321	ט130101	דבר	דבר	וידבר	3321	ט303603	דקק	הדק	הדק	3651
19	ט101113	גרש	גרש	ויגרש	3321	ט140101	דבר	דבר	וידבר	3321	ט181508	דרש	דרש	לדרש	3154
20	ט110121	גרש	גרש	יגרש	3321	ט161101	דבר	דבר	וידבר	3321	ט270303	דשן	דשן	לדשנו	3354
21	ט232902	גרש	גרש	אגרשנו	3321	ט190611	דבר	דבר	תדבר	3321	ט230303	הדר	הדר	תהדר	3121
22	ט233003	גרש	גרש	אגרשנו	3321	ט191908	דבר	דבר	ידבר	3321	ט010510	היה	היה	היה	3111
23	ט110120	גרש	גרש	גרש	3351	ט200101	דבר	דבר	וידבר	3321	ט011006	היה	היה	והיה	3111
24	ט123913	גרש	גרש	גרשו	3411	ט201909	דבר	דבר	ידבר	3321	ט022210	היה	היה	הייתי	3111
25	ט062917	דבר	דבר	דבר	3131	ט232209	דבר	דבר	אדבר	3321	ט030102	היה	היה	היה	3111
26	ט011708	דבר	דבר	דבר	3311	ט250101	דבר	דבר	וידבר	3321	ט032103	היה	היה	והיה	3111
27	ט041501	דבר	דבר	ודברת	3311	ט280302	דבר	דבר	תדבר	3321	ט040801	היה	היה	והיה	3111
28	ט041601	דבר	דבר	ודבר-	3311	ט301101	דבר	דבר	וידבר	3321	ט040901	היה	היה	והיה	3111
29	ט043007	דבר	דבר	דבר	3311	ט301701	דבר	דבר	וידבר	3321	ט040917	היה	היה	והיו	3111
30	ט062803	דבר	דבר	דבר	3311	ט302201	דבר	דבר	וידבר	3321	ט040923	היה	היה	והיו	3111
31	ט071308	דבר	דבר	דבר	3311	ט303104	דבר	דבר	תדבר	3321	ט041606	היה	היה	והיה	3111
32	ט072213	דבר	דבר	דבר	3311	ט310101	דבר	דבר	וידבר	3321	ט060705	היה	היה	והייתי	3111
33	ט081113	דבר	דבר	דבר	3311	ט320701	דבר	דבר	וידבר	3321	ט071927	היה	היה	והיה	3111
34	ט081515	דבר	דבר	דבר	3311	ט321310	דבר	דבר	ותדבר	3321	ט081215	היה	היה	והיה	3111
35	ט090108	דבר	דבר	ודברת	3311	ט330101	דבר	דבר	וידבר	3321	ט081319	היה	היה	היה	3111
36	ט091210	דבר	דבר	דבר	3311	ט331109	דבר	דבר	ידבר	3321	ט090901	היה	היה	והיה	3111
37	ט093510	דבר	דבר	דבר	3311	ט343110	דבר	דבר	וידבר	3321	ט090907	היה	היה	והיה	3111
38	ט102904	דבר	דבר	דברת	3311	ט400101	דבר	דבר	וידבר	3321	ט091110	היה	היה	היה	3111
39	ט122511	דבר	דבר	דבר	3311	ט062702	דבר	דבר	המדבר יב	3331	ט091810	היה	היה	היה	3111
40	ט123207	דבר	דבר	דברתם	3311	ט061102	דבר	דבר	דבר	334	ט092411	היה	היה	היה	3111
41	ט141205	דבר	דבר	דברנו	3311	ט062908	דבר	דבר	דבר	334	ט092609	היה	היה	היה	3111
42	ט162305	דבר	דבר	דבר	3311	ט110201	דבר	דבר	דבר-	334	ט101319	היה	היה	היה	3111
43	ט190808	דבר	דבר	דבר	3311	ט120301	דבר	דבר	דברו	334	ט101415	היה	היה	היה	3111
44	ט202215	דבר	דבר	דברתי	3311	ט140201	דבר	דבר	דבר	334	ט102315	היה	היה	היה	3111
45	ט240321	דבר	דבר	דבר	3311	ט141508	דבר	דבר	דבר	334	ט120601	היה	היה	והיה	3111
46	ט240711	דבר	דבר	דבר	3311	ט161206	דבר	דבר	דבר	334	ט121301	היה	היה	והיה	3111
47	ט252204	דבר	דבר	ודברתי	3311	ט201904	דבר	דבר	דבר-	334	ט121401	היה	היה	והיה	3111
48	ט321406	דבר	דבר	דבר	3311	ט250201	דבר	דבר	דבר	334	ט122501	היה	היה	והיה	3111
49	ט323408	דבר	דבר	דברתי	3311	ט311302	דבר	דבר	דבר	334	ט122601	היה	היה	והיה	3111
50	ט330911	דבר	דבר	ודבר	3311	ט041412	דבר	דבר	דבר	3351	ט124815	היה	היה	והיה	3111

* = ש שמאלית

				א		*				ב		*				ג	
מס	אזכור	שורש*	בסיס	מלה	צופן	*	אזכור	שורש*	בסיס	מלה	צופן	*	אזכור	שורש*	בסיס	מלה	צופן
1	130501ט	היה	היה	והיה	3111	|	400917ט	היה	היו	והיה	3111	|	124101ט	היה	היה	ויהי	3121
2	130901ט	היה	היה	והיה	3111	*	401011ט	היה	היו	והיה	3111	*	124108ט	היה	היה	ויהי	3121
3	131101ט	היה	היה	והיה	3111	|	081104ט	היה	היה	היתה	3112	|	124903ט	היה	היה	יהיה	3121
4	131401ט	היה	היה	והיה	3111	*	092417ט	היה	היה	היתה	3112	*	125101ט	היה	היה	ויהי	3121
5	131601ט	היה	היה	והיה	3111	|	110601ט	היה	היה	והיתה	3112	|	131211ט	היה	היה	יהיה	3121
6	160501ט	היה	היה	והיה	3111	*	161309ט	היה	היו	היתה	3112	*	131501ט	היה	היה	ויהי	3121
7	160508ט	היה	היה	והיה	3111	|	162412ט	היה	היו	היתה	3112	|	131701ט	היה	היה	ויהי	3121
8	171101ט	היה	היה	והיה	3111	*	222306ט	היה	היה	והיו	3112	*	142008ט	היה	היה	ויהי	3121
9	180311ט	היה	היה	הייתי	3111	|	270507ט	היה	היו	והיתה	3112	|	142401ט	היה	היה	ויהי	3121
10	182206ט	היה	היה	והיה	3111	*	290909ט	היה	היה	והיתה	3112	*	150204ט	היה	היה	ויהי-	3121
11	190509ט	היה	היה	והייתם	3111	|	302106ט	היה	היו	והיתה	3112	|	161001ט	היה	היה	ויהי	3121
12	191101ט	היה	היה	והיו	3111	*	360702ט	היה	היו	היתה	3112	*	161301ט	היה	היה	ויהי	3121
13	222008ט	היה	היה	הייתם	3111	|	401509ט	היה	היו	והיתה	3112	|	162201ט	היה	היה	ויהי	3121
14	222610ט	היה	היה	והיה	3111	*	010501ט	היה	היו	ויהי	3121	*	162608ט	היה	היה	יהיה-	3121
15	230911ט	היה	היה	הייתם	3111	|	012101ט	היה	היו	ויהי	3121	|	162701ט	היה	היה	ויהי	3121
16	252001ט	היה	היה	והיו	3111	*	021006ט	היה	היו	ויהי-	3121	*	171218ט	היה	היה	ויהי	3121
17	260612ט	היה	היה	והיה	3111	|	021101ט	היה	היו	ויהי	3121	|	181301ט	היה	היה	ויהי	3121
18	261112ט	היה	היה	והיה	3111	*	022301ט	היה	היו	ויהי	3121	*	181602ט	היה	היה	יהיה	3121
19	262501ט	היה	היה	והיו	3111	|	031203ט	היה	היו	אהיה	3121	|	181905ט	היה	היה	ויהי	3121
20	270705ט	היה	היה	והיו	3111	*	031405ט	היה	היו	אהיה	3121	*	190602ט	היה	היה	תהיו-	3121
21	283009ט	היה	היה	והיו	3111	|	031407ט	היה	היו	אהיה	3121	|	191601ט	היה	היה	ויהי	3121
22	283201ט	היה	היה	והיה	3111	*	031413ט	היה	היו	אהיה	3121	*	191606ט	היה	היה	ויהי	3121
23	283501ט	היה	היה	והיה	3111	|	040306ט	היה	היו	ויהי	3121	|	191901ט	היה	היה	ויהי	3121
24	283706ט	היה	היה	והיה	3111	*	040413ט	היה	היו	ויהי	3121	*	200302ט	היה	היה	יהיה	3121
25	283801ט	היה	היה	והיה	3111	|	041204ט	היה	היו	אהיה	3121	|	212210ט	היה	היה	יהיה	3121
26	283817ט	היה	היה	והיה	3111	*	041508ט	היה	היו	אהיה	3121	*	212303ט	היה	היה	יהיה	3121
27	284301ט	היה	היה	והיו	3111	|	041608ט	היה	היה	יהיה-	3121	|	213403ט	היה	היה	יהיה-	3121
28	292613ט	היה	היה	והיה	3111	*	041612ט	היה	היה	תהיה-	3121	*	213618ט	היה	היה	יהיה-	3121
29	292801ט	היה	היה	והיה	3111	|	042401ט	היה	היו	ויהי	3121	|	222410ט	היה	היה	תהיה	3121
30	293708ט	היה	היה	והיה	3111	*	062801ט	היה	היה	ויהי	3121	*	222907ט	היה	היה	יהיה	3121
31	294505ט	היה	היה	והייתי	3111	|	070111ט	היה	היו	יהיה	3121	|	223003ט	היה	היה	תהיון	3121
32	300415ט	היה	היה	והיה	3111	*	070918ט	היה	היה	יהי	3121	*	230202ט	היה	היה	תהיה	3121
33	301614ט	היה	היה	והיה	3111	|	071019ט	היה	היה	ויהי	3121	|	233313ט	היה	היה	יהיה	3121
34	302903ט	היה	היה	והיו	3111	*	071204ט	היה	היה	ויהיו	3121	*	241308ט	היה	היה	ויהי	3121
35	320133ט	היה	היה	היה	3111	|	071925ט	היה	היו	ויהיו-	3121	|	251503ט	היה	היה	יהיו	3121
36	322320ט	היה	היה	היה	3111	*	072114ט	היה	היו	ויהי	3121	*	252016ט	היה	היה	יהיו	3121
37	330716ט	היה	היה	והיה	3111	|	081908ט	היה	היו	יהיה	3121	|	253114ט	היה	היה	יהיו	3121
38	330801ט	היה	היה	והיה	3111	*	091012ט	היה	היו	ויהי	3121	*	253604ט	היה	היה	יהיו	3121
39	330901ט	היה	היה	והיה	3111	|	092210ט	היה	היו	ויהי	3121	|	261309ט	היה	היה	יהיה	3121
40	332201ט	היה	היה	והיה	3111	*	092401ט	היה	היו	ויהי	3121	*	262401ט	היה	היה	ויהיו	3121
41	340117ט	היה	היה	היו	3111	|	092916ט	היה	היו	יהיה-	3121	|	262405ט	היה	היה	יהיו	3121
42	362901ט	היה	היה	והיו	3111	*	100707ט	היה	היו	יהיה	3121	*	262413ט	היה	היה	יהיה	3121
43	363001ט	היה	היה	והיו	3111	|	101003ט	היה	היה	יהי	3121	|	262417ט	היה	היה	יהיו	3121
44	370916ט	היה	היה	היו	3111	*	101421ט	היה	היה	יהיה-	3121	*	270113ט	היה	היה	יהיה	3121
45	371403ט	היה	היה	היו	3111	|	102109ט	היה	היה	ויהי	3121	|	280704ט	היה	היה	יהיה-	3121
46	371716ט	היה	היה	היו	3111	*	102207ט	היה	היו	ויהי	3121	*	280807ט	היה	היה	יהיה	3121
47	372204ט	היה	היה	היו	3111	|	120506ט	היה	היו	יהיה	3121	|	281602ט	היה	היה	יהיה	3121
48	372515ט	היה	היה	היו	3111	*	121316ט	היה	היו	יהיה	3121	*	282008ט	היה	היה	יהיו	3121
49	380207ט	היה	היה	היו	3111	|	121609ט	היה	היה	יהיה	3121	|	283206ט	היה	היה	יהיה	3121
50	390902ט	היה	היה	היה	3111	*	122901ט	היה	היו	ויהי	3121	*	283213ט	היה	היה	יהיה-	3121

* = ש שמאלית

א

מס	אזכור	שורש*	בסיס	מלה	צופן
1	ט283713	היה	היה	יהיה	3121
2	ט284211	היה	היה	יהיו	3121
3	ט292813	היה	היה	יהיה	3121
4	ט292905	היה	היה	יהיו	3121
5	ט300206	היה	היה	יהיה	3121
6	ט301216	היה	היה	יהיה	3121
7	ט302513	היה	היה	יהיה	3121
8	ט303109	היה	היה	יהיה	3121
9	ט303213	היה	היה	יהיה	3121
10	ט303416	היה	היה	יהיה	3121
11	ט321901	היה	היה	ויהי	3121
12	ט323001	היה	היה	ויהי	3121
13	ט341213	היה	היה	יהיה	3121
14	ט342801	היה	היה	ויהי-	3121
15	ט342901	היה	היה	ויהי	3121
16	ט350207	היה	היה	יהיה	3121
17	ט361312	היה	היה	ויהי	3121
18	ט362905	היה	היה	יהיו	3121
19	ט370901	היה	היה	ויהיו	3121
20	ט382408	היה	היה	ויהי	3121
21	ט382701	היה	היה	ויהי	3121
22	ט401701	היה	היה	ויהי	3121
23	ט081312	היה	היה	ותהי	3122
24	ט081410	היה	היה	ותהי	3122
25	ט123009	היה	היה	ותהי	3122
26	ט130910	היה	היה	תהיה	3122
27	ט202014	היה	היה	תהיה	3122
28	ט210413	היה	היה	תהיה	3122
29	ט221003	היה	היה	תהיה	3122
30	ט232602	היה	היה	תהיה	3122
31	ט232907	היה	היה	תהיה	3122
32	ט252703	היה	היה	תהיין	3122
33	ט260303	היה	היה	תהיין	3122
34	ט270207	היה	היה	תהיין	3122
35	ט282102	היה	היה	תהיין	3122
36	ט282115	היה	היה	תהיין	3122
37	ט303616	היה	היה	תהיה	3122
38	ט303709	היה	היה	תהיה	3122
39	ט403808	היה	היה	תהיה	3122
40	ט090304	היה	היה	הויה	3131
41	ט181908	היה	היה	היה	314
42	ט191504	היה	היה	היו	314
43	ט241208	היה	היה	והיה-	314
44	ט340201	היה	היה	והיה	314
45	ט081812	היה	היה	היות-	3151
46	ט051310	היה	היה	בהיות	3152
47	ט092805	היה	היה	מהית	3152
48	ט120404	היה	היה	מהיות	3152
49	ט191604	היה	היה	בהית	3152
50	ט100616	היה	היה	היותם	3153

ב

מס		אזכור	שורש*	בסיס	מלה	צופן
1	|	ט230110	היה	היה	להית	3154
2	*	ט282810	היה	היה	להיות	3154
3	|	ט361808	היה	היה	להית	3154
4	*	ט392110	היה	היה	להית	3154
5	|	ט401510	היה	היה	להית	3154
6	*	ט110610	היה	נהיה	נהיתה	3212
7	|	ט142903	הלך	הלך	הלכו	3111
8	*	ט151916	הלך	הלך	הלכו	3111
9	|	ט170520	הלך	הלך	והלכת	3111
10	*	ט020101	הלך	הלך	וילך	3121
11	|	ט031108	הלך	הלך	אלך	3121
12	*	ט031818	הלך	הלך	נלכה-	3121
13	|	ט032110	הלך	הלך	תלכון	3121
14	*	ט032112	הלך	הלך	תלכו	3121
15	|	ט041801	הלך	הלך	וילך	3121
16	*	ט041809	הלך	הלך	אלכה	3121
17	|	ט042709	הלך	הלך	וילך	3121
18	*	ט042901	הלך	הלך	וילך	3121
19	|	ט050306	הלך	הלך	נלכה	3121
20	*	ט050711	הלך	הלך	ילכו	3121
21	|	ט050822	הלך	הלך	נלכה	3121
22	*	ט051709	הלך	הלך	נלכה	3121
23	|	ט082304	הלך	הלך	נלך	3121
24	*	ט092311	הלך	הלך	ותהלך-	3121
25	|	ט100905	הלך	הלך	נלך	3121
26	*	ט100910	הלך	הלך	נלך	3121
27	|	ט102416	הלך	הלך	ילך	3121
28	*	ט102603	הלך	הלך	ילך	3121
29	|	ט122801	הלך	הלך	וילכו	3121
30	*	ט141908	הלך	הלך	וילך	3121
31	|	ט152211	הלך	הלך	וילכו	3121
32	*	ט160419	הלך	הלך	הילך	3121
33	|	ט182011	הלך	הלך	ילכו	3121
34	*	ט182705	הלך	הלך	וילך	3121
35	|	ט232302	הלך	הלך	ילך	3121
36	*	ט320120	הלך	הלך	ילכו	3121
37	|	ט322307	הלך	הלך	ילכו	3121
38	*	ט323412	הלך	הלך	ילך	3121
39	|	ט331403	הלך	הלך	ילכו	3121
40	*	ט340908	הלך	הלך	ילך-	3121
41	|	ט020706	הלך	הלך	האלך	3122
42	*	ט020806	הלך	הלך	והלך	3122
43	|	ט100817	הלך	הלך	ההלכים	3131
44	*	ט132102	הלך	הלך	הלך	3131
45	|	ט141904	הלך	הלך	ההלך	3131
46	*	ט191904	הלך	הלך	הולך	3131
47	|	ט331506	הלך	הלך	הלכים	3131
48	*	ט020508	הלך	הלך	הלכת	3132
49	|	ט020805	הלך	הלך	לכי	314
50	*	ט031002	הלך	הלך	לכה	314

ג

מס		אזכור	שורש*	בסיס	מלה	צופן
1	|	ט031601	הלך	הלך	לך	314
2	*	ט041202	הלך	הלך	לך	314
3	|	ט041322	הלך	הלך	לך	314
4	*	ט041906	הלך	הלך	לך	314
5	|	ט042705	הלך	הלך	לך	314
6	*	ט050412	הלך	הלך	לכו	314
7	|	ט051102	הלך	הלך	לכו	314
8	*	ט051802	הלך	הלך	לכו	314
9	|	ט071501	הלך	הלך	לך	314
10	*	ט082107	הלך	הלך	לכו	314
11	|	ט100810	הלך	הלך	לכו	314
12	*	ט101103	הלך	הלך	לכו	314
13	|	ט102406	הלך	הלך	לכו	314
14	*	ט102804	הלך	הלך	לך	314
15	|	ט123115	הלך	הלך	ולכו	314
16	*	ט123203	הלך	הלך	ולכו	314
17	|	ט191005	הלך	הלך	לך	314
18	*	ט192404	הלך	הלך	לך-	314
19	|	ט320705	הלך	הלך	לך-	314
20	*	ט323402	הלך	הלך	לך	314
21	|	ט330105	הלך	הלך	לך	314
22	*	ט042105	הלך	הלך	בלכתך	3153
23	|	ט331611	הלך	הלך	בלכתך	3153
24	*	ט031909	הלך	הלך	להלך	3154
25	|	ט082414	הלך	הלך	ללכת	3154
26	*	ט132114	הלך	הלך	ללכה	3154
27	|	ט211903	הלך	התהלך	והתהלך	3511
28	*	ט142107	הלך	הוליך	ויולך	3621
29	|	ט020905	הלך	הוליך	היליכי	364
30	*	ט232705	המם	המם	והמתי	3111
31	|	ט142413	המם	המם	ויהם	3121
32	*	ט101901	הפך	הפך	ויהפך	3121
33	|	ט071515	הפך	נהפך	נהפך	3211
34	*	ט071719	הפך	נהפך	ונהפכו	3211
35	|	ט072019	הפך	נהפך	ויהפכו	3221
36	*	ט140507	הפך	נהפך	ויהפך	3221
37	|	ט021412	הרג	הרג	הרגת	3111
38	*	ט222303	הרג	הרג	והרגתי	3111
39	|	ט131506	הרג	הרג	ויהרג	3121
40	*	ט230707	הרג	הרג	תהרג	3121
41	|	ט042311	הרג	הרג	הרג	3131
42	*	ט322718	הרג	הרג	והרגו	314
43	|	ט052118	הרג	הרג	להרגנו	3153
44	*	ט211406	הרג	הרג	להרגו	3153
45	|	ט021408	הרג	הרג	הלהרגני	3154
46	*	ט021507	הרג	הרג	להרג	3154
47	|	ט321207	הרג	הרג	להרג	3154
48	*	ט020201	הרה	הרה	ותהר	3122
49	|	ט212206	הרה	הרה	הרה	3132
50	*	ט150703	הרס	הרס	תהרס	3121

* = ש שמאלית

<table>
<tr><th></th><th></th><th>א</th><th></th><th></th><th></th><th></th><th></th><th></th><th>ב</th><th></th><th></th><th></th><th></th><th></th><th>ג</th><th></th><th></th></tr>
<tr><th>מס</th><th>אזכור</th><th>שורש*</th><th>בסיס</th><th>מלה</th><th>צופן</th><th></th><th>אזכור</th><th>שורש*</th><th>בסיס</th><th>מלה</th><th>צופן</th><th></th><th>אזכור</th><th>שורש*</th><th>בסיס</th><th>מלה</th><th>צופן</th></tr>
<tr><td>1</td><td>ט192109</td><td>הרס</td><td>הרס</td><td>יהרסו</td><td>3121</td><td>|</td><td>ט292024</td><td>זרק</td><td>זרק</td><td>וזרקת</td><td>3111</td><td>|</td><td>ט140301</td><td>חזק</td><td>חזק</td><td>ויחזק</td><td>3321</td></tr>
<tr><td>2</td><td>ט192413</td><td>הרס</td><td>הרס</td><td>יהרסו</td><td>3121</td><td>*</td><td>ט091008</td><td>זרק</td><td>זרק</td><td>ויזרק</td><td>3121</td><td>*</td><td>ט141703</td><td>חזק</td><td>חזק</td><td>מחזק</td><td>3331</td></tr>
<tr><td>3</td><td>ט232411</td><td>הרס</td><td>הרס</td><td>תהרסם</td><td>3321</td><td>|</td><td>ט240805</td><td>זרק</td><td>זרק</td><td>ויזרק</td><td>3121</td><td>|</td><td>ט040411</td><td>חזק</td><td>החזיק</td><td>ויחזק</td><td>3621</td></tr>
<tr><td>4</td><td>ט232410</td><td>הרס</td><td>הרס</td><td>הרס</td><td>3351</td><td>*</td><td>ט222503</td><td>חבל</td><td>חבל</td><td>תחבל</td><td>3121</td><td>*</td><td>ט090207</td><td>חזק</td><td>החזיק</td><td>מחזיק</td><td>3631</td></tr>
<tr><td>5</td><td>ט082306</td><td>זבח</td><td>זבח</td><td>וזבחנו</td><td>3111</td><td>|</td><td>ט222502</td><td>חבל</td><td>חבל</td><td>חבל</td><td>3151</td><td>|</td><td>ט092708</td><td>חטא</td><td>חטא</td><td>חטאתי</td><td>3111</td></tr>
<tr><td>6</td><td>ט202405</td><td>זבח</td><td>זבח</td><td>וזבחת</td><td>3111</td><td>*</td><td>ט260304</td><td>חבר</td><td>חבר</td><td>חברת</td><td>3132</td><td>*</td><td>ט101607</td><td>חטא</td><td>חטא</td><td>חטאתי</td><td>3111</td></tr>
<tr><td>7</td><td>ט341509</td><td>זבח</td><td>זבח</td><td>וזבחו</td><td>3111</td><td>|</td><td>ט260310</td><td>חבר</td><td>חבר</td><td>חברת</td><td>3132</td><td>|</td><td>ט323003</td><td>חטא</td><td>חטא</td><td>חטאתם</td><td>3111</td></tr>
<tr><td>8</td><td>ט031824</td><td>זבח</td><td>זבח</td><td>ונזבחה</td><td>3121</td><td>*</td><td>ט260409</td><td>חבר</td><td>חבר</td><td>בחברת</td><td>3132</td><td>*</td><td>ט323107</td><td>חטא</td><td>חטא</td><td>חטא</td><td>3111</td></tr>
<tr><td>9</td><td>ט050312</td><td>זבח</td><td>זבח</td><td>ונזבחה</td><td>3121</td><td>|</td><td>ט261009</td><td>חבר</td><td>חבר</td><td>בחברת</td><td>3132</td><td>|</td><td>ט323307</td><td>חטא</td><td>חטא</td><td>חטא-</td><td>3111</td></tr>
<tr><td>10</td><td>ט050823</td><td>זבח</td><td>זבח</td><td>נזבחה</td><td>3121</td><td>*</td><td>ט261015</td><td>חבר</td><td>חבר</td><td>החברת</td><td>3132</td><td>*</td><td>ט202019</td><td>חטא</td><td>חטא</td><td>תחטאו</td><td>3121</td></tr>
<tr><td>11</td><td>ט051710</td><td>זבח</td><td>זבח</td><td>נזבחה</td><td>3121</td><td>|</td><td>ט280703</td><td>חבר</td><td>חבר</td><td>חברת</td><td>3132</td><td>|</td><td>ט051612</td><td>חטא</td><td>חטא</td><td>וחטאת</td><td>3122</td></tr>
<tr><td>12</td><td>ט080416</td><td>זבח</td><td>זבח</td><td>ויזבחו</td><td>3121</td><td>*</td><td>ט361715</td><td>חבר</td><td>חבר</td><td>החברת</td><td>3132</td><td>*</td><td>ט093409</td><td>חטא</td><td>חטא</td><td>לחטא</td><td>3154</td></tr>
<tr><td>13</td><td>ט082210</td><td>זבח</td><td>זבח</td><td>נזבח</td><td>3121</td><td>|</td><td>ט390404</td><td>חבר</td><td>חבר</td><td>חברת</td><td>3132</td><td>|</td><td>ט293607</td><td>חטא</td><td>חטאת</td><td>וחטאת</td><td>3311</td></tr>
<tr><td>14</td><td>ט082214</td><td>זבח</td><td>זבח</td><td>נזבח</td><td>3121</td><td>*</td><td>ט260605</td><td>חבר</td><td>חבר</td><td>וחברת</td><td>3311</td><td>*</td><td>ט233305</td><td>חטא</td><td>החטיא</td><td>יחטיאו</td><td>3621</td></tr>
<tr><td>15</td><td>ט082406</td><td>זבח</td><td>זבח</td><td>וזבחתם</td><td>3121</td><td>|</td><td>ט260901</td><td>חבר</td><td>חבר</td><td>וחברת</td><td>3311</td><td>|</td><td>ט332011</td><td>חיה</td><td>חי</td><td>וחי</td><td>3111</td></tr>
<tr><td>16</td><td>ט231802</td><td>זבח</td><td>זבח</td><td>תזבח</td><td>3121</td><td>*</td><td>ט261109</td><td>חבר</td><td>חבר</td><td>וחברת</td><td>3311</td><td>*</td><td>ט011616</td><td>חיה</td><td>חי</td><td>וחיה</td><td>3112</td></tr>
<tr><td>17</td><td>ט240508</td><td>זבח</td><td>זבח</td><td>ויזבחו</td><td>3121</td><td>|</td><td>ט361010</td><td>חבר</td><td>חבר</td><td>חבר</td><td>3311</td><td>|</td><td>ט191316</td><td>חיה</td><td>חיה</td><td>יחיה</td><td>3121</td></tr>
<tr><td>18</td><td>ט320813</td><td>זבח</td><td>זבח</td><td>ויזבחו-</td><td>3121</td><td>*</td><td>ט361001</td><td>חבר</td><td>חבר</td><td>ויחבר</td><td>3321</td><td>*</td><td>ט041318</td><td>חיה</td><td>חי</td><td>חיים</td><td>3131</td></tr>
<tr><td>19</td><td>ט131520</td><td>זבח</td><td>זבח</td><td>זבח</td><td>3131</td><td>|</td><td>ט361305</td><td>חבר</td><td>חבר</td><td>ויחבר</td><td>3321</td><td>|</td><td>ט213512</td><td>חיה</td><td>חי</td><td>החי</td><td>3131</td></tr>
<tr><td>20</td><td>ט221901</td><td>זבח</td><td>זבח</td><td>זבח</td><td>3131</td><td>*</td><td>ט361601</td><td>חבר</td><td>חבר</td><td>ויחבר</td><td>3321</td><td>*</td><td>ט220311</td><td>חיה</td><td>חי</td><td>חיים</td><td>3131</td></tr>
<tr><td>21</td><td>ט082108</td><td>זבח</td><td>זבח</td><td>זבחו</td><td>314</td><td>|</td><td>ט361805</td><td>חבר</td><td>חבר</td><td>לחבר</td><td>3354</td><td>|</td><td>ט011911</td><td>חיה</td><td>חיה</td><td>חיות</td><td>3132</td></tr>
<tr><td>22</td><td>ט082525</td><td>זבח</td><td>זבח</td><td>לזבח</td><td>3154</td><td>*</td><td>ט280709</td><td>חבר</td><td>חבר</td><td>וחבר</td><td>3411</td><td>*</td><td>ט221703</td><td>חיה</td><td>חיה</td><td>תחיה</td><td>3321</td></tr>
<tr><td>23</td><td>ט181111</td><td>זדה</td><td>זדה</td><td>זדו</td><td>3111</td><td>|</td><td>ט390408</td><td>חבר</td><td>חבר</td><td>חבר</td><td>3411</td><td>|</td><td>ט011712</td><td>חיה</td><td>חיה</td><td>ותחיין</td><td>3322</td></tr>
<tr><td>24</td><td>ט182001</td><td>זהר</td><td>הזהיר</td><td>והזהרתה</td><td>3611</td><td>*</td><td>ט290906</td><td>חבש</td><td>חבש</td><td>וחבשת</td><td>3111</td><td>*</td><td>ט011811</td><td>חיה</td><td>חיה</td><td>ותחיין</td><td>3322</td></tr>
<tr><td>25</td><td>ט030815</td><td>זוב</td><td>זב</td><td>זבת</td><td>3134</td><td>|</td><td>ט121406</td><td>חגג</td><td>חג</td><td>וחגתם</td><td>3111</td><td>|</td><td>ט012213</td><td>חיה</td><td>חיה</td><td>תחיון</td><td>3322</td></tr>
<tr><td>26</td><td>ט031716</td><td>זוב</td><td>זב</td><td>זבת</td><td>3134</td><td>*</td><td>ט050116</td><td>חגג</td><td>חג</td><td>ויחגו</td><td>3121</td><td>*</td><td>ט011002</td><td>חכם</td><td>התחכם</td><td>נתחכמה</td><td>3521</td></tr>
<tr><td>27</td><td>ט130518</td><td>זוב</td><td>זב</td><td>זבת</td><td>3134</td><td>|</td><td>ט121413</td><td>חגג</td><td>חג</td><td>תחגהו</td><td>3121</td><td>|</td><td>ט321101</td><td>חלה</td><td>חלה</td><td>ויחל</td><td>3321</td></tr>
<tr><td>28</td><td>ט330303</td><td>זוב</td><td>זב</td><td>זבת</td><td>3134</td><td>*</td><td>ט231403</td><td>חגג</td><td>חג</td><td>תחג</td><td>3121</td><td>*</td><td>ט202514</td><td>חלל</td><td>חלל</td><td>ותחללה</td><td>3321</td></tr>
<tr><td>29</td><td>ט211402</td><td>זוד</td><td>הזיד</td><td>יזד</td><td>3621</td><td>|</td><td>ט290901</td><td>חגר</td><td>חגר</td><td>וחגרת</td><td>3111</td><td>|</td><td>ט311408</td><td>חלל</td><td>חלל</td><td>מחלליה</td><td>3331</td></tr>
<tr><td>30</td><td>ט282815</td><td>זחח</td><td>זחח</td><td>יזח</td><td>3121</td><td>*</td><td>ט121105</td><td>חגר</td><td>חגר</td><td>חגרים</td><td>3161</td><td>*</td><td>ט150905</td><td>חלק</td><td>חלק</td><td>אחלק</td><td>3321</td></tr>
<tr><td>31</td><td>ט392115</td><td>זחח</td><td>זחח</td><td>יזח</td><td>3121</td><td>|</td><td>ט180901</td><td>חדה</td><td>חדו</td><td>ויחד</td><td>3121</td><td>|</td><td>ט171301</td><td>חלש</td><td>חלש</td><td>ויחלש</td><td>3121</td></tr>
<tr><td>32</td><td>ט022405</td><td>זכר</td><td>זכר</td><td>ויזכר</td><td>3121</td><td>*</td><td>ט093404</td><td>חדל</td><td>חדל</td><td>חדל</td><td>3111</td><td>*</td><td>ט201702</td><td>חמד</td><td>חמד</td><td>תחמד</td><td>3121</td></tr>
<tr><td>33</td><td>ט060512</td><td>זכר</td><td>זכר</td><td>ואזכר</td><td>3121</td><td>|</td><td>ט230508</td><td>חדל</td><td>חדל</td><td>וחדלת</td><td>3111</td><td>|</td><td>ט201706</td><td>חמד</td><td>חמד</td><td>תחמד</td><td>3121</td></tr>
<tr><td>34</td><td>ט321301</td><td>זכר</td><td>זכר</td><td>זכר</td><td>314</td><td>*</td><td>ט092913</td><td>חדל</td><td>חדל</td><td>יחדלון</td><td>3121</td><td>*</td><td>ט342409</td><td>חמד</td><td>חמד</td><td>יחמד</td><td>3121</td></tr>
<tr><td>35</td><td>ט130305</td><td>זכר</td><td>זכר</td><td>זכור</td><td>3151</td><td>|</td><td>ט093311</td><td>חדל</td><td>חדל</td><td>ויחדלו</td><td>3121</td><td>|</td><td>ט020608</td><td>חמל</td><td>חמל</td><td>ותחמל</td><td>3122</td></tr>
<tr><td>36</td><td>ט200801</td><td>זכר</td><td>זכר</td><td>זכור</td><td>3151</td><td>*</td><td>ט141209</td><td>חדל</td><td>חדל</td><td>חדל</td><td>314</td><td>*</td><td>ט162108</td><td>חמם</td><td>חם</td><td>וחם</td><td>3111</td></tr>
<tr><td>37</td><td>ט341907</td><td>זכר</td><td>נזכר</td><td>תזכר</td><td>3221</td><td>|</td><td>ט182102</td><td>חזה</td><td>חזה</td><td>תחזה</td><td>3121</td><td>|</td><td>ט123911</td><td>חמץ</td><td>חמץ</td><td>חמץ</td><td>3111</td></tr>
<tr><td>38</td><td>ט202418</td><td>זכר</td><td>הזכיר</td><td>אזכיר</td><td>3621</td><td>*</td><td>ט241108</td><td>חזה</td><td>חזה</td><td>ויחזו</td><td>3121</td><td>*</td><td>ט123406</td><td>חמץ</td><td>חמץ</td><td>יחמץ</td><td>3121</td></tr>
<tr><td>39</td><td>ט231310</td><td>זכר</td><td>הזכיר</td><td>תזכירו</td><td>3621</td><td>|</td><td>ט071301</td><td>חזק</td><td>חזק</td><td>ויחזק</td><td>3121</td><td>|</td><td>ט020309</td><td>חמר</td><td>חמר</td><td>ותחמרה</td><td>3122</td></tr>
<tr><td>40</td><td>ט341506</td><td>זנה</td><td>זנה</td><td>וזנו</td><td>3111</td><td>*</td><td>ט072206</td><td>חזק</td><td>חזק</td><td>ויחזק</td><td>3121</td><td>*</td><td>ט132003</td><td>חנה</td><td>חנה</td><td>ויחנו</td><td>3121</td></tr>
<tr><td>41</td><td>ט341604</td><td>זנה</td><td>זנה</td><td>וזנו</td><td>3111</td><td>|</td><td>ט081508</td><td>חזק</td><td>חזק</td><td>ויחזק</td><td>3121</td><td>|</td><td>ט140206</td><td>חנה</td><td>חנה</td><td>ויחנו</td><td>3121</td></tr>
<tr><td>42</td><td>ט341608</td><td>זנה</td><td>הזנה</td><td>והזנו</td><td>3611</td><td>*</td><td>ט093501</td><td>חזק</td><td>חזק</td><td>ויחזק</td><td>3121</td><td>*</td><td>ט140216</td><td>חנה</td><td>חנה</td><td>תחנו</td><td>3121</td></tr>
<tr><td>43</td><td>ט022313</td><td>זעק</td><td>זעק</td><td>ויזעקו</td><td>3121</td><td>|</td><td>ט123301</td><td>חזק</td><td>חזק</td><td>ותחזק</td><td>3122</td><td>|</td><td>ט152709</td><td>חנה</td><td>חנה</td><td>ויחנו-</td><td>3121</td></tr>
<tr><td>44</td><td>ט322012</td><td>זרה</td><td>זרה</td><td>ויזר</td><td>3121</td><td>*</td><td>ט191905</td><td>חזק</td><td>חזק</td><td>וחזק</td><td>3131</td><td>*</td><td>ט170112</td><td>חנה</td><td>חנה</td><td>ויחנו</td><td>3121</td></tr>
<tr><td>45</td><td>ט220202</td><td>זרח</td><td>זרח</td><td>זרחה</td><td>3112</td><td>|</td><td>ט140401</td><td>חזק</td><td>חזק</td><td>וחזקתי</td><td>3311</td><td>|</td><td>ט190206</td><td>חנה</td><td>חנה</td><td>ויחנו</td><td>3121</td></tr>
<tr><td>46</td><td>ט231003</td><td>זרע</td><td>זרע</td><td>תזרע</td><td>3121</td><td>*</td><td>ט042118</td><td>חזק</td><td>חזק</td><td>אחזק</td><td>3321</td><td>*</td><td>ט190208</td><td>חנה</td><td>חנה</td><td>ויחן-</td><td>3121</td></tr>
<tr><td>47</td><td>ט231606</td><td>זרע</td><td>זרע</td><td>תזרע</td><td>3121</td><td>|</td><td>ט091201</td><td>חזק</td><td>חזק</td><td>ויחזק</td><td>3321</td><td>|</td><td>ט140906</td><td>חנה</td><td>חנה</td><td>חנים</td><td>3131</td></tr>
<tr><td>48</td><td>ט090813</td><td>זרק</td><td>זרק</td><td>וזרקו</td><td>3111</td><td>*</td><td>ט102001</td><td>חזק</td><td>חזק</td><td>ויחזק</td><td>3321</td><td>*</td><td>ט180513</td><td>חנה</td><td>חנה</td><td>חנה</td><td>3131</td></tr>
<tr><td>49</td><td>ט240609</td><td>זרק</td><td>זרק</td><td>זרק</td><td>3111</td><td>|</td><td>ט102701</td><td>חזק</td><td>חזק</td><td>ויחזק</td><td>3321</td><td>|</td><td>ט331912</td><td>חנן</td><td>חנן</td><td>וחנתי</td><td>3111</td></tr>
<tr><td>50</td><td>ט291607</td><td>זרק</td><td>זרק</td><td>וזרקת</td><td>3111</td><td>*</td><td>ט111010</td><td>חזק</td><td>חזק</td><td>ויחזק</td><td>3321</td><td>*</td><td>ט331915</td><td>חנן</td><td>חנן</td><td>אחן</td><td>3121</td></tr>
</table>

* = ט שמאלית

	א					ב					ג				
מס	אזכור	שורש*	בסיס	מלה	צופן	אזכור	שורש*	בסיס	מלה	צופן	אזכור	שורש*	בסיס	מלה	צופן
1	161409ט	חספס	חספס	מחספס	3431	050212ט	ידע	ידע	ידעתי	3111	020302ט	יכל	יכל	יכלה	3112
2	161808ט	חסר	החסיר	החסיר	3611	060708ט	ידע	ידע	וידעתם	3111	100506ט	יכל	יכל	יוכל	3121
3	072401ט	חפר	חפר	ויחפרו	3121	070501ט	ידע	ידע	וידעו	3111	181315ט	יכל	יכל	תוכל	3121
4	213513ט	חצה	חצה	וחצו	3111	093003ט	ידע	ידע	ידעתי	3111	192306ט	יכל	יכל	יוכל	3121
5	213519ט	חצה	חצה	יחצון	3121	100216ט	ידע	ידע	וידעתם	3111	332003ט	יכל	יכל	תוכל	3121
6	191617ט	חרד	חרד	ויחרד	3121	140411ט	ידע	ידע	וידעו	3111	011917ט	ילד	ילד	וילדו	3112
7	191815ט	חרד	חרד	ויחרד	3121	141801ט	ידע	ידע	וידעו	3111	210406ט	ילד	ילד	וילדה-	3112
8	222301ט	חרה	חרה	וחרה	3111	160609ט	ידע	ידע	וידעתם	3111	020203ט	ילד	ילד	ותלד	3122
9	041401ט	חרה	חרה	ויחר-	3121	161216ט	ידע	ידע	וידעתם	3111	022201ט	ילד	ילד	ותלד	3122
10	321004ט	חרה	חרה	ויחר-	3121	161512ט	ידע	ידע	ידעו	3111	062008ט	ילד	ילד	ותלד	3122
11	321110ט	חרה	חרה	יחרה	3121	181102ט	ידע	ידע	ידעתי	3111	062311ט	ילד	ילד	ותלד	3122
12	321910ט	חרה	חרה	ויחר-	3121	230905ט	ידע	ידע	ידעתם	3111	062418ט	ילד	ילד	ותלד	3122
13	322204ט	חרה	חרה	יחר	3121	294601ט	ידע	ידע	וידעו	3111	011504ט	ילד	ילד	למילדת	3332
14	221903ט	חרם	החרם	יחרם	3721	320131ט	ידע	ידע	ידענו	3111	011702ט	ילד	ילד	המילדת	3332
15	110705ט	חרץ	חרץ	יחרץ-	3121	322208ט	ידע	ידע	ידעת	3111	011804ט	ילד	ילד	למילדת	3332
16	141405ט	חרש	החריש	תחרשון	3621	322318ט	ידע	ידע	ידענו	3111	011902ט	ילד	ילד	המילדת	3332
17	321609ט	חרת	חרת	חרות	3161	331222ט	ידע	ידע	ידעתין	3111	011916ט	ילד	ילד	המילדת	3332
18	260114ט	חשב	חשב	חשב	3131	342916ט	ידע	ידע	ידע	3111	012003ט	ילד	ילד	למילדת	3332
19	263110ט	חשב	חשב	חשב	3131	022506ט	ידע	ידע	וידע	3121	012104ט	ילד	ילד	המילדת	3332
20	280612ט	חשב	חשב	חשב	3131	071705ט	ידע	ידע	תדע	3121	011602ט	ילד	ילד	בילדכן	3353
21	281505ט	חשב	חשב	חשב	3131	080606ט	ידע	ידע	תדע	3121	222003ט	ינה	הונה	תונה	3621
22	353509ט	חשב	חשב	וחשב	3131	081816ט	ידע	ידע	תדע	3121	020713ט	ינק	היניק	ותינק	3622
23	360819ט	חשב	חשב	חשב	3131	091414ט	ידע	ידע	תדע	3121	020913ט	ינק	היניק	ותניקהו	3622
24	363511ט	חשב	חשב	חשב	3131	092919ט	ידע	ידע	תדע	3121	020710ט	ינק	היניק	מינקת	3632
25	382308ט	חשב	חשב	וחשב	3131	100719ט	ידע	ידע	תדע	3121	020909ט	ינק	היניק	והינקהו	364
26	390318ט	חשב	חשב	חשב	3131	102617ט	ידע	ידע	נדע	3121	091815ט	יסד	נוסד	הוסדה	3253
27	390805ט	חשב	חשב	חשב	3131	110712ט	ידע	ידע	תדעון	3121	303205ט	יסף	יסף	יוסף	3121
28	353520ט	חשב	חשב	וחשבי	3133	330522ט	ידע	ידע	ואדעה	3121	011010ט	יסף	נוסף	ונוסף	3211
29	310401ט	חשב	חשב	לחשב	3154	331311ט	ידע	ידע	ואדעך	3121	050702ט	יסף	הוסיף	תאספון	3621
30	353201ט	חשב	חשב	ולחשב	3154	331716ט	ידע	ידע	ואדעך	3121	032518ט	יסף	הוסיף	יסף	3621
31	101506ט	חשך	חשך	ותחשך	3122	020404ט	ידע	ידע	לדעה	3154	092812ט	יסף	הוסיף	תספון	3621
32	382812ט	חשק	חשק	וחשק	3311	311317ט	ידע	ידע	לדעת	3154	093403ט	יסף	הוסיף	ויסף	3621
33	271705ט	חשק	חשק	מחשקים	3431	360114ט	ידע	ידע	לדעת	3154	102809ט	יסף	הוסיף	תסף	3621
34	381712ט	חשק	חשק	מחשקים	3431	021419ט	ידע	נודע	נודע	3211	102906ט	יסף	הוסיף	אסף	3621
35	213707ט	טבח	טבח	וטבחו	3111	060313ט	ידע	נודע	נודעתי	3211	141323ט	יסף	הוסיף	תספו	3621
36	122204ט	טבל	טבל	וטבלתם	3111	213602ט	ידע	נודע	נודע	3211	110613ט	יסף	הוסיף	תסף	3622
37	150408ט	טבע	טבע	טבעו	3411	331602ט	ידע	נודע	יודע	3221	210307ט	יעד	יעד	יעדה	3111
38	012001ט	טוב	היטיב	וייטב	3621	181612ט	ידע	הודיע	והודעתי	3611	210903ט	יעד	יעד	ייעדנה	3121
39	300708ט	טוב	היטיב	בהיטיבו	3653	182007ט	ידע	הודיע	והודעת	3611	252201ט	יעד	נועד	ונועדתי	3211
40	352506ט	טוה	טוה	טוו	3112	331215ט	ידע	הודיע	הודעתני	3611	294301ט	יעד	נועד	ונעדתי	3211
41	352608ט	טוה	טוה	טוו	3112	331307ט	ידע	הודיע	הודעני	364	294210ט	יעד	נועד	אועד	3221
42	322008ט	טחן	טחן	ויטחן	3121	011001ט	יהב	הב	הבה	314	300615ט	יעד	נועד	אועד	3221
43	021211ט	טמן	טמן	ויטמנהו	3121	072108ט	יכל	יכל	יכלו	3111	303611ט	יעד	נועד	אועד	3221
44	221202ט	טרף	טרף	טרף	3151	072410ט	יכל	יכל	יכלו	3111	181904ט	יעץ	יעץ	איעצך	3121
45	221203ט	טרף	נטרף	יטרף	3221	081409ט	יכל	יכל	יכלו	3111	124112ט	יצא	יצא	יצאו	3111
46	022101ט	יאל	הואיל	ויואל	3621	091102ט	יכל	יכל	יכלו	3111	130310ט	יצא	יצא	יצאתם	3111
47	010808ט	ידע	ידע	ידע	3111	123916ט	יכל	יכל	יכלו	3111	160411ט	יצא	יצא	ויצא	3111
48	030716ט	ידע	ידע	ידעתי	3111	152304ט	יכל	יכל	יכלו	3111	162704ט	יצא	יצא	יצאו	3111
49	031902ט	ידע	ידע	ידעתי	3111	182308ט	יכל	יכל	ויכלת	3111	170610ט	יצא	יצא	ויצאו	3111
50	041410ט	ידע	ידע	ידעתי	3111	403502ט	יכל	יכל	יכל	3111	212207ט	יצא	יצא	ויצאו	3111

* = ש שמאלית

	א					ב					ג				
מס	אזכור	שורש*	בסיס	מלה	צופן	אזכור	שורש*	בסיס	מלה	צופן	אזכור	שורש*	בסיס	מלה	צופן
1	ט231516	יצא	יצא	יצאת	3111	ט052008	יצא	יצא	בצאתם	3153	ט141307	יצב	התיצב	התיצבו	354
2	ט341817	יצא	יצא	יצאת	3111	ט092904	יצא	יצא	כצאתי	3153	ט020401	יצב	התצב	ותתצב	3822
3	ט343412	יצא	יצא	ויצא	3111	ט130811	יצא	יצא	בצאתך	3153	ט102413	יצג	הצג	יצג	3721
4	ט210310	יצא	יצא	ויצאה	3112	ט160120	יצא	יצא	לצאתם	3153	ט251201	יצק	יצק	ויצקת	3111
5	ט211107	יצא	יצא	ויצאה	3112	ט283512	יצא	יצא	ובצאתו	3153	ט263711	יצק	יצק	ויצקת	3111
6	ט021106	יצא	יצא	ויצא	3121	ט343411	יצא	יצא	צאתו	3153	ט290705	יצק	יצק	ויצקת	3111
7	ט021301	יצא	יצא	ויצא	3121	ט060607	יצא	הוציא	והוצאתי	3611	ט363610	יצק	יצק	ויצק	3121
8	ט051001	יצא	יצא	ויצאו	3121	ט070409	יצא	הוציא	והוצאתי	3611	ט370301	יצק	יצק	ויצק	3121
9	ט080801	יצא	יצא	ויצא	3121	ט070511	יצא	הוציא	והוצאתי	3611	ט371301	יצק	יצק	ויצק	3121
10	ט082601	יצא	יצא	ויצא	3121	ט121708	יצא	הוציא	הוצאתי	3611	ט330501	יצק	יצק	ויצק	3121
11	ט093301	יצא	יצא	ויצא	3121	ט123905	יצא	הוציא	הוציאו	3611	ט382705	יצק	יצק	לצקת	3154
12	ט100623	יצא	יצא	ויצא	3121	ט125105	יצא	הוציא	הוציא	3611	ט030615	ירא	ירא	ירא	3111
13	ט101801	יצא	יצא	ויצא	3121	ט130317	יצא	הוציא	הוציא	3611	ט012103	ירא	ירא	יראו	3112
14	ט110817	יצא	יצא	אצא	3121	ט130917	יצא	הוציא	הוצאך	3611	ט021415	ירא	ירא	ויירא	3121
15	ט110818	יצא	יצא	ויצא	3121	ט131413	יצא	הוציא	הוציאנו	3611	ט093006	ירא	ירא	תיראון	3121
16	ט122220	יצא	יצא	תצאו	3121	ט131611	יצא	הוציא	הוציאנו	3611	ט141012	ירא	ירא	וייראו	3121
17	ט152207	יצא	יצא	ויצאו	3121	ט160320	יצא	הוציא	הוצאתם	3611	ט141306	ירא	ירא	תיראו	3121
18	ט162920	יצא	יצא	יצא	3121	ט160612	יצא	הוציא	הוציא	3611	ט143110	ירא	ירא	וייראו	3121
19	ט180701	יצא	יצא	ויצא	3121	ט180116	יצא	הוציא	הוציא	3611	ט202006	ירא	ירא	תיראו	3121
20	ט210209	יצא	יצא	יצא	3121	ט200205	יצא	הוציא	הוצאתיך	3611	ט343012	ירא	ירא	וייראו	3121
21	ט210305	יצא	יצא	יצא	3121	ט294607	יצא	הוציא	הוצאתי	3611	ט011701	ירא	ירא	ותיראן	3122
22	ט210416	יצא	יצא	יצא	3121	ט321114	יצא	הוציא	הוצאת	3611	ט092001	ירא	ירא	הירא	3131
23	ט210513	יצא	יצא	אצא	3121	ט321206	יצא	הוציא	הוציאם	3611	ט132107	ירא	ירא	יראי	3133
24	ט322410	יצא	יצא	ויצא	3121	ט031112	יצא	הוציא	אוציא	3621	ט151109	ירא	נורא	נורא	3231
25	ט330720	יצא	יצא	יצא	3121	ט040612	יצא	הוציא	ויוצאה	3621	ט341028	ירא	נורא	נורא	3231
26	ט352001	יצא	יצא	ויצאו	3121	ט040710	יצא	הוציא	ויוצאה	3621	ט110801	ירד	ירד	וירדו	3111
27	ט152009	יצא	יצא	ותצאן	3122	ט124605	יצא	הוציא	תוציא	3621	ט150503	ירד	ירד	ירדו	3111
28	ט210708	יצא	יצא	תצא	3122	ט191701	יצא	הוציא	ויוצא	3621	ט191807	ירד	ירד	ירד	3111
29	ט220502	יצא	יצא	תצא	3122	ט060713	יצא	הוציא	המוציא	3631	ט030801	ירד	ירד	וארד	3121
30	ט041418	יצא	יצא	יצא	3131	ט031006	יצא	הוציא	והוצא	364	ט091920	ירד	ירד	וירד	3121
31	ט071506	יצא	יצא	יצא	3131	ט062608	יצא	הוציא	הוציאו	364	ט191108	ירד	ירד	ירד	3121
32	ט081611	יצא	יצא	יוצא	3131	ט031211	יצא	הוציא	בהוציאך	3653	ט191401	ירד	ירד	וירד	3121
33	ט082505	יצא	יצא	יוצא	3131	ט124205	יצא	הוציא	להוציאם	3653	ט192001	ירד	ירד	וירד	3121
34	ט110409	יצא	יצא	יוצא	3131	ט141115	יצא	הוציא	להוציאנו	3653	ט192501	ירד	ירד	וירד	3121
35	ט130403	יצא	יצא	יצאים	3131	ט163221	יצא	הוציא	בהוציאי	3653	ט321502	ירד	ירד	וירד	3121
36	ט140814	יצא	יצא	יצאים	3131	ט061315	יצא	הוציא	להוציא	3654	ט330905	ירד	ירד	ירד	3121
37	ט253203	יצא	יצא	יצאים	3131	ט062707	יצא	הוציא	להוציא	3654	ט340501	ירד	ירד	וירד	3121
38	ט253318	יצא	יצא	היצאים	3131	ט081405	יצא	הוציא	להוציא	3654	ט020501	ירד	ירד	ותרד	3122
39	ט253518	יצא	יצא	היצאים	3131	ט071508	יצב	נצב	ונצבת	3211	ט192105	ירד	ירד	רד	314
40	ט371803	יצא	יצא	יצאים	3131	ט150805	יצב	נצב	נצבו	3211	ט192405	ירד	ירד	רד	314
41	ט371918	יצא	יצא	היצאים	3131	ט330809	יצב	נצב	ונצבו	3211	ט320706	ירד	ירד	רד	314
42	ט372118	יצא	יצא	היצאים	3131	ט332106	יצב	נצב	ונצבת	3211	ט342902	ירד	ירד	ברדת	3152
43	ט010504	יצא	יצא	יצאי	3133	ט340209	יצב	נצב	ונצבת	3211	ט342911	ירד	ירד	ברדתו	3153
44	ט110809	יצא	יצא	צא	314	ט052006	יצב	נצב	נצבים	3231	ט320106	ירד	ירד	לרדת	3154
45	ט123107	יצא	יצא	צאו	314	ט170913	יצב	נצב	נצב	3231	ט330519	ירד	הוריד	הורד	364
46	ט170908	יצא	יצא	וצא	314	ט181424	יצב	נצב	נצב	3231	ט150404	ירה	ירה	ירה	3111
47	ט190103	יצא	יצא	לצאת	3152	ט191709	יצב	התיצב	ויתיצבו	3521	ט191309	ירה	ירה	ירה	3151
48	ט210709	יצא	יצא	כצאת	3152	ט340504	יצב	התיצב	ויתיצב	3521	ט191310	ירה	נורה	יירה	3221
49	ט231610	יצא	יצא	בצאת	3152	ט081607	יצב	התיצב	והתיצב	354	ט041207	ירה	הורה	והוריתיך	3611
50	ט330802	יצא	יצא	כצאת	3152	ט091307	יצב	התיצב	והתיצב	354	ט041513	ירה	הורה	והוריתי	3621

* = ש שמאלית

	א					ו					ג				
מס	אזכור	שורש*	בסיס	מלה	צופן	אזכור	שורש*	בסיס	מלה	צופן	אזכור	שורש*	בסיס	גלה	צופן
1	ט152504	ירה	הורה	ויורהו	3621	ט191410	כבס	כבס	ויכבסו	3321	ט231603	כפל	כפל	כפול	3161
2	ט241219	ירה	הורה	להורתם	3654	ט284116	כהן	כהן	וכהנו-	3311	ט390903	כפל	כפל	כפול	3161
3	ט353401	ירה	הורה	ולהורת	3654	ט401311	כהן	כהן	וכהן	3311	ט390911	כפל	כפל	כפול	3161
4	ט342402	ירש	הוריש	אוריש	3621	ט401507	כהן	כהן	וכהנו	3311	ט331001	כפר	כפר	וכפר	3311
5	ט150911	ירש	הוריש	תורישמו	3622	ט280113	כהן	כהן	לכהנו-	3354	ט293703	כפר	כפר	תכפר	3321
6	ט124005	ישב	ישב	ישבו	3111	ט280316	כהן	כהן	לכהנו-	3354	ט301012	כפר	כפר	יכפר	3321
7	ט021514	ישב	ישב	וישב	3121	ט280418	כהן	כהן	לכהנו-	3354	ט323016	כפר	כפר	אכפרה	3321
8	ט021517	ישב	ישב	וישב	3121	ט290108	כהן	כהן	לכהן	3354	ט293610	כפר	כפר	בכפרך	3353
9	ט171208	ישב	ישב	וישב	3121	ט294412	כהן	כהן	לכהן	3354	ט301513	כפר	כפר	לכפר	3354
10	ט181303	ישב	ישב	וישב	3121	ט303008	כהן	כהן	לכהן	3354	ט301620	כפר	כפר	לכפר	3354
11	ט233302	ישב	ישב	ישבו	3121	ט311012	כהן	כהן	לכהן	3354	ט293304	כפר	כפר	כפר	3411
12	ט320607	ישב	ישב	וישב	3121	ט351914	כהן	כהן	לכהן	3354	ט213307	כרה	כרה	יכרה	3121
13	ט110508	ישב	ישב	הישב	3131	ט394114	כהן	כהן	לכהן	3354	ט240313	כרת	כרת	כרת	3111
14	ט122912	ישב	ישב	הישב	3131	ט082204	כון	נכון	נכון	3231	ט342715	כרת	כרת	כרתי	3111
15	ט181420	ישב	ישב	יושב	3131	ט191102	כון	נכון	נכנים	3231	ט233202	כרת	כרת	תכרת	3121
16	ט151406	ישב	ישב	ישבי	3133	ט191505	כון	נכון	נכנים	3231	ט341204	כרת	כרת	תכרת	3121
17	ט151511	ישב	ישב	ישבי	3133	ט340202	כון	נכון	נכון	3231	ט341310	כרת	כרת	תכרתון	3121
18	ט233116	ישב	ישב	ישבי	3133	ט151711	כון	כונן	כוננו	3311	ט341502	כרת	כרת	תכרת	3121
19	ט341206	ישב	ישב	ליושב	3133	ט160504	כון	הכין	והכינו	3611	ט042504	כרת	כרת	ותכרת	3122
20	ט341504	ישב	ישב	ליושב	3133	ט232012	כון	הכין	הכנתי	3611	ט341004	כרת	כרת	כרת	3131
21	ט162916	ישב	ישב	שבו	314	ט091511	כחד	נכחד	ותכחד	3221	ט303310	כרת	נכרת	ונכרת	3211
22	ט241404	ישב	ישב	שבו-	314	ט232313	כחד	הכחיד	והכחדתיו	3611	ט303807	כרת	נכרת	ונכרת	3211
23	ט151706	ישב	ישב	לשבתך	3153	ט360615	כלא	נכלא	ויכלא	3221	ט121515	כרת	נכרת	ונכרתה	3212
24	ט160312	ישב	ישב	בשבתנו	3153	ט393201	כלה	כלו	ותכל	3122	ט311416	כרת	נכרת	ונכרתה	3212
25	ט211910	ישב	ישב	שבתו	3153	ט051413	כלה	כלו	כליתם	3311	ט121911	כרת	נכרת	ונכרתה	3222
26	ט022103	ישב	ישב	לשבת	3154	ט330517	כלה	כלה	וכליתין	3311	ט330511	כרת	הכרית	להכרית	3654
27	ט163512	ישב	נושב	נושבת	3232	ט321007	כלה	כלו	ואכלם	3321	ט241218	כתב	כתב	כתבתי	3111
28	ט021706	ישע	הושיע	ויושען	3621	ט330316	כלה	כלה	אכלן	3321	ט323211	כתב	כתב	כתבת	3111
29	ט143001	ישע	הושיע	ויושע	3621	ט343301	כלה	כלה	ויכל	3321	ט340111	כתב	כתב	וכתבתי	3111
30	ט101521	יתר	נותר	נותר	3211	ט403312	כלה	כלו	ויכל	3321	ט240401	כתב	כתב	ויכתב	3121
31	ט293402	יתר	נותר	יותר	3221	ט051304	כלה	כלו	כלו	334	ט342815	כתב	כתב	ויכתב	3121
32	ט121006	יתר	נותר	והנתר	3231	ט311804	כלה	כלו	ככלתו	3353	ט393008	כתב	כתב	ויכתבו	3121
33	ט281009	יתר	נותר	הנותרים	3231	ט321210	כלה	כלה	ולכלתנ	3354	ט171405	כתב	כתב	כתב	314
34	ט293411	יתר	נותר	הנותר	3231	ט100501	כסה	כסו	וכסה	3311	ט342705	כתב	כתב	כתב-	314
35	ט101518	יתר	הותיר	הותיר	3621	ט151003	כסה	כסו	כסמו	3311	ט311314	כתב	כתב	כתבים	3161
36	ט121002	יתר	הותיר	תותירו	3621	ט101501	כסה	כסו	ויכס	3321	ט321511	כתב	כתב	כתבים	3161
37	ט161906	יתר	הותיר	יותר	3621	ט142803	כסה	כסו	ויכסו	3321	ט321517	כתב	כתב	כתבים	3161
38	ט162005	יתר	הותיר	ויותרו	3621	ט150502	כסה	כסו	יכסימו	3321	ט071807	לאה	נלאה	ונלאו	3211
39	ט360708	יתר	הותיר	והותר	3651	ט213311	כסה	כסו	יכסנו	3321	ט050706	לבן	לבן	ללבן	3154
40	ט090710	כבד	כבד	ויכבד	3121	ט241505	כסה	כסו	ויכס	3321	ט051415	לבן	לבן	ללבן	3154
41	ט050901	כבד	כבד	זכבד	3122	ט241607	כסה	כסו	ויכסהו	3321	ט293004	לבש	לבש	ילבשם	3121
42	ט140407	כבד	נכבד	ואכבדה	3221	ט403401	כסה	כסו	ויכס	3321	ט284101	לבש	הלביש	והלבשת	3611
43	ט141709	כבד	נכבד	ואכבדה	3221	ט030210	כסה	כסו	ותכס	3322	ט290504	לבש	הלביש	והלבשת	3611
44	ט141806	כבד	נכבד	בהכבדי	3253	ט161305	כסה	כסו	ותכס	3322	ט290304	לבש	הלביש	והלבשתם	3611
45	ט201201	כבד	כבד	כבד	334	ט291305	כסה	כסו	המכסה	3331	ט401301	לבש	הלביש	והלבשת	3611
46	ט100110	כבד	הכביד	הכבדתי	3611	ט292208	כסה	כסה	המכסה	3331	ט401404	לבש	הלביש	והלבשת	3611
47	ט082801	כבד	הכביד	ויכבד	3621	ט261316	כסה	כסה	לכסתו	3354	ט222403	לוה	הלוה	תלוה	3621
48	ט093410	כבד	הכביד	ויכבד	3621	ט284205	כסה	כסו	לכסות	3354	ט231808	לון	לן	ילין	3121
49	ט081106	כבד	הכביד	והכבד	3651	ט120417	כסס	כסס	תכסו	3121	ט342503	לון	לן	ילין	3121
50	ט191011	כבס	כבס	וכבסו	3311	ט260910	כפל	כפל	ונכפלת	3111	ט152401	לון	נלון	וילנו	3221

* = ש שמאלית

מס	אזכור	שורש*	בסיס	מלה	צופן		אזכור	שורש*	בסיס	מלה	צופן		אזכור	שורש*	בסיס	מלה	צופן
			א						ב						ג		
1	ט160201	לון	נלון	וילונו	3221	|	ט140701	לקח	לקח	ויקח	3121	|	ט161606	לקט	לקט	לקטו	314
2	ט160714	לון	הלין	תלינו	3621	*	ט161618	לקח	לקח	תקחו	3121	*	ט162707	לקט	לקט	ללקט	3154
3	ט170305	לון	הלין	וילן	3621	|	ט171204	לקח	לקח	ויקחו-	3121	|	ט160406	מטר	המטיר	ממטיר	3631
4	ט160818	לון	הלין	מלינם	3631	*	ט180201	לקח	לקח	ויקח	3121	*	ט071408	מאן	מאן	מאן	3311
5	ט011015	לחם	נלחם	ונלחם-	3211	|	ט181201	לקח	לקח	ויקח	3121	|	ט100315	מאן	מאן	מאנת	3311
6	ט142514	לחם	נלחם	נלחם	3211	*	ט211003	לקח	לקח	יקח-	3121	*	ט162307	מאן	מאן	מאנתם	3311
7	ט141402	לחם	נלחם	ילחם	3221	|	ט211410	לקח	לקח	תקחנו	3121	|	ט042307	מאן	מאן	ותמאן	3321
8	ט170803	לחם	נלחם	וילחם	3221	*	ט230803	לקח	לקח	תקח	3121	*	ט221603	מאן	מאן	ימאן	3321
9	ט170909	לחם	נלחם	הלחם	324	|	ט240601	לקח	לקח	ויקח	3121	|	ט221602	מאן	מאן	מאן	3351
10	ט171007	לחם	נלחם	להלחם	3254	*	ט240702	לקח	לקח	ויקח	3121	*	ט161301	מדד	מדד	וימדו	3121
11	ט222005	לחץ	לחץ	תלחצנו	3121	|	ט240801	לקח	לקח	ויקח	3121	|	ט123917	מהמה	התמהמה	להתמהמה	3514
12	ט230903	לחץ	לחץ	תלחץ	3121	*	ט250205	לקח	לקח	ויקחו	3121	*	ט221511	מהר	מהר	ימהרנה	3121
13	ט030914	לחץ	לחץ	לחצים	3131	|	ט250214	לקח	לקח	תקחו	3121	|	ט221510	מהר	מהר	מהר	3151
14	ט040912	לקח	לקח	ולקחת	3111	*	ט250304	לקח	לקח	תקחו	3121	*	ט021807	מהר	מהר	מהרתן	3312
15	ט060701	לקח	לקח	ולקחתי	3111	|	ט272006	לקח	לקח	ויקחו	3121	|	ט101601	מהר	מהר	וימהר	3321
16	ט062412	לקח	לקח	לקח-	3111	*	ט280502	לקח	לקח	יקחו	3121	*	ט340301	מהר	מהר	וימהר	3321
17	ט120406	לקח	לקח	ולקח	3111	|	ט291504	לקח	לקח	תקח	3121	|	ט123305	מהר	מהר	למהר	3354
18	ט120701	לקח	לקח	ולקחו	3111	*	ט293104	לקח	לקח	תקח	3121	*	ט151509	מוג	נמוג	נמגו	3211
19	ט122201	לקח	לקח	ולקחתם	3111	|	ט320401	לקח	לקח	ויקח	3121	|	ט124406	מול	מל	ומלתה	3111
20	ט140606	לקח	לקח	לקח	3111	*	ט322001	לקח	לקח	ויקח	3121	*	ט124808	מול	נמול	המול	3251
21	ט141108	לקח	לקח	לקחתנו	3111	|	ט330702	לקח	לקח	יקח	3121	|	ט132202	מוש	מש	ימיש	3121
22	ט221012	לקח	לקח	ולקח	3111	*	ט340417	לקח	לקח	ויקח	3121	*	ט331122	מוש	מש	ימיש	3121
23	ט280901	לקח	לקח	ולקחת	3111	|	ט360301	לקח	לקח	ויקחו	3121	|	ט041910	מות	מת	מתו	3111
24	ט290501	לקח	לקח	ולקחת	3111	*	ט402001	לקח	לקח	ויקח	3121	*	ט090615	מות	מת	מת	3111
25	ט290701	לקח	לקח	ולקחת	3111	|	ט020305	לקח	לקח	ותקח-	3122	|	ט090705	מות	מת	מת	3111
26	ט291201	לקח	לקח	ולקחת	3111	*	ט020520	לקח	לקח	ותקחה	3122	*	ט091923	מות	מת	ומתו	3111
27	ט291301	לקח	לקח	ולקחת	3111	|	ט020915	לקח	לקח	ותקח	3122	|	ט110501	מות	מת	ומת	3111
28	ט291604	לקח	לקח	ולקחת	3111	*	ט042501	לקח	לקח	ותקח	3122	*	ט211203	מות	מת	ומת	3111
29	ט291901	לקח	לקח	ולקחת	3111	|	ט152001	לקח	לקח	ותקח	3122	|	ט212010	מות	מת	ומת	3111
30	ט292004	לקח	לקח	ולקחת	3111	*	ט051103	לקח	לקח	קחו	314	*	ט212809	מות	מת	ומת	3111
31	ט292101	לקח	לקח	ולקחת	3111	|	ט070912	לקח	לקח	קח	314	|	ט213508	מות	מת	ומת	3111
32	ט292201	לקח	לקח	ולקחת	3111	*	ט071908	לקח	לקח	קח	314	*	ט220106	מות	מת	ומת	3111
33	ט292501	לקח	לקח	ולקחת	3111	|	ט090807	לקח	לקח	קחו	314	|	ט220914	מות	מת	ומת	3111
34	ט292601	לקח	לקח	ולקחת	3111	*	ט122109	לקח	לקח	וקחו	314	*	ט221308	מות	מת	מת	3111
35	ט301601	לקח	לקח	ולקחת	3111	|	ט123205	לקח	לקח	קחו	314	|	ט234319	מות	מת	ומתו	3111
36	ט341601	לקח	לקח	ולקחת	3111	*	ט163305	לקח	לקח	קח	314	*	ט072104	מות	מת	מתה	3112
37	ט400901	לקח	לקח	ולקחת	3111	|	ט170508	לקח	לקח	וקח	314	|	ט010601	מות	מת	וימת	3121
38	ט020105	לקח	לקח	ויקח	3121	*	ט170518	לקח	לקח	קח	314	*	ט022305	מות	מת	וימת	3121
39	ט040920	לקח	לקח	תקח	3121	|	ט290110	לקח	לקח	לקח	314	|	ט090410	מות	מת	ימות	3121
40	ט041704	לקח	לקח	תקח	3121	*	ט302302	לקח	לקח	קח-	314	*	ט090607	מות	מת	וימת	3121
41	ט042001	לקח	לקח	ויקח	3121	|	ט303405	לקח	לקח	קח-	314	|	ט102816	מות	מת	תמות	3121
42	ט042013	לקח	לקח	ויקח	3121	*	ט350501	לקח	לקח	קחו	314	*	ט201913	מות	מת	נמות	3121
43	ט062001	לקח	לקח	ויקח	3121	|	ט092404	לקח	התלקח	מתלקחת	3532	|	ט211812	מות	מת	ימות	3121
44	ט062301	לקח	לקח	ויקח	3121	*	ט160413	לקט	לקט	ולקטו	3111	*	ט283514	מות	מת	ימות	3121
45	ט071517	לקח	לקח	תקח	3121	|	ט161812	לקט	לקט	לקטו	3111	|	ט302008	מות	מת	ימתו	3121
46	ט091001	לקח	לקח	ויקחו	3121	*	ט162204	לקט	לקט	לקטו	3111	*	ט302105	מות	מת	ימתו	3121
47	ט102610	לקח	לקח	נקח	3121	|	ט160512	לקט	לקט	ילקטו	3121	|	ט071804	מות	מת	תמות	3122
48	ט120310	לקח	לקח	ויקחו	3121	*	ט161705	לקט	לקט	וילקטו	3121	*	ט030905	מות	מת	וימתו	3122
49	ט120512	לקח	לקח	תקחו	3121	|	ט162101	לקט	לקט	וילקטו	3121	|	ט123019	מות	מת	מת	3131
50	ט131901	לקח	לקח	ויקח	3121	*	ט162603	לקט	לקט	תלקטהו	3121	*	ט123312	מות	מת	מתים	3131

* = ש שמאלית

	א					ב					ג			
מס	אזכור	שורש*	בסיס	מלה	צופן	אזכור	שורש*	בסיס	מלה	צופן	אזכור	שורש*	בסיס	מלה	צופן
1	ט143013	מות	מת	מת	3131	ט010709	מלא	נמלא	ותמלא	3222	ט293612	משח	משח	ומשחת	3111
2	ט213407	מות	מת	והמת	3131	ט230308	מלא	מלא	מלאתיו	3311	ט302601	משח	משח	ומשחת	3111
3	ט213518	מות	מת	המת	3131	ט281701	מלא *	מלא	ומלאת	3311	ט400905	משח	משח	ומשחת	3111
4	ט213617	מות	מת	והמת	3131	ט284111	מלא	מלא	ומלאת	3311	ט401001	משח	משח	ומשחת	3111
5	ט191215	מות	מת	מות	3151	ט290914	מלא	מלא	ומלאת	3311	ט401101	משח	משח	ומשחת	3111
6	ט211204	מות	מת	מות	3151	ט3535C1	מלא	מלא	מלא	3311	ט401307	משח	משח	ומשחת	3111
7	ט211504	מות	מת	מות	3151	ט232609	מלא	מלא	אמלא	3321	ט401501	משח	משח	ומשחת	3111
8	ט211606	מות	מת	מות	3151	ט293511	מלא	מלא	תמלא	3321	ט401504	משח	משח	משחת	3111
9	ט211704	מות	מת	מות	3151	ט310301	מלא	מלא	ואמלא	3321	ט303005	משח	משח	תמשח	3121
10	ט221805	מות	מת	מות	3151	ט3531C1	מלא	מלא	וימלא	3321	ט292908	משח	משח	למשחה	3154
11	ט311409	מות	מת	מות	3151	ט391001	מלא	מלא	וימלאו-	3321	ט290209	משח	משח	משחים	3161
12	ט311516	מות	מת	מות	3151	ט0216C7	מלא	מלא	ותמלאנה	3322	ט122103	משך	משך	משכו	314
13	ט141220	מות	מת	ממתנו	3153	ט292910	מלא	מלא	ולמלא-	3354	ט191317	משך	משך	במשך	3152
14	ט160307	מות	מת	מותנו	3153	ט293306	מלא	מלא	למלא	3354	ט210312	משל	משל	ימשל	3121
15	ט141109	מות	מת	למות	3154	ט310503	מלא	מלא	למלאת	3354	ט102114	משש	המש	וימש	3621
16	ט211411	מות	מת	למות	3154	ט353303	מלא	מלא	למלאת	3354	ט152510	מתק	מתק	וימתקו	3121
17	ט212911	מות	המית	והמית	3611	ט303507	מלח	מלח	ממלח	3431	ט201402	נאף	נאף	תנאף	3121
18	ט011611	מות	המית	והמתן	3612	ט151802	מלך	מלך	ימלך	3121	ט270801	נבב	נבב	נבוב	3162
19	טC42407	מות	המית	המיתו	3653	ט162110	מסס	נמס	ונמס	3211	ט380711	נבב	נבב	נבוב	3162
20	ט160325	מות	המית	להמית	3654	ט120402	מעט	מעט	ימעט	3121	ט330813	נבט	הביט	והביטו	3611
21	ט170314	מות	המית	להמית	3654	ט301506	מעט	המעיט	ימעיט	3621	ט030616	נבט	הביט	מהביט	3651
22	ט191216	מות	הומת	יומת	3721	ט161707	מעט	המעיט	והממעיט	3631	ט140305	נבן	נבון	נבנים	3261
23	ט211205	מות	הומת	יומת	3721	ט161806	מעט	המעיט	והממעיט	3631	ט181302	נבל	נבל	הבל	3121
24	ט211505	מות	הומת	יומת	3721	ט152216	מצא	מצא	מצאו	3111	ט181801	נבל	נבל	נבל	3151
25	ט211607	מות	הומת	יומת	3721	ט162709	מצא	מצא	מצאו	3111	ט130801	נגד	הגיד	והגדת	3611
26	ט211705	מות	הומת	יומת	3721	ט180818	מצא	מצא	מצאתם	3111	ט042801	נגד	הגיד	ויגד	3621
27	ט212919	מות	הומת	יומת	3721	ט331225	מצא	מצא	מצאת	3111	ט162214	נגד	הגיד	ויגידו	3621
28	ט221806	מות	הומת	יומת	3721	ט331304	מצא	מצא	מצאתי	3111	ט190315	נגד	הגיד	ותגיד	3621
29	ט311410	מות	הומת	יומת	3721	ט331605	מצא	מצא	מצאתי	3111	ט190920	נגד	הגיד	ויגד	3621
30	ט311517	מות	הומת	יומת	3721	ט331713	מצא	מצא	מצאת	3111	ט140501	נגד	הגד	ויגד	3721
31	ט350217	מות	הומת	יומת	3721	ט340904	מצא	מצא	מצאתי	3111	ט212802	נגח	נגח	יגח	3121
32	ט171414	מחה	מחה	אמחה	3121	ט220504	מצא	מצא	ונמצאה	3112	ט213103	נגח	נגח	יגח	3121
33	ט323309	מחה	מחה	אמחנו	3121	ט051107	מצא	מצא	תמצאו	3121	ט213106	נגח	נגח	יגח	3121
34	ט323207	מחה	מחה	מחני	314	ט162511	מצא	מצא	תמצאהו	3121	ט213203	נגח	נגח	יגח	3121
35	ט171413	מחה	מחה	מחה	3151	ט331313	מצא	מצא	אמצא-	3121	ט191302	נגע	נגע	תגע	3121
36	טC92314	מטר	המטיר	וימטר	3621	ט211604	מצא	נמצא	ונמצא	3211	ט042508	נגע	נגע	ותגע	3122
37	ט091802	מטר	המטיר	ממטיר	3631	ט352304	מצא	נמצא	נמצא	3211	ט191213	נגע	נגע	הנגע	3131
38	ט211603	מכר	מכר	ומכרו	3111	ט352412	מצא	נמצא	נמצא	3211	ט293713	נגע	נגע	הנגע	3131
39	ט213509	מכר	מכר	ומכרו	3111	ט091915	מצא	נמצא	ימצא	3221	ט302907	נגע	נגע	הנגע	3131
40	ט213709	מכר	מכר	מכרו	3111	ט121905	מצא	נמצא	ימצא	3221	ט191210	נגע	נגע	ונגע	3151
41	ט210702	מכר	מכר	ימכר	3121	ט220103	מצא	נמצא	ימצא	3221	ט122208	נגע	הגיע	והגעתם	3611
42	ט210813	מכר	מכר	למכרה	3153	ט220614	מצא	נמצא	ימצא	3221	ט212204	נגף	נגף	ונגפו	3111
43	ט220212	מכר	נמכר	ונמכר	3211	ט220703	מצא	נמצא	ימצא	3221	ט213502	נגף	נגף	יגף	3121
44	ט081715	מלא	מלא	ומלאו	3111	ט220303	מצא	נמצא	תמצא	3222	ט323501	נגף	נגף	ויגף	3121
45	ט100601	מלא	מלא	ומלאו	3111	ט2203C2	מצא	נמצא	המצא	3251	ט072707	נגף	נגף	נגף	3131
46	ט403408	מלא	מלא	מלא	3111	ט232106	מרה	המרה	תמר	3621	ט122713	נגף	נגף	בנגפו	3153
47	ט150907	מלא	מלא	תמלאמו	3122	ט011401	מרר	מרר	וימררו	3321	ט122303	נגף	נגף	לנגף	3154
48	ט403514	מלא	מלא	מלא	3131	ט021016	משה	משה	משיתהו	3112	ט122324	נגף	נגף	לנגף	3154
49	ט322903	מלא	מלא	מלאו	314	ט284109	משה	משו	ומשחת	3111	ט191509	נגש	נגש	תגשו	3121
50	טC72501	מלא	נמלא	וימלא	3221	ט290708	משה	משו	ומשחת	3111	ט240208	נגש	נגש	יגשו	3121

* = ש שמאלית

מס	אזכור	שורש*	בסיס	מלה	צופן		אזכור	שורש*	בסיס	מלה	צופן		אזכור	שורש*	בסיס	מלה	צופן
	א						ו						ג				
1	ט241418	נגש	נגש	יגש	3121	|	ט321324	נחל	נחל	ונחלו	3111	|	ט211201	נכה	הכה	מכה	3633
2	ט030714	נגש *	נגש	נגשין	3131	*	ט340920	נחל	נחל	ונחלתנו	3111	*	ט211501	נכה	הכה	ומכה	3633
3	ט050606	נגש *	נגש	הנגשים	3131	|	ט131719	נחם	נחם	ינחם	3221	|	ט031211	נכה	הכה	והן	364
4	ט051002	נגש *	נגש	נגשי	3131	*	ט321401	נחם	נחם	וינחם	3221	*	ט072505	נכה	הכה	הכות-	3652
5	ט051301	נגש *	נגש	והנגשים	3131	|	ט321217	נחם	נחם	והנחם	324	|	ט121320	נכה	הכה	בהכתי	3653
6	ט051408	נגש *	נגש	נגשי	3133	*	ט151201	נטה	נטה	נטית	3111	*	ט051401	נכה	הכה	ויכו	3711
7	ט343013	נגש	נגש	מגשת	3151	|	ט330705	נטה	נטה	ונטה	3111	|	ט051611	נכה	הכה	מכים	3731
8	ט284311	נגש	נגש	בגשתם	3153	*	ט030201	נטה	נטה	ויט	3121	*	ט162401	נוח	הניח	ויניחו	3621
9	ט302010	נגש	נגש	בגשתם	3153	|	ט081303	נטה	נטה	ויט	3121	|	ט163406	נוח	הניח	ויניחהו	3621
10	ט202105	נגש	נגש	נגש	3211	*	ט092301	נטה	נטה	ויט	3121	*	ט152518	נסה	נסה	נסהו	3311
11	ט240201	נגש	נגש	ונגש	3211	|	ט101301	נטה	נטה	ויט	3121	|	ט160418	נסה	נסה	אנסנו	3321
12	ט343203	נגש	נגש	נגשו	3211	*	ט102201	נטה	נטה	ויט	3121	*	ט170217	נסה	נסה	תנסון	3321
13	ט192203	נגש	נגש	הנגשים	3231	|	ט142101	נטה	נטה	ויט	3121	|	ט202009	נסה	נסה	נסות	3351
14	ט210601	נגש	הגיש	והגישו	3611	*	ט142701	נטה	נטה	ויט	3121	*	ט170710	נסה	נסה	נסתם	3353
15	ט210605	נגש	הגיש	והגישו	3611	|	ט071910	נטה	נטה	ונטה-	314	|	ט300910	נסך	נסך	תסכו	3121
16	ט320605	נגש	הגיש	ויגשו	3621	*	ט080108	נטה	נטה	נטה	314	*	ט252907	נסך	הסך	יסך	3721
17	ט352905	נדב	נדב	נדב	3111	|	ט081208	נטה	נטה	נטה	314	|	ט371616	נסך	הסך	יסך	3721
18	ט352109	נדב	נדב	נדבה	3112	*	ט092205	נטה	נטה	נטה	314	*	ט123701	נסע	נסע	ויסעו	3121
19	ט250212	נדב	נדב	ידבנו	3121	|	ט101205	נטה	נטה	נטה	314	|	ט132001	נסע	נסע	ויסעו	3121
20	ט101309	נהג	נהג	נהג	3311	*	ט102105	נטה	נטה	נטה	314	*	ט141512	נסע	נסע	ויסעו	3121
21	ט142505	נהג	נהג	וינהגהו	3321	|	ט141605	נטה	נטה	ונטה	314	|	ט141901	נסע	נסע	ויסע	3121
22	ט030110	נהג	הנהיג	וינהג	3621	*	ט142605	נטה	נטה	נטה	314	*	ט141910	נסע	נסע	ויסע	3121
23	ט151306	נהל	נהל	נהלת	3311	|	ט070506	נטה	נטה	בנטתי	3153	|	ט160101	נסע	נסע	ויסעו	3121
24	ט150209	נוה	הנוה	ואנוהו	3621	*	ט230210	נטה	נטה	לנטת	3154	*	ט170101	נסע	נסע	ויסעו	3121
25	ט101407	נוח	נח	וינח	3121	|	ט060618	נטה	נטה	נטויה	3164	|	ט190201	נסע	נסע	ויסעו	3121
26	ט201116	נוח	נח	וינח	3121	*	ט230602	נטה	הטה	תטה	3621	*	ט403605	נסע	נסע	יסעו	3121
27	ט231209	נוח	נח	ינוח	3121	|	ט230213	נטה	הטה	להטת	3654	|	ט403706	נסע	נסע	יסעו	3121
28	ט331404	נוח	הניח	והנחתי	3611	*	ט151702	נטע	נטע	ותטעמו	3121	*	ט141010	נסע	נסע	נסע	3131
29	ט171109	נוח	הניח	יניח	3621	|	ט231103	נטש	נטש	ונטשתה	3111	|	ט152201	נסע	הסיע	ויסע	3621
30	ט162323	נוח	הניח	הניחו	364	*	ט093103	נכה	נכה	נכתה	3412	*	ט142715	נער	נער	וינער	3321
31	ט163313	נוח	הניח	והנח	364	|	ט093204	נכה	נכה	נכו	3412	|	ט192113	נפל	נפל	ונפל	3111
32	ט321002	נוח	הניח	הניחה	364	*	ט032004	נכה	הכה	והכיתי	3611	*	ט211813	נפל	נפל	ונפל	3111
33	ט040308	נוס	נס	וינס	3121	|	ט092517	נכה	הכה	הכה	3611	|	ט213312	נפל	נפל	ונפל-	3111
34	ט142509	נוס	נס	אנוסה	3121	*	ט121206	נכה	הכה	והכיתי	3611	*	ט322306	נפל	נפל	ויפל	3121
35	ט211311	נוס	נס	ינוס	3121	|	ט122905	נכה	הכה	הכה	3611	|	ט151601	נפל	נפל	תפל	3122
36	ט142713	נוס	נס	נסים	3131	*	ט170514	נכה	הכה	הכית	3131	*	ט212707	נפל	הפיל	יפיל	3621
37	ט092007	נוס	הניס	הניס	3611	|	ט170608	נכה	הכה	והכית	3611	|	ט231212	נפש	נפש	וינפש	3221
38	ט201816	נוע	נע	וינעו	3121	*	ט211804	נכה	הכה	והכה-	3121	*	ט311720	נפש	נפש	וינפש	3221
39	ט202512	נוף	הניף	הנפת	3611	|	ט220105	נכה	הכה	והכה	3611	|	ט212202	נצה	נצה	ינצו	3221
40	ט292409	נוף	הניף	והנפת	3611	*	ט021208	נכה	הכה	ויך	3611	*	ט021308	נצה	נצה	נצים	3231
41	ט292608	נוף	הניף	והנפת	3611	|	ט021312	נכה	הכה	תכה	3611	|	ט032216	נצל	נצל	ונצלתם	3311
42	ט352219	נוף	הניף	הניף	3611	*	ט072010	נכה	הכה	ויך	3611	*	ט123609	נצל	נצל	וינצלו	3321
43	ט292709	נוף	הונף	הונף	3711	|	ט081308	נכה	הכה	ויך	3711	|	ט330601	נצל	התנצלו	ויתנצלו	3521
44	ט292109	נזה	הזה	והזית	3611	*	ט091506	נכה	הכה	ואך	3611	*	ט021904	נצל	הציל	הצילנו	3611
45	ט150808	נזל	נזל	נזלים	3131	|	ט092501	נכה	הכה	ויך	3131	|	ט052312	נצל	הציל	הצלת	3611
46	ט131707	נחה	נחה	נחם	3111	*	ט212002	נכה	הכה	יכה	3111	*	ט060612	נצל	הציל	והצלתי	3611
47	ט151301	נחה	נחה	נחית	3111	|	ט212602	נכה	הכה	יכה	3111	|	ט122718	נצל	הציל	הציל	3611
48	ט323403	נחה	נחה	נחה	314	*	ט021114	נכה	הכה	מכה	314	*	ט180911	נצל	הציל	הצילו	3611
49	ט132107	נחה	הנחה	לנחתם	3653	|	ט071711	נכה	הכה	מכה	3653	|	ט181006	נצל	הציל	הציל	3611
50	ט233008	נחל	נחל	ונחלת	3111	*	ט211908	נכה	הכה	המכה	3111	*	ט131013	נצל	הציל	הציל	3611

* = ש שמאלית

	א						ב						ג				
מס	אזכור	שורש*	בסיס	מלה	צופן		אזכור	שורש*	בסיס	מלה	צופן		אזכור	שורש*	בסיס	מלה	צופן
1	ט180408	נצל	הציל	ויצלני	3621	|	ט042713	נשק	נשק	וישק-	3121	|	ט400501	נתן	נתן	ונתנה	3111
2	ט180820	נצל	הציל	ויצלם	3621	*	ט180706	נשק	נשק	וישק-	3121	*	ט400601	נתן	נתן	ונתנה	3111
3	ט052310	נצל	הציל	והצל	3651	|	ט291703	נתח	נתח	תנתח	3321	|	ט400701	נתן	נתן	ונתת	3111
4	ט030802	נצל	הציל	להצילו	3654	*	ט093316	נתך	נתך	נתך	3211	*	ט400709	נתן	נתן	ונתת	3111
5	ט340701	נצר	נצר	נצר	3131	|	ט032101	נתן	נתן	ונתתי	3111	|	ט400805	נתן	נתן	ונתת	3111
6	ט211907	נקה	נקה	ונקה	3211	*	ט060814	נתן	נתן	ונתתי	3111	*	ט020912	נתן	נתן	אתן	3121
7	ט200710	נקה	נקה	ינקה	3321	|	ט070106	נתן	נתן	נתתיך	3111	|	ט022106	נתן	נתן	ויתן	3121
8	ט340710	נקה	נקה	ינקה	3321	*	ט070405	נתן	נתן	ונתתי	3111	*	ט031905	נתן	נתן	יתן	3121
9	ט340708	נקה	נקה	ונקה	3351	|	ט092308	נתן	נתן	נתן	3111	|	ט051810	נתן	נתן	תתנו	3121
10	ט212013	נקם	נקם	נקם	3151	*	ט120704	נתן	נתן	ונתנו	3111	*	ט102505	נתן	נתן	תתן	3121
11	ט212014	נקם	נקם	ינקם	3221	|	ט123602	נתן	נתן	נתן	3111	|	ט110301	נתן	נתן	ויתן	3121
12	ט212108	נקם	הקם	יקם	3721	*	ט131112	נתן	נתן	ונתנה	3111	*	ט122319	נתן	נתן	יתן	3121
13	ט060806	נשא*	נשא	נשאתי	3111	|	ט161521	נתן	נתן	נתן	3111	|	ט122507	נתן	נתן	יתן	3121
14	ט101322	נשא*	נשא	נשא	3111	*	ט162904	נתן	נתן	נתן	3111	*	ט160306	נתן	נתן	יתן	3121
15	ט281212	נשא*	נשא	ונשא	3111	|	ט212219	נתן	נתן	ונתן	3111	|	ט132507	נתן	נתן	ויתן	3121
16	ט282901	נשא*	נשא	ונשא	3111	*	ט212304	נתן	נתן	ונתתה	3111	*	ט210403	נתן	נתן	יתן-	3121
17	ט283016	נשא*	נשא	ונשא	3111	|	ט213005	נתן	נתן	ונתן	3111	|	ט211911	נתן	נתן	יתן	3121
18	ט283805	נשא*	נשא	ונשא	3111	*	ט232712	נתן	נתן	ונתתי	3111	*	ט213210	נתן	נתן	יתן	3121
19	ט352105	נשא*	נשא	נשאו	3111	|	ט251206	נתן	נתן	ונתתה	3111	|	ט220602	נתן	נתן	יתן	3121
20	ט352604	נשא*	נשא	נשא	3111	*	ט251601	נתן	נתן	ונתת	3111	*	ט220902	נתן	נתן	יתן	3121
21	ט360219	נשא*	נשא	נשאו	3111	|	ט252101	נתן	נתן	ונתת	3111	|	ט222807	נתן	נתן	תתן-	3121
22	ט101907	נשא*	נשא	וישא	3121	*	ט252606	נתן	נתן	ונתת	3111	*	ט222912	נתן	נתן	תתנו-	3121
23	ט123401	נשא*	נשא	וישא	3121	|	ט253001	נתן	נתן	ונתת	3111	|	ט233113	נתן	נתן	אתן	3121
24	ט141003	נשא*	נשא	וישאו	3121	*	ט263201	נתן	נתן	ונתתה	3111	*	ט241210	נתן	נתן	ואתנה	3121
25	ט190406	נשא*	נשא	ואשא	3121	|	ט263301	נתן	נתן	ונתתה	3111	|	ט251607	נתן	נתן	אתן	3121
26	ט200702	נשא*	נשא	תשא	3121	*	ט263401	נתן	נתן	ונתת	3111	*	ט252109	נתן	נתן	תתן	3121
27	ט200714	נשא*	נשא	ישא	3121	|	ט270501	נתן	נתן	ונתת	3111	|	ט252113	נתן	נתן	אתן	3121
28	ט230102	נשא*	נשא	תשא	3121	*	ט281410	נתן	נתן	ונתתה	3111	*	ט263515	נתן	נתן	תתן	3121
29	ט232110	נשא*	נשא	ישא	3121	|	ט282307	נתן	נתן	ונתת	3111	|	ט282506	נתן	נתן	תתן	3121
30	ט284317	נשא*	נשא	ישאו	3121	*	ט282401	נתן	נתן	ונתתה	3111	*	ט301302	נתן	נתן	יתנו	3121
31	ט301202	נשא*	נשא	תשא	3121	|	ט282510	נתן	נתן	ונתתה	3111	|	ט301409	נתן	נתן	יתן	3121
32	ט323203	נשא*	נשא	תשא	3121	*	ט282705	נתן	נתן	ונתת	3111	*	ט303306	נתן	נתן	יתן	3121
33	ט340704	נשא*	נשא	נשא	3131	|	ט283001	נתן	נתן	ונתת	3111	|	ט311801	נתן	נתן	ויתן	3121
34	ט101702	נשא*	נשא	שא	314	*	ט290301	נתן	נתן	ונתת	3111	*	ט321322	נתן	נתן	אתן	3121
35	ט270711	נשא*	נשא	בשאת	3152	|	ט290605	נתן	נתן	ונתת	3111	|	ט322406	נתן	נתן	ויתנו-	3121
36	ט251408	נשא*	נשא	לשאת	3154	*	ט291204	נתן	נתן	ונתתה	3111	*	ט330123	נתן	נתן	אתננה	3121
37	ט252707	נשא*	נשא	לשאת	3154	|	ט291708	נתן	נתן	ונתת	3111	|	ט343305	נתן	נתן	ויתן	3121
38	ט300418	נשא*	נשא	לשאת	3154	*	ט292006	נתן	נתן	ונתתה	3111	*	ט371306	נתן	נתן	ויתן	3121
39	ט370508	נשא*	נשא	לשאת	3154	|	ט300601	נתן	נתן	ונתתה	3111	|	ט391608	נתן	נתן	ויתנו	3121
40	ט371407	נשא*	נשא	לשאת	3154	*	ט301208	נתן	נתן	ונתנו	3111	*	ט391701	נתן	נתן	ויתנו	3121
41	ט371509	נשא*	נשא	לשאת	3154	|	ט301608	נתן	נתן	ונתת	3111	|	ט392005	נתן	נתן	ויתנם	3121
42	ט372716	נשא*	נשא	לשאת	3154	*	ט301807	נתן	נתן	ונתת	3111	*	ט392505	נתן	נתן	ויתנו	3121
43	ט380708	נשא*	נשא	לשאת	3154	|	ט301814	נתן	נתן	ונתת	3111	|	ט393101	נתן	נתן	ויתנו	3121
44	ט252809	נשא*	נשא	ונשא	3211	*	ט310603	נתן	נתן	נתתי	3111	*	ט401805	נתן	נתן	ויתן	3121
45	ט182219	נשאו*	נשא	ונשאו	3111	|	ט310615	נתן	נתן	נתתי	3111	|	ט401811	נתן	נתן	ויתן	3121
46	ט140904	נשג*	השיג	וישיגו	3621	*	ט353402	נתן	נתן	נתן	3111	*	ט402002	נתן	נתן	ויתן	3121
47	ט150904	נשג*	השיג	אשיג	3621	|	ט360109	נתן	נתן	נתן	3111	|	ט402012	נתן	נתן	ויתן	3121
48	ט222412	נשה	נשה	כנשה	3131	*	ט360213	נתן	נתן	נתן	3111	*	ט402201	נתן	נתן	ויתן	3121
49	ט030505	נשל	נשל	של-	314	|	ט391806	נתן	נתן	נתנו	3111	|	ט403009	נתן	נתן	ויתן	3121
50	ט151001	נשף	נשף	בנשף	3111	*	ט391810	נתן	נתן	ויתנם	3111	*	ט403307	נתן	נתן	ויתן	3121

* = ש שמאלית

מס	אזכור	שורש*	בסיס	מלה	צופן	אזכור	שורש*	בסיס	מלה	צופן	אזכור	שורש*	בסיס	מלה	צופן
	א					ב					ג				
1	051013ט	נתן	נתן	נתן	3131	240303ט	ספר	ספר	ויספר	3321	301402ט	עבר	עבר	העבר	3131
2	162910ט	נתן	נתן	נתן	3131	091610ט	ספר	ספר	ספר	3351	382608ט	עבר	עבר	העבר	3131
3	201214ט	נתן	נתן	נתן	3131	170412ט	סקל	סקל	וסקלני	3111	170505ט	עבר	עבר	עבר	314
4	070906ט	נתן	נתן	תנו	314	082220ט	סקל	סקל	יסקלנו	3121	322713ט	עבר	עבר	עברו	314
5	163308ט	נתן	נתן	ותן-	314	191306ט	סקל	סקל	סקול	3151	332202ט	עבר	עבר	בעבר	3151
6	170206ט	נתן	נתן	תנו-	314	212810ט	סקל	סקל	סקול	3151	332211ט	עבר	עבר	עברי	3153
7	303604ט	נתן	נתן	ונתתה	3151	191307ט	סקל	נסקל	יסקל	3221	131201ט	עבר	העביר	והעברת	3611
8	160803ט	נתן	נתן	בתת	3152	212811ט	סקל	נסקל	יסקל	3221	331903ט	עבר	העביר	אעביר	3621
9	221605ט	נתן	נתן	לתתה	3153	212916ט	סקל	נסקל	יסקל	3221	360603ט	עבר	העביר	ויעבירו	3621
10	050703ט	נתן	נתן	לתת	3154	213213ט	סקל	נסקל	יסקל	3221	162322ט	עדף	עדף	העדף	3131
11	052115ט	נתן	נתן	לתת-	3154	261208ט	סרח	סרח	תסרח	3121	261202ט	עדף	עדף	העדף	3131
12	060406ט	נתן	נתן	לתת	3154	261310ט	סרח	סרח	סרוח	3161	261305ט	עדף	עדף	בעדף	3131
13	060809ט	נתן	נתן	לתת	3154	030611ט	סתר	הסתיר	ויסתר	3621	261207ט	עדף	עדף	העדפת	3132
14	130515ט	נתן	נתן	לתת	3154	011415ט	עבד	עבד	עבדו	3111	161804ט	עדף	העדיף	העדיף	3611
15	301509ט	נתן	נתן	לתת	3154	130521ט	עבד	עבד	ועבדת	3111	192314ט	עוד	העיד	העדתה	3611
16	322911ט	נתן	נתן	ולתת	3154	210616ט	עבד	עבד	ועבדו	3111	192106ט	עוד	העיד	העד	364
17	393105ט	נתן	נתן	לתת	3154	232501ט	עבד	עבד	ועבדתם	3111	212907ט	עוד	הועד	והועד	3711
18	051806ט	נתן	נתן	ינתן	3221	031215ט	עבד	עבד	תעבדון	3121	091903ט	עוז	העז	העז	364
19	051603ט	נתן	נתן	נתן	3231	042306ט	עבד	עבד	ויעבדני	3121	230806ט	עור	עור	יעור	3321
20	341304ט	נתץ	נתץ	תתצון	3121	071612ט	עבד	עבד	ויעבדני	3121	022007ט	עזב	עזב	עזבתן	3112
21	131801ט	סבב	הסב	ויסב	3621	072616ט	עבד	עבד	ויעבדני	3121	092108ט	עזב	עזב	ויעזב	3121
22	281114ט	סבב	הוסב	מסבת	3732	081620ט	עבד	עבד	ויעבדני	3121	230512ט	עזב	עזב	מעזב	3121
23	390605ט	סבב	הוסב	מסבת	3732	090118ט	עבד	עבד	ויעבדני	3121	230509ט	עזב	עזב	מעזב	3151
24	391306ט	סבב	הוסב	מוסבת	3732	091320ט	עבד	עבד	ויעבדני	3121	230511ט	עזב	עזב	עזב	3151
25	140308ט	סגר	סגר	סגר	3111	100320ט	עבד	עבד	ויעבדני	3121	011017ט	עלה	עלה	ועלה	3111
26	030404ט	סור	סר	סר	3111	100714ט	עבד	עבד	ויעבדו	3121	072804ט	עלה	עלה	ועלו	3111
27	082510ט	סור	סר	וסר	3111	102619ט	עבד	עבד	נעבד	3121	123804ט	עלה	עלה	עלה	3111
28	320801ט	סור	סר	סרו	3111	141211ט	עבד	עבד	ונעבדה	3121	131810ט	עלה	עלה	עלו	3111
29	080701ט	סור	סר	וסרו	3112	200505ט	עבד	עבד	תעבדם	3121	171012ט	עלה	עלה	עלו	3111
30	030303ט	סור	סר	אסרה-	3121	200903ט	עבד	עבד	תעבד	3121	190302ט	עלה	עלה	עלה	3111
31	082705ט	סור	סר	ויסר	3121	210207ט	עבד	עבד	יעבד	3121	192406ט	עלה	עלה	ועלית	3111
32	251506ט	סור	סר	יסרו	3121	232405ט	עבד	עבד	תעבדם	3121	340204ט	עלה	עלה	ועלית	3111
33	232510ט	סור	הסיר	והסרתי	3611	233309ט	עבד	עבד	תעבד	3121	072905ט	עלה	עלה	יעלו	3121
34	332301ט	סור	הסיר	והסרתי	3611	342103ט	עבד	עבד	תעבד	3121	101211ט	עלה	עלה	ויעל	3121
35	080409ט	סור	הסיר	ויסר	3621	051803ט	עבד	עבד	עבדו	314	101401ט	עלה	עלה	ויעל	3121
36	101710ט	סור	הסיר	ויסר	3621	100811ט	עבד	עבד	עבדו	314	191320ט	עלה	עלה	יעלו	3121
37	142501ט	סור	הסיר	ויסר	3621	101106ט	עבד	עבד	ועבדו	314	191811ט	עלה	עלה	ויעל	3121
38	343407ט	סור	הסיר	יסיר	3621	102407ט	עבד	עבד	עבדו	314	192015ט	עלה	עלה	ויעל	3121
39	400306ט	סכך	סכך	וסכת	3111	123116ט	עבד	עבד	עבדו	314	202602ט	עלה	עלה	תעלה	3121
40	402110ט	סכך	סכך	ויסך	3121	141217ט	עבד	עבד	עבד	3151	240211ט	עלה	עלה	יעלו	3121
41	252006ט	סכך	סכך	סככים	3131	140521ט	עבד	עבד	מעבדנו	3153	240901ט	עלה	עלה	ויעל	3121
42	370906ט	סכך	סכך	סככים	3131	102611ט	עבד	עבד	לעבד	3154	241305ט	עלה	עלה	ויעל	3121
43	340917ט	סלח	סלח	וסלחת	3111	011301ט	עבד	העביד	ויעבדו	3621	241501ט	עלה	עלה	ויעל	3121
44	091702ט	סלל	הסתולל	מסתולל	3531	060510ט	עבד	העביד	מעבדים	3631	241805ט	עלה	עלה	ויעל	3121
45	230808ט	סלף	סלף	ויסלף	3321	121201ט	עבר	עבר	ועברתי	3111	323012ט	עלה	עלה	אעלה	3121
46	291007ט	סמך	סמך	וסמך	3111	122301ט	עבר	עבר	ועבר	3111	330308ט	עלה	עלה	אעלה	3121
47	291505ט	סמך	סמך	וסמכו	3111	151610ט	עבר	עבר	יעבר	3121	330515ט	עלה	עלה	אעלה	3121
48	291905ט	סמך	סמך	וסמך	3111	151614ט	עבר	עבר	יעבר	3121	340303ט	עלה	עלה	יעלה	3121
49	100202ט	ספר	ספר	תספר	3321	340601ט	עבר	עבר	ויעבר	3121	340409ט	עלה	עלה	ויעל	3121
50	180801ט	ספר	ספר	ויספר	3321	301304ט	עבר	עבר	העבר	3131	022314ט	עלה	עלה	ותעל	3122

* = ש שמאלית

מס	אזכור	שורש*	בסיס	מלה	צופן	אזכור	שורש*	בסיס	מלה	צופן	אזכור	שורש*	בסיס	מלה	צופן
	א					**ב**					**ג**				
1	ט080208	עלה	עלה	ותעל	3122	ט362007	עמד	עמד	עמדים	3131	ט201104	עשה *	עשה	עשו	3111
2	ט161303	עלה	עלה	ותעל	3122	ט182309	עמד	עמד	עמד	3151	ט232206	עשה *	עשה	ועשית	3111
3	ט161401	עלה	עלה	ותעל	3122	ט091104	עמד	עמד	לעמד	3154	ט250301	עשה *	עשה	ועשו	3111
4	ט240104	עלה	עלה	עלה	314	ט092813	עמד	עמד	לעמד	3154	ט251001	עשה *	עשה	ועשו	3111
5	ט241205	עלה	עלה	עלה	314	ט091604	עמד	העמיד	העמדתין	3611	ט251108	עשה *	עשה	ועשית	3111
6	ט330106	עלה	עלה	עלה	314	ט040101	ענה	ענה	ויען	3121	ט251301	עשה *	עשה	ועשית	3111
7	ט191208	עלה	עלה	עלות	3151	ט190801	ענה	ענה	ויענו	3121	ט251701	עשה *	עשה	ועשית	3111
8	ט342413	עלה	עלה	בעלתך	3153	ט191910	ענה	ענה	יעננו	3121	ט251801	עשה *	עשה	ועשית	3111
9	ט192308	עלה	עלה	לעלת	3154	ט201602	ענה	ענה	תענה	3121	ט252301	עשה *	עשה	ועשית	3111
10	ט192414	עלה	עלה	לעלת	3154	ט230207	ענה	ענה	תענה	3121	ט252405	עשה *	עשה	ועשית	3111
11	ט403703	עלה	נעלה	יעלה	3221	ט240312	ענה	ענה	ויען	3121	ט252501	עשה *	עשה	ועשית	3111
12	ט403601	עלה	נעלה	ובהעלות	3252	ט152101	ענה	ענה	ותען	3122	ט252506	עשה *	עשה	ועשית	3111
13	ט403709	עלה	נעלה	העלתו	3253	ט321804	ענה	ענה	ענות	3152	ט252601	עשה *	עשה	ועשית	3111
14	ט131918	עלה	העלה	והעליתם	3611	ט321808	ענה	ענה	ענות	3152	ט252801	עשה *	עשה	ועשית	3111
15	ט170312	עלה	העלה	העליתנו	3611	ט100316	ענה	נענה	לענות	3254	ט252901	עשה *	עשה	ועשית	3111
16	ט253705	עלה	העלה	והעלה	3611	ט011202	ענה	ענה	יענו	3321	ט253101	עשה *	עשה	ועשית	3111
17	ט320127	עלה	העלה	העלנו	3611	ט222105	ענה	ענה	תענון	3321	ט253701	עשה *	עשה	ועשית	3111
18	ט320414	עלה	העלה	העלוך	3611	ט222203	ענה	ענה	תענה	3321	ט260401	עשה *	עשה	ועשית	3111
19	ט320711	עלה	העלה	העלית	3611	ט222202	ענה	ענה	ענה	3351	ט260601	עשה *	עשה	ועשית	3111
20	ט320820	עלה	העלה	העלוך	3611	ט321811	ענה	ענה	ענות	3351	ט260701	עשה *	עשה	ועשית	3111
21	ט322314	עלה	העלה	העלנו	3611	ט011106	ענה	ענה	ענתו	3353	ט261001	עשה *	עשה	ועשית	3111
22	ט330111	עלה	העלה	העלית	3611	ט212212	ענש	ענש	ענוש	3151	ט261101	עשה *	עשה	ועשית	3111
23	ט400420	עלה	העלה	והעלית	3611	ט212213	ענש	נענש	יענש	3221	ט261401	עשה *	עשה	ועשית	3111
24	ט031702	עלה	העלה	אעלה	3621	ט010706	עצם	עצם	ויעצמו	3121	ט261501	עשה *	עשה	ועשית	3111
25	ט080305	עלה	העלה	ויעלו	3621	ט012006	עצם	עצם	ויעצמו	3121	ט261801	עשה *	עשה	ועשית	3111
26	ט240506	עלה	העלה	ויעלו	3621	ט400414	ערך	ערך	וערכת	3111	ט262601	עשה *	עשה	ועשית	3111
27	ט300902	עלה	העלה	תעלו	3621	ט272108	ערך	ערך	יערך	3121	ט263101	עשה *	עשה	ועשית	3111
28	ט320603	עלה	העלה	ויעלו	3621	ט402301	ערך	ערך	ויערך	3121	ט263601	עשה *	עשה	ועשית	3111
29	ט331508	עלה	העלה	תעלנו	3621	ט150803	ערם	נערם	נערמו-	3211	ט263701	עשה *	עשה	ועשית	3111
30	ט402501	עלה	העלה	ויעל	3621	ט131309	ערף	ערף	וערפתו	3111	ט270101	עשה *	עשה	ועשית	3111
31	ט402909	עלה	העלה	ויעל	3621	ט342008	ערף	ערף	וערפתו	3111	ט270201	עשה *	עשה	ועשית	3111
32	ט080118	עלה	העלה	והעל	364	ט011706	עשה *	עשו	עשו	3111	ט270301	עשה *	עשה	ועשית	3111
33	ט331209	עלה	העלה	העל	364	ט042114	עשה *	עשו	ועשיתם	3111	ט270401	עשה *	עשה	ועשית	3111
34	ט300801	עלה	העלה	ובהעלת	3651	ט070609	עשה *	עשו	עשו	3111	ט270407	עשה *	עשה	ועשית	3111
35	ט030805	עלה	העלה	ולהעלתו	3654	ט102509	עשה *	עשו	ועשינו	3111	ט270601	עשה *	עשה	ועשית	3111
36	ט272013	עלה	העלה	להעלת	3654	ט111003	עשה *	עשו	עשו	3111	ט270901	עשה *	עשה	ועשית	3111
37	ט100209	עלל	התעלל	התעללתי	3511	ט122812	עשה *	עשה	עשו	3111	ט280201	עשה *	עשה	ועשית	3111
38	ט330908	עמד	עמד	ועמד	3111	ט123503	עשה *	עשה	עשו	3111	ט280311	עשה *	עשה	ועשו	3111
39	ט091005	עמד	עמד	ויעמדו	3121	ט123921	עשה *	עשה	עשו	3111	ט280412	עשה *	עשה	ועשו	3111
40	ט141914	עמד	עמד	ויעמד	3121	ט124805	עשה *	עשה	ועשה	3111	ט280601	עשה *	עשה	ועשו	3111
41	ט181308	עמד	עמד	ויעמד	3121	ט125013	עשה *	עשה	עשו	3111	ט281301	עשה *	עשה	ועשית	3111
42	ט201817	עמד	עמד	ויעמדו	3121	ט130808	עשה *	עשה	עשה	3111	ט281501	עשה *	עשה	ועשית	3111
43	ט202101	עמד	עמד	ויעמד	3121	ט140516	עשה *	עשה	עשינו	3111	ט282201	עשה *	עשה	ועשית	3111
44	ט212106	עמד	עמד	יעמד	3121	ט141113	עשה *	עשה	עשית	3111	ט282301	עשה *	עשה	ועשית	3111
45	ט322601	עמד	עמד	ויעמד	3121	ט143107	עשה *	עשה	עשה	3111	ט282601	עשה *	עשה	ועשית	3111
46	ט030513	עמד	עמד	עומד	3131	ט180110	עשה *	עשה	עשה	3111	ט282701	עשה *	עשה	ועשית	3111
47	ט081809	עמד	עמד	עמד	3131	ט180807	עשה *	עשה	עשה	3111	ט283101	עשה *	עשה	ועשית	3111
48	ט170602	עמד	עמד	עמד	3131	ט180907	עשה *	עשה	עשה	3111	ט283301	עשה *	עשה	ועשית	3111
49	ט261507	עמד	עמד	עמדים	3131	ט190404	עשה *	עשה	עשיתי	3111	ט283601	עשה *	עשה	ועשית	3111
50	ט331007	עמד	עמד	עמד	3131	ט200904	עשה *	עשה	ועשית	3111	ט283904	עשה *	עשה	ועשית	3111

* = ש שמאלית

מס	אזכור	שורש*	בסיס	מלה	צופן	אזכור	שורש*	בסיס	מלה	צופן	אזכור	שורש*	בסיס	מלה	צופן
	א					ב					ג				
1	ט284005	עשה *	עשה	ועשית	3111	ט041517	עשה *	עשה	תעשון	3121	ט251912	עשה *	עשה	תעשו	3121
2	ט293501	עשה *	עשה	ועשית	3111	ט041707	עשה *	עשה	תעשה-	3121	ט252911	עשה *	עשה	תעשה	3121
3	ט300101	עשה *	עשה	ועשית	3111	ט043011	עשה *	עשה	ויעש	3121	ט253904	עשה *	עשה	יעשה	3121
4	ט300312	עשה *	עשה	ועשית	3111	ט050905	עשה *	עשה	ויעשו-	3121	ט260103	עשה *	עשה	תעשה	3121
5	ט300501	עשה *	עשה	ועשית	3111	ט051510	עשה *	עשה	תעשה	3121	ט260115	עשה *	עשה	תעשה	3121
6	ט301801	עשה *	עשה	ועשית	3111	ט060108	עשה *	עשה	אעשה	3121	ט260411	עשה *	עשה	תעשה	3121
7	ט302501	עשה *	עשה	ועשית	3111	ט070601	עשה *	עשה	ויעש	3121	ט260503	עשה *	עשה	תעשו	3121
8	ט303501	עשה *	עשה	ועשית	3111	ט071006	עשה *	עשה	ויעשו	3121	ט260508	עשה *	עשה	תעשה	3121
9	ט310617	עשה *	עשה	ועשו	3111	ט071106	עשה *	עשה	ויעשו	3121	ט260709	עשה *	עשה	תעשה	3121
10	ט311711	עשה *	עשה	עשה	3111	ט072001	עשה *	עשה	ויעשו-	3121	ט261710	עשה *	עשה	תעשה	3121
11	ט320807	עשה *	עשה	עשו	3111	ט072201	עשה *	עשה	ויעשו-	3121	ט261904	עשה *	עשה	תעשה	3121
12	ט322005	עשה *	עשה	עשו	3111	ט080301	עשה *	עשה	ויעשו-	3121	ט262204	עשה *	עשה	תעשה	3121
13	ט322106	עשה *	עשה	עשה	3111	ט080901	עשה *	עשה	ויעש	3121	ט262303	עשה *	עשה	תעשה	3121
14	ט323507	עשה *	עשה	עשו	3111	ט081301	עשה *	עשה	ויעשו-	3121	ט262907	עשה *	עשה	תעשה	3121
15	ט323511	עשה *	עשה	עשה	3111	ט081401	עשה *	עשה	ויעשו-	3121	ט263111	עשה *	עשה	יעשה	3121
16	ט360101	עשה *	עשה	ועשה	3111	ט082001	עשה *	עשה	ויעש	3121	ט270310	עשה *	עשה	תעשה	3121
17	ט360820	עשה *	עשה	עשה	3111	ט082701	עשה *	עשה	ויעש	3121	ט270303	עשה *	עשה	תעשה	3121
18	ט361111	עשה *	עשה	עשה	3111	ט090506	עשה *	עשה	יעשה	3121	ט270810	עשה *	עשה	יעשו	3121
19	ט361203	עשה *	עשה	עשה	3111	ט090601	עשה *	עשה	ויעש	3121	ט280404	עשה *	עשה	יעשו	3121
20	ט361208	עשה *	עשה	עשה	3111	ט121217	עשה *	עשה	אעשה	3121	ט231117	עשה *	עשה	תעשה	3121
21	ט361409	עשה *	עשה	עשה	3111	ט122802	עשה *	עשה	ויעשו	3121	ט281406	עשה *	עשה	תעשה	3121
22	ט361711	עשה *	עשה	עשה	3111	ט124704	עשה *	עשה	יעשו	3121	ט281508	עשה *	עשה	תעשנו	3121
23	ט362210	עשה *	עשה	עשה	3111	ט125001	עשה *	עשה	ויעשו	3121	ט281516	עשה *	עשה	תעשה	3121
24	ט362404	עשה *	עשה	עשה	3111	ט140416	עשה *	עשה	ויעשו	3121	ט233908	עשה *	עשה	תעשה	3121
25	ט362506	עשה *	עשה	עשה	3111	ט141313	עשה *	עשה	יעשה	3121	ט284003	עשה *	עשה	תעשה	3121
26	ט362704	עשה *	עשה	עשה	3111	ט152610	עשה *	עשה	תעשה	3121	ט284009	עשה *	עשה	תעשה	3121
27	ט362803	עשה *	עשה	עשה	3111	ט161701	עשה *	עשה	ויעשו-	3121	ט290104	עשה *	עשה	תעשה	3121
28	ט362913	עשה *	עשה	עשה	3111	ט170407	עשה *	עשה	אעשה	3121	ט290213	עשה *	עשה	תעשה	3121
29	ט363407	עשה *	עשה	עשה	3111	ט170615	עשה *	עשה	ויעש	3121	ט293603	עשה *	עשה	תעשה	3121
30	ט363512	עשה *	עשה	עשה	3111	ט171001	עשה *	עשה	ויעש	3121	ט293303	עשה *	עשה	תעשה	3121
31	ט370706	עשה *	עשה	עשה	3111	ט182016	עשה *	עשה	יעשון	3121	ט293904	עשה *	עשה	תעשה	3121
32	ט370811	עשה *	עשה	עשה	3111	ט182305	עשה *	עשה	תעשה	3121	ט293909	עשה *	עשה	תעשה	3121
33	ט371707	עשה *	עשה	עשה	3111	ט182405	עשה *	עשה	ויעש	3121	ט294104	עשה *	עשה	תעשה	3121
34	ט372404	עשה *	עשה	עשה	3111	ט190810	עשה *	עשה	נעשה	3121	ט294110	עשה *	עשה	תעשה-	3121
35	ט372704	עשה *	עשה	עשה-	3111	ט200402	עשה *	עשה	תעשה	3121	ט300107	עשה *	עשה	תעשה	3121
36	ט380318	עשה *	עשה	עשה	3111	ט201007	עשה *	עשה	תעשה	3121	ט300404	עשה *	עשה	תעשה-	3121
37	ט380713	עשה *	עשה	עשה	3111	ט202302	עשה *	עשה	תעשון	3121	ט300411	עשה *	עשה	תעשה	3121
38	ט382208	עשה *	עשה	עשה	3111	ט202309	עשה *	עשה	תעשו	3121	ט303203	עשה *	עשה	תעשו	3121
39	ט382807	עשה *	עשה	עשה	3111	ט202403	עשה *	עשה	תעשה	3121	ט303703	עשה *	עשה	תעשה	3121
40	ט390106	עשה *	עשה	עשו	3111	ט202504	עשה *	עשה	תעשה-	3121	ט303706	עשה *	עשה	תעשו	3121
41	ט390402	עשה *	עשה	עשו-	3111	ט210906	עשה *	עשה	יעשה-	3121	ט303803	עשה *	עשה	יעשה	3121
42	ט390904	עשה *	עשה	עשו	3111	ט211105	עשה *	עשה	יעשה	3121	ט311111	עשה *	עשה	יעשו	3121
43	ט393217	עשה *	עשה	עשו	3111	ט222902	עשה *	עשה	תעשה	3121	ט320406	עשה *	עשה	ויעשהו	3121
44	ט394208	עשה *	עשה	עשו	3111	ט231112	עשה *	עשה	תעשה	3121	ט321008	עשה *	עשה	ואעשה	3121
45	ט394307	עשה *	עשה	עשו	3111	ט231203	עשה *	עשה	תעשה	3121	ט322801	עשה *	עשה	ויעשו	3121
46	ט394313	עשה *	עשה	עשו	3111	ט232407	עשה *	עשה	תעשה	3121	ט323112	עשה *	עשה	ויעשו	3121
47	ט401609	עשה *	עשה	עשה	3111	ט240323	עשה *	עשה	נעשה	3121	ט330524	עשה *	עשה	אעשה-	3121
48	ט011808	עשה *	עשה	עשיתן	3112	ט240713	עשה *	עשה	נעשה	3121	ט331711	עשה *	עשה	אעשה	3121
49	ט012107	עשה *	עשה	ויעש	3121	ט250914	עשה *	עשה	תעשו	3121	ט341009	עשה *	עשה	אעשה	3121
50	ט032010	עשה *	עשה	אעשה	3121	ט251806	עשה *	עשה	תעשה	3121	ט341704	עשה *	עשה	תעשה-	3121

* = ט שמאלית

		א						ב					ג		
מס	אזכור	שורש*	בסיס	מלה	צופן	אזכור	שורש*	בסיס	מלה	צופן	אזכור	שורש*	בסיס	מלה	צופן
1	ט342203	עשה *	עשה	תעשה	3121	ט392201	עשה *	עשה	ויעש	3121	ט213109	עשה *	נעשה	יעשה	3221
2	ט351006	עשה *	עשה	ויעשו	3121	ט392401	עשה *	עשה	ויעשו	3121	ט311503	עשה *	נעשה	יעשה	3221
3	ט360610	עשה *	עשה	יעשו-	3121	ט392501	עשה *	עשה	ויעשו	3121	ט350203	עשה *	נעשה	תעשה	3221
4	ט360801	עשה *	עשה	ויעשו	3121	ט392701	עשה *	עשה	ויעשו	3121	ט253106	עשה *	נעשה	תיעשה	3222
5	ט361101	עשה *	עשה	ויעש	3121	ט393001	עשה *	עשה	ויעשו	3121	ט191803	עשן	עשן	עשן	3111
6	ט361301	עשה *	עשה	ויעש	3121	ט393207	עשה *	עשה	ויעשו	3121	ט201813	עשן	עשן	עשן	3131
7	ט361401	עשה *	עשה	ויעש	3121	ט401601	עשה *	עשה	ויעש	3121	ט082605	עתר	עתר	ויעתר	3121
8	ט361701	עשה *	עשה	ויעש	3121	ט050306	עשה *	עשה	עשים	3131	ט101804	עתר	עתר	ויעתר	3121
9	ט361801	עשה *	עשה	ויעש	3121	ט181408	עשה *	עשה	עשה	3131	ט032507	עתר	העתיר	והעתרתי	3611
10	ט361901	עשה *	עשה	ויעש	3121	ט181416	עשה *	עשה	עשה	3131	ט080507	עתר	העתיר	אעתיר	3621
11	ט362001	עשה *	עשה	ויעש	3121	ט181710	עשה *	עשה	עשה	3131	ט080406	עתר	העתיר	העתירו	364
12	ט362301	עשה *	עשה	ויעש	3121	ט200601	עשה *	עשה	ועשה	3131	ט082415	עתר	העתיר	העתירו	364
13	ט363101	עשה *	עשה	ויעש	3121	ט311413	עשה *	עשה	העשה	3131	ט092301	עתר	העתיר	העתירו	364
14	ט363301	עשה *	עשה	ויעש	3121	ט311512	עשה *	עשה	העשה	3131	ט101707	עתר	העתיר	והעתירו	364
15	ט363501	עשה *	עשה	ויעש	3121	ט341032	עשה *	עשה	עשה	3131	ט080504	פאר	התפאר	התפאר	354
16	ט363601	עשה *	עשה	ויעש	3121	ט350214	עשה *	עשה	העשה	3131	ט050316	פגע	פגע	יפגענו	3121
17	ט363701	עשה *	עשה	ויעש	3121	ט360404	עשה *	עשה	העשים	3131	ט052001	פגע	פגע	ויפגעו	3121
18	ט370101	עשה *	עשה	ויעש	3121	ט360414	עשה *	עשה	עשים	3131	ט230402	פגע	פגע	תפגע	3121
19	ט370206	עשה *	עשה	ויעש	3121	ט151111	עשה *	עשה	עשה-	3133	ט042404	פגש	פגש	ויפגשהו	3121
20	ט370401	עשה *	עשה	ויעש	3121	ט353517	עשה *	עשה	עשי	3133	ט042710	פגש	פגש	ויפגשהו	3121
21	ט370601	עשה *	עשה	ויעש	3121	ט360805	עשה *	עשה	בעשי	3133	ט131304	פדה	פדה	תפדה	3121
22	ט370701	עשה *	עשה	ויעש	3121	ט051608	עשה *	עשה	עשו	314	ט131308	פדה	פדה	תפדה	3121
23	ט371001	עשה *	עשה	ויעש	3121	ט251901	עשה *	עשה	ועשה	314	ט131314	פדה	פדה	תפדה	3121
24	ט371105	עשה *	עשה	ויעש	3121	ט254002	עשה *	עשה	ועשה	314	ט131529	פדה	פדה	אפדה	3121
25	ט371201	עשה *	עשה	ויעש	3121	ט284201	עשה *	עשה	ועשה	314	ט342003	פדה	פדה	תפדה	3121
26	ט371206	עשה *	עשה	ויעש	3121	ט320116	עשה *	עשה	עשה-	314	ט342007	פדה	פדה	תפדה	3121
27	ט371501	עשה *	עשה	ויעש	3121	ט322303	עשה *	עשה	עשה-	314	ט342012	פדה	פדה	תפדה	3121
28	ט371601	עשה *	עשה	ויעש	3121	ט124814	עשה *	עשה	לעשהו	3153	ט210808	פדה	הפדה	והפדה	3611
29	ט371701	עשה *	עשה	ויעש	3121	ט181816	עשו *	עשה	עשהו	3153	ט051201	פוץ	פיץ	ויפץ	3121
30	ט372301	עשה *	עשה	ויעש	3121	ט032205	עשה *	עשה	לעשות	3154	ט032008	פלא	נפלא	נפלאתי	3232
31	ט372501	עשה *	עשה	ויעש	3121	ט310403	עשה *	עשה	לעשות	3154	ט341010	פלא	נפלא	נפלאת	3232
32	ט372612	עשה *	עשה	ויעש	3121	ט310506	עשה *	עשה	לעשות	3154	ט331613	פלה	נפלה	ונפלינו	3211
33	ט372801	עשה *	עשה	ויעש	3121	ט311606	עשה *	עשה	לעשות	3154	ט090401	פלה	הפלה	והפלה	3611
34	ט372901	עשה *	עשה	ויעש	3121	ט321407	עשה *	עשה	לעשות	3154	ט081801	פלה	הפלה	והפליתי	3621
35	ט380101	עשה *	עשה	ויעש	3121	ט350115	עשה *	עשה	לעשת	3154	ט110714	פלה	הפלה	יפלה	3621
36	ט380201	עשה *	עשה	ויעש	3121	ט352914	עשה *	עשה	לעשות	3154	ט021201	פנה	פנה	ויפן	3121
37	ט380301	עשה *	עשה	ויעש	3121	ט353203	עשה *	עשה	לעשה	3154	ט072301	פנה	פנה	ויפן	3121
38	ט380401	עשה *	עשה	ויעש	3121	ט353306	עשה *	עשה	לעשות	3154	ט100622	פנה	פנה	ויפן	3121
39	ט380601	עשה *	עשה	ויעש	3121	ט353505	עשה *	עשה	לעשות	3154	ט161009	פנה	פנה	ויפנו	3121
40	ט380801	עשה *	עשה	ויעש	3121	ט360115	עשה *	עשה	לעשת	3154	ט321501	פנה	פנה	ויפן	3121
41	ט380901	עשה *	עשה	ויעש	3121	ט360224	עשה *	עשה	לעשת	3154	ט142709	פנה	פנה	לפנות	3154
42	ט383001	עשה *	עשה	ויעש	3121	ט360314	עשה *	עשה	לעשת	3154	ט121313	פסח	פסח	ופסחתי	3111
43	ט390111	עשה *	עשה	ויעשו	3121	ט360514	עשה *	עשה	לעשת	3154	ט122314	פסח	פסח	ופסח	3111
44	ט390201	עשה *	עשה	ויעש	3121	ט360706	עשה *	עשה	לעשות	3154	ט122707	פסח	פסח	פסח	3111
45	ט390601	עשה *	עשה	ויעשו	3121	ט390307	עשה *	עשה	לעשות	3154	ט340401	פסל	פסל	ויפסל	3121
46	ט390801	עשה *	עשה	ויעש	3121	ט031622	עשה *	עשה	העשוי	3161	ט340105	פסל	פסל	פסל-	314
47	ט391501	עשה *	עשה	ויעשו	3121	ט382403	עשה *	עשה	העשוי	3161	ט151707	פעל	פעל	פעלת	3111
48	ט391601	עשה *	עשה	ויעשו	3121	ט020406	עשה *	נעשה	יעשה	3221	ט031619	פקד	פקד	פקדתי	3111
49	ט391901	עשה *	עשה	ויעשו	3121	ט121614	עשה *	נעשה	יעשה	3221	ט043105	פקד	פקד	פקד	3111
50	ט392001	עשה *	עשה	ויעשו	3121	ט121623	עשה *	נעשה	יעשה	3221	ט323416	פקד	פקד	ופקדתי	3111

* = ט שמאלית

א

מס	אזכור	שורש*	בסיס	מלה	צופן
1	ט131915	פקד	פקד	יפקד	3121
2	ט200512	פקד	פקד	פקד	3131
3	ט340711	פקד	פקד	פקד	3131
4	ט031618	פקד	פקד	פקד	3151
5	ט131914	פקד	פקד	פקד	3151
6	ט301219	פקד	פקד	בפקד	3151
7	ט301213	פקד	פקד	בפקד	3152
8	ט323415	פקד	פקד	פקדי	3153
9	ט301306	פקד	פקד	הפקדים	3161
10	ט301404	פקד	פקד	הפקדים	3161
11	ט382610	פקד	פקד	הפקדים	3161
12	ט382102	פקד	פקד	פקודי	3162
13	ט382502	פקד	פקד	פקודי	3162
14	ט301207	פקד	פקד	לפקדיהם	3163
15	ט382107	פקד	פקד	פקד	3411
16	ט010703	פרה	פרה	פרו	3111
17	ט233007	פרה	פרה	תפרה	3121
18	ט090913	פרח	פרח	פרח	3131
19	ט091015	פרח	פרח	פרח	3131
20	ט322509	פרע	פרע	פרעה	3111
21	ט322506	פרע	פרע	פרע	3161
22	ט050408	פרע	הפריע	תפריעו	3621
23	ט011207	פרץ	פרץ	יפרץ	3121
24	ט192208	פרץ	פרץ	יפרץ	3121
25	ט192418	פרץ	פרץ	יפרץ-	3121
26	ט320204	פרק	פרק	פרקו	334
27	ט320301	פרק	התפרק	ויתפרקו	3521
28	ט322405	פרק	התפרק	התפרקו	354
29	ט092907	פרש *	פרש	אפרש	3121
30	ט093307	פרש *	פרש	ויפרש	3121
31	ט401901	פרש *	פרש	ויפרש	3121
32	ט252003	פרש *	פרש	פרשי	3133
33	ט370903	פרש *	פרש	פרשי	3133
34	ט221502	פתה	פתה	יפתה	3321
35	ט213302	פתח	פתח	יפתח	3121
36	ט020601	פתח	פתח	ותפתח	3122
37	ט280906	פתח	פתח	ופתחת	3311
38	ט283605	פתח	פתח	ופתחת	3311
39	ט281106	פתח	פתח	תפתח	3321
40	ט390608	פתח	פתח	מפתחת	3432
41	ט380811	צבא	צבא	צבאו	3111
42	ט380809	צבא	צבא	הצבאת	3132
43	ט081001	צבר	צבר	ויצברו	3121
44	ט211303	צדה	צדה	צדה	3111
45	ט230710	צדק	הצדיק	אצדיק	3621
46	ט042814	צוה	צוה	צוהו	3311
47	ט070605	צוה	צוה	צוה	3311
48	ט071009	צוה	צוה	צוה	3311
49	ט072006	צוה	צוה	צוה	3311
50	ט122806	צוה	צוה	צוה	3311

ב

מס	אזכור	שורש*	בסיס	מלה	צופן
1	ט125006	צוה	צוה	צוה	3311
2	ט161604	צוה	צוה	צוה	3311
3	ט162406	צוה	צוה	צוה	3311
4	ט163206	צוה	צוה	צוה	3311
5	ט163402	צוה	צוה	צוה	3311
6	ט182306	צוה	צוה	וצוך	3311
7	ט190713	צוה	צוה	צוהו	3311
8	ט231510	צוה	צוה	צויתך	3311
9	ט293507	צוה	צוה	צויתי	3311
10	ט310621	צוה	צוה	צויתך	3311
11	ט311110	צוה	צוה	צויתך	3311
12	ט320806	צוה	צוה	צויתם	3311
13	ט340414	צוה	צוה	צוה	3311
14	ט341810	צוה	צוה	צויתך	3311
15	ט350113	צוה	צוה	צוה	3311
16	ט350412	צוה	צוה	צוה	3311
17	ט351010	צוה	צוה	צוה	3311
18	ט352912	צוה	צוה	צוה	3311
19	ט360123	צוה	צוה	צוה	3311
20	ט360512	צוה	צוה	צוה	3311
21	ט382212	צוה	צוה	צוה	3311
22	ט390118	צוה	צוו	צוה	3311
23	ט390516	צוה	צוה	צוה	3311
24	ט390711	צוה	צוה	צוה	3311
25	ט392120	צוה	צוה	צוה	3311
26	ט392611	צוה	צוה	צוה	3311
27	ט392912	צוה	צוה	צוה	3311
28	ט393110	צוה	צוה	צוה	3311
29	ט393212	צוה	צוו	צוה	3311
30	ט394203	צוה	צוו	צוה	3311
31	ט394310	צוה	צוו	צוה	3311
32	ט401605	צוה	צוה	צוה	3311
33	ט401913	צוה	צוה	צוה	3311
34	ט402115	צוה	צוה	צוה	3311
35	ט402308	צוה	צוה	צוה	3311
36	ט402506	צוה	צוה	צוה	3311
37	ט402706	צוה	צוו	צוה	3311
38	ט402916	צוה	צוה	צוה	3311
39	ט403210	צוה	צוה	צוה	3311
40	ט012201	צוה	צוה	ויצו	3321
41	ט050601	צוה	צוה	ויצו	3321
42	ט061307	צוה	צוו	ויצום	3321
43	ט070206	צוה	צוה	אצוך	3321
44	ט252218	צוה	צוה	אצוה	3321
45	ט272002	צוה	צוה	תצוה	3321
46	ט343207	צוה	צוה	ויצום	3321
47	ט343419	צוה	צוה	יצוה	3321
48	ט360601	צוה	צוו	ויצו	3321
49	ט341106	צוה	צוה	מצוך	3331
50	ט320612	צחק	צחק	לצחק	3354

ג

מס	אזכור	שורש*	בסיס	מלה	צופן
1	ט151005	צלל	צלל	צללו	3111
2	ט170301	צמא	צמא	ויצמא	3121
3	ט100522	צמח	צמח	הצמח	3131
4	ט051505	צעק	צעק	ויצעקו	3121
5	ט080806	צעק	צעק	ויצעק	3121
6	ט141014	צעק	צעק	ויצעקו	3121
7	ט141506	צעק	צעק	תצעק	3121
8	ט152501	צעק	צעק	ויצעק	3121
9	ט170401	צעק	צעק	ויצעק	3121
10	ט222203	צעק	צעק	יצעק	3121
11	ט222612	צעק	צעק	יצעק	3121
12	ט050820	צעק	צעק	צעקים	3131
13	ט222207	צעק	צעק	צעק	3151
14	ט251101	צפה	צפה	וצפית	3311
15	ט251305	צפה	צפה	וצפית	3311
16	ט252401	צפה	צפה	וצפית	3311
17	ט252806	צפה	צפה	וצפית	3311
18	ט262911	צפה	צפה	וצפית	3311
19	ט263706	צפה	צפה	וצפית	3311
20	ט270209	צפה	צפה	וצפית	3311
21	ט270607	צפה	צפה	וצפית	3311
22	ט300301	צפה	צפה	וצפית	3311
23	ט300506	צפה	צפה	וצפית	3311
24	ט363403	צפה	צפה	צפה	3311
25	ט363806	צפה	צפה	וצפה	3311
26	ט382810	צפה	צפה	וצפה	3311
27	ט251107	צפה	צפה	תצפנו	3321
28	ט262903	צפה	צפה	תצפה	3321
29	ט363411	צפה	צפה	ויצף	3321
30	ט363606	צפה	צפה	ויצפם	3321
31	ט370201	צפה	צפה	ויצפהו	3321
32	ט370405	צפה	צפה	ויצף	3321
33	ט371101	צפה	צפה	ויצף	3321
34	ט371506	צפה	צפה	ויצף	3321
35	ט372601	צפה	צפה	ויצף	3321
36	ט372806	צפה	צפה	ויצף	3321
37	ט380209	צפה	צפה	ויצף	3321
38	ט380606	צפה	צפה	ויצף	3321
39	ט263207	צפה	צפה	מצפים	3431
40	ט020210	צפן	צפן	ותצפנהו	3122
41	ט020304	צפן	הצפין	הצפינו	3653
42	ט040615	צרע	צרע	מצרעת	3431
43	ט232213	צרר	צר	וצרתי	3111
44	ט123408	צרר	צרר	צררת	3164
45	ט320403	צרר	הצר	ויצר	3621
46	ט260514	קבל	הקביל	מקבילת	3632
47	ט361214	קבל	הקביל	מקבילת	3632
48	ט043114	קדד	קד	ויקדו	3121
49	ט122719	קדד	קד	ויקד	3121
50	ט340803	קדד	קד	ויקד	3121

* = ש שמאלית

מס	אזכור	שורש*	בסיס	מלה	צופן	*	אזכור	שורש*	בסיס	מלה	צופן	*	אזכור	שורש*	בסיס	מלה	צופן
			א						ב						ג		
1	ט292120	קדש	קדש	וקדש	3111	|	ט011208	קוץ	קץ	ויקצו	3121	|	ט020808	קרא	קרא	ותקרא	3122
2	ט293715	קדש	קדש	יקדש	3121	*	ט291319	קטר	הקטיר	והקטרת	3611	*	ט021009	קרא	קרא	ותקרא	3122
3	ט302909	קדש	קדש	יקדש	3121	|	ט291801	קטר	הקטיר	והקטרת	3611	|	ט022010	קרא	קרא	קראן	314
4	ט294305	קדש	נקדש	ונקדש	3211	*	ט292504	קטר	הקטיר	והקטרת	3611	*	ט101603	קרא	קרא	לקרא	3154
5	ט191008	קדש	קדש	וקדשתם	3311	|	ט300701	קטר	הקטיר	והקטיר	3611	|	ט142015	קרב	קרב	קרב	3111
6	ט192320	קדש	קדש	וקדשתו	3311	*	ט303701	קטר	הקטיר	והקטרת	3611	*	ט321903	קרב	קרב	קרב	3111
7	ט284114	קדש	קדש	וקדשת	3311	|	ט300711	קטר	הקטיר	יקטירנה	3621	|	ט030503	קרב	קרב	תקרב	3121
8	ט292701	קדש	קדש	וקדשת	3311	*	ט300807	קטר	הקטיר	יקטירנה	3621	*	ט124813	קרב	קרב	יקרב	3121
9	ט293706	קדש	קדש	וקדשת	3311	|	ט402701	קטר	הקטיר	ויקטר	3621	|	ט160911	קרב	קרב	קרבו	314
10	ט294401	קדש	קדש	וקדשתי	3311	*	ט302014	קטר	הקטיר	להקטיר	3654	*	ט403205	קרב	קרב	ובקרבתם	3153
11	ט302901	קדש	קדש	וקדשת	3311	|	ט222703	קלל	קלל	תקלל	3321	|	ט360221	קרב	קרב	לקרבה	3154
12	ט303006	קדש	קדש	וקדשת	3311	*	ט211701	קלל	קלל	ומקלל	3333	*	ט220705	קרב	נקרב	ונקרב	3211
13	ט400912	קדש	קדש	וקדשת	3311	|	ט182217	קלל	הקל	והקל	364	|	ט141002	קרב	הקריב	הקריב	3611
14	ט401008	קדש	קדש	וקדשת	3311	*	ט151617	קנה	קנו	קנית	3111	*	ט290306	קרב	הקריב	והקרבת	3611
15	ט401106	קדש	קדש	וקדשת	3311	|	ט210202	קנה	קנו	תקנה	3121	|	ט291001	קרב	הקריב	והקרבת	3611
16	ט401309	קדש	קדש	וקדשת	3311	*	ט150809	קפא	קפא	קפאו	3111	*	ט401201	קרב	הקריב	והקרבת	3611
17	ט191407	קדש	קדש	ויקדש	3321	|	ט262304	קצע	קצע	למקצעו	3432	|	ט290405	קרב	הקריב	תקריב	3621
18	ט201126	קדש	קדש	ויקדשהו	3321	*	ט362804	קצע	קצע	למקצעת	3432	*	ט290803	קרב	הקריב	תקריב	3621
19	ט294411	קדש	קדש	אקדש	3321	|	ט162013	קצף	קצף	ויקצף	3121	|	ט401403	קרב	הקריב	תקריב	3621
20	ט311321	קדש	קדש	מקדשכם	3331	*	ט390305	קצץ	קצץ	וקצץ	3311	*	ט230102	קרב	הקריב	הקרב	364
21	ט130201	קדש	קדש	קדש-	334	|	ט020707	קרא	קרא	וקראתי	3111	|	ט011008	קרה	קרה	תקראנה	3122
22	ט200805	קדש	קדש	לקדשו	3353	*	ט152313	קרא	קרא	קרא-	3111	*	ט031815	קרה	נקרה	נקרה	3211
23	ט280315	קדש	קדש	לקדשו	3354	|	ט310202	קרא	קרא	קראתי	3111	|	ט050304	קרה	נקרה	נקרא	3211
24	ט290106	קדש	קדש	לקדש	3354	*	ט330712	קרא	קרא	וקרא	3111	*	ט342918	קרן	קרן	קרן	3111
25	ט293309	קדש	קדש	לקדש	3354	|	ט331908	קרא	קרא	וקראתי	3111	|	ט343009	קרן	קרן	קרן	3111
26	ט293614	קדש	קדש	לקדשו	3354	*	ט341511	קרא	קרא	וקרא	3111	*	ט343508	קרן	קרן	קרן	3111
27	ט192206	קדש	התקדש	יתקדשו	3521	|	ט353007	קרא	קרא	קרא	3111	|	ט283216	קרע	נקרע	יקרע	3221
28	ט283811	קדש	הקדיש	יקדישו	3621	*	ט011801	קרא	קרא	ויקרא	3121	*	ט392310	קרע	נקרע	יקרע	3221
29	ט320109	קהל	נקהל	ויקהל	3221	|	ט022203	קרא	קרא	ויקרא	3121	|	ט131503	קשה	הקשה	הקשה	3611
30	ט350101	קהל	הקהיל	ויקהל	3621	*	ט030406	קרא	קרא	ויקרא	3121	*	ט070302	קשה	הקשה	אקשה	3621
31	ט102307	קום	קם	קמו	3111	|	ט071101	קרא	קרא	ויקרא	3121	|	ט050712	קשש	קושש	וקששו	3321
32	ט331010	קום	קם	וקם	3111	*	ט080401	קרא	קרא	ויקרא	3121	*	ט051206	קשש	קושש	לקשש	3354
33	ט010801	קום	קם	ויקם	3121	|	ט082101	קרא	קרא	ויקרא	3121	|	ט030704	ראה	ראה	ראיתי	3111
34	ט021704	קום	קם	ויקם	3121	*	ט092703	קרא	קרא	ויקרא	3121	*	ט030909	ראה	ראה	ראיתי	3111
35	ט123001	קום	קם	ויקם	3121	|	ט102401	קרא	קרא	ויקרא	3121	|	ט041420	ראה	ראה	וראך	3111
36	ט211902	קום	קם	יקום	3121	*	ט122101	קרא	קרא	ויקרא	3121	*	ט043111	ראה	ראה	ראה	3111
37	ט241301	קום	קם	ויקם	3121	|	ט123101	קרא	קרא	ויקרא	3121	|	ט100611	ראה	ראה	ראו	3111
38	ט320611	קום	קם	ויקמו	3121	*	ט163101	קרא	קרא	ויקראו	3121	*	ט102302	ראה	ראה	ראו	3111
39	ט330806	קום	קם	יקומו	3121	|	ט170701	קרא	קרא	ויקרא	3121	|	ט121310	ראה	ראה	וראיתי	3111
40	ט150704	קום	קם	קמיך	3131	*	ט171504	קרא	קרא	ויקרא	3121	*	ט122306	ראה	ראה	וראה	3111
41	ט123106	קום	קם	קומו	314	|	ט190305	קרא	קרא	ויקרא	3121	|	ט141318	ראה	ראה	ראיתם	3111
42	ט320115	קום	קם	קום	314	*	ט190703	קרא	קרא	ויקרא	3121	*	ט160702	ראה	ראה	וראיתם	3111
43	ט322512	קום	קם	בקמיהם	3163	|	ט192009	קרא	קרא	ויקרא	3121	|	ט190402	ראה	ראה	ראיתם	3111
44	ט060402	קום	הקים	הקמתי	3611	*	ט240705	קרא	קרא	ויקרא	3121	*	ט202211	ראה	ראה	ראיתם	3111
45	ט263001	קום	הקים	והקמת	3611	|	ט241611	קרא	קרא	ויקרא	3121	|	ט320905	ראה	ראה	ראיתי	3111
46	ט400206	קום	הקים	תקים	3621	*	ט320506	קרא	קרא	ויקרא	3121	*	ט331001	ראה	ראה	וראו	3111
47	ט401801	קום	הקים	ויקם	3621	|	ט340507	קרא	קרא	ויקרא	3121	|	ט332304	ראה	ראה	וראית	3111
48	ט401814	קום	הקים	ויקם	3621	*	ט340605	קרא	קרא	ויקרא	3121	*	ט341013	ראה	ראה	וראה	3111
49	ט403301	קום	הקים	ויקם	3621	|	ט343101	קרא	קרא	ויקרא	3121	|	ט343501	ראה	ראה	וראו	3111
50	ט401708	קום	הוקם	הוקם	3711	*	ט360201	קרא	קרא	ויקרא	3121	*	ט011605	ראה	ראה	וראיתן	3112

* = ש שמאלית

			א					ב					ג		
מס	אזכור	שורש*	בסיס	מלה	צופן	אזכור	שורש*	בסיס	מלה	צופן	אזכור	שורש*	בסיס	מלה	צופן
1	ט021109	ראה	ראה	וירא	3121	ט100507	ראה	ראו	לראת	3154	ט171103	רום	הרים	ירים	3621
2	ט021111	ראה	ראה	וירא	3121	ט192112	ראה	ראו	לראות	3154	ט352402	רום	הרים	מרים	3631
3	ט021204	ראה	ראה	וירא	3121	ט332004	ראה	ראו	לראת	3154	ט141602	רום	הרים	הרם	364
4	ט022501	ראה	ראה	וירא	3121	ט031611	ראה	נראה	נראה	3211	ט292711	רום	הורם	הורם	3711
5	ט030209	ראה	ראה	וירא	3121	ט040114	ראה	נראה	נראה	3211	ט342405	רחב	הרחיב	והרחבתי	3611
6	ט030305	ראה	ראה	ואראה	3121	ט040504	ראה	נראה	נראה	3211	ט331916	רחם	רחם	ורחמתי	3311
7	ט030401	ראה	ראה	וירא	3121	ט161015	ראה	נראה	נראה	3211	ט331919	רחם	רחם	ארחם	3321
8	ט041816	ראה	ראה	ואראה	3121	ט030201	ראה	נראה	וירא	3221	ט290410	רחץ	רחץ	ורחצה	3111
9	ט051901	ראה	ראה	ויראו	3121	ט060301	ראה	נראה	וארא	3221	ט291705	רחץ	רחץ	ורחצת	3111
10	ט052103	ראה	ראה	יראה	3121	ט130707	ראה	נראה	יראה	3221	ט301901	רחץ	רחץ	ורחצו	3111
11	ט060106	ראה	ראה	תראה	3121	ט130711	ראה	נראה	יראה	3221	ט302101	רחץ	רחץ	ורחצו	3111
12	ט081101	ראה	ראה	וירא	3121	ט231519	ראה	נראה	יראו	3221	ט401210	רחץ	רחץ	ורחצת	3111
13	ט093401	ראה	ראה	וירא	3121	ט231704	ראה	נראה	יראה	3221	ט403101	רחץ	רחץ	ורחצו	3111
14	ט143009	ראה	ראה	וירא	3121	ט332309	ראה	נראה	יראו	3221	ט302005	רחץ	רחץ	ירחצו-	3121
15	ט143101	ראה	ראה	וירא	3121	ט340308	ראה	נראה	ירא	3221	ט403203	רחץ	רחץ	ירחצו	3121
16	ט161501	ראה	ראה	ויראו	3121	ט342014	ראה	נראה	יראו	3221	ט020504	רחץ	רחץ	לרחץ	3154
17	ט163214	ראה	ראה	יראו	3121	ט342304	ראה	נראה	יראה	3221	ט301306	רחץ	רחץ	לרחצה	3154
18	ט181401	ראה	ראה	וירא	3121	ט342414	ראה	נראה	לראות	3254	ט403012	רחץ	רחץ	לרחצה	3154
19	ט201814	ראה	ראה	וירא	3121	ט270806	ראה	הראה	הראה	3611	ט230703	רחק	רחק	תרחק	3121
20	ט230502	ראה	ראה	תראה	3121	ט250904	ראה	הראה	מראה	3631	ט032413	רחק	הרחיק	תרחיקו	3621
21	ט241001	ראה	ראה	ויראו	3121	ט331802	ראה	הראה	הראני	364	ט032411	רחק	הרחיק	הרחק	3651
22	ט320101	ראה	ראה	וירא	3121	ט091606	ראה	הראה	הראתך	3653	ט330709	רחק	הרחיק	הרחק	3651
23	ט320501	ראה	ראה	וירא	3121	ט263006	ראה	הראה	הראית	3711	ט170201	ריב	רב	ויריב	3121
24	ט321906	ראה	ראה	וירא	3121	ט254006	ראה	הראה	מראה	3731	ט170214	ריב	רב	הריבון	3121
25	ט322501	ראה	ראה	וירא	3121	ט010705	רבה	רבו	וירבו	3121	ט211302	ריב	רב	יריבן	3121
26	ט332009	ראה	ראה	יראני	3121	ט011005	רבה	רבו	ירבה	3121	ט303305	ריח	הריח	להריח	3654
27	ט343001	ראה	ראה	וירא	3121	ט011205	רבה	רבו	ירבה	3121	ט150909	ריק	הריק	אריק	3121
28	ט394301	ראה	ראה	וירא	3121	ט012004	רבה	רבו	וירב	3121	ט150118	רכב	רכב	ורכבו	3131
29	ט020205	ראה	ראה	ותרא	3122	ט110910	רבה	רבו	רבות	3152	ט152110	רכב	רכב	ורכבו	3131
30	ט020512	ראה	ראה	ותרא	3122	ט070306	רבה	הרבה	והרביתי	3611	ט042007	רכב	הרכיב	וירכבם	3621
31	ט020602	ראה	ראה	ותראהו	3122	ט301503	רבה	הרבה	ירבה	3621	ט282301	רכס	רכס	וירכסו	3121
32	ט201803	ראה	ראה	ראים	3131	ט321312	רבה	הרבה	ארבה	3621	ט392101	רכס	רכס	וירכסו	3121
33	ט220920	ראה	ראה	ראה	3131	ט161706	רבה	הרבה	המרבה	3631	ט150119	רמה	רמה	רמה	3111
34	ט042108	ראה	ראה	ראה	314	ט161805	רבה	הרבה	המרבה	3631	ט152111	רמה	רמה	רמה	3111
35	ט070105	ראה	ראה	ראה	314	ט360505	רבה	הרבה	מרבים	3631	ט162010	רמם	רמם	וירמו	3121
36	ט101012	ראה	ראה	ראו	314	ט270112	רבע	רבע	רבוע	3161	ט340315	רעה	רעה	ירעו	3121
37	ט141308	ראה	ראה	וראו	314	ט281601	רבע	רבע	רבוע	3161	ט021702	רעה	רעה	הרעים	3131
38	ט162901	ראה	ראה	ראו	314	ט300205	רבע	רבע	רבוע	3161	ט021906	רעה	רעה	הרעים	3131
39	ט254001	ראה	ראה	וראה	314	ט372511	רבע	רבע	רבוע	3161	ט030103	רעה	רעה	רעה	3131
40	ט310201	ראה	ראה	ראה	314	ט380113	רבע	רבע	רבוע	3161	ט230205	רעה	רעה	לרעה	3354
41	ט331205	ראה	ראה	ראה	314	ט390901	רבע	רבע	רבוע	3161	ט052208	רעע	הרע	הרעתה	3611
42	ט331316	ראה	ראה	וראה	314	ט230505	רבץ	רבץ	רבץ	3131	ט052307	רעע	הרע	הרע	3611
43	ט353006	ראה	ראה	ראו	314	ט151403	רגז	רגז	ירגזון	3121	ט150607	רעץ	רעץ	תרעץ	3122
44	ט030703	ראה	ראה	ראה	3151	ט140405	רדף	רדף	וירדף	3111	ט152627	רפא	רפא	רפאך	3131
45	ט102810	ראה	ראה	ראות	3152	ט140808	רדף	רדף	וירדף	3121	ט211913	רפא	רפא	ירפא	3321
46	ט102908	ראה	ראה	ראות	3152	ט140901	רדף	רדף	וירדפו	3121	ט211912	רפא	רפא	ורפא	3351
47	ט102814	ראה	ראה	ראתך	3153	ט142301	רדף	רדף	וירדפו	3121	ט042601	רפה	רפה	וירף	3121
48	ט131721	ראה	ראה	בראתם	3153	ט150903	רדף	רדף	ארדף	3121	ט050315	רפה	נרפה	נרפים	3231
49	ט141324	ראה	ראה	לראתם	3153	ט150212	רום	רומם	וארממנהו	3321	ט051702	רפה	נרפה	נרפים	3231
50	ט030405	ראה	ראה	לראות	3154	ט072008	רום	הרים	וירם	3621	ט051704	רפה	נרפה	נרפים	3231

* = ש שמאלית

א

מס	אזכור	שורש*	בסיס	מלה	צופן
1	ט201302	רצח	רצח	תרצח	3121
2	ט210611	רצע	רצע	ורצע	3111
3	ט303303	רקח	רקח	ירקח	3121
4	ט302509	רקח	רקח	רקח	3131
5	ט303506	רקח	רקח	רוקח	3131
6	ט372911	רקח	רקח	רקח	3131
7	ט263612	רקם	רקם	רקם	3131
8	ט271613	רקם	רקם	רקם	3131
9	ט283910	רקם	רקם	רקם	3131
10	ט353510	רקם	רקם	ורקם	3131
11	ט363712	רקם	רקם	רקם	3131
12	ט381805	רקם	רקם	רקם	3131
13	ט382309	רקם	רקם	ורקם	3131
14	ט392910	רקם	רקם	רקם	3131
15	ט390301	רקע	רקע	וירקעו	3321
16	ט220827	רשע	הרשיע	ירשיען	3621
17	ט032201	שאל	שאל	ושאלה	3112
18	ט110205	שאל	שאל	וישאלו	3121
19	ט123506	שאל	שאל	וישאלו	3121
20	ט131403	שאל	שאל	ישאלך	3121
21	ט180708	שאל	שאל	וישאלו	3121
22	ט221302	שאל	שאל	ישאל	3121
23	ט123608	שאל	השאיל	וישאלום	3621
24	ט082711	שאר	נשאר	נשאר	3211
25	ט101914	שאר	נשאר	נשאר	3211
26	ט142815	שאר	נשאר	נשאר	3211
27	ט080517	שאר	נשאר	תשארנה	3222
28	ט080709	שאר	נשאר	תשארנה	3222
29	ט102606	שאר	נשאר	תשאר	3222
30	ט100514	שאר	נשאר	הנשארת	3232
31	ט101223	שאר	השאיר	השאיר	3611
32	ט220918	שבה	נשבה	נשבה	3211
33	ט161214	שבע *	שבע	תשבעו-	3121
34	ט160811	שבע *	שבע	לשבע	3154
35	ט130513	שבע	נשבע	נשבע	3211
36	ט131109	שבע	נשבע	נשבע	3211
37	ט321307	שבע	נשבע	נשבעת	3211
38	ט330117	שבע	נשבע	נשבעתי	3211
39	ט131909	שבע	השביע	השביע	3611
40	ט131908	שבע	השביע	השבע	3651
41	ט283901	שבץ	שבץ	ושבצת	3311
42	ט282006	שבץ	שבץ	משבצים	3431
43	ט124613	שבר	שבר	תשברו-	3121
44	ט220916	שבר	נשבר	נשבר	3211
45	ט221306	שבר	נשבר	ונשבר	3211
46	ט092523	שבר	שבר	שבר	3311
47	ט232413	שבר	שבר	תשבר	3321
48	ט321917	שבר	שבר	וישבר	3321
49	ט341307	שבר	שבר	תשברון	3321
50	ט232412	שבר	שבר	ושבר	3351

ב

מס	אזכור	שורש*	בסיס	מלה	צופן
1	ט311719	שבת	שבת	שבת	3111
2	ט163001	שבת	שבת	וישבתו	3121
3	ט231207	שבת	שבת	תשבת	3121
4	ט342106	שבת	שבת	תשבת	3121
5	ט342109	שבת	שבת	תשבת	3121
6	ט050508	שבת	השבית	והשבתם	3611
7	ט121508	שבת	השבית	תשביתו	3621
8	ט131723	שוב	שב	ושבו	3111
9	ט331113	שוב	שב	ושב	3111
10	ט041803	שוב	שב	וישב	3121
11	ט041811	שוב	שב	ואשובה	3121
12	ט042010	שוב	שב	וישב	3121
13	ט052201	שוב	שב	וישב	3121
14	ט140205	שוב	שב	וישבו	3121
15	ט142610	שוב	שב	וישבו	3121
16	ט142707	שוב	שב	וישב	3121
17	ט142801	שוב	שב	וישבו	3121
18	ט241409	שוב	שב	נשוב	3121
19	ט323101	שוב	שב	וישב	3121
20	ט343104	שוב	שב	וישבו	3121
21	ט040713	שוב	שב	שבה	3122
22	ט041907	שוב	שב	שב	314
23	ט321214	שוב	שב	שוב	314
24	ט322714	שוב	שב	ושובו	314
25	ט042106	שוב	שב	לשוב	3154
26	ט343512	שוב	השיב	והשיב	3611
27	ט040706	שוב	השיב	וישב	3621
28	ט151908	שוב	השיב	וישב	3621
29	ט190811	שוב	השיב	וישב	3621
30	ט213405	שוב	השיב	ישיב	3621
31	ט222509	שוב	השיב	תשיבנו	3621
32	ט230409	שוב	השיב	תשיבנו	3621
33	ט040702	שוב	השיב	השב	364
34	ט230408	שוב	השיב	השב	3651
35	ט100801	שוב	הושב	ויושב	3721
36	ט260107	שזר	השזר	משזר	3731
37	ט263108	שזר	השזר	משזר	3731
38	ט263610	שזר	השזר	משזר	3731
39	ט270911	שזר	השזר	משזר	3731
40	ט271611	שזר	השזר	משזר	3731
41	ט271812	שזר	השזר	משזר	3731
42	ט280610	שזר	השזר	משזר	3731
43	ט280814	שזר	השזר	משזר	3731
44	ט231515	שזר	השזר	משזר	3731
45	ט360812	שזר	השזר	משזר	3731
46	ט363509	שזר	השזר	משזר	3731
47	ט363710	שזר	השזר	משזר	3731
48	ט380910	שזר	השזר	משזר	3731
49	ט381606	שזר	השזר	משזר	3731
50	ט381811	שזר	השזר	משזר	3731

ג

מס	אזכור	שורש*	בסיס	מלה	צופן
1	ט330210	שזר	השזר	משזר	3731
2	ט390514	שזר	השזר	משזר	3731
3	ט390814	שזר	השזר	משזר	3731
4	ט392410	שזר	השזר	משזר	3731
5	ט392812	שזר	השזר	משזר	3731
6	ט392904	שזר	השזר	משזר	3731
7	ט110806	שחה	השתחוה	והשתחוו-	3511
8	ט240114	שחה	השתחוה	והשתחויתם	3511
9	ט331013	שחה	השתחוה	והשתחוו	3511
10	ט043115	שחה	השתחוה	וישתחוו	3521
11	ט122721	שחה	השתחוה	וישתחוו	3521
12	ט130705	שחה	השתחוה	וישתחו	3521
13	ט200502	שחה	השתחוה	תשתחוה	3521
14	ט232402	שחה	השתחוה	תשתחוה	3521
15	ט320811	שחה	השתחוה	וישתחוו-	3521
16	ט340805	שחה	השתחוה	וישתחו	3521
17	ט341403	שחה	השתחוה	תשתחוה	3521
18	ט120609	שחט	שחט	ושחטו	3111
19	ט291101	שחט	שחט	ושחטת	3111
20	ט291601	שחט	שחט	ושחטת	3111
21	ט292001	שחט	שחט	ושחטת	3111
22	ט342502	שחט	שחט	תשחט	3121
23	ט122113	שחט	שחט	ושחטו	314
24	ט303601	שחק	שחק	ושחקת	3111
25	ט082014	שחת	נשחת	תשחת	3222
26	ט212611	שחת	שחת	ושחתה	3311
27	ט320708	שחת	שחת	שחת	3311
28	ט121319	שחת	השחית	למשחית	3631
29	ט122320	שחת	השחית	המשחית	3631
30	ט021403	שים *	שם	שמך	3111
31	ט032211	שים *	שם	ושמתם	3111
32	ט041105	שים *	שם	שם	3111
33	ט041503	שים *	שם	ושמת	3111
34	ט042112	שים *	שם	שמתי	3111
35	ט051406	שים *	שם	שמו	3111
36	ט080814	שים *	שם	שם	3111
37	ט081901	שים *	שם	ושמתי	3111
38	ט092103	שים *	שם	שם	3111
39	ט100214	שים *	שם	שמתי	3111
40	ט152513	שים *	שם	שם	3111
41	ט152619	שים *	שם	שמתי	3111
42	ט182113	שים *	שם	ושמת	3111
43	ט211307	שים *	שם	ושמתי	3111
44	ט263501	שים *	שם	ושמת	3111
45	ט281201	שים *	שם	ושמת	3111
46	ט282605	שים *	שם	ושמת	3111
47	ט283701	שים *	שם	ושמת	3111
48	ט290601	שים *	שם	ושמת	3111
49	ט292401	שים *	שם	ושמת	3111
50	ט332204	שים *	שם	ושמתיך	3111

* = ש שמאלית

מס	אזכור	שורש*	בסיס	מלה	צופן	אזכור	שורש*	בסיס	מלה	צופן	אזכור	שורש*	בסיס	מלה	צופן
	א					**ב**					**ג**				
1	ט400301	שים *	שם	ושמת	3111	ט294501	שכן	שכן	ושכנתי	3111	ט101008	שלח	שלח	אשלח	3321
2	ט400509	שים *	שם	ושמת	3111	ט403509	שכן	שכן	שכן	3111	ט110115	שלח	שלח	ישלח	3321
3	ט400801	שים *	שם	ושמת	3111	ט241601	שכן	שכן	וישכן	3121	ט150705	שלח	שלח	תשלח	3321
4	ט402904	שים *	שם	שם	3111	ט294611	שכן	שכן	לשכני	3154	ט182701	שלח	שלח	וישלח	3321
5	ט011101	שים *	שם	וישימו	3121	ט261705	שלב	שלב	משלבת	3432	ט212613	שלח	שלח	ישלחנו	3321
6	ט041110	שים *	שם	ישום	3121	ט362205	שלב	שלב	משלבת	3432	ט212709	שלח	שלח	ישלחנו	3321
7	ט050809	שים *	שם	תשימו	3121	ט031210	שלח	שלח	שלחתין	3111	ט232703	שלח	שלח	אשלח	3321
8	ט090501	שים *	שם	וישם	3121	ט031315	שלח	שלח	שלחני	3111	ט031704	שלח	שלח	משלח	3331
9	ט142116	שים *	שם	וישם	3121	ט031414	שלח	שלח	שלחני	3111	ט042303	שלח	שלח	שלח	334
10	ט152622	שים *	שם	אשים	3121	ט031520	שלח	שלח	שלחני	3111	ט050113	שלח	שלח	שלח	334
11	ט171206	שים *	שם	וישימו	3121	ט032001	שלח	שלח	ושלחתי	3111	ט071609	שלח	שלח	שלח	334
12	ט190706	שים *	שם	וישם	3121	ט042809	שלח	שלח	שלחו	3111	ט072613	שלח	שלח	שלח	334
13	ט210104	שים *	שם	תשים	3121	ט052213	שלח	שלח	שלחתני	3111	ט081618	שלח	שלח	שלח	334
14	ט222414	שים *	שם	תשימון	3121	ט071606	שלח	שלח	שלחני	3111	ט090115	שלח	שלח	שלח	334
15	ט240605	שים *	שם	וישם	3121	ט091503	שלח	שלח	שלחתי	3111	ט091317	שלח	שלח	שלח	334
16	ט390701	שים *	שם	וישם	3121	ט220712	שלח	שלח	שלח	3111	ט100318	שלח	שלח	שלח	334
17	ט391905	שים *	שם	וישימו	3121	ט221008	שלח	שלח	שלח	3111	ט100711	שלח	שלח	שלח	334
18	ט401808	שים *	שם	וישם	3121	ט232801	שלח	שלח	ושלחתי	3111	ט082522	שלח	שלח	שלח	3351
19	ט401906	שים *	שם	וישם	3121	ט241106	שלח	שלח	שלח	3111	ט131702	שלח	שלח	בשלח	3352
20	ט402007	שים *	שם	וישם	3121	ט330201	שלח	שלח	ושלחתי	3111	ט042308	שלח	שלח	לשלחו	3353
21	ט402106	שים *	שם	וישם	3121	ט031003	שלח	שלח	ואשלחך	3121	ט091705	שלח	שלח	שלחם	3353
22	ט402401	שים *	שם	וישם	3121	ט040409	שלח	שלח	וישלח	3121	ט110118	שלח	שלח	כשלחו	3353
23	ט402601	שים *	שם	וישם	3121	ט041307	שלח	שלח	תשלח	3121	ט123306	שלח	שלח	לשלחם	3353
24	ט402801	שים *	שם	וישם	3121	ט050219	שלח	שלח	אשלח	3121	ט131505	שלח	שלח	לשלחנו	3353
25	ט403001	שים *	שם	וישם	3121	ט061107	שלח	שלח	וישלח	3121	ט071409	שלח	שלח	לשלח	3354
26	ט020312	שים *	שם	ותשם	3122	ט090701	שלח	שלח	וישלח	3121	ט072704	שלח	שלח	לשלח	3354
27	ט020316	שים *	שם	ותשם	3122	ט092701	שלח	שלח	וישלח	3121	ט090205	שלח	שלח	לשלח	3354
28	ט171409	שים *	שם	ושים	314	ט240501	שלח	שלח	וישלח	3121	ט100405	שלח	שלח	לשלח	3354
29	ט322708	שים *	שם	שימו	314	ט331218	שלח	שלח	תשלח	3121	ט102708	שלח	שלח	לשלחם	3354
30	ט150102	שיר	שר	ישיר-	3121	ט020517	שלח	שלח	ותשלח	3122	ט031708	שלח	השליח	משליח	3631
31	ט150112	שיר	שר	אשירה	3121	ט091405	שלח	שלח	שלח	3131	ט012210	שלך	השליך	תשליכהו	3621
32	ט152104	שיר	שר	שירו	314	ט232003	שלח	שלח	שלח	3131	ט040304	שלך	השליך	וישלכהו	3621
33	ט072307	שית	שת	שת	3111	ט040405	שלח	שלח	שלח	314	ט071011	שלך	השליך	וישלך	3621
34	ט233101	שית	שת	ושתי	3111	ט041304	שלח	שלח	שלח-	314	ט071201	שלך	השליך	וישליכו	3621
35	ט212215	שית	שת	ישית	3121	ט091902	שלח	שלח	שלח	314	ט152507	שלך	השליך	וישלך	3621
36	ט230106	שית	שת	תשת	3121	ט050208	שלח	שלח	לשלח	3154	ט223011	שלך	השליך	תשלכון	3621
37	ט100117	שית	שת	שתי	3153	ט070212	שלח	שלח	ושלח	3311	ט321913	שלך	השליך	וישלך	3621
38	ט213003	שית	הושת	יושת	3721	ט082809	שלח	שלח	שלח	3311	ט322408	שלך	השליך	ואשלכהו	3621
39	ט213010	שית	הושת	יושת	3721	ט090714	שלח	שלח	שלח	3311	ט040302	שלך	השליך	השליכהו	364
40	ט221508	שכב	שכב	ושכב	3111	ט093505	שלח	שלח	שלח	3311	ט070915	שלך	השליך	והשלך	364
41	ט222609	שכב	שכב	ישכב	3121	ט102007	שלח	שלח	שלח	3311	ט213403	שלם	שלם	ישלם	3321
42	ט221802	שכב	שכב	שכב	3133	ט111016	שלח	שלח	שלח	3311	ט213613	שלם	שלם	ישלם	3321
43	ט332207	שכך *	שכך	ושכתי	3111	ט140518	שלח	שלח	שלחנו	3311	ט213712	שלם	שלם	ישלם	3321
44	ט232603	שכל	שכל	משכלה	3332	ט220407	שלח	שלח	ושלח	3311	ט220208	שלם	שלם	ישלם	3321
45	ט240407	שכם	השכים	וישכם	3621	ט032014	שלח	שלח	ישלח	3321	ט220313	שלם	שלם	ישלם	3321
46	ט320601	שכם	השכים	וישכימו	3621	ט042122	שלח	שלח	ישלח	3321	ט220417	שלם	שלם	ישלם	3321
47	ט340406	שכם	השכים	וישכם	3621	ט060113	שלח	שלח	ישלחם	3321	ט220513	שלם	שלם	ישלם	3321
48	ט081605	שכם	השכים	השכם	364	ט080413	שלח	שלח	ואשלחה	3321	ט220616	שלם	שלם	ישלם	3321
49	ט091305	שכם	השכים	השכם	364	ט082404	שלח	שלח	אשלח	3321	ט220829	שלם	שלם	ישלם	3321
50	ט250804	שכן	שכן	ושכנתי	3111	ט092809	שלח	שלח	ואשלחה	3321	ט221015	שלם	שלם	ישלם	3321

* = ש שמאלית

מס	א אזכור	שורש*	בסיס	מלה	צופן	ב אזכור	שורש*	בסיס	מלה	צופן	ג אזכור	שורש*	בסיס	מלה	צופן
1	ט221105	שלם	שלם	ישלם	3321	ט232103	שמע	שמע	ושמע	314	ט253404	שקד	שקד	משקדים	3431
2	ט221208	שלם	שלם	ישלם	3321	ט152603	שמע	שמע	שמוע	3151	ט371903	שקד	שקד	משקדים	3431
3	ט221313	שלם	שלם	ישלם	3321	ט190503	שמע	שמע	שמוע	3151	ט371910	שקד	שקד	משקדים	3431
4	ט221405	שלם	שלם	ישלם	3321	ט222210	שמע	שמע	שמע	3151	ט372004	שקד	שקד	משקדים	3431
5	ט213612	שלם	שלם	שלם	3351	ט232203	שמע	שמע	שמוע	3151	ט021707	שקה	השקה	וישק	3621
6	ט220207	שלם	שלם	שלם	3351	ט160812	שמע	שמע	בשמע	3152	ט021911	שקה	השקה	וישק	3621
7	ט220512	שלם	שלם	שלם	3351	ט160706	שמע	שמע	בשמעו	3153	ט322016	שקה	השקה	וישק	3621
8	ט221312	שלם	שלם	שלם	3351	ט283505	שמע	נשמע	ונשמע	3211	ט021610	שקה	השקה	להשקות	3654
9	ט041421	שמח *	שמח	ושמח	3111	ט231312	שמע	נשמע	ישמע	3221	ט221608	שקל	שקל	ישקל	3121
10	ט231102	שמט	שמט	תשמטנה	3121	ט121701	שמר	שמר	ושמרתם	3111	ט142405	שקף	השקיף	וישקף	3621
11	ט030712	שמע	שמע	שמעתי	3111	ט121713	שמר	שמר	ושמרתם	3111	ט293409	שרף *	שרף	ושרפת	3111
12	ט031801	שמע	שמע	ושמעו	3111	ט122401	שמר	שמר	ושמרתם	3111	ט121011	שרף *	שרף	תשרפו	3121
13	ט060503	שמע	שמע	שמעתי	3111	ט122512	שמר	שמר	ושמרתם	3111	ט291403	שרף *	שרף	תשרף	3121
14	ט060908	שמע	שמע	שמעו	3111	ט131001	שמר	שמר	ושמרת	3111	ט322006	שרף *	שרף	וישרף	3121
15	ט061210	שמע	שמע	שמעו	3111	ט152613	שמר	שמר	ושמרת	3111	ט072301	שרץ	שרץ	נשרץ	3111
16	ט071305	שמע	שמע	שמע	3111	ט190506	שמר	שמר	ושמרתם	3111	ט010704	שרץ	שרץ	וישרצו	3121
17	ט071616	שמע	שמע	שמעת	3111	ט311401	שמר	שמר	ושמרתם	3111	ט241304	שרת	שרת	משרתו	3331
18	ט072210	שמע	שמע	שמע	3111	ט311601	שמר	שמר	ושמרו	3111	ט331116	שרת	שרת	ומשרתו	3331
19	ט081110	שמע	שמע	שמע	3111	ט212910	שמר	שמר	ישמרנו	3121	ט283504	שרת	שרת	לשרת	3354
20	ט081512	שמע	שמע	שמע	3111	ט213610	שמר	שמר	ישמרנו	3121	ט284314	שרת	שרת	לשרת	3354
21	ט091207	שמע	שמע	שמע	3111	ט231305	שמר	שמר	תשמרו	3121	ט293013	שרת	שרת	לשרת	3354
22	ט151401	שמע	שמע	שמעו	3111	ט231504	שמר	שמר	תשמר	3121	ט302013	שרת	שרת	לשרת	3354
23	ט160915	שמע	שמע	שמע	3111	ט311310	שמר	שמר	תשמרו	3121	ט351904	שרת	שרת	לשרת	3354
24	ט161201	שמע	שמע	שמעתי	3111	ט341804	שמר	שמר	תשמר	3121	ט390109	שרת	שרת	לשרת	3354
25	ט162002	שמע	שמע	שמעו	3111	ט200605	שמר	שמר	ולשמרי	3133	ט392609	שרת	שרת	לשרת	3354
26	ט222614	שמע	שמע	ושמעתי	3111	ט341101	שמר	שמר	שמר-	314	ט394104	שרת	שרת	לשרת	3354
27	ט021501	שמע	שמע	וישמע	3121	ט162808	שמר	שמר	לשמר	3154	ט170613	שתה	שתה	ושתה	3111
28	ט022401	שמע	שמע	וישמע	3121	ט220609	שמר	שמר	לשמר	3154	ט330409	שתה	שתה	שתו	3111
29	ט040109	שמע	שמע	ישמעו	3121	ט220913	שמר	שמר	לשמר	3154	ט342814	שתה	שתה	שתה	3111
30	ט040807	שמע	שמע	ישמעו	3121	ט232006	שמר	שמר	לשמרך	3154	ט152407	שתה	שתה	נשתה	3121
31	ט040910	שמע	שמע	ישמעון	3121	ט102806	שמר	נשמר	השמר	324	ט170209	שתה	שתה	ונשתה	3121
32	ט043103	שמע	שמע	וישמעו	3121	ט191206	שמר	נשמר	השמרו	324	ט241112	שתה	שתה	וישתו	3121
33	ט050206	שמע	שמע	אשמע	3121	ט232101	שמר	נשמר	השמר	324	ט320610	שתה	שתה	ושתו	3151
34	ט061213	שמע	שמע	ישמעני	3121	ט341201	שמר	נשמר	השמר	324	ט071809	שתה	שתה	לשתות	3154
35	ט063010	שמע	שמע	ישמע	3121	ט011014	שנא *	שנא	שנאינו	3131	ט072110	שתה	שתה	לשתות	3154
36	ט070402	שמע	שמע	ישמע	3121	ט200521	שנא *	שנא	לשנאי	3131	ט072407	שתה	שתה	לשתות	3154
37	ט110906	שמע	שמע	ישמע	3121	ט230504	שנא *	שנא	שנאך	3131	ט072411	שתה	שתה	לשתת	3154
38	ט152604	שמע	שמע	תשמע	3121	ט182111	שנא *	שנא	שנאי	3133	ט152305	שתה	שתה	לשתת	3154
39	ט180101	שמע	שמע	וישמע	3121	ט050908	שעה	שעה	ישעו	3121	ט170116	שתה	שתה	לשתת	3154
40	ט182401	שמע	שמע	וישמע	3121	ט181607	שפט	שפט	ושפטתי	3111	ט262402	תאם	תאם	תאמם	3131
41	ט190504	שמע	שמע	תשמעו	3121	ט182201	שפט	שפט	ושפטו	3111	ט362902	תאם	תאם	תואמם	3131
42	ט190912	שמע	שמע	ישמע	3121	ט182601	שפט	שפט	ושפטו	3111	ט082520	הלל	התל	התל	3651
43	ט201907	שמע	שמע	ונשמעה	3121	ט052106	שפט	שפט	וישפט	3121	ט171212	תמך	תמך	תמכו	3111
44	ט222211	שמע	שמע	אשמע	3121	ט132215	שפט	שפט	ישפטו-	3121	ט230407	תעה	תעה	תעה	3131
45	ט232204	שמע	שמע	תשמע	3121	ט182615	שפט	שפט	ישפוטו	3121	ט101910	תקע	תקע	ויתקעהו	3121
46	ט240714	שמע	שמע	ונשמע	3121	ט181305	שפט	שפט	לשפט	3154					
47	ט321701	שמע	שמע	וישמע	3121	ט040915	שפך	שפך	ושפכת	3111					
48	ט330401	שמע	שמע	וישמע	3121	ט291212	שפך	שפך	תשפך	3121					
49	ט321813	שמע	שמע	שמע	3131	ט253303	שקד	שקד	משקדים	3431					
50	ט181902	שמע	שמע	שמע	314	ט253310	שקד	שקד	משקדים	3431					

* = ש שמאלית

PART THREE
STATISTICAL DATA
APPENDIX A

מס	בסיס	*	שכ	צפ	%
1	את		880	4	5.273
2	אל		398	4	7.658
3	יהוה		398	121	10.043
4	על		375	4	12.290
5	עשה	*	316	31	14.183
6	אשר		308	53	16.029
7	כל		303	81	17.844
8	אמר		299	31	19.636
9	משה		290	122	21.373
10	לא		244	22	22.835
11	לו		239	41	24.267
12	היה		234	31	25.670
13	בן		233	11	27.066
14	כי		198	53	28.252
15	מצרים		175	123	29.301
16	עם		175	11	30.349
17	אותו		164	41	31.332
18	ישראל	*	164	122	32.315
19	אלהים		139	121	33.148
20	ארץ		136	11	33.962
21	יום		119	11	34.676
22	אהרן		115	122	35.365
23	פרעה		115	11	36.054
24	נתן		113	31	36.731
25	יד		109	11	37.384
26	זהב		105	11	38.013
27	איש		96	11	38.588
28	זה		90	62	39.128
29	תן		90	41	39.667
30	דבר		87	33	40.188
31	לקח		79	31	40.661
32	בא		78	31	41.129
33	ראה		71	31	41.554
34	הלך		70	31	41.974
35	קדש		70	11	42.393
36	לפני		65	4	42.783
37	אהל		62	11	43.154
38	דבר		62	11	43.526
39	יצא		62	31	43.897
40	בו		61	41	44.263
41	אם		60	53	44.622
42	אמה		59	11	44.976
43	בית		59	11	45.329
44	מזבח		59	11	45.683
45	שנים		59	71	46.036
46	משכן		58	11	46.384
47	הוא		56	61	46.719
48	אחד		55	71	47.049
49	עד		54	4	47.373
50	צוה		54	33	47.696

מס	בסיס	*	שכ	צפ	%
51	תחת		52	4	48.008
52	אדן		51	11	48.313
53	כן		50	22	48.613
54	עם		50	41	48.912
55	שם	*	50	31	49.212
56	אכל		48	31	49.500
57	הר		48	11	49.737
58	קרש		48	11	50.075
59	שמע		47	31	50.357
60	שתים		47	71	50.638
61	לב		46	11	50.914
62	פנים		46	11	51.139
63	הביא		45	36	51.459
64	אחת		44	71	51.723
65	יריעה		44	11	51.936
66	מים		44	11	52.250
67	מת		44	31	52.514
68	עבד		43	11	52.771
69	שלח		43	33	53.029
70	שם		43	11	53.237
71	הנה		41	34	53.532
72	כסף		41	11	53.778
73	גם		40	22	54.018
74	טבעת		40	11	54.257
75	אני		39	61	54.491
76	אתה		39	61	54.725
77	ים		39	11	54.958
78	עמוד		39	11	55.192
79	אשה		38	11	55.420
80	מועד		38	11	55.647
81	מעשה	*	38	11	55.875
82	נחשת		38	11	56.103
83	ידע		37	31	56.325
84	בוקר		36	11	56.540
85	עלה		36	31	56.756
86	אור		35	22	56.966
87	בין		35	4	57.175
88	כלי		34	11	57.379
89	עין		34	11	57.583
90	קרא		34	31	57.787
91	תכלת		34	11	57.990
92	אבן		33	11	58.138
93	מלאכה		33	11	58.336
94	שש		33	11	58.583
95	הוציא		32	36	58.775
96	נשא	*	32	31	58.967
97	שם		32	22	59.159
98	תוך		32	11	59.350
99	עץ		31	11	59.536
100	קול		31	11	59.722

מס	בסיס	*	שכ	צפ	%
101	סביב		30	22	59.902
102	שלה		30	31	60.081
103	שנה		30	11	60.261
104	אפוד		29	11	60.435
105	בד		29	11	60.609
106	דם		29	11	60.783
107	חצר		29	11	60.956
108	עבד		29	31	61.130
109	מאה		28	71	61.298
110	מדבר		27	11	61.460
111	מה		27	51	61.621
112	מטה		27	11	61.783
113	תולעה		27	11	61.945
114	אלה		26	62	62.101
115	ארגמן		26	11	62.257
116	ארון		26	11	62.412
117	אתו		26	41	62.568
118	טהור		26	11	62.724
119	ראש		26	11	62.880
120	שטה		26	11	63.036
121	שלושו		26	71	63.191
122	שני		26	11	63.347
123	שני		26	72	63.503
124	ארך		25	11	63.653
125	יאור		25	11	63.802
126	צפה		25	33	63.952
127	קנה		25	11	64.102
128	אב		24	11	64.246
129	אחרי		24	4	64.390
130	ארבע		24	71	64.534
131	הכה		24	36	64.677
132	שור		24	11	64.821
133	שמן		24	11	64.965
134	בגד		23	11	65.103
135	בת		23	11	65.241
136	העלה		23	36	65.378
137	חמשים		23	71	65.516
138	חשן		23	11	65.654
139	עבודה		23	11	65.792
140	עשרים	*	23	71	65.930
141	פה		23	11	66.067
142	איל		22	11	66.199
143	אין		22	35	66.331
144	אנכי		22	61	66.463
145	פתח		22	11	66.595
146	קדש		22	33	66.727
147	רחב		22	11	66.858
148	שדה	*	22	11	66.990
149	העזר		21	37	67.116
150	ישב		21	31	67.242

* = ש שמאלית   צפ = צופן   שכ = שכיחות   % = תאחוז של טקסט

מס	בסיס	*	צפ שכ	%
151	לחם		21 11	67.368
152	עדות		21 11	67.494
153	קצה		21 11	67.619
154	שמר		21 31	67.745
155	אל		20 22	67.865
156	בכור		20 11	67.985
157	הם		20 61	68.105
158	חצי		20 11	68.225
159	מנורה		20 11	68.344
160	נטה		20 31	68.464
161	ענן		20 11	68.584
162	עתה		20 22	68.704
163	רע		20 11	68.824
164	אש		19 11	68.938
165	דור		19 11	69.051
166	ירד		19 31	69.165
167	כה		19 22	69.279
168	מחנה		19 11	69.393
169	צלע		19 11	69.507
170	ששה		19 71	69.621
171	בהמה		18 11	69.729
172	זבח		18 31	69.836
173	חדש		18 11	69.944
174	כפרה		18 11	70.052
175	ליל		18 11	70.160
176	קטרת		18 11	70.268
177	שב		18 31	70.376
178	שלחן		18 11	70.484
179	שלם		18 33	70.591
180	אח		17 11	70.693
181	ברך		17 11	70.795
182	זאת		17 62	70.897
183	כרוב		17 11	70.999
184	לוח		17 11	71.101
185	מפני		17 4	71.203
186	נפש		17 11	71.304
187	עולה		17 11	71.406
188	עולם		17 11	71.508
189	עור		17 11	71.610
190	עמד		17 31	71.712
191	פקד		17 31	71.814
192	שביעי		17 72	71.916
193	שפה	*	17 11	72.017
194	תרומה		17 11	72.119
195	אות		16 11	72.215
196	אתם		16 61	72.311
197	כפתור		16 11	72.407
198	למען		16 4	72.503
199	מסך		16 11	72.599
200	מצה		16 11	72.695

|	מס	בסיס	*	צפ שכ	%
*	201	קרב		16 11	72.790
|	202	בריח		15 11	72.830
*	203	חותן		15 11	72.970
|	204	חמש		15 71	73.060
*	205	כסה		15 33	73.150
|	206	נא		15 22	73.240
*	207	נראה		15 32	73.330
|	208	עדה		15 11	73.420
*	209	פאה		15 11	73.509
|	210	פרכת		15 11	73.599
*	211	צאן		15 11	73.689
|	212	שבת		15 11	73.779
*	213	אדם		14 11	73.863
|	214	בעל		14 11	73.947
*	215	בשר	*	14 11	74.031
|	216	מאד		14 22	74.115
*	217	מי		14 51	74.199
|	218	מלא		14 33	74.282
*	219	מלך		14 11	74.366
|	220	משחה		14 11	74.450
*	221	עברי		14 124	74.534
|	222	ערב		14 11	74.618
*	223	רגל		14 11	74.702
|	224	שמים		14 11	74.786
*	225	שקל		14 11	74.870
|	226	ברית		13 11	74.948
*	227	דרך		13 11	75.025
|	228	וו		13 11	75.103
*	229	חמשה		13 71	75.131
|	230	חשב		13 31	75.259
*	231	יכל		13 31	75.337
|	232	כמו		13 41	75.415
*	233	כתף		13 11	75.493
|	234	לולאה		13 11	75.571
*	235	מעל		13 11	75.649
|	236	מקנה		13 11	75.727
*	237	משה		13 31	75.804
|	238	סיני		13 123	75.832
*	239	עוד		13 36	75.960
|	240	פן		13 53	76.038
*	241	קלע		13 11	76.116
|	242	קם		13 31	76.194
*	243	שבעה		13 71	76.272
|	244	שה	*	13 11	76.350
*	245	שתה		13 31	76.428
|	246	ארבעה		12 71	76.499
*	247	גר		12 11	76.571
|	248	זקן		12 11	76.643
*	249	חג		12 11	76.715
|	250	חמור		12 11	76.787

|	מס	בסיס	*	צפ שכ	%
*	251	טור		12 11	76.859
|	252	ילד		12 11	76.931
*	253	ירא		12 31	77.003
|	254	כבד		12 11	77.075
*	255	כהן		12 33	77.147
|	256	מצא		12 31	77.219
*	257	עבר		12 31	77.290
|	258	שער		12 11	77.362
*	259	אלף		11 71	77.428
|	260	הציל		11 36	77.494
*	261	הרג		11 31	77.560
|	262	השתחוה		11 35	77.626
*	263	יעקב		11 122	77.692
|	264	כבוד		11 11	77.758
*	265	כהן		11 11	77.824
|	266	כתב		11 31	77.890
*	267	לבד		11 86	77.956
|	268	מחר		11 22	78.021
*	269	משפט		11 11	78.087
|	270	נסע		11 31	78.153
*	271	נר		11 11	78.219
|	272	כם		11 11	78.285
*	273	צפרדע		11 11	78.351
|	274	ראשון		11 72	78.417
*	275	רחץ		11 31	78.483
|	276	אדון		10 11	78.543
*	277	אף		10 11	78.603
|	278	גרש		10 33	78.663
*	279	הונת		10 37	78.723
|	280	השלין		10 36	78.782
*	281	זר		10 11	78.842
|	282	חוץ		10 11	78.902
*	283	נקוב		10 11	78.962
|	284	נמצא		10 32	79.022
*	285	צעק		10 31	79.082
|	286	קומה		10 11	79.142
*	287	קצה		10 11	79.202
|	288	קרן		10 11	79.262
*	289	קרס		10 11	79.322
|	290	רב		10 11	79.332
*	291	רכב		10 11	79.442
|	292	שר	*	10 11	79.501
*	293	שרת		10 33	79.561
|	294	אברהם		9 122	79.615
*	295	אדמה		9 11	79.669
|	296	אזן		9 11	79.723
*	297	אחות		9 11	79.777
|	298	אמה		9 11	79.831
*	299	ארבעים		9 71	79.885
|	300	בקר		9 11	79.939

* = ש שמאלית   צפ = צופן   שכ = שכיחות   % = מאחוז של טקסט

מס	בסיס	*	צפ	שכ	%
301	גדול		11	9	79.993
302	הקטיר		36	9	80.047
303	השיב		36	9	80.101
304	זבח		11	9	80.155
305	חן		11	9	80.209
306	חנה		31	9	80.262
307	יצחק		122	9	80.316
308	יתרו		122	9	80.370
309	כיור		11	9	80.424
310	ככר		11	9	80.478
311	כלה		33	9	80.532
312	כנעני		124	9	80.586
313	כף		11	9	80.640
314	לקט		31	9	80.694
315	מעיל		11	9	80.748
316	ענה		31	9	80.802
317	פעם		11	9	80.856
318	פר		11	9	80.910
319	צד		11	9	80.964
320	שלוש		71	9	81.017
321	שלושים		71	9	81.071
322	אז		22	8	81.119
323	גביע		11	8	81.167
324	האמין		36	8	81.215
325	ההוא		62	8	81.263
326	הוסיף		36	8	81.311
327	הקריב		36	8	81.359
328	זכרון		11	8	81.407
329	חבר		31	8	81.455
330	חבר		33	8	81.503
331	חזק		33	8	81.551
332	חטא		31	8	81.599
333	חכם		11	8	81.647
334	חכמה		11	8	81.695
335	חק		11	8	81.742
336	חרב		11	8	81.790
337	חשוק		11	8	81.838
338	ילד		33	8	81.886
339	יצק		31	8	81.934
340	יתד		11	8	81.982
341	כרת		31	8	82.030
342	מול		4	8	82.078
343	מחברת		11	8	82.126
344	מכסה		11	8	82.174
345	מלואים		11	8	82.222
346	מצנפת		11	8	82.270
347	משבצת		11	8	82.318
348	נצב		32	8	82.366
349	עבות		11	8	82.414
350	פטר		11	8	82.461

מס	נסיס	*	צב	שכ	%
351	פרח		11	8	82.509
352	רוח		11	8	82.557
353	רמון		11	8	82.605
354	רק		22	8	82.653
355	רקם		31	8	82.701
356	תבן		11	8	82.749
357	תמיד		11	8	82.797
358	אל		121	7	82.839
359	אם		11	7	82.881
360	ארבה		11	7	82.923
361	גבול		11	7	82.965
362	היא		61	7	83.007
363	חוי		124	7	83.049
364	חיל		11	7	83.091
365	חקה		11	7	83.133
366	חרטם		11	7	83.175
367	חשב		11	7	83.216
368	חתי		124	7	83.258
369	יהושע		122	7	83.300
370	ילד		31	7	83.342
371	ירך		11	7	83.384
372	כן		11	7	83.426
373	כפר		33	7	83.468
374	כתונת		11	7	83.510
375	לבנה		11	7	83.552
376	לוי		122	7	83.594
377	לקראת		4	7	83.636
378	מאור		11	7	83.678
379	משפחה		11	7	83.720
380	נאכל		32	7	83.762
381	נגף		31	7	83.804
382	נעשה	*	32	7	83.846
383	נשאר		32	7	83.888
384	סוף		11	7	83.930
385	סר		31	7	83.971
386	עבור		4	7	84.013
387	עז		11	7	84.055
388	עמלק		124	7	84.097
389	ערוב		11	7	84.139
390	פדה		31	7	84.181
391	פעמון		11	7	84.223
392	פרש		11	7	84.265
393	קרב		31	7	84.307
394	שבעים		71	7	84.349
395	שהם		11	7	84.391
396	שפט		31	7	84.433
397	שש		71	7	84.475
398	תורה		11	7	84.517
399	תמול		22	7	84.559
400	אדם		34	6	84.595

מס	בסיז	*	צב	שכ	%
401	אדני		121	6	84.631
402	אמורי		124	6	84.667
403	בצלאל		122	6	84.702
404	בשנ	*	11	6	84.738
405	גדול		11	6	84.774
406	גוי		11	6	84.810
407	הסיר		36	6	84.846
408	העתיר		36	6	84.882
409	הקינ		36	6	84.918
410	הרבה		36	6	84.954
411	זרע		11	6	84.990
412	זרק		31	6	85.026
413	הור		122	6	85.062
414	חותנ		11	6	85.098
415	הזק		31	6	85.134
416	הטאה		11	6	85.170
417	חלב		11	6	85.206
418	חלב		11	6	85.242
419	חרה		31	6	85.278
420	יבוסי		124	6	85.314
421	ימין		11	6	85.350
422	ירכה		11	6	85.386
423	ישראל		122	6	85.422
424	כל		11	6	85.457
425	למה		51	6	85.493
426	מאן		33	6	85.529
427	מטה		11	6	85.565
428	מכבר		11	6	85.601
429	מלא		31	6	85.637
430	מלאך		11	6	85.673
431	מסגרת		11	6	85.709
432	מקשה		11	6	85.745
433	נגע		31	6	85.781
434	נגש		31	6	85.817
435	נלחנ		32	6	85.853
436	סבל		11	6	85.889
437	סוט		11	6	85.925
438	עגל		11	6	85.961
439	עוון		11	6	85.997
440	עמר		11	6	86.033
441	ענה		33	6	86.069
442	פנה		31	6	86.105
443	פסח		11	6	86.141
444	כתנח		11	6	86.177
445	צפון		11	6	86.212
446	רבע		31	6	86.248
447	שאל		31	6	86.284
448	שבע		71	6	86.320
449	שולינ		11	6	86.356
450	שחט		31	6	86.392

* = ש שמאלית   צפ = צופן   שכ = שכיחות   % = האחוז של טקסט

מס	בסיס	*	שכ	צפ	%
451	שלישי		6	72	86.428
452	שלשום		6	22	86.464
453	שקד		6	34	86.500
454	תחש		6	11	86.536
455	תנופה		6	11	86.572
456	אביב		5	11	86.602
457	אבנט		5	11	86.632
458	אהליאב		5	122	86.662
459	אויב		5	11	86.692
460	אך		5	22	86.722
461	בלתי		5	22	86.752
462	בנה		5	31	86.782
463	בקש		5	33	86.812
464	ברך		5	33	86.842
465	בשל		5	33	86.872
466	דבש		5	11	86.902
467	הגיד		5	36	86.932
468	הורה		5	36	86.961
469	הותיר		5	36	86.991
470	הלביש		5	36	87.021
471	המית		5	36	87.051
472	הן		5	84	87.081
473	הניח		5	36	87.111
474	השכים		5	36	87.141
475	התיצב		5	35	87.171
476	זכר		5	31	87.201
477	חדל		5	31	87.231
478	חזק		5	11	87.261
479	חי		5	31	87.291
480	חיק		5	11	87.321
481	חמץ		5	11	87.351
482	יבשה		5	11	87.381
483	כבש	*	5	11	87.411
484	כנף		5	11	87.441
485	לעמת		5	4	87.471
486	מדוע		5	51	87.501
487	מדין		5	123	87.531
488	מופת		5	11	87.561
489	מחצית		5	11	87.591
490	מכר		5	31	87.621
491	מלחמה		5	11	87.651
492	מצרי		5	124	87.680
493	משמרת		5	11	87.710
494	נגב		5	11	87.740
495	נגש	*	5	31	87.770
496	נועד		5	32	87.800
497	נותר		5	32	87.830
498	נכרת		5	32	87.860
499	נסה		5	33	87.890
500	נפל		5	31	87.920

	מס	בסיס	*	שכ	צפ	%
*	501	סנה		5	11	87.950
|	502	ערף		5	11	87.930
*	503	עשב	*	5	11	88.010
|	504	עשרה	*	5	71	88.040
*	505	פרזי		5	124	88.070
|	506	פרש	*	5	31	88.100
*	507	פתיל		5	11	88.130
|	508	צבא		5	11	88.160
*	509	צעקה		5	11	88.190
|	510	קשה		5	11	88.220
*	511	רבה		5	31	88.250
|	512	רדף		5	31	88.280
*	513	שבר		5	33	88.310
|	514	שבת		5	31	88.340
*	515	שוטר		5	11	88.370
|	516	שכן		5	31	88.400
*	517	שמלה	*	5	11	88.429
|	518	שן		5	11	88.459
*	519	שת		5	31	88.489
|	520	תימן		5	123	88.519
*	521	תלונה		5	11	88.549
|	522	אביהוא		4	122	88.573
*	523	אחר		4	4	88.597
|	524	אחר		4	11	88.621
*	525	אסף		4	31	88.645
|	526	ארג		4	31	88.669
*	527	אשה		4	11	88.693
|	528	באש		4	31	88.717
*	529	בור		4	11	88.741
|	530	בכורים		4	11	88.765
*	531	גאה		4	31	88.789
|	532	גנב		4	31	88.813
*	533	גר		4	31	88.837
|	534	דן		4	122	88.861
*	535	ההיא		4	62	88.885
|	536	הודיע		4	36	88.909
*	537	היניק		4	36	88.933
|	538	הכביד		4	36	88.957
*	539	הניף		4	36	88.981
|	540	הראה		4	36	89.005
*	541	הרים		4	36	89.029
|	542	השקה		4	36	89.053
*	543	זב		4	31	89.077
|	544	זכר		4	11	89.101
*	545	זרח		4	11	89.125
|	546	חג		4	31	89.149
*	547	חיה		4	33	89.173
|	548	חילב		4	11	89.196
*	549	חמשעשרה	*	4	71	89.220
|	550	חסד		4	11	89.244

	מס	בסיס	*	שכ	צפ	%
*	551	חפשי		4	11	89.268
|	552	חרשת		4	11	89.292
*	553	חשך		4	11	89.316
|	554	טרם		4	22	89.340
*	555	יהודה		4	122	89.364
|	556	יוסף		4	122	89.388
*	557	כפל		4	31	89.412
|	558	לוי		4	124	89.436
*	559	מדה		4	11	89.460
|	560	מהר		4	33	89.484
*	561	מועג		4	11	89.508
|	562	מזוזה		4	11	89.532
*	563	מחה		4	31	89.556
|	564	מחרת		4	22	89.580
*	565	מחנה		4	11	89.604
|	566	מן		4	11	89.628
*	567	מצוה		4	11	89.652
|	568	נגה		4	31	89.676
*	569	נגע		4	32	89.700
|	570	נדב		4	122	89.724
|	571	נהפך		4	32	89.748
|	572	נודע		4	32	89.772
*	573	נכון		4	32	89.796
|	574	נס		4	31	89.820
*	575	נסקל		4	32	89.844
|	576	נער		4	11	89.868
*	577	נשבע		4	32	89.892
|	578	נשיא	*	4	11	89.915
*	579	נשמר		4	32	89.939
|	580	סכך		4	31	89.963
*	581	סל		4	11	89.987
|	582	ספר		4	33	90.011
*	583	ספר		4	11	90.035
|	584	סקל		4	31	90.059
*	585	עבר		4	11	90.083
|	586	עדף		4	31	90.107
*	587	עצם		4	11	90.131
|	588	עשר	*	4	71	90.155
*	589	עשתי עשרה	*	4	71	90.179
|	590	צור		4	11	90.203
*	591	קיצון		4	11	90.227
|	592	רחוק		4	11	90.251
*	593	רחב		4	11	90.275
|	594	ריח		4	11	90.299
*	595	רעה		4	11	90.323
|	596	רעה		4	31	90.347
*	597	רקה		4	31	90.371
|	598	רשע		4	11	90.395
*	599	רשת		4	11	90.419
|	600	שבט		4	11	90.443

* = ש שמאלית   צפ = צופן   שכ = שכיחות   % = תאחוז של טקסט

מס	בסיס	*	צפ	שכ	%	
601	שחין		11	4	90.467	*
602	שלם		11	4	90.491	|
603	שמש		11	4	90.515	*
604	שנא	*	31	4	90.539	|
605	שרד	*	11	4	90.563	*
606	שרף	*	31	4	90.587	|
607	ששי		72	4	90.611	*
608	שתימעשרה	*	71	4	90.635	|
609	אורי		122	3	90.653	*
610	אזרח		11	3	90.670	|
611	אחז		31	3	90.688	*
612	אחיסמך		122	3	90.706	|
613	אילים		123	3	90.724	*
614	איתמר		122	3	90.742	|
615	אלעזר		122	3	90.760	*
616	אפה		31	3	90.778	|
617	אצבע		11	3	90.796	*
618	בחר		31	3	90.814	|
619	גנב		11	3	90.832	*
620	גף		11	3	90.850	|
621	גרע		31	3	90.868	*
622	דבר		11	3	90.886	|
623	דלה		31	3	90.904	*
624	האיר		36	3	90.922	|
625	הגיש		36	3	90.940	*
626	הוסב		37	3	90.958	|
627	הין		11	3	90.976	*
628	הלין		36	3	90.994	|
629	המטיר		36	3	91.012	*
630	המעיט		36	3	91.030	|
631	הן		61	3	91.048	*
632	העביר		36	3	91.066	|
633	הפלה		36	3	91.084	*
634	הרחיק		36	3	91.102	|
635	זית		11	3	91.120	*
636	חזק		11	3	91.139	|
637	חטאה		11	3	91.156	*
638	חטאת		11	3	91.174	|
639	חטה		11	3	91.192	*
640	חמד		31	3	91.210	|
641	חרש		11	3	91.228	*
642	טוב		11	3	91.246	|
643	טף		11	3	91.264	*
644	יחדו		22	3	91.282	|
645	ימני		11	3	91.300	*
646	כבשן		11	3	91.318	|
647	כח		11	3	91.336	*
648	כן		11	3	91.354	|
649	כנען		122	3	91.372	*
650	כפורים		11	3	91.390	|

מס	בסיס	*	צפ	שכ	%	
651	כרם		11	3	91.408	*
652	לחץ		31	3	91.425	|
653	לט		11	3	91.443	*
654	מאן		11	3	91.461	|
655	מגבעת		11	3	91.479	*
656	מוקש		11	3	91.497	|
657	מחשבה		11	3	91.515	*
658	מכתב		11	3	91.533	|
659	מלוא		11	3	91.551	*
660	מלואה		11	3	91.569	|
661	מנחה		11	3	91.587	*
662	מסוה		11	3	91.605	|
663	מסכה		11	3	91.623	*
664	מסע		11	3	91.641	|
665	מעט		11	3	91.659	*
666	מצבה		11	3	91.677	|
667	מרה		123	3	91.695	*
668	משקוף		11	3	91.713	|
669	מתי		51	3	91.731	*
670	מתכנת		11	3	91.749	|
671	נגד		4	3	91.767	*
672	נדב		31	3	91.785	|
673	נהר		11	3	91.303	*
674	נזם		11	3	91.821	|
675	נח		31	3	91.839	*
676	נחה		31	3	91.857	|
677	נחל		31	3	91.875	*
678	נחם		32	3	91.893	|
679	ניחוח		11	3	91.911	*
680	נכבד		32	3	91.929	|
681	נכח		41	3	91.947	*
682	נסך		11	3	91.965	|
683	נעלה		32	3	91.933	*
684	נקה		33	3	92.001	|
685	נרפה		32	3	92.019	*
686	סיר		11	3	92.037	|
687	סמך		31	3	92.055	*
688	ספיר		11	3	92.073	|
689	עד		11	3	92.091	*
690	עדי		11	3	92.109	|
691	עוני		11	3	92.127	*
692	עזב		31	3	92.145	|
693	עיר		11	3	92.162	*
694	עמרם		122	3	92.180	|
695	עפר		11	3	92.198	*
696	עצם		11	3	92.216	|
697	ערך		31	3	92.234	*
698	ערל		11	3	92.252	|
699	עת		11	3	92.270	*
700	פגע		31	3	92.288	|

מס	בסיס	*	צפ	שכ	%
701	פסח		31	3	92.306
702	פרץ		31	3	92.324
703	פשע		11	3	92.342
704	כתו		33	3	92.360
705	צדיק		11	3	92.378
706	צפרו		122	3	92.396
707	קד		31	3	92.414
708	קדים		11	3	92.432
709	קדש		31	3	92.450
710	קהת		122	3	92.468
711	קנא		11	3	92.486
712	קציר		11	3	92.504
713	קרוב		11	3	92.522
714	קרן		31	3	92.540
715	ראובן		122	3	92.553
716	רב		31	3	92.576
717	רוח		11	3	92.594
718	ריב		11	3	92.612
719	ריקם		22	3	92.630
720	רע		11	3	92.648
721	רפידים		123	3	92.666
722	שאול	*	11	3	92.684
723	שבתון		11	3	92.702
724	שוא		11	3	92.720
725	שופט		11	3	92.738
726	שכב		31	3	92.756
727	שלום		11	3	92.774
723	שמעון		122	3	92.792
729	שנימעשר	*	71	3	92.810
730	שפטים		11	3	92.828
731	שקר		11	3	92.846
732	שר		31	3	92.864
733	שרשרת		11	3	92.882
734	תבונה		11	3	92.900
735	תבנית		11	3	92.917
736	תולדה		11	3	92.935
737	תנין		11	3	92.953
738	אביון		11	2	92.965
739	אבעבעה		11	2	92.977
740	אגם		11	2	92.939
741	אהב		31	2	93.001
742	אודם		11	2	93.013
743	אחור		11	2	93.025
744	אחלמה		11	2	93.037
745	אין		51	2	93.049
746	אימה		11	2	93.061
747	אלמנה		11	2	93.073
748	אמת		11	2	93.085
749	אסון		11	2	93.097
750	אסיף		11	2	93.109

* = ש שמאלית   צפ = צופן   שכ = שכיחות   % = תאחוז של טקסט

מס	בסיס	*	צפ	שכ	%
751	אפדה		11	2	93.121
752	ארבעהעשר	*	71	2	93.133
753	בד		11	2	93.145
754	בהן		11	2	93.157
755	בלל		31	2	93.169
756	בלע		31	2	93.181
757	בעד		41	2	93.193
758	בעלצפון		123	2	93.205
759	בער		31	2	93.217
760	בצק		11	2	93.229
761	ברח		31	2	93.241
762	ברקת		11	2	93.253
763	בתולה		11	2	93.265
764	גאל		31	2	93.277
765	גבלות		11	2	93.289
766	גבעה		11	2	93.301
767	גבר		31	2	93.313
768	גבר		11	2	93.325
769	גג		11	2	93.337
770	גדי		11	2	93.349
771	גדל		31	2	93.361
772	גלגלת		11	2	93.373
773	גננה		11	2	93.385
774	גרשום		122	2	93.397
775	גרשון		122	2	93.409
776	גשן		123	2	93.421
777	דגה		11	2	93.433
778	די		22	2	93.445
779	דל		11	2	93.457
780	דעת		11	2	93.469
781	דק		11	2	93.481
782	הבאיש		36	2	93.493
783	הביט		36	2	93.505
784	הגביל		36	2	93.517
785	ההם		62	2	93.529
786	הוליך		36	2	93.541
787	הוריש		36	2	93.553
788	הושיע		36	2	93.565
789	הושת		37	2	93.577
790	הזכיר		36	2	93.589
791	החזיק		36	2	93.601
792	הטה		36	2	93.613
793	היטיב		36	2	93.625
794	הכה		37	2	93.637
795	הכין		36	2	93.648
796	המס		31	2	93.660
797	הניח		36	2	93.672
798	הסך		37	2	93.684
799	העביד		36	2	93.696
800	העיד		36	2	93.708

מס	בסיס	*	צב	שכ	%
801	הקביל		36	2	93.720
802	הקשה		36	2	93.732
803	הראה		37	2	93.744
804	הרה		31	2	93.756
805	הרס		31	2	93.768
806	הרס		33	2	93.780
807	הרע		36	2	93.792
808	השביע		36	2	93.804
809	השבית		35	2	93.816
810	השחית		36	2	93.828
811	השיג	*	36	2	93.840
812	התפרק		35	2	93.852
813	זו		53	2	93.864
814	זחח		31	2	93.876
815	זכור		11	2	93.888
816	זכר		11	2	93.900
817	זנה		31	2	93.912
818	זר		11	2	93.924
819	זרוע		11	2	93.936
820	זרע		31	2	93.948
821	חבורה		11	2	93.960
822	חבל		31	2	93.972
823	חבר		34	2	93.984
824	חגר		31	2	93.996
825	חומה		11	2	94.008
826	חורב		123	2	94.020
827	חזה		11	2	94.032
828	חזה		31	2	94.044
829	חזק		11	2	94.056
830	חיה		11	2	94.068
831	חיה		31	2	94.080
832	חלה		11	2	94.092
833	חלל		33	2	94.104
834	חמץ		31	2	94.116
835	חמר		11	2	94.128
836	חנון		11	2	94.140
837	חנם		22	2	94.152
838	חנן		31	2	94.164
839	חצה		31	2	94.176
840	חרד		31	2	94.188
841	חרון		11	2	94.200
842	חשק		34	2	94.212
843	חתן		11	2	94.224
844	טהור		11	2	94.236
845	טוה		31	2	94.248
846	טופה		11	2	94.260
847	טל		11	2	94.272
848	טרפה		11	2	94.284
849	יה		121	2	94.296
850	יהלום		11	2	94.308

מס	בסיס	*	צפ	שכ	%
851	יותרת		11	2	94.320
852	יעד		31	2	94.332
853	יעה		11	2	94.344
854	יצהר		122	2	94.356
855	ירה		31	2	94.368
856	ישועה		11	2	94.380
857	ישפה		11	2	94.392
858	יתוב		11	2	94.403
859	יתר		11	2	94.415
860	כבד		31	2	94.427
861	כבד		11	2	94.439
862	כבס		33	2	94.451
863	כהנה		11	2	94.463
864	כויה		11	2	94.475
865	כך		22	2	94.487
866	כלב		11	2	94.499
867	כליה		11	2	94.511
868	כליל		11	2	94.523
869	כנס		11	2	94.535
870	כסא		11	2	94.547
871	כסות		11	2	94.559
872	כרכב		11	2	94.571
873	כרע		11	2	94.583
874	כתית		11	2	94.595
875	לבן		31	2	94.607
876	לן		31	2	94.619
877	לשון		11	2	94.631
873	לשם		11	2	94.643
879	מהר		31	2	94.655
380	מותן		11	2	94.667
881	מזלג		11	2	94.679
382	מזרה		11	2	94.691
383	מזרק		11	2	94.703
884	מחול		11	2	94.715
385	מהלה		11	2	94.727
886	מחמצת		11	2	94.739
887	מטר		11	2	94.751
888	מיטב		11	2	94.763
389	מיתר		11	2	94.775
890	מכנכים		11	2	94.787
891	מלקח		11	2	94.799
892	מנקיה		11	2	94.811
893	מספר		11	2	94.823
894	מעשה		11	2	94.835
895	מצה		11	2	94.847
896	מקדש		11	2	94.859
897	מקצוע		11	2	94.871
898	מקרא		11	2	94.883
899	מראה		11	2	94.895
900	מרים		122	2	94.907

* = ש שמאלית   צפ = צופן   שכ = שכיחות   % = תאחוז של טקסט

מס	בסיס	שכ	צפ	*	%
901	מרכבה	2	11		94.919
902	מרוי	2	122		94.931
903	מש	2	31		94.943
904	משארת	2	11		94.955
905	משך	2	31		94.967
906	משכב	2	11		94.979
907	משנה	2	11		94.991
908	נאדר	2	32		95.003
909	נאסף	2	32		95.015
910	נאקה	2	11		95.027
911	נבב	2	31		95.039
912	נביא	2	11		95.051
913	נבל	2	31		95.063
914	נגח	2	11		95.075
915	נגף	2	11		95.087
916	נדבה	2	11		95.099
917	נדיב	2	11		95.111
918	נהג	2	33		95.123
919	נורא	2	32		95.135
920	נזר	2	11		95.146
921	נחנו	2	61		95.158
922	נחש	2	11		95.170
923	נכה	2	34		95.182
924	נכרי	2	11		95.194
925	נלון	2	32		95.206
926	נמלא	2	32		95.218
927	נעל	2	11		95.230
928	נפך	2	11		95.242
929	נפלא	2	32		95.254
930	נפש	2	32		95.266
931	נצה	2	32		95.278
932	נצל	2	33		95.290
933	נקי	2	11		95.302
934	נקרה	2	32		95.314
935	נקרע	2	32		95.326
936	נשבר	2	32		95.338
937	נשמע	2	32		95.350
938	נשק	2	31		95.362
939	נתח	2	11		95.374
940	נתן	2	32		95.386
941	סין	2	123		95.398
942	סכות	2	123		95.410
943	סלח	2	11		95.422
944	סף	2	11		95.434
945	סרח	2	31		95.446
946	עוז	2	11		95.458
947	עזב	2	31		95.470
948	עזיאל	2	122		95.482
949	עצם	2	31		95.494
950	ערוה	2	11		95.506

מס	בסיס	שכ	צפ	*	%
951	ערך	2	11		95.518
952	ערף	2	31		95.530
953	עשן	2	31		95.542
954	עשן	2	11		95.554
955	עשרת	2	71	*	95.566
956	עתר	2	31		95.578
957	פגש	2	31		95.590
958	פעדה	2	11		95.602
959	פיהחירת	2	123		95.614
960	פיח	2	11		95.626
961	פלשתי	2	124		95.638
962	פנה	2	11		95.650
963	פסל	2	31		95.662
964	פצע	2	11		95.674
965	פקח	2	11		95.686
966	פרה	2	31		95.698
967	פרח	2	31		95.710
968	פרך	2	11		95.722
969	פרע	2	31		95.734
970	פשתה	2	11		95.746
971	פתח	2	31		95.758
972	צבא	2	31		95.770
973	ציץ	2	11		95.782
974	צלי	2	11		95.794
975	צפורי	2	11		95.806
976	קדוש	2	11		95.818
977	קדם	2	11		95.830
978	קהל	2	11		95.842
979	קושט	2	33		95.854
980	קטן	2	11		95.866
981	קיר	2	11		95.878
982	קלל	2	33		95.839
983	קנה	2	31		95.901
984	קערה	2	11		95.913
985	קצע	2	34		95.925
986	קרח	2	122		95.937
987	קש	2	11		95.949
988	קשה	2	11		95.961
989	קשה	2	11	*	95.973
990	ראשית	2	11		95.985
991	רביעי	2	72		95.997
992	רחם	2	33		96.009
993	ריבע	2	11		96.021
994	רכב	2	31		96.033
995	רכס	2	31		96.045
996	רמה	2	31		96.057
997	רעמסס	2	123		96.069
998	רפא	2	33		96.081
999	רקח	2	11		96.093
1000	רקיק	2	11		96.105

מס	בסיס	שכ	צפ	*	%
1001	שבו	2	11		96.117
1002	שבע	2	31	*	96.129
1003	שוק	2	11		96.141
1004	שחד	2	11		96.153
1005	שחה	2	33		96.165
1006	שכבה	2	11		96.177
1007	שכיר	2	11	*	96.189
1008	שכר	2	11	*	96.201
1009	שלב	2	34		96.213
1010	שליש	2	11		96.225
1011	שלמה	2	11	*	96.237
1012	שלש	2	11		96.249
1013	שמאל	2	11	*	96.261
1014	שמונה	2	71		96.273
1015	שמונה	2	71		96.285
1016	שמונים	2	71		96.297
1017	שמורים	2	11		96.309
1018	שעורה	2	11	*	96.321
1019	שפן	2	31		96.333
1020	שרץ	2	31		96.345
1021	שטהעשר	2	71	*	96.357
1022	תאם	2	31		96.369
1023	תבה	2	11		96.381
1024	תהום	2	11		96.393
1025	תועבה	2	11		96.405
1026	תחרא	2	11		96.417
1027	תיכון	2	11		96.429
1028	תם	2	11		96.441
1029	תמים	2	11		96.453
1030	תנוך	2	11		96.465
1031	תף	2	11		96.477
1032	תפארת	2	11		96.489
1033	תרשיש	2	11		96.501
1034	אבד	1	31		96.507
1035	אבדה	1	11		96.513
1036	אבה	1	31		96.519
1037	אביאסף	1	122		96.525
1038	אבנים	1	11		96.531
1039	אבק	1	11		96.537
1040	אגדה	1	11		96.543
1041	אגן	1	11		96.549
1042	אגרוף	1	11		96.555
1043	אדום	1	123		96.561
1044	אדיר	1	11		96.567
1045	אהד	1	122		96.573
1046	אהרן	1	121		96.579
1047	אודות	1	11		96.585
1048	אולי	1	22		96.591
1049	אולם	1	22		96.597
1050	און	1	11		96.603

* = ש שמאלית   צפ = צופן   שכ = שכיחות   % = תאחוז של טקסט

מס	בסיס	*	צפ שכ	%
1051	אור		1 11	96.609
1052	אורים		1 11	96.615
1053	אזוב		1 11	96.621
1054	אחר		1 11	96.627
1055	אחר		1 33	96.633
1056	אחרון		1 11	96.638
1057	איב		1 31	96.644
1058	איה		1 51	96.650
1059	איל		1 11	96.656
1060	איפה		1 11	96.662
1061	איתן		1 11	96.668
1062	אכל		1 34	96.674
1063	אכן		1 22	96.680
1064	אלוף		1 11	96.686
1065	אליה		1 11	96.692
1066	אליעזר		1 122	96.698
1067	אלישבע		1 122	96.704
1068	אלם		1 11	96.710
1069	אלצפן		1 122	96.716
1070	אלקנה		1 122	96.722
1071	אמונה		1 11	96.728
1072	אנא		1 22	96.734
1073	אנה		1 33	96.740
1074	אנה		1 51	96.746
1075	אנחנו		1 61	96.752
1076	אסיר		1 122	96.758
1077	אסר		1 31	96.764
1078	אפד		1 31	96.770
1079	אפוא		1 22	96.776
1080	אפיל		1 11	96.782
1081	אפלה		1 11	96.788
1082	אץ		1 31	96.794
1083	אציל		1 11	96.800
1084	ארג		1 31	96.806
1085	ארש	*	1 34	96.812
1086	אשמרת		1 11	96.818
1087	אשר		1 122	96.824
1088	אשר		1 53	96.830
1089	אשרה		1 11	96.836
1090	אתם		1 123	96.842
1091	באר		1 11	96.848
1092	בגד		1 31	96.854
1093	בושש		1 33	96.860
1094	בכה		1 31	96.866
1095	בלי		1 4	96.872
1096	בנימין		1 122	96.878
1097	בעיר		1 11	96.884
1098	בער		1 33	96.890
1099	בער		1 33	96.896
1100	בערה		1 11	96.902

	מס	בסיס	*	צפ שכ	%
*	1101	בצע		1 11	96.908
|	1102	בקע		1 31	96.914
*	1103	בקע		1 11	96.920
|	1104	ברח		1 31	96.926
*	1105	ברך		1 31	96.932
|	1106	ברכה		1 11	96.938
*	1107	ברק		1 11	96.944
|	1108	בשל		1 31	96.950
*	1109	בשל		1 34	96.956
|	1110	גאון		1 11	96.962
*	1111	גבורה		1 11	96.968
|	1112	גבעל		1 11	96.974
*	1113	גד		1 122	96.930
|	1114	גד		1 11	96.986
*	1115	גדיש		1 11	96.992
|	1116	גזית		1 11	96.998
*	1117	גמא		1 11	97.004
|	1118	גמל		1 11	97.010
*	1119	גנב		1 34	97.016
|	1120	גרה		1 11	97.022
*	1121	גרש		1 34	97.028
|	1122	גרש		1 31	97.034
*	1123	דבר		1 31	97.040
|	1124	דודה		1 11	97.046
*	1125	דלת		1 11	97.052
|	1126	דמם		1 31	97.058
*	1127	דמע		1 11	97.064
|	1128	דק		1 31	97.070
*	1129	דרור		1 11	97.076
|	1130	דרש		1 31	97.082
*	1131	דשן		1 33	97.088
|	1132	האזין		1 35	97.094
*	1133	האכיל		1 36	97.100
|	1134	האריך		1 35	97.106
*	1135	הב		1 31	97.112
|	1136	הבדיל		1 36	97.118
*	1137	הבעיר		1 36	97.124
|	1138	הבעיר		1 35	97.130
*	1139	הבריח		1 36	97.136
|	1140	הגד		1 37	97.142
*	1141	הגיע		1 36	97.148
|	1142	הדק		1 35	97.154
*	1143	הדר		1 31	97.160
|	1144	הואיל		1 35	97.166
*	1145	הובא		1 37	97.172
|	1146	הונה		1 36	97.178
*	1147	הונף		1 37	97.134
|	1148	הועד		1 37	97.190
*	1149	הוקם		1 37	97.196
|	1150	הוריד		1 35	97.202

	מס	בסיס	*	צפ שכ	%
*	1151	הורג		1 37	97.208
|	1152	הושב		1 37	97.214
*	1153	הזה		1 36	97.220
|	1154	הזהיר		1 36	97.226
*	1155	הזיז		1 35	97.232
|	1156	הזנה		1 36	97.238
*	1157	החטיא		1 36	97.244
|	1158	החסיר		1 36	97.250
*	1159	החריש		1 36	97.256
|	1160	החרם		1 37	97.262
*	1161	הכחיד		1 36	97.268
|	1162	הכרית		1 36	97.274
*	1163	הלוה		1 36	97.280
|	1164	הלם		1 22	97.286
*	1165	המרה		1 35	97.292
|	1166	המש		1 36	97.298
*	1167	הנהיג		1 36	97.304
|	1168	הנוה		1 35	97.310
*	1169	הנהה		1 35	97.316
|	1170	הניס		1 36	97.322
*	1171	הסב		1 36	97.328
|	1172	הסיע		1 36	97.334
*	1173	הסתולל		1 35	97.340
|	1174	הסתיר		1 36	97.346
*	1175	העדין		1 36	97.352
|	1176	העז		1 36	97.358
*	1177	העמיד		1 36	97.364
|	1178	הפדה		1 36	97.370
*	1179	הפיל		1 36	97.376
|	1180	הפך		1 31	97.382
*	1181	הפריע		1 36	97.387
|	1182	הצג		1 37	97.393
*	1183	הצדיק		1 36	97.399
|	1184	הצפין		1 36	97.405
*	1185	הצר		1 36	97.411
|	1186	הקדיש		1 36	97.417
*	1187	הקהיל		1 36	97.423
|	1188	הקל		1 36	97.429
*	1189	הקב		1 37	97.435
|	1190	הרחיב		1 36	97.441
*	1191	הריח		1 36	97.447
|	1192	הריק		1 31	97.453
*	1193	הרכיב		1 36	97.459
|	1194	הרס		1 31	97.465
*	1195	הרשיע		1 35	97.471
|	1196	השאיל		1 36	97.477
*	1197	השאיר		1 35	97.483
|	1198	השליח		1 35	97.489
*	1199	השקין		1 36	97.495
|	1200	התאבל		1 35	97.501

* = ש שמאלית   צפ = צופן   שכ = שכיחות   % = תאחוז של טקסט

מס	בסיס	צפ	שכ	*	%	מס	בסיס	צפ	שכ	*	%	מס	בסיס	צפ	שכ	*	%
1201	התהלך	35	1		97.507	1251	חצות	11	1		97.807	1301	כלה	11	1		98.107
1202	התחכם	35	1		97.513	1252	חצרון	122	1		97.813	1302	כלה	31	1		98.113
1203	התל	36	1		97.519	1253	חרב	123	1		97.819	1303	כס	11	1		98.119
1204	התלקח	35	1		97.525	1254	חרבה	11	1		97.825	1304	כסנה	11	1		98.124
1205	התמהמה	35	1		97.531	1255	חרט	11	1		97.831	1305	כסט	31	1		98.130
1206	התנצלו	35	1		97.537	1256	חרי	11	1		97.837	1306	כפור	11	1		98.136
1207	התעלל	35	1		97.543	1257	חריש	11	1		97.843	1307	כפר	34	1		98.142
1208	התפאר	35	1		97.549	1258	חרץ	31	1		97.849	1308	כרה	31	1		98.148
1209	התצב	38	1		97.555	1259	חרש	11	1		97.855	1309	כרמי	122	1		98.154
1210	התקדש	35	1		97.561	1260	חרת	31	1		97.861	1310	לבב	11	1		98.160
1211	זבולון	122	1		97.567	1261	חשך	31	1		97.867	1311	לבה	11	1		98.166
1212	זדה	31	1		97.573	1262	חשק	33	1		97.873	1312	לבונה	11	1		98.172
1213	זך	11	1		97.579	1263	טבח	31	1		97.879	1313	לבן	11	1		98.178
1214	זך	11	1		97.585	1264	טבל	31	1		97.885	1314	לבני	122	1		98.184
1215	זכרי	122	1		97.591	1265	טבע	34	1		97.891	1315	לבש	31	1		98.190
1216	זמרת	11	1		97.597	1266	טהר	11	1		97.897	1316	להט	11	1		98.196
1217	זנב	11	1		97.603	1267	טוב	11	1		97.903	1317	לחץ	11	1		98.202
1218	זעק	31	1		97.609	1268	טוב	11	1		97.909	1318	לכן	22	1		98.208
1219	זפת	11	1		97.615	1269	טובה	11	1		97.915	1319	לפיד	11	1		98.214
1220	זר	11	1		97.621	1270	טוטפת	11	1		97.921	1320	מבחר	11	1		98.220
1221	זרה	31	1		97.627	1271	טחן	31	1		97.927	1321	מגבלה	11	1		98.226
1222	זרח	31	1		97.633	1272	טמן	31	1		97.933	1322	מגדל	123	1		98.232
1223	חברון	122	1		97.639	1273	טעם	11	1		97.939	1323	מגוו ינ	11	1		98.238
1224	חבש	31	1		97.645	1274	טרף	31	1		97.945	1324	מגפה	11	1		98.244
1225	חדה	31	1		97.651	1275	יבשת	11	1		97.951	1325	מדד	31	1		98.250
1226	חדר	11	1		97.657	1276	יובל	11	1		97.957	1326	מהו	22	1		98.256
1227	חדש	11	1		97.663	1277	יוכבד	122	1		97.963	1327	מואב	123	1		98.262
1228	חול	11	1		97.669	1278	יין	11	1		97.969	1328	מוהו	11	1		98.268
1229	חח	11	1		97.675	1279	יכין	122	1		97.975	1329	מולות	11	1		98.274
1230	חטאת	33	1		97.681	1280	ילוד	11	1		97.981	1330	מור	11	1		98.280
1231	חיל	11	1		97.687	1281	ימואל	122	1		97.987	1331	מורשה	11	1		98.286
1232	חכם	11	1		97.693	1282	ימין	122	1		97.993	1332	מושי	122	1		98.292
1233	חלבנה	11	1		97.699	1283	יסוד	11	1		97.999	1333	מות	11	1		98.298
1234	חלה	33	1		97.705	1284	יסך	31	1		98.005	1334	מחלי	122	1		98.304
1235	חלושה	11	1		97.711	1285	יעץ	31	1		98.011	1335	מחשבה	11	1		98.310
1236	חלק	33	1		97.717	1285	יראה	11	1		98.017	1336	מחתרת	11	1		98.316
1237	חלש	31	1		97.723	1287	ירח	11	1		98.023	1337	מטה	11	1		98.322
1238	חם	31	1		97.729	1288	ירק	11	1		98.029	1338	מטוה	11	1		98.328
1239	חמוש	11	1		97.735	1289	יש	37	1		98.035	1339	מישאל	122	1		98.334
1240	חמל	31	1		97.741	1290	ישר	11	1		98.041	1340	מכאוב	11	1		98.340
1241	חמס	11	1		97.747	1291	יששכר	122	1	*	98.047	1341	מכון	11	1		98.346
1242	חמר	11	1		97.753	1292	יתר	122	1		98.053	1342	מכסה	11	1		98.352
1243	חמר	11	1		97.759	1293	כבד	33	1		98.059	1343	מכשף	11	1		98.358
1244	חמר	31	1		97.765	1294	כבדות	11	1		98.065	1344	מכשף	11	1		98.364
1245	חמשהעשר	71	1	*	97.771	1295	כבש	11	1		98.071	1345	מל	31	1		98.370
1246	חנוך	122	1		97.777	1296	כוכב	11	1		98.077	1346	מלא	33	1	*	98.376
1247	חספס	34	1		97.783	1297	כומז	11	1		98.083	1347	מלאה	11	1		98.382
1248	חפזון	11	1		97.789	1298	כונן	33	1		98.089	1348	מלון	11	1		98.388
1249	חפן	11	1		97.795	1299	כופר	11	1		98.095	1349	מלה	34	1		98.394
1250	חפר	31	1		97.801	1300	כופר	11	1		98.101	1350	מלך	31	1		98.400

* = ש שמאלית   צפ = צופן   שכ = שכיחות   % = האחוז של טקסט

מס	בסיס	*	צפ שכ	%
1351	ממלכה		1 11	98.406
1352	מן		1 51	98.412
1353	מנה		1 11	98.418
1354	מס		1 11	98.424
1355	מסהומריגה		1 123	98.430
1356	מסכנות		1 11	98.436
1357	מעט		1 31	98.442
1358	מעלה		1 11	98.448
1359	מערכה		1 11	98.454
1360	מצולה		1 11	98.460
1361	מקוה		1 11	98.466
1362	מקטר		1 11	98.472
1363	מקל		1 11	98.478
1364	מקנה		1 11	98.484
1365	מר		1 11	98.490
1366	מראה		1 11	98.496
1367	מרור		1 11	98.502
1368	מרצע		1 11	98.508
1369	מרקחת		1 11	98.514
1370	מרר		1 33	98.520
1371	משא	*	1 11	98.526
1372	משה		1 31	98.532
1373	משל		1 31	98.538
1374	משענת		1 11	98.544
1375	מתנה		1 11	98.550
1376	מתק		1 31	98.556
1377	נא		1 11	98.562
1378	נאנח		1 32	98.568
1379	נאף		1 31	98.574
1380	נבהל		1 32	98.580
1381	נבוך		1 32	98.586
1382	נבקע		1 32	98.592
1383	נברא		1 32	98.598
1384	נגלה		1 32	98.604
1385	נגנב		1 32	98.610
1386	נגע		1 11	98.616
1387	נגרע		1 32	98.622
1388	נד		1 11	98.628
1389	נהיה		1 32	98.634
1390	נהל		1 33	98.640
1391	נוה		1 11	98.646
1392	נון		1 122	98.652
1393	נוסד		1 32	98.658
1394	נוסף		1 32	98.664
1395	נורה		1 32	98.670
1396	נושב		1 32	98.676
1397	נזכר		1 32	98.682
1398	נזל		1 31	98.688
1399	נחלה		1 11	98.694
1400	נחשון		1 122	98.700

מס	בסיס	*	צפ שכ	%
1401	נחשת		1 11	98.706
1402	נטע		1 31	98.712
1403	נטף		1 11	98.718
1404	נטרף		1 32	98.724
1405	נטש		1 31	98.730
1406	נכחד		1 32	98.736
1407	נכלא		1 32	98.742
1408	נכר		1 11	98.748
1409	נכרי		1 11	98.754
1410	נלאה		1 32	98.760
1411	נמוג		1 32	98.766
1412	נמול		1 32	98.772
1413	נמכר		1 32	98.778
1414	נמס		1 32	98.784
1415	נס		1 11	98.790
1416	נסך		1 31	98.796
1417	נע		1 31	98.802
1418	נענה		1 32	98.808
1419	נענש		1 32	98.814
1420	נער		1 33	98.820
1421	נערה		1 11	98.826
1422	נערם		1 32	98.832
1423	נפג		1 122	98.838
1424	נפלה		1 32	98.844
1425	נפתלי		1 122	98.850
1426	נצר		1 31	98.856
1427	נקדש		1 32	98.862
1428	נקה		1 32	98.868
1429	נקהל		1 32	98.874
1430	נקם		1 32	98.879
1431	נקם		1 31	98.835
1432	נקרב		1 32	98.891
1433	נקרה		1 11	98.897
1434	נשא	*	1 32	98.903
1435	נשבה		1 32	98.909
1436	נשה		1 31	98.915
1437	נשחת		1 32	98.921
1438	נשן		1 11	98.927
1439	נשל		1 31	98.933
1440	נשף		1 31	98.939
1441	נשר		1 11	98.945
1442	נתח		1 33	98.951
1443	נתך		1 32	98.957
1444	נתץ		1 31	98.963
1445	סביב		1 11	98.969
1446	סגלה		1 11	98.975
1447	סגר		1 31	98.981
1448	סלח		1 31	98.937
1449	סלף		1 33	98.993
1450	סרח		1 11	98.999

מס	בסיס	*	צפ שכ	%
1451	סתרי		1 122	99.005
1452	עב		1 11	99.011
1453	עגה		1 11	99.017
1454	עד		1 11	99.023
1455	עוור		1 11	99.029
1456	עונה		1 11	99.035
1457	עופרת		1 11	99.041
1458	עור		1 33	99.047
1459	עז		1 11	99.053
1460	עזר		1 11	99.059
1461	עין		1 11	99.065
1462	עלמה		1 11	99.071
1463	עמינדב		1 122	99.077
1464	עני		1 11	99.083
1465	ענש		1 31	99.089
1466	עצוב		1 11	99.095
1467	עקר		1 11	99.101
1468	ערלה		1 11	99.107
1469	ערמה		1 11	99.113
1470	ערפל		1 11	99.119
1471	עשור	*	1 73	99.125
1472	עשיו		1 11	99.131
1473	עשיריה	*	1 73	99.137
1474	עשרון	*	1 11	99.143
1475	באר		1 11	99.149
1476	פדות		1 11	99.155
1477	פדיון		1 11	99.161
1478	פוטיאל		1 122	99.167
1479	פועה		1 122	99.173
1480	פח		1 11	99.179
1481	פחד		1 11	99.185
1482	פינחס		1 122	99.191
1483	פלא		1 11	99.197
1484	פלוא		1 122	99.203
1485	פלטה		1 11	99.209
1486	פלילים		1 11	99.215
1487	פלשה		1 123	99.221
1488	פסל		1 11	99.227
1489	פעל		1 31	99.233
1490	פץ		1 31	99.239
1491	פקד		1 34	99.245
1492	פרי		1 11	99.251
1493	פרסה		1 11	99.257
1494	פרק		1 33	99.263
1495	פרש		1 11	99.269
1496	פתה		1 33	99.275
1497	פתח		1 34	99.281
1498	פתב		1 123	99.287
1499	צבר		1 31	99.293
1500	צדה		1 31	99.299

* = ש שמאלית   צפ = צופן   שכ = שכיחות   % = האחוז של טקסט

מס	בסיס	שכ	צפ	*	%
1501	צור	1	11		99.305
1502	צורר	1	11		99.311
1503	צחק	1	33		99.317
1504	צחר	1	122		99.323
1505	צידה	1	11		99.329
1506	צלל	1	31		99.335
1507	צמא	1	11		99.341
1508	צמא	1	31		99.347
1509	צמח	1	31		99.353
1510	צנצנת	1	11		99.359
1511	צפה	1	34		99.365
1512	צפיחית	1	11		99.371
1513	צפן	1	31		99.377
1514	צר	1	31		99.383
1515	צרע	1	34		99.389
1516	צרעה	1	11		99.395
1517	צרר	1	31		99.401
1518	קבר	1	11		99.407
1519	קדה	1	11		99.413
1520	קוץ	1	11		99.419
1521	קמה	1	11		99.425
1522	קנמון	1	11		99.431
1523	קפא	1	31		99.437
1524	קץ	1	11		99.443
1525	קץ	1	31		99.449
1526	קצף	1	31		99.455
1527	קצץ	1	33		99.461
1528	קצר	1	11		99.467
1529	קרה	1	31		99.473
1530	קרחי	1	124		99.479
1531	רב	1	11		99.485
1532	רביעית	1	11		99.491
1533	רבע	1	11		99.497
1534	רבץ	1	31		99.503
1535	רגז	1	31		99.509
1536	רגלי	1	11		99.515
1537	רגע	1	11		99.521
1538	רהט	1	11		99.527
1539	רוב	1	11		99.533
1540	רוחה	1	11		99.539
1541	רומם	1	33		99.545
1542	רחב	1	11		99.551
1543	רחום	1	11		99.557
1544	רחים	1	11		99.563
1545	רחק	1	31		99.569
1546	רם	1	11		99.575
1547	רמה	1	11		99.581
1548	רמם	1	31		99.587
1549	רע	1	11		99.593
1550	רע	1	11		99.599

מס	בסיס	שכ	צב	*	%
1551	רעב	1	11		99.605
1552	רעד	1	11		99.611
1553	רעה	1	33		99.617
1554	רעואל	1	122		99.622
1555	רעות	1	11		99.628
1556	רעץ	1	31		99.634
1557	רפא	1	31		99.640
1558	רפה	1	31		99.646
1559	רצון	1	11		99.652
1560	רצח	1	31		99.658
1561	רצע	1	31		99.664
1562	רקע	1	33		99.670
1563	שאול	1	122		99.676
1564	שאר	1	11		99.682
1565	שבוע	1	11		99.688
1566	שבועה	1	11		99.694
1567	שבי	1	11		99.700
1568	שבע	1	11	*	99.706
1569	שבץ	1	34		99.712
1570	שבץ	1	33		99.718
1571	שבר	1	31		99.724
1572	שגר	1	11		99.730
1573	שדי	1	121		99.736
1574	שועה	1	11		99.742
1575	שופט	1	11		99.748
1576	שור	1	123		99.754
1577	שחלת	1	11		99.760
1578	שחק	1	31		99.766
1579	שירה	1	11		99.772
1580	שכך	1	31	*	99.778
1581	שכל	1	33		99.734
1582	שכם	1	11		99.790
1583	שכן	1	11		99.796
1584	שכנה	1	11		99.802
1585	שלג	1	11		99.808
1586	שלו	1	11	*	99.814
1587	שלוחים	1	11		99.820
1588	שלל	1	11		99.826
1589	שמח	1	31	*	99.832
1590	שמט	1	31		99.838
1591	שמיני	1	72		99.844
1592	שמלה	1	11		99.850
1593	שממה	1	11		99.856
1594	שמע	1	11		99.862
1595	שמעי	1	122		99.868
1596	שמצה	1	11		99.874
1597	שעה	1	31		99.880
1598	שפחה	1	11		99.886
1599	שפרה	1	122		99.892
1600	שקל	1	31		99.898

מס	בסיס	שכ	צב	*	%
1601	שרשה	1	11		99.904
1602	תבואה	1	11		99.910
1603	תהלה	1	11		99.916
1604	תומים	1	11		99.922
1605	תושב	1	11		99.928
1606	תחתית	1	11		99.934
1607	תכן	1	11		99.940
1608	תלאה	1	11		99.946
1609	תמונה	1	11		99.952
1610	תמן	1	31		99.958
1611	תמר	1	11		99.964
1612	תנור	1	11		99.970
1613	תעה	1	31		99.976
1614	תקובה	1	11		99.982
1615	תקע	1	31		99.988
1616	תשבץ	1	11		99.994
1617	תשע	1	71		100.000

* = ש שמאלית   צפ = צופן   שכ = שכיחות   % = תאחוז של טקסט